OFTINGER/STARK

Schweizerisches Haftpflichtrecht

Band I

Schweizerisches Haftpflichtrecht

Erster Band: Allgemeiner Teil

von Karl Oftinger †
Professor an der Universität Zürich

5. Auflage, vollständig überarbeitet und ergänzt von

Emil W. Stark
Professor an der Universität Zürich

Schulthess Polygraphischer Verlag, Zürich 1995

Vorschlag für die Zitierweise:
OFTINGER/STARK, Schweiz. Haftpflichtrecht I, §... N...

© Schulthess Polygraphischer Verlag, Zürich 1995
ISBN 3 7255 3299 0

Vorwort

In allen vier Bänden – den dreien des Besonderen Teils und dem neuen über den Allgemeinen Teil – wurde Wert darauf gelegt, die herrschende Auffassung auch dort darzustellen, wo ich anderer Meinung bin. Ich wollte aber selbstverständlich diese andere Meinung, wenn ich mich schon dazu durchgerungen hatte, nicht unterdrücken. Das lag um so weniger nahe, als ich in bezug auf Abänderungen des Inhalts der Rechtsordnung eher konservativ eingestellt bin. Häufige Änderungen sind Ausdruck der Unsicherheit des Gesetzgebers oder des Richters und führen zu einer Unruhe, die der Überzeugungskraft der Rechtsordnung Abbruch tut und den Eindruck aufkommen lassen kann, der Inhalt der Rechtsvorschriften beruhe auf Zufall; er könnte eigentlich nach Belieben geändert werden und derjenige, zu dessen Gunsten er im konkreten Fall spreche, habe eben Glück gehabt. Auf Änderungen des Wortlautes der Gesetze sollte man im Rahmen des Privatrechts daher verzichten, wenn nicht begründete Erwartung besteht, dass der neue Text zu überzeugenderen Lösungen führt und lange Zeit beibehalten werden kann. Das gilt auch für die Interpretation des Gesetzes, d.h. für die Bestimmung des Inhaltes der Rechtsordnung, wenn ihr Wortlaut Raum für verschiedene Deutungen lässt, und drängt sich schon aus Gründen der Rechtssicherheit auf. Manchmal lieben es Rechtswissenschafter, «Verbesserungen» vorzuschlagen, die kaum zu sich aufdrängenden Änderungen der Lösungen der einschlägigen praktischen Fälle führen.

Für Vorschläge auf Modifikationen der Rechtsordnung – abgesehen von der Regelung neuer Fragen – müssen gewichtige Gründe sprechen. Die Bedeutung dieses Problems sieht man im Haftpflichtrecht sehr deutlich: Die jetzt geltenden Spezialgesetze wurden in einem Zeitraum von rund hundert Jahren erlassen, regeln aber zum Teil die gleiche Frage immer wieder anders, je in bezug auf ein anderes Teilgebiet des Haftpflichtrechts. Was hätte näher gelegen, als hier konsequent die gleichen Wege zu beschreiten, wie es heute Übung zu werden scheint? Aber unser Gesetzgeber hatte die Tendenz, immer wieder Variationen zu entwickeln, z. B. bei den Verjährungsfristen des Deliktsrechts. Das ist selbstverständlich nicht verpönt und kann lobenswert sein. Aber dann muss man die Regelung der gleichen Frage bei allen vorbestehenden Gesetzen nachträglich anpassen. Wenn sich das nicht lohnt, sollte man sich im neuen Gesetz an die überlieferte Lösung halten.

Trotz dieser grundsätzlichen Zurückhaltung gegenüber Änderungen habe ich Modifikationsvorschläge gemacht, wo ich diese als eine wirkliche Verbesserung betrachte, sei es unter dem Gesichtspunkt der Angemessenheit, der praktischen Anwendbarkeit oder der Klarheit. Aber dann habe ich die vorgeschlagene Lösung auf alle Haftpflichtarten bezogen, bei denen sich die betreffende Frage in gleicher Art und Weise stellt. Diese Gleichbehandlung der verschiedenen Haftungsarten gehörte – von Ausnahmen abgesehen – in den allgemeinen Teil. Darum figurieren solche Vorschläge vor allem im ersten Band, der nun zuletzt erscheint. Daraus können sich Widersprüche zwischen dem Allgemeinen Teil und den drei Bänden des Besonderen Teils ergeben, für die ich um Entschuldigung und wohlwollendes Verständnis bitte. Vielerorts ist die Auffassung von Oftinger zur herrschenden Lehre geworden, die den Darlegungen im Besonderen Teil weitgehend zugrunde liegt.

Die *Geschlossenheit des Haftpflichtrechts* zu fördern, ist ein zentrales Anliegen dieses Buches; denn nur die gleiche Antwort auf die gleiche Frage bei verschiedenen Haftungsarten kann den Rechtsunterworfenen überzeugen. Eine Ausnahme gilt für das Kernenergiehaftpflichtgesetz, wo in mancher Hinsicht besondere Verhältnisse zu berücksichtigen sind.

Trotz meiner grundsätzlichen Zurückhaltung gegenüber Änderungen des Privatrechts habe ich die Ausführungen der 4. Auflage des Allgemeinen Teils erheblich überarbeitet und ergänzt; die Entwicklung des Haftpflichtrechts hat dies nahegelegt. Die Zukunft wird zeigen, ob die vorgeschlagenen Änderungen sich in der Praxis ganz oder teilweise durchsetzen und bewähren werden. Da die praktischen Auswirkungen der vorgeschlagenen Auffassungen immer als massgebend im Auge behalten wurden, weil sich juristische Theorie ohne Brauchbarkeit im praktischen Fall nicht rechtfertigt, bin ich hier optimistisch.

Ein Nachteil der Abweichungen der im Allgemeinen Teil vertretenen Auffassungen von der hergebrachten Meinung ergibt sich aus dem Umstand, dass einzelne Verweisungen im Besonderen Teil nicht mehr zu den entsprechenden Stellen im neuen Band I passen.

Eine starke Arbeitsbelastung entsteht bei der wissenschaftlichen Bearbeitung von Rechtsfragen durch die erhebliche Zunahme der juristischen Literatur und der Judikatur in den letzten zwanzig Jahren, aber auch schon vorher. Es ist nicht mehr möglich, in einem einigermassen umfassenden Buch auch nur die wichtigsten Meinungen zu einem Fragenkreis darzustellen und durch differenzierte Hinweise zu belegen. Deshalb musste eine Auswahl getroffen werden. Mindestens in den Literaturverzeichnissen sind aber die einschlägigen Werke und in den Fussnoten die wichtigen Urteile aufgeführt. Für eventuell noch bestehende Lücken bitte ich um Entschuldigung. Die bereits in der 4. Auflage des Bandes I – vgl. dessen Vorwort – vorgenommenen Kürzungen wurden natürlich nicht rückgängig gemacht. Ältere Bücher und frühere Urteile findet der Leser in den Vorauflagen. Bei den Urteilen, die eine jahrzehntelange Praxis wiedergeben, wurden häufig nur die letzten angeführt, in denen frühere gleichlautende Entscheidungen meistens zitiert sind.

Wertvolle Anregungen boten die Diskussionen und Besprechungen in der vom Vorsteher des Eidgenössischen Justiz- und Polizeidepartementes am 26. August 1988 eingesetzten Studienkommission für die Gesamtrevision des Haftpflichtrechts, die ihren Bericht im August 1991 abgeliefert hat.

Die Disposition des vorliegenden Bandes wurde in den grossen Zügen aus der Vorauflage übernommen. Das drängte sich materiell auf, dürfte daneben aber auch dem Benützer des Buches, der mit der Vorauflage vertraut ist, seine Arbeit erleichtern. Immerhin waren erhebliche Raffungen und grössere Einschiebungen nötig, was beim Vergleich der Inhaltsverzeichnisse leicht erkannt werden kann.

Nicht zu übersehen ist, dass das hier im Vordergrund stehende Suchen der besten, adäquatesten Lösung eines Problems nur die eine Seite der Aufgaben darstellt, die sich dem Haftpflichtjuristen stellen. Für den Geschädigten mindestens so wichtig ist die Erledigung des Falles durch die Bezahlung einer angemessenen Entschädigung innert vernünftiger Frist. Das ist namentlich bei Massenschäden und dort in besonderem Masse bei internationalen Verhältnissen in Frage gestellt. Ein sehr eindrückliches Beispiel dafür liegt beim Vergiftungsschaden von Bhopal vor, der nun zehn Jahre zurückliegt. Die NZZ hat die unhaltbare Situation der dortigen Geschädigten in Nr. 283 vom 3./4. Dezember 1994, Seite 77 ff., eindrücklich geschildert. Es ist höchste Zeit, dass sich Rechtswissenschaft und Gesetzgeber mit diesen Fragen einlässlicher befassen; vgl. hinten § 1 N 90 ff.

Zum Schluss möchte ich all jenen herzlich danken, die mir bei dieser Arbeit beigestanden sind und damit das Erscheinen der vier Bände innert nützlicher Frist ermöglicht haben. Im Vordergrund steht der *Schweizerische Nationalfonds zur Förderung der wissenschaftlichen Forschung*, der bis Ende September 1994 Assistenten- und Sekretärinnenlöhne übernommen hat, wofür hier herzlich gedankt sei. Geholfen haben mir beim vorliegenden Band Frau *Isabelle Sieber,* lic. iur., und Herr *Dr. Roger Quendoz* sowie die Rechtsanwälte *Rolf Meier* und *Roland Wietlisbach*. Die Sekretariatsarbeiten besorgte auch hier Frau *Annemarie Fehr*. Sie alle haben mit grossem Einsatz und entsprechender Sorgfalt das Erscheinen dieses Bandes ermöglicht und verdienen daher meinen grossen Dank.

Vorwort

Der *Verlag Schulthess* brachte meinen Wünschen immer sehr viel Verständnis entgegen. Dafür schulde ich namentlich Herrn *W. Stocker* und Herrn *B. Eugster* verbindlichsten Dank.

Last but not least möchte ich meiner Familie, vor allem meiner Frau, für das grosse Verständnis danken, das sie meiner jahrelangen Beanspruchung durch diese Arbeit entgegengebracht hat.

Januar 1995   Emil W. Stark

Inhaltsübersicht zu Band I

- § 1 Grundlagen
- § 2 Schaden und Schadenersatz
- § 3 Kausalzusammenhang
- § 4 Widerrechtlichkeit
- § 5 Verschulden und Selbstverschulden
- § 6 Schadensberechnung
- § 7 Schadenersatzbemessung
- § 8 Immaterielle Unbill und Genugtuung (bei Tötung oder Körperverletzung)
- § 9 Gegenseitige Schädigung und andere Fälle der Kollision von Haftungen unter sich
- § 10 Mehrheit von Ersatzpflichtigen
- § 11 Haftpflicht und Versicherung
- § 12 Benachteiligung des Geschädigten durch vertragliche Vereinbarungen
- § 13 Mehrheit von Haftungsgründen in der Person des Haftpflichtigen
- § 14 Anwendung der Haftpflichtbestimmungen
- § 15 Internationales Privat- und Zuständigkeitsrecht

Inhaltsübersicht zu Band II

Bd. II/1 Verschuldenshaftung, gewöhnliche Kausalhaftungen, Haftung aus Gewässerverschmutzung

- § 16 Verschuldenshaftung
- § 17 Übersicht über die Struktur der Haftungen ohne Verschulden, insbesondere der gewöhnlichen Kausalhaftungen
- § 18 Haftpflicht des Urteilsunfähigen
- § 19 Haftpflicht des Werkeigentümers
- § 20 Haftpflicht des Geschäftsherrn
- § 21 Haftpflicht des Tierhalters
- § 22 Haftpflicht des Familienhauptes
- § 23 Haftpflicht aus Gewässerverschmutzung

Bd. II/2 Gefährdungshaftungen: Motorfahrzeughaftpflicht und Motorfahrzeughaftpflichtversicherung

- § 24 Struktur der Gefährdungshaftungen
- § 25 Haftpflicht des Motorfahrzeughalters
- § 26 Haftpflichtversicherung des Motorfahrzeughalters und ergänzende Schadensdeckungen

Bd. II/3 Übrige Gefährdungshaftungen

- § 27 Haftpflicht der Eisenbahnen, der konzessionierten sonstigen Transportunternehmungen und der Post
- § 28 Haftpflicht der Betriebsinhaber elektrischer Anlagen
- § 29 Kernenergiehaftpflicht
- § 30 Haftpflicht für Rohrleitungsanlagen
- § 31 Haftpflicht nach Sprengstoffgesetz
- § 32 Haftpflicht der Eidgenossenschaft für Unfallschäden infolge militärischer und Zivilschutzübungen

Inhaltsverzeichnis

	Seite
Vorwort	V
Inhaltsübersicht zu Band I	IX
Inhaltsübersicht zu Band II	X
Abkürzungen	XXIX
Literaturverzeichnis	XLIII

§ 1		**Grundlagen**	1
	I.	**Vorbemerkungen**	3
	II.	**Begriff des Haftpflichtrechts und seine Ordnung im allgemeinen**	6
		A. Haftpflichtrecht als Gegenstand dieses Buches – Sein Anwendungsbereich	6
		B. Einige Grundgedanken des Haftpflichtrechts	9
		1. Funktion des Haftpflichtrechts	9
		a) Ausgangspunkt	9
		b) Motive des Haftpflichtrechts	11
		2. Haftungsprinzipien oder Haftungsgründe	14
		3. Die ökonomische Analyse des Haftpflichtrechts	23
		4. Die Praktikabilität des Rechts	30
		C. Einheitlichkeit der allgemeinen Begriffe und Regeln des Haftpflichtrechts – Uneinheitlichkeit des Haftpflichtrechts – Vereinheitlichungsbestrebungen – Sonstige Revisionsbedürftigkeit	31
	III.	**Faktische Grundlagen und praktische Bedeutung des Haftpflichtrechts – Seine äussere Gestalt**	37
	IV.	**Sonderfall der Katastrophenschäden**	40
	V.	**Arten der Haftung**	44
		A. Verschuldenshaftung – Ihr Wesen	44
		B. Kausalhaftung – Ihr Wesen	45

		C. Kategorien der Kausalhaftung	49
		1. Einfache Kausalhaftungen und Gefährdungshaftungen	49
		2. Kausale Freistellungshaftung	50
		D. Einführung einer Kausalhaftung durch kantonales Recht, Polizeierlaubnis, Konzession oder Vertrag	53
	VI.	**Tendenzen des Haftpflichtrechts – Versicherung als Parallele, Ergänzung und Ersatz des Haftpflichtrechts**	56
	VII.	**Geschäftsführung ohne Auftrag als eigener Grund für die Abwälzung eines Schadens**	64
	VIII.	**Allgemeine Voraussetzung der Haftbarmachung – System des Allgemeinen Teils des Haftpflichtrechts**	65
	IX.	**Rechtsvergleichung**	67
	X.	**Internationale Rechtsvereinheitlichung**	68

§ 2 Schaden und Schadenersatz   69

I.	**Schaden**	70
	A. Begriff und Ausmass	70
	1. Natürlicher Schadensbegriff	70
	2. Haftpflichtrechtlicher Schadensbegriff	70
	a) Im allgemeinen	70
	b) Anwaltskosten	78
	c) Das unerwünschte Kind	82
	d) Geldstrafen	86
	e) Nicht-finanzielle Nachteile	87
	B. Arten	89
	C. Funktion	90
II.	**Schadenersatz**	91
	A. Begriff	91
	B. Subjekt der Haftpflicht und der Schadenersatzforderung – Ausschluss reflektorisch Betroffener	92
	1. Die Person des Haftpflichtigen	92
	2. Die Person des Anspruchsberechtigten	93
	a) Normalfall	93
	b) Der reflektorisch Geschädigte (Reflexschaden)	93

III. Umfang und Gestalt des Schadenersatzes — 97
    A. Umfang des Schadenersatzes — 97
    B. Gestalt des Schadenersatzes — 99
        1. Geldzahlung oder Naturalrestitution? — 99
            a) Allgemeines — 99
            b) Geldersatz — 100
            c) Naturalrestitution — 101

§ 3 Kausalzusammenhang — 105

I. Ausgangspunkt — 106

II. «Normalfall» — 108
    A. Natürliche Ursachen — 108
    B. Die Lehre von der Adäquanz des Kausalzusammenhanges — 109
    C. Schuldzusammenhang — 120
    D. Normzwecklehre — 121
    E. Beweis des adäquaten Kausalzusammenhanges — 122
    F. Arten von Ursachen — 125
        1. Menschliches Verhalten — 125
            a) Schuldhaftes Verhalten — 125
            b) Schuldloses und rechtmässiges Verhalten — 125
        2. Unterlassung — 126
        3. Zufall — 129
        4. Ursachen bei der Kausalhaftung — 130
            a) Kausalhaftung als Haftung für Zufall — 130
            b) Kausalhaftung als nicht an menschliches Verhalten anknüpfende Haftung — 130
            c) Ursachen insbesondere bei der Gefährdungshaftung — 131
        5. Unfall — 132
            a) Die Funktion des Unfallbegriffes — 132
            b) Der versicherungsrechtliche Unfallbegriff — 132
            c) Die Anwendung des Unfallbegriffes im Haftpflichtrecht — 133

III. Besondere Verhältnisse — 135
    A. Haftung für Teilursachen — 135
        1. Abgrenzung des Problems — 135
        2. Solidarität — 136
        3. Zufall als Mitursache — 138
        4. Mini-Ursachen — 139
        5. Konstitutionelle Prädisposition — 141
        6. Mittelbare Verursachung — 144

	B. Konkurrenz von Gesamtursachen		146
	1. Begriff der Gesamtursache		146
	2. Alternative Kausalität		149
	3. Kumulative Kausalität		152
	4. Alternativität oder Kumulation von Gesamtursachen auf Schädiger- und Geschädigtenseite		153
IV.	Unterbrechung des Kausalzusammenhanges: Höhere Gewalt, Selbst- und Drittverschulden		154
	A. Ausgangspunkt		154
	B. Höhere Gewalt		155
	C. Selbst- und Drittverschulden		158
V.	Fremdbestimmung der haftungsbegründenden Ursache		160

§ 4 Widerrechtlichkeit 165

I.	Vorbemerkungen	166
II.	Die Funktion des Begriffes der Widerrechtlichkeit	167
III.	Methode der Umschreibung der Widerrechtlichkeit	169
IV.	Wörtliche Interpretation von «Widerrechtlichkeit» bzw. «Rechtswidrigkeit»	173
V.	Der geltende Begriff der Widerrechtlichkeit	174
	A. Das Erfolgsunrecht	175
	1. Wesen des Erfolgsunrechts	175
	2. Die Rechtsgüter	176
	a) Die ein Gut schützenden gesetzlichen Bestimmungen	176
	b) Der Schutz des Persönlichkeitsrechts im besonderen	177
	c) Das Vermögen ist kein Rechtsgut	177
	d) Die massgebenden Rechtsgebiete	178
	e) Die relativen Rechte	178
	B. Das Handlungsunrecht	179
	1. Wesen des Handlungsunrechts	179
	2. Die verletzte Norm	180
	a) Im allgemeinen	180
	b) Die verletzte Norm als Schutznorm	180
	c) Die massgebenden Rechtsgebiete	182
	d) Normverletzung und Gefahrensatz	182

	VI.	Die Rechtfertigungsgründe	183
		A. Der Geltungsbereich	183
		B. Generelle Würdigung	184
	VII.	Widerrechtlichkeit, Verschulden und Kausalhaftung	184
		A. Verschulden und Widerrechtlichkeit bei der Verschuldenshaftung	184
		B. Die Widerrechtlichkeit bei den Kausalhaftungen	186

§ 5 Verschulden und Selbstverschulden 189

I. **Schuldhafte Verursachung eines Schadens** 190
   A. Funktion des Verschuldens 190
   B. Begriff und Arten 192
      1. Im allgemeinen 192
         a) Das Erkennen des Kausalablaufes als Voraussetzung des Verschuldens 193
         b) Rechtswidrigkeit und Verschulden 196
         c) Die subjektive und die objektive Seite des Verschuldens 199
         d) Das Verschulden von juristischen Personen, Kollektiv- und Kommanditgesellschaften 199
      2. Vorsatz 200
      3. Fahrlässigkeit 201
         a) Das Wesen der Sorgfaltspflicht 202
         b) Die Objektivierung des Fahrlässigkeitsbegriffes 205
            aa) Pro und contra Objektivierung 205
            bb) Objektivierung der Anforderungen an die Voraussicht einer möglichen Schädigung eines Dritten 207
            cc) Objektivierung der Anforderungen an die Willensbildung 208
            dd) Objektivierung der Anforderungen an das Verhalten 209
            ee) Massstab für die Festlegung der Sorgfaltspflicht 210
         c) Einzelfragen 211
         d) Arten der Fahrlässigkeit 218
            aa) Leichte und grobe Fahrlässigkeit 218
            bb) Bewusste und unbewusste Fahrlässigkeit 220
   C. Urteilsfähigkeit 220
      1. Begriff der Urteilsunfähigkeit 221
      2. Relativität der Urteilsfähigkeit 222
      3. Verminderte oder beschränkte Urteilsfähigkeit 224
      4. Haftpflicht bei fehlender Urteilsfähigkeit des Schädigers 225
   D. Zivil- und Strafrecht 226

II. **Selbstverschulden des Geschädigten** 228
   A. Funktion des Selbstverschuldens 228

		B. Begriff und Arten	228
		1. Wesen des Selbstverschuldens	228
		2. Kriterien des Selbstverschuldensbegriffes	231
		a) Im allgemeinen	231
		b) Einzelfragen	232
		c) Arten des Selbstverschuldens	234
		d) Verhalten von Hilfspersonen	234
		e) Wessen Verschulden gilt als Selbstverschulden?	236
		C. Urteilsfähigkeit	237
		1. Im allgemeinen	237
		2. «Selbstverschuldensabzug» trotz Urteilsunfähigkeit des Geschädigten	238
		a) Im allgemeinen	238
		b) Kann die analoge Anwendung von OR 54 I auch zur völligen Entlastung durch das Verhalten eines urteilsunfähigen Geschädigten führen?	238
		3. Selbstverschuldensabzug bei verschuldeter vorübergehender Urteilsunfähigkeit	239
		4. Verschulden von aufsichtspflichtigen Personen	240
	III.	**Drittverschulden**	241
		A. Rechtliche Bedeutung, Begriff des Dritten	241
		B. Das Verschulden des Dritten	242

§ 6 Schadensberechnung 245

	I.	**Allgemeine Regeln**	247
		A. Vorbemerkungen	247
		B. Gegenwärtiger und künftiger Schaden – Zeitpunkt der Schadensberechnung – Zins	248
		1. Gegenwärtiger und künftiger Schaden	248
		2. Die hypothetische oder überholende Kausalität	250
		3. Prozessuale Möglichkeiten, wenn die Sicherheit der Schadensberechnung für ein Urteil fehlt	253
		a) Teilklage	253
		b) Feststellungsklage	253
		c) Rektifikationsvorbehalt	254
		4. Zeitpunkt der Schadensberechnung	255
		a) Eintritt des Schadens	255
		b) Laufender Schaden	255
		5. Zins	256
		C. Beweis	257
		1. Beweislast	257

		2. Der nicht ziffernmässig nachweisbare Schaden	258
		3. Die unbezifferte Forderungsklage	260
	D.	Schadenminderungspflicht	261

II.	**Vorteilsanrechnung oder Vorteilsausgleichung**	256
	A. Übersicht	265
	B. Tatbestände	267
	1. Vorteile, die auf Grund der auf den Fall anzuwendenden rechtlichen Konstruktionen anzurechnen sind und nicht auf Grund eines Werturteils	268
	2. Andere Vorteile	271
	3. Enteignungsrecht	272
	C. Die Durchführung der Anrechnung von Vorteilen bei der Schadensberechnung	272
	D. Zusammenfassung	273

III.	**Schaden infolge Körperverletzung**	274
	A. Allgemeines	274
	B. Der Begriff der Körperverletzung	275
	1. Grundlagen	275
	2. Neurosen im speziellen	276
	3. Übersicht über die Schadensposten bei Körperverletzung, Anspruchsberechtigung	278
	C. Die einzelnen Schadensposten	281
	1. Kosten	281
	2. Nachteile der Arbeitsunfähigkeit, Faktoren der Schadensberechnung	284
	a) Überblick, Verdienstausfall, Invalidität	284
	b) Art der Körperverletzung	287
	c) Beruf des Verletzten	288
	d) Einkommen	293
	aa) Brutto- oder Nettoeinkommen	294
	bb) Allgemeine Hinweise	295
	cc) Berücksichtigung der Teuerung	297
	dd) Gleiche Arbeit trotz Beeinträchtigung / Gleiches Einkommen trotz geringerer Leistung	298
	ee) Haupt- und Nebeneinkommen	299
	ff) Selbständigerwerbende	300
	gg) Hausfrauen und Hausmänner	301
	hh) Dauer des Verdienstausfalles	302
	ii) Beginn der Arbeitsfähigkeit, insbesondere bei Verletzung von Kindern	305
	e) Verlust eines paarigen Organs	306

Inhaltsverzeichnis

f) Zumutbarkeit einer Operation oder Kur und dergleichen – Eingliederungsmassnahmen		307
g) Invalidität durch schwere Hirnschädigung		309
h) Kasuistik		310
i) Der sog. Renten- oder Rentenverkürzungsschaden		313
3. Nachteile der Erschwerung des wirtschaftlichen Fortkommens (Integritätsschaden)		315
D. Gestalt des Schadenersatzes für Dauerschaden		317
1. Rentenform		318
2. Kapitalform		319
3. Rente oder Kapital?		320
E. Rektifikations- oder Nachklagevorbehalt		322
F. Einfluss der Geldentwertung		326
G. Zwangsvollstreckung		329

IV. Schaden infolge Tötung — 329

A. Begriff der Tötung — 329

B. Schadensposten bei Tötung — 332
1. Bestattungskosten — 332
2. Körperverletzung mit tödlichem Ausgang — 333
3. Versorgerschaden — 334
   a) Natur des Anspruches — 334
   b) Begriff des Versorgers — 335
   c) Person des Anspruchsberechtigten — 339
   d) Unterstützungsbedürftigkeit des Versorgten — 340
   e) Allgemeine Faktoren der Schadensberechnung — 342
      aa) Aufwendungen des Versorgers für den Unterhalt der Familie — 343
      bb) Unterstützung der Versorgten durch Arbeit — 345
      cc) Berücksichtigung der Steuern — 346
      dd) Erwerbstätigkeit des Versorgten — 347
      ee) Grösse der Quoten — 348
      ff) Dauer der Unterstützung — 350
      gg) Tod von Nachkommen — 353
      hh) Zusammenfassung — 353
   f) Besondere Fragen — 354
      aa) Wiederverheiratungsabzug — 354
      bb) Anrechnung des geerbten Vermögens — 359
      cc) Konkubinat — 359
      dd) Der sogenannte Renten- oder Rentenverkürzungsschaden — 360

C. Gestalt des Schadenersatzes – Kapitalisierung – Kapital oder Rente — 361

D. Einfluss der Geldentwertung — 362

E. Zwangsvollstreckung — 363

V.	**Sachschaden**	363
	A. Objektive Berechnung	364
	B. Subjektive Berechnung – Automobilschaden	365
	1. Ersatz einer zerstörten oder verlorenen Sache	366
	2. Reparatur statt Ersatz?	368
	3. Reparatur	368
	4. Minderwert	369
	5. Nutzungsausfall	370
	6. Rettungskosten, sonstige Aufwendungen und Umtriebe	373
	7. Affektionswert	374
	8. Änderungen des Wertes einer Sache zwischen dem Unfall und dem Urteil	374
	9. Verschiedener Wert an verschiedenen Orten	374
	10. Aktivlegitimation bei unselbständigem Besitz	375
	11. Rektifikationsvorbehalt	376

§ 7 Schadenersatzbemessung 377

I.	**Vorbemerkungen – Allgemeine Regeln**	377
II.	**Kausale Faktoren der Schadenersatzbemessung**	382
	A. Grösse des Verschuldens des Haftpflichtigen	382
	B. Selbstverschulden des Geschädigten	384
	1. Im allgemeinen	384
	2. Die Reduktionsquote	388
	3. Wessen Verschulden gilt als Selbstverschulden?	391
	4. Kasuistik zum Selbstverschulden	393
	a) Verschuldenshaftung / Selbstverschulden	393
	b) Einfache Kausalhaftung (ohne zusätzliches Verschulden) / Selbstverschulden	394
	c) Einfache Kausalhaftung (mit zusätzlichem Verschulden) / Selbstverschulden	395
	d) Gefährdungshaftung (ohne zusätzliches Verschulden) / Selbstverschulden	396
	e) Gefährdungshaftung (mit zusätzlichem Verschulden) / Selbstverschulden	397
	C. Zufall als Mitursache	400
	D. Konstitutionelle Prädisposition als Herabsetzungsgrund	401
	E. Mangelhafte Beschaffenheit einer Sache	402
	F. Drittverschulden	402
	G. Schwache Intensität des Kausalzusammenhanges	404

III.	**Reduktionsfaktoren, die das Schadenereignis nicht mitverursacht haben**	405
	A. Notlage des Haftpflichtigen – ungewöhnlich hohes Einkommen des Getöteten oder Verletzten	406
	1. Notlage im besonderen	407
	2. Ungewöhnlich hohes Einkommen des Getöteten oder Verletzten im besonderen	409
	B. Weitere Umstände, für die der Geschädigte einstehen muss	410
IV.	**Summenmässige Begrenzung des Schadenersatzes**	414

§ 8 Immaterielle Unbill und Genugtuung (bei Tötung oder Körperverletzung) 417

I.	**Grundlagen und Begriffe**	418
	A. Die Genugtuung im System des Haftpflichtrechts	418
	B. Das Verschulden als Voraussetzung der Genugtuung	421
	C. Der Begriff der immateriellen Unbill	423
	D. Die Höhe der Genugtuungszahlung	429
	E. Massgebender Zeitpunkt für die Bemessung der Genugtuung	433
	F. Verzeihung als Ausschlussgrund der Genugtuung (namentlich unter Verwandten)	434
	G. Tätige Reue	435
	H. Sachschaden	435
	J. Verschulden des Geschädigten	435
	K. Mehrheit von Ersatzpflichtigen	437
	L. Abtretbarkeit der Genugtuungsforderung	437
	M. Vererblichkeit der Genugtuungsforderung	437
	N. Behandlung der Genugtuung im ehelichen Güterrecht	439
	O. Kriminalfälle	439
	P. Das Regressrecht der Sozialversicherer	441
II.	**Genugtuungszahlungen bei Körperverletzung**	443
	A. Genugtuungszahlungen an das Unfallopfer selbst	443
	1. Aktivlegitimation	443
	2. Immaterielle Unbill	444
	3. Höhe der Genugtuung	445

4. Einige Sonderfälle (als pars pro toto) 446
      a) Beeinträchtigung der Beziehungen zu den Mitmenschen 446
      b) Verkürzung der Lebenserwartung 447
      c) Sexueller Missbrauch 447
   B. Genugtuungszahlungen ohne körperliche Einwirkungen 448
      1. Schock eines Augenzeugen eines Schadenereignisses 448
      2. Psychische Beeinträchtigung einer Person, die das
         Unfallgeschehen nicht miterlebt hat 448
      3. Beeinträchtigung der Lebensführung der Angehörigen
         eines Schwerinvaliden 449

III. **Genugtuungszahlungen bei Tötung** 453
   A. Die immaterielle Unbill bei Tötung 453
   B. Die Aktivlegitimation 455
   C. Die Höhe der Genugtuung bei Tötung 457
      1. Bei Angehörigen 457
      2. Bei Ausdehnung der Aktivlegitimation auf Nicht-Angehörige 459

IV. **Gestalt der Genugtuung** 463

V. **Zwangsvollstreckung** 463

§ 9 Gegenseitige Schädigung und andere Fälle der Kollision von Haftungen unter sich 465

I. **Vorbemerkungen** 465
   A. Das Problem 465
   B. Sektorielle Verteilung oder Kompensation bzw.
      Neutralisation von Ursachen? 468
   C. Die Berücksichtigung des Verschuldens von
      Hilfspersonen des Geschädigten 472
   D. Die Berücksichtigung der Mitwirkung eines selbständigen
      Vertragspartners des Geschädigten 473

II. **Die Quoten der rechtlich relevanten Ursachen** 473
   A. Kollision von Verschuldenshaftungen 475
   B. Kollision von Gefährdungshaftungen mit oder ohne
      zusätzliches Verschulden 476
      1. Allgemeines 476
      2. Einzelfragen 477

XXI

C. Kollision von Gefährdungshaftungen mit oder ohne zusätzliches Verschulden mit Verschuldenshaftung — 479
D. Kollision von Gefährdungshaftungen mit gewöhnlichen Kausalhaftungen — 480
E. Kollision gewöhnlicher Kausalhaftungen miteinander oder mit Verschuldenshaftungen — 482
F. Kollision von mehr als zwei Beteiligten — 483
G. Beteiligung eines aus Vertrag Haftpflichtigen — 484
H. Vertragliche Ordnung — 486

§ 10 Mehrheit von Ersatzpflichtigen — 487

I. Vorbemerkungen — 488

II. Aussenverhältnis — 490
  A. Grundsatz der Solidarität — 490
  B. Grundsatz der Anspruchskonkurrenz — 496
  C. Tatbestände der Solidarität oder Anspruchskonkurrenz — 496
  D. Ausnahmen vom Grundsatz der Solidarität oder Anspruchskonkurrenz — 499
  E. Einzelfragen — 500

III. Innenverhältnis — 503
  A. Im allgemeinen — 503
    1. Wesen und Ordnung des Regresses — 503
    2. Die Interpretation von OR 50 und 51 nach der herrschenden Meinung — 505
    3. Die Interpretation von SVG 60 II nach der herrschenden Meinung — 509
    4. Die Bestimmungen des ElG und des EHG — 510
    5. Vergleichender Überblick über die verschiedenen Regelungen im Lichte der herrschenden Meinung — 510
    6. Versuch einer befriedigenderen Lösung — 511
  B. Durchführung und Umfang des Regresses — 515
    1. Regress setzt Zahlung voraus — 515
    2. Streitverkündung — 516
    3. Solidarität im Innenverhältnis mehrerer Regressschuldner — 516
    4. Schadens- und gefahrengeneigte Arbeit — 517
    5. Verjährung — 517
    6. Präjudizialität des Hauptprozesses für den Regressprozess — 518
    7. Entlastungsgründe schliessen den Regress aus — 519

C. Einzelfragen ... 519
 1. Die Haftpflicht des Mithaftpflichtigen aus Vertrag ... 520
 2. Vertragliche Ersatzpflicht gegenüber einem Mithaftpflichtigen ... 521
 3. Vertraglich vereinbarte Regressordnungen ... 521
 4. Spezielle Regressvorschriften in Haftpflichtnormen ... 523
 5. Haftungsprivilegien eines von mehreren Haftpflichtigen ... 524
  a) Notlage eines von mehreren Haftpflichtigen ... 525
  b) Prämienzahlung für eine Versicherung des Geschädigten durch einen von mehreren Haftpflichtigen ... 525
  c) Regress eines Schadensversicherers gegen Familienangehörige und Hilfspersonen des Geschädigten bei privatrechtlicher Schadensversicherung ... 526
  d) Haftungsprivilegien bei Sozialversicherungen ... 527
   aa) Allgemeine Gesichtspunkte ... 527
   bb) Haftungsprivileg des Arbeitgebers bei Mithaftung eines Dritten ... 530
   cc) Haftungsprivileg der dem Geschädigten nahestehenden Personen ... 532
   dd) Zusammenfassung ... 533
  e) Haftungsprivileg des Bundes bei Schädigung von Militärpersonen ... 534
 6. Lohnfortzahlungspflicht des Arbeitgebers ... 535
 7. Familienrechtliche Unterhalts- und Unterstützungspflichten ... 538

§ 11 Haftpflicht und Versicherung ... 539

I. Vorbemerkungen ... 541

II. Privatrechtliche Versicherung nach VVG ... 544
 A. Schadensversicherung und Summenversicherung ... 544
 B. Verhältnis zwischen dem Schadensversicherer und dem Haftpflichtigen: Regress ... 546
  1. Allgemeines ... 546
  2. Verhältnis zwischen den Regressansprüchen aus Subrogation und aus Anspruchskonkurrenz ... 548
   a) Bestehen überhaupt Ansprüche aus Anspruchskonkurrenz? ... 548
   b) Verhältnis zwischen den zwei Arten von Regressansprüchen ... 551
  3. Einzelfragen der Subrogation ... 552
  4. Das Haftungsprivileg von VVG 72 III ... 557
  5. Die Einstufung des Regresses eines Versicherers aus Anspruchskonkurrenz im Rahmen der sektoriellen Verteilung ... 561
  6. Vertragliche Regressordnung – Zessionen ... 564
  7. Ordnung des Regresses durch kantonales Recht ... 565
  8. Durchführung des Regresses ... 566
  9. Beurteilung des Regressrechts von VVG 72 I ... 568

Inhaltsverzeichnis

C.	Rechtsstellung des Haftpflichtversicherers	570
	1. Die Natur der Haftpflichtversicherung	570
	2. Die Regressrechte des Haftpflichtversicherers	571
	3. Obligatorische Haftpflichtversicherung	573
	4. Pfandrecht des Geschädigten am Versicherungsanspruch	575
	5. Direktes Forderungsrecht ohne Obligatorium der Haftpflichtversicherung	578
D.	Private Personenversicherung und Haftpflichtrecht	579
	1. Überblick	579
	2. Private Personenversicherung	580
	3. Versicherungsobligatorien	586

III. Versicherung nach öffentlichem Recht 587

A. Versicherung durch anerkannte Krankenkassen — 588

B. Obligatorische Arbeitnehmer-Unfallversicherung nach UVG — 590
  1. Allgemeines — 590
  2. Subrogation als Grundlage des Regresses — 591
  3. Voraussetzungen des Regresses — 596
     a) Bestehen eines Versicherungsverhältnisses — 596
     b) Regress auf private Versicherer — 596
     c) Belangbarkeit des Haftpflichtigen in persönlicher und rechtlicher Hinsicht — 598
  4. Durchführung des Regresses — 598
     a) Zeitpunkt der Subrogation — 598
     b) Grundlagen — 600
     c) Versicherter und unversicherter Teil des Schadens, Identität der Schadensposten — 601
     d) Verhältnis zwischen Direktansprüchen des Geschädigten und Regressansprüchen des Sozialversicherers — 606
        aa) Ungenügen der zur Erfüllung der Haftpflichtansprüche zur Verfügung stehenden Mittel — 606
        bb) Die Priorität des Geschädigten (Quotenvorrecht) bei Vorliegen von Schadenersatz-Reduktionsgründen — 607
        cc) Ausnahme: Grobe Fahrlässigkeit des Geschädigten, Quotenteilung — 611
        dd) Ausnahme: das Haftungsprivileg nach UVG 44 — 612

C. Militärversicherung — 616
  1. Regress – Restforderung des versicherten Geschädigten — 616
  2. Verhältnis zu den übrigen Sozialversicherungen — 620
  3. Haftungsprivilegien — 620

D. Alters-, Hinterlassenen- und Invalidenversicherung — 621
  1. Allgemeines — 621
  2. Das Regressrecht der AHV/IV — 621
     a) Übersicht — 621
     b) Regress- und Haftungsprivilegien — 623

		E. Leistungen von Pensionskassen	625
		1. Allgemeines	625
		2. Regress für aus angehäufter Sparprämie erbrachte Leistungen	626
		3. Die zeitliche Begrenzung des Pensionskassenregresses	632
		4. Das Quotenvorrecht des Geschädigten beim Pensionskassenregress	635
		5. Pensionskassen des eidgenössischen und des Bundesbahnpersonals	637
		6. Kantonalrechtliche und private Pensionskassen	639
		F. Rückblick und Ausblick	644

§ 12 Benachteiligung des Geschädigten durch vertragliche Vereinbarungen 649

	I.	Übersicht	649
	II.	Vertragliche Vereinbarungen über die Haftungsvoraussetzungen	650
		A. Vorbemerkungen	650
		B. Wegbedingung der Haftung	652
		1. Einzelne Spezialgesetze	652
		2. Übrige Gebiete des Haftpflichtrechts	652
	III.	Erledigung von Haftpflichtforderungen durch Vergleich	655
		A. Vorbemerkungen	655
		B. Anfechtbarkeit von Vergleichen	656
		1. Die spezialgesetzlichen Bestimmungen	656
		a) Voraussetzungen der Anfechtung	657
		b) Massgebender Zeitpunkt für die Beurteilung der Unzulänglichkeit	659
		c) Aktiv- und Passivlegitimation	661
		d) Befristung der Anfechtung	661
		e) Praktische Bedeutung der Anfechtung	662
		f) Verzicht auf geschuldete Entschädigung	662
		2. Übrige Gebiete des Haftpflichtrechts	662
		a) Vom Vergleich erfasste bzw. nicht erfasste Schäden	662
		b) Übervorteilung	665
		c) Willensmangel / clausula rebus sic stantibus	665

§ 13 Mehrheit von Haftungsgründen in der Person des Haftpflichtigen 667

	I.	Vorbemerkungen	668

II.	**Verschuldenshaftung und Kausalhaftung**	670
	A. Grundsätzliche Überlegungen	670
	B. Die Bedeutung von Nebenbestimmungen	672
	C. Verschuldens- bzw. Kausalhaftung ohne zusätzliche Faktoren im besonderen	674
	D. Kausalhaftpflicht mit zusätzlichem Verschulden zu Lasten des Kausalhaftpflichtigen im besonderen	674
III.	**Kollision verschiedener Kausalhaftungen**	675
IV.	**Anwendung des OR im Bereich der Spezialgesetze**	678
V.	**Vergleich mit der gegenseitigen Stellung von Verschuldens- und Kausalhaftungen bei andern haftpflichtrechtlichen Fragen**	680
	1. Bei Kollisionen von Haftungen unter sich	680
	2. Beim Regress zwischen mehreren Ersatzpflichtigen	681
VI.	**Kollision vertraglicher und ausservertraglicher Haftungsgründe**	681
	A. Tatbestand und Frage	681
	B. Konkurrenz als Lösung des Problems	682
	C. Voraussetzungen der Konkurrenz	685
	1. Vertragsverletzung	685
	2. Ausservertragliche Schädigung	687
	D. Bedeutung der Konkurrenz und Folgerungen	687
	1. Haftungsvoraussetzungen	688
	2. Internationales Privatrecht	688
	3. Regress des Schadensversicherers	689
	4. Verjährung	689
	5. Wegbedingung oder Beschränkung der Haftung	689
	6. Anstifter und Gehilfen, Haftung für Hilfspersonen	690
	7. Schadensberechnung und Schadenersatzbemessung	691
	8. Haftung des Urteilsunfähigen	692
	9. Zusammenfassung	693
VII.	**Resümee des Konkurrenzproblems zwischen deliktischen Haftungen einerseits sowie zwischen solchen und vertraglichen Haftungen andererseits**	693
VIII.	**Modifikationen der Haftungsvoraussetzungen durch Vertrag**	694

§ 14 Anwendung der Haftpflichtbestimmungen 697

  I. Vorbemerkung 698
  II. Ermessen in bezug auf die Anwendung des materiellen Rechts 698
  III. Freie Beweiswürdigung 706
    A. Im allgemeinen 706
    B. Ausnahme: Bundesrechtliche Anordnung der freien Beweiswürdigung im Haftpflichtrecht 707

§ 15 Internationales Privat- und Zuständigkeitsrecht 709

  I. Vorbemerkungen 709
  II. Die örtliche Zuständigkeit schweizerischer Gerichte 711
    A. Nach IPRG 711
      1. Das Kriterium der internationalen Verhältnisse gemäss IPRG 1 711
      2. Die örtliche Zuständigkeit auf Grund des Wohnsitzes, des gewöhnlichen Aufenthaltes oder einer Niederlassung 713
      3. Gerichtsstand des Handlungs- oder Erfolgsortes 714
      4. Mehrere Schädiger mit schweizerischem Gerichtsstand 715
      5. Das direkte Forderungsrecht gegen Haftpflichtversicherer 715
    B. Nach dem Lugano-Übereinkommen 716
  III. Das internationale Privatrecht 718
    A. Die Anknüpfung im Deliktsrecht 718
      1. Gewöhnlicher Aufenthalt von Schädiger und Geschädigtem im gleichen Staat (IPRG 133 I) 718
      2. Recht des Deliktsortes (IPRG 133 II) 719
      3. Akzessorische Anknüpfung (IPRG 133 III) 719
      4. Sonderfälle 720
    B. Besondere Bestimmungen 720
      1. Mehrheit von Ersatzpflichtigen 720
      2. Unmittelbares Forderungsrecht 721
      3. Die Unterscheidung zwischen den haftpflichtrechtlichen Voraussetzungen der Schadenersatzpflicht einerseits und den Sicherheits- und Verhaltensvorschriften andererseits (IPRG 142) 721

Abkürzungen

Vergleiche auch das Abkürzungsverzeichnis bei FORSTMOSER/OGOREK, Juristisches Arbeiten (Zürich 1994) 333 ff.

A./Aufl.	Auflage
a.a.O.	am angeführten Ort
ABGB	Allgemeines Bürgerliches Gesetzbuch für Österreich, vom 1. Juni 1811
Abs.	Absatz
AcP	Archiv für die civilistische Praxis (Heidelberg/Tübingen 1818 ff.)
ACS	Automobilclub der Schweiz
AdA	Angehörige(r) der Armee
a. E.	am Ende
AG	Aargau/Aktiengesellschaft
AGVE	Aargauische Gerichts- und Verwaltungsentscheide (Aarau 1947 ff.; vorher VAargR)
AHV	Alters- und Hinterlassenenversicherung
AHVG	BG über die Alters- und Hinterlassenenversicherung, vom 20. Dezember 1946 [SR 831.10]
AJP	Aktuelle Juristische Praxis (St. Gallen 1990 ff.)
AKW	Atomkraftwerk
al.	alinea
a. M.	anderer Meinung
Amtl.Bull.	Amtliches Bulletin der Bundesversammlung; NR = Nationalrat, SR = Ständerat (vor 1963: Sten.bull.)
Anm.	Anmerkung
aOR/alt OR	altes schweizerisches Obligationenrecht = BG über das Obligationenrecht vom 14. Juni 1881 (aufgehoben)
Arch.	Archiv
Art.	Artikel

Abkürzungen

AS	Amtliche Sammlung des Bundesrechts (Bern 1948 ff., bis 1987: Sammlung der eidgenössischen Gesetze)
ATCF	Extraits des principaux arrêts du Tribunal cantonal de l'état de Fribourg (Freiburg 1929 ff.)
AtG	BG über die friedliche Verwendung der Atomenergie und den Strahlenschutz, vom 23. Dezember 1959 (Atomgesetz; Haftpflicht und Versicherung ersetzt durch KHG) [SR 732.0]
AtomHG	Österreichisches Atomhaftpflichtgesetz
AVO	VO über die Beaufsichtigung von privaten Versicherungseinrichtungen, vom 11. September 1931 [SR 961.05]
BAG	(deutsches) Bundesarbeitsgericht
BaG	BG über die Banken und Sparkassen, vom 8. November 1934 [SR 952.0]
BB	Bundesbeschluss
BBG	BG über die Schweizerischen Bundesbahnen, vom 23. Juni 1944 [SR 742.31]
BBl	Bundesblatt
Bd./Bde.	Band/Bände
Berner Komm.	Kommentar zum schweizerischen Zivilgesetzbuch (Bern 1910 ff.). Seit 1964: Kommentar zum schweizerischen Privatrecht
BfU	Schweizerische Beratungsstelle für Unfallverhütung, Bern
BG	Bundesgesetz
BGB	Bürgerliches Gesetzbuch für das Deutsche Reich, vom 18. August 1896, heute: Bürgerliches Gesetzbuch
BGBl	(deutsches oder österreichisches) Bundesgesetzblatt
BGE	Entscheidungen des schweizerischen Bundesgerichts, Amtliche Sammlung (Lausanne 1875 ff.)
BGH	(deutscher) Bundesgerichtshof
BGHZ	Entscheidungen des (deutschen) Bundesgerichtshofes in Zivilsachen (seit 1951)
Bgr./BGer	Bundesgericht
BJM	Basler Juristische Mitteilungen (Basel 1954 ff.)
Botsch.	Botschaft

BR	Bundesrat
BRB	Bundesratsbeschluss
BS	Bereinigte Sammlung der Bundesgesetze und Verordnungen (1848–1947)
BSV	Bundesamt für Sozialversicherung
BtG	BG vom 30. Juni 1927 über das Dienstverhältnis der Bundesbeamten [SR 172.221.10]
BV	Bundesverfassung der Schweizerischen Eidgenossenschaft, vom 29. Mai 1874 [SR 101]
BVA	Bundesbeschluss über die Verwaltung der schweizerischen Armee, vom 30. März 1949 [SR 510.30]
BVG	BG über die berufliche Alters-, Hinterlassenen- und Invalidenvorsorge, vom 25. Juni 1982 [SR 831.40]
BVV (2)	VO über die berufliche Alters-, Hinterlassenen- und Invalidenvorsorge, vom 18. April 1984 [SR 831.441.1]
BZP	BG über den Zivilprozess, vom 4. Dezember 1947 [SR 273]
bzgl.	bezüglich
bzw.	beziehungsweise
c.	contra
ca.	cirka
Cal.L.Rev.	California law review
CASETEX	Datenbank für Haftpflicht-, Sozialversicherungs- und Privatversicherungsrecht
c. ass.	(französischer) code des assurances, vom 16. Juli 1976
c. ass.L.	Teil 1 von c. ass. (Erlasse auf Gesetzesstufe)
c. ass.R.	Teil 2 von c. ass. (Erlasse auf Verordnungsstufe)
CAV	Übereinkommen über die Haftung der Eisenbahn für Tötung und Verletzung von Reisenden, vom 26. Februar 1966 (ersetzt durch CIV Art. 26 ff.)
CCfr	Code civil français, vom 21. März 1804
CCit	Codice civile italiano, vom 16. März 1942
Chap.	Chapitre (franz.) / Chapter (engl.) = Kapitel
CIM	Einheitliche Rechtsvorschriften für den Vertrag über die internationale Eisenbahnbeförderung von Gütern (Anhang B zu COTIF) [SR 0.742.403.1]

Abkürzungen

CIV	Einheitliche Rechtsvorschriften für den Vertrag über die internationale Eisenbahnbeförderung von Personen und Gepäck (Anhang A zu COTIF) [SR 0.724.403.1]
COTIF	Übereinkommen über den internationalen Eisenbahnverkehr, vom 9. Mai 1980 [SR 0.742.403.1]
das.	daselbst
ders.	derselbe
dgl.	dergleichen
d. h.	das heisst
dies.	dieselben
Dig.	Digesten
Diss.	Dissertation
DJT	Deutscher Juristentag
Dok.	Dokument
E	Entwurf
E. / Erw.	Erwägung
EbG	Eisenbahngesetz, vom 20. Dezember 1957 [SR 742.101]
EG BGB	Einführungsgesetz zum (deutschen) Bürgerlichen Gesetzbuch, vom 18. August 1896
EFTA	Europäische Freihandelsassoziation (European Free Trade Association)
EG	Europäische Gemeinschaft / Einführungsgesetz
EHG	BG betreffend die Haftpflicht der Eisenbahn- und Dampfschiffahrtsunternehmungen und der Post, vom 28. März 1905 (Eisenbahnhaftpflichtgesetz) [SR 221.112.742]
eidg.	eidgenössisch
EisenbahnG	(österreichisches) Eisenbahngesetz von 1957
EJPD	Eidgenössisches Justiz- und Polizeidepartement
EKHG	(österreichisches) Eisenbahn- und Kraftfahrzeughaftpflichtgesetz, BGBl 1959/48
ElG	BG betreffend die elektrischen Schwach- und Starkstromanlagen, vom 24. Juni 1902 [SR 734.0]
EMD	Eidgenössisches Militärdepartement

EMV	Eidgenössische Militärversicherung
EntG	BG über die Enteignung, vom 20. Juni 1930 [SR 711]
EuGH	Gerichtshof der europäischen Gemeinschaft
EuGVUE	Europäisches Gerichtsstands- und Vollstreckungsabkommen = Brüsseler Übereinkommen über die gerichtliche Zuständigkeit und die Vollstreckung gerichtlicher Entscheidungen in Zivil- und Handelssachen, von 1968/78
EVG	Eidgenössisches Versicherungsgericht, Luzern
EVGE	Entscheidungen des Eidgenössischen Versicherungsgerichts, Amtliche Sammlung; seit 1970: Teil V der BGE
EVK	Eidgenössische Versicherungskasse
ExpK	Expertenkommission
FG	Festgabe
FHG	Fabrikhaftpflichtgesetz, vom 25. Brachmonat 1881 (aufgehoben)
FLG	BG vom 20. Juni 1952 über die Familienzulagen in der Landwirtschaft [SR 836.1]
FN	Fussnote
FS	Festschrift
gl. M.	gleicher Meinung
GSG	BG über den Schutz der Gewässer gegen Verunreinigung, vom 24. Januar 1991 (Gewässerschutzgesetz; wird vom Bundesgericht und z.T. in der Literatur mit GSchG abgekürzt) [SR 814.20]
HE	Schweizer Blätter für handelsrechtliche Entscheidungen (Zürich 1882–1901)
HGB	(deutsches) Handelsgesetzbuch, vom 10. Mai 1897
hg. / hrsg.	herausgegeben
HPflG	(deutsches) Haftpflichtgesetz, vom 4. Januar 1978
i. e. S.	im engeren Sinn
i. K.	in Kraft
i.w. S.	im weiteren Sinn
inkl.	inklusive
insbes.	insbesondere
IPRG	BG über das Internationale Privatrecht, vom 18. Dezember 1987 [SR 291]

Abkürzungen

i. S.	in Sachen/im Sinne
IV	Invalidenversicherung
IVG	BG über die Invalidenversicherung, vom 19. Juni 1959 [SR 831.20]
i. w. S.	im weiteren Sinne
JAR	Jahrbuch des schweizerischen Arbeitsrechts (Bern 1980 ff.)
JBl.	Juristische Blätter (Wien)
Jg.	Jahrgang
JSG	BG über die Jagd und den Schutz wildlebender Säugetiere und Vögel, vom 20. Juni 1986 [SR 922.0]
JT	Journal des Tribunaux, Partie I: droit fédéral (Lausanne 1853 ff.)
JVG	BG über Jagd- und Vogelschutz, vom 10. Juli 1925 (ersetzt durch JSG)
JZ	(deutsche) Juristenzeitung (Tübingen 1951 ff.)
Kap.	Kapitel
KG	BG über Kartelle und ähnliche Organisationen, vom 20. Dezember 1985 (Kartellgesetz) [SR 251]
KHG	Kernenergiehaftpflichtgesetz, vom 18. März 1983 [SR 732.44]
KHV	VO zum Kernenergiehaftpflichtgesetz, vom 5. Dezember 1983 [SR 732.441]
Km/h od. Km./Std.	Stundenkilometer
Komm.	Kommentar
KUVG	BG über die Kranken- und Unfallversicherung, vom 13. Juni 1911 (seit 1. Januar 1984 KVG [SR 832.10] und UVG [SR 832.20])
KVG	BG über die Krankenversicherung, vom 13. Juni 1911 [SR 832.10]
L.Rev.	Law Review
LCR	Loi fédérale du 19 décembre 1958 sur la circulation routière [SR 741.01] = SVG
LFG	BG über die Luftfahrt, vom 21. Dezember 1948 (Luftfahrtgesetz) [SR 748.0]
LG	(deutsches) Landgericht, Landesgesetz

LGVE	Luzerner Gerichts- und Verwaltungsentscheide (Luzern 1865 ff.; vor 1974: Maximen)
Lit.	Literatur
lit.	litera
lt.	laut
LugUe/LugÜ	Lugano-Übereinkommen; Europäisches Übereinkommen über die gerichtliche Zuständigkeit und die Vollstreckung gerichtlicher Entscheidungen in Zivil- und Handelssachen, geschlossen in Lugano am 16. September 1988 [0.275.11]
m	Meter
Maschr.	Maschinenschrift
m. a. W.	mit andern Worten
MDR	Monatsschrift für deutsches Recht (Hamburg 1947 ff.)
MFG	BG über den Motorfahrzeug- und Fahrradverkehr vom 15. März 1932 (ersetzt durch das SVG)
Mio.	Million
MKGE	Entscheidungen des Militärkassationsgerichtes
MMG	BG betreffend die gewerblichen Muster und Modelle, vom 30. März 1900 [SR 232.12]
MO	Militärorganisation der Schweizerischen Eidgenossenschaft, vom 12. April 1907 [SR 510.10]
Mrd.	Milliarde
MSchG	BG vom 28. August 1992 über den Schutz von Marken und Herkunftsangaben (Markenschutzgesetz) [SR 232.11]
MSV	VO über den militärischen Strassenverkehr, vom 1. Juni 1983 [SR 510.710]
MV	Militärversicherung
MVG	BG über die Militärversicherung, vom 19. Juni 1992 [SR 833.1]
m. w. H.	mit weiteren Hinweisen
N	Note, Randnote
NF	Neue Folge
NJW	Neue Juristische Wochenschrift (München 1947 ff.)

Abkürzungen

no./nos	numéro = Nr.
n.p.	nicht publiziert
NR	Nationalrat
Nr.	Nummer
NZZ	Neue Zürcher Zeitung
OECD	Organisation für wirtschaftliche Zusammenarbeit und Entwicklung (Organisation for Economy, Cooperation and Development)
OeJZ	Österreichische Juristenzeitung
OGer	Obergericht
OG	BG über die Organisation der Bundesrechtspflege, vom 16. Dezember 1943 [SR 173.110]
OLG	(deutsches) Oberlandesgericht
OR	BG über das Obligationenrecht, vom 30. März 1911 [SR 220]
OS	Offizielle Sammlung der Gesetze, Beschlüsse und Verordnungen des Eidgenössischen Standes Zürich
PatG	BG betreffend die Erfindungspatente, vom 25. Juni 1954 [SR 232.14]
PKG	Praxis des Kantonsgerichts von Graubünden (Chur 1942 ff.)
Pra.	Praxis des Schweizerischen Bundesgerichts (Basel 1912 ff.)
PraRek	Praxis der Rekurskommission der Eidgenössischen Militärverwaltung (Bern 1929 ff.)
publ.	publiziert
PUe	Pariser Übereinkommen vom 29. Juli 1960 über die Haftung gegenüber Dritten auf dem Gebiet der Kernenergie
PVG	BG betreffend den Postverkehr, vom 2. Oktober 1924 (Postverkehrsgesetz) [SR 783.0]
RabelsZ	Zeitschrift für Ausländisches und Internationales Privatrecht, begründet von Rabel (Tübingen)
RE	Rechnungseinheit
recht	Zeitschrift für juristische Ausbildung und Praxis (Bern 1983 ff.)
Rek.	Rekurs

Rep.	Repertorio di Giurisprudenza Patria (Bellinzona 1869 ff.)
resp.	respektive
Revue	Revue der Gerichtspraxis im Gebiete des Bundeszivilrechts (Beilage zur ZSR, Basel 1883–1911)
RGZ	Entscheidungen des (deutschen) Reichsgerichts in Zivilsachen (1880–1943)
RIP	Ordnung für die Internationale Eisenbahnbeförderung von Privatwagen (Anlage II zu CIM) [SR 0.742.403.1]
RJN	Recueil de jurisprudence neuchâteloise (Neuenburg 1884 ff.)
RKUV	Kranken- und Unfallversicherung: Rechtsprechung und Verwaltungspraxis, hsg. vom BSV (Bern)
RLG	BG über Rohrleitungsanlagen zur Beförderung flüssiger oder gasförmiger Brenn- oder Treibstoffe, vom 4. Oktober 1963 (Rohrleitungsgesetz) [SR 746.1]
RSKV	Krankenversicherung: Rechtsprechung und Verwaltungspraxis, hsg. vom BSV (Bern)
RVJ	Revue valaisanne de jurisprudence (Sitten 1967 ff.) = ZWR oder ZfWR
Rz	Randziffer
S.	Seite
s.	siehe
SAG	Schweizerische Aktiengesellschaft, Zeitschrift für Handels- und Wirtschaftsrecht (Zürich 1928 ff.) (neu ZfWR = Zeitschrift für Wirtschaftsrecht)
sc.	scilicet (d.h., nämlich)
SchKG	BG über Schuldbetreibung und Konkurs, vom 11. April 1889 [SR 281.1]
Sem.jud./Semjud	La semaine judiciaire (Genf 1879 ff.)
SJIR	Schweizerisches Jahrbuch für internationales Recht (Zürich 1914 ff.)
SJK	Schweizerische Juristische Kartothek (Genf 1941 ff.)
SJZ	Schweizerische Juristen-Zeitung (Zürich 1904 ff.)
sog.	sogenannt
SPR	Schweizerisches Privatrecht (Basel und Stuttgart 1967 ff.)

Abkürzungen

SR	Systematische Sammlung des Bundesrechts
SSG	BG über explosionsgefährliche Stoffe, vom 25. März 1977 (Sprengstoffgesetz) [SR 941.41]
SSVO	Sprengstoffverordnung, vom 26. März 1980 [SR 941.411]
SSchG	BG über die Schiffahrt unter der Schweizerflagge, vom 23. September 1953 (Seeschiffahrtsgesetz) [SR 747.30]
Sten.Bull./Stenbull	Amtliches Stenographisches Bulletin der Bundesversammlung; NR = Nationalrat, SR = Ständerat (seit 1963 Amtl.Bull.)
StGB	Schweizerisches Strafgesetzbuch, vom 21. Dezember 1937 [SR 311.0]
StR	Ständerat
StSG	Strahlenschutzgesetz, vom 22. März 1991
StVG	(deutsches) Strassenverkehrsgesetz, vom 19. Dezember 1952
SUVA	Schweizerische Unfallversicherungsanstalt in Luzern
SVG	BG über den Strassenverkehr, vom 19. Dezember 1958 (Strassenverkehrsgesetz) [SR 741.01]
SVK	Schweizerischer Versicherungskurier (Bern 1945 ff.)
SVZ	Schweizerische Versicherungs-Zeitschrift (Bern 1933 ff.)
SZ	Entscheidungen des österreichischen obersten Gerichtshofes in Zivil- und Justizverwaltungssachen
SZS	Schweizerische Zeitschrift für Sozialversicherung und berufliche Vorsorge (Bern 1957 ff.)
T	Tafel
TBG	BG über die Trolleybusunternehmungen, vom 29. März 1950 [SR 744.21]
TCS	Touring-Club der Schweiz
TG	BG über den Transport im öffentlichen Verkehr, vom 4. Oktober 1985 (Transportgesetz) [SR 742.40]
Tim.	Timotheusbrief
TV	VO über den Transport im öffentlichen Verkehr, vom 5. November 1986 (Transportverordnung) [SR 742.401]
u. a.	unter anderem / und andere

Abkürzungen

u.a.m.	und anderes mehr
URG	BG über das Urheberrecht und verwandte Schutzrechte, vom 9. Oktober 1992 [SR 231.1]; bis 1992 BG betreffend das Urheberrecht an Werken der Literatur und Kunst, vom 7. Dezember 1922/24. Juni 1955
u.U.	unter Umständen
u.v.a.	und viele andere
UVG	BG über die Unfallversicherung, vom 20. März 1981 [SR 832.20]
UVV	VO über die Unfallversicherung, vom 20. Dezember 1982 [SR 832.202]
UWG	BG gegen den unlauteren Wettbewerb, vom 19. Dezember 1986 [SR 241]
v.	versus
v.a.	vor allem
VAE	Verkehrsrechtliche Abhandlungen und Entscheidungen (Berlin)
VAG	BG betreffend die Aufsicht über die privaten Versicherungseinrichtungen, vom 23. Juni 1978 [SR 961.01]
VAS	Entscheidungen schweizerischer Gerichte in privaten Versicherungsstreitigkeiten (Bern 1886 ff.)
VE	Vorentwurf
VersR	Versicherungsrecht; Juristische Rundschau für die Individualversicherung (Karlsruhe 1950 ff.)
VerwEntsch	Verwaltungsentscheide der Bundesbehörden (Bern 1927–1963; ab 1964 VPB)
Vfg.	Verfügung
VG	BG über die Verantwortlichkeit des Bundes sowie seiner Behördemitglieder und Beamten, vom 14. März 1958 (Verantwortlichkeitsgesetz) [SR 170.32]
vgl.	vergleiche
VMBF	VO vom 31. März 1971 über die Motorfahrzeuge des Bundes und ihre Führer [SR 741.541]
VMFD	VO vom 3. Juli 1985 über den militärischen Frauendienst [SR 513.71]

Abkürzungen

VO	Verordnung
vol.	volume = Band
VPB	Verwaltungspraxis der Bundesbehörden (Bern 1964 ff.)
VStr	BG über das Verwaltungsstrafrecht, vom 22. März 1974 [SR 313.0]
VVG	BG über den Versicherungsvertrag, vom 2. April 1908 [SR 221.229.1]
VVO	Vollziehungsverordnung
VVV	Verkehrsversicherungsverordnung, vom 20. November 1959 [SR 741.31]
z. B.	zum Beispiel
ZBGR	Schweizerische Zeitschrift für Beurkundungs- und Grundbuchrecht (Wädenswil 1920 ff.)
ZBJV	Zeitschrift des Bernischen Juristenvereins (Bern 1865 ff.)
ZBl	Schweizerisches Zentralblatt für Staats- und Gemeindeverwaltung (ältere Zitierweise: ZSGV) (Zürich 1900 ff.)
ZfWR/ZWR	Zeitschrift für Walliser Rechtsprechung (Sitten 1967 ff.) = RVJ
ZGB	Schweizerisches Zivilgesetzbuch, vom 10. Dezember 1907 [SR 210]
Ziff.	Ziffer
zit.	zitiert
ZPO	Zivilprozessordnung
ZR	Blätter für zürcherische Rechtsprechung (ältere Zitierweise BlZR) (Zürich 1902 ff.)
ZSG	BG über den Zivilschutz, vom 23. März 1962 (Zivilschutzgesetz) [SR 520.1]
ZSGV	Schweizerisches Zentralblatt für Staats und Gemeindeverwaltung (neuere Zitierweise: ZBl) (Zürich 1900 ff.)
ZSR	Zeitschrift für Schweizerisches Recht, Neue Folge (Basel 1882 ff.)
ZStrR	Schweizerische Zeitschrift für Strafrecht (Bern 1888 ff.)

z.T.	zum Teil
Zürcher Komm.	Kommentar zum schweizerischen Zivilgesetzbuch (Zürich 1909 ff.)
ZVglRWiss	Zeitschrift für vergleichende Rechtswissenschaft (Heidelberg 1878 ff.)
ZVW	Zeitschrift für Vormundschaftswesen (Zürich 1946 ff.)
z.Zt.	zur Zeit

Besondere Zitierweisen

– Die *Kommentare* werden mit dem Namen des Verfassers, der Kommentarreihe, der Auflage und dem Erscheinungsjahr zitiert.
– Die *Periodika,* welche nicht mit dem Kalenderjahr zitiert sind, werden nach dem Jahrgang (Bandnummer) angegeben.
– Bei *ausser Kraft gesetzten Gesetzesartikeln* wird vor die Abkürzung des Gesetzes ein «a» gesetzt.

Verweisungen

– Verweise auf andere Stellen in diesem Buch tragen den Vermerk «vorn» oder «hinten».
– Verweise auf die Vorauflage beziehen sich auf die 4. Auflage 1975, wenn nichts anderes gesagt ist.
– Verweise auf Bd. II/1, II/2 und II/3 beziehen sich je auf die 4. Auflagen von 1987, 1989 und 1991.
– Verwiesen wird generell auf die Seitenzahlen oder auf die Rand- und Fussnoten; innerhalb von Oftinger/Stark wird mit Paragraphennummern und Randnoten resp. Fussnoten zitiert.
– Bei den ZR wird mit den Entscheidnummern zitiert.

Literatur

A. Gesamtliteraturverzeichnis

(Schriften, die im ganzen Band meistens nur mit dem/den Verfassernamen zitiert werden.)

BECKER HERMANN	Berner Komm. zum Obligationenrecht, Allgemeiner Teil (Bern 1941)
BREHM ROLAND	Berner Komm. zu Art. 41–61 OR (Bern 1990)
BUCHER EUGEN	Schweiz. Obligationenrecht (3. A. Bern 1988)
BURCKHARDT C. CHR.	Die Revision des Schweiz. Obligationenrechts im Hinblick auf das Schadenersatzrecht; ZSR 22 (1903) 469 ff.
VON BÜREN BRUNO	OR Allgemeiner Teil (Zürich 1964), Besonderer Teil (Zürich 1972)
BUSSY/RUSCONI	Code suisse de la circulation routière (2ème éd., Lausanne 1984)
DESCHENAUX/TERCIER	La responsabilité civile (2ème éd., Berne 1982)
DEUTSCH ERWIN	Haftungsrecht I, Allgemeine Lehren (Köln/Berlin u. a. 1976)
ENGEL PIERRE	Traité des obligations cn droit suisse (Neuchâtel 1973)
ESSER/SCHMIDT	Schuldrecht I/1: Allgemeiner Teil (7. A. Heidelberg 1992), I/2: Allgemeiner Teil (7. A. Heidelberg 1993)
ESSER/WEYERS	Schuldrecht II: Besonderer Teil (7. A. Heidelberg 1991)
GAUCH/SCHLUEP	Schweizerisches Obligationenrecht I/II (5. A. Zürich 1991)
GEIGEL/SCHLEGELMILCH	Der Haftpflichtprozess (20. A. München 1990)
HÜTTE KLAUS	Die Genugtuung bei Tötung und Körperverletzung (OR 47) (Zürich 1989, mit Nachtrag 1994)
GILLIARD FRANÇOIS	Vers l'unification du droit de la responsabilité, ZSR 86 (1967) II 192 ff.

Literatur

GUHL/MERZ/KOLLER	Das Schweizerische Obligationenrecht (8. A. Zürich 1991)
KELLER ALFRED	Haftpflicht im Privatrecht I (5. A. Bern 1993), II (Bern 1987)
KELLER/GABI	Das Schweizerische Schuldrecht II: Haftpflichtrecht (2. A. Basel/Frankfurt a. M. 1988)
KÖTZ HEIN	Deliktsrecht (4. A. Frankfurt a. M. 1988)
KOZIOL HELMUT	Österreichisches Haftpflichtrecht I: Allgemeiner Teil (2. A. Wien 1984), II: Besonderer Teil (2. A. Wien 1986)
LANGE HERMANN	Schadenersatz (2. A. Tübingen 1990)
LARENZ KARL	Lehrbuch des Schuldrechts I: Allgemeiner Teil (14. A. München 1987), II: Besonderer Teil (12. A. München 1981)
MAURER ALFRED	Schweizerisches Sozialversicherungsrecht I: Allgemeiner Teil (2. A. Bern 1983), II: Besonderer Teil (2. A. Bern 1981)
MAURER ALFRED	Schweizerisches Unfallversicherungsrecht (2. A. Bern 1989)
MAURER ALFRED	Schweizerisches Privatversichcrungsrecht (2. A. Bern 1986)
MAURER ALFRED	Bundessozialversicherungsrecht (Basel/Frankfurt a. M. 1993)
MERZ HANS	Obligationenrecht, Allgemeiner Teil, 1. Teilband, SPR VI/1 (Basel/Frankfurt a. M. 1984)
OSER/SCHÖNENBERGER	Zürcher Komm. zum Obligationenrecht, Allgemeiner Teil (2. A. Zürich 1929)
ROELLI/JAEGER	Komm. zum Schweizerischen Bundesgesetz über den Versicherungsvertrag vom 2. April 1908 II/III (Bern 1932/33)
ROELLI/KELLER	Komm. zum Schweizerischen Bundesgesetz über den Versicherungsvertrag vom 2. April 1908 I: Die allgemeinen Bestimmungen (2. A. Bern 1968)
SCHAER ROLAND	Grundzüge des Zusammenwirkens von Schadenausgleichssystemen (Basel/Frankfurt a. M. 1984)

SCHNYDER ANTON K.	in Komm. zum Schweizerischen Privatrecht, Obligationenrecht I (Art. 1–529), hg. von Heinrich Honsell, Nedim Peter Vogt und Wolfgang Wiegand (Basel/Frankfurt a. M. 1992) Art. 41–61 (nachfolgend zit. OR-Schnyder ...)
STARK EMIL W.	Probleme der Vereinheitlichung des Haftpflichtrechts, ZSR 86 (1967) II 1 ff.
STARK EMIL W.	Ausservertragliches Haftpflichtrecht, Skriptum (2. A. Zürich 1988)
STAUFFER/SCHAETZLE	Barwerttafeln (3. A. Zürich 1970 und 4. A. Zürich 1989)
STOLL HANS	Haftungsfolgen im bürgerlichen Recht (Heidelberg 1993)
STUDIENKOMMISSION	für die Gesamtrevision des Haftpflichtrechts, Bericht der ... (August 1991), Bestell-Nr. bei der Eidg. Drucksachen- und Materialzentrale, 3000 Bern: 407.010
VON TUHR/PETER	Allgemeiner Teil des Schweizerischen Obligationenrechts I (3. A. Zürich 1974/79, mit Supplement 1984)
VON TUHR/ESCHER	Allgemeiner Teil des Schweizerischen Obligationenrechts II (3. A. Zürich 1974, mit Supplement 1984)

B. Übrige Literatur

Die auf den Gegenstand eines Paragraphen bezügliche Literatur ist jeweils an dessen Anfang zusammengestellt. Sie wird innerhalb des gleichen Paragraphen mit dem Verfassernamen zitiert, eventuell mit Zusätzen. Weitere Literaturangaben finden sich bei einzelnen Untertiteln sowie in den Fussnoten.

Fundstellen der Gesetze

Zusammengestellt findet der Leser die einzelnen Haftpflichtgesetze bei ALFRED KELLER, Haftpflichtbestimmungen (10. A. Bern 1994).

§ 1 Grundlagen

Literatur

Für die *Geschichte* des Haftpflichtrechts sei verwiesen auf KÖLZ 7 ff. sowie auf die unten angegebenen Schriften von BIENENFELD 11 ff. – SCHNELLER 5 ff. – Ferner HEDEMAN, Die Fortschritte des Zivilrechts im XIX. Jahrhundert I (Berlin 1910) 54 ff., 81 ff. – MEILI, Das Recht der modernen Verkehrs- und Transportanstalten (Leipzig 1888). – TUNC, International Encyclopedia of Comparative Law XI Chap. 1: Introduction, Ziff. 55 ff. – Für das schweizerische Recht besonders: *Volkswirtschaft, Arbeitsrecht und Sozialversicherung der Schweiz,* herausgegeben vom Eidg. Volkswirtschaftsdepartement I (Einsiedeln 1925) 625 ff. – RICHARD EUGSTER, Die Entstehung des Schweizerischen Obligationenrechts vom Jahre 1883 (Diss. Zürich 1926). – GUYER, Kommentar zum schweizerischen Bundesgesetz betreffend die Haftpflicht der Eisenbahn- und Dampfschiffahrts-Unternehmungen und der Post (vom 28. März 1905) (Zürich 1905). – OFTINGER (Titel s. u.) in SJZ 39, 548 ff. – EBERHARD WEISS, Der Einfluss der kantonalen Kodifikationen auf das Haftpflichtrecht des Schweizerischen Obligationenrechts (Diss. Basel 1955. MaschSchr.); Auszug Jahrb. der Basler Juristenfakultät 1955/56, 124 ff. (Basel 1957). – Über die *ethnologische* Herkunft des Haftpflichtrechts und seine *soziologische* Seite: FAUCONNET, La responsabilité (Diss. Paris 1920).

SCHWEIZERISCHE: ABDOL-MADJID AMIRI GHAEM MAGHAMI, Faute, risque et lien de causalité... (Diss. Genf 1953). – ASSMANN, KIRCHNER und SCHANZE, Herausgeber, Ökonomische Analyse des Rechts, 1993. – SERGIO BIANCHI, Ente pubblico e responsabilità per illecito, RDAT 1979, 265 ff. – PIRMIN BISCHOF, Amtshaftung an der Grenze zwischen öffentlichem Recht und Obligationenrecht (Art. 61 OR), ZSR 104 (1985) I 67 ff. – ALFRED BÖCKLI, Die Billigkeitshaftung des Art. 58 des schweizerischen Obligationenrechts (Diss. Bern 1918) 2 ff. – GASTON BOSONNET, Haftpflicht oder Unfallversicherung? Ersatz der Haftpflicht des Motorfahrzeughalters durch eine generelle Unfallversicherung der Verkehrsopfer (Diss. Zürich 1965). – HERIBERT BRACHER, Von der Verschuldens- und Gefährdungshaftung über die Kranken- und Unfallversicherung zur Volksunfallversicherung, ZSR 1988 I 501 ff. – CARL CHRISTOPH BURCKHARDT, Die Revision des Schweizerischen Obligationenrechts in Hinsicht auf das Schadenersatzrecht. Verhandlungen des Schweizerischen Juristenvereins 1903, ZSR 22, 469 ff. (auch als Sonderdruck erschienen). – WOLFHART BÜRGI, Ursprung und Bedeutung der Begriffe «Treu und Glauben» und «Billigkeit» im schweizerischen Zivilrecht (Bern 1939) 83 ff., 94 ff. – GASTON CORNEILLE, Gefahrsprävention und Gefahrsverminderung in der Privatversicherung (Diss. Bern 1952). – ERWIN DEUTSCH, Grundmechanismen der Haftung nach deutschem Recht, deutsch-französisch-schweizerisches Colloquium über die Grundlagen und Funktionen des Haftpflichtrechts (Basel 1973). – MICHAEL FAJNOR, Staatliche Haftung für rechtmässig verursachten Schaden (Diss. Zürich 1987). – DOMINIQUE FAVRE, Remarques à propos de la loi genevoise sur la responsabilité civile de l'état et des communes, RDAF 34 (1978) 137 ff. – DE FÉLICE, Du principe de la responsabilité causale en matière d'actes illicites, ZSR 22, 690 ff. – FLEINER/GIACOMETTI, Schweizerisches Bundesstaatsrecht (Zürich 1978). – ROCHUS GASSMANN-BURDIN, Energiehaftung: Ein Beitrag zur Theorie der Gefährdungshaftung (Diss. Zürich 1988). – FRANÇOIS GILLIARD, Vers l'unification du droit de la responsabilité, ZSR 86 II 193 ff. – DERS., La responsabilité à raison des choses dangereuses en droit civil suisse, Travaux de l'Association Henri Capitant (1971) 105–178. – KARL GROSSMANN, Schadenstragung (Diss. Zürich 1920). – THEO GUHL, Untersuchungen über die Haftpflicht aus unerlaubter Handlung (Bern 1904) 6 ff. – FRITZ HÄBERLIN, Das eigene Verschulden des Geschädigten im schweizerischen Schadenersatzrecht (Diss. Bern 1924) 15 ff. – HÄFELIN/

HALLER, Schweizerisches Bundesstaatsrecht (3. A. Zürich 1993). – HAYMANN, Evolution de la responsabilité civile, SVZ 5, 129 ff., 193 ff. – HIESTAND, Die sozialpolitische Tendenz der Rechtsprechung in Haftpflicht- und Versicherungssachen, SJZ 4, 333 ff., 350 ff. – HOMBERGER, Haftpflicht ohne Verschulden, ZSR 49, 1a ff. – HEINRICH HONSELL, Entwicklungstendenzen im Haftpflichtrecht, Symposium Stark (Zürich 1991) 15 ff. – REINHOLD HOTZ, Die Haftpflicht des Beamten gegenüber dem Staat, dargestellt am Verantwortlichkeitsgesetz des Bundes und am Haftungsgesetz des Kantons Zürich (Diss. Zürich 1973). – BLAISE KNAPP, La responsabilité de l'état et de ses agents (Genf 1978). – KÖTZ, Sozialer Wandel im Unfallrecht, Juristische Studiengesellschaft Karlsruhe (1975). – DERS., Gefährdungshaftung in: Gutachten und Vorschläge zur Überarbeitung des Schuldrechts II (1981). – ALFRED KUTTLER, Zur privatrechtlichen Haftung des Gemeinwesens als Werk- und Grundeigentümer, ZSGV 1976, 417 ff. – PIERRE MOOR, Le régime de la responsabilité de l'état dans la loi vaudoise du 16 mai 1961, RDAF 34 (1978) 166 ff. – CARL OECHSLIN, Kernpunkte der Kausalhaftungsproblematik (Diss. Zürich 1944). – KARL OFTINGER, Der soziale Gedanke im Schadenersatzrecht und in der Haftpflichtversicherung, SJZ 39, 545 ff. – DERS., L'évolution récente de la responsabilité sans faute, Travaux de l'Association Henri Capitant II (Paris 1947) 263 ff. – DERS., L'évolution de la responsabilité civile et de son assurance dans la législation suisse la plus récente, Mélanges Savatier (Paris 1965) 723 ff. – DERS., Haftpflichtrecht und Persönlichkeitsrecht vor der neueren technischen Entwicklung, Festschrift Friedrich List (Baden-Baden 1957) 120 ff. – DERS., Die Haftung ohne Verschulden im schweizerischen Recht, Schweizerische Beiträge, V. Internationaler Kongress für Rechtsvergleichung (Zürich 1958) 51 ff. – DERS., Haftpflicht, Versicherung und soziale Solidarität bei der Wiedergutmachung von Schäden im schweizerischen Recht, Recueil de travaux suisses présentés au VIIIème Congrès international de droit comparé (Basel 1970) 109 ff. – PETITPIERRE, La responsabilité causale, ZSR 49, 65a ff. – ALEARDO PINI, La responsabilità civile dell'automobilista (Diss. Losanna 1932) 23 ff., 111 ff. – ARTHUR RÖTHLISBERGER, La responsabilité civile primaire et subsidiaire de l'état de Vaud et de ses agents, RDAF 39 (1983) 321 ff. – DERS., La responsabilité de l'état, des communes et de leurs agents en droit vaudois, RDAF (1978) 145 ff. – FABIO SCHLÜCHTER, Haftung für gefährliche Tätigkeit und Haftung ohne Verschulden; Das italienische Recht als Vorbild für das schweizerische? (Diss. St. Gallen 1990). – GERHARD SCHMID, Rechtsfragen bei Grossrisiken, ZSR 1990 II 1 ff. – LUDWIG SCHNELLER, Das Veranlassungsprinzip im Schweizerischen Zivilrecht (Diss. Zürich 1904). – FRANZ SCHÖN, Staatshaftung als Verwaltungsrechtsschutz (Diss. Basel 1977). – HANS RUDOLF SCHWARZENBACH, Die vermögensrechtliche Haftung des Gemeinwesens und der Beamten in der Schweiz, ZBl 80 (1979) 503–521. – EMIL W. STARK, Probleme der Vereinheitlichung des Haftpflichtrechts, ZSR 86 II 1 ff. – DERS., Entschädigungsrecht am Scheideweg: Haftpflichtrecht mit Haftpflichtversicherung oder Personen- und Sachversicherung, VersR 1981, 1 ff. – DERS., Die weitere Entwicklung unseres Haftpflichtrechts, ZSR 1981 I 365 ff. – DERS., Entschädigungsrecht – wohin? SVZ 49 (1981) 225 ff. – DERS., Warum eine Gesamtrevision des Haftpflichtrechts? SVZ 61 (1993) 117 ff. – HANSPETER STRICKLER, Die Entwicklung der Gefährdungshaftung. Auf dem Weg zur Generalklausel? (Diss. St. Gallen 1982/83). – PAUL SZÖLLÖSY, Die Berechnung des Invaliditätsschadens im Haftpflichtrecht europäischer Länder (Zürich 1970). – AUGUST TANNER, Die Haftung des Motorfahrzeughalters (Diss. Bern 1936) 7 ff. – PIERRE TERCIER, Quelques considérations sur les fondements de la responsabilité civile, ZSR 1976 I 1 ff. – DERS., Versicherung und Entwicklung des Haftpflichtrechts, SVZ 54 (1986) 73 ff. – DERS., L'indemnisation des préjudices causés par des catastrophes en droit suisse, ZSR 1990 II 76 ff. – VON TUHR/SIEGWART, Allgemeiner Teil des Schweizerischen Obligationenrechts I (§§ 30–54) (2. A. Zürich 1974). – ANDRÉ TUNC, Fondements et fonctions de la responsabilité civile en droit français, deutsch-französisch-schweizerisches Colloquium über die Grundlagen und Funktionen des Haftpflichtrechts (Basel 1973). – VON WATTENWYL, Zur Automobilhaftpflicht, SJZ 23, 57 ff. – PIERRE WIDMER, Fonction et évolution de la responsabilité pour risque, ZSR 1977 I 417 ff. – DERS., Reformüberlegungen zum Haftpflichtrecht, Symposium Stark

(Zürich 1991) 49 ff. – DERS., La réforme du droit de la responsabilité civile et son impact sur les règles régissant la circulation routière, AJP 1992, 1086 ff. – DERS., Standortbestimmung im Haftpflichtrecht, ZBJV 110 (1974) 289 ff. – DERS., Die abenteuerliche Wissenschaft vom Haftpflichtrecht. Notizen zu einigen neuen Beiträgen, ZBJV 112 (1976) 199 ff. – YUNG, Principes fondamentaux et problèmes actuels de la responsabilité civile en droit suisse, in: YUNG, Etudes et articles (Genève 1971) 413–430, zugleich in: Deutsch-französisch-schweizerisches Colloquium über Grundlagen und Funktionen des Haftpflichtrechts, herausgegeben von Klein (Basel/ Stuttgart 1973) 93 ff.

FRANZÖSISCHE: RAMSÈS BEHNAM, La responsabilité sans faute (Diss. Paris 1953). – RIPERT, Le régime démocratique et le droit civil moderne (2. A. Paris 1948) nos 167 et sv. – DERS., La règle morale dans les obligations civiles (4. A. Paris 1949) nos 112 et sv. – SAVATIER, Du droit civil au droit public (2. A. Paris 1950) 99 et sv. – DERS., Les métamorphoses économiques et sociales du droit civil d'aujourd'hui I (3. A. Paris 1964) nos 274 et sv. – DERS., Les métamorphoses ... du droit privé d'aujourd'hui II (Paris 1959). – STARCK, Essai d'une théorie générale de la responsabilité civile ... (Paris 1947). – DERS., Droit civil, Obligations (Paris 1972).

DEUTSCHE und ÖSTERREICHISCHE: BIENENFELD, Die Haftungen ohne Verschulden (Berlin/Wien 1933). – VON CAEMMERER, Wandlungen des Deliktsrechts, in: Hundert Jahre deutsches Rechtsleben, Festschrift II (Karlsruhe 1960) 49 ff. = Gesammelte Schriften I (Tübingen 1968) 452 ff. – DERS., Reform der Gefährdungshaftung (Berlin 1971). – ESSER, Grundlagen und Entwicklung der Gefährdungshaftung (München/Berlin 1941). – EIKE VON HIPPEL, Schadensausgleich bei Verkehrsunfällen (Berlin/Tübingen 1968). – DERS., Reform des Unfallschadensrechts? SJZ 83 (1987) 114 f. – HANS-PETER FRIEDRICH, Haftpflichtrecht und Unfallverhütung, in: Sicherheit im Strassenverkehr (Frankfurt a. M. 1974). – NIPPERDEY und Mitverfasser, Grundfragen der Reform des Schadenersatzrechts (München/ Berlin 1940). – MANFRED REHBINDER, Zur Reform des Staatshaftungsrechts. Gutachten, Bonn, Bundesministerium der Justiz (1975). – RÜMELIN, Schadenersatz ohne Verschulden (Tübingen 1910). – BERND SCHILCHER, Theorie der sozialen Schadensverteilung (Berlin 1977). – WEYERS, Unfallschäden (Frankfurt am Main 1971). – WILBURG, Die Elemente des Schadensrechts (Marburg 1941). – MICHAEL R. WILL, Quellen erhöhter Gefahr (München 1980).

VERSCHIEDENE LÄNDER: KLEIN (Hrsg.), Deutsch-französisch-schweizerisches Colloquium über Grundlagen und Funktionen des Haftpflichtrechts (Basel/Stuttgart 1973). – STONE, International Encyclopedia of Comparative Law XI Chap. 5: Liability for Damage caused by Things. – TRIMARCHI, Rischio e responsabilità oggettiva (Milano 1961). – TUNC, International Encyclopedia of Comparative Law XI. – KONRAD ZWEIGERT/HEIN KÖTZ, Die Haftung für ungefährliche Anlagen in den EWG-Ländern sowie in England und den Vereinigten Staaten von Amerika (Tübingen 1966). – DIES., Einführung in die Rechtsvergleichung II (2. A. Tübingen 1984).

I. Vorbemerkungen

Das Haftpflichtrecht als einheitliches Rechtsgebiet aufgefasst und dargestellt zu haben, ist das Verdienst von Karl Oftinger mit der ersten Auflage dieses Werkes. Die Einheitlichkeit des Haftpflichtrechts ergibt sich zwar schon aus seiner Natur: Es geht immer um die Verursachung eines Schadens   1 des einen durch einen andern und dann um die Frage, ob der Schaden von diesem andern zu vergüten sei oder nicht. Da die Erweiterung des überlieferten Haftpflichtrechts durch strenge Kausalhaftungen ungefähr seit der letzten Jahrhundertwende nicht durch Ergänzungen des OR, sondern durch Spezialgesetze erfolgte, wurde die Gesamtsicht etwas getrübt. Um so wichtiger ist die dogmatische Bearbeitung, die das Ziel verfolgt, *Grundlinien herauszuarbeiten, die es erlauben, die sich immer wieder stellenden gleichen Fragen gleich zu beantworten.* Das ist unerlässlich, setzt aber eine vertiefte Prüfung der vom Gesetzgeber in den verschiedenen Gesetzen zu verschiedenen Zeitpunkten pragmatisch erarbeiteten Einzellösungen voraus.

2 Dabei ist zu berücksichtigen, dass das Haftpflichtrecht wohl mehr als andere (ältere) Rechtsgebiete – namentlich im Zusammenspiel mit dem Sozialversicherungsrecht – viele Variationen bei den zu bearbeitenden praktischen Fällen aufweist und dass de lege ferenda, aber auch bei der Beurteilung konkreter Einzelfälle das *Ermessen* eine wichtigere Rolle spielt als in andern Rechtsgebieten.

3 Bei der Entscheidung von Haftpflichtfragen – sei es de lege ferenda oder lata – ist auf menschliche Verhaltensweisen abzustellen, die die Haftpflicht auslösen (sollen) oder eben nicht. Entscheidend sind de lege ferenda die Kriterien, auf die abzustellen ist. Der eine wird utilitaristische Kriterien befürworten wie die Anhänger der ökonomischen Analyse (vgl. hinten N 51 ff.). Der andere wird auf die Ethik[1] zurückgreifen, einen Begriff, der nicht einheitlich verstanden wird und auch keinen streng bestimmten Inhalt hat[2].

4 Am besten eignet sich vielleicht das *Rechtsempfinden*[3], das sich in unserem Kulturkreis durch die griechisch-christliche Tradition entwickelt

---

[1] Vgl. dazu das Lexikon über: Die Religion in Geschiche und Gegenwart, Handwörterbuch für Theologie und Religionswissenschaft (3. A. Tübingen 1957/86) zum Begriff der Ethik, die als Lehre vom verantwortlichen Handeln innerhalb des mitmenschlichen Seins schon auf das Altertum (Homer, Ägypten, Babylonien und Israel), aber insbesondere auf Sokrates und Aristoteles zurückgeführt wird. Es wird festgestellt, dass ein Minimalethos des richtigen Benehmens ungeachtet der religiösen Einstellung eines Volkes die dominierende Lehre des praktischen Anstandes darstellte, dass die «natürliche» Sittlichkeit in den alten Kulturen aber als religiöse Forderung verstanden wurde. «Der normative Charakter jeder Ethik setzte immer die Rückendeckung einer philosophischen oder theologischen Lehre voraus.» Der Gedanke der Ethik wurde dann von sehr vielen Denkern in verschiedenen Richtungen vertieft und weiterentwickelt.

[2] Im rechtlichen Gebiet kann als Beispiel dafür die Streitfrage angeführt werden, ob eine verunfallte Dirne ihren Verdienstausfall vom Haftpflichtigen verlangen kann; vgl. BGE 111 II 296; hinten § 6 N 138.

[3] Das gilt allerdings nur, wenn das Rechtsempfinden nicht durch geschickte Beeinflussung verändert ist, sondern der griechisch-christlichen Tradition entspricht. An das Rechts-

I. Vorbemerkungen § 1

hat[4]. Es gibt aber auch nur grobe Richtlinien, um so materielle Probleme, wie die Verteilung von Geld, zu beurteilen. Rechtsnormen, die dem Rechtsempfinden entsprechen, geniessen die Akzeptanz, die für das Funktionieren der Rechtsordnung unerlässlich ist[5]. Aber direkt auf das Rechtsempfinden kann das Gesetz nicht verweisen; das wäre – wie ein Verweis auf die Ethik – viel zu unbestimmt[6]. Diese Schwierigkeiten lassen sich nur befriedigend, unter Wahrung einer möglichst grossen Rechtssicherheit, überwinden, wenn klare dogmatische Linien vorhanden sind, die das richterliche Ermessen leiten und den Einzelfall in ein System einordnen lassen[7]. Dieses System und die sich daraus ergebenden Leitplanken zu entwickeln, ist Aufgabe der Rechtswissenschaft. Sie muss darlegen, *warum* das Gesetz

---

empfinden hat auch Hitler in seiner Reichtagsrede vom 1. September 1939 appelliert, als er ausrief, dass er sich nicht länger von Polen herausfordern lasse. Das war aber ein Rechtsempfinden, das er durch falsche Information «umgeleitet» hat.

Diese Möglichkeit der Fehlleitung entfällt oder ist kleiner bei den Begriffen *«Humanität»* und *«mitmenschliche Rücksichtnahme»*, die dem Rechtsempfinden zugrunde liegen, wenn es nicht verfälscht ist.

[4] Die Menschlichkeit und die Achtung vor dem Mitmenschen kann man vielleicht durch den Satz ausdrücken: Was Du nicht willst, dass man Dir tu', das füg auch keinem andern zu.

[5] Hier ist noch ein weiterer Gesichtspunkt zu berücksichtigen: Wenn der Schädiger seine Schadenersatzpflicht – wenn er es auch vielleicht nicht zugibt – innerlich als recht und billig akzeptiert, wird er eher bereit sein, zu einem Vergleich die Hand zu bieten oder den Abschluss eines Vergleiches durch seine Haftpflichtversicherung gutzuheissen, als wenn er sie als ungerecht empfindet. Das ist von eminenter Bedeutung für die praktische Abwicklung von Hunderttausenden von Haftpflichtfällen, die jedes Jahr in der Schweiz anfallen. Es wäre praktisch überhaupt nicht möglich, auch nur 25% dieser Fälle gerichtlich auszutragen. Die Beanspruchung der Gerichte, aber auch der Versicherungsgesellschaften, würde ins Unermessliche steigen, was zu einer enormen Kostensteigerung führen müsste. Nur wenn das Haftpflichtrecht dem Rechtsempfinden der Beteiligten, insbesondere des Schädigers, entspricht, kann es also *praktisch* seine Funktion erfüllen. Daher ist es wichtig, dass die Versicherer ihre Vergleichsvorschläge den Parteien verständlich machen.

[6] Das Rechtsempfinden ist nicht nur Richtlinie für die Gestaltung der Rechtsordnung durch den Gesetzgeber und für die Beurteilung des Einzelfalles durch den Richter, sondern findet darüber hinaus in unzähligen Fällen direkt Anwendung. Als Beispiel sei der verbreitete Wunsch von Eltern eines Kindes, das einen Schaden verursacht hat, an die Adresse des Privathaftpflichtversicherers erwähnt, den in ZGB 333 vorgesehenen Sorgfaltsbeweis nicht zu offerieren. Das hat zu einer Ausdehnung des entsprechenden Deckungsumfanges durch die Privathaftpflichtversicherer geführt, die dann mit ihrer Deckung über den Bereich des Haftpflichtrechts hinausgehen.

[7] An sich stellt die Statuierung verschiedener Haftungsarten, z. B. der verschiedenen Gefährdungshaftungen, eine Notlösung dar, die sich aufgedrängt hat, weil Haftungsvoraussetzungen, die für alle Gefährdungshaftungstatbestände gleich sind, nicht genügend klar herausgearbeitet werden konnten. Einen wesentlichen Fortschritt würde hier eine generelle Gefährdungshaftung darstellen; vgl. hinten Bd. II/2 § 24 N 37 ff.

diese oder jene Regelung vorsieht und wie die Grenzen zu ziehen sind[8]. Das dogmatische System soll es den Richtern im ganzen Lande erlauben, weitgehend übereinstimmende Entscheidungen zu fällen, die mit dem Rechtsempfinden im Einklang stehen.

II. Begriff des Haftpflichtrechts und seine Ordnung im allgemeinen

A. Haftpflichtrecht als Gegenstand dieses Buches – Sein Anwendungsbereich

5 Die Ausdrücke *«Haftpflicht»* und *«Haftpflichtrecht»* sind mehrdeutig; dasselbe gilt von dem in der französischen Rechtssprache verwendeten Wort *responsabilité civile*[9]. In einem weiten Sinne gebraucht, erfasst der Begriff Haftpflichtrecht innerhalb des Privatrechts neben den ausservertraglichen Schädigungen auch ausgewählte Tatbestände vertraglicher Schädigungen, vor allem, wenn solche von den Angehörigen bestimmter Berufe ihren Auftraggebern zugefügt werden, indem sie die ihnen obliegenden Sorgfaltspflichten verletzen: Haftpflicht des Arztes, des Anwalts u.a.m.[10]. Hier hat man die Nichterfüllung oder die nicht gehörige Erfüllung einer vertraglich begründeten Obligation vor sich (OR 97 ff. und die Vorschriften aus dem besonderen Vertragsrecht). Scheidet man die vertraglichen Schädigungen aus, so bedeutet Haftpflichtrecht die Gesamtheit der

---

[8] Man könnte statt dessen möglichst viele Einzelentscheidungen im Gesetz oder in der wissenschaftlichen Literatur – im Sinne von Gruppenbildungen – vorsehen. Eine solche kasuistische Methode hat den Nachteil, dass in Anbetracht der Variationen des Lebens die Umschreibung solcher Einzelentscheidungen kaum je so gelingt, dass die Subsumtion eines Falles unter eine solche Einzelentscheidung zweifelsfrei möglich ist. Die Abgrenzungskriterien können nicht alle Eventualitäten enthalten und sind auslegungsbedürftig. Man würde damit auch weitgehend auf die Vorteile der generell abstrakten Norm verzichten. In gewissem Sinne stellt aber die Existenz verschiedener Haftungsarten eine solche kasuistische, aber gleichzeitig doch noch sehr generelle Methode dar. Es handelt sich um eine Frage des Masses.
[9] Rechtsvergleichende Untersuchung TUNC, chap. 1 Ziff. 4 ff.
[10] Einen weiteren Bereich bezieht das Buch von A. KELLER I ein: 4. Teil.

Vorschriften, die sich mit dem Einstehen für die ausservertraglichen Schädigungen befassen (OR 41 ff. und die Spezialgesetze). In einem noch engeren Sinne wird darunter etwa die Ordnung der ausservertraglichen Haftung ohne Verschulden verstanden, d. h. der Kausalhaftung. Dann ist die Verschuldenshaftung (OR 41) ausgeschieden. Früher wurde der Ausdruck sogar lediglich auf die in Spezialgesetzen geregelten Kausalhaftungen bezogen.

Haftpflichtrecht als *Gegenstand dieses Buches* ist das Recht der *ausservertraglichen Schädigungen*[11]. Der Kreis wird der Tradition gemäss gezogen; demnach erfolgt keine einlässliche Behandlung etwa der Verletzung des Persönlichkeitsrechts (ZGB 28, OR 49)[12], des unlauteren Wettbewerbs[13] oder der Ansprüche, die sich auf die Gesetze aus dem Gebiet des Immaterialgüterrechts stützen. Nur so lässt sich der Umfang der Darstellung in erträglichen Grenzen halten. Haftpflichtrecht im soeben beschriebenen Sinne tritt vorwiegend auf als das Recht der *Haftung für Unfälle*. Es geht meist um Personen- und Sachschaden. Sprachlich besteht kein Unterschied zwischen Haftung und Haftpflicht. Aus der bunten Fülle der Kausalhaftungen[14] wurden im «Besonderen Teil» des Buches (4. A. Bd. II/1, II/2, II/3) die wichtigeren dargestellt, und zwar aus dem Gebiete des OR, des ZGB und der Spezialgesetze; es sei auf die Inhaltsverzeichnisse verwiesen. Weitere Kausalhaftungen erfahren in Bd. I am gegebenen Orte eine beiläufige Erörterung. 6

Neben den gesetzlichen Bestimmungen muss eine Darstellung des Haftpflichtrechts zahlreiche *Begriffe* entwickeln, die die Gesetze nicht umschreiben, und *Regeln* wiedergeben, die dort nicht enthalten, sondern von der *Gerichtspraxis* geschaffen worden sind. Das Haftpflichtrecht bietet sich insofern auf weite Strecken als «ungeschriebenes» Recht dar – als *Judge made Law*, als *Case Law* –, und dies in bedeutend stärkerem Umfange, als ein kodifiziertes Recht erwarten lässt. Ein erheblicher Teil dieser Begriffe und Regeln ist sämtlichen im OR, im ZGB und in den Spezialgesetzen geordneten Haftpflichttatbeständen gemeinsam und lässt sich mittels Abstraktion, induktiv, herausziehen und zum *Allgemeinen Teil* des Haftpflichtrechts vereinigen. Das ist das Vorhaben des Ersten Bandes. 7

---

11 Ähnlich die Umschreibung in BGE 65 II 193/94. STOLL 2/3 erwähnt auch die präventiven Rechtsbehelfe, die hier aber nicht besprochen werden.
12 Vgl. aber Bd. II/1 § 16 N 47 ff; im übrigen hinten § 8 FN 37.
13 Vgl. aber Bd. II/1 § 16 N 65 ff.
14 Darüber BIENENFELD, besonders 70 ff., 437 ff. Zur Verschuldenshaftung vgl. Bd. II/1 § 16 N 1 ff.

8 Es ergibt sich von selber, dass die im «Allgemeinen Teil» behandelten Begriffe und Regeln einen *Anwendungsbereich* besitzen, der über die im «Besonderen Teil» des Buches dargestellten Kausalhaftungen und die allgemeine Verschuldenshaftung gemäss OR 41 hinausgeht. Sie sind auch gültig für Sondergebiete der ausservertraglichen Schädigung, wie beispielsweise die Verletzung des Persönlichkeitsrechts (ZGB 28, OR 49), den Boykott (KG 8), den unlauteren Wettbewerb (UWG 9), das Immaterialgüterrecht (URG 44, PatG 73, MSchG 24 ff., MMG 24 ff.) sowie – wiederum dem Haftpflichtrecht zugehörig – das See- und Binnenschiffahrtsrecht (SSchG 48 ff., 85, 126 II), das Luftrecht (LFG 79 und Lufttransportreglement vom 3. Oktober 1952/1. Juni 1962 Art. 11) und das Jagdrecht (JSG 15). Jene Begriffe und Regeln finden gegebenenfalls Anwendung selbst auf Haftpflichtforderungen des *öffentlichen Rechts*, sei es kraft ausdrücklicher Verweisung oder der Sache nach, indem eine Bestimmung Begriffe verwendet wie Schaden, Verschulden, Kausalzusammenhang oder Solidarität, die einheitlich zu gebrauchen sind. Vereinzelt stimmen solche Bestimmungen wörtlich mit parallelen Vorschriften des OR überein[15]. Gleiches lässt sich im kantonalen Recht feststellen[16]. Vorbehalten bleibt eine abweichende Bedeutung der Norm. Im Zweiten Weltkrieg dienten die Begriffe und Regeln des schweizerischen Haftpflichtrechts zur Beurteilung von Folgen von *Völkerrechtsverletzungen*[17]: so bei der Regulierung der von ausländischen Staaten zu leistenden Entschädigungen für Schäden, die durch Bom-

---

[15] Siehe z. B. VG 3 ff., 9; BG über den Zivilschutz vom 23. März 1962 Art. 77. Auch die Bemessung von Expropriationsentschädigungen richtet sich u. U. nach jenen Begriffen und Regeln: ZR 56 Nr. 120, S. 269. – Zum Problem CLO DURI BEZZOLA, Der Einfluss des privaten auf die Entwicklung des öffentlichen Schadenersatzrechts (Diss. Zürich 1960); PETER UELI ROSENSTOCK, Die Haftung des Staates als Unternehmer im Bereiche der Hoheitsverwaltung (Diss. Zürich 1966); MICHAEL FAJNOR; EMIL W. STARK, Die Haftungsvoraussetzung der Rechtswidrigkeit in der Kausalhaftung des Staates für seine Beamten, in: FS U. Häfelin (Zürich 1989) 569 ff.

[16] Etwa Zürcher Gesetz über die Haftung des Staates ... vom 14. September 1969 §§ 7 ff.; ZR 64 Nr. 159: Schadenersatz wegen vorsorglicher Massnahmen gemäss ZPO.

[17] MARGARETE KUHN, Verschuldens- und Verursachungshaftung der Staaten im allgemeinen Völkerrecht (Diss. Genf 1961). Beispiel für eine völkerrechtliche Gefährdungshaftung: Übereinkommen über die völkerrechtliche Haftung für Schäden durch Weltraumgegenstände vom 29. März 1972, AS 1974, 784. – Zu den Folgen von «Schweizerhalle» in völkerrechtlicher Sicht: HANS GEORG HINDERLING/PETER GOEPFERT, Sandoz-Brand: Haftung im Fadenkreuz von Völkerrecht, Aktienrecht und Strafrecht, SJZ 83 (1987) 57 ff.; EMIL W. STARK, Völkerrecht und Haftpflichtrecht. Einige Bemerkungen im Zusammenhang mit dem Fall Schweizerhalle ..., SJZ 83, (1987) 212 ff. Zu «Tschernobyl»: ALFRED REST, Tschernobyl und die internationale Haftung – Völkerrechtliche Aspekte, VersR 1986, 609 ff.

II. Begriff des Haftpflichtrechts und seine Ordnung im allgemeinen   § 1

benabwürfe und andere kriegerische Handlungen auf schweizerischem Gebiet entstanden waren[18], und ferner bei der Festsetzung von Schadenersatz und Genugtuung, die wegen der Ermordung von Schweizern im Ausland gefordert wurden[19].

B. Einige Grundgedanken des Haftpflichtrechts

1. Funktion des Haftpflichtrechts

a) Ausgangspunkt

Wenn die gleiche Person Schädiger und Geschädigter ist[20] – beim sog. 9
Selbstunfall – stellt sich das Problem einer haftpflichtrechtlichen Überwälzung des Schadens vom Geschädigten, der ihn erlitten hat, auf einen andern nicht[21].

Ist aber Ursache der Schädigung nicht das Verhalten des Geschädigten 10
oder ein Umstand, für den dieser einzustehen hat, so stellt sich die Frage, ob der finanzielle Schaden (ganz oder zum Teil) definitiv von demjenigen getragen werden muss, der ihn erlitten hat *(casum sentit dominus)* oder ob er ihn auf einen andern abwälzen kann. Darauf gibt das Haftpflichtrecht Antwort[22]. Es liegt nahe, dass dabei vor allem an denjenigen gedacht wird, der ihn verursacht hat (oder aufgrund des Haftpflichtrechts für die Ursache einstehen muss).

Zu prüfen ist hier also, unter welchen Umständen ein Schaden[23] auf 11
einen Dritten überwälzt werden können soll, unabhängig davon ob er ihn

---

[18] HERMANN ODERMATT, Die Deckung von Neutralitätsverletzungsschäden in der Schweiz (Diss. Zürich 1951) 73 und passim; PETER KAMER, Die Deckung von Neutralitätsverletzungsschäden an Sachen (Diss. Zürich 1954) 94.
[19] VerwEntsch. 17 Nr. 46.
[20] Wenn das Verhalten des Geschädigten nur eine von mehreren rechtlich relevanten Ursachen darstellt, liegt aber auch ein Haftpflichtfall vor.
[21] Abgesehen von der Überwälzung des Schadens auf einen Versicherer. Diese erfolgt nach privat- oder sozialversicherungsrechtlichen Regeln und bildet daher nicht Gegenstand diese Buches. Sie ist allerdings immer wieder bei der Prüfung von haftpflichtrechtlichen Ansprüchen beizuziehen; vgl. hinten § 11.
[22] Vgl. KÖTZ, Deliktsrecht N 644; DEUTSCH I 73; MERTENS, Münchner Kommentar vor BGB 823 Rdn. 41 u. a.; STARK, Skriptum N 18 ff.
[23] Inkl. die Geldzahlungen für immaterielle Unbill (Genugtuung).

nach einem Vertrag oder nach öffentlichem Recht (abgesehen vom öffentlichen Haftpflichtrecht) zu tragen hat. Festzuhalten ist dabei, dass das geltende Recht keine Regel kennt, wonach für jeden Schaden ein Ersatzpflichtiger zu finden sei, sosehr sich auch diese Ansicht in der gegenwärtigen Gesellschaft zu verbreiten scheint[24].

12   Die Rechtsordnung hat zu bestimmen, welche Umstände als Haftungsgründe gelten, d. h. eine Haftung des Verursachers oder eines Dritten, der für ihn einstehen muss, begründen können. Darüber ist schon viel Tinte geflossen[25]; dazu ist hier nur kurz Stellung zu nehmen, da dieses Buch die *geltende* Haftpflichtordnung darstellen und nicht generell de lege ferenda überprüfen will. Im Besonderen Teil wird in bezug auf die einzelnen Haftungsarten deren innere Berechtigung jeweils kurz behandelt.

13   De lege ferenda ist die Frage zu stellen und zu beantworten, ob der Inhalt der Haftpflichtordnung zur Erreichung bestimmter wirtschaftlicher[26] oder anderer Zwecke[27] geeignet und durch dieses Ziel bestimmt sein[28] oder ob er

---

[24] Vgl. A. KELLER II 30 ff.; KELLER/GABY 1 ff.; KÖTZ, Sozialer Wandel im Unfallrecht 5; siehe auch hinten N 129.

[25] Vgl. A. KELLER I, systematische Darstellung auf der Innenseite des Buchdeckels; GUHL/MERZ/KOLLER 169 ff.; STARK, Skriptum N 33 und viele andere.

[26] Vgl. die Formulierung des Ziels des Haftpflichtrechts durch KÖTZ, Deliktsrecht 40: «Aufstellen von Regeln über Voraussetzungen und Umfang der Schadenersatzpflicht, die geeignet sind, das Verhalten der Bürger so zu steuern, dass von ihnen alle Unfälle verhütet werden, die zu verhüten wegen des damit verbundenen Gewinns an gesamtgesellschaftlicher Wohlfahrt sinnvoll ist.»

[27] Beispiele:
– Förderung der gemeinsamen Fahrt mehrerer Nachbarn zum Arbeitsplatz durch Abschaffung der Reduktion des Schadenersatzes bei Gefälligkeitsfahrt (vgl. Bd. II/2 § 25 N 582).
– Kampf gegen die Prostitution durch Nichtberücksichtigung des Dirnenlohnes bei der Schadensberechnung.
– Förderung der Ehe durch Nichtberücksichtigung der Unterhaltsleistungen an Konkubinen und ausserehliche Kinder im Todesfall.
– Kampf für die Schulmedizin durch Nichtbezahlung der Kosten von ihr nicht anerkannter therapeutischer Massnahmen im Haftpflichtfall, auch wenn sie Erfolg haben.
– Senkung der Kosten, die gesamthaft durch Unfälle und Unfallverhütung entstehen, durch Nichtanerkennung von sich nicht lohnenden Schadenverhütungsmassnahmen als Aufwendung der gebotenen Sorgfalt im Sinne der ökonomischen Analyse (vgl. hinten N 51 ff.).
Dass die Effizienz solcher Massnahmen fraglich ist, liegt auf der Hand.

[28] Dass eine Rechtsordnung von den Rechtssetzern und den Rechtsanwendern irgendwelchen, vom Gedanken des Rechts weit entfernten Zwecken dienstbar gemacht werden kann, hat die Geschichte, namentlich der letzten hundert Jahre, unmissverständlich gezeigt.

II. Begriff des Haftpflichtrechts und seine Ordnung im allgemeinen § 1

unabhängig von solchen teleologischen Überlegungen ethischen[29] Grundsätzen entsprechen soll.

Grundsätze der Menschlichkeit und des Rechtsempfindens können auch dadurch verletzt werden, dass das Verschulden des Schädigers haftpflichtrechtlich irrelevant ist, obschon dafür keine genügenden Gründe vorliegen[30]. Für die Gefährdungshaftungen werden in Bd. II/2 § 24 N 17 ff. solche Gründe bejaht.

Die *Vermeidung und die Milderung finanzieller Not und die Motivation zur Schadensverhütung* sind (auch de lege ferenda) weitgehend – willkommene – Wirkungen des Haftpflichtrechts; sie sind aber – bei der hier vertretenen Betrachtungsweise – nicht sein Zweck und stehen in der Ordnung der massgebenden Werte nicht an erster Stelle. Der Milderung durch Schadenfälle verursachter finanzieller Not dient primär das Sozialversicherungsrecht, der Förderung der Prävention das Strafrecht[31].

b) Motive des Haftpflichtrechts

Hier soll untersucht werden, welche Tendenzen als Beweggründe für die Einführung und Weiterentwicklung des geltenden Haftpflichtrechts gewirkt haben. Das wäre eigentlich historisch zu prüfen, was aber über den Bereich dieses Buches hinausginge. Hier sollen die Tendenzen (unter kritischer Würdigung) des Haftpflichtrechts aus seinem Inhalt abgeleitet

---

[29] Man könnte auch von an-sich-seienden Werten sprechen, die nicht durch die Eignung zur Erreichung angestrebter Zwecke bestimmt werden, oder von Werten, die einer inneren Wertordnung einer Mehrheit entsprechen und sich aus der Menschlichkeit und dem Rechtsempfinden ergeben (vgl. vorn N 4).

[30] Man denke an das sog. no-fault-System; vgl. hinten N 141; Bd. II/2 § 25 FN 60. Keine genügenden Gründe liegen vom Standpunkt der ethischen Betrachtungsweise aus vor, wenn bei der ökonomischen Betrachtungsweise die Sorgfalt nur damit begründet werden kann, dass die Sorgfaltsmassnahmen weniger gekostet hätten als die dadurch verhüteten Personenschäden; vgl. hinten N 53 ff.

[31] Für das Haftpflichtrecht stellen diese Faktoren nur positive Nebenwirkungen dar (vgl. KÖTZ, Deliktsrecht 644; LARENZ, Schuldrecht I 423; DEUTSCH 71; A. KELLER II 25, 92; LANGE 10 f.; KLAUS F. RÖHL, Rechtssoziolgie (Köln/Berlin 1987) 206; VON LISZT, Deliktsobligationen 2 f.; MERTENS, Vermögensschaden 109; KOZIOL I 4), weil es die Vermeidung oder Milderung finanzieller Not und die Schadensverhütung nicht zum Anknüpfungspunkt der Haftpflicht macht. Diese tritt gegebenenfalls auch ein, wenn der Geschädigte durch den Schadenfall (z. B. wegen seines Vermögens) nicht in Not gerät oder der Verursacher bei den strengen und z. T. auch bei den milden Kausalhaftungen alle erdenklichen Schadenverhütungsmassnahmen getroffen hat.

werden, damit sie im Einzelfall bei der Auslegung des Gesetzes berücksichtigt werden können.

17 Jeder Mensch hat viele Güter, die – zwar vielleicht eingeschränkte – Gesundheit, besondere Fähigkeiten und Kenntnisse, wertvolle Beziehungen zu andern Menschen, Vermögen in dieser oder jener Form. Er hängt an ihnen; durch ihre Beeinträchtigung oder Vernichtung wird er in seiner Lebensführung eingeschränkt. Wenn die Natur oder er selbst die Beeinträchtigung oder Vernichtung verursacht hat, muss er seinen Nachteil selbst tragen, es sei denn, er habe sich gegen die eingetretene Art der Schädigung versichert.

18 Wenn aber ein Dritter den Schaden herbeigeführt hat, empfindet er es als ungerecht, dass er ihn tragen soll. Sein Rachegefühl kann ihn dazu verführen, dem Dritten einen entsprechenden Schaden beizufügen. Das wird von der Rechtsordnung verpönt. Der *Rechtsfrieden* kann statt dessen dadurch wiederhergestellt werden, dass der Dritte ihm den Schaden ersetzen muss. Das ist die Funktion des Schadenersatzrechts. Es will das einzelne Individuum gegen die ihm von einem Mitmenschen zugefügte Reduktion seiner «Aktiven» schützen.

19 Das kann durch Verhütung des schädigenden Tuns oder Unterlassens erfolgen, z. B. durch Beeinflussung des Verhaltens des potentiellen Schädigers, d. h. durch die sog. *Schadensprävention* oder *Gefahrenprophylaxe*[32], z. T. spricht man auch von Unfallverhütung[33].

---

[32] Vgl. GASTON CORNEILLE, insbes. 20 ff.; HENRI COCHAND, Der Wertschutz durch Gefahrenprävention im Haftpflicht- und Versicherungsrecht (Diss. Zürich 1950); GASTON BOSONNET, 44 ff.; KÜCHLER in Schweiz. Umweltschutzrecht, hsg. von H.-U. Müller-Stahel (Zürich 1973) 431; STARK daselbst 454 ff.; WEITNAUER in VersR 14, 111; DERS. in ZSR 86 II 766/67; DERS. in deutsch-französisch-schweizerisches Colloquium über die Grundlagen und Funktionen des Haftpflichtrechts, hsg. von Klein (Basel 1973) 228 ff.; DAVID-CONSTANT in Mélanges Savatier (Paris 1965) 247; SZÖLLÖSY 223 f. (mit Angabe von Gegenstimmen); LARENZ, Schuldrecht I 423 f.; DEUTSCH in JZ 26, 246; VON CAEMMERER, Wandlungen 10, 15. Erfahrene Praktiker bestätigen die präventive Funktion des Haftpflichtrechts, so SCHÄTTI in SZS 14, 19 f. Vgl. über die präventive Wirkung von Regressen des Versicherers BGE 68 II 51/52; 91 II 254; ZR 70 Nr. 62 S. 190. Die eingehende Untersuchung von ESSER/WEYERS, Schuldrecht II 446 ff. kommt zu im ganzen skeptischen Ergebnissen, schliesst aber 479 eine präventive Wirkung des Haftpflichtrechts nicht aus. Differenziert urteilt TUNC, chap. 1 Ziff. 155 ff.; LANGE 10; MEDICUS II 412; A. KELLER II 25; Bericht d. St. Komm. 19 f.

[33] Diese geht über die Beeinflussung des Willens des potentiellen Schädigers hinaus und erfolgt z. B. auch durch bauliche Massnahmen an Strassen, durch Verbesserung industrieller Produkte usw. Vgl. z. B. die Aktivität der schweizerischen Beratungsstelle für Unfallverhütung (BfU) in Bern, die sich aus deren Jahresberichten ergibt; vgl. zum ganzen: Gefahren- und Gefahrenbeurteilungen im Recht, Teil I–III, hsg. von RUDOLF LUKES (Köln/Berlin/Bonn/München).

II. Begriff des Haftpflichtrechts und seine Ordnung im allgemeinen § 1

Vom rechtlichen Standpunkt aus stehen polizeiliche Vorschriften und Anordnungen der SUVA wohl im Vordergrund[34], aber auch Gerichtsurteile und Berichte über Unfälle in Zeitungen wirken in diesem Sinne. Auch die Gefahr, haftpflichtig zu werden, kann präventive Wirkungen haben. Dies gilt aber nur insoweit, als sie den Willensentschluss beeinflusst[35]. Dies dürfte z. B. bei der Wahl einer bestimmten Fahrweise mit einem Motorfahrzeug[36] weniger der Realität entsprechen als bei der Gestaltung eines industriellen Produktes, wo die zur Zeit zur Diskussion stehende Verschärfung der Produktehaftpflicht sich in diesem Sinne auszuwirken scheint[37]. 20

Die Schadenstragung durch den Verursacher wird aber nicht nur durch die Erhaltung des Rechtsfriedens und durch die Gefahrenprophylaxe gerechtfertigt. Hinter diesen z. T. etwas utilitaristisch anmutenden Überlegungen steht die viel grundsätzlichere Frage des gegenseitigen Verhältnisses zwischen den menschlichen Individuen, der Achtung vor dem Mitmenschen und der Vermeidung von Eingriffen in dessen persönliche Sphäre, also der Gedanke der *Humanität* und das *Gebot der Rücksichtnahme*[38]. Nur diese Grundlage führt nicht nur vom Standpunkt des Geschädigten aus – hier genügen die Erhaltung des Rechtsfriedens und die Gefahrenprophy- 21

---

34 Vgl. ALFRED MAURER, Unfallversicherungsrecht 582 ff. mit weiteren Angaben; BAUR/NIGST: Versicherungsmedizin (Bern/Stuttgart/Wien 1972) und die weitere in der Voraufl. 46 FN 163 zit. Literatur.
Auch die private Versicherung ist an Unfall- und sonstiger Schadensverhütung interessiert und besitzt Möglichkeiten der Einwirkung, z. B. durch Kürzung der Versicherungsleistungen (VVG 14), Ausübung von Regressen, Abstufung der Prämien je nach Schadenverlauf (Bonus-Malus-System; vgl. dazu Bd. II/2 § 25 N 27, § 26 N 74; SZÖLLÖSY 224 FN 65). Hiezu GASTON CORNEILLE, PETER DIENER, Verminderung von Gefahr und Schaden im Versicherungsvertragsverhältnis (Diss. Bern 1970); MARTIN ZOLLINGER, Der alkoholisierte Lenker und sein Verhältnis zum Haftpflichtversicherer (Diss. Zürich 1970); K. GROB, Die Selbstbeteiligung des Versicherten am Schadensfall (Diss. St. Gallen 1967); DERS. in SVZ 35, 189 ff.; FRIEDRICH in: Sicherheit im Strassenverkehr, hsg. von Ursprung (Frankfurt a. M. 1974) 207 ff.; MERZ in: Rechtsprobleme des Strassenverkehrs, Berner Tage für die juristische Praxis 1974 (Bern 1975) 115 ff.
35 Vgl. WIDMER in ZBJV 106 (1970) 322 f.
36 Man denke z. B. an den Entschluss, ein Überholmanöver einzuleiten.
37 Das Argument, dass die Gefahr von Haftpflichtforderungen durch die weite Verbreitung der Haftpflichtversicherung als präventiver Beweggrund ausgeschaltet werde, trifft wahrscheinlich nicht zu; man denke z. B. an das bereits erwähnte Bonus-Malus-System in der Motorfahrzeughaftpflichtversicherung; vgl. Bd. II/2 § 25 N 27; § 26 N 74; EMIL W. STARK in: Schweizerisches Umweltschutzrecht, hsg. durch Hans Ulrich Müller-Stahel (Zürich 1973) 458 ff.; a.M. ESSER/WEYERS, Schuldrecht II 447; LARENZ, Schuldrecht I 422 ff.
38 Die mit technischen Mitteln verübte Rücksichtslosigkeit scheint eher im Zunehmen begriffen zu sein; dazu F.G. JÜNGER, Die Perfektion der Technik (4. Aufl. Frankfurt a. M. 1953) 78; OFTINGER, Lärmbekämpfung als Aufgabe des Rechts (Zürich 1956) 132; DERS. in SJZ 59, 198 ff. Wenn in den Statistiken als Unfallursachen viele Geschwindigkeits-

laxe zur Rechtfertigung einer Entschädigungspflicht irgendeiner Person, sei es des Schädigers, eines Versicherers oder des Staates –, sondern auch vom Standpunkt des Schädigers aus zur Bejahung der Zahlungspflicht. Aber hier, vom Standpunkt des Schädigers aus, führt das Rechtsempfinden als innere Begründung der Zahlungspflicht dazu, dass diese nur gegeben sein soll, wenn ein *Haftungsgrund* vorliegt[39]. Dies gilt nicht nur für die Verschuldenshaftung, sondern auch für die Kausalhaftungen[40], die auch auf einer dem Rechtsempfinden entsprechenden Argumentation beruhen. Vom Geschädigten aus wäre eine allgemeine Verursachungshaftung (ohne speziellen Haftungsgrund) daher vertretbar; dem Schädiger ist sie aber nicht zumutbar.

2. Haftungsprinzipien oder Haftungsgründe

22 Auszuklammern ist hier, wie bereits dargelegt, die Haftung aufgrund eines Vertrages[41].

23 Die Frage nach den *deliktischen Haftungsgründen* kann *de lege lata* oder *de lege ferenda*[42] gestellt werden. Der Zweck dieses Buches besteht – wie erwähnt – in der Darstellung des geltenden Rechts. Abgesehen von der Skizzierung der ökonomischen Analyse (hinten N 51 ff.) beschränken sich

---

exzesse, Missachtungen des Vortrittsrechtes, gewagte Überholmanöver und sehr oft auch Trunkenheit nachgewiesen werden, bedeutet dies nicht, dass die Automobilisten ungewöhnlich gewissenlos seien; aber vorhandene Unvorsichtigkeit, Leichtfertigkeit oder Gewissenlosigkeit werden durch das Automobil offenbar gemacht; vgl. dazu BOCHNIK/DONIKE/PITTRICH in (Zeitschr.) Universitas 27, 519 ff.; ZR 70 Nr. 62 S. 188 f., 193.

39 Vom ausschliesslich sozialen Gesichtspunkt aus wäre ein Haftungsgrund nicht nötig.
40 Anderer Meinung LARENZ, Schuldrecht I 422 ff.
41 Es kann sich dabei um einen Vertrag handeln, dessen Kern in der Schadensübernahme-Verpflichtung besteht. In erster Linie ist dabei der Versicherungsvertrag zu erwähnen. Es kann sich aber auch um eine Bürgschaft (namentlich Amts- oder Dienstbürgschaft) handeln, wobei die Zahlungspflicht des Bürgen die Schadenersatzpflicht des Hauptschuldners voraussetzt. Daneben kommt ein Garantievertrag in Frage.
Eine zivilrechtliche Verantwortlichkeit kann sich aus einem Vertrag im weiteren bei Nicht- oder Schlechterfüllung (OR 97) ergeben. Dazu gehört auch die positive Vertragsverletzung, auf die einzelne Autoren (vgl. namentlich JÄGGI in FS Schönenberger 181 ff.) das Deliktsrecht anwenden wollen. Das ist aber aus verschiedenen Gründen abzulehnen. Erwähnt sei nur die Schwierigkeit, die rechtliche Behandlung eines Falles davon abhängig zu machen, ob es sich um eine positive oder eine andere Vertragsverletzung handelt.
42 Das Problem der Schadenstragung reicht über das Gebiet des Rechts hinaus und berührt soziale, wirtschaftliche und ethische Fragen von grosser Tragweite; vgl. BINDING, Die Normen I (2. A. Leipzig 1890) 468; DEGENKOLB, Der spezifische Inhalt des Schaden-

II. Begriff des Haftpflichtrechts und seine Ordnung im allgemeinen § 1

die folgenden Ausführungen daher im wesentlichen auf die *geltenden Haftungsarten und ihre Haftungsgründe* und deren innere Rechtfertigung. Vor allem für die Kausalhaftungen wird in einer reichen Literatur[43] immer wieder nach einer inneren Begründung gesucht.

Die zentrale Bedeutung als Haftungsgrund hat das Verschulden; man spricht daher von der Universalität der Verschuldenshaftung (vgl. Bd. II/1 § 16 N 5). Ihr stehen die Haftungen ohne die Haftungsvoraussetzung des Verschuldens gegenüber, die man als Kausalhaftungen[44] bezeichnet.

1. Bei der *Verschuldenshaftung* liegt das Motiv der Rechtspflicht zur Übernahme des Schadens durch den Verursacher in dessen Verschulden. Die herrschende Meinung sieht darin ein tadelnswertes Verhalten, tadelnswert unter dem Gesichtspunkt der Moral[45].

Die Verantwortung für die Folgen eines Verhaltens aufgrund ethischer Missbilligung kann grundsätzlich auf zwei verschiedenen Komponenten beruhen: dem generellen Verstoss gegen die Gesetze der Ethik unter allen möglichen Gesichtspunkten und der Zurechnung dieses Verhaltens nach einem ethischen Prinzip, das aber nur auf einem Einzelaspekt der Ethik beruht.

Der Verstoss gegen die Grundzüge der Ethik oder Moral ist ein sehr vager Begriff, weil beide bei weitem nicht in allen Fällen eindeutige Massstäbe liefern. Ihre Gebote unterliegen allmählichen Veränderungen. Für die Übernahme der Moral als generelles Beurteilungskriterium in das Rechtssystem fehlt ihr die nötige Bestimmtheit[46].

---

ersatzes, AcP 74; GUHL, Untersuchungen über die Haftpflicht aus unerlaubter Handlung (Bern 1904); GUHL/MERZ/KOLLER 169 ff.; DEUTSCH I 66 ff.; HORST REINECKE, Schaden und Interesseneinbusse; Beiträge zu einer Schadens- und Schadenersatzordnung (Berlin 1968) 22 ff., inbes. FN 24; C. CHR. BURKHARDT, ZSR 22, 476; DEUTSCH in FS Honig (Göttingen 1970) 33 ff.; DERS. JZ 26, 244 ff.; WEYERS 76 ff.; STARCK, Obligations nos 43 et sv.; TUNC. chap. 1 Ziff. 4 ff.

[43] Es sei besonders hingewiesen auf OECHSLIN; BIENENFELD; STARCK, Essai; BEHNAM; WEYERS; TUNC, chap. 1 Ziff. 113 ff.

[44] Der Ausdruck «Kausalhaftung» ist wie andere Kurzformeln des Haftpflichtrechts ungenau. Einerseits ist der Kausalzusammenhang auch in der Verschuldenshaftung eine unbestrittene Haftungsvoraussetzung; anderseits genügt er auch bei den Kausalhaftungen nicht. Vielmehr müssen noch andere Umstände (Mangel eines Werkes, selbständige Aktion eines Tieres, Betrieb eines Autos usw.) beteiligt sein, die den Bereich der Kausalhaftungen gegenüber der Verschuldenshaftung abgrenzen.

[45] Vgl. hinten 5 N 13.

[46] Wenn die Polizei einen Asylanten aufgreift, werden die einen das ethisch billigen, die andern missbilligen; sie versuchen z. B., das zu verhindern, indem sie den Asylanten verstecken. Für beide Haltungen lassen sich gute Gründe anführen, die aber für das Recht nicht massgebend sein können; sonst wäre die Rechtssicherheit sehr stark gefährdet.

28 Die Funktion der negativen *rechtlichen* Qualifikation eines bestimmten Verhaltens oder einer Schädigung – das grundlegende Werturteil – wird im Haftpflichtrecht durch den Begriff der *Rechtswidrigkeit* wahrgenommen (vgl. hinten § 4 N 4 ff.). Sie allein und nicht der Verschuldensbegriff bestimmt, welche Verhaltensweisen und welche Folgen eines Verhaltens von der Rechtsordnung missbilligt werden. Wo die Rechtswidrigkeit fehlt, kommt eine Verschuldenshaftung nicht in Frage, mögen die Grundsätze der Ethik noch so sehr verletzt sein[47]. Wo sie aber gegeben ist, kann auch ohne Verletzung von Geboten der Ethik eine Schadenersatzpflicht entstehen[48].

29 Daraus ergibt sich, dass die Rechtsordnung sich das entscheidende Wort in bezug auf die grundlegende Bewertung eines Verhaltens oder einer Schädigung vorbehält. Daher kann sich die mit dem Verschulden nach der herrschenden Meinung verbundene Missbilligung nicht auf das grundlegende Werturteil beziehen. Eine Ausnahme davon gilt nur, wo die Rechtsordnung selbst auf die guten Sitten verweist, wie in OR 41 II[49].

30 Anders verhält es sich mit der Frage der Zurechnung[50] eines Verhaltens, die auf einem Teilaspekt der Ethik beruht. Nach ihm setzt die Verantwortung voraus, dass der Täter sein Tun oder Unterlassen und dessen Folgen

---

[47] Beispiele:
– Viele mögen es als ethisch verwerflich betrachten, einen Konkurrenten mit loyalem Wettbewerb faktisch in den Konkurs zu treiben und seine Angestellten der Gefahr der Arbeitslosigkeit auszusetzen. Rechtlich wird das aber nicht missbilligt, und dementsprechend haftet man dafür nach OR 41 I nicht. Erst wenn der Konkurs des Konkurrenten absichtlich herbeigeführt und dabei Methoden verwendet werden, die gegen die guten Sitten verstossen, entsteht – nach OR 41 II – eine Schadenersatzpflicht.
– Wer Dritten, denen gegenüber er nach ZGB 328 nicht unterstützungspflichtig ist, einen sehr dringenden finanziellen Zustupf verweigert, kann daraus nicht nach OR 41 I schadenersatzpflichtig werden, auch wenn seine Leistung moralisch geboten wäre.
– Ein Polizist, der die genaue Kenntnis der Gewohnheit seines wegen eines früheren Deliktes bedingt verurteilten Bruders ausnützt, um einen Haftbefehl gegen ihn wegen Ladendiebstahls zu vollziehen, handelt nicht rechtswidrig, wird aber von vielen moralisch getadelt werden.

[48] Beispiele:
– A baut rechtswidrig wegen eines Messfehlers sein Haus zu nah an das Nachbarhaus, so dass das zwischen den beiden Häusern verlaufende Fahrrecht nicht mehr mit einem Lastauto ausgeübt werden kann. Er handelt rechtswidrig und wird dafür verantwortlich, obschon er keine moralischen Regeln verletzt hat.
– X führt verletzte Tiere in die Schweiz ein und umgeht dabei die vorgeschriebene veterinärmedizinische Kontrolle. Er will die Tiere hier gesundpflegen. Er handelt rechtswidrig und wird für eventuelle Folgen, z. B. die Verbreitung von Krankheiten, verantwortlich.

[49] Wenn die ethische Missbilligung Bestandteil des Verschuldensbegriffes wäre, hätten Regeln wie diejenige von OR 41 II kaum einen Sinn.

[50] Man kann statt von Zurechnung von Verantwortung sprechen. Diese bezieht sich sprachlich aber nur auf negative Folgen des Tuns oder Unterlassens. Sie enthält also bereits eine

II. Begriff des Haftpflichtrechts und seine Ordnung im allgemeinen § 1

erkennen kann. Wenn ein Lehrer einen überempfindlichen Schüler tadelt, kann er nicht voraussehen, dass diese negative Beurteilung zusammen mit andern Ereignissen das angeschlagene Selbstwertgefühl des Schülers entscheidend schwächen und zu schweren Minderwertigkeitsgefühlen des Schülers führen wird. Daher kann man ihn dafür nicht verantwortlich machen[51].

Wenn in diesem Sinne die Voraussehbarkeit der Schädigung fehlt[52], kann der Verursacher des Schadens nach ethischen Grundsätzen dafür nicht verantwortlich gemacht werden. Die Voraussehbarkeit der Möglichkeit einer Schädigung stellt daher die massgebende Voraussetzung der 31

[51] Missbilligung der Folgen. Wer einen Attentäter, der im Begriff ist, in einem Atomkraftwerk eine schwere Störung auszulösen, erschiesst, wird zwar als für den Tod des Attentäters verantwortlich bezeichnet. In bezug auf das Ausbleiben der schweren Folgen eines Atomunfalles verwendet man aber nicht den Ausdruck «verantwortlich». Um dieses Ausbleiben hat er sich «verdient gemacht» (es handelt sich um Not(wehr)hilfe; vgl. StGB 33 I und Bd. II/1 § 16 N 260).
Weitere Beispiele:
– A entzündet am 1. August eine Rakete. Diese ist falsch konstruiert und führt zu einem schweren Schaden, dessen Möglichkeit für A nicht voraussehbar war. Man kann daher A dafür nicht verantwortlich machen.
– Ein Motorradfahrer sieht am Strassenrand eine Frau stehen, die er heimlich stark verehrt. Sie winkt ihm zu, was ihn so aus der Fassung bringt, dass er stürzt und sich verletzt.

[52] Der Begriff der Voraussehbarkeit ist nicht ganz eindeutig und bedarf näherer Umschreibung. Dabei seien die beiden Extreme, zwischen denen er sich bewegt, näher dargelegt:
a) Einerseits kann ein nachher eintretender Kausalablauf als Folge des eigenen Verhaltens konkret vorausgesehen werden. Die mitwirkenden Nebenbedingungen sind schon vorhanden und erkennbar oder so allgemein, dass mit ihnen zu rechnen ist. Vielleicht spielen sie auch nur eine untergeordnete Rolle. Wenn A auf B auf eine Distanz, für die seine Waffe geeignet ist (d. h. eine kleine Streuung aufweist), schiesst, ist die Verletzung von B in diesem Sinne voraussehbar. A kennt seine Treffsicherheit und diejenige seiner Pistole. Ähnlich liegen die Verhältnisse, wenn A sich anschickt, mit grosser Geschwindigkeit eine Fussgängergruppe mit Kindern in knappem Abstand zu überholen. Er hört auch die läutenden Kirchenglocken, die das Geräusch seines Autos überdecken. Es ist voraussehbar, dass ein Fussgänger einen Schritt nach links macht und angefahren wird.
In beiden Fällen ist der Kreis der gefährdeten Personen für den späteren Verursacher erkennbar.
Man kann hier von *konkreter Vorhersehbarkeit* sprechen. Wenn im folgenden von Vorhersehbarkeit die Rede ist, ist ihre konkrete Form gemeint.
b) Anderseits kann der nachher eintretende Kausalablauf auch als eine von vielen möglichen Entwicklungen vorausgesehen werden. Bei unzähligen Verhaltensweisen – wobei auch an die Benützung von Maschinen, Energie usw. zu denken ist – stellt die Schädigung irgendeines Dritten eine keineswegs ausgeschlossene Folge dar. Wer in einem Stand aus 300 m auf Scheiben schiesst, muss nicht damit rechnen, eine Person zu verletzen. Es ist aber z. B. nicht ausgeschlossen, dass ein Urteilsunfähiger plötzlich in seine Schussbahn läuft. Wer auf einer abfallenden Strasse radfährt, kann einen Unfall verursachen, weil seine Bremsen versagen. Damit rechnen muss er aber nicht, wenn er vorher keinen

Zurechnung der Verursachung eines Schadens dar. Wo die Voraussehbarkeit vorliegt, ist die ethische Missbilligung des den Schaden verursachenden Verhaltens gerechtfertigt und führt sie zur Verschuldenshaftpflicht, wenn auch die Haftungsvoraussetzung der Rechtswidrigkeit[53] gegeben ist.

32 *Die mit dem Verschulden verbundene Missbilligung führt nur zur Zurechnung des schädigenden Verhaltens, bezieht sich aber nicht auf das grundlegende Werturteil über dieses Verhalten.* Sie ist darauf beschränkt, die Haftpflicht nach OR 41 I auszuschliessen, wenn die Voraussehbarkeit der Möglichkeit einer Schädigung fehlt, und soll die Verantwortung – im Rahmen der Verschuldenshaftung – für die nicht voraussehbare Schädigung[54] ausschliessen.

33 In diesem Sinne bedeutet die rechtliche Nichtbeachtung der Voraussehbarkeit eines Schadens, vor allem bei Selbstverschulden, beim System der ökonomischen Analyse (vgl. hinten N 51 ff.) oder der no-fault-liability (für leichte Fahrlässigkeit)[55] eine Verletzung des ethischen Prinzips der Zurechnung des Voraussehbaren. Diese Systeme sind nicht auf dem Gedanken der Verantwortung aufgebaut, sondern auf demjenigen der wirtschaftlichen Effizienz oder der sozialen Gebotenheit.

34 Wer die Schadenersatzpflicht aus OR 41 als Vergeltung, als Reaktion auf vermeidbares Unrecht betrachtet, führt damit ein *pönales Moment* in die Motivation der Verschuldenshaftung ein[56]. Diese Auffassung ist heute

---

Mangel bemerkt hat. Ausschliessen kann er diese Möglichkeit bei Beginn der Fahrt aber ebenfalls nicht.
Die hier bestehende Vorhersehbarkeit ist sehr generell und berücksichtigt zwangsläufig keine Nebenbedingungen; denn diese sind im massgebenden Zeitpunkt nicht bekannt. Man kann daher von *abstrakter Vorhersehbarkeit* sprechen.
Zwischen den beiden Extremen liegen unzählige Fälle, in denen diese oder jene Entwicklung des Kausalablaufes als mehr oder weniger wahrscheinlich vorausgesehen werden kann, je nach den erkennbaren Nebenbedingungen.
Für die Zurechnung eines Erfolges im Rahmen der Verschuldenshaftung bedarf es unter normalen Verhältnissen der *konkreten Vorhersehbarkeit*. Abnormale Verhältnisse liegen vor, wenn die Gefahr von sehr vielen und/oder sehr schweren Schäden so gross und unbeherrschbar ist, dass die fragliche Tätigkeit ohne Berücksichtigung von Nebenbedingungen, d. h. generell unterlassen werden sollte. Wo die Grenze zwischen konkreter und abstrakter Vorhersehbarkeit liegt, kann nicht generell festgelegt werden und ist vom Richter aufgrund der Umstände zu entscheiden. Vgl. hinten § 5 N 16 ff., 52 ff.

53 Neben Schaden und Kausalzusammenhang.
54 Nicht der ganze Schaden muss voraussehbar sein, sondern nur ein erster schädigender «Erfolg», nicht aber dessen weiteren Folgen. Für ihre Anrechnung genügt der adäquate Kausalzusammenhang mit der ersten schädigenden Wirkung des Verhaltens.
55 Das heisst die Belastung eines Dritten mit einem Schaden, den der Geschädigte selbst verursacht und als möglich vorausgesehen hat.
56 Vgl. WILBURG 50; EHRLICH, Grundlegung der Soziologie des Rechts (München/Leipzig 1913) 176/77; JÜRGEN SCHMIDT, Schadensersatz und Strafe, zur Rechtfertigung des Inhaltes

II. Begriff des Haftpflichtrechts und seine Ordnung im allgemeinen § 1

zu Recht überwunden, wenn sie auch im Volksempfinden noch anzutreffen sein mag[57].

Die *Objektivierung des Fahrlässigkeitsbegriffes* (vgl. hinten § 5 N 63 ff.) widerspricht der Idee der Verantwortung für voraussehbare Folgen; sie entspricht trotzdem heute aus praktischen Gründen der herrschenden Meinung. 35

Dass der Verschuldensbegriff grundsätzlich auf der Voraussehbarkeit beruht, sichert ihm seine weite Anerkennung als Motiv der Verschuldenshaftung, aber auch der Berücksichtigung des Selbstverschuldens und des zusätzlichen Verschuldens des Kausalhaftpflichtigen. Er erscheint als selbstverständlich und ist tief im Rechtsbewusstsein verankert. 36

2. Die Einführung der *Kausalhaftungen* ungefähr seit der letzten Jahrhundertwende bedeutete, dass man im Gesetz in streng abgegrenzten Bereichen auf die Haftungsvoraussetzung des Verschuldens verzichtete, d. h. auf die Haftungsvoraussetzung der Voraussehbarkeit (der Schädigung) durch das Haftungssubjekt. Man bezeichnete bestimmte Personen als haftpflichtig, die die Möglichkeit der Schädigung durch ihr Tun oder Unterlassen nicht konkret voraussehen konnten. 37

Der Verzicht auf das Verschulden kommt in zwei Formen vor: 38

a) Bei den *einfachen oder milden Kausalhaftungen* (OR 54, 55, 56, 58, ZGB 333) hat man – wenn auch die Rechtsprechung zum Teil eine Zeitlang zögerte – für die betroffenen Gebiete zwar auf das Verschulden des präsumtiven Haftpflichtigen als Haftungsvoraussetzung verzichtet, aber in der Form des Befreiungsbeweises oder in der Voraussetzung eines Mangels (bei der Werkhaftung) der Voraussehbarkeit eines Schadens und der Idee einer sich daraus ergebenden Verantwortung doch einen gewissen Tribut gezollt. Wenn etwas unter dem Gesichtspunkt der Schadensverhütung nicht ganz richtig war, wird hier die Haftpflicht auch für nicht konkret voraussehbare Entwicklungen bejaht. 39

b) Die *strengen Kausalhaftungen* greifen auch, wenn keinerlei Mangel einer Sache bzw. in der Beaufsichtigung und Instruktion bestimmter ande- 40

---

von Schadenersatz aus Verschuldenshaftung (Bern/Frankfurt 1973); Bericht d. St. Komm. 20 f.; DEUTSCH I 71 ff.

57 Das Haftpflichtrecht entspricht nicht der pönalen Begründung der Verschuldenshaftung. Sonst wäre die Haftpflichtversicherung in diesem Bereich abzuschaffen. Ausserdem wäre es nicht begründbar, dass bei gleichem Verschulden der eine nur einen minimalen Betrag zu bezahlen hat, der andere einen grossen, je nach Höhe des Schadens.

rer Personen festzustellen ist. Von der ursprünglichen Idee, hier ein Verschulden zu fingieren[58], ist man zu Recht längst abgekommen[59].

41 Die *Gefährdungshaftungen* sind an Aktivitäten geknüpft, bei denen die ganz allgemeine, d. h. ohne Bezug auf eine konkrete Situation und nicht nur für einen erkennbaren, abgegrenzten Personenkreis bestehende Wahrscheinlichkeit von Schädigungen – anzahlmässig und/oder in bezug auf die Höhe der Schäden – diese als voraussehbar bezeichnen lässt. Es handelt sich um eine generelle, abstrakte Vorhersehbarkeit von unvermeidbaren Schädigungen, gegen die Schutzmassnahmen nur in beschränktem Rahmen möglich sind. Wegen der ausserordentlichen Anzahl und/oder der ausserordentlichen Grösse der zu befürchtenden Schäden stellt die betreffende Aktivität trotz der Abstraktheit der Vorhersehbarkeit ein Verschulden dar; sie ist zu unterlassen[60]. Sie führt sonst zur Haftpflicht aus OR 41, wenn keine geeigneten Schutzmassnahmen möglich sind und ergriffen werden. Soweit die Allgemeinheit aber an der betreffenden Aktivität interessiert ist – man denke an den Betrieb von Autos, Eisenbahnen und Flugzeugen –, entschuldigt sie die Inhaber der in Frage stehenden Betriebe und Anlagen. Der Staat regelt die betreffende Aktivität, weshalb diese ohnehin nicht als solche als ein Verschulden betrachtet werden kann, gleicht die sich daraus ergebende Schlechterstellung des Geschädigten, verglichen mit der Verschuldenshaftung, aber durch die strenge Gefährdungshaftung aus; vgl. Bd. II/2 § 24 N 21 ff.

42 Bei den *kausalen Freistellungshaftungen*[61] des Staates für seine Militärpersonen und Beamten[62] kommt die konkrete Vorhersehbarkeit (für den

---

[58] Zu dieser Frage das berühmte Urteil des Münchner Oberappellationsgerichts vom 16. April 1861, Seufferts Archiv 14, 208. Dazu C. CHR. BURCKHARDT, ZSR 22, 54; HÄBERLIN 17; RÜMELIN 22 f.; MÜLLER/ERZBACH, AcP 106, 327.

[59] Man kann natürlich in jedem Fall ex post die Meinung vertreten, die Möglichkeit der Schädigung eines Dritten sei nicht ausgeschlossen und daher vorhersehbar gewesen. Das wäre im Grunde genommen aber unehrlich. Dadurch würde die wirkliche konkrete Voraussehbarkeit einer Schädigung dieser immer bestehenden abstrakten Möglichkeit gleichgestellt und dadurch ihre rechtliche Bedeutung einbüssen. Fast jedes Verhalten, das zu einem Schaden führt, würde ein Verschulden darstellen, und man käme dadurch unter der Flagge der Verschuldenshaftung praktisch zu einer allgemeinen Verursachungshaftung.

[60] Beispiel: Verwendung eines nicht abbaubaren Giftes als Dünger oder als Pflanzenschutzmittel, wobei dieses Gift in öffentliche Gewässer gelangen kann und unzählige, unbestimmte Personen in ihrer Gesundheit gefährdet sind.

[61] Vgl. hinten N 115 ff.

[62] Zur Diskussion steht hier nur staatliches Handeln, dessen Zweck nicht in der Schädigung, gedeckt durch eine öffentlich-rechtliche Norm, besteht. Ist die Schädigung der Zweck des Handelns, das im Rahmen der betreffenden Norm liegt, so ist der Rechtfertigungsgrund der rechtmässigen Ausübung öffentlicher Gewalt gegeben; vgl. Bd. II/1 § 16 N 227 ff.

II. Begriff des Haftpflichtrechts und seine Ordnung im allgemeinen § 1

Staat) der Schädigung als Grund für die strenge Haftung nicht in Frage. Eine abstrakte Vorhersehbarkeit ist zwar, wie bei fast allen Verhältnissen, auch hier gegeben. Sie genügt aber nicht zur Zurechnung; denn abstrakt vorhersehbar sind weder ausserordentlich viele noch ausserordentlich schwere Schäden. Die Zurechnung ergibt sich daher nicht aus der Vorhersehbarkeit.

Der Haftungsgrund der strengen Haftpflicht des Staates für seine Beamten liegt in der Ausübung hoheitlicher Macht durch diese. Die *Idee des Rechtsstaates*[63] verlangt, dass diese Macht entsprechend der Rechtsordnung ausgeübt werde. Trifft dies in concreto nicht zu und ist der Rechtsweg erschöpft oder kann er aus Zeitmangel nicht beschritten resp. nicht schnell genug wirksam werden – man denke z. B. an eine rechtswidrige Verhaftung –, so dürfen die finanziellen Folgen (und die immaterielle Unbill) in einem Rechtsstaat nicht am Geschädigten hängenbleiben[64]; der Staat hat dann die Folgen des rechtswidrigen Ausübens der Macht auszugleichen, soweit das noch möglich ist[65], also vor allem durch Geld. Diese Ausgleichungspflicht setzt konsequenterweise nur Rechtswidrigkeit des staatlichen Handelns voraus, aber keine Vorhersehbarkeit des Schadens seitens des Staates, kein Verschulden weder des Staates noch des handelnden Beamten[66]. 43

Wenn der Staat eine nichthoheitliche Tätigkeit, also keine Macht ausübt, ist diese Begründung nicht zutreffend. VG 3 I und die meisten Verantwortlichkeitsgesetze der Kantone, die eine Kausalhaftung vorsehen, be- 44

---

[63] Vgl. HAEFELIN/HALLER N 141 ff.; FLEINER/GIACOMETTI 31, 33.

[64] Diese Überlegungen gelten nicht für rechtmässige Schädigungen, für die der Staat nur haftet, wenn eine besondere Norm dies vorsieht. Dieser Bereich zählt nicht zum Haftpflichtrecht; vgl. MICHAEL FAJNOR; MARCUS DESAX, Haftung für erlaubte Eingriffe (Diss. Freiburg 1977) 97 ff.; THOMAS FLEINER, Grundzüge des allgemeinen und schweizerischen Verwaltungsrechts (2. A. Zürich 1980) 348 f.; URS GUENG, Zum Stand der Entwicklungstendenzen im öffentlichen Entschädigungsrecht, ZBl 69 (1968) 351 ff., 371 ff.; HANS RUDOLF SCHWARZENBACH, Die Staats- und Beamtenhaftung in der Schweiz mit Kommentar zum zürcherischen Haftungsgesetz (2. A. Zürich 1985) 97 ff.; ZACCARIA GIACOMETTI, Allgemeine Lehren des rechtsstaatlichen Verwaltungsrechts I (Zürich 1960) 524.

[65] Jede Bezahlung von Schadenersatz und Genugtuung gleicht das zugefügte Unrecht nur insoweit aus, als das noch möglich ist. Namentlich Körperverletzungen lassen sich nicht rückgängig machen, sondern höchstens durch vom Haftpflichtigen zu bezahlende therapeutische Massnahmen für die Zukunft beheben oder lindern.

[66] Dies wurde früher und wird in einzelnen Kantonen noch heute anders gesehen aufgrund der Idee, dass der Staat nicht unrecht handeln könne; the king can do no wrong. Eine Auswirkung davon ist die zivilrechtliche Immunität der Träger staatlicher Gewalt. Früher kam diese Beurteilung staatlichen Handelns darin zum Ausdruck, dass an die Schadenersatzpflicht von staatlichen Beamten strengere Anforderungen gestellt wurden als im Zivilrecht. So hat seinerzeit § 224 des zürcherischen EG zum ZGB diese Haftpflicht auf grobe Fahrlässigkeit und Absicht beschränkt; vgl. STARK in SJZ 86 (1990) 5.

schränken sie nicht auf hoheitliche Tätigkeit[67]. Es ist schwierig, eine kausale Freistellungshaftung für nichthoheitliche amtliche Tätigkeiten überzeugend zu begründen.

45 Die *Haftung des Bundes für seine Militärpersonen nach MO 22 I* kann nicht mit der Idee des Rechtsstaates begründet werden; denn die einzelne Militärperson übt in Friedenszeiten kaum je staatliche Gewalt aus[68], weder rechtmässig noch unrechtmässig. Trotzdem haftet der Staat für die von seinen Militärpersonen verursachten Schäden nach MO 22 I[69] und kann sich nur mit einem Entlastungsbeweis befreien. Es handelt sich daher um eine scharfe Kausalhaftung.

46 Vorerst ist nicht ausser acht zu lassen, dass es unpraktikabel wäre, wenn die Haftung für die einzelne Militärperson von andern Voraussetzungen abhängen würde als die Haftung für militärische Übungen. Der Begriff der militärischen Übung würde so zu einem Abgrenzungskriterium der Haftpflicht des Bundes für Schädigungen durch die Armee. Abgesehen davon wäre eine Haftung mit Sorgfaltsbeweis nach dem Vorbild von OR 55 problematisch, namentlich in bezug auf die culpa in eligendo.

47 Abgesehen davon wäre es für den Geschädigten, wenn er nur die Militärperson direkt bei Verschulden belangen könnte, vielfach schwierig, den Verursacher des Schadens zu individualisieren und sein Verschulden zu beweisen. Die Armee ist eine grosse Organisation, in der sehr viele Menschen zusammenwirken. Dadurch kann leicht eine Verschleierung des Sachverhaltes[70] entstehen, die nicht zu Lasten des Geschädigten gehen darf (vgl. Bd. II/3 § 32 N 76).

48 Im Interesse der Praktikabilität des Rechts und der Erleichterung seiner Durchsetzung erscheint daher die strenge Haftpflicht des Bundes für Militärschäden auch ausserhalb militärischer Übungen als gerechtfertigt.

49 Die *Freistellung* des ursächlichen Beamten einerseits und der Militärperson anderseits drängt sich auf, weil der Staat einerseits den Beamten grosse Kompetenzen mit hohem Schädigungspotential einräumen muss

---

[67] Der Kanton Zürich hat am 2. Dezember 1990 § 6 I seines Haftungsgesetzes, der ursprünglich die Haftpflicht des Kantons auf hoheitliche Verrichtungen beschränkte, auf andere amtliche Tätigkeiten ausgedehnt, in Anlehnung an die bundesgerichtliche Praxis; diese hat das Wort «hoheitlich» in § 6 I eigenartig ausgelegt; vgl.Bd. II/1 § 20 N 53 ff.; STARK in SJZ 86 (1990) 6 ff.
[68] Vgl. Bd. II/3 § 32 N 169.
[69] MO 23 enthält im Gegensatz zu MO 22 I (vgl. Bd. II/3 § 32 N 65 ff.) eine Gefährdungs- und nicht eine kausale Freistellungshaftung; die Freistellung gilt nach MO 22 III aber auch.
[70] Dazu führt wohl auch die natürliche Tendenz der verschiedenen Militärpersonen, die dabei gewesen sind, nicht gegen einen Kameraden auszusagen.

II. Begriff des Haftpflichtrechts und seine Ordnung im allgemeinen § 1

und anderseits die Militärpersonen in für sie ungewohnte Situationen versetzt werden, in denen sie leicht objektiv falsch handeln. Sie haben für diesen Bereich zu wenig Lebenserfahrung und reagieren vielleicht auf die für sie ungewohnten Umstände unrichtig. Die Objektivierung des Fahrlässigkeitsbegriffes kann zur Bejahung eines Verschuldens führen, wo wegen dieser Umstände subjektiv kein Fehler vorliegt.

Der Vollständigkeit halber sei beigefügt, dass ein Teil sowohl der Argumente für eine scharfe Kausalhaftung des Staates als auch derjenigen für die Freistellung auch auf Wirtschaftsbetriebe zutrifft. Daraus darf nicht geschlossen werden, dass die gesetzliche Regelung der Staatshaftung unangemessen sei. Viel eher drängt es sich auf, de lege ferenda zu prüfen, ob nicht auch im privaten Bereich OR 55 mindestens bei grossen Betrieben durch eine kausale Freistellungshaftung zu ersetzen sei[71]. 50

3. Die ökonomische Analyse des Haftpflichtrechts

Literatur

MICHAEL ADAMS, Ökonomische Analyse der Gefährdungs- und Verschuldenshaftung (Heidelberg 1985). – ASSMANN, KIRCHNER und SCHANZE (Herausgeber), Ökonomische Analyse des Rechts (1993). – PETER BEHRENS, Die ökonomischen Grundlagen des Rechts (Tübingen 1986). – GUIDO CALABRESI, The Decision for Accidents: An Approach to Nonfault Allocation of Costs, 78 Harvard Law Review (1965) 713 ff. – DERS., The Costs of Accidents, A Legal and Economic Analysis (3. A. 1972). – RONALD COASE, The Problem of Social Costs, Journal of Law and Economics 3 (1960) 1 ff. – JÖRG FINSINGER, Der heutige Stand des Haftpflichtrechts aus der Law and Economics-Perspektive. – FORSTMOSER/SCHLUEP, Einführung in das Recht I (Bern 1992) § 11 N 121 ff.; § 12 N 2 und 300 ff.– NORBERT HORN, Zur ökonomischen Rationalität des Privatrechts. Die privatrechtstheoretische Verwertbarkeit der «Economic Analysis of Law», AcP 1976, 307 ff. – BEAT HOTZ, Ökonomische Analyse des Rechts – eine skeptische Betrachtung, Wirtschaft und Recht 34 (1982) 293 ff. – HEIN KÖTZ, Ziele des Haftungsrechts in FS Ernst Steindorff (Berlin/New York 1990) 643 ff. – WILLIAM M. LANDES/RICHARD A. POSNER, The Economic Structure of Tort Law (Cambridge/London 1987). – PETER LOSER, Kausalitätsprobleme bei der Haftung für Umweltschäden (Bern/Stuttgart/Wien 1994) 65 ff. – RICHARD A. POSNER, Economic Analysis of Law (Boston/Toronto 1986). – DERS., The Economics of Justice (Cambridge/London 1983). – HANS-BERND SCHÄFER/CLAUS OTT, Lehrbuch der ökonomischen Analyse des Zivilrechts (Berlin u. a. 1986). – G. SCHIEMANN, Argumente und Prinzipien bei der Fortbildung des Schadensrechts (1981).

---

[71] Vgl. hinten Bd. II/3 § 32 FN 46. Durch die Unterstellung von privaten Wirtschaftsbetrieben unter die heute im Staatshaftungsrecht – zum Teil – geltende Regelung würde die Grenzziehung zwischen dem kantonalen Verantwortlichkeitsrecht und dem OR in dessen Art. 61 I dort in einem neuen Licht erscheinen, wo heute im Bereich der amtlichen, nichthoheitlichen Tätigkeit eine scharfe Kausalhaftung gilt: Sie würde hinfällig, und zwar auch für die gewerbliche Tätigkeit.

– ANDREAS SCHULZ, Überlegungen zur ökonomischen Analyse des Haftungsrechts, VersR 1984, 608 ff. – STEVEN SHAVELL, Economic Analysis of Accident Law (... 1987). – KURT SIEHR, Ökonomische Analyse des internationalen Privatrechts in FS Karl Firsching (München 1985). Zum Ganzen auch: *Bericht der St. Komm.* 9 ff.

51 Diesem nur skizzenhaft dargelegten Verständnis der Grundlagen des Haftpflichtrechts sei bereits an dieser Stelle – so quasi als Gegenpunkt – die *ökonomische Betrachtungsweise der Rechtsordnung*[72] und insbesondere des Deliktsrechts gegenübergestellt. Sie ist seit den sechziger Jahren in den USA und in Europa, vor allem in Deutschland, entwickelt und auf das Haftpflichtrecht angewendet worden[73].

52 Die ökonomische Analyse will in verschiedenen Rechtsgebieten neben den politischen und sozialen Aspekten de lege ferenda die wirtschaftlichen berücksichtigen. Das leuchtet z.B. im Steuerrecht, im Gesellschaftsrecht und im Kartellrecht, aber auch im Arbeits- und im Mietrecht ein. Sie will nicht nur deskriptiver Natur sein und die wirtschaftlichen Auswirkungen des Haftpflichtrechts aufzeigen, sondern selbst Konfliktlösungen anbieten, die «sich am Kriterium wirtschaftlicher Effizienz orientieren»[74]. Sie begreift das Haftpflichtrecht als ein System zur Umverteilung von Kosten, was es zweifellos ist. Umstritten ist aber die Gestaltung dieses Systems, die Wahl der massgebenden Umverteilungskriterien. Es handelt sich um die Frage, ob die Betrachtungsweise der ökonomischen Analyse auch im Haftpflichtrecht gerechtfertigt ist, vor allem in bezug auf die Haftungsgründe.

53 Die ökonomische Analyse untersucht Rechtsnormen daraufhin, ob sie die Verschwendung von Ressourcen verhindern oder minimieren und so zu einer Effizienzsteigerung führen[75].

54 Durch ein ökonomisch sinnvolles Haftpflichtsystem soll erreicht werden, dass die Belastung der Gesamtwirtschaft durch Unfälle bzw. die Unfallgefahr und die sich daraus ergebende Notwendigkeit von Präventivmassnahmen möglichst niedrig bleibt, weil die wirtschaftlichen Auswirkungen von Unfällen resp. von Präventivmassnahmen die allgemeine Wohlfahrt mindern. Je weniger Geld zur Behebung von Unfallfolgen und für Präventivmassnahmen aufgewendet werden muss, gleichgültig von wem, um so mehr steht für andere Zwecke zur Verfügung[76].

---

[72] Man spricht auch von «wohlfahrtsökonomischer Theorie»; vgl. KÖTZ in FS Steindorff 646.
[73] Vgl. vor allem die Arbeiten von COASE, CALABRESI, POSNER, LANDES/POSNER und SHAVELL.
[74] SCHLÜCHTER 34; FORSTMOSER/SCHLUEP, Einführung I § 12 N 2.
[75] Vgl. u.a. SCHÄFER/OTT 1.
[76] Vgl. die eindrückliche Schilderung von KÖTZ, FS Steindorff 646/47, über die Möglichkeiten von Schadensprävention.

II. Begriff des Haftpflichtrechts und seine Ordnung im allgemeinen § 1

Die ökonomische Analyse besteht darin, dass man die Kosten der in 55
Frage kommenden präventiven Massnahmen dem Aufwand für die damit
verhüteten Unfälle (inkl. die Kosten der Schadenerledigung) gegenübergestellt. Schadenverhütungsmassnahmen sind dann so lange zu ergreifen, als
sie weniger kosten als die dadurch verhüteten Unfälle (inkl. Administrativkosten wie Anwalts-, Gerichts- und Expertisekosten).

Man kann dies auch anders ausdrücken: Auszugehen ist von den *Ge-* 56
samtverlusten des Schädigers und des Geschädigten, die durch die Realisierung der Unfallgefahr insgesamt entstehen. Solange durch Erhöhung der
Schadenverhütungskosten die Schadenskosten um mehr als die Schadenverhütungskosten reduziert werden, rechtfertigen sich die letzteren; der
Gesamtaufwand reduziert sich. Kostet die zusätzliche Schadensverhütung
mehr, als damit die Schadensbelastung reduziert wird, so wirkt sich diese
zusätzliche Schadensverhütung gesamtwirtschaftlich wegen der damit verbundenen Kosten negativ aus und ist daher zu unterlassen[77, 78].

---

[77] Man kann dies mit der von KÖTZ in FS Steindorff 648 publizierten Tabelle wie folgt darstellen:

Kosten der Sicherungsmassnahmen	Unfallschäden	Gesamtverluste der Beteiligten
a) 0	60	60
b) 5 (+5)	30 (−30)	35
c) 10 (+5)	20 (−10)	30
d) 15 (+5)	17 (− 3)	32
e) 20 (+5)	15 (− 2)	35

Die Gesamtverluste sind am niedrigsten in Zeile c) mit Präventionskosten von 10 und steigen nachher bei Erhöhung dieser Kosten auf 15 (Zeile d) wieder an. Die Schadenverhütungskosten von 10 erbringen also gesamtwirtschaftlich das beste Resultat. Zum gleichen Ergebnis kommt man, wenn man nur die hier in Klammern gesetzten Erhöhungen betrachtet: Die Erhöhung der Schadenverhütungskosten von 5 auf 10 (Zeile c) reduziert die Unfallkosten um 10 und ist also nach dieser Auffassung geboten. Eine weitere Erhöhung um ebenfalls 5 auf 15 (Zeile d) senkt aber die Unfallkosten nur um 3 und lohnt sich daher wirtschaftlich nicht.
Diese Tabelle trägt dem bekannten Umstand Rechnung, dass die Verstärkung von Schadenverhütungsmassnahmen sich nicht proportional auf die Unfallzahlen auswirkt, sondern nur abnehmend. Wenn ein Auto mit Zweiradbremsen auf Vierradbremsen umgestellt wird, wirkt sich das sehr stark aus. Wird zusätzlich ein Antiblockiersystem eingebaut, so ist die Reduktion der Unfallkosten weniger gross.
Das Abstellen auf die Gesamtverluste entspricht der Zielsetzung der ökonomischen Analyse. Die Beschränkung der Betrachtung auf die *Erhöhung* der Präventivmassnahmen und die durch diese erzielte Senkung der Unfallkosten führt, wie gesagt, zum gleichen Resultat, entspricht aber der in der Praxis auftretenden Fragestellung besser.

[78] Eine gesamtwirtschaftliche Betrachtungsweise kann auch auf anderem Wege angewendet werden. So hat ALFONS BÜRGE in seinem Aufsatz über die Kabelbruchfälle, JBl 103 (1981)

57 Wenn also durch einen Aufwand für Schadenverhütungsmassnahmen in der Höhe von Fr. 1000.– Unfälle mit einem Gesamtaufwand von Fr. 2000.– vermieden werden, lohnt sich diese Schadensverhütung: Der Gesamtaufwand beträgt Fr. 1000.– statt Fr. 2000.– wie bei Unterlassung der in Frage stehenden Massnahme.

58 Das ist eine ganze einfache kaufmännische Überlegung, wie sie täglich überall und unter den verschiedensten Verhältnissen angestellt wird[79]. Dazu braucht es keine neue Theorie[80]. Neu ist dagegen die weitere Konsequenz, dass auf Schadenverhütungsmassnahmen, die mehr kosten als die damit vermiedenen Unfälle, verzichtet werden soll[81] *und dass dies kein Verschulden darstelle*[82].

59 Ähnliche Gedanken spielen in der heutigen Rechtsprechung[83] eine gewisse Rolle bei der Werkhaftung, insbesondere des Strasseneigentümers: Der Unterhalt muss finanziell zumutbar sein[84]. Diese Zumutbarkeit wird aber nicht durch eine Gegenüberstellung von Unterhaltskosten und vermiedenen Unfallkosten festgelegt; vielmehr wird die Belastung des Gemeinwesens durch sein Strassennetz und die Verpflichtung des Strassenbenützers, sein Verhalten dem Zustand der Strasse anzupassen, berücksichtigt.

---

57 ff., folgenden Fall erwähnt: Wegen eines durch einen Bauunternehmer verursachten Kabelbruches geht das Kühlgut in einer Tiefkühltruhe zugrunde. Daraus soll in abgelegenen Gebieten ein Schadenersatzanspruch gegen den Bauunternehmer entstehen. In gut versorgten, dichten Siedlungsgebieten soll aber den «energiepolitischen Sündern (und nota bene gastronomischen Wüstlingen)» kein Schadenersatz geleistet werden.

[79] Wenn ein Autofabrikant sich frägt, ob es sich lohnt, für seinen neuen Autotyp eine Karrosserie von einem berühmten Spezialisten entwerfen zu lassen, wird er genau gleich das Honorar des Spezialisten (Mehraufwand) dem marktmässig erzielbaren Zusatzpreis pro Fahrzeug, multipliziert mit der geplanten Verkaufsziffer, gegenüberstellen. Hier stehen allerdings auf der Gegenseite des Aufwandes Einnahmen und nicht wie im Haftpflichtrecht Ausgaben, was aber keinen grundsätzlichen Unterschied ausmacht.
Wenn ein Autofabrikant für sein Karrosserieblech rostanfälligen Stahl verwenden will, um seinen Fabrikationspreis unter Aufrechterhaltung der Rostgarantie senken zu können, wird er abschätzen, ob durch die Vermehrung der Garantieschäden die Senkung der Fabrikationskosten kompensiert wird.

[80] Auch unter dem heutigen Recht werden natürlich solche Überlegungen angestellt; vgl. HORN AcP 176 (1976) 310.

[81] Vgl. KÖTZ in FS Steindorff 647; LANDES/POSNER 31 ff.; SCHÄFER/OTT 86.

[82] Vgl. SCHULZ, VersR 1984, 614; LANDES/POSNER 85; SCHÄFER/OTT 97.

[83] KÖTZ in FS Steindorff 649 ff. versucht nachzuweisen, dass die heutige Rechtsprechung, ohne dass es ausdrücklich gesagt wird, von den gleichen Kriterien ausgeht wie die ökonomische Analyse. Diese Kriterien spielen sicher da und dort eine Rolle, ohne dass ihnen aber eine entscheidende Position eingeräumt wird.

[84] Vgl. Bd. II/1 § 19 N 78, 111, 120, 139.

II. Begriff des Haftpflichtrechts und seine Ordnung im allgemeinen § 1

Abgesehen davon stellt ganz generell die Schaffung von Gefahren, gegen die es keine geeigneten Schutzmassnahmen – zu zumutbarem Preis – gibt, ein Verschulden dar[85].

Die ökonomische Analyse führt also, verglichen mit dem geltenden Haftpflichtrecht, nicht zu einer Verbesserung[86], sondern zu einer *Verschlechterung der Schadensprävention*: Diese ist dann nicht anzustreben, wenn es sich nicht lohnt[87].

Die ökonomische Analyse lässt ausser Betracht, dass Unfälle nicht nur wegen der damit verbundenen Kosten, sondern vor allem auch wegen des Eingriffes in die Privatsphäre des Geschädigten und wegen des damit verbundenen menschlichen Leidens möglichst vermieden werden sollen[88].

Da die ökonomische Analyse die Gesamtkosten, die durch Schadenfälle entstehen, möglichst geringhalten will[89], wird auch argumentiert, dass derjenige haften soll, der den Schaden mit dem geringsten Kostenaufwand verhüten könnte (cheapest cost-avoider)[90]. Mit dieser Theorie wird das Haftungssubjekt bestimmt. Damit wird z. B. die Produktehaftpflicht der Hersteller begründet, die «das Risiko besser kontrollieren, sich leichter versichern und den Präventionsaufwand gegebenenfalls im Preis

60

61

62

63

---

[85] Vgl. Bd. II/2 § 24 N 41.
[86] Wie es bei oberflächlicher Betrachtung scheinen könnte.
[87] Vgl. den Fahrlässigkeitsbegriff von Richter LEARNED HAND: Fahrlässig handelt, «wer es unterlässt, eine sichere Handlungsalternative zu wählen, obschon die Mehrkosten dieser Alternative geringer sind als die so wahrscheinlicherweise verhinderten Unfallkosten» (SCHULZ, VersR 1984, 613/14; vgl. auch HORN, AcP 176 [1976] 325; SCHÄFER/OTT 97). Wenn die Mehrkosten von Präventionsmassnahmen grösser sind als die vermiedenen Unfallkosten (diese sind das Produkt aus der Unfallwahrscheinlichkeit und der Höhe der zu erwartenden Schäden) und diese Präventionsmassnahmen unterlassen werden, liegt nach dieser Umschreibung keine Fahrlässigkeit vor. Wenn sie aber ergriffen werden, natürlich auch nicht. Für diesen Bereich der Erhöhung der Gesamtkosten durch die Schutzmassnahmen bietet die ökonomische Theorie keine Motivation zur Prävention; sie ist aber auch nicht neutral, wie es nach der Formulierung von KÖTZ in FS Steindorff 649 unten anzunehmen wäre; denn nach dem Grundansatz der ökonomischen Theorie liegt deren zentrales Anliegen in der Niedrighaltung der Gesamtkosten. Der Bereich der «überschiessenden» Präventivkosten ist daher entscheidend für die vorn (N 55 ff., insbes. 58) vertretene Auffassung, dass die ökonomische Theorie die Unfallverhütungsmassnahmen nicht fördert, sondern reduziert, wenn sie teurer sind als die damit eingesparten Unfallkosten.
[88] Darauf verzichtet man zwar auch bei den Gefährdungshaftungen, aber nur, wenn an der gefährlichen Tätigkeit ein allgemeines Interesse besteht; vgl. Bd. II/2 § 24 N 24 ff.
[89] Vgl. vorn N 56.
[90] Vgl. CALABRESI, Costs 140 ff.; MICHELMANN, Pollution as a tort, 80 Yale Law J. (1971) 654; HORN, AcP 176 (1976) 325.

§ 1   Grundlagen

weitergeben können»⁹¹. Damit wird aber nur nachträglich festgestellt, dass eine Haftungsart *auch* mit der ökonomischen Analyse begründet werden kann. Diese stellt nicht den einzigen Weg zu diesem Resultat dar⁹².

64   Die ökonomische Analyse des Haftpflichtrechts betrachtet das ganze Leben und insbesondere alle Güter, die durch ein schädigendes Ereignis beeinträchtigt werden können, ausschliesslich unter dem Gesichtspunkt ihres finanziellen Wertes und nimmt ihre Vernichtung in Kauf, wenn deren Verhütung mehr als ihren finanziellen Wert kostet.

65   Ihr Menschenbild geht vom Typ des «homo oeconomicus» aus, der sich rational, eigeninteressiert und nutzenmaximierend verhält⁹³.

66   Die dadurch begünstigte Verarmung des menschlichen Zusammenlebens, die Missachtung von Würde und Freiheit des Menschen⁹⁴, entspricht vielleicht gewissen Aspekten des Zeitgeistes, wird aber hoffentlich nie in unserer Rechtsordnung Einzug halten⁹⁵. Immerhin ist zuzugestehen, dass das Haftpflichtrecht nur *finanzielle* Leistungen vorschreiben kann, die der wirklichen Einbusse nicht immer voll gerecht werden können. Das ist aber kein Grund, das gesamte Haftungssystem nur unter dem Gesichtspunkt der Wohlfahrtsmaximierung zu beurteilen.

67   Im übrigen eignet sich die Belastung des Verursachers mit Schadenersatzleistungen nur in einem beschränkten Bereich zur Förderung der

---

91   HORN, AcP 176 (1976) 325.
92   Übrigens dürfte den Arbeiter des Herstellers, der den Mangel z. B. durch Unaufmerksamkeit verursacht hat, seine Vermeidung weniger – nämlich nichts – kosten als den Hersteller, der dafür Weisungen herausgeben und deren Durchführung durch Kaderbeamte kontrollieren lassen muss.
93   Vgl. SCHÄFER/OTT 46 ff.; HOTZ 296.
94   Vgl. HOTZ 307.
95   Selbst Anhänger der ökonomischen Analyse des Rechts wollen neuerdings nicht an ihrem System festhalten, wenn ein unersetzbares Gut durch einen Unfall vernichtet wird, z. B. das Leben eines Menschen, aber auch Familie, Freunde, Kunstgegenstände und andere unersetzbare «Objekte». Dann soll dem Schädiger nicht nur die Entschädigung der Opfer, soweit sie möglich ist, sondern auch eine ergänzende Geldbusse auferlegt werden, die die Tabelle über Unfallverhütungs- und Schadenskosten korrigiert. Die Busse muss so hoch sein, dass sie zusammen mit der Schadenskompensation der Zahlungsbereitschaft des Opfers für die Vermeidung oder mindestens Verringerung des Risikos entspricht und ist an den Staat zu bezahlen. Damit wird der Zweck der Niedrighaltung der gesamtwirtschaftlichen Kosten verlassen resp. ergänzt durch eine dem Staat zu leistende Geldsumme. Dieses System könnte auch bei ersetzbaren Gütern die Schadenminderung und -verhütung entscheidend fördern. Die ökonomische Analyse kommt damit in den Bereich des Strafrechts. Vgl. dazu ADAMS 174 ff.; KÖTZ in FS Steindorff 655/56; SCHÄFER/OTT 122 ff.; LANDES/POSNER 185 ff.

II. Begriff des Haftpflichtrechts und seine Ordnung im allgemeinen § 1

Prävention, obschon die Rolle des Geldes in unserer Gesellschaft keineswegs bestritten werden kann. Aber einerseits spielen eben auch andere Motive[96] eine massgebende Rolle beim Verhalten des Verursachers und anderseits lassen sich die zu erwartenden Belastungen mit Schadenersatzleistungen – bei fehlender Prävention – im konkreten Fall meistens überhaupt nicht bestimmen und auch nicht den Kosten für die Schadenminderung gegenüberstellen[97, 98]. Der Praktiker kann sich kaum vorstellen, wie man im Einzelfall damit arbeiten könnte[99]. In gewissem Sinne mag dies anders sein bei der Haftpflicht von gewerblichen und industriellen Unternehmungen. Aber wie soll ein Baumeister beurteilen können, ob eine noch bessere Beleuchtung einer Strassenbaustelle, die vielleicht Fr. 10 000.– kostet, sich für ihn lohnt? Auch der Industrielle, der sein Produkt sicherer gestaltet, kann kaum abschätzen, ob sich das finanziell rechtfertigt. Dass dies menschlich der Fall ist, liegt dagegen insbesondere bei der Gefahr von Personenschäden auf der Hand. Aber selbst wenn er sich von solchen humanen Überlegungen nicht beeinflussen lässt, so geschieht dies vielleicht doch durch die Gefahr einer Einbusse seines guten geschäftlichen Rufes. Das kann sich auf seinen finanziellen Erfolg auswirken. Aber wer soll das abschätzen und quantifizieren können?

Eine negative Beurteilung der ökonomischen Analyse ergibt sich also nicht nur aufgrund der Werte, auf die sie abstellt, sondern auch daraus, dass sie nur in einem kleinen Sektor praktisch anwendbar ist, weil sowohl die Kosten der Schadensverhütung als auch diejenigen der dadurch verhüteten Schäden meist unbekannt sind und auch der Nutzen einer gefährlichen Tätigkeit nicht leicht zu beziffern ist[100].

68

---

96 Man denke z. B. an Prestige- und Bequemlichkeitsüberlegungen, die hinter dem Kauf eines schnellen Autos stehen.
97 FORSTMOSER/SCHLUEP § 11 N 141; a. M. KÖTZ, Deliktsrecht, N 130.
98 Wenn jemand sein Auto geschäftlich nicht mehr braucht, es aber nicht verkauft, weil für ihn die Beweglichkeit in der Freizeit und die Erholung, die es ihm verschafft, sehr wichtig sind, stellt sich die Frage, mit welchem Betrag diese Werte einzusetzen und der Unfallgefahr gegenüberzustellen sind.
Anderes Beispiel:
Zwei Radfahrer unterlassen die Unfallverhütungsmassnahme des Anpassens der Geschwindigkeit an die Strassen- und Verkehrsverhältnisse. Auf den einen wartet seine Freundin, auf den andern, einen Arzt, eine schwerkranke Person. Ist bei beiden die Schadenverhütungsmassnahme gleich hoch einzusetzen?
99 Vgl. dazu KÖTZ in FS Steindorff 652/53.
100 Diese Skizzierung der ökonomischen Analyse stellt nur eine kurze und damit zwangsläufig ungenaue und unvollständige Schilderung dar; mehr Platz kann ihr aber in einem Lehrbuch über schweizerisches Haftpflichtrecht nicht eingeräumt werden.

69 Abschliessend sei darauf hingewiesen, dass es nicht schwierig ist, neue Grundsätze für die Verteilung von eingetretenen Schäden aufzustellen und rational zu begründen. Dabei sollte man sich aber bewusst sein, dass eine solche neue Ordnung einem allgemeinen Rechtsempfinden entsprechen muss, wenn sie als Recht anerkannt werden und sich durchsetzen soll.

4. Die Praktikabilität des Rechts

70 In diesem Zusammenhang ist noch ein weiterer Gesichtspunkt anzuführen: die *Praktikabilität des Rechts*. In unserer Zeit ist die Anzahl der Juristen, die sich de lege ferenda und de lege late mit Rechtsfragen befassen, gegenüber früher stark angestiegen. Sie sind alle geschult, rationale Unterscheidungen zu treffen, die die Tendenz haben, immer kniffliger zu werden. Das ist an sich gut so. Dabei zeigt sich aber die Gefahr, dass das Recht immer komplizierter wird und dass der Rechtsunterworfene immer weniger in der Lage ist, seine rechtliche Stellung einigermassen präzis zu beurteilen. Die Rechtswissenschaft droht, zu einer Geheimwissenschaft zu werden. Das zeigt sich z. B. im Baurecht, wo im Einzelfall je länger je weniger Rechtsanwälte, geschweige denn juristische Laien, mitreden können. Ähnlich verhält es sich mit dem Sozialversicherungsrecht, dem Zusammenspiel von AHV, IV, beruflicher Vorsorge und obligatorischer Unfallversicherung und deren Auswirkungen auf andere Rechtsgebiete. Zu diesen andern Rechtsgebieten gehört auch das Haftpflichtrecht, weil der vom Haftpflichtigen dem Geschädigten zu bezahlende Betrag davon abhängt, was der Sozialversicherer leistet und daher vom Haftpflichtigen diesem und nicht dem Geschädigten zu bezahlen ist. Ähnliche Schwierigkeiten ergeben sich auch in anderen Rechtsgebieten[101].

71 Diese praktischen Probleme können hier nicht behandelt werden. Betont sei aber in diesem Zusammenhang, dass das Haftpflichtrecht selber, d. h. ohne Berücksichtigung der Kontaktstellen mit andern Rechtsgebieten, nicht unnötig kompliziert werden sollte. Das bedeutet, dass nicht – vor allem bei den Haftungsvoraussetzungen und der Schadensberechnung – Kriterien von geringer praktischer Bedeutung eingeführt werden, auch

---

[101] Erwähnt sei hier nur das Scheidungsrecht, weil für die Scheidungskonvention bzw. für das Urteil bei der Festsetzung der Unterhaltsbeiträge des einen Partners an den andern die Frage eine Rolle spielen kann, was dieser andere im Alter nach der Scheidung von der AHV und der Pensionskasse noch erhält.

II. Begriff des Haftpflichtrechts und seine Ordnung im allgemeinen § 1

wenn diesen, für sich allein betrachtet, eine gewisse Berechtigung nicht abzusprechen ist. Bei solchen Verfeinerungen ist immer in Betracht zu ziehen, dass die Erledigung eines Haftpflichtfalles, namentlich bei Personenschäden, auf vielen Faktoren beruht, die zum Teil nur geschätzt werden können. Die Ungenauigkeit muss in vielen Fällen von vornherein in Kauf genommen werden. Wenn man bei anderen Punkten dann aber allzu genau differenziert, gibt man dem Tröler unnötigerweise die Möglichkeit, die Schadenerledigung zu komplizieren und hinauszuschieben. Das kann dazu führen, dass der Geschädigte die Geduld verliert und einen Vorschlag annimmt, nur um die Streitsache endlich zum Abschluss zu bringen[102]. Ein solches Resultat ist sehr unbefriedigend.

C. Einheitlichkeit der allgemeinen Begriffe und Regeln des Haftpflichtrechts – Uneinheitlichkeit des Haftpflichtrechts – Vereinheitlichungsbestrebungen – Sonstige Revisionsbedürftigkeit

Einen *Allgemeinen Teil* für eine Rechtsmaterie zu schaffen setzt voraus, dass den Gebieten, die im zugehörigen Besonderen Teil behandelt werden, eine grössere Anzahl von Fragen gemeinsam ist. Ein Blick auf die im «Allgemeinen Teil» dieses Werkes behandelten Gegenstände lehrt, dass dies für das Haftpflichtrecht weitgehend der Fall ist. Dafür den Nachweis zu bringen, dadurch das Haftpflichtrecht als eine eigene Materie herauszustellen und einheitliche Lösungen zu fördern, war eines der Ziele, das sich Karl Oftinger seinerzeit stellte, als er dieses Buch erstmals herausgab. Noch immer aber wird diese Einheitlichkeit gelegentlich verkannt. Der Gesetzgeber erwägt oder schafft uneinheitliche Lösungen, auch wo Verschiedenheit nicht in der Sache begründet ist; Gerichte und Autoren versuchen Probleme, die allgemeiner Natur sind, in einer Spezialmaterie isoliert zu lösen. Doch ist es eine selbstverständliche Forderung, in Rechtsdingen auf gleiche Fragen gleiche Antworten zu erteilen. *Einheitlichkeit* besteht auf

72

---

[102] Die Amerikaner scheinen unter dem gleichen Problem zu leiden und haben als Abhilfe die Zusprechung von sog. «punitive damages» eingeführt. Vgl. hinten § 8 FN 19. Gestützt darauf kann rücksichtsloses Verhalten des Haftpflichtigen nicht nur bei der Schadensverursachung, sondern auch bei der Schadenbehandlung zu einer wesentlichen Erhöhung des Schadenersatzes führen.

§ 1　Grundlagen

weite Strecken, aus der Sache heraus, einmal in bezug auf Grundbegriffe, die dem ganzen Schadenersatzrecht gemeinsam sind. Dann gelten z. B. die Vorschriften des OR (42 ff.) über Schadensberechnung und Schadenersatzbemessung gleichermassen für die Verschuldenshaftung (OR 41) wie für die Kausalhaftungen des OR und des ZGB, wenigstens soweit mit deren Wesen vereinbar. Eine einheitliche Regelung ist ferner gesichert, wenn ein Spezialgesetz für Fragen, die im OR geordnet sind, hierauf verweist, was oft und vermehrt in den neueren Gesetzen der Fall ist; so etwa EHG 14 II, ElG 36 I, SVG 62 I, KHG 7 I, SSG 27 I, JSG 15 II, GSG 69 III. In letzterer Bestimmung sind empfehlenswerterweise die anwendbaren Vorschriften des OR mit Artikelzahlen genau angegeben[103].

73　Daneben besteht weithin *Uneinheitlichkeit,* weil der Gesetzgeber immer wieder gleiche Fragen, die gleichen Lösungen gerufen hätten, verschieden beantwortet hat: anders in Spezialgesetzen als im OR und anders im einen Spezialgesetz verglichen mit einem anderen. Die Haftpflichtgesetzgebung erhielt dadurch ein buntes und zum Teil willkürliches Gepräge. Einige Belege, die für viele gelten: Nach OR 60 beträgt die Verjährungsfrist[104] für einen ausservertraglichen Schadenersatzanspruch ein Jahr, gerechnet vom Tage an, da der Geschädigte Kenntnis erlangt hat vom Schaden und von der Person des Ersatzpflichtigen; nach SVG 83 gilt das gleiche, doch beträgt die Frist zwei Jahre. Nach EHG 14 sind es auch zwei Jahre, aber gerechnet vom Tage des Unfalls an. Wieder anderes bestimmt LFG 68. EHG 8 setzt für die Zusprechung einer Genugtuung Verschulden voraus[105], nicht aber OR 47 und 49, was auch für jene Gesetze angenommen wird, die, wie das SVG in Art. 62, auf das OR verweisen. Für diese Unterschiede lassen sich keine ausreichenden Begründungen geben, lauten doch die Fragen jeweils gleich, z. B. wie lange man einen Schadenersatzanpruch geltend machen könne[106].

74　*Abhilfe* lässt sich zunächst dadurch gewinnen, dass neu zu erlassende Spezialgesetze nur die für ihren Gegenstand unerlässlichen Regeln enthal-

---

103　Der einheitlichen Handhabung des Haftpflichtrechts dient die Einsichtnahme in Parallelstellen. Solche sind durchgehend vermerkt in OFTINGERS Textausgabe: Schweiz. Haftpflichtgesetze (Zürich 1967); diese ist leider nicht in neuer A. erschienen.
104　Über die in Bd. II/1 § 16 N 341 ff. behandelte Verjährungsvorschrift von OR 60 sei neben den Kommentaren und Lehrbüchern auf die dort zit. Lit. verwiesen.
105　Vgl. Bd. II/3 § 27 N 188 f.
106　Weitere Belege in den vorhergehenden Auflagen; Kritik ferner OFTINGER in ZSR 68, 406a ff. Eingehend STARK in ZSR 86 II 19 ff.; DERS., Zur Freiheit des Richters gegenüber dem Gesetz, Symposium Stark (Zürich 1991) 136 ff.; GILLIARD in ZSR 86 II 218 ff.; Diskussion das. 742 ff.

II. Begriff des Haftpflichtrechts und seine Ordnung im allgemeinen § 1

ten und für alle Fragen, die im OR passend beantwortet sind, hierauf verweisen[107]. Davon war schon die Rede[108]. Sind Lösungen zu treffen, die sich nicht im OR, aber bereits in einem Spezialgesetz, und zwar zutreffend, finden, so sind diese zu übernehmen. Diesen Modus haben einige Erlasse befolgt (z. B. EHG 16/17 = ElG 39 = SVG 87 = KHG 8). Die Formeln sollten dann identisch sein, was nicht durchwegs der Fall ist. Die neueren privatrechtlichen Spezialgesetze (SVG, KHG, RLG und zum Teil GSG) sind unter sich, soweit gleiche Fragen betreffend, einheitlicher als die älteren. Man sollte sich hüten, zu viele Einzelheiten im Gesetz ordnen zu wollen. Die Fragen und Kombinationen sind nur zum Teil im voraus überschaubar, und es besteht Gefahr, dass ein zu strikter oder zu kasuistischer Gesetzestext zum Hemmschuh wird.

Auf weitere Sicht lassen sich für die *Vereinheitlichung* der Materie folgende Wege ins Auge fassen[109]: 75

1. Ausbau der Art. 41 ff. OR zu einem Corpus allgemeiner Regeln des Haftpflichtrechts, einschliesslich der Verschuldenshaftung (Art. 41) und jener Bestimmungen aus den Spezialgesetzen, die der Verallgemeinerung fähig sind, wie z. B. über den Schutz des Geschädigten (SVG 87 usw.). 76

2. Vereinigung möglichst vieler Kausalhaftungen aus dem OR, ZGB und aus Spezialgesetzen zu einem eigenen Gesetz[110]. Dieses dürfte nichts enthalten, was sich unter Ziff. 1 ziehen lässt. Nur das der jeweiligen Haftung Eigentümliche gehörte hierher. 77

3. Zusammenziehen der zahlreichen bestehenden Kausalhaftungen auf möglichst wenige Typen[111] oder – als ideales Ziel – auf eine einzige allgemeine Vorschrift. Eine solche wäre dann das Korrelat zur allgemeinen Verschuldensnorm des Art. 41 OR, und Verschuldens- und Kausalhaftung träten gleichberechtigt nebeneinander. 78

---

107 Vgl. SSG 27 I; JSG 15 II.
108 Verweisungen auf das OR sollten eindeutig sein, wie in GSG 69 III.
109 Die Vereinheitlichung des Haftpflichtrechts war Gegenstand der Beratungen des Schweizerischen Juristenvereins 1967, mit Referaten von STARK und GILLIARD in ZSR 86 II 1 ff., 193 ff., Diskussion 742 ff. Beide Referenten traten für Vereinheitlichung ein (s. besonders STARK 100 ff.), und der Juristenverein fasste demgemäss eine Resolution, a.a.O., 819. Seither gl. M. CHATELAIN in ZBJV 105, 212; parlamentarischer Vorstoss von CADRUVI, SJZ 66, 111 und viele andere. Vgl. auch Bericht d. St. Komm. 35 ff.
110 So sinngemäss MERZ ZSR 86 II 814.
111 Vgl. die Postulierung einer «Energiehaftung» von STARK in ZSR 105 II 365 ff.; GASSMANN-BURDIN 19 ff. sowie 97 ff.

§ 1 Grundlagen

79 4. Vorab würde das vereinheitlichende Zusammenziehen der Gefährdungshaftungen[112] naheliegen, die gleichzeitig zu verallgemeinern wären, um möglichst viele, einer scharfen Haftung rufende, auch künftige, Gefährdungstatbestände zu erfassen[113, 114].

80 Die Wege 1. und 2. dürften keine Probleme aufwerfen, und es ist zu hoffen, dass der Gesetzgeber aufgrund des Berichtes der erwähnten Stu-

---

[112] Begriff derselben s. vorne N 37 ff. und hinten N 105 ff., 114.

[113] So bereits die 2./3. A. dieses Buches 33/34; OFTINGER in den eingangs des Paragraphen zit. Travaux de l'Assoc. Henri Capitant II 276 und ZSR 68, 409a; DERS. in Mélanges Savatier (Paris 1965) 736; zustimmend SCHERRER, in «Wirtschaft und Recht» 1954, 213; vgl. auch GASSMANN-BURDIN; GILLIARD, ZSR 86 II 307; HEIN KÖTZ, AcP 170, 1 ff.; DEUTSCH I 384; WILL, 277 ff.; STRICKLER 42 ff., 80 ff.; PIERRE WIDMER, ZBJV 106, 314 f., 321; DERS., ZSR 96 I 435; PIERRE TERCIER, ZSR 105 I 328; EMIL W. STARK, ZSR 100 I 365 ff.; DERS., VersR 1983 (25 Jahre Karlsruher Forum) 66 ff.; v. CAEMMERER, 19 ff.; SCHLÜCHTER, 317 ff.; aber auch schon C. CHR. BURCKHARDT, ZSR 22, 578.

[114] C. CHR. BURCKHARDT machte für die Revision des OR im Jahre 1903 folgende Anregung (ZSR 22, 578):
«Für Schaden, verursacht durch Werke, Betriebe, Herrschaftsverhältnisse, Vorkehrungen und Verhalten, die erkennbar mit aussergewöhnlicher Gefährdung verbunden sind, kann ausnahmsweise nach billigem richterlichem Ermessen aufgrund der vorhergehenden Artikel auch dann ganze oder teilweise Ersatzpflicht auferlegt werden, wenn der Beschädigte kein Verschulden des Haftbaren und keinen Mangel seiner Sache dartut oder der Haftbare den ihm obliegenden Entlastungsbeweis erbringt.»
Der Vorschlag drang nicht durch. Auch EUGEN HUBER wandte sich gegen eine allgemeine Umschreibung der Gefährdungshaftung: Erläuterungen zum Vorentwurf des ZGB I (2. A. Bern 1914) 10. – Es bestehen moderne Gesetze, die einen allgemeinen oder doch relativ weiten Gefährdungstatbestand vorsehen: CCit. 2050 (SCHLÜCHTER 51 ff.; WIDMER in ZBJV 106, 307 ff.; ZWEIGERT/KÖTZ [gefährliche Anlagen] 23 ff.); polnisches OR von 1933 Art. 152 (Szpunar in Rev. internat. de droit comparé 11, 22 ff.); neues polnisches OR von 1964 Art. 435 (Szpunar in der gleichen Rev. 15, 23 f. und in The International and Comparative Law Quarterly 1967, 93 f.); russisches ZGB 454 (WEYERS 322); Gesetze verschiedener volksdemokratischer Länder laut KÖTZ in AcP 170, 21 FN 56; abessin. CC von 1960 Art. 2081. Das österr. Eisenbahn- und Kraftfahrzeug-Haftpflichtgesetz vom 21. Jänner 1959 fasst wenigstens zwei Verkehrsmittel zusammen. Das Haftpflichtgesetz der BRD vom 4. Januar 1978 erfasst hingegen eine grössere Anzahl von kasuistisch eruierten Gefahren. Zum Entwurf dieses Gesetzes vom Januar 1967 WEITNAUER in ZSR 86 II 768 ff.; DERS. in VersR 14, 101 ff. und 21, 598, wo er die Schaffung einer allgemeinen Gefährdungshaftungsnorm befürwortet, auch in: Kölner Schriften zum Europarecht Bd. 11, 158 f.; desgleichen KÖTZ in AcP 170, 1 ff.; DERS., Gefährdungshaftung, Gutachten und Vorschläge zur Überarbeitung des Schuldrechts II, hrsg. vom Bundesminister der Justiz (Köln 1981), Bd. 2, 1779 ff. Für die Schweiz, WIDMER in ZBJV 106, 289 ff. Ablehnend STARK in ZSR 86 II 157 ff., 183; vgl. aber auch ZSR 100 I 365 ff.; VersR (25 Jahre Karlsruher Forum) 1983, 66 ff.; JÄGGI 756; YUNG 426 f. GILLIARD in ZSR 86 II 307/08 empfiehlt eine Vorschrift von beschränkter Allgemeinheit; ebenso GASSMANN-BURDIN 19 ff. ZWEIGERT/KÖTZ, gefährliche Anlagen, sind für eine generelle Norm. Kritik des erwähnten deutschen Entwurfs vom Januar 1967 und Gegenvorschlag von V. CAEMMERER (zit. hinten) 18 ff. Vgl. im übrigen hinten Bd. II/2 § 24 N 37 ff.

II. Begriff des Haftpflichtrechts und seine Ordnung im allgemeinen   § 1

dienkommission des EJPD mindestens die Vorschläge, die in diese Richtung gehen, realisieren wird.

Die weitergehende Idee einer oder vielleicht auch mehrerer Generalnormen lässt sich nicht nur mit dem Bestreben rechtfertigen, Widersprüche zu beseitigen. Noch mehr Gewicht ist dem Umstand zuzuschreiben, dass die Einführung unserer Gefährdungshaftungen fast etwas zufällig und nicht nach einem einheitlichen Konzept erfolgt ist. So hat man die Gefährdungshaftung für Sprengstoffunfälle erst im Parlament in das SSG eingebaut, als man ein Sprengstoffgesetz erlassen wollte, um die Sprengstoffdelikte zu erschweren. Im BG vom 21. März 1969 über den Verkehr mit Giften (SR 814.80) fehlt dagegen eine entsprechende Bestimmung. Nach dem RLG besteht eine Gefährdungshaftung für flüssige und gasförmige Brenn- und Treibstoffe, aber nur wenn sie sich in Rohrleitungen und dazugehörenden Anlagen befinden (vgl. Bd. II/3 § 30 N 49). Diese fehlende innere Geschlossenheit des Bereiches der Gefährdungshaftungen führt zu kaum begründbaren Unterschieden, die durch eine Generalnorm ausgeschaltet würden. 81

Eine Zusammenfassung der verschiedenen einfachen Kausalhaftungen in eine einzige Haftungsart dürfte kaum möglich sein, weil die einfachen Kausalhaftungen zwar wohl gemeinsame Züge aufweisen, aber doch zu verschieden voneinander sind (vgl. Bd. II/1 § 17 N 4 ff.). Die Gefährdungshaftungen beruhen demgegenüber auf einem einheitlicheren Konzept (vgl. Bd. II/2 § 24 N 6 ff.), weshalb die Idee einer generellen Gefährdungshaftung sich mindestens theoretisch aufdrängt. Praktisch dürfte eine wesentliche Schwierigkeit darin bestehen, dass die heutigen Spezialgesetze Begleitbestimmungen enthalten, die auf die konkrete Situation zugeschnitten sind. Auf sie kann einerseits kaum verzichtet werden[115]; anderseits lassen sie sich aber nicht gut in eine Generalnorm einbauen. 82

Vielleicht ergäbe sich ein brauchbares und befriedigendes Resultat, wenn der Gesetzgeber in Anlehnung an das österreichische Recht[116] den Richter ermächtigen würde, durch Analogieschlüsse unter bestimmten 83

---

[115] Vgl. SVG 71 über die Haftpflicht des Garagisten, SVG 72 über die Haftpflicht bei Rennen und SVG 75 über die Haftpflicht bei Strolchenfahrten; ElG 28 über die Haftpflicht bei elektrischen Anlagen, die aus mehreren Teilen mit verschiedenen Betriebsinhabern bestehen, ElG 30 über die Schädigungen zufolge des Zusammentreffens verschiedener elektrischer Leitungen.
[116] Vgl. ABGB 7; Koziol II 575; Will 77 ff.; Strickler 104 ff.; Zweigert/Kötz, Rechtsvergleichung 404 f.

Voraussetzungen[117] zusätzliche Sachverhalte der Gefährdungshaftung zu unterstellen. Er könnte dann aussuchen, welches Spezialgesetz analog anzuwenden und auf welche Nebenbestimmungen die Analogie auszudehnen wäre. Er könnte sich auch in bezug auf die Bestimmung des Haftungssubjektes an die analog angewendete Norm halten. Die Gefahr der Rechtsunsicherheit, die mit einer solchen Kompetenz des Richters verbunden wäre, müsste wohl in Kauf genommen werden.

84   Von der Vereinheitlichung abgesehen, lässt sich fragen, ob einzelne Bestimmungen, insbesondere des OR über die ausservertragliche Haftung, *revisionsbedürftig* seien[118]. Solche Revisionspostulate seien nicht hier weiter verfolgt, sondern allenfalls am gegebenen Ort berührt. Das Problem des Ausbaus der Kausalhaftungen – unabhängig von den Anliegen der Vereinheitlichung und Konzentration betrachtet – sei hinten N 126 behandelt.

85   Das Haftpflichtrecht ist eine schwierige und in vielen Punkten labile Materie, was sich vor allem mit der inhaltlichen Kargheit der gesetzlichen Bestimmungen und der Vielfalt der Probleme erklären lässt. Man sollte deshalb ohne Not *nicht an den Grundlagen rütteln*, eine *einheitliche Terminologie* handhaben, mit *Neuerungen tunlich zurückhalten* und um der Rechtssicherheit willen eher nach Beständigkeit trachten. Leicht beginnt sonst das Gebiet zu zerfliessen. Demgegenüber lässt sich beobachten, dass immer wieder Autoren auftreten, die ohne sachlichen Grund ihre eigene Ausdrucksweise vorführen oder umgekehrt eine längst als überholt nachgewiesene und durch eine treffendere Bezeichnung ersetzte Terminologie perpetuieren. Diese Ratschläge stehen unter dem selbstverständlichen Vorbehalt, dass echte Notwendigkeit Wandlungen erheischen kann; sie wollen auch die Vereinheitlichung und damit die allgemeine Überprüfung der Materie, von der die Rede war, nicht abschneiden.

---

117 Zu denken wäre vor allem an die generellen Voraussetzungen jeder Gefährdungshaftung; vgl. Bd. II/2 § 24 N 17 ff.
118 Hierüber mit Vorschlägen die FN 109 zit. Referate und Diskussion; bejahend auch JÄGGI, Grundfragen der Privatrechts-Entwicklung, FS hsg. vom Schweiz. Juristenverein zur Schweiz. Landesausstellung 1964 (Basel 1964) 163/64, 168. S. auch die Vorschläge im Bericht d. St.Komm. 29 ff.

III. Faktische Grundlagen und praktische Bedeutung des Haftpflichtrechts – Seine äussere Gestalt

Die *Gefahr von Schädigungen* ist dem menschlichen Zusammenleben immanent. Nie zuvor aber waren die Schädigungsmöglichkeiten so gross wie in unserer Epoche[119]. Das hängt vor allem mit der Ausbreitung der Technik zusammen, welche die Mechanisierung fast aller Lebensbereiche, insbesondere eines grossen Teils der Arbeit und des Verkehrs, mit sich gebracht hat. Das *von der Technik geschaffene Schädigungspotential* ist gewaltig[120]. Von 1900 bis 1969 kamen in den Vereinigten Staaten von Amerika gegen 1,8 Millionen (Mio) Personen durch Strassenverkehrsunfälle ums Leben[121]. Während einer bestimmten Zeitspanne des Jahres 1952 wurden 21mal mehr Amerikaner durch Automobilunfälle getötet als in dem gleichzeitig wütenden Koreanischen Krieg. In der Schweiz zählte man 1990 bei Strassenverkehrsunfällen 954 Tötungen und 29 243 Körperverletzungen[122]. Gehirnschäden und Querschnittslähmungen mit besonders tragischen bleibenden Folgen sind häufig[123]. Das Total der Sachschäden, die auf Strassenverkehrsunfälle zurückgehen, beläuft sich in der Schweiz 1989 auf knapp 522 Millionen Franken[124], in den USA auf 64,7

86

---

[119] HEINRICH ZANGGER, Aufgaben der kausalen Forschung in Medizin, Technik und Recht (Basel 1936) 60 N 32, schrieb schon 1936: «Es gab in keiner Zeit so viele quantitativ real drohende Gefahren wie heute», wobei diese Gefahren eine akute Bedrohung der Güter und Werte darstellen, «durch welche in Zukunft erst alles Sinn und Wert behält». Jetzt gilt dieser Satz in noch unvergleichlich höherem Masse als zur Zeit, da der bedeutende Mediziner ihn niederschrieb.
[120] OFTINGER in FS Friedrich List (Baden-Baden 1957) 120 ff.; DERS. in FS «Die Rechtsordnung im technischen Zeitalter» (Zürich 1961) 6 ff.; die Motorfahrzeuge im besonderen betreffend: DERS. in SJZ 59, 198 ff.; HARTMANN in SZS 12, 29 ff.
[121] TUNC chap. 14 Ziff 1.
[122] Statistisches Jahrbuch der Schweiz 1992 T 11.22. In der Schweiz erleidet pro Jahr jeder sechste Einwohner einen Unfall. Es gibt im Strassenverkehr 1860 Verunfallte auf 100 000 Einwohner, im Sport 2570 Verunfallte auf 100 000 Einwohner, im Haushalt 4250 Verunfallte auf 100 000 Einwohner. Weltweit gesehen ist das Risiko, im Strassenverkehr zu Tode zu kommen 8 Tote pro 100 000 Einwohner, in der Schweiz 15 Tote pro 100 000 Einwohner (Jahresbericht 1990 der BfU).
[123] NJW 1969, 2277; ein Beispiel bei TERCIER in SJZ 68, 245 ff. Über verschiedene Aspekte des Unfallgeschehens, auch die medizinischen: Sicherheit im Strassenverkehr, hsg. von URSPRUNG (Frankfurt a. M. 1974, Fischer Taschenbuch).
[124] Statistisches Jahrbuch der Schweiz 1992, T 11.22; vgl. auch URS WILLI WEPF, Das Problem der Strassensicherheit in der Schweiz (Diss. Bern 1965) 99 ff.

§ 1　　　　　　　　　　Grundlagen

Billionen Dollar[125]. Verglichen mit der Zahl der Strassenverkehrsunfälle sind Prozesse selten; in der Schweiz machen sie weniger als 1 Promille aus, in den USA 5%, und sie beanspruchen dort 65% der Tätigkeit der Zivilgerichte[126]. Grosse Atomanlagen, wie Reaktoren, besitzen ein überaus bedeutendes Schädigungspotential, und das Risiko, dass es sich verwirklicht, wird nach dem Unfall von Tschernobyl wieder pessimistischer eingeschätzt als vorher[127]. Das Schädigungspotential der Technik mögen noch folgende Beispiele belegen: Am 16. April 1947 explodierte im Hafen von Texas-City das Schiff «Grandcamp». Die Explosion erfasste ein weiteres Schiff, und ein drittes sank. Die Erschütterung der Luft setzte in einer chemischen Fabrik die automatischen Druck- und Temperaturregler ausser Betrieb, worauf die ganze Anlage in die Luft flog. In einem Umkreis von fünf Kilometern wurden sozusagen sämtliche Gebäude beschädigt, zum Teil sehr schwer. Ein Flugzeug stürzte ab. Tausendfünfhundert Automobile wurden beschädigt oder zerstört. 568 Personen kamen um. Die Schäden betrugen mehrere Millionen Dollar[128]. Die Explosion eines Munitionsdepots in der Schweiz im Jahre 1947 bewirkte einen Sachschaden vom 90–100 Millionen Franken. Für die Deckung des versicherten Teils diese Betrages standen etwa 500 Versicherer ein[129]. Weiter erwähnt seien die Katastrophen von Seveso, Bhopal und Tschernobyl. Industrie und Technik führen dazu, dass geringe Ursachen ausserordentlich schwere Folgen haben. Zu erwähnen ist aber auch der Umstand, dass Wissenschaft und Technik Möglichkeiten entwickelt haben, Naturkatastrophen vorauszusagen und ihre Auswirkungen zu beschränken[130]. Der auf die Technik zurückgehende, durch Unfälle bewirkte Verlust an Menschenleben beginnt, die Erfolge, welche die Medizin in der Bekämpfung der Seuchen erzielt hat, aufzuwiegen[131].

---

[125] TUNC, Harvard L. REV, 1987, 1047. Zum ökonomischen Problem neben der soeben zit. Arbeit von Wepf: CONARD und andere, Automobile Accident Costs an Payments (Ann Arbor 1964); CALABRESI, Costs, auch deutsch in: ASSMANN/KIRCHNER/SCHANZE; HAUSER in dem FN 123 zit. Taschenbuch.
[126] STARK in SJZ 65 (1969) 22; TUNC chap. 1 Ziff 1 und 71 (auch für andere Länder); für Deutschland GESSNER/KÖTZ in JZ 28, 82 ff.; ferner ROSENBERG/SOVERN, in: Studien und Materialien zur Rechtssoziologie, hsg. von HIRSCH/REHBINDER (Köln/Opladen 1967) 324.
[127] Vgl. zum KHG Bd. II/3 § 29.
[128] Bericht des Eidg. Versicherungsamtes, 61. Jahrg. (1948) 6.
[129] SVZ 18, 291.
[130] Vgl. die Angaben von HENRI SMETS in La réparation des dommages catastrophiques, Travaux des XIIIes Journées d'études juridiques Jean Dabin (Bruxelles 1990) 24 ff.
[131] BODAMER, Gesundheit und technische Welt (Stuttgart 1955) 16.

III. Faktische Grundlagen und praktische Bedeutung des Haftpflichtrechts § 1

Neben der Technik sind die *Chemie* und die *Biologie* an der Schaffung 87
des heutigen Schädigungspotentials beteiligt. Die Injektion eines Virus, die
ein französischer Bakteriologe im Jahre 1952 wilden Kaninchen verabfolgte, bewirkte die Entstehung einer Seuche; ein grosser Teil aller wild lebenden und zahmen Kaninchen und Hasen Frankreichs fiel ihr zum Opfer, und
sie griff auch auf benachbarte Länder über. Die Medikamentschäden, die
auf der Einnahme von Contergan, Mexaform, Enterovioform und Diethylstilbestrol (DES) beruhen, gehen in die Hunderte von Millionen Franken.
Für die durch Asbest verursachten Schäden wird in Versicherungskreisen
mit einem Gesamtbetrag von sFr. 4–5 Milliarden gerechnet. Auch die Härte
des *Wirtschaftskampfes* ist eine ins Gewicht fallende Quelle von Schädigungen; man denke an den unlauteren Wettbewerb, den Boykott, die raffinierten Verletzungen von Immaterialgüterrechten.

Die *praktische Bedeutung* des Haftpflichtrechts ist angesichts der ge- 88
schilderten Tatsachen, die die Ubiquität und Grösse der Schädigungsmöglichkeiten dartun, offenkundig, zumal jede Einsichtnahme in den Geschäftsbereich der Gerichte und der Haftpflichtversicherer sie eindringlich
belegt[132].

Mit der schrittweisen Ausbreitung der von der Technik erzeugten Ge- 89
fahren hängt eine Eigentümlichkeit der *äusseren Gestalt* des schweizerischen Haftpflichtrechts zusammen, die dieses z. T. von ausländischen Rechten unterscheidet: die Verlagerung auf *Spezialgesetze*, die sämtliche auf
Stufen der technischen Entwicklung hinweisen. Das alte EHG (1875)
begleitete die Ausdehnung der Eisenbahnen, das FHG (1881 und 1887),
dem schon eine Haftpflichtbestimmung des Fabrikgesetzes von 1877 vorangegangen, war eine Folge der Industrialisierung. Das ElG (1902), die
Luftverkehrsordnung vom 27. Januar 1920 (abgelöst durch das LFG, 1948),
das MFG (1932, ersetzt durch das SVG, 1958), das SSchG (1953), das AtG
(1959 ergänzt durch das KHG, 1983), das RLG (1963, betreffend die
Piplines für Erdöl, Erdgas und andere flüssige oder gasförmige Brenn- und
Treibstoffe) schlossen sich an das Aufkommen oder die Vermehrung neuer
technischer Gebiete und Verkehrsmittel an. Das GSG (1971, neue Fassung
1991) bringt die Haftung für seit geraumer Zeit aktuelle, aber erst in
jüngerer Zeit als bedrohlich erkannte Schädigungen: jene durch Verunreinigung von Gewässern. Die akuten Verunreinigungen gehen oft auf technische Einrichtungen und Vorgänge zurück[133]. Das SSG (1977) bezweckt

---

[132] Zu einer Ersetzung der Haftpflicht durch Versicherungsschutz vgl. N 128 ff.
[133] OFTINGER in SJZ 68, 104.

eine bessere Kontrolle des Handels mit Sprengstoffen, in erster Linie deshalb, um Unfälle verhüten zu können. Auch der Anwendungsbereich von OR 58 und ZGB 679 trägt der technischen Entwicklung jeweils Rechnung.

IV. Sonderfall der Katastrophenschäden

90 Vorn N 86 wurde nicht nur auf die grosse Anzahl von Schadenfällen hingewiesen, mit denen wir uns heute zu befassen haben, sondern auch darauf, dass einzelne Schadenereignisse heute ein ganz ausserordentliches Ausmass aufweisen können. Während die in den letzten Jahrzehnten zu konstatierende Zunahme «normaler» Schadenfälle in ihrer Abwicklung keine ausserordentlichen Schwierigkeiten bereitet, treten bei Katastrophenschäden neue Umstände auf, die mit den traditionellen Mitteln des Haftpflicht- und des Prozessrechts kaum befriedigend bewältigt werden können. Da mit Massenschäden aufgrund der Erfahrungen weiterhin gerechnet werden muss, ist es Aufgabe der Rechtswissenschaft und gestützt auf deren Erkenntnisse des Gesetzgebers, Wege und Mittel zu deren Bewältigung zu suchen und vorzubereiten.

91 Der Begriff des Massen- oder Katastrophenschadens ist nirgends definiert. Unter dem finanziellen Gesichtspunkt liegt ein Katastrophenschaden vor, wenn für die Deckung aller ausgewiesenen Schadenersatzansprüche nicht genügend Mittel zur Verfügung stehen[134]. Das genügt aber nicht zur Umschreibung; wenn nur eine einzige oder einige wenige Personen betroffen sind, sind solche Fälle mit den hergebrachten Mitteln des Haftpflicht-, Prozess- und Schuldbetreibungs- und Konkursrechtes zu bewältigen[135]. Mit den üblichen Methoden lassen sich Grossschäden aber dann nicht abwickeln, wenn zusätzlich die Geschädigten sehr zahlreich sind[136]: Eine prozes-

---

[134] KHG 29 spricht von Grossschäden und versteht darunter Schadenfälle, bei denen die für die Deckung der Schäden zur Verfügung stehenden Mittel des Haftpflichtigen und seiner Versicherer nicht ausreichen, um alle begründeten Ansprüche zu befriedigen; vgl. Bd. II/3 § 29 N 654 ff.
[135] Man denke an den Direktor einer Grossbank, der dieser durch falsche Beurteilung von Risiken einen Milliardenschaden zufügt.
[136] HENRI SMETS (in La réparation des dommages catastrophiques, Travaux des XIIIe Journées d'études juridiques Jean Dabin [Bruxelles 1990] 24 ff.) rechnet mit der Möglichkeit

IV. Sonderfall der Katastrophenschäden § 1

suale Austragung der Rechtsstreite fällt höchstens für präjudizielle Grundsatzfragen in Betracht, weil sonst die Gerichte hoffnungslos überfordert wären und weil auch nicht genügend Anwälte zur Verfügung ständen. Aber auch die vergleichsweise Erledigung der Fälle (gegebenenfalls auf der Basis der durch Grundsatzentscheide geklärten Rechtslage) ist mit grossen Schwierigkeiten verbunden, weil die Konzessionsbereitschaft der Geschädigten durch die Angst reduziert ist, dass später günstigere Vergleiche erzielt werden und man sich dann als dumm vorkommt. Der Haftpflichtige befürchtet, dass die präjudizierende Wirkung von Konzessionen an *einen* Geschädigten sich finanziell sehr stark auswirkt. Schliesslich ist nicht ersichtlich, wo der Haftpflichtige und sein Versicherer das ausgebildete Personal hernehmen sollen, um die vielen Schäden zu erledigen.

Neben diesen «technischen» Schwierigkeiten der Behandlung solcher Fälle stehen besondere juristische, wenn ein Schadenereignis sich über die Landesgrenzen hinaus ausgewirkt hat. Es stellen sich die Fragen des anwendbaren Rechts und, wenn prozessiert werden soll, des Gerichtsstandes. Jahrelange Prozesse über diese «Vorfragen» würden nach einem Katastrophenschaden zu unerträglichen Verhältnissen führen. Erwähnt sei auch, dass das Völkerrecht parallel zu den privatrechtlichen Ansprüchen eigene zwischen den beteiligten Staaten anerkennt[137], deren Verhältnis zu den privatrechlichen kaum als geklärt betrachtet werden kann.

Der ganze Fragenkomplex bedarf näherer einlässlicher Prüfung. Hier seien nur noch folgende Überlegungen angeführt:

1. Wenn die zur Schadensdeckung bei einem in der Schweiz verursachten Katastrophenschaden zur Verfügung stehenden finanziellen Mittel

---

einer Zunahme der Krebstodesfälle infolge des Unfalles von *Tschernobyl* in den Nachfolgestaaten der Sowjetunion um einige Zehntausend und in den übrigen Staaten um einige Tausend. Dabei sind aber die unzähligen weiteren Geschädigten zusätzlich zu berücksichtigen (vgl. BGE 116 II 484). Für *Bhopal* erwähnt er mehr als 2800 Tote (eine Zahl, die sich jährlich um 500 erhöhe), 20 000 Personen mit schweren Atmungs- und Augenbeschwerden und weit mehr als 50 000 medizinisch behandelte Personen. Zum Teil wird die Anzahl der Geschädigten auf 500 000 geschätzt und nach der NZZ vom 8./9. Februar 1992 Nr. 32 S. 9 haben 640 000 Giftgasopfer Ansprüche angemeldet. Für *Seveso* führt SMETS aus, dass durch die Vergiftung des Bodens 37 235 Personen betroffen worden seien. Vgl. auch STOLL 122 ff.

[137] Vgl. das Referat von P.-M. DUPUY, das im Sammelband «La réparation des dommages catastrophiques, Travaux des XIIIe Journées d'études juridiques Jean Dabin (Bruxelles 1990) 219 ff. publiziert ist und die dort zit. Lit.; ausserdem HANS GEORG HINDERLING/ PETER GOEPFERT in SJZ 83 (1987) 57 ff.; EMIL W. STARK in SJZ 83 (1987) 212 ff. u. a.

dafür nicht ausreichen, liegt es nahe, dass *der Bund einen Beitrag zur Verfügung stellt*, wie er das bei einer Naturkatastrophe ähnlichen Ausmasses wohl auch tun würde. Nichts spricht dagegen, damit zuzuwarten, bis eine Katastrophe eingetreten und deren finanzielle Tragweite wenigstens in groben Zügen abgeschätzt werden kann. Zuständig dafür ist das Parlament, so dass nicht mit einem übermässigen Zeitbedarf zu rechnen ist. Es könnten auch schon vorher in einem Fonds Mittel bereitgestellt werden[138].

94 2. Ist damit zu rechnen, dass auch die durch staatliche Zuschüsse und Fondsleistungen erhöhten Mittel des Haftpflichtigen und seiner Haftpflichtversicherung zu niedrig sind, um alle ausgewiesenen Schäden nach den geltenden Vorschriften über die Schadensberechnung zu decken[139], so sind weitere Massnahmen zu prüfen. Für diesen Fall sieht KHG 29 die Möglichkeit vor, dass die Bundesversammlung in einem allgemeinverbindlichen, dem Referendum nicht unterstehenden Bundesbeschluss eine vom geltenden Recht abweichende *Entschädigungsordnung* aufstellt. Erwähnt wird in KHG 29 die Möglichkeit, die Rückgriffsrechte der Versicherungseinrichtungen gegen den Haftpflichtigen aufzuheben. Dadurch wird der Schaden bis zum Totalbetrag der Regressrechte der Versicherer diesen belastet. Im Vordergrund stehen die Sozialversicherer mit ihren umfassenden Rückgriffsrechten; aber auch die Sachversicherer könnten davon in hohem Masse betroffen werden. Diese Massnahmen würden sich in einem Land mit hohem Versicherungsstandard wie der Schweiz sehr stark auswirken. Es erscheint im übrigen als problematisch, den Fehlbetrag statt durch die Allgemeinheit weitgehend durch die verschiedenen Versicherer resp. durch deren Versicherungsnehmer, die dann mit erhöhter Prämie rechnen müssen, aufbringen zu lassen.

95 Ein anderer Weg besteht in der prozentualen Kürzung aller Schadenersatzansprüche[140]. Dabei sollte der Notbedarf der einzelnen Geschädigten durch eine solche Kürzung nicht tangiert werden. Man könnte auch daran denken, die Ansprüche für Sachschäden stärker zu kürzen als diejeni-

---

[138] Vgl. PIERRE TERCIER, ZSR 109 (1990) II 214.
[139] Die Berücksichtigung der Höhe der Schadenersatzleistungen in den Fällen von Bhopal und Seveso kann in die Irre führen, weil eine zukünftige Katastrophe in einer Region mit viel höherem Lebensstandard und Lohnniveau eintreten könnte. So erwähnt MELCHIOR WATHELET in La réparation des dommages catastrophiques, Travaux des XIIIes Journées d'études juridiques Jean Dabin (Bruxelles 1990), 12 ein Total der Schäden des Atomunfalles von Three Miles Island von FF 871 Milliarden, was ungefähr sFr. 244 Milliarden entspricht.
[140] Vgl. SVG 66.

IV. Sonderfall der Katastrophenschäden § 1

gen für Personenschäden und/oder alle Genugtuungsansprüche zu streichen.

Es drängt sich auf, in einem BG über Katastrophenschäden vorzusehen, dass das Parlament eine solche Entschädigungsordnung erlassen und dem Referendum entziehen kann, unter Berücksichtigung der Verhältnisse des konkreten Falles. Dadurch würden Verzögerungen durch ein Referendum ausgeschaltet, was aus Zeitgründen unerlässlich ist; denn bevor solche Änderungen der Schadenersatzordnung festgelegt sind, kann nicht mit der Erledigung der Schadenfälle begonnen werden. Es sollte auch möglichst vermieden werden, dass die Entschädigungsordnung nach der Erledigung eines erheblichen Teiles der Schadenfälle abgeändert werden muss.

3. In *organisatorischer Hinsicht* erscheint es als geboten, in einem BG über Katastrophenschäden auch die Bestellung eines Sonderbeauftragten aus KHG 29 zu übernehmen. Er ist zu ermächtigen, Vergleiche abzuschliessen, Prozesse zu führen, Hilfspersonal anzustellen und mit den Versicherungsgesellschaften zu vereinbaren, dass diese ihm einen Teil ihres Schadenpersonals für einige Zeit zur Verfügung stellen.

Das wird aber kaum genügen. Es ist daher zu prüfen, ob in das erwähnte BG besondere Verfahrensvorschriften aufzunehmen sind, z. B. im Sinne der Bildung einer Zwangsgemeinschaft aller Geschädigten[141]. Solche Vorschriften könnten von der Schweiz aber nur für den Geltungsbereich des schweizerischen Rechts erlassen werden.

4. Darüber hinaus sollten für Massenschäden die Probleme des Gerichtsstandes und des IPR durch internationale Abkommen möglichst so geregelt werden, dass der Text kaum Fragen offenlässt und dass er daher nicht zu Prozessen Anlass zu geben droht. Pro Staat sollte nur *ein* Gerichtsstand, z. B. in der Hauptstadt des Wohnsitzstaates jedes Geschädigten, zur Verfügung stehen. Besser wäre ein einziger Gerichtsstand für alle Geschädigten am Ort des Schadenereignisses, was aber kaum zumutbar wäre.

Auf alle diese Probleme kann hier nicht näher eingetreten werden. Sie sollten noch vermehrt Gegenstand von speziellen Studien sein.

---

[141] Vgl. STARK/KNECHT in ZSR 97 (1978) I 51 ff.; PIERRE TERCIER in ZSR 109 (1990) II 253.

V. Arten der Haftung

101 Es bestehen – wie bereits dargelegt – *zwei Arten* der Haftung: Verschuldenshaftung und Kausalhaftung.

A. Verschuldenshaftung [142] – Ihr Wesen

102 *Verschuldenshaftung*[143] ist diejenige (ausservertragliche) Art der Haftung, bei der das Einstehen für zugefügten Schaden (OR 42) oder immaterielle Unbill (OR 47, 49) neben dem Kausalzusammenhang und der Widerrechtlichkeit[144] ein persönliches Verschulden des Haftpflichtigen voraussetzt. Das OR steht, im Einklang mit den Gesetzen anderer Länder, darin dem Römischen und dem Gemeinen Rechte folgend, auf dem Boden des *Verschuldensprinzips*[145]: Die *Verschuldenshaftung stellt die Regel dar*, Haftbarmachung setzt grundsätzlich Verschulden voraus (OR 41). Als Ausnahme jedoch (die, wie sich zeigen wird, ungemein wichtige Tatbestände erfasst) tritt in besonderen Konstellationen auch ohne Verschulden eine Haftung ein: die Kausalhaftung. Wie vorn N 25 ausgeführt, liegt der Verschuldenshaftung die Überlegung zugrunde, dass ein tadelnswertes Verhalten – das Verschulden – die Auferlegung einer Ersatzpflicht rechtfertige. Den hiermit ausgesprochenen Satz, dass das Verschulden die Ersatzpflicht nach sich ziehe, hat die Rechtswissenschaft vor allem des 19. Jahrhunderts zu der unzulässigen Folgerung erweitert, *nur* bei Verschulden dürfe die Ersatzpflicht eintreten[146]. Das war das, hernach durch das Aufkommen zahlreicher Kausalhaftungen gegenstandslos gemachte Verschuldensdog-

---

[142] Vgl. vorn N 25 ff. und eingehend Bd. II/1 § 16; STARK, Skriptum N 439 ff.; A. KELLER I 42, 114 ff.; DESCHENAUX/TERCIER § 6 N 5; BREHM N 166 ff. zu Art. 41; KELLER/GABY 4; DEUTSCH I 99 ff.; GEIGEL/SCHLEGELMILCH 14. und 15. Kapitel; MEDICUS II §§ 136 ff. ERNST V. CAEMMERER, Das Verschuldensprinzip in rechtsvergleichender Sicht, RabelsZ 42 (1978) 5 ff.
[143] In der älteren Rechtssprache: Culpahaftung.
[144] Nachstehend N 145 ff.
[145] In der älteren Rechtssprache: Culpaprinzip. – Dies gilt auch im kantonalen Schadenersatzrecht, ZR 64 Nr. 159 S. 269.
[146] Diese Auffassung war nicht historisch begründet; vielmehr kannten die archaischen Rechte Kausalhaftungen. Darüber neben vielen andern RÜMELIN 8; HEUSLER, Institutionen des deutschen Privatrechts II (Leipzig 1886) 262/63.

ma[147]. Nach wie vor, so wichtig und unausweichlich die Kausalhaftungen auch geworden sind, gilt jedoch, vom dogmatischen Standpunkt aus betrachtet, das geschilderte Verhältnis von Ausnahme und Regel: wo kein Tatbestand einer Kausalhaftung gegeben ist, ist ein Verschulden die Voraussetzung der Haftbarmachung.

Während die Kausalhaftungen auf einzelne, abgegrenzte Schädigungstatbestände zugeschnitten sind, wird im schweizerischen Recht die Verschuldenshaftung vom *Grundsatz der Universalität* beherrscht; wenn immer ein widerrechtlich zugefügter Schaden auf Verschulden zurückgeht, tritt Haftung ein (OR 41)[148]. Die Verschuldenshaftung ist deshalb nicht nur allgemeiner geartet als die Kausalhaftungen; sie ist vielmehr eine schlechthin allgemein gefasst Haftung. 103

Das Verschuldensprinzip gilt durchwegs in Ländern mit einer Rechtskultur, die der unsrigen vergleichbar ist, und auch in jenen mit marxistischer Rechtskonzeption[149]. 104

B. Kausalhaftung[150] – Ihr Wesen

Die *Kausalhaftung* kennzeichnet sich zunächst lediglich durch ein negatives Merkmal: dass ein persönliches Verschulden des Haftpflichtigen nicht Voraussetzung seiner Haftbarmachung ist. Dadurch werden die zahlreichen Tatbestände der Kausalhaftung als eine, wenn auch nur in diesem Punkt einheitliche Gruppe der Verschuldenshaftung gegenübergestellt. Ein Überblick über die wichtigeren ausservertraglichen Kausalhaftungen ergibt sich aus ihrer anschliessend in N 114 ff., insbes. 121, vorgenommenen Gliederung. Ein ihnen allen gemeinsames positives Merkmal besteht nicht; sie werden lediglich durch das erwähnte negative Kennzeichen, dass das Verschulden nicht Voraussetzung der Haftbarmachung ist, zusammenge- 105

---

[147] Näheres SJZ 39, 547 mit Belegen. Das Verschuldensdogma wurde lange von bedeutenden französischen Autoren vertreten, u. a. von RIPERT in den eingangs des Paragraphen zit. Schriften «Le régime démocratique ...» no. 181 und «La règle morale ...» nos 112 et sv.; MAZEAUD/TUNC I nos 336 et sv. Kritik dieser Ansichten bei SAVATIER I nos 278 et sv.; STARCK, Obligations (Paris 1972) nos 52 et sv.

[148] Dazu OFTINGER in den eingangs des Paragraphen zit. Travaux de l'Assoc. Henri Capitant II 269; JENTSCH, Die Entwicklung von den Einzeltatbeständen des Deliktrechts zur Generalnorm ... (Leipzig 1939).

[149] KANDA in Rev. internat. de droit comp. 17, 897; WEYERS 320; TUNC chap. 1 Ziff. 113 ff.

[150] Vgl. vorn N 37 und eingehend Bd. II/1 § 17; STARK Skriptum, N 522 ff.; A. KELLER I 37 ff.; KELLER/GABY 66 ff.; OECHSLIN; DEUTSCH I 363 ff.

halten[151]. Der Gegensatz von Verschuldens- und Kausalhaftung wirkt sich prozessual dahin aus, dass der Geschädigte bei der Kausalhaftung das Vorhandensein eines Verschuldens nicht zu beweisen braucht. Wohl aber muss er insbesondere den Kausalzusammenhang zwischen dem Schaden und dem Tatbestand dartun, an welchen er die Haftbarmachung knüpfen will, z. B. dem Betrieb einer Eisenbahn oder dem mangelhaften Unterhalt eines Werkes. Von hier stammt der an sich nichtssagende Ausdruck Kausalhaftung, an dessen Stelle sich vor allem in der älteren Literatur auch die Wendungen Verursachungs-, Veranlassungs-, Billigkeits-, Zufalls-, Erfolgs- und Gefährdungshaftung[152], objektive Haftung, Haftung *ex lege* oder *quasi ex delicto* finden.

106   Die *Theorie* der Kausalhaftung ist in der Literatur namentlich Frankreichs, Deutschlands, aber auch der Schweiz, überaus eingehend behandelt worden[153]. Die folgenden Darlegungen werden sich auf die phänomenologische Seite dieser Haftungsart beschränken, die allein für die dogmatische Behandlung des geltenden Rechts bedeutsam ist. Kausalhaftungen treten in Ländern vergleichbarer Rechtskultur regelmässig auf. Wo und inwieweit lässt sich nur durch eingehende Analysen, besonders auch der Rechtsprechung, erheben. In manchen Rechten begegnet sie einer traditionellen Zurückhaltung[154].

107   Neben der bereits getroffenen negativen Kennzeichnung der Kausalhaftung erlaubt die Beobachtung ihrer Auswirkungen, eine positive Charakteristik zu gewinnen. Drei *Merkmale* lassen sich wahrnehmen:

108   1. Wo überhaupt ein *menschliches Verhalten*, und zwar des *Haftpflichtigen* selber, als Schadensursache auftritt, braucht es, um zur Haftung zu führen, *nicht schuldhaft* zu sein. Dies besagt zweierlei: die Urteilsunfähigkeit schliesst (im Gegensatz zur Regelung bei der Verschuldenshaftung, § 5 N 112 ff.) die Haftbarkeit nicht aus; und ein geringerer Grad von

---

[151] Demgegenüber wollen WIDMER, ZBJV 110, 289 ff. (bes. 313), in seiner so gut wie total negativen Beurteilung des geltenden Haftpflichtrechts und seiner Erfassung durch Doktrin und Rechtsprechung sowie RASCHEIN, recht 1988, 84 f. (dazu TERCIER in ZSR 95 I 11 ff., insbes. FN 38) (nur) «qualifizierte Gefahr» als Begründung der Kausalhaftung anerkennen: ein Rückschritt.

[152] Der letztere Ausdruck sollte einer bestimmten *Unterart* der Kausalhaftung vorbehalten bleiben: vorn N 41, hinten N 114 ff.

[153] Vgl. aus den eingangs dieses Paragraphen zit. Werken insbesondere OECHSLIN, STARCK, BIENENFELD; aus Italien TRIMARCHI.

[154] Besonders ausgeprägt in Italien, WIDMER in ZBJV 106, 308 ff., auch einigermassen im angelsächsischen Recht, ZWEIGERT/KÖTZ (gefährliche Anlagen) 30 ff.; VON HIPPEL 3 f.; DERS. in NJW 1969, 682 bei FN 12.

V. Arten der Haftung § 1

Unsorgfalt, als das Verschulden (des näheren: die Fahrlässigkeit) voraussetzt, vermag die Haftbarkeit herbeizuführen. Letzteres kann z. B. für die Haftung des Werkeigentümers beachtlich werden (OR 58). Für die erstere Auswirkung möge folgendes Beispiel dienen: Da die Haftung nach OR 56 eine Kausalhaftung darstellt, kann man einen Tierhalter für den von seinem Tier angerichteten Schaden verantwortlich machen, selbst wenn feststeht, dass der ihm vorgeworfene Mangel an Sorgfalt in der Haltung des Tieres auf einen Zustand fehlender Urteilsfähigkeit zurückgeht. Das gilt, ohne dass zu der Bestimmung von OR 54 I Zuflucht genommen werden müsste, wonach der Richter ungeachtet der Urteilsunfähigkeit aus Gründen der Billigkeit die Schadenersatzpflicht bejahen kann[155].

2. Kausalhaftung kann *Haftung für fremdes Verhalten* bedeuten, das seinerseits die Schadensursache darstellt, und dies ohne dass der Haftpflichtige selber zur Herbeiführung des Schadens beigetragen hätte. Die meisten Kausalhaftungen erfassen diesen Sachverhalt[156]. In der Weise haften z. B. der Geschäftsherr (OR 55), die Eisenbahnunternehmung (EHG 1 II, 8, 18), der Inhaber einer elektrischen Anlage (ElG 34), einer Rohrleitungsanlage (RLG 33 I), einer Anlage und eines Betriebs, die Gewässer verunreinigen (GSG 69) oder Sprengmittel oder pyrotechnische Gegenstände herstellen, lagern oder verwenden (SSG 27 I), für ihr Personal, der Motorfahrzeughalter für den von ihm verschiedenen Führer seines Fahrzeugs (SVG 58 I/IV), der Halter eines Luftfahrzeugs für die an Bord befindlichen Leute (LFG 64 II b), das Familienhaupt für seine Schutzbefohlenen (ZGB 333), der Werk- und der Grundeigentümer (OR 58, ZGB 679) sowie der Tierhalter (OR 56) für allfällige Hilfskräfte, im öffentlichen Recht der Bund für seine Beamten (VG 3 I) und Wehrmänner (MO 22 I, 23). Besonders weit gespannt ist der Kreis von Personen, für die der Inhaber einer Atomanlage haftet (KHG 3, sog. Kanalisierung der Haftung)[157]. Solche Haftung für fremdes Verhalten ist unabhängig davon, ob der Haftpflichtige selber schuldhaft allfällige Überwachungs- oder ähnliche Pflichten versäumt hat[158]. Ob eine Person, für die man haftet, *ihrerseits* im 109

---

[155] Diese Vorschrift begründet ebenfalls eine *Kausalhaftung*, weil sie ungeachtet des Fehlens der Urteilsfähigkeit, und damit des Verschuldens, zu einer Ersatzpflicht führt (BGE 51 II 393; 74 II 213; 102 II 230; 103 II 335); vgl. Bd. II/1 § 18.
[156] ERICH GAYLER, Die ausservertragliche Haftung für Hilfspersonen (Diss. Zürich 1944) passim u. a.
[157] Bd. II/3 § 29 N 113 ff.
[158] In den Fällen von OR 55, 56 und ZGB 333 besteht indessen keine Haftung, wenn der Beklagte beweist, dass er keine Sorgfaltspflichten verletzt hat. Da man Kausalhaftungen vor sich hat, geht es dabei nicht um eine Exkulpation.

Verschulden sei, ist ohne Bedeutung dafür, dass eine Kausalhaftung vorliegt. Soweit sich der Haftpflichtige anderer für seine Zwecke bedient, spricht man von *Haftung für Hilfspersonen*. Diese Wendung wird auch gebraucht bezüglich der vertraglichen Haftung gemäss OR 101, wie das dortige Marginale zeigt. Je umfassender der Bereich einer Kausalhaftung – wie namentlich bei den Betriebshaftungen (vgl. Bd. II/2 § 24 N 12) oft aber auch bei den Haftungen nach OR 58 und ZGB 679 – desto grösser der Kreis der Personen, für die man haftet: z. B. neben den eigenen Hilfspersonen alle jene, die seinerzeit an der Planung und am Bau der Anlage, welche jetzt Schaden gestiftet hat, beteiligt waren (Ingenieure, Unternehmer, ihr Personal usw.) und alle jene, die mit der Kontrolle und mit Unterhaltsarbeiten betraut sind. Man haftet hier unter Umständen für eine grosse anonyme Kollektivität von Leuten. Die Beteiligung des Einzelnen an der Verursachung des Schadens ist von sekundärer Bedeutung. Der Kläger braucht ihn nicht herauszufinden[159]. Diese umfassende Haftung ergibt sich daraus, dass man für das nicht schädigende Funktionieren eines Betriebs, einer Anlage und dergl. einzustehen hat.

110 Nach älterer Auffassung[160] stellt auch die Haftung einer *juristischen Person für ihre Organe* (ZGB 55 II; OR 718 III, 814 IV, 899 III) eine Haftung für fremdes Verhalten und eine Kausalhaftung dar. Dass hier für einen andern eingestanden wird, trifft indes nur phänomenologisch zu (Organ und juristische Person sind an und für sich verschiedene Rechtssubjekte), dogmatisch dagegen – und dies allein zählt – nicht, weil das Organ Teil der juristischen Person und sein Verhalten folglich nicht ein fremdes ist, sondern als Verhalten der juristischen Person gilt[161]. Deshalb begründen jene Vorschriften als solche keine Kausalhaftung, sondern soweit auf eine juristische Person OR 41 anzuwenden ist, besteht Verschuldenshaftung[162], Kausalhaftung dagegen dann, wenn eine juristische Person (gleich wie eine natürliche Person) unter eine der *gegebenen* Kausalhaftungsnormen fällt, z. B. OR 58 oder SVG 58. Dasselbe wie für Organe gilt für die Gesellschafter von Kollektiv- und von Kommanditgesellschaften (OR 567 III, 603).

111 3. Kausalhaftung kann die Bedeutung einer Verantwortlichkeit für Schadensursachen annehmen, die *nicht in menschlichem Verhalten* beste-

---

[159] OFTINGER in Travaux de l'Association Henri Capitant II 270; DERS. in: Schweiz. Beiträge zum 5. Internat. Kongress für Rechtsvergleichung (Zürich 1958) 9 f.
[160] So die 3. A. dieses Buches, I 14, II/1 108 bei FN 55; weitere Zitate bei PORTMANN, Organ und Hilfsperson im Haftpflichtrecht (Bern 1958) 38 FN 2.
[161] Bd. II/1 § 16 N 15; § 20 N 13.
[162] PORTMANN, a.a.O., 38 (und dort Zitierte), 93; hinten § 5 N 41.

hen; wir sprechen alsdann von *Zufall*. So haftet der Werkeigentümer nach OR 58, auch wenn der Mangel des Werkes auf atmosphärische Einwirkungen zurückgeht, die er nicht zu verhüten vermag; der Motorfahrzeughalter wird haftbar, wenn ihm ein Fremdkörper ins Auge gerät und er, dadurch geblendet, einen Unfall herbeiführt (SVG 58).

Ob man auch hinsichtlich der Kausalhaftungen von *unerlaubten Handlungen* spricht (so die Überschrift vor Art. 41 OR), ist eine terminologische Frage. Ebenso begründet ist ein Sprachgebrauch, der die Ausdrücke der unerlaubten Handlung oder des (zivilistischen) Delikts und der Haftung aus solcher Handlung oder *ex delicto* auf die Verschuldenshaftung beschränkt. Denn im Rahmen der Kausalhaftung ist, wie erwähnt, eine Haftbarmachung denkbar, ohne dass überhaupt eine menschliche Handlung für den Schaden kausal wäre; und manche zu einer Haftbarmachung führende Handlung ist nicht unerlaubt, sondern erlaubt, abgesehen davon, dass die Unerlaubtheit nicht die Voraussetzung der Haftbarkeit darstellt. Wenn man dagegen «unerlaubte» Handlungen für «widerrechtliche» setzt, dann gehören auch die Kausalhaftungen dazu. 112

Der Vollständigkeit halber sei erwähnt, dass auch im Gebiet des *vertraglichen Schadenersatzrechts* Kausalhaftungen auftreten, als Ausnahme von dem dort ebenfalls herrschenden Verschuldensprinzip (OR 97)[163]; es sei z. B. erinnert an die Vorschriften von OR 101, 103, 104, 447, 448, 487, 490 und die Vorschriften des Eisenbahn- und des Posttransportrechts. Eine Kausalhaftung sieht ferner OR 422 I zugunsten des *Geschäftsführers ohne Auftrag* vor. 113

C. Kategorien der Kausalhaftung

1. Einfache Kausalhaftungen und Gefährdungshaftungen

Die einfachen oder milden Kausalhaftungen werden in Bd. II/1 § 17 und die Gefährdungshaftungen in Bd. II/2 § 24, je als Einleitung zur Erörterung der im geltenden Recht diese beiden Kategorien bildenden Haftungsarten, 114

---

[163] Die in OR 97 vorgesehene Umkehrung der Beweislast des Verschuldens – der Schädiger muss sich exkulpieren – kann indessen im Einzelfall leicht zu einer Haftung ohne Verschulden führen, wenn nämlich das Verschulden tatsächlich wohl fehlt, dies aber nicht bewiesen werden kann. Das gilt auch für ausservertragliche Haftungen, die auf dem Boden der Verschuldenspräsumption stehen.

zusammenfassend dargestellt. Es erübrigt sich daher, dazu hier näher Stellung zu nehmen.

2. Kausale Freistellungshaftung

115   Eine Ergänzung drängt sich auf in bezug auf die Rechtsnatur der Haftung des Bundes nach MO 22 I für die von Armeeangehörigen Dritten zugefügten Schäden (vgl. Bd. II/3 § 32 N 71 ff.). Sie ist an die gleichen Voraussetzungen geknüpft wie die Haftung des Bundes für die Schäden, die seine Behördenmitglieder, Beamten und Angestellten[164] Dritten in Ausübung ihres Amtes widerrechtlich zufügen; vgl. VG 3 I. Die Verantwortlichkeitsgesetze der Kantone enthalten zum Teil entsprechende Regelungen. Im weiteren ist hier die Haftung der Kantone für fürsorgerische Freiheitsentziehung nach ZGB 429a anzuführen.

116   Diese Haftungsarten sind dadurch charakterisiert, dass der Staat nicht neben dem Angehörigen seiner Armee resp. seinem Beamten usw. haftet, sondern *an dessen Stelle*: Der den Schaden verursachende Armeeangehörige resp. Beamte kann vom Geschädigten nicht direkt belangt werden, sondern nur (regressweise) vom haftenden Staat und auch dies nur bei grober Fahrlässigkeit oder Vorsatz.

117   Die Verschuldenshaftung der Militärperson oder des Beamten wird also durch die Staatshaftung abgelöst. Diese geht aber weiter, als die persönliche Haftung des Verursachers ohne diese Spezialregelung gehen würde: Der Staat haftet nicht nur bei Verschulden des Armeeangehörigen oder des Beamten, sondern auch, wenn diese kein Verschulden trifft, sie also die Konsequenzen ihres Verhaltens nicht voraussehen konnten. Hier ist eine Unterscheidung zu treffen. Wenn die Konsequenzen überhaupt nicht voraussehbar waren, wenn also das Verhalten der «Hilfsperson» des Staates objektiv nicht zu beanstanden war, sondern ein mitwirkender Zufall eine massgebende Rolle gespielt hat, besteht keine Haftpflicht des Staates[165]. Man käme sonst zu kaum zu rechtfertigenden Resultaten der Haftung für

---

164   Wenn im folgenden von Beamten die Rede ist, sind die Behördemitglieder und die Angestellten des Staates auch darunter zu verstehen.
165   Beispiele:
– Eine Militärperson fährt mit ihrem Fahrrad bei grünem Licht korrekt auf eine Kreuzung. Sie verursacht ein Ausweichmanöver eines Motorradfahrers, der dabei stürzt und sich verletzt. Normalerweise wird der Motorradfahrer grobfahrlässig das Rotlicht auf seiner Strasse überfahren haben. Die grobe Fahrlässigkeit und damit die Unterbrechung des

V. Arten der Haftung   § 1

Hilfspersonen [166, 167]. Wenn dagegen die subjektive Seite des Verschuldens (die Urteilsfähigkeit) fehlt, ergibt sich daraus kein Einwand gegen die Haftpflicht.

Die Haftpflicht des Staates für seine Militärpersonen resp. Beamten entspricht in ihrer Strenge weitgehend den Gefährdungshaftungen. Sie unterscheidet sich von ihnen aber grundsätzlich durch die soeben erwähnte Haftungsvoraussetzung des objektiv unrichtigen Verhaltens, weil sie nicht aus einem «Betrieb» abgeleitet wird. Damit hängt zusammen, dass eine besondere Gefährdung nicht bejaht werden kann: Es werden weder bei der Tätigkeit der Militärpersonen ausserhalb von militärischen Übungen noch bei derjenigen der Beamten besondere Gefahren geschaffen, die nach dem Gefahrensatz Schutzmassnahmen aufdrängen. Solche sind gar nicht möglich[168].

118

Wenn man die Gefährdungshaftung als einzige Art der strengen Kausalhaftung anerkennt, ist man gezwungen, die Haftpflicht des Staates für

119

Kausalzusammenhanges fehlt aber, wenn der Motorradfahrer nicht urteilsfähig war oder wenn die Verkehrsampel das Licht der tiefstehenden Sonne so reflektierte, dass er in guten Treuen meinen konnte, er fahre bei Grün über die Kreuzung.
– Ein Militärarzt operiert im Rahmen des koordinierten Sanitätsdienstes (vgl. Bd. II/3 § 32 FN 145) eine Zivilperson und verletzt eine abnormal verlaufende Arterie.

166 Vgl. Bd. II/1 § 18 N 47; § 22 N 69; Bd. II/3 § 32 N 78.
In SJZ 86 (1990) 11 hat der Verfasser dieser Auflage festgehalten, dass die Beamtenhaftpflicht keinerlei Unsorgfalt voraussetze; damit war aber, wie sich aus dem dortigen Kontext ergibt, eine Unsorgfalt des Haftpflichtigen gemeint.

167 Dies gilt aber nur für diejenigen Kausalhaftungen, die im wesentlichen eine Haftung für das Verhalten anderer Personen darstellen resp. bei OR 54 für das eigene Verhalten, aber ohne Verschulden. Wo eine Kausalhaftung – sei es eine milde oder eine strenge – an einen andern Sachverhalt anknüpft, mit dem die Haftung für Hilfspersonen nur so quasi nebenbei verbunden ist, spielt die Frage der objektiven Seite des Verschuldens der Hilfsperson für die Bejahung oder Verneinung der Haftpflicht keine Rolle: Bei der Tierhalterhaftung ist massgebend, ob das Tier genügend beaufsichtigt und verwahrt wurde (vgl. Bd. II/1 § 21 N 91), bei der Werkeigentümerhaftung, ob das Werk mangelhaft war (vgl. Bd. II/1 § 19 FN 232) und bei den Betriebshaftungen, ob der betreffende Betrieb für den Schaden kausal war (vgl. Bd. II/2 § 25 N 150). Das Verschulden der Hilfsperson spielt aber insofern eine Rolle, als es dem Halter bei der sektoriellen Verteilung angelastet wird, also bei der Schadenersatzbemessung und dem Regress unter mehreren Haftpflichtigen (ausserdem stellt das Verschulden der Hilfsperson kein entlastendes Verschulden dar.).
Diese Regelung ist notwendig, weil die Widerrechtlichkeit sich nicht nur aus der Verletzung einer Verhaltensnorm (Handlungsunrecht), sondern auch eines Rechtsgutes ergeben kann (Erfolgsunrecht, vgl. hinten § 4 N 23 ff.); sonst würde das objektiv richtige Verhalten einer Hilfsperson schon mangels Rechtswidrigkeit nicht zu einer Haftung des für sie zivilrechtlich verantwortlichen Staates führen.

168 Vgl. Bd. II/2 § 24 N 5 f., 21 ff., 42.

§ 1   Grundlagen

seine Militärpersonen und seine Beamten als Gefährdungshaftung zu betrachten; denn sie steht als eindeutig strenge und nicht milde Kausalhaftung keiner auf dieser Einteilung beruhenden Haftungsart so nahe wie den Gefährdungshaftungen[169]. Aber eigentlich ist das, wie dargelegt, nicht richtig; vgl. Bd. II/2 § 24 N 5. Es drängt sich daher auf, diesen Unterschieden Rechnung zu tragen und die scharfen Kausalhaftungen in zwei Unterkategorien aufzuteilen: einerseits in die Gefährdungshaftungen, anderseits in eine neue Kategorie. Man könnte von *kausalen Freistellungshaftungen* sprechen; einerseits handelt es sich um Kausalhaftungen, anderseits ist die Freistellung desjenigen, für den gehaftet wird, ein wesentliches Merkmal der Haftungen nach VG 3 I (und der entsprechenden kantonalen Normen) und Mo 22 I[170].

120   Es ergibt sich dann folgende Gruppierung der Haftungsarten:

121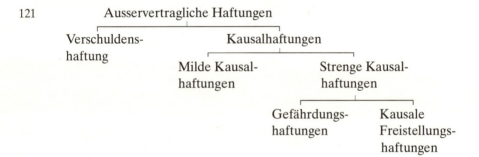

---

[169] Darum hat der Verfasser dieser Auflage die Haftung des Staates für seine Beamten in SJZ 86 (1990) 11 zu den Gefährdungshaftungen gezählt, aber bereits in Bd. II/3 § 32 N 71 ff. für die Haftpflicht aus MO 22 I auf die Abweichungen hingewiesen.
Die Bejahung des Charakters einer Gefährdungshaftung für die Beamtenhaftpflicht muss bei erneuter Prüfung aus zwei Gründen korrigiert werden:
a) Es ist zwar richtig, dass Fehler eines Beamten aufgrund der von ihm ausgeübten staatlichen Gewalt und seines Eingreifens in wichtige Rechte der Privaten gravierende Folgen haben können. Eine Gleichstellung mit der Anzahl und/oder der Schwere der Schäden, die durch Automobile, Eisenbahnen, Luftfahrzeuge oder Atomanlagen verursacht werden können, ist aber doch nicht angezeigt. Auf der einen Seite stehen schwere Körperverletzungen und Tötungen, auf der andern Seite Freiheitsberaubungen, Verletzung von Persönlichkeitsrechten und Vermögensschäden im Vordergrund.
b) Die Schädigungen durch Beamte werden zwar unvermeidbar sein, weil infolge der menschlichen Unvollkommenheiten immer wieder Fehlhandlungen von Beamten vorkommen. Die setzen aber ein unrichtiges Verhalten voraus. Darin liegt ein wichtiger Unterschied zu den Gefährdungshaftungen, wenn man die gefährlichen Betriebe als solche nicht beanstandet.
[170] Vgl. Bd. II/3 § 32 N 77.

V. Arten der Haftung § 1

Nach dem geltenden Recht sind alle kausalen Freistellungshaftungen 122
öffentlich-rechtlicher Natur. Es stellt sich aber die Frage, ob nicht mindestens ein Teil des Bereiches der Geschäftsherrenhaftung von OR 55 abzuspalten und als kausale Freistellungshaftung auszugestalten wäre. Das ist eine Frage de lege ferenda, auf die hier nicht näher eingetreten werden kann[171]. Erwähnt sei nur, dass die Streichung des Sorgfaltsbeweises von namhaften Autoren wie PETER JÄGGI[172] bereits vorgeschlagen wurde und dass die Freistellung von Hilfspersonen auf dem Wege über den Einbezug der persönlichen Haftpflicht der Angestellten und Arbeiter in die Betriebshaftpflichtversicherung heute üblich ist[173].

D. Einführung einer Kausalhaftung durch kantonales Recht, Polizeierlaubnis, Konzession oder Vertrag

Kantonales Recht kann eine Kausalhaftung vorsehen, wo man schlechthin eine Materie vor sich hat, die dem kantonalen privaten oder öffentlichen (ZGB 6) Recht überlassen ist; dies trifft z. B. zu für ein Gesetz über die Haftung des Staates für seine Beamten[174] oder für die in einer ZPO vorgesehene Schadenersatzpflicht wegen der Erwirkung vorsorglicher Massnahmen[175]. In JSG 13 II ist die Regelung des Ersatzes für den durch Jagdwild verursachten Schaden (= Wildschaden, im Unterschied zum Jagdschaden, der eidgenössisch geregelt ist; JSG 15) dem kantonalen Recht zugewiesen (Art. 56 III OR wurde durch Art. 27 Ziff. 3 JSG aufgehoben); dieses kann eine Kausalhaftung anordnen[176]. Sonst ist das privatrechtliche Schadenersatzrecht allein Sache des Bundes (BV 64)[177]; folglich darf das kantonale Recht dessen Regelung nicht ändern und insbesondere nicht durch Einführung einer Kausalhaftung verschärfen, sonst verstiesse es gegen den Grundsatz der derogatorischen Kraft des Bundesrechts (BV 3 und Übergangsbest. 2)[178]. 123

---

[171] Vgl. Vorauflage 10.
[172] Vgl. ZSR 79, 259 a und 86 II 754 ff.
[173] Vgl. Bd. II/3 § 32 FN 46.
[174] Beispiel das vorn FN 16, 67 zit. Zürcher Haftungsgesetz § 6; SCHWARZENBACH, Die Staats- und Beamtenhaftung in der Schweiz (2. A. Zürich 1985) 175 ff.
[175] Bd. II/1 § 16 N 159; ZR 64 Nr. 159 S. 269. – Siehe auch BGE 98 Ia 371.
[176] Näheres Bd. II/1 § 21 N 14 ff.
[177] VerwEntsch. 1 Nr. 2; MUTZNER (zit. nachstehend FN 179) 38 ff.
[178] BGE 51 II 425/26; 92 II 357.

124 Dies gilt namentlich auch im Zusammenhang mit einer *Polizeierlaubnis* kantonalen Rechtes[179]. Der Gedanke liegt nahe, wenn ein bestimmtes Vorhaben die Gefahr der Schädigung Dritter in sich birgt, auf diesem Wege dem Gesuchsteller eine verschärfte Haftung aufzuerlegen, also vor allem statt der Verschuldenshaftung gemäss OR 41 eine Kausalhaftung. Dagegen ist es nach Auffassung des Bundesgerichtes zulässig, in einer kantonalen *Konzession* dem Konzessionär eine Kausalhaftung zu überbinden, was zulasten von Wasserkraftwerken üblich ist[180]. Die Begründung findet das Gericht vorab darin, dass dies eine Angelegenheit des öffentlichen Rechts, folglich das kantonale Recht zuständig sei (ZGB 6) und man eine Auflage vor sich habe, in deren Ausgestaltung weitgehend Ermessensfreiheit herrsche[181]. Der Erstverfasser hat in den ersten drei Auflagen[182] dieses Buches die gegenteilige Auffassung vertreten: die vermöge einer Konzession vorgenommene Verschärfung der Haftung mittels Kausalhaftung sei unzulässig, weil sie das Bundesrecht verletze. Diese Ansicht vermag gegen eine als gefestigt anzusehende Rechtsprechung des Bundesgerichts nicht aufzukommen. Gleichwohl bleiben die Bedenken bestehen. An die Stelle der wohlabgewogenen, differenzierten Regelung des eidgenössischen Haftpflichtrechts (zum Teil auch des Nachbar- und Expropriationsrechts) tritt die summarische Regelung der Konzession, die gegebenenfalls viel zu weitgehende Folgen hat[183].

---

[179] BGE 51 II 425 ff. (vgl. auch 49 II 444); 98 Ia 371; BURCKHARDT, Schweiz. Bundesrecht I (Frauenfeld 1930) Nr. 244 II (sinngemäss); PETERMANN in JT 78, 300; RAETUS MUTZNER, Bundeszivilrecht und kantonales öffentliches Recht (Diss. Zürich 1939) 38 ff.
[180] BGE 42 II 526; 43 II 124; ausführlich unveröff. Vorentscheid gemäss BZP 34 II/66 III i. S. Nordstern und Braun/Kraftwerk Birsfelden AG von 1957 (der Fall wurde anschliessend ohne Urteil durch Vergleich erledigt). Gl. M. BUSER in ZSGV 31, 545 ff. Zur Frage auch StenBull. 1900, 582, 669; MEILI, Der schweiz. Gesetzesentwurf über die elektrischen Stark- und Schwachstromanlagen (Zürich 1900) 33 ff.; ZURBRÜGG in ZSR 84 II 261 f. A.M. WETTSTEIN in: Schweiz. Elektrotechn. Verein, Bulletin 1946, 332 ff.; HANS HUBER, Berner Kommentar (Bern 1962) N 173 zu ZGB 6. – Die Haftungsklauseln lauten in kantonalen und eidg. Konzessionen etwa so: «Der Unternehmer haftet für jeden Schaden und Nachteil, der nachweisbar infolge der Errichtung und des Betriebes der Wasserkraftanlage an Rechten Dritter entsteht ...» (Beispiel BGE 64 I 226).
[181] Über letzteres BGE 55 I 281; 71 I 199 f. – VON TUHR/PETER 83 FN 2a sehen in einer solchen Konzessionsbestimmung ein Garantieversprechen. Obwohl einer Konzession ein vertragsähnliches Element eigen sei (BGE 80 I 246; IMBODEN, in ZSR 77, 170a f.), ist diese zivilistische Konstruktion nicht am Platz, da man kein Rechtsgeschäft des Privatrechts vor sich hat, BGE 65 I 313.
[182] 1. A. 7 f.; 2./3. A. 24.
[183] Eine Abänderung von OR 51 II in bezug auf die Pensionskassen des privaten und des öffentlichen Rechts wurde in BGE 115 II 25 abgelehnt; vgl. auch 77 II 246; 96 II 175; 103 II 337.

V. Arten der Haftung §1

Wenn man mittels einer Polizeierlaubnis *eidgenössischen Rechts* die 124a
sonst geltende Haftung verschärfen will, so ist dafür eine gesetzliche Ermächtigung erforderlich; ohne diese ist die Verschärfung unzulässig. Anders gerät die Polizeibehörde mit dem Grundsatz der Gewaltentrennung in Konflikt; sie darf nicht das OR oder ein Spezialgesetz abändern. Man wird nicht annehmen wollen, dass eine solche Behörde z. B. für den Transport einer besonders gefährlichen Ladung SVG 58 I/59 I dahin abändern darf, dass sie die Entlastungsgründe (SVG 59 I) beseitigt. Die umgekehrte Lösung trifft zu für eine Konzession eidgenössischen Rechts, sofern man der geschilderten Ansicht des Bundesgerichts, die es für kantonale Konzessionen entwickelt hat, folgt[184, 185].

Es ist zulässig, mittels eines *Vertrages*, insbesondere auch eines Vertra- 125
ges zugunsten Dritter (OR 112), eine verschärfte Haftung zu übernehmen (OR 19 I). Inwieweit umgekehrt eine Wegbedingung der Haftung erlaubt ist, wird in § 12 auseinandergesetzt.

In den letzten Jahrzenten wurden verschiedene Gefährdungshaftungen 126
neu eingeführt. Trotzdem werden in Anbetracht der Entwicklung der Technik und der Naturwissenschaften immer wieder Vorschläge für neue Kausalhaftungen gemacht. Erwähnt seien eine Haftpflicht für Staudämme[186], Bauarbeiten[187], Betriebe zur künstlichen Erzeugung von Niederschlägen[188], Betriebe und Anlagen zur Herstellung, Verwendung, Fortleitung, Speicherung usw. von Giften, feuergefährlichen oder explosiven Stoffen (über den Anwendungsbereich von SSG und RLG hinaus) und dergl.[189].

---

[184] Eine eigene Ermächtigung, mittels Konzession die Haftung nach EHG zu verschärfen, ist in EHG 21 vorgesehen, jedoch ohne praktische Bedeutung geblieben; dazu BGE 92 II 356.
[185] Über das Erfordernis einer gesetzlichen Grundlage für verwaltungsrechtliche Bedingungen und Auflagen im allgemeinen: BGE 88 I 215; 93 I 254; 96 I 346; MAX IMBODEN/RENÉ A. RHINOW, Schweiz. Verwaltungsrechtsprechung, Bd. I Allgemeiner Teil, Nr. 39 III; ULRICH HÄFELIN/GEORG MÜLLER, Grundriss des Allgemeinen Verwaltungsrechts (2. A. Zürich 1993) N 733. GIACOMETTI, Allgemeine Lehren des rechtsstaatlichen Verwaltungsrechts I (Zürich 1960) 368 ff., 373; über den Missbrauch des Vertrags zu diesem Zweck das. 375.
[186] Bericht der St. Komm. 165 ff.; ZURBRÜGG in ZSR 84 II 261 f. und 86 II 796 ff.; STARK in ZSR 86 II 134 ff.; GILLIARD in ZSR 86 II 309; dagegen L'HARDY in ZSR 86 II 792 ff. – Über den eher fragwürdigen Weg der Aufnahme einer Haftungsklausel in die Wasserrechtskonzession vorn N 124 und ZURBRÜGG, a.a.O.
[187] GILLIARD in ZSR 86 II 309.
[188] ZURBRÜGG in ZSR 84 II 334.
[189] So namentlich der vorstehend FN 114 erwähnte deutsche Entwurf vom Januar 1967. GILLIARD, a.a.O., 307 f. will gefährliche und explosive bewegliche Sachen erfassen; dagegen STARK, a.a.O., 138 ff.

Bereits realisiert ist die Regelung der Produktehaftpflicht im PrHG, das am 1. Januar 1994 in Kraft getreten ist (vgl. Bd. II/1 § 16 N 390 ff. und die dort zit. Lit., ausserdem HANS-JOACHIM HESS, Kommentar zum Produktehaftpflichtgesetz (Bern 1993); daneben steht auch die Haftpflicht im Zusammenhang mit Bio- und Gentechnologie zur Diskussion[190]. Eine weitere Anregung betrifft eine eigene «Organisationshaftung» für «Betriebsmängel»[191]. Die Haftung wegen Verunreinigung von Gewässern ist 1971 in GSG 36 (vgl. Bd. II/1 § 23) eingeführt worden, wurde aber bereits wieder revidiert (Art. 69 der Fassung vom 24. Januar 1991).

127   Mit solchen punktuellen Verbesserungen kann man den immer neuen akuten Gefährdungen nicht gerecht werden. Dazu wäre eine generelle Gefährdungshaftung einzuführen[192]. Es ist namentlich darauf hinzuweisen, dass auch dort, wo an und für sich das bisherige Haftpflichtrecht einen Schutz bietet[193], etwa durch ZGB 679 oder OR 58, sich doch die Schaffung einer generellen Gefährdungshaftung empfehlen mag, um die Rechtslage zu vereinfachen und um die Rechtssicherheit zu erhöhen[194].

VI. Tendenzen des Haftpflichtrechts – Versicherung als Parallele, Ergänzung und Ersatz des Haftpflichtrechts

128   Wenn auch ein gemeinsames Prinzip fehlt, so lässt sich doch im heutigen Recht eine einheitliche *Tendenz* wahrnehmen[195]: nach Ausdehnung der Möglichkeiten, dem Geschädigten einen Ersatzpflichtigen zu stellen, um hierdurch eine Korrektur des blind waltenden Schicksals zu erreichen. Ein gewandeltes Rechtsbewusstsein lehnt sich immer mehr gegen den Satz auf,

---

[190] Vgl. FRITZ NICKLISCH, Symposium Stark (Zürich 1991) und die dort zit. Lit.
[191] Vgl. die Ausführungen vorn N 115 ff. über eine Gruppe von kausalen Freistellungshaftungen.
[192] Vgl. vorn N 79 und v. a. N 82 f.; Bd. II/2 § 24 N 37 ff.
[193] Dies führte STARK in ZSR 86 II 108 ff. und 742 ff. mehrfach dazu, neue Kausalhaftungen abzulehnen.
[194] Vgl. STONE, chap. 5.
[195] Überblick von WEITNAUER in VersR 14, 101 ff.; WEYERS, 534 ff., 635 ff.; TUNC, chap. 1 Ziff. 152 u. a., 180: «All accidental damage should receive compensation», womit die extreme Position umrissen ist; BRACHER in ZSR 107 I 501 ff. s. auch FLEMING/HELLNER/VON HIPPEL, Haftungsersetzung durch Versicherungsschutz, 1980.

VI. Tendenzen des Haftpflichtrechts § 1

dass grundsätzlich der vom Schaden Betroffene ihn selber zu tragen habe. Dieser Neigung dient sowohl die moderne Auffassung des Verschuldens, die mittels der Objektivierung dieses Begriffs zu einer Erweiterung des Bereichs der Verschuldenshaftung gelangt, wie auch der auf dem Wege der Gesetzgebung und der Rechtsprechung während Jahrzehnten nach und nach erfolgte Ausbau der *Kausalhaftungen*. Die gleiche Tendenz lässt sich in den Rechten verschiedener anderer Länder erkennen.

Die weit verbreitete Grundhaltung, die negativen Seiten des Lebens könnten und müssten durch Wissenschaft und Technik ausgeschaltet werden[196], führt im Bereich des Haftpflichtrechts zur Auffassung, für jeden Schaden müsse ein Haftpflichtiger gefunden werden [197]. Die Vorstellung des rational erklärbaren Haftpflichtgrundes läuft so Gefahr, in den Hintergrund geschoben zu werden. Diese Argumentationen beruhen auf dem *sozialen Gedanken*. Haftpflicht bedeutet dann weniger Verantwortlichmachung als vielmehr Schadensdeckung[198]. Die Schadenersatzpflicht wird so zur Pflicht, einen Anteil an der Daseinsform der modernen Gesellschaft[199] zu tragen, der die Möglichkeit von Schädigungen innewohnt[200].

129

Dass der soziale Gedanke seine Berechtigung hat, wird niemand bestreiten. Das Haftpflichtrecht kann ihm aber nie voll Nachachtung verschaffen; denn das Schicksal, das beim sozialen Gedanken im Vordergrund steht, lässt sich nicht haftpflichtrechtlich erfassen: Es gibt unzählige Schädigungen – man denke namentlich an Krankheiten, aber auch an altersbedingte Erwerbsunfähigkeit –, die nicht von einem Dritten oder seinem Betrieb usw. *verursacht* sind. Es ist *unter dem sozialen Gesichtspunkt* nicht einzusehen, weshalb derjenige, der durch Krankheit invalid wird, seine finanzielle Bedrängnis selber tragen soll, während derjenige, dessen körperliche Beeinträchtigung von einem Dritten mehr oder weniger direkt

130

---

[196] Man denke an die Korrektur der Kinderlosigkeit durch künstliche Befruchtung, nicht nur im Mutterleib, sondern auch in vitro, an die Genmanipulation usw.
[197] WOLFGANG WIEGAND, Symposium Stark (Zürich 1991) 45 weist darauf hin, dass die Ausweitung und Ausuferung des Haftpflichtrechts auf einer Mentalitätsveränderung beruhe, die zu den Wesensmerkmalen der postindustriellen Gesellschaft gehöre und sich nicht so schnell ändern werde; vgl. vorn N 11.
[198] Vgl. SAVATIER in Rev. internat. de droit comp. 6, 649; DERS., métamorphoses ... II (Paris 1959) no. 15 p. 24. Zur Frage eingehend WEYERS 547 ff.
[199] Erwähnt seien die modernen Verkehrsmittel, die ausgebauten Strassen, die Verwendung von Energien, die technischen Kommunikationsmittel usw.
[200] Das kann nur der Sinn einer rechtlichen Ordnung der Schadenstragung sein, die die Schäden einfach auf möglichst viele verteilt. Das trifft aber für das Haftpflichtrecht nicht zu.

verursacht wurde, seinen Schaden abwälzen kann. Für den Geschädigten, dessen Interessen unter dem sozialen Gesichtspunkt massgebend sind, kommt der Ursache seiner Schädigung keine entscheidende Bedeutung zu[201].

131 Dem sozialen Gedanken entspricht in seiner Grundkonzeption nicht das Haftpflichtrecht, sondern die ursachenunabhängige Versicherung[202], auf die hinten eingetreten wird. Dabei darf allerdings nicht übersehen werden, dass das Haftpflichtrecht je nach den zu beantwortenden Fragen dem sozialen Gedanken ebenfalls grosse Bedeutung beimisst und ihn bei wichtigen Einzelproblemen als Kriterium beizieht[203]. Es wirkt auch sozial. Im Vordergrund steht für das Haftpflichtrecht aber die Verursachung. Weil der Verursacher den Schaden auch verhüten kann[204], kommt dem Haftpflichtrecht auch bei der Schadensprävention, auf die vorn N 19 eingetreten wurde, erhebliche Bedeutung zu.

132 Das Haftpflichtrecht überwälzt den Schaden auf denjenigen, der ihn verursacht hat. Es trägt daher in einem sehr weiten Sinn dem Gedanken der Verantwortung Rechnung, der dem Menschsein entspricht. Das Tier trägt keine Verantwortung; wenn eine Kuh auf der Weide eine andere verletzt oder ein parkiertes Auto mit ihren Hörnern verkratzt, hat das für sie keine weiteren Konsequenzen[205]. Es entspricht der Ethik, dass der Mensch für die Folgen seines Verhaltens verantwortlich ist, wenn – im Haftpflichtrecht – ein Haftungsgrund vorliegt, d. h. wenn dies nach dem Rechtsempfinden als geboten erscheint. Der Verzicht auf die Idee der Verantwortung würde der Natur des Menschen nicht Rechnung tragen. Diese Bedeutung hat das Haftpflichtrecht aber nur, wenn die Zurechnung eines Schadens dem Rechtsempfinden entspricht. Der Lehre von den Haftungsgründen (vorn N 22 ff.) kommt daher für die grundlegende Be-

---

[201] Ausser man wolle das Haftpflichtrecht dem Rachebedürfnis des Geschädigten dienstbar machen.
[202] Das sind AHV und IV, während die Unterscheidung zwischen der Versicherung von Unfall und Krankheit im UVG und im KVG auf die Ursache abstellt und insoweit gegen den sozialen Gedanken verstösst.
[203] Man denke an die Solidarität unter mehreren Haftpflichtigen, an die hinten § 3 N 116 ff., 129 f. vertretene Lösung bei alternativer und kumulativer Kausalität, an die Beweiserleichterungen bei der Schadensberechnung (hinten § 6 N 26 ff.) usw., aber auch an die Kausalhaftungen ganz allgemein.
[204] Das ist eindeutig bei der Haftung für eigene direkte Verursachung; aber man kann Autounfälle z. B. auch verhüten, indem man kein Auto benützt.
[205] Ein Hund wird allerdings vielleicht geschlagen, wenn er die Hosen des Briefträgers zerreisst.

deutung des Haftpflichtrechts im menschlichen Zusammenleben grosses Gewicht zu. Wenn der Gesetzgeber nicht darauf achtet und mehr oder weniger unbekümmert oder nur durch den sozialen Gedanken geleitet strenge Kausalhaftungen einführt, verstösst er in verantwortungsloser Weise gegen diese Grundkonzeption des Haftpflichtrechts.

Die Behandlung von Schäden, für die niemand haftpflichtig gemacht werden kann, die aber aus sozialen Gründen nicht einfach nach dem Satz «casum sentit dominus» auf den Schultern des Geschädigten liegengelassen werden sollten, ist die Domäne des Sozialversicherungsrechts. Aus praktischen Gründen erbringt die Sozialversicherung aber nicht Ergänzungsleistungen zum haftpflichtrechtlich geschuldeten Schadenersatz, sondern übernimmt die ihr entsprechenden Leistungen in allen Fällen und nimmt bei Vorliegen eines Haftpflichtanspruches auf den Haftpflichtigen Regress (vgl. hinten § 11 N 159 ff., 243 ff.). Das ist nicht von grundlegender Bedeutung. 133

Die von der Sozialversicherung aus ihrer sozialen Motivation heraus definitiv zu tragenden Leistungen werden auf eine grosse Mehrheit von Zahlungspflichtigen, auf ihre Prämienzahler, überwälzt. Die Tragung von sozial gebotenen Leistungen durch eine Kollektivität erscheint als angemessen. 134

Die Tendenz, zur Verwirklichung des sozialen Gedankens die Schäden durch eine möglichst grosse Zahl von Personen tragen zu lassen, wird mit der bereits erwähnten Methode der *Versicherung* verfolgt, die zum Teil privatrechtlich, zum Teil öffentlich-rechtlich organisiert ist. Bei der privaten Versicherung lassen sich die potentiellen Geschädigten von einem Versicherungsunternehmen einen Ersatzanspruch versprechen und bezahlen dafür eine Prämie. Bei der öffentlichen Versicherung zwingt sie der Staat dazu. Man denke an die Unfall-, Kranken-, Alters- und Hinterlassenen-, die Invaliden- und die Sachversicherung. Hier besteht keine subjektive Beziehung zwischen dem Ersatzpflichtigen (wie bei der Verschuldenshaftung) und dem Schaden und nicht einmal eine objektive (ursächliche) Verbindung zwischen dem Haftpflichtigen und dem Schädigungstatbestand (wie bei den Kausalhaftungen). Statt dessen löst der vertraglich oder gesetzlich umschriebene Versicherungsfall ohne weiteres die Leistungspflicht des Versicherers aus; er wird dadurch zum Ersatzpflichtigen. 135

Die Zahlungspflicht des Versicherers trifft rechtlich betrachtet das in Frage stehende Versicherungsunternehmen; da dieses sich die Mittel zur Bezahlung der versicherten Schäden aber durch die Prämienzahlung aller Versicherungsnehmer beschafft, haftet *wirtschaftlich* eine *Kollektivität* (während das traditionelle Haftpflichtrecht auf dem Gedanken der indivi- 136 duellen Haftung eines Einzelnen beruht[206]). Der einzelne Versicherungsnehmer erwirbt das Recht auf Übernahme seines eventuellen späteren Schadens durch das Versicherungsunternehmen durch den Abschluss des Vertrages und die periodische Prämienzahlung. Er «kauft» – in übertragenem Sinne – den Deckungsanspruch. Er bezahlt also in gewissem Sinne seinen Schaden selber.

137　In der öffentlich-rechtlichen Versicherung, die man auch als *Sozialversicherung* bezeichnet, liegen die Verhältnisse in dieser Hinsicht nicht anders[207]. Wo aber aus Steuergeldern Beiträge an das Versicherungsunternehmen bezahlt werden, übernimmt damit der Steuerzahler eine Quote jedes Schadens. Hier ist also ein Dritter beteiligt, der jedoch im Gegensatz zum Haftpflichtigen keinerlei Beziehung zum Schaden hat. Die Kollektivierung geht hier über den Kreis der Risikogruppe hinaus.

138　Eine anschauliche Ausprägung der Kollektivhaftung[208] zeigt der Weg, den SVG 76/76a zur Deckung von Schäden eingeschlagen haben, die durch unbekannte oder nicht versicherte Motorfahrzeuge oder Radfahrer angerichtet werden; hier haftet die Gesamtheit der Motorfahrzeughaftpflichtversicherer. Dies ist zugleich ein eindrucksvoller Beleg für die Tendenz zur möglichst universellen Deckung von Schäden.

139　Angesichts der geschilderten Rolle der Versicherung kann nicht überraschen, dass das Haftpflichtrecht (Verschuldens- und besonders Kausalhaftung) und die Versicherung sich auch verbinden: in Gestalt der *Haftpflichtversicherung*. Hier findet primär die Abwälzung des Schadens vom Geschädigten auf den Haftpflichtigen, insbesondere den Schädiger, statt, also eine Individualhaftung nach den Regeln des Haftpflichtrechts, und sekundär erfolgt die Kollektivhaftung, indem der Haftpflichtversicherer dem Schädiger die Schadensdeckung abnimmt. Es ist nicht zu verkennen, dass dieser Vorgang nicht nur die Härten der Kausalhaftung mildert, sondern geeignet ist, ihrer Ausbreitung Vorschub zu leisten. Der Gedanke

---

[206] Vgl. Geneviève Viney, Le déclin de la résponsabilité individuelle (Paris 1965).
　Kollektivhaftung in *primitiver* Gestalt scheint am Anfang der Entwicklung des Schadenersatzrechts zu stehen; Mataja, Das Recht des Schadenersatzes vom Standpunkt der Nationalökonomie (Leipzig 1888) 3. Sie lebt heute weiter in gewissen Barbarismen der Kriegs-, Revolutions-, politischen Unterdrückungs- und sonstigen Terrorpraxen, indem eine Mehrheit von Personen, die sehr gross sein kann, durch Schadenersatz (oder Strafe) für eine wirkliche oder angebliche Verfehlung eines Einzelnen haftbar gemacht wird.

[207] Das Obligatorium, das diesem Versicherungszweig seinen Stempel aufdrückt, ändert an der Tatsache der wirtschaftlichen Verteilung der Schäden nichts.

[208] Vgl. Savatier, Traité no 2ter; Ders. in Revue internat. de droit comparé 6, 649; Ders. Les métamarphoses I nos 275 et sv.; Vischer in BJM 1957 6 ff.; Oftinger in FS Friedrich List (Baden-Baden 1957) 120 ff.

an die Haftpflichtversicherung erleichtert es dem Gesetzgeber und dem Richter, von der Verschuldenshaftung zur Kausalhaftung überzugehen[209]. In ausgewählten Fällen unterstreicht das Gesetz das Zusammenspiel von Haftpflicht und Versicherung, indem es die Haftpflichtversicherung für obligatorisch erklärt, wie dies besonders zulasten der Motorfahrzeughalter geschehen ist und indem es ferner dem Geschädigten das Recht gibt, seinen Haftpflichtanspruch im Umfang der Versicherungsdeckung direkt gegenüber dem Versicherer geltend zu machen[210]. Der Wirkung nach beurteilt erscheint diesfalls das Haftpflichtrecht nur mehr als das juristisch-technische Mittel zur Bestimmung des Versicherungsanspruches, der zu Lasten einer Kollektivität geht, die aber dadurch gekennzeichnet ist, dass alle ihre Mitglieder das gleiche Risiko verursachen.

Es ist darum verständlich, dass die Anregung gemacht wird, in einzelnen Gebieten *auf das Haftpflichtrecht* als einen vermeidbaren Umweg zu *verzichten* und statt dessen eine *von Gesetzes wegen bestehende Versicherung der Geschädigten* einzuführen. Der Gedanke besteht des näheren darin, entweder allgemein oder vor allem für *Strassenverkehrsunfälle* die Haftpflicht – und damit das Haftpflichtrecht – im Prinzip durch eine generelle Unfallversicherung der Geschädigten (einschliesslich der Lenker und ihrer Mitfahrer), eventuell auch durch eine Sachversicherung, abzulösen. Nach manchen Vorläufern[211] hat dieser Plan in jüngerer Zeit eindringlich argumentierende Verfechter gefunden und eine weltweite Bewegung ausgelöst[212].

140

---

[209] Dazu BGE 67 I 320.
[210] Hinten § 11 N 123; Bd. II/2 § 26 N 150 ff.
[211] In der Schweiz u. a. MEAN in JT 97, 226 ff. Untersuchung und Ablehnung der Vorschläge: BUSSY in ZSR 68, 115a ff., und eingehend BOSONNET, mit weiteren Angaben.
[212] Nachdem zahlreiche Studien in den USA, in Skandinavien und weiteren Ländern Europas vorangegangen waren, hat vor allem Beachtung gefunden ANDRE TUNC, La sécurité routière (Paris 1966); von demselben bestehen eine Reihe weiterer Schriften, in der Schweiz ist publiziert sein Beitrag zu der Festgabe Oftinger (Zürich 1969) 311 ff. Die Literatur ist schon reich. Erwähnt seien (dort jeweils weitere Angaben) VON HIPPEL, Schadensausgleich; DERS. in NJW 1967, 1729 ff. und 1969, 681 ff.; DERS. in SJZ 83, 114 f.; GÜLLEMANN, Ausgleich von Verkehrsunfallschäden im Lichte internationaler Reformprojekte (Berlin/München 1969); DERS. (betreffend französische Projekte) in ZVglRWiss 72, 207 ff.; SZÖLLÖSY 16 ff., 207 ff.; WEYERS 149 ff., 179 ff., 261 ff., 308 f., 540 ff., 642 ff.; vor allem, mit umfassendem Überblick über die Probleme und Länder, TUNC, chap. 14; DEJEAN DE LA BATIC, Responsabilité délictuelle (Bd. I–2 des Droit civil français von AUBRY/RAN, 1989) § 443 N 7. Dies sind Befürworter (ausgenommen Szöllösy und Weyers); in der Schweiz gehört zu ihnen unter den neueren GILLIARD in ZSR 86 II 204 ff. Ablehnend (neben den eben Erwähnten) STARK in ZSR 86 II 1 ff., 106 FN 235; DERS., VersR 32 (1981) 1 ff.; YUNG 427 ff., 142 ff.; WEITNAUER in VersR 21, 598, STOLL, Reform des Kraftfahrzeughaftpflichtrechtes? in RabelsZ 36 (1972) 285 ff.; mit einer *reservatio* für spätere Stellungnahme auch OFTINGER (Versicherung) 116 f. (dort kurzer Überblick über das Problem).

Solche Regelung ist – mit Varianten – vereinzelt verwirklicht worden, so in Provinzen Kanadas, in einzelnen Gliedstaaten der USA, in Finnland, Polen, Neuseeland[213]. Die heutigen Befürworter sehen die Begründung vor allem in allgemeinem Ungenügen der gesetzlichen Ordnung der Haftpflicht (auch bezüglich der Kalkulabilität der Ergebnisse)[214], namentlich in dem als unzulänglich empfundenen Schutz der Geschädigten (z. B. Reduktion des Ersatzes wegen leichten Selbstverschuldens), der Notwendigkeit, lange und teure Prozesse zu führen, den grossen Betriebskosten der Haftpflichtversicherung und der Regulierung der Schäden (die beide einen erheblichen Teil der Prämien beanspruchten). Diese Argumente treffen für die Schweiz kaum zu. Dieses Land besitzt, zum Unterschied z. B. von Frankreich[215] und den USA, eingehende spezialgesetzliche Regelungen, die, anders als in vielen Ländern, auf Kausalhaftung beruhen. Prozesse sind, verglichen mit der Zahl der Schadensfälle, äusserst selten, weil deren weitaus meiste sich durch Vergleich erledigen. Die vielfach obligatorische Haftpflichtversicherung ist stark ausgebaut, während z. B. in den USA das Obligatorium für Motorfahrzeuge in fast allen Gliedstaaten fehlt. Es ist deshalb nicht anzunehmen, dass der schweizerische Gesetzgeber sich in näherer Zukunft zu einer so einschneidenden Änderung entschliesst[216], sondern dass er eher, wo nötig, das bisherige System – die haftpflichtrechtliche Ordnung – verbessert[217].

141 Das no-fault-System (vgl. Bd. II/2 § 25 FN 60) hat vor allem diejenigen Juristen als Anhänger gewonnen, die das heutige Haftpflichtrecht als überholt und nicht mehr den Bedürfnissen der modernen Gesellschaft entsprechend, als unvollständig und ungenügend betrachten[218]. Das sind schwere Vorwürfe, die mehr vom theoretischen als vom praktischen Standpunkt aus

---

[213] TUNC in Rev. internat. de droit comp. 25 (1973) 684 ff. – Über Spanien WEHRLI in SVZ 33, 378 f.
[214] In Frankreich z. B. besteht grosse Unübersichtlichkeit des ganz überwiegend auf der Judikatur beruhenden Haftpflichtrechts; vgl. TUNC chap. 14 Ziff. 74. In den USA und in England gilt für Motorfahrzeuge Verschuldenshaftung, TUNC a.a.O. Ziff. 10, WEYERS 198.
[215] Vgl. aber die «loi Badinter» vom 5. Juli 1985 (Bd. II/2 § 25 N 35) und namentlich die Darlegungen von TUNC, in Neuere Entwicklungen im Haftpflichtrecht, hsg. von GUILLOD (Zürich 1991) 30 f.
[216] Gleich, für Deutschland, die Stellungnahme von VON CAEMMERER (Reform) 5 ff.
[217] Vorschläge von STARK in SJZ 65, 21 ff.; YUNG; SZÖLLÖSY 237.
[218] Vgl. PIERRE WIDMER in Neuere Entwicklungen des Haftpflichtrechts, hsg. von Guillod (Zürich 1991) 8 ff.; ALFRED KELLER in Neuere Entwicklungen des Haftpflichtrechts, hsg. von GUILLOD (Zürich 1991) 391, der die Qualifikation «nicht schlecht» verwendet, aber doch auch von Wildwuchs, Ungereimtheiten und unnötigen Ausnahmen und Unterschieden spricht.

VI. Tendenzen des Haftpflichtrechts § 1

vorgetragen werden. Praktisch gelingt es den Gerichten nicht schlecht, gestützt auf das geltende Haftpflichtrecht überzeugende Urteile zu fällen. Die berechtigte Kritik betrifft vor allem die Widersprüche zwischen den einzelnen Haftungsarten und auch die nicht immer materiell berechtigten Abgrenzungen, auf die namentlich im Besonderen Teil hingewiesen wird. Man sollte aber nicht das Kind mit dem Bade ausschütten: Das sind Mängel der Realisierung des Haftpflichtsystems, aber nicht immanente Mängel dieses Systems an sich. Ihnen kann abgeholfen werden[219], einerseits durch eine Überarbeitung der Gesetze, anderseits durch deren relativ freie Auslegung.

Grundlegende Bedeutung kommt dem Einwand zu, dass die Haftpflichtversicherung ohnehin eine Kollektivierung der Schadenersatzpflicht zur Folge habe und dass es daher einfacher wäre, anstelle eines durch eine Haftpflichtversicherung zu übernehmenden Schadenersatzanspruches direkt einen Versicherungsanspruch vorzusehen. Diese Argumentation wird verstärkt durch den Umstand, dass das Zusammenspiel von Sozialversicherung mit Regressrecht und Haftpflichtrecht zu einer gewissen Komplikation der praktischen Abwicklung führt. Die Vorteile der Praktikabilität des Rechts, die keinesweg gering zu veranschlagen sind, rechtfertigen aber den Verzicht auf die Beweglichkeit und Anpassungsfähigkeit des Haftpflichtrechts und dessen Ersatz durch eine zwangsläufig starre Versicherungslösung keineswegs[220]. Sie rechtfertigen auch den Verzicht auf die Schadensprävention, die mit dem Haftpflichtrecht verbunden ist (vgl. vorn N 19), nicht und noch weniger das Beiseiteschieben der in den Haftungsgründen und im Begriff der Rechtswidrigkeit enthaltenen menschlichen Verantwortung und der ethischen Grundlagen, auf der sie beruht. Eine solche Simplifizierung würde einen Rückschritt bedeuten[221]. 142

Das geltende Haftpflichtrecht ist im übrigen nicht komplizierter als andere Rechtsgebiete. Das lässt sich nicht beweisen. Erwähnt sei aber doch, dass in der Schweiz ungefähr 2500 Schadenmitarbeiter der Versicherungsgesellschaften pro Jahr annähernd 600 000 Haftpflichtfälle behandeln, und zwar grösstenteils, ohne Rechtswissenschaft studiert zu haben[222]. Im übri- 143

---

219 Vgl. STARK, Symposium Stark (Zürich 1991) 135 ff., insbes. 142 ff.
220 Es darf nicht übersehen werden, dass die Sozialversicherungen nur Personenschäden und dabei nicht alle Schadensposten ersetzen; vgl. STARK in ZSR 100 I 371 ff.
221 A. M. KÖTZ, Sozialer Wandel 7 ff., 25.
222 Genaue Zahlen lassen sich ohne unverhältnismässigen Aufwand schon deswegen nicht eruieren, weil viele Schadenbeamte nicht nur Haftpflicht-, sondern auch Unfallversicherungs- und Sachversicherungsschäden behandeln und im Haftpflichtsektor sich auch mit Fällen vertraglicher Schadenersatzpflicht befassen.

gen werden – mindestens zur Zeit – mehr Entscheidungen zum Sozialversicherungsrecht publiziert als zum Haftpflichtrecht, und nur die wenigsten Anwälte, die sich mit Haftpflichtfällen befassen, sind Spezialisten dieses Rechtsgebietes[223].

VII. Geschäftsführung ohne Auftrag als eigener Grund für die Abwälzung eines Schadens

144   Wer ohne vertragliche oder gesetzliche Verpflichtung für einen andern tätig wird, um ihn vor Nachteilen zu bewahren, handelt als *Geschäftsführer ohne Auftrag* (OR 419), z. B. indem er in fremdem Interesse einen kriminellen Angriff abwehrt[224]. Erleidet er dabei Schaden, so besteht eine als Kausalhaftung ausgestaltete Ersatzpflicht des Geschäftsherrn (des Nutzniessers der Hilfeleistung), deren Umfang sich nach richterlichem Ermessen bestimmt (OR 422 I/II, 43/44 analog)[225]. Dabei kann man u. a. Selbstverschulden, praktisch vor allem grobes[226], als Reduktionsgrund veranschlagen. Diese Regelung besitzt heute Aktualität im Strassenverkehr. Ein Automobilist lenkt etwa sein Fahrzeug gegen eine Mauer, um einen Fussgänger zu verschonen und verunglückt hierbei. OR 422 ist anwendbar, der Fussgänger ersatzpflichtig. Vorausgesetzt ist, dass gegen den Fussgänger kein Haftpflichtanspruch besteht (namentlich aus OR 41), dass der Automobilist nicht allein deshalb gehandelt hat, um sich selber zu retten oder um nicht haftpflichtig zu werden (dann hat er im eigenen Interesse gewirkt), dass die rettende Handlung geboten war[227] und dass der Retter freiwillig eingriff[228]. Einen Sonderfall der Geschäftsführung ohne Auftrag hat SVG

---

[223] Das wäre notwendig, wenn das Haftpflichtrecht so kompliziert wäre, wie dies gelegentlich behauptet wird. man vergleiche z. B. das Baurecht und das Steuerrecht.
[224] BGE 48 II 487 ff.; GAUTSCHI, Berner Kommentar N 10c zu OR 422.
[225] BGE 48 II 491, 493 mit z. T. fragwürdigen Überlegungen zum Quantitativ; ZBJV 99, 150 f.; ferner auch BGE 51 II 189/90; 61 II 98 f.; SJZ 10, 375 Nr. 320.
[226] So der Sache nach BGB 680.
[227] BGE 95 II 104. – Hier ist ein milder Massstab anzulegen, wenn die übrigen Voraussetzungen erfüllt sind.
[228] Im deutschen Recht hat sich unter dem Stichwort «Selbstopferung im Strassenverkehr» eine differenzierte Rechtsprechung und Lehre herausgebildet, die sich (nach überwiegend anzutreffender Umschreibung) auf Fälle bezieht, wo der Geschäftsführer als Retter die

58 III herausgegriffen und speziell geregelt: Hilfeleistung nach einem Unfall[229].

VIII. Allgemeine Voraussetzung der Haftbarmachung – System des Allgemeinen Teils des Haftpflichtrechts

Unumgängliche (hier des Überblicks wegen aufzuzählende) Voraussetzungen dafür, dass die Haftpflicht nach den Regeln des Rechts der ausservertraglichen Schädigung bejaht werden kann, sind: 145

1. *Existenz eines Schadens.* Was ein Schaden ist, wird in § 2 N 1 ff. zu zeigen sein. Vorab sei betont, dass nicht jeder eine Person oder Sache beeinträchtigende Nachteil ein Schaden im Rechtssinn ist und dass die Haftpflichtnormen nicht für jeden Schaden Ersatz gewähren. Insbesondere ist vom Schaden zu trennen eine immaterielle Unbill, deren Wiedergutmachung nicht durch Schadenersatz, sondern durch *Genugtuung* erfolgt. Geht der Anspruch auf eine solche, so tritt als Voraussetzung der Haftbarmachung anstelle des Schadens die Existenz einer immateriellen Unbill, wie sie in § 8 zu umschreiben ist. 146

2. *Kausalzusammenhang* zwischen dem Schaden und dem Tatbestand, an den man die Haftbarmachung anknüpfen will. Was hiebei an zurechenbaren Ursachen und was an Wirkungen berücksichtigt wird, beurteilt sich nach einem eigenen, juristischen Kriterium, das den Kausalnexus anders, und zwar enger, bestimmt als im Bereich das Naturgeschehens und der Logik (§ 3). 147

3. *Widerrechtlichkeit der Schädigung.* Nicht jede Zufügung eines Nachteils, für welche der Kausalzusammenhang besteht, verpflichtet zu Ersatz oder Genugtuung, vielmehr allein diejenige, die von der Rechtsordnung 148

Gefahr, die er abwenden will, ganz oder zum Teil mit verursacht hat. Angesichts der z. T. verschiedenen Rechtslage sind die Grundsätze nicht durchwegs zu übernehmen. – Hierüber DEUTSCH in AcP 165, 193 ff.; ESSER, Schuldrecht II § 99 II; LARENZ, Lehrbuch des Schuldrechts II § 57 I.
[229] Bd. II/2 § 25 N 401 ff.

missbilligt wird (§ 4). In den seltenen Anwendungsfällen von OR 41 II tritt an die Stelle der Widerrechtlichkeit der *Verstoss gegen die guten Sitten.*

149   4. *Verschulden* (§ 5 N 1 ff.). Nur bei der Verschuldenshaftung, nicht aber bei der Kausalhaftung, gehört dieses zu den Voraussetzungen der Haftbarmachung. Indessen lässt sich gegebenenfalls auch dem Kausalhaftpflichtigen ein – sogenanntes zusätzliches – Verschulden vorwerfen.

150   Diese Voraussetzungen stellen das *eiserne Beweisthema* des Haftpflichtklägers dar. Er trägt dafür die *Beweislast,* was bedeutet, dass er die Tatsachen beweisen muss, aus denen man auf das Vorhandensein eines Schadens, des Kausalzusammenhangs, der Widerrechtlichkeit und des Verschuldens schliessen kann[230]. Zum eisernen Beweisthema der vier Voraussetzungen kommen dann, je nach der angerufenen Haftpflichtnorm, deren *besondere Voraussetzungen,* wie etwa das Vorhandensein eines Werkes und dessen Mangelhaftigkeit (OR 58), die Verursachung eines Schadens durch den Betrieb einer Eisenbahn, die Haltereigenschaft des belangten Automobilisten.

151   Abweichend von der ausservertraglichen, hat der Kläger bei der *vertraglichen Schädigung* (OR 97) zu beweisen: die Existenz eines Vertrags, einen Schaden, eine Vertragsverletzung, den Kausalzusammenhang zwischen dem Schaden und der Vertragsverletzung. Das Verschulden braucht er nicht zu beweisen, sondern es ist Sache des Beklagten, sich zu exkulpieren[231, 232]. Die Vertragsverletzung erfüllt die Funktion der Widerrechtlichkeit.

152   Auf den vier Voraussetzungen lässt sich ein *System* der allgemeinen Lehren des Haftpflichtrechts aufbauen. Sie sind, zusammen mit dem Scha-

---

[230] GULDENER, Beweiswürdigung und Beweislast (Zürich 1955) 44 und passim; KUMMER, Berner Kommentar N 240 ff. zu ZGB 8.

[231] Über die *vertragliche* Haftung allgemein: A. KELLER I 366 ff.; VON TUHR/PETER 86 ff. und viele andere; HANS RUDOLF BARTH, Schadenersatz bei nachträglicher Unmöglichkeit der Erfüllung ... (Diss. Zürich 1957).

[232] Die für das französische Recht fruchtbar gemachte Unterscheidung von *obligations de résultat* und *obligations de moyens* ist nach der eingehenden Untersuchung von PACHE für das schweizerische Recht ohne Belang und steht sogar im Widerspruch zu grundlegenden Begriffen und Prinzipien, insbesondere des Verschuldens, der Widerrechtlichkeit und der Beweislastverteilung. Die Lehre hebt z. T. den Unterschied von vertraglicher und ausservertraglicher Schädigung auf. Näheres bei PIERRE PACHE, La distinction des obligations de moyens et des obligations de résultat ... (Diss. Lausanne 1956), zusammenfassend 95, 121 ff. PATRY in ZBJV 93, 51 ff. will demgegenüber die *obligations de sécurité* als Ausfluss jener Unterscheidung übernehmen; dazu hinten § 13 FN 63. Über die französische Doktrin MAZEAUD/TUNC I nos 103–2 et sv., H. MAZEAUD in ZBJV 90, 540 ff.; BEHNAM 137 et sv.

denersatz (§ 2 N 65 ff.), zugleich die Grundbegriffe des Haftpflichtrechts. An sie schliessen sich weitere, sekundäre Begriffe an wie Selbstverschulden (§ 5 N 137 ff.) und Genugtuung (§ 8), ferner zugehörige Problemgruppen wie die der Schadensberechnung (§ 6) und der Schadenersatzbemessung (§ 7). Je nach der Beschaffenheit des konkreten Tatbestandes erheben sich akzessorisch weitere Fragenkreise, so nach den Folgen von Kollisionen verschiedener Haftungen (§ 9), dem Verhältnis des Geschädigten zu einer Mehrheit von Ersatzpflichtigen (§ 10), speziell zu einem Versicherer (§ 11), und dem Verhältnis dieser Ersatzpflichtigen unter sich; dann Fragen nach einem allfälligen besondern Schutz des Geschädigten vor Benachteiligung (§ 12), nach dem Verhältnis einer Mehrheit von Haftungsgründen in der Person des Haftpflichtigen (§ 13), nach den Besonderheiten der Rechtsanwendung bei Haftpflichtnormen (§ 14); oder es stellt sich die Frage der Bestimmung des Gerichtsstandes und des anwendbaren Rechts (§ 15).

IX. Rechtsvergleichung

Literatur

Statt eigener Angaben sei verwiesen auf die ungemein reichen Bibliographien in der grundlegenden International Encyclopedia of Comparative Law, Vol XI, Torts (Tübingen/The Hague usw., im Erscheinen seit 1971).

Als vielgebrauchte Handbücher seien angeführt:

DE CUPIS, Il danno I–II (2. A. Milano 1966/70). – FLEMING, The Law of Torts (4. A. Sydney usw. 1971). – GEIGEL (hrsg. von G. SCHLEGELMILCH), Der Haftpflichtprozess mit Einschluss des materiellen Haftpflichtrechts (20. A. München 1990). – MAZEAUD/TUNC resp. MAZEAUD/ MAZEAUD resp. MAZEAUD/CHABAS, Traité théorique et pratique de la responsabilité civile I–III (6. A. Paris 1965 ff.). – PROSSER, Handbook of the Law of Torts (4. A. St. Paul Minn. 1971). – SALMOND AND HEUSTON, The Law of Torts (15. A. London 1969). – SAVATIER, Traité de la responsabilité civile I–II (2. A. Paris 1951). – WUSSOW, Das Unfallhaftpflichtrecht (12. A. Köln 1975). – ZWEIGERT/KÖTZ: Einführung in die Rechtsvergleichung auf dem Gebiete des Privatrechts, Bd. II: Institutionen (2. A. Tübingen 1984).

Siehe auch *Bericht der St. Komm.* Das EJPD hat 1988 eine Studienkommission für die Gesamtrevision des Haftpflichtrechts eingesetzt, deren Bericht 1991 fertiggestellt und publiziert wurde.

Das Haftpflichtrecht hat sich unter den Teilgebieten des Obligationenrechts neben dem Arbeitsrecht am meisten von der traditionellen, ursprünglich vom Römischen Recht übernommenen, dann von der Pandektistik weiter entwickelten Ordnung entfernt. Wie für das schweizerische, so gilt dies für zahlreiche andere Rechte des europäischen Kontinents. Deren

153

Studium vermag Gemeinsamkeiten in den grossen Linien aufzudecken, während in der Durchführung im einzelnen die Unterschiede sich als erheblich erweisen. Andere Länder sind z. B. nicht zum Erlass so zahlreicher Spezialgesetze geschritten wie die Schweiz; Frankreich begnügt sich im wesentlichen mit den wenigen Haftungstatbeständen von CC 1382 ff., die jedoch eine schöpferische Gerichtspraxis stark ausgeweitet hat, freilich auf Kosten der Übersichtlichkeit und der Praktikabilität. Die Juristen des anglo-amerikanischen Rechtskreises stellen die Kausalhaftungen viel weniger heraus als die kontinentaleuropäischen[233]. Statt weiterer Darlegungen sei auf die eingangs des Paragraphen verzeichnete Literatur verwiesen.

X. Internationale Rechtsvereinheitlichung

154   In der Vorauflage wurde an dieser Stelle auf verschiedene Abkommen zur Vereinheitlichung haftpflichtrechtlicher Bestimmungen hingewiesen, denen die Schweiz beigetreten ist oder auch nicht.

155   Im gegenwärtigen Jahrzehnt schreitet die Rechtsvereinheitlichung, mindestens im europäischen Raum, mit Riesenschritten voran. Sie beruht einerseits auf den Konventionen des Europarates, bei denen allerdings die Ratifikationsquote nicht sehr hoch ist. Mehr praktische Bedeutung hat die Rechtsvereinheitlichung im Rahmen der Europäischen Gemeinschaft. Es erscheint nicht als sinnvoll, hier die Rechtslage im Zeitpunkt der Drucklegung dieses Buches darzustellen, weil die Wahrscheinlichkeit sehr gross ist, dass die entsprechenden Angaben schon bald nach dessen Erscheinen überholt sind. Es muss daher hier auf die Spezialliteratur verwiesen werden.

156   Über *internationalprivatrechtliche* Aspekte siehe hinten § 15.

---

[233] Das Schwergewicht der Unterschiede dürfte aber mehr in der juristischen Theorie als in der praktischen Entscheidung von Einzelfällen liegen.

§ 2 Schaden und Schadenersatz

Literatur

SCHWEIZERISCHE: ROLAND BREHM, N 66 ff. zu Art. 41. – M. BROQUET, Les réclamations pour chomage et dépréciation des automobiles, SJZ 33 (1936/37) 45–48. – C. CHR. BURCKHARDT, Die Revision des Schweizerischen Obligationenrechts in Hinsicht auf das Schadenersatzrecht. Verhandlungen des Schweizerischen Juristenvereins 1903, ZSR 22, 473 ff. (auch als Sonderdruck erschienen). – BRUNO VON BÜREN, Schweizerisches Obligationenrecht, Allgemeiner Teil (Zürich 1964) 42 f. – A. BUSSY/B. RUSCONI, Code suisse de la circulation routière (2. A. Lausanne 1984), Anm. zu Art. 62. – H. DESCHENAUX/P. TERCIER 45–51. – P. ENGEL, Traité des obligations en droit suisse (Neuenburg 1973) 323–325. – WILLI FISCHER, Ausservertragliche Haftung für Schockschäden Dritter (Zürich 1988). – RICHARD FRANK, Zum Begriff des entgangenen Feriengenusses; SJZ 79 (1983) 235 f. – DERS., Bundesgesetz über Pauschalreisen (Zürich 1994) 76 ff. – ARMIN FREI, Der Reflexschaden im Haftpflichtrecht (Diss. Zürich 1973). – PIERRE GIOVANNONI, Note sur la responsabilité civile au cas de «dommage purement économique», SVZ 48 (1980) 277 ff. – DERS., Le dommage indirect en droit suisse de la responsabilité civile, comparé au droits allemand et français, ZSR 96 (1977) I 31 ff. – ANDREAS GIRSBERGER, Das Recht auf Ersatz der Anwaltskosten, die im Zusammenhang mit der Verfolgung begründeter oder der Abwehr unbegründeter Ansprüche stehen, SJZ 58 (1962) 350/353. – DERS., Der Reisevertrag, ZSR 105 (1986) II 62 ff. – JACQUES GLARNER, Die Schadensberechnung bei der Ersatzpflicht aus unerlaubter Handlung unter besonderer Berücksichtigung der Ansprüche des Geschädigten aus allfälligen Versicherungen (Diss. Bern 1935). – THEO GUHL, Untersuchungen über die Haftpflicht aus unerlaubten Handlungen (Bern 1904). – GUHL/MERZ/KOLLER § 10. – WALTER IM HOF, Die Art und Grösse des Schadenersatzes und der Genugtuung bei den Klagen aus OR Tit. I/II (Diss. Bern 1912), speziell 13 ff., 51 ff. – P. LEUCH, in: Der Automobilschaden, Juristische Publikation des Automobil-Clubs der Schweiz, Nr. 1 (Bern 1968) 8–19. – SUSANNE LEUZINGER-NAEF, Bundesrechtliche Verfahrensanordnungen betreffend Verfahrenskosten, Parteientschädigung und unentgeltlichen Rechtsbeistand im Sozialversicherungsrecht, SZS 1991 113 ff., 176 ff. – HANS MERZ, in: Rechtsprobleme des Strassenverkehrs, Berner Tage für juristische Praxis 1974 (Bern 1975) 109 ff. – DERS., Obligationenrecht, SPR VI 1 (Basel 1984). – H. OSER/W. SCHÖNENBERGER N 74 f. zu Art. 41. – M. PANCHAUD, in: Der Automobilschaden, Juristische Publikation des Automobil-Clubs der Schweiz, Nr. 1 (Bern 1968) 21–31. – BAPTISTE RUSCONI, Le préjudice automobile (Freiburg 1966). – ROLAND SCHAER, Grundzüge des Zusammenwirkens von Schadenausgleichsystemen (Basel 1984). – EMIL W. STARK, Zur Frage der Schädigungen ohne Vermögensnachteile, FS Max Keller (Zürich 1989) 311 ff. – PETER STEIN, Wer zahlt die Anwaltskosten im Haftpflichtfall?, ZSR 106 (1987) I 635 ff. – DERS., La réparation du préjudice réfléchi au droit suisse de la responsabilité civile, Gedächtnisschrift Peter Jäggi (Freiburg 1977) 239 ff. – PAUL SZÖLLÖSY, Die Berechnung des Invaliditätsschadens im Haftpflichtrecht europäischer Länder (Zürich 1970) 27 ff., 42 ff. – PIERRE TERCIER, De la distinction entre dommage corporel, dommage matériel et autres dommages, FS Assista (Genf 1979) 247–267. – DERS., La réparation du préjudice réfléchi en droit suisse de la responsabilité civile, Gedächtnisschrift Peter Jäggi (Freiburg 1977) 239 ff. – VON TUHR/PETER 83–87. – ROBERTO VITO, Die Haftung des Reiseveranstalters (Diss. Zürich 1990). – DERS., Schadenersatz wegen verdorbener Ferien, recht 1990, 79 ff. – PETER WEIMAR, Schadenersatz für den Unterhalt des unerwünschten Kindes, FS Hegnauer (Bern 1986) 641 ff.

DEUTSCHE und ÖSTERREICHISCHE: BINDING, Die Normen I (2. A. Leipzig 1890) 433 ff. – DEGENKOLB, Der spezifische Inhalt des Schadenersatzes, AcP 76, 1 ff. – ENNECCERUS/ LEHMANN, Lehrbuch des Bürgerlichen Rechts, II: Recht der Schuldverhältnisse (15. A. Tübingen 1958) § 14. – ESSER/SCHMIDT § 31. – HELMUT KOZIOL I 9 ff. – HERMANN LANGE §§ 1, 2, 6. – KARL LARENZ §§ 27 ff. – MATAJA, Das Recht des Schadenersatzes vom Standpunkt der Nationalökonomie (Leipzig 1888). – FRIEDRICH MOMMSEN, Zur Lehre von dem Interesse (Braunschweig 1855). – MAX RÜMELIN, Die Gründe der Schadenszurechnung und die Stellung des deutschen BGB zur objektiven Schadenersatzpflicht (Freiburg / Leipzig 1896).

RECHTSVERGLEICHENDE: STOLL, Consequences of Liability: Remedies, International Encyclopedia of Comperative Law, Vol. XI Chapter 8 (Tübingen usw.). – DERS., Haftungsfolgen im bürgerlichen Recht (Heidelberg 1993) 147 ff.

I. Schaden

A. Begriff und Ausmass

1. Natürlicher Schadensbegriff

1   Unter Schaden im ganz allgemeinen Wortsinn ist jede Einbusse an Lebensgütern[1] irgendwelcher Art zu verstehen[2], jeder Nachteil. Der Begriff des Schadens beruht dabei auf einem Vergleich zweier zeitlich auseinanderliegender Zustände, der im Ergebnis zur Feststellung einer Einbusse an Werten irgendwelcher Art führt. Worauf diese Einbusse zurückzuführen ist, ist in diesem Zusammenhang ohne Belang und bleibt offen[3].

2. Haftpflichtrechtlicher Schadensbegriff

a) Im allgemeinen

2   Nachteile irgendwelcher Art entstehen und existieren in grosser Zahl im menschlichen Zusammenleben, unabhängig von der Rechtsordnung.

---

[1] Zum Beispiel Vermögensgüter, Erwerbsaussichten, körperliche Integrität, Gesundheit.
[2] MERZ, SPR VI/1 185.
[3] MERZ, SPR VI/1 186; ob auf Naturereignisse, auf Veränderungen der sozialen und wirtschaftlichen Umwelt, auf den blossen Zeitablauf, auf das Handeln eines andern oder des Geschädigten selber.

I. Schaden § 2

Für diese stellt sich die Frage, welche der erwähnten Nachteile sie – wenn die übrigen Haftungsvoraussetzungen gegeben sind – als ersatzwürdig betrachtet. Ersatzwürdige Nachteile kann man als Schaden im Rechtssinne bezeichnen. Wie zu zeigen sein wird (vgl. hinten N 56 ff.), handelt es sich bei den nicht ersatzwürdigen nach der herrschenden Meinung um die Nachteile, die sich nicht finanziell auswirken. Dazu gehören vor allem Einbussen an Genuss, Annehmlichkeiten, Erholung usw.[4, 5]

Nicht als *Schaden* im Rechtssinne, aber trotzdem als ersatzwürdig, werden die psychischen Beeinträchtigungen durch immaterielle Unbill betrachtet. Für sie ist gegebenenfalls nicht Schadenersatz, sondern Genugtuung zu bezahlen (vgl. hinten § 8). 3

Schaden im Rechtssinne ist eine *Vermögensverminderung*[6]. 4

Das *Vermögen* ist hier in einem weiten Sinne genommen, als Inbegriff der wirtschaftlich bedeutsamen und messbaren Güter, an denen eine Person berechtigt ist. Dazu gehören nicht nur Geld und weitere Sachen, obligatorische, dingliche und andere absolute Rechte wie namentlich Immaterialgüterrechte, sondern auch das Fortkommen, die Integrität von Leib und Leben, – allgemein: – der Persönlichkeit, insbesondere auch von Ehre, Kredit und wirtschaftlicher Freiheit, sofern eine Verletzung sich in *ökonomischer* Hinsicht auswirkt[7, 8]. 5

Schaden ist anzunehmen, sobald eines der genannten Güter in wirtschaftlich *erfassbarem* Umfange als vermindert erscheint. 6

Ist dagegen das selber nicht zum Vermögen gehörende Recht der Persönlichkeit (ZGB 28, OR 49) allein verletzt, ohne dass damit eine 7

---

[4] Vgl. EMIL W. STARK, FS Max Keller, 318 f.
[5] Wenn HANS MERZ, SPR VI/1 186 unter dem Titel «Schaden im Rechtssinn» die Voraussetzung einer Haftpflicht erwähnt, könnte daraus die irrige Meinung entstehen, ein finanzieller Nachteil, für den keine Haftpflicht bestehe, stelle keinen Schaden im Rechtssinne dar. Das wäre irrtümlich. Wenn z. B. ein Entlastungsgrund oder ein Rechtfertigungsgrund die Haftpflicht ausschliesst, hat dies auf die Natur des vom Geschädigten erlittenen Schadens keinen Einfluss, sondern nur auf seinen Ersatzanspruch.
[6] Das Gesetz hat den Begriff des Schadens nicht definiert. Vgl. den Definitionsvorschlag von WIDMER/WESSNER in ihrem VE für einen Allgemeinen Teil des Haftpflichtrechts, wiedergegeben in ZBJV 130 (1994) 400 und über die Auseinandersetzungen in Deutschland STOLL 236 ff. und die dort zit. Lit.
[7] Das kann z. B. der Fall sein, wenn infolge Ehrverletzung die Beliebtheit eines Geschäftsmannes sich vermindert. Weitere Tatbestände ergeben sich aus Rechtsprechung und Lehre zu ZGB 28 II/OR 49 I und UWG 1, 2.
[8] Dieser ökonomische Gesichtspunkt ist entscheidend; darüber später Weiteres. Er schliesst u. a. aus, den Affektionswert zu berücksichtigen (vgl. hinten § 6 N 379), es sei denn, dieser werde auch von andern Personen geschätzt und verleihe der Sache einen höheren Tauschwert; vgl. BGE 64 II 138; 87 II 291 f., E. 4a.

§ 2   Schaden und Schadenersatz

Beeinträchtigung wirtschaftlicher Art verbunden wäre, so hat man nicht Schaden, sondern immaterielle Unbill (tort moral) vor sich, die nicht wie Schaden durch Schadenersatz, sondern durch Genugtuung wieder gutgemacht wird (vgl. hinten § 8)[9].

8   Die Vermögensverminderung kann freiwillig[10] oder unfreiwillig sein. In beiden Fällen liegt ein Schaden im Rechtssinne vor[11].

9   Aus der Umschreibung des Schadens als einer Vermögens*verminderung* lässt sich entnehmen, dass die Feststellung des Schadens das Ergebnis einer Vergleichung zweier Stände des Vermögens ist. Der Schaden ist infolgedessen dahin zu definieren, dass er gleich der *Differenz* ist *zwischen dem gegenwärtigen*[12] *Stand des Vermögens des Geschädigten und dem Stand, den das Vermögen ohne das schädigende Ereignis hätte*[13, 14]. Man nimmt somit,

---

[9] BGE 64 II 21; 87 II 145, 292; 90 II 83; 93 II 96; 95 II 307, 502; 97 II 348; 99 II 214; 101 II 199; 102 II 224; 104 II 263 f.; 108 II 428 f.; 110 II 105 f.; 112 II 222 ff.; 115 II 158.

[10] In der Vorauflage 54 wird unterschieden, ob die Vermögensverminderung «auf den Willen des Geschädigten» zurückzuführen ist oder nicht.

[11] Anderer Meinung Vorauflage 54; GUHL/MERZ/KOLLER 63; KELLER/SYZ 12; VON TUHR/PETER 84. Die Haftpflicht entfällt bei auf den Willen des Geschädigten zurückzuführender Vermögensverminderung nicht, weil der Geschädigte keinen Schaden erlitten hat, sondern wegen Fehlens des Kausalzusammenhanges mit einer haftungsbegründenden Ursache, wegen Selbstverschuldens oder Einwilligung des Verletzten. Bei Schenkung oder Veräusserung ohne entsprechende Gegenleistung fehlt meistens eine haftungsbegründende Ursache oder liegt ausschliessliches Selbstverschulden vor. Wenn ein Dritter den Veräusserer getäuscht hat und dementsprechend eine haftungsbegründende Ursache durch einen Dritten gesetzt wurde, ist dieser Dritte dafür verantwortlich; vgl. VON TUHR/PETER 341, u. a. Wenn die Vermögenseinbusse wegen Freiwilligkeit keinen Schaden darstellen würde, könnte OR 31 III keine Schadenersatzpflicht vorsehen. Entsprechendes gilt bei Verbrauch oder Verwendung einer Sache und bei Schuldübernahme. Hat aber ein Geschädigter eines Haftpflichtfalles zur Behebung des Schadens in vernünftigem Rahmen finanzielle Mittel eingesetzt, handelt es sich um Kosten, die der Haftpflichtige zu übernehmen hat.

[12] Das heisst nach dem schädigenden Ereignis festgestellten.

[13] Das ist die von FRIEDRICH MOMMSEN 3 f. geprägte Definition, die fast allgemein rezipiert worden ist; DESCHENAUX/TERCIER § 3 N 3; STOLL 179/80; GUHL/MERZ/KOLLER 62; A. KELLER II 22; BREHM N 70 zu OR 41; STARK, Skriptum, N 4; VON TUHR/PETER 84; BGE 64 II 138 f.; 87 II 291; 90 II 424 ff.; 97 II 176; 104 II 199; 115 II 74 f., 481; ZR 77 (1978) Nr. 95 S. 209; 78 (1979) Nr. 79 S. 193; 79 (1980) Nr. 131 S. 284; 82 (1983) Nr. 60 S. 160; 86 (1987) Nr. 32 S. 74; 88 (1989) Nr. 94 S. 271, Nr. 103 S. 309; ZBJV 123 (1987) 320.
Diese Umschreibung ist in der Literatur zum Teil umstritten. In den praktischen Einzelfällen wird nicht der Stand des Gesamtvermögens vor und nach dem Unfall verglichen, sondern es wird untersucht, welche Aktiven durch den Unfall weggefallen oder verkleinert und welche Passiven dazugekommen oder vergrössert worden sind (MERZ, SPR VI/1 187). Sie wird u. a. angefochten von NEUNER in AcP 133, 277 ff.; dazu ENNECCERUS/LEHMANN 58 f.; LIEB in JZ 26, 358 ff.; STOLL 236 ff.

[14] Man bezeichnet den Schaden oft als Vermögensinteresse oder kurzweg als Interesse des Geschädigten (VON TUHR/PETER 84).

I. Schaden § 2

um den Schaden zu bestimmen, eine Subtraktion zweier Summen vor, die je verschiedenen Ständen des Vermögens[15] entsprechen. Hierbei muss mit einer Hypothese gearbeitet werden: wie sich das Vermögen gestaltet *hätte,* wäre das schädigende Ereignis nicht dazwischengetreten.

Man berücksichtigt, dass der Zeitablauf allenfalls eine Vermehrung des Vermögens gebracht hätte, den (jetzt) *entgangenen Gewinn,* das (traditionellerweise sogenannte) lucrum cessans[16]. 10

Wo dagegen anzunehmen ist, dass das schädigende Ereignis keine solche, das Vermögen vermehrende Entwicklung abgeschnitten hat, genügt die Vergleichung des Vermögensstandes vor und nach dem schädigenden Ereignis; man erhält sofort den bereits vorhandenen und abgeschlossenen sogenannten *positiven Schaden,* das *damnum emergens*[17], das durch Verminderung der Aktiven oder Vermehrung der Passiven[18] entstanden ist. Der hypothetische Stand des Vermögens, der gemäss der Definition in Rechnung zu stellen ist, fällt hier mit dem realen Vermögensstand, wie er vor dem schädigenden Ereignis bestanden hat, zusammen. Ist z. B. eine antike Vase zerbrochen worden, so lässt sich der Schaden genügend bestimmen, wenn man den Wert des jetzt geleimten Kunstwerkes mit seinem Wert vor der Beschädigung vergleicht. Falls dagegen anzunehmen ist, der Wert der Vase wäre ohne die Beschädigung wegen erhöhter Nachfrage in näherer Zukunft gestiegen, so ist der künftige Wert zu veranschlagen, also gemäss der Definition der hypothetische Vermögensstand einzusetzen. 11

Der Unterschied zwischen lucrum cessans und damnum emergens beruht darauf, dass im einen Fall das Zeitmoment berücksichtigt wird, im 12

---

15   Das bedeutet – wie bereits erwähnt – nicht, dass man eine zweimalige Bilanz des ganzen Vermögens aufstellt. Vielmehr bleiben die von der Schädigung nicht berührten Teile des Vermögens ausser Ansatz. Insofern erübrigt sich für das schweizerische Recht die für das deutsche Recht befürwortete Konzeption des sog. Wertersatzanspruchs oder normativen Schadenersatzanspruchs; über diesen von TUHR/PETER 83 f. auch WUSSOW in NJW 1970, 1393. Im Ergebnis wie hier LARENZ I 480 ff.
16   Lucrum cessans kann darin liegen, dass durch das schädigende Ereignis eine zu Recht erwartete Vermehrung der Aktiven nicht eintritt, oder darin, dass durch das schädigende Ereignis eine Verminderung der Passiven nicht erfolgt.
     GAUCH/SCHLUEP II N 1609, 1629; GUHL/MERZ/KOLLER 67; MERZ 189; KELLER/GABI 10 ff.; OR-Schnyder, Art. 41 N 3; STARK, Skriptum, N 48; BGE 50 II 381; 63 II 280; 80 IV 245; 82 II 401; 90 II 424; 102 II 38; vgl. Bd. II/3 § 29 N 286, 288.
17   BREHM N 70 zu OR 41; GUHL/MERZ/KOLLER 67; KELLER/GABI 10 ff.; KELLER/LÖRTSCHER, Kaufrecht (2. A. Zürich 1986) 58; MERZ, SPR VI/1 189; OR-Schnyder, Art. 41 N 3; STARK, Skriptum N 48; BGE 97 II 267; 102 II 282.
18   Zum Beispiel noch nicht bezahlte Unkosten, etwa Anwaltskosten, Arztkosten. Hat der Geschädigte die Anwaltsrechnung aber bereits bezahlt, so entstand dadurch eine Verminderung seiner Aktiven.

§ 2　Schaden und Schadenersatz

andern nicht, indem man je nachdem mit einer künftigen, durch das schädigende Ereignis verhinderten oder verminderten Vermögensvergrösserung rechnet. Wie dies zeigt, kann neben dem gegenwärtigen, abgeschlossenen Schaden gegebenenfalls auch ein *künftiger Schaden* in Betracht fallen (Näheres hinten § 6 N 4 ff.).

13　Der *entgangene Gewinn*[19] spielt eine bedeutende Rolle, sowohl bei Sachschaden (vgl. hinten § 6 N 354 ff.) als auch bei Personenschaden (vgl. hinten § 6 N 89 ff.) und Vermögensschaden im engeren Sinn («sonstigem» Schaden, vgl. hinten § 6 N 7 u. 371 ff.)[20]. Man denke an die Beschädigung, Zerstörung oder den Verlust von Fahrzeugen, Maschinen und Apparaten, die in einem Betrieb verwendet werden und deren Ausschaltung einen Einnahmenausfall bewirkt, die sogenannte Chômage[21]. ElG 27 II spricht von «Störungen im Geschäftsbetrieb»[22]. Auch wenn wegen einer Körperverletzung in Zukunft ein Verdienstausfall eintritt, so entgeht dem Betroffenen Gewinn im Sinne des lucrum cessans (OR 46 I, EHG 3); das gleiche trifft zu bei Körperverletzung mit tödlichem Ausgang für die Zeit zwischen dem Unfall und dem späteren Tode (OR 45 II, EHG 2) sowie dort, wo jemand durch eine Tötung seinen Versorger verliert (OR 45 III, EHG 2).

14　Der entgangene Gewinn ist zu ersetzen, auch wenn im Augenblick der Schädigung noch kein Rechtsanspruch auf die erwartete Einnahme bestanden hat, etwa gestützt auf einen für den Geschädigten günstigen Verkauf. Jedoch ist eine genügende Wahrscheinlichkeit erforderlich, dass der Gewinn erzielt worden, sofern nicht das schädigende Ereignis dazwischengetreten wäre[23].

---

[19]　Über den durch Anmassung eines fremden Rechts (namentlich eines Immaterialgüterrechts) erzielten Gewinn nachstehend FN 89.

[20]　Vgl. auch N 60 f.

[21]　Die Aufwendungen für die Reparatur eines Fahrzeugs oder für den Erwerb eines neuen solchen sowie für die Miete eines Ersatzwagens bis zum Augenblick, da die Inbetriebnahme des reparierten oder des neuen Fahrzeugs möglich wird, stellen damnum emergens dar; Ersatz der Chômage – das lucrum cessans – fällt ausser Betracht, wenn der Ersatzwagen sofort in Betrieb genommen werden kann. In der juristischen Umgangssprache werden unter Chômage auch die Kosten der Miete eines Ersatzfahrzeuges verstanden; vgl. hinten § 6 N 371 ff.; Bd. II/2 § 25 FN 947; BREHM N 80 zu OR 41; M. BROQUET, SJZ 33 1936/37) 48; DESCHENAUX/TERCIER § 24 N 11; GUHL/MERZ/KOLLER 67; KELLER II 94 ff.; MERZ, SPR VI/1 196 f.; SCHAER Rz 201 ff.; STARK, Skriptum N 146 ff., 152; VON TUHR/PETER 116 N 8.

[22]　Vgl. Bd. II/3 § 28 N 108 ff.

[23]　Bd. II/3 § 29 N 288 ff.; BGE 40 II 355; 42 II 135; 43 II 55; 50 II 380 f.; 60 II 131; 74 II 81; 81 II 55; 82 II 401; 86 II 45 f.; 87 II 374; 93 II 458; 95 II 501 ff.; BECKER N 9 zu OR 41 und N 31 und 37 ff. zu OR 97; OSER/SCHÖNENBERGER N 18 zu OR 43; VON TUHR/PETER 100. Genauere Regeln lassen sich hinsichtlich künftigen Einkommens aufstellen (vgl. hinten § 6 N 114 ff.)

I. Schaden § 2

Hierfür verweist das Gesetz den Richter auf den «gewöhnlichen Lauf der Dinge» (OR 42 II), d. h. die allgemeine Lebenserfahrung[24].

Ferner sind «die vom Geschädigten getroffenen Massnahmen» zu berücksichtigen, welche Schlüsse auf den Grad der Wahrscheinlichkeit des Gewinnes zulassen; wenn z. B. ein Gebäude vom Ein- oder Zweifamilienhaus zum Appartementhaus umgebaut worden war, aber vor der Inbetriebsetzung niederbrannte, so kann man für den entgangenen Gewinn von den höheren Einnahmen aus einem Apartmenthaus ausgehen[25]. 15

Soweit zur Erzielung des Gewinnes noch zweckdienliche Handlungen des Geschädigten erforderlich gewesen wären, ist eine durchschnittliche Sorgfalt in der Wahrung seiner Interessen, die *diligentia patris familias*, vorauszusetzen[26]. Bei *Störungen im Geschäftsbetrieb* ist vom vorher durch den Geschädigten selber oder von andern Unternehmern des gleichen Geschäftszweiges erzielten Durchschnittsertrag auszugehen; dass der Geschädigte den Schaden optimistisch berechnet, ist naheliegend. 16

Unerlaubte Gewinne, die sich z. B. durch Überschreitung von Höchstpreisvorschriften hätten erzielen lassen[27], oder solche aus widerrechtlichen Geschäften, sind nicht zu ersetzen[28]. Anders verhält es sich bei unsittlichen Geschäften, namentlich dem Dirnenlohn[29]. 17

---

24 Mit diesem Hinweis des Gesetzgebers auf die Lebenserfahrung wird festgehalten, dass der Richter möglichst praxisnah entscheiden soll. Ob er diesen Massstab richtig anwendet, ist eine Rechtsfrage, die das Bundesgericht im Berufungsverfahren überprüfen kann (vgl. nicht publ. BGE vom 25. Februar 1975 i. S. Borel/Union; BREHM N 54 zu OR 42).
Es handelt sich hier nicht um einen Entscheid nach Recht und Billigkeit gemäss ZGB 4, sondern um eine Bestimmung zur Beweiswürdigung, vgl. ARTHUR MEIER-HAYOZ, Berner Kommentar (Bern 1962) N 61 zu ZGB 4; HANS ULRICH WALDER-BOHNER, Zivilprozessrecht (3. A. Zürich 1983) § 3 N 25. Vgl. im übrigen hinten § 6 N 27 ff.
25 Vgl. hinten § 6 FN 39.
26 Bei verderblichen Sachen ist z. B. anzunehmen, dass sie rechtzeitig veräussert, und bei Früchten, dass sie geerntet, bei Geschäften, dass sie im richtigen Moment abgeschlossen worden wären. Alles freilich unter Vorbehalt des Gegenbeweises.
27 OFTINGER in ZSR 57 (1938) 576a.
28 BGE 20, 109; VON TUHR/PETER 101 und die dort FN 70 angegebenen Zitate; MOMMSEN 188.
Die Rechtsordnung geht m. a. W. davon aus, dass der Geschädigte ohne Unfall nach dessen Zeitpunkt keine rechtswidrigen Geschäfte abgeschlossen und Gewinne erzielt hätte. Vgl. im übrigen hinten § 6 N 135 ff.
29 BGE 111 II 296. Die Rechtsordnung lässt unsittliche Erwerbstätigkeiten zu und unterdrückt sie nicht. Daher stellt die Unsittlichkeit einer Tätigkeit keinen Grund dar, anzunehmen, der Geschädigte hätte sie in Zukunft nicht ausgeübt. Vgl. hinten § 6 N 138. Vgl. im übrigen STOLL 333 ff. – Vgl. zum Gewinn durch verbotenes oder sittenwidriges Verhalten STOLL 333 ff.

18 Gewinne, die wiederum aus der Ausnützung entgangener Gewinne hervorgegangen wären, werden in der Regel zu hypothetisch sein, um noch berücksichtigt zu werden[30].

19 Grundsätzlich ist jeder Nachteil, den der Schadensbegriff erfasst, zu ersetzen[31], also *damnum emergens und lucrum cessans*[32]. Ausnahmen bestehen z. B. nach ElG 27 II und ETrReg. 181 I; hinsichtlich EHG 12 waltet eine Kontroverse, die im Abschnitt über die Eisenbahnhaftpflicht behandelt ist[33].

20 Die Umschreibung des Schadens, wie hier vorgenommen, stellt auf die *subjektiven Verhältnisse des Geschädigten* ab; das wirkt sich im einzelnen bei der Schadensberechnung aus (vgl. hinten § 6, insbes. N 357 ff.).

21 Das Abstellen auf ein subjektives Kriterium rechtfertigt es, den Schaden auch zu umschreiben als *Interesse*[34] des Geschädigten am Nichteintritt des schädigenden Ereignisses.

22 Nur ausnahmsweise wird in einzelnen Fällen für die Berechnung von Sachschaden nicht auf ein subjektives, sondern auf ein objektives Kriterium abgestellt (vgl. hinten § 6 N 356)[35]. Der Grund für die Beurteilung nach einem subjektiven Kriterium liegt darin, dass prinzipiell jeder den Geschädigten in seiner persönlichen Situation treffende finanzielle Nachteil, also der ganze Schaden, zu ersetzen ist.

23 Ob der Eintritt des Schadens oder sein voller, nachheriger Umfang voraussehbar war, ist belanglos. Die Voraussehbarkeit hat nur Bedeutung im Rahmen der Haftungsbegründung bei der Verschuldensfrage[36]. Denn ob eine konkrete Beeinträchtigung ein Schaden ist, hängt allein vom Schadensbegriff ab; Momente der subjektiven Zurechnung sind dafür unerheblich.

---

[30] MOMMSEN 189.
[31] Dies gilt selbst für einen Beitrag, den der Geschädigte seinerseits einem hilfreichen Geschäftsführer ohne Auftrag zu ersetzen hat (OR 422), BGE 97 II 265 f. – Verlust des «Bonus» in der Versicherung ist ein Schaden, NJW 1966, 655; 1974, 2134.
[32] Das ist ausdrücklich bestimmt in CCfr 1149, BGB 252 und ABGB 1293 ff. Für das schweizerische Recht ergibt sich dieser von der Rechtsprechung (BGE 20, 108; 50 II 381; 63 II 280; 80 IV 243; 82 II 401; 90 II 424 f.; 97 II 267; 102 II 38, 282) und der Doktrin anerkannte Satz aus dem Begriff des Schadens und seiner teleologischen Bedeutung.
[33] Vgl. Bd. II/3 § 27 N 183 ff.
[34] VON TUHR/PETER 84.
[35] Statt von subjektiver und objektiver Schadensberechnung wird gleichbedeutend auch von konkreter und abstrakter geredet; vgl. BÜNGER, Artikel «Schadenersatz» bei SCHLEGELBERGER, Rechtsvergleichendes Handwörterbuch für das Zivil- und Handelsrecht VI (Berlin 1936) 110 ff.
[36] Vgl. hinten § 5 N 16 ff.

I. Schaden § 2

Aus dem Begriff des Schadens als der erwähnten Differenz zweier 24
Vermögensstände lassen sich zahlreiche Regeln ableiten, nach denen sich sein Ausmass im *einzelnen* bestimmen lässt. Dies ist der Gegenstand der *Schadensberechnung,* die in § 6 gesondert behandelt wird; die Grenze zwischen dem vorliegenden Paragraphen und den dort behandelten Fragen ist fliessend. Hier nicht behandelte Probleme mögen sich dort erörtert finden.

Für die Feststellung, was alles noch als Schaden anzusehen und zu 25
ersetzen sei, ist namentlich auf die Regeln über den (adäquaten) Kausalzusammenhang abzustellen (vgl. hinten § 3); nur für einen Schaden, der als adäquate Folge des schädigenden Ereignisses erscheint, fällt Ersatz in Betracht (haftungsausfüllende Kausalität, vgl. hinten § 3 N 14 ff.). Hierin liegt eine wichtige Begrenzung des zu ersetzenden Schadens.

Mit der Kausalität hängt auch eine oft anzutreffende[37] Einteilung 26
zusammen, die den mittelbaren dem unmittelbaren Schaden gegenüberstellt, in der Meinung, dass in der Regel für beide Arten zu haften ist[38]. Mit dieser Gruppierung will man sagen, dass im einen Fall zwischen dem schädigenden Ereignis und dem Schaden Umstände liegen, die den Schaden als weiter entfernte Folge erscheinen lassen, während das im andern Fall nicht zutrifft. Unmittelbarer Schaden bei einem Automobilunfall sind z. B. die Kosten für die Heilung des Verunfallten; mittelbarer Schaden entsteht, wenn der Verunfallte bei der zur Heilung notwendigen Röntgenbehandlung eine Verbrennung erleidet. Der Gegensatz von mittelbarem und unmittelbarem Schaden geht gewöhnlich in der im Rahmen des Kausalitätsproblems zu prüfenden Frage auf, ob ein Schaden überhaupt die rechtlich relevante Folge eines schädigenden Ereignisses sei[39]. Entgegen der Regel sieht das Gesetz in einigen ausserhalb

---

37 Statt vieler VON TUHR/PETER 88 f.; GLARNER 19.
38 BGE 64 II 256 f. Irreführend dagegen BGE 63 II 21, wo erklärt wird, OR 41 I beziehe sich ausschliesslich auf den unmittelbaren Schaden. Gemeint ist jedoch der (richtige) Satz, dass in der Regel nur die unmittelbar geschädigten Personen einen Schadenersatzanspruch besässen; nicht der Schadensbegriff, sondern die Legitimation zum Schadenersatzanspruch steht hier in Frage. Dies ergibt sich auch aus den im fraglichen Entscheid angeführten Zitaten.
39 Hinten § 3 N 103 ff., über die sogenannte mittelbare Verursachung, vgl. auch BGE 29 II 284 f. Man liest deshalb die Formulierung, der Gegensatz beruhe auf einer grösseren oder kleineren Intensität des Kausalzusammenhanges; so GLARNER 19. Dazu hinten § 3 N 24.

des Haftpflichtrechts auftretenden Fällen vor, dass nur für den unmittelbaren Schaden gehaftet werde (OR 195 I Ziff. 4, 208 II, 537 I, früher alt OR 116)[40].

27   Schadenersatz ist auch dann zu leisten, wenn bei Sachschaden und «sonstigem» Schaden der Geschädigte Massnahmen zur Wiederherstellung, z. B. die Reparatur, unterlässt. Denn sein Vermögen ist auch so, durch das schädigende Ereignis als solches, vermindert.

b) Anwaltskosten

28   Ob auch die *Anwaltskosten* des Geschädigten zum Schaden gehören und daher vom Haftpflichtigen zu ersetzen sind, ist eine alte Streitfrage[40a]. In Frage kommen:

29   1. *Ausserprozessuale* Anwaltskosten: Der Anwalt prüft die Rechtslage und führt Verhandlungen mit dem Haftpflichtigen oder seinem Versicherer.

---

[40]   Was in diesen Bestimmungen als unmittelbarer Schaden gilt, ist anhand der Judikatur und der Literatur festzustellen. – Auf dem Gegensatz von unmittelbarem und mittelbarem Schaden beruhen auch die Vorschriften OR 756 und 917, wobei das am 1. Juli 1992 in Kraft getretene revidierte Aktienrecht in OR 756 im Sinne einer Klarstellung auf den Begriff des «mittelbaren Schadens» verzichtet, ohne dass sich aber diesbezüglich im Vergleich zu aOR 755 materiell etwas geändert hat, vgl. PETER BÖCKLI, Das neue Aktienrecht, Zürich 1992, N 2002. Zum bisherigen Aktienrecht: EMIL FRICK, Der unmittelbare und der mittelbare Schaden im Verantwortlichkeitsrecht der Aktiengesellschaft (Diss. Zürich 1953) 94 und 99; W. BÜRGI/U. NORDMANN-ZIMMERMANN, Zürcher Kommentar (Zürich 1979) N 43, 50 und 53 zu OR 753/54; PETER FORSTMOSER, Die aktienrechtliche Verantwortlichkeit (2. A. Zürich 1987) N 186 ff.; vgl. auch BGE 110 II 393; 113 II 290.

[40a] Vgl. ANDREAS GIRSBERGER, Das Recht auf Ersatz der Anwaltskosten, die im Zusammenhang mit der Verfolgung begründeter oder der Abwehr unbegründeter Ansprüche entstehen, SJZ 58 (1962) 350 ff.; DERS., Haftpflicht und Versicherung: Praktische Ratschläge, Strassenverkehrsrechtstagung (Freiburg 1982); KLAUS HÜTTE, Schadenersatzansprüche rund um das Auto, SVZ 1987, 334 ff.; PETER JÄGGI, Vorprozessuale Vertretungskosten, Rechtsgutachten erstattet der Helvetia-Unfall, Schweiz. Versicherungs-Gesellschaft Zürich vom 22. März 1963, 24; KLINKE, Erstattungsfähigkeit von Anwaltskosten im Zuge aussergerichtlicher Schadensregulierung (1977); ALFRED MAURER, Schweiz. Privatversicherungsrecht (2. A. Bern 1986) 177 ff.; SCHAFFHAUSER/ZELLWEGER, Grundriss des Schweiz. Strassenverkehrsrechts, II (Bern 1988) N 964 ff.; PETER STEIN, Wer zahlt die Anwaltskosten im Haftpflichtfall? ZSR 106 (1987) 635 ff.; ALICE WEGMANN, Haftung des Schuldners für Vertretungskosten bei aussergerichtlicher Erledigung eines Rechtsstreites, SJZ 50 (1954) 278 f.; STEPHAN WEBER, Ersatz von Anwaltskosten, SVZ 61 (1993) 2 ff.; WUSSOW/KÜPPERSBUSCH, Ersatzansprüche bei Personenschäden (4. A. München 1986) Rz 355 ff.

I. Schaden §2

Dabei ist zu unterscheiden, ob schliesslich ein Schadenersatzanspruch anerkannt wird oder nicht. Wenn die ausserprozessuale Behandlung zu einem Prozess führt, spricht man von vorprozessualen Anwaltskosten.

2. Anwaltskosten für die *Führung eines Zivilprozesses*. 30

3. Anwaltskosten, die durch die Verbeiständung des Geschädigten im *Strafverfahren* gegen den Haftpflichtigen oder gegen den Geschädigten entstehen. 31

4. Anwaltskosten, die dem Geschädigten durch die Geltendmachung seiner Ansprüche gegen einen *Sozialversicherer* erwachsen. 32

Anwaltskosten stellen immer einen Vermögensschaden i. e. S. dar. Sind sie aber allein, d. h. nicht im Zusammenhang mit einem andern *zu ersetzenden* Schaden entstanden, so kann man sie nicht als durch ein schädigendes Ereignis verursachten Schaden betrachten, auch wenn die Vermögensschäden nach dem anwendbaren Gesetz ersatzberechtigt sind; denn die Vermögenseinbusse entstand nicht direkt durch das schädigende Ereignis, sondern durch den Beizug eines Anwaltes seitens des Geschädigten[41]. 33

Anwaltskosten können daher nur als *Umtriebsentschädigung* im Zusammenhang mit einem Ersatzanspruch für einen andern Schaden ersatzberechtigt sein[42], gleich wie z. B. die Kosten für ein Ersatzfahrzeug oder das Abschleppen des verunfallten Fahrzeuges. Wie jede Umtriebsentschädigung können sie nur berücksichtigt werden, wenn die fraglichen 34

---

[41] Wenn der Geschädigte z. B. bei einer Schädigung ohne Haftungsgrund oder bei die Haftpflicht ausschliessendem Selbstverschulden einen Anwalt beizieht, um die Rechtslage zu prüfen, sind die dadurch entstehenden Kosten auch dann nicht zu ersetzen, wenn die Vermögensschäden i. e. S. an sich nach dem anwendbaren Gesetz (z. B. nach dem OR, im Gegensatz zum Wortlaut des SVG) ersatzberechtigt sind. Die vom Geschädigten als haftpflichtig betrachtete Person hat keinen an sich ersatzberechtigten Schaden verursacht. Anwaltskosten für sich allein, ohne einen solchen Schaden, sind ebenso wenig ersatzberechtigt wie ausserprozessuale Anwaltskosten ausserhalb des Haftpflichtrechts.

[42] Nach BGE 113 II 340 beruht die Haftpflicht für vorprozessuale Anwaltskosten bei einem Autounfall nicht auf SVG 59, sondern auf OR 41. Das kann man wohl nur in dem Sinne verstehen, dass die vorprozessualen Anwaltskosten nicht eine Art «Anhängsel» des Personen- oder Sachschadens seien, sondern eine davon unabhängige Schadenart darstellten, auf die das SVG nicht anwendbar sei, also einen selbständigen Vermögensschaden i. e. S.; vgl. SJZ 81 (1985) 133 f. Dafür bestünde dann keine Gefährdungshaftung nach SVG, so dass bei Fehlen eines Verschuldens und Gelingen des Sorgfaltsbeweises von OR 55 die Haftung für die vorprozessualen Anwaltskosten von vornherein entfiele. Das ist abzulehnen; vgl. P. STEIN in Neuere Entwicklungen im Haftpflichtrecht, hg. von GUILLOD, Zürich 1991, 390.

Aufwendungen – hier der Beizug eines Anwaltes – durch die Verhältnisse gerechtfertigt waren[43].

35 Daraus ergeben sich folgende Überlegungen für die einzelnen Arten von Anwaltskosten.

36 1. *Ausserprozessuale Anwaltskosten:* Wenn der Beizug eines Anwaltes als geboten erscheint, sind diese Kosten in die Schadenerledigung einzubeziehen. In der Vergleichspraxis der Versicherungs-Gesellschaften werden sie regelmässig, wenn auch vielfach ohne Anerkennung einer Rechtspflicht, in angemessenem Rahmen übernommen. Wenn der Haftpflichtige oder sein Versicherer die Schadenersatzpflicht ablehnt und der Geschädigte sich damit zufrieden gibt, ist davon auszugehen, dass ihm kein Schadenersatzanspruch zusteht. Gestützt darauf hatte er auch keinen Anlass, einen Anwalt beizuziehen: Die Anwaltskosten sind vom Haftpflichtigen nicht zu übernehmen.

37 Wenn ein Prozess durchgeführt wird, kommt es darauf an, ob nach dem anwendbaren Prozessrecht die vorprozessualen Anwaltskosten in der prozessualen Kostenentschädigung inbegriffen sind. Ist dies der Fall, so kommt eine zusätzliche Übernahme durch den Haftpflichtigen nicht in Frage; die prozessrechtliche Regelung geht vor. Im gegenteiligen Fall sind sie als Umtriebsentschädigung vom Haftpflichtigen zu übernehmen, wenn dieser für andere Schadensposten aufzukommen hat[44].

38 2. *Prozessuale Kosten* sind nach dem Prozessrecht zu tragen. Eine Besonderheit ergibt sich, wenn der ganze Schaden durch den Unfallversicherer nach UVG übernommen und deshalb die Zivilklage gegen den Haftpflichtigen abgewiesen wird. Wenn dann das Gericht auf den Ausgang des Verfahrens abstellt, spricht es dem Geschädigten keinen Kostenersatz zu[45].

39 3. Ein Unfall kann zu einem *Strafverfahren* Anlass geben, dessen Ausgang praktisch häufig von grosser präjudizieller Bedeutung für die

---

[43] Es müssen sich also Rechts- und Vorgehensfragen stellen, die der Geschädigte nicht ohne weiteres selbst beurteilen kann. Wenn der Haftpflichtige oder sein Haftpflichtversicherer Einwände gegen die geltend gemachten Ansprüche erhebt, wird sich der Beizug eines Anwaltes meistens rechtfertigen, es sei denn, der beigezogene Anwalt könne diese Einwände nicht ausräumen; vgl. Bd. II/2 § 25 N 301 ff.; SJZ 58 (1962) 351; über die Angemessenheit der Kosten BGE 117 II 108.

[44] Vgl. ZR 63 (1964) Nr. 100 S. 228 ff.; BGE 97 II 259 ff.; 112 Ib 356; 113 II 340; 117 II 106, 396 (nach diesem Urteil gelten Kostenregelungen des Verfahrensrechts als leges speciales gegenüber OR 41); BREHM N 89 zu OR 41; A. KELLER II 33 f.

[45] Vgl. ZR 63 (1964) Nr. 100 S. 229.

I. Schaden § 2

Erledigung der Zivilansprüche ist. Der Geschädigte hat daher ein Interesse an diesem Ausgang[46]; der Beizug eines Anwaltes im Strafverfahren erscheint in vielen Fällen als geboten.

Wenn der Geschädigte nicht Angeklagter ist, sind seine Anwaltskosten im Strafverfahren gegen den Schädiger zu übernehmen, und zwar auch dann, wenn er nicht adhäsionsweise Zivilansprüche stellt. Ist er aber selbst der Angeklagte, ist demgegenüber die Notwendigkeit seiner Strafverteidigung nicht ein durch seine Schädigung, sondern ein durch sein Verhalten zum Unfallzeitpunkt verursachter Umtrieb, der dem Haftpflichtigen nicht belastet werden kann[47]. 40

4. Bei Körperschaden entsteht neben dem Schadenersatzanspruch in vielen Fällen ein Deckungsanspruch gegen den oder die *Sozialversicherer.* Nach UVG 108 lit. g, AHVG 85 lit. f, IVG 69, ElG 7 II, MVG 56 I lit. e, EOG 24 und FLG 22 III[48] hat der Beschwerdeführer Anspruch auf den vom Gericht festgelegten Ersatz der Parteikosten[49, 50]. Im Falle eines Prozesses gegen den Sozialversicherer stellt sich daher die Frage des Ersatzanspruches für die dadurch verursachten Anwaltskosten gegenüber dem Haftpflichtigen nicht[51]. 41

Anders verhält es sich mit den ausser- oder vorprozessualen Anwaltskosten, die für die Geltendmachung eines Anspruches gegen einen Sozialversicherer aufgewendet werden. Die Sozialversicherer bezahlen dafür keine Entschädigung, weil der Gesetzgeber offenbar – eindeutig irrtümlich[52] 42

---

[46] Das heisst an der Verurteilung des Haftpflichtigen und gegebenenfalls seiner eigenen Freisprechung.
[47] Vgl. BREHM N 90 zu OR 41; BGE 117 II 107.
[48] KVG, BVG und AVIG sehen demgegenüber keinen Anspruch auf Prozessentschädigung vor. Kantonale Bestimmungen, die keinen solchen Anspruch gewähren, können nach BGE 104 I a 9; 114 V 230; ZBl 85 (1984) 136 ff.; 86 (1985) 508 nicht angefochten werden; vgl. SUSANNE LEUZINGER-NAEF in SZS 1991, 180.
[49] Nach BGE 110 V 57, 110, 361; 111 V 49 ist die Zusprechung einer Prozessentschädigung eine Frage des Bundesrechts; vgl. über die Voraussetzungen LEUZINGER-NAEF, SZS 1991, 181.
[50] Über die Rechtslage bei Verwaltungsgerichtsbeschwerden an das EVG vgl. LEUZINGER-NAEF, SZS 1991, 189 ff.
[51] Das gilt natürlich auch, wenn eine minderbemittelte Partei Anspruch auf einen unentgeltlichen Rechtsbeistand hat; vgl. LEUZINGER-NAEF, SZS 1991, 180, 185/86.
[52] Die Geltendmachung von Sozialversicherungsansprüchen ist keineswegs immer sehr einfach; in einer Expertenkommission des EJPD wurde sogar nach Wegen gesucht, die Möglichkeit zu schaffen, die Haftpflichtansprüche zuerst zu erledigen, damit der Geschädigte schneller zu seinem Geld komme. Das scheitert nach geltendem Recht an der Subrogation des Sozialversicherers in die Haftpflichtansprüche im Zeitpunkt des Unfalles (UVG 41, AHVG 48ter, IVG 52 I).

– davon ausgegangen ist, dass der Versicherte seine Ansprüche ohne Schwierigkeiten allein, d. h. ohne Beizug eines Anwaltes, geltend machen könne. Da die Sozialversicherungsgesetze die sich aus ihnen ergebenden Ansprüche abschliessend aufzählen, können bei der ausserprozessualen Erledigung der Ansprüche gegen einen Sozialversicherer die Anwaltskosten – im Gegensatz zum Haftpflichtrecht – nicht einbezogen werden[53].

43 Richtiger wäre es, wenn die Sozialversicherungsgesetze für solche Fälle die Möglichkeit eines Einbezuges der Anwaltskosten in die Erledigung des Versicherungsfalles vorsehen würden[54]. Nachdem dies nicht der Fall ist, stellt sich die Frage, ob solche Kosten dem Haftpflichtigen belastet werden können, nachdem der Unfall zu den betreffenden Umtrieben Anlass gegeben hat. Die Bejahung dieser Frage lässt sich mit guten Gründen vertreten[55].

44 Wenn die Anwaltskosten als Teil des haftpflichtrechtlichen Schadens betrachtet werden, sind sie konsequenterweise im Rahmen der Haftpflichtquote zu übernehmen[56]. Diese Regelung, die für die andern Umtriebsentschädigungen gilt, erscheint hier aber nicht als angemessen, da die richtige Ermittlung des Schadenersatzbetrages weniger eng mit dem Personen- und Sachschaden zusammenhängt als die andern Umtriebe[57].

c) Das unerwünschte Kind

45 Eine besondere Art von Schaden können auch die *Kosten des Unterhaltes, der Erziehung und der Ausbildung eines unerwünschten Kin-*

---

53 Vgl. LEUZINGER-NAEF, SZS 1991, 182; BGE 111 V 49; 114 V 87, 231; ZAK 1986, 132; 1989, 311.
54 Das Privatversicherungsrecht sieht diese Möglichkeit auch nicht vor; es steht den Versicherungs-Gesellschaften aber frei, die Deckung ausserprozessualer Anwaltskosten in ihren AVB vorzusehen oder als freiwillige Leistungen bei stossenden Fällen zu übernehmen. Vgl. MAURER, Privatversicherungsrecht, 177 ff.
55 Vgl. LEUZINGER-NAEF, SZS 1991, 191 ff. Wenn keine Sozialversicherung beteiligt ist, hat der Geschädigte, der sich für den ganzen Schaden gegen den Haftpflichtigen wenden kann, den Ersatz der ausserprozessualen Anwaltskosten zugut.
56 Im Prozess gilt die Grundregel – von der abgewichen werden kann –, dass die Gerichtskosten entsprechend dem Obsiegen zu verteilen sind. Das gilt auch für die Parteikosten; vgl. BGE 113 II 341 ff.; WALTHER J. HABSCHEID, Schweiz. Zivilprozess- und Gerichtsorganisationsrecht (2. A. Basel und Frankfurt a. M. 1990) N 462 ff.; OSCAR VOGEL, Grundriss des Zivilprozessrechts (3. A. Bern 1992) 11. Kap. N 35 ff. u. a.
57 Vgl. Bd II/2 § 25 N 302; P. STEIN (zit. vorn FN 42) 390.

I. Schaden § 2

des[58] darstellen[59]. Zu behandeln ist natürlich nur der Fall, dass ein Dritter für die Geburt des unerwünschten Kindes wegen seines Fehlverhaltens einzustehen hat. Er hat die Geburt ermöglicht. Dies kommt namentlich in Frage bei mangelhaft ausgeführter Sterilisation[60] der Mutter oder des Vaters durch einen Dritten, eine Medizinalperson. In einer Privatpraxis steht das Vertragsrecht im Vordergrund, im Rahmen öffentlich-rechtlicher Tätigkeit, z.B. in einem öffentlichen Spital, das Deliktsrecht.

Bei kommerzieller Betrachtungsweise bringt jedes Kind für die Eltern einen Schaden im Sinne der Differenztheorie mit sich. Auf Grund der Unterhaltspflicht nach ZGB 276 entstehen für die Eltern finanzielle Verpflichtungen. Bei der Familienplanung wird daher die finanzielle Leistungsfähigkeit der Familie meistens ein wichtiger Gesichtspunkt sein.   46

Bei dieser Betrachtungsweise wird aber der Besonderheit der zur Diskussion stehenden Kosten nicht Rechnung getragen. Ein Kind verursacht nicht nur Unterhalts-, Erziehungs- und Ausbildungskosten, sondern bringt   47

---

58 Diese Frage ist in der Literatur, namentlich in Deutschland, intensiv behandelt worden:
– Schweiz: P. WEIMAR, Schadenersatz für den Unterhalt des unerwünschten Kindes, FS Hegnauer (Bern 1986) 641 ff.; DERS., SJZ 82 (1986) 48 f.; W. FELLMANN, Schadenersatzforderung für den Unterhalt eines unerwünschten Kindes, ZBJV 123 (1987) 317 ff.; A. KELLER in Arzt und Recht, hg. von W. Wiegand (1985) 125 ff.
– Deutschland: DIEDERICHSEN, Unterhaltskosten als Vermögensschäden, VersR 1981, 693 ff.; H. ENGELHARDT, Kind als Schaden? VersR 1988, 540 ff.; DANNEMANN, Arzthaftung für die unerwünschte Geburt eines Kindes, VersR 1989, 676 ff.; LANGE, Schadenersatz 327 ff.; STOLL 266 ff. u. v. a.

59 Nicht besprochen werden hier die Kosten der Schwangerschaft und der Geburt; ebensowenig die gesundheitliche Schädigung der Mutter, ihr Verdienstausfall und die Geburt eines kranken Kindes, da sich in diesen Fällen das hier zur Diskussion stehende Problem, ob die Unterhalts-, Erziehungs- und Ausbildungskosten eines gesunden Kindes als Schaden im Rechtssinne zu betrachten seien, nicht stellt.

60 Vgl. SJZ 82 (1986) 46 ff.; BGHZ 76, 249, 259; BGH NJW 1981, 630; 1984, 2625; BGH VersR 1981, 730 ff.; OLG Düsseldorf NJW 1975, 595; OLG Bamberg NJW 1978, 1685; OLG Celle NJW 1978, 1688; OLG Zweibrücken NJW 1978, 2340; OLG Karlsruhe NJW 1979, 599; OLG Braunschweig NJW 1980, 643; OLG Frankfurt NJW 1983, 341; OLG Koblenz VersR 1984, 371; OLG Saarbrücken NJW 1986, 1549 und VersR 1988, 831; OLG Düsseldorf VersR 1987, 412; OLG Köln VersR 1987, 187; 1988, 43; OLG Frankfurt VersR 1989, 291.
Zu erwähnen ist auch die Abgabe eines Magenmittels anstelle einer Antikonzeptionspille durch den Apotheker (vgl. Schweiz. Ärztezeitung vom 5. August 1970 S. 912. Vgl. auch Schweiz. Beobachter vom 15. November 1970). Angeführt seien auch der missglückte legale Schwangerschaftsabbruch, die fehlerhafte Beratung einer Schwangeren und weitere Fälle «durchkreuzter» Familienplanung, auf die hier nicht näher eingetreten werden kann.

den Eltern auch viel Freude und Befriedigung, ja es kann ihrem Leben mehr Sinn geben.

48 Die Berücksichtigung dieser Umstände oder ihre Nicht-Berücksichtigung ist massgebend dafür, ob man die Unterhalts-, Erziehungs- und Ausbildungskosten als Schaden im Rechtssinne zu betrachten hat oder nicht. Die Beurteilung des Problems kann nicht einfach auf Überlegungen über die Natur dieses Schadens beruhen, sondern nur auf einem kurzen, hier anhangsweise darzulegenden Exkurs über die Haftpflichtfrage[61]. Dabei werden Verschulden und Kausalzusammenhang vorausgesetzt; sie stehen nicht zur Diskussion. Neben dem Schadensbegriff ist aber die Rechtswidrigkeit kurz zu erörtern.

49 Da es sich um einen Vermögensschaden i. e. S.[62] handelt, setzt die deliktische Rechtswidrigkeit[63] die Verletzung einer Schutznorm voraus. Im Vordergrund steht die Tatsache, dass das Vertrauen, das die Eltern des Kindes dem Arzt – der in einem öffentlichen Dienstverhältnis steht, z. B. als Arzt eines öffentlichen Spitals – entgegengebracht haben, sich als ungerechtfertigt erwiesen hat. Die Verhältnisse liegen gleich wie bei der Erteilung von Rat und Auskunft ohne Vertrag, z. B. durch einen Beamten. Das Bundesgericht hat in diesem Bereich eine ungeschriebene Verhaltensnorm angenommen[64]. Dieser Weg[65] ist auch hier zu beschreiten und gestützt darauf die deliktische Widerrechtlichkeit grundsätzlich in bezug auf beide Elternteile zu bejahen.

50 Vorn N 47 ist darauf hingewiesen worden, dass ein Kind den Eltern nicht nur Unterhalts-, Erziehungs- und Ausbildungskosten verursacht, sondern auch viel Freude und Befriedigung bringt und sogar ihrem Leben mehr Sinn geben kann. Man könnte versucht sein, die Grundsätze der Vorteilsanrechnung anzuwenden und gestützt darauf – je nach den Verhältnissen – das

---

[61] Nur die Erörterung der Haftpflicht stellt die Besonderheiten des Falles ins richtige Licht und führt damit auch zur Klärung der Frage, ob hier die Bejahung eines Schadens im Rechtssinne auf Grund der Differenztheorie den Verhältnissen gerecht wird.

[62] Man könnte auch an eine Verletzung des Persönlichkeitsrechts des mangelhaft behandelten oder beratenen Elternteils, vielleicht auch des andern, denken. Das ginge aber doch sehr weit und käme wohl nur in bezug auf denjenigen Elternteil in Frage, an dem ein Eingriff vorgenommen wird.

[63] Im Rahmen des Vertragsrechts ergeben sich hier keine Schwierigkeiten; die Vertragswidrigkeit ist eindeutig, wenn die medizinische Behandlung nicht den Vereinbarungen entsprach. Das ist hier vorausgesetzt.

[64] Vgl. BGE 30 II 267; 41 II 77; 53 II 341; 57 II 86; 80 III 53; 111 II 474 E. 3; 116 II 699; OR-Weber, N 20 zu OR 394.

[65] Vgl. Bd. II/1 § 16 N 117 ff.

I. Schaden § 2

Vorliegen eines Schadens zu verneinen. Diese Grundsätze sind aber hier nicht anwendbar, da sie sich auf Vorteile finanzieller Natur beziehen[66], nicht aber auf solche immaterielle Pluspunkte.

Von Bedeutung ist dagegen, dass für viele jede Geburt eines Kindes, eines neuen Menschen, ein Wunder darstellt, das eine kommerzielle Betrachtungsweise höchstens unter speziellen Verhältnissen zulässt. Auf diese Beurteilung ist wohl die Tatsache zurückzuführen, dass in den USA die Gerichte ursprünglich den Schadenersatzansprüchen ablehnend gegenüberstanden, sie später bejahten und in neuerer Zeit wieder eher zur früheren Rechtsprechung zurückkehren. Auch in Deutschland hat sich keine eindeutige Linie durchgesetzt[67]. 51

Unter dem Titel der besonderen Verhältnisse ist namentlich die schlechte finanzielle Situation der Eltern zu berücksichtigen. 52

Gegen eine Schadenersatzpflicht kann auch das Argument angeführt werden, dass für das Kind psychische Schwierigkeiten entstehen können, wenn es später erfährt, dass es als Schaden betrachtet wurde und seine Existenz zu einem Schadenersatzanspruch Anlass gab. Das ist ein Gesichtspunkt, der von den Eltern vor der Geltendmachung ihres Anspruches zu berücksichtigen ist, nicht von der Rechtsordnung[68]. 53

Der Kern des dogmatischen Problems besteht darin, dass die Medizinalperson durch ihr schuldhaftes und vertrags- oder rechtswidriges Verhalten die Eltern des Kindes in eine Situation versetzt hat, die im allgemeinen eine positive Grundtendenz hat, aber mit Kosten verbunden ist[69]. Zu berücksichtigen ist dabei, dass die Eltern von Gesetzes wegen (ZGB 276) als solche unterhaltspflichtig sind. Dieser Faktor sollte nicht einfach unbeachtet bleiben; sie sind die Eltern und nicht die Medi- 54

---

66 Das wird in der Literatur kaum je ausdrücklich gesagt, steht aber überall eindeutig zwischen den Zeilen; vgl. VON TUHR/PETER 101 ff.; Voraufl. 179, insbes. FN 46, hinten § 6 N 50.
67 Vgl. WOLFGANG DEUCHLER, Die Haftung des Arztes für die unerwünschte Geburt eines Kindes («wrongful birth») (Frankfurt a. M., Bern, New York, Nancy 1984) 37 ff., 76 ff.; STOLL 266 ff.
68 Vgl. NJW 1978, 1685 = JZ 1978, 332 = VersR 1978, 846. Auch die Möglichkeit, das Kind zur Adoption freizugeben, ist kein Grund gegen die Bejahung der Haftpflicht, weil sie den Eltern nicht zugemutet werden kann; a. M. WEIMAR, SJZ 82 (1986) 48 f.; DERS., FS Hegnauer 650 ff.
69 Vgl. als Beispiel den folgenden Sachverhalt: A veranlasst die Behörden, durch falsche Angaben entlang dem Nachbargrundstück ein Trottoir zu bauen. Der Nachbar muss deswegen Trottoirbeiträge bezahlen, profitiert aber von der Annehmlichkeit eines Trottoirs.

zinalperson, die den Fehler gemacht hat. Die Abstammung des Kindes von den Eltern ist als Umstand im Sinne von OR 44 I zu betrachten, für den diese auch gegenüber dem beteiligten Arzt einstehen müssen. Es drängt sich auf, dass der Richter bei guten und mittleren finanziellen Verhältnissen der Eltern die Medizinalperson von der Ersatzpflicht entbindet und bei schlechten vollen Ersatz der in Frage stehenden Kosten zuspricht. Auch eine mittlere Lösung ist je nach den Verhältnissen möglich.

55 Diese Regelung erlaubt es, Eltern, die sich das «unerwünschte» Kind leisten können, jeden Schadenersatz zu verweigern; bei ihnen widerspricht eine Schadenzahlung in Anbetracht der besonderen Verhältnisse dem Rechtsempfinden. Es ist ihr Kind, und sein Unterhalt soll daher nicht von einem Dritten bezahlt werden. Bei angespannten finanziellen Verhältnissen dagegen ist es ebenso geboten, die z. B. für den Misserfolg einer Unterbindung verantwortliche Medizinalperson zur Tragung der Unterhaltskosten oder eines Teils davon heranzuziehen[70, 71].

d) Geldstrafen

55a Die Pflicht zur Bezahlung einer Busse stellt zwar einen Schaden im Rechtssinne dar – das ist die Wirkungsweise der Geldstrafe. Von einem Dritten kann dafür aber nur in den aussergewöhnlichen Fällen Ersatz verlangt werden, da der Dritte einen Vertrag mit dem Gebüssten verletzt

---

[70] Die Berücksichtigung der sozialen und wirtschaftlichen Verhältnisse der Parteien unter Berufung auf OR 44 I ist in der Praxis nicht neu (vgl. BGE 31 II 290; 32 II 719; 33 II 573; 49 II 447; 64 II 243; 102 II 231 E. 3; 104 II 188 f. = Pra 67 Nr. 234; 111 Ib 200 E. b; 113 II 328 E. c), bisher aber nicht in diesem Sinne erfolgt; vgl. hinten § 7 N 72. Sie liegt auch der Kürzung der Entschädigung wegen drohender Notlage des Haftpflichtigen (OR 44 II) und ungewöhnlich hohem Einkommen des Geschädigten (EHG 4; SVG 62 II; KHG 7 II; vgl. Bd. II/2 § 25 N 611 ff.) zugrunde, wobei hier aber nicht die Notlage des Schädigers, sondern des Geschädigten zum Anhaltspunkt wird.

[71] Zum gleichen Resultat führt die Argumentation, dass das Gesetz die negative Haftungsvoraussetzung, die sich entsprechend weit verbreiteten ethischen Anschauungen aus den besonderen Verhältnissen dieser Fälle ergibt, im Sinne einer unechten Lücke nicht erwähnt habe. Der Richter müsse daher gestützt auf ZGB 1 II nach der Regel entscheiden, die er als Gesetzgeber aufstellen würde. Nach der naheliegenden Regel wäre die Haftpflicht der Medizinalperson nur bei Billigkeit zu bejahen. Man käme dann zu einer Billigkeitshaftung, ähnlich derjenigen nach OR 54. Dabei würde aber nicht auf eine Haftungsvoraussetzung verzichtet wie bei der Haftung des Urteilsunfähigen auf die Urteilsfähigkeit, sondern der Massstab der Billigkeit als zusätzliche Haftungsvoraussetzung herangezogen.

I. Schaden § 2

hat und die Ausfällung der Busse auf dem sich daraus ergebenden Sachverhalt beruht[71a].

e) Nicht-finanzielle Nachteile

Jeder ökonomisch fassbare Nachteil ist gegebenenfalls – wie bemerkt – zu ersetzen, aber auch nur ein solcher. Kein Schaden im Rechtssinne ist folglich entstanden, wenn jemand wegen eines an und für sich haftungsbegründenden Ereignisses den Genuss der Ferien[72] oder andere Annehmlichkeiten einbüsst, sei es, dass er diese versäumen muss, sei es, dass sie beeinträchtigt werden[73]. Die Begründung für die gegenteilige Auffassung[74] wird darin gesehen, dass z. B. der Urlaub «kommerzialisiert»[75] sei und deshalb einen Vermögenswert darstelle. Dies bedeutet im Lichte des in der

56

[71a] BGE 79 II 151; 86 II 75 ff.; 115 II 74; hinten § 8 FN 19; vgl. im übrigen THOMAS KOLLER, Steuern und Steuerbussen als privatrechtlich relevanter Schaden, ZSR 113 (1994) I 183 ff.

[72] Vgl. RICHARD FRANK, Zum Begriff des entgangenen Feriengenusses, SJZ 79 (1983) 235 f.; DERS., BG über Pauschalreisen 76 ff.; ANDREAS GIRSBERGER, Der Reisevertrag, ZSR 105 (1986) II 62 ff.; MERZ 198; VITO ROBERTO, Die Haftung des Reiseveranstalters (Diss. Zürich 1990) 125 ff.; DERS., Schadenersatz wegen verdorbener Ferien, SJZ 86 (1990) 91 f.; DERS., Verdorbene Ferien als Schaden, recht 1990, 79 ff.; SJZ 77 (1981) 79 ff.; 86 (1990) 32 f. (bestätigt durch das Bundesgericht: Pra 79 [1990] 324 ff.); ZR 83 (1984) Nr. 12 S. 33 ff.; Zeitschr. für Walliser Rechtsprechung 1985, 133 f.

[73] Gleicher Meinung im Ergebnis die Urteile NJW 1972, 769; 1973, 747; 1974, 150. Anders z. B. nach Massgabe der näheren Umstände NJW 1973, 1083: Schadenersatz wegen Nichterfüllung eines Vertrages: Ein Reisebüro weist einem Kunden eine Pension zu, in der er wegen Lärms keine Ruhe findet, so dass seine Ferien nutzlos sind; der Schaden besteht in den nutzlosen Aufwendungen für diese Ferien (s. sogleich bei FN 75) und in den Aufwendungen für Ersatzferien, die zu ermöglichen der Geschädigte während der erforderlichen Zeit auf seinen Verdienst verzichtet. Hier war es Zweck des Vertrages, erholsame Ferien zu verschaffen.

[74] In Deutschland vertritt diese gegenteilige Auffassung eine verbreitete, heute als überwiegend bezeichnete Praxis, NJW 1975, 40. NJW 1956, 1234: Gepäck für Seereise nicht eingetroffen, Schadenersatz, weil der Reisende nicht in der Lage war, an den gesellschaftlichen Veranstaltungen an Bord teilzunehmen; NJW 1973, 191: Flugreise; NJW 1969, 1372; 1970, 474: statt Ferien ein Kuraufenthalt, der wegen eines haftpflichtbegründenden Ereignisses efoderlich wurde. Ferner NJW 1975, 40. Darüber allgemein (bejahend) MAMMEY in NJW 1969, 1150 ff. Kritik von LARENZ in FG Oftinger (Zürich 1969) 151 ff.; DERS., Schuldrecht I 495 f.; GRUNSKY in NJW 1975, 609 ff.; STOLL in JZ 1975, 252 ff.

[75] Vgl. dazu LARENZ in FG Oftinger (Zürich 1969) 156 ff. Nach dem Kommerzialisierungsgedanken hat jedes Gut, das gegen Geld erlangt werden kann, Vermögenswert. Nicht nur Güter gehören also zum Vermögen, sondern auch Genüsse, sofern diese im Geschäftsverkehr gegen Entgelt erworben werden können. Der Entzug dieses Genusses wird deshalb als Vermögensverletzung, als Schaden, qualifiziert (vgl. z. B. GRUNSKY, Münchner Kommentar N 12b vor BGB 249; KÜPPERS, verdorbene Genüsse und vereitelte

Schweiz durchgehaltenen Schadensbegriffs eine petitio principii und ist abzulehnen[76].

57 Ein Sonderfall des nicht-finanziellen Nachteils liegt vor, wenn ein Genuss, eine Annehmlichkeit durch den Schädiger verhindert wurde, für die der Geschädigte vor dem Schadenfall Aufwendungen gemacht hat. Man spricht dann von den «*nutzlos gewordenen Aufwendungen*». Eines der Hauptbeispiele ist das bei einem Unfall vernichtete oder verlorengegangene Theaterbillett. Ein Nachteil, der seiner Natur nach nicht als Schaden zu betrachten ist – die Verhinderung eines Genusses oder einer Annehmlichkeit –, kann aber nicht dann ausnahmsweise einen Schaden darstellen, wenn vorher dafür Geld bezahlt wurde. Durch das Schadenereignis wird zwar der Genuss oder die Annehmlichkeit verhindert, nicht aber das Vermögen reduziert. Die finanzielle Einbusse durch die Investition von Geld, um sich einen Genuss oder eine Annehmlichkeit zu verschaffen, ging zeitlich dem Schadenereignis voraus[77, 78].

Aufwendungen im Schadenersatzrecht (Karlsruhe 1976) 5 ff.; VITO ROBERTO, Verdorbene Ferien als Schaden, recht 1990, 79; LANGE 252 f.

[76] Es handelt sich hier um eine grundsätzliche Frage: Soll das Haftpflichtrecht finanzielle Einbussen ausgleichen oder daneben auch für andere Nachteile eine «Wiedergutmachung» vorsehen?
Das überlieferte Deliktsrecht sieht vor allem den Ersatz *finanzieller Einbussen* vor und darüber hinaus bei Tötung oder Körperverletzung sowie bei Persönlichkeitsverletzung Geldsummen als Genugtuung. Eine Genugtuung eignet sich zum Ausgleich einer *seelischen Kränkung* (tort moral); vgl. dazu VON TUHR/PETER 125 f.; hinten § 8 N 10 ff. Die Kompensation nicht-finanzieller Nachteile, die nicht in einer seelischen Kränkung bestehen, ist dabei nicht vorgesehen. Sie kann aus den geltenden Gesetzen nur unter der Voraussetzung einer Änderung des Schadensbegriffes abgeleitet werden, die eine nicht zulässige Auslegung contra legem bedeuten würde. Eine solche drängt sich keineswegs auf; die Entschädigung nicht-finanzieller Nachteile durch Geldzahlungen mag zwar vielleicht in Einzelfällen dem Rechtsempfinden entsprechen, aber sicher nicht generell. Ausserdem könnte nicht ein vernünftiges und einleuchtendes Abgrenzungskriterium zwischen zu entschädigenden und nicht zu entschädigenden Nachteilen gefunden werden; vgl. EMIL W. STARK in FS Max Keller (Zürich 1989) 318 ff.
Nicht zu übersehen ist, dass eine Geldzahlung ihrer Natur nach zur Wiedergutmachung eines finanziellen Nachteils geeignet ist; sie stellt das Gegenstück zum finanziellen Minus dar, das der Schädiger in der Kasse des Geschädigten verursacht hat, aber nicht zu irgendwelchen anderen Nachteilen.

[77] Vgl. EMIL W. STARK in FS Max Keller (Zürich 1989) 314 ff.; a. M. Voraufl. 58.

[78] Über diese Frage ist namentlich in Deutschland viel geschrieben worden. KARL LARENZ hat sich zur Anerkennung der nutzlos gewordenen Aufwendungen als Schaden, wenn auch mit Einschränkungen, in der FG Oftinger (Zürich 1969) 151 ff. positiv geäussert, aber diese Meinung in seinem Lehrbuch des Schuldrechts I (14. A. München 1987) 497 ff. stark relativiert. Vgl. auch HELMUT KOZIOL I 48 ff.; ESSER/SCHMIDT 481 ff., 489 ff.; NJW 1974, 561; VON TUHR/PETER 84; ANDREAS VON TUHR, Allg. Teil des Deutschen Bürgerl. Rechts (Leipzig 1910) I 320 FN 33a.

I. Schaden § 2

Die gleiche Lösung wie für die Ferien gilt für andere entgangene 58
Genüsse und dergl.: Verlust der Freizeit[79], Besuch eines Konzerts, Sport
usw.[80], sowie für die durch ein schädigendes Ereignis verursachte Verhinderung im Gebrauch eines Motorfahrzeugs, soweit es sich nicht um
Schaden im traditionellen Sinn handelt[81, 82].

Das Problem der Ausdehnung des Schadensbegriffes über den 59
finanziellen Schaden hinaus zeigt die Gefahr, mit Schadenersatzansprüchen ins Masslose abzugleiten; dem ist eine Grenze zu setzen.

B. Arten

An Arten des Schadens ist neben den bereits besprochenen Gegensatz- 60
paaren des damnum emergens (vgl. vorn N 11) und lucrum cessans (entgangener Gewinn; vgl. vorn N 10) sowie des unmittelbaren und mittelbaren
Schadens (vgl. vorn N 26) die sich damit überkreuzende Dreiteilung
in *Personen- oder Körperschaden, Sachschaden und Vermögensschaden
i. e. S.*[83] hervorzuheben[84]. Diese Einteilung basiert auf der Unterteilung der

---

[79] Zutreffend SJZ 61 (1965) 59 = ZR 64 (1965) Nr. 141 S. 209: unfallbedingte Behinderung im Wandern ist kein Schaden, wohl aber hierdurch entstehende Kosten, OR 46 I.
[80] Anders SOERGEL/SCHMIDT II N 85 vor BGB 249–53; NJW 1974, 560: Entschädigung wegen Nichtbenützbarkeit eines privaten Hallenbades zugesprochen.
[81] Die Gebrauchsbeeinträchtigung, die in der neueren deutschen Lehre auch unter dem Stichwort «Frustration» (in der Schweiz wird der Ausdruck im juristischen Sprachgebrauch nur selten verwendet; vgl. etwa SJZ 77 [1981] 81) behandelt wird, hat eine Tendenz zur Ausweitung erfahren, die mit dem herkömmlichen Begriff von Schaden und Schadenersatz nicht mehr vereinbar ist. Vgl. zur ganzen Problematik LANGE 254 ff.
[82] Näheres hinten § 6 N 371 ff. – Weitere Bespiele nachstehend N 62 ff.
[83] Dieser wird z. T. auch negativ umschrieben als Schaden, der weder Körperschaden noch Sachschaden ist, und heisst dann «übriger», «sonstiger» oder «weiterer» Schaden (STARK, Skriptum N 43). Vgl. BGE 118 II 178 ff.
[84] BREHM N 75 zu OR 41; A. KELLER II 24; KELLER/GABI 13; MERZ 189; STARK, Skriptum N 43; DESCHENAUX/TERCIER § 3 N 18 ff. Ein Sachschaden liegt z. B. auch vor, wenn Klärschlamm so verändert wird, dass er nicht mehr wie vorgesehen verwendet werden kann; vgl. BGE 118 II 180. Es handelt sich um die Beschädigung von *Abfall*. Diese Gruppierung ist verwandt mit der bekannten Dreiteilung der Versicherung in Personenversicherung, Sachversicherung und Vermögensversicherung (R. BREHM, Le contrat d'assurance RC [Lausanne 1983] N 223–228, 292). Vgl. dazu BGE 118 II 178 ff. Verschiedene Autoren verstehen unter «Vermögensschaden» jede Art von Schaden, und zwar als Gegensatz zum «immateriellen» Schaden, d. h. der durch Genugtuung auszugleichenden immateriellen Unbill. «Vermögensschaden» (ein aus dem deutschen Recht unbesehen entlehnter Ausdruck) und «materieller Schaden» sind indes als Pleonasmen

§ 2 Schaden und Schadenersatz

Schäden nach der Art des verletzten Rechtsgutes[85] (Leben, körperliche und geistig-seelische Integrität, Persönlichkeit, Eigentum und Besitz).

61 Die durch die Dreiteilung des Schadensbegriffes erfolgte Unterscheidung ist wesentlich für die Methoden, welche für die Schadensberechnung anzuwenden sind[86].

C. Funktion

62 Die Funktion des Schadensbegriffs ist in § 1 N 145 f. bereits erläutert worden: Die Existenz eines Schadens ist eine unerlässliche Voraussetzung dafür, dass jemand für Schadenersatz belangt werden kann; die Feststellung der Existenz eines Schadens löst überhaupt erst die Diskussion über einen Anspruch aus. Es empfiehlt sich deshalb, vor weiterem Eintreten auf einen Haftpflichtfall diese Frage zu prüfen. Insbesondere ist darauf zu achten, ob sich wirklich eine messbare Vermögensverminderung eingestellt hat. Einige Beispiele: Der Eintritt eines Schadens ist zu verneinen, wenn jemand durch Unfall eine geringfügige Kratzwunde erlitten hat oder an einem Ferientag von Migräne heimgesucht war; ob ein Genugtuungsanspruch in Betracht fällt, ist eine separat zu prüfende Frage, die zu bejahen aber bei solchen Schäden wenig Anlass besteht[87].

63 Von Schaden ist auch nicht zu sprechen, wenn eine Frau wegen eines Unfalles ein Kind zu früh zur Welt bringt, ohne dass bei ihr oder dem Kind nachteilige gesundheitliche Folgen festzustellen sind.

64 Es wird noch näher zu erörtern sein, dass gegebenenfalls der Eintritt eines Schadens nicht strikte beweisbar ist und deshalb ein Wahrscheinlichkeitsbeweis genügen muss[88].

---

verfehlte Termini, weil im schweizerischen Recht *jeder* Schaden *per definitionem Vermögens*verminderung ist (MERZ, SPR VI/1 189), und «immaterieller Schaden» oder «Nichtvermögensschaden» sind Widersprüche in sich selber: hinten § 8 FN 6. Diese Beurteilung trifft allerdings nur zu, wenn man an der Differenztheorie festhält und Nachteile, die sich finanziell nicht auswirken, nicht als Schaden im haftpflichtrechtlichen Sinne betrachtet, vgl. vorn N 56 ff.

85 KELLER/GABI 13; STARK, Skriptum N 43.
86 Dies wird in der Literatur vielfach übersehen; der grössere Teil der Ausführungen, die über den Schaden und die Schadensberechnung im allgemeinen gemacht zu werden pflegen, treffen einzig für den Sachschaden zu, der im Verhältnis zum Personenschaden in der Gerichtspraxis die viel kleinere Rolle spielt (vgl. dazu hinten § 6 N 2). KELLER/ GABI 13.
87 Minima non curat praetor; anders bei Vorliegen von Realinjurien.
88 Hinten § 6 N 26 ff.

II. Schadenersatz

A. Begriff

Schaden ist nach der eingangs § 1 N 9 ff. entwickelten Regel an und für sich von demjenigen zu tragen, der von ihm betroffen wurde. Liegt jedoch einer der daselbst genannten Gründe vor, so findet eine Abwälzung des Schadens auf einen andern Träger statt, was zum Begriff des Schadenersatzes führt[89].

Schadenersatz ist die (völlige oder teilweise) Wiedergutmachung des Schadens durch einen andern mittels möglichst annähernder (völliger oder teilweiser) wertmässiger Wiederherstellung des wirtschaftlichen Zustandes vor dem schädigenden Ereignis[90]. Ob eine völlige oder bloss teilweise Wiedergutmachung erfolgt, richtet sich nach Massgaben, die sich nicht aus dem Begriff des Schadenersatzes ableiten lassen; sie machen das Problem der Schadenersatzbemessung aus (vgl. hinten § 7). Wer den Schaden als Interesse des Geschädigten bezeichnet, wird Schadenersatz auch umschreiben als Interessenersatz oder Ausgleich des Interesses am Nichteintritt eines schädigenden Ereignisses[91]. Durch den Begriff des Schadenersatzes erhält der Schadensbegriff erst seinen Sinn; von Schaden in der Bedeutung

---

[89] Eine ähnliche Funktion wie der Schadenersatz kann die Herausgabe widerrechtlich erzielten Gewinns gestützt auf eigennützige Geschäftsführung ohne Auftrag erlangen (OR 423). Bei Klagen, insbesondere wegen Verletzung von Immaterialgüterrechten, wird der Verletzer gegebenenfalls verpflichtet, über den Ersatz des Schadens hinaus den mittels des angemassten Rechts erzielten Gewinn abzuliefern; BGE 45 II 206 ff.; 97 II 176 ff. mit Zitaten; abgelehnt für unlauteren Wettbewerb, BGE 73 II 197 ff.; von Tuhr/Peter 522 ff.; Gautschi, Berner Kommentar (Bern 1964) N 24b vor OR 419, N 2b zu OR 423; Rudolf Moser, Die Herausgabe widerrechtlich erzielten Gewinnes (Diss. Zürich 1940); Ders. in SJZ 42 (1946) 2 f.; Max Peter Amrein, Die Gewinnherausgabe als Rechtsfortwirkung (Diss. Zürich 1967). – Der Gedanke ist der Erweiterung fähig, so auf Verletzung des Persönlichkeitsrechts, Oftinger in der Festschrift «Die Rechtsordnung im technischen Zeitalter» (Zürich 1961) 34 f.; Ders. in ZBJV 100 (1964) 109 f.; Josef Hofstetter daselbst 221 ff., bes. 241 N 2; Merz in SJZ 67 (1971) 91. – Im deutschen Recht arbeitet man mit der Figur der ungerechtfertigten Bereicherung (sog. Eingriffskondiktion), Soergel/Mühl § 812 N 164 ff.
[90] Dazu BGE 54 II 296 u. v. a.
[91] Nicht Interessenersatz ist aber der Schadenersatz in denjenigen Fällen, da bei Sachschaden die objektive Berechnungsart anzuwenden ist, vgl. hinten § 6 N 35b.

des Haftpflichtrechts ist bloss sinnvoll zu sprechen im Hinblick auf den Ersatz dieses Schadens[92].

B. Subjekt der Haftpflicht und der Schadenersatzforderung – Ausschluss reflektorisch Betroffener

1. Die Person des Haftpflichtigen

67   Wer Subjekt der Haftpflicht (Haftpflichtiger, Schadenersatzpflichtiger) ist, ergibt sich aus der im Einzelfall anzuwendenden Haftpflichtnorm.

68   Bei der Verschuldenshaftung ist es der Schuldige, bei der Kausalhaftung derjenige, in dessen Person der objektive Tatbestand erfüllt ist, an den das Gesetz die Haftbarmachung knüpft. Soweit das Verhalten des Haftpflichtigen selber (direkt oder durch eine Hilfsperson oder einen von ihm geführten Betrieb) den Schaden herbeigeführt hat, steht er als der Schädiger da.

69   Hinsichtlich einzelner Haftpflichtnormen bedarf die im Gesetz enthaltene Angabe des Subjekts der Haftpflicht genauer Festlegung auf dem Wege der Interpretation; so namentlich die Begriffe des Halters eines Tieres (OR 56)[93], eines Motorfahrzeuges (SVG 58 I)[94], des Inhabers einer Eisenbahnunternehmung (EHG 1)[95], einer elektrischen Anlage (ElG 27)[96], einer Kernanlage (KHG 3 I)[97], einer Rohrleitungsanlage (RLG 33)[98], eines gewässerverunreinigenden Betriebs oder einer Anlage (GSG 69)[99], des Geschäftsherrn (OR 55)[100] und des Familienhauptes (ZGB 333)[101]. Andere

---

92 Bei der Schadensversicherung besitzen die *Versicherungsleistungen* ebenfalls die Funktion von Schadenersatz; es ist in diesem Zusammenhang nicht wesentlich, dass ihre Bestimmung andern Regeln folgt, als im Haftpflichtrecht gelten. Leistungen aus Personenversicherung sind dagegen kein Schadenersatz, sofern diese als Summenversicherung aufgefasst wird, vgl. hinten § 11 N 9 ff.
93 Vgl. Bd. II/1 § 21 N 23 ff.
94 Vgl. Bd. II/2 § 25 N 89 ff.
95 Vgl. Bd. II/3 § 27 N 39 ff.
96 Vgl. Bd. II/3 § 28 N 62 ff.
97 Vgl. Bd. II/3 § 29 N 126 ff.
98 Vgl. Bd. II/3 § 30 N 64 ff.
99 Vgl. Bd. II/1 § 23 N 54 ff.
100 Vgl. Bd. II/1 § 20 N 59 ff., 74 ff.
101 Vgl. Bd. II/1 § 22 N 25 ff., 34, 44 f., 49 ff.

sind eindeutig, wie der Begriff des Werkeigentümers (OR 58)[102] oder die Bezeichnung des Bundes als Subjekt der Militärhaftpflicht (MO 22/23)[103] und der allgemeinen Staatshaftung (VG 3).

Der Schadenersatz belastet den Haftpflichtigen nicht immer endgültig; 70 vielmehr vermag er, wenn er eine Haftpflichtversicherung abgeschlossen hat, den Schaden abzuwälzen. Die gleiche Wirkung tritt ein, falls er auf eine andere Person Regress nimmt (OR 51, SVG 60 und andere Bestimmungen).

2. Die Person des Anspruchsberechtigten

a) Normalfall

Anspruchsberechtigt ist derjenige, der einen unmittelbaren oder 71 mittelbaren (vgl. vorn N 26) Schaden im Rechtssinne erlitten hat, oder sein Rechtsnachfolger, auf den die Schadenersatzforderung übergegangen ist.

b) Der reflektorisch Geschädigte (Reflexschaden)[104]

Durch die Schädigung einer bestimmten Person können weitere Perso- 72 nen geschädigt werden, z. B. die Gläubiger oder die Gesellschaftspartner

---

[102] Vgl. Bd. II/1 § 19 N 25 ff., 105 ff., 131.
[103] Vgl. Bd. II/3 § 32 N 159 ff.
[104] Vgl. BGE 52 II 263; 54 II 141; 57 II 181; 58 II 129; 63 II 21; 73 II 68; 81 II 131; 82 II 38; 83 II 38; 94 I 643; 97 II 221 (wobei das publizierte Urteil leider nicht angibt, wem das Stromkabel gehörte); 99 II 223; 101 I b 254; 102 II 88; 104 II 18, 98 f.; 106 II 76; 112 II 124; problematisch ZR 80 (1981) Nr. 86 S. 210; BECKER N 115 ff. zu OR 41; WOLFGANG MARSCHALL VON BIEBERSTEIN, Reflexschäden und Regressrechte (Stuttgart/Berlin usw. 1967), wo S. 45, 85 ff. und 157 ff. das schweizerische Recht behandelt wird; BREHM N 20 ff. zu OR 41 und N 17 zu OR 46; EUGEN BUCHER, SJZ 78 (1982) 31; ERNST VON CAEMMERER, Das Problem des Drittschadenersatzes, ZBJV 100 (1964) 341 ff.; DESCHENAUX/TERCIER § 3 N 31 ff.; WILLI FISCHER, Ausservertragliche Haftung für Schockschäden Dritter (Zürich 1988); ARMIN FREI 102 ff.; GAUCH/SCHLUEP II N 2685 ff. betr. Drittschaden im Vertragsrecht; ALHARD GELPKE, Die Verletzung eines vertraglichen Rechts durch einen Nicht-Vertragsbeteiligten (Diss. Zürich 1919) 47 ff.; PIERRE GIOVANNONI, ZSR 96 (1977) I 31 ff.; DERS., in Neuere Entwicklungen im Haftpflichtrecht, hg. von Guillod (Genf 1991) 239 ff. (vgl. auch die dort in FN 1 zit. Lit.); GUHL/MERZ/KOLLER 177; A. KELLER I 41 ff.;

des körperlich Geschädigten, der Arbeitgeber, der durch die Arbeitsunfähigkeit eines unentbehrlichen Spezialarbeiters eine Lieferfrist verpasst, die Garderobenfrau im Theater, die kein Trinkgeld verdient, weil die Vorstellung wegen eines Unfalles des Hauptdarstellers abgesagt wird, die Einmann-AG, deren Inhaber verletzt wird[105], eine Fabrik, wenn die dem Elektrizitätswerk gehörende Stromleitung durch einen Bagger beschädigt wird.

73 Wenn eine Person B einen Schaden erleidet, der von der Person A oder durch einen Umstand, für den diese einstehen muss, verursacht wurde, und wenn die Kausalkette über die Schädigung von B hinaus weiter läuft und zu einer Schädigung von C führt[106], ist der Schaden von C ebenfalls von A verursacht. Ist der Kausalzusammenhang nicht nur zwischen der von A gesetzten Ursache und der Schädigung von B adäquat, sondern darüber hinaus auch bis zur Schädigung von C, so hat A den Schaden von C ebenfalls adäquat verursacht. Die Tatsache, dass ein Zwischenglied dieses Kausalzusammenhanges in der Schädigung von B besteht, stellt keinen Grund dar, ihm die rechtliche Relevanz abzusprechen. Wenn die übrigen Haftungsvoraussetzungen erfüllt sind, muss A für den Schaden von C einstehen. Es handelt sich um einen ganz normalen Fall, sofern die Schädigung von C widerrechtlich ist.

KELLER/GABI 14 f., 70 f.; KELLER/SYZ 21, 68 f.; GEROLD HERMANN, Zum Nachteil des Vermögens (Heidelberg/Karlsruhe 1978); ERNST KRAMER, «Reine Vermögensschäden» als Folge von Stromkabelbeschädigungen, recht 1984, 132 ff.; MAZEAUD/MAZEAUD, Traité de la responsabilité civile, t. II (6ème éd., Paris 1970) N 1872–1874; MERZ, SPR VI/1 190 ff.; DERS., ZBJV 109 (1973) 104; 113 (1977) 180 FN 2; 114 (1978) 129 ff.; BERNHARD MÜLLER, Die Haftung der Eidgenossenschaft nach dem Verantwortlichkeitsgesetz, ZBJV 105 (1969) 353 f.; RUMMEL, Kommentar zum ABGB (Wien 1984) N 5 zu ABGB 1325; OR-SCHNYDER, Art. 41 N 5; STARK, Skriptum N 158 ff.; STAUFFER/SCHAETZLE N 663, 704, 768; JOCHEN TAUPITZ, Haftung für Energieleiterstörungen durch Dritte (Berlin 1981) 48 ff.; PIERRE TERCIER, Gedenkschrift P. Jäggi (Freiburg 1977) 239 ff.; VON TUHR/PETER 432 ff.; ELIAS WOLF, Von der Haftung des Schuldners für den Schaden eines Dritten, ZSR 46 (1927) 283 ff.

[105] Vgl. PETER FORSTMOSER, Schweiz. Aktienrecht, I/1 (Zürich 1981) 42 f. und die dort zit. Lit. und Judikatur; NJW 30 (1977) 1283 ff.; BGHZ 1973, 380 ff.

[106] Wenn die Schädigung von B nicht Zwischenglied in der Kausalkette zwischen dem Verhalten von A und der Schädigung von C ist, stellt diese keinen Reflexschaden der Schädigung von B dar.
Beispiel: A verletzt B mit dem Auto, obschon er den Unfall durch ein Ausweichmanöver zu vermeiden versuchte. Wenn er dabei mit einem Radfahrer kollidiert, ist die Verletzung des Radfahrers nicht eine Folge der Schädigung von B; sie wäre gleich eingetreten, wenn das Ausweichmanöver Erfolg gehabt hätte und B nicht verletzt worden wäre.

II. Schadenersatz § 2

Dies trifft dann zu, wenn ein Rechtsgut von C verletzt worden ist 74
(Erfolgsunrecht; vgl. hinten § 4 N 23 ff.) oder seine Schädigung in Verletzung einer Schutznorm erfolgte (Handlungsunrecht; vgl. hinten § 4 N 35 ff.).

Die Widerrechtlichkeit der Schädigung von C ist massgebend für die 75
Ersatzpflicht von A, genau gleich, wie wenn sich in der Kausalkette keine Schädigung einer andern Person, hier B, als Zwischenglied befunden hätte. Es wäre nicht einzusehen, weshalb C trotz fehlender Rechtswidrigkeit *seiner* Schädigung ersatzberechtigt sein sollte, weil in einem in der Kausalkette vor seiner Schädigung liegenden Kausalglied die Rechtswidrigkeit erfüllt ist[107].

Die im Zusammenhang mit dem Reflexschaden aufgetretenen dogma- 76
tischen Schwierigkeiten sind wohl damit zu erklären, dass bei Rechtswidrigkeit der Schädigung einer bestimmten Person diese für alle ihre Schadensposten ersatzberechtigt ist: Wenn ein Auto beschädigt wird, kann sein Eigentümer nicht nur die Reparaturkosten, sondern gegebenenfalls auch die Mietwagenkosten ersetzt verlangen. Wer eine Körperverletzung erleidet, ist nicht nur für die Heilungskosten zu entschädigen, sondern auch für den Verdienstausfall. Sowohl die Mietwagenkosten als auch der Verdienstausfall stellen an und für sich nur Vermögensschäden i. e. S. dar und wären daher an sich nur rechtswidrig, wenn sie auf der Verletzung einer Verhaltensnorm unter Berücksichtigung ihres Schutzzweckes beruhten. Da sie aber derjenigen Person angefallen sind, die die Rechtsgutverletzung erlitten hat, und da sie die Folgen dieser Rechtsgutsverletzung sind, werden sie als Folgeschäden mitberücksichtigt. Von wesentlicher Bedeutung ist, dass sie die gleiche Person betroffen haben wie der (eigentliche) rechtswidrige Schaden. Demgegenüber kann die Verletzung eines Rechtsgutes von B die Widerrechtlichkeit des durch sie verursachten Vermögensschadens i. e. S. von C nicht zur Folge haben. Analoge Überlegungen gelten beim Handlungsunrecht, wobei dort der Schutzzweck der Norm massgebend ist[108, 109].

---

[107] Es wäre m. a.W. absurd, wenn alle nicht rechtswidrigen adäquaten Folgen einer rechtswidrigen Schädigung eines andern wegen ihr ersatzberechtigt wären.
[108] Vgl. BGE 30 II 571; 41 II 685; 75 II 213; 90 II 279; 94 I 642; 101 Ib 255; 102 II 89 f.
[109] Gestützt darauf ergeben sich folgende Lösungen der vorn N 72 erwähnten Fälle: Gläubiger und Gesellschaftspartner des körperlich Geschädigten erleiden durch dessen Arbeitsunfähigkeit nur einen Vermögensschaden i. e. S., ohne dass sie durch eine Schutznorm geschützt wären, und sind daher nicht anspruchsberechtigt. Das gilt auch für den

77 Wenn der Schaden des B durch dessen Personen- oder Sachversicherung zu übernehmen ist, erleidet der belangte Versicherer einen Vermögensschaden i. e. S., für den die Schädigung des ersten Geschädigten (B) eine adäquate Ursache darstellt. Die Schädigung des Versicherers – soweit überhaupt von einer solchen gesprochen werden kann (vgl. hinten § 11 N 67 ff.) – ist aber nicht rechtswidrig; sie beruht weder auf der Verletzung einer Schutznorm noch eines Rechtsgutes des Versicherers. Eine Entschädigung des Versicherers nach den Grundsätzen des Reflexschadens entfällt daher. Sie ist nur möglich auf Grund der besonderen Normen über die Regressrechte der Versicherer (vor allem VVG 72; vgl. hinten § 11 N 15 ff.).

Arbeitgeber des körperlich Geschädigten und für die Garderobenfrau. Ist der Arbeitgeber eine Einmann-AG, die dem körperlich Geschädigten gehört, trifft der sich aus seiner Arbeitsunfähigkeit über seinen Lohn hinausgehende Vermögensschaden i. e. S. wirtschaftlich den körperlich Geschädigten, rechtlich aber die von ihm verschiedene Aktiengesellschaft. Je nach der Beurteilung der Frage des sog. Durchgriffs liegt ein zu ersetzender Folgeschaden oder ein nicht zu ersetzender Reflexschaden vor; vgl. dazu PETER FORSTMOSER, Schweiz. Aktienrecht, I/1 (Zürich 1981) 42 f. und die dort zit. Lit. und Judikatur. Wird ein elektrisches Kabel beschädigt und führt der Stromausfall zum Stillstand einer Fabrik, so liegt ein zu ersetzender Folgeschaden und nicht ein Reflexschaden vor, wenn das Kabel der Fabrik gehört und daher ihr gegenüber eine Rechtsgutsverletzung gegeben ist; vgl. PraRek. 1950–1972, 70; BGE 97 II 221 und dazu 102 II 89. Gehört es aber dem Elektrizitätswerk, so ist der Stillstandsschaden nur rechtswidrig, wenn er durch die Verletzung einer Schutznorm verursacht wurde (genau gleich wie eine Schädigung durch intensive Konkurrenz nur rechtswidrig ist, wenn der Konkurrent sich unzulässiger Mittel bedient; vgl. Bd. II/1 § 16 N 66 ff.). Wenn durch den Stromausfall in der Fabrik ein Sachschaden entsteht – eine Maschine nimmt Schaden oder eine Pumpe steht still, die während Bauarbeiten den Grundwasserspiegel niedrig halten soll –, ergibt sich die Widerrechtlichkeit aus der Verletzung eines Rechtsgutes des Fabrikinhabers und ist sie auch ohne Schutznormverletzung gegeben und der Schaden vom Bauunternehmer, dessen Bagger das Kabel des Elektrizitätswerkes beschädigt hat, zu ersetzen.
Wenn Angehörige eines Getöteten den Versorger verlieren, sind sie nicht rechtswidrig geschädigt; ihr Schaden ist ein Vermögensschaden i. e. S. Er wird nur ersetzt, weil OR 45 III dies ausdrücklich anordnet. Ist eine Person verletzt, also nicht getötet worden, so können sich daraus für die Angehörigen auch wesentliche Beeinträchtigungen ergeben. Ein Ersatzanspruch steht ihnen aber nicht zu, ausser wenn sie selbst als Folge der Verletzung ihres Angehörigen rechtswidrig geschädigt wurden, indem sie z. B. einen Schock erlitten haben oder in ihren persönlichen Verhältnissen übermässig beeinträchtigt werden. Vgl. BGE 112 II 118.
Wenn nach dem Unfalltod einer Ehefrau mit heranwachsenden Kindern der Witwer seine bisherige Nachtarbeit aufgibt, um sich am Abend um die Kinder zu kümmern, stellt der Minderverdienst nicht einen Reflexschaden dar. Es handelt sich vielmehr um die Erbringung einer bisher von der Frau geleisteten Arbeit für die Familie durch den Mann und um den dadurch entstehenden Verdienstausfall. Vgl. dazu hinten § 6 FN 468; a. M. BGE vom 23. Februar 1994 i. S. Billieux gegen Mobiliar + Coletti und «Zürich» + Dondenne.

Diese wären nicht nötig, wenn solche Vermögensschäden i. e. S. nach den Grundsätzen der Reflexschäden zu entschädigen wären[110, 111].

III. Umfang und Gestalt des Schadenersatzes

A. Umfang des Schadenersatzes

Es ist bereits festgehalten worden, dass der Schadensbegriff nur ein allgemeines Kriterium bietet und man im Einzelfall mittels der Schadensberechnung (vgl. hinten § 6) den genauen Umfang des Schadens ermitteln muss.

78

Ist der Schaden berechnet, so ist zugleich das Maximum dessen bestimmt, das der Haftpflichtige zu leisten hat. Ein Mehreres würde zur

79

---

[110] Vgl. BGE 23 II 1775; 26 II 324; 34 II 655; 50 II 186/87; JAEGER, Kommentar zum schweizerischen Bundesgesetz über den Versicherungsvertrag II (Bern 1932) N 3 zu VVG 72; DERS., Komm. III (Bern 1933) N 11 zu VVG 96; ROELLI in ZBJV 28, 17 ff.; BARON in ZBJV 28, 207; ALFRED HÜPPI, Der Regress des Versicherers im schweiz. Privatversicherungsrecht (Diss. Freiburg 1924) 6 ff.; HANS SCHAERER, Über die Schadenersatzfunktion der Versicherung ... (Diss. Zürich 1932) 54 ff.; HANS THUT, Der Regress des Versicherers (Diss. Zürich 1924) 63 ff.; GOTTFRIED ROOS, Über die Subrogation (Diss. Bern 1928) 47/48; WILHELM SCHÖNENBERGER, Die Bedeutung des eigenen und fremden Verschuldens für den Versicherungsnehmer (Diss. Freiburg 1923) 222; GLARNER 67 ff. Anderer Meinung HIESTAND, Der Schadenersatzanspruch des Versicherers gegen den Urheber der Körperverletzung oder Tötung des Versicherten (Stuttgart 1896). Vgl. auch hinten § 11 N 15 ff.

[111] Selbstverständlich hat der Versicherer gegebenenfalls nur ein Regressrecht gegen den Haftpflichtigen, insoweit er dem Geschädigten Leistungen erbracht hat. Wendet sich der Geschädigte direkt an den Haftpflichtigen und wird sein Schaden von diesem beglichen, so fällt das Regressrecht ausser Betracht. Das gilt auch bei andern Haftpflichtigen, die für den Schaden des Geschädigten aus einem besonderen Rechtsverhältnis aufkommen müssen und auf Grund einer besonderen Norm ein Regressrecht haben: Sie können ihren Anspruch gegen den Haftpflichtigen nur geltend machen, insoweit sie den Geschädigten entschädigt haben. Der Hinterleger einer fremden Sache kann vom Aufbewahrer nur das verlangen, was er selbst dem Eigentümer bezahlt hat; vgl. BGE 81 II 131; BREHM N 26 zu OR 41; ERNST VON CAEMMERER, Das Problem des Drittschadensersatzes, ZBJV 100 (1964) 341 ff. = Gesammelte Schriften I (Tübingen 1968) 597 ff.; H. P. FRIEDRICH, Die Wirkung der Vertragsverletzung auf Dritte, in Schweiz. Beiträge zum IV. Kongress über IPR (Genf 1954) 73 ff.; ARMIN FREI, 102 ff.; HAGEN HORST, Die Drittschadensliquidation im Wandel der Rechtsdogmatik (Frankfurt a. M. 1971); LANGE 459 ff.; LARENZ I 462 ff.; PALANDT, Vorbem. vor BGB 249 Ziff. 6; PUHLE WINFRIED, Vertrag mit Schutz-

Bereicherung des Geschädigten führen; dass diese zu vermeiden ist, bedeutet einen wesentlichen Grundsatz des Schadenersatzrechts[112, 113].

80 Mit der Bestimmung des Schadensumfangs ist aber nicht entschieden, dass der Haftpflichtige den ganzen Schaden tragen muss. Vielmehr stellt sich die Frage der *Schadenersatzbemessung,* die wiederum eine besondere Lehre darstellt (vgl. hinten § 7). Denn das Gesetz kennt unter dort zu umschreibenden Umständen die Möglichkeit einer Verteilung des Schadens auf den Haftpflichtigen und den Geschädigten. Daraus ergibt sich das Verhältnis der beiden Operationen: Zuerst ist die Schadensberechnung vorzunehmen. Erst wenn sie vollzogen ist und man den vollen Umfang des Schadens kennt, lässt sich die Frage beantworten, wieviel von dem Schaden dem Haftpflichtigen zu überbinden ist[114]. So sieht z. B. OR 44 II vor, dass gegebenenfalls der Schadenersatz herabgesetzt werden kann, wenn der Haftpflichtige sonst in eine Notlage geriete; auf diesen Reduktionsgrund kann man vernünftigerweise nur eintreten, wenn man den Schaden berechnet hat.

81 Wird die angegebene Reihenfolge umgekehrt, so können sich Fehlresultate ergeben; ebenso unrichtig ist es, beide Operationen zu vermischen und z. B. zu erklären, wegen Selbstverschuldens des Geschädigten könne diesem von vornherein nur ein bestimmter Betrag zugesprochen werden oder wegen schweren Verschuldens des Haftpflichtigen sei bei der Schadensberechnung hoch zu gehen[115].

82 Die Schadensberechnung ist ein rein kalkulatorischer Vorgang, auf den die Umstände des Falles wie Grösse des Verschuldens, Selbstverschulden, Mitwirken eines Zufalles, Notlage des Haftpflichtigen usw. keinen Einfluss

---

wirkung zugunsten Dritter und Drittschadensliquidation (Frankfurt a. M./Bern 1982); H. TANDOGAN, La réparation du dommage causé à un tiers, Mélanges R. Secrétan (Montreux 1964) 305 ff.; J. THORENS, Le dommage causé a un tiers (Diss. Genf 1962); VON TUHR/ESCHER 110 f.; URBAN WERNER, «Vertrag» mit Schutzwirkung zugunsten Dritter und Drittschadensliquidation (Berisch Glattbach/Köln 1989); ROLF H. WEBER, Drittschadensliquidation – eine Zwischenbilanz, in Mélanges Paul Piotet (Bern 1990) 215 ff.; W. YUNG, La responsabilité contractuelle envers les tiers, in Etudes et articles (Genf 1971) 303 ff.

112 BREHM N 29 zu OR 43; KELLER/GABI 72.
113 Der Schadenersatz hat nur eine vermögensausgleichende Funktion. Er soll weder zu einer Bereicherung des Geschädigten führen, noch soll er pönalen Charakter für den Schädiger annehmen.
Im anglo-amerikanischen Rechtskreis verhält es sich hingegen anders, kann doch dort der Schädiger zur Zahlung eines Vielfachen des Schadens verurteilt werden; KELLER/GABI 72; ausführlich CHRISTIAN LENZ, Amerikanische Punitive Damages vor dem Schweizer Richter (Diss. Zürich 1992)
114 BREHM N 29 zu OR 43.
115 BGE 33 II 132.

III. Umfang und Gestalt des Schadenersatzes § 2

haben; alles dies kommt erst nach der Berechnung des Schadens, bei der Schadenersatzbemessung, in Betracht[116].

Es ist denkbar, dass man eine Mehrheit von Haftpflichtigen vor sich hat; 83 ob dieser Umstand sich auf den Umfang der Ersatzpflicht des Einzelnen auswirkt, ist ebenfalls gesondert zu untersuchen (vgl. hinten § 10).

Nicht selten ist der Schaden im Zeitpunkt des Urteils nicht völlig 84 überblickbar. OR 46, EHG 10, ElG 36 III, VG 5 III sehen deshalb für den Fall der Körperverletzung die Möglichkeit eines *Rektifikationsvorbehalts* vor[117].

B. Gestalt des Schadenersatzes

1. Geldzahlung oder Naturalrestitution?

a) Allgemeines

Als letztes stellt sich die Frage, in welcher Gestalt der Schadenersatz zu 85 leisten sei.

Das Gesetz äussert sich nicht näher darüber, in welcher Form der 86 Schaden ersetzt werden muss.

Nach Art. 43 Abs. 1 OR bestimmt der Richter nicht nur die Grösse des 87 Schadenersatzes, sondern auch die Art. Er hat dabei alle konkreten Umstände des Einzelfalles sowie die subjektiven Eigenschaften der Beteiligten zu berücksichtigen[118, 119].

Als Arten des Schadenersatzes und somit als Ausgleich der erlittenen 88 Vermögensverminderung kommen Geldersatz[120] oder Naturalersatz[121] in Betracht.

---

[116] Die Gerichte haben die Unterscheidung zwischen Schadensberechnung und Schadenersatzbemessung nicht immer streng genug vorgenommen. Vgl. BREHM N 30 zu OR 43.
[117] Vgl. hinten § 6 N 222 ff.
[118] MERZ, SPR VI/1 192; KELLER/GABI 113.
[119] Die Praxis hat Richtlinien dafür herausgearbeitet, welche Arten des Schadenersatzes bei welchen Schäden zuzusprechen sind. Der Richter ist nicht an die Anträge der Parteien gebunden.
[120] Soll ganz oder zum Teil das Äquivalent einer erlittenen Vermögenseinbusse sein.
[121] Wiedergutmachung in natura, wodurch eine zerstörte oder verlorene Sache durch einen gleichen Gegenstand ersetzt und eine beschädigte Sache auf Kosten des Haftpflichtigen, vielleicht auch von ihm selber, wiederhergestellt wird. Im deutschen Recht stellt die Naturalrestitution die primäre Form des Schadenersatzes dar; vgl. statt vieler STOLL 151 ff.

b) Geldersatz

89 Die Geldzahlung ist im Schadenersatzrecht die hauptsächlichste Entschädigungsart.

90 Unter Geldersatz versteht man den Ersatz der vom Geschädigten für die Schadensbehebung ausgelegten Kosten und der zu erwartenden zukünftigen Vermögenseinbussen[122]. Die Geldleistung kann nur einen *wirtschaftlichen* Ausgleich bilden für die Kosten, die aufgewendet worden sind (oder aufgewendet werden müssen), und für die in Zukunft zu erwartenden Verschlechterungen der finanziellen Situation des Geschädigten durch das Schadenereignis[123, 124].

91 Geldersatz kann durch eine einmalige Kapitalzahlung, den *Kapitalersatz* (Aversalsumme), geleistet werden oder als periodische Leistung, mittels einer *Rente*[125]. Beide Formen lassen sich verbinden[126].

92 Das Gesetz sieht die Möglichkeit der Zusprechung einer Rente ausdrücklich vor (OR 43 II; EHG 9; EIG 36 II). Nach OR 43 I würde sie aber ohnehin in den Rahmen des freien richterlichen Ermessens fallen.

93 Bei Zusprechung einer Rente ist der Schuldner zur Sicherheitsleistung anzuhalten[127].

94 Die Frage, ob Kapital oder Rente angemessener sei, spielt fast nur bei Tod oder Invalidität des Geschädigten eine bedeutsame Rolle; sie ist im einzelnen im Anschluss an die Behandlung der Schadensberechnung zu besprechen (vgl. hinten § 6 N 203 ff. und 346 ff.).

95 Bei Sachschaden wird eine Rente höchst selten angezeigt sein, obwohl das Gesetz sie nicht ausschliesst. Die Gestalt des Schadenersatzes ist, wie

---

[122] MERZ, SPR VI/1 193 f.
[123] BREHM N 6 zu OR 43.
[124] Wofür der Geschädigte die Entschädigung dann wirklich verwendet, spielt sowohl bei der Schadensberechnung als auch bei der Schadenersatzbemessung keine Rolle. Darüber befindet allein der Geschädigte (BGE 108 II 422, 428). Vgl. aber UVG 50 II, und dazu MAURER, Unfallversicherungsrecht 446, 453, 341 f. sowie 385 ff.
[125] BREHM N 7 ff. zu OR 43; KELLER/GABI 113 f.; STAUFFER/SCHAETZLE N 592.
[126] BGE 54 II 297 E. 3. Die Verbindungsmöglichkeit wird in EHG 9 ausdrücklich vorgesehen, gilt aber generell.
[127] Vgl. OR 43 II; KELLER/GABI 114; BGE 51 II 524; 52 II 102; 54 II 297. Schuldet die Eidgenossenschaft oder ein Kanton die Rente, so wird vernünftigerweise auf eine Sicherheitsleistung verzichtet. Das gilt auch für schweizerische Versicherungs-Gesellschaften. Wenn im Rahmen der EG die Versicherungsaufsicht abgebaut wird und diese Regelung für die Schweiz einmal aktuell wird, ist diese Frage von den Gerichten von Fall zu Fall zu prüfen. Vgl. BREHM N 89 ff. zu OR 43.

III. Umfang und Gestalt des Schadenersatzes § 2

erwähnt, vom Richter nach freiem Ermessen zu bestimmen (OR 43 I, EHG 9, ElG 39 II, SVG 62 I usw.)[128].

c) Naturalrestitution

Die Naturalrestitution gelangt in der gerichtlichen und aussergerichtlichen Praxis kaum zur Anwendung[129]. Von ihr kann vernünftigerweise nur dann gesprochen werden, wenn nicht ein Dritter gegen Entgelt den früheren Zustand wieder herstellt, sondern der Haftpflichtige selbst, sei es persönlich, sei es durch eine Hilfsperson[130, 131]. Das kommt vor allem in vertraglichen Verhältnissen vor, weil es besonders dort naheliegt, dass der Schädiger über die nötigen Fachkenntnisse, Einrichtungen und Fähigkeiten verfügt, um den früheren Zustand – nicht des Vermögens, sondern der geschädigten Sache oder Person – wieder herzustellen[132, 133]. Es ist aber

96

---

[128] BGE 54 II 296; 80 II 378; 99 II 176; 100 II 134; 107 II 139 f.; ZR 58 (1959) Nr. 4 S. 13.
[129] Vgl. MERZ, SPR VI/1 193; KELLER/GABI 113. Die Naturalrestitution spielt in der Theorie eine unverhältnismässig grosse Rolle; vgl. immerhin BGE 80 II 379; 100 II 142/43; 107 II 139/40; 110 II 188.
Dass die Subsumtion des Ausdruckes «Naturalrestitution» unter den Ausdruck «Schadenersatz» sprachlich unrichtig ist, sei nebenbei erwähnt; vgl. DEGENKOLB 15 ff.; C. CHR. BURCKHARDT 492; FEHR in ZBJV 80 (1944) 299.
[130] Als solche kommt auch der Ehegatte, ein naher Verwandter oder ein Freund in Frage, die diese Arbeit ohne Entschädigung durch den Haftpflichtigen besorgen.
[131] Eine besondere, hier nicht näher zu behandelnde Naturalrestitution liegt dann vor, wenn ein Stellvertreter oder ein Organ einer juristischen Person spekulative Käufe tätigt, die nachher zu Verlusten des Vertretenen oder der juristischen Person führen, oder wenn sie einen falschen Rat zu solchen Geschäften erteilen. Dann kann anstelle des Geldersatzes – aufgewendeter Kaufpreis abzüglich späterer Wert der gekauften Sache – der Vertreter oder das Organ verpflichtet werden, die gekaufte Sache gegen den vom Vertretenen oder von der juristischen Person bezahlten Preis von diesen zu übernehmen, wenn die Verantwortungsfrage bejaht wird; vgl. BGE 41 II 89; 71 II 86; 99 II 176 E. 3; aber auch den etwas anders gelagerten Fall BGE 80 II 102.
Bei solchen Naturalrestitutionen lassen sich auch Herabsetzungsgründe berücksichtigen, indem der Verantwortliche nur einen Teil der gekauften Sache gegen den Kaufpreis zurücknehmen muss, wenn diese teilbar ist.
[132] Man denke an die Beschädigung der Karosserie eines Kundenautos durch einen Mechaniker beim Umplazieren eines andern Autos in der Werkstätte. Der Garagist wird wenn möglich den Schaden selbst beheben und den Kunden vielleicht höchstens im Nachhinein informieren. Es kommt auch vor, dass ein Arzt oder ein Spital für die Behandlung der – nicht schwerwiegenden – Folgen eines Kunstfehlers stillschweigend nicht Rechnung stellt.
[133] Bei Vertragsabwicklung spielt der Umstand eine kleinere Rolle, dass der Geschädigte begreiflicherweise häufig den Reparateur oder den Arzt usw. selbst auswählen will.

auch sonst denkbar, dass jemand eine Sachbeschädigung oder Personenverletzung verursacht, deren Behebung in den Bereich seines Berufes fällt[134, 135].

97 Die Naturalrestitution hat den Nachteil, dass sie in fast allen Fällen 100% des Schadens umfasst und dementsprechend ein Herabsetzungsgrund, vor allem ein Selbstverschulden des Geschädigten, nicht berücksichtigt werden kann. Auch Versicherungen können demgegenüber ihrer Natur nach an sich nur Geldersatz leisten. Das UVG unterscheidet allerdings zwischen Pflegeleistungen (Art. 10 ff.) und Geldleistungen (Art. 15 ff.)[136].

98 Bei Naturalrestitution durch den Schädiger stellt sich im weiteren das Problem der Rechtsfolgen von Mängeln der Naturalersatz-Leistungen des Haftpflichtigen, auf das hier nicht näher eingetreten werden kann. Auch die Vollstreckung eines Urteils oder eines Vergleichs kann zu Schwierigkeiten führen, da das SchKG nicht anwendbar ist. Dieser Nachteil wird reduziert, wenn der Richter nicht nur die Naturalleistung genau umschreibt und befristet, sondern auch für den Fall der Nichtleistung die Höhe des Geldersatzes festlegt[137].

99 Im übrigen hat die Naturalrestitution den Vorteil, dass sie die häufig schwierige Berechnung des Schadens in Geld überflüssig macht.

100 Für die Entscheidung der Frage, ob Naturalrestitution oder Geldersatz zuzusprechen sei, sind alle Umstände des Falles heranzuziehen, namentlich die persönlichen und ökonomischen Verhältnisse der Parteien[138]. Aus dem Wesen der Wiedergutmachung eines zugefügten Nachteils ergibt sich, dass bei Divergenz der Interessen dem Geschädigten der Vorrang zu geben ist. Naturalrestitution anzuordnen wird sich z. B. empfehlen, wenn die Reparatur einer beschädigten Sache in den Arbeitsbereich des Haftpflichtigen fällt und er imstand ist, sie vollwertig auszuführen. Neben der Naturalrestitution ist gegebenenfalls ein zusätzlicher Geldersatz zu leisten für

---

134 Beispiel: Ein Auto wird von einem Garagisten bei einem Verkehrsunfall beschädigt. Dieser besorgt die Reparatur selbst. Oder ein Arzt kollidiert mit einem Radfahrer und desinfiziert und verbindet seine oberflächliche Wunde auf der Unfallstelle.
135 Die Tatsache, dass der Schädiger haftpflichtversichert ist, mag dazu führen, dass für solche Arbeiten Rechnung gestellt wird und damit aus der Naturalrestitution ein Geldersatz wird.
136 Vgl. dazu MAURER, Unfallversicherungsrecht 272 f.
137 Vgl. OR 98 I; STREBEL/HUBER, Kommentar zum BG über den Motorfahrzeug- und Fahrradverkehr I/II (Zürich 1934/38) N 10 zu MFG 41; HANS ULRICH WALDER-BOHNER, Der neue Zürcher Zivilprozess (3. A. Zürich 1983) § 41.
138 IM HOF 214 ff.

III. Umfang und Gestalt des Schadenersatzes § 2

allfälligen weiteren Schaden, wie entgangenen Gewinn, Minderwert der reparierten Sache[139] und dergl.[140].

---

[139] Vgl. hinten § 6 N 370 ff.
[140] Die Urteilspublikation wird traditionellerweise oft als eine Art der Naturalrestitution (wie auch der Genugtuung, OR 49 II) angesehen. Sie kommt namentlich in Betracht auf Grund von Klagen wegen unlauteren Wettbewerbs, wegen Verletzung von Immaterialgüterrechten oder des Persönlichkeitsrechts (Kreditschädigung u. dgl.); BGE 19, 258; 22, 164; 32 II 374; 52 II 173; 56 II 37; 79 II 329; 82 II 361; 84 II 577 f.; 92 II 269; 93 II 270 f.; 95 II 499 f.; 102 II 127; ZR 79 (1980) Nr. 141 S. 306 ff.; 82 (1983) Nr. 6 S. 14 f., Nr. 46 S. 116; GUHL/MERZ/KOLLER 60, 70; KELLER/SYZ 113; C. CHR. BURCKHARDT 493; VON TUHR/PETER 115, 129, 441; BECKER Art. 43 N 5; ADOLF LÜCHINGER, SJZ 70 (1974) 327. – Indessen hat UWG 9 die Urteilspublikation von den Voraussetzungen des Schadenersatzes (und der Genugtuung) gelöst; GERMANN, Concurrence déloyale (Zürich 1945) 325 f. Die gleiche Auffassung drängt sich konsequenterweise für URG 56, PatG 70, MMG 30 und MSchG 32 auf, desgleichen für die Verletzung des Persönlichkeitsrechts (ZGB 28a II). FEHR in ZBJV 80 (1944) 296 ff. und JÄGGI in ZSR 79 (1960) II 189a/190a, 251a ff. betrachten die Urteilspublikation im letzteren Fall denn auch als Anwendung des Beseitigungsanspruchs; gleich im Ergebnis MERZ in SJZ 67 (1971) 90; GROSSEN in SPR I (Basel/Stuttgart 1967) 361 und andere. Abweichend IM HOF 21 ff. Auch die neuere Bundesgerichtspraxis löst den Anspruch auf Urteilspublikation vom Schadenersatzanspruch und damit auch von der Voraussetzung des Schadens; BGE 100 II 180; 101 II 187; 103 II 166; 104 II 1.

§ 3 Kausalzusammenhang

Literatur

SCHWEIZERISCHE: HANS AEPPLI, Der Betriebsunfall im schweizerischen Haftpflichtrecht (Diss. Zürich 1910) 22 ff. – BAUR/NIGST, Versicherungsmedizin (Bern/Stuttgart/Wien 1972). – ERICH BOSSHARD, Neuere Tendenzen in der Lehre zum Begriff der Widerrechtlichkeit nach Art. 41 OR (Diss. Zürich 1988). – BREHM N 102 ff. zu OR 41. – ERNST BREM, Natürlicher und naturgesetzlicher Kausalzusammenhang im Haftpflichtrecht, ZSR 102 I 309 ff. – WOLF BÜRGI, Die Lehre von der adäquaten Verursachung ... (Diss. Bern 1927). – HENRI DESCHENAUX, Norme et causalité en responsabilité civile, in: Erhaltung und Entfaltung des Rechts in der Rechtsprechung des Schweizerischen Bundesgerichts (Basel 1975) 399 ff. – DESCHENAUX/TERCIER § 4. – DUBOIS/ZOLLINGER, Einführung in die Unfallmedizin (Bern 1945); ersetzt durch BAUR/NIGST (s. o.). – GELPKE/SCHLATTER, Unfallkunde (2. A. Bern 1930). – HANS GIGER, Analyse der Adäquanzproblematik im Haftpflichtrecht: Beitrag zur Objektivierung der Wertungsmassstäbe, in: FS Max Keller (Zürich 1989) 141 ff. – PIERRE GIOVANNONI, La causalité dans la responsabilité civile..., ZBJV 98, 249 ff. – JACQUES GLARNER, Die Schadensberechnung bei der Ersatzpflicht aus unerlaubter Handlung... (Diss. Bern 1935) 26 ff. – ARNOLD GMÜR, Der Kausalzusammenhang in der zivilrechtlichen Rechtsprechung... (Diss. Zürich 1926). – ROBERT GUEX, La relation de cause à effet dans les obligations extracontractuelles (Diss. Lausanne 1904). – FRITZ HÄBERLIN, Das eigene Verschulden des Geschädigten im schweizerischen Schadenersatzrecht (Diss. Bern 1924) 24 ff. – A. KELLER I 65 ff. – KELLER/GABI 15 ff. – ERNST A. KRAMER, Die Kausalität im Haftpflichtrecht: neue Tendenzen in Theorie und Praxis, ZBJV 123, 289 ff. – DERS., Schutzzweck und adäquate Kausalität, JZ 1976, 338 ff. – WALTER LANZ, Alternativen zur Lehre vom adäquaten Kausalzusammenhang (Diss. St. Gallen 1974). – LAUBER, Praxis des sozialen Unfallversicherungsrechts in der Schweiz (Bern 1928). – HANS LAURI, Kausalzusammenhang und Adäquanz im Haftpflicht- und Versicherungsrecht (Diss. Bern 1976). – PETER LOSER, Kausalitätsprobleme bei der Haftung für Umweltschäden (Bern/Stuttgart/Wien 1994). – ABDOL-MADJID AMARI GHAEM MAGHAMI, Faute, risque et lien de causalité... (Diss. Genf 1953). – THOMAS MAURER, Drittverschulden und Drittverursachung im Haftpflichtrecht (Diss. Bern 1974). – WERNER PERRIG, Über den adäquaten Kausalzusammenhang im Haftpflichtrecht, SJZ 58, 293 ff. – ROGER QUENDOZ, Modell einer Haftung bei alternativer Kausalität (Diss. Zürich 1991). – HEINZ RASCHEIN, Die Widerrechtlichkeit im System des schweizerischen Haftpflichtrechts (Diss. Bern 1986). – THOMAS RIS, Haftungsverhältnisse bei der Speicherung und Weitergabe von personenbezogenen Daten de lege lata und ferenda (Diss. Zürich 1983). – PAUL SCHWARTZ, Adäquate Kausalität und Verschuldenshaftung, BJM 1970, 1 ff. – EMIL W. STARK, Beitrag zur Theorie der Entlastungsgründe im Haftpflichtrecht (Diss. Zürich 1946). – DERS., Skriptum N 197 ff. – VON TUHR/ PETER § 13. – ZANGGER, Medizin und Recht (Zürich 1920) 175 ff. – DERS., Aufgaben der kausalen Forschung in Recht, Technik und Medizin. Schriftenreihe zur Schweizerischen Medizinischen Wochenschrift, Heft 1 (Basel 1936).

DEUTSCHE: GÜNTHER BERNERT, Die Leerformel von der Adäquanz, AcP 169 (1969) 421 ff. – RUDOLF BIENENFELD, Die Haftungen ohne Verschulden (Berlin/Wien 1933) 170 ff. – DEUTSCH I § 11/12 (134 ff.). – ESSER, Schuldrecht I (4. A. Karlsruhe 1970). – ENNECCERUS/ LEHMANN, Recht der Schuldverhältnisse (15. A. Tübingen 1958). – PETER GOTTWALD, Kausalität und Zurechnung, Karlsruher Forum 1986, Beiheft zum Versicherungsrecht (Karlsruhe 1986). – ROLF LANG, Normzweck und Duty of Care (München 1983). – HEINRICH LANGE, Herrschaft und Verfall der Lehre vom adäquaten Kausalzusammenhang, AcP 156 (1957)

114 ff. – HERMANN LANGE, Adäquanztheorie, Rechtswidrigkeitszusammenhang, Schutzzwecklehre und selbständige Zurechnungsmomente, JZ 1976, 198 ff. – DERS., Gutachten zum 43. DJT (1960). – DERS., Schadenersatz § 3. – KARL LARENZ, Zum heutigen Stand der Lehre von der objektiven Zurechnung im Schadensersatzrecht, in: FS für R. Honig (Göttingen 1970) 79 ff. – DERS., Schuldrecht I § 27 III 431 ff. – MAX RÜMELIN, Die Verwendung der Causalbegriffe im Straf- und Civilrecht, AcP 90, 171 ff. – BERTRAM SCHULIN, Der natürliche – vorrechtliche – Kausalitätsbegriff im zivilen Schadensersatzrecht (Berlin 1976). – HANS STOLL, Kausalzusammenhang und Normzweck im Deliktsrecht (Tübingen 1968). – LUDWIG TRAEGER, Der Kausalbegriff im Straf- und Zivilrecht (Marburg 1904). – KURT VENZMER, Mitverursachung und Mitverschulden im Schadensersatzrecht... (München/Berlin 1960). – ERNST VON CAEMMERER, Das Problem des Kausalzusammenhanges im Privatrecht ... – HERMANN WEITNAUER, Zur Lehre vom adäquaten Kausalzusammenhang, in: Festgabe Oftinger (Zürich 1969) 321 ff.

ÖSTERREICHISCHE: KOZIOL I 52 ff. – BYDLINSKI, Probleme der Schadensverursachung nach deutschem und österreichischem Recht (Stuttgart 1964).

RECHTSVERGLEICHENDE: ALFONS BÜRGE, Die Kabelbruchfälle. Eine rechtsvergleichende Untersuchung zum schweizerischen, österreichischen und deutschen Haftpflichtrecht, Juristische Blätter Wien 103 (1981) 57 ff. – ERNST A. KRAMER, Multikausale Schäden, Länderberichte Schweiz/Österreich, in: Multikausale Schäden in modernen Haftungsrechten; Verhandlungen der Fachgruppe für Zivilrechtsvergleichung auf der Tagung für Rechtsvergleichung in Innsbruck 1987 (Frankfurt a. M. 1988) 55 ff. – A. M. HONORÉ, Causation and Remoteness of Damage, International Encyclopedia of Comparative Law, Vol. XI Chapter 7 (Tübingen u. a. 1971). – ANDRÉ TUNC, Les récents développements des droits anglais et américains sur la relation de causalité ..., Rev. internat. de droit comparé 5, 5 et sv. – HERMANN WEITNAUER, Kausalitätsprobleme in rechtsvergleichender Sicht, FS Eduard Wahl (Heidelberg 1973) 109 ff.

I. Ausgangspunkt

1 Das Haftpflichtrecht regelt die Möglichkeit der Überwälzung eines eingetretenen Schadens vom davon betroffenen Geschädigten auf eine andere Person. Eine solche Schadenstragung durch eine vom Schaden nicht betroffene andere Person kann sich auch aus einem Vertrag[1] oder aus einem besonderen Gesetz ergeben, das nicht auf haftpflichtrechtlichen Gesichtspunkten aufbaut[2].

---

1 Zum Beispiel einem Versicherungsvertrag.
2 Vgl. die Zahlungen des Bundes von Fr. 50 000.– an die Personen, die durch Bluttransfusionen mit HIV infiziert wurden; BBl 1990 III 1781.

I. Ausgangspunkt § 3

Ausserhalb des vertraglichen Bereiches einerseits und ganz besonderer Situationen andererseits liegt es nahe, die Schadensüberwälzung an die Verursachung des Schadens zu knüpfen: Wer den Schaden direkt, durch seine Hilfspersonen und Hilfsmittel oder durch seinen Betrieb *verursacht* hat und wer daher diese Verursachung auch hätte unterlassen und damit den Schaden vermeiden können, muss vernünftigerweise auch den Schaden tragen, wenn die gesetzlichen Voraussetzungen dafür erfüllt sind. Der Verursacher – im weitesten Sinn des Wortes – steht, abgesehen vom Geschädigten selber, dem Schaden am nächsten.

Der Kausalzusammenhang ist daher die wichtigste Grundlage des Haftpflichtrechts. Das führt zu weiteren Fragen:

1. Jedes Ereignis hat unzählige Ursachen; beim Fehlen einer einzigen von ihnen wäre der Schadenfall nicht oder nicht in gleicher Weise eingetreten. Sind alle diese conditiones sine quibus non eines Schadens als rechtlich relevant zu betrachten oder ist unter ihnen eine Auswahl zu treffen, sei es, dass einzelne überhaupt nicht berücksichtigt werden, sei es, dass Kausalketten nur bis zu einer bestimmten Länge in Betracht fallen?

2. Wie sind Ursachen zu behandeln, die nicht auf einem menschlichen Verhalten beruhen?

3. Wie gestaltet sich die Haftung, wenn mehrere Personen für verschiedene Ursachen verantwortlich sind?

4. Wie sind die Beweisschwierigkeiten in bezug auf den Kausalzusammenhang zu behandeln?

Der in der Literatur anzutreffende Ausdruck «objektive Zurechnung» bezieht sich auf den Kausalzusammenhang, während mit «subjektiver Zurechnung» die Verschuldensfrage gemeint ist[3].

Die Kausalität ist ein *faktisches* Geschehen, das in der praktischen Wirklichkeit in sehr verschiedenen Kombinationen vorkommt. Aufgabe der Rechtsordnung ist es, festzulegen, unter welchen Voraussetzungen ein tatsächlicher Kausalzusammenhang *rechtlich relevant* und daher geeignet

---

[3] Von Zurechnung oder Zurechenbarkeit zu sprechen, ist nicht präzis, wenn nicht klargestellt wird, dass es sich – im Rahmen der Lehre vom Kausalzusammenhang – um die Zurechenbarkeit eines Schadens zu einem Haftungsgrund handelt. Das Wort Zurechnung für sich allein hat eine weitere Bedeutung und enthält die ganze Haftpflichtfrage; vgl. vorn § 1 N 30.

ist, zur Haftpflicht zu führen[4], und wie dem Zusammenwirken mehrerer Ursachen rechtlich Rechnung zu tragen ist.

II. «Normalfall»

A. Natürliche Ursachen

10 Ursache ist ein Umstand A, der – faktisch regelmässig zusammen mit andern Ursachen – dazu führt, dass ein Umstand B eintritt. Der Zusammenhang zwischen A und B lässt sich mit unseren Sinnesorganen nicht feststellen. Man greift daher zu einer Hilfsmethode und prüft – nach der allgemeinen Lebenserfahrung –, ob der Umstand B vermutlich auch eingetreten wäre, wenn der Umstand A nicht im Spiel gewesen wäre. Wenn B dann nicht eingetreten wäre, wird A als conditio sine qua non von B betrachtet und der natürliche Kausalzusammenhang zwischen A und B bejaht[5, 6].

11 Die meisten Ereignisse entstehen durch das Zusammenwirken vieler Kausalketten, deren Glieder conditiones sine quibus non sind. Sie sind alle

---

[4] Man kann, weil hier die haftpflichtrechtlichen Voraussetzungen für die rechtliche Relevanz des Kausalzusammenhanges diskutiert werden, von einer Haftungstheorie (vgl. GOTTWALD 7; KOZIOL I 54) oder von einem normativen Begriff des Kausalzusammenhanges (vgl. BYDLINSKI 11) sprechen. Eine Erkenntnis ergibt sich daraus aber nicht.
An die Grenze dieser Formulierung stösst aber die Anerkennung eines nur möglichen Kausalzusammenhanges; vgl. dazu hinten N 37.

[5] Selbstverständlich ist diese Hilfsmethode nicht über alle Zweifel erhaben. Sie ist zwar fast sicher, wenn der Zusammenhang einem bekannten naturgesetzlichen Ablauf entspricht. In allen andern Fällen ist das Abstellen auf die Lebenserfahrung etwas vage. Es wird dadurch eindeutiger, dass man bei der Anwendung der Hilfsmethode auch prüft, ob andere Umstände vorliegen, die den Erfolg B auch ohne A herbeiführen konnten oder die Bedeutung von A ausschalteten. Wenn X durch die Nachbarin Y aufgehalten wird und «deswegen» nachher beim Überqueren einer Strasse unter ein Auto gerät, ist die Gesprächigkeit von Y nur conditio sine qua non des Unfalles, wenn X die verlorene Zeit nicht nachher durch einen Laufschritt bis zur Hauptstrasse wettgemacht hat.

[6] Die Regel, dass nur eine conditio sine qua non Anknüpfungspunkt der Haftung sein könne, führt bei alternativer und kumulativer Kausalität zu dogmatischen Schwierigkeiten und wird deshalb von einzelnen Autoren abgelehnt; vgl. FRANZ LEONHARD, Das Schuldrecht des BGB I: Allgemeines Schuldrecht des BGB (München 1929) 145; COSACK/MITTEIS, Lehrbuch des bürgerlichen Rechts I: Allgemeine Lehren und das Schuldrecht (8. A. Jena 1927) 393; QUENDOZ 52 f. Darauf ist unten N 116 ff., 129 f. näher einzutreten.

gleich wichtig (äquivalent) für das Zustandekommen des gemeinsamen Erfolges: Wenn eine fehlen würde, träte dieser nicht ein. Wenn man alle diese *vom Gesichtspunkt der Verursachung aus äquivalenten Bedingungen* als rechtlich relevant betrachten würde, würde dies die Behandlung eines Haftpflichtfalles sehr komplizieren und praktisch verunmöglichen[7].

Aber nicht nur deswegen ist unter den Bedingungen eine Auswahl zu 12 treffen, sondern auch, weil sie *rechtlich* nicht als gleichwertig zu betrachten sind: Die einen sind mehr zufällig und könnten auch durch andere ersetzt werden; die andern haben eine spezifische Bedeutung für die Art des eingetretenen Erfolges[8].

Die Rechtsordnung darf, wenn sie plausibel sein will, die zufälligen und 13 ohne Beeinträchtigung des Erfolges leicht austauschbaren Bedingungen nicht beachten, wohl aber die spezifischen[9], d. h. diejenigen, die am augenscheinlichsten Veranlassung zum Schaden gegeben haben und die ihrer Art nach die Tendenz haben, zu Schäden von der Art des eingetretenen zu führen.

B. Die Lehre von der Adäquanz des Kausalzusammenhanges

Die Theorie von der adäquaten Verursachung will die Grundlage sein 14 für die Unterscheidung zwischen den rechtlich relevanten und den anderen conditiones sine quibus non. Sie handelt daher eigentlich nicht von der Kausalität – diese ist durch die Bedingungsqualität eines Umstandes erfüllt –, sondern von einer zusätzlichen Voraussetzung der rechtlichen Bedeutung von kausalen Zusammenhängen[10].

---

[7] Bei vielen Umweltschädigungen, z. B. der Verpestung der Luft durch Autoabgase und den sich daraus ergebenden Schäden an Bauten, Wäldern usw., tritt dies sehr deutlich zutage und führt dazu, dass das private Haftpflichtrecht zur Lösung der Entschädigungsfrage nicht geeignet ist. Vgl. hinten N 94.

[8] Wenn ein Radfahrer ein Rotsignal überfährt, passiert meistens kein Unfall, weil zufällig kein anderes Fahrzeug im gleichen Moment die Kreuzung passiert. Ein Umstand, der dazu führt, dass im gleichen Moment ein anderer Verkehrsteilnehmer über die Kreuzung fährt – sein Vergaser spuckt, und er kommt daher später auf die Kreuzung, als wenn sein Auto in Ordnung gewesen wäre –, ist zwar eine conditio sine qua non des Unfalles, aber eine sehr unspezifische.

[9] In unserem Beispiel das Überfahren der roten Ampel. Dabei kommt es nicht darauf an, ob dieses Überfahren auf einem Verschulden beruht; der Lenker kann auch durch einen Lichtreflex getäuscht worden sein, der durch die tiefstehende Sonne verursacht wurde.

[10] Vgl. STARK, Diss. 11.

15 Aber wie lässt sich eine solche zusätzliche Voraussetzung formulieren? Unter den verschiedenen, namentlich in den letzten Jahrzehnten des 19. Jahrhunderts hiezu entwickelten Lehren[11] ist in der Schweiz wie auch in manchen andern Ländern diejenige von der *adäquaten Verursachung* massgebend geworden[12, 13]. Nach ihr wird ein Umstand als potentiell haftungsbegründend betrachtet, *wenn er nicht nur conditio sine qua non des Schadens, sondern auch nach dem gewöhnlichen Lauf der Dinge und der allgemeinen Erfahrung geeignet ist, den eingetretenen Erfolg zu bewirken, so dass*

---

[11]   Umfassender Überblick hierüber und über die weitläufige Problematik bei HONORÉ, Vol. XI Chapter 7; LANZ, 14 ff.; ENNECCERUS/LEHMANN 66 FN 8; DESCHENAUX, FG 100 Jahre Bundesgericht (Basel 1975) 399 ff.; STOLL 379 ff.

[12]   Statt vieler BGE 41 II 94; 49 II 262; 51 II 521/22; 57 II 39; 63 II 144; 64 II 204; 89 II 250; 96 II 396; 101 II 73; 111 II 479; 112 II 127, 141, 442; 116 II 427, 486, 524; 118 II 180. – Die Adäquanzlehre geht zurück auf den Physiologen V. KRIES (1888) und die Juristen MAX RÜMMELIN (1900) und LUDWIG TRAEGER (1904).

Auch in andern Gebieten als der ausservertraglichen Schädigung wird auf die Adäquanz des Kausalzusammenhanges abgestellt:

– Für die Beurteilung der *vertraglichen Schädigung*: HANS RUDOLF BARTH, Schadenersatz bei nachträglicher Unmöglichkeit der Erfüllung (Diss. Zürich 1957) 94 ff.;

– In der *privaten Versicherung*: BGE 70 II 168; ROELLI/KELLER, Kommentar zum schweizerischen Bundesgesetz über den Versicherungsvertrag I: Die allgemeinen Bestimmungen (2. A. Bern 1968) 236/37; KARL KOBELT, Der adäquate Kausalzusammenhang und der Umfang der Schadensdeckung in der privaten Feuerversicherung (Diss. Bern 1957); ROLAND RÜEGER, Die Causa proxima-Regel im Seeversicherungsrecht (Diss. Zürich 1956); abweichend JEAN-PIERRE GOUGLER, De la relation de causalité en matière d'assurance (Diss. Lausanne 1956);

– In der *obligatorischen Unfallversicherung nach UVG*: SJZ 56, 362 f.; BRINER in ZBJV 79, 49 ff.; MORELL in SZS 9, 16 ff.; A. MAURER, Unfallversicherungsrecht 460 ff.; DERS., Bundessozialversicherungsrecht 61 ff.; BGE 113 V 312, 323; 115 V 135, 405, 415; abweichend für das deutsche Recht GITTER, Schadensausgleich im Arbeitsunfallrecht (Tübingen 1969) 99 ff. (zum schweizerischen Recht 129 ff.); im deutschen Sozialversicherungs- und Beamtenrecht begegnet man der Theorie der wesentlichen Bedingung; vgl. WEITNAUER, FG Oftinger 324.

– Im *öffentlichen Schadenersatzrecht*: BGE 94 I 643 (betreffend das VG); CLO DURI BEZZOLA, Der Einfluss des privaten auf die Entwicklung des öffentlichen Schadenersatzrechts (Diss. Zürich 1960) 93 ff.;

– Im *Strafrecht*: BGE 82 IV 33; 86 IV 153; 94 IV 143; 110 IV 42; 114 IV 101 f. – Gegen die Adäquanzlehre ROLAND GMÜR, Der Kausalzusammenhang zwischen Handlung und Erfolg im Strafrecht (Diss. Zürich 1958) u. a.

[13]   Für das schweizerische Recht bringt die Arbeit von LANZ eine, oft in heftige Wendungen gekleidete, Verdammung der Adäquanzlehre, gestützt auf (verdienstliche) rechtsvergleichende Studien. Lanz will die Adäquanzlehre durch die Normzwecklehre ersetzen (vgl. dazu hinten N 32 ff.). Nach MAURER 38 ist der Begriff der Adäquanz inhaltsleer. Er tritt für «Zurechnung nach dem Schutzzweck der haftpflichtbegründenden Norm» ein, was der Normzwecklehre entspricht. Kritisch zur Adäquanzlehre auch DESCHENAUX 399 ff.; es gehe um den Schutzbereich der Norm.

II. «Normalfall» § 3

der Eintritt dieses Erfolges als durch die fragliche Bedingung wesentlich begünstigt erscheint [14].

Die Entstehung dieser Formel beruht auf den Wahrscheinlichkeitsuntersuchungen von v. KRIES[15]. Seine Lehre ist vielfach angefochten worden[16]. Aber ganz abgesehen von allen Einwänden ist die Frage aufzuwerfen, warum für einen Erfolg rechtlich diejenige Ursache massgebend sein soll, die das Eintreten des Erfolges als wahrscheinlich erscheinen lässt. Als Juristen suchen wir diejenige Bedingung, die das Eintreten des in Frage

16

---

[14] Vgl. DESCHENAUX/TERCIER § 4 N 31; v. THUR/PETER 97; BREHM N 120 ff. zu OR 41; KELLER/GABI 27; STARK, Skriptum N 208 ff. und viele andere, namentlich aber BGE 57 II 39, 208, 545; 66 II 173; 83 II 411; 89 II 250; 91 II 190; 93 II 337; 96 II 396; 101 II 73; 102 II 237; 103 II 245; 107 II 243; 112 II 442.
Vgl. im übrigen für das deutsche Recht DEUTSCH 146/47; für das österreichische Recht KOZIOL I 140 ff.

[15] Die Entstehung der Adäquanz-Formel ist natürlich häufig dargestellt worden. Das soll hier nicht wiederholt werden; statt dessen sei hingewiesen auf WEITNAUER; FG Oftinger 323 ff.; eine Darstellung findet sich z. B. auch bei STARK, Diss. 11 ff.

[16] Vgl. vor allem die Diss. von GUSTAV RADBRUCH, Die Lehre von der adäquaten Verursachung (Berlin 1902); ausserdem GÜNTHER BERNERT, Die Leerformel von der Adäquanz, AcP 169 (1969) 421 ff.; LANGE 85 f., 92 ff.; LARENZ, Schuldrecht I 436 f.; WEITNAUER, FG Oftinger 321 ff. und viele andere.
Die Kritik knüpft vor allem an zwei Überlegungen an:
a) Das Wahrscheinlichkeitsurteil hänge vom Grad der Generalisierung ab, d. h. davon, welche Nebenbedingungen in die Prüfung der Wahrscheinlichkeit einbezogen werden. Als Beispiel wird in der deutschen Literatur häufig der sog. «Spitzhackenfall» (BGH VersR 1961, 465) angeführt. Bei Strassenarbeiten wurde ein Passant von einem wegfliegenden Eisensplitter des Pickels eines Arbeiters am Auge verletzt. Die Wahrscheinlichkeit des Wegfliegens eines Eisensplitters wurde von den Fachleuten als sehr gering beurteilt, viel geringer als diejenige des Wegfliegens von Splittern im allgemeinen. Das Adäquanzurteil wurde dann nicht auf die Verletzung durch einen Eisensplitter, sondern auf die Verletzung durch einen Splitter irgendwelcher Art abgestützt und die Adäquanz bejaht.
Der Einwand, dass unklar ist, wie weit man generalisieren muss, d. h. von welchen Nebenbedingungen zu abstrahieren ist, ist richtig. WEITNAUER (FG Oftinger 336 f.) sieht darin aber einen Vorteil: «Durch die Art der Generalisierung kann der Jurist ... die wertenden Gesichtspunkte einführen, die auch nach Ansicht des BGH beim Adäquanzurteil mitspielen müssen. Was also, rein logisch-rational gesehen, eine Schwäche bedeutet, wird innerhalb der rechtlichen Beurteilung zum Vorzug der Flexibilität, welcher die der Natur der Sache gerecht werdende Wertung erlaubt» (S. 337).
b) Die Adäquanz führe in der heute herrschenden Form der nachträglichen Prognose zu keiner nennenswerten Begrenzung der Haftung, da einem ex post urteilenden, optimalen (oder erfahrenen) Beobachter nichts entgehen könne (LANGE 93). Zudem sei der Grad der für die Bejahung der Adäquanz notwendigen Erhöhung der Wahrscheinlichkeit zu unbestimmt. Auch diese Einwände sind an sich richtig. Doch ist dazu zu sagen, dass der Prozess der Zurechnung eben nicht mechanistisch vor sich geht, sondern ein Werturteil

stehenden Erfolges *massgebend*[17] bestimmte, d. h. nicht nur nebenbei beteiligt war und durch eine andere ersetzt werden könnte, ohne dass eine andere Wirkung eintreten würde. Das wird meistens diejenige Bedingung sein, die mit einer gewissen Wahrscheinlichkeit zum nachher eingetretenen Erfolg führt. Aber wir können diese Wahrscheinlichkeit nicht statistisch

bleibt, welches naturgemäss «unscharf» ist. Das Argument Weitnauers, dass dies einen Vorteil darstelle, gilt auch hier. Hinzu kommt, dass die von einzelnen Autoren der Adäquanz-Theorie vorgezogene Schutzzwecklehre auch keine eindeutigen Kriterien liefert (vgl. KRAMER, JZ 1976, 346).
Diese Kritik betrifft die Verwendung der Wahrscheinlichkeit als Kriterium, d. h. eines statistischen Begriffes, der im Recht schwer anzuwenden ist und, wenn dies einmal nicht zutrifft, zu problematischen Ergebnissen führen kann. Deshalb wird in den folgenden Ausführungen die *Eignung* der Ursache in den Vordergrund gestellt.

[17] Man muss sich vor Augen halten, dass jedes Ereignis von einer Unzahl von Bedingungen verursacht wird. Viele von ihnen sind alltäglich und wirken in Bedingungsgruppen ganz verschiedener Erfolge mit. Das sollen einige Beispiele veranschaulichen:
– Die Sommerzeit wird eingeführt. Es wird immer mehrere Personen geben, die ihre Uhren zu spät vorstellen und irgendwo zu spät kommen. Wenn sie eine Stunde früher über die Strasse gegangen wären, wäre kein Auto gekommen und hätte sie angefahren. Sie wären ohne ihren Fehler vielleicht auch nicht nach dessen Entdeckung in grosser Eile zur Arbeit gegangen und deswegen im Verkehr unaufmerksam gewesen. Sie hätten nicht den Zug verpasst und einen Zug genommen, der nachher verunfallte. Oder sie wären mit ihrem Auto nicht in eine Geschwindigkeitskontrolle geraten und gebüsst worden usw.
– A ist stark erkältet. Dies kann eine Bedingung dafür sein, dass er unaufmerksam über die Strasse geht und einen Unfall erleidet oder dass er sich bei einem Arbeitgeber, bei dem er sich um eine Stelle beworben hat, nicht vorstellen kann und die Stelle nicht erhält. Oder dass er in einer Aufnahmeprüfung viele Fehler macht und durchfällt. Oder dass er dem Arzt telefoniert, dessen Gehilfin zum Telefon eilt und dabei über eine zu Boden gefallene Krücke stolpert.
– Ein grosser Hund bellt. Das kann ein Kind veranlassen, aus Angst zu weinen und den Vater, dem Kind zu Hilfe zu eilen, wobei er stürzt und einen Beinbruch erleidet. Das Bellen des Hundes kann aber auch Kühe auf der nahen Weide in die Flucht jagen, die dabei einen Elektrozaun durchbrechen und auf einer Autostrasse einen Unfall verursachen. Das Bellen kann aber auch einen Nachbarn aus dem Schlaf wecken, worauf er aufsteht, dabei ausgleitet und sich das Handgelenk bricht.
Diese Beispiele lassen sich natürlich beliebig vermehren.
Andere Bedingungen haben einen spezifischen Charakter und führen viele Bedingungsgruppen zu ähnlichen Schadenfolgen. Auch hiefür einige Beispiele:
– Eine Treppe ist zu stark gewichst. Wenn das überhaupt Folgen hat, handelt es sich fast immer um einen Sturz eines Treppenbenützers, der wegen irgendwelcher unspezifischer Bedingungen die Treppe benützt.
– Ein Röntgenapparat ist nicht richtig eingestellt und gibt zu hohe Dosen an Röntgenstrahlen ab. Das führt zu Röntgenverbrennungen von Personen, die wegen verschiedenartigsten Bedingungen sich einer Röntgentherapie unterziehen.
Auch diese Beispiele lassen sich beliebig vermehren.

erfassen[18]. Deshalb spricht die Umschreibung der Adäquanz von der *Eignung*[19], den eingetretenen Erfolg zu bewirken. Allerdings führt die in der Formel ebenfalls enthaltene Begünstigung der Entstehung des Erfolges zum Gedanken der Wahrscheinlichkeit, die wir aber ohne – meistens fehlende – Statistik aufgrund der Eignung abschätzen[20]. Die Adäquanz ist daher nach den qualitativen (und nicht nach quantitativen) Eigenschaften einer Bedingung zu beurteilen[21]. Die Beantwortung der Adäquanzfrage beruht dementsprechend auf einem *Werturteil*. Wer eine inadäquate Bedingung setzt, wird dadurch nicht verantwortlich.

Die Adäquanz ist aber nur zu bejahen, wenn der *ganze* Kausalablauf des konkreten Falles der Eignung entsprochen hat. Wenn für ein Zwischenglied die Eignung zu verneinen ist, hat die an und für sich zur Herbeiführung des eingetretenen Ereignisses generell geeignete Ursache diesen Erfolg nicht entsprechend dieser Eignung verursacht[22]. Die Art des Erfolges entspricht zwar der Art der haftungsbegründenden Ursache; diese hat sich aber nicht entsprechend ausgewirkt. Dass der Erfolg im Adäquanzbereich der haftungsbegründenden Ursache liegt, ist einer anderen conditio sine qua non der Wirkung zuzuschreiben, in deren Adäquanzbereich sie ebenfalls lag. Einem Zwischenglied fehlt z. B. die Adäquanz, wenn ein von

---

[18] Stehen aufgrund von Statistiken und Wahrscheinlichkeitsrechnungen Zahlen zur Verfügung, so können diese eine Grundlage bilden für die Beurteilung des «gewöhnlichen Laufs der Dinge»; vgl. WEITNAUER, FG Oftinger 334. Die juristische Wertung geht aber vor. So ist der adäquate Kausalzusammenhang zu bejahen, wenn mit einer Pistole auf 100 m Entfernung auf einen Menschen geschossen und dieser verletzt wird, obwohl die Wahrscheinlichkeit, ihn zu treffen, sehr gering ist; vgl. KELLER/GABI 29.

[19] Das Abstellen auf die Eignung bedeutet, dass man prüft, ob eine Bedingung nicht nur in einer bestimmten Bedingungskonstellation, sondern bei *verschiedenen* Nebenbedingungen zum eingetretenen Erfolg führen wird. Der Betrieb eines Autos ist unter den verschiedensten Nebenbedingungen geeignet, zur Körperverletzung eines Menschen zu führen. Wenn er die conditio sine qua non einer Körperverletzung ist, wird daher der Kausalzusammenhang als adäquat bezeichnet.
Vgl. ENNECCERUS/LEHMANN 66: «Selbst bei Vorliegen dieses Bedingungsverhältnisses kann aber der Schaden im Rechtssinne *dann nicht als zurechenbare Folge der fraglichen Tatsache* betrachtet werden, wenn diese *ihrer allgemeinen Natur nach für die Entstehung eines derartigen Schadens ganz gleichgültig (indifferent)* war und *nur infolge anderer aussergewöhnlicher Umstände zu einer Bedingung des Schadens* wurde, wenn sie also dem eingetretenen Schaden *inadäquat* war.»

[20] Vgl. das Beispiel von STARK, Diss. 15/16 mit dem Funken der Klingel, der das sich in einer Wohnung befindende Gas-Luft-Gemisch zur Explosion bringt. Hier war die Wahrscheinlichkeit gross, wenn man das Gas in der Wohnung berücksichtigt, aber sehr klein, wenn man davon absieht.

[21] Vgl. STARK, Diss. 18 ff.

[22] Vgl. STARK, Diss. 25.

Sportautos masslos begeisterter Fussgänger auf dem Trottoir beim Vorbeifahren eines Maserati aus lauter Bewunderung einen Schritt rückwärts macht und dabei eine gehbehinderte Person umwirft. Der Betrieb des Maserati ist zwar conditio sine qua non der Verletzung der gehbehinderten Person; er ist aber nicht die adäquate Ursache, weil er sich im konkreten Fall nicht entsprechend dieser Eignung ausgewirkt hat, d. h. weil der Schritt des Fussgängers nach hinten ein Zwischenglied in der Kausalkette zwischen dem Betrieb des Maserati und der Verletzung des Geschädigten darstellt, das keine adäquate Folge ist.

18 Die Adäquanz ist die rechtlich massgebende Eigenschaft des Zusammenhangs zwischen einer bestimmten Ursache und ihrer Wirkung oder Folge. Man spricht auch von einem adäquaten Erfolg einer Bedingung; der Kausalnexus zwischen beiden wird als adäquater Kausalzusammenhang bezeichnet, wobei das Wort «adäquat» bedeutet, dass er als *rechtlich relevant* betrachtet wird. Die Frage der Adäquanz ist dementsprechend Rechtsfrage und wird vom Bundesgericht überprüft, während der natürliche Kausalzusammenhang Tatfrage ist.

19 Die Erfahrung zeigt, dass die Frage der Adäquanz in der Regel ohne ernste Zweifel entschieden werden kann[23].

20 Die *Funktion* des juristischen Kausalbegriffes ist eine doppelte: Steht die adäquate Verursachung eines bestimmten schädigenden Ereignisses durch eine bestimmte Ursache fest, so lässt sich im weiteren das zurechenbare Ausmass des Schadens wiederum nach der Adäquanztheorie bestimmen[24]. Der Kausalbegriff dient also nicht nur zur Bestimmung der Haftungsvoraussetzungen, sondern auch zur Abgrenzung des zurechenbaren Schadens im Einzelfall. Man unterscheidet dementsprechend zwischen der *haftungsbegründenden* und der *haftungsausfüllenden* Kausalität.

21 Die Adäquanztheorie führt zu einer Begrenzung der Haftpflicht, was als *rechtspolitischer Zweck* dieser Lehre bezeichnet werden kann[25]. Diese eigentlich wirtschaftliche Betrachtungsweise ist aber nicht die entscheiden-

---

[23] Es gibt verhältnismässig wenige Urteile, in denen die Adäquanz verneint wurde; vgl. die Kasuistik hinten N 29 f. Daraus kann geschlossen werden, dass die Adäquanz dem allgemeinen Rechtsempfinden entspricht: Für inadäquate Folgen wird kaum je prozessual Schadenersatz verlangt.

[24] Ein adäquat verursachter Beinbruch führt wegen eines ärztlichen Kunstfehlers zu einer Invalidität. Hier stellt sich die Frage, ob die Invalidität noch dem Verursacher des Beinbruches zuzurechnen ist; vgl. LANGE 94 f.; LARENZ, Schuldrecht I 437 f.; BGE 116 II 520.

[25] Vgl. BGE 96 II 396 mit Hinweisen; 107 II 276; Brehm N 161 zu OR 41.

II. «Normalfall» § 3

de Begründung für die allgemeine Anerkennung dieser Theorie. Diese ist vielmehr darin zu sehen, dass es nicht dem Rechtsempfinden entsprechen würde, eine Schadenersatzpflicht an inadäquate Bedingungen zu knüpfen. Das Haftpflichtrecht würde dadurch seine Plausibilität verlieren.

In der neueren Literatur wird durchwegs betont, dass der adäquate Kausalzusammenhang *ex post* beurteilt wird, mittels der sog. nachträglichen Prognose, d. h. vom Gesichtspunkt des Richters aus in Kenntnis des nunmehr eingetretenen Erfolges und der gesamten tatbeständlichen Situation[26]. Es kommt auf alle Fälle nicht darauf an, ob der fragliche Haftpflichtige *subjektiv* mit einem bestimmten Erfolg rechnen musste, sondern darauf, ob der eingetretene Erfolg *objektiv* geeignet ist, als Wirkung einer bestimmten Ursache betrachtet zu werden. Dies entspricht der vorn (N 15) dargelegten Begründung der Adäquanztheorie. Die *Voraussehbarkeit* für den Verursacher spielt bei der Beurteilung des Kausalzusammenhanges keine Rolle; sie hängt auch von den für den Verursacher erkennbaren Mitbedingungen ab, nicht nur von der spezifischen Natur der Bedingung, an die die Haftpflicht geknüpft wird. Sie ist demgegenüber massgebend für die Beurteilung der Frage, ob eine Verschulden vorliegt und in welchem Grad[27].

22

---

[26] BGE 33 II 500, 571; 38 II 255; 70 II 177; 80 II 344; BECKER N 31 zu OR 41; BREHM N 120, 122 zu OR 41; KELLER/GABI 29; GMÜR 55 ff.; RÜMELIN 189, 260, 267; FROMHERZ, Die zusammenfassende Neuregelung ... AcP 130, 78; WEITNAUER, FG Oftinger 338 f. A. M. v. THUR/PETER 97; LANZ 60 ff.; OSER/SCHÖNENBERGER N 85 zu OR 41; BÜRGI 117; HÄBERLIN 31; v. CLERIC, Betrug verübt durch Schweigen (Zürich 1918) 55. Ebenso der überwiegende Teil der deutschen Literatur; vgl. DEUTSCH 148; LARENZ, Schuldrecht I 436; LANGE 88; ferner auch KOZIOL I 140 ff.
Die Frage ist mehr theoretischer als praktischer Natur und, wie erwähnt, umstritten. Ein bestimmter Umstand kann je nach den in die Betrachtung einbezogenen Nebenbedingungen eine ganz verschieden grosse Eignung zur Herbeiführung eines bestimmten Erfolges haben. Wenn *alle* Nebenbedingungen einbezogen werden, trat der Erfolg mit Notwendigkeit ein. Wenn man ex post weiss, dass eine für den eingetretenen Erfolg spezifische Bedingung – die aber nicht als rechtlich relevante Schadensursache zur Diskussion steht – mitgewirkt hat, ergibt sich auch für eine ganz unbedeutende Nebenbedingung eine grosse Wahrscheinlichkeit der Verursachung des Schadenfalles: Wer ein Pferd auf einer eingezäunten Wiese weiden lässt, auf die ein Flugzeug abstürzt – was man ex post weiss –, führt aufgrund der nachträglichen Prognose mit grosser Wahrscheinlichkeit den Tod des Pferdes herbei. Das heisst aber keineswegs, dass er den Schaden adäquat verursacht habe.

[27] Das ist von der Praxis nicht immer beachtet worden; vgl. BGE 36 II 22; 41 II 88; 64 II 199; 75 II 72. Zutreffend BGE 41 II 93; 42 II 365; 48 II 151; 87 II 127/28, 308; ZR 54 Nr. 7 S. 24. Spricht man von einer *objektiven* Voraussehbarkeit, so kann damit die objektive Beurtei-

23 Die Adäquanzlehre vermag die Dienste zu leisten, die man von ihr erwarten darf. Grenzfälle treten selten auf. Sie verweist auf die Wertung, ob die Zurechnung der fraglichen Ursache oder Folge billig und daher gerechtfertigt ist[28]. Eine solche Reduktion der Grundlagen eines Entscheides ist im Recht nicht singulär[29].

24 Gelegentlich trifft man auf Äusserungen, die von einer mehr oder weniger grossen oder aber geringen *Intensität* des Kausalzusammenhanges, einem lockeren oder entfernten Kausalzusammenhang und dergl. sprechen[30]. Gemeint und zum Teil ausdrücklich erwähnt wird aber, dass sich diese geringere Intensität auf die Adäquanz und nicht auf den Kausalzusammenhang als solchen bezieht[31].

25 Eine Abstufung der Adäquanz ist ebenfalls nicht geboten, obschon die eine Ursache mehr, die andere weniger geeignet sein mag, einen bestimmten Erfolg herbeizuführen. Die Unterscheidung zwischen einer maximalen und einer minimalen Adäquanz würde zu einer unerträglichen Rechtsunsicherheit führen. Das Rechtsempfinden (vgl. vorn FN 23) verlangt die Ablehnung der Schadenersatzpflicht nur bei inadäquaten Bedingungen[32].

---

lung der Adäquanz (so sinngenmäss BGE 81 II 445/46; 85 II 354) gemeint sein; missverständlich 83 II 412.
Nicht im Interesse der Klarheit hat es gelegen, wenn die bundesgerichtliche Praxis früher gelegentlich von einem «Schuldzusammenhang» gesprochen hat, der einmal vom Kausalzusammenhang unterschieden (BGE 26 II 100), ein andermal mit ihm identifiziert wurde (BGE 36 II 22). Vgl. dazu GMÜR 55 ff.; STARK, Diss. 29 ff.
Vgl. zum Schuldzusammenhang hinten N 31.

[28] Vgl. WEITNAUER, FG Oftinger 337; HONORÉ, Vol. XI Chapter 7, Ziff. 47. – Hieher gehört nicht die alte, freilich theoretische Frage, ob der Schädiger für eine ganz ungewöhnliche (also inadäquate) Folge, die nur gerade er vorausgesehen hatte, hafte. Vgl. dazu hinten § 5 N 70.

[29] Das Wort «Adäquanz» sagt nichts aus, ausser dass ein blosser Bedingungszusammenhang rechtlich nicht relevant ist und dass über die juristische Bedeutung eines solchen Zusammenhanges in einem Werturteil nach richterlichem Ermessen zu entscheiden ist. Dafür kann dem Richter wie für viele andere von ihm erwartete Werturteile und wie es dem Wesen des Werturteils entspricht, kein genauer Massstab gegeben werden. Auch wer die von der Adäquanzlehre herbeigezogenen Kriterien als zu wenig klar betrachtet, muss zugeben, dass diese Theorie dem Richter doch mindestens die Terminologie liefert, mit der er seine Wertung begründen kann.

[30] Vgl. BGE 33 II 570; 36 II 24; 66 II 175

[31] Da alle conditiones sine quibus non gleichwertig sind, ist in bezug auf sie eine Unterscheidung von Intensitätsgraden von vornherein ausgeschlossen.

[32] BREHM N 53 f. zu OR 43 will demgegenüber bei bestehender Adäquanz des Kausalzusammenhanges dem Richter die Möglichkeit geben, wegen ihrer geringen Intensität die Entschädigung herabzusetzen. Das ist abzulehnen, und es erscheint im übrigen auch nicht als eindeutig, dass dieser Schluss sich aus der dort angeführten Judikatur ergibt.

II. «Normalfall» § 3

Das Hinzutreten zusätzlicher adäquater Ursachen – neben derjenigen, an die die Haftpflicht primär geknüpft werden soll – kann die Adäquanz als weniger intensiv erscheinen lassen. Das ist aber kein Grund zur Schadenersatzreduktion, sondern wirkt sich unter Umständen bei der internen Verteilung des Schadens auf mehrere solidarisch Haftpflichtige aus. Eine Reduktion kann sich ergeben bei mitwirkendem Zufall oder bei Verschuldenshaftung aus dem Grundsatz der Proportionalität zwischen Verschulden und Haftpflicht (vgl. hinten N 86).

26

Eine geringere Intensität der Adäquanz des Kausalzusammenhanges könnte namentlich dann angenommen werden, wenn zwischen der fraglichen Ursache und der eingetretenen Wirkung eine gewisse *Zeit* verflossen ist. Hier ist zu erwähnen, dass die Adäquanzlehre (auch) dazu dient, die rechtliche Relevanz eines Kausalzusammenhanges zu begrenzen. Es wäre aber nicht vertretbar, diese Begrenzung langsam zunehmen zu lassen.

27

Kasuistik

28

Das *Vorliegen eines Kausalzusammenhanges* wurde in folgenden als Beispiele zu betrachtenden Fällen

1. *bejaht:*

29

— Plötzliches Auftreten und Bellen eines grossen Hundes; Schreckwirkung bei einer Frau: Sturz; Verletzung an der Hüfte; Haftbarkeit des Tierhalters (OR 56; BGE 26 II 569).
— Ein Reisender erwirbt bei einer Eisenbahnkatastrophe infolge des Schreckens ein Herzleiden; Haftbarkeit der Eisenbahnunternehmung (BGE 19, 801 ff.).
— Drohender Zusammenstoss zwischen Pferdefuhrwerk und Automobil; Schreckwirkung bei einer Insassin des Fuhrwerks, traumatische Neurose; Haftbarkeit des Automobilisten (BGE 51 II 80).
— Aussergewöhnliche psychoneurotische Störungen als Unfallfolgen (BGE 80 II 343/44); desgleichen Begehrungsneurose (BGE 96 II 396 ff.). – Über das allgemeine Problem der neurotischen, hysterischen und dergl. Unfallfolgen hinten § 6 bei N 94 ff.; die Adäquanz ist in der Regel zu bejahen. – Erleidet ein unbeteiligter Zuschauer infolge des Schreckens nervöse Störungen, so *kann* die Adäquanz gegeben sein (MAURER 112).
— Zu rasches Fahren eines Automobils; Scheuen von Kühen; die Kühe überrennen und treten eine Person; Haftbarkeit des Automobilisten (BGE 31 II 419. Ferner BGE 34 II 16; 29 II 278).
— Sturz eines auf einer Leiter stehenden Monteurs, den ein elektrischer Schlag getroffen hat, auf einen unter ihm stehenden Arbeiter; Verletzung desselben; Haftbarkeit des Betriebsinhabern der elektrischen Anlage (BGE 35 II 35; vgl. auch ZBJV 53, 438).
— Das Tor der Bretterwand eines Bauplatzes wird durch die Arbeiter eines Bauunternehmers ausgehängt und an die Wand gelehnt; ungefähr acht Stunden später wirft ein heftiger Windstoss das Tor um, das auf einen Passanten fällt und ihn verletzt; Haftbarkeit des Bauunternehmers (OR 55; BGE 57 II 40).
— Der Knabe A wirft bei einem Streit als erster mit einem Stein nach dem Knaben B; B wirft ebenfalls einen Stein, trifft und verletzt aber das Mädchen C; Haftbarkeit des Vaters A als Familienhaupt (ZGB 333, BGE 38 II 473).

§ 3   Kausalzusammenhang

— Motorradfahrer A fährt auf der linken Strassenseite; Zusammenstoss mit dem Auto B, das dadurch auf die linke Strassenseite geschleudert wird; Motorradfahrer C fährt in das Auto B hinein und erleidet Verletzungen, an denen er stirbt; Haftbarkeit des Motorradfahrers A (BGE 60 II 418).
— Der Automobilist A will den Lastwagen B überholen; dies veranlasst den entgegenfahrenden Automobilisten C zum Bremsen und, nachdem A den Wagen B gestreift hat, zum Anhalten; Motorradfahrer D prallt gegen das Auto C und verunfallt; Haftbarkeit des A (BGE 83 II 409 ff.).
— Der Automobilist A ist genötigt, wegen eines plötzlich auf die Strasse springenden Rindes, das dem C gehört, scharf zu bremsen; der hinter A rollende Motorradfahrer B vermag seinerseits nicht rasch genug zu bremsen, weshalb er mit dem Fahrzeug A kollidiert und verunfallt; adäquater Kausalzusammenhang zwischen diesem Unfall und der Unsorgfalt des Tierhalters C (OR 56; AGVE 1958, 34).
— Ein Vater lässt seinen Sohn auf seinem Motorrad fahren, obwohl er keine Bewilligung besitzt und keine Haftpflichtversicherung abgeschlossen hat; der Sohn verursacht einen Unfall; Haftbarkeit des Vaters (OR 41; BGE 61 II 89).
— Der Zechkumpan, der zusammen mit einem Strolchenfahrer ein von diesem entwendetes Motorfahrzeug besteigt, ist adäquater Mitverursacher des am Fahrzeug entstandenen Schadens und (solidarisch mit dem Fahrer, OR 50, SVG 75) haftbar (SJZ 62, 172).
— Auf einem Landungssteg wird einer Person ein Fuss zerquetscht, als das Dampfschiff gegen den Steg stösst; Tod an Starrkrampf; Haftbarkeit der Schiffsunternehmung (BGE 36 II 90).
— Beim Rangieren eines Güterwagens erleidet ein hiemit befördertes Pferd eine leichte Verletzung; diese führt zu einer (behauptetermassen seltenen) Infektion mit Starrkrampf, wegen der das Tier notgeschlachtet wird; Haftbarkeit der Bahn (BGE 87 II 126f.).
— Unfall; Tod bei der Operation (ZR 42 Nr. 54 S. 186 = SJZ 39, 571).
— Sturz in ein Kellerloch; Beinbruch; im Spital zweiter Sturz infolge der Unbeholfenheit wegen des ersten Beinbruches; Haftbarkeit des Werkeigentümers auch für die Folgen des zweiten Sturzes (OR 58; BGE 33 II 570/71).
— Durch unzweckmässige ärztliche Behandlung bewirkte Erschwerung der Unfallfolgen (BGE 80 II 353); Auslösung einer Krankheit durch ein zur Behandlung von Unfallfolgen verabreichtes Heilmittel (BGE 66 II 174/75).
— Ein Verunfallter befindet sich zur Behandlung einer Körperverletzung, für die sein Arbeitgeber haftpflichtig ist, im Spital; ein anderer Patient zündet sich eine Zigarre an, wobei ein glühendes Teilchen auf den mit Alkohol getränkten Verband jenes Verunfallten gerät; der Verband brennt mit grosser Heftigkeit; schwere Handverletzungen infolge des Brandes; Haftbarkeit des Arbeitgebers des Verunfallten auch für die Folgen der Verbrennung (BGE 43 II 241 ff.).
— Über das allgemeine Problem der Folgen eines neuerlichen Unfalles oder einer Erkrankung während der Heilungsdauer des ersten Unfalles sowie der Folgen unzweckmässiger ärztlicher Behandlung und dgl. hinten N 105.
— Ein Garagist lagert entleerte Benzinfässer auf einem öffentlichen Platz; ein Knabe hält ein Zündholz daran, wodurch eine Explosion entsteht; Haftbarkeit des Garagisten (BGE 66 II 115, 119/20).
— Im Mechanismus der Abfüllvorrichtunmg einer Tanksäule löst sich eine Schraubenmutter und bleibt in einem Ventil stecken, so dass der Benzinstrom nicht mehr abgestellt werden kann; beim Anlassen des tankenden Automobils entsteht ein Brand. Haftbarkeit des Eigentümers der Tanksäule für die Folgen des Brandes (OR 58; ZR 54 Nr. 7 S. 27 ff.).
— Organisation einer politischen Demonstrationsversammlung und eines Demonstrationszuges gegen ein Gefängnis in Zeiten politischer Erregung; Sachbeschädigungen am Gefängnisgebäude; Haftbarkeit der Organisatoren der Versammlung und des Zuges (BGE 48 II 150).

II. «Normalfall» § 3

— Legalisation einer gefälschten Unterschrift durch einen Notar; Schaden infolge einer gestützt auf die Unterschrift gemachten Zahlung; Haftbarkeit des Notars aus unerlaubter Handlung (BGE 42 II 600).
— Eine Bank erteilt einem Unternehmen für einen bedeutenden Betrag bewusstermassen eine ungerechtfertigte Gutschrift; damit trägt sie dazu bei, Dritte (die nachmals Geschädigten), die sich für das Unternehmen interessieren, über dessen finanzielle Lage zu täuschen und zu Geschäften zu veranlassen, die für sie nachteilig sind; Haftbarkeit der Bank (BGE 89 II 250).
— Unerlaubte Beziehungen eines Dritten zu einer Ehefrau; durch die Untergrabung und Auflösung der Ehe werden bestimmte geschäftliche Beziehungen des Ehemannes verunmöglicht, wodurch diesem Schaden entsteht; Haftbarkeit des Dritten aus unerlaubter Handlung (BGE 43 II 325).
— Der 15jährige Knabe A überlässt dem 12½jährigen Knaben B ein Luftgewehr; B geht damit fahrlässig um und trifft den Knaben C ins Auge; Haftbarkeit des A (SJZ 63, 236 ff. = ZR 67 Nr. 107 S. 210 ff.).
— Ein Arbeitgeber stellt ein Arbeitszeugnis aus, in dem er die deliktischen Handlungen des Arbeitnehmers nicht erwähnt. Dieser wird von einem neuen Arbeitgeber angestellt, bei dem er sich wieder Unterschlagungen zuschulden kommen lässt (BGE 101 II 69).
— Beschädigung eines elektrischen Kabels; Haftung des Bauunternehmers für die bei zwei Strombezügern durch den Ausfall entstandenen Schaden (BGE 102 II 85)
— Flucht vor einem angreifenden Hund auf eine an einen Silo gelehnte Leiter. Die Leiter wird verfehlt, und der Flüchtende stürzt in eine Grube; Haftbarkeit des Tierhalters (BGE 102 II 232).
— Das Dach eines Lastwagenanhängers stösst in einem Tunnel an die Tunneldecke; Haftung des Strasseneigentümers, weil das Signal «Höchsthöhe» fehlte (BGE 103 II 240).
— Drei 9jährige Knaben spielen mit Pfeil und Bogen; einer wird verletzt; solidarische Haftung der beiden andern (BGE 104 II 184).
— Lastwagen stösst gegen die Mauer einer Tordurchfahrt; Haftung des Werkeigentümers (BGE 108 II 51).
— Haftung des Strasseneigentümers, der während Bauarbeiten die Benützung der Strasse erlaubt (BGE 108 II 184).
— Absturz eines Militärflugzeuges verursacht den Tod zweier Kinder; Vater erleidet einen Nervenschock infolge der bösen Nachricht (BGE 112 II 118).
— Behördl. Empfehlung nach dem Reaktorunglück von Tschernobyl betr. Verzehr von Blattgemüse; Haftung für die durch den Konsumrückgang bewirkte Unverkäuflichkeit der Ernte (BGE 116 II 480).

2. *Verneint:* 30

— Ankauf eines Flobertgewehres durch den Vater A; Schenkung des Gewehres an sein Kind B; das Kind C, dem B das Gewehr überlassen hat, verletzt durch einen Schuss das Kind D; keine Haftbarkeit des A aus OR 41 (BGE 41 II 94; vgl. auch BGE 29 II 303). – Kritik SJZ 63, 236 ff., wo in einem ähnlichen Fall mit Recht umgekehrt entschieden wurde (siehe soeben).
— Ein Hund beisst einen Passanten in die Hose; auf der anderen Strassenseite angelangt, wirft er einen Stein nach dem Hund, verfehlt ihn und zertrümmert eine Scheibe; keine Haftbarkeit des Hundehalters (SJZ 10, 275).
— Der Fabrikant einer Uhr belässt eine falsche Karatangabe auf der Schale; ein Zwischenhändler erleidet Schaden, weil ihn der Käufer der Uhr mit einer unbegründeten Strafklage verfolgt; keine Haftbarkeit des Fabrikanten (BGE 67 II 134).
— Ausbruch eines Brandes infolge eventueller Mängel eines Werkes; Feuerwehrleute werden durch eine Explosion, die sich anlässlich der Löscharbeiten ereignet, getötet; keine Haftbarkeit des Werkeigentümers (SJZ 43, 159).

— Ein Radfahrer verstrickt sein Fahrrad mit demjenigen eines anderen Radfahrers; im Begriff, beide Fahrzeuge voneinander zu lösen, wird er, auf der Strasse stehend, von einem Auto überfahren; kein adäquater Kausalzusammenhang zwischen dem letzteren Ereignis und dem allfälligen Selbstverschulden, das zur Verstrickung der Fahrräder geführt hat (Sem.jud. 1954, 513).
— Ein Automobilist, der nur einen Lernfahrausweis besitzt, führt sein Auto sehr oft verbotenerweise ohne Begleitperson; die Polizeibehörde, obwohl darüber unterrichtet, versäumt es pflichtwidrig, rechtzeitig dagegen einzuschreiten; einen Verkehrsunfall verursachend, tötet der Automobilist vier Personen, verletzt sechs schwer und sieben leicht; keine Haftbarkeit des Kantons für die Polizeibehörde (BGE 97 I 537). Das Urteil ist verfehlt. Kritik von HANS HUBER in ZBJV 103, 528 f.
— Laufenlassen des Motors eines Baggers während der Abwesenheit des Baggerführers; ein Lastwagenchauffeur hantiert daran herum, wodurch sich der Bagger in Bewegung setzt, in eine Baugrube stürzt und Schaden nimmt; keine Adäquanz des Laufenlassens des Motors (BGE 98 II 291).
— Registervater gewinnt einen Vaterschafts-Aberkennungsprozess gegen seine geschiedene Ehefrau, kann aber die ihm zugesprochenen Prozesskosten und -entschädigung nicht eintreiben, da die Beklagte zahlungsunfähig ist; Schadenersatzklage gegen den ausserehelichen Schwängerer; Kausalzusammenhang vom kantonalen Appellationshof bejaht; Bundesgericht würde eher verneinen, lässt die Frage aber im Verfahren der staatsrechtlichen Beschwerde offen (BGE 109 II 4).
— Ein Hund springt bellend einem 12jährigen Mädchen entgegen, das die Flucht ergreift und seinen Vater zu Hilfe ruft. Dieser läuft zu ihm, stürzt und bricht sich ein Bein. Adäquanz des Kausalzusammenhanges mit dem Verhalten des Hundes verneint (BGE vom 12. 2. 1959 i. S. Willemin gegen Martella).

C. Schuldzusammenhang

31   Eine schuldhafte Verursachung eines Ereignisses ist immer adäquat kausal. Wenn der Verursacher die Möglichkeit des Ereignisses voraussehen kann (vgl. hinten § 5 N 16 ff., 52 ff.), so ist sein Verhalten unter Berücksichtigung der ihm bekannten Nebenbedingungen generell geeignet, den Erfolg zu bewirken. Die Voraussetzung der Adäquanz des Kausalzusammenhanges führt also für die *Haftungsbegründung* nicht zu einer Einschränkung oder, mit andern Worten, man kann hier auf die Prüfung der Adäquanz verzichten[33]. Für die *Haftungsausfüllung* hingegen, also für die Bestimmung der zurechenbaren Folgen, ist die Adäquanzlehre auch bei der Verschuldenshaftung tauglich; denn der Schädiger haftet auch für die nicht voraussehbaren, aber adäquat verursachten Folgen der von ihm vorausgesehenen Wirkung[34].

---

[33] Vgl. SCHWARTZ 1 ff.; MAURER 51 ff.; LANZ 68 ff.; STARK, Diss. 36; A. KELLER I 71; WEITNAUER, FG Oftinger 325 f.; LANGE 96 f.; LARENZ, Schuldrecht I 441 FN 65; BÜRGI 93 ff.; OSER/SCHÖNENBERGER N 84 zu OR 41; PERRIG, SJZ 58, 302; MORELL, SZS 9, 18; a. M. Vorauﬂ. 77 FN 20; ESSER, Schuldrecht I, Allg. Teil (4. A. Karlsruhe 1970) § 44 III 1b.
[34] Vgl. die in Bd. II/1 § 16 FN 57 zit. Lit. sowie KOZIOL I 140 f.

D. Normzwecklehre[35]

Wenn sich die Rechtswidrigkeit einer Schädigung aus der Verletzung einer Verhaltensnorm ergibt (Handlungsunrecht), erhebt sich die Frage, ob ein Erfolg des normwidrigen Verhaltens, der in den Schutzbereich der Norm[36] fällt, mit diesem Verhalten in einem adäquaten Kausalzusammenhang stehen muss, um eine Haftpflicht auszulösen[37], oder ob die Verletzung des Schutzzweckes für die Zurechenbarkeit genügt. 32

Dass die Verletzung einer Verhaltensnorm nur dann zu einer Haftpflicht führen kann, wenn ihr Schutzzweck verletzt ist, ist wohl eine Selbstverständlichkeit[38]. Aber der Schaden muss darüber hinaus eine adäquate und nicht nur eine zufällige Folge seines Verhaltens sein[39]. Die gegenteilige Auffassung vermischt die Haftungsvoraussetzungen der Rechtswidrigkeit 33

---

[35] In der Literatur spricht man auch vom Abstellen auf den Rechtswidrigkeitszusammenhang. Die Begriffe «Normzwecklehre» und «Lehre vom Rechtswidrigkeitszusammenhang» sind nicht völlig gleich. Bei letzterer wird geprüft, ob das in Frage stehende Verhalten für rechtswidrig erklärt worden ist, um den eingetretenen Erfolg abzuwehren. Die Anwendbarkeit ist auf Haftungen beschränkt, bei denen die Rechtswidrigkeit Haftungsvoraussetzung ist. Dies wird in Deutschland von den meisten Autoren für die Gefährdungshaftungen verneint.
Die «Normzwecklehre» (vgl. Larenz I 441) fragt hingegen danach, ob sich genau die Gefahr verwirklicht hat, vor der die jeweilige Verhaltensnorm schützen soll, und ob der geltend gemachte Schaden zu denjenigen Schäden zählt, für die die Haftungsnorm bei Verwirklichung des Risikos die Einstandspflicht gebietet (vgl. GEIGEL/SCHLEGELMILCH I N 7).
Ein anderes Wort für die «Normzwecklehre» ist «Lehre vom Schutzzweck der Norm».

[36] Vgl. hinten § 4 N 41. Dass eine Schädigung, die nicht in den Schutzbereich einer bestimmten Norm fällt, nicht wegen Verletzung dieser Norm rechtswidrig ist, ist wohl unbestritten.

[37] Darüber ist in Deutschland und Österreich viel Tinte geflossen; vgl. DEUTSCH I 152/53; KOZIOL I 168/69 und 238/39; ERNST A. KRAMER, Schutzgesetz und adäquate Kausalität, JZ 1976, 338 ff. Grundlegend sind die anfangs des Paragraphen aufgeführten Arbeiten von v. CAEMMERER; HEINRICH LANGE; HERMANN LANGE, Gutachten zum 43. DJT; STOLL; vgl. für die Schweiz die Diss. von LANZ, der die Adäquanztheorie durch die «Lehre vom Normzweck» ersetzen will.

[38] Wer ein Haus in einem Abstand von 28 m vom Waldrand baut, obschon das Gesetz einen Abstand von 30 m verlangt – angenommen, die Baubehörde habe den Fehler übersehen und die Baubewilligung erteilt –, kann nicht gestützt darauf verantwortlich gemacht werden, wenn seine Baumaschinen eine im Boden liegende Telefonleitung beschädigen.

[39] Ein Baggerführer entfernt sich von seinem Bagger für eine Viertelstunde, um eine für seine Arbeit nötige Verrichtung zu machen. Er sichert den Bagger, lässt aber den Motor im Leerlauf laufen, was, wie hier unterstellt wird, einer VO widerspricht. Der Bauplatz ist abgeschrankt. Wenn in seiner Abwesenheit ein anderer Arbeiter die Baggerschaufel

und des adäquaten Kausalzusammenhanges. Die praktische Bedeutung der Streitfrage ist gering[40].

E. Beweis des adäquaten Kausalzusammenhanges

34 Beweisen kann man nur den natürlichen Kausalzusammenhang zwischen einem Umstand und dem eingetretenen Erfolg. Er allein ist – in diesem Zusammenhang – ein Sachverhalt und daher grundsätzlich beweisbar. Das Bundesgericht ist insoweit an die Feststellungen der kantonalen Instanz gebunden, wenn diese nicht auf einer Verletzung bundesrechtlicher Beweisvorschriften[41], insbesondere einer willkürlichen Beweiswürdigung, beruhen.

35 Die Beweislast für den natürlichen Kausalzusammenhang obliegt dem Geschädigten. Es liegt in der Natur der Verhältnisse, dass an diesen Beweis keine allzu strengen Anforderungen gestellt werden dürfen, weil wir den natürlichen Kausalzusammenhang nicht direkt feststellen können. Wir können nur aufgrund der Lebenserfahrung unter Würdigung der beweisbaren Umstände darauf schliessen. Es muss daher genügen, wenn Erfolge der fraglichen Art normalerweise von einer Ursache wie der festgestellten bewirkt zu werden pflegen oder wenn umgekehrt Ereignisse wie das zu beurteilende normalerweise Erfolge wie den fraglichen hervorrufen, so dass an andere Ursachen vernünftigerweise wohl nicht zu denken ist: sog. *prima-facie-Beweis* (Beweis auf ersten Anschein, Anscheinsbeweis)[42]. Er setzt voraus, dass der Ablauf des Geschehens typisch ist; aufgrund der Lebenserfahrung betrachtet man den Kausalzusammenhang als gegeben. *Res ipsa loquitur.* Es tritt nicht eine Umkehrung der Beweislast ein; es

---

verschieben will, dabei aber falsch manipuliert und der Bagger sich deswegen in Bewegung setzt, ist der sich daraus ergebende Schaden nicht mehr eine adäquate Folge des Laufenlassens des Motors. Eine Haftpflicht des Baggerführers aus OR 41 I ist zu verneinen (vgl. den Tatbestand von BGE 98 II 291). Hiefür sei auf die von LARENZ, Schuldrecht I 440 zit. Lit. verwiesen.

40 Wenn man mit LARENZ, Schuldrecht I 441, und anderen deutschen Autoren Sinn und Zweck der die Haftung begründenden Norm (z. B. SVG 58) und nicht einer Verhaltensnorm zum Anknüpfungspunkt der Normzwecklehre macht, ergeben sich aus dieser Lehre nur sehr vage Anhaltspunkte für die Rechtsanwendung. Vgl. im übrigen DESCHENAUX, FG 100 Jahre Bundesgericht (Basel 1975) 408 ff.
41 Vgl. OG 43 III/63 II; BGE 109 II 469; 111 II 381; 113 II 56; 115 II 85, 485.
42 Vgl. OSCAR VOGEL, Grundriss des Zivilprozessrechts (3. A. Bern 1992) 10. Kap. N 53; GOTTWALD 14 f.; BGE 45 II 98; 90 II 232 f.; 107 II 273, 430.

II. «Normalfall» § 3

handelt sich vielmehr um ein Problem der Beweiswürdigung. Hohe Wahrscheinlichkeit[43] genügt. Nur durch diese Erleichterungen wird vermieden, dass in zahlreichen Fällen die anspruchsberechtigten Geschädigten wegen Beweisschwierigkeiten leer ausgehen[44].

Als genügend zu betrachten ist auch der *Indizienbeweis,* der Schlüsse 36
auf die beweisbedürftige Tatsache erlaubt[45].

Eine blosse Möglichkeit des Kausalzusammenhanges genügt dagegen 37
nicht, auch nicht für den prima-facie-Beweis[46]. Man muss sich hüten, der populären Maxime post hoc ergo propter hoc zu folgen.

Sobald der Beklagte eine ernsthafte andere Möglichkeit der Verursa- 38
chung beweist, fällt der prima-facie-Beweis dahin und ist der Kausalzusammenhang nicht dargetan.

Diese Ausführungen betreffen die *haftungsbegründende Kausalität:* 39
Hat ein Umstand, an den eine Haftpflicht geknüpft werden soll, das Schadenereignis verursacht oder nicht, d. h. war er conditio sine qua non oder nicht? Hier steht die schweizerische Lehre auf dem Standpunkt, dass – häufig je nach der Grösse der Wahrscheinlichkeit – der Richter aufgrund seiner Beweiswürdigung den Kausalzusammenhang bejahen oder verneinen muss. Eine Zwischenlösung besteht nicht. Bei Bejahung tritt volle Haftpflicht ein – unter Vorbehalt eventueller Reduktionsgründe –, bei Verneinung wird die Haftpflicht abgelehnt.

Dieses Vorgehen ruft Bedenken, weil von einem – meistens nicht aus- 40
drücklich festgehaltenen und zahlenmässig quantifizierten – Wahrscheinlichkeitsurteil ein Sicherheitsurteil abgeleitet wird. Ist es nicht problema-

---

[43] Über die Wahrscheinlichkeitslehre vgl. WEITNAUER in Karlsruher Forum 1966, Beiheft zu VersR 1968 12 ff.; QUENDOZ 93 ff.; über den Wert von Erfahrungssätzen allgemein WASSERMEYER, Der prima-facie-Beweis (Münster/Westfalen 1954). Zur Frage des Wahrscheinlichkeitsschlusses hinsichtlich medizinischer Schlussfolgerungen ZANGGER, Wahrscheinlichkeit, Wahrheit, Bewahrheitung im Versicherungsgutachten, Schweiz. Zeitschr. für Unfallmedizin und Berufskrankheiten 24, 151 ff.
Vgl. im übrigen BGE 57 II 208/09; 67 II 122; 90 II 232; 107 II 272/73, 430.

[44] Namentlich BGE 32 II 674; 57 II 208; 90 II 232; ferner als Beispiele 31 II 207; 32 II 253, 590; 41 II 705; 42 II 258; 45 II 97; 47 II 293, 410; 48 II 220; 57 II 52; SJZ 63, 162. – Aus der Literatur v. TUHR/PETER 99 nach FN 58; KUMMER, Berner Kommentar (Bern 1962) N 211, 362 f. zu ZGB 8; ROELLI/JAEGER, Kommentar zum VVG II N 9 zu VVG 62; GAUGLER in SVZ 26, 306 ff., 344 ff.; GEIGEL/SCHLEGELMILCH 37. Kap.; WEITNAUER, Beiheft zu VersR 1968, 12 ff.; DIEDERICHSEN, Beiheft zu VersR 1968 21 ff.; WASSERMEYER, Der prima facie-Beweis (Münster/Westfalen 1954) (kritisch); HONORÉ, Vol. XI Chapter 7 Ziff. 202.

[45] Vgl. VOGEL (zit. FN 42) 10. Kap. N 20; MAX GULDENER, Schweiz. Zivilprozessrecht (3. A. Zürich 1979) 319; HANS ULRICH WALDER-BOHNER, Zivilprozessrecht (3. A. Zürich 1983) § 29 N 2.

[46] Vgl. BGE 42 II 258; SJZ 43; vgl. aber SJZ 85 (1989) 119 ff. (= ZR 88 Nr. 66).

tisch, bei einer erkannten Wahrscheinlichkeit von z. B. zwischen 25% und 75% einfach Sicherheit anzunehmen, d.h. die Haftpflicht ganz zu verneinen oder ganz zu bejahen? Wird damit nicht einer der beiden Parteien Unrecht zugefügt, wenn man so tut, als ob man etwas wüsste[47], das man nicht weiss?

41 Der Gesetzgeber hat für einzelne Situationen Vermutungen an den bewiesenen Sachverhalt geknüpft, um solche Schwierigkeiten zu meistern. Er hat damit die Beweislast umgekehrt[48]. Aber ergibt sich daraus wirklich eine befriedigende Lösung des Problems? Auch hier wird aus dem Wahrscheinlichkeitsurteil ein Sicherheitsurteil gemacht[49].

42 Eine Lösung könnte darin bestehen, die Haftpflicht im Rahmen der Grösse der Wahrscheinlichkeit, mit der der Schaden verursacht wurde, zuzusprechen. Dadurch würde nicht entschieden, dass der Umstand, der als haftungsbegründendes Ereignis zur Diskussion steht, keine conditio sine qua non des Schadens sein müsse, sondern diese Haftungsvoraussetzung nur entsprechend unserer Erkenntnis-Möglichkeit relativiert.

43 Diesen Weg hat die französische Rechtsprechung für die sog. «perte d'une chance»-Fälle eingeschlagen, indem sie bei durch ein haftungsbegründendes Ereignis herbeigeführtem Verlust einer positiven Möglichkeit die Haftung entsprechend der Grösse dieser Möglichkeit bejaht[50]. Dabei handelt es sich aber nicht um die haftungsbegründende, sondern um die haftungsausfüllende Kausalität.

---

[47] Dass der Kausalzusammenhang gegeben sei oder nicht.

[48] Vgl. die Beweislastumkehrung in bezug auf die Vaterschaft eines Mannes bei dessen bewiesenem Beischlaf mit der Mutter in der kritischen Zeit in ZGB 262. Interessanterweise entfällt diese Vermutung nicht nur bei gelungenem Gegenbeweis, sondern auch beim Beweis, dass die Vaterschaft des Beklagten weniger wahrscheinlich ist als diejenige eines Dritten; vgl. CYRIL HEGNAUER, Berner Kommentar (4. A. Bern 1984) N 21 ff., insbes. N 85 ff. zu ZGB 262.
Das Zürcher Obergericht hat in dem in SJZ 85 (1989) 119 ff. publ. Entscheid unter Berufung auf VOGEL (2. A.) 10. Kap. N 44 die Beweislast wegen Beweisvereitelung durch den Beklagten umgekehrt.

[49] In SJZ 85 (1989) 121/22 wurde der Unsicherheit der Bejahung des Kausalzusammenhangs im Rahmen der Schadenersatzbemessung Rechnung getragen.

[50] Vgl. die im Kolloquium: Neuere Entwicklung des Haftpflichtrechts, hsg. von OLIVIER GUILLOD (Zürich 1991) publ. Beiträge von FRANÇOIS CHABAS, La perte d'une chance en droit français 131 ff.; EMIL W. STARK, Die «perte d'une chance» im schweizerischen Recht 101 ff.; TONY WEIR, Loss of a chance – compensation in tort? The common law 111 ff. – ferner YVES CHARTIER. La réparation du préjudice (Paris 1983) N 35 ff.; BORIS STARCK, Droit civil. Obligations (Paris 1972) N 104. STOLL 41 ff. – Nicht hieher gehört BGE 109 II 308, wo die Mitwirkung der zur Diskussion stehenden Fluor-Emissionen bei der Entstehung von Ernteausfällen bei Aprikosenbäumen durch Expertise bewiesen war. Die hier erfolgte Kürzung gestützt auf OR 43/44 beruhte nicht auf der Unsicherheit des natürlichen Kausalzusammenhanges, sondern auf mitwirkenden atmosphärischen und andern Ursachen.

Besondere Verhältnisse gelten bei der Konkurrenz von Gesamtursachen, auf die hinten N 107 ff. zurückgekommen wird. 44

F. Arten von Ursachen

Ursache eines Schadens im haftpflichtrechtlichen Sinn kann grundsätzlich jeder Umstand sein. Die in Frage kommenden Ursachen seien trotzdem hier kurz dargestellt. 45

1. Menschliches Verhalten

a) Schuldhaftes Verhalten

Ein schuldhaftes Verhalten kann bei verschiedenen Personen vorliegen: 46
Beim eventuellen Haftpflichtigen, bei einer Hilfs- oder anderen Person, für deren Verhalten der Haftpflichtige einstehen muss, beim Geschädigten (Selbstverschulden) und/oder einer Hilfsperson, für deren Verhalten der Geschädigte einstehen muss, und bei einer von allen diesen verschiedenen Person, deren Verhalten man als Drittverschulden bezeichnet.

Die alleinige oder gegenseitige Bedeutung dieser verschuldeten Ursachen in ihrer Tragweite als Schadensursachen macht einen grossen Teil der Probleme aus, mit denen sich das Haftpflichtrecht zu befassen hat. 47

b) Schuldloses und rechtmässiges Verhalten

Dem Verhalten der soeben aufgezählten Kategorien von Verursachern 48
kann die Qualifikation des *Verschuldens abgehen,* weil entweder dessen subjektive Seite, die Urteilsfähigkeit, fehlt oder weil das Verhalten objektiv nicht zu beanstanden ist. Es kann auch ein so geringfügiges Versehen darstellen, dass es unter dem Gesichtspunkt der Haftung irrelevant ist. Trotzdem kann es Ursache eines Schadens sein.

Im Rahmen der Verschuldenslehre ist zu prüfen, inwiefern das betreffende Verhalten bei fehlender Urteilsfähigkeit rechtliche Konsequenzen hat. 49

Schuldlos kann auch das Verhalten eines Kausalhaftpflichtigen sein. Da 50
aber hier die Haftpflicht nicht an ein menschliches Verhalten anknüpft,

sondern an einen objektiven Tatbestand als eine Kombination von Ereignissen und Zuständen, spielt die Schuldlosigkeit des potentiellen Haftpflichtigen für die Begründung seiner Haftpflicht kein Rolle.

51 Ein menschliches Verhalten kann auch deshalb ohne Bedeutung für die Haftpflicht bleiben, obwohl es Ursache eines Schadens ist, weil es *rechtmässig* ist.

2. Unterlassung

52 Bei einer Unterlassung geschieht nichts; es wird also kein natürlicher Kausalzusammenhang in Gang gesetzt. In rechtlicher Hinsicht ist eine Unterlassung – im Rahmen der Verantwortung für menschliches Verhalten[51] – trotzdem als Ursache zu betrachten[52], wenn eine *Pflicht zum Handeln* besteht[53] und diese den Schutz vor Schaden der eingetretenen Art bezweckt.

53 In der Literatur wird meistens von einer Rechtspflicht gesprochen[54]. Damit wird die moralische und die vertragliche[55] Pflicht ausgeschlossen. In dieser Beziehung ist der Ausdruck nicht zu beanstanden. Hingegen braucht es nicht unbedingt eine Pflicht, deren Erfüllung mit staatlicher Gewalt durchgesetzt werden kann und deren Verletzung widerrechtlich ist, um aus einer Unterlassung eine Schadenersatzpflicht abzuleiten. Die Rechtsordnung kann auch vorsehen, dass eine Unterlassung nur in dem Sinne rechtlich relevant ist, dass sich daraus eine Haftpflicht ergeben kann. Dann begründet die Unterlassung – im Gegensatz zur Verletzung einer gesetzlichen Pflicht zum Handeln – keine *Rechtswidrigkeit*. Diese kann sich aber im konkreten Fall aus der dadurch verursachten Rechtsgutsverletzung ergeben.

---

51 Im Vordergrund steht das Verschulden; in Frage kommt aber auch die Unterlassung eines Handlungsfähigen; vgl. Bd. II/1 § 18 N 50.
52 Vgl. BGE 57 II 209/10; 61 II 89; 63 II 118; s. auch CCfr 1383. – GHANI TAHA, L'omission illicite comme source de la responsabilité civile délictuelle (Diss. Genf 1966); HONORÉ, Vol. XI Chapter 7 Ziff. 24 ff.
53 Es liegt eine Abweichung gegenüber dem normalen Ablauf vor. Vgl. im übrigen BGE 53 I 356. Die Conditio-Formel führt dann zur Frage, ob das vom Schädiger erwartete Verhalten den Schaden verhindert hätte. Vgl. z. B. BGE 115 II 177; 118 II 506/07.
54 Vgl. MERZ, SPR VI/1 124; VON TUHR/PETER 96.
55 Die Verletzung einer vertraglichen Handlungspflicht führt als solche nicht zu einer deliktischen Haftung; vgl. A. KELLER I 32.

II. «Normalfall» § 3

Die Hauptbeispiele solcher zu Schadenersatz verpflichtender Unterlassungen stellen Folgerungen aus dem *Gefahrensatz* dar. Dieser bestimmt, dass, wer einen gefährlichen Zustand schafft, die nötigen Schutzmassnahmen ergreifen und/oder unterhalten muss und bei deren Unterlassung schadenersatzpflichtig wird[56]. Wer mit Explosivstoffen umgeht, muss die nötigen Massnahmen für die Sicherung der Umgebung ergreifen, auch wo das SSG diese nicht explizit vorschreibt[57]; wer Gift oder gefährliche Medikamente aufbewahrt, muss sie sicher verwahren[58]; wer bei Bauarbeiten im Boden eines Hausganges ein Loch öffnet, hat eine Abschrankung zu errichten[59].

54

Der Gefahrensatz spielt im Rahmen der Verschuldenshaftung, deren selbstverständliche Folge er darstellt: Wer die Gefährdung eines Dritten (oder von sich selbst bei Selbstverschulden) durch sein Verhalten voraussehen kann, handelt fahrlässig, wenn er diese Schädigung nicht durch geeignete Schutzmassnahmen ausschliesst[60]. Die Verletzung der sog. Sorgfaltspflicht, die sich aus dem Fahrlässigkeitsbegriff ergibt, begründet die Haftpflicht.

55

Art und Umfang der Schutzmassregeln richten sich nach den Umständen. Gefährdete Dritte, die erreichbar sind, müssen über die drohenden Gefahren aufgeklärt und von einem unangebrachten, gefährlichen Verhalten möglichst abgehalten werden. Eine genügende Warnung vermag in der Regel die Haftung desjenigen auszuschliessen, der die Gefahr gesetzt hat[61]; wer der Warnung entgegenhandelt, sich z. B. in eine als solche gekennzeichnete Gefahrenzone begibt, muss sich ein Selbstverschulden entgegenhalten lassen[62, 63]. Die Warnpflicht erstreckt sich dagegen in der Regel nicht auf durchaus offene und erkennbare Gefahren[64] und die Schutzpflicht

56

---

[56] Vgl. Bd. II/1 § 16 N 26 ff. und für die Haftpflicht des Vormundes BGE 115 II 20 ff.
[57] Vgl. BGE 40 II 277 (aus der Zeit vor Erlass des SSG). Zur Explosion feuergefährlicher Dämpfe vgl. BGE 57 II 165 ff.; 66 II 114 ff.; 96 II 108 ff.
[58] Vgl. BGE 31 II 628; zur Aufklärungspflicht des Pharmaherstellers oder des Arztes vgl. BARBARA MERZ, Analyse der Haftpflichtsituation bei Schädigung durch Medikamente (Diss. Zürich 1980) 16 ff., 64 ff.
[59] Vgl. BGE 41 II 694; weitere Beispiele 64 II 304; 71 II 111/12; 93 II 89 ff.; 95 II 93 ff.; SJZ 52, 110; 59, 343 Nr. 160; Sem.jud. 1960, 566; vgl. auch PICHLER und STIFTER in SJZ 64, 281 ff.; 67, 104 ff.; Sicherung von Skipisten.
[60] Vgl. hinten § 4 N 44 und § 5 N 16 ff., 48 ff.
[61] Vgl. BGE 32 II 733; 38 II 75
[62] Das gilt aber nur, wenn die Schaffung der Gefahr nicht auch dann als unzulässig zu betrachten ist, wenn eine Warnung erfolgt.
[63] Vgl. BGE 32 II 733; 34 II 637; 57 II 170. In diesem Sinne sind Warnungen wie «Betreten des Bauplatzes für Unbefugte untersagt» aufzufassen; vgl. dazu GUIDO BRUSA, Die einseitige Enthaftungserklärung (Diss. Freiburg 1977) 40 ff., 85 f.
[64] Zustimmend ZBJV 99, 149.

nicht auf Massnahmen, die jeder zu seinem eigenen Schutz ergreifen muss[65, 66].

57 Dagegen begründet der Gefahrensatz und der hinter ihm stehende Fahrlässigkeitsbegriff keine Rechtswidrigkeit[67]. Dem entspricht, dass die rechtliche Relevanz der Unterlassung keine Rechts*pflicht* voraussetzt.

58 Es gibt aber unzählige Vorschriften, die eine Rechtspflicht zum Handeln statuieren. Im Vordergrund stehen polizeiliche Vorschriften, aus denen sich eine Pflicht zum Handeln ergibt und dann auch die Rechtswidrigkeit des Nicht-Handelns, wenn dessen Folgen im Schutzbereich der Norm stehen[68]. Die verschiedenen Betriebsinhaber und dergl. unterstehen einer grossen Anzahl technischer Anweisungen, die alle das Ziel haben, Schädigungen zu vermeiden. Es sind *Schutzvorschriften,* deren Missachtung eine rechtswidrige Unterlassung darstellt. Man denke an die Pflicht des Eisenbahnpersonals, die Barrieren zu schliessen, der Autolenker, nachts ihren Wagen zu beleuchten, der elektrischen Unternehmungen, an exponierten Anlageteilen Warnungstafeln anzubringen u.a.m.

59 Zu erwähnen sind hier auch die Vorschriften über die Verhütung von Berufsunfällen gemäss UVG 81ff. Im weiteren ist hinzuweisen auf SVG 51 II, wo bei Personenschäden in einer Polizeivorschrift unter dem Titel «Verkehrsregeln» den Beteiligten die Pflicht auferlegt wird, für Hilfe zu sorgen. Daneben sieht StGB 128 in der Fassung vom 23. Juni 1989 die Bestrafung einer Person nicht mehr nur bei im Stiche lassen eines von ihr Verletzten vor, sondern auch generell bei Unterlassung der Nothilfe bei unmittelbarer Lebensgefahr, die sie nicht verursacht hat.

60 Abgesehen von allfälligen besonderen Vorschriften und dem Gefahrensatz kennt unsere Rechtsordnung *keine* ausservertragliche privatrechtliche *Pflicht* des Aussenstehenden, *zugunsten Dritter* für die Abwendung eines Schadens oder einer Gefahr oder gar zur Rettung aus einer Gefahr *tätig zu werden*[69, 70]. Ob ein solcher Fehler auf dem Boden von OR 41II – Haftung

---

[65] Dazu BGE 60 II 118 ff.; 64 II 263; 93 II 238.
[66] Zu ZGB 679 vgl. BGE 93 II 236 ff.
[67] Vgl. § 4 N 44.
[68] Vgl. insbes. die allgemeine gesetzliche Hilfeleistungspflicht von SVG 51 II.
[69] BGE 21, 625; 34 II 278, 636; 35 II 440; 41 II 375/76, 713; 80 II 39; vgl. JÖRG H. RÖSLER, Haftpflicht für Schäden aus Hilfeleistung (Diss. Bern 1981) 25 ff. – Der freiwillige Retter hat Anspruch auf Ersatz der Verwendungen und des Schadens (OR 422); Sem.jud. 1910, 108; 1914, 219; SJZ 46, 208; JÜRG NEF, Haftpflicht und Versicherungsschutz des Bergsteigers (Diss. Zürich 1987) 360 ff.; RÖSLER (zit. vorstehend) 57 ff. Über den Sonderfall von SVG 58 III vgl. Bd. II/2 § 25 N 401 ff.
[70] Der Vorwurf, weder eine Haftpflichtversicherung noch eine Unfallversicherung zugunsten Dritter abgeschlossen zu haben begründet keine Haftung, BGE 79 II 70.

für Schaden, der absichtlich in einer gegen die guten Sitten verstossenden Weise zugefügt wird – zu einer Haftung führt, hängt von den Umständen ab.

Umstritten ist, ob der Kausalzusammenhang zwischen der Unterlassung und dem Schaden adäquat sein muss oder ob ein blosser Bedingungszusammenhang genügt[71]. 61

Dass auf dem Gebiet der Unterlassung ein strikter *Beweis* des Kausalzusammenhanges unmöglich ist und deshalb ein Wahrscheinlichkeitsbeweis, in dem Sinne wie vorn N 35 ff. geschildert, a fortiori genügen muss, ist naheliegend[72]. 62

3. Zufall

Der Zufallsbegriff ist mehrdeutig und wird in der juristischen Literatur in verschiedener Weise interpretiert[73]. Der Zufall als mitwirkende Ursache – was hier allein zur Diskussion steht – liegt nicht innerhalb der Kausalkette zwischen der haftungsbegründenden Ursache und dem Schaden, sondern kommt von aussen und wirkt von dorther auf sie ein[74]. Die Entstehung des zufälligen Ereignisses ist daher vom haftungsbegründenden Sachverhalt unabhängig[75]. 63

Ist ein Zufall neben einem menschlichen Verhalten, insbesondere einem Verschulden, Schadensursache, so frägt sich, ob und inwieweit davon die Verantwortlichkeit des Haftpflichtigen berührt werde, weil dieser bloss 64

---

[71] Vgl. BGE 115 II 447/48.
[72] BGE 28 II 25; 29 II 303; 33 II 303; 55 II 199; 60 II 224; 90 II 232; 115 II 445 (unter Hinweis auf BGE 105 IV 19/20 und 108 IV 7/8).
[73] Darüber *allgemein* STARK, Diss. 133 ff.; CHARLES-ANDRÉ JUNOD, Force majeure et cas fortuit (Genf 1956); SILVIO GIOVANOLI, Force majeure et cas fortuit... (Diss. Genf 1933); DERS. Zufall und höhere Gewalt im schweizerischen Recht, ZSR 54, 1 ff.; KADEN, Zufall und höhere Gewalt im deutschen, schweizerischen und französischen Recht, RabelsZ 31, 606 ff.; JOSEPH SUTER, Der Zufall (Diss. Freiburg 1916); BADER, Bemerkungen zur Zufallshaftung SJZ 21, 271 ff.; KAISER, Die Reduktion der Haftpflichtentschädigung wegen Zufalls, ZSR 25, 413 ff.
[74] Vgl. STARK, Skriptum N 351.
[75] Wenn menschliches Verhalten eine rechtlich relevante Rolle spielt, wird mit «Zufall» in der Rechtssprache meistens ein Ereignis qualifiziert, das von den Zwecken dieses Verhaltens nicht umfasst wird (Zufall in bezug auf den Zweck) oder – in weiterem Sinne –, das für den Handelnden nicht voraussehbar war.
Der Zufall in bezug auf die Kausalität demgegenüber ist in seiner Entstehung von der rechtlich relevanten Ursache, an die die Haftpflicht geknüpft werden soll, *unabhängig*, bestehe diese in einem menschlichen Verhalten oder nicht.

eine Teilursache[76] gesetzt hat. Daraus ergeben sich neue Gesichtspunkte, die unter N 89 ff. besprochen werden. Inwieweit die Kausalhaftung ein Einstehen für Zufall bedeutet, ist nachstehend zu prüfen.

4. Ursachen bei der Kausalhaftung

a) Kausalhaftung als Haftung für Zufall

65 Die Kausalhaftung wird nicht selten als Haftung für Zufall bezeichnet. Der Zufall stellt dabei meist ein von menschlichem Verhalten unabhängiges Ereignis dar (vgl. vorn FN 75 f.), z. B. das Verhalten eines Tieres, für das der Halter nach OR 56 einstehen muss oder der mangelhafte Zustand eines Werkes, dessen Eigentümer für die schädlichen Folgen nach OR 58 haftbar ist. Da die Betriebe, auf die sich die Betriebshaftungen beziehen (EHG, ElG, SVG, KHG usw.), normalerweise keine Schädigungen bewirken, beruht jede einmal eingetretene Schädigung auf der Mitverursachung durch ein menschliches Verhalten oder durch einen sonstigen zusätzlichen Umstand, d. h. einem Zufall.

66 Gelegentlich wird auch ein menschliches Verhalten als Zufall bezeichnet, sofern ein Dritter für dessen Folgen einstehen muss. Es ist dann ein Zufall in bezug auf diesen Dritten.

b) Kausalhaftung als nicht an menschliches Verhalten anknüpfende Haftung

67 Die Kausalhaftung knüpft oft nicht an ein menschliches Verhalten an, sondern an einen objektiv umschriebenen Tatbestand. Menschliches Verhalten kann zwar an der Verursachung des Schadens adäquat beteiligt sein; es ist aber nicht Haftungsvoraussetzung[77]. Die Haftung kann auch ohne es eintreten. So haftet der Werkeigentümer nach OR 58 vom Augenblick an,

---

[76] An sich ist jedes haftpflichtbegründende Ereignis nur eine Teilursache, weil weitere, unspezifische conditiones sine quibus non mitgewirkt haben. Der Zufall als Teilursache ist nicht eine unspezifische conditio sine qua non – z. B. der Umstand, dass der Grossvater die Grossmutter des Verursachers geheiratet hat –, sondern ein Umstand mit einer für den eingetretenen Erfolg spezifischen Bedeutung.

[77] Unzutreffenderweise wird in der deutschen Literatur gelegentlich von einer «Haftung ohne Verursachung» gesprochen; darüber BIENENFELD 119 ff., 224 ff.

II. «Normalfall» § 3

da er Eigentümer geworden ist, auch wenn er noch keine Möglichkeit gehabt hat, verbessernd oder verschlechternd auf den Zustand des Werkes einzuwirken[78]. Relevante Tatsachen sind allein die Existenz und die fehlerhafte Beschaffenheit des Werkes. Dabei kann in der letzteren ein Zufall gesehen werden. Es handelt sich dann um einen Zufall in bezug auf den Zweck (vorn FN 75). Insofern kann man von einer Haftung für Zufall sprechen. Daraus ergibt sich aber keine rechtliche Konsequenz; damit wird nur gesagt, dass die Verantwortung nicht voraussetzt, dass der Schaden durch das Verhalten – oder Verschulden – des Haftpflichtigen verursacht sein muss.

Die Verbindung zwischen der relevanten schädigenden Ursache und dem Haftpflichtigen, die bei der Verschuldenshaftung auf der Hand liegt, besteht bei der Kausalhaftung in einem bestimmten *Verhältnis des Haftpflichtigen zu dem für die Schädigung kausalen Objekt oder Person,* das sich im Eigentum (OR 58, ZGB 679), in einem Subordinationsverhältnis (OR 55, ZGB 333), in einem Halterverhältnis (OR 56, SVG 58 I, LFG 64 I) oder in der Inhaberschaft gegenüber einer Unternehmung, einem Betrieb oder einer Anlage (EHG 1 I, ElG 27 I, KHG 3 I, RLG 33 I, GSG 69 I, SSG 27 I) äussert. 68

c) Ursachen insbesondere bei der Gefährdungshaftung

Der normale Betrieb führt bei den Gefährdungshaftungen nicht zu Schädigungen, sondern nur zu einer Gefährdung, die sich dann auswirkt, wenn ein abnormales Moment in Erscheinung tritt, handle es sich um ein menschliches Verhalten oder nicht. Ein solcher zusätzlicher Umstand führt dann zur *Manifestation der Betriebsgefahr,* die den Vorrichtungen und Tätigkeiten, auf die sich die Gefährdungshaftung bezieht, immanent ist. Der zusätzliche Umstand kann seine Wurzel in den fraglichen Vorrichtungen oder Tätigkeiten selbst haben[79] oder von aussen darauf einwirken[80]. 69

Wenn die latent vorhandene Betriebsgefahr sich durch das Hinzutreten des zusätzlichen Umstandes manifestiert, muss der Haftpflichtige für die Schaffung der Betriebsgefahr einstehen, wozu auch die Verantwortung für einen zusätzlichen Umstand gehört, der in der fraglichen Vorrichtung oder 70

---

[78] Vgl. BGE 35 II 240; Bd. II/1 § 19 N 26.
[79] Ein Pneu platzt oder eine Achse eines Eisenbahnwagens bricht.
[80] Ein Loch im Strassenbelag verursacht das Schleudern eines Autos; eine Explosion im Gepäckraum eines Flugzeuges bringt dieses zum Absturz.

Tätigkeit seine Wurzel hat. Ein von *aussen* hinzutretender, die Verwirklichung der Betriebsgefahr auslösender Umstand (Zufall in bezug auf die Kausalität) stellt eine Mitursache des Schadens dar, die die Haftpflicht des Gefährdungshaftpflichtigen nur ausschliesst, wenn sie den Kausalzusammenhang unterbricht (vgl. dazu hinten N 132 ff.).

5. Unfall

a) Die Funktion des Unfallbegriffes

71 Die Funktion des Unfallbegriffes bestand seinerzeit und besteht heute noch darin, den Deckungsbereich der Unfall- von demjenigen der Krankenversicherung abzugrenzen. Er war unerlässlich zur Umschreibung der Unfallversicherung, als die Krankenversicherung noch als nicht durchführbar erschien[81]. Er hat aber immer noch entscheidende Bedeutung, weil die Krankenversicherung im Gegensatz zur Unfallversicherung für Tod und Invalidität keine Deckung gewährt. Die Unterscheidung zwischen den beiden Versicherungsarten beherrscht auch das Sozialversicherungsrecht[82].

b) Der versicherungsrechtliche Unfallbegriff

72 Der Unfallbegriff ist weder im privaten noch im öffentlichen Versicherungsrecht umschrieben; vgl. aber UVV 9 I. In der Judikatur und in der

---

[81] Der Unfall trifft den Versicherten als ein äusseres Ereignis, während die Krankheit zwar auch von aussen kommen kann, aber auch von innnen. Das Bedürfnis nach einem Schutz für Gesundheitsschäden stellte sich wegen des zufälligen und schicksalhaften Charakters der Unfallschäden vor allem bei den Unfällen. Krank werden fast alle Leute gelegentlich. Versicherungstechnisch ist daher die Unfallversicherung leichter zu bewältigen als die Krankenversicherung, bei der das Risiko mit zunehmendem Alter kontinuierlich ansteigt; vgl. MAURER, Unfallversicherungsrecht 163; DERS., Bundessozialversicherungsrecht 345 ff.; LAUBER 65, 279; PICCARD bei GELPKE/SCHLATTER 19 ff.; MÉAN in JT 1942 I 259 ff. Die Krankheit unterscheidet sich vom Unfall insbesondere durch das Fehlen des Moments der Plötzlichkeit; BGE 45 II 95; KISTLER in ZSR 61, 80a ff.; MAURER, Unfallversicherungsrecht 170. – In MO 21 I werden ausdrücklich Krankheiten *und* Unfälle erwähnt.
[82] Für die obligatorische Unfallversicherung ist das UVG massgebend, für die Krankheiten das KVG. AHV und IV machen keinen Unterschied zwischen Unfall- und Krankheitsfolgen.

II. «Normalfall» § 3

Literatur wird er im wesentlichen einheitlich definiert[83] als eine plötzliche[84], nicht beabsichtigte, schädigende Einwirkung eines mehr oder weniger ungewöhnlichen äusseren Faktors auf den menschlichen Körper[85]. Seine Merkmale sind also die *Plötzlichkeit*, die *fehlende Absicht* des Geschädigten, wodurch der Selbstmord[86] ausgeschlossen wird, und die *Ungewöhnlichkeit* einer *von aussen* kommenden schädigenden Einwirkung auf den *menschlichen Körper*.

c) Die Anwendung des Unfallbegriffes im Haftpflichtrecht

Haftpflichtrechtlich bestehen wesentliche Unterschiede gegenüber dem Unfallversicherungsrecht: Die Plötzlichkeit ist dogmatisch dem Haftpflichtrecht als Leistungsvoraussetzung fremd, die fehlende Absicht wird durch das Selbstverschulden abgedeckt und die Ungewöhnlichkeit ist nicht nur sehr unbestimmt, sondern man kann sich auch nicht vorstellen, dass für gewöhnliche Schädigungen von vornherein keine Haftpflicht bestehen soll. Im weiteren kommt die haftungsbegründende Ursache zwangsläufig von aussen[87] und bezieht sich das Haftpflichtrecht nicht nur auf Körperschäden. Der Unfallbegriff kann hier nur in einem weiteren Sinn verstanden werden und wurde im Besonderen Teil in bezug auf ElG 27 (vgl. Bd. II/3 § 28 N 102 FN 99), EHG 1 und 11 (vgl. Bd. II/3 § 27 N 63) und SVG 58 (vgl. Bd. II/2

73

---

[83] In der privaten Unfallversicherung wird der Unfallbegriff in den Verträgen im wesentlichen gleich umschrieben und geht dem allgemeinen Unfallbegriff vor, was namentlich bei den vertraglichen Ausschlussklauseln ein Rolle spielt.
[84] Plötzlichkeit bedeutet, dass das fragliche Ereignis sich in einem relativ kurzen, scharf abgegrenzten Zeitraum abgespielt haben muss; er kann aber auch einige Stunden umfassen, BGE 35 II 166; ZR 70 Nr. 137 S. 365/66. Nur für den Eintritt des Unfalles ist eine gewisse Plötzlichkeit verlangt, nicht für den Verlauf seiner Folgen, der sich als eine Krankheit darstellen kann.
[85] UVV 9 I; statt vieler MAURER, Unfallversicherungsrecht 164 ff.; LAUBER 297; PICCARD in Gelpke/Schlatter 93 ff., DUBOIS/ZOLLINGER 93 ff., 345 ff.; HANS AEPPLI, Der Betriebsunfall ... (Diss. Zürich 1910) 49 ff.; MAX SANDBERG, Der Nichtbetriebsunfall in der schweizerischen obligatorischen Unfallversicherung (Diss. Zürich 1927) 45 f. Die Definition hat seinerzeit PICCARD, Haftpflichtpraxis und soziale Unfallversicherung (Zürich 1917) 14 ff., vorgeschlagen, der sich dabei auf die bundesgerichtliche Judikatur, insbes. zum FHG und EHG, stützen konnte.
[86] Und andere Selbstschädigungen; vgl. WRESCHNER, Selbstmord und soziale Unfallversicherung; SJZ 26, 353; MAURER, Unfallversicherungsrecht 194 ff.; DERS., Bundessozialversicherungsrecht 348.
[87] Denn eine Ursache muss ja von einem Dritten oder seinem Betrieb usw. gesetzt worden sein.

§ 25 N 294, 321) als Haftungsvoraussetzung aus den Vorauflagen übernommen[88]. Hier drängt sich aber eine grundsätzliche Überprüfung auf.

74 Das OR und das ZGB benützen für die Verschuldenshaftung (OR 41) und die in ihnen geregelten einfachen Kausalhaftungen (OR 54, 55, 56, 58, ZGB 333 und 679) den Unfallbegriff nicht. Demgegenüber wird in den Spezialgesetzen das Wort «Unfall» hie und da verwendet, aber nicht unter den Haftungsvoraussetzungen[89].

75 Wenn der Gesetzgeber die Haftpflicht in den in FN 89 erwähnten Gefährdungshaftungen auf Unfälle im weiteren Sinne beschränken wollte, konnte für ihn nur das Moment der *Plötzlichkeit* massgebend sein. Ausgeschlossen wären dadurch die allmählichen Schädigungen, also z. B. bei den Motorfahrzeugen die von ihnen verursachten Einwirkungen von Lärm, Abgasen, Erschütterungen und Staub[90]. Wasser- und Kotspritzer dagegen weisen das dem Unfallbegriff inhärente Moment der Plötzlichkeit auf.

76 Rechtspolitisch gesehen standen die Unfälle natürlich bei Erlass der Gefährdungshaftungen für den Gesetzgeber im Rampenlicht. Wegen der allmählichen Einwirkungen allein wären die Betriebshaftungen nicht eingeführt worden. Dogmatisch betrachtet und aus Gründen der Billigkeit liesse sich der Ausschluss der Nicht-Unfälle aber kaum rechtfertigen.

77 Bei denjenigen Spezialgesetzen, die den Unfallbegriff überhaupt nicht erwähnen (LFG, RLG, KHG und GSG)[91], wäre seine Anerkennung als Haftungsvoraussetzung nicht geboten und gesetzwidrig. Bei den andern Gefährdungshaftungen (SVG, EHG, ElG, SSG und MO 23), wo er zwar nicht als Haftungsvoraussetzung aufgeführt, aber im Gesetz als kurze Bezeichnung des haftungsbegründenden Ereignisses da und dort verwen-

---

88 Die Vorauflage von Bd. I verwendet den Begriff des «Unfalles im weiteren Sinn» und schliesst dabei neben den Personen- auch die Sachschäden ein, entsprechend der Verwendung des Wortes «Unfall» im Sprachgebrauch des täglichen Lebens.
89 Vgl. EHG 1 I, 11 I, 18 und 19; ElG 27 (vgl. dazu Bd. II/3 § 28 FN 90), 32 II, 35; SVG 58 II (in der Fassung «Verkehrsunfall»)/III, 59 I/II, 60 I, 61 I, 74 I, 83 I, 84 (in der Fassung «Motorfahrzeug- und Fahrradunfälle»), MO 23 I (vgl. dazu aber Bd. II/3 § 32 N 191 ff.); TBG 15 III. Vielmehr wird das Wort «Unfall» als kurze Bezeichnung des Schadenereignisses verwendet, wie auch in diesem Buch.
Keine Erwähnung des Unfallbegriffes findet sich im LFG, im RLG, im KHG (vgl. dazu Bd. II/3 § 29 N 37) und im GSG.
90 Vgl. Bd. II/2 § 25 N 321 ff.
91 Man denke an eine kleines Leck in einer Benzinleitung, atomare Strahlung in der Nachbarschaft einer Kernanlage oder Wassergifte, die aus einer Kanalisation in den Bach gelangen.

det wird, spielt er praktisch kaum je eine Rolle[92], da die Schädigungen, auf die diese Gesetze Anwendung finden, meist sehr plötzlich eintreten. Die Folgen von in grosser Zahl auftretenden gleichen *Mini-Ursachen* (vgl. hinten N 92 ff.) lassen sich durch das Haftpflichtrecht nicht korrigieren, weil unzählige, unbekannte Schädiger vorliegen. Hier kann nur das öffentliche Recht[93] Schutz gewähren. Es drängt sich daher nicht auf, den Unfallbegriff wegen der Umweltschäden als zusätzliche Haftungsvoraussetzung anzuerkennen[94].

78

III. Besondere Verhältnisse

A. Haftung für Teilursachen

1. Abgrenzung des Problems

Wie vorn (N 4, 10 f.) dargelegt, ist jedes Ereignis die Folge verschiedener anderer Ereignisse oder Zustände, die voneinander kausal unabhängig sind, also nicht in der gleichen Kausalkette liegen. Wenn der Erfolg ohne diese Ereignisse oder Zustände nicht eingetreten wäre, sind sie conditiones sine quibus non. Wenn mehrere von ihnen adäquat kausal sind, haben wir eine *Mehrheit von rechtlich relevanten Ursachen* vor uns, die wir als *kon-*

79

---

[92] In Frage kommt z. B. die allmähliche Beschädigung einer Brücke durch ein Lastauto, das häufig darüber zu einer Baustelle fährt. Von anderen Fahrzeugen wird sie nicht benützt. Hier dürfte aber eine Haftpflicht entfallen, weil eine ordnungsgemässe Brücke, die dem Lastwagenverkehr offensteht, dadurch nicht beschädigt wird.

[93] Zum Beispiel durch das Obligatorium von Katalisatoren zum Schutz der Atmosphäre und damit der Vegetation und von Bauten.

[94] Das drängt sich um so weniger auf, als sich bei Sonderfällen sonst die Frage stellt, nach welchen andern Bestimmungen gehaftet werde, wenn z. B. das SVG bei durch Autos verursachten Umweltschäden nicht anwendbar ist. Durch den Verzicht auf die Haftungsvoraussetzung «Unfall» wird auch das Problem ausgeschaltet resp. sachgemäss beantwortet, ob Grenzfälle von Unfallereignissen, die im Gebiete der Unfallversicherung umstritten sind, unter die Haftpflicht fallen oder nicht. Man denke z. B. an einen Bus-Passagier, der bei einer massiven Bremsung umzufallen droht und sich beim krampfhaften Bemühen, sich irgendwo festzuhalten, einen Bruch (Hernie) zuzieht.

kurrierende oder *Mitursachen* bezeichnen können. Sie stehen unter sich im Verhältnis der *Ursachenkonkurrenz* oder der *konkurrierenden Kausalität*[95]. Man kann die konkurrierenden Ursachen als *Teilursachen* bezeichnen.

80   Dabei sind zwei verschiedene Arten des Zusammenwirkens der Ursachen zu unterscheiden, nämlich eine qualitative und eine quantitative. Der wichtigste Fall ist die *qualitative Ursachenkonkurrenz*[96], die der vorn dargelegten Lehre von der Gleichwertigkeit der Ursachen in ihrer kausalen Bedeutung zugrunde liegt. Dabei summieren sich diese nicht einfach, sondern sie führen ein neues Ganzes, eine neue Einheit herbei. Die Bedingungen treten nicht einfach nebeneinander, sondern lassen etwas Neues entstehen, das von ihnen artverschieden ist. Darum kann nicht jeder dieser Ursachen eine Verursacherquote zugeschrieben werden; alle sind gleich notwendig für den Erfolg, der ohne eine einzige von ihnen nicht in seiner (neuen) Art entstanden wäre.

81   Von der qualitativen Ursachenkonkurrenz ist die *quantitative Veränderung* zu unterscheiden: Gleiches wird zu einem einheitlichen Ganzen gleicher Art addiert und entspricht allen Bedingungen[97]. Hier lassen sich Verursachungsquoten und ihnen entsprechende Haftungsquoten festlegen.

82   Die nachfolgenden Darlegungen beziehen sich auf die *qualitative Veränderung*.

2. Solidarität

83   Da bei der qualitativen Veränderung keine Verursachungsquoten festgelegt werden können, haftet nach einem *Fundamentalsatz des Haftpflichtrechts* im Grundsatz jeder für *eine* Ursache Verantwortliche für den ganzen von dieser zusammen mit anderen Ursachen herbeigeführten Schaden. Diese Lösung entspricht der Regelung, dass inadäquate, nebensächliche conditiones sine quibus non rechtlich nicht relevant sind und die Haftung der adäquaten Verursacher nicht reduzieren. Der Geschädigte kann *irgendeine* adäquate Mitursache, für die ein Haftungsgrund besteht, zur Grund-

---

[95] v. TUHR/PETER 94 verwendet diesen Ausdruck für den Sachverhalt, der in diesem Buch als kumulative Kausalität bezeichnet wird (vgl. auch Gesamtursachen N 109, insbes. FN 134).
[96] Vgl. STARK, Diss. 42 ff.
[97] Vgl. das von STARK, Diss. 44 erwähnte Beispiel: A und B giessen gleichzeitig Wasser in ein Gefäss, A einen, B fünf Liter.

lage seines Anspruches machen; er hat die freie Wahl unter ihnen. Er kann auch mehrere Personen, die für verschiedene adäquate Mitursachen einstehen müssen, nebeneinander für den ganzen Schaden oder für Teilbeträge einklagen, bekommt aber von allen für den Schaden solidarisch Verantwortlichen insgesamt seinen Schaden nicht mehr als einmal ersetzt.

Es kommt nicht darauf an, ob die mehreren Personen, die je eine adäquate Mitursache zu vertreten haben, aus Verschulden oder aufgrund einer Kausalhaftung verantwortlich sind. Eine «Ausnahme» besteht insofern, als eine vom Geschädigten selbst schuldhaft gesetzte adäquate Ursache zu einer Kürzung oder – bei sog. Unterbrechung des Kausalzusammenhanges – zu einer Streichung des Schadenersatzanspruches wegen *Selbstverschuldens* führt (vgl. hinten § 5 N 137 ff.). Die Kausalverhältnisse wirken sich (mit Ausnahme der Unterbrechung des Kausalzusammenhanges) in der *Schadenersatzbemessung* aus.

Wenn neben einem aus Verschulden Haftpflichtigen ein Dritter ein Verschulden zu vertreten hat, kann es sich um ein sog. *gemeinsames Verschulden* handeln. Das trifft zu, wenn mehrere schuldhaft handelnde Beteiligte planmässig zusammengewirkt haben. Die solidarische Haftung ergibt sich dann aus OR 50 I.

Wenn dagegen mehrere Personen *unabhängig voneinander* schuldhaft einen Schaden anrichten, ergibt sich ihre Solidarität aus OR 51 I. Davon macht die Praxis dann eine Ausnahme, wenn das Verschulden des einen Beteiligten wegen der Mitwirkung des Verschuldens eines andern als leichter erscheint. Hier kommt eine Reduktion des Schadenersatzes in Frage. Das hängt aber nicht mit der Kausalität zusammen, sondern mit dem Grad des Verschuldens: Wegen des konkurrierenden Drittverschuldens erscheint das Erstverschulden als leichter und kann nach der allgemeinen Regel über die Proportionalität zwischen Verschulden und Haftpflicht (vgl. hinten § 7 N 11 ff.) zu einer Reduktion des Schadenersatzes führen[98]. Bis zum niedrigeren Schadenersatzanspruch besteht auch in diesem Fall Solidarität.

Soweit gemäss diesen Ausführungen Solidarität Platz greift, ist indessen nicht gesagt, dass der jeweilige (aufs Ganze) Belangte den Schaden endgültig zu tragen habe. Je nach den Verhältnissen kann er auf die solidarisch Mithaftenden Rückgriff nehmen (unten § 10 N 46 ff.). Die Auseinandersetzung unter den mehreren Schadensverursachern ist m.a.W. vom Aussen- auf das Innenverhältnis verschoben.

---

[98] Vgl. STARK, Skriptum N 353; A. KELLER II 158; KELLER/GABI 137; SCHAER N 503; vgl. auch hinten § 10 N 34.

88   Die Solidarität beruht nicht auf der Kausalität[99]. Sie ist eine Reaktion der Rechtsordnung auf den Umstand, dass man bei qualitativer Veränderung keine Ursachenquoten feststellen kann und stellt ein Entgegenkommen gegenüber dem Geschädigten dar, der keinem Schädiger beweisen kann, welche Quote des Schadens er verursacht hat. Er hat den Vorteil, dass er den Zahlungsfähigsten und Zahlungswilligsten als Beklagten auswählen kann und dass die gesamte Leistungsfähigkeit aller solidarisch Haftpflichtigen zur Verfügung steht, um seinen Schaden zu decken.

3. Zufall als Mitursache

89   Wenn man als Zufall ein Ereignis bezeichnet, das von aussen auf die Kausalkette zwischen der haftungsbegründenden, also adäquaten Ursache und dem Schaden einwirkt und dessen Entstehung daher vom haftungsbegründenden Sachverhalt unabhängig ist (vgl. vorn N 63), ist jede Mitbedingung des Erfolges ein Zufall. Ist eine solche Mitbedingung ihrerseits eine adäquate Ursache des Schadens und besteht dafür ein Haftungsgrund[100], so stellt sie eine rechtlich relevante Mitursache dar, was – abgesehen vom Fall der Unterbrechung des Kausalzusammenhanges – zur Solidarhaftung führt. Wenn aber für eine Mitbedingung kein Haftungsgrund vorliegt[101], so stellt sich die Frage der rechtlichen Bedeutung dieses mitwirkenden Zufalles. Dies gilt – mehr theoretisch als praktisch – auch, wenn die Mitbedingung den Schaden nicht adäquat verursacht hat, aber ein Haftungsgrund für sie besteht.

90   Die unzähligen Bedingungen, die zwar Voraussetzung der Entstehung eines bestimmten Erfolges sind, aber doch ihrer Art nach keine besondere Tendenz zur Herbeiführung gerade *dieses* eingetretenen Erfolges aufweisen, werden von der Rechtsordnung richtigerweise grundsätzlich nicht beachtet[102]. Wenn eine solche von aussen hinzutretende Bedingung (Zufall) aber eine spezielle Eignung zur Verursachung des eingetretenen Erfolges aufweist, *kann* sie als *Umstand* im Sinne von OR 43 I oder auch 44 I

---

[99] Die Kausalität jedes einzelnen bildet aber die oberste Grenze seines Haftungsumfanges; vgl. QUENDOZ 79.
[100] Es kann sich um ein vom Geschädigten oder von einem Dritten verschuldetes Ereignis handeln, aber auch um eine Ursache, für die eine Kausalhaftung besteht.
[101] Dies ist meistens der Fall bei konstitutioneller Prädisposition; vgl. hinten N 95 ff.
[102] Sei ein Haftungsgrund (Verschulden, Werkmangel, Betrieb eines Motorfahrzeuges usw.) damit verbunden oder nicht: Ursachen mit Haftungsgrund, die nicht adäquat sind für den Erfolg, sind rechtlich irrelevant.

III. Besondere Verhältnisse §3

betrachtet und bei der Schadenersatzbemessung als Reduktionsgrund berücksichtigt werden (vgl. hinten § 7 N 33 ff.)[103].

Welche Zufälle in diesem Sinne zu einer Haftungsreduktion führen, ist dem richterlichen Ermessen überlassen. Die Möglichkeit der Herabsetzung des Schadenersatzes wegen mitwirkenden Zufalles[104] öffnet dem Richter den Weg zur Anpassung seines Urteils an die Variationen des praktischen Lebens, die in der Dogmatik und im Gesetz nie voll berücksichtigt werden können[105]. Anstelle der Schwarz/Weiss-Lösung, die häufig riskiert, den Realitäten des Lebens nicht ganz Rechnung zu tragen, kann, wenn es als wirklich geboten erscheint, ein Weg dazwischen eingeschlagen werden. Die Gerichte haben diese Möglichkeit nicht missbraucht, um sich aus der Verantwortung zu stehlen und nur mit grosser Zurückhaltung davon Gebrauch gemacht[106]. Der wohl wichtigste Anwendungsfall besteht bei einer kleinen Ursache, die zu einem ausserordentlich schweren Schaden führt. 91

4. Mini-Ursachen

Von Mini-Ursachen können wir dann sprechen, wenn unzählige Ursachen, die von unzähligen Personen gesetzt werden[107], durch ihr Zusammenwirken einen Schaden verursachen. Es handelt sich vor allem um *Umwelt-* 92

---

[103] Vgl. KELLER/GABI 102 ff.; MERZ, SPR VI/1 232 f.; DESCHENAUX/TERCIER § 28 N 33 ff.; BREHM N 52 zu OR 43; BGE 40 II 274 (Gewehrpatronen sind in Zeitungspapier gewickelt und werden beim Aufräumen in den Ofen geworfen); 41 II 682 (Selbstschiessvorrichtung gegen Füchse; Zufall, dass jemand zur ungewohnten Zeit die gefährliche Stelle passiert); 45 II 310 (blind geladenes Gewehr führt zufällig bei einer Theatervorstellung zu einem Unfall); 47 II 425 (ungenügende Schutzvorrichtung an einer Dreschmaschine, Ausrutschen eines Gehilfen); 57 II 104 (ausserordentliche Winterkälte führt zusammen mit einem Mangel eines Gasheizofens zum Erstickungstod eines Mieters); 89 I 483; JT 1936 I 52; 1945 I 48 f.; BJM 1961, 189; ZR 1984 Nr. 91.
[104] Es versteht sich von selbst, dass bei den Kausalhaftungen die Zufälle, für die sie einen Schadenersatzanspruch statuieren (vgl. vorn N 63 f.), nicht als Herabsetzungsgrund zu betrachten sind. Andere Zufälle – man denke an die Fälle der konstitutionellen Prädisposition; vgl. hinten N 95 ff. – können aber auch hier berücksichtigt werden.
[105] Vgl. EMIL W. STARK, Die Freiheit des Richters gegenüber dem Gesetz, Symposium Stark (Zürich 1991), insbes. 144 ff.
[106] Ein Grund dafür könnte in der starken Verbreitung der Haftpflichtversicherung in der Schweiz zu sehen sein.
[107] Wenn nur eine oder eine überblickbare Anzahl von Personen unzählige Ursachen für den gleichen Schaden gesetzt haben, sind diese je für sich allein auch minimale Ursachen.

§ 3   Kausalzusammenhang

schäden. Man denke an die Autos, die an einem Wald oder einem alten Gebäude vorbeifahren und durch das Zusammenwirken ihrer Abgasgifte den Wald oder das Gebäude schädigen[108, 108a].

93   Die Solidarität führt hier nicht zu einer tragbaren Lösung. Man könnte sonst – in unserem Beispiel – *einen* passierenden Automobilisten für den ganzen Schaden zur Verantwortung ziehen und es ihm überlassen, die unauffindbaren Mitverursacher zu belangen[109] und jedem seine kausale Beteiligung nachzuweisen. Das wäre in höchstem Masse unbillig und würde den Schutz des Geschädigten durch die Solidarität mehrerer Haftpflichtiger überspannen[110].

94   Die zivilrechtliche Wiedergutmachung ist bei Mini-Ursachen nicht praktikabel. Das Zivilrecht könnte dem Geschädigten nur mit Unterlas-

---

Rechtlich sind aber die von der gleichen Person veranlassten Ursachen je zusammen als eine einheitliche Ursache zu betrachten. Es verbleiben dann nur so viele Ursachen, als Personen an der Herbeiführung des Schadens beteiligt sind. Dadurch entsteht eine überblickbare Situation, die rechtlich gleich zu behandeln ist, wie wenn jede der verursachenden Personen eine einzige Ursache gesetzt hätte: Sie haften für den Schaden solidarisch.

[108] In Bd. II/1 § 23 N 118 ff. wird dafür der Ausdruck «chronische» Verschmutzung benützt und diese den akuten Ereignissen gegenübergestellt. Da die chronische, also durch langandauernde oder sich ständig wiederholende Einwirkungen entstandende Schädigung durch eine oder wenige Personen verursacht werden kann, ist es richtiger, den etwas unwissenschaftlichen Ausdruck der «Mini-Ursache» zu verwenden. UWE DIEDERICHSEN, Ausbau des Individualschutzes gegen Umweltbelastungen als Aufgabe des bürgerlichen und des öffentlichen Rechts, 56. Deutscher Juristentag (München 1986) L 51, und andere verwenden dafür den Terminus «Langzeitschäden», der aber wie die «chronische Schädigung» das Moment der Beteiligung einer sehr grossen Anzahl verschiedener Personen sprachlich nicht zum Ausdruck bringt. Vgl. auch LOSER 119, 131 ff.

[108a] Von Mini-Ursachen ist nicht zu sprechen, wenn z. B. 10–50 oder mehr Ursachen zusammengewirkt haben, von denen keine für sich allein den gleichen Schaden hätte herbeiführen können; vgl. den Sachverhalt des Urteils des Berner Appellationshofes vom 17. August 1993 (z. Zt. nicht publ.) i. S. W. AG./Diverse. Dort standen auf einem Campingplatz viele Mobilheime mit Ölheizungen. Eine Überschwemmung führte dazu, dass 2000–3000 l Öl aus den Tanks austraten und vom Wasser in eine Fischzuchtanlage getragen wurden, wo sie grossen Schaden verursachten. Die polizeilichen Untersuchungen ergaben, dass sich in den Tanks von allen Bekl. ein Öl-Wasser-Gemisch befand.
Anders liegen die Verhältnisse bei den von STOLL 117 ff. angeführten Massendelikten.

[109] Über die von HANS-ULRICH MÜLLER (Hsg.), Schweizerisches Umweltschutzrecht (Zürich 1973) 45 vorgeschlagene Lösung vgl. Bd. II/1 § 23 FN 171.

[110] Vgl. QUENDOZ 80 f. – Anders liegen die Verhältnisse in den von DEUTSCH I 143 erwähnten Beispielen: rechtswidriger Streik (vgl. Bd. II/1 § 16 N 84 ff.), unerlaubte Demonstrationen (vgl. Bd. II/1 § 16 FN 57) und widerrechtliche Hausbesetzung. In diesen Fällen fehlen die besonderen Verhältnisse, die die Solidarität bei einem Teil der Umweltschäden ablehnen lassen. Es handelt sich daher nicht um Mini-Ursachen im hier verwendeten Sinn des Wortes. Der Ausdruck «minimale Kausalität» ist damit nicht identisch.

sungsansprüchen wirklich helfen. Diese würden aber viele Aktivitäten ausschalten, die eine wesentliche Basis unserer heutigen Volkswirtschaft darstellen. Sie kommen daher nicht in Frage. Die Vermeidung solcher Schädigungen ist vielmehr auf dem Wege über das öffentliche Recht zu suchen; dass hier Interessen der Allgemeinheit im Spiel sind, liegt auf der Hand.

5. Konstitutionelle Prädisposition

Vorn sind die verschiedenen Arten konkurrierender Ursachen untersucht worden, unter anderem der *Zufall* (vorn N 63 f.). Eine besondere Art von Zufall wird herkömmlicherweise unter dem Begriff der konstitutionellen Prädisposition behandelt. Davon spricht man bei einer gesundheitsbedingten, über den normalen Rahmen hinausgehenden Schadensgeneigtheit des Geschädigten[111]. Dazu gehört auch die Neigung zu abnormal schweren Reaktionen auf schädigende Einwirkungen. 95

Die konstitutionelle Prädisposition kann – worauf das Adjektiv «konstitutionell» hinweist – auf einer Erbanlage beruhen, aber auch durch eine vorbestandene Krankheit[112] oder einen früheren Unfall des Geschädigten bedingt sein[113, 114]. Es besteht im übrigen kein Grund, entsprechende 96

---

[111] Es handelt sich um einen Zufall in bezug auf die Kausalität: Die Entstehung der Schadensgeneigtheit liegt nicht innerhalb der Kausalkette zwischen der haftungsbegründenden Ursache und dem Schaden. Sie ist vielmehr durch Umstände bedingt, die von der Unfallursache unabhängig sind; vgl. vorn N 63. Im übrigen sei noch festgehalten, dass sich die Frage der rechtlichen Behandlung der konstitutionellen Prädisposition nur stellt, wenn das Schadenereignis eine adäquate Ursache des aufgetretenen Krankheitsbildes darstellt.

[112] Vgl. BGE 66 II 171; 80 II 353; 96 II 399 (abnorme psychische Veranlagung); SJZ 30, 51 ff. (= ZBJV 70, 552); ZBJV 77, 90/91; SJZ 28, 343. – Allgemein: KISTLER, ZSR 61, 82a ff.

[113] Der Ausdruck «konstitutionell» ist also zu eng. Selbstverständlich gilt das Wort «Prädisposition» auch für vorbestandene Invaliditäten; vgl. STAUFFER/SCHAETZLE, Barwerttafeln (3. A. Zürich 1970; in der 4. A. Zürich 1989 fehlt ein entsprechender Hinweis) 87; SJZ 83 (1987) 48.
Vgl. im übrigen STEPHAN WEBER, SJZ 85 (1989) 73 ff.; A. KELLER I 75 f., 128 und II 45 f.; KELLER/GABI 110 f.; BREHM N 54 ff. zu OR 44; SCHAER N 342 ff., 1114; V. TUHR/PETER 109; MERZ, SPR VI/1 233; V. BÜREN, Schweizerisches Obligationenrecht, Allgemeiner Teil (Zürich 1964) 55 FN 71; GUHL/MERZ/KOLLER 70, 82 und viele andere; BGE 27 II 262; 35 II 566; 36 II 114; 38 II 652; 42 II 259; 49 II 446; 51 II 80; 57 II 52; 66 II 174; 80 II 353; 96 II 396; 102 II 43; 113 II 88.

[114] Einer dieser drei Faktoren stellt den bei der Entwicklung der Schadensfolgen mitwirkenden Zufall dar.

Schadensanlagen bei Tieren, ja selbst bei anderen Sachen[115] nicht in gleicher Weise zu berücksichtigen.

97 Der Zufall «konstitutionelle Prädisposition» wirkt im allgemeinen nicht bei der Entstehung des Unfalles mit[116], sondern bei der Entwicklung der Schadensfolgen: Eine an sich harmlose Einwirkung auf den Körper kann infolge extremer Brüchigkeit der Knochen zu einer Fraktur führen, eine geringe Verletzung infolge Bluterkrankheit (reduzierte Gerinnungsfähigkeit[117] des Blutes) zu einer lebensgefährlichen Blutung. Bei einer hochgradig tuberkulösen, einer durch fortschreitende Arteriosklerose oder durch Alkoholmissbrauch zermürbten Person kann ein Unfall zum Tod führen, der bei einer normalen Person nicht diese verhängnisvollen Folgen zeitigen würde[118]. Bei Scheuermannscher Krankheit[119] kann ein Unfall eine Invalidität zur Folge haben, die ohne diese Krankheit überhaupt nicht oder nicht in diesem Umfang eingetreten wäre. Einen wichtigen Anwendungsfall stellt auch eine nach dem Unfall in Erscheinung getretene Neurose dar; vgl. hinten § 6 N 95 ff.

98 Während man sich früher darüber stritt[120], ob die konstitutionelle Prädisposition als Teilursache der Folgen des konkreten Unfalles und damit bei der *Schadenersatzbemessung* (OR 43/44) zu berücksichtigen oder ob ihr schon bei der *Berechnung des Schadens* (OR 42) Rechnung zu tragen sei, hat das Bundesgericht in BGE 113 II 90 zu Recht entschieden, dass je nach den Umständen die eine oder die andere Betrachtungsweise anzuwenden ist[121]:

99 a) Wenn die Unfallfolgen später wegen der Schadensgeneigtheit des Geschädigten ohne den Unfall nicht eingetreten wären[122], ist die bei der

---

115 Man denke z. B. an die Zerstörung eines baufälligen Gebäudes, das ohnehin bald zusammengebrochen wäre; vgl. WEBER, SJZ 85 (1989) 77.
116 A. M. Vorauf. 102/03. Die Frage entbehrt der rechtlichen Bedeutung: Auch wenn eine konstitutionelle Prädisposition bei der Herbeiführung des Unfallereignisses im Spiele war, handelt es sich um einen mitwirkenden Zufall.
117 Die Gerinnungsfähigkeit des Blutes kann auch durch Medikamente stark herabgesetzt sein.
118 Unter dem Geltungsbereich des FHG hat die Prädisposition zu *Brüchen* (Hernien) eine Rolle gespielt, BGE 31 II 227. Andere Beispiele: Idiosynkrasie (BGE 66 II 171 ff.); hochgradige Nervosität (SJZ 6, 74/75), Altersgebresten eines 88jährigen Mannes (SJZ 41, 337).
119 Vgl. BGE 113 II 88.
120 Vgl. die Darstellung der Schwankungen der bundesgerichtlichen Rechtsprechung und die Hinweise auf die Literatur in BGE 113 II 92/93.
121 Ein wesentlicher Unterschied entsteht gegebenenfalls aus dem Quotenrecht des Geschädigten, auf das hinten § 11 N 184, 202 ff. hingewiesen wird.
122 Der Unfall führt zu einer Invalidität, die ohne den geschwächten Gesundheitszustand des Geschädigten nicht eingetreten wäre. Man denke an einen Beinbruch wegen abnormaler

III. Besondere Verhältnisse § 3

Entstehung der Unfallfolgen mitwirkende Prädisposition des Geschädigten dann als zur Herabsetzung des Schadenersatzes führende Teilursache zu berücksichtigen, wenn die Voraussetzungen für die Reduktion des Schadenersatzes wegen Zufalles, die vorn (N 89) umschrieben wurden, gegeben sind: Wenn die Prädisposition eine adäquate Ursache der Unfallfolgen darstellt und der Geschädigte für sie einstehen muss (OR 44), *kann* sie vom Richter berücksichtigt werden. Dies mag *ausnahmsweise* geboten sein, wenn eine *kleine haftungsbegründende Ursache* zu einem *ausserordentlich schweren Schaden* geführt hat[123].

Meistens erscheint es aber keineswegs als geboten, den Geschädigten für seine Prädisposition, die ein Teilursache darstellt, einstehen zu lassen. «Wer... widerrechtlich einen gesundheitlich geschwächten Menschen verletzt, hat kein Recht darauf, so gestellt zu werden, als ob er einen gesunden geschädigt hätte.[124]» Die Berücksichtigung der Prädisposition als Teilursache und damit als Grund zur Reduktion des Schadenersatzes kommt daher nur in den seltensten Fällen in Betracht. Insoweit der für den Schaden Verantwortliche durch eine Haftpflichtversicherung gedeckt ist, dürfte dies nie der Fall sein[125]. 100

b) Von den Fällen mit Berücksichtigung der Prädisposition als Teilursache von Folgen, die sonst auch später nicht eingetreten wären, sind diejenigen Fälle zu unterscheiden, in denen die in Frage stehenden Gesundheitsschäden durch die Prädisposition auch ohne den Unfall herbeigeführt worden wären, wenn auch erst später[126]. Hier handelt es sich um einen Fall der sog. überholenden oder hypothetischen Kausali- 101

Brüchigkeit der Knochen, der schlecht verheilt. Die Krankheit allein hätte nicht zu dieser oder überhaupt zu einer Invalidität geführt.
[123] Für diese seltenen Fälle geht meine Formulierung im Skriptum N 372 zu weit.
[124] BGE 113 II 90.
[125] Dabei sind aber diejenigen Fälle auszunehmen, bei denen die Prädisposition so schwer ist, dass sie jederzeit unter relativ alltäglichen Nebenbedingungen zum gleichen Schaden führen kann. Der als haftungsbegründende Ursache in Anspruch genommene Faktor ist dann unter Umständen nicht mehr eine adäquate Ursache; vgl. das Urteil des Versicherungsgerichtes des Kantons Aargau vom 22. Februar 1991 i. S. E gegen «Zürich»-Versicherungsgesellschaft: Streit zwischen verschiedenen Personen, Sturz einer Person einen kleinen Abhang hinunter mit sehr leichten äusseren Verletzungen, Tod als Folge eines schweren Hirngefässaneurysmas (Gefässausbuchtung). Dabei handelte es sich um einen Versicherungsfall nach UVG.
[126] Man denke an eine Leberzirrhose (z. B. als Folge übermässigen chronischen Alkoholgenusses), die zum Tod des Verunfallten führt, wobei die Unfallverletzung an sich bei einem Gesunden diese schwere Wirkung nicht gehabt hätte, der Geschädigte aber ohnehin innert kurzer Zeit an seiner Krankheit gestorben wäre.

tät[127]. Die Prädisposition stellt eine Reserveursache dar, die ohne den Unfall die jetzt als dessen Wirkung eingetretenen Folgen ohnehin herbeigeführt hätte. Solche Reserveursachen sind dann zu berücksichtigen, wenn der Eintritt des in Frage stehenden Schadens ohne den Unfall im Unfallzeitpunkt bereits «vorprogrammiert» war, wenn er also bereits in Entstehung begriffen war. Schadensfolge des Unfalles ist dann nur die Vorverschiebung der bereits in nuce vorhandenen Unfallfolgen, z. B. des Todes des Geschädigten[128]. Das ist eine Frage der *Schadensberechnung* (vgl. hinten § 6 N 10 ff.) und ergibt sich aus der Differenztheorie (vgl. vorn § 2 N 9)[129].

102 Bei Verlust eines paarigen Organs (Auge, Ohr, Niere) stellt sich die Frage der konstitutionellen Prädisposition, wenn eines der beiden Organe im Unfallzeitpunkt bereits nicht mehr vorhanden oder gebrauchsfähig war und durch den Unfall das zweite Organ betroffen wurde. Auch hier handelte sich um eine Frage der Schadensberechnung (vgl. hinten § 6 N 169 f.).

6. Mittelbare Verursachung

103 Häufig wird zwischen mittelbaren und unmittelbaren Ursachen einerseits und Wirkungen oder Schäden andererseits unterschieden[130]. Als unmittelbar wird eine Ursache bzw. ein dadurch bewirkter Schaden dann bezeichnet, wenn der Kausalzusammenhang zwischen beiden keine Zwischenglieder enthält, wenn die Ursache also unmittelbar den Schaden

---

[127] Vgl. dazu BGE 115 II 443 ff.; hinten § 6 N 100 ff. und in bezug auf die konstitutionelle Prädisposition MERZ, ZBJV 127 (1991) 244/45; WEBER, SJZ 85 (1989) 76.

[128] Der Tod bzw. die Invalidität, die durch den Unfall herbeigeführt werden, sind also nicht als Schadensfolgen zu betrachten, sondern nur deren Vorverschiebung. In bezug auf diese Vorverschiebung ist aber die konstitutionelle Prädisposition ebensowenig als Kürzungsgrund zu berücksichtigen wie als Teilursache einer Schadensfolge, die ohne sie nicht eingetreten wäre.

[129] Vgl. STARK, Skriptum, N 364 ff.; WEBER, SJZ 85 (1989) 73 ff., insbes. 82; SCHAER N 349 f.; A. KELLER II 26; BGE 113 II 93 f.

[130] In OR 208 II/III wird z. B. bei Gewährleistung im Kaufrecht für den unmittelbaren Schaden eine Kausalhaftung statuiert, während der Verkäufer für den weiteren, also den mittelbaren Schaden nur einzustehen hat, wenn er sich nicht exkulpieren kann. Vgl. auch OR 756 (dazu § 2 FN 40) und 917 II, wo die Unterscheidung aber sinnvoll ist, weil unterschieden wird zwischen dem Schaden der juristischen Person und demjenigen ihrer Teilhaber.

III. Besondere Verhältnisse   § 3

herbeigeführt hat, also nicht zuerst eine andere Wirkung, die ihrerseits unmittelbar oder über weitere Zwischenglieder zum Schaden geführt hat[131].

Diese Unterscheidung krankt daran, dass es fast keine unmittelbare Verursachung gibt. Es ist beinahe immer möglich, durch genauere Untersuchung Zwischenglieder festzustellen[132]. 104

Die Unterscheidung zwischen mittelbaren und unmittelbaren Verursachungen eignet sich daher nicht als Kriterium für rechtlich relevante Abgrenzungen. Auch der bloss mittelbare Kausalzusammenhang ist häufig rechtlich relevant. Dafür ist massgebend, ob der Erfolg und alle Zwischenglieder adäquate Folgen derjenigen Ursache sind, an die die Haftpflicht geknüpft werden soll. Das Problem der mittelbaren Verursachung stellt sich in besonders eindrücklicher Weise, wenn eine Unfallverletzung in einem Spital behandelt wird und der Geschädigte sich dabei eine neue, zusätzliche Schädigung zuzieht, z. B. eine Ansteckung mit AIDS bei einer Bluttransfusion oder eine Versteifung eines Fussgelenkes infolge eines ärztlichen Kunstfehlers oder einen Beinbruch wegen einer zu stark gewichsten Spitaltreppe. Wenn die primäre Verletzung eine adäquate Folge des Unfalles darstellt und der zusätzliche Spitalschaden seinerseits als adäquate Folge des Spitalbetriebes zu betrachten ist, stellt die Behandlung im Spital ein Zwischenglied der adäquaten Kausalkette zwischen dem Unfall und dem Spitalschaden dar. Der für den (primären) Unfall Haftpflichtige muss für den ganzen Schaden eintreten, für den Spitalschaden aber solidarisch neben dem Spital oder seinen Hilfspersonen. Die Adäquanz des Kausalzusammenhanges dürfte bei medizinischen Kunstfehlern meistens eindeutig sein, während sie beim Beispiel eines Sturzes auf einer zu stark gewichsten Spitaltreppe als zweifelhaft erscheint. Wenn der Fehler des Spitalpersonals als grobes Drittverschulden zu qualifizieren ist, kann er den Kausalzusammenhang zum Unfall unterbrechen. Dann ist 105

---

[131] Vgl. STARK, Diss. 26/27; OSER/SCHÖNENBERGER N 82 zu OR 41.
[132] Beispiele:
– Ein Flugzeugabsturz wird durch eine Bombenexplosion im Gepäckraum verursacht. Man wird geneigt sein, von einer unmittelbaren Verursachung zu sprechen. Genauere Überlegungen zeigen aber, dass die Explosion einen starken Luftdruck erzeugt und dieser ein Loch in die Aussenwand des Flugzeuges gerissen hat. Vielleicht hat sie auch Gepäckstücke entzündet und geriet das Flugzeug dadurch in Brand.
– A ersticht B. Er verletzt mit seinem Dolch das Herz, die Blutversorgung bricht zusammen, und dadurch tritt der Tod von B ein. Eindeutig ist die Mittelbarkeit der Verursachung, wenn ein Verunfallter sich im Spital eine Infektion zuzieht oder infolge unzweckmässiger Behandlung einen Schaden erleidet.

der für den Unfall Verantwortliche für den Spitalschaden nicht mithaftpflichtig.

* * *

106   Die bisherige Darstellung des Abschnittes III A (vorn N 79 ff.) hat wiederholt gezeigt, dass einzelne Probleme noch an anderen Stellen auftauchen, insbesondere bei der *Schadenersatzbemessung* (§ 7) und im Zusammenhang der Probleme, die sich an den Tatbestand einer *Mehrheit von Ersatzpflichtigen* knüpfen (§ 10). Es wirkt anschaulicher, diese Fragen dort für sich, zusammenhängend, zu behandeln. Das durfte aber nicht davon abhalten, sie hier als zum Kausalproblem gehörend einzuführen und so systematisch ihren Standort zu bestimmen. Wiederholungen werden dadurch unvermeidlich, wichtiger als sie zu umgehen, ist das Bestreben, die *Zusammenhänge* aufzudecken. Es kann nicht eindringlich genug darauf hingewiesen werden, dass die *Kausalitätsfrage das Zentralproblem des Schadenersatzrechts* ist; keine schadenersatzrechtliche Deduktion lässt sich zu Ende denken, ohne das Kausalproblem zu berühren. Ob die tatsächliche Handhabung des Schadenersatzrechts dem überall Rechnung trägt, ist eine andere Frage.

B. Konkurrenz von Gesamtursachen

1. Begriff der Gesamtursache

107   Keine Teilursache eines Erfolges kann diesen für sich allein herbeiführen. Da alle Folgen auf das Zusammenwirken mehrerer Bedingungen zurückzuführen sind (vgl. vorn N 4, 79), *ist jede Bedingung eines Erfolges eine Teilursache.* Unter dem Titel der Haftung für Teilursachen (vorn N 79 ff.) wurde aber nicht die Bedeutung von irgendwelchen Bedingungen besprochen, sondern nur die Haftung für die *adäquaten* Bedingungen. Der Begriff der Teilursache wurde also nicht rein kausalitätsmässig verstanden, sondern juristisch: Es wurden nur Teilursachen in die Betrachtung einbezogen, für die rechtlich eine Schadenersatzpflicht überhaupt in Frage kommt.

108   Die gleiche Einschränkung gilt auch für den *Begriff der Gesamtursache:* Sie ist ein zur Verursachung des eingetretenen Schadens *generell geeigneter Umstand, der für sich allein,* d. h. ohne Zusammenwirken mit andern generell geeigneten Umständen, *einen eingetretenen Schaden verursacht*

III. Besondere Verhältnisse   § 3

haben kann[133]. Im sog. «Normalfall» ist die haftungsbegründende Ursache meistens eine Gesamtursache in diesem Sinne.

Eine Schwierigkeit entsteht hier nur, wenn mehr als eine solche Gesamtursache vorhanden ist und nicht feststeht, welche von ihnen den Schaden verursacht hat (alternative Kausalität), oder wenn sie zwar wie Teilursachen zusammengewirkt haben, aber jede für sich allein ohne die andere zur Herbeiführung des Schadens genügt hätte (kumulative Kausalität)[134, 135]. 109

Gemeinsam ist beiden Formen von Gesamtursachen, dass jeweils nicht festgestellt werden kann, welche Ursache conditio sine qua non ist: Der gleiche Erfolg wäre auch ohne die andere im konkreten Fall festgestellte Gesamtursache eingetreten[136]. Die Unterscheidung der Gesamtursachen von irgendwelchen andern Umständen beruht auf dem Erfordernis der Adäquanz. Wo deren Voraussetzungen fehlen, fällt eine Behandlung als Gesamtursache von vornherein ausser Betracht. 110

Das Problem der Gesamtursachen ist (generell) darauf zurückzuführen, dass ganz allgemein die Kausalität eines Faktors, seine Bedingungsqualität in bezug auf einen eingetretenen Erfolg, nicht positiv festgestellt werden kann, sondern nur negativ mit der Hilfsmethode des Begriffes der conditio sine qua non[137]. Diese negative Umschreibung führt zwangsläufig zu falschen Resultaten, wenn mehr als eine adäquate Ursache vorhanden ist, die den Schaden ohne die andere herbeiführen kann. Wegen der andern ist sie dann nicht conditio sine qua non; «man kann auf sie verzichten». Vom rechtlichen Standpunkt aus kann diese «Überzähligkeit» einer Bedingung nicht relevant sein; es ist namentlich absurd, wenn sie dazu führt, dass 111

---

[133] Vgl. QUENDOZ 7.
[134] v. TUHR/PETER 94 verwenden dafür den Ausdruck «konkurrierende Kausalität».
[135] Mit diesen beiden Fällen verwandt ist die sog. *überholende oder hypothetische Kausalität*. Sie liegt vor, wenn der Erfolg von einer «Reservursache» später herbeigeführt worden wäre, wenn die erste Ursache ihn oder seine Entstehung nicht bereits bewirkt hätte. Beispiel: Eine Person verunfallt tödlich, die bereits an einer zum baldigen Tod führenden Krankheit leidet; vgl. vorn FN 126. Der hypothetischen Kausalität ist im Rahmen der Schadensberechnung Rechnung zu tragen; vgl. hinten § 6 N 10 ff.
[136] Da wir den Kausalzusammenhang mit unseren Sinnen nicht wahrnehmen können, können wir nicht feststellen, welche Kausalabläufe *tatsächlich* stattgefunden haben.
[137] Vgl. vorn N 10. Wir könnten nicht direkt feststellen, ob ein Kausalzusammenhang vorliege, sondern nur indirekt mit der auf der Lebenserfahrung beruhenden Beantwortung der Frage, ob der Erfolg auch *ohne* Mitwirkung des zur Diskussion stehenden Umstandes eingetreten wäre. Wenn wir die Sonne aufgehen sehen, stellen wir dies demgegenüber mit unseren Augen positiv fest und überlegen nicht, ob unsere Umgebung ohne Sonnenaufgang gleich aussehen würde. Vgl. zu den verschiedenen Modellen, wie der natürliche Kausalzusammenhang erkannt und erklärt werden kann, GOTTWALD 4 ff.

keiner der beiden adäquaten Bedingungsfaktoren als rechtlich relevante Ursache betrachtet wird, weil er potentiell überzählig ist.

112 In diesen Fällen, in denen die Stellung als conditio sine qua non für beide adäquaten Faktoren, je wegen des andern, zu verneinen ist, rechtfertigt es sich nicht, rechtlich an der Haftungsvoraussetzung der conditio sine qua non festzuhalten. Wegen der Problematik der negativen Hilfsmethode darf sie hier rechtlich nicht konsequent angewendet werden[138]. Es ist vielmehr zu fragen, wie der Verlauf nach der Lebenserfahrung ohne Beteiligung der *beiden* adäquaten Gesamtursachen sich gestaltet hätte. Wenn der Erfolg ohne beide nicht eingetreten wäre, sind beide (eventuell) conditiones sine quibus non. Für die Unterscheidung zwischen den beiden eignet sich die negative Hilfsmethode nicht. Wir haben überhaupt keine Möglichkeit, diese Unterscheidung richtig durchzuführen und die Kausalität der einen zu bejahen und der andern zu verneinen.

113 Für die Lösung dieser Schwierigkeiten stehen, wenn wir den Geschädigten nicht in *allen* entsprechenden Fällen im Regen stehenlassen wollen, grundsätzlich zwei Wege zur Verfügung: Die Solidarität oder die Annahme einer Teilkausalität. Beide führen zu Ergebnissen, die kausalitätsmässig falsch sind, weil eine der beiden Gesamtursachen allein adäquat kausal ist und die andere nicht. Trotzdem ist das Resultat richtiger, als wenn man wie die herrschende schweizerische Lehre die Haftpflicht beider Verursacher verneint. Die tatsächlichen Verhältnisse zwingen uns also, rechtlich beide adäquaten Gesamtursachen als kausal zu betrachten.

114 Die Annahme einer Teilkausalität im rechtlichen Sinn führt direkt, d. h. schon im Verhältnis zwischen dem Geschädigten und den Verursachern, zur fast gleichen Lösung wie bei der Solidariät aufgrund des Regresses. Weil hier ohne bewiesene Kausalität gehaftet wird, ist der weniger belastenden Annahme einer Teilkausalität in rechtlichem Sinne der Vorzug vor der Solidarität zu geben[139].

---

[138] Die konsequente Anwendung des Kriteriums der conditio sine qua non führt zu dem eindeutig falschen Resultat, dass keine natürlich-kausale Ursache des Schadens bestehe. Wenn man dagegen beide Gesamtursachen rechtlich als relevant betrachtet, ist das Ergebnis auch falsch, aber weniger: Einer der beiden Verursacher wird zu Recht als solcher eingestuft. Vgl. dazu LOSER 101.

[139] Anderer Meinung QUENDOZ 80. – Beim Zusammenwirken von Teilursachen führt die Unmöglichkeit, Verursachungsquoten festzulegen, zur Solidarität (vgl. vorn N 83), die für den Geschädigten günstiger ist: Er muss nur einen einklagen und bekommt von ihm den ganzen Schaden ersetzt. Er muss sich nicht um die internen Haftpflichtquoten kümmern. Ausserdem ist der Geschädigte gegen die Zahlungsunfähigkeit eines Haftpflichtigen weitgehendst geschützt. Die sich aus der Solidarität ergebende Mehrbelastung der Ver-

III. Besondere Verhältnisse   § 3

Damit ist die Frage noch nicht gelöst, nach welchen Kriterien die   115
Haftpflichtquoten festzulegen sind. Da hier die Verursachung überhaupt
fraglich ist, kommt der Wahrscheinlichkeit der Verursachung des ganzen
Schadens durch die einzelnen Gesamtursachen die primäre Bedeutung
zu[140]. Wo sie statistisch festgelegt werden kann, ist darauf abzustellen.
Wenn das nicht der Fall ist, muss die Wahrscheinlichkeit vom Richter
geschätzt werden. Da es sich nicht um eine festgelegte natürliche Kausalität
handelt, können bei erheblicher Unsicherheit über die Wahrscheinlichkeit
auch die für die sektorielle Verteilung des Schadens auf mehrere solidarisch
Haftpflichtige massgebenden Gesichtspunkte (vgl. hinten § 10 N 65 ff.)
herangezogen werden. Im Zweifelsfall sind gleiche Quoten anzunehmen.

2. Alternative Kausalität

«Alternative Kausalität liegt vor, wenn von zwei oder mehreren in Frage   116
kommenden, unabhängig voneinander wirkenden Ursachen eine, unbekannt aber welche, zum ganzen Schaden geführt hat.[141]» In Frage kommt
auch eine Ursache, die vom Geschädigten zu vertreten ist, also namentlich
ein Selbstverschulden.

Jeder für eine solche alternative Gesamtursache Verantwortliche kann   117
– wie dargelegt – geltend machen, «seine» Ursache habe den Schaden nicht
herbeigeführt; ihre kausale Mitwirkung bei der Entstehung des Schadens
sei nicht feststellbar. Sie sei nicht conditio sine qua non, weil der Schaden,
auch wenn sie ihn tatsächlich herbeigeführt habe, auch ohne sie durch die
andere Gesamtursache bewirkt worden wäre[142, 143].

---

ursacher rechtfertigt sich, weil die von ihnen zu verantwortenden Umstände conditiones
sine quibus non sind und nicht nur rechtlich als Schadensursachen behandelt werden. Rein
kausalitätsmässig ist die von einem der Teilverursacher gesetzte Ursache allerdings nicht
für den ganzen Schaden kausal und wird auch nur rechtlich so behandelt, weil man bei
qualitativer Veränderung keine Ursachenquoten feststellen kann.

[140] QUENDOZ 75.
[141] QUENDZOZ 1; vgl. auch v. TUHR/PETER 94.
[142] In der Literatur wird meistens der sog. *Jägerfall* als Beispiel erwähnt: Zwei Jäger schiessen
gleichzeitig mit Schrotflinten auf ein Rebhuhn. Dabei wird durch eine Schrotkugel ein
Spaziergänger verletzt. Es lässt sich nicht bestimmen, aus welchem Gewehr diese Schrotkugel stammte; vgl. QUENDOZ 4. Vgl. auch den Sachverhalt von BGE 113 IV 59 unter der
Annahme, dass die beiden Täter nicht gemeinsam gehandelt haben.
[143] Wir befinden uns bei der alternativen Kausalität in einem *Beweisnotstand*: Der tatsächliche Kausalablauf kann nicht festgestellt werden; vgl. STARK, Diss. 54. – Es könnte daher

§ 3 Kausalzusammenhang

118 Das Problem der alternativen Kausalität kann auch *zusätzlich auf der Seite mehrerer Geschädigter* vorliegen: Die mehreren alternativen Ursachen haben mehrere Personen geschädigt, wobei man nicht bestimmen kann, welche bei diesem und welche bei jenem Geschädigten wirksam geworden ist. Auf diese Komplikation ist unten N 131 zurückzukommen.

119 Die Unmöglichkeit des Beweises der Verursachung wirkt sich praktisch nicht aus, wenn dieselbe Person für verschiedene alternative Verursachungen einzustehen hat, z. B. wenn eine Kausalhaftung für Hilfspersonen besteht (namentlich OR 55) und bewiesen werden kann, dass eine Hilfsperson eines potentiell Haftpflichtigen den Schaden verursacht hat, nicht aber, welche (vgl. Bd. II/1 § 20 N 109). Das gilt namentlich auch bei der Haftung des Staates für seine Beamten und des Bundes für Militärpersonen (vgl. Bd. II/3 § 32 N 237/38), aber ebenso bei der Tierhalterhaftung, wenn nicht feststeht, welches von mehreren Tieren des gleichen Halters den Schaden verursacht hat. Nach SVG 76 I haftet im weiteren die Gesamtheit der Motorfahrzeughaftpflichtversicherer für einen Schaden, den ein unbekanntes Motorfahrzeug oder Fahrrad verursacht hat. Vgl. auch KHG 16 I lit. a.

120 Diese Bestimmungen führen zwar *praktisch* unter den betreffenden Umständen zur Auflösung der Schwierigkeit der alternativen Kausalität, nicht aber grundsätzlich.

121 Alternative Kausalität kann mit gemeinsamer Verschuldung verbunden sein: Von mehreren gemeinsam vorgehenden Personen verursacht nur eine, die nicht festgestellt werden kann, den Schaden[144]. Da sie gemeinsam vorgegangen sind, steht jeder Beteiligte mit der Schadensverursachung in einer psychischen Verbindung wie ein Anstifter oder ein Gehilfe. Wenn nicht festgestellt werden kann, wer nur angestiftet oder geholfen hat und

---

naheliegen, das Problem durch *Umkehrung der Beweislast* zu lösen. Dann haftet jeder potentielle adäquate Verursacher, wenn er nicht beweist, dass er nicht zum Schaden beigetragen hat; vgl. QUENDOZ 13 ff. Da aber keiner von beiden beweisen kann, dass der von ihm zu vertretende Umstand nicht kausal war, haftet der zuerst Belangte bei Umkehrung der Beweislast voll. Haftet der andere gar nicht oder besteht ein Regressrecht? Wie verhält es sich, wenn der zuerst Belangte nicht genügend zahlungsfähig ist? Die Umkehr der Beweislast erweist sich daher bei näherer Betrachtung als problematisch. Sie ist auch mit dem grundlegenden Mangel behaftet, dass der Geschädigte darüber entscheidet, welcher von beiden Verursachern den Schaden voll zahlen muss und welcher eventuell, d. h. wenn kein Regressrecht besteht, ungeschoren davonkommt.

[144] Vgl. Bd. II/1 § 16 FN 481.

III. Besondere Verhältnisse § 3

wer den Schaden physisch verursacht hat, kann in bezug auf diese physische Verursachung alternative Kausalität vorliegen. Die Lösung ergibt sich dann aus OR 50 I: Wer zwar nicht physischer Täter war, aber bei der Aktion mitgemacht hat, haftet als psychischer Täter. Ob er das eine oder andere war, muss nicht festgestellt werden. Der Beweisnotstand der alternativen Kausalität hat keine rechtliche Bedeutung[145].

Im Gegensatz zum OR sieht das deutsche Recht in BGB 830 I Satz 2 eine Lösung der alternativen Kausalität auch ohne gemeinsame Verschuldung vor: Jeder Beteiligte ist solidarisch verantwortlich[146]. 122

Es drängt sich aus den vorn (N 113 ff.) dargelegten Gründen auf, auch ohne gemeinsame Verschuldung bei alternativer Kausalität quotenmässige Teilhaftung eintreten zu lassen. Beide Gesamtverursacher sind rechtlich als Verursacher zu betrachten und daher – wenn sie Haftungsgründe zu vertreten haben – je für einen Teil des Schadens verantwortlich. 123

Diese Regelung ergibt sich nicht nur als Notlösung aus den Schwierigkeiten, den Kausalzusammenhang festzustellen, sondern auch aus wertenden juristischen Überlegungen: Keiner der alternativen Schädiger ist an der Verursachung des Schadens *gänzlich* unbeteiligt, jeder hat einen Umstand gesetzt, der eine adäquate Ursache hätte werden können. Dies ist nicht von ihm, sondern durch von ihm unabhängige Verhältnisse verhindert worden. 124

Diese Lösung erscheint im Resultat als viel billiger als die Ablehnung der Haftpflicht beider alternativer Verursacher nach der herrschenden Lehre. 125

Die Entscheidung, ob ein bestimmter Umstand als Gesamtursache in diesem Sinne zu betrachten ist, hängt davon ab, ob er, wenn er sich kausal ausgewirkt haben sollte, eine adäquate Ursache war und natürlich auch, ob er den ganzen Schaden ohne Mitwirkung der anderen potentiellen Gesamtursache herbeiführen konnte[147]. 126

Wenn für eine der Gesamtursachen kein Haftungsgrund besteht, ist die entsprechende Schadensquote vom Geschädigten zu tragen; diese Auffassung führt zur Teilhaftung des anderen Gesamtverursachers. 127

---

[145] Vgl. Bd. II/1 § 16 N 318 ff.; v. Tuhr/Peter 94/95; Oser/Schönenberger N 6 f. zu OR 50; Brehm N 20 zu OR 50; Becker N 3 zu OR 50; Keller/Gabi 24; Quendoz 10 f.; BGE 25 II 817; 42 II 473 (grundlegend); 57 II 420. Das gleiche gilt auch im Strafrecht; vgl. BGE 113 IV 59 und dazu Walder in recht 1989, 56 ff. sowie Donatsch in SJZ 85 (1989) 109 ff.
[146] Vgl. Quendoz 20 ff. und die dort zit. Lit.
[147] Vgl. dazu die eingehenden Ausführungen von Quendoz 53 ff.

128 Wenn die nicht von einem möglichen Fremdverursacher zu verantwortende zweite mögliche Gesamtursache vom Geschädigten zu vertreten ist[148], ist aufgrund dieses Vorschlages ein Selbstverschuldensabzug zu machen; denn wenn ein Dritter geschädigt worden wäre, bestände Teilhaftung.

3. Kumulative Kausalität

129 Man spricht von kumulativer Kausalität, wenn mehrere Schädiger unabhängig voneinander wirken mit der Massgabe, dass das Verhalten jedes einzelnen genügt hätte, um den eingetretenen Schaden zu bewirken. Während sich bei alternativer Kausalität nur eine der beiden Gesamtursachen de facto ausgewirkt hat und die andere ohne Wirkung blieb[149], hat sich bei der kumulativen Kausalität eine Mehrzahl von adäquaten Bedingungen ausgewirkt, *von denen jede für sich allein den eingetretenen Erfolg herbeiführen konnte*[150]. Trotzdem kann jeder Verursacher geltend machen, «seine» Ursache sei nicht conditio sine qua non des konkreten Ablaufes; der gleiche Schaden wäre auch ohne sie eingetreten.

130 Hier ist noch eindeutiger als bei der alternativen Kausalität, dass das Fehlen der conditio sine qua non-Eigenschaften der beteiligten Gesamtursachen von der Rechtsordnung nicht als Grund zur Befreiung anerkannt werden kann[151].

---

[148] Man kann nicht feststellen, ob das bewiesene Selbstverschulden des Geschädigten den Schaden allein adäquat verursacht hat oder die einen Dritten belastende weitere mögliche Gesamtursache. Beispiel: Ein Auto fährt auf die linke Strassenseite und kollidiert mit einem entgegenkommenden Bus, wobei es sehr stark beschädigt wird und in Brand gerät. Beim fraglichen neuen Autotyp werden später Schwierigkeiten mit der Lenkvorrichtung festgestellt. Es lässt sich nicht eruieren, ob hier ein Versagen der Lenkvorrichtung den Unfall verursacht hat oder eine Unaufmerksamkeit oder Übermüdung des Lenkers.

[149] Zwei Wilderer schiessen getrennt voneinander auf einen Jäger, der nur von einer Kugel getroffen wird. Man kann aber nicht feststellen, wessen Geschoss es war.

[150] Beide Wilderer treffen den Jäger so, dass er auch ohne den Schuss des andern getötet worden wäre.
Als weiteres Beispiel wird häufig die Verursachung eines Fischsterbens in einem Fluss durch die Abwässer von zwei Fabriken angeführt: Kumulative Kausalität liegt vor, wenn die Wassergifte jeder beteiligten Fabrik für sich allein genügt hätten, die Fische zu töten; vgl. z. B. LOSER 101 ff.

[151] Vgl. STARK, Diss. 52 ff.

4. Alternativität oder Kumulation von Gesamtursachen auf Schädiger- und Geschädigtenseite

Es handelt sich hier um den Fall, das mehrere Gesamtursachen gesetzt worden sind und dass mehrere Personen dadurch geschädigt wurden, wobei man nicht feststellen kann, welche Gesamtursache welchen Geschädigten betroffen hat. Gegenüber einem klagenden Geschädigten kann jeder Gesamtverursacher sich darauf berufen, es lasse sich nicht beweisen, dass die von ihm gesetzte Ursache gerade den Kläger geschädigt habe. Man denke an eine Anlage, die radioaktive Strahlen aussendet[152] oder ein pharmazeutisches Produkt, das von mehreren Firmen gleich hergestellt wird und bei dem sich später gewichtige Nebenfolgen zeigen. Man kann nicht feststellen, Produkte welcher Hersteller die einzelnen Geschädigten eingenommen haben[153]. Es rechtfertigt sich hier natürlich ebenso gut wie bei einem einzigen Geschädigten, die Schwierigkeiten mit der nicht feststellbaren Kausalität durch den Beizug der Wahrscheinlichkeit[154] als Kriterium zu überwinden. Bei radioaktiven Strahlen, die das gleiche Krankheitsbild hervorrufen wie Krebserkrankungen ohne Einfluss solcher Strahlen, kann die Krebserkrankungsquote in der Nähe der Strahlenquelle den entscheidenden Anhaltspunkt abgeben. Beim Verkauf gleichartiger pharmazeutischer Produkte durch verschiedene Fabrikanten wurde in den USA zum Teil auf die Marktanteile der Fabrikanten abgestellt.

131

---

[152] Kernanlage, Fabrik (vgl. Bd. II/3 § 29 N 299 ff. sowie den von QUENDOZ 6 angeführten Krebsfall).

[153] Vgl. Bd II/3 § 29 N 301 und den dort FN 228 zit. amerikanischen Fall Sindell v. Abbott Laboratories und dazu QUENDOZ 34 f. und die von ihm zit. Lit., sowie das holländische Urteil in Case Tex-Nr. 2970; ausserdem BGE 109 II 313, wo das Bundesgericht diesen Punkt aufgrund der Umstände als unbeachtlich betrachtete.

[154] Die *Wahrscheinlichkeit* wird in diesem Buch als Kriterium und Massstab zur Überwindung von Schwierigkeiten, die sich bei der Feststellung des Kausalzusammenhanges, d. h. aus dem Begriff der conditio sine qua non, ergeben, vor allem für folgende Fälle zur Diskussion gestellt:
– Der natürliche Kausalzusammenhang zwischen einem Umstand und dem Schaden ist nicht eindeutig. Es wäre möglich, diese Unsicherheit durch ein Quotenurteil zu reduzieren. In bezug auf die haftungsausfüllende Kausalität wird das in Frankreich unter dem Begriff der perte d'une chance praktiziert. Aber was spricht dagegen, diese Methode auch bei der haftungsbegründenden Kausalität anzuwenden (vorn N 42 f. sowie hinten § 7 N 45, insbes. FN 82)?
– Bei alternativer und kumulativer Kausalität, d. h. bei mehreren Gesamtursachen des schädigenden Ereignisses (vorn N 116 ff., 129 f.).

IV. Unterbrechung des Kausalzusammenhanges: Höhere Gewalt, Selbst- und Drittverschulden

A. Ausgangspunkt

132   Wenn ein Umstand nicht als conditio sine qua non eines schädigenden Ereignisses erscheint und deshalb kein Kausalzusammenhang zwischen ihm und dem Unfall angenommen wird, entfällt die Haftpflicht des für diesen Umstand Verantwortlichen von vornherein[155]. Es besteht – mindestens als Ergebnis unserer unvollkommenen Erkenntnismöglichkeit – kein Kausalzusammenhang, der unterbrochen werden könnte.

133   Die Unterbrechung des Kausalzusammenhanges kann sich daher nicht auf den natürlichen Kausalzusammenhang beziehen, sondern nur auf die Voraussetzung seiner rechtlichen Relevanz, d. h. auf die Adäquanz.

134   Wenn die Rechtsordnung eine Voraussetzung für eine bestimmte Rechtsfolge statuiert, so muss man keine näheren Ausführungen darüber machen, dass die Rechtsfolge nicht eintritt, wenn die Voraussetzung nicht erfüllt ist.

135   Das Problem besteht bei richtiger Betrachtungsweise nicht, wenn man statt von der Unterbrechung des Kausalzusammenhanges von derjenigen der Adäquanz spricht[156]. Wenn man bildhaft sagt, der Kausalzusammenhang sei durch eine neue Ursache unterbrochen oder abgebrochen worden, kann dies nichts anderes bedeuten, als dass er wegen der neu hinzugetretenen Ursache als *inadäquat* erscheint. Es handelt sich darum, dass ein primär adäquat aussehender Kausalzusammenhang es bei genauerer Betrachtung doch nicht ist.

136   Das kann auf zwei verschiedenen Geschehensabläufen beruhen:
137   1. Die in Frage stehende Ursache ist zwar nach der Lebenserfahrung geeignet, zum eingetretenen Erfolg zu führen; aber die Adäquanz fehlt

---

[155] Abgesehen von den speziellen Fällen mehrerer Gesamtursachen; vgl. vorn N 109 ff.
[156] Es lässt sich selten ein über Kausalitätsfragen schreibender Autor die Gelegenheit entgehen, festzustellen, der Ausdruck «Unterbrechung des Kausalzusammenhanges» sei unrichtig (vgl. die Zitate bei GMÜR 69). Er ist in der Tat ein Widerspruch in sich selber und besitzt lediglich die Bedeutung einer *bildhaften* Umschreibung der im Kontext dargestellten Sachlage. Ist man sich dessen bewusst, so mag der Ausdruck beibehalten werden. Wollte man aus der Rechtssprache alle Ausdrücke ausmerzen, die sich bei genauerem Zusehen als Metaphern entpuppen, so hätte man überraschend viel zu tun. Wichtiger als dies ist das Bemühen, sich über ihren wahren Charakter klar zu werden.

IV. Unterbrechung des Kausalzusammenhangs § 3

zwischen zwei Gliedern der Kausalkette[157], und zwar, weil das spätere Glied in seiner Natur wesentlich durch eine fremde Ursache bestimmt worden ist.

2. Die Adäquanz besteht sowohl zwischen der haftungsbegründenden Ursache und dem Schaden als auch zwischen einer andern, mitwirkenden Ursache und dem Schaden, und zwar je auch zwischen allen Kausalgliedern. An sich liegt daher das Zusammenwirken von zwei adäquaten Ursachen vor, das in der grossen Mehrzahl der Fälle zur solidarischen Haftung der zwei Verursacher führt. Die eine Ursache kann nun aber ein so überwiegendes Gewicht, eine so beherrschende Rolle gespielt haben, dass es sich rechtfertigt, sie rechtlich als die einzige Ursache zu betrachten. Es hat also eine Wertung der beiden Ursachen zu erfolgen. 138

Man kann die Geschehensabläufe nach Ziff. 1 als *eigentliche*[158], diejenige nach Ziff. 2 als *uneigentliche*[159] Unterbrechung der Adäquanz des Kausalzusammenhanges bezeichnen. Bei Ziff. 2 ist die Adäquanz an sich nicht unterbrochen; sie wird nur rechtlich so gewürdigt. 139

Die rechtliche Konsequenz ist in beiden Fällen die gleiche: Entlastung des Verursachers, dessen Kausalzusammenhang zum Schaden als unterbrochen bezeichnet wird. 140

Diese theoretische Ableitung der sog. Unterbrechung des Kausalzusammenhanges ist nun anhand der drei «klassischen» Entlastungsgründe zu überprüfen. Sie sind vom Beklagten zu beweisen. 141

B. Höhere Gewalt[160]

Als höhere Gewalt bezeichnet man einen mitwirkenden Zufall, der spezielle Anforderungen erfüllt. Nach der Adäquanztheorie kommt es bei der *eigentlichen Unterbrechung des Kausalzusammenhanges* darauf an, ob 142

---

[157] Die Eignung muss den ganzen Kausalbedarf durchziehen, also für alle Glieder der Kausalkette vorhanden sein; vgl. das vorn N 17 beschriebene Beispiel; STARK, Diss. 21 ff.; KELLER/GABI 29; A. KELLER I 68.

[158] Denn es fehlt eine Voraussetzung der rechtlichen Relevanz des Kausalzusammenhanges, der vom potentiellen Haftpflichtigen zu vertreten ist, nämlich die Adäquanz *aller* Zwischenglieder.

[159] Beide zur Diskussion stehenden Ursachen sind kausal für den eingetretenen Erfolg. Beide Kausalketten erfüllen durchgehend die Voraussetzungen der rechtlichen Relevanz.

[160] Der Begriff der höheren Gewalt ist vor allem im letzten Jahrhundert stark diskutiert worden; vgl. STARK, Diss. 150 ff. und andere. Viele Autoren gingen von der Gastwirte-

§ 3　Kausalzusammenhang

ein Zufall in bezug auf die Kausalität (der von aussen auf den Kausalablauf einwirkt), so stark ist, dass er ein Zwischenglied (B) der Kausalkette zwischen der haftungsbegründenden Ursache (A) und dem Schaden (C) so gestaltet, dass diese potentielle haftungsbegründende Ursache (A) nicht mehr als generell geeignet erscheint, dieses Zwischenglied (B) herbeizuführen. Es stellt nicht mehr eine adäquate Auswirkung der Gefahr dar, für die der potentielle Haftpflichtige einstehen muss.

143　Die Gerichte gebrauchen hier und bei der uneigentlichen Unterbrechung des Kausalzusammenhanges vielfach die Ausdrucksweise, dass der Entlastungsgrund unter dem Gesichtspunkt der adäquaten Kausalität die «*einzige Ursache*» bilden müsse[161]. Das bedeutet nichts anderes.

144　Man kann auch davon sprechen, dass es auf die *Intensität* des Haftungsgrundes einerseits und des Entlastungsgrundes anderseits ankomme. Entlastung sei anzunehmen, wenn die Intensität des Entlastungsgrundes stark überwiege[162].

145　Diese beiden Ausdrucksweisen drängen sich als bildhafte Umschreibungen namentlich dort auf, wo die Zwischenursache, die nicht mehr als adäquate Folge der potentiellen haftungsbegründenden Ursache erscheint, nicht eindeutig aus dem Kausalablauf «herausseziert» werden kann. An sich ergeben sich aus ihnen keine der Begründung dienende Erkenntnisse; namentlich der Ausdruck «Intensität» ist sehr vage.

146　Wenn Erde und Felsbrocken auf das Geleise einer Bahn fallen[163] und unmittelbar nachher ein Zug gegen dieses Hindernis fährt, ist die Einrede der höheren Gewalt abzulehnen; denn der auf die Felsmassen auffahrende Zug und die dabei auftretenden zerstörerischen Energien sind eindeutig adäquate Folgen des Eisenbahnbetriebes. Dieser ist nicht nur eine zufällige Nebenbedingung der verursachten Schädigung, die durch andere Umstände ersetzt werden könnte.

---

haftung aus. Während die objektive Theorie die objektive Unabwendbarkeit, die Unvorhersehbarkeit, die Unvermeidbarkeit und die Unwiderstehlichkeit eines äusseren Zufalls als Kriterien der höheren Gewalt betrachtete, stellte die subjektive Theorie darauf ab, ob das betreffende Ereignis auch durch die höchste Sorgfalt nicht hätte abgewendet werden können. Diese subjektive Theorie führt zur Entlastung, wenn der potentielle Haftpflichtige beweisen kann, dass ihn nicht einmal eine Spur eines Verschuldens trifft; sie ist daher mit unserer heutigen Auffassung der Gefährdungshaftungen nicht vereinbar (vgl. aber § 7 II des deutschen StVG, wo die Ersatzpflicht bei einem unabwendbaren Ereignis ausgeschlossen wird; vgl. REINHARD GREGER, Zivilrechtliche Haftung im Strassenverkehr [2. A. Berlin/New York 1989] N 382 ff.; STARK, SJZ 55 [1959] 340/41).

[161]　Vgl. BGE 89 II 45 und viele andere.
[162]　Vgl. Voraufl. 110 f.; A. KELLER I 76; KELLER/GABI 31 f.; BREHM N 132 zu OR 41.
[163]　Vgl. den Sachverhalt von BGE 16, 333

IV. Unterbrechung des Kausalzusammenhangs § 3

Anders ist der Fall zu beurteilen, wenn eine Steinlawine auf einen fahrenden Zug niedergeht. Hier spielt die Eisenbahnbetriebsgefahr nur die Rolle einer leicht austauschbaren Nebenbedingung; deshalb ist die Adäquanz des Kausalzusammenhanges im eigentlichen Sinne unterbrochen[164]. 147

Bei Anwendung der Adäquanztheorie führt diese eigentliche Unterbrechung des Kausalzusammenhanges auch dann zur Entlastung, wenn das Gesetz die höhere Gewalt nicht als Entlastungsgrund erwähnt, namentlich auch bei den Haftungen nach OR und nach ZGB. 148

Das LFG, die MO und das KHG erwähnen die höhere Gewalt nicht – wie das OR und das ZGB. Daraus ergibt sich hier, dass der Gesetzgeber die Gefahr der haftungsbegründenden Ursache als so intensiv, so beherrschend betrachtet, dass, wenn diese Ursache conditio sine qua non eines Schadens ist, auch die Adäquanz aller Zwischenbedingungen bejaht werden muss[165]. Wenn die von Kernbrennstoffen ausgehende Strahlung einen Schaden verursacht, ist die Betriebsgefahr immer im Spiel. Eine andere Ursache von Strahlenschäden wäre ein so ausserordentliches Ereignis, dass man sie nicht in Betracht ziehen kann, wenn sie nicht nachgewiesen ist. 149

RLG 33 II nennt anstelle der höheren Gewalt ausserordentliche Naturvorgänge und kriegerische Ereignisse als Entlastungsgründe[166]. Das ist praktisch nicht von Bedeutung[167]. 150

---

[164] Manchem wird der Unterschied zwischen den beiden Sachverhalten als zufällig und zur inneren Begründung des grossen Unterschiedes in der rechtlichen Behandlung ungenügend erscheinen. Die Beispiele sind so gewählt, um die Grenze aufzuzeigen. Als eindeutig geboten erscheint es, dass die Eisenbahnunternehmung haften muss, wenn ein Zug auf ein Hindernis auffährt. Das ergibt sich aus dem Begriff der Gefährdungshaftung, dem es nicht entsprechen würde, wenn die Eisenbahnunternehmung sich darauf berufen könnte, dass die Natur die Felsbrocken unmittelbar vor der Durchfahrt des Zuges auf das Geleise niederdonnern liess und dass sie nichts dafür könne. Anderseits kann, wenn die Steinlawine den fahrenden oder stillstehenden Zug trifft, eine Auswirkung der Betriebsgefahr nicht bejaht werden; eine Radfahrergruppe wäre davon genau gleich betroffen worden.

[165] Das Schweigen des Gesetzes in bezug auf höhere Gewalt ist also bei den Gefährdungshaftungen anders zu interpretieren als im OR und im ZGB.
Vgl. im übrigen zum KHG Bd. II/3 § 29 N 322 ff.

[166] AtG 14 sah auch bei ausserordentlichen Naturvorgängen und kriegerischen Ereignissen Entlastung vor.
Bei den letzteren stellt sich die Frage, ob sie als höhere Gewalt oder als Drittverschulden resp. Drittverhalten einzustufen seien; vgl. Bd. II/3 § 30 N 137 ff. Das ist nicht von praktischer Bedeutung.

[167] Höhere Gewalt wird meistens in einem Naturereignis zu sehen sein, z. B. in einem Erdbeben, Orkan oder sintflutartigen Regenfällen, womit schlechterdings nicht zu rechnen war; vgl. A. KELLER I 60. Für das menschliche Verhalten spielt die Frage, ob es auch höhere Gewalt darstellen könne, praktisch nur dann eine Rolle, wenn es unverschuldet

C. Selbst- und Drittverschulden

151 Bei Selbst- und Drittverschulden fehlt praktisch immer die eigentliche Unterbrechung des Kausalzusammenhanges. Wenn ein Passagier auf einen fahrenden Zug aufspringt und dabei verunfallt, ist die Betriebsgefahr der Eisenbahn eine adäquate Ursache des Schadens[168]. Das gilt auch, wenn jemand auf einen elektrischen Mast klettert und dabei mit der stromführenden Leitung in Kontakt kommt oder wenn ein Fussgänger, ohne nach rechts oder links zu blicken, sich anschickt, über ein Strasse zu gehen und dabei überraschend unmittelbar vor ein Auto tritt.

152 Trotzdem werden das Selbst- und Drittverschulden als Entlastungsgründe betrachtet, wenn sie dafür grob genug sind[168a]. Hier wird auf die eigentliche Unterbrechung des Kausalzusammenhanges als Voraussetzung der Entlastung verzichtet: Die Tatsache des Verschuldens, d. h. der Voraussehbarkeit des Unfalles, wird im richterlichen Werturteil als zusätzliches Moment betrachtet, das zur Entlastung führt, auch wenn keine eigentliche Unterbrechung des Kausalzusammenhanges vorliegt. Man kann daher, um beim einheitlichen Begriff der Unterbrechung des Kausalzusammenhanges zu bleiben, von einer *uneigentlichen* Unterbrechung sprechen.

153 Wer ein Selbst- oder Drittverschulden als *einzige Ursache* bezeichnet[169], wird damit der Sachlage nicht präzis gerecht, weil die potentiell haftungsbegründende Ursache eindeutig nicht nur conditio sine qua non des Schadens ist, sondern auch in einem *adäquaten* Kausalzusammenhang zu ihm steht. Dagegen kommt die Berufung auf die *Intensität* eines Selbst- oder Drittverschuldens der Abwägung des Richters bei der uneigentlichen Unterbrechung des Kausalzusammenhanges sehr nahe.

---

ist; denn bei Verschulden kommt die uneigentliche Unterbrechung des Kausalzusammenhanges in Frage, an die weniger hohe Anforderungen gestellt werden (vgl. N 152). Unverschuldetes Verhalten, namentlich eines Urteilsunfähigen, dürfte aber nie die für die eigentliche Unterbrechung des Kausalzusammenhanges nötige Intensität aufweisen. Theoretisch kommt also eigentliche Unterbrechung des Kausalzusammenhanges durch menschliches Verhalten in Frage, praktisch aber nicht.

[168] Das zeigt sich klar, wenn man an die Möglichkeit denkt, dass der Passagier urteilsunfähig ist. Dann wird der Kausalzusammenhang nicht unterbrochen, sondern bejaht, was bei eigentlicher Unterbrechung nicht möglich wäre.

[168a] Nach dem VE zu einem Allg. Teil des Haftpflichtrechts von Widmer und Wessner soll auch die Einwirkung einer fremden Betriebsgefahr zur Entlastung führen können; vgl. WIDMER, ZBJV 130 (1994) 402/03.

[169] Diese Formulierung findet sich in der Rechtsprechung immer wieder; vgl. statt vieler BGE 77 II 262. Sie hat den Vorteil einer gewissen Anschaulichkeit für sich und entspricht dem Resultat des Werturteils über die Unterbrechung des Kausalzusammenhanges.

IV. Unterbrechung des Kausalzusammenhangs § 3

Dass hier ein *Verschulden* mitwirkt, spielt bei der Beurteilung die massgebende Rolle und stellt den inneren Grund dafür dar, dass überhaupt eine Entlastung in Erwägung zu ziehen ist, obschon der Kausalzusammenhang nicht im eigentlichen Sinne unterbrochen wurde. Ohne diese besondere Gewichtung des Verschuldens würde auch der Selbstmörder – resp. seine Hinterlassenen –, der sich (ohne geistige Umnachtung) vor einen fahrenden Zug oder ein fahrendes Auto wirft, einen Schadenersatzanspruch erwerben. 154

Beim mitwirkenden Selbst- oder Drittverhalten eines *Urteilsunfähigen* tritt dagegen keine Entlastung ein, es sei denn, die potentiell haftungsbegründende Ursache sei für den Unfall nicht mehr adäquat kausal, weil die Adäquanz nicht alle Zwischenglieder betrifft. 155

Weil es sich hier um ein besonderes[170] richterliches Werturteil handelt, tritt bei verminderter Urteilsfähigkeit (vgl. hinten § 5 N 123 ff.) eine Reduktion des Schadenersatzanspruches ein[171]. 156

Das zu fällende Werturteil muss bei Selbst- oder Drittverschulden auf dessen Schwere abstellen. Irgendein Verschulden genügt natürlich nicht, sondern nur grobe Fahrlässigkeit oder Vorsatz[172]. 157

Wenn Selbst- oder Dritt*verhalten* aber den Kausalzusammenhang ausnahmsweise im eigentlichen Sinn unterbrechen und dieser deshalb nicht mehr adäquat ist, führen sie auch zur Entlastung[173]. 158

Nicht erwähnt wird das Drittverschulden als Entlastungsgrund im KHG, im RLG und in der MO. Das bedeutet, dass der Gesetzgeber jedes Drittverschulden als zu wenig intensiv betrachtet hat, um den Kausalzusammenhang zwischen der zur Diskussion stehenden haftungsbegründenden Ursache und dem eingetretenen Erfolg im uneigentlichen Sinne zu 159

---

170 Das heisst nicht um die «normale Prüfung» der Adäquanz aller Zwischenglieder.
171 Vgl. BGE 102 II 365; vgl. hinten § 5 N 123 ff.
172 In EHG 1, MO 23 I und ZSG 77 I wird der Verschuldensgrad nicht erwähnt. Dagegen schreiben SVG 59 I, RLG 33 II, GSG 69 II, SSG 27 II und KHG 5 II ausdrücklich vor, dass nur grobes Verschulden zur Entlastung führe. Der Wortlaut von ElG 27 I begnügt sich beim Drittverschulden mit einem Versehen, verlangt aber beim Selbstverschulden grobe Fahrlässigkeit; vgl. Bd. II/3 § 28 N 143, FN 151. Erwähnt seien folgende neueren Urteile: 112 II 142, 442; 115 II 442; 116 II 427, 488, 524.
173 Wenn eine Bombe in einem Eisenbahnzug explodiert, werden die dadurch vom Bombenleger verursachten Körper- und Sachschäden von Passagieren wohl so beschaffen sein, dass der Eisenbahnbetrieb (ohne Bombe) generell geeignet gewesen wäre, sie zu verursachen. Aber das Zwischenglied der Verletzung durch Teile der Bombe oder durch den von ihr verursachten Luftdruck kann nicht als adäquate Folge des Eisenbahnbetriebes, der Fortbewegung von grossen Massen mit grossen Geschwindigkeiten, bezeichnet werden. Der Kausalzusammenhang ist daher im eigentlichen Sinne unterbrochen, unabhängig davon, ob der Bombenleger urteilsfähig war oder nicht.

unterbrechen. Selbst Absicht des Dritten unterbricht den Kausalzusammenhang nicht, weil die haftungsbegründende Ursache (Kernanlage, Rohrleitungsanlage, Übung der Armee) dem Dritten erst das enorme Gefährdungspotential «zur Verfügung stellt», das sich dann im Schadenereignis ausgewirkt hat[174].

160 Ein vom potentiellen Haftpflichtigen zu vertretendes Verschulden, namentlich auch einer Hilfsperson, schliesst nach SVG 59 I und RLG 33 II die Entlastung aus. Dies gilt bei den andern Haftungsarten nicht von vornherein, nachdem auch bei der Verschuldenshaftung der Kausalzusammenhang durch höhere Gewalt, Selbst- oder Drittverschulden unterbrochen werden kann (vgl. Bd. II/1 § 16 N 223). Infolgedessen kann auch das Verschulden des Kausalhaftpflichtigen durch uneigentliche Unterbrechung des Kausalzusammenhanges ausgeschaltet werden. Der Entlastungsgrund muss dann aber nicht nur den Kausalhaftungsgrund, sondern auch das zusätzliche Verschulden an Bedeutung übertreffen, eine Situation, die sehr selten sein wird.

V. Fremdbestimmung der haftungsbegründenden Ursache

161 Wenn ein Dritter die haftungsbegründende Ursache seinen Zwecken dienstbar macht und diese dabei einen Schaden verursacht, ist die Konstruktion der Unterbrechung des Kausalzusammenhanges nicht anwendbar. Der Dritte hat nicht einen Kausalablauf begründet, der ein Zwischenglied der ohne seine Mitwirkung sich entwickelnden Kausalkette massgebend verändert und bestimmt und deshalb für den Eintritt des Schadenereignisses entscheidend ist. Es treffen nicht zwei Kausalabläufe zusammen. Vielmehr leitet der Dritte den Kausalablauf ein, der zum haftungsbegründenden Ereignis und über dieses zum Schaden führt. Diese Rolle kann auch ein Naturereignis spielen.

---

[174] RLG 33 II sieht Entlastung vor, wenn der Schaden durch kriegerische Ereignisse verursacht wurde. Wer diese als Drittverschulden betrachtet (vgl. Bd. II/3 § 30 N 137), findet darin eine besonders gravierende Form des Drittverschuldens (Vorsatz verbunden mit besonderen auf der militärischen Ausrüstung beruhenden Schädigungsmöglichkeiten), die den Kausalzusammenhang aufgrund des Wortlautes des Gesetzes im uneigentlichen Sinn unterbrechen kann.

V. Fremdbestimmung der haftungsbegründenden Ursache   § 3

Wenn Hochwasser unter einem Lastwagenzug eine Brücke wegreisst, 162
so ist der Sturz des Lastwagenzuges in das Flussbett durch die Mangelhaftigkeit der Brücke verursacht, die ihrerseits auf das Hochwasser zurückzuführen ist. Das Hochwasser begründet nicht einen zusätzlichen Kausalablauf neben demjenigen, der vom Werkmangel seinen Ausgang nahm, sondern *es verursacht den Werkmangel* (vgl. Bd II/1 § 19 N 68a). Wenn ein Fabrikkanal stillgelegt wird, damit sein Wasser die Baugrube eines Nachbarn des Kanals nicht überschwemmen kann, und Nachtbuben die Schleusen mit Gewalt öffnen, um eine Überschwemmung der Baugrube herbeizuführen, verursachen sie den Mangel der Wuhranlage.

Wenn ein Hund von einem Nachbarn des Halters auf eine Drittperson 163
gehetzt wird und diese beisst, liegt auch eine Fremdbestimmung der haftungsbegründenden Ursache vor. Je nach dem kann es aber auch angemessener sein, den Hund als willenloses Werkzeug zu bezeichnen und seine Aktion nicht als selbständig zu qualifizieren (vgl. Bd. II/1 § 21 N 81). Entsprechende Überlegungen gelten für die Haftung des Familienhauptes (vgl. Bd. II/1 § 22 N 76).

Ähnliche Verhältnisse wie bei der Haftung des Werkeigentümers bestehen 164
bei anderen Haftungsarten, die an eine Anlage anknüpfen, die von einem Dritten zu fremden Zwecken missbraucht oder durch ein Naturereignis beschädigt und mangelhaft werden kann. Man denke an die Haftpflicht für Gewässerverschmutzung (Bd. II/I § 23 N 106 ff.). Bei der Rohrleitungshaftpflicht (vgl. Bd. II/3 § 30 N 116, 216/17) ist ebenfalls eine Anlage im Spiel, die durch Dritte oder höhere Gewalt beschädigt werden kann. Das löst die Haftpflicht auch aus, wenn die Anlage nicht in Betrieb ist.

Bei den Betriebshaftungen kommt eine Fremdbestimmung der haftungsbegründenden 165
Ursache auch in Frage; man denke z. B. an eine Strolchenfahrt mit einem Auto. Sie führt aber zur im Gesetz besonders vorgesehenen Regelung (SVG 75); sie entlastet also den Halter nicht. Das ist damit zu begründen, dass der Halter dem Strolch die Gelegenheit zur Strolchenfahrt bietet (vgl. Bd. II/2 § 25 N 194). Ähnliche Überlegungen gelten für die Atomhaftpflicht (vgl. Bd. II/3 § 29 N 343)[175].

Wenn ein Dritter einen Anlagemangel verursacht, entzieht er dadurch 166
die Anlage der Bestimmungsgewalt des dafür Verantwortlichen. Er setzt

---

[175] Dieses Argument kann auch bei andern Anlagehaftungen und bei der Tierhalterhaftung geltend gemacht werden. Hier ist die Möglichkeit, dass durch von aussen einwirkende Ereignisse ausserordentlich grosse schädigende Gewalten freigesetzt werden aber nicht so gross, dass man den potentiellen Haftpflichtigen grundsätzlich dafür einstehen lassen muss.

sich praktisch an dessen Stelle. Das gilt auch für denjenigen, der ein Tier aufhetzt. Bei Verursachung eines Anlagemangels durch höhere Gewalt wird die Anlage ebenfalls von fremden Faktoren gegen den Willen des Verantwortlichen beeinflusst. Diese Überlegungen lassen es als geboten erscheinen, den an sich Haftpflichtigen zu entlasten. Ein Argument für die Aufrechterhaltung der Haftpflicht – wie bei den Betriebshaftungen – fehlt, wenn die Einwirkung sehr massiv war[176].

167 Da die Faktoren, die zu einer Fremdbestimmung der haftungsbegründenden Ursache führen, die gleichen sind wie diejenigen, die den Kausalzusammenhang unterbrechen, dient der Begriff der Fremdbestimmung hauptsächlich der dogmatischen Klärung. Praktisch wirkt er sich nur aus, wenn eine fremdbestimmende Einwirkung unter anderen Voraussetzungen zur Entlastung führt als eine den Kausalzusammenhang unterbrechende.

168 Damit stellt sich die Frage, unter welchen Voraussetzungen die Fremdbestimmung der haftungsbegründenden Ursache zur Entlastung führen solle.

169 Bei Naturereignissen darf Entlastung nicht angenommen werden, wenn die nicht nur minime Möglichkeit eines solchen Ereignisses für den potentiellen Haftpflichtigen voraussehbar war und er für Schutzmassnahmen hätte sorgen können, z. B. durch die bauliche Gestaltung seines Werkes[177]; denn nur dann ist das Naturereignis so ausserordentlich, dass sich die Entlastung rechtfertigt[178].

170 Für Selbst- und Drittverschulden ist hier zu prüfen, ob, wie bei der Unterbrechung des Kausalzusammenhanges (vgl. vorn N 132 ff.) nur grobe Fahrlässigkeit oder sogar nur Vorsatz genügt[179].

---

[176] Die Praxis hat verschiedentlich bei Fremdbestimmung einer haftungsbegründenden Ursache Entlastung gewährt, wobei sie sich einfach auf die Entlastungsgründe berief, die zur Unterbrechung des Kausalzusammenhanges führen; vgl. Bd. II/2 § 19 N 68a; Entscheid des Kantonsgerichts Glarus i. S. X gegen Kanton Glarus vom 17.8./18.12.1993 (n. p.).
[177] Vgl. BGE 49 II 263 ff.; 100 II 142; 111 II 434.
[178] Wenn ein Bachbett Hochwasser, wie es nicht allzu selten auftritt, nicht zu fassen vermag, verursacht das Hochwasser den Werkmangel nicht. Dieser bestand schon vorher und ergab sich aus der ungenügenden Dimensionierung. Vgl. aber den Sachverhalt des Urteils des Berner Appellationshofes vom 17. August 1993 (z. Zt. nicht publ.) i. S. W. AG./ Diverse, vorn FN 108a. Das Gericht hat die höhere Gewalt diskutiert, obschon es vor dem Unwetter keinen Kausalzusammenhang gab, der hätte unterbrochen werden können und auch sonst kein Haftungsgrund ersichtlich war.
[179] Dass leichtes Verschulden nicht zur Entlastung durch Fremdbestimmung genügt, bedarf wohl keiner Begründung.

V. Fremdbestimmung der haftungsbegründenden Ursache § 3

Eine Fahrlässigkeit, bei der der Erfolg nicht gewollt und auch nicht in 171
Kauf genommen wird, kann nicht als Fremdbestimmung der haftungsbegründenden Ursache betrachtet werden. Sie beruht auf einem Mangel an Sorgfalt. Damit setzt man sich nicht an die Stelle des Haftpflichtigen und entreisst ihm nicht die tatsächliche Verfügung über die Anlage, für die er verantwortlich ist. Das ist bei *allen Arten des Vorsatzes* wesentlich anders. Nur die vorsätzliche Fremdbestimmung kann daher zur Entlastung führen; aber bei ihr drängt sie sich auf[180]. Der Vorsatz bezieht sich dabei auf den eingetretenen Erfolg und nicht auf die Tatsache der Fremdbestimmung.

Zu erwähnen ist noch, dass die Fremdbestimmung der haftungsbegrün- 172
denden Ursache bei Selbstverschulden sehr selten sein wird. Kommt sie aber doch einmal vor, so ist sie bei Vorsatz ebenfalls als Entlastungsgrund zu behandeln.

---

[180] Damit entfällt die Entlastung bei grober Fahrlässigkeit. Das verstösst nicht gegen den Wortlaut der Spezialgesetze über Gefährdungshaftungen, die einfach von Verschulden oder grobem Verschulden sprechen.

§ 4 Widerrechtlichkeit

Literatur

SCHWEIZERISCHE: BECKER N 36 ff. zu OR 41. – ERICH BOSSHARD, Neuere Tendenzen in der Lehre zum Begriff der Widerrechtlichkeit nach Art. 41 OR (Diss. Zürich 1988). – BREHM N 32 ff. zu OR 41. – JEAN DARBELLAY, Théorie générale de l'illicéité (Fribourg 1955). – MARCUS DESAX, Haftung für erlaubte Eingriffe (Diss. Freiburg 1977). – HENRI DESCHENAUX, Norme et causalité en responsabilité civile, FG 100 Jahre Bundesgericht (Basel 1975) 399 ff. – DESCHENAUX/TERCIER § 6. – HANS RUDOLF FORRER, Die arbeits- und haftungsrechtliche Bedeutung des Bundesgesetzes über die Sicherheit technischer Einrichtungen und Geräte vom 19. März 1976 (Diss. Bern 1979). – BRUNO GABRIEL, Die Widerrechtlichkeit in Art. 41 Abs. 1 OR: Unter Berücksichtigung des Ersatzes reiner Vermögensschäden (Diss. Freiburg 1987). – GAUCH/SCHLUEP, Schweizerisches Obligationenrecht. – PETER GAUCH/ JUSTIN SWEET, Deliktshaftung für reinen Vermögensschaden, in: FS Max Keller (Zürich 1989) 117 ff. – GEORG GAUTSCHI, Widerrechtlichkeit, Verschulden und Kausalzusammenhang bei Motorfahrzeug- und Fahrradvergehen, in: SJZ 37 (1941) 373 ff. – HANS GIGER, Berührungspunkte zwischen Widerrechtlichkeit und Verschulden, in: Hundert Jahre Schweizerisches Obligationenrecht (Freiburg 1982) 369 ff. – PIERRE GIOVANNONI, Note sur la responsabilité civile au cas de «dommage purement économique», SVZ 48 (1980) 277 ff. – GUHL/MERZ/ KOLLER § 24. – ARTHUR HOMBERGER, Haftpflicht ohne Verschulden, ZSR 49 (1930) 22a ff. – ERNST KÄNZIG, Die Widerrechtlichkeit nach Art. 41 Abs. 1 OR ... (Diss. Bern 1939). – A. KELLER I 89 ff. – MAX KELLER, Ist eine Treu und Glauben verletzende Schädigung widerrechtlich? SVZ 55 (1987) 321 ff. – KELLER/GABI 36 ff. – VALENTIN LANDMANN, Notwehr, Notstand und Selbsthilfe im Privatrecht (Diss. Zürich 1975). – FRANCO LORANDI, Haftung für reinen Vermögensschaden, recht 8 (1990) 19 ff. – HANS MERZ, Die Widerrechtlichkeit gemäss Art. 41 OR als Rechtsquellenproblem, Berner Festgabe für den Schweizerischen Juristenverein (Bern 1955), in: ZBJV 91bis, 301 ff. – PIERRE MOOR, La responsabilité de l'Etat pour actes licites de ses agents, RDAF 33 (1977) 217 ff. – JACQUES-ANDRÉ NICOD, Le concept d'illicité civile à la lumière des doctrines françaises et suisses (Lausanne 1988). – OSER/SCHÖNENBERGER N 8 ff. zu OR 41. – WERNER PERRIG, Über den Begriff der Widerrechtlichkeit, SJZ 55 (1959) 325 ff. – PAUL PFISTER, Fragen aus dem Gebiete der Widerrechtlichkeit (Diss. Zürich 1925). – HEINZ RASCHEIN, Die Widerrechtlichkeit im System des Schweizerischen Haftpflichtrechts (Diss. Bern 1986). – ALBERT RICHARD, Remarques sur les mots «d'une manière illicite» ..., Faculté de Droit de l'Université de Genève, Recueil de Travaux ... (Genf 1938) 299 ff. – RAINER SCHUMACHER, Die Presseäusserung als Verletzung der persönlichen Verhältnisse, insb. ihre Widerrechtlichkeit (Diss. Freiburg 1960). – EMIL W. STARK, Das Wesen der Haftpflicht des Grundeigentümers nach Art. 679 ZGB (Zürich 1952) 142 ff. – DERS., Skriptum N 249 ff. – DERS., FS Häfelin (Zürich 1989) 570 ff. – VON TUHR/PETER § 46 II. – ROBERT VON WATTENWYL, Die Rechtswidrigkeit im Zivil- und Strafrecht, ZSR 48 (1929) 414 ff. – WALTER YUNG, Etudes et articles (Genève 1971) 416 ff. = Deutsch-französisch-schweizerisches Colloquium über die Grundlagen und Funktionen des Haftpflichtrechts (Basel 1973) 106 ff. – FELIX ZULLIGER, Eingriffe Dritter in Forderungsrechte: Zugleich ein Beitrag zur Lehre vom subjektiven Recht (Zürich 1988).

DEUTSCHE: DEUTSCH, Haftungsrecht I §§ 14, 15. – GEIGEL/SCHLEGELMILCH 2. Kap. N 12 ff. – WOLFGANG FIKENTSCHER, Schuldrecht (7. A. Berlin/New York 1985) § 52. – LARENZ II 607 ff. – KÖTZ, Deliktsrecht (4. A. Frankfurt am Main 1988).

ÖSTERREICHISCHE: KOZIOL I 89 ff.

I. Vorbemerkungen

1 Die Widerrechtlichkeit[1] oder Rechtswidrigkeit[2] stellt im Haftpflichtrecht eine *Voraussetzung* der Schadenersatz- und der Genugtuungspflicht dar. Sie ist in der Vorauflage relativ kurz behandelt worden, weil wichtige damit verbundene Fragen sich nur in der Verschuldenshaftung nach OR 41 stellen, die von KARL OFTINGER nicht in den Bereich seiner Betrachtungen einbezogen worden ist. Aus den in Bd. II/1 § 16 N 1 ff. angeführten Gründen wurde die Verschuldenshaftung und im Zusammenhang damit die Rechtswidrigkeit dann in § 16 dargestellt (N 41–315). Dabei wurde nach einem kurzen Hinweis auf den Begriff auf die sich spezifisch bei der Verschuldenshaftung stellenden Fragen eingetreten: Verletzung eines Rechtsgutes unter besonderer Berücksichtigung des Persönlichkeitsrechts, Widerrechtlichkeit im Wirtschaftskampf, Widerrechtlichkeit durch Verletzung einer Verhaltensnorm, Verletzung von Treu und Glauben, Erteilung eines unrichtigen Rates oder einer unrichtigen Auskunft, Beeinträchtigung zwischenmenschlicher Beziehungen, Schädigung durch Verhalten in prozessualen Verfahren, Haftpflicht für rechtmässiges Verhalten, Verstoss gegen die guten Sitten, Rechtfertigungsgründe. Auf diese Ausführungen sei hier verwiesen.

2 Die generelle Bedeutung der Rechtswidrigkeit, Inhalt und Funktion dieses Begriffes sollen dagegen hier erörtert werden[3]. Diese Fragen stellen sich nicht nur im Rahmen der Verschuldenshaftung, sondern haben allgemeinere Bedeutung. Es ist insbesondere die Funktion der Widerrechtlichkeit im Recht der unerlaubten Handlung, die Beschaffenheit des Rechts, als dessen Verletzung sich die Widerrechtlichkeit darstellt, d. h. deren

---

1 Widerrechtlichkeit bedeutet, allgemein gefasst, Unrecht, also die Negation des Rechts. In dieser weiten Bedeutung tritt der Begriff in den verschiedensten Gebieten auf, etwa im Personenrecht (vgl. ZGB 28, 52 II, 57 III, 78, 88 II), im Erbrecht (vgl. ZGB 482, 519 I Ziff. 3, 521 II), im Sachenrecht (vgl. ZGB 684 II) und im OR (vgl. Art. 20, 29, 41, 49, 66, 157, 163), aber auch im Strafrecht und in Bereichen des Staats-, Verwaltungs- und Völkerrechts.
Hier ist nicht ein Widerrechtlichkeitsbegriff darzulegen, der in allen Gebieten, wo dieser Begriff eine Rolle spielt, massgebend ist. Vielmehr wird hier nur von der Rechtswidrigkeit im ausservertraglichen Schadenersatzrecht die Rede sein.
2 Die beiden Ausdrücke sind gleichbedeutend.
3 Das drängt sich um so mehr auf, als der Begriff der Rechtswidrigkeit da und dort nicht ohne weiteres verstanden zu werden scheint; vgl. u. a. die Hinweise von PERRIG, SJZ 55 (1959) 325 ff. auf die Schwierigkeiten mit dem Begriff der Widerrechtlichkeit.

Begriff und dann auch ihr Verhältnis zum Verschulden und ihre Rolle bei den Kausalhaftungen darzustellen.

II. Die Funktion des Begriffes der Widerrechtlichkeit

Die Haftungsvoraussetzung «Widerrechtlichkeit» ist namentlich bei Unfällen fast immer eindeutig gegeben. Sie führt dann nicht zu Auseinandersetzungen. 3

1. Wenn die *Widerrechtlichkeit nicht Haftungsvoraussetzung wäre*, würde für jeden Schaden gehaftet, wenn ein Haftungsgrund und ein rechtlich relevanter Kausalzusammenhang zwischen diesem und dem Schaden vorläge. Dies hätte insbesondere bei vielen Fällen der Verschuldenshaftung erhebliche Auswirkungen. Aber auch im Bereich der Kausalhaftungen würde die Schadenersatzpflicht ausgeweitet. Wenn ein Pferd bei einem Rennen stürzen würde und ein anderes durch seine Schreckreaktion und sein Ausweichmanöver eine Sekunde und damit den Sieg verlieren würde, könnte der Halter des gestürzten Pferdes nach OR 56 für die Preissumme haftpflichtig werden[4]. Wenn ein Haus einzustürzen drohte oder ein spektakulärer Autounfall passierte und ein eiliger Passant wegen der gesperrten Strasse den letzten Moment der Abgabe seines Sporttoto-Zettels verpassen würde, könnte u. U. der Werkeigentümer resp. der Motorfahrzeughalter für den Verlust des Lotteriegewinnes belangt werden[5]. 4

Das wohl am meisten verbreitete Schulbeispiel aus dem Bereich der Verschuldenshaftung ergibt sich aus dem wirtschaftlichen Wettbewerb: Wer durch Konkurrenz einen andern schädigt, muss bei Streichung der Haftungsvoraussetzung «Widerrechtlichkeit» für diesen Schaden aufkommen[6]. Dies gilt z. B. auch beim Kampf um eine gute Stelle, eine Beförderung oder eine günstige Wohnung: Die unterlegenen Erfolglosen erleiden einen Schaden, der vom Erfolgreichen vorsätzlich verursacht worden ist; 5

---

[4] Wenn das nicht durch das Rennreglement ausgeschlossen oder ein stillschweigender Haftungsverzicht anzunehmen wäre.
[5] Man muss hier auch die *Reflexschäden* (vgl. vorn § 2 N 72 ff. erwähnen, die zu übernehmen wären, wenn der Kausalzusammenhang nicht allzu weit entfernt wäre.
[6] Vgl. Bd. II/1 § 16 N 66.

§ 4 Widerrechtlichkeit

Haftungsgrund (Verschulden) und Kausalzusammenhang liegen auf der Hand[7].

6 Bei der näheren Prüfung dieser Fragen ist davon auszugehen, dass im menschlichen Zusammenleben gegenseitige Schädigungen vielfach unvermeidbar sind und einfach dazugehören[8, 9].

7 Es drängt sich auf, dass der Gesetzgeber eine Unterscheidung zwischen den zu ersetzenden und denjenigen Schäden trifft, die der Verursacher von vornherein nicht zu übernehmen hat – es sei denn, der Gesetzgeber wolle überhaupt alle Schäden, die auf einen Haftungsgrund zurückzuführen sind, ersetzt sehen. Dies liesse jedoch z. B. jeden Wettbewerb erlahmen, weil das Obsiegen immer zur Schadenersatzpflicht führen würde.

---

[7] Das klingt reichlich theoretisch und weltfremd, was aber nur die Streichung der Haftungsgvoraussetzung «Rechtswidrigkeit» charakterisiert.
[8] Beispiele: A schädigt B dadurch, dass
– er auf dessen Mitteilung, die A als falsch erkennt, einfach schweigt und B gestützt darauf davon ausgeht, der erzählte Sachverhalt entspreche den Tatsachen (vgl. u. a. die Sachverhalte von BGE 40 II 612; 111 II 474)
– er dem Architekten C den Tatsachen entsprechend erzählt, der Schreiner B habe ihm eine Pfuscharbeit geliefert und C daher den B nie mehr beizieht
– er als Radiosprecher erklärt, ab nächsten Sonntag gelte die Winterzeit – was nicht stimmt – und B sich darauf verlässt und deshalb sein Flugzeug verpasst
– er als Messner die Kirchenuhr versehentlich abstellt
– er irreführende Werbung über den Erfolg seiner Fitnessmethode macht
– er in einem Zeitschriftenartikel eine irreführende Statistik publiziert
– er im Städtefahrplan (wie in demjenigen von Winterthur für die Periode vom 27. 5. 1990 – 1. 6. 1991) einzelne Schnellzüge nicht aufführt, um sie vom Lokalverkehr zu entlasten
– er einen sportlichen Wettkampf mit Preisen gewinnt, während B, der Favorit, unterliegt
– er sein Grundeigentumsrecht so ausübt, dass mässige (gemäss ZGB 684), aber doch schädigende Einwirkungen auf die Nachbargrundstücke erfolgen
– sie ein neues Abendkleid für den Jahresabschlussball ihres Tennisclubs kaufen «muss», weil Frau A dafür das gleiche Kleid gekauft hat wie sie vorher (was Frau A weiss)
– er durch Betätigung des Türöffners einen Bus an der Haltestelle am Abfahren hindert, weshalb der Insasse B seinen Zug verpasst
– er aus Langeweile 2 Stunden lang mit B ein bangloses Telefongespräch führt. C kommt daher mit seiner Mitteilung nicht durch, dass der Direktor der Firma X einen qualifizierten und sehr gut honorierten Posten, für den B bestens geeignet wäre, zu vergeben, aber keine guten Bewerbungen habe und bereit wäre, B am gleichen Nachmittag zur Vorstellung zu empfangen. Er müsse noch am gleichen Tag den Entscheid fällen, der vom Verwaltungsrat am folgenden Vormittag genehmigt werden solle.
Diese Liste von Ereignissen des täglichen Lebens liesse sich beliebig verlängern. Bei Verzicht auf die Haftungsvoraussetzung «Widerrechtlichkeit» entstände in diesen Fällen immer eine Schadenersatzpflicht, wenn A schuldhaft gehandelt hat und dadurch im konkreten Fall ein Schaden entstanden ist. Die Schadenersatzpflicht aus unerlaubter Handlung und aus Vertrag würden teilweise verschmelzen, wie noch dargelegt werden soll; vgl. hinten N 14.
[9] Vgl. MERZ, ZBJV 91bis, 306, 308/09.

II. Die Funktion des Begriffes der Widerrechtlichkeit § 4

2. Im Bereich der *Vertragshaftung* besteht (neben Verschulden und 8
Kausalzusammenhang) die Haftungsvoraussetzung der Vertragswidrigkeit. Für Vertragsverletzungen haftet man, ob Rechtswidrigkeit im deliktischen Sinn vorliege oder nicht; massgebend für das Bestehen eines vertraglichen Anspruches ist die Vertragswidrigkeit. Neben dem an die Voraussetzung der Vertragswidrigkeit geknüpften vertraglichen Schadenersatzanspruch kommt, wenn auch Rechtswidrigkeit gegeben ist, ein Anspruch aus unerlaubter Handlung für den gleichen Schaden in Frage[10]. Auf diesen sind die dafür massgebenden Bestimmungen, z. B. die Verjährungsfristen von OR 60, anwendbar[11].

III. Methode der Umschreibung der Widerrechtlichkeit

1. Entweder nennt der Gesetzgeber die grundsätzlichen[12] Voraussetzungen der Ersatzwürdigkeit eines Schadens[13] oder er verzichtet auf solche 9

---

[10] Wenn die Schädigung durch ein *aktives Tun* verursacht wurde, ergeben sich daraus keinerlei Schwierigkeiten. Man denke an einen Arzt, der eine falsche Diagnose stellt, so dass eine – bei richtiger Diagnose und Therapie vermeidbare – Invalidität entsteht. Der Arzt hat seine Vertragspflicht verletzt und gleichzeitig einen rechtswidrigen Erfolg, die Beeinträchtigung der Gesundheit des Patienten, herbeigeführt.
Daneben spielt insbesondere bei der Verletzung vertraglicher Nebenpflichten (vgl. GUHL/MERZ/KOLLER 13 ff.; GAUCH/SCHLUEP N 1598 ff.; MERZ, SPR VI/1 64 ff.) die *Unterlassung* eine besondere Rolle. Sie gilt im Deliktsrecht nur als kausal (vgl. vorn § 3 N 52 ff.), wenn die Rechtsordnung ein Handeln vorschreibt. Ist dies nicht der Fall, so kommt nur eine Haftung aus Vertrag in Frage.
Wenn z. B. ein Pensionierter beauftragt wird, das Eis auf einem Hauseingang im Winter jeweils um 10 Uhr zu entfernen und er das unterlässt und der Hauseigentümer deswegen einen Beinbruch erleidet, haftet der Pensionierte nicht aus Delikt, weil er keine Pflicht des objektiven Rechts verletzt hat. Dagegen ist die Vertragswidrigkeit offensichtlich und damit auch die Schadenersatzpflicht aus Vertrag.
Die Schadenersatzpflicht aus Vertrag spielt insbesondere bei den Vermögensschäden i. e. S. eine bedeutende Rolle und hier noch in besonderem Masse bei den Unterlassungen.
[11] Diese weichen sowohl punkto Dauer der Frist als auch punkto Beginn des Fristenlaufs von den im Vertragsrecht anwendbaren Verjährungsfristen (OR 127 ff.) ab.
[12] Das heisst in jedem Fall – handle es sich um Verschuldens-, einfache Kausal- oder Gefährdungshaftung – unerlässlichen Haftungsvoraussetzungen.
[13] Positive Methode, d. h. der Gesetzgeber umschreibt die Gründe für die Rechtswidrigkeit einer Schädigung.

§ 4 Widerrechtlichkeit

Voraussetzungen[14] und qualifiziert *alle* Schäden als an sich ersatzwürdig, legt dann aber Ausnahmen fest, die die Haftpflicht entfallen lassen[15]. Die Ausnahmen der zweiten sind dann gewissermassen das Negativ der Voraussetzungen der ersten Methode. Die erste Methode (der positiven Umschreibung der Voraussetzungen der Rechtswidrigkeit) entspricht der sog. *objektiven Widerrechtlichkeitstheorie,* die zweite, bei der alle Schädigungen an sich widerrechtlich sind, der *subjektiven.*

10   Der Begriff der Rechtswidrigkeit wurde unter dem alten OR zuerst im Sinne der objektiven Theorie aufgefasst[16]. Später wurde gestützt auf den französischen Text von aOR 50 die Meinung vertreten, Widerrechtlichkeit ergebe sich schon aus dem Sachverhalt der Schädigung eines andern, ohne dass der Verursacher dazu aus besonderen Gründen befugt sei[17]; denn der französische Text von aOR 50 spricht von einer Schadensverursachung

---

14   Vgl. MERZ, ZBJV 91bis, 308.
15   Wenn die Rechtsordnung *alle* Schäden als solche als rechtswidrig betrachtet, unabhängig von ihrer Art und Entstehung, muss der Gesetzgeber in einem Katalog von Rechtfertigungsgründen die Voraussetzungen für die Aufhebung dieser generellen Rechtswidrigkeit formulieren.
     Diese Methode liesse sich im öffentlich-rechtlichen Haftpflichtrecht kaum anwenden; viele Verantwortlichkeitsgesetze statuieren die Widerrechtlichkeit – neben dem Kausalzusammenhang und dem Schaden – als einzige Haftungsvoraussetzung; vgl. VG 3 und die kantonalen Verantwortlichkeitsgesetze der Kantone Aargau (§ 2), Appenzell Ausserrhoden (Art. 262 des EG zum ZGB), Basel-Stadt (§ 33), Basel-Land (Kantonsverfassung § 13), Bern (§ 38), Genf (Art. 1), Freiburg (Art. 6), Graubünden (Art. 8), Jura (Art. 27), Luzern (§ 35), Nidwalden (Art. 3), Obwalden (Kantonsverfassung Art. 54), Schaffhausen (Art. 3), Schwyz (§ 3), St. Gallen (Art. 1), Solothurn (§ 2), Tessin (Art. 4), Thurgau (§ 4), Uri (Art. 4), Waadt (Art. 4), Wallis (Art. 4), Zürich (§ 6).
     Im Bereich der Beamten- und Staatshaftung dient die Haftungsvoraussetzung «Widerrechtlichkeit» der Unterscheidung zwischen gesetzmässiger Ausübung öffentlicher Funktionen und den Verletzungen des Verwaltungsrechts. Es kommt ihr daher die zentrale Bedeutung zu.
     Zum Teil sehen die Verantwortlichkeitsgesetze zwar auch eine Haftung für rechtmässigen Schaden vor, wofür dann aber besondere Haftungsvoraussetzungen gelten.
16   Vgl. insbes. BGE 30 II 571/72; 32 II 279; 33 II 567 ff. und neuerdings über die Abgrenzung der objektiven von der subjektiven Theorie 115 II 18; 116 Ib 373; 118 Ib 476; 119 II 128 ff.
17   Vgl. FRANZ RENSING, Die Widerrechtlichkeit als Schadenersatzgrund nach schweizerischem Obligationenrechte und dem Entwurfe eines bürgerlichen Gesetzbuches für das deutsche Reich (Freiburg 1892) 12 ff.; AUGUST ERNST, Die Bedeutung des Merkmals «widerrechtlich» in Art. 50 des schweizerischen Obligationenrechts (Diss. Leipzig 1910) 19 ff.; WALTHER BURCKHARDT, Kriminalpolitische Anforderungen an das schweizerische ZGB, Schweiz. Zeitschrift für Strafrecht 15, 237 ff. und andere. Neuerdings kommt die subjektive Theorie wieder zu Ehren bei SIMONIUS ZSR 66, 31 ff.; DERS., Die Freiheit des Bürgers im Schweiz. Recht, FG 100 Jahre BV (Zürich 1948) 287; DERS., 100 Jahre Schweiz. Recht, Jubiläumsgabe der ZSR 1952, 262 ff.; DERS., ZSR 76, 316 f.; PETER JÄGGI, FG Schönenberger (Freiburg 1968) 181 ff.; ERNST A. KRAMER, recht 1984, 131; BRUNO GABRIEL; GAUCH/SWEET 121 ff.

III. Methode der Umschreibung der Widerrechtlichkeit   § 4

«sans droit». Diese Formulierung wurde beim Erlass des OR von 1911 ersetzt durch «d'une manière illicite», was auf die objektive Theorie hindeutet, die heute als herrschende Meinung zu betrachten ist[18, 19]. Terminologisch ist die Unterscheidung zwischen objektiver und subjektiver Rechtswidrigkeit unglücklich und ziemlich nichtssagend[20, 21].   11

2. Die positive Umschreibung der Rechtswidrigkeit, die der objektiven   12
Widerrechtlichkeitslehre entspricht, kann ihrerseits wieder auf zwei Wegen erfolgen: Sie kann Rechtsgüter bezeichnen und die Widerrechtlichkeit aus deren Verletzung ableiten (Erfolgsunrecht) oder sie kann auf die Verlet-

---

[18] Vgl. BGE 47 II 179; 55 II 334; 56 II 373; 75 II 212; 82 II 28 (wo allerdings unrichtigerweise die Widerrechtlichkeit aus dem Gefahrensatz abgeleitet wird; vgl. hinten N 44 sowie Bd. II/1 § 16 N 107); 90 II 88; 91 II 405; 93 II 183; 95 II 491/92; 102 II 88; 108 II 311; 109 II 124 sowie die Darlegungen in der Vorauflage 128 FN 4 und die dort zit. Lit., insbes. KÄNZIG; DARBELLAY und, neueren Datums, RASCHEIN 230 ff.; GABRIEL N 651 ff.; N 886 ff., der die beiden Theorien eingehend untersucht und einander gegenüberstellt. Vgl. insbes. die Beispiele von GAUCH/AEPLI/CASANOVA, OR Allgemeiner Teil, Rechtsprechung des Bundesgerichts (3. A. Zürich 1992) 85 ff.; ausserdem OSER/SCHÖNENBERGER N 8 ff. zu OR 41; BREHM N 33 ff. zu OR 41; VON TUHR/PETER 408 ff. – Unter die objektive Theorie fällt auch die spezielle Umschreibung der Widerrechtlichkeit für die Verschuldenshaftung im VE Widmer/Wessner für einen Allg. Teil des Haftpflichtrechts; vgl. PIERRE WIDMER, ZBJV 130 (1994) 399. Sie wirft schwierige Fragen auf.

[19] Gegen die subjektive Theorie spricht neben der Änderung des Wortlautes von aOR 50 die Einführung von OR 41 II, wo bei Verstoss gegen die guten Sitten eine Haftpflicht bei Vorsatz (vgl. Bd. II/1 § 16 N 191 ff.) statuiert wird. Wenn gemäss der subjektiven Theorie jede Schädigung ohne Rechtfertigungsgrund widerrechtlich wäre, wäre nicht einzusehen, welche Daseinsberechtigung diese Bestimmung haben könnte; vgl. OSER/SCHÖNENBERGER N 9 zu OR 41.

[20] Vgl. die in der Literatur vertretenen anderen Unterscheidungen zwischen relativer und absoluter, zwischen formeller und materieller sowie zwischen negativer und positiver Theorie und dazu STARK, Haftpflicht des Grundeigentümers 143. Interessant ist in diesem Zusammenhang, dass selbst HANS MERZ (ZBJV 91bis, 342) die Widerrechtlichkeit aufgrund nicht der Verletzung von Rechtsgütern, sondern von Verhaltensnormen als Anwendungsfall der subjektiven Theorie betrachtet.

[21] Ergänzend sei noch beigefügt, dass die subjektive Theorie den Begriff der Rechtswidrigkeit nicht eliminiert, was gegen den Wortlaut von OR 41 I verstossen würde. Sie betrachtet vielmehr *alle* Schäden als rechtswidrig, wenn keine besondere Befugnis zur Schädigung vorliegt. Die Bedeutung dieser Lehre reduziert sich dadurch auf die Rechtfertigungsgründe; nur unter diesem (negativen) Aspekt ist die Widerrechtlichkeit Haftungsvoraussetzung. In der Voraufl. 130 wird auch unterschieden zwischen Widerrechtlichkeit i. e. S. und i. w. S., wobei der Verstoss gegen Rechtsnormen als Widerrechtlichkeit i. w. S. bezeichnet wird. Für allgemeine Verbote im Sinne des *alterum non laedere* (vgl. Bd. II/1 § 16 N 44, 102) verwendet OFTINGER den Begriff einer Rechtswidrigkeit i. e. S. Damit wird unterstrichen, dass auch der Rechtsgüterschutz auf Normen beruht, die aber weniger speziell sind als die besonderen Schutznormen. Es handelt sich um eine Charakterisierung der beiden Wege, mit denen die deliktische Widerrechtlichkeit normiert wird, aber nicht um eine abweichende Betrachtungsweise.

zung einer Verhaltensnorm (Handlungsrecht) abstellen. Daneben erweist es sich bei beiden Methoden als notwendig, noch besondere Voraussetzungen festzulegen, unter denen eine sich so ergebende Ersatzwürdigkeit entfällt (sog. Rechtfertigungsgründe: Notwehr, Einwilligung des Verletzten usw.).

13 3. Demgegenüber braucht die subjektive Theorie keine positiven Kriterien der Rechtswidrigkeit; denn sie leitet diese aus der Entstehung eines Schadens ab. Sie kann sich damit begnügen, die Ausnahmen, d. h. die den Rechtfertigungsgründen entsprechenden Umstände zu umschreiben.

14 Dies setzt aber – wenn man die Grenze zwischen ersatzwürdigen und anderen Schäden in der Praxis grosso modo beibehalten will – voraus, dass ein sehr umfassender und detaillierter Katalog von Gründen aufgestellt wird, die die Schadenersatzpflicht ausschliessen[22]. Der Gesetzgeber müsste z. B. alle Schäden, die auf wirtschaftlichen und anderen Wettbewerb zurückzuführen sind, als nicht ersatzberechtigt aufführen. Daneben wären alle Vermögensschäden durch blosse Vertragsverletzung zu umschreiben, wenn man sie nicht ins Deliktsrecht einbeziehen wollte[23, 24]. Dadurch entstünde eine Vermischung von Delikts- und Vertragsrecht, deren praktische Auswirkungen kaum ohne genauere Untersuchungen überblickt werden können.

15 4. Wenn die Rechtsordnung Güter generell unter ihren Schutz stellt (Erfolgsunrecht), betrachtet sie deren Beeinträchtigung auch dann als rechtswidrig, wenn sie unabhängig vom Verstoss gegen eine Verhaltensnorm eingetreten ist. Als Beispiel sei auf die Verletzung solcher durch die Rechtsordnung geschützter Güter durch Tiere und Maschinen hingewiesen, die nur indirekt von einem Menschen verursacht wird und ohne dass diesem normwidriges Verhalten vorgeworfen werden könnte. Wenn allerdings die Verletzung eines solchen Rechtsgutes in keinerlei Zusammenhang mit menschlichen Aktivitäten mehr steht, vor allem bei Naturereignissen, hat der rechtliche Schutz des Gutes keine Bedeutung mehr[25].

---

22 Sonst wäre in allen vorn FN 8 erwähnten Beispielen die Schadenersatzpflicht zu bejahen.
23 Vgl. GAUCH/SWEET 138.
24 Vgl. vorn FN 10.
25 Mit dieser Interpretation wird vermieden, dass z. B. Körperverletzungen durch Automobile ohne jedes Verschulden des Lenkers – ein Kind springt hinter einem Gartentor hervor unter das hinterste Rad eines korrekt fahrenden Lastwagenzuges – als rechtmässig zu bezeichnen sind, was dem Sprachgebrauch ins Gesicht schlagen und von keinem juristischen Laien verstanden würde. Gl. M. A. KELLER I 90; a. M. BOSSHARD 32; GIGER 283.

IV. Wörtliche Interpretation von «Widerrechtlichkeit» bzw. «Rechtswidrigkeit»

Vorn (N 9) wurde für die Schäden, die für eine Ersatzpflicht generell in Frage kommen, zum Teil der Ausdruck «Ersatzwürdigkeit» verwendet. Üblicherweise spricht man aber von «Widerrechtlichkeit» oder «Rechtswidrigkeit»[26].

Manche (namentlich deutsche) Autoren[27] haben versucht, aus diesem Namen rechtliche Schlüsse zu ziehen. So wurde argumentiert, dass es sich um Verletzungen der Rechtsordnung handeln müsse und dass das Recht sich aus Vorschriften für das menschliche Verhalten zusammensetze. Daher könne nur der Mensch rechtswidrig handeln; ein Verhalten eines Tieres oder eine Schädigung durch eine Maschine könne nicht rechtswidrig sein. So wurde insbesondere in Deutschland BGB 276 herangezogen und daraus abgeleitet, dass nur vorsätzliche und fahrlässige Schädigungen rechtswidrig seien und die Gefährdungshaftungen keine Rechtswidrigkeit voraussetzten (vgl. Bd. II/2 § 24 N 27 ff.).

Diese Überlegung ist schlüssig, wenn man vom Ausdruck «Rechtswidrigkeit» oder «Widerrechtlichkeit» ausgeht und ihn wörtlich auslegt. Wenn man aber diesen Namen beiseite lässt und auf die Funktion abstellt, fällt sie in sich zusammen.

Wer auf das Wort «widerrechtlich» in OR 41 abstellt und im Sinne der angeführten (deutschen) Auffassung daraus den Schluss zieht, dass nur die Verletzung einer rechtlichen Verhaltensvorschrift durch den Menschen widerrechtlich sein könne, wird der untechnischen Sprache unseres Zivilrechts nicht gerecht[28].

Es erscheint als zulässig und gerechtfertigt, nicht so streng wörtlich zu interpretieren, sondern nach der Funktion der «Rechtswidrigkeit» zu fra-

---

[26] Nicht gebräuchlich in diesem Zusammenhang ist der Ausdruck «Gesetzwidrigkeit». Zur «Unerlaubtheit» vgl. hinten N 54.
[27] Vgl. NIPPERDEY, NJW 57, 1777; ENNECCERUS/NIPPERDEY, Allgemeiner Teil des Bürgerlichen Rechts, 1. Halbband (15. A. Tübingen 1960) § 209; ESSER/SCHMIDT I/2 65 f.; ESSER/WEYERS § 55 II 3; KOZIOL I 90; BOSSHARD 16 f.; GIGER 380 ff.
[28] Auch aOR 50 verwendet den Ausdruck «widerrechtlich». Ausserdem sei erwähnt, dass die französische Fassung des OR in Art. 20, 41, 66, 157 und 163 den Ausdruck «illicite» verwendet und nur in Art. 29 «sans droit», während in der italienischen Fassung demgegenüber in Art. 20 und 66 von «contraria alla (alle) legge» und sonst immer von «illecito» resp. «illecitamente» (OR 41) die Rede ist.

gen. Diese wird unabhängig vom Charakter der Rechtsordnung als einer Normen- oder Vorschriftenordnung durch die Frage bestimmt, welche Schäden ihrer Natur nach als unter die ausservertragliche Ersatzpflicht fallend zu betrachten sind.

V. Der geltende Begriff der Widerrechtlichkeit

21   Die Darlegung von Kriterien für die Bestimmung, welche Schäden der Gesetzgeber als widerrechtlich und damit grundsätzlich (de lege ferenda) ersatzwürdig bezeichnen *solle*, kann nicht im Rahmen dieses Buches erfolgen. Diese Frage nach der materiellen Richtigkeit der Grenzziehung zwischen widerrechtlichen und rechtmässigen Schädigungen im geltenden Recht beschäftigt zwar die Spezialliteratur, aber nur in bezug auf Einzelprobleme[29]. Generell wird die gesetzliche Regelung nicht in Frage gestellt. Sie ist das Ergebnis von jahrhundertelanger Rechtsanwendung und Rechtsverfeinerung.

22   Darzustellen ist hier dagegen die das geltende Recht beherrschende *Methode der Umschreibung der Rechtswidrigkeit* und damit der Unterscheidung zwischen widerrechtlichen und rechtmässigen Schädigungen. Diese Methode beruht auf der objektiven Theorie, die, wie vorn N 9 ff. dargelegt, in der Schweiz die herrschende Auffassung darstellt. Für die positive Umschreibung der Voraussetzungen der Rechtswidrigkeit, die nach der objektiven Theorie nötig ist, stehen, wie vorn erwähnt, zwei Methoden zur Verfügung: Die Bestimmung von Rechtsgütern und der Weg über die Verhaltens- oder Schutznormen. Die Lösung, beide Wege gleichberechtigt nebeneinander zu stellen, die der in der Schweiz herrschenden Meinung

---

[29] Beispiele:
 - Der Reflexschaden; vgl. dazu vorn § 2 N 72 ff.
 - Die generelle Diskriminierung der Vermögensschäden i. e. S.; vgl. GAUCH/SWEET, 121 ff.; GABRIEL N 848.
 - Die ausservertragliche Auskunftserteilung; vgl. Bd. II/1 § 16 N 117 ff.
 - Die Haftung aus culpa in contrahendo; vgl. V. TUHR/PETER 192 f.; GAUCH/SCHLUEP N 963 ff.; HANS MERZ, Vertrag und Vertragsschluss (Freiburg 1988) § 3.
 - Die Drittschutzwirkung von Verträgen; vgl. GAUCH/SCHLUEP N 4042 ff.
 - Die sog. Drittschadensliquidation; vgl. GAUCH/SCHLUEP N 2685 ff.
 Vgl. im übrigen Bd. II/1 § 16 N 41 ff.

entspricht und die von HANS MERZ[30] vertreten wird, leuchtet ein. Davon soll im folgenden die Rede sein.

A. Das Erfolgsunrecht

1. Wesen des Erfolgsunrechts

Bei dieser Methode bezeichnet der Gesetzgeber bestimmte Güter als *Rechtsgüter.* Ihre Verletzung ist immer rechtswidrig, unabhängig davon, wie sie verursacht wurde. Auch wenn die Ursache in einem menschlichen Verhalten bestand, das gegen keine spezifische Verhaltensnorm verstiess und daher an sich rechtmässig war, ist die Verletzung eines Rechtsgutes rechtswidrig. Nur wenn ein Rechtfertigungsgrund[31] vorlag, ist dies nicht der Fall.

Das Erfolgsunrecht ist durch den eingetretenen schädigenden Erfolg charakterisiert; er besteht immer in der Verletzung eines Rechtsgutes. Solange er nicht eingetreten ist, liegt keine Rechtswidrigkeit im Sinne des Erfolgsunrechts vor, wohl aber vom Zeitpunkt der Rechtsgutsverletzung an[32].

Eignet sich ein bestimmter Umstand zur Verursachung einer Rechtsgutsverletzung, tritt diese aber nicht ein, so liegt auch keine Widerrechtlichkeit vor[33]. Weist ein menschliches Verhalten dagegen auf einen unmittelbar bevorstehenden Angriff hin, so muss auch diese Gefährdung schon

---

[30] MERZ, ZBJV 91bis, 324; BGE 119 II 128.
[31] Die Rechtfertigungsgründe wurden im Zusammenhang mit der Verschuldenshaftung dargestellt, weil sie namentlich dort von praktischer Bedeutung sind. Es sei dafür auf Bd. II/1 § 16 N 224 ff. verwiesen. Vom rein systematischen Standpunkt aus müssten sie hier erörtert werden.
[32] Beispiel: A pflanzt in seinem Garten im vorgeschriebenen Abstand von einer (unterirdischen) Gasleitung einen Baum. Seine Wurzeln beschädigen im Laufe der Jahre trotz des Abstandes die Leitung, sodass Gas austreten und bei gefrorener Bodenoberfläche entlang der Leitung in ein Nachbarhaus eindringen kann. Das Gas-Luft-Gemisch explodiert bei der Betätigung eines elektrischen Schalters. Hier entsteht die Rechtswidrigkeit durch die Explosion und ihre Folgen, nicht durch das Pflanzen des Baumes.
[33] Auch das Strafrecht arbeitet z. T. mit dem Erfolgsunrecht, d. h. die Unrechtmässigkeit hängt von der Verletzung des in Frage stehenden Rechtsgutes ab; vgl. z. B. StGB 111 über die vorsätzliche Tötung und 145 über die Sachbeschädigung. Dabei erfolgt aber eine gewisse Korrektur durch die Strafbarkeit des Versuchs (StGB 22). Dieser ist schadenersatzrechtlich irrelevant, weil, wenn der Erfolg nicht eintritt, auch der Schaden fehlt.

widerrechtlich sein, weil sonst das Opfer des Angriffs mit seiner Notwehr erst einsetzen dürfte, nachdem es verletzt wurde (vgl. Bd. II/1 § 16 N 45).

2. Die Rechtsgüter

a) Die ein Gut schützenden gesetzlichen Bestimmungen

26 Das gesetzliche Recht und namentlich das OR sagt – im Gegensatz zu BGB 823 I – nicht speziell, was als deliktisches Rechtsgut zu betrachten ist, ausser in bezug auf das Persönlichkeitsrecht in ZGB 28. Dass aber das Leben, der Körper, die Gesundheit, die persönliche Freiheit, das Eigentum und der Besitz durch die Rechtsordnung geschützt sind, ergibt sich trotzdem sehr deutlich aus den sich damit befassenden Bestimmungen[34]. Diese sind nur indirekt Verhaltensnormen, indem sie eine Strafe für anderes Verhalten festlegen oder dem Berechtigten Schutzansprüche zugestehen. Leben (StGB 111 ff.), Körper und Gesundheit (StGB 122 ff.) und persönliche Freiheit (StGB 180 ff.) sind durch Strafnormen geschützt, die allerdings zum Teil die Strafbarkeit an bestimmte zusätzliche Voraussetzungen knüpfen, aber doch als generelle Normen für den Schutz (über die Bestrafung hinaus) des betreffenden Gutes aufzufassen sind. Dieses ist jeweils als allgemein, d. h. gegen jede Beeinträchtigung geschützt zu betrachten.

27 Bei Eigentum und Besitz treten neben die strafrechtlichen Schutznormen (StGB 137 ff.) die zivilrechtlichen Ansprüche auf Abwehr von Beeinträchtigungen gemäss ZGB 641 und 926 ff.

28 Abgesehen davon sind viele Rechtsgüter durch besondere Gesetze geschützt, so z. B. die Gesundheit durch das Betäubungsmittelgesetz vom 3. Oktober 1951 (SR 812.121), Menschen, Tiere und Pflanzen und die Fruchtbarkeit des Bodens durch das Umweltschutzgesetz vom 7. Oktober 1983 (SR 814.01) und die Gewässer durch das Gewässerschutzgesetz vom 8. Oktober 1971 (SR 814.20)[35]. Darauf ist hier nicht näher einzutreten, weil

---

[34] Es handelt sich um subjektive *absolute Rechte*; vgl. v. Tuhr/Peter 409. Dazu gehören neben den aufgezählten auch Rechte an immateriellen Gütern: Urheber- und Patentrechte (URG 42 und 44; MSchG 27; MMG 24; PatG 66 ff., 72 ff.; vgl. BGE 60 II 62, insbes. 68; A. Troller, Immaterialgüterrecht II [3. A. Basel/Stuttgart 1985] 977 ff.), Namens- und Firmenrechte (ZGB 29, OR 956). Auch der Besitz gehört zu den absoluten Rechten, ist aber nur gegen verbotene Eigenmacht geschützt, was das Bundesgericht in BGE 119 II 129 übersehen hat.

[35] Vgl. über die Anerkennung der Hoheit des Staates über ein Gewässer als Rechtsgut Bd. II/1 § 23 N 124.

V. Der geltende Begriff der Widerrechtlichkeit §4

sich daraus keine zusätzlichen Angaben über die zivilrechtliche (deliktische) Rechtswidrigkeit ergeben.

b) Der Schutz des Persönlichkeitsrechts im besonderen

Ein Rechtsgut besonderer Art ist die Persönlichkeit. Sie ist durch ZGB 28 geschützt. Abs. 2 bestimmt, dass die Verletzung dann – im Gegensatz zur Situation bei den übrigen Rechtfertigungsgründen – nicht widerrechtlich ist, wenn sie durch ein überwiegendes, privates oder öffentliches Interesse gerechtfertigt ist[36]. Durch diese Anerkennung eines besonderen Rechtfertigungsgrundes unterscheidet sich das Persönlichkeitsrecht von den andern Rechtsgütern, die nur bei rechtmässiger Ausübung öffentlicher Gewalt, privatrechtlicher Befugnis zu schädigenden Handlungen, wirklicher oder mutmasslicher Einwilligung des Verletzten, Notwehr und Selbsthilfe nicht geschützt werden. Daneben ist der Notstand zu erwähnen, der nur Eingriffe in Sachwerte rechtfertigt und durch diese Relativität eine gewisse Ähnlichkeit mit der Rechtfertigung durch überwiegende Interessen bei Persönlichkeitsverletzungen aufweist (vgl. Bd. II/1 § 16 N 290 ff.).

29

c) Das Vermögen ist kein Rechtsgut

Eine Besonderheit gilt für das *Vermögen*. Es ist insbesondere durch das Strafrecht – aber auch durch OR 31 – gegen ganz bestimmte Beeinträchtigungen geschützt (StGB 148 ff.). Der Schutz gilt aber nur gegen die genau umschriebenen Arten der Schädigung; das Vermögen ist kein generelles Rechtsgut[37]. Wird es durch die im Strafgesetzbuch umschriebene Art ge-

30

---

[36] Vgl. BGE 101 II 197; Bd. II/1 § 16 N 307 ff.
[37] Vgl. MERZ, ZBJV 91bis, 309; STARK, Skriptum N 265; BREHM N 37, 39 f. zu OR 41; a. M. GIGER 381 und die andern Anhänger der subjektiven Theorie; vgl. vorn N 9 ff., 13 ff. Durch das öffentliche Recht wird das Vermögen von Einzelpersonen in mannigfaltiger Weise belastet, vor allem durch Steuern und Gebühren, aber auch durch Geldstrafen. Hier entfällt die deliktische Schadenersatzpflicht wegen fehlender Rechtswidrigkeit; vgl. aber über die Rechtmässigkeit von rechtskräftigen Verfügungen, Entscheiden und Urteilen VG 12 und die entsprechenden Bestimmungen der kant. Verantwortlichkeitsgesetze. Bei den von THOMAS KOLLER, Steuern und Steuerbussen als privatrechtlich relevanter Schaden, ZSR 113 (1994) 183 ff., erwähnten Fällen handelt es sich demgegenüber um vertragliche Ansprüche, bei denen die Frage der Widerrechtlichkeit sich nicht stellt; massgebend ist die Vertragswidrigkeit.

schädigt, so ergibt sich die Rechtswidrigkeit nicht aus einer Rechtsgutsverletzung, sondern aus der Verletzung einer Verhaltensnorm (hinten N 41).

d) Die massgebenden Rechtsgebiete

31   An sich kann sich die Rechtswidrigkeit einerseits aus den verschiedensten Rechtsgebieten ergeben (vgl. vorn N 26 ff.), anderseits nicht nur aus dem privaten, sondern auch aus dem öffentlichen Recht. Massgebend für die Abgrenzung zwischen öffentlichem und privatem Recht sind vor allem ZGB 5 und 6, auf die hier nicht näher eingetreten werden kann. Festgehalten sei in diesem Zusammenhang nur, dass es nicht denkbar ist, dass ein Gut im einen Kanton als Rechtsgut anerkannt wird, im andern nicht. Die Anerkennung eines Gutes als Rechtsgut ist von so fundamentaler Bedeutung, dass sie der ganzen Rechtsordnung in der ganzen Schweiz entsprechen muss[38]; sie kann sich aber sowohl aus dem öffentlichen als auch aus dem privaten Recht des Bundes ergeben[39].

e) Die relativen Rechte

32   Forderungen und andere relative Rechte bestehen nur gegenüber einer (oder mehreren) *bestimmten* Person(en). Sie können nur von *dieser* Person verletzt werden, nicht von einem Nicht-Schuldner. Die Nichterfüllung einer Forderung stellt daher keine Verletzung eines allgemein geschützten Rechtsgutes dar und begründet als solche keine Rechtswidrigkeit im hier verstandenen Sinne[40].

33   Relative Rechte stellen auch gegenüber Dritten keine Rechtsgüter dar. Wer einen Ladeninhaber überredet, ihm ein bereits verkauftes Möbelstück noch einmal zu verkaufen und sofort mitzugeben, wird gegenüber dem

---

[38] Das gilt für das Erfolgsunrecht; beim Handlungsunrecht kann sich die Rechtswidrigkeit auch aus einer kantonalen Verhaltensnorm ergeben; vgl. BGE 30 II 571; 55 II 334; 56 II 372; 57 II 32; 88 II 281; 90 II 280; 94 I 639/40; 101 Ib 255.

[39] Vgl. HANS HUBER, Berner Komm. (Bern 1966), N 205 zu ZGB 6; BGE 82 II 28; 88 II 280; 90 II 279; 112 II 441; 116 Ia 169; 117 II 317 und dort zit. Lit.

[40] Die Nicht- oder Schlechterfüllung einer obligatorischen Forderung kann aber in der Verletzung eines Rechtsgutes des Gläubigers bestehen, dann liegt neben der Verletzung des relativen Rechtes, d. h. der Vertragswidrigkeit, eine Rechtsgutsverletzung und damit eine Rechtswidrigkeit vor. Der vertragliche und der deliktische Anspruch stehen konkurrierend nebeneinander. Man denke an einen Arzt, der in seiner Privatpraxis durch Unsorgfalt einen Gesundheitsschaden verursacht; vgl. VON TUHR/PETER 409 ff.

ersten Käufer nicht aus Delikt verantwortlich, es sei denn, er habe in sittenwidriger Absicht gehandelt[41].

Die Verletzung relativer Rechte, die von einer der Parteien herrührt, ist – um nur von der Forderung zu sprechen – in Anwendung von OR 97 ff. zu ahnden: Man hat (falls man von den ausservertraglich begründeten Forderungen absieht) eine Vertragsverletzung durch Nichterfüllung oder nicht gehörige Erfüllung vor sich. Dazu gehört auch die sog. positive Vertragsverletzung[42]. 34

B. Das Handlungsunrecht

1. Wesen des Handlungsunrechts

Da es Güter gibt, die der Gesetzgeber nicht generell, sondern nur gegen Beeinträchtigungen in einer bestimmten Art und Weise schützen will, kann sich die Rechtswidrigkeit nicht nur aus der Rechtsgutsverletzung ergeben. Sie muss auch auf einem bestimmten Verhalten beruhen können, das der Rechtsordnung widerspricht. 35

Der wichtigste Sachverhalt einer Schädigung ohne Verletzung eines Rechtsgutes liegt vor, wenn das Vermögen direkt, ohne Beeinträchtigung eines Rechtsgutes[43], beeinträchtigt wird. Es handelt sich dabei um *Vermögensschaden i. e. S.* Das Vermögen ist, wie bereits mehrfach betont, nach der herrschenden Lehre kein Rechtsgut. 36

Hier kommt es auf die Art der Herbeiführung des Schadens an. Erfolgt sie durch wirtschaftlichen Wettbewerb, so ist sie rechtmässig; sie darf, in 37

---

[41] OR 41 II; vgl. dazu Bd. II/1 § 16 N 196 ff. Das gilt auch für die Vernichtung oder Beschädigung einer einem Dritten zu liefernden Sache: Anspruchsberechtigt ist nur der Eigentümer, nicht der Dritte. Vgl. zur Frage der Verletzung relativer Rechte durch Dritte BGE 52 II 376; 53 II 333; 63 II 21 f; 102 II 340; 108 II 312; 114 II 97; BREHM N 41 ff. zu OR 41; OSER/SCHÖNENBERGER N 15 ff. zu OR 41; VON TUHR/PETER I 410 ff.; KRAMER (Berner Komm. zum OR), Allg. Einleitung N 56; MERZ, SPR VI/1 58; a. M. GROSSEN in FG Schönenberger (Freiburg 1968) 121 ff. u. a.

[42] Vgl. GAUCH/SCHLUEP II N 2603 ff.; GUHL/MERZ/KOLLER 13, 226; MERZ 64 ff.; VON TUHR/ESCHER 106 ff., Supplement 83 und die dort zit. Lit.; KELLER/SCHÖBI, Allgemeine Lehren des Vertragsrechts (3. A. Basel 1988) 283.

[43] Schaden ist immer Vermögensschaden; bei Rechtsgutverletzung ist er deren Folge. Er setzt sie voraus.

der Formulierung von ALFRED KELLER[44], jederzeit wiederholt werden. Typisches Beispiel der Rechtswidrigkeit durch Verletzung einer Verhaltensnorm ist die absichtliche Täuschung, der Betrug[45].

38 Das normwidrige Verhalten ist *an sich,* auch wenn kein Schaden entsteht, rechtswidrig. Die Widerrechtlichkeit ergibt sich schon aus der Art der betreffenden Handlung, unabhängig von deren Folgen. Massgebend dafür sind nicht die Konsequenzen der Handlung wie bei den Rechtsgütern.

2. Die verletzte Norm

a) Im allgemeinen

39 Eine Rechtsnorm ist eine Verhaltensvorschrift, die sich an Menschen richtet. Handlungsunrecht kann daher nur von Menschen begangen werden; Tiere und Maschinen können nicht gegen Rechtsnormen verstossen. Dagegen kann auch ein Urteilsunfähiger eine Norm verletzen; vgl. Bd. II/1 § 18 N 47, 51.

40 Ein Verhalten kann einerseits als solches von der Rechtsordnung missbilligt werden; diese kann namentlich das *Ziel* des Schädigers verpönen. Andererseits kann sich die negative Qualifikation eines Verhaltens auch auf die vom Schädiger eingesetzten *Mittel* beziehen. Vgl. den Betrug, aber auch die Schädigung durch anstössige Mittel, z. B. beim Boykott[46], bei Streiks und Aussperrungen[47] und bei der Selbsthilfe[48].

b) Die verletzte Norm als Schutznorm

41 Die Rechtswidrigkeit im Sinne des Handlungsunrechts setzt nicht die Verletzung irgendeiner Norm voraus, sondern die *Verletzung einer Norm, die Schäden von der Art des eingetretenen verhüten soll.* Wenn ein Radfahrer auf der linken Strassenseite um eine Kurve fährt und dabei mit einem entgegenkommenden Auto kollidiert, ist diese Voraussetzung eindeutig

---

[44] A. KELLER 90.
[45] Vgl. VON TUHR/PETER 415 und viele andere.
[46] Vgl. Bd. II/1 § 16 N 54.
[47] Vgl. Bd. II/1 § 16 N 84.
[48] Vgl. Bd. II/1 § 16 N 279.

gegeben. Wenn aber ein Automobilist die Sicherheitsgurte nicht benützt und einen Fussgänger anfährt, ergibt sich aus der Missachtung der Gurtentragpflicht keine Rechtswidrigkeit der Schädigung[49], wohl aber aus der Verletzung des Fussgängers (Erfolgsunrecht). Die Norm muss, um Rechtswidrigkeit zur Folge zu haben, zum *Schutz des Geschädigten* erlassen sein, die Schädigung in den Schutzbereich der Norm fallen. Dient eine Norm anderen Zwecken, so ist zwar eine Widerrechtlichkeit im *dem* Sinne gegeben, dass jene Norm als solche verletzt ist. Dies zählt hier jedoch nicht, weil nicht eine Widerrechtlichkeit in der hier allein aktuellen Bedeutung, nämlich in jener für das Haftpflichtrecht, vorliegt[50, 51].

---

[49] Häufig wird in diesem Zusammenhang auf BGE 30 II 572 hingewiesen. Das Bundesgericht hat dort zu Recht festgestellt, dass sich aus der Missachtung forstpolizeilicher Vorschriften keine haftpflichtrechtliche Widerrechtlichkeit in bezug auf die Verletzung eines Waldarbeiters ergibt. In BGE 117 II 270 und 119 II 129 wurde festgehalten, dass z. B. StGB 227 und 229 nur das absolute Recht auf körperliche Integrität schützen, nicht aber das Vermögen. Vgl. auch BGE 75 II 212/13; 79 II 438; 91 II 405; 94 I 642/43; 101 Ib 255 f.; 102 II 88; SJZ 51, 177; VON TUHR/PETER 415/16. Vgl. für das deutsche Recht GEIGEL/SCHLEGELMILCH 427 ff.

[50] Das Bundesgericht bedient sich z. T. gestützt auf VON TUHR (vgl. VON TUHR/PETER 97 FN 51, 416 FN 59) der Formulierung, dass dort, wo eine Norm nicht zum Schutze des Geschädigten erlassen worden ist, ipso facto die Adäquanz des Kausalzusammenhanges fehle; vgl. BGE 75 II 212/13; 79 II 438; 94 I 642/43. Diese Ausdrucksweise ist irreführend, weil bei Eintritt eines Schadens, der nicht dem Schutzzweck der verletzten Norm entspricht, nicht der Kausalzusammenhang zwischen dem normwidrigen Verhalten und dem Schaden in Frage steht. Die generelle Eignung zur Verursachung eines solchen Schadens kann sehr wohl auch dann evident sein, wenn dieser Schaden keineswegs im Bereiche des Schutzzweckes liegt. Die Adäquanz des Kausalzusammenhanges bezieht sich auf das Verhältnis von haftungsbegründender Ursache und Schaden, die Frage des Schutzzweckes auf das Verhältnis einer Norm zur Person des Geschädigten. Wenn z. B. ein Gartenhäuschen ohne Ausnahmebewilligung zu nahe an einem Waldrand erstellt wird und sich darin Hornissen ein Nest bauen, ist die dadurch entstehende Belästigung des Nachbarn nicht wegen der Nichteinhaltung des Grenzabstandes, sondern wegen der Überschreitung des Eigentumsrechts widerrechtlich. Vgl. auch das Beispiel von STARK, FG Häfelin (Zürich 1989) 573 FN 15.

[51] Eine Norm, die eine Gefährdungshaftung statuiert, z. B. SVG 58, verbietet kein menschliches Verhalten und schreibt auch keines vor. Sie ist keine Verhaltensnorm, aber auch keine Schutznorm im hier zugrunde gelegten Sinn dieses Wortes; sie schützt das Unfallopfer nicht vor Verletzungen und Sachbeschädigungen, sondern höchstens vor deren finanziellen Konsequenzen. Die gegenteilige Auffassung hätte im übrigen die Bejahung der Rechtswidrigkeit aller Schädigungen zur Folge, die unter eine Gefährdungshaftung fallen. Sie würde namentlich bei allen Gefährdungshaftungen, die nach dem Gesetzestext nicht auf Personen- und Sachschäden beschränkt sind (KHG 3, SSG 27, MO 22 I, ZSG 77) dazu führen, dass Vermögensschäden i. e. S., insbesondere Verspätungsschäden, im Gegensatz zum übrigen Haftpflichtrecht nach dem einschlägigen Spezialgesetz zu entschädigen wären.

c) Die massgebenden Rechtsgebiete

42 Die hier massgebenden Verhaltensnormen[52] sind im ausservertraglichen Schadenersatzrecht selber nicht enthalten, sondern ergeben sich aus der Gesamtheit der schweizerischen Rechtsordnung[53]: u. a. aus Privat-, aus Verwaltungs- und aus Strafrecht[54], gleichgültig, ob es geschrieben oder ungeschrieben (vgl. BGE 93 II 183; 95 III 91; 111 II 474 ff.) sei. Für das Haftpflichtrecht sind namentlich die zahlreichen polizeirechtlichen Erlasse wichtig, welche einzelnen Gruppen von Rechtssubjekten besondere Sorgfaltspflichten auferlegen[55]. Jeder Verstoss gegen eine derartige Verhaltensnorm wird, wenn der Schutzzweck verletzt ist, als widerrechtlich aufgefasst.

43 Während aber Rechtsgüter vernünftigerweise nur auf eidg. Recht beruhen können (vgl. vorn N 31), kommt im Bereich der Verhaltensnormen auch das kantonale Recht[56] und im Rahmen der von ihm den Gemeinden verliehenen Gemeindeautonomie das Gemeinderecht in Frage.

d) Normverletzung und Gefahrensatz

44 Der Gefahrensatz verlangt, dass, wer Gefahren schafft, die nötigen Schutzmassnahmen zu treffen hat. Die Verletzung dieser Regel des ungeschriebenen Rechts *begründet* aber keine Rechtswidrigkeit[57]. Es handelt sich nicht um eine Schutznorm im hier besprochenen Sinne. Sie ist dafür viel zu generell und bezieht sich nicht auf Unfälle einer bestimmten Art,

---

[52] Sog. Verhaltensrecht, im Gegensatz zum Verfassungsrecht; vgl. WALTHER BURCKHARDT, Die Organisation der Rechtsgemeinschaft (2. A. Zürich 1944) 32 ff.; DERS., Methode und System des Rechts (Zürich 1936) 170 ff.; KÄNZIG 77 ff.

[53] Diese Frage ist für das Handlungs- und das Erfolgsunrecht gleich zu beantworten; vgl. vorn N 31 ff.

[54] Im Strafrecht müssen nicht alle Voraussetzungen des Straftatbestandes erfüllt sein, sondern nur der grundsätzliche Schutz gegen eine bestimmte Art der Schädigung; so ist das Vermögen durch StGB 158 nur bei Bereicherungsabsicht und durch StGB 149 bei Bosheit gegen Täuschung geschützt. Täuschung ist trotzdem auch ohne diese speziellen Motive als rechtswidrig zu betrachten; vgl. BGE 61 II 233 f.; 89 II 248; 101 II 72; 108 II 421; 111 II 474.

[55] Nicht hieher gehört dagegen der Gefahrensatz; vgl. hinten N 44; a. M. Voraufl. 129.

[56] Vgl. die vorn FN 38 aufgeführten Entscheide sowie BREHM N 33 zu OR 41; A. KELLER I 89; STARK, Skriptum N 265.

[57] Vgl. Bd. II/1 § 16 N 107; STARK, Skriptum N 271 ff.; KELLER/GABI 43; BREHM N 51 zu OR 41. A. M. Voraufl. 129; GUHL/MERZ/KOLLER 176; DESCHENAUX/TERCIER § 6 N 46; BOSSHARD 77.

die verhütet werden sollen. Dies wird ohne weiteres ersichtlich, wenn die Gefahr für eine rechtmässige Schädigung geschaffen wird: Aus der Tatsache, dass A mit B im Wettbewerb steht, ergibt sich die Gefahr, dass B dadurch geschädigt wird. Wenn diese Gefahr sich dann realisiert, kann die Schädigung nicht deswegen, weil vorher diese Gefahr geschaffen wurde und keine Schutzmassnahmen getroffen worden sind, rechtswidrig sein. Wird die Gefahr aber in Verletzung einer konkreten Schutznorm oder für ein Rechtsgut geschaffen, so ergibt sich im Schadenfall die Widerrechtlichkeit aus diesen Umständen.

VI. Die Rechtfertigungsgründe

A. Der Geltungsbereich

Die an sich bestehende Rechtswidrigkeit einer Schädigung entfällt, wenn ein Rechtfertigungsgrund vorliegt; vgl. dazu Bd. II/1 § 16 N 224 ff.

Die Rechtfertigungsgründe schränken den Bereich der Schädigungen ein, die aufgrund von Verletzungen von Rechtsgütern und Verhaltensnormen als rechtswidrig qualifiziert werden; unter den vom Gesetz festgelegten Voraussetzungen wird eine Rechtsgutverletzung oder der Verstoss gegen eine Verhaltensnorm nicht als rechtswidrig betrachtet.

Die Rechtfertigungsgründe gelten *einheitlich für alle Rechtsgüter*, wobei allerdings bei der Einwilligung des Verletzten der wichtige Vorbehalt anzubringen ist, dass sie nur gültig ist, wenn ein Rechtsgut tangiert wurde, über das der Einwilligende verfügen konnte[58]. Daneben besteht aufgrund von ZGB 28 II bei Persönlichkeitsrechten der relative Rechtfertigungsgrund der überwiegenden privaten und öffentlichen Interessen, der sich aber vernünftigerweise nicht auf Verletzungen von Leib und Leben, Gesundheit und körperliche Freiheit beziehen kann, wohl aber von Ehre, Privatsphäre, das Recht am eigenen Bild und das Recht auf freie wirtschaftliche Betätigung[59].

---

[58] Vgl. Bd. II/1 § 16 N 238, 240.
[59] Vgl. Bd. II/1 § 16 N 307 ff.

48 Bei Verletzungen einer Verhaltensnorm liegt von vornherein keine Rechtswidrigkeit vor, wenn die betreffenden Norm für einen bestimmten Sachverhalt eine Ausnahme vorsieht. Das gilt auch, wenn eine abweichende Vorschrift der Verhaltensnorm vorgeht[60]. In den andern Fällen gelten die Rechtfertigungsgründe an sich auch; Anwendungsfälle dürften aber selten sein[61].

B. Generelle Würdigung

49 Die Rechtsordnung legt generell fest, welche Güter sie schützt und welche Verhaltensweisen sie unabhängig vom Erfolg missbilligt. Dass es ihr gelungen ist, Verhältnisse allgemein zu umschreiben, die bei allen Rechtsgütern und bei allen Verhaltensnormen die Rechtswidrigkeit aufheben, ist eindrücklich. Diese Methode der Gesetzgebung in einem schwierigen Gebiet, ohne Einzelbestimmungen für konkrete Fälle, ist als Frucht der jahrhundertelangen Weiterentwicklung und dogmatischen Bearbeitung des Privatrechts zu betrachten.

VII. Widerrechtlichkeit, Verschulden und Kausalhaftung

A. Verschulden und Widerrechtlichkeit bei der Verschuldenshaftung

50 Vorn (vgl. N 23) ist dargelegt worden, dass die Rechtsgutsverletzung als solche (Erfolgsunrecht) für die Bestimmung der Rechtswidrigkeit unabhängig von der wertenden Beurteilung des dafür kausalen Verhaltens

---

[60] Vgl. Bd. II/1 § 16 N 224.
[61] Man denke an einen Polizisten, der in rechtmässiger Ausübung der ihm zustehenden öffentlichen Gewalt die Verkehrsteilnehmer wegen eines Unfalles zu vorschriftswidrigem Verhalten veranlasst, z. B. zum Parkieren in der Ausfahrt eines Parkplatzes, oder an die Schädigung einer Person durch das Fotokopieren ihrer Unterschrift, wenn diese Person generell eingewilligt hat.

VII. Widerrechtlichkeit, Verschulden und Kausalhaftung § 4

massgebend ist. Diese Auffassung kann sich auf den Wortlaut von OR 41 I stützen, wo die Widerrechtlichkeit als Voraussetzung der Haftbarkeit *neben* dem Verschulden[62] als koordinierter Begriff angeführt wird[63]. Einzelne Autoren[64] bezeichnen die Widerrechtlichkeit als die objektive Seite des Verschuldens und das Verschulden als die subjektive Seite der Widerrechtlichkeit. Die Problematik dieser Betrachtungsweise zeigt sich klar, wenn man nicht vom Verschulden spricht, sondern den Vorsatz als eine seiner Unterarten heranzieht; denn vorsätzlich werden sehr viele Handlungen durchgeführt, «gute» *und* «schlechte»[65].

Im französischen Recht umfasst der Begriff «faute» allerdings auch die Widerrechtlichkeit. Es würde zu weit führen, hier darauf näher einzutreten[66]. 51

Selbstverständlich enthält der Begriff des Verschuldens die subjektive Seite eines Verhaltens[67]. Da man sich aber auch im rechtmässigen Bereich vorsätzlich oder fahrlässig[68] verhalten kann, erscheint die eindeutige dogmatische Trennung von Verschulden und Widerrechtlichkeit als geboten[69]. Das zeigt sich klar im Rahmen der Vertragshaftung, die nach OR 97 I 52

---

[62] Vgl. z. B. auch ZGB 540 Ziff. 1, 2 und 4, wo Vorsatz und Rechtswidrigkeit auf der gleichen Ebene nebeneinander stehen.
[63] BGB 823 schlägt den gleichen Weg ein.
[64] Vgl. YUNG 106; ähnlich OSER/SCHÖNENBERGER N 54 zu OR 41; BGE 31 II 284; 36 II 22.
[65] Der Begriff der Fahrlässigkeit wird demgegenüber regelmässig als manglende Sorgfalt umschrieben, womit eine rechtliche Missbilligung verbunden wird. Vgl. dazu hinten § 5 N 24.
[66] Vgl. dazu FERID/SONNENBERGER, Das französische Zivilrecht Bd. II (2. A. Heidelberg 1986) 20, 102 ff. und die dort zit. Lit.; hinten § 5 N 24.
[67] Darauf ist beim Verschulden näher einzutreten; vgl. hinten § 5 N 40, 112 ff.
[68] Man kann z. B. einen Vermögensschaden eines Dritten, ohne ihn zu wollen, durch blosse Unachtsamkeit herbeiführen. Man denke an die wirtschaftliche Schädigung eines befreundeten Konkurrenten, die eine Folge des eigenen geschäftlichen Verhaltens ist, die man in unsorgfältiger Beurteilung der Marktlage überhaupt nicht in seine Erwägungen einbezogen hat.
[69] Statt vieler BGE 32 II 733; 33 II 567 ff.; 34 II 18; 47 II 179; 66 II 168; 82 II 28 f.; 88 II 282; 91 II 406; 109 I 5; VON THUR/PETER 408; OSER/SCHÖNENBERGER N 2 zu OR 41; BECKER N 1, 59 zu OR 41; KÄNZIG 19; YUNG 416 ff.; BREHM N 222 zu OR 41; RASCHEIN 219 ff. Diese Meinung hat ihren Ausdruck z. B. auch in ZGB 540 Ziff. 1, 2 und 4 gefunden. Demgegenüber postuliert RICHARD 318 ff. eine Verschmelzung des Verschuldens und des Widerrechtlichkeitsbegriffs, was zur Folge hat, dass er für OR 41 I die Streichung des Wortes «widerrechtlich» fordert. Gleich schon W. BURCKHARDT in Schweiz. Zeitschr. für Strafrecht 15, 259. Eine entsprechende Ansicht findet sich in einer älteren Richtung der deutschen Lit. vertreten: MERKEL, Kriminalistische Abhandlungen I (Leipzig 1867) 42 ff.; HOLD VON FERNEK, Die Rechtswidrigkeit I (Jena 1903) 213, 276 ff., 342 ff.; ferner die übrigen bei KÄNZIG 71 FN 1 zit. Autoren sowie ESSER/SCHMIDT I/2 66.

ebenfalls ein Verschulden⁷⁰ – allerdings mit umgekehrter Beweislast – voraussetzt, aber keine Widerrechtlichkeit, sondern nur Vertragswidrigkeit.

53 Aus diesen Überlegungen ergibt sich, dass bei der Verschuldenshaftung[71] Verschulden und Widerrechtlichkeit streng zu trennen sind.

54 Ergänzend sei beigefügt, dass der Ausdruck *«unerlaubt»* sprachlich mindestens teilweise ein Synonym von «widerrechtlich» darstellt. Er wird in der juristischen Terminologie des Haftpflichtrechts aber nicht als Haftungsvoraussetzung (anstelle des Wortes «rechtswidrig») verwendet, sondern nur in der Kombination «unerlaubte Handlung». So ist der zweite Abschnitt des ersten Teils des OR (Art. 41 ff.) überschrieben. Dort sind auch die meisten einfachen Kausalhaftungen geregelt. Wenn man unerlaubt mit widerrechtlich gleichsetzt, ergibt sich schon aus der Überschrift des zweiten Abschnittes des ersten Titels des OR, dass die einfachen Kausalhaftungen wie die Verschuldenshaftung die Widerrechtlichkeit voraussetzen, obschon die einschlägigen Artikel sie nicht erwähnen. Auf dieser Basis kann man auch die Gefährdungshaftungen darunter subsumieren, so dass der Ausdruck des «Rechts der unerlaubten Handlung» für das ganze ausservertragliche Schadenersatzrecht angewendet werden kann[72].

B. Die Widerrechtlichkeit bei den Kausalhaftungen

55 In Band II/2 § 24 N 27 ff. ist festgehalten, dass die Widerrechtlichkeit auch bei den Kausalhaftungen als Haftungsvoraussetzung zu betrachten ist[73]. Dies entspricht bei Verletzungen von Rechtsgütern (Erfolgsunrecht) dem vorn (N 23) dargelegten Widerrechtlichkeitsbegriff. Verstösse gegen

---

70 OR 97 spricht im Gegensatz zu OR 41 nicht von «Absicht» und «Fahrlässigkeit», sondern von «Verschulden», was aber keinen materiellen Unterschied zum Ausdruck bringt; vgl. VON TUHR/PETER 427 ff.; VON TUHR/ESCHER 114 ff.; GIGER 389 sieht demgegenüber einen Unterschied darin, dass OR 321e II das in seinem Bereich massgebende Mass der Sorgfalt subjektiv bestimme, was wohl heissen soll, dass die Objektivierung des Verschuldensbegriffes hier nicht gelte. Diese Bestimmung schaltet aber nicht die Objektivierung aus, sondern verlangt die Berücksichtigung des für bestimmte Berufsgruppen spezifischen Durchschnittsverhaltens (GIGER FN 105), das GIGER 387 auch bei OR 41 als massgebend betrachtet.
71 Aber auch beim sog. zusätzlichen Verschulden bei Kausalhaftungen (vgl. § 5 N 4 f.).
72 Demgegenüber beschränkt die Vorauflage 19/20 und 137 die Verwendung des Begriffes der Haftung aus unerlaubter Handlung auf die Fälle von Verschuldenshaftung.
73 So neuesten wieder BGE 116 II 492.

VII. Widerrechtlichkeit, Verschulden und Kausalhaftung § 4

Verhaltensnormen (Handlungsunrecht) spielen demgegenüber bei den Kausalhaftungen kaum eine Rolle, ausser bei den einfachen Kausalhaftungen im Zusammenhang mit dem Sorgfaltsbeweis resp. der Frage des Werkmangels.

Wenn der eingetretene Schaden nicht auf der Verletzung eines Rechtsgutes beruht, ist nicht einzusehen, weshalb bei Kausalhaftungen eine Ersatzpflicht bestehen sollte[74], die beim Fehlen eines Kausalhaftungsgrundes und der sich daraus ergebenden Unterstellung des Falles unter OR 41 nicht in Frage käme[75]. Sonst würde die Einführung einer Kausalhaftung nicht nur den Verzicht auf das Verschulden, sondern auch auf die Widerrechtlichkeit als Haftungsvoraussetzung bedeuten, d. h. die Einführung einer Haftpflicht, die auch für rechtmässige Schäden gelten würde.

56

---

[74] Dies wäre der Fall, wenn die Kausalhaftungen die Widerrechtlichkeit nicht voraussetzen würden.

[75] Wenn eine Brücke wegen Einsturzgefahr gesperrt ist, leidet sie an einem Werkmangel. Würde der Werkeigentümer auch ohne Widerrechtlichkeit haften, müsste er auch für den Verspätungsschaden einstehen, den ein Automobilist erleidet, weil er einen Umweg machen muss. Trifft den Werkeigentümer ein Verschulden, so musste er vor Erlass von OR 58 nach OR 41 I bzw. aOR 50 mangels Widerrechtlichkeit nicht für den Schaden einstehen.

§ 5 Verschulden und Selbstverschulden

Literatur

SCHWEIZERISCHE: EUGEN BUCHER, Berner Kommentar, Einleitung und Personenrecht (3. A. Bern 1976). – DERS., Verschuldensfähigkeit und Verschulden: Überlegungen aus Anlass der Kritik am «Entscheid Regotz» (BGE 102 II 365), FS Mario M. Pedrazzini (Bern 1990) 287 ff. – C. CHR. BURCKHARDT, Die Revision des Schweizerischen Obligationenrechts, ZSR 22 (1903) 469 ff. – DERS., Schriften und Vorträge (Basel 1917). – ANDRÉ BUSSY, Responsabilité civile automobile; Fiches juridiques suisses (Genf 1949). – AUGUST EGGER, Zürcher Kommentar, Einleitung und Personenrecht (unveränderter Nachdruck 1978 der 2. A. 1930). – WALTER FELLMANN, Der Verschuldensbegriff im Deliktsrecht, ZSR 106 (1987) I 340 ff. – TONI FISCHER, Der Fussgänger im Strassenverkehr (Diss. Zürich 1979). – KURT JOHANNES FURGLER, Die Verkehrssicherungspflicht im Schweizerischen Haftpflichtrecht (Diss. Freiburg 1978). – PETER GAUCH, Ein Bauwerk – Mehrere Unternehmer, ZBJV 118 (1982) 65 ff. – ANTON GEISER, Zum Thema der Kollision zwischen Bahnen und Motorfahrzeugen, SJZ 55 (1959) 269 ff. – MAX GRAF, Das zivilrechtliche Verschulden des Automobilisten (Diss. Zürich 1945). – JACQUES-MICHEL GROSSEN, SPR II (Basel und Stuttgart 1967). – JEAN GUINAND, La responsabilité des personnes incapables de discernement, FS 100 Jahre Schweizerisches OR (1982) 397 ff. – FRITZ HÄBERLIN, Das eigene Verschulden des Geschädigten im schweizerischen Schadenersatzrecht (Diss. Bern 1924). – MAX KUMMER, Berner Kommentar, Einleitung ZGB (Bern 1962). – W. LOEFFLER, Die Haftung des Arztes aus ärztlicher Behandlung (Diss. Zürich 1945). – A. LOTZ, Zur Frage der rechtlichen Verantwortlichkeit des Arztes, BJM 1968 (82) 107 ff. – ELISABETH MEISTER-OSWALD, Haftpflicht für ausservertragliche Schädigung durch Kinder (Diss. Zürich 1981). – HANS MERZ, Berner Kommentar, Einleitung ZGB (Bern 1962). – DERS., Die Widerrechtlichkeit gemäss Art. 41 OR als Rechtsquellenproblem, ZBJV 91bis (1955) 301 ff. – DERS., Die privatrechtliche Rechtsprechung des Bundesgerichts im Jahre 1976, ZBJV 114 (1978) 121 ff. – CHRISTOPH OSWALD, Analyse der Sorgfaltspflichtverletzung im vertraglichen wie im ausservertraglichen Bereich (Diss. Zürich 1988). – HANS OSWALD, Unterschiede zwischen sozialer und privater Unfallversicherung, SZS 9 (1965). – PETITPIERRE, La responsabilité causale, ZSR 49 (1930) 65a ff. – BAPTISTE RUSCONI, Verantwortlichkeit im Recht. Dommage Assurances, Juristische Schriften des TCS, Nr. 6 (Genf 1975). – DERS., Quelques considérations sur l'influence de la faute et du fait du lésé dans la responsabilité causale, ZSR 82 (1963) 337 ff. – SCHAFFHAUSER/ZELLWEGER, Grundriss des schweizerischen Strassenverkehrsrechts, Band II: Haftpflicht und Versicherung (Bern 1988). – GEORGES SCYBOZ, L'effet de la chose jugée au pénal sur le sort de l'action civile (Fribourg 1976). – EMIL W. STARK, Berner Kommentar, Sachenrecht (2. A. Bern 1984). – DERS., Beitrag zur Theorie der Entlastungsgründe im Haftpflichtrecht (Diss. Zürich 1946). – DERS., Der Zugang zum Recht, ZBJV 124 (1988) 429 ff. – DERS., Die Bemessung des Verschuldens in Arzt-Haftpflicht-Fällen, FG Fritz Schwarz (Bern 1968). – WERNER VON STEIGER, SPR VIII/1 (Basel 1976). – HANS KASPAR STIFFLER, Schweizerisches Skirecht (2. A. Derendingen 1991). – DERS., Die Haftung des Skifahrers, SJZ 63 197 ff. – ANDRÉ TUNC, FG Oftinger (1969). – ROLF H. WEBER, Sorgfaltswidrigkeit – quo vadis, ZSR 107 (1988) I 39 ff. – FRANZ WERRO, La capacité de discernement et la faute dans le droit suisse de la responsabilité (2. A. Freiburg/Schweiz 1986). – PIERRE A. WESSNER, Le discernement: Contre la notion des capacités restreinte en droit de la responsabilité civile, SJZ 79 (1983) 333 ff. – W. WIMMER, Die Rolle des Selbstverschuldens bei der Personalversicherung des Bundes, ZSR 53 (1934) 229 ff. – DERS., Entscheide des Bundesgerichts über grundsätzliche Fragen der eidg. Personalversicherungsrechts, ZBJV 74 (1938) 361 ff. – W. YUNG, Schriftenreihe des Instituts für internationales Recht und internationale Beziehungen der Universität Basel, Heft 18 (Basel 1968).

DEUTSCHE: ERNST VON CAEMMERER, Das Verschuldensprinzip in rechtsvergleichender Sicht in RabelsZ 42 (1978) = Gesammelte Schriften, Bd. III (Tübingen 1983). – WALTER DUNZ, Wesen und Grenzen des «eigenen Mitverschuldens», JZ 1961, 406 ff. – HECK, Grundriss des Schuldrechts (Tübingen 1929). – ERNST A. KRAMER, Schutzgesetze und adäquate Kausalität, JZ 1976, 338 ff. – VON LISZT, Die Deliktsobligation im System des BGB (1898). – MEDICUS, Schuldrecht II (5. A. München 1992). – MAX RÜMELIN, Das Verschulden im Strafrecht und Zivilrecht (Tübingen 1909). – SOERGEL/SCHMIDT, Band II, Schuldrecht I (10. A. Stuttgart 1967). – ANDREAS VON TUHR, Der Allgemeine Teil des Deutschen Bürgerlichen Rechts (München und Leipzig 1910–1918). – KURT J. VENZMER, Mitverursachung und Mitverschulden im Schadenersatzrecht (München/Berlin 1960). – WASSERMEYER, Der primafacie-Beweis (Münster/Westfalen 1954).

FRANZÖSISCHE: MAZEAUD/MAZEAUD, Traité théorique et pratique de la responsabilité civile, Bd. II (6. A. Paris 1970). – DIES., Leçons de Droit Civil, Tome Quatrième, Deuxième volume (3. Edition Montchrestien 1980). – SAVATIER I, Traité de la responsabilité civile en droit français (2. A. Paris 1951). – BORIS STARCK/ANDRÉ TUNC, Droit civil: Obligations (Paris 1972).

I. Schuldhafte Verursachung eines Schadens

A. Funktion des Verschuldens

1   Verschulden ist eine näher zu umschreibende Qualifikation menschlichen Verhaltens: Unter bestimmten Voraussetzungen wird ein menschliches Verhalten als schuldhaft qualifiziert und dann selber als Verschulden bezeichnet. So sagt man, ein Unfall gehe auf das Verschulden des Radfahrers X zurück und meint damit, das als schuldhaft qualifizierte Verhalten des X habe den Unfall bewirkt.

2   Das Verschulden ist *rechtspolitisch* betrachtet das *subsidiäre Haftungsprinzip*; d. h. die Verschuldenshaftung gilt immer, wenn keine speziellere Norm Anwendung findet. Das Verschulden wird daher als vorherrschendes Haftungsprinzip bezeichnet, wobei allerdings die Haftungen ohne Verschulden, die Kausalhaftungen, im modernen Haftpflichtrecht nachgerade eine so grosse Rolle spielen, dass dieser Ausdruck zu relativieren ist. Immer noch gilt aber, dass (im ausservertraglichen Bereich) ohne Verschulden jemand für einen von ihm verursachten Schaden eines Dritten nur

I. Schuldhafte Verursachung eines Schadens § 5

verantwortlich gemacht werden kann, wenn eine besondere Regel dies vorsieht[1].

Dementsprechend ist *dogmatisch* gesehen das Verschulden haftungsbegründend, weil und wenn es die *Ursache* oder wenigstens eine Teilursache eines Schadens darstellt[2]. Ohne Kausalzusammenhang zwischen dem Schaden und dem als schuldhaft qualifizierten Verhalten ergibt sich aus diesem keine Haftpflicht.

3

Obwohl im Bereich der *Kausalhaftungen* die Verantwortlichkeit auch ohne Verschulden des Verursachers des Schadens zu bejahen ist, hat das Verschulden doch auch hier grosse Bedeutung:

4

1. Den Kausalhaftpflichtigen kann ein Verschulden an der Verursachung des Schadens treffen, für den er auch ohne Verschulden einstehen müsste. Man spricht dann von einem *zusätzlichen Verschulden*. Dadurch wird die Entlastung wegen höherer Gewalt, Selbst- oder Drittverschulden normalerweise verunmöglicht, weil diesen Entlastungsgründen bei Vorliegen eines zusätzlichen Verschuldens meist die zur Unterbrechung des Kausalzusammenhanges nötige Intensität abgeht[3].

5

2. Bei der *Schadenersatzbemessung* stellt im Rahmen der *sektoriellen Verteilung*[4] das zusätzliche Verschulden des Kausalpflichtigen neben einem Selbstverschulden des Geschädigten einen zu berücksichtigenden Faktor dar, der den Prozentsatz, der auf das Selbstverschulden entfällt, reduziert; der Abzug wegen des Selbstverschuldens wird dadurch kleiner[5].

6

Daneben ist die Schadenersatzreduktion wegen Notlage des Haftpflichtigen (OR 44 II) oder ungewöhnlich hohem Einkommen des Geschädigten (SVG 62 II, EHG 4, KHG 7 II) bei *schwerem* Verschulden des Haftpflichtigen nicht zulässig oder angezeigt[6].

7

---

[1] Vgl. vorn § 1 N 22 ff., insbes. N 24, 102 ff.; hinten Bd II/1 § 16 N 4 ff. Wo das Verschuldensprinzip gilt, zieht *jedes* Verschulden, also auch leichtes, eine Haftung nach sich. Nur vereinzelte Bestimmungen setzen grobe Fahrlässigkeit oder Vorsatz voraus, so UVG 44, VG 7, 8 und entsprechende Bestimmungen in kantonalen Verantwortlichkeitsgesetzen, MO 26 u. a.
[2] Vgl. vorn § 3 N 79 ff.
[3] In SVG 59 I wird dies ausdrücklich vorgesehen.
[4] Vgl. hinten § 9 N 12 ff.
[5] Das gleiche gilt für die andern Herabsetzungsgründe. Zu erwähnen sind andere mitwirkende Faktoren, für die der Geschädigte gegenüber Dritten einzustehen hätte, z. B. die Betriebsgefahr seines Autos (Kollision von Kausalhaftungen). Vgl. BGE 111 II 429.
[6] Vgl. hinten § 7 N 49 ff.

8   3. Für die interne Auseinandersetzung unter einer *Mehrheit von Ersatzpflichtigen*, die – nach der in diesem Buch vertretenen Meinung – ebenfalls nach der Methode der sektoriellen Verteilung zu erfolgen hat, ist das Verschulden auf allen beteiligten Seiten von grosser Bedeutung. Das gilt auch für den Regress des Sachversicherers.

9   4. Wo ein Kausalhaftpflichtiger für *andere Personen* einzustehen hat, sind diese persönlich auch belangbar[7], aber nur, wenn sie ein Verschulden trifft.

10   5. Im weiteren wird in einzelnen Bestimmungen von Spezialgesetzen für bestimmte Fragen auf das Verschulden abgestellt[8].

11   6. Im Gegensatz zu früher ist das Verschulden heute nicht mehr Voraussetzung eines *Genugtuungsanspruches*[9].

12   Ergänzend ist beizufügen, dass die für das Verschulden massgebenden Tatsachen ohne gegenteilige Vorschrift vom Kläger zu beweisen sind[10].

B. Begriff und Arten

1. Im allgemeinen

13   Man bezeichnet in der gebräuchlichen Sprachregelung als *Verschulden* im Sinne des Zivilrechts ein menschliches Verhalten, das man als *tadelnswert* qualifiziert, wobei das «Verhalten» nicht nur in Handlungen bzw. einem Tun, sondern auch in Unterlassungen bestehen kann (vgl. hinten

---

[7] Ausser im öffentlichen Haftpflichtrecht; vgl. vorne § 1 N 115 ff.; hinten Bd. II/3 § 32 N 115 ff., v. a. 163 f.
[8] Vgl. EHG 11 II, 12; ElG 31; SVG 58 II/IV, 59 I, 60 II, 61, 75 I; KHG 5/6, 16 I; RLG 33 II; UWG 23 ff.
[9] Vgl. hinten § 8 N 7 ff. Die gegenteilige Regelung gilt noch nach EHG 8 und VG 6.
[10] BGE 29 II 504. Aus der Tatsache allein, dass ein Unfall eingetreten ist, ergibt sich keine (faktische) Vermutung eines Verschuldens. Eine solche kommt aber in Frage, wenn man sich keinen denkbaren, den Spuren und den Zeugenaussagen entsprechenden Unfallablauf ohne Verschulden vorstellen kann; dann hat der Beklagte nicht den Gegenbeweis zu führen, sondern auf einen andern möglichen Unfallablauf (ohne Verschulden) hinzuweisen. Vgl. BECKER N 98 zu OR 41; A. KELLER I 84 f.; BGE 70 II 211 (in der Voraufl. 140 FN 13 wird dieser Entscheid als zu weitgehend kritisiert).
Vgl. auch MAX GULDENER, Beweiswürdigung und Beweislast (Zürich 1955) 18, 55/56; KUMMER N 210, 242/43 zu ZGB 8; WALTER MÜLLER, SJZ 51, 179.

I. Schuldhafte Verursachung eines Schadens § 5

N 47, 49). Diese Betrachtungsweise entspricht der herrschenden Auffassung[11].

Man unterscheidet zwischen dem Vorsatz[12] mit seinen Unterarten und der Fahrlässigkeit[13] mit ihren verschiedenen Erscheinungsformen. Vorsatz und Fahrlässigkeit werden unter dem Oberbegriff des Verschuldens zusammengefasst.

Hier sollen zuerst die Überlegungen dargelegt werden, die für Vorsatz *und* Fahrlässigkeit gelten und daher das Gemeinsame darstellen.

14

15

a) Das Erkennen des Kausalablaufes als Voraussetzung des Verschuldens 16

Verschulden setzt voraus, dass der Schädiger die mögliche Verursachung einer Schädigung eines Dritten durch sein Verhalten erkennt oder erkennen kann. Erkennen ist allgemein Voraussetzung des menschlichen Handelns, auch ausserhalb des Haftpflichtrechts[14]. Ohne dieses Erkennen, auf dessen nähere, im Haftpflichtrecht massgebende Qualifikation hinten (vgl. N 17 ff., 52 ff.) eingetreten wird, ist ein Verschulden von vornherein ausgeschlossen. Eine nicht voraussehbare[15] Schädigung führt nicht zur Bejahung einer Verschuldenshaftung[16]. Ohne ein solches Erkennen entsteht eine Haftpflicht nur, wenn ein Kausalhaftungsgrund vorliegt[17, 18].

Das Erkennen muss den Kausalablauf nicht in seinen Details erfassen, wohl aber die Schädigung eines Dritten als Folge eines bestimmten Verhaltens in concreto als sicher, wahrscheinlich oder möglich erscheinen lassen.

17

---

[11] Vgl. Voraufl. 141 ff.; v. TUHR/PETER 427; A. KELLER I 97 f.; MAURER, Unfallversicherungsrecht 484; KELLER/GABI 54; LANGE 549; LARENZ, Schuldrecht I 423; KELLER/SYZ 56; BGE 92 II 253; 107 II 167; 108 II 424; 111 II 90; 112 II 137.
[12] Vgl. hinten N 44 ff.
[13] Vgl. hinten N 48 ff.
[14] Wer einen Nagel in eine Wand schlagen will, sieht voraus, dass der Nagel sich langsam in die Wand hinein bewegt, wenn er den Nagel mit der Spitze an die Wand hält und mit einem Hammer auf seinen Kopf schlägt. Wer ein Haus kaufen will, sieht voraus, dass ihm eventuell Angebote gemacht werden, wenn er in der Zeitung Inserate erscheinen lässt.
[15] Zur Diskussion steht natürlich nicht die parapsychologische Voraussehbarkeit beim Wahrsagen, sondern die rationale Fähigkeit, sich aufgrund der Lebenserfahrung über die möglichen Folgen eines Verhaltens ein Bild zu machen. Vgl. zum Begriff der Voraussehbarkeit vorn § 1 FN 52.
[16] Über die Verhältnisse bei Verletzung einer Schutznorm (Handlungsunrecht) vgl. hinten N 23.
[17] Vgl. EMIL W. STARK, Diss. 37.
[18] Die Voraussehbarkeit muss spätestens im letzten Zeitpunkt gegeben sein, in dem die Schädigung durch ein geeignetes Verhalten noch vermieden werden könnte; vgl. SAVATIER I N 164.

§ 5 Verschulden und Selbstverschulden

18   Das Erkennen kann in einer bestimmten Einzelsituation bestehen oder ganz generell sein. Fast jedes Tun oder Unterlassen kann generell irgendwie zu einer Schädigung eines Dritten führen[19]. Wenn man auf die generelle Voraussehbarkeit abstellen würde, wäre die Schädigung eines Dritten bei sehr vielen Verhaltensweisen voraussehbar. Das wäre lebensfremd. Das Erkennen der Schädigungsmöglichkeit durch ein bestimmtes Verhalten qualifiziert dieses daher nur als schuldhaft, wenn es sich aus einer bestimmten Einzelsituation ergibt[20].

19   Das Erkennen führt natürlich nur zur Haftpflicht, wenn trotzdem das ihm zugrunde liegende, in Aussicht genommene Verhalten gewählt wird. Diese Wahl beruht auf einem *Wollen*[21]. Ausserdem muss die als sicher oder möglich erkannte Folge des Verhaltens eintreten; ohne Schaden gibt es keine Haftpflicht.

20   Diese Bedeutung des Wissens und Wollens tritt im Vorsatzbegriff deutlich in Erscheinung. Obschon dieser Begriff im Zivilrecht und im Strafrecht nicht in jeder Beziehung identisch ist, kann hier doch auf StGB 18 II (Umschreibung des Vorsatzbegriffes) verwiesen werden.

21   Auch bei der Fahrlässigkeit spielt die innere Beziehung zwischen dem Verhalten des Schädigers und der Schädigung eine entscheidende Rolle. Wer nicht weiss und auch nicht wissen kann, dass sein Verhalten zu einer Schädigung eines Dritten führen kann, handelt auch nicht fahrlässig[22].

22   Aus dem *Erkennen* und dem daran anschliessenden *Wollen* eines bestimmten *Verhaltens*, das gestützt darauf durchgeführt wird, ergibt sich schon die grundsätzliche (ausserrechtliche) *Verantwortung* für die als möglich erkannten oder erkennbaren Folgen. Was ausserhalb des Bereiches des

---

[19]   Vgl. Bd. II/1 § 16 FN 42.
[20]   Bei den Gefährdungshaftungen ist die generelle Vorhersehbarkeit einer Schädigung eines Dritten ohne spezielle Einzelsituation so gross, dass diese Unterscheidung entfällt; vgl. vorn § 1 N 41.
[21]   Hier sei bereits auf den Begriff der *Urteilsfähigkeit*, d. h. der subjektiven Seite des Verschuldens, hingewiesen, auf den hinten N 114 ff. zurückgekommen wird. Nach ZGB 16 kommt es darauf an, ob jemand die Fähigkeit hat, vernunftgemäss zu handeln, d. h. die Einsicht in die Schädigungsmöglichkeit und die Willenskraft, das schädigende Verhalten zu unterlassen; vgl. BUCHER N 114 ff., zu ZGB 16. Dort wird in N 115 allerdings auch die Einsicht in das Unrecht der Schadenszufügung erwähnt, die schon bei bescheidener intellektueller Entwicklungsstufe angenommen werden könne. Eine einigermassen qualifizierte Einsicht wird also nicht verlangt. Vgl. auch AUGUST EGGER N 4/5 zu ZGB 18.
[22]   Vgl. den Sachverhalt von BGE 64 II 202: Ein Arzt kannte die potenzierende Wirkung von zwei von ihm gespritzten Medikamenten nicht, die damals erst in engeren Fachkreisen bekannt war. Gestützt darauf wurde sein Verschulden an dem von ihm verursachten Tod des Patienten verneint. Vgl. 89 II 248; 90 II 12; 92 II 255; 99 IV 180; 100 II 301; 101 II 73; 111 I b 199; 111 II 74, 90. Vgl. auch ZfWR 1983, 195. Vgl. auch die strafrechtlichen Entscheidungen 88 IV 104; 92 IV 88; 99 IV 127.

I. Schuldhafte Verursachung eines Schadens　§ 5

Voraussehbaren liegt, kann nicht zur Willensbildung beitragen und daher auch nicht das Verhalten bestimmen. Dafür ist man nicht verantwortlich. Diesem auf der Hand liegenden Gedankengang entspricht im Haftpflichtrecht das *Verschuldensprinzip*. In den *Kausalhaftungen* geht die Rechtsordnung aus andern, namentlich sozialen Gründen über diese Grenzen hinaus.

Diese Überlegungen gelten für die Schädigungen durch Verletzung von Rechtsgütern, aber auch bei Verletzung einer Schutznorm. Der Täter muss die mögliche schädigende Wirkung voraussehen, sich aber nicht über die Normwidrigkeit seines Verhaltens bewusst sein[23].

23

[23] Nicht die Kenntnis der Schutznorm spielt eine Rolle, sondern die Voraussehbarkeit der Schädigung eines Dritten.
Beispiele:
- Der Täter weiss, dass Täuschung rechtlich verpönt ist, kann aber nicht erkennen, dass sein Verhalten aufgrund des falschen Wissenstandes des Dritten über ergänzende Umstände zu dessen Täuschung führen kann: Er wird für die Folgen dieser Täuschung nicht verantwortlich.
- A bittet den Geschäftsfreund B, ihm ein leeres Rechnungsformular seiner Firma zur Verfügung zu stellen; er brauche für 1000 Damenkleider, die er günstig da und dort zusammengekauft habe, eine fiktive Rechnung, um sie in einen kommunistischen Staat ausführen zu können. – Bald darauf brennt seine Lagerbaracke ab, in der sich viel weniger als 1000 Damenkleider befunden haben. Er benützt die Rechnung, um eine falsche Forderung für 1000 Damenkleider gegenüber der Feuerversicherung zu belegen. B konnte diese Schädigungsmöglichkeit nicht voraussehen. Er ist nicht dafür verantwortlich, obschon er weiss, dass Falschbeurkundung und Beihilfe dazu strafbar sind.
- A, der Inhaber eines kleinen Ladens, weiss nicht, dass Ausverkäufe bewilligungspflichtig sind (BG vom 19. Dezember 1986 gegen den unlauteren Wettbewerb, SR 241, Art. 21). Wenn A einen nicht bewilligten Ausverkauf durchführt, verletzt er eine Schutznorm, die er nicht kennt. Er muss aber mit der Schädigung seiner Konkurrenten rechnen und wird dafür haftpflichtig (vgl. die Sachverhalte von BGE 116 IV 170; 117 IV 50 sowie das bisher nicht publizierte Urteil vom 23. September 1991 in der NZZ Nr. 7 vom 10. Januar 1992, S. 31).
- Der Lenker eines Fahrrades meint, er sei vortrittsberechtigt, ist es aber nach der neuen Rechtsprechung des Bundesgerichtes nicht. Er kennt die Regelung nicht, aus der sich seine Vortrittsbelastung ergibt. Er ist trotzdem für die Kollision mit einem Vortrittsberechtigten verantwortlich: vgl. den umgekehrten BGE vom 16. September 1986 i. S. Helvetia-Unfall gegen Savioz (CaseTex Nr. 171), wo der Vortrittsberechtigte sein Vortrittsrecht nicht kannte und ihm gestützt darauf seine Fahrweise, die objektiv gesehen ohne Vortrittsrecht unvorsichtig gewesen wäre, als Verschulden angerechnet wurde.

Demgegenüber sieht das deutsche Recht das Verschulden bei Verletzung eines Schutzgesetzes nicht in der Nichtbeachtung eines vorhersehbaren schädigenden Erfolges (wie das bei der Verletzung von Rechtsgütern der Fall ist), sondern in der Vorhersehbarkeit der Verletzung eines Schutzgesetzes; vgl. MEDICUS 374/75; GEIGEL/SCHLEGELMILCH § 16 N 54 gestützt auf das in VersR 65, 1050 publizierte Urteil des BGH; ERNST A. KRAMER, JZ 1976, 339 und dort zit. Lit., siehe auch V. LISZT, Die Deliktsobligationen im System des BGB (1898), 56.

b) Rechtswidrigkeit und Verschulden

24

Das Verhältnis zwischen Rechtswidrigkeit und Verschulden gibt zu vielen Kontroversen Anlass. Im französischen Recht enthält der Begriff der «faute» beide Faktoren[24], während OR 41 I sie getrennt aufführt.

25 Es ist umstritten, ob als Voraussetzung des Verschuldens das Erkennen auch die Rechtswidrigkeit des Erfolges erfassen muss: Wird der Schädiger auch aus Verschulden verantwortlich, wenn er zwar den Schaden als sichere oder mögliche Folge seines Verhaltens voraussieht, nicht aber dessen Rechtswidrigkeit? Muss er bei einer eingetretenen Rechtsgutsverletzung diese – und nicht eine andere Schädigung – als möglich vorausgesehen haben? In den gleichen Zusammenhang gehört bei der Verletzung einer Verhaltensnorm die Frage, ob der Schädiger erkannt haben muss, dass sein Verhalten eine Schutznorm verletzt[25].

26 Das *Bewusstsein der Rechtswidrigkeit* fehlt, wenn der Schädiger sich über eine Verhaltensnorm – z. B. eine neue Verkehrsregel – nicht im klaren ist oder wenn jemand eine fremde Sache beschädigt, in der Meinung, sie gehöre ihm. Das Problem spielt daneben insbesondere bei fraglichen Verletzungen des Persönlichkeitsrechts eine Rolle, weil nach ZGB 28 II ein überwiegendes privates oder öffentliches Interesse die an sich bestehende Widerrechtlichkeit aufhebt. Die Rechtswidrigkeit kann daher häufig nicht von vornherein eindeutig bejaht oder verneint werden.

27 Die praktische Bedeutung der Frage ist kleiner als die dogmatische. Folgende Überlegungen sind zu berücksichtigen:

28 1. Wer die Auffassung vertritt, dass die Vorwerfbarkeit ein wesentliches Moment des Verschuldensbegriffes darstelle, wird dazu neigen, im Bereich der Verschuldenshaftung das Bewusstsein der Rechtswidrigkeit als Haftungsvoraussetzung zu betrachten.

29 2. Gegen den Verzicht auf das Bewusstsein der Rechtswidrigkeit spricht der Ausdruck «Verschulden», der allerdings in OR 41 nicht verwendet wird,

---

[24] Das entspricht dem Wortlaut von CCfr 1382, der Verschulden (resp. Absicht und Fahrlässigkeit) und Widerrechtlichkeit nicht separat erwähnt. Vgl. DESCHENAUX/TERCIER 79; FERID/SONNENBERGER, Das französische Zivilrecht II (2. A. Heidelberg 1986) 20, 102 ff.; SAVATIER I N 4, 161 ff.; MAZEAUD/MAZEAUD, Leçons, 596 ff.

[25] Die Rechtswidrigkeit der Folgen des Handelns gegen eine Schutznorm besteht auch ohne Rechtsgutverletzung; vgl. vorn § 4 N 35 ff. Vgl. im übrigen über das Verhältnis von Widerrechtlichkeit und Verschulden vorn § 4 N 50 ff.

I. Schuldhafte Verursachung eines Schadens §5

wohl aber in andern Bestimmungen über die unerlaubte Handlung. Sprachlich enthält das Wort «Verschulden» eine Missbilligung. Wer einen Ertrinkenden (vorsätzlich) rettet, ist nach dem allgemeinen Sprachgebrauch nicht im Verschulden. Nachdem die Rechtsprechung und die Lehre bei der Frage der Objektivierung des Fahrlässigkeitsbegriffes (vgl. hinten N 63 ff.) die Missbilligung aber nicht als entscheidende Richtschnur berücksichtigt haben, sollte das Wort «Verschulden» auch hier nicht so streng interpretiert werden.

3. Es erscheint als stossend, den Geschädigten die Gefahr der Rechtsunkenntnis des Schädigers tragen und ihn leer ausgehen zu lassen, wenn er dem Schädiger nicht nachweisen[26] kann, dass er sich über die Widerrechtlichkeit seines Verhaltens und von dessen Folgen im klaren war oder sie doch als möglich ansah. 30

Der Schädiger hat die Möglichkeit, sich vor seiner Tat über die Rechtslage zu informieren. Der Geschädigte wird kaum je den Schädiger vor der Tat über deren Rechtswidrigkeit aufklären oder von ihm deren Unterlassung verlangen können. 31

4. Dies überzeugt umso mehr, als im schwierigen Fall der Beschädigung oder Vernichtung einer nur vermeintlich dem Schädiger gehörenden Sache die besitzrechtliche Klage aus ZGB 938[27] zum Tragen kommt und nicht OR 41, wenn die Sache sich im Besitz des gutgläubigen Schädigers befindet. Danach haftet in den dort anvisierten Fällen der Schädiger nicht, wenn er guten Glaubens war. Der Umstand, dass das ZGB diese Sonderbestimmung für das besitzrechtliche Verhältnis aufgestellt hat, spricht dafür, dass bei Anwendbarkeit des Deliktsrecht die umgekehrte Regelung gelten würde; sonst wäre sie nicht nötig gewesen. 32

5. Der Vorsatzbegriff enthält eindeutig keine Missbilligung. Wer einem wohltätigen Unternehmen Geld schickt, handelt ebenso vorsätzlich wie derjenige, der ihm Geld stiehlt. 33

6. Die dogmatische Einordnung des Selbstverschuldens wird durch die strenge Trennung von Rechtswidrigkeit und Voraussehbarkeit des Schadens erleichtert (vgl. hinten N 140). 34

---

[26] Das Verschulden gehört zum Beweisthema des Geschädigten. Wenn das Bewusstsein der Rechtswidrigkeit als Teil des Verschuldens betrachtet wird, muss dem Geschädigten auch die Beweislast dafür auferlegt werden.
[27] Vgl. EMIL W. STARK, Berner Komm. (2. A. Bern 1984) N 7 der Vorbem. zu ZGB 938-940.

35 7. Die Unterscheidung zwischen leichter und grober Fahrlässigkeit (vgl. hinten N 105 ff.) basiert nicht auf der Schwere des Verstosses gegen die Rechtsordnung, d. h. auf dem ethischen Gewicht der Rechtswidrigkeit, sondern auf der Schwere des Verstosses gegen die Sorgfaltspflicht, die sich aus der Voraussehbarkeit des Schadens ergibt. Sie hängt nicht davon ab, ob ein Mensch getötet oder nur Sachschaden verursacht wird.

36 8. Wenn jemand angegriffen wird, den Angriff irrtümlich als rechtswidrig betrachtet[28] und dementsprechend seine Gegenwehr als rechtmässig, fehlt ihm das Bewusstsein der Rechtswidrigkeit seines Tuns. Das schliesst sein Verschulden nicht aus[29]. Da sein Verhalten rechtswidrig ist, wird er haftpflichtig.

37 Gestützt auf diese Überlegungen ist im Rahmen von OR 41 die Frage, ob ein Verschulden vorliege, nicht deswegen zu verneinen, weil der Täter die Rechtswidrigkeit des Erfolges oder seines Verhaltens nicht erkannt hat[30]. Das Erkennen der Rechtswidrigkeit gehört nicht notwendigerweise zum Verschulden oder, m.a.W., Rechtsirrtum befreit nicht, wohl aber ein zu entschuldigender Irrtum über die zu erwartende Entwicklung der Sachlage (Sachverhaltsirrtum)[31].

38 Die Rechtsordnung missbilligt ein erkennbares Schädigen, wenn es rechtswidrig ist. Der Verschuldensbegriff setzt keine davon zu unterscheidende quasi zusätzliche Missbilligung voraus. Welches andere Kriterium als die Rechtswidrigkeit könnte für die Missbilligung massgebend sein und wo wäre der Massstab dafür herzunehmen? *Wenn sich aber die Missbilligung aus der Rechtswidrigkeit ergibt, wäre es «doppelt genäht», wenn sie auch zum Verschuldensbegriff gehören würde*[32].

39 Das Verschulden entscheidet darüber, ob das Herbeiführen eines bestimmten Kausalzusammenhanges einer bestimmten Person zuzurechnen

---

[28] Vgl. das im Bd. II/1 § 16 FN 390 dargelegte Beispiel.
[29] Vgl. Bd. II/1 § 16 N 263 ff. und die dort zit. Lit.
[30] Vgl. BGE 82 II 317/18; 87 II 310 (wobei allerdings das Gericht die Entschuldbarkeit der Unkenntnis prüfte); 91 II 42/43; 105 II 212; Oser/Schönenberger N 60 zu OR 41; Becker N 91 zu OR 41; Brehm N 185 zu OR 41; a. M. Vorauf. 142; von Tuhr/Peter 428; Geigel/Schlegelmilch Kap. 2 N 25; Deutsch I 253.
[31] André Tunc, FG Oftinger 313/14 lehnt beim Irrtum ein Verschulden ab mit der Begründung, dass auch der bonus pater familias sich ständig irre. Vgl. Ernst v. Caemmerer in RabelsZ 42, 19 f. Diese Überlegung führt nicht weiter. Ihr Inhalt hängt davon ab, was man unter Irrtum versteht und ob dieser entschuldbar ist.
[32] Wenn die Widerrechtlichkeit fehlt, führt die Voraussehbarkeit der Schädigung eines Dritten nicht zur Verschuldenshaftung. Diese entfällt auch, wenn eine Schädigung zwar rechtswidrig, aber nicht voraussehbar ist. In beiden Fällen liegt *eine* Voraussetzung der Verschuldenshaftung nicht vor; vgl. Bd. II/1 § 16 N 42; Stark, Skriptum N 440 u. a.

I. Schuldhafte Verursachung eines Schadens § 5

sei; die Rechtswidrigkeit darüber, ob – wenn ein Haftungsgrund, z. B. ein Verschulden gegeben ist – sich daraus eine Haftpflicht ergibt.

c) Die subjektive und die objektive Seite des Verschuldens

40

Man unterscheidet zwischen der *subjektiven* und der *objektiven* Seite des Verschuldens[33]. Die subjektive Seite ist die Urteilsfähigkeit (vgl. hinten N 112 ff). Die objektive Seite betrifft die äussere Erscheinung des Verhaltens, nach der herrschenden Meinung die vorsätzliche oder fahrlässige Abweichung vom Durchschnittsverhalten (vgl. hinten N 44 ff., N 48 ff.).

d) Das Verschulden von juristischen Personen, Kollektiv- und Kommanditgesellschaften

41

Die *juristische Person* muss sich ein schuldhaftes Verhalten vorwerfen lassen, wenn eines ihrer Organe[34] schuldhaft gehandelt hat. Dieses Verhalten wird der juristischen Person zugerechnet (ZGB 55 II, OR 722, 814 IV, 899 III). Das Verschulden eines Organs wirkt mithin als das Verschulden der juristischen Person selber[35]. Ohne dass man einem Organ ein Verschulden vorwerfen kann, besteht keine Haftung der juristischen Person aus OR 41[36]. Entsprechendes gilt in bezug auf das bei einer Kausalhaftung allenfalls auftretende zusätzliche Verschulden.

Das gleiche wie für die juristischen Personen trifft für die Kollektiv- und Kommanditgesellschaften hinsichtlich ihrer Gesellschafter zu (OR 567 III, 603)[37].

42

---

[33] Anderer Meinung FELLMANN, ZSR 1987 I 365; vgl. auch OSWALD, Analyse der Sorgfaltspflichtsverletzung im vertraglichen wie im ausservertraglichen Bereich, 38. Wenn DEUTSCH I 256 davon spricht, dass der Vorsatz eine subjektive und eine objektive Seite habe, verwendet er diese Begriffe in anderem Sinne, nach welchem die Urteilsfähigkeit nur einen Teil der subjektiven Seite umfasst; vgl. hinten N 63 ff. Vgl. auch W. YUNG 124 f.

[34] Zum Organbegriff vgl. A. KELLER I 119 f.; PETER PORTMANN, Organ und Hilfsperson im Haftpflichtrecht (Bern 1958); DERS. in ZBJV 90, 36 ff.; STARK, Skriptum N 455, 548; hinten Bd. II/1 § 20 N 16; DESCHENAUX/TERCIER § 9 N 617; KELLER/GABI 170, 176 f.; BREHM N 11 ff. zu OR 41.

[35] Vgl. hinten § 10 N 41; § 11 N 42; Bd. II/1 § 16 N 15, 394, FN 539; § 18 N 34; § 20 N 13 ff.; § 23 N 70; Bd. II/2 § 25 N 542, FN 1112; BGE 81 II 225; 87 II 187; 91 I 238; 105 II 289 (Pra 69 Nr. 80); 107 II 496.

[36] Über die Verhältnisse im Bereich von GSG 69 vgl. Bd. II/1 § 23 N 70.

[37] Bei der einfachen Gesellschaft haften die Gesellschafter solidarisch aus den gemeinsam begangenen unerlaubten Handlungen nach OR 50, nicht aber aus unerlaubten Handlungen eines einzelnen Gesellschafters, wenn er ohne das Einverständnis der andern handelt; vgl. BGE 84 II 381; 90 II 508; W. VON STEIGER, 443.

43 Unabhängig davon führen die *Kausalhaftungen* regelmässig dazu, dass der Haftpflichtige für das Verschulden seiner Hilfspersonen und allenfalls weiterer Personen (vgl. z. B. SVG 58 IV) einstehen muss. Dies gilt unabhängig davon, ob er eine natürlich oder eine juristische Person sei oder eine Kollektiv- oder Kommanditgesellschaft. Man hat hier eine Haftung für fremdes Verschulden vor sich, wogegen die juristischen Personen für ihre Organe und die Kollektiv- und Kommanditgesellschaften für ihre Gesellschafter als für ihr «eigenes» Verschulden haften.

2. Vorsatz

44 Der Vorsatz ist – neben der Fahrlässigkeit – eine der beiden Verschuldensformen. Man kann den Vorsatz mit VON LISZT[38] als Begehen der Tat in Voraussicht des Erfolges mit der Vorstellung von der Kausalität des Tuns oder Unterlassens bezeichnen[39]. Der Vorsatz wird eindeutig bestimmt durch das Voraussehen des nachher vom Schädiger ausgelösten Kausalablaufes als sicher oder wahrscheinlich.

45 Wie bereits dargelegt[40], gehört das Bewusstsein der Rechtswidrigkeit des Erfolges nicht zum Verschuldens- und damit auch nicht zum Vorsatzbegriff. Ist der Erfolg rechtswidrig, so begründet das Voraussehen des Kausalablaufes als sicher oder wahrscheinlich die Haftpflicht nach OR 41; ist er dagegen rechtmässig, so kommt eine Haftpflicht von vornherein nicht in Betracht[41]. Wenn er rechtswidrig ist, *dieser* Umstand vom Schädiger aber nicht erkannt wurde, so haftet dieser trotzdem. Daraus ergibt sich, dass Vorsatz auch ohne Missbilligung möglich ist. Dies entspricht der Tatsache, dass auch gute Taten vorsätzlich begangen werden; die Missbilligung des schädigenden Vorsatzes ergibt sich ausschliesslich aus der Rechtswidrigkeit.

46 Auf die Unterarten des Vorsatzes ist in Bd. II/1 § 16 N 23 hingewiesen worden[42]. Absicht und direkter Vorsatz unterscheiden sich voneinander durch die Art des Wollens des als sicher vorausgesehenen Erfolges, vom

---

38 Die Deliktsobligationen im System des BGB (1898) 54 ff.
39 Nach ERNST HAFTER, Lehrbuch des Schweiz. Strafrechts I (Berlin 1926) 119 ist der Vorsatzbegriff rechtlich und ethisch farblos.
40 Vgl. vorn N 25 ff., 37 ff.
41 Abgesehen von der Haftpflicht für rechtmässigen Schaden; vgl. Bd. II/1 § 16 N 180 ff.
42 Vgl. auch die Beispiele bei STARK, Skriptum N 448 ff.; ausserdem hinten FN 119.

I. Schuldhafte Verursachung eines Schadens § 5

Eventualvorsatz auch durch die grössere Sicherheit der Voraussicht des Erfolges[43].

Selbstverständlich kann ein Schaden durch ein Tun oder durch ein Unterlassen vorsätzlich verursacht werden (vgl. vorn N 13; vorn § 3 N 52 ff.). 47

3. Fahrlässigkeit

Fahrlässigkeit beruht auf der Nicht-Beachtung der als möglich voraussehbaren Schädigung eines Dritten, sei sie erkannt[44] oder trotz Voraussehbarkeit nicht erkannt worden[45]. *Der Schädiger nimmt den schädigenden Erfolg seines Verhaltens nicht in Kauf*[46]; er will, dass er nicht eintritt. Damit rechnet er nicht oder er erkennt die Möglichkeit der Schädigung überhaupt nicht. 48

Im Haftpflichtrecht tritt das Verschulden meistens in der Form der Fahrlässigkeit auf. Sie kann, wie der Vorsatz, in einem Tun oder Unterlassen bestehen[47]. 49

Die Berücksichtigung der möglichen Schädigung eines Dritten stellt die Erfüllung der sog. *Sorgfaltspflicht* dar, die dem Fahrlässigkeitsbegriff zugrunde liegt. Ihre Verletzung wird durch die Rechtsordnung missbilligt, eine Missbilligung, die aber von derjenigen zu unterscheiden ist, die sich aus der – vorn N 24 ff. abgelehnten – Verschuldensvoraussetzung des Bewusstseins der Rechtswidrigkeit ergibt[48]. 50

---

43 Wenn der Gesetzgeber von Vorsatz spricht, meint er alle drei Unterarten. Verwendet er das Wort «Absicht», so bezieht sich die Regelung möglicherweise nur auf Absicht i. e. S., möglicherweise aber auch auf alle drei Vorsatzarten. Das ist für jede Norm separat zu prüfen. Vgl. z.B. Bd. II/1 § 16 N 217 ff.; Bd. II/3 § 29 N 330 ff. In OR 41 I kann das Wort «Absicht» nur als Oberbegriff aller Vorsatzarten meinen, nachdem für die Fahrlässigkeit die gleiche Regelung gilt (die gleiche Überlegung ist z. B. in Zusammenhang mit EHG 8 anzustellen, wobei dort allerdings nicht die Absicht, sondern die Arglist neben der Fahrlässigkeit erwähnt wird).
44 Bewusste Fahrlässigkeit, bei der der Schädiger annimmt, dass das von ihm gesehene Risiko sich nicht realisieren wird; vgl. hinten FN 60 und N 110 f.; BREHM N 197 zu OR 41.
45 Unbewusste Fahrlässigkeit: Der Schädiger hätte die Gefahr erkennen müssen, tat dies aber nicht. Vgl. hinten FN 56 und N 110 f.
46 Das wäre Eventualvorsatz.
47 Vgl. vorn § 3 N 52 ff. Nach HIS, Strafrecht des deutschen Mittelalters I, Die Verbrechen und ihre Folgen im allgemeinen (Weimar 1920) 90 f., bedeutet «fahrlässig» wie das mittel- und oberdeutsche «hinlässig»: Die Dinge fahren lassen wie sie wollen.
48 Vgl. HANS MERZ, ZBJV 91bis, 316.

a) Das Wesen der Sorgfaltspflicht

51   Die Umschreibung der Fahrlässigkeit als Verletzung einer Sorgfaltspflicht entspricht der allgemein üblichen Auffassung. Bei näherer Prüfung ergeben sich mit diesem Begriff und der daraus regelmässig abgeleiteten Missbilligung fahrlässigen Verhaltens Schwierigkeiten; denn die Missbilligung einer Schädigung ist die Funktion der Rechtswidrigkeit[49]. Es ist dogmatisch nicht haltbar, die gleiche Funktion auch in den Fahrlässigkeitsbegriff[50] zu integrieren. Es ist auch nicht nötig: Die Umschreibung der Fahrlässigkeit als *Nichtbeachtung einer vorhersehbaren rechtswidrigen Schädigung eines Dritten* genügt.

52   Verantwortung für menschliches Verhalten im allgemeinen[51] ergibt sich aus dem *Wollen* dieses Verhaltens, nicht aus dem Verhalten an sich. Dieses Wollen beruht auf dem Erkennen der Umstände; gestützt darauf wird der Wille gebildet. Massgebend ist das Erkennen von Faktoren, die sicher oder möglicherweise auf den durch das Verhalten in Gang gesetzten Kausalzusammenhang einwirken bzw. mitwirken. Die Zurechnung erfolgt auch ausserrechtlich nur insoweit, als die durch die Umstände mitbestimmte Wirkung des Verhaltens als sicher, wahrscheinlich oder möglich vorausgesehen werden konnte.

---

[49] Vgl. vorn § 4 N 3 ff.
[50] Bei Vorsatz stellt sich dieses Problem nicht. Die Trennung zwischen Vorsatz und Rechtswidrigkeit ist unbestritten. Dazu sei auf die Ausführungen über das Bewusstsein der Rechtswidrigkeit als Teil des Verschuldens (vorn N 24 ff) verwiesen; vgl. ROLF H. WEBER, ZSR 107 I 50; HANS MERZ, ZBJV 91bis 315.
[51] Zivilrechtliche Verantwortung ohne Verschulden besteht bei den Kausalhaftungen. Ausserdem sei auf die Theorie einer allgemeinen Verursachungshaftung verwiesen, die von einzelnen Autoren vertreten wird, sich aber nicht durchgesetzt hat; vgl. ERNST VON CAEMMERER, RabelsZ 42 (1978) 5 ff., insbes. 21 ff.; BORIS STARCK, Essay d'une théorie générale de la responsabilité civile considerée en sa double fonction de garantie et de peine privée (1947); DERS., Domaine et fondement de la responsabilité sans faute (1958); ANDRÉ TUNC, A Little-Noticed Theory in the Law – Boris Starck's Theory of Guaranty (1972/73). Bei nicht-juristischer Betrachtungsweise ist demgegenüber die Auffassung weit verbreitet, man sei für das verantwortlich, was man verursacht hat. Wenn z. B. die Kormorane den Fischbestand eines Gewässers herabsetzen, werden sie als «verantwortlich» betrachtet.
Eine gefährliche Tätigkeit, die zu einer Gefährdungshaftung Anlass gibt, z. B. der Betrieb eines Autos, stellt wegen der Voraussehbarkeit möglicher Schäden und der Unmöglichkeit genügender Schutzmassnahmen eigentlich ein Verschulden dar. Wegen des allgemeinen Interesses daran wird sie nicht als Verschulden betrachtet, aber mit einer Gefährdungshaftung belegt. Nicht voraussehbare Folgen fallen dann auch unter diese Haftpflicht; vgl. Bd. II/2 § 24 N 17 ff.

I. Schuldhafte Verursachung eines Schadens § 5

Das bezieht sich auf moralisch, rechtlich oder nach anderen Massstäben 53
positive *und* negative Verhaltensweisen und deren Wirkungen. Es ist noch keinerlei Wertung damit verbunden. Es bezieht sich ebensosehr auf die Gründung des Roten Kreuzes durch Henry Dunant wie auf den Beginn des Zweiten Weltkrieges durch Adolf Hitler. Es tritt am deutlichsten in Erscheinung bei bezweckten Erfolgen (Absicht), gilt aber auch für Wirkungen, die nicht beabsichtigt, aber als Folgen des eigenen Verhaltens als möglich vorausgesehen werden. Wer in einer unübersichtlichen Kurve überholt, will keine Kollision mit einem Entgegenkommenden, nimmt sie auch nicht in Kauf, muss aber doch mit ihrer Möglichkeit rechnen. Wer die Frist für die Einreichung einer Baueinsprache verpasst, könnte meistens die Frist und die Rechtsfolgen ihrer Nichteinhaltung seinen Akten entnehmen: Er könnte den negativen Entscheid der Behörde bei genügender Sorgfalt voraussehen.

Diese Art der Verantwortung ist an sich ethisch und juristisch neutral[52]. 54
Rechtlich führt sie zur Schadenersatzpflicht, wenn das zusätzliche Moment der Widerrechtlichkeit dazukommt.

In diesem Sinne begründet die Verursachung dann die (metajuristische) 55
Verantwortung, wenn der Erfolg mindestens als möglich vorausgesehen werden konnte[53].

Die Sorgfalt, die man aufzuwenden hat, um den Vorwurf der Fahrläs- 56
sigkeit zu vermeiden, ist keine besondere, durch die Rechtsordnung statuierte Pflicht, sondern der Ausfluss dieser generellen Verantwortung für den mindestens als möglich vorausgesehenen und daher vom Täter wenn auch vielfach nicht gewollten, so doch von seinem Willen potentiell mitumfassten Erfolg. Die rechtliche Missbilligung ergibt sich nicht aus diesem allgemeinen Schema der Verantwortung, sondern aus der Qualifikation der *Schädigung* eines Dritten als widerrechtlich[54].

Wo die Rechtsordnung das Verschulden als Haftungsvoraussetzung 57
statuiert, erklärt sie damit, dass eine rechtswidrige Schädigung zur Haft-

---

[52] Das trifft nicht zu für die Definition der Fahrlässigkeit in BGB 276: «Fahrlässig handelt, wer die im Verkehr erforderliche Sorgfalt ausser acht lässt.» StGB 18 III spricht dementsprechend von pflichtwidriger Unvorsichtigkeit und nimmt Pflichtwidrigkeit an, «wenn der Täter die Vorsicht nicht beobachtet hat, zu der er nach den Umständen und nach seinen persönlichen Verhältnissen verpflichtet ist».

[53] Die Voraussehbarkeit eines Erfolges wird erwähnt in E zum BGB (E I 704; vgl. DEUTSCH I 107), wird dort aber neben Vorsatz und Fahrlässigkeit als zusätzliches Moment erwähnt. Vgl. VON LISZT, Die Deliktsobligationen im System des BGB (1898) 55.

[54] Vgl. in bezug auf den Vorsatz vorn N 44 ff.

pflicht führt, wenn sie mindestens als mögliche Folge des kausalen Verhaltens vorausgesehen wurde oder werden konnte. Die blosse, z. B. zufällige Verursachung genügt nicht.

58 Die Sorgfaltspflicht ist daher keine Rechtspflicht. Sie beruht auf dem Voraussehen der Schäden als mögliche Folgen, die durch geeignetes Verhalten verhindert werden konnten. Die von den Auswirkungen der Unsorgfalt Bedrohten können nicht gestützt auf die Verschuldenshaftung – aber vielleicht gestützt auf andere Normen – auf Unterlassung des möglicherweise schädigenden Tuns klagen. Die «Pflicht» ist für die Rechtsordnung irrelevant, wenn ihre Verletzung nicht zu einem Schaden führt[55]. Die Sorgfalt besteht in der Berücksichtigung der voraussehbaren Schäden. Zwar bestehen viele Regeln über die anzuwendende Sorgfalt. Sie umschreiben aber nur, bei welchem Verhalten ein Schaden vorausgesehen werden kann. Das gilt für die Kunstregeln des Arztes und des Liftkonstrukteurs, aber auch für die Schutzmassnahmen des Arbeitgebers.

59 Wenn die «Pflicht» durch Unsorgfalt verletzt wird und ein rechtswidriger Schaden eintritt, steht dem Geschädigten ein Schadenersatzanspruch aus OR 41 I zu.

60 Die Unsorgfalt kann in der *mangelnden Voraussicht einer möglichen Entwicklung* liegen[56] oder in deren *Nichtbeachtung*. Der eine wird aufgrund seiner Fachkenntnisse und Erfahrungen mehr voraussehen, der andere weniger. Hier stellt sich auch die Frage, bei welcher Grösse der Möglichkeit einer Schädigung eines Dritten Rechnung getragen werden muss. An sich ist jede Verletzung eines Rechtsgutes eines Dritten zu vermeiden[57]. Im Einzelfall sind aber die Verhältnisse[58] zu berücksichtigen. Dazu gehört

---

[55] Die Sorgfaltspflicht wird von jedermann fast täglich verletzt; man denke an die vielen Verletzungen der Verkehrsvorschriften, aber auch an andere Bereiche. Der eine lässt bei einem Freund, dessen Gast er ist, trotz heraufziehendem Gewitter ein Fenster offen. Der andere lässt ein Medikament auf einem Tisch liegen, obschon der Besuch der Nachbarin mit ihren Kindern angesagt ist. Man denke auch an schnelles Befahren einer Skipiste usw. Häufig richtet sich die Unsorgfalt gegen den Unsorgfältigen selbst oder seine Familienangehörigen.
Die Beispiele lassen sich beliebig vermehren.

[56] Unbewusste Fahrlässigkeit. Häufig kannte der Täter *einen* Umstand nicht, den er hätte kennen müssen. Vgl. VON TUHR/PETER 429.

[57] Vgl. STARK, ZSR 86 (1967) II 143; Bd. II/1 § 16 N 26.

[58] Wenn A. seinen Lieferwagen (ohne Verstoss gegen SVG 37) so parkiert, dass die Sicht der Benützer einer Nebenstrasse auf die Hauptstrasse etwas behindert ist, besteht eine gewisse Möglichkeit eines Unfalles. Wenn die Sichtbehinderung nur für Lenker von rechtsgesteuerten Motorfahrzeugen besteht, ist die Möglichkeit so klein (weil in der Schweiz fast keine rechtsgesteuerten Fahrzeuge verkehren), dass ihr kaum mehr Rechnung getragen werden muss.

auch das Interesse des Dritten, der einer Schädigung ausgesetzt sein kann, an dem dafür kausalen Verhalten[59].

Hat der Schädiger die Möglichkeit vorausgesehen, dass ein Dritter durch das geplante Verhalten geschädigt werden könnte[60], so kann er darauf verschieden reagieren: Er kann das Verhalten unterlassen[61] oder modifizieren oder trotzdem durchführen im Vertrauen darauf, es werde schon nichts passieren, z. B. aufgrund der Erfahrung in früheren Fällen. Diese *Willensbildung* kann durch das Unbewusste stark beeinflusst sein. Es kann schon bei der Gründlichkeit der Prüfung der Frage, welche Gefahren drohen, eine Rolle spielen. 61

Die nächste Phase betrifft die *Durchführung* des geplanten Vorgehens. Sie kann im Sinne von Oberflächlichkeit, aber auch aufgrund mangelnder geistiger und körperlicher Fähigkeiten oder fehlender Kenntnisse unsorgfältig sein und erhöht dann die Wahrscheinlichkeit schädlicher Folgen. 62

b) Die Objektivierung des Fahrlässigkeitsbegriffes

aa) Pro und contra Objektivierung

Die Grenze zwischen Sorgfalt und Unsorgfalt ist nach einem *Massstab* festzulegen; es gibt natürlich auch Schädigungen, die trotz vernünftigerweise als sorgfältig qualifiziertem Verhalten verursacht werden; die Unsorgfalt ergibt sich daher nicht aus dem Eintritt eines Schadens. Abgesehen von der ohnehin häufig schwierigen Evaluation im Einzelfall stellt sich generell die Frage, ob ein *subjektives oder objektives Kriterium* anzuwenden sei, d. h. ob beim konkreten Schädiger vorhandene spezielle subjektive Faktoren (entschuldigend oder auch belastend) zu berücksichtigen seien[62]. 63

Dem Verschuldensbegriff, von dem das Haftpflichtrecht in der Form der Haftungsvoraussetzung «Verschulden» bei OR 41 I, aber auch in der Form des Selbstverschuldens des Geschädigten und des zusätzlichen Verschuldens des Kausalhaftpflichtigen durchdrungen ist und der auch bei vielen andern Fragen eine Rolle spielt, entspricht eigentlich nur die subjek- 64

---

59 Das zeigt sich im Rahmen der Ärztehaftpflicht; vgl. dazu EMIL W. STARK, FG Fritz Schwarz 46 ff. (= SZS 12 [1968] 49 ff.); A. LOTZ, BJM 82 (1968) 107 ff.; LOEFFLER 7 ff.; WERNER E. OTT, Voraussetzungen der zivilrechtlichen Haftung des Arztes (Diss. Zürich 1978) u. a.
60 Bewusste Fahrlässigkeit.
61 Vgl. BGE 84 II 296.
62 Vgl. FELLMANN, ZSR 106 (1987) I 346 ff.

tive Betrachtungsweise, d. h. die Berücksichtigung aller subjektiven Umstände; denn wenn der in concreto handelnden Person in Anbetracht ihrer persönlichen Situation keine Unsorgfalt bei der Vermeidung einer Schädigung eines Dritten vorgeworfen werden kann, entfällt der innere Grund, der zur zentralen Stellung des Verschuldens im Haftpflichtrecht geführt hat. Theoretisch ist das nicht zu bestreiten.

65 Das Recht ist aber nicht nur ein theoretisches Gebilde. Es erfüllt seine Funktion nur, wenn es in der Praxis mit vernünftigem Aufwand angewendet werden kann. Die beste Theorie ist hier wertlos, wenn sie auf Kriterien abstellt, die nicht oder nur mit zeitraubenden und kostenintensiven Untersuchungen festgestellt und bewiesen werden können. Diese Untersuchungen sind vielleicht erst noch mit der Gefahr verbunden, dass sie zu falschen Ergebnissen führen[63].

66 Eine Rechtsordnung wird ihrer Aufgabe nur gerecht, wenn ihre konkrete Anwendung auf die Vorgänge des Lebens nicht einen unverhältnismässigen Aufwand erfordert. Dem Rechtsunterworfenen ist nicht gedient, wenn die Prozesse allzu zeitraubend und allzu teuer sind. Wenn sie viele Jahre dauern und er erst als alter Mann zu seinem Recht kommt, wenn sie ausserdem mit einem Kostenrisiko in der Grössenordnung eines kleineren Vermögens verbunden sind, zieht er einen ungünstigen Vergleich einem Prozess vor[64] – womit die allzu komplizierten Verfeinerungen ihre Existenzberechtigung verlieren. Die Rechtstheorie muss diesen Gesichtspunkt im Auge behalten und zwischen den Interessen des Rechtsunterworfenen an einer sehr differenzierten Regelung einerseits und einer schnellen und billigen Erledigung von Streitfällen andererseits abwägen. Mit andern Worten: Der *Praktikabilität*[65] des Rechts kommt mindestens ebenso viel Gewicht zu wie seiner stark differenzierenden Ausgewogenheit.

67 Für den haftpflichtrechtlich massgebenden Verschuldensbegriff ergibt sich daraus, dass die subjektiven Kriterien – sie sind schwer festzustellen und man täuscht sich leicht dabei – unberücksichtigt bleiben müssen[66]. Das gilt *nicht* bei Urteilsunfähigkeit. Die Urteilsfähigkeit stellt eine praktikable Voraussetzung des Verschuldens und damit die Grenze der Objektivierung dar.

---

[63] Die Verfeinerung der rechtlichen Theorie, wie sie heute weiterhum gepflegt wird, ist daher mit der Gefahr verbunden, dass sie bei der Rechtsanwendung ins Leere läuft.
[64] Vgl. EMIL W. STARK, ZBJV 124, 429 ff.; DERS., Privatrecht und Privatrechtswirklichkeit, FS Grossen (Basel 1992) 29 ff.
[65] Vgl. C. CHR. BURCKHARDT, ZSR 22, 520/21; kritisch ERNST V. CAEMMERER, RabelsZ 42 (1978) 16.
[66] Vgl. ROLF H. WEBER, ZSR 107 (1988) I 49, 54 f. u. a

I. Schuldhafte Verursachung eines Schadens § 5

Unter Berücksichtigung dieser Überlegungen sind die Auswirkungen 68
der Objektivierung für die Voraussicht einer möglichen Entwicklung, die
Willensbildung und die Durchführung des gefassten Entschlusses separat
kurz darzulegen.

bb) Objektivierung der Anforderungen an die Voraussicht einer möglichen Schädigung eines Dritten

Es kommt weniger darauf an, was der Schädiger – oder der Geschädigte 69
bei Selbstverschulden – tatsächlich vorausgesehen hat; das wird sich meistens nicht objektiv feststellen lassen. Wesentlich ist, was er voraussehen *konnte*. Wenn er das wegen mangelnder Aufmerksamkeit[67] oder geistiger Abwesenheit nicht voraussah, ergibt sich daraus keine Entschuldigung, wenn es ohne fehlende Aufmerksamkeit oder geistige Abwesenheit und ohne spezielle Kenntnisse voraussehbar war.

Konnte der Schädiger hingegen aufgrund seiner besonderen Fach- 70
kenntnisse das spätere Geschehen besser voraussehen als andere, ist sein bekannter besserer Wissensstand zu berücksichtigen und kann er nicht geltend machen, Leute, die nicht darüber verfügten, hätten die Entwicklung nicht vorausgesehen. Darin liegt eine Annäherung an die subjektive Betrachtungsweise oder m.a.W. eine Einschränkung der Objektivierung, die sich aus ihrem Zweck ergibt, aber nur bei klaren Verhältnissen – man denke an besondere berufliche Kenntnisse – praktikabel ist.

Häufig handelt es sich um das Voraussehen des Verhaltens anderer 71
Personen, insbesondere anderer Verkehrsteilnehmer[68]. Hier ist auf das nach der Erfahrung zu Erwartende abzustellen, wobei – ausser bei kleineren Kindern – davon ausgegangen werden darf, dass die andern sich an die Verkehrsregeln halten, soweit das üblich[69] ist (sog. Vertrauensprinzip). Wer

---

[67] Ein Autofahrer touchiert einen Radfahrer, weil eine Frau auf dem Trottoir ihn ablenkt (Unaufmerksamkeit des Kausalhaftpflichtigen; Pra 80 Nr. 116).
[68] Vgl. BGE 89 II 51; 98 IV 274; 99 IV 174; 111 II 89 (Pra 74 Nr. 155); 112 IV 87; 115 II 283 (Pra 79 Nr. 119).
[69] Jedermann weiss, dass die Höchstgeschwindigkeiten, namentlich ausserorts, häufig überschritten werden. Wer vor einer Kurve ausserorts überholt, darf sich nicht darauf verlassen, dass ein Entgegenkommender nicht mit erheblich mehr als 80 km/Std. fährt und dass bei dieser Geschwindigkeit das Überholen ungefährlich ist. Demgegenüber werden eindeutige Vortrittsrechte meistens beachtet: Wer auf einer vortrittsberechtigten Strasse fährt, darf sich darauf verlassen, dass ein Vortrittsbelasteter sein Vortrittsrecht beachtet. Trotz Vortrittsrechts darf aber der Berechtigte den Vortritt an Strassenverzweigungen nicht mit beliebiger Geschwindigkeit ausüben; vgl. BGE 93 IV 34; 99 IV 175; zum Vertrauensprinzip: 111 II 89; 112 IV 87; 115 II 283.

das mangels Erfahrung nicht abschätzen kann, darf sich darauf nicht berufen und muss mit der ungünstigeren Variante rechnen.

72 Kaum generell festlegen lässt sich, mit welcher Wahrscheinlichkeit mit einem bestimmten Geschehen zu rechnen ist. Vielfach erscheinen viele unübliche Kausalabläufe nicht als unmöglich.

cc) Objektivierung der Anforderungen an die Willensbildung

73 Der eine hat Kopfweh und berücksichtigt deshalb die voraussehbaren Folgen des geplanten Verhaltens nicht, der andere steht unter dem Einfluss des Schmerzes um den Verlust eines nahen Angehörigen. Die Willensbildung kann auch beeinträchtigt sein durch verschuldete oder unverschuldete Übermüdung, durch eine Depression, durch Altersschwäche, durch Angst vor einer Operation oder dem drohenden wirtschaftlichen Zusammenbruch, durch fehlende Selbstbeherrschung[70] oder Mangel an Willenskraft[71].

74 In manchen dieser Fälle lässt sich die angeführte angebliche Ursache eines unsorgfältigen Verhaltens zwar beweisen (Tod eines nahen Angehörigen, vom Arzt in Aussicht genommene Operation, bevorstehender Konkurs usw.); nicht feststellbar ist aber, ob es sich um die *wirkliche* Ursache gehandelt hat resp. ob der Schädiger nicht durch eine ausserordentliche Willensanstrengung deren Einfluss hätte ausschalten können. Der eine kann das, der andere nicht[72].

---

[70] BGE 40 II 495.
[71] BGE 54 II 140.
[72] Man könnte versucht sein, die Wertung solcher Entschuldigungsgründe mit psychoanalytischen Methoden vorzunehmen, in der Meinung, damit eine objektive und gerechte Rechtsprechung zu erreichen. Das wäre ein Trugschluss, weil verschiedene Theorien und Methoden der Psychoanalyse zu verschiedenen Resultaten führen können. Es kann nicht Sache des Staates sein, die Rechtsprechung auf eine von ihm bestimmte psychologische Theorie festzulegen; eine liberale Rechtsordnung muss die Pluralität der Modelle über die Psyche anerkennen. Die Psychoanalyse zeigt in ihrer Differenziertheit und in ihrer Aufwendigkeit, wie schwierig, wie intim und wie persönlich und einer gutachtlichen Betrachtungsweise (nicht aber einer Therapie) unzugänglich diese Fragen sind. Wir wissen, dass es bei diesen Problemen immer auch anders sein kann, als wir meinen.
Die Rechtsordnung kann sich mit Phantasien und Impulsen nicht befassen. Der erwachsene Mensch ist für die Auswirkungen seiner Neurosen auf sein Verhalten selber verantwortlich und kann nicht gestützt auf sie seine rechtliche Verantwortung ablehnen. Nur so, beim Abstellen auf das nach aussen in Erscheinung tretende Bild, entsteht Rechtssicherheit, in der die Menschen sich geborgen fühlen können.
Das gilt nicht für psychiatrische Zustandsbilder, die die Urteilsfähigkeit ausschliessen oder beschränken.

I. Schuldhafte Verursachung eines Schadens § 5

Mangelhafte Willensbildung kann in der Nichtbeachtung der Gefahren 75
des geplanten Verhaltens liegen, indem man z. B. einer Schiesspublikation
der Armee nicht Rechnung trägt. Man kann sich nicht mit dem Argument
herausreden, man habe die am eingeschlagenen Wanderweg auffällig
angebrachte Warnung nicht gelesen oder mangels Kenntnis der Landes-
sprache nicht verstanden[73].

Es liegt nahe, als Massstab von einem Durchschnittsstand von Sorgsam- 76
keit, von Aufmerksamkeit, von Vorsicht und Anspannung[74] auszugehen.
Der Mensch muss eine durchschnittliche Summe von moralischen und
intellektuellen Eigenschaften an den Tag legen.

Es rechtfertigt sich, das *nach aussen* in Erscheinung tretende Bild der 77
Willensbildung der Prüfung der Frage der Sorgfaltspflicht zugrunde zu
legen. Das bedeutet, dass der Schädiger bei Verursachung des Schadens
durch unvorsichtiges Verhalten haftet, wenn er sich nicht auf Urteilsunfähigkeit[75] berufen kann.

dd) Objektivierung der Anforderungen an das Verhalten

Das Verhalten selbst kann durch ungenügende geistige und physische 78
Eigenschaften[76], körperliche Ungeschicklichkeit[77] und – sofern der Schädiger sich mit einer entsprechenden Tätigkeit befasst – durch ungenügende
berufliche und technische Fähigkeiten[78] beeinflusst sein. Zu erwähnen sind
auch altersbedingte Schwächen, z. B. verlangsamte Reaktion, Geh-, Hör-
und Sehschwächen.

Es ist davon auszugehen, dass die Berücksichtigung vieler dieser Fak- 79
toren bei der Beurteilung der Frage der Unsorgfalt zu *willkürlichen Ent-*

---

[73] Wer mit der Zigarette versehentlich Benzindämpfe zur Explosion bringt, kann sich nicht darauf berufen, er sei über die Brennbarkeit von Benzin oder über dessen Geruch nicht informiert gewesen. Man kann sich auch nicht darauf berufen, man habe nicht gewusst, dass aufziehende schwarze Wolken zu Regenfällen führen könnten usw.
[74] Vgl. BGE 67 I 319/20.
[75] Vgl. hinten N 112 ff.
[76] Vgl. OSER/SCHÖNENBERGER N 65 zu OR 41; BECKER N 93 f. zu OR 41; DESCHENAUX/TERCIER § 7 N 26 ff.; a. M. VON TUHR/PETER 430; W. YUNG, Etudes et articles (Genf 1971) 422.
[77] Die Geschicklichkeit kann bei körperlich Invaliden in bezug auf die beim Unfallablauf entscheidenden Komponente reduziert sein. Das ist bei der Beurteilung des Verhaltens zu berücksichtigen. Wenn ein Gehbehinderter einen Unfall verursacht, weil er für die Überquerung der Fahrbahn mehr Zeit benötigt als ein Gesunder und deswegen ein Radfahrer stürzt, ist dies dem Behinderten nicht als Unsorgfalt anzurechnen, wenn er seiner Behinderung vernünftig Rechnung getragen hat.
[78] Vgl. BGE 89 II 226 f.

scheidungen führen müsste, weil beim einen die betreffenden Faktoren und ihr kausaler Einfluss auf die Entstehung des Unfalles nur mit einem unzumutbaren Aufwand feststellbar wäre und beim andern nicht. (Auf die Verhältnisse bei den Faktoren der Willensbildung ist vorn [N 73 ff.] hingewiesen worden.) Das Haftpflichtrecht würde dadurch im weiteren *unpraktikabel*. Es ist auch nicht einzusehen, warum der Geschädigte die Auswirkungen subjektiver Schwächen des Schädigers eher tragen sollte als dieser. Eine Ausnahme drängt sich auf für die Folgen von Altersschwäche, die zum normalen Ablauf des menschlichen Lebens gehören und die daher zu berücksichtigen sind. Dies gilt namentlich, wenn eine Altersschwäche sich in einer Art manifestiert hat, die der Schädiger selbst kaum voraussehen und der er deshalb nicht Rechnung tragen konnte[79].

ee) Massstab für die Festlegung der Sorgfaltspflicht

80 Es ist von einem *Standard* des Voraussehens, der Willensbildung und des Verhaltens auszugehen, den jeder Mensch zu gewährleisten hat. Ein Versagen bedeutet Verschulden, selbst wenn der Fehlbare alles getan hat, was ihm persönlich möglich war und ihm kein Willensfehler zur Last fällt[80]. Das menschliche Zusammenleben, die Notwendigkeit, sich auf im allgemeinen vorhandene positive Eigenschaften und Fähigkeiten verlassen zu können, führt zu dieser Auffassung des Verschuldensbegriffs. Man verzichtet durch die Objektivierung aber zum Teil auf ein Kriterium, das der Idee der Verschuldenshaftung zugrunde liegt, auf die ethische Vorwerfbarkeit.

81 Dies bedeutet, dass wir von einer allgemeinen Verursachungshaftung[81] nicht mehr sehr weit entfernt sind. Die praktischen Notwendigkeiten zwin-

---

79 Dies wirkt sich namentlich auch bei der Objektivierung des Selbstverschuldens aus.
80 So auch RÜMELIN 37 ff., 51 N 2; DERS., Schadenersatz ohne Verschulden 18/19; C. CHR. BURCKHARDT, Schriften und Vorträge 52 ff. Eine andere Meinung beharrt ungeachtet der Anerkennung des objektivierten Verschuldensbegriffs darauf, dass jede Schuld einen Willensfehler darstelle, so VON TUHR/PETER 429 ff.; ANDREAS V. TUHR II 2 489; EGGER N 5 zu ZGB 18; HÄBERLIN 42. Der Ausweg, in Grenzfällen einen Willensfehler und damit ein Verschulden dann anzunehmen, wenn der Haftpflichtige wissen musste, dass ihm die zur fraglichen Tätigkeit nötigen Eigenschaften und Kenntnisse fehlten, bringt keine Lösung. Denn man frägt sofort, *warum* er dies wissen musste, und ist gleich weit wie zuvor. In dem «musste» liegt überdies schon eine Objektivierung. Vgl. auch DEUTSCH I 279 ff.; LARENZ, Schuldrecht I 282 ff.; GEIGEL/SCHLEGELMILCH 2. Kap. N 26 ff.; KELLER/GABI 55 f.; DESCHENAUX/TERCIER § 7 N 27 ff.; GUHL/MERZ/KOLLER 181 f.; OSWALD 45 ff.; MEISTER-OSWALD 35; W. YUNG 126.
81 Vgl. ERNST V. CAEMMERER 261 ff.; GUHL/MERZ/KOLLER 170.

gen uns dazu. Es besteht ein *Dilemma* zwischen postuliertem und verwirklichtem Recht. Die Mittel des Rechts versagen, sobald man ein Verschulden nur dann annehmen will, wenn ein tadelnswerter Wille oder vermeidbare Unsorgfalt nachweisbar ist.

Der als grundlegend betrachtete Gegensatz von Kausal- und Verschuldenshaftung verliert hier etwas von seiner Schärfe. Er verschwindet aber nicht. Einerseits bedeutet Kausalhaftung häufig ein Einstehen für andere, andererseits wird bei ihr die Urteilsunfähigkeit – namentlich in bezug auf den Sorgfaltsbeweis – nicht berücksichtigt. Schliesslich gilt bei den Kausalhaftungen mit Sorgfaltsbeweis (OR 55, 56, ZGB 333) ein strengerer Massstab; es genügt ein geringeres Mass von Unsorgfalt als bei der Verschuldenshaftung: Ist in ihrem Bereich nur die geringere Stufe erreicht, so fehlt es an der Fahrlässigkeit. 82

Man spricht nicht ungern vom Durchschnittsverhalten, das den Massstab für die Grenzziehung zwischen Sorgfalt und Unsorgfalt abgebe. Das ist insoweit überzeugend, als dieses Durchschnittsverhalten dem Werturteil einer grossen Zahl von Personen entspricht und damit die Annahme rechtfertigt, dass es *sachlich gerechtfertigt* sei. Das trifft aber nur zu, wenn die richtige Hierarchie der Werte waltet: Leben und körperliche Unversehrtheit stehen höher als die Schnelligkeit der Beförderung und die Rechtzeitigkeit des Eintreffens am Ziel oder die Flüssigkeit des Verkehrs. Wo die sachliche Rechtfertigung trotz vielen übereinstimmenden Beurteilungen fehlt, ist nicht auf den Durchschnitt abzustellen und bleibt der bonus pater familias ein besserer Anhaltspunkt. «Durch Nachlässigkeit und Unsitten, die im Verkehr eingerissen sind, wird das Mass der erforderlichen Sorgfalt nicht herabgesetzt.»[82] 83

c) Einzelfragen

1. Aus diesen Ausführungen ergibt sich, dass die *subjektive Entschuldbarkeit* eines schädigenden Verhaltens unerheblich ist[83]. Wenn zwei Personen sich unter den gleichen äusseren Umständen gleich verhalten, ist ihr Verhalten auch gleich zu beurteilen. Ein Automobilist, der tief bekümmert vom Sterbelager seiner Frau im Spital nach Hause fährt, unaufmerksam ist und deshalb Unheil anrichtet, kann nicht wegen seines Gemütszustandes 84

---

[82] v. TUHR/PETER 430; vgl. auch BGE 45 II 332/33; 57 II 66, 108; 72 II 50; 83 II 30; 89 II 121; 90 II 231; BREHM N 186 zu OR 41; A. KELLER I 104 f.
[83] Vgl. BGE 69 II 332/33; SCHAFFHAUSER/ZELLWEGER 87 N 1034.

exkulpiert werden, so verständlich dieser auch ist[84]. Das gilt selbst dann, wenn er nicht auf das Fahren hätte verzichten können. Ebensowenig kann sich ein Automobilist auf Übermüdung berufen[85], es sei denn, sie sei objektiv unverschuldet[86]. Wenn jemand aber durch plötzliche Erkrankung gehindert wird, die nötige Sorgfalt wahrzunehmen[87], dürfte[88] ihn keine Fahrlässigkeit treffen.

85   2. Die Objektivierung des Fahrlässigkeitsbegriffes bedeutet nicht, dass der Massstab *starr*, ein für allemal feststehend und für sämtliche Menschen unter den verschiedensten Umständen gleich sei. Nur subjektive Faktoren wie Kummer und Sorgen, Depressionen und Übermüdung, die die Verantwortung subjektiv reduzieren, werden generell nicht berücksichtigt.

86   Demgegenüber werden die Anforderungen an die Sorgfalt in hohem Masse von der ausgeübten Tätigkeit, von ihrer Gefährlichkeit und Schwierigkeit, aber auch von den besonderen Kenntnissen und Fähigkeiten des Schädigers beeinflusst. Diese Faktoren führen zu einer *strengeren Beurteilung des Verhaltens*. Wer eine Tätigkeit ausübt, die *besondere Eigenschaften und Kenntnisse* verlangt[89], handelt unsorgfältig, wenn er diese Fähigkeiten nicht oder nicht mehr[90] hat oder nicht einsetzt. In diesem Sinne können der

---

[84] Das gilt auch für einen Arzt, dem wegen seiner Depression ein Kunstfehler unterlaufen ist, SJZ 48, 160. Vgl. auch BGE 88 II 453 (familiäre und berufliche Sorgen).
[85] BGE 58 II 33, 138.
[86] Ein Militärmotorfahrer ist am Steuer eingeschlafen, nachdem er wegen dienstlicher Beanspruchung übermüdet war und dies seinem Vorgesetzten gemeldet hat (Frage des Selbstverschuldens). Anders ist zu urteilen, wenn er übermüdet aus dem Urlaub zurückgekehrt ist.
Deshalb gelten heute in der Armee strenge Vorschriften über die Ruhezeit der Motorfahrer.
[87] Beispiel: Herzinfarkt am Steuer, Unwohlsein, Bewusstlosigkeit; vgl. BGE 105 II 212 = Pra 68 Nr. 239.
[88] Das ist deswegen nicht ganz eindeutig, weil ihn ein Verschulden trifft, wenn er aufgrund von Beobachtungen seines Gesundheitszustandes mit der Möglichkeit der Erkrankung rechnen musste. Das ist ein zusätzliches Wissen, das, wie alle über den Durchschnitt hinausgehenden Kenntnisse und Fähigkeiten, zu berücksichtigen ist, wenn es bewiesen werden kann; vgl. vorn N 70.
[89] Wo eigene Kenntnisse fehlen, ist sachverständiger Rat einzuholen; vgl. BGE 72 II 317; 112 II 180. Die Abänderung von Maschinen ohne genügende Kenntnisse ist fahrlässig; vgl. BGE 57 II 65; 72 II 317. Über das Verhältnis von Spezialarzt und Allgemeinpraktiker vgl. BGE 113 II 432. Vgl. auch Sem.jud. 1953, 410; ZR 71 Nr. 72.
[90] Man denke an einen Arzt, der sich wegen seines Alters mit den Fortschritten der medizinischen Wissenschaft nicht mehr vertraut machen kann oder in der Führung der Instrumente unsicher ist; vgl. VON TUHR/PETER 430; BGE 66 II 36 = Pra 29 Nr. 26.

Beruf, die Erfahrung im Beruf und die damit verbundenen Fachkenntnisse mit einer Erhöhung der Anforderungen verbunden sein.

Dies trifft auch zu bei besonderer *Gefährlichkeit* eines Tuns. Wer mit einer Motorsäge arbeitet, muss mehr Sorgfalt walten lassen als der Benützer einer Handsäge. Er muss Kinder wegweisen und darauf achten, dass er nicht ausrutscht. Mit Sprengstoff muss man vorsichtiger umgehen als mit Holz oder Eisen. Wer ein hohes Gerüst aufbaut, muss die Standfestigkeit des Bodens genauer prüfen, als wer eine Bockleiter aufstellt[91]. 87

Bei gefährlichen Tätigkeiten spielt es eine Rolle, ob die Gefährlichkeit allgemein bekannt ist; so werden Schüler, die Verkehrsunterricht genossen haben und gegen das dort geschulte Verhalten verstossen, eher den Vorwurf der Fahrlässigkeit gewärtigen müssen als Schüler auf dem Lande, wo vielleicht kein Verkehrsunterricht erteilt wird. 88

Je schwieriger eine Tätigkeit ist, umso mehr Sorgfalt und Vorsicht verlangt sie. Bei der Landung mit einem Helikopter auf einem Gletscher muss man umsichtiger sein als auf einer horizontalen Wiese. Der Arzt, der ein Auge operiert, muss mehr Sorgfalt und Aufmerksamkeit aufwenden, als die Krankenschwester, die es nachher verbindet. 89

Dagegen wird durch die Nutzlosigkeit[92] einer Tätigkeit bzw. durch ihren grossen Nutzen die Grenze zwischen Sorgfalt und Unsorgfalt nicht verschoben, abgesehen davon, dass man ohnehin über Nutzen bzw. Nutzlosigkeit je nach dem Standpunkt verschiedener Meinung sein kann. Wenn zur Feier des Frühlingsanfangs ein grosses Feuer angezündet wird[93], kann man über dessen Nutzen verschiedene Auffassungen haben. Wenn man es als nutzlos betrachtet, ergeben sich daraus aber keine höheren Anforderungen an die Sorgfalt, als wenn man den Nutzen für die Aufrechterhaltung der Traditionen und die Stimmung der Bevölkerung hoch einschätzt. 90

3. Wer durch sein Alter in seinen Fähigkeiten reduziert ist[94], weiss das und handelt unvorsichtig, wenn er diesem Umstand in seinem Verhalten nicht Rechnung trägt. Bei dieser Beurteilung ist aber Zurückhaltung geboten. Die altersbedingten Beschwerden entsprechen dem natürlichen Lauf der Dinge. Die Anforderungen an die Sorgfalt des alternden Menschen dürfen nicht so hoch geschraubt werden, dass er in seiner Lebens- 91

---

[91] Vgl. BGE 90 II 231 = Pra 54 Nr. 1.
[92] A.M. Voraufl. 147 und das dort FN 43 zit. Werk von MAX RÜMELIN 45.
[93] Zum Beispiel am «Funkensonntag» in Appenzell.
[94] Man denke an Geh-, Hör- oder Sehschwäche, aber auch an die Schnelligkeit der Reaktion usw.

führung übermässig eingeschränkt wird[95]. Das gilt entsprechend auch für *Invaliditäten*, die nicht altersbedingt sind.

92 Bei *Kindern* löst man die entsprechenden Schwierigkeiten mit dem Begriff der Urteilsunfähigkeit. Die reduzierte Urteilsfähigkeit[96] führt zur Annahme eines leichteren Verschuldens als dem rein objektiven Verhalten entspricht. Für alte Menschen eignet sich dieser Weg über den Begriff der Urteilsfähigkeit nicht, weil es unmenschlich wäre, alte Personen bei nicht allzu schweren Gebrechen als reduziert urteilsfähig zu betrachten.

93 Dem *Geschlecht*, namentlich dem Umstand, dass Frauen häufig körperlich weniger stark sind als Männer, ist in den Anforderungen an die Sorgfalt, soweit die körperliche Leistungsfähigkeit zur Diskussion steht, Rechnung zu tragen. Selbstverständlich muss die Frau aber bei der Wahl ihrer Aktivitäten ihre körperliche Konstitution berücksichtigen.

94 4. Wenn jemand durch ein Geschehen *erschreckt* wird, können ihm dadurch ausgelöste Fehlreaktionen und Verzögerungen in der Reaktion nicht als Unsorgfalt angerechnet werden[97]. Diese Beurteilung ist allerdings dann nicht angebracht, wenn der Erschreckte selbst daran schuld ist, dass er von der Gefahr überrascht wurde oder wenn er sie sogar selbst heraufbeschworen hat.

In diesen Zusammenhang gehört auch eine verlangsamte Reaktion auf ein unerwartetes Ereignis, vor allem im Strassenverkehr, aber auch sonst. Sie kann auf Unaufmerksamkeit beruhen oder z. B. auf hohem Alter. Es hat sich eingebürgert, eine *Reaktionszeit* von maximal 1 Sekunde als normal und daher nicht als Verschulden zu betrachen; vgl. hinten N 152; Bd. II/2 § 25 N 521/22.

95 5. Aus der geschilderten Berücksichtigung der konkreten Verhältnisse ergibt sich kein starres Kriterium, das ohne Wertung angewendet werden könnte. Dem *richterlichen Ermessen* ist ein weiter Spielraum gelassen. Der Richter muss sich von seiner Lebenserfahrung leiten lassen, von seinem Wissen um die Menschennatur. Sein Urteil, was als Verschulden anzusehen und anzurechnen sei, ist nicht bis ins letzte begründbar, aber einsehbar zu

---

[95] Man darf z. B. einem Gehbehinderten nicht praktisch verbieten, allein eine Strasse zu überqueren.
[96] Vgl. hinten N 118 ff.
[97] Vgl. Bd. II/2 § 25 N 520/22; BGE 56 II 94; 63 II 215; 66 I 320/21; 68 II 127; 83 II 413; 83 IV 84; 95 II 190; 101 IV 80; 102 II 239; 103 IV 105; 115 II 283 = Pra 79 Nr. 19; ZR 53 Nr. 98 S. 239/40; SJZ 49, 258; Sem.jud. 1941, 525; 1953, 177; VAS 10 Nr. 21 S. 88; EVGE 1930, 54; 1941, 31; BREHM N 188 zu OR 41; SCHAFFHAUSER/ZELLWEGER 86 N 1033.

machen. Dabei hat er sich von den Grundsätzen der Objektivierung leiten zu lassen. Welche subjektiven Umstände, neben dem unter Ziff. 3 erwähnten Alter, bei der Verschuldensprüfung zu berücksichtigen sind, kann nicht in allgemeiner Weise gesagt werden[98]. Die Feststellung, dass der Mensch in der technischen Welt häufig überfordert ist, darf den Richter nicht dazu führen, generell einen entgegenkommenden subjektiven Massstab zu rechtfertigen. Die Objektivierung des Fahrlässigkeitsbegriffes bringt es mit sich, dass es zur Anrechnung eines Verhaltens als Fahrlässigkeit genügt, wenn die Herbeiführung eines Schadens eines Dritten an sich *voraussehbar* war. Dass der Schädiger sie wirklich vorausgesehen hat, ist nicht erforderlich[99], ebensowenig, dass der nachher eingetretene Umfang des Schadens voraussehbar war oder vorausgesehen wurde[100]. Er muss nicht voraussehen, dass sich aus einem Verhalten ein Beinbruch ergeben könnte; es genügt die Voraussicht der Möglichkeit eines Unfalles. Die Fahrlässigkeit besteht nicht erst bei einer sicheren Annahme[101]; die Möglichkeit genügt. Im Strassenverkehr konkretisiert sich die Voraussehbarkeit gegebenenfalls in der Frage, mit welchem Verhalten anderer und mit welchen Gefahren der Verkehrsteilnehmer zu rechnen habe. Dabei darf er aber mindestens grundsätzlich mit verkehrsgerechtem Verhalten rechnen[102].

In der Berücksichtigung der Verhältnisse des konkreten Falles im geschilderten Sinne liegt eine Korrektur allenfalls unerwünschter Ergebnisse des objektivierten Fahrlässigkeitsbegriffes. Die Grenzen der menschlichen Leistungsfähigkeit fallen in Betracht, z. B. was das begründete Erschrecken (vgl. vorn N 94) oder die Zubilligung einer Reaktionszeit anbelangt.

Ein schädigendes Verhalten kann in so *geringem Mass* unsorgfältig sein, dass es *nicht als schuldhaft* erscheint. Dies gilt für ganz geringfügige Versehen, Irrtümer und dergl. Ob ein menschliches Versagen kein Verschulden darstellt, bleibt von Fall zu Fall im Lichte des Massstabes der objektivierten Fahrlässigkeit zu prüfen. Eine eigene Kategorie bedeutet dies nicht[103, 104].

---

[98] Vgl. GUHL/MERZ/KOLLER 182.
[99] Vgl. BGE 31 II 284, 629; 32 II 93; 34 II 279: 36 II 21/22; 40 II 277, 494; 41 II 93; 50 II 400; 61 II 89; 89 II 226/27; 111 II 74.
[100] Vgl. OSER/SCHÖNENBERGER N 67 zu OR 41; VON TUHR/PETER 89/90, 429; aOR 116 beschränkte bei Vertragsverletzungen die Haftung des Schuldners auf den voraussehbaren Schaden.
[101] Sonst dürfte meistens Eventual- oder direkter Vorsatz vorliegen.
[102] Vgl. Bd. II/2 § 25 N 489.
[103] Vgl. FISCHERHOF, NJW 1967, 432/33.
[104] An sich ist die irdische Welt so eingerichtet, dass Zufälle und minimale Unaufmerksamkeiten das eine Mal grosse und das andere Mal überhaupt keine Auswirkungen haben

98   6. Für das Haftpflichtrecht spielen *polizeirechtliche und technische Vorschriften* in Gesetzen, Verordnungen, Reglementen und Anweisungen, die insbesondere dem Schutz des Publikums, der Verkehrsteilnehmer oder der Arbeitnehmer dienen, eine grosse Rolle. Solche Vorschriften (z. B. für den Strassenverkehr) stellen Kodifikationen von gebotenen Anforderungen an die Sorgfalt dar, gleichgültig, ob sie als verbindliche Erlasse oder als verwaltungsinterne Dienstanweisungen auftreten. Sie bilden auf alle Fälle ein Indiz für die Beurteilung der Verschuldensfrage[105]. Ihre Missachtung stellt in der Regel eine zivilrechtliche Fahrlässigkeit dar[106], weil die Situation generell von der erlassenden Behörde in diesem Sinne beurteilt wurde und auch, weil andere Beteiligte, insbesondere Verkehrsteilnehmer, mit ihrer Beachtung rechnen dürfen. Die Umstände können eine Abweichung von einer solchen Vorschrift als zulässig oder gar als geboten erscheinen lassen[107]. Umgekehrt bedeutet die Einhaltung solcher Vorschriften nicht von vornherein, dass keine zivilrechtliche Fahrlässigkeit vorliegt[108], weil die Umstände ein mehreres an Sorgfalt erheischen können. Dementsprechend ist es nicht entscheidend, ob der Haftpflichtige die Vorschriften kannte.

99   Das Vorhandensein der Fahrlässigkeit ist allein vom zivilistischen Standpunkt aus zu prüfen[109].

100   Das gleiche wie für staatliche oder von der SUVA als staatlicher Versicherungsanstalt erlassene Vorschriften der genannten Art gilt für die *Regeln der Technik, der Wissenschaft und des Sports*: Regeln, die private Stellen festlegen, z. B. die SIA[110]-Normen[111] und die FIS[112].

---

können. Wenn sich zwei Autos auf einer schmalen Strasse kreuzen, kann 1 cm mehr links fahren über die Entstehung eines grossen Karosserieschadens entscheiden. Im Strassenverkehr werden ganz generell viele kleine Fehler begangen, von denen aber nur eine verhältnismässig verschwindend kleine Anzahl zu Schäden führt.

[105] Vgl. ZR 53 Nr. 144 S. 318; BGE 83 II 413; 87 II 310; 88 IV 100.
[106] Vgl. BGE 29 II 281; 30 II 252; 36 II 627; 41 II 684; 47 II 404; 51 II 78; 58 II 368; 60 II 284; 87 II 311; 88 IV 100; 89 II 47; 92 IV 86 und viele andere Entscheidungen.
[107] Vgl. BGE 31 II 36; 32 II 239; 83 IV 88 f.; 85 II 521 f.
[108] Vgl. BGE 25 II 564; 33 II 558; 50 II 399; 87 II 313; 92 IV 87.
[109] Vgl. BGE 33 II 85, 558; 38 II 488; 51 II 78; 55 II 339; 71 II 123.
[110] Schweizerischer Ingenieur- und Architektenverein.
[111] So BGE 91 II 206 ff. hinsichtlich OR 58. Über die Normen des SIA GAUTSCHI, Berner Kommentar (Bern 1967) N 5 f. und 5 k zu OR 364; GAUCH/TERCIER, Das Architektenrecht (Freiburg 1986); über Regeln der Technik und Wissenschaft KLINGMÜLLER in FG Oftinger (Zürich 1969) 122 ff. – Über die Regeln für Skifahrer, SJZ 63, 267 f.; STIFFLER in SJZ 63, 197 ff.; 70, 96; KLEPPE, Nr. 32, 61 ff.; PICHLER, Pisten, Paragraphen, Skiunfälle (Wien 1970) 36 ff.; verschiedene Autoren im Sammelband «Skirecht 1972» (Essen 1972) 9 ff., 137 ff. und dort zitierte; NJW 1975, 109 (mit vielen Belegen): Fussball. – Zum ganzen Problem der Ziff. 6 des Kontextes: DEUTSCH I 157 ff.; vgl. auch BREHM N 187 zu OR 41.
[112] Fédération Internationale du Ski. Vgl. dazu H. K. STIFFLER, Schweiz. Skirecht (1978).

I. Schuldhafte Verursachung eines Schadens §5

7. Viele Bauten und andere Werke, technische Anlagen und Einrichtungen wie industrielle Betriebe, Bahnen, elektrische Installationen, Atom- und Rohrleitungsanlagen bedürfen vor der Betriebseröffnung bzw. vor der Inbetriebnahme *behördlicher Genehmigung* und eventuell auch späterer *Kontrolle*. Es entspricht dem Sinn dieser Vorschriften, dass die zuständige Behörde dabei festgestellte Mängel rügt und beheben lässt[113].

101

Wenn sie bestehende Mängel nicht findet – sie sind z. B. nicht ohne weiteres zu entdecken – oder wenn sie einen von ihr konstatierten Zustand irrtümlich nicht als Mangel betrachtet, kann sich der Verantwortliche nicht gestützt auf die Genehmigung resp. die Kontrolle exkulpieren. Das Gericht beurteilt die Frage frei von jeder Bindung an das Urteil der zuständigen Verwaltungsbehörde[114], wobei aber die Beurteilung der Sachlage durch die Behörde ein wichtiges Indiz für die Vorhersehbarkeit eines Schadenseintrittes darstellt. Zu grosse Nachsicht, aber auch ungenügende Sorgfalt bei der Überprüfung oder fehlende Sachkenntnis der Behörden und ihrer Berater entlasten den Haftpflichtigen nicht, wenn seine Sicherheitsmassnahmen ungenügend sind[115].

102

8. Verschulden ist im Haftpflichtrecht nur beachtlich, soweit es für einen Schaden *kausal* ist.

103

9. Abschliessend sei festgehalten, dass es den Durchschnittsmenschen nicht gibt. Obschon die Rechtswissenschaft versucht, die sich stellenden Fragen in Gruppen zusammenzufassen, ist aber zu betonen, dass es auch nicht verschiedene Typen von Durchschnittsmenschen mit je unterschiedlichen, für einen konkreten Typ aber einheitlichen Eigenschaften, Fähigkeiten und Erfahrungen gibt[116]. Vielmehr ist für jeden Fall zu prüfen, wieweit mit der Objektivierung zu gehen ist, d. h. welche Entschuldigungsgründe zu beachten sind und welche nicht. Alle Versuche zu Generalisierungen können nur Richtlinien sein ohne ausnahmslose Geltung.

104

---

[113] Unterlässt die Behörde dies und verursacht der festgestellte Mangel später einen Schaden eines Dritten, so dürfte eine Haftpflicht nach dem einschlägigen Verantwortlichkeitsgesetz (des Bundes oder des Kantons) zur Diskussion stehen.
[114] Vgl. BGE 14, 457; 25 II 565; 33 II 567; 55 II 197, 339; 56 II 94; 57 II 109; 66 II 116; 71 II 123; 87 II 313.
[115] Vgl. BGE 32 II 302; 71 II 123; 90 IV 8; 91 II 209.
[116] Anderer Meinung GUHL/MERZ/KOLLER 182.

d) Arten der Fahrlässigkeit

aa) Leichte und grobe Fahrlässigkeit

105 Die Möglichkeit des Eintrittes eines Schadens als Folge eines bestimmten Verhaltens kann verschieden gross sein. Je grösser sie ist, umso grösser ist die Sorgfaltspflicht. Umso schwerer wiegt daher die Unsorgfalt desjenigen, der ihr nicht Rechnung trägt, obschon die Grösse der Möglichkeit für ihn voraussehbar ist. Dementsprechend unterscheidet man verschiedene *Grade der Fahrlässigkeit, grobe* am oberen, *leichte* (oder sogar culpa levissima[117]) am unteren Ende der Skala[118, 119]. Dazwischen sind natürlich alle

---

[117] Ob man für culpa levissima auch verantwortlich ist oder nicht, kann nicht generell gesagt werden; denn der Begriff der culpa levissima und seine Abgrenzung gegenüber der culpa levis können nicht allgemein festgelegt werden; vgl. DEUTSCH I 292/93; VENZMER 20 f.
Zum Teil wird in der Literatur culpa levis bei gefahren- oder schadensgeneigter Arbeit als culpa levissima betrachtet und daher die Verantwortlichkeit abgelehnt; vgl. KOZIOL I 133.

[118] Die Schwere des Verschuldens wird hier also nach der voraussehbaren Möglichkeit der Schädigung abgestuft. Es kommt nicht darauf an, ob ein Körperschaden oder ein Sachschaden zu befürchten ist und welches Gewicht diesem voraussichtlich zukommt. Obschon auch ein kleiner Schaden eines Dritten verhütet werden muss, ist es aber doch naheliegend, bei einem möglichen schweren Schaden an die Sorgfalt strengere Anforderungen zu stellen als bei einem kleinen; man wird also bei einem grossen Schaden eher grobe Fahrlässigkeit annehmen als bei einem unbedeutenden (vgl. dazu hinten § 7 FN 65). Daneben könnten die *Motive* des beanstandeten Verhaltens einen Anhaltspunkt für die Bewertung des Verschuldens liefern (in diesem Sinne Vorauflage 153). Das ist aber abzulehnen. Die Motive werden, soweit ihnen Rechnung zu tragen ist, durch den Begriff der Rechtswidrigkeit berücksichtigt. Aus ihm ergibt sich, dass Selbsthilfe, Notwehr und Notwehrhilfe (vgl. Bd. II/1 § 16 N 260) Rechtfertigungsgründe sind und dass bei Verletzungen des Persönlichkeitsrechts aufgrund der im Spiel stehenden privaten und öffentlichen Interessen die Rechtswidrigkeit entfallen kann. Ein Arzt, der auf einer Fahrt zu einem Notfallpatienten zu schnell fährt, kann daraus keine Entschuldigung ableiten (wenn er einen Unfall verursacht, kommt er nicht schneller zu seinem Patienten, und ausserdem darf und kann er nicht zwischen dessen Interessen und denjenigen eines eventuellen Unfallopfers abwägen). In Abweichung von dieser Auffassung wurde in BGE 56 II 123 das Verschulden eines unvorsichtigen Autolenkers als grösser betrachtet, nachdem er er keinen vernünftigen Grund für seine übersetzte Geschwindigkeit angeben konnte. – Anders liegen die Verhältnisse beim Selbstverschulden, wo der Täter nicht einen Dritten seinen eventuell sehr hochstehenden Motiven opfert, sondern seine eigenen Interessen; vgl. hinten N 137 ff.

[119] Oben schliessen an die grobe Fahrlässigkeit die drei Vorsatzformen an. Sie unterscheiden sich von der Fahrlässigkeit und untereinander nicht in erster Linie durch die Grösse der Möglichkeit des Eintrittes eines Schadens, sondern durch die innere Einstellung, den Willen dazu. Es kommt darauf an, ob die Schädigung beabsichtigt, als sicher vorausgesehen und daher wie der beabsichtigte Erfolg gewollt (direkter Vorsatz) oder nur als wahrscheinlich vorausgesehen und daher nur in Kauf genommen, also eventuell gewollt wird (Eventualvorsatz). Der vorsätzliche Täter will den schädigenden Erfolg, wenn auch

I. Schuldhafte Verursachung eines Schadens § 5

Stufen denkbar. Für den juristischen Sprachgebrauch unterscheidet man aber nur diese zwei Grade; einzelne Autoren setzen dazwischen noch die *mittlere Fahrlässigkeit*[120].

Wie für die Annahme einer Fahrlässigkeit überhaupt ist auch für die Feststellung ihres Grades auf ein objektives Kriterium abzustellen. 106

Grob ist die *Fahrlässigkeit* nach einer vom Bundesgericht konstant verwendeten Formel, wenn der Haftpflichtige unter Verletzung der elementarsten Vorsichtsgebote das ausser acht gelassen hat, was jedem verständigen Menschen in der gleichen Lage und unter den gleichen Umständen hätte einleuchten müssen[121]. 107

vielleicht nur eventualiter, der fahrlässige will ihn bei allen Unterarten der Fahrlässigkeit überhaupt nicht. Bei Absicht ist dieser Wille am stärksten, bei Eventualvorsatz am schwächsten von allen Vorsatzarten. Das Voraussehen ist bei allen Vorsatzarten fast gleich und eignet sich nur bei dolus eventualis als Unterscheidungskriterium. Bei der Fahrlässigkeit ist das Voraussehen verschieden, aber der Wille gleich.

120 Diese an und für sich vergröbernde Reduktion auf zwei oder drei Grade ist nicht zu beanstanden, weil die Grösse der Möglichkeit einer Schädigung nicht gemessen, sondern nur geschätzt werden kann. Vgl. BGE 100 II 338.
Im übrigen führt auch die leichte Fahrlässigkeit zur vollen Haftpflicht nach OR 41; immerhin kann sich bei leichter Fahrlässigkeit aus dem Grundsatz der Proportionalität zwischen Verschulden und Schadenersatzpflicht (vgl. hinten N 126, § 7 N 11; BREHM N 200 zu OR 41; STARK, Skriptum N 518 ff.) eine gewisse Reduktion der Schadenersatzpflicht ergeben. Von wesentlich grösserer praktischer Bedeutung ist der Umstand, dass die grobe Fahrlässigkeit Voraussetzung der Haftpflicht des Schenkers nach OR 248 und des Arbeitgebers und der Familienangehörigen gegenüber den obligatorisch gegen Unfall versicherten Arbeitnehmern nach UVG 44 ist. Sie allein genügt auch zur Unterbrechung des Kausalzusammenhanges (vorn § 3 N 157). Sie schliesst im weiteren die Wegbedingung der Haftpflicht nach OR 100 I und 101 III aus. Schliesslich gibt sie im Versicherungsrecht nach VVG 14 dem Versicherer das Recht, seine Leistung zu kürzen.

121 Vgl. BGE 57 II 480; 62 II 317; 64 II 241; 88 II 435; 93 II 352; 95 II 340, 578, 637; 96 II 176; 105 II 211 f.; 107 II 167; 108 II 424; 111 I b 197; 111 II 90 = Pra 74 Nr. 155; 112 II 137; 115 II 283 = Pra 79 Nr. 19; NZZ Nr. 37 vom 15. Februar 1993; ZfWR 1984, 12; OG des Kantons Solothurn vom 25. April 1989 (CaseTex Nr. 1593, vgl. auch Nr. 316 und Nr. 1715). Die Formeln weichen z. T. etwas voneinander ab, ohne dass sich daher der Sinn verändert. BGE 85 II 340 spricht von Leichtfertigkeit und Waghalsigkeit (légèreté, témérité). Die grobe Fahrlässigkeit kann sich schon auf ein Vorstadium des Unfalles beziehen, z. B. bei übermässigem Alkoholgenuss, besonders im Strassenverkehr; BGE 84 II 295; 85 II 518. Vgl. auch 91 II 297; 96 II 176 f.
Vgl. im übrigen die Zusammenstellung bei A. KELLER I 110 f. und seine eindrückliche Formulierung:
– Grobe Fahrlässigkeit: Das darf nicht passieren
– Leichte Fahrlässigkeit: Das kann passieren
oder die gemäss HANS OSWALD, SZS 9 (1965) 1 FN 1 im Zürcher Obergericht übliche Ausdrucksweise:
– Grobe Fahrlässigkeit: «Wie hät er nu chönne?»
– Leichte Fahrlässigkeit: «Er het scho sölle».
Vgl. auch KELLER/GABI 54 f. und viele andere.

108　Es ist sicher richtig, dass die Gerichte nicht leichthin grobe Fahrlässigkeit annehmen, sondern schwerwiegende Verstösse gegen die Sorgfaltspflicht voraussetzen[122].

109　*Leichte Fahrlässigkeit* ist, wenn man nur zwei Arten unterscheidet, jede nicht grobe. Ob eine Unvorsichtigkeit häufig vorkommt, ob sie in den Kreisen, denen der Haftpflichtige angehört, nachsichtig beurteilt wird, ist nicht massgebend. Es kommt auf den generellen, vom allgemeinen Schutzinteresse diktierten Standpunkt an[123].

bb) Bewusste und unbewusste Fahrlässigkeit

110　Bewusst ist die Fahrlässigkeit, wenn der Schädiger die Möglichkeit der Verursachung eines Schadens vorausgesehen, ihr aber nicht oder nicht genügend Rechnung getragen hat. Unbewusst ist sie, wenn er die Möglichkeit eines Schadens überhaupt nicht gesehen hat, obschon sie erkennbar war.

111　Aus dieser Unterscheidung ergeben sich keine Unterschiede in der Qualifikation der Fahrlässigkeit. Sie spielt daher in der Praxis kaum eine Rolle.

C. Urteilsfähigkeit[124]

112　Eine schädigende Handlung wird demjenigen nicht zum *Verschulden* zugerechnet, der nicht *urteilsfähig* ist[125]. Der Urteilsunfähige vermag durch seine Handlungen keine rechtlichen Wirkungen herbeizuführen (ZGB 18). Er ist in zivilistischer Hinsicht deliktsunfähig. Die Urteilsfähigkeit wird als die subjektive Seite des Verschuldens bezeichnet[126].

---

[122] Vgl. STARK, Skriptum N 517.
[123] BGE 54 II 402/03.
[124] Entsprechend der allgemeinen Übung und der Sprache des Gesetzes wird im folgenden dieser Begriff verwendet. BUCHER N 371/72 zu ZGB 19; DERS., FG Pedrazzini 287 ff., zieht den Begriff der Verschuldensfähigkeit vor. Der Begriff der Zurechnungsfähigkeit, der im deutschen Zivilrecht verbreitet ist (vgl. z. B. DEUTSCH I 298 f.) wird in der Schweiz im Strafrecht verwendet, ist aber im Privatrecht nicht gebräuchlich.
[125] BGE 43 II 207; 71 II 121; 75 II 73; 102 II 367 = Pra 66 Nr. 28; 111 II 89 = Pra 74, Nr. 155. (Hinten in Bd. II/1 § 16 FN 28 hat sich in bezug auf diese Frage leider ein Fehler eingeschlichen; vgl. BGE 117 II 596).
[126] Es wäre natürlich dogmatisch auch möglich, die Voraussetzungen der Urteilsfähigkeit in den Verschuldensbegriff zu integrieren und ein Verschulden nur anzunehmen, wenn sie

I. Schuldhafte Verursachung eines Schadens § 5

Die Objektivierung des Verschuldens findet ihre Grenze an der Urteils- 113
unfähigkeit: Diejenigen persönlichen Eigenschaften und Fähigkeiten, auf
denen die Urteilsunfähigkeit beruht, werden berücksichtigt und führen
trotz des objektivierten Fahrlässigkeitsbegriffes zur Exkulpation.

1. Begriff der Urteilsunfähigkeit

Urteilsunfähig ist derjenige, dem wegen Kindesalters oder infolge 114
von Geisteskrankheit, Geistesschwäche oder ähnlichen Zuständen[127] die
Fähigkeit mangelt, vernunftgemäss zu handeln (ZGB 16). Diese Fähigkeit
besteht darin, *die Folgen des eigenen Tuns zu erkennen;* nötig ist aber auch
die *Willenskraft,* ein als gefährlich erkanntes Verhalten zu unterlassen[128].
Dabei führen aber, wie ZGB 16 zeigt, nicht alle Umstände, die die Fähigkeit, die Folgen des eigenen Tuns zu erkennen und den Willen einschränken
können, zur Annahme einer Urteilsunfähigkeit. Kummer und Leidenschaft
sind in ZGB 16 nicht zufällig nicht angeführt worden, sondern sollen nicht
dazu führen, Urteilsunfähigkeit anzunehmen[129].

Trunkenheit rechnet das Gesetz zu den Zuständen, die Urteilsunfähigkeit 115
zur Folge haben können. Sie wird meist schuldhaft herbeigeführt, so dass
gleichwohl eine Verantwortlichkeit besteht[130]. OR 54 II[131] sieht für den Fall
vorübergehender Urteilsunfähigkeit die Ersatzpflicht vor, sofern der Schädiger nicht beweist, dass dieser Zustand ohne sein Verschulden eingetreten ist[132].

---

vorliegen, *ohne von Urteilsfähigkeit zu sprechen.* Dies hätte aber zur Folge, dass man
unterscheiden müsste zwischen subjektiven Faktoren, die aufgrund der Objektivierung
des Verschuldensbegriffes nicht berücksichtigt werden (vorn N 67), und anderen, die ein
Verschulden trotz der Objektivierung ausschliessen. Dass man diese anderen unter dem
Begriff der Urteilsfähigkeit zusammenfasst, entspricht nicht nur dem Gesetz, sondern ist
namentlich praktisch und erleichtert die sprachliche Umschreibung.

[127] Zum Beispiel begründetes, sehr heftiges Erschrecken, BGE 33 II 283; vorübergehende
Bewusstlosigkeit, BGE 105 II 212, ZR 53 Nr. 145 S. 320; Einfluss von Medikamenten;
Ohnmacht; sog. Absenz.
[128] Vgl. BGE 55 II 229; 60 II 147; 70 II 140; 77 II 99; 89 II 60; 90 II 11; 99 II 6; 100 II 338 E. 3a;
102 II 367; EGGER N 4 ff. zu ZGB 16; BUCHER, N 62, 114, 117 zu ZGB 16; GROSSEN 318;
MEISTER-OSWALD 26.
[129] Vgl. GROSSEN 318/19; vorn N 85.
[130] Vgl. BGE 57 II 299; das gilt auch bei Drogengenuss.
Wer sich vom Schlaf übermannen lässt, wenn seine Aufmerksamkeit am Platz wäre, kann
sich nicht auf Urteilsunfähigkeit berufen; vgl. BGE 41 II 123.
[131] Vgl. Bd. II/1 § 18 N 76 ff.
[132] Vgl. Sem.jud. 1945, 129 ff.: plötzliches Unwohlsein in einer Ausstellung; im Umfallen
zerschlägt der Stürzende wertvolle Antiquitäten.

116 Unmündige und entmündigte Personen können urteilsfähig und damit deliktsfähig sein: ZGB 19 III[133].
117 Die Urteilsfähigkeit begründet nicht nur die haftpflichtrechtliche Deliktsfähigkeit. Ihre Voraussetzungen sind im Vertragsrecht massgebend für die Geschäftsfähigkeit (ZGB 18/19).

2. Relativität der Urteilsfähigkeit

118 Die Urteilsfähigkeit ist im Hinblick auf die *konkreten Umstände* zu beurteilen, weil die Verschiedenheit der Verhältnisse, unter denen ein schädigendes Verhalten erfolgt, je ein anderes Mass von Einsicht erheischt[134]. Dieses hängt ab von der Art der schädigenden Handlung und deren Gefährlichkeit. Diesen Umständen wird die fragliche Person je nach ihren persönlichen Eigenschaften, ihrer geistigen Fähigkeiten und Reife gewachsen sein oder nicht[135]. Bei ein und derselben Person kann also die Urteilsfähigkeit bezüglich einer bestimmten Handlung gegeben und bezüglich einer bestimmten andern Handlung nicht gegeben sein und muss deswegen immer bezogen auf die schädigende Tätigkeit geprüft werden[136].
119 Das gilt sowohl für die Delikts- als auch für die Geschäftsfähigkeit.

120 **Kasuistik**
Die folgenden Urteile mögen Anhaltspunkte für die Beurteilung der Urteilsunfähigkeit wegen *Kindesalters* geben; für die übrigen Gründe der Urteilsunfähigkeit lassen sich entsprechende Aufstellungen nicht machen, weil man keine ziffernmässigen Fixpunkte hat wie beim Kindesalter. Vgl. im übrigen die Zusammenstellungen von SCHAFFHAUSER/ZELLWEGER 94 f.

---

[133] Vgl. die Entmündigungsgründe von ZGB 370/71, die Kommentare von EUGEN BUCHER und EGGER zu ZGB 16 ff. und die Ausführungen von GROSSEN 318 ff. und viele andere; ausserdem HANS BINDER, Die Urteilsfähigkeit in psychologischer, psychiatrischer und juristischer Sicht (Zürich 1964). Vgl. auch A. KELLER I 98 ff.; KELLER/GABI 63; MEISTER-OSWALD 24 ff.; ERICH WAIBEL, Die Verschuldensfähigkeit der Minderjährigen im Zivilrecht, Berlin 1970.
[134] Vgl. GROSSEN 319; GUHL/MERZ/KOLLER 183; MEISTER-OSWALD 26 FN 21.
[135] BGE 66 II 120; 99 III 6 ff.
[136] Vgl. H. M. RIEMER, Bundesgerichtspraxis zum Personenrecht des ZGB (Bern 1979) 19; STARK, Skriptum N 499; PEDRAZZINI/OBERHOLZER, Grundriss des Personenrechts (Bern 1989) 64 ff.; OSWALD 40 f.

I. Schuldhafte Verursachung eines Schadens   § 5

(N 1057 bis 1060); MEISTER-OSWALD 30 ff.; GEIGEL/ SCHLEGELMILCH 16. Kap. N 12; STARK, Skriptum N 502 ff.

Urteilsfähigkeit bejaht: 121
— Fünfjähriges Kind lässt Gegenstand aus Glas in ein Lavabo fallen und beschädigt dieses dadurch (Kantonsgericht Neuenburg, 10.8.82).
— Sechsjähriger Knabe fährt mit dreirädrigem Kindervelo (Sem.jud. 1929, 604).
— Ein Siebenjähriger und zwei achtjährige Knaben entfachen Feuer mit Benzin. Einer der älteren fängt Feuer und erleidet schwere Brandwunden (BGE vom 22. April 1985, nicht publ.).
— Achtjähriger Knabe schlittelt trotz Verbot auf einer Strasse, die eine Kantonsstrasse mit Strassenbahn kreuzt (BGE 72 II 205).
— Neunjähriger Knabe entfacht Brand mittels Zündhölzern (BJM 1973, 292 f.).
— Neunjähriger Knabe überquert mit seinem Fahrrad unvorsichtig eine verkehrsreiche Hauptstrasse (BGE 111 II 89 = Pra 74 Nr. 155).
— Drei neunjährige Knaben spielen mit bengalischen Zündhölzern und stecken Scheune in Brand (BGE 100 II 337).
— Zehnjähriger Knabe hantiert mit einer Axt; dreijähriges Mädchen neckt ihn. Er will deshalb eine Zeitschrift, die das Mädchen in der Hand hält, zerhacken. Das Mädchen will sie wegziehen und er trifft mit der Axt die Hand des Mädchens (BGE 70 II 140).
— $10\tfrac{2}{3}$ Jahre alter Knabe sammelt Blindgänger nach militärischer Übung und manipuliert daran. Er wird zwar als urteilsunfähig mit bezug auf die damit verbundene Gefahr betrachtet, aber urteilsfähig mit bezug auf das Verbotene seines Tuns (BGE 71 I 57 f.).
— Diebstahl von Sprengkapseln durch Zwölfjährigen (PKG 1946, 19/20).
— Zwölfjähriger schiesst mit Armbrust auf ein anderes Kind (PKG 1952, 20 f.).
— Zwölfjähriger Sekundarschüler löst Schraubenmuttern, die zur Befestigung eines Leitungsmastes dienen (BGE 90 II 12 f. = Pra 53, 154 f.).
— Radfahren mit 12 resp. 13 Jahren (BGE 49 II 440; 67 II 52).
— Dreizehnjähriger Sekundarschüler fährt mit seinem Velo rasch auf einen unbewachten Bahnübergang zu (BGE 71 II 117).
— Fünfzehnjähriger, Skiunfall (BGE 82 II 30/31).
— Fünfzehnjähriger hält ein brennendes Zündholz an die Öffnung eines leeren Benzinfasses (BGE 66 II 118).
— Fünfzehnjähriger übergibt ein Luftgewehr einem $12\tfrac{1}{2}$jährigen Knaben, der damit einen Kameraden trifft (SJZ 63, 233 = ZR 66 Nr. 107 S. 213 f.).
— Neunzehnjähriger, Schiessunfall (BGE 48 II 424).

Urteilsfähigkeit verneint: 122
— Sechsjähriger Knabe rennt über die Strasse in einen Lastwagen (BGE 89 II 60 f.).
— Fünf- und Siebenjährige spielen mit kleinen Kindergewehren (BGE 43 II 208 f.).
— Sechseinhalbjähriger verursacht eine Feuerbrunst durch Spiel mit Zündhölzern (SJZ 65, 242).
— Siebenjähriger schiesst mit Pfeil und Bogen (HE 4, 40 f.).
— Drei zehnjährige Knaben steigen im Bahnhofareal auf einen Schneepflug. Einer kommt in Berührung mit der Fahrleitung, so dass ihm der linke Arm amputiert werden muss (Kantonsgericht Wallis 24. November 1987; CaseTex Nr. 1099).
— $8\tfrac{1}{2}$jähriger Knabe rennt unvermittelt auf die Strasse (Kantonsgericht Waadt 1. Februar 1985; CaseTex Nr. 133).
— $11\tfrac{1}{2}$jähriger, aufgeweckter Knabe hält sich auf dem Heustock am stillstehenden Seil des Heuaufzuges fest; dieses setzt sich in Bewegung und die Hand des Knaben gerät in eine Rolle (BGE 60 II 38 ff.).

3. Verminderte oder beschränkte Urteilsfähigkeit

123   Es liegt auf der Hand, dass – insbesondere beim heranwachsenden Kind[137] – der Übergang von der Urteilsunfähigkeit zur Urteilsfähigkeit oder umgekehrt sich in bezug auf jede in Frage stehende Tätigkeit und Gefahr allmählich vollzieht. Wenn die Rechtsordnung diesem Sachverhalt Rechnung tragen will, muss sie Zwischenstufen der Urteilsfähigkeit unterscheiden[138]. Das führt zum Begriff der verminderten Urteilsfähigkeit[139]: Wenn das vernunftgemässe Handeln wegen des Kindesalters des Schädigers oder infolge von Geisteskrankheit, Geistesschäche, Trunkenheit oder ähnlichen Zuständen zwar nicht voll gewährleistet, aber auch nicht ganz ausgeschlossen, wenn es also herabgesetzt ist, wird das objektiv gegebene Verschulden mit einem weniger strengen Massstab gemessen als beim Urteilsfähigen. Es liegt daher ein weniger schweres Verschulden vor. Das gilt auch bei Selbstverschulden eines vermindert Urteilsfähigen. Während beim Urteilsunfähigen Kindesalter, Geisteskrankheit, Geistesschwäche, Trunkenheit und ähnliche Zustände trotz der Objektivierung des Fahrlässigkeitsbegriffes voll berücksichtigt werden und zur Verneinung des Verschuldens führen, wird ihnen hier bei der verminderten Urteilsfähigkeit in Anbetracht ihres niedrigeren Grades nur teilweise Rechnung getragen.

124   Diese dogmatische Konstruktion entspricht dem vorn dargelegten Zusammenspiel von Objektivierung und Urteilsfähigkeit: Wenn letztere ganz fehlt, schliesst dies die Beachtung der erwähnten subjektiven Faktoren aus; wenn sie nur reduziert ist und die in ZGB 16 erwähnten Zustände das vernunftgemässe Handeln nicht ganz verunmöglichen und demzufolge verminderte Urteilsfähigkeit vorliegt, wird diesem Umstand durch eine Reduktion des Verschuldens Rechnung getragen[140].

---

[137] Aber auch bei Erwachsenen bei beginnender Geistesschwäche oder Geisteskrankheit, vielfach auch bei Trunksucht.
[138] Wie das Strafrecht mit dem Begriff der verminderten Zurechnungsfähigkeit; vgl. StGB 11.
Für den Eintritt der Mündigkeit ist demgegenüber – abgesehen vom Falle der Verheiratung – zur Zeit das vollendete 20. Altersjahr massgebend (ZGB 14); ebenso bekommt der junge Bürger das Stimm- und Wahlrecht bei einem *bestimmten* Alter.
[139] Vgl. die Entwicklung dieser Gedanken bei BUCHER N 4a zu ZGB 16. In BGE 102 II 365 berücksichtigt das Bundesgericht das «Mass der Urteilsfähigkeit» bei der Festsetzung des Abzuges für das Selbstverschulden einer Schülerin, und in BGE 72 II 204 spricht es von beschränkter Urteilsfähigkeit.
[140] Das entspricht der bisherigen Praxis; vgl. BGE 62 II 316; 66 II 200; 70 II 140; 72 II 204 (wo der Begriff der beschränkten Urteilsfähigkeit verwendet wird); 82 II 31; 90 II 13/14; 93 II

I. Schuldhafte Verursachung eines Schadens § 5

Da auch geringes Verschulden zur Begründung einer Haftpflicht aus OR 41 genügt, hat der Begriff der verminderten Urteilsfähigkeit dogmatisch nur in den folgenden Fällen praktische Bedeutung: 125

1. Gestützt auf den Begriff der *Proportionalität zwischen Verschulden und Haftpflicht* (vgl. hinten § 7 N 3, 11 ff.) führt ein wegen Kindesalters usw. reduziertes Verschulden nicht ohne weiteres zur vollen Haftpflicht. 126

2. Wenn wegen einer *Mehrheit von Haftpflichtigen* die von ihnen im Innenverhältnis definitiv zu tragenden Quoten mit der sektoriellen Verteilung ermittelt werden, führt ein wegen Verminderung der Urteilsfähigkeit herabgesetztes Verschulden eines Beteiligten zu einer Reduktion seiner Quote, verbunden mit einer Erhöhung der Quoten der Mitursachen. 127

3. Wo die *Fahrlässigkeit grob* sein muss, um zu bestimmten rechtlichen Folgen zu führen[141], wird diese Voraussetzung bei verminderter Urteilsfähigkeit kaum je gegeben sein. 128

4. Die praktisch wichtigste Konsequenz ergibt sich bei *Selbstverschulden* eines vermindert Urteilsfähigen: Die Kürzung der Schadenersatzleistungen ist kleiner, als sie bei voller Urteilsfähigkeit des Geschädigten wäre. 129

4. Haftpflicht bei fehlender Urteilsfähigkeit des Schädigers

OR 54 sieht für diejenigen Fälle eine Haftpflicht aus Billigkeit vor, in denen wegen Urteilsunfähigkeit kein Verschulden des Schädigers gegeben ist; vgl. Bd. II/1 § 18. (Der vermindert Urteilsfähige ist nicht urteilsunfähig.) 130

94; 100 II 337; 102 II 365 (wo vom Mass der Urteilsfähigkeit gesprochen wird); 104 II 185; 116 II 427. Dabei wird allerdings meistens einfach direkt das Verschulden reduziert, ohne die verminderte Urteilsfähigkeit als Begriff zu verwenden.
Beim Streit um die verminderte Urteilsfähigkeit, einlässlich dargestellt mit vielen Zitaten von EUGEN BUCHER, Verschuldensfähigkeit und Verschulden, FS Mario M. Pedrazzini (Bern 1990) 287 ff., wird die Annahme eines geringeren Verschuldens (namentlich) wegen Kindesalters nicht in Frage gestellt, sondern nur die dogmatische Konstruktion: Das Zivilrecht kenne nur das Vorhandensein oder Fehlen der Urteilsfähigkeit (HANS MERZ, ZBJV 1978, 135; vgl. auch PIERRE A. WESSNER, SJZ 79, 333 ff.). Die These, dass es bei der Urteilsfähigkeit keine Zwischenstufen gebe, ist für die Geschäftstätigkeit unvermeidbar, nicht aber für die Deliktsfähigkeit; vgl. GUHL/MERZ/KOLLER 183; ZR 74 Nr. 25 S. 49/50 = SJZ 71, 351 Nr. 149.
[141] Vgl. vorn FN 120.

131 Im übrigen steht bei den einfachen und den scharfen Kausalhaftungen das Fehlen eines Verschuldens des Haftpflichtigen der zivilrechtlichen Verantwortlichkeit nicht entgegen. Es kann eine gewisse Bedeutung haben, wenn der Kausalhaftpflichtige den Schaden selber mitverursacht hat und urteilsunfähig ist; dann entfällt sein zusätzliches Verschulden.

D. Zivil- und Strafrecht

132 Ein und dieselbe Schädigung eines Dritten ruft häufig sowohl nach einem zivil- als auch einem strafrechtlichen Verfahren. Dann stellt sich die Frage, ob das Strafurteil für den Zivilrichter bindend sei[142]. Diese Frage kann für jeden Punkt eines Zivilurteiles, der im Strafprozess behandelt worden ist, aufgerollt werden.

133 An sich handelt es sich um ein Problem des Zivilprozessrechts, was für die Gesetzgebungskompetenz der Kantone spricht. Der Bundesgesetzgeber hat aber in OR 53 zur Sicherung der richtigen und seinen Intentionen entsprechenden Anwendung des Rechts der unerlaubten Handlung die Freiheit der Kantone in diesem Bereich eingeschränkt[143]. Dies drängt sich von vornherein auf, wo der straf- und der zivilrechtliche Begriff nicht genau identisch sind oder die Beweislastverteilung eine andere ist. Beim Verschulden wendet das Zivilrecht namentlich gestützt auf die Objektivierung einen strengeren Massstab an und die zivilrechtliche Urteilsfähigkeit entspricht nicht genau der strafrechtlichen Zurechnungsfähigkeit[144]. Ausserdem ist die Beweislast anders verteilt. Hier ist der Zivilrichter gemäss OR 53 I an das Strafurteil, aber auch an eine strafrechtliche Freisprechung, z. B. die Annahme einer Nichtschuld, nicht gebunden[145]. Dies gilt nach OR 53 II auch für die Bemessung der Schuld (Grad des Verschuldens, Vorsatz oder Fahrlässigkeit) und die Bestimmung der Schadenshöhe, laute das Strafurteil auf Verurteilung oder Freispruch.

---

[142] Die umgekehrte Bindung kommt nicht in Frage.
[143] Vgl. zum ganzen Fragenkomplex BGE 56 II 439; 57 II 32; 77 II 306; 79 II 148; 107 II 158, 497; 108 II 426; 111 V 177; ZR 65 Nr. 113; VAS 13 Nr. 86 S. 425; Nr. 88 S. 439; Nr. 93 S. 462; Nr. 103 S. 515; DESCHENAUX/TERCIER § 21 N 30 ff.; VON TUHR/PETER 436 f.; A. KELLER I 106 ff.; GUHL/MERZ/KOLLER 184; BREHM zu OR 53; STARK, Skriptum N 428 ff.
[144] StGB 10 ff.; vgl. MEISTER-OSWALD 26.
[145] Der Zivilrichter kann also auch bei einem Freispruch die Haftpflicht aus OR 41 I bejahen; vgl. ZR 74 Nr. 25.

I. Schuldhafte Verursachung eines Schadens § 5

Widerrechtlichkeit und Tatbestand werden in OR 53 nicht erwähnt. Die Bindung des Zivilrichters in bezug auf diese beiden Punkte an einen Freispruch oder eine strafrechtliche Verurteilung wäre aber nicht sachgemäss und ist daher auch hier abzulehnen[146, 147].

134

Für andere Fragen können die Kantone die Freiheit des Zivilrichters gegenüber dem Strafurteil einschränken, wovon nur der Kanton Tessin Gebrauch gemacht hat[148]. Dazu ist allerdings ergänzend beizufügen, dass das Strafurteil kraft seiner Autorität sehr häufig auf die zivilrechtliche Erledigung ausstrahlt und sie beeinflusst. Dies ist berechtigt, weil die Strafbehörden viel bessere Möglichkeiten haben als die Zivilparteien, den Sachverhalt festzustellen. Sowohl im Zivilprozess als auch bei der vergleichsweisen Erledigung von Haftpflichtansprüchen werden die Strafakten normalerweise beigezogen[149].

135

Das *Adhäsionsverfahren* bietet die Möglichkeit, die Haftpflichtfrage im Strafprozess zu beurteilen. Die Gerichte verweisen aber den Geschädigten mit seinen Schadenersatzansprüchen gerne auf den Zivilprozess, was weder unter dem Gesichtspunkt der Prozessökonomie noch der Beschleunigung gerichtlicher Verfahren zu überzeugen vermag. Wenn dieses Vorgehen allerdings den Weg zu einem Vergleich öffnet, ist nichts dagegen einzuwenden. Abschliessend sei gesagt, dass die erwähnten Gegensätze aus den abweichenden Zwecken beider Rechtsgebiete folgen. Schon der Blickwinkel ist verschieden: «Das Strafrecht schaut in die Zukunft. Es will ... künftige Verletzungen verhindern ... Das private Deliktsrecht sieht auf die Folgen der Tat zurück ...»[150].

136

---

[146] Vgl. BGE 57 II 32; 107 II 157 ff., 497; VON TUHR/PETER 437; GUHL/MERZ/KOLLER 184; A. KELLER I 108; STARK, Skriptum N 435.
[147] Eine besondere Bestimmung findet sich in OR 60 II in bezug auf die Anwendbarkeit der strafrechtlichen Verjährungsfrist auf Schadenersatzansprüche. Es handelt sich nicht um eine Bindung des Zivilrichters an die Anwendung strafrechtlicher Begriffe auf einen bestimmten Sachverhalt in einem strafrechtlichen Erkenntnis, sondern um die Anwendung einer strafrechtlichen Norm – unter bestimmten Voraussetzungen – im Rahmen des Zivilrechts; vgl. dazu Bd. II/1 § 16 N 373 ff.
[148] Vgl. CPC (Codice di procedura civile del 17 febbraio 1971) 112 und dazu WALTER J. HABSCHEID, Droit judiciaire privé suisse (2. A. Genf 1981) 93; SCYBOZ 119 ff.; HANS ULRICH WALDER-BOHNER, Zivilprozessrecht (3. A. Zürich 1983) § 26 N 82; ZR 65 Nr. 113; vgl. aber in bezug auf den Kanton Zürich ZR 65 (1966) Nr. 113 mit kritischen Hinweisen von Si.; abweichend ZR 79 (1980) Nr. 95.
[149] Nicht selten wird in der aussergerichtlichen Praxis das Verschulden einfach nach dem Bussenverhältnis verteilt, was natürlich nur angängig ist, wenn bei der Festsetzung der Bussenhöhe die finanziellen Verhältnisse der Verurteilten nicht berücksichtigt wurden.
[150] DEUTSCH I 90; vgl. HECK, Schuldrecht 438.

II. Selbstverschulden des Geschädigten

A. Funktion des Selbstverschuldens

137 Wenn der Geschädigte selbst eine adäquate Ursache des von ihm erlittenen Schadens gesetzt hat und ihn daran ein «Verschulden» trifft, spricht man von Selbstverschulden[151]. Je nach seinem Gewicht führt es zu einer Reduktion des Schadenersatzes oder, als Entlastungsgrund[152], zur Befreiung des an sich Haftpflichtigen.

138 Das Selbstverschulden kann vor[153], gleichzeitig mit dem haftungsbegründenden Ereignis oder nachher[154] auftreten.

B. Begriff und Arten

1. Wesen des Selbstverschuldens

139 1. Wer einen Schaden erlitten hat und gegenüber Dritten Schadenersatzansprüche stellt[155], muss sich gegebenenfalls – wie erwähnt – entge-

---

[151] Auch *ausserhalb des Haftpflichtrechts* ist das Selbstverschulden von Bedeutung: z. B. im vertraglichen Schadenersatzrecht (OR 99 III); bei der Festsetzung der Rechte des Bestellers eines Werkes (OR 369); bei der Festsetzung der Höhe einer Konventionalstrafe gemäss OR 163 II (BGE 61 II 242 und dort zit. Jud.; 105 II 203); bei der Festsetzung der Irrtumsfolgen (OR 26 I); bei der Festsetzung der Folgen der unberechtigten Abgrabung einer Quelle (ZGB 706 II); im privaten Versicherungsrecht (VVG 14); in der obligatorischen Unfallversicherung (UVG 37); bei der Beurteilung der Folgen der Auflösung eines öffentlich-rechtlichen Dienstverhältnisses (vgl. WIMMER, ZSR 53, 229 ff.; DERS., ZBJV 74, 363 ff.) u. a. m.

[152] Vgl. vorn § 3 N 151 ff.

[153] Zum Beispiel wenn der spätere Geschädigte es unterlässt, den potentiellen Haftpflichtigen auf die letzterem nicht bewusste besondere Höhe des drohenden Schadens aufmerksam zu machen; vgl. OR 447 II. Im Deliktsrecht kann dies praktisch von Bedeutung sein, wenn vor dem Schadenfall eine vertragliche Beziehung zwischen den Parteien besteht. Aber auch abgesehen von solchen Fällen kann das Selbstverschulden *vor* dem Unfall eine Rolle spielen, wenn z. B. ein Herzkranker seine Nitroglycerin-Tabletten nicht bei sich hat, wenn er durch einen Unfall einen Schock erleidet.

[154] Beispiel: Nicht-Konsultation eines Arztes, wenn diese wegen der Unfallfolgen geboten wäre, vgl. BGE 56 II 375.

[155] Wenn keine Dritte auf Schadenersatz belangt werden können, hat der Geschädigte den Schaden definitiv selber zu tragen, habe er zu seiner Entstehung beigetragen oder nicht. Rechtliche Fragen stellen sich nicht.

genhalten lassen, dass er selber zu dessen Verursachung beigetragen hat. Konnte er diese Möglichkeit einer Selbstschädigung durch sein Verhalten voraussehen, trifft ihn daran also ein Verschulden, so liegt ein Selbstverschulden (des Geschädigten) vor. Hier ist die rechtliche Konsequenz des Selbstverschuldens zu besprechen. Diese besteht, kurz gesagt, darin, dass der Geschädigte die seiner Voraussicht entsprechende Quote seines Schadens, verglichen mit den von den beteiligten Dritten zu vertretenden Umständen (Verschulden und/oder Kausalhaftungsgrund), selber zu tragen hat[156]. «Denn nichts ist natürlicher, als dass jeder die Folgen der eigenen Nachlässigkeit selber zu tragen hat»[157]. Wollte man den Schaden, den man sich selber durch Ausserachtlassung der gebotenen Vorsicht zugeführt hat, von einem andern ersetzt verlangen, verstiesse man gegen den Grundsatz von Treu und Glauben[158], es sei denn, man könne aus seiner allfälligen Schuldlosigkeit ableiten, dass der Vorwurf des Selbstverschuldens nicht gerechtfertigt sei.

2. Hier stellt sich aber die Frage, ob man dem Geschädigten überhaupt ein *Verschulden* an seinem eigenen Schaden vorwerfen kann oder ob dieser Begriff nicht seiner Natur nach nur auf die Schädigung Dritter anwendbar sein kann. Ihre Beantwortung hängt vom Verschuldensbegriff ab. Wenn er das Bewusstsein der Rechtswidrigkeit enthält und damit nur bei Rechtswidrigkeit denkbar ist, kann man bei Selbstverursachung des eigenen Schadens nur *metaphorisch* von einem Verschulden sprechen[159]. Wenn man die Rechtswidrigkeit dagegen, wie vorn N 37 vertreten, auch in psychischer Hinsicht nicht in den Verschuldensbegriff einbaut, die Sorgfaltspflicht nicht als eine Rechtspflicht betrachtet und die Missbilligung schuldhaften Verhaltens nur aus der Rechtswidrigkeit ableitet, entstehen hier keine Schwierigkeiten: Selbstverschulden in diesem Sinne liegt vor, wenn der Geschä-

---

[156] Wurde nicht nur die Person, die das Selbstverschulden trifft, geschädigt, sondern gleichzeitig auch eine andere Person, so stellt das Selbstverschulden gegenüber dieser anderen Person ein haftungsbegründendes Verschulden dar; vgl. BGE 69 II 414.
[157] F. MOMMSEN, Zur Lehre von dem Interesse (Braunschweig 1855) 157.
[158] Vgl. BGE 64 II 439; 101 II 75 = Pra 64 Nr. 170; 105 II 155; 106 II 16; 108 II 311; 116 II 422 ff.; Pra 80 Nr. 15; MERZ N 556 zu ZGB 2; DEUTSCH I 319; DUNZ, JZ 1961, 406 ff.
[159] Es stellt nach dem allgemeinen Sprachgebrauch kein Verschulden dar, eine eigene Sache zu beschädigen, z. B. das eigene Holz zu verbrennen (wohl aber, das eigene Haus anzuzünden). Das kann nicht anders sein, wenn ein Dritter zu dieser Beschädigung beigetragen hat. Vgl. zu dieser Problematik des Selbstverschuldensbegriffes HÄBERLIN 55; s. auch BREHM N 18 f. zu OR 44; MERZ 223; STARK, Diss. 186 FN 54; LARENZ, Schuldrecht I 539; DEUTSCH I 319; KOZIOL 185; ERNST ZELLER, Treu und Glauben und Rechtsmissbrauchsverbot (Diss. Zürich 1981).

§ 5 Verschulden und Selbstverschulden

digte die Möglichkeit seiner Schädigung *voraussehen* kann und sein Verhalten dieser Voraussicht nicht anpasst[160]. Die Rechtsfolge seiner Unsorgfalt besteht dann in der Reduktion resp. Streichung seines eventuellen Schadenersatzanspruches.

141   3. Der Geschädigte kann *mit oder ohne Verschulden* eine Mitursache seines Schadens gesetzt haben. Soll *unverschuldetes Verhalten*[161] rechtlich gleich behandelt werden wie verschuldetes?

142   Die Rechtsordnung bleibt nur konsequent, wenn sie dem Geschädigten seine Mitverursachung seines Schadens nur entgegenhält, wenn er im Falle der Schädigung eines Dritten durch das gleiche Verhalten diesem Dritten gegenüber dafür verantwortlich würde[162]. Wenn ein Radfahrer wegen der plötzlichen nicht voraussehbaren Reaktion eines Hundes zu Fall kommt und dabei einen Fussgänger umwirft, wäre es widersprüchlich, wenn er zwar mangels Verschuldens gegenüber dem Fussgänger nicht haftpflichtig wäre, aber trotzdem vom Hundehalter nicht seinen ganzen Schaden ersetzt verlangen könnte[163].

143   Die Schädigung durch eigenes Verhalten wird daher von der Rechtsordnung nur dann als rechtlich relevant betrachtet und als Grund für eine Reduktion des Schadenersatzanspruches angesehen, wenn es ein Selbst*verschulden* darstellt. Wenn der Geschädigte einen an seiner Schädigung beteiligten Kausalhaftungsgrund zu vertreten hat, liegt eine Kollision von Haftungen vor; vgl. hinten § 9.

144   4. Das Selbstverschulden hat, wie das Verschulden, eine objektive Seite, die (abgesehen vom selbstschädigenden Vorsatz) auf die gebotene Sorgfalt des Geschädigten als Resultat der Vorhersehbarkeit eines Schadens hinauskommt und eine subjektive Seite, die Frage der *Urteilsfähigkeit* (vgl. hinten N 163 ff.).

145   5. Wer sich gegen ein Risiko *nicht versichert* hat, muss sich deswegen kein Selbstverschulden entgegenhalten lassen. Die Schadenersatzpflicht ist unabhängig davon, ob der Geschädigte versichert ist. Die Unterlassung des

---

[160] Diese Voraussicht der Möglichkeit eines eigenen Schadens als Folge des gewählten Verhaltens rechtfertigt es ganz natürlich, dass der Geschädigte nicht von einem an der Verursachung seines Schadens beteiligten Dritten vollen Schadenersatz verlangen kann; BGE 107 I b 158.
[161] Das heisst die Verursachung einer Selbstschädigung, wenn diese nicht voraussehbar war.
[162] Vgl. BGE 69 II 414.
[163] Diese Überlegung gilt auch, wenn der Geschädigte zwar nicht ein Verschulden zu vertreten, aber ein Faktor als Ursache mitgewirkt hat, für den er kausalhaftpflichtig ist; vgl. hinten § 9 N 9 ff.; BGE 111 II 90 = Pra 74 Nr. 155.

Abschlusses eines Versicherungsvertrages ist im weiteren nicht adäquat kausal für den Schaden.

2. Kriterien des Selbstverschuldensbegriffes

a) Im allgemeinen

Selbstverschulden ist nach dem Gesagten dann gegeben, wenn ein für den Schaden, allein oder konkurrierend, ursächliches Verhalten des Geschädigten vorliegt, das bei anderer Rollenverteilung, bei der Schädigung eines Dritten, ein Verschulden im Sinne der Ausführungen vorn N 1 ff. darstellen würde. Es beurteilt sich nach einem objektiven Kriterium: Es ist ein *objektivierter Selbstverschuldensbegriff* massgebend, auf den die Regeln über den objektivierten Fahrlässigkeitsbegriff (vorn N 63 ff.) sinngemäss anzuwenden sind[164]. Ein Verhalten, von dem erwartet werden muss, dass der Geschädigte seine Gefährlichkeit einsah oder hätte einsehen können[165], stellt folglich ein Selbstverschulden dar[166]. Im besonderen lässt sich in Übereinstimmung mit diesem Satz aus der Judikatur die Regel ableiten, dass immer dann von Selbstverschulden zu sprechen ist, wenn sich der Geschädigte *frei*willig einer Gefahr ausgesetzt hat, die er kannte oder hätte kennen sollen[167, 168].

146

---

[164] Vgl. BGE 69 II 332 (vermeidbare optische Täuschung); 75 II 74; 102 II 239 f.; ZBJV 78, 132; ZR 54 Nr. 7 S. 26; Sem.jud. 1941, 114 = SJZ 38, 316 = JT 1941 I 467; SJZ 53, 77; VON TUHR/PETER 109 N 9a; MEISTER-OSWALD 101.

[165] Wer das Bewusstsein der Rechtswidrigkeit als Voraussetzung des Verschuldens betrachtet, muss hier beifügen, dass der Geschädigte sein Verhalten hätte vermeiden sollen (vgl. Voraufl. 160). Ein solches Sollen fehlt aber bei einer Selbstschädigung, ausser bei Beeinträchtigung von Gütern, über die der Inhaber nach der Rechtsordnung nicht verfügen kann, insbesondere des Lebens.

[166] Vgl. BGE 28 II 33; 69 II 399; 72 II 260 lit. b; 75 II 74; 83 II 31; 84 II 297; 91 II 221; 92 II 241; 97 II 229; 101 II 73; 115 II 283; Sem.jud. 1955, 606.

[167] BGE 42 II 48; 45 II 315; 46 II 155; 58 II 246; 69 II 331, 399; 72 II 260/61; 79 II 69/70, 72/73; 82 II 32; 83 II 32; 84 II 297; 85 II 37/38; 91 II 221; 99 II 374; ZR 56 Nr. 101, S. 210; SJZ 68, 312; Sem.jud. 1946, 203/04; 1960, 567. – Siehe auch BGE 69 II 269. – Über das Fahren mit einem angetrunkenen, übermüdeten oder sonst nicht fahrfähigen Automobilisten vgl. Bd. II/§ 25 N 538.

[168] Oder falls er sogar zu einem gefährlichen Vorhaben Anlass gegeben hat. Beispiel: Ein Betrunkener veranlasst einen ebenfalls betrunkenen Automobilisten zu einer gemeinsamen Fahrt; vgl. BGE 69 II 413, aber auch 57 II 471; 58 II 139, 246; 91 II 218 (mit Judikaturangaben). In diesen Bereich gehören bei der Verschuldenshaftung die Teilnahme an einem Raufhandel und die Provokation dazu; vgl. z. B. BGE 25 II 826; 29 II 560, 621; 31 II 251, 722; 44 II 152; 104 II 187 f., 281.

b) Einzelfragen

147　1. Man kann diese letzteren Fälle unter dem Stichwort *«Handeln auf eigene Gefahr»* oder *«acceptation du risque»* zusammenfassen[169]. Dieser Begriff ist nicht rechtsdogmatischer Natur, sondern stellt eine rein praxisbezogene Qualifikation eines Verhaltens dar. Die dogmatische Einordnung hat sich nach den konkreten Verhältnissen des Einzelfalles zu richten[170]: In den Bereich der unerlaubten Handlung fallen die Einwilligung des Verletzten, die in Bd. II/1 § 16 N 250 ff. besprochen ist, und das hier zu erörternde Selbstverschulden[171]. Dieses kann zu einer Schadenersatzreduktion oder zur Entlastung wegen Unterbrechung des Kausalzusammenhanges führen (vgl. vorn § 3 N 151 ff.).

148　Wenn der spätere Geschädigte die Möglichkeit seiner Schädigung voraussieht und nicht entsprechend dieser Voraussicht handelt, sondern die von ihm erkannte Gefahr auf sich nimmt, ohne in seine Schädigung einzuwilligen, liegt ein Selbstverschulden vor. Die rechtliche Behandlung hat sich nach den vorn (N 137 ff.) dargelegten Grundsätzen zu richten; weitere Ausführungen erübrigen sich[172].

---

[169] Die Konstruktion des Handelns auf eigene Gefahr ist kontrovers. Vgl. dazu PETITPIERRE in ZSR 49, 85a f.; STARK in SJZ 50, 21 ff., 40 ff.; DERS. in ZSR 86 II 114; EUGEN BUCHER, Die Ausübung der Persönlichkeitsrechte (Diss. Zürich 1956) 110 ff.; LARENZ, Schuldrecht I 542 f.; GEIGEL/SCHLEGELMILCH 2. Kap. N 20; STOLL, Das Handeln auf eigene Gefahr (Berlin/Tübingen 1961); SOERGEL/SCHMIDT II N 49 ff. zu BGB 254; KOZIOL I 254 f.; SAVATIER I Nr. 191; KLEPPE, Die Haftung bei Skiunfällen in den Alpenländern (München/Berlin 1967); KELLER/GABI 104; MERZ 228 f.; A. KELLER I 126; DESCHENAUX/ TERCIER § 6 N 34; DEUTSCH I 327 ff.; DERS., in RabelsZ 66, 760; LANGE 637; BGE 97 II 229.

[170] Dabei ist hier vom stillschweigenden vertraglichen Verzicht auf Haftungsansprüche abzusehen, der in Wirklichkeit kaum je vorliegt (vgl. STARK, SJZ 50, 24 unter Hinweis auf das französische Recht). Massgebend für einen solchen Verzicht sind OR 100 I und 101 II/III. Er gehört nicht zum Deliktsrecht. Vgl. im übrigen BGE 117 II 548/49.

[171] In der Praxis akzeptiert der Geschädigte den Einwand des Handelns auf eigene Gefahr viel eher als denjenigen des Selbstverschuldens.

[172] Das gilt, wenn man auf die spezielle Missbilligung als Inhalt des Selbstverschuldensbegriffes – neben der Rechtswidrigkeit – verzichtet (vgl. vorn N 140). Dann besteht kein Unterschied zwischen dem unaufmerksamen Überqueren einer Autostrasse und dem Schlittschuhlaufen oder Skifahren.
Die in der Voraufl. 161 behandelte Frage, ob ein nicht schuldhaftes Handeln auf eigene Gefahr nach OR 44 I zu einer Herabsetzung des Schadenersatzes bzw. zur Entlastung führen könne – unter Anwendung des Verbotes des venire contra factum proprium –, stellt sich bei der vorn vertretenen Auffassung über den Begriff des Verschuldens im allgemeinen und des Selbstverschuldens im besonderen nicht: Es lässt sich wohl kaum vertreten, einem Geschädigten, der eine Gefahr nicht erkennen konnte, Handeln auf eigene Gefahr vorzuwerfen.

II. Selbstverschulden des Geschädigten   § 5

2. Wenn jemand sich immer wieder der gleichen Gefahr aussetzt oder zur Ausübung seines Berufes aussetzen muss und sich dabei nie ein Unfall ereignet, ist es ganz natürlich, dass er sorgloser wird. Seine Vorsicht reduziert sich; er rechnet wegen der Gewöhnung an die Gefahr, die sich noch nie realisiert hat, kaum mehr mit einem Schadenfall und macht sich weniger Gedanken darüber. Wenn dann trotzdem ein Unfall eintritt, ist sein Verschulden daher als kleiner einzuschätzen als das Verschulden eines Unerfahrenen in der gleichen Situation[173].

149

3. Während die *Motive* des Handelns des Schädigers grundsätzlich für die Bemessung des Verschuldens irrelevant sind, weil es niemandem anheimgestellt sein kann, die für ihn massgebenden Motive als Entschuldigung für die Schädigung Dritter zu gebrauchen[174], sind sie beim Selbstverschulden zu berücksichtigen: Die Auswirkung des durch einen konkreten Beweggrund bestimmten Verhaltens treffen denjenigen, für den dieser Beweggrund massgebend ist, der ihn innerlich anerkennt. Ist er moralisch hochstehend, so verliert das Selbstverschulden sein Gewicht oder einen Teil davon. Wer eine Gefahr akzeptiert, um anderen zu helfen, muss sich kein oder nur ein reduziertes Selbstverschulden entgegenhalten lassen, wenn er dabei durch einen Dritten oder durch Umstände, für die ein anderer kausal haftpflichtig ist, geschädigt wird[175].

150

4. Das Selbstverschulden besteht häufig nicht in der Ausführung eines in Ruhe gefassten Entschlusses, sondern in der *Reaktion* auf eine für den späteren Geschädigten gefährliche Situation[176]. Der Entschluss muss dann

151

---

[173] Vgl. die Rechtsprechung über das Selbstverschulden des Bahnpersonals, bei dem die Gewöhnung an die Gefahr – z. B. des Überschreitens von Geleisen – sehr deutlich ist, in Bd. II/3 § 27 N 182. Vgl. den Begriff der sog. schadensgeneigten oder gefahrengeneigten Arbeit. Einerseits führt eine gefährliche Arbeit zu einer natürlichen Abstumpfung gegenüber der Gefahr, wenn lange Zeit kein Schaden eingetreten ist; andererseits verlangt sie aber eine erhöhte Sorgfalt.
Nach OR 321e kann das Berufsrisiko im Verhältnis zwischen Arbeitnehmer und Arbeitgeber zu einer milderen Beurteilung des Verhaltens des Arbeitnehmers führen; vgl. REHBINDER, Berner Komm. (Bern 1985) N 20 zu OR 321e; DEUTSCH I 292/93; KOZIOL I 132/33 u. a.; hinten § 7 N 73/74.

[174] Vgl. vorn FN 83.

[175] Beispiel: Ein Passant rennt auf die Strasse, um ein kleines Kind aus der Fahrbahn eines Autos zu ziehen, und wird dabei selber vom Auto erfasst. Hieher gehören auch alle Rettungsaktionen, bei denen unter Lebensgefahr Personen aus brennenden Häusern getragen werden.

[176] Vgl. BGE 12, 589; 14, 620; 15, 270; 23 II 1051; 41 II 702; 56 II 125; 62 II 56; 102 II 240 = Pra 66 Nr. 26.

rasch gefasst und ohne Zeitverlust in die Tat umgesetzt werden[177]. Die Möglichkeit des sachgemässen Vorgehens ist reduziert oder fehlt ganz[178]. Eine mildere Beurteilung des Selbstverschuldens drängt sich insbesondere dann auf, wenn der Haftpflichtige schuldhaft Anlass zu dem falschen Verhalten des Geschädigten gegeben hat[179]. Auch die Unbekümmertheit der Jugend gegenüber Gefahren darf mildernd in Rechnung gestellt werden, auch dort, wo nicht von beschränkter Urteilsfähigkeit zu sprechen ist.

152 Begründetes Erschrecken und erforderliche Reaktionszeit sind gleich wie beim Verschulden zu berücksichtigen (vgl. vorn N 94).

c) Arten des Selbstverschuldens

153 Man unterscheidet wie beim Verschulden zwischen *grobem* und *leichtem Selbstverschulden*. *Vorsatz* spielt dabei eine untergeordnete Rolle – in Frage stehen Selbstmord und Selbstverstümmelung – und ist, wo die Haftpflichtgesetze vom Verschulden des Geschädigten sprechen, in diesem inbegriffen. Die Bemerkungen vorn N 48 ff., 105 ff. betreffend Fahrlässigkeit gelten sinngemäss.

d) Verhalten von Hilfspersonen

154 Wenn eine Hilfsperson des Geschädigten durch ihr Verschulden zu dessen Schaden beigetragen hat[180], steht an sich die Wahl zwischen zwei dogmatischen Lösungen offen: Entweder betrachtet man die Hilfsperson als einen Dritten und dementsprechend neben dem Haupthaftpflichtigen[181]

---

[177] Vgl. BGE 8, 789.
[178] Vgl. ZR 54 Nr. 7 S. 28 f.
[179] Vgl. BGE 33 II 87; 34 II 295; 57 II 99/100; 58 II 134/35; 60 II 284; 102 II 240.
[180] Beispiele:
  – Unfall eines Autos wegen eines Werkmangels der Strasse, wobei den mit dem Halter nicht identischen Lenker des Autos ein Verschulden trifft.
  – Ein Arbeiter einer Hochbauunternehmung befestigt am Kran einer auf der gleichen Baustelle beschäftigten Tiefbauunternehmung eine zu schwere Last. Der Kranführer realisiert das nicht; der Kran stürzt um und beschädigt eine Baubaracke des Hochbauunternehmers.
[181] Dieser Ausdruck ist an und für sich sinnwidrig. Er bezeichnet aber in kurzer Form denjenigen, gegen den der Geschädigte sich in erster Linie wendet, häufig einen Gefährdungshaftpflichtigen.

verantwortlichen Beteiligten. Für die interne Verteilung der Schadens unter die beiden solidarisch Verantwortlichen ist dann OR 51 Abs. 2 massgebend[182]. Oder man rechnet die Mitwirkung der Hilfsperson des Geschädigten diesem als Selbstverschulden an[183].

Es ist aber nicht einzusehen, weshalb der Geschädigte in diesen Fällen für das Verhalten seiner Hilfsperson, für deren Verhalten er gegenüber Dritten[184] verantwortlich ist[185], nicht einstehen sollte. Dies widerspräche der Regel, dass ein Umstand, der zur Haftpflicht gegenüber einem Dritten führen kann, dem dafür Verantwortlichen als Reduktionsgrund entgegenzuhalten ist, wenn er selbst geschädigt wird[186]. Diesem Grundsatz entspricht schon die Berücksichtigung des Selbstverschuldens als Reduktionsgrund. Es wäre nicht konsequent, dem Geschädigten alle möglichen von ihm zu vertretenden Haftungsgründe gegebenenfalls als Reduktionsgründe entgegenzuhalten, nicht aber die Hilfspersonenhaftung. Ein vernünftiger Grund hiefür lässt sich nicht finden. 155

Bei den Kausalhaftungen, mit denen regelmässig eine unbedingte Haftung für die Hilfspersonen verbunden ist[187], liegt dies auf der Hand; man vergleiche insbesondere SVG 58 IV. 156

Diese Argumentation führt bei den *einfachen Kausalhaftungen mit Sorgfaltsbeweis* dazu, dass das mitschädigende Verhalten einer Hilfsperson des Geschädigten diesem dann nicht entgegengehalten werden kann, wenn er den Sorgfaltsbeweis zu erbringen vermag[188]: Bei gleichzeitiger Schädigung eines Dritten haftet er diesem gestützt auf den gelungenen Befrei- 157

---

182 In diesem Sinne BGE 88 II 362 und der nicht publizierte Entscheid vom 2. Juni 1964 i. S. Kanton Aargau gegen Dreier.
183 So die frühere und die neuere Rechtsprechung des Bundesgerichts; vgl. BGE 25 II 568; 35 II 325; 56 II 96; nicht publ. Entscheid vom 27. Januar 1953 i. S. Elsener gegen Korporation Zug; 61 II 187; 87 II 312 (wo die Frage offengelassen wurde); 92 II 242; 95 II 53 f.; 96 II 31; 97 II 223; 99 II 198; vgl. auch GUHL/MERZ/KOLLER 81; VON TUHR/PETER 110.
184 Ein Ausläufer ist als Radfahrer für einen Verkehrsunfall verantwortlich, wobei das von ihm benützte Fahrrad seines Arbeitgebers beschädigt und ein Fussgänger verletzt wird.
185 Massgebend ist also der Begriff der Hilfsperson, der in der Haftungsart, der der Geschädigte untersteht, anzuwenden ist; bei Schädigung eines Autohalters SVG 58 IV.
186 Vgl. hinten § 9; Bd. II/1 § 21 N 103; Bd. II/2 § 25 N 152 ff., 629; Bd. II/3 § 28 N 163 ff., § 30 N 159/60; § 31 N 149; § 32 N 344.
187 Vgl. Bd. II/1 § 17 N 4; § 20 N 1, N 12, N 63; BREHM M 42 zu OR 44; KELLER/GABI 166; BGE 115 II 158.
188 So die Lösung im deutschen Recht gestützt auf BGB 254 in Verbindung mit BGB 831; vgl. LARENZ I § 20 VIII 296 ff.; MEDICUS II 384 ff.; RUSCONI 549.

ungsbeweis nicht; daher darf ihm vom Haupthaftpflichtigen die Mitwirkung seiner Hilfsperson nicht entgegengehalten werden[189, 190]. Diese haftet vielmehr ihrem Arbeitgeber oder sonstigen Geschäftsherrn solidarisch mit dem Haupthaftpflichtigen für den vollen Schaden, wenn sie ein Verschulden trifft.

158   Einer geschädigten juristischen Person ist das Verschulden ihrer Organe voll anzurechnen. Das gleiche gilt bei Kollektiv- und Kommanditgesellschaften für deren Gesellschafter.

159   Bei der Haftung für Hilfspersonen im vertraglichen Bereich nach OR 101 ist die Anrechnung von deren Verschulden ebenfalls geboten[191].

e) Wessen Verschulden gilt als Selbstverschulden?

160   Der Geschädigte, dessen Verschulden zu einer Reduktion der Haftpflicht oder zur Entlastung führt, ist regelmässig mit seiner Person oder seinem Eigentum am Unfall beteiligt und durch die Auswirkungen des Schadenereignisses betroffen. Das ist eine Selbstverständlichkeit und wird hier nur erwähnt, weil es auch gilt, wenn eine andere Person aktivlegitimiert ist. Im Vordergrund steht der *Versorgerschaden*: Das Verschulden des

---

[189] Beispiel: Ein erfahrener und zuverlässiger Fuhrmann ist in der Nähe einer Truppe, die sich im Manöver befindet, unaufmerksam. Der Knall einer Petarde, mit der ein Schiedsrichter Artilleriefeuer markiert, erschreckt die Pferde; sie brennen durch und verletzen einen Radfahrer; das Fuhrwerk fährt über die Strasse hinaus und wird beschädigt. Der Bund haftet für die Folgen des Knalls der Petarde nach MO 23. Der Eigentümer des Fuhrwerks und der Radfahrer haben je einen vollen Ersatzanspruch gegen den Bund. Dieser kann dem Eigentümer des Fuhrwerks wegen des gelungenen Befreiungsbeweises OR 55/56 nicht entgegenhalten. Der Radfahrer hat keinen Anspruch gegen ihn, sondern nur gegen den Bund und gegen den Fuhrmann persönlich (aus OR 41), der solidarisch mit dem Bund gegenüber ihm und seinem Arbeitgeber verantwortlich ist.

[190] Die bundesgerichtliche Praxis enthält keine Aussagen über die geschilderte Bedeutung des Sorgfaltsbeweises nach OR 55/56 und ZGB 333 bei Schädigung des Kausalhaftpflichtigen unter Mitwirkung seiner Hilfsperson.
Nach BREHM N 42 zu OR 44 kann dem Geschädigten, der einer einfachen Kausalhaftung unterstellt ist, die Mitwirkung seiner Hilfsperson, wenn er durch Dritte geschädigt wird, unter Umständen auch dann als Reduktionsgrund entgegengehalten werden, wenn ihm der Sorgfaltsbeweis gelingt. Dieser Gedankengang, der sich auf OR 44 stützt, überzeugt nicht, weil der Kausalhaftpflichtige bei gelungenem Sorgfaltsbeweis für das Verhalten seiner Hilfsperson nicht einstehen muss.

[191] Vgl. BGE 82 II 533; 92 II 242; 95 II 52; BREHM N 42 zu OR 44; VON TUHR/PETER 109 f.; GAUCH ZBJV 1982, 72 ff.; KELLER/GABI 173 f.; GUHL/MERZ/KOLLER 74; RUSCONI 549.

Getöteten ist auch dem Versorgten als Selbstverschulden entgegenzuhalten; vgl. hinten § 7 N 29.

Erleidet eine am Schadenablauf nicht direkt beteiligte Person einen 161
Schock bei der Mitteilung der Verletzung eines Angehörigen[192], handelt es sich ähnlich wie beim Versorgerschaden in gewissem Sinne um eine Reflexwirkung der Verletzung des betreffenden Angehörigen[193] und ist dessen Selbstverschulden auch dieser dritten Person entgegenzuhalten; denn die Verletzung des Angehörigen ist Voraussetzung des Schockschadens. Bei der Unterbrechung des Kausalzusammenhanges durch das grobe Selbstverschulden des verletzten Angehörigen entstände sonst das absurde Resultat, dass der Haftpflichtige für einen Schockschaden einzustehen hätte, den er – nach der herrschenden Lehre – nicht im Rechtssinne verursacht hat.

Das gilt natürlich auch, wenn der vom Schadenereignis Betroffene seine 162
Ansprüche einem Dritten zediert hat oder wenn sie durch Subrogation auf einen Dritten übergegangen sind.

C. Urteilsfähigkeit

1. Im allgemeinen

Wie man aus einem Verhalten nur dann eine Haftpflicht ableitet, wenn 163
es ein Verschulden darstellt[194], wird auch die adäquate Mitverursachung des Schadens durch den Geschädigten nur dann als Reduktions- oder Entlastungsgrund berücksichtigt, wenn sie *verschuldet* ist (vgl. vorn N 142). Dieses Verschulden setzt – wie das nach OR 41 haftungsbegründende – *Urteilsfähigkeit* voraus. Sie bildet auch hier[195] die Grenze der Objektivierung des Verschuldensbegriffes. ZGB 16 und 18 sind anzuwenden. Die Regeln über den Begriff und die Relativität der Urteilsfähigkeit sowie über die verminderte Urteilsfähigkeit sind ebenfalls massgebend; die letzteren

---

[192] Vgl. Bd. II/1 § 16 FN 151; GUHL/MERZ/KOLLER 177.
[193] BGE 112 II 128 betrachtet demgegenüber denjenigen, der durch die Nachricht von der Verletzung eines nahen Angehörigen einen Schock erleidet, als direkt geschädigt.
[194] Abgesehen von denjenigen Verhaltensarten, an die eine Kausalhaftung geknüpft ist.
[195] Vgl. BGE 112 I b 331.

spielen hier, namentlich bei wegen Kindesalters verminderter Urteilsfähigkeit, eine bedeutendere Rolle als bei der Urteilsfähigkeit des Schädigers.

2. «Selbstverschuldensabzug» trotz Urteilsunfähigkeit des Geschädigten

a) Im allgemeinen

164 Wo es die *Billigkeit* erheischt, kann der Richter nach konstanter Praxis[196] die Grundsätze von OR 54 analog[197] auf das objektive Selbstverschulden des Geschädigten anwenden. Er kann also auch bei *fehlender Urteilsfähigkeit* des Geschädigten dessen objektiv unvorsichtiges Verhalten als Reduktionsgrund betrachten. Bei *verminderter Urteilsfähigkeit* wird der Selbstverschuldensabzug gekürzt und kann es deshalb je nach den Umständen als billig erscheinen, den wegen der Verminderung der Urteilsfähigkeit gekürzten Selbstverschuldensabzug gestützt auf die analoge Anwendung von OR 54 I wieder zu erhöhen.

b) Kann die analoge Anwendung von OR 54 I auch zur völligen Entlastung durch das Verhalten eines urteilsunfähigen Geschädigten führen?

165 Das Selbstverschulden des Urteilsfähigen kann den Schadenersatzanspruch nicht nur reduzieren, sondern auch, wenn es die nötige Schwere aufweist, den Haftpflichtigen durch Unterbrechung des Kausalzusammenhanges entlasten (vgl. vorn N 137; § 3 N 151 ff.). Soll dies auch bei Urteilsunfähigen gestützt auf OR 54 I möglich sein, wenn es der Billigkeit entspricht?

166 Es ist davon auszugehen, dass OR 54 I ausdrücklich nicht nur die Möglichkeit eines reduzierten Schadenersatzanspruches gegen einen Urteilsfähigen vorsieht, sondern auch seiner vollen Zusprechung. Wenn ein Urteilsunfähiger durch grobe Verletzung der objektiv gebotenen Sorgfalt nicht nur sich selbst schädigt, sondern auch einen Dritten, kann er also für

---

[196] Vgl. BGE 41 II 226; 51 II 523; 54 II 140; 60 II 44, 224; RUSCONI in ZSR 82 I 352, 359 ff. will das nicht schuldhafte Verhalten des Geschädigten weit über diesen Bereich hinaus berücksichtigen, um zur Milderung der Haftung zu gelangen, was der geltenden Konzeption gerade der Kausalhaftungen, an die er denkt, widerspricht.

[197] OR 54 erwähnt diese Möglichkeit nicht ausdrücklich; vgl. Bd. II/1 § 18 N 99 ff.

diesen Schaden des Dritten – je nach der Billigkeit – voll verantwortlich werden. Es wäre nicht konsequent, wenn er trotzdem gegebenenfalls für einen Teil seines eigenen Schadens von der Gegenpartei Ersatz beanspruchen könnte[198, 199]. Das wäre aber nur in einem ganz extremen Fall in Erwägung zu ziehen, weshalb in Bd. II/1 § 18 N 104 die Entlastung bei Urteilsunfähigkeit gestützt auf die Billigkeit abgelehnt wird.

3. Selbstverschuldensabzug bei verschuldeter vorübergehender Urteilsunfähigkeit

Wer im Zustand vorübergehender Urteilsunfähigkeit – z. B. Trunkenheit – einen Schaden verursacht, kann wie bei dauernder Urteilsunfähigkeit nicht aus OR 41 zur Verantwortung gezogen werden. Für diesen Fall bestimmt OR 54 II, dass er haftet, wenn er nicht beweist, dass ihn am vorübergehenden Fehlen der Urteilsfähigkeit kein Verschulden trifft. Es handelt sich um eine Verschuldenshaftung mit umgekehrter Beweislast[200]. 167

Hat der *Geschädigte* seine Urteilsunfähigkeit selbst verschuldet, so muss er sich ebenfalls in bezug auf deren Entstehung exkulpieren, ansonst das Verschulden an der Urteilsunfähigkeit wie ein normales Selbstverschulden behandelt wird. Dies steht zwar – ebensowenig wie die Anwendung von OR 54 I auf die Selbstverursachung – nicht ausdrücklich in Abs. 2 dieser Norm, der aber auch analog anzuwenden ist. Sonst müsste ihm der Haftpflichtige das Verschulden an der Urteilsunfähigkeit und dessen kausale Bedeutung für den Unfall nachweisen, wie in der Vorauflage 167 angenommen wird. 168

---

[198] Beispiel: Ein Urteilsunfähiger lebt in einer privaten Anstalt für Hirngeschädigte. Es gelingt ihm, wegen minimen Mängeln der Überwachung durch den Inhaber des Heimes im Bett zu rauchen. Es entsteht ein Zimmerbrand, der zu spät entdeckt wird und zur Einäscherung des ganzen Hauses führt. Da der betreffende Urteilsunfähige sehr reich ist, haftet er für den ganzen Schaden des Eigentümers (abgesehen vom Regress des Brandversicherers) nach OR 54 I. Es wäre stossend, wenn er für die Folgen seiner schweren Rauchvergiftung und seiner Verbrennungen vom Heimleiter Schadenersatz verlangen könnte.

[199] Dieses Problem stellt sich praktisch kaum je bei Gefährdungshaftungen, weil dort der Ersatzpflichtige (z. B. ein Motorfahrzeughaftpflichtversicherer oder eine Eisenbahnunternehmung) meistens finanziell stark sein wird. Wenn sich also ein Urteilsunfähiger vor einen Zug wirft, dürfte die Billigkeit nicht dafür sprechen, dass der Schadenersatzanspruch seiner Hinterlassenen entfällt.

[200] Vgl. Bd. II/1 § 18 N 76 ff., insbesondere N 92.

169   Für die Schwere dieses «Selbstverschuldens» ist auch hier wie bei der Schwere des Verschuldens als Haftungsgrund (vgl. vorn N 16, 48 ff.) auf die erkennbare Grösse der Möglichkeit einer Schädigung abzustellen. Wenn ein Fussgänger etwas zu viel Alkohol trinkt, ist unter normalen Umständen nicht vorauszusehen, dass daraus ein Unfall entstehen könnte. Er kann sich daher exkulpieren, wenn er wegen nicht voraussehbaren Umständen infolge der Reduktion seiner Reaktionsfähigkeit verunfallt. Bei einem Automobilisten, der mit dem Auto heimfahren muss, ist das gerade umgekehrt[201]: Die Möglichkeit eines Unfalles liegt auf der Hand.

4. Verschulden von aufsichtspflichtigen Personen

170   Namentlich bei Kindern, aber auch bei erwachsenen Personen, die wegen ihres Geisteszustandes einer Aufsicht bedürfen, stellt sich die Frage, ob das Verschulden der aufsichtspflichtigen Personen ihnen als Selbstverschulden anzurechnen sei, wenn sie einen Unfall erleiden, für den ein Dritter einstehen muss. Das ist abzulehnen. Die aufsichtspflichtigen Personen sind nicht Hilfspersonen desjenigen, der der Aufsicht bedarf[202]. Dementsprechend gilt ihr Verschulden als Drittverschulden (vgl. hinten N 174 ff.). Es führt entweder zur solidarischen Haftpflicht des Aufsichtspflichtigen neben dem «Haupthaftpflichtigen» oder zu ihrer alleinigen Haftpflicht, wenn es den Kausalzusammenhang zwischen der vom «Haupthaftpflichtigen» zu vertretenden Ursache und dem Schaden des Aufsichtsbedürftigen unterbricht.

171   Voraussetzung dafür ist freilich, dass das Verhalten des Aufsichtspflichtigen wirklich schuldhaft ist. Bei Kindern richtet sich die Aufsichtspflicht nach Alter und Charakter des Kindes, der Gefährlichkeit seines Treibens

---

[201] Wer im Kreis erprobter Freunde Alkohol geniesst und seinen Autoschlüssel einem Abstinenten übergibt, damit er ihn dann heimfahre, kann keine Unfallwahrscheinlichkeit wegen seiner Alkoholisierung voraussehen. Wenn er, zu Bett gebracht, unter dem Einfluss seiner Trunkenheit aufsteht, den Autoschlüssel nimmt, mit dem Auto wegfährt und dabei mit einem andern Auto kollidiert, kann er sich exkulpieren. Er haftet aber nach OR 54 I aus Billigkeit; vgl. Bd. II/1 § 18 FN 45.

[202] Das gilt selbstverständlich auch, wenn die Eltern den Prozess als gesetzliche Vertreter des Kindes führen. Vgl. BGE 31 II 34; 33 II 500; 41 II 225, 227; 58 II 35; 59 II 43; 60 II 224; 63 II 62; 81 II 165; ZBJV 88, 488; zusammenfassend BGE 71 I 55/56. Unzutreffend (vgl. BGE 41 II 227) BGE 34 II 583. A. M. aus der Doktrin einzig VON TUHR/PETER 110, der für eine Minderung der Entschädigungsforderung des Kindes eintritt, wenn bei der Verletzung des Kindes eine ungenügende Aufsicht mitgewirkt hat.

und den Erfordernissen, die man allgemein an die Überwachung von Kindern stellt. Bei andern Aufsichtsbedürftigen sind die konkreten Verhältnisse entsprechend zu berücksichtigen. Wenn unter den gleichen Umständen bei Schädigung eines Dritten der Befreiungsbeweis von ZGB 333 geleistet werden könnte, liegt von vornherein kein haftungsbegründendes Verschulden des Aufsichtspflichtigen vor.

Der «Haupthaftpflichtige» kann gegebenenfalls auf die aufsichtspflichtigen Personen nach OR 41 in Verbindung mit OR 51 II Regress nehmen. 172

Wenn die *Eltern aus eigenem Recht* einen infolge Tötung ihres Kindes entstandenen Schaden *einklagen*, insbesondere einen Versorgerschaden (OR 45)[203], entsteht folgende Sachlage: Der Haftpflichtige ist für den ganzen Schaden verantwortlich[204], hat aber gegenüber den Eltern als Mitverursacher des Schadens einen Regressanspruch (OR 51). Deshalb kann der Haftpflichtige mittels einer exceptio doli generalis die Bezahlung desjenigen Teils des Schadens verweigern, den er auf dem Wege des Rückgriffs von den Eltern, die hier einen eigenen Anspruch geltend machen, wieder zurückfordern könnte[205]. 173

III. Drittverschulden

A. Rechtliche Bedeutung, Begriff des Dritten

Dritter ist jedermann, der weder Haftpflichtiger noch Geschädigter ist[206]. Dritter kann man daher nur bezogen auf ein bestimmtes Haftungsverhältnis sein; es handelt sich um einen *relativen Begriff*. Wenn C in bezug auf das Haftungsverhältnis des Schädigers A mit dem Geschädigten Dritter ist, kann er trotzdem in bezug auf den gleichen Schaden von B auch Haftungssubjekt sein. 174

---

[203] Vgl. ZBJV 88, 488.
[204] Sofern das Drittverschulden des Aufsichtspflichtigen nicht als Entlastungsgrund zu betrachten ist.
[205] Vgl. BGE 31 II 35; 33 II 503; 34 II 582/83; 41 II 227; 58 II 35; 60 II 224; 81 II 166; GEISER in SJZ 55, 271/72.
[206] Die Eigenschaft als Dritter wird also negativ bestimmt.

175   Als Dritter gilt in einem bestimmten Haftungsverhältnis nicht, wer als Hilfsperson des Schädigers oder des Geschädigten mitgewirkt hat, d. h. derjenige, dessen Verhalten eine dieser beiden Personen zu vertreten hat. Er kann daneben auch als Haftungssubjekt – in einem andern Haftungsverhältnis – für den gleichen Schaden einstehen müssen: Der vom Halter verschiedene Lenker eines Autos ist nicht Dritter in bezug auf das Haftungsverhältnis des Halters mit dem durch das Auto Geschädigten; er steht aber gleichzeitig in einem *eigenen* Haftungsverhältnis mit dem Geschädigten, dem gegenüber er aus OR 41 I verantwortlich sein kann. Er haftet solidarisch mit dem Halter, wobei für die definitive Tragung des Schadens im Innenverhältnis OR 51 II massgebend ist[207].

176   Das Verschulden eines Dritten kann so grob sein, dass es den Kausalzusammenhang des Haftungsverhältnisses des Haupthaftpflichtigen unterbricht und damit die Solidarität zwischen den beiden Schädigern aufhebt[208].

177   Daneben führt das Drittverschulden ausnahmsweise zur Reduktion des Schadenersatzes, wenn wegen des Drittverschuldens das Verschulden des Haftpflichtigen als leichter erscheint[209]. Abgesehen davon reduziert das Drittverschulden den Schadenersatzanspruch nicht; es hat vielmehr solidarische Mithaftung des Dritten mit dem Haupthaftpflichtigen zur Folge.

B. Das Verschulden des Dritten

178   Das Drittverschulden ist wie das Verschulden des Haftpflichtigen und das Selbstverschulden des Geschädigten, aber auch wie das Verschulden einer Hilfsperson ein Verschulden, so dass die Grundsätze über Begriff und Arten des Verschuldens, die Objektivierung, die Urteilsfähigkeit usw. anwendbar sind.

179   Das Verhalten eines Dritten, das nicht schuldhaft ist, weil die objektive Seite des Verschuldens oder die Urteilsfähigkeit fehlt, wirkt sich haft-

---

[207] Demgegenüber besteht zwischen der Militärperson, für deren Verhalten der Bund nach MO 22 I/23 einstehen muss, und dem Geschädigten kein zweites Haftungsverhältnis, weil sie nicht direkt belangt werden kann; vgl. Bd. II/3 § 32 N 159 ff.
[208] Vgl. vorn § 3 N 158.
[209] Vgl. BGE 41 II 228; 55 II 88; 59 II 43, 369; 60 II 155; 62 II 310; 64 II 307; 66 II 119; 69 II 418; 80 III 61/62; 89 II 122/23; 93 II 323 (zurückhaltend); 97 II 228; 98 II 104; ZR 66 Nr. 107 S. 215; Bussy 55 f.; A. Keller I 130 f. Vgl. dazu hinten § 7 N 40 ff.

III. Drittverschulden §5

pflichtrechtlich nicht aus, obschon es eine Schadensursache darstellt[210]. Wenn es allerdings die Voraussetzung eines andern Haftungsgrundes erfüllt[211], hat es weitgehend die gleichen Konsequenzen wie das Drittverschulden. Das unverschuldete Drittverhalten ist aber kein Entlastungsgrund[212].

Bei fehlender Urteilsfähigkeit des Dritten kann er nach OR 54 I[213] solidarisch mit dem zuerst ins Auge gefassten Haftpflichtigen verantwortlich sein, wenn die Billigkeit dies erheischt. Zur Frage der Entlastung eines Schädigers durch das Verhalten eines Urteilsunfähigen; vgl. vorn § 3 N 155.

180

Bei selbstverschuldeter vorübergehender Urteilsfähigkeit des Dritten haftet er neben dem Haupthaftpflichtigen nach OR 54 II, wenn er sich nicht exkulpieren kann. Für die Schwere des von ihm zu vertretenden Verschuldens am Verlust der Urteilsfähigkeit ist die Grösse der voraussehbaren Möglichkeit eines schädigenden Ereignisses massgebend[214].

181

---

[210] Ist es nicht kausal für den eingetretenen Schaden, so kommt ihm von vornherein keine Bedeutung zu und kann es daher kein «Drittverschulden» im haftpflichtrechtlichen Sinne darstellen.
[211] Beispiel: Der Dritte betreibt ein Motorfahrzeug, das am Unfall kausal beteiligt ist.
[212] Vgl. vorn § 3 N 155.
[213] Vgl. Bd. II/1 § 18 N 69.
[214] Zum Ganzen: THOMAS MAURER, Drittverschulden und Drittursachung im Haftpflichtrecht (Diss. Bern 1974). KURT J. VENZMER, Mitverursachung und Mitverschulden im Schadenersatzrecht (München 1960) 65 ff.

§ 6 Schadensberechnung

Literatur

SCHWEIZERISCHE: PATRICK BEAUVERD, L'action des proches en réparation de la perte de soutien et du moral (Freiburg/Schweiz 1987). – GEORGES BROSSET, Versorgerschaden, SJK Karten 1978, Nr. 407. – GUIDO BRUSA, Sozialversicherungsbeiträge und Schadenersatz, SJZ 89 (1993) 133 ff. – DERS., Seelische Gesundheitsbeeinträchtigung: Behandlung und Entschädigung psychischer Unfallfolgen, SJZ 34 (1990) 35 ff. – J. BÜHLER, Tabelle 60 der neuen Barwerttafeln Stauffer/Schaetzle betr. Wiederverheiratungsabzug in Prozenten, SJZ 61 (1965) 273 ff. – BRUNO VON BÜREN, Schweizerisches Obligationenrecht, Allg. Teil (Zürich 1964). – ANDRÉ BUSSY, L'indemnisation des lésions corporelles de la femme mariée, Mélanges Assista (Genève 1979) 147 ff. – BUSSY/RUSCONI, Code suisse de la circulation routière, 2e éd. (Lausanne 1984). – JEAN-PAUL CHATELAIN, Tendences actuelles du Tribunal fédéral dans le domaine de la responsabilité civile, ZBJV 105 (1969) 20g ff. – DUBOIS/ZOLLINGER, Einführung in die Unfallmedizin (Bern 1945). – BENNO DUKOR, Die psychogenen Reaktionen in der Versicherungsmedizin (Bern 1945). – KONRAD FEHR, Der Versorgerschaden (Aarau 1942). – WALTER FELLMANN, Steuerplanung im Haftpflichtrecht, SJZ 84 (1988) 389 ff. – WILLI FISCHER, Ausservertragliche Haftung für Schockschäden Dritter: Ein Beitrag zur dogmatischen Analyse der sog. Fernwirkungsschäden (Zürich 1988). – FRANK/GIRSBERGER/VOGT/WALDER/WEBER, Die eheähnliche Gemeinschaft (Konkubinat) im schweizerischen Recht (Zürich 1984). – PETER GAUCH, Der aussergerichtliche Vergleich, Strassenverkehrsrechts-Tagung 1984, 14 ff. – G. GAUTSCHI, Bemerkungen zur Schadenberechnung bei Körperverletzung nach OR 46, SJZ 37 (1940/41) 115 ff. – W. GAUTSCHI, Für freie Beweislastverteilung, SJZ 21 (1924/25) 249 ff. – GELPKE/SCHLATTER, Unfallkunde für Ärzte und Juristen (2. A. Bern 1930). – FRANÇOIS GILLIARD, Vers l'unification du droit de la responsabilité, ZSR 86 (1967) II 193 ff. – ANDREAS GIRSBERGER, Die Ehefrau als Versorgerin des Ehemannes im Haftpflichtrecht, SJZ 61 (1965) 273 ff. – ANDRÉ GRAF/PAUL SZÖLLÖSY, La capitalisation de l'arrêt Blein: Une inadvertance? SJZ 81 (1985) 225 ff. – JEAN GRAVEN, Les invalidités d'après la Jurisprudence du Tribunal Fédéral des Assurances (Bern 1941). – WALTHER J. HABSCHEID, Schweizerisches Zivilprozess- und Gerichtsorganisationsrecht (2. A. Basel u. Frankfurt a. M. 1990). – J. HENGGELER, Die Abwertung des Schweizer Frankens und ihr Einfluss auf die zivilrechtlichen Verhältnisse, ZSR 56 (1937) 158a ff. – KLAUS HÜTTE, Gedanken zur Ermittlung des haftpflichtrelevanten künftigen Schadens jugendlicher Schwerstinvalider wegen Minderung der Erwerbsfähigkeit, SZS 59 (1991) 157 ff., 287 ff. – THOMAS KOLLER, Zur Steuerplanung im Haftpflichtrecht: Ein Diskussionsbeitrag, SJZ 85 (1989) 221 ff. – DERS., Steuern und Steuerbussen als privatrechtlich relevanter Schaden, ZSR 113 (1994) I 183 ff. – ERNST KRAMER, Die Kausalität im Haftpflichtrecht: Neue Tendenzen in Theorie und Praxis, ZBJV 123 (1987) 289 ff. – PETER KREIS, Zur Indexierung von Unterhaltsbeiträgen, SJZ 78 (1982) 286 ff. – ROLF KUHN, Die Anrechnung von Vorteilen im Haftpflichtrecht (Diss. St. Gallen 1987). – P. LEUCH, Haftpflichtrechtliche Gesichtspunkte über Fragen von Teil- und Totalschaden, Entschädigung für Chômage und Gebrauchsausfall, in: Der Automobilschaden, Juristische Publikationen des ACS, Nr. 1 (Bern 1968) 8 ff. – PETER LOSER, Kausalitätsprobleme bei der Haftung für Umweltschäden (Bern/Stuttgart/Wien 1994) – OSKAR LUTZ, Nachklage und Nachklagerecht (Ein Beitrag zur Lehre von der Rechtskraft), SJZ 28 (1931/32) 324 ff. – HANS MARTI, Der Versorgerschaden (Aarau 1942). – ALFRED MAURER, Bemerkungen zum Urteil des EVG vom 24. Februar 1986 (= BGE 112 V 30), SZS 1986, 197 ff. – PIERRE MAYR, L'indemnisation de la perte de soutien (Diss. Lausanne 1942). – HANS MERZ, Anfang und Ende der Rechtspersönlichkeit, ZSR 76 (1951) 321 ff. – DERS., Probleme des Haftpflichtrechts nach SVG, in: Rechtsprobleme des Strassenverkehrs, Berner Tage für die juristische Praxis 1974 (Bern 1975). – HANS MOSER, Der Versorgerschaden (Diss. Bern 1939). – KARL OFTINGER, Die krisenbedingte Veränderung der Grundlagen bestehender Verträge (Von der sog. Clausula rebus sic stantibus), SJZ 36 (1939/40) 229 ff., 245 ff. – M. PANCHAUD, L'indemnisation du dommage total d'après le droit de la responsibilité civile, in: Der Automobilschaden, Juristische Publikationen des ACS, Nr. 1 (Bern 1968) 21 ff. – BRIGITTE PFIFFNER/BEAT GSELL, Schadenausgleich bei Arbeitsunfähigkeit in der Haus- und Familienarbeit, Plädoyer 7 (1989) 40 ff. – PAUL PICCARD, Kapitalisierung von periodischen Leistungen (6. A. Bern 1956). – DERS., Konkrete Schadensberechnung in Invaliditätsfällen, SJZ 56 (1960) 81 ff. – DERS., Invaliditäts- und Versorgerschaden, SZS 1965, 161 ff., 233 ff. – RENNEFAHRT, Das Urteil nach freiem richterlichem Ermessen unter Berücksichtigung «aller Umstände», nach Bundesrecht und die kantonalen Zivilprozessgesetze, SJZ 2 (1904/05) 133 ff. – THOMAS RIS, Haftungsverhältnisse bei der Speicherung und Weitergabe von personenbezogenen Daten de lege lata und ferenda (Diss. Zürich 1983). – HANS ROELLI/CARL JAEGER, Kommentar zum Schweizerischen Bundesgesetz über den Versicherungsvertrag, Band II (Bern 1932). – V. ROSSEL, Manuel du droit fédéral des obligations, 2 vol. (4e éd. Lausanne/Genève 1920). – ADRIAN RUFENER, Praxis des Bundesgerichts zur Abgeltung des «Sozialversicherungsschadens», SZS 1992, 197 ff. – BAPTISTE RUSCONI, Le préjudice automobile (Freiburg 1966). – ROLAND SCHAER, Entschädigung für beeinträchtigte Integrität im Sozialversicherungsrecht: Luzerner Rechtsseminar 1986 1 ff. – MARC SCHAETZLE, Der Rentenschaden im Haftpflichtrecht, SJZ 89 (1993) 136 ff. – RENÉ SCHAFFHAUSER/JAKOB ZELLWEGER, Grundriss des schweizerischen Strassenverkehrsrechts, Band II: Haftpflicht und Versicherung (Bern 1988). – SCHERER, Die Haftpflicht des Unternehmers auf Grund des Fabrikhaftpflichtgesetzes und des Ausdehnungsgesetzes (Basel 1908). – EMIL W. STARK, Entlastungsgründe im Haftpflichtrecht (Diss. Zürich 1946) – DERS., Probleme der Vereinheitlichung des Haftpflichtrechts, ZSR 86 (1967) II 1 ff. – DERS., Berechnung des Versorgerschadens (ausgewählte Fragen), ZSR 105 (1986) I 337 ff. – DERS., Zur Frage der Schädigungen ohne Vermögensnachteile, FG Max Keller (Zürich 1989) 314 ff. – DERS., Bemerkungen zum Rentenverkürzungsschaden, SJZ 89 (1993) 333 ff. – WILHELM STAUFFER/THEO SCHAETZLE, Die Berücksichtigung der Teuerung bei der Bestimmung von Invaliditäts- und Versorgerschäden, SJZ 71 (1975) 120. – PETER STEIN, Einige Bemerkungen zur neueren Haftpflicht- und Sozialversicherungspraxis des Bundesgerichts, SJZ 57 (1961) 105 ff. – DERS., Die unfallbedingte Invalidität, deren wirtschaftliche Folgen und ihre Entschädigung in der Sozialversicherung mit Ausblicken ins Haftpflichtrecht, SJZ 63 (1967) 229 ff. – DERS., Die zutreffende Rententafel, SJZ 67 (1971) 49 ff. – DERS., Die massgebende Rententafel (Genf 1989; Juristische Schriften des TCS). – DERS., Steuerplanung im Haftpflichtrecht, SJZ 85 (1989) 227 ff. – DERS., Die Vorteilsanrechnung, insbesondere bei Versicherungsleistungen (Referat anlässlich der Strassenverkehrs-Tagung der Universität Freiburg vom 19. und 20. März 1986), SVZ 1986, 241 ff., 269 ff. – PAUL SZÖLLÖSY, Die Berechnung des Invaliditätsschadens im Haftpflichtrecht europäischer Länder (Zürich 1970). – DERS., L'évaluation du dommage résultant de l'invalidité dans divers pays européens (Zürich 1974). – DERS., Der Richter und die Teuerung: Die ausservertragliche Schadenersatzpraxis, ZBJV 112 (1976) 20 ff. – PIERRE TERCIER, De la distinction entre dommage corporel, dommage materiel et autre dommage, Mélanges Assista (Genève 1979) 247 ff. – EMILE THILO, Du calcul de l'intérêt des indemnités dues en cas d'homme ou de lésion corporelle, SJZ 37 (1940/41) 133 ff. – DERS., Du dies a quo des intérêts dus au lésé en cas de mort d'homme ou de lésions corporelles, JT 1940, 610 ff. – KARL VON TOBEL, Die Vorteilsausgleichung im schweizerischen Schadenersatzrecht (Diss. Zürich 1930). – J. VAVERKA, Weitere Überlegungen zum Entscheid i. S. Blein, SJZ 81 (1985) 370 ff. – OSCAR VOGEL, Grundriss des Zivilprozessrechts (3. A. Bern 1992). – HANS ULRICH WALDER-BOHNER, Zivilprozessrecht (3. A. Zürich 1983 mit Supplement 1991). – STEPHAN WEBER, Zurechnungs- und Berechnungsprobleme bei der konstitutionellen Prädisposition. Anmerkungen zu BGE 113 II 86, SJZ 85 (1989) 73 ff. – DERS., Der

Rentenschaden: Zur Berechnung des «Invaliditätsschadens» auf neuer Grundlage, SJZ 88 (1992) 229 ff. – DERS., Schadenersatz für den Verlust von Altersrenten, in: Haftpflicht- und Versicherungsrechtstagung St. Gallen 1993 (hg. von Alfred Koller) 159 ff. – PETER WEIMAR, Der Begriff des Versorgers nach Art. 45 Abs. 3 OR, FS Max Keller (Zürich 1989) 337 ff. – P. A. WESSNER, L'indemnisation du préjudice résultant de l'invalidité: une réglementation inadaptée aux jeunes lésés, in: Hommage à R. Jeanprêtre (Neuchâtel 1982) 159 ff. – P. WITTWER, Minderwert von Motorfahrzeugen, in: Juristische Publikationen des ACS, Nr. 1 (Bern 1968) 32 ff. – PIERMARCO ZEN-RUFFINEN, La perte de soutien (Bern 1979). – DERS., Le mensonge du nominalisme ou quelques réflexions sur l'indexation des rentes alimentaires et des rentes indemnitaires, in: Hommage à R. Jeanprêtre (Neuchâtel 1982) 141 ff. – DERS., Note sur l'arrêt Blein, JT 1983 I 194 ff.

DEUTSCHE: DIETER MEDICUS, Schuldrecht I, Allg. Teil (6. A. München 1992). – DERS., Schuldrecht II, Bes. Teil (5. A. München 1992). – MÜNCHNER KOMMENTAR-BEARBEITER, Münchner Kommentar zum BGB (1. A. 1977/1983, 2. A. 1984 ff.). – PAUL OERTMANN, Die Vorteilsausgleichung beim Schadenersatzanspruch im römischen und deutschen bürgerlichen Recht (Berlin 1901). – SOERGEL-BEARBEITER, Bürgerliches Gesetzbuch mit Einführungsgesetz und Nebengesetzen. Kommentar begr. v. Hs. Th. Soergel (11. A. 1978/1986, 12. A. 1987 ff.). – STAUDINGER-BEARBEITER, J. v. Staudingers Kommentar zum Bürgerlichen Gesetzbuch (10./11. A. 1952/1978, 12. A. 1978 ff.). – H. STOLL, Deliktshaftung für vorgeburtliche Gesundheitsschäden, in: FS zum 70. Geburtstag von H. C. Nipperdey I (München und Berlin 1965) 739 ff. – WERNER WUSSOW/GERHARD KÜPPERSBUSCH, Ersatzansprüche bei Personenschäden. Eine praxisbezogene Anleitung (4. A. München 1986).

I. Allgemeine Regeln

A. Vorbemerkungen

Die Regeln über die Schadensberechnung legen die Methoden zur zahlenmässigen Bestimmung der Höhe eines Schadens in Geld fest[1]. Ausgangspunkt ist der Begriff des Schadens, der in § 2 N 1 ff. dargestellt ist. Die hier zu besprechende Schadensberechung liefert die Grundlagen für die Schadenersatzbemessung (hinten § 7), deren Regeln massgebend sind für die Entscheidung, ob der Haftpflichtige den ganzen errechneten Schaden oder eine Quote davon zu ersetzen hat. 1

Der Schaden kann verschieden beschaffen sein. Es kann sich um die Beschädigung, die Vernichtung oder den Verlust einer Sache (Sachscha- 2

---

[1] Die Schadensberechnung befasst sich nur mit dem Geld-, nicht aber mit dem Naturalersatz; vgl. dazu vorn § 2 N 85 ff.

den) oder um die Verletzung – mit oder ohne Todesfolge – eines Menschen (Körperschaden, Personenschaden) handeln. Zu erwähnen ist auch die Verletzung eines Persönlichkeitsrechts[2]. Wenn die Widerrechtlichkeit nicht auf einer Rechtsgutsverletzung beruht, sondern auf der Widerhandlung gegen eine Verhaltensnorm, kann sich daraus ein Vermögensschaden i. e. S. ergeben, der ebenfalls ersatzfähig ist. Über die Berechnung des Schadens aus der Verletzung von Persönlichkeitsrechten und von Verhaltensnormen lassen sich kaum generelle Regeln aufstellen. Die Verhältnisse können sehr verschieden sein. Die Höhe des Schadens lässt sich aber meistens unter Berücksichtigung des Schadensbegriffes ohne besondere Schwierigkeiten festlegen. Die Sach- und die Körperschäden haben sich demgegenüber zu Schadenstypen herausgebildet, bei denen sich die gleichen Fragen relativ häufig stellen. Die Beantwortung vieler dieser Fragen ist Gegenstand spezieller Gesetzesbestimmungen, die in diesem Paragraphen besprochen werden. Wo nicht auf solche einschlägige gesetzliche Normen über die Berechnung eines Schadens abgestellt werden kann, weil es keine passende gibt, ist auf den Schadensbegriff abzustellen, der vorn in § 2 erörtert ist.

3   Die gesetzlichen Anleitungen für die Schadensberechnung stehen zum Teil im OR; sie gelten dann aber nicht nur bei den in diesem Gesetz geregelten Haftungsarten und darüber hinaus im Bereich der Spezialgesetze, die darauf verweisen[3], sondern auch für das vertragliche Schadenersatzrecht, gestützt auf OR 99 III. Auch abgesehen davon wird man offene Fragen im Bereich der Spezialgesetze auf Grund dieser Regeln des Allgemeinen Teils des OR beantworten. Man darf allgemein die Art. 42 ff. OR und die sie ergänzenden Regeln, unabhängig von positivrechtlichen Verweisungen, als Ausdruck der schweizerischen Rechtsüberzeugung ansehen.

B. Gegenwärtiger und künftiger Schaden – Zeitpunkt der Schadensberechnung – Zins

1. Gegenwärtiger und künftiger Schaden

4   Das Haftpflichtrecht befasst sich grundsätzlich mit allen Schäden, die ein haftungsbegründendes Ereignis adäquat verursacht, unabhängig

---

[2]   Vgl. Bd. II/1 § 16 N 47 ff.
[3]   ElG 36 I, LFG 79, SVG 62, RLG 34, GSG 69 III, SSG 27, KHG 7, JSG 15, MO 27.

I. Allgemeine Regeln § 6

davon, wann sie eintreten oder manifest werden. Diese umfassende Betrachtungsweise wird eingeschränkt durch die Wirkung des Zeitablaufes[4], die den Verjährungs- und Verwirkungsbestimmungen zugrunde liegt.

Hier handelt es sich um die davon zu unterscheidende Frage, welche Schäden in einem bestimmten Zeitpunkt rechtlich geltend gemacht werden können. 5

Auszugehen ist vom Grundsatz, dass der *gegenwärtige,* im Zeitpunkt des Urteils bestehende, überblickbare Schaden zugesprochen werden kann, daneben aber auch der *zukünftige,* wenn die Entwicklung der Zukunft mit einiger Sicherheit vorausgesehen werden kann[5]. Die Bestimmung von OR 42 II bezieht sich auch auf Nachteile, die dem Betroffenen noch erwachsen werden[6]. 6

Eindeutig liegt das Schwergewicht auf dem gegenwärtigen Schaden beim *Vermögensschaden* i. e. S., wie er z. B. durch Betrug verursacht wird, aber auch beim *Sachschaden:* Die Beschädigung eines Autos, eines Hauses usw. ist nach Abschluss des schädigenden Ereignisses abgeschlossen; die Reparatur- oder Ersatzkosten lassen sich ermitteln und definitiv festlegen[7, 8]. 7

Bei *Invalidität* und *Tod* eines Menschen ist zwar ebenfalls die Beeinträchtigung der körperlichen Integrität mit dem schädigenden Ereignis abgeschlossen[9]. Ihre finanziellen Auswirkungen liegen aber im Zeitpunkt des Urteils erst zum Teil vor; sie entstehen weiterhin laufend in der Zukunft. Man weiss im Urteilszeitpunkt aber nicht, in welchem Ausmass und wie lange; der Invalide kann vorzeitig – ohne oder in Zusammenhang mit 8

---

[4] Vgl. Bd. II/1 § 16 N 341 ff.
[5] BGE 24 II 100; 29 II 131; 33 II 336/37; 88 II 509; 114 II 256.
[6] BGE 60 II 130; 84 II 576/77; 86 II 45; 114 II 256.
[7] Wenn z. B. Wertpapiere gestohlen werden, besteht aber die Möglichkeit, dass sie zwischen dem Diebstahl und dem Urteil, aber auch nachher im Wert steigen oder sinken. Vgl. dazu hinten N 380 f., insbes. FN 590.
[8] Bei der Verletzung von Tieren entsteht auch Sachschaden, dessen finanzielle Auswirkung auf den Eigentümer aber in ähnlicher Weise unsicher sein kann wie die Auswirkung der Verletzung eines Menschen. Einen Sonderfall stellt das Beispiel der Wellensittiche in der Voraufl. 172 dar: Wenn bei einem Wellensittichpaar einer der Vögel getötet wird, besteht eine gewisse Wahrscheinlichkeit, dass der andere diesen Verlust nicht überlebt. Hier drängt es sich ebenfalls auf, diese Wahrscheinlichkeit zu schätzen und den Schadenersatz entsprechend ihrer Grösse auch für den zweiten Wellensittich zuzusprechen.
[9] Wenn dies nicht der Fall ist und namentlich die zukünftige Entwicklung vom zukünftigen Verhalten einer Prozesspartei abhängt, ist der Schaden nicht mit der für ein Urteil genügenden Sicherheit abzuschätzen; vgl. BGE 88 II 509.

dem Unfall – sterben, eine Witwe kann sich wieder verheiraten. Es besteht ein hypothetischer Zukunftsschaden.

9   Die Unsicherheit der Weiterentwicklung solcher Fälle im Urteilszeitpunkt genügt nicht, um der Aufschiebung der Erledigung und allen damit verbundenen Nachteilen mehr Gewicht zu geben als der normalerweise endgültigen Erledigung auf der Basis einer Abschätzung der zukünftigen Entwicklung nach der Lebenserfahrung[10]. Der Praktikabilität der Rechtsordnung wird hier mehr Gewicht beigemessen als der genauen Richtigkeit des zugesprochenen Schadenersatzes, was in OR 42 II zum Ausdruck kommt[11].

2. Die hypothetische oder überholende Kausalität

10   Bei der sog. hypothetischen oder überholenden Kausalität[12] hat die überholende Ursache den Schaden eindeutig herbeigeführt. Ein Haftungsproblem ergibt sich – im Gegensatz zur alternativen Kausalität – nicht aus einem Beweisnotstand des Geschädigten, sondern aus dem Umstand, dass die überholte Kausalkette den gleichen Erfolg später ohne die überholende auch bewirkt hätte. Die Kausalkette des in Anspruch genommenen Haftpflichtigen hat die andere zeitlich überholt, aber mit gleichem «Ziel». Wenn

---

[10] BGE 86 II 46; 114 II 256. Im Vordergrund stehen in der Praxis – wie in BGE 114 II 254 – die von einem Kind erlittenen Verletzungen mit schweren Invaliditätsfolgen, auf die hinten N 125 ff. zurückgekommen wird.

[11] Das Sozialversicherungsrecht trägt demgegenüber erheblichen Änderungen des Invaliditätsgrades durch Rentenrevision Rechnung; vgl. IVG 41, UVG 22, MVG 44.

[12] BREHM behandelt demgegenüber die überholende Kausalität (N 147 zu OR 41) und die hypothetische Kausalität (N 149 zu OR 41) getrennt. Er stellt darauf ab, welche von zwei unabhängig voneinander gesetzten Ursachen den Schaden tatsächlich herbeiführt. Diese Betrachtungsweise ist in bezug auf die haftungsbegründende Kausalität richtig. Man kann nicht für einen Schaden haftpflichtig werden, den man weder persönlich noch durch eine Hilfsperson oder einen Betrieb, eine Anlage usw. verursacht hat. Unter dem Gesichtspunkt der Schadensberechnung, der hier zur Diskussion steht, d. h. der haftungsausfüllenden Kausalität, kann man aber auch nicht verantwortlich gemacht werden für einen Schaden, der ohnehin eingetreten wäre; vgl. vorn § 3 N 101; hinten N 11.
Erwähnt seien hier zum Vergleich die alternative und die kumulative Kausalität. Bei der alternativen hat entweder die Ursache A oder die Ursache B den Schaden allein herbeigeführt. Es kann aber nicht festgestellt werden, welche es tatsächlich war; vgl. vorn § 3 N 116 ff. Bei der kumulativen Kausalität haben die mehreren Ursachen dagegen zusammengewirkt; jede war aber geeignet, den Schaden auch für sich allein herbeizuführen; vgl. vorn § 3 N 129/30 ff.

ein Lastauto einen auf der Strasse schlafenden Hund überfährt, so dass dieser mit tödlichen Verletzungen auf der Strasse liegen bleibt, aber noch lebt und noch einige Zeit leben kann, und wenn dieser Hund anschliessend von einem Personenauto überfahren und getötet wird, hat das Personenauto die Kausalkette des Lastautos überholt[13]. Das Lastauto hat den Tod des Hundes nicht tatsächlich herbeigeführt, aber eine dazu geeignete Kausalkette eingeleitet; der Tod wäre aber auch ohne die Beteiligung des Personenautos später eingetreten.

Was in der juristischen Literatur unter dem Begriff der überholenden Kausalität verstanden wird, ist seiner Natur nach ein Problem der Schadensberechnung (WEBER in SJZ 85 [1989] 76/77 u. a.): Die unmittelbaren Folgen des (überholenden) Unfallereignisses sind von dem dafür Verantwortlichen zu übernehmen. Von dem Moment an, in dem die überholte Kausalkette unabhängig davon die gleichen Auswirkungen herbeigeführt hätte, hat das Unfallereignis aber für den Zustand des Geschädigten oder der beschädigten Sache keine kausale Bedeutung mehr. Das Unfallereignis ist nicht mehr conditio sine qua non dieses Zustandes. Wenn für die überholte Kausalkette jemand einstehen muss, kann er aber auch den Einwand erheben, die von ihm gesetzte Ursache sei nicht conditio sine qua non[14].

---

[13] Wenn das Lastauto und das Personenauto zusammengewirkt haben, indem das Lastauto den Hund erschreckte und er gegen das Personenauto flüchtete, das ihn sonst ohnehin sofort nachher überfahren hätte, liegt kumulative Kausalität vor: Beide haben zusammengewirkt, aber jedes Auto hätte den Tod des Hundes auch ohne das andere herbeigeführt. Wenn nicht feststeht, welches Auto ihn tatsächlich überfahren hat, handelt es sich um alternative Kausalität: Jeder Halter kann sich nach den allgemeinen Regeln darauf berufen, es sei nicht bewiesen, dass sein Fahrzeug conditio sine qua non des Todes des Hundes gewesen sei. Das gilt auch bei der kumulativen Kausalität.

[14] Man denke an den Unfalltod eines AIDS-Infizierten, für dessen Erkrankung eine andere Person verantwortlich ist.
Wenn ein Schiffspassagier durch das Verschulden eines Matrosen verunfallt und sich tödliche Verletzungen zuzieht und wenn das Meerschiff in einem Orkan untergeht, bevor der Verunfallte mit einem Helikopter evakuiert werden kann, kann der Matrose für den Versorgerschaden nicht belangt werden.
Auch wer ein zum Abbruch bestimmtes Haus anzündet, muss daher nicht den Wert des Hauses ersetzen, sondern die Nutzung, die daraus bis zum Abbruch gezogen worden wäre, und je nach den Umständen die Aufräumkosten, soweit sie nach einer Feuersbrunst grösser sind als bei einem Abbruch. Er kann aber die Abbruchkosten abziehen.
Vgl. zur ganzen Frage BGE 39 II 476; 87 II 372; 96 II 178; 113 II 92, 339; 115 II 443 ff.; BECKER N 14 zu OR 41; OSER/SCHÖNENBERGER N 90 zu OR 41; BREHM N 149 zu OR 41; VON TUHR/PETER 92 f.; DESCHENAUX in FG 100 Jahre Bundesgericht (Basel 1975) 405; VON BÜREN, Allg. Teil 72 ff.; WEBER in SJZ 85 (1989) 77; KRAMER in ZBJV 123 (1987) 289 ff., 302/03; vgl. auch die dort zit. Lit.; LOSER 82 ff.

§ 6 Schadensberechnung

11a Hier ist darauf abzustellen, dass die überholende Ursache nur insoweit einen Schaden verursacht, als dieser nicht ohnehin eingetreten wäre[15]. Es handelt sich nicht um ein Problem der haftungsbegründenden, sondern der haftungsausfüllenden Kausalität und damit der Schadensberechnung. Man berechnet bekanntlich jeden Versorger- und Invaliditätsschaden auf der Basis der (hypothetischen) Auswirkungen des Unfalles und nicht über die Aktivitätsdauer hinaus – abgesehen vom Rentenschaden, wo besondere Verhältnisse vorliegen. Man legt der Schadensberechnung die Unfallfolgen bis zu dem Zeitpunkt zugrunde, an dem die gleichen Folgen altershalber eingetreten wären. Wenn die Arbeitsunfähigkeit wegen einer Krankheit früher zu erwarten ist als nach den statistischen Werten, legt man der Schadensberechnung das Einkommen bis zu diesem Zeitpunkt zugrunde. Die Krankheit ist dann der durch den Unfall überholte Kausalfaktor.

12 Die überholende Kausalität stellt daher keine Besonderheit dar. Sie wird aber als solche empfunden, wenn die (überholte) Reserveursache relativ bald nach dem überholenden Schadenereignis zur Auswirkung kommt und nicht einen «normalen» Faktor (wie z.B. Altersschwäche) darstellt. Dann haftet der für die überholende Ursache Verantwortliche nach den Grundsätzen der haftungsausfüllenden Kausalität nur für den bis zur wahrscheinlichen Auswirkung der überholten Ursache entstandenen Schaden. Der für die überholte Ursache Haftpflichtige haftet nach diesen Regeln nicht, weil er keinen Schaden verursacht hat.

12a Dieses Ergebnis ist stossend, wenn die Reserveursache bald nach der überholenden Ursache in Erscheinung tritt und zur Auswirkung gelangen würde, wenn die überholende Ursache nicht dagewesen wäre. Die beiden Haftpflichtigen profitieren zu Lasten des Geschädigten je von der Beteiligung des andern. Die Verhältnisse lassen sich mit den Folgen der alternativen und der kumulativen Kausalität (vorn § 3 N 123, 130) vergleichen. Es liegt nahe, auch hier rechtlich über die Haftungsvoraussetzung des natürlichen Kausalzusammenhanges hinauszugehen und wie dort je eine Teilhaftung anzunehmen. Wenn aber für die Reserveursache niemand verantwortlich ist, ist demgegenüber die Schadensberechnung des überholenden Verursachers auf die Zeit bis zur wahrscheinlichen Auswirkung der überholten Ursache zu beschränken.

---

[15] Der Unterschied zur alternativen Kausalität beruht darauf, dass die Wirkungen der überholenden und der überholten Ursache klar auseinandergehalten werden können; vgl. LOSER 82 ff.

I. Allgemeine Regeln § 6

Diese Überlegungen gelten nur, wenn der überholte Kausalzusammenhang im Zeitpunkt der Auswirkungen der überholenden Ursache schon zu laufen begonnen hat. Ist dies nicht der Fall, so ist der überholten Ursache nicht Rechnung zu tragen und der Schaden zu berechnen, ohne sie zu berücksichtigen. Das ist auch praktisch der einzig mögliche Weg. 12b

3. Prozessuale Möglichkeiten, wenn die Sicherheit der Schadensberechnung für ein Urteil fehlt

a) Teilklage

Es steht dem Geschädigten auf Grund der Dispositionsmaxime frei, den noch nicht mit genügender Sicherheit feststehenden Schaden[16] vorzubehalten, d. h. nicht zum Gegenstand des Prozesses zu machen[17]. 13

b) Feststellungsklage

Die positive Feststellungsklage[18] ist auf richterliche Feststellung des Bestehens eines Rechts oder eines Rechtsverhältnisses gerichtet[19]. Sie geht weniger weit als die Teilklage, da sie das Quantitativ ganz ausklammert und sich – im Bereich des Haftpflichtrechts – auf die Feststellung der grundsätzlichen Haftpflicht beschränkt. Sie setzt von Bundesrechts wegen ein rechtserhebliches Interesse an der Feststellung der Haftpflicht voraus, das nicht vorliegt, wenn eine Leistungsklage möglich ist[20]. Während an sich blosse 14

---

[16] Der gleiche Weg steht auch zur Verfügung, wenn der Streitwert zum Zwecke der Kostensenkung reduziert werden soll, unabhängig von der Wahrscheinlichkeit des zukünftigen Schadens.
[17] Vgl. VOGEL, 6. Kap. N 9, 7. Kap. N 47; HABSCHEID Nr. 343.
[18] Die negative Feststellungsklage steht dem potentiellen Haftpflichtigen, nicht dem Geschädigten zu.
[19] Vgl. VOGEL, 7. Kap. N 21; HABSCHEID Nr. 346; WALDER-BOHNER 24 Rz3.
[20] Vgl. BGE 96 II 131; 97 II 375; 110 II 357; 114 II 255.
Die Feststellungsklage wird in BGE 99 II 173 zugelassen, wenn der Geschädigte eine Leistungsklage auf einen Teil des Schadens beschränken müsste, weil er weitere Forderungen nicht beziffern oder abschätzen kann.
Abgesehen davon schränken die niederen Anforderungen an die Wahrscheinlichkeit eines Schadens als Voraussetzung der Gutheissung einer Leistungsklage (vgl. vorn N 9), namentlich gestützt auf OR 42 II und 46 II, den Anwendungsbereich der Feststellungsklage erheblich ein.

253

Rechtsfragen nach Bundesrecht nicht zum Gegenstand einer Feststellungsklage gemacht werden können[21], wurde diese in BGE 97 II 375 zugelassen, wo nur die grundsätzliche Rechtsfrage strittig und die Erfüllung der Leistung für den Fall der Gutheissung der Klage gesichert war.

15   Zusammenfassend ist mit BREHM, N 149 zu OR 46 festzuhalten, dass die Feststellungsklage im Haftpflichtrecht zur Verfügung steht, wenn die Haftpflichtfrage umstritten ist, der Kausalzusammenhang zwischen der widerrechtlichen Handlung und dem (möglichen) Schaden als fraglich erscheint und zugleich die Verletzungsfolgen als sehr unsicher zu betrachten sind[22]. Der Kläger wird unter diesen Umständen praktisch immer wegen der Gefahr einer Beweisverdunkelung an einer sofortigen Feststellung des Sachverhaltes interessiert sein.

16   Die Gefahr der *Verjährung* kann demgegenüber die Feststellungsklage nicht rechtfertigen, da die Verjährung auch ohne Klage sehr leicht unterbrochen werden kann. Abgesehen davon tritt die relative Verjährung bei fehlender Kenntnis des Ersatzpflichtigen oder des Schadens nach OR 60 I, SVG 83 I, KHG 10 I/III, RLG 39 und VG 20 I nicht ein[23]. Anders verhält es sich bei der absoluten Verjährung, deren Frist vom Tage der schädigenden Handlung an läuft. Diese Regelung gilt nach EIG 37 und EHG 14 I für die Verjährung nach diesen Bestimmungen allgemein.

17   *Verwirkungsfristen* können nicht unterbrochen, sondern nur durch Klage wahrgenommen werden. In ihrem Bereich[24] ist daher das rechtliche Interesse an einer Klage zur Wahrnehmung der Frist evident.

c) Rektifikationsvorbehalt

18   Im Urteil selbst kann der Richter bei Körperverletzung nach OR 46 II seine Abänderung in einem neuen Prozess vorbehalten, um Abschätzungen der wahrscheinlichen Entwicklung, die er seinem Urteil zugrunde legt, korrigieren zu können. Dieser Möglichkeit ist aber durch die Verwirkungsfrist von zwei Jahren ein enger Rahmen gesetzt. Vgl. dazu hinten N 222 ff.

---

21   BGE 80 II 366.
22   Der Geschädigte ist deshalb an einer Schadenersatzklage im Moment noch nicht interessiert. Vgl. auch OSER/SCHÖNENBERGER N 23 zu OR 46; STAUFFER/SCHAETZLE (3. A. Zürich 1970) 47/48; WESSNER 173; MERZ, SPR VI/1 204.
23   Vgl. Bd. II/1 16 N 348 ff.; BGE 109 II 434; 111 II 57; 112 II 123.
24   Vgl. KHG 10 I/III, ferner OR 46 II, EIG 36 III, EHG 10/14 I und VG 5 III in bezug auf den Rektifikationsvorbehalt.

4. Zeitpunkt der Schadensberechnung

a) Eintritt des Schadens

Der Schädiger ist in dem Zeitpunkt ersatzpflichtig, in dem der Schaden eintritt; vgl. OR 75. Das ist nicht unbedingt der Zeitpunkt des schädigenden Ereignisses. Der Schaden kann auch erst später eintreten, was bei Verdienstausfall regelmässig zutrifft. Bei Totalschaden an einem Auto erleidet der Geschädigte erst eine finanzielle Einbusse, wenn er das neue Auto bezahlen muss[25].

Wenn die Leistung des Haftpflichtigen erst später erfolgt, als die Einbusse eingetreten ist, dient der Schadenszins (vgl. hinten N 23 ff.) zum Ausgleich. Erfolgt sie vor dem Eintritt der Belastung des Geschädigten, wird also namentlich eine Rente für die Zukunft kapitalisiert, so wird nicht die Anzahl der zu bezahlenden Renten mit deren Höhe multipliziert, sondern der Kapitalwert der Rente im Zeitpunkt der Erledigung des Schadens durch Abzinsung ermittelt; vgl. hinten N 209 ff., 346 ff.

b) Laufender Schaden

Wenn der Schaden vor dem Prozessbeginn zu laufen begonnen hat, hat der Richter auf dessen Höhe im Zeitpunkt des Urteils abzustellen[26]. Der vorher aufgelaufene Schaden wird konkret ermittelt, der nachher zu erwartende vom Urteilstag an kapitalisiert, wenn nicht eine Rente zugesprochen wird. Der Zeitpunkt der Einleitung der Klage wirkt sich daher auf die zugesprochene Gesamtentschädigung nicht aus. Nachträglich behaupteten Tatsachen und beantragten Beweismitteln ist Rechnung zu tragen, ausser wenn das Beweisverfahren vor dem Gericht abgeschlossen ist, bei dem der Prozess läuft[27]. Da das Bundesgericht normalerweise nur Tatsachen berücksichtigt, die von der letzten kantonalen Instanz festgestellt worden

---

[25] Für die Zwischenzeit ist ihm ein Mietwagen zu bezahlen, wenn die Voraussetzungen dafür gegeben sind; vgl. hinten N 371 ff.
[26] Dies ist in OR 46 II, EHG 10 I, ElG 36 III und VG 5 III gesetzlich vorgeschrieben, muss aber als Satz des eidgenössischen Rechts auch sonst gelten.
[27] Vgl. BGE 77 II 153; 99 II 216.

sind, ist der Zeitpunkt des Abschlusses des Beweisverfahrens vor der letzten kantonalen Instanz für das Bundesgericht massgebend[28].

21a Entgegen diesen Regeln wird der Versorgerschaden auf den Todestag berechnet, wobei aber gegebenenfalls auch später eingetretene Tatsachen zu veranschlagen sind[29].

22 Über die Berücksichtigung der künftigen Geldentwertung siehe hinten N 237 ff.

5. Zins

23 Zum Schaden gehört der Zins von dem Zeitpunkt an, da das schädigende Ereignis sich finanziell ausgewirkt hat bis zur Zahlung des Schadenersatzes. Massgebend ist also die Entstehung der unfallbedingten Auslagen oder Einbussen[30]; von diesem Zeitpunkt an ist die Wiedergutmachung des Schadens geschuldet.

---

[28] Für das Bundesgericht sind die Feststellungen der letzten kantonalen Instanz verbindlich, ausser sie seien unter Verletzung bundesrechtlicher Beweisvorschriften zustande gekommen oder beruhen offensichtlich auf einem Versehen (OG 63 II).
Das kann dazu führen, dass in einem Invaliditätsfall vom Bundesgericht einem seit dem letzten kantonalen Urteil Verstorbenen ein Invaliditätskapital zugesprochen wird – und werden muss – bzw. einer seit dem kantonalen Urteil verstorbenen oder wieder verheirateten Witwe ein Versorgerschadenskapital. Ist der Tod oder die Wiederverheiratung vor dem letzten kantonalen Urteil erfolgt, aber dem kantonalen Richter nicht bekannt gewesen, so ist die Rechtslage gleich, es sei denn, die Feststellung der letzten kantonalen Instanz sei unter Verletzung bundesrechtlicher Beweisvorschriften zustande gekommen oder beruhe offensichtlich auf einem Versehen. Vgl. BGE 31 II 288; 33 II 32; 35 II 162; 36 II 97; 40 II 264/65; 52 II 262; 66 II 177; 108 II 434; 113 II 333; 119 II 366; BGE vom 23. Februar 1994 i. S. Billieux gegen Mobiliar + Coletti und «Zürich» + Dondenne S. 9; RENNEFAHRT in SJZ 2, 133 ff.; G. GAUTSCHI in SJZ 37, 119. Das Bundesgericht kann allerdings der Änderung des Sachverhaltes dadurch Rechnung tragen, dass es anstelle eines Kapitals eine Rente zuspricht; vgl. PICCARD, Kapitalisierung von periodischen Leistungen (Bern 1956) 119; hinten N 31.
Die gesamte nicht befriedigende Situation hängt damit zusammen, dass man bei hypothetischen Zukunftsschäden nicht darum herumkommt, irgendwo eine Zäsur zwischen der Aufrechnung des effektiv entstandenen Schadens und der Schätzung des Zukunftsschadens nach der Wahrscheinlichkeit eintreten zu lassen.

[29] BGE 84 II 300 ff.; 90 II 84; 97 II 131; 99 II 211; 101 II 352; 108 II 440; 113 II 333; betreffend Körperverletzungen hinten N 211.

[30] BGE 70 II 95/96; 81 II 49; 82 II 35. Für Einzelheiten, auf die hier nicht eingegangen werden kann, vgl. THILO in SJZ 37, 133 ff. (und JT 1940, 610 ff.); G. GAUTSCHI in SJZ 37, 120; SZÖLLÖSY 94 f.; BUSSY/RUSCONI N 3.2 zu SVG 64. – Es sind Differenzierungen erforderlich, so laut BGE 89 II 63: Tag der Kapitalisierung bei Invalidität; 97 II 134: Todestag; 77 II 153; 82 II 35: mittlerer Zinstermin für rückständige Leistungen; Sem.jud. 1961, 22: evtl. mehrere Termine.

I. Allgemeine Regeln § 6

Da die Genugtuung nicht zur Wiedergutmachung einer finanziellen Einbusse bestimmt ist, ist sie ab Schadenereignis zu verzinsen[31]. 24

Dieser Zins ist ein Teil des Schadens und wird daher als *Schadenszins* bezeichnet. Es handelt sich nicht um einen Verzugszins[32]; die Voraussetzungen des Verzuges nach OR 102 I müssen daher nicht erfüllt sein[33]. Der Schadenszins ist Teil der Schadenersatzforderung. Er ist aber bei der Ermittlung des Streitwertes nicht zu berücksichtigen, soweit er nicht als eigenständige Forderung geltend gemacht wird; vgl. BGE 118 II 363. Zinseszins vom Schadenszins fällt – im Gegensatz zum Verzugszins (OR 105 III) – in Betracht[34]. Der Zinsfuss beträgt nach OR 73 I 5%, d. h. gleich viel wie beim gesetzlichen Verzugszins[35]. 25

C. Beweis

1. Beweislast

Die Beweislast für den durch das Schadenereignis adäquat verursachten Schaden – für dessen Höhe und damit zwangsläufig auch für seine Existenz[36] – trifft nach OR 42 I entsprechend ZGB 8 den Geschädigten. Das 26

---

[31] BGE 81 II 519; 82 II 36; 88 II 114/15; 116 II 299 f.; 118 II 409; hinten § 8 FN 91 (etwa 73).
[32] BGE 34 II 612; 81 II 519.
[33] Fälligkeit und Mahnung. Die Fälligkeit liegt regelmässig vor; eine Mahnung ist nicht nötig, um die Pflicht zur Bezahlung von Schadenszins auszulösen.
[34] BGE 81 II 49; 97 II 134. Man denke z. B. an den Fall, dass die letzte kantonale Instanz den Schadenszins bis zum Urteilstag berechnet und zum Kapital schlägt und dass der Gesamtbetrag nachher ab Urteilstag zu verzinsen ist.
[35] Verzugszinsen dienen zur Deckung des Schadens, der dem Gläubiger dadurch entsteht, dass der Schuldner erst nach Fälligkeit und Mahnung erfüllt. Sie haben also die gleiche Funktion wie der Schadenszins, der die Zeitdifferenz zwischen unfallbedingten Auslagen und Einbussen und der Schadenersatzzahlung abdeckt. Dementsprechend können Verzugs- und Schadenszinsen nicht kumuliert werden. Wenn aber die Höhe des Schadens inkl. Schadenszinsen bis zu einem bestimmten Datum – z. B. dem Urteilstag – festgelegt ist, kann der Schädiger für diesen ganzen Betrag inkl. Schadenszinsen in Verzug gesetzt werden und schuldet dann Verzugszinsen; vgl. BGE 81 II 49; 97 II 134; 113 II 340/41.
Ein Haftpflichtversicherer schuldet Schadenszinsen nicht über seine Garantiesumme hinaus, wohl aber Verzugszinsen; vgl. BGE 88 II 115/16.
[36] Die Existenz und die Höhe des Schadens werden häufig nebeneinander aufgeführt; sie lassen sich aber nicht trennen. Es ist feststehende Rechtsprechung, dass OR 42 II auf beide Fragen Anwendung findet; vgl. BGE 74 II 80/81; 81 II 55; 93 II 458; 95 II 501; 98 II 37; ZR 44 Nr. 2c S. 17; 70 Nr. 46 S. 121; W. GAUTSCHI in SJZ 21, 251; BREHM N 48 zu OR 42; KELLER/GABI 80.

bedeutet, dass der Geschädigte dem Richter grundsätzlich eine Schadensberechnung vorzulegen und deren Elemente zu beweisen hat[37].

2. Der nicht ziffernmässig nachweisbare Schaden

27   Viele Haftpflichtforderungen wären nicht durchsetzbar, wenn als Schaden nur anerkannt würde, was ziffernmässig aufgelistet und belegt werden kann[38].

28   OR 42 II lässt deshalb bei nicht genau nachweisbarem Schaden dessen Schätzung durch den Richter nach seinem Ermessen unter Berücksichtigung des gewöhnlichen Laufes der Dinge zu[39]. Dadurch nimmt der Gesetzgeber einen Fehler bei der Beurteilung der Situation durch den Richter in Kauf. Die Schätzung des Richters wird den tatsächlichen Verhältnissen aber näherkommen als die Nicht-Berücksichtigung des nicht genau beweisbaren Schadens.

29   Für die Schätzung gelten folgende Regeln[40].

30   1. Der Richter hat sich bei seiner Schätzung an den «gewöhnlichen Lauf der Dinge» zu halten. Aus ihm ergibt sich eine gewisse *Wahrscheinlichkeit*

---

[37] Vgl. z. B. BGE 29 II 283 ff. Nach ZR 51 Nr. 182 S. 335/36 kann die Schadenhöhe grundsätzlich zum voraus vereinbart werden, was aber nur in sehr speziell gelagerten Fällen in Frage kommt.

[38] Man denke z. B. an bei einem Unfall vernichtete oder verlorengegangene Schmuckstücke (BGE 32 II 223), an den Inhalt eines bei einem Unfall verlorengegangenen Koffers (Sem.jud. 1956, 559) oder an vernichtete Akten (ZR 54 Nr. 183). Vgl. auch BGE 72 II 399; 80 II 266/67.

[39] Nach dem Wortlaut von OR 42 II sind auch «die vom Geschädigten getroffenen Massnahmen» bei dieser Schätzung zu berücksichtigen. Was damit gemeint ist, ist nicht ohne weiteres verständlich. Der Passus findet sich schon im bundesrätlichen E von 1905, Art. 1059 II. Weder in der Expertenkommission noch in den Räten hat man offenbar davon gesprochen. VON TUHR/PETER I 100 beziehen die Stelle auf den entgangenen Gewinn; vgl. auch BREHM N 56 zu OR 42; KELLER/GABI 81; OR-SCHNYDER N 4 zu OR 42. OSER/SCHÖNENBERGER N 9 zu OR 42 denken an das von den Parteien beizubringende Tatsachenmaterial. Nach ROSSEL I 89; DESCHENAUX/TERCIER 210 N 26; SCHAER Rz 337 sind darunter Massnahmen zu verstehen, die der Geschädigte hätte ergreifen sollen, um ein Anwachsen des Schadens zu verhüten (Schadenminderungspflicht, vgl. hinten N 37 ff.).
Die Lösung VON TUHRS leuchtet prima vista am meisten ein. Der Passus besagt in diesem Falle jedoch nichts, das sich nicht ohnehin aus dem Begriff des Schadens ableiten liesse.

[40] Sowohl die Berechnung wie die Schätzung unterliegen der Überprüfung durch das Bundesgericht; ob und welcher Schaden eingetreten ist, bedeutet dagegen eine Tatfrage.

I. Allgemeine Regeln §6

einer bestimmten Schadenshöhe. Gemäss ZGB 1 III hält sich das Gericht an die in der Judikatur aufgestellten Regeln. Dass dies geboten ist, entspricht auch der Rechtsgleichheit.

2. Der Richter darf die Schätzung nach dem gewöhnlichen Lauf der Dinge an die Stelle der zahlenmässigen Berechnung (gestützt auf belegte Daten) treten lassen, wenn deren *Beweis unmöglich* ist[41]. Das wird vielfach für den entgangenen Gewinn (vgl. vorn § 2 N 13 ff.) und immer für den Zukunftsschaden zutreffen, d. h. für Versorger- und Invaliditätsschaden in der Zukunft. Zu erwähnen sind auch Fälle von Kreditschädigung, unlauterem Wettbewerb oder Verletzung in den persönlichen Verhältnissen[42]. 31

Die gleiche Regelung ist – in Erweiterung des Wortlautes von OR 42 II – geboten, wenn der Beweis Kosten verursachen würde, die in keinem vernünftigen Verhältnis zum Schaden ständen[43], wenn die Beweisführung mit Nachteilen für den Geschädigten verbunden wäre[44] oder aus andern Gründen als *nicht zumutbar* erscheint. 32

3. Der Kläger, der durch OR 42 II vom strikten Beweis befreit ist, hat aber wenigstens glaubhaft zu machen, dass die Voraussetzungen der Anwendung dieser Bestimmung gegeben sind[45]: Unmöglichkeit oder Unzumutbarkeit. Er hat darzulegen[46], aus welchen Umständen sich diese Voraussetzungen ergeben und seine Schadensberechnung soweit als möglich zu substantiieren. Er hat auch die Anhaltspunkte wenn möglich zu beweisen – sonst aber doch glaubhaft zu machen –, die der Richter seiner Schätzung zugrunde legen kann, so dass sich sein Entscheid «mit einer gewissen Überzeugungsgewalt aufdrängt»[47]. Der Richter wird durch OR 42 II nicht verpflichtet, von Amtes wegen Anhaltspunkte selber zu beschaffen, auf die 33

Vgl. BGE 79 II 355, 387; 81 II 42; 82 II 399/400; 102 II 39 f.; 107 II 224 f.; 109 II 475; 111 II 301; 113 II 346 f.
[41] BGE 35 II 326; 84 II 11; 89 II 219/20; 97 II 218; 105 II 89; SJZ 61 (1965) 59.
[42] BGE 86 II 45; vgl. die hinten in Bd. II/1 § 16 N 41 ff. besprochenen Tatbestände.
[43] BGE 105 II 89; SJZ 59 (1963) 362 Nr. 180.
[44] Wenn z. B. dem Schädiger und seinem Haftpflichtversicherer durch die Vorlegung der Bücher Einblick in Geschäftsgeheimnisse gewährt würde; vgl. BGE 40 II 355; 105 II 89; ZR 70 (1971) Nr. 46 S. 121.
[45] Vgl. BGE 81 II 55; 97 II 218 (Substantiierungspflicht eines Anwaltes in bezug auf seinen vorübergehenden Verdienstausfall).
[46] Zu beweisen hat er dies nicht; darin läge der Versuch eines Beweises im Sinne von OR 42 I; vgl. BGE 98 II 38 ff.; OR-SCHNYDER N 4 zu OR 42.
[47] BGE 40 II 355; vgl. auch 43 II 56; 93 II 458; 97 II 218; 98 II 38; ZR 70 Nr. 46 S. 121 ff.

er sein Urteil stützen kann[48]. Die Verhandlungsmaxime wird also durch OR 42 II nicht aufgehoben[49], wohl aber die *freie Beweiswürdigung* von Bundesrechts wegen vorgeschrieben[50].

34 Die Zulässigkeit einer Schätzung bedeutet nicht die Gutheissung prozessualer Bequemlichkeit[51]. Jedoch darf man mindestens im Bereich des unlauteren Wettbewerbs oder bei Widerhandlungen gegen das KG einen in BGE 83 II 164/65 angedeuteten Gedanken verallgemeinern und sagen, Beweisschwierigkeiten dürften nicht dazu führen, dass der Schädiger mit seiner Widerrechtlichkeit ein Geschäft macht.

3. Die unbezifferte Forderungsklage

35 Der Verzicht auf den genauen Beweis des Schadens bei Unmöglichkeit oder Unzumutbarkeit ruft der Frage, ob die Kantone in ihren Prozessrechten ein beziffertes Klagebegehren verlangen können. Sie haben daran namentlich ein Interesse, wenn die Höhe der geltend gemachten Forderung für die sachliche Zuständigkeit massgebend ist. Sie ist auch von Bedeutung für die Zulässigkeit von Rechtsmitteln.

36 In Anbetracht der prozessrechtlichen Bedeutung dieser Frage kann hier nicht näher darauf eingetreten werden und sei auf die einschlägige Judikatur[52] und Literatur[53] verwiesen.

---

[48] BGE 39 II 236.
[49] Im Gegensatz zu KHG 26 I.
[50] Vgl. auch EHG 20, ElG 38, SVG 86, KHG 26 I. Nach diesen Vorschriften gilt der Grundsatz der freien Beweiswürdigung im Rahmen der betreffenden Gesetze allgemein, nicht nur bei der Schadensberechnung. Dieser Grundsatz ist aber heute auch ausserhalb dieser Normen anerkannt; vgl. VOGEL, 10. Kap. N 58 ff.
[51] Unzutreffend daher ZBJV 52, 572: Schätzung, weil der Kläger ungenügende Angaben macht.
[52] BGE 77 II 187; 116 II 219.
[53] Vgl. MAX GULDENER, Schweiz. Zivilprozessrecht (Zürich 1979) 192 ff.; MAX KUMMER, Grundriss des Zivilprozessrechts (Bern 1984) 106 ff.; PETER LOOSLI, Die unbezifferte Forderungsklage unter besonderer Berücksichtigung des Kantons Zürich (Zürich 1978) 78; WALTHER HABSCHEID, Schweiz. Zivilprozess- und Gerichtsorganisationsrecht (2. A. Basel 1990) § 34 N 414; STRÄULI/MESSMER, Komm. zur zürcherischen ZPO (Zürich 1976) § 61 N 15–17 u. a.

D. Schadenminderungspflicht[54]

Der Geschädigte kann die Höhe des ihm erwachsenden finanziellen Ausfalles in verschiedener Hinsicht beeinflussen[55]: 37

1. Nach dem Unfall sind nicht unbedingt alle schädigenden Folgen ohne besondere Abklärungen erkennbar. Wenn der Geschädigte z. B. eine einlässliche medizinische *Untersuchung* verweigert[56], können sich später zusätzliche Gesundheitsschädigungen manifestieren[57], die bei einer sofortigen Behandlung hätten vermieden werden können: Hier setzt der Geschädigte durch seine Inaktivität eine *Mitursache* der betreffenden, sich erst später entwickelnden Gesundheitsschädigung[58, 59]. 38

Da eine Ursache des späteren Schadens nicht entdeckt und ausgeschaltet wird, obschon dies möglich wäre, liegt meistens ein mitwirkendes Selbstverschulden vor. Es handelt sich um eine Frage der Schadenersatzbemessung, auf die in § 7 (N 16 ff.) zurückzukommen sein wird. 39

2. Anders liegen die Verhältnisse, wenn die Unfallfolgen zwar erkannt sind, der Geschädigte aber sich aufdrängende *Massnahmen zur Reduktion der Schädigung* nicht ergreift bzw. seine Zustimmung verweigert, z. B. zu 40

---

[54] Es handelt sich nicht um eine Pflicht im Rechtssinne; denn bei ihrer Verletzung gibt es weder einen Anspruch noch eine Klage auf Vornahme der betreffenden Handlungen. Statt dessen wird der Geschädigte, der die Schadenminderungspflicht verletzt, nur in seinen Ersatzansprüchen beeinträchtigt. Man sollte daher von einer Obliegenheit sprechen; vgl. VON TUHR/PETER 12; VersR 1972, 66; 1980, 349.
Die Obliegenheit der Schadenminderung ist im Gesetz nicht ausdrücklich formuliert. Man kann allerdings die Erwähnung der vom Geschädigten getroffenen Massnahmen in OR 42 II als gesetzlichen Hinweis auffassen; vgl. SCHAER Rz 337. Wegen der Beschränkung auf den nicht ziffernmässig nachweisbaren Schaden in OR 42 II muss dann allerdings eine «pars-pro-toto»-Regel angenommen werden; vgl. im übrigen vorn FN 39 und namentlich die einlässliche Untersuchung von STEPHAN WEBER, Die sog. Schadenminderungspflicht (erscheint demnächst) und hinten § 7 N 16 ff.

[55] In den folgenden Ausführungen spielt die Unterscheidung zwischen der materiellen Veränderung durch ein Schadenereignis (Gesundheitsschädigung, Beschädigung einer Sache) und deren finanzieller Auswirkung (Schaden im Rechtssinne) eine wesentliche Rolle. Für die erstgenannten Unfallfolgen wird der Ausdruck Schädigung verwendet.

[56] Die Untersuchung kann sich auch auf das Unfallfahrzeug beziehen: Technische Mängel werden nicht festgestellt, die später zu einem neuen Unfall führen. Oder nach einem Brand in einem Hause bleibt mangels genauer Abklärung verborgen, dass die Bremsen des Liftes defekt sind, was später zu einem Schaden führt.

[57] Bzw. bei nicht entdeckten Unfallfolgen am Unfallfahrzeug ein weiterer Unfall passieren.

[58] Die andere zur Diskussion stehende Mitursache ist die versteckte Gesundheitsschädigung.

[59] Es handelt sich um eine Verhütung weiteren Schadens, die unter dem Gesichtswinkel des vorangegangenen Unfalles als Schadenminderung erscheint.

einer gefahrlosen *Operation* mit guten Heilungsaussichten[60], zu einer *Kur*, deren Kosten (inkl. Verdienstausfall) der Haftpflichtige zu übernehmen bereit[61] bzw. verpflichtet ist, zum sofortigen Verkauf des auf einer Meerfahrt durchnässten Getreides, das im Lagerhaus faul zu werden droht.

41 Es handelt sich um Massnahmen im Zuge der Behandlung der aufgetretenen Schädigung. Letztere ist immer nur insoweit definitiv, als sie nicht durch geeignete, zumutbare Massnahmen korrigiert werden kann[62]. Wo dies vollständig möglich ist, ist durch das Unfallereignis kein ersatzberechtigter Schaden entstanden, ausser den Kosten für die zumutbaren Massnahmen und eventuell dem Verdienstausfall. Die Frage zusätzlicher Massnahmen stellt sich ganz allgemein und nicht nur bei Operationen, Kuren, Notverkäufen usw. Wer z. B. eine Gehirnerschütterung erlitten hat, muss eine Zeitlang das Bett hüten und ist nachher meistens wieder weitgehend hergestellt[63]. Erst wenn alle vernünftigen Massnahmen zur Behebung der Schädigung durchgeführt oder mindestens geplant und ihre Auswirkungen geschätzt worden sind, kann die Berechnung des Schadens abgeschlossen werden. Der Geschädigte hat nur für Schädigungen einzustehen, die nicht durch solche Massnahmen behoben werden können.

42 3. In andern Fällen geht es nicht um die Reduktion der Schädigung (eines Gesundheitsschadens oder einer Sachbeschädigung, eventuell auch eines Vermögensschadens i. e. S.), sondern um die Herabsetzung ihrer *finanziellen* Auswirkungen. Im Vordergrund steht hier die Ablehnung einer zumutbaren *Umschulung*[64], deren Kosten (inkl. Verdienstausfall) der Haftpflichtige zu übernehmen bereit ist. Durch den Berufswechsel wird nicht die durch den Unfall verursachte Gesundheitsschädigung reduziert, sondern deren finanzielle Auswirkung. Es handelt sich um eine Frage der Schadensberechnung und nicht der Schadenersatzbemessung.

---

60 Vgl. hinten N 171 ff.
61 BGE 61 II 133.
62 Sonst wären alle Autoschäden, bei denen das Auto nicht mehr fahrbar ist, Totalschäden. Vgl. auch das von BREHM N 47 zu OR 44 erwähnte Beispiel einer Starrkrampfinfektion. Nach dem Urteil des Berner Appellationshofes vom 17. August 1993 i. S. W. AG/Diverse rechtfertigt es sich, wenn der Beklagte Aufräumungsarbeiten aus eigener Kraft und/oder mit eigenen Hilfspersonen leistet, für der Bewältigung der Beizug eines Dritten hätte vertreten werden können, und wenn dadurch der Schaden erheblich reduziert wurde, diesen Umstand gestützt auf OR 42 II bei den übrigen Schadensposten positiv zu berücksichtigen.
63 Operationen und Kuren werden in der juristischen Literatur nur speziell besprochen, weil bei ihnen anerkennungswürdige Ablehnungsgründe vorliegen können.
64 Vgl. hinten N 131 ff. Zu erwähnen sind hier die Wiedereingliederungsmassnahmen nach IVG 8 ff.

I. Allgemeine Regeln § 6

4. Neben den Massnahmen zur Verringerung der Schädigung und ihrer finanziellen Auswirkungen sind diejenigen zu erwähnen, die *unnötige Kosten* verursachen. Die Kosten einer Spitalbehandlung können je nach der aufgesuchten Klinik und der Pflegeabteilung (privat, halbprivat oder allgemein) sehr verschieden hoch sein. Es liegt nahe, neben den Umständen des Falles (Beizug von Spezialisten ohne Schwierigkeiten, psychischer Zustand des Patienten usw.)[65] die finanziellen Verhältnisse des Geschädigten als Kriterium zu benützen: Er soll im Zweifel auf der Basis derjenigen Unterbringungs- und Pflegeverhältnisse entschädigt werden, die er wählen würde, wenn er den Spitalaufenthalt selbst bezahlen müsste[66]. Damit ist meistens die Übernahme der vollen Kosten (abzüglich Verpflegungskostenabzug[67]) einer Luxusklinik, wo zwar nicht die medizinische Betreuung, wohl aber das Essen besser ist als in einem andern Spital, meistens ausgeschlossen[68]. 43

Es handelt sich hier auch um eine Frage der Behandlung des Schadenfalles; es werden aber nicht geeignete Massnahmen zur Reduktion der Schädigung (wie unter Ziff. 2) oder zur Anpassung an die neue Situation (wie unter Ziff. 3) unterlassen, sondern es werden Behandlungsmassnahmen ergriffen, die teurer, aber nicht besser sind als andere. Die finanzielle Bedeutung des Schadenfalles ist grösser als nötig. Auch die Berücksichtigung dieses Umstandes gehört zur Schadensberechnung und nicht zur Schadenersatzbemessung. 44

Dogmatisch ergibt sich diese Lösung aus folgenden Überlegungen: An sich ist in den Fallgruppen 2–4 das Unfallereignis eine conditio sine qua non des zur Diskussion stehenden Teilschadens. Aber es fehlt in bezug auf ihn an der Adäquanz. Der haftungsausfüllende Kausalzusammenhang (vorn § 2 N 20) ist durch das Selbstverschulden des Geschädigten, wenn er urteilsfähig ist – im uneigentlichen Sinn (vgl. vorn § 3 N 132 ff.) –, unterbro- 45

---

[65] Vgl. BREHM N 49 zu OR 44.
[66] MERZ, SPR VI/1 224 FN 144 wendet sich gegen diese Formulierung, aber nicht in bezug auf unnötige Kosten, sondern auf Kosten zum vollen Ausgleich der Schädigung. Diese sind selbstverständlich auch zu übernehmen, wenn der Geschädigte ohne Schadenersatzansprüche auf die Wiedergutmachung der betreffenden Schädigung aus eigenen Mitteln verzichten würde oder müsste.
[67] Hinten FN 148.
[68] Das gilt entsprechend auch für die Reparatur eines Autos in der Werkstätte, die ihren Kunden die höchsten Stundenlöhne zu verrechnen pflegt, ohne die Reparatur sorgfältiger durchzuführen als andere. Zu erwähnen ist auch die Reparatur in der Fabrik, in der das Auto hergestellt wurde. Wer einen Wagen der unteren Mittelklasse fährt, kann nicht die Mietkosten für ein Luxusautomobil verlangen. Der Reparaturauftrag ist umgehend zu erteilen, wenn man einen Mietwagen in Anspruch nehmen will; vgl. BREHM N 48 zu OR 44.

chen. Der Geschädigte hat in Kenntnis der Möglichkeit, durch zumutbare Massnahmen den weiteren Schaden auszuschalten oder zu reduzieren, die geeigneten Massnahmen nicht ergriffen bzw. verweigert. Sein Selbstverschulden ist als grob zu qualifizieren. Er hat in bezug auf den betreffenden Teilschaden «unter Verletzung der elementarsten Vorsichtsgebote das ausser acht gelassen, was jedem verständigen Menschen in der gleichen Lage und unter den gleichen Umständen hätte einleuchten müssen» (vorn § 5 N 107).

46 Das gilt bei Verweigerung geeigneter, zumutbarer therapeutischer Massnahmen (Operation, Kur usw.), bei Verweigerung einer Umschulung und bei unnötig teuren Massnahmen (Luxusklinik usw.). Hier kennt der Geschädigte die Unfallfolgen und die Massnahmen, die möglich sind, um sie in Schranken zu halten. Trotz dieser Kenntnis lehnt er diese Massnahmen ab. Anders verhält es sich mit Schädigungen, die sich nur als mehr oder weniger entfernte Möglichkeit aus dem Unfallereignis ergeben können, sich aber erst später entwickeln werden (Fallgruppe 1). Es ist eine Ermessensfrage, wie weit man mit der Suche nach solchen noch nicht manifesten, aber möglichen Schädigungen gehen soll. Je unwahrscheinlicher sie sind, um so weniger drängt sich die zusätzliche Abklärung auf. Wenn solche näheren Untersuchungen vom Geschädigten nicht veranlasst werden, liegt darin nur ein leichtes oder gar kein Verschulden. Je nachdem wird der Schadenersatz für solche Schädigungen reduziert (mitwirkendes Selbstverschulden) oder ganz zugesprochen (kein Selbstverschulden)[69].

47 Häufig wird in solchen Fällen die Beratung durch den Vertrauensarzt, den Reparateur des Autos usw. eine grosse Rolle spielen. Ihr Verschulden ist dem Geschädigten anzurechnen, wenn sie Hilfspersonen sind; der Geschädigte kann dann aus Vertrag auf sie zurückgreifen. Sind sie nicht als Hilfspersonen zu betrachten, stellt ihr Verschulden Drittverschulden dar, für das sie für den zur Diskussion stehenden Teilschaden solidarisch mit dem Haupthaftpflichtigen haften (vgl. vorn § 5 N 154 ff.).

48 Die Anrechnung des Verschuldens von Hilfspersonen muss auch gelten, wenn der Geschädigte nicht urteilsfähig ist.

---

[69] GEIGEL/SCHLEGELMILCH, 3. Kap. N 43; SCHAER Rz 335 nehmen nicht eine Unterbrechung des Kausalzusammenhanges an, sondern verneinen das Vorliegen eines Schadens im Rechtssinne, wenn die Schädigung durch angemessene und zumutbare Massnahmen korrigiert werden kann. Diese andere rechtliche Konstruktion – die nebenbei gesagt zum Wort «Schadenminderungspflicht» im Widerspruch steht – ruft aber Bedenken, weil die auf einer Wertung beruhende Zumutbarkeit geeigneter Massnahmen sich kaum mit dem Begriff des Schadens im Rechtssinne als einer Vermögensverminderung (vorn § 2 N 4) vereinbaren lässt.

II. Vorteilsanrechnung oder Vorteilsausgleichung

A. Übersicht

Durch den gleichen Vorgang, der eine Schädigung einer bestimmten Person bewirkt, kann für sie auch ein Vorteil herbeigeführt werden. Ob und in welchen Fällen dieser Vorteil bei der Berechnung des Schadens zu berücksichtigen sei, ist die entscheidende Frage der Vorteilsanrechnung[70].

Auszugehen ist vom Begriff des Schadens; vgl. vorn § 2 N 2 ff. Er wird als eine Vermögensverminderung umschrieben und kann zwangsläufig nur ermittelt werden, wenn man den dem Geschädigten wegen des schädigenden Ereignisses zufallenden Vermögensvermehrungen Rechnung trägt[71]. Sonst entsteht eine Bereicherung des Geschädigten, was im Haftpflichtrecht nach Möglichkeit vermieden wird. Die Lehre von der Vorteilsanrechnung gehört dementsprechend folgerichtig in den Zusammenhang der *Schadensberechnung*[72]. Der endgültige Schaden ist erst festgestellt, wenn sowohl die Schädigung als auch die Vorteile berücksichtigt sind[73].

---

[70] Im Gemeinen Recht als compensatio lucri cum damno bezeichnet, wobei es sich aber nicht um eine Verrechnung im Sinne von OR 120 ff. handelt; vgl. VON TUHR/PETER I 101.

[71] Schon hier sei darauf hingewiesen, dass nicht von einer Vermögensvermehrung gesprochen werden kann, wenn an einem Auto Totalschaden entstanden ist und der Geschädigte das Autowrack verkaufen kann. Sein Schaden beläuft sich von vornherein nur auf die Differenz zwischen dem Preis des neuen Autos und dem Erlös für das Wrack (vgl. MERZ, SPR VI/1 209) – wobei hier die Frage des Mehrwertes des neuen Autos gegenüber dem Vorunfallwert des früheren ausser Betracht gelassen wird. Wenn eine Fabrik abbrennt und deren Eigentümer, der ohnehin zu wenig Platz hatte, andernorts eine Fabrik kauft, ist der Wert des Grundstücks der alten Fabrik selbstverständlich von deren Vorunfallwert abzuziehen; vgl. aber die gegenteilige Auffassung von VON TUHR/PETER I 102.

[72] Es handelt sich nicht um eine Frage der Schadenersatzbemessung; der Eintritt des Vorteils stellt keinen Schadenersatzreduktionsgrund dar. Wer keinen Haftpflichtanspruch hat, aber trotzdem die Grösse des von ihm erlittenen Schadens ermitteln will, wird selbstverständlich die ihm durch das Schadenereignis erwachsenen Vorteile in Rechnung stellen; vgl. KELLER/GABI 75; KUHN 22; STEIN, SVZ 1986, 242 f. So wird nicht der Wert einer Gefälligkeit berechnet und vom Schaden abgezogen; vielmehr stellt die Tatsache der Gefälligkeit einen Schadenersatzreduktionsgrund dar.

[73] Analog der Einteilung des Schadens in damnum emergens und lucrum cessans (vgl. vorn § 2 N 10 ff.) kann man beim Vorteil lucrum emergens und damnum cessans unterscheiden. Das erste bedeutet einen positiven Vermögenszuwachs, das zweite die Verhütung einer bevorstehenden Vermögensverminderung, also eine Ersparnis, z. B. von Aufwendungen auf eine Sache, die unterbleiben können, weil die Sache untergegangen ist. Vgl.

51 Dass Vorteile anzurechnen sind, wenn man eine Vermögensverminderung ermitteln will, ist eine banale Feststellung. Sie rechtfertigt ein eigenes Rechtsinstitut wie die Vorteilsanrechnung auf keinen Fall. Diese ist vielmehr auf Vorteile zu beschränken, deren Anrechnung sich nicht von vornherein aus dem Schadensbegriff – wie bei der Anrechnung des Erlöses aus dem Verkauf eines Autowracks – ergibt. Auch wo die Anrechnung eines Vorteils der massgebenden rechtlichen Konstruktion entspricht, wie beim gesetzlichen Übergang von Haftpflichtansprüchen auf einen Versicherer (vgl. hinten § 11 N 20, 131, FN 304), braucht man das Rechtsinstitut der Vorteilsanrechnung nicht[74].

52 Vorerst sind hier einige allgemeine Hinweise zu geben; anschliessend soll versucht werden, in kasuistischer Form aufzuzeigen, wo von Vorteilsanrechnung zu sprechen ist und sie in Frage kommt und wo nicht.

53 1. In Betracht fallen nur Vorteile, die der *Geschädigte* und nicht ein Dritter erhalten hat[75].

54 2. Anzurechnen sind nur Vorteile, die ohne das schädigende Ereignis nicht eingetreten wären.

OERTMANN 205 ff.; VON TOBEL 17; KUHN 12 ff. Die Unterscheidung ist in diesem Zusammenhang ohne grosse praktische Bedeutung.
Die Vorteilsanrechnung kommt sowohl bei der vertraglichen (Sem.jud. 1946, 556) wie der ausservertraglichen Schädigung vor. Auch für die Berechnung der Versicherungsleistungen im privaten Schadensversicherungsrecht ist die Vorteilsanrechnung von Bedeutung; vgl. VVG 64 V; ROELLI/JAEGER II N 39, 65, 72, 95, 96 zu VVG 63; N 2 zu VVG 64. Mancherlei in der Lehre von der Vorteilsanrechnung ist kontrovers; darüber VON TOBEL. Doch braucht darauf nicht näher eingetreten zu werden, weil sich die Fragen, die im Gebiet des Haftpflichtrechts wesentlich sind, auf einige nachstehend aufgeführte Gruppen von Tatbeständen beschränken lassen.

[74] Jede Vorteilsanrechnung ist eine Anrechnung, aber nicht jede Anrechnung eine Vorteilsanrechnung. Die beiden Begriffe sind daher streng zu unterscheiden. Beim Umtausch einer Sache rechnet der Verkäufer den Preis der umgetauschten an den Preis der eingetauschten an; auch Rabatte und Skonti werden angerechnet, ebenso Geschenkgutscheine usw. In diesem Sinne wird der Erlös eines Autowracks auf die Kosten des Ersatzautos angerechnet. Dieser Erlös stellt keinen Vorteil dar, sondern eine Auswirkung der Tatsache, dass das Wrack noch einen Wert hat.
Der rechtliche Begriff der Vorteilsanrechnung ist nur sinnvoll, wenn er nicht solche Selbstverständlichkeiten erfasst, sondern auf Grund einer Wertung diejenigen Vorteile umschreibt, die anzurechnen sind, bei denen man aber (logisch) an sich verschiedener Meinung sein könnte.

[75] Wenn wegen des Brandes eines Ladens ein Konkurrent seinen Umsatz steigern kann, hat dies unberücksichtigt zu bleiben. STEIN, SVZ 1986, 256 erwähnt den Fall eines Kindes mit Tetraplegie, das nur in Spitalpflege leben kann. Die Eltern sparen die Unterhaltskosten ein. Muss das Kind sich diesen Vorteil gegenüber dem Haftpflichtigen anrechnen lassen?

Es genügt aber nicht jeder natürliche *Kausalzusammenhang* zwischen der Schädigung und ihren Auswirkungen; man verlangt, dass er *adäquat* sein müsse[76]. 55

Die Adäquanztheorie (vgl. vorn § 3 N 14 ff.) wurde primär für die haftungsbegründende Kausalität entwickelt, dann aber auch auf die haftungsausfüllende Kausalität angewendet[77]. Sie ist daher auch massgebend für die Frage, welche Folgen eines Schadenereignisses demjenigen, der für dieses haftpflichtig ist, noch angelastet werden können[78]. 56

Hier geht es aber nicht um die Verantwortung für ein Passivum, sondern um die Frage, ob ein *Vorteil*, der dem Geschädigten zugekommen ist, auf den abgesehen davon erlittenen Schaden anzurechnen ist. Hier ist den Besonderheiten des Einzelfalles Rechnung zu tragen, wofür die Adäquanztheorie dem Richter die notwendige Ermessensbreite einräumt. 57

Noch zu erwähnen ist, dass es sich beim Kausalzusammenhang zwischen einer Schädigung und einem durch den Geschädigten deswegen erzielten Vorteil häufig nicht – wie bei der Haftpflichtfrage – um das *physische* Verhältnis zwischen Ursache und Wirkung handelt, sondern um durch die Schädigung ausgelöste *Rechtsfolgen*. 58

B. Tatbestände

Die Tatbestände, die in Literatur und Judikatur als Fälle der Vorteilsanrechnung bezeichnet werden, sind uneinheitlich[79]. Es soll hier versucht werden, sie in Gruppen einzuteilen und dadurch ihre Natur besser zu erfassen. 59

---

[76] Gelegentlich wird als Beispiel erwähnt, dass ein durch den Brand seines Hauses Geschädigter in den Trümmern einen Schatz findet. Ohne die Feuersbrunst hätte er ihn nicht gefunden. Er stand vorher auch nicht in seinem Eigentum. Der Hauseigentümer wurde Eigentümer des Schatzes nach ZGB 723 II durch dessen Auffinden (vgl. HAAB/ SIMONIUS/SCHERRER/ZOBL, Zürcher Komm. [Zürich 1977] N 26 ff. zu ZGB 723, 724). Man kann sich hier fragen, ob der Begriff der Adäquanz des Kausalzusammenhanges die Vorteilsanrechnung (gegenüber dem Brandstifter) ausschliesst. Das hängt vor allem davon ab, ob man bei der Beurteilung der Adäquanz die Tatsache, dass sich ein Schatz im Hause befand, berücksichtigt; vgl. VON TUHR/PETER I 102; vorn § 3 FN 26; STEIN, SVZ 1986, 250.

[77] DEUTSCH I 141, 149; LANGE 77 ff.; vorn § 3 N 31.

[78] Haftet er auch dafür, dass der Geschädigte im Spital kurz vor seiner Entlassung ausgleitet, was zu einer Refraktur des beim primären Schadenereignis gebrochenen Beines führt? Vgl. BGE 70 II 178; 80 II 344; 87 II 126 ff.; 96 II 396 ff.; 112 II 127.

[79] Vgl. STEIN, SVZ 1986, 243 f.; LANGE 491; SCHAER Rz 631.

1. Vorteile, die auf Grund der auf den Fall anzuwendenden rechtlichen Konstruktionen anzurechnen sind und nicht auf Grund eines Werturteils

60 a) Der Vollständigkeit halber seien hier die Erlöse von Überresten nochmals erwähnt, die vorn (N 51) aus dem Begriff der Vorteilsanrechnung ausgeklammert wurden.

61 b) Ebenfalls aus dem Schadensbegriff ergibt sich die Lösung bei *Tötung einer Person* (z. B. eines Kindes), für die spätere Versorgte (z. B. die Eltern) in Zukunft[80] *Unterhalts-, Erziehungs- und Ausbildungskosten* aufgewendet hätten. Diese Kosten fallen wegen des Todesfalles weg; der Versorgerschaden, der aus der Kapitalisierung der zu erwartenden jährlichen Leistungen des Verstorbenen resultiert, ist um diese Aufwendungen zu kürzen. Es handelt sich um damnum cessans[81, 82].

62 Diese Lösung entspricht der feststehenden Praxis in bezug auf die Unterhaltskosten beim Tode der *Ehefrau,* bei der es sich häufig um erhebliche Beträge handelt[83].

63 Beim Tod eines *Kindes* wurde früher der Abzug nicht nur der zukünftigen Unterhalts-, sondern auch der zukünftigen Erziehungs- und Ausbildungskosten abgelehnt[84]. In BGE 112 II 122 wurde diese Praxis geändert und die Anrechnung der fraglichen Kosten gutgeheissen.

---

[80] Unterhalts-, Erziehungs- und Ausbildungskosten, die vor dem Todesfall aufgewendet worden sind, sind durch diesen nicht verursacht. Es handelt sich nicht um eine Vorteilsanrechnung; sie sind vielmehr nicht anzurechnen, weil es sich um sog. unnütze Aufwendungen handelt; vgl. hinten N 248.

[81] In BGE 112 I b 330 E. 5a hat das Bundesgericht in einem Fall von Staatshaftung des Kantons Baselland grundsätzlich anerkannt, dass eingesparte Unterhaltskosten vom Versorgerschaden abzuziehen seien. Einen Abzug von eingesparten Unterhaltskosten von Bestattungskosten hat es auf Grund einer Wertung abgelehnt. Dieser Entscheid wurde gefällt, obschon hier die Bestattungskosten wegen des Transportes der Leiche nach Jugoslawien Fr. 10 000.– überstiegen. Diese nach Schadensposten differenzierende Betrachtungsweise vermag nicht zu überzeugen, wirft viele neue Probleme auf und droht die Rechtssicherheit zu beeinträchtigen.

[82] Vgl. hinten N 315.

[83] Vgl. BGE 82 II 39/40; 101 II 260; 102 II 93; 108 II 434 ff.; ZR 41 Nr. 63 S. 162; 69 Nr. 141 S. 376; STARK, ZSR 105 I 354 ff.; hinten N 285.

[84] Vgl. BGE 46 II 127 (ohne nähere Begründung); 58 II 40 ff. (mit einlässlicher Begründung); FEHR 111; a. M. SJZ 15, 218; 58, 8; MOSER 77; MARTI 67; STAUFFER/SCHAETZLE (3. A. Zürich 1970) 66; MAYR 53; VON BÜREN I 79; ZEN-RUFFINEN 106; BREHM N 201 zu OR 45. Stossend ist eigentlich in solchen Fällen eher der Ausdruck «Vorteilsanrechnung» als diese selbst.

64 Dieser Praxisänderung für die zukünftigen Unterhalts-, Erziehungs- und Ausbildungskosten eines Kindes ist zuzustimmen. Sie entspricht den Grundsätzen der Schadensberechnung; die frühere Auffassung des Bundesgerichtes, die – namentlich in BGE 58 II 40 ff. – mit Werturteilen begründet wurde, erscheint nicht als haltbar. Es liegen keine Verhältnisse vor, die ein Abweichen vom hier massgebenden materialistischen Bestreben, den ökonomischen Wert, den ein Mensch für seine Familie gehabt hat, in Geld abzuschätzen, rechtfertigen könnte. Diese Betrachtungsweise beherrscht das Recht der Versorgerschadensberechnung in allen andern Fragen[85].

65 c) Nicht um Vorteilsanrechnung handelt es sich, wenn der Geschädigte von einer *Versicherung* Leistungen für seinen Schaden erhält. Entweder gilt, gestützt auf VVG 96, das Kumulationsprinzip, das eine Anrechnung ausschliesst. Oder die Schadenersatzforderung des Geschädigten geht durch Subrogation in der Höhe der Versicherungsleistungen auf den Versicherer über; dann hat der Geschädigte für den entsprechenden Teil seines Schadens keinen Ersatzanspruch mehr; dieser steht dem Versicherer zu. Wenn der Versicherer und der Haftpflichtige solidarisch haften und der Versicherer gestützt darauf einen Ausgleichsanspruch aus OR 51 II geltend machen kann, steht ebenfalls nicht eine Anrechnung zur Diskussion. Vielmehr hat der Geschädigte gestützt auf die Solidarität insoweit keinen Anspruch gegen den Haftpflichtigen, als er vom Versicherer bereits entschädigt ist. Dies gilt auch bei Solidarität zwischen mehreren Haftpflichtigen (vgl. hinten §§ 10 und 11).

66 Die Fälle von Solidarität zwischen dem Haftpflichtigen und einem nicht unter das Kumulationsprinzip fallenden Versicherer gehören daher nicht unter den dogmatischen Begriff der Vorteilsanrechnung[86].

67 Anders liegen die Verhältnisse, wenn eine Versicherung besteht, deren Prämien der Haftpflichtige bezahlt hat. Ihre Leistungen sind nach SVG 62 III, EHG 13 I bzw. KHG 9 II anzurechnen, wobei aber diese gesetzli-

---

[85] Die Nichtanrechnung wäre z. B. besonders stossend, wenn die Eltern den Versorgerschadenanspruch aus dem Tod eines Kindes mit dem Hinweis begründen, es habe am Anfang eines Studiums gestanden, das ihm nach seinem Abschluss die Unterstützung der Eltern ohne Schwierigkeiten ermöglicht hätte. Dann die Kosten des Studiums ausser Betracht zu lassen, wäre unverständlich.

[86] Vgl. hinten § 11 FN 140. «Anrechnung» als allgemeiner Begriff ist dagegen als dogmatisch neutral zu akzeptieren; er sagt nichts aus über die rechtliche Konstruktion, sondern nur, dass eine Leistung um eine andere gekürzt wird.

chen Vorschriften heute allgemein, also über die drei Spezialgesetze hinaus, angewendet werden[87].

68 Wenn dem Geschädigten ein anzurechnender Vorteil zugefallen ist, reduziert sich – im Gegensatz zu den hier besprochenen Fällen – dadurch der Gesamtschaden; ein Regress fällt nicht in Betracht.

69 d) Aus der rechtlichen Konstruktion abzuleiten ist auch die Beantwortung der Frage, ob die vom Arbeitgeber auf Grund seiner *gesetzlichen Lohnfortzahlungspflicht* während der ganzen oder teilweisen Arbeitsunfähigkeit des Arbeitnehmers erbrachten Lohnzahlungen auf die Haftpflichtleistungen anzurechnen seien. Wie in § 10 N 126 ff. dargelegt, steht dem Arbeitgeber ein Regressrecht gegen den Haftpflichtigen zu, so dass der Geschädigte dafür nicht seinerseits Ersatz verlangen kann.

70 e) Wenn man der hinten (§ 10 N 132 ff.) dargelegten Meinung folgt, dass gestützt auf ZGB 276 III und 328 I *Unterhalts- und Unterstützungspflichten* gegenüber – u. a. – Haftpflichtleistungen subsidiär seien, ergibt sich auch für diesen Fall aus der rechtlichen Konstruktion, dass dem Haftpflichtigen der Einwand der Vorteilsanrechnung nicht zur Verfügung steht. Diese Regelung wird den hier vorliegenden Verhältnissen gerecht[88].

71 f) Häufig ist bei Tötungsfällen der Versorgte gleichzeitig *Erbe* des Verstorbenen. Das wäre er normalerweise auch beim späteren Tod ohne Unfall geworden; er erwirbt wegen des Unfalles das Vermögen des Getöteten aber *früher*. Sein Vorteil besteht im Vermögensertrag in der Zeit zwischen dem Unfall und dem vermutlichen späteren Todeszeitpunkt des Erblassers ohne den Unfall.

72 Ob dieser Vorteil anzurechnen ist, ergibt sich aus der rechtlichen Konstruktion, wonach ein Versorgerschaden insoweit besteht, als eine Person unterstützungsbedürftig ist. In der Höhe des Ertrages des geerbten Vermögens fehlt diese Voraussetzung auf Grund des Erbganges.

73 Die Anrechnung des erwähnten Ertrages entspricht heute feststehender Praxis[89]. Dabei ist aber der Unsicherheit des Vermögensertrages da-

---

[87] Vgl. hinten § 10 N 102, § 11 N 138 ff.; KUHN 165; SJZ 61, 60/61 = ZR 64 Nr. 141.
[88] Vgl. VON THUR/PETER 434 FN 9.
Nach UVV 27 II wird für die Unterhaltskosten von Kindern kein Abzug vorgenommen. Vgl. aber auch SJZ 71 (1975) 299 Nr. 139; 86 I 137 und ZGB 285 II und 295 III.
[89] Vgl. BGE 53 II 53; 64 II 424; 74 II 210; 95 II 214; 99 II 212; BGE vom 20. März 1990 i. S. STECK und Kanton Bern gegen Eidgenossenschaft & Konsorten; BREHM N 36 zu OR 42, N 55 ff. zu OR 45; SCHAER Rz 188 ff.; KELLER II 85; STARK, Skriptum N 119; OSER/SCHÖNENBERGER N 14 zu OR 45; MOSER 53; MAYR 58 ff.; MARTI 57 ff.; FEHR 97 ff.; KELLER/GABI 75 f.; KUHN 150. Vgl. auch STEIN, SVZ 1986, 285; a. M. BGE 62 II 58.

durch Rechnung zu tragen, dass ein niederer Zinsfuss angewendet wird[90, 91].

Die Vorteile einer Witwe, die sich aus der Teilung des Vorschlages des verstorbenen Ehemannes ertragsmässig ergeben (vgl. ZGB 215), sind gleich wie das geerbte Vermögen anzurechnen. 74

2. Andere Vorteile

a) *Unentgeltliche Zuwendungen von dritter Seite,* um das Unglück, das den Geschädigten getroffen hat, zu mildern (sog. Liebesgaben), fallen nach dem zu vermutenden Parteiwillen nicht unter die Anrechnung; der Schenker will damit nicht den Haftpflichtigen entlasten, sondern den Geschädigten begünstigen[92]. 75

Eine unentgeltliche Zuwendung eines Dritten stellt auch die *freiwillige Lohnzahlung* des Arbeitgebers über den Zeitraum seiner Lohnfortzahlungspflicht hinaus dar. Auch hier ist anzunehmen, dass der Arbeitgeber damit nicht den Haftpflichtigen entlasten, sondern seinen verunfallten Arbeitnehmer begünstigen will[93]; eine Anrechnung hat nicht zu erfolgen. 76

Ist der Arbeitgeber selber der Haftpflichtige, so liegt ein Anwendungsfall der Ausführungen unter N 80 vor, so dass die Anrechnung meistens geboten sein wird[94]. 77

Es ist aber auch denkbar, dass ein Dritter auf dem Wege der Naturalrestitution oder der Geldzahlung anstelle des Haftpflichtigen den Schaden decken will. Dann geht es um Leistung von Schadenersatz, die, statt durch den Haftpflichtigen, durch einen Dritten zugunsten des Haftpflichtigen 78

---

90 Vgl. BGE 95 II 418, wo 5% zugrunde gelegt wurden. Die Erbschaft bestand z. T. in einer Beteiligung an einer Firma. Wenn zur Erbschaft ein Einfamilienhaus gehört, ist dessen Eigenmietwert heranzuziehen und nicht ein theoretischer Zins auf dem Verkaufswert (BGE 99 II 212).
91 Zwar wird der frühzeitige Tod des Versorgers häufig das weitere Anwachsen des Vermögens ausschliessen und dadurch die spätere Situation der Erben beeinträchtigen. Der betreffende Schaden der Hinterbliebenen stellt aber keinen Versorgerschaden dar (teilweise a. M. Voraufl. 183/84).
92 Vgl. BGE 97 II 265/66: Ein Geschäftsführer ohne Auftrag, der im Interesse des Geschädigten tätig geworden ist, verzichtet auf den ihm gemäss OR 422 zustehenden Ersatz; dasselbe gilt für die Pflege durch Familienmitglieder; vgl. KELLER/GABI 78.
93 BGE 35 II 552; 49 II 163; 52 II 392; 58 II 254; 62 II 290; 97 II 265; Sem.jud. 1972, 47. Anders früher BGE 29 II 489; 34 II 656. Wie hier STAUFFER/SCHAETZLE (3. A. Zürich 1970) 39/40; KELLER/GABI 78; KUHN 156 f.
94 ZBJV 40, 231.

erfolgt[95]. Dadurch wird die Schadenersatzforderung getilgt; die Frage der Vorteilsanrechnung stellt sich nicht.

79 Welcher Fall vorliegt, hängt vom Parteiwillen ab, der nach den Umständen meist unschwer zu ermitteln sein wird[96].

80 b) *Unentgeltliche Zuwendungen des Haftpflichtigen an den Geschädigten,* ohne sie als Leistung von Schadenersatz zu bezeichnen, sind in der Regel als Schadenersatz zu betrachten oder – sofern die Auslegung des Parteiwillens nicht etwas anderes ergibt – als anrechenbarer Vorteil.

3. Enteignungsrecht

81 Das BG über die Enteignung vom 20. Juni 1930 sieht in Art. 20 II und 22 I die Vorteilsanrechnung ausdrücklich vor[97].

C. Die Durchführung der Anrechnung von Vorteilen bei der Schadensberechnung

82 Es handelt sich hier um die rein praktische Frage, wie den Schaden herabsetzende Beträge bei der Schadensberechnung ermittelt und in die Rechnung eingestellt werden können.

83 1. In einzelnen Fällen, in denen der Wert des sog. Vorteils umstritten ist, kann durch dessen *Übertragung in natura* auf den Schädiger eine Lösung gefunden werden. Das gilt namentlich bei Sachbeschädigungen, die so gross sind, dass sich eine Reparatur nicht lohnt. Statt über den anzurechnenden Wert der Überreste zu streiten, kann der Geschädigte sie dem Haftpflichtigen überlassen und die Kosten der Neuanschaffung – abzüglich Abschreibungen – verlangen[98]. Den richtigen Weg zu finden, wird das dem Richter generell eingeräumte Ermessen erlauben[99].

---

95 Sog. Erfüllungsübernahme; vgl. VON THUR/ESCHER 242.
96 Vgl. OFTINGER in ZSR 58, 178 ff. (= Ausgewählte Schriften [Zürich 1978] 79 ff.); KELLER/GABI 78; KUHN 156.
97 HESS/WEIBEL, Enteignungsrecht des Bundes, Bd. I (Bern 1986) N 2 ff. zu Art. 20 sowie N 1 ff. zu Art. 22.
98 OERTMANN 316 ff.; von TUHR/PETER 120; Kuhn 200; DESCHENAUX/TERCIER 23 N 26; BREHM N 29 zu OR 42; KELLER/GABI 79; hinten N 360 ff. Dieser Weg ist aber nur bei voller Haftpflicht gangbar.
99 BGE 44 II 89; 71 II 90.

2. Haben Umstände, die dem Geschädigten zu verdanken sind und nicht 84
einfach – wie z. B. die Leistung von Hilfe nach SVG 51 II – die Erfüllung
einer Pflicht darstellten, auf die *Entstehung oder Vergrösserung eines Vorteils* eingewirkt, so ist zu prüfen, ob gestützt auf den in OR 44 I enthaltenen
Gedanken der Vorteil nicht oder nicht ganz angerechnet werden soll[100].
Solche Vorteile ergeben sich aber kaum je aus dem Unfallereignis als
solchem, sondern aus den besonderen Bemühungen des Geschädigten, des
Haftpflichtigen oder eines Dritten. Das spricht gegen ihre Anrechnung[101].

Sind Vorteile in die Schadensberechnung einzusetzen, deren finanzieller Wert umstritten ist, und kommt eine Lösung in natura (vorn N 83) nicht 85
in Frage, so hat der Richter auch diesen Posten der Schadensrechnung
gestützt auf OR 42 II nach seinem Ermessen zu *schätzen*.

Die *prozessuale Geltendmachung* von Vorteilen geschieht durch die 86
Einwendung, deren tatsächliche Voraussetzungen vom Haftpflichtigen zu
beweisen sind, soweit nicht OR 42 II anwendbar ist. Ob der nachträglichen
Geltendmachung des Vorteils auf dem Wege einer Bereicherungsklage[102]
nicht die Einrede der res iudicata entgegensteht, mag hier offen bleiben.
Der angedeutete Weg erscheint als problematisch, insbesondere wenn der
Haftpflichtige es unterlassen hat, sich im Haftpflichtprozess rechtzeitig auf
den Vorteil zu berufen.

D. Zusammenfassung

Zum Schluss sei festgehalten, dass die Vorteilsanrechnung im Haft- 87
pflichtrecht keine spezifische dogmatische Funktion hat, wie z. B. das Selbstverschulden, die Widerrechtlichkeit, die höhere Gewalt usw. Es handelt
sich vielmehr nur darum, dass in eine Schadensberechnung auch für den
Geschädigten positive Faktoren einzusetzen sind, was sich als Selbstverständlichkeit aus dem Begriff des Schadens ergibt. Ebenso selbstverständlich ist, dass sich der Geschädigte, der durch einen Dritten befriedigt wurde,
wobei seine Haftpflichtansprüche auf diesen Dritten übergehen oder er sie

---

[100] Beispiel: Der Geschädigte verdient jetzt mehr, als er nach dem natürlichen Lauf der Dinge ohne den Unfall verdienen würde,
– wegen seines besonderen Einsatzes (vgl. Sem.jud. (1963, 509) oder
– dank der Bemühungen des Haftpflichtigen, für ihn eine günstige Stelle zu finden.
[101] KELLER/GABI 79; LARENZ I 533 f.; LANGE 512 f.
[102] Voraufl. 185.

wegen der Grundsätze der Solidarität nicht mehr gegen den Haftpflichtigen geltend machen kann, die Leistungen des Dritten anrechnen lassen muss.

88 Die Vorteilsanrechnung wurde hier trotzdem in einem eigenen Abschnitt behandelt, weil sie in der überlieferten Lehre eine bestimmte, wenn auch unklare Position einnimmt.

III. Schaden infolge Körperverletzung

A. Allgemeines

89 Die Bestimmungen von OR 46 für die Schadensberechnung im Falle einer Körperverletzung gehen, soweit sie davon abweichen, den allgemeinen Grundsätzen der Schadensberechnung vor. Sie gelten nicht nur im Rahmen von OR und ZGB, sondern auch im Bereich der Spezialgesetze des Haftpflichtrechts. Viele verweisen ausdrücklich darauf (ElG 36 I, SVG 62 I, KHG 7 I, RLG 34, LFG 79, MO 27 I, GSG 69 III, SSG 27 I, JSG 15 II). VG 5 II/III enthält eine gleich wie OR 46 lautende Vorschrift, während EHG 3 zwar anders formuliert, aber inhaltlich identisch ist[103]. Aber auch abgesehen von diesen Verweisungen und Übernahmen ist OR 46 allgemein anwendbar; vgl. vorn N 3.

90 Die Praxis zur Schadensberechnung bei Körperverletzungen, aber auch bei Tötungen, hat sich zunächst vor allem anhand des EHG und des FHG entwickelt.

91 Tritt im Rahmen der Abwicklung eines Vertrages eine Körperverletzung auf, für die der eine Vertragspartner dem andern aus *Vertrag* haftet, ist für die Schadensberechnung OR 46 ebenfalls anwendbar (OR 99 III).

92 Die Körperverletzung als solche ist nicht ein Schaden; sie ist einerseits Folge der Einwirkung, anderseits Ursache eines Schadens im finanziellen Sinne. Sie kann aber auch ein Nachteil sein, der sich finanziell nicht auswirkt und daher nicht Gegenstand einer Schadenersatzforderung, wohl aber vielleicht einer Genugtuungszahlung sein kann[104]. Zahlreiche Verlet-

---

[103] EHG 3 entspricht wörtlich aOR 53; diese Norm war bei Erlass des EHG in Kraft, noch nicht OR 46.
[104] Vgl. vorn § 2 N 2 ff. über die Unterscheidung zwischen Schaden im Rechtssinne und Nachteil ohne finanzielle Auswirkungen.

III. Schaden infolge Körperverletzung   § 6

zungen in medizinischem Sinne bewirken keinerlei Schaden und sind daher schadenersatzrechtlich irrelevant.

Ursache einer Körperverletzung – oder auch einer Tötung oder Sachbeschädigung – ist normalerweise ein *Unfall*. Indessen braucht nicht jede Körperverletzung auf einem Unfall zu beruhen; sie kann auch auf eine Operation oder die Ansteckung mit einer Krankheit zurückgehen[105]. Der Unfallbegriff hat im Haftpflichtrecht keine Berechtigung, dient aber als kurze Umschreibung des Sachverhalts, der zur Körperverletzung, zur Tötung oder zur Sachbeschädigung geführt hat. Die Spezialgesetze verwenden ihn z.T. in diesem Sinne[106].

B. Der Begriff der Körperverletzung

1. Grundlagen

Im Sinne des Haftpflichtrechts ist jede Beeinträchtigung der körperlichen[107] oder psychischen Integrität eine Körperverletzung. Auch eine Schädigung der Gesundheit ohne Unfall, z. B. durch Ansteckung, fällt unter den Begriff der Körperverletzung[108]. Im Bereich der Unfälle entsteht die Gesundheitsschädigung meistens durch eine mechanische Einwirkung, die im Körper anatomische Veränderungen (Wunde, Beinbruch) hervorruft[109], entweder direkt oder durch Übertragung der Einwirkung auf innere Organe. Ohne mechanische Einwirkung kann eine Gesundheitsschädigung als Folge eines erlebten Schreckens bei einem Verunfallten oder sonst Betroffenen oder eventuell bei einem Zuschauer eines Unglücks oder Verbrechens eintreten. Man spricht dann von einem psychischen Trauma[110],

---

[105] Es ist zu unterscheiden zwischen dem Unfallbegriff im Haftpflicht- und im Versicherungsrecht; vgl. MAURER, Privatversicherungsrecht 454 ff.; DERS., Unfallversicherungsrecht 161 ff.
[106] Vgl. vorn § 3 N 73 ff.; hinten Bd. II/1 § 19 N 35; § 20 N 84; § 21 N 67; Bd. II/3 § 32 N 191 ff.
[107] Über die Schädigung von Prothesen vgl. hinten N 110, insbes. FN 153. Sie stellen Sachschäden dar, die im Haftpflichtrecht aber gleich behandelt werden wie die Personenschäden. Das von der Unfallversicherung her bekannte Problem, ob die Schädigung einer Prothese gedeckt sei (vgl. MVG 57), stellt sich daher hier nicht.
[108] BREHM N 6 zu OR 46; OSER/SCHÖNENBERGER N 3 zu OR 46; MERZ, SPR VI/1 199 f.
[109] BGE 35 II 165.
[110] MAURER, Unfallversicherungsrecht 183 ff.; DUBOIS/ZOLLINGER 114 ff., 362; vgl. auch BGE 112 II 124; hinten Bd. II/1 § 16 FN 151; STARK, Skriptum N 159.

das zu einem Herzleiden[111], einer Früh- oder Fehlgeburt[112], zu nervösen oder psychischen Störungen[113] führen kann. Schwächung eines inneren Organs genügt[114]; schadenersatzrechtlich ergibt sich die Abgrenzung gegenüber unwesentlichen Beeinträchtigungen aus der Frage, ob dadurch ein finanzieller Schaden entstanden sei. Hieher gehören auch nervöse Störungen durch Hypnose ohne Einwilligung des Hypnotisierten in Kenntnis des Risikos. Als Beeinträchtigungen der psychischen Integrität finden sich in der Gerichtspraxis Gedächtnisschwäche, geistige Ermüdbarkeit[115] und eigentliche Geisteskrankheiten[116].

2. Neurosen im speziellen

95   Psychische Einwirkungen können auch zu *Neurosen*[117] führen, wobei man in der juristischen Literatur, gestützt auf medizinische Publikationen[118], folgende Arten[119] unterscheidet:

---

[111] Vgl. BGE 19, 801 ff.; SJZ 16, 180; 61, 7 u. a.
[112] BGE 42 II 474.
[113] BGE 46 II 51; 51 II 80; 112 II 118; SJZ 6, 74/75; 61, 7; Zeitschr. «Deutsche Justiz» 1940 Nr. 7 S. 204 ff.: In einem kriegführenden Land erzählt man einem Knaben, sein Vater sei gefallen. Das Kind fällt in tagelange Weinkrämpfe, sein Leben ist in Gefahr.
[114] BGE 35 II 165.
[115] BGE 44 II 153; 80 II 351; 88 II 114.
[116] ZBJV 58, 327: Dementia praecox bei einer Ehefrau, entstanden wegen eines Gemütsaffektes infolge der ungesetzlichen Verhaftung des Ehemannes. BGE 80 II 351: Depressive Psychose. In beiden Fällen lag konstitutionelle Prädisposition vor. Ferner BGE 88 II 114; 97 II 349: Verzerrung der Persönlichkeit; 112 II 118: Nervenschock eines Vaters, der durch einen Flugzeugabsturz zwei seiner Kinder verloren hat.
[117] Nach MAURER, Unfallversicherungsrecht 395/96 charkaterisieren sich die Neurosen negativ dadurch, «dass den Krankheitserscheinungen die anatomisch fassbare Grundlage fehlt. Ein Arm scheint gelähmt oder ein Auge blind, obwohl z. B. die Muskulatur und die in Frage kommenden Nerven durchaus intakt sind. Positives Merkmal bildet sodann der Umstand, dass es sich bei den Neurosen um *primäre* Störungen des Instinkt-, Trieb- und Affektlebens handelt; der störende Impuls geht mithin von der Psyche aus und bewirkt ein regelwidriges Funktionieren des an sich intakten nervösen Apparates.» Die Neurose ist zu unterscheiden von der Simulation und der Aggravation.
[118] Mediziner, Psychologen usw. vertreten verschiedene Auffassungen über den Begriff der Neurose. Auf diese Streitfragen kann der Jurist nicht näher eintreten. Literaturzusammenstellungen finden sich bei MAURER, Unfallversicherungsrecht 395 und Ergänzungsband Unfallversicherungsrecht 46.
[119] Neurosen können beim Verletzten, aber auch bei Augenzeugen des Unfalles oder bei nahen Angehörigen bei Überbringung der Mitteilung auftreten. Sie alle können ersatzberechtigt sein; vgl. BGE 112 II 124 ff.

a) Traumatische oder echte Neurose (krankhafte seelische Reaktion auf das Unfallerlebnis)[120].   96

b) Begehrungsneurose (entspringt dem Wunsch, entschädigt zu werden, wird schliesslich zur fixen Idee und hindert den Verunfallten tatsächlich an der Arbeit, obwohl er, rein physisch betrachtet, dazu fähig wäre)[121].   97

c) Schreckneurose (infolge des Erschreckens, vor allem über einen Unfall, entsteht als krankhafte seelische Reaktion ein psychisches Trauma)[122].   98

d) Behandlungsneurose (infolge der Art der [verfehlten] medizinischen oder der für den Geschädigten ungünstigen rechtlichen Behandlung des Unfalles treten krankhafte psychische Auswirkungen auf).   99

Juristisch ist von Bedeutung, dass eine Neurose in allen diesen Fällen eine entsprechende psychische Konstellation voraussetzt. Es stellt sich also die Frage der *konstitutionellen Prädisposition*[123], d. h. des Kausalzusammenhanges. Ist die neurotische Veränderung der Persönlichkeit des Geschädigten durch den Unfall adäquat verursacht, oder ist der vorbestandene Zustand so sehr im Vordergrund, dass der Unfall nur noch als ein unspezifischer Auslöser des Krankheitszustandes erscheint?   100

Die psychische Einwirkung ist als adäquate Ursache des eingetretenen Schadens zu betrachten, wenn sie eine conditio sine qua non des psychischen Zustandes ist und wenn sie nach der allgemeinen Lebenserfahrung zur Herbeiführung eines psychischen Krankheitsbildes, wie es eingetreten ist, als generell geeignet erscheint. Die Antwort auf diese Frage hängt von der Generalisierung[124] der Bedingungen ab, d. h. von der Frage, ob bei der Prüfung der Eignung der psychische Vorzustand (der sich bisher nicht manifestiert hat) mitzuberücksichtigen sei. Das ist normalerweise zu bejahen; denn «wer ... widerrechtlich einen gesundheitlich geschwächten Menschen verletzt hat, hat kein Recht darauf, so gestellt zu werden, als ob er einen Gesunden geschädigt hätte»[125]. Wenn dementsprechend der Vorzustand mitberücksichtigt wird, ist die generelle Eignung und damit die Adäquanz des Kausalzusammenhanges, abgesehen von Fällen minimaler   101

---

[120] DUKOR in SJZ 42, 177; MAURER, Unfallversicherungsrecht 397 und 402; GELPKE/SCHLATTER 131.
[121] BGE 70 II 171; dazu MAURER, Unfallversicherungsrecht 408 ff.
[122] Einzelne Autoren lehnen den Begriff ab, so DUBOIS/ZOLLINGER 263.
[123] Vgl. vorn § 3 N 95 ff.
[124] Vgl. vorn § 3 FN 16; STARK, Diss. 11 ff.
[125] BGE 113 II 90.

Einwirkungen, zu bejahen[126]. Das gilt auch, wenn der neurotische Zustand des Geschädigten früher oder später auch ohne den zur Diskussion stehenden Unfall aufgetreten wäre. Die Adäquanz des Kausalzusammenhanges ist dann auch gegeben, aber nur für die Zeitspanne zwischen dem Auftreten des Krankheitsbildes nach dem Unfall und dem Zeitpunkt, in dem es auch ohne ihn in Erscheinung getreten wäre.

102 Die adäquate Verursachung der Neurose ist also normalerweise zu bejahen[127]. Dabei stellt sich aber weiter die Frage, ob nicht der Unfall und der Vorzustand als *zwei Teilursachen* des aufgetretenen Krankheitsbildes zu betrachten und deswegen eine Reduktion des Schadenersatzes am Platze sei. Der Vorzustand stellt einen Zufall dar. Ein solcher ist nur ausnahmsweise als Herabsetzungsgrund nach OR 43 I oder auch 44 I bei der Schadenersatzbemessung zu berücksichtigen[128].

3. Übersicht über die Schadensposten bei Körperverletzung, Anspruchsberechtigung

103 An sich ist jede Folge einer Körperverletzung[129], die die Voraussetzungen des juristischen Schadensbegriffes erfüllt, ersatzberechtigt; sonst würde

---

126 Ein Unfall ist generell geeignet, bei einem Menschen mit dem betreffenden psychischen Vorzustand eine neurotische Erkrankung herbeizuführen. Dabei ist allerdings auch zu prüfen, ob die Schwere des Unfalles oder der körperlichen Unfallfolgen der aufgetretenen Neurose auch unter Berücksichtigung des Vorzustandes entspricht; vgl. MAURER, SZS 1986, 198; ders., Ergänzungsband zum Unfallversicherungsrecht (Bern 1989) 47/48. Es kommt aber nicht darauf an, ob ein bestimmtes Unfallereignis nun gerade dazu angetan ist, die aufgetretenen psychischen Folgen herbeizuführen, sondern vielmehr, ob es «geeignet ist, irgendwelche psychoneurotische funktionelle Störungen zu hinterlassen» (BGE 80 II 344). «Selbst singuläre, d.h. aussergewöhnliche Folgen können unter Umständen adäquate Unfallfolgen darstellen» (BGE 87 II 127).
127 Besondere Probleme werfen diejenigen Neurosen auf, die durch eine harte, alle weiteren Forderungen ablehnende Haltung des Haftpflichtigen bzw. seines Haftpflichtversicherers – oder des Unfallversicherers – geheilt werden können. Die Ablehnung wird dabei mit der fehlenden adäquaten Verursachung begründet. Während die Zivilabteilungen des Bundesgerichts seit langem den adäquaten Kausalzusammenhang auch hier bejahen (vgl. BGE 70 II 177; 80 II 343 ff.; 96 II 396; 102 II 41 f.), ist das Eidg. Versicherungsgericht erst vor kurzer Zeit auf diese Linie eingeschwenkt; vgl. früher EVGE 1960, 264 sowie die zusammenfassende Darstellung in BGE 96 II 398; jetzt BGE 112 V 30; 113 V 307; 115 V 133, 141; MAURER, Ergänzungsband Unfallversicherungsrecht 46 ff.
128 Vorn § 3 N 90; hinten § 7 N 32 ff., 36 f.
129 Dieser Ausdruck steht in OR 46 und wird auch in der Praxis und darum auch in diesem Buch laufend verwendet. Dadurch sollen Gesundheitsschädigungen ohne Verletzungen im eigentlichen Sinn dieses Wortes aber nicht ausgeschlossen werden; vgl. vorn FN 87.

III. Schaden infolge Körperverletzung § 6

OR 46 die Voraussetzungen des Schadensbegriffes für die Folgen von Körperverletzungen gegenüber der allgemeinen Umschreibung einschränken. Man kann zwar OR 46, wo der Ersatz der Kosten, die Entschädigung für die Nachteile gänzlicher oder teilweiser Arbeitsunfähigkeit, unter Berücksichtigung der Erschwerung des wirtschaftlichen Fortkommens aufgezählt sind, rein sprachlich als abschliessend auffassen; zwingend ist dies aber nicht[130, 131]. Auch andere Enumerationen haben in der schweizerischen Gesetzgebung nur exemplifikatorischen Charakter[132]. Obschon diese Frage keine grosse praktische Bedeutung hat, sei hier doch festgehalten, dass die Aufzählung nicht als abschliessend betrachtet werden sollte[133].

Anspruchsberechtigt für den Schadenersatz aus Körperverletzung ist der Verletzte selber. Wenn er vor der Erledigung stirbt, geht dieser Anspruch auf die Erben über. Bei Ausschlagung der Erbschaft geht er den Erben verloren[134]. Er ist auch zedierbar. Hat ein Dritter ohne Zession und ohne Verpflichtung dem Verletzten die Kosten bezahlt oder ihn für die Folgen der Arbeitsunfähigkeit und der Erschwerung des wirtschaftlichen Fortkommens schadlos gehalten, so ist er nicht zur Klage legitimiert. Der Verletzte kann die entsprechenden Kosten zusätzlich gegen den Haftpflichtigen geltend machen, wenn der Dritte freiwillig bezahlt hat.

104

---

[130] Im Falle der Tötung (vgl. hinten N 242 ff.) besteht insofern eine andere Situation, als der Versorgerschaden einen Reflexschaden darstellt und daher nur auf Grund der speziellen Bestimmung von OR 45 III zu ersetzen ist.

[131] Anderer Meinung G. GAUTSCHI in SJZ 37 (1940/41) 115. Gegen den abschliessenden Charakter KELLER/GABI 82, dafür BREHM N 4 zu OR 46.

[132] Im Sozialversicherungsrecht sind nur die im Gesetz erwähnten Leistungen zu erbringen: UVG 10 ff. geben den verletzten Versicherten einen Anspruch auf Heilbehandlung (im Ausland nach UVV 17 nur bis zum doppelten Betrag der Kosten, die bei der Behandlung in der Schweiz entstanden wären) in der allgemeinen Abteilung, auf ein Taggeld, eine Invalidenrente und eine Hilflosenentschädigung (die vom UVG-Versicherer ebenfalls geschuldete Integritätsentschädigung ist nicht hier zum Vergleich beizuziehen, sondern bei der Genugtuung; vgl. hinten § 8 N 51 ff.). Auch Reise-, Transport- und Rettungskosten sind nach UVG 13 und UVV 20 vom UVG-Versicherer zu übernehmen, allerdings im Ausland höchstens bis zu 20% des Höchstbetrages des versicherten Jahresverdienstes. Die Kosten für Spitalbesuche durch Angehörige des Verunfallten müssen nach UVG nicht übernommen werden; anders nach MVG 19 II.

[133] In SJZ 61, 59/60 wurden zusätzliche Kosten für die Benützung öffentlicher Verkehrsmittel bei Wanderungen zugesprochen. Ob dies richtig ist, hängt vom Begriff der Kosten ab; vgl. hinten N 110 ff. Das gleiche trifft zu für die Auslagen einer grossen Wert auf ihr Aussehen legenden Frau, die eine sog. Peitschenhiebverletzung erlitten hatte, für den täglichen Besuch beim Coiffeur, weil sie ihre Hände während der Zeit der Heilung nicht mehr über die Schulterhöhe heben konnte.

[134] BGE 13, 55; 58 II 129; A. KELLER II 44.

105 War der Dritte als *Versicherer* dazu verpflichtet, so stellt sich die Frage seines Rückgriffsrechts; vgl. hinten § 11 N 15 ff., 155 ff. Hat der *Staat* die Kosten übernommen, so wird das öffentliche Recht meistens den Rückgriff regeln. Bei der *Lohnfortzahlungspflicht des Arbeitgebers* ergibt sich dessen Regressrecht aus dem Arbeitsrecht in Verbindung mit dem UVG[135]. Haben die Eltern oder andere Familienangehörige auf Grund ihrer *Unterstützungspflicht*[136] dem Geschädigten einen Schaden – z. B. auch in natura, durch Pflege oder einen Transport – ersetzt, so ist ihre Leistung je nach den Umständen als Vorschuss zu betrachten, oder es ist Geschäftsführung ohne Auftrag anzunehmen[137]. In beiden Fällen können die Unterstützungspflichtigen Entschädigung durch den Verunfallten verlangen; sie wollen ja nicht den Haftpflichtigen entlasten, und die Unterstützungspflicht ist nur subsidiär. Der Schadenersatz ist dem Geschädigten zuzusprechen[138]. Das gilt auch für den Aufwand naher Verwandter für Spitalbesuche, die für die Besprechung der weiteren Heilbehandlung und/oder für die psychische Betreuung des Verunfallten wichtig sind[139].

106 Hat ein Dritter Zuwendungen erbracht, ohne von den Haftpflichtansprüchen Kenntnis zu haben, so ist im Einzelfall zu entscheiden, ob er gegen den Geschädigten einen Bereicherungsanspruch oder einen Anspruch aus Geschäftsführung ohne Auftrag hat.

107 Ist die geschädigte Person verheiratet, so gilt die Entschädigung als Errungenschaft[140], während die Genugtuungsleistungen dem Eigengut zugerechnet werden[141].

---

[135] Vorn N 76; hinten § 10 N 126 ff. Über die Rechtslage beim Unfall eines Arbeitslosen vgl. hinten N 125.
[136] Vorn N 70, hinten § 10 N 132 ff.
[137] Vgl. BGE 97 II 265 ff. Für Geschäftsführung ohne Auftrag VON TUHR/PETER 413 FN 44.
[138] BGE 72 II 205; 95 II 257 f. In Sem.jud. 1950, 36 und ZBJV 88, 488 wurden demgegenüber die Eltern als Gläubiger für die von ihnen für ihr Kind ausgelegten Kosten betrachtet. Sie sind aber nicht Geschädigte im Sinne des Haftpflichtrechts, und ihnen gegenüber liegt auch keine Rechtswidrigkeit vor. Ausserdem wird ein Verschulden der Eltern am Unfall durch diese Konstruktion zum Selbstverschulden und damit zu einem Herabsetzungsgrund.
Durch Zessionen lassen sich allfällige prozessuale Schwierigkeiten vermeiden.
[139] BGE 97 II 266/67; vgl. in bezug auf die IV die Zusprechung der Kosten von Besuchsfahrten gestützt auf IVV 90 III durch das EVG in Plädoyer 1993, 88. Im Bereich des UVG ist UVV 20 massgebend.
[140] ZGB 197 II Ziff. 3; vgl. HAUSHEER/REUSSER/GEISER, Berner Komm. (Bern 1992) N 81 zu ZGB 197; HEGNAUER/BREITSCHMID, Grundriss des Eherechts (3. A. Bern 1993) N 26.23.
[141] ZGB 198 Ziff. 3; vgl. HAUSHEER/REUSSER/GEISER, a.a.O., N 51 zu ZGB 198; HEGNAUER/BREITSCHMID, a.a.O., N 26.16.

III. Schaden infolge Körperverletzung § 6

Erleidet eine schwangere Frau eine Körperverletzung und bringt sie 108
deswegen ein gesundheitlich beeinträchtigtes oder missgebildetes Kind zur
Welt, so hat dieses Kind einen Haftpflichtanspruch[142]. Das gilt auch bei
Schädigungen durch Medikamente usw., die die Mutter eingenommen hat,
und zwar auch dann, wenn ein nondum conceptus betroffen ist[143].

Personen, deren Versorger der Verletzte ist, können keinen Anspruch 109
aus dessen Körperverletzung erheben[144].

C. Die einzelnen Schadensposten

1. Kosten

Das Gesetz gibt dem Verletzten Anspruch auf Ersatz der Kosten, ohne 110
zu umschreiben, was darunter zu verstehen ist. Es handelt sich um die
Kosten, die der Geschädigte aufwenden muss, um die Folgen der Körperverletzung zu beheben oder wenigstens einzuschränken. Im Vordergrund
stehen die Kosten der vorübergehenden oder dauernden ärztlichen Be-

---

[142] Vgl. VersR 1985, 499 (Urteil des deutschen BGH vom 5. Februar 1985, Casetex Nr. 183): «Bei der Nachricht vom schweren Unfall ihres Mannes erlitt die im 5. Monat schwangere Frau erhebliche Kreislaufbeschwerden mit nachfolgenden Wehen und der Gefahr einer Fehlgeburt. Die dadurch bedingte Minderdurchblutung der Placenta hatte eine Hirnschädigung des Kindes zur Folge.» Die Haftpflicht wurde bejaht.
Ausserdem VersR 1983, 396 (Urteil des deutschen BGH vom 18. Januar 1983, Casetex Nr. 184): Schwangere Frau «erkrankte während der ersten Schwangerschaftswochen an Röteln; Vorwurf an den Frauenarzt, diese Erkrankung nicht erkannt und damit die Möglichkeit eines vorzeitigen Schwangerschaftsabbruches aus legitimen Gründen verunmöglicht zu haben». Zugesprochen wurden den Eltern die durch die Behinderung bedingten Mehraufwendungen. Der Anspruch des Kindes wurde verneint, da der Arzt seinen bedauernswerten Zustand nicht verursacht hat.

[143] ZGB 31 II; vgl. MERZ in ZSR 76, 335; HANS-JÜRG HUG, Haftpflicht für Schäden aus der friedlichen Verwendung von Atomenergie (Diss. Zürich 1970) 64 ff.; LAUFS in NJW 1965, 1053 ff.; HELDRICH in JZ 1965, 593 ff.; STOLL in FS Nipperdey I (München usw. 1965) 739 ff.; SELB in AcP 166, 76 ff.; ENNECCERUS/NIPPERDEY, Allgemeiner Teil des Bürgerlichen Rechts I (15. A. Tübingen 1959) § 84 S. 482 FN 10; SOERGEL/ZEUNER III N 18 f. zu BGB 823; LARENZ II § 72 I b; MEDICUS II 354 f.; die Urteile NJW 1972, 1126 ff. (Verkehrsunfall der Mutter); JZ 1953, 307 (die Mutter erhält 13 Monate vor der Empfängnis eine Transfusion mit luetisch verseuchtem Blut, das Kind kommt an Lues erkrankt zur Welt. Zur Beurteilung nach KUVG DUBOIS/ZOLLINGER 330.

[144] BGE 58 II 129. Die eventuelle Reduktion der Versorgerleistungen durch die Folgen der Körperverletzung stellt einen nicht ersatzberechtigten Reflexschaden dar (vgl. vorn § 2 N 72 ff.), wobei das Gesetz im Gegensatz zum Fall der Tötung keine Ausnahmebestimmung enthält; vgl. GUHL/MERZ/KOLLER 178.

handlung[145], für ärztliche Gutachten, Krankentransport[146], Reise zur stationären oder ambulanten Behandlung[147], Spitalpflege[148], vorübergehende oder dauernde Wartung und Pflege[149], Kuren, Bäder und dgl.[150], Arzneien, Krankennahrung[151], Kranken- und Pflegeutensilien[152] wie Rollstühle, Wäsche, Krücken und Prothesen[153]. Es sind nicht nur die zur Wiederherstellung aufgewendeten Kosten zu ersetzen, sondern auch Auslagen, die im Falle einer unheilbaren Schädigung nötig sind, um eine Verschlimmerung des Zustandes zu verhüten[154], und auch Mehrauslagen, z. B. bei starker Gehbehinderung, für eine teurere Wohnung im Erdgeschoss oder eine mit Lift[155].

111 Reisen von Angehörigen des Verletzten zum Besuch im Spital (vgl. vorn N 105) können geboten sein, einerseits aus psychischen Gründen,

---

[145] BGE 35 II 223; 72 II 205: Künftige Operation.
[146] BGE 33 II 584.
[147] BGE 21, 141.
[148] In der Regel in der Spitalabteilung, die der Geschädigte gewählt hätte, wenn er die Spitalkosten selbst bezahlen müsste; BREHM N 49 zu OR 44; STARK, Skriptum N 59. Die Angemessenheit des Aufwandes ist unter Berücksichtigung aller Umstände zu beurteilen. Das gilt namentlich auch bei der Wahl einer sehr teuren Spezialklinik. Immer sind dabei die im Spital eingesparten Kosten der Verpflegung, die auch zu Hause anfallen würden, in bescheidenem Rahmen abzuziehen (Verpflegungskostenabzug).
[149] BGE 35 II 223, 411; 40 II 69. Zu bezahlen ist auch die Hauspflege (Spitex). Wenn die Pflege durch ein Familienmitglied besorgt wird, ist dafür Schadenersatz zu bezahlen, wenn ein erheblicher Aufwand nötig ist; BGE 21, 1050; 28 II 214; 33 II 599; 97 II 266. Wenn das Familienmitglied wegen der von ihm übernommenen Pflege in seiner Berufsarbeit einen Verdienstausfall erleidet, ist dieser dem Schadenersatz für die Pflege zugrunde zu legen, ausser wenn er wesentlich höher ist als die Kosten einer eigentlichen Hauspflege. Eine solche ist nach den Grundsätzen der Schadenminderungspflicht in letzterem Fall beizuziehen. Bei Erblindung ist nach BGE 35 II 411 in der ersten Zeit für ständige Begleitung Schadenersatz zu zahlen. Nach der Anpassung wird häufig ein Blindenhund genügen; je nach den Verhältnissen wird aber trotzdem mehr oder weniger häufig eine Begleitperson nötig sein.
[150] BGE 29 II 561; 33 II 17; 57 II 101.
[151] BGE 6, 263.
[152] BGE 35 II 223.
[153] Auch für die Kosten der künftigen Reparaturen und Erneuerungen der Prothesen ist Ersatz zu leisten, und zwar gegebenenfalls auf Lebenszeit; BGE 25 II 49; 27 II 8; 34 II 583; 40 II 69; 41 II 684; 47 II 431; 72 II 205; 89 II 23 f. Hieher gehören auch künstliche Gebisse, BGE 33 II 586. – Über die Kapitalisierung von künftigen periodischen Aufwendungen vgl. STAUFFER/SCHAETZLE (4. A. Zürich 1989) N 756 ff., des Näheren der Kosten von Prothesen BGE 89 II 23 f.
[154] BGE 6, 264; 28 II 213.
[155] BGE 35 II 553 (hier unter «Nachteile der Erschwerung des wirtschaftlichen Fortkommens» subsumiert, was sich nicht empfiehlt); STEIN in SJZ 63 (1967) 231; im deutschen HPflG 6 letzter Satz wird die Vermehrung der Bedürfnisse ausdrücklich erwähnt.

III. Schaden infolge Körperverletzung § 6

anderseits zur Besprechung der weiteren Heilbehandlung oder anderer Fragen. An sich handelt es sich nicht um Kosten des Geschädigten. Es liegt aber eine Geschäftsführung ohne Auftrag vor, für deren Kosten der Haftpflichtige, soweit sie als vernünftig erscheinen, aufzukommen hat[156].

Von der Spital- oder Kurrechnung sind bei konsequenter Berücksichtigung des Schadensbegriffes diejenigen Beträge abzuziehen, die ohne den Unfall für den Unterhalt ausgegeben worden wären[157]. 112

Natürlich sind nur die *notwendigen*[158] Aufwendungen zu ersetzen[159]. Nicht selten ist aber der Verunfallte nicht in der Lage, bei der Wahl der Hilfe bzw. bei den bei einem Unfall sofort zu treffenden Entscheidungen mitzureden[160]. Vielmehr müssen Drittpersonen z. B. die Polizei, das Spitalauto und/oder den Helikopter auf die Unfallstelle rufen. Sie handeln dabei vielfach als Geschäftsführer ohne Auftrag. Nach OR 422 muss der Geschäftsherr – hier der Verletzte – dem Geschäftsführer alle Verwendungen, die notwendig oder nützlich und den Verhältnissen angemessen waren, samt Zinsen ersetzen und ihn von den übernommenen Verbindlichkeiten befreien. Der Geschädigte kann die von ihm unter diesem Titel geleisteten Beträge vom Haftpflichtigen zurückverlangen, wenn die eingesetzten Mittel der Lage angepasst waren[161]. Ob die Kosten bereits bezahlt sind, ist unerheblich[162]. 113

---

[156] BGE 97 II 266/67.
[157] BGE 39 II 540; 52 II 392; ZBJV 106, 280. Wenn wegen Spitalaufenthalts einer verletzten Frau Mehrkosten im Haushalt entstehen (BJM 1956, 218), kann sich eine Kompensation aufdrängen; Bundesgericht in SJZ 62 (1966) 78 Nr. 42.
[158] Bei der Prüfung der Notwendigkeit von Aufwendungen ist zu berücksichtigen, ob die Nachteile, die durch den Verzicht auf diese Aufwendungen entstehen, im Lichte der konkreten Verhältnisse des Einzelfalles zumutbar sind. Das ist sicher der Fall, wenn der Geschädigte wegen der Unfallfolgen nicht mehr jeden Morgen, was er früher regelmässig tat, frische Gipfel zum Frühstück in der Bäckerei holen kann. Vgl. vorn FN 148, 149.
[159] BGE 28 II 222; 29 II 284.
[160] BREHM N 8 zu OR 46.
[161] Entspricht die Wahl der Rettungs- oder Transportmittel oder eine andere Entscheidung nicht den Verhältnissen, so schuldet der Geschäftsherr dem Geschäftsführer keinen Ersatz seiner Verwendungen. Hier hat der Richter selbstverständlich zu berücksichtigen, dass die Situation am Unfallort häufig nicht eindeutig überblickt werden kann und die Entscheidungen vielleicht auch von Leuten zu treffen sind, die keinerlei Erfahrung im Rettungswesen haben – sofern es sich nicht um Polizisten handelt. Es darf also kein strenger Massstab an die Sorgfalt des Geschäftsführers angelegt werden.
[162] BGE 39 II 541; 97 II 259 E III/2.

2. Nachteile der Arbeitsunfähigkeit, Faktoren der Schadensberechnung

a) Überblick, Verdienstausfall, Invalidität

114 Eine Körperverletzung führt in sehr vielen Fällen dazu, dass der Geschädigte eine Zeitlang nicht mehr oder nur noch teilweise dem Erwerb nachgehen kann, in schweren Fällen bis zum Ende der Aktivitätserwartung[163].

115 Der Schaden aus dieser Erwerbsunfähigkeit besteht in *Verdienstausfall*[164]; es handelt sich um ein lucrum cessans. Man unterscheidet zwischen abstrakter und konkreter Berechnung des Verdienstausfalles, und zwar in bezug auf die Vergangenheit und gegebenenfalls auch in bezug auf die Zukunft. Bei der *abstrakten Berechnung* erstellt ein Arzt auf Grund des Funktionsausfalles bestimmter Glieder oder Organe eine medizinisch-theoretische Schätzung[165] in Prozenten der vollen Arbeitsfähigkeit. Diese Schätzung wird bei der abstrakten Methode der Berechnung der Entschädigung für die Zeitperiode, für die sie abgegeben wurde, zugrunde gelegt[166].

116 Bei der *konkreten Berechnung* erlaubt zwar die medizinisch-theoretische Schätzung dem Richter – bzw. der Haftpflichtversicherung –, sich ein

---

[163] Nicht jede Körperverletzung bewirkt eine Erwerbsunfähigkeit; trotz eines Nervenschocks kann sie z. B. ausbleiben, BGE 40 II 423. Wird ein Mann als Folge einer Körperverletzung zeugungsunfähig, liegt im medizinischen Sinne eine Teilinvalidität vor, die jedoch als solche keine Erwerbsunfähigkeit bewirkt; vgl. MAURER, Unfallversicherungsrecht 350. Sie ist unter dem Titel der Genugtuung zu berücksichtigen; vgl. hinten § 8 N 68.

[164] Dieser Ausdruck wird der Einfachheit halber verwendet. Er ist aber zu eng. Besser wäre vielleicht «Arbeitsertragsausfall», wobei auch ein Ertrag in natura zu berücksichtigen wäre; denn auch eine nicht erwerbstätige Person kann einen ersatzfähigen Schaden erleiden. Man denke an Hausfrauen, die ihren Haushalt nicht mehr besorgen können; vgl. hinten N 157 ff.

[165] Die Ärzte stützen sich auf Tabellen, die für eindeutige, typische Funktionsausfälle die Einschränkung der Arbeitsfähigkeit in Prozenten angeben, haben dabei aber auch die konkreten Verhältnisse zu berücksichtigen. Sind mehrere Glieder oder Organe betroffen, so werden die Prozentsätze der einzelnen Funktionsausfälle zusammengezählt, wobei aber vernünftigerweise nie mehr als 100% attestiert werden.
In der privaten Unfallversicherung wird im Vertrag in der sog. Gliedertabelle der Wert der einzelnen Funktionsausfälle vereinbart. Bei bestimmten Berufen wird die in den allgemeinen Versicherungsbedingungen abgedruckte Gliedertabelle modifiziert, z. B. wird für die Versteifung eines Fingers bei einem professionellen Violonisten ein höherer Prozentsatz festgelegt.

[166] Die abstrakte Methode kann zu sehr unrichtigen Resultaten führen; vgl. die von STARK, Skriptum N 75 erwähnten Beispiele.

allgemeines Bild über die medizinischen Unfallfolgen zu machen[167]. Massgebend für die Haftpflichtentschädigung ist nach der nunmehr seit Jahrzehnten feststehenden Praxis des Bundesgerichts[168] aber nicht die medizinisch-theoretische Schätzung, sondern der tatsächliche Verdienstausfall. Nur er entspricht dem haftpflichtrechtlichen Schadensbegriff. Er kann aber auch auf andere Faktoren als die Unfallfolgen zurückzuführen sein, insbesondere auf das Fehlen des Arbeitswillens. Hier gibt die medizinisch-theoretische Schätzung wichtige Anhaltspunkte für die Würdigung der Situation.

Soweit der *Verdienstausfall in der Vergangenheit* liegt, wird meistens auf die medizinische Abstufung der Arbeitsfähigkeit abgestellt. Auch der Arbeitseinsatz wird entsprechend organisiert: Wer im 2. Monat nach dem Unfall 50% arbeitsunfähig geschrieben wird, arbeitet 50% und erhält vom Arbeitgeber den entsprechenden Lohn[169].

Die konkrete Berechnungsmethode hat hauptsächlich bei der *Ermittlung des zukünftigen Schadens* praktische Auswirkungen und daher Bedeutung[170]. Er steht zur Diskussion, wenn die Heilung als abgeschlossen zu betrachten ist[171].

---

[167] BGE 113 II 347: «Ausgehend vom abstrakten Invaliditätsgrad sind dessen Auswirkungen auf die Verminderung der Erwerbsfähigkeit oder die Erschwerung des wirtschaftlichen Fortkommens zu bestimmen.» Vgl. auch BGE 49 II 164; 91 II 426; 95 II 264/65; 99 II 218; Sem.jud. 1961, 25; ZBJV 98, 317; BREHM N 35 zu OR 46; STAUFFER/SCHAETZLE (4. A. Zürich 1989) N 668 ff.

[168] Vgl. BGE 27 II 434 (bereits Bekenntnis zur konkreten Methode); 29 II 486 (frühere Praxis: abstrakte Berechnung); 40 II 492 ff. (Frage, ob abstrakt oder konkret zu rechnen sei, bei einem Augverlust offengelassen, für den aber, da es sich um ein paariges Organ handelt, besondere Überlegungen gelten, vgl. hinten N 169 f.); 49 II 163 (Berücksichtigung der konkreten Verhältnisse durch eine Reduktion des abstrakten Schadens um $\frac{1}{3}$ bei einem Geschädigten, der bisher keine Erwerbseinbusse erlitten hat); 72 II 206 (Teilamputation eines Fusses bei einem 7½ Jahre alten Knaben; medizinisch-theoretische Schätzung 40%, Schadensberechnung aber auf der Basis von 25%); 77 II 299 (Reduktion der medizinisch-theoretisch berechneten Invaliditätsentschädigung von Fr. 18 000.– auf Fr. 8500.–); 82 II 33; 86 II 7; 95 II 265; 99 II 216; 104 II 308; 113 II 347; 116 II 296.

[169] Die Arbeitszeit kann der medizinischen Schätzung entsprechen, aber auch höher liegen mit entsprechender Reduktion der pro Arbeitsstunde zu erbringenden Leistungen. Im übrigen sind die Ärzte – ausser in Extremfällen – bei der Schätzung der vorübergehenden Arbeitsunfähigkeit weitgehend auf die Angaben des Patienten angewiesen.

[170] Vgl. BGE 99 II 216/18; 104 II 308; 113 II 347; nicht publ. BGE vom 12. November 1991 i. S. A-Versicherungs-Aktiengesellschaft gegen F, S. 21; BREHM N 14 zu OR 42 und N 56 zu OR 46; SZÖLLÖSY 86 ff.

[171] Auch die Sozialversicherung, die normalerweise nicht ein Kapital, sondern eine Rente schuldet, die an sich jederzeit an den Zustand des Versicherten angepasst werden könnte, arbeitet mit dem Zeitpunkt der abgeschlossenen Heilung (vgl. UVG 19 I) und lässt eine Revision der zugesprochenen Rente nur bei «erheblicher» Änderung des Invaliditätsgrades zu (UVG 22 I). Das ist aus administrativen Gründen geboten. Eine häufige Anpassung wäre aber auch mit psychologischen Schwierigkeiten verbunden.

119   Man steht vor der Aufgabe, die Verminderung des Wertes der Arbeitskraft als *künftigen und hypothetischen Schaden* zu schätzen, d. h. für den individuellen Geschädigten und unter Berücksichtigung sämtlicher Umstände des Falles[172]. Es ist *der* Schaden festzustellen, der dem fraglichen Verletzten unter Berücksichtigung aller seiner Verhältnisse erwachsen wird[173]. Schematismus widerspricht dieser Umschreibung. Doch ist man oft, besonders wo wenige Anhaltspunkte bestehen, auf Präzedenzfälle angewiesen. Das dient auch der Rechtssicherheit.

120   *Arbeitsunfähigkeit* und *Erwerbsunfähigkeit*[174] unterscheiden sich vor allem dadurch, dass die Erwerbsunfähigkeit die Frage, ob die verbleibende medizinische Arbeitsfähigkeit noch wirtschaftlich eingesetzt (verwertet) werden kann, mitberücksichtigt. Der da und dort entbrannte Kampf um diese Begriffe führt nicht weiter. Es ist in jedem Fall zu fragen, was haftpflichtrechtlich entscheidend ist. Eine verbleibende Arbeitsfähigkeit von 20% führt zu einem Schadenersatz von 100%, wenn der Geschädigte keine 20%ige Stelle finden kann[175]. Wenn dagegen das volle Einkommen erzielt werden kann, obschon dem Geschädigten ein Fuss amputiert werden musste – er hat eine ausschliesslich sitzende Tätigkeit und beim Sitzen keine Beschwerden –, besteht kein Verdienstausfall[176] und dementsprechend kein Schadenersatzanspruch für Invalidität[177].

---

[172] BGE 32 II 599; 34 II 271; 35 II 31, 551; 37 II 454; 40 II 493; 95 II 264; 99 II 216; 104 II 308; 113 II 347; 116 II 296; STARK, Skriptum N 76; BREHM N 36 ff. und 53 zu OR 46; G. GAUTSCHI in SJZ 37 (1940/41) 116; PICCARD in SJZ 56, 81 ff. und SZS 1965 270 ff. Das Haftpflichtrecht steht hier in scharfem Gegensatz zum privaten (nicht aber zum öffentlichen, sozialen) Unfallversicherungsrecht, wo in der Regel eine abstrakte Schadensberechnung Platz greift; vgl. hinten FN 180.

[173] Somit ist, auch wenn (medizinisch beurteilt) Invalidität besteht, angesichts der konkreten Verhältnisse gegebenenfalls kein künftiger Verdienstausfall anzunehmen; vgl. Bundesgericht in JT 1967, 441 (Angestellter der PTT; wegen Verlusts eines Auges medizinisch-theoretische Invalidität von 25%; kein Ersatz für künftige Folgen der Arbeitsunfähigkeit; vgl. hinten N 120); vgl. auch die von BREHM N 70 zu OR 46 angeführten, nicht publizierten Entscheidungen, wo das Gericht, ausgehend von einer medizinisch-theoretischen Invalidität von 5–10% bzw. 13⅓%, keinen Dauerschaden angenommen hat.

[174] Es herrscht z. T. terminologische Verwirrung.

[175] BGE 113 II 348; nicht publ. BGE vom 12. November 1991 i. S. A-Versicherungs-Aktiengesellschaft gegen F S. 21/22; STAUFFER/SCHAETZLE (3. A. Zürich 1970) 36 f.; BREHM N 82 zu OR 46.

[176] Das beruht im Einzelfall vielleicht auf besonderen Anstrengungen des Geschädigten, der häufig mehr Zeit für die Körperpflege und den Arbeitsweg braucht als ein Gesunder. Daraus ergibt sich ein Verlust an Freizeit, der aber schadenersatzrechtlich nicht berücksichtigt wird, hingegen vielleicht bei der Festsetzung der Genugtuung.

[177] Hingegen wird in vielen Fällen eine Erschwerung des wirtschaftlichen Fortkommens zu bejahen sein; vgl. dazu hinten N 197 ff.

Unter *Invalidität* versteht man die bleibende Beeinträchtigung nach 121
Abschluss der Heilung, d. h. den pathologischen *Zustand* des Verletzten,
auf dem die Arbeitsunfähigkeit beruht[178].

Wie vorn N 116 dargelegt, sind haftpflichtrechtlich die *wirtschaftlichen* 122
Auswirkungen der Körperverletzung und nicht die medizinisch-theoretische Invalidität zu berücksichtigen. Das Korrelat zum Verdienstausfall ist der im Erwerbsleben auf zumutbare Weise noch erzielbare Verdienst. Wenn man ihn von dem ohne Schädigung vermutlich erreichbaren Verdienst abzieht, ergeben sich die vom Haftpflichtigen zu verantwortenden Folgen der Arbeitsunfähigkeit. Diese Ausscheidung darf aber nicht doktrinär vorgenommen werden, sondern nur unter Würdigung aller Verhältnisse. Ein tatsächlich erzielter Verdienst ist nur teilweise anzurechnen, wenn er einen ausserordentlichen Einsatz der Ehefrau – und evtl. der übrigen Familie – voraussetzt. Wenn ein Invalider, der durch einen Unfall einen Arm verloren hat, sich unter kapitalmässiger Mithilfe der Familie als Landwirt selbständig macht und über Wasser halten kann, darf er natürlich nicht als voll erwerbsfähig betrachtet werden.

b) Art der Körperverletzung

Der medizinische Sachverständige beschreibt die Körperverletzung 123
und ihre Art, den pathologischen Zustand des Verletzten, seine Invalidität[179].

---

[178] BGE 95 II 264/65; SZÖLLÖSY 68 ff.; CAVIN in Zeitschr. für Unfallmedizin und Berufskrankheiten 1965, 17 ff.; KELLER/GABI 85; BREHM N 35 und N 50 ff. zu OR 46.
[179] Über die Tätigkeit des medizinischen Experten vgl. PICCARD in Gelpke/Schlatter 67 ff.; DERS. in SJZ 56, 82/83; LAUBER in Schweiz. Med. Wochenschr. 1940, 199 ff.; MINKOWSKI, Einige Bemerkungen über die Zusammenarbeit von Medizinern und Juristen ..., in FS Heinrich Zangger I (Zürich 1935) 474 ff.; DUBOIS in Zeitschr. für Unfallmedizin und Berufskrankheiten 1964, 66 ff.; BERENSTEIN, u. a. daselbst 1965, 42 ff., 52 ff.; STAUFFER/SCHAETZLE (3. A., Zürich 1970) 32; SZÖLLÖSY 81 ff.; Bericht des Internationalen Arbeitsamtes in Genf: Die Bemessung der dauernden Erwerbsunfähigkeit in der Sozialversicherung, Studien und Berichte Reihe M Nr. 14 (Genf 1938) 263 ff.; Die Handbücher der Unfallmedizin, so DUBOIS/ZOLLINGER, Einführung in die Unfallmedizin (Bern 1945) 201 ff.; BAUR/NIGST und Mitarbeiter, Versicherungsmedizin (2. A. Bern/Stuttgart/Toronto 1985); LOB und Mitarbeiter, Handbuch der Unfallbegutachtung I (Stuttgart 1961 ff.) 267 ff. über Begutachtung in Haftpflichtfällen; MORGER WILLI, Unfallmedizinische Begutachtung in der SUVA in SZS 1988, 329. Diese Schriften behandeln z. T. Fragen, die vorab für die Sozialversicherung aktuell sind. Als Hilfsmittel: PSCHYREMBEL, Klinisches Wörterbuch (Berlin, häufig neue Auflagen). Beispiele von Expertisen BGE 30 II 338; 40 II 393; 95 II 263 f.

c) Beruf des Verletzten

124 Die *konkrete* Schadensberechnung erfordert die Berücksichtigung der beruflichen Tätigkeit des Verletzten[180]. Der Verlust eines Fusses bewirkt für einen am Schreibtisch tätigen Mathematiker einen geringeren Grad der Erwerbsunfähigkeit als für einen Briefträger oder Landwirt. Es ist zu bestimmen, wie sich die Invalidität auf die Erwerbsverhältnisse des Verletzten auswirkt; unter diesen ist der Beruf der wichtigste Faktor. Innerhalb des Berufes kommt es meist noch auf die besondere Tätigkeit des Verletzten an, auf seine Fähigkeiten, seine Anpassungsfähigkeit, das Alter, die Intelligenz, die Willenskraft, die Aussichten einer Angewöhnung an die Unfallfolgen, die Möglichkeiten der Verwertung der bleibenden Fähigkeiten[181].

125 Hat der Geschädigte vor dem Unfall keine Erwerbstätigkeit ausgeübt, sei es, weil er noch zu jung war, sei es aus andern Gründen, so erleidet er wegen der Unfallfolgen keinen Verdienstausfall, auch wenn seine Verdienst*fähigkeit*[182] eingeschränkt ist[183]. Dann ist aber zu prüfen, ob diese Einschränkung der Verdienstfähigkeit später mit einiger Wahrscheinlichkeit einen Verdienstausfall mit sich bringen wird. Das ist beim Kind wohl immer zu bejahen. Der Erwachsene, der vor dem Unfall ständig[184] ohne

---

[180] BGE 77 II 298; 82 II 33 f.; 95 II 263 ff.; 99 II 218; 104 II 308; 113 II 347 f. – dies zum Unterschied von der privaten Unfallversicherung, wo in der Regel in der Police sog. Gliedertaxen für die häufigeren Verletzungen vorgesehen sind. Die Entschädigung erfolgt abstrakt nach dieser Taxierung, ohne Rücksicht auf den Beruf. BGE 32 II 660; 34 II 271; 36 II 335; 40 II 548; ROELLI/JAEGER N 79 zu VVG 87/88; MAURER, Privatversicherungsrecht 467 ff.

[181] Anschauliches Beispiel BGE 77 II 299 ff.; ferner 80 II 354; 95 II 265; A. KELLER II 56 ff.; BREHM N 58 zu OR 46.

[182] BGE 35 II 551; 49 II 163/64; 57 II 103; 62 II 290; 69 II 335; 77 II 298; 111 II 299, wo das Bundesgericht schreibt: «Hat der Geschädigte kein oder kein ersatzfähiges Einkommen, so wird der Pflichtige zwangsläufig davon befreit, Schadenersatz zu leisten.» Über die Sozialversicherung MAURER, Sozialversicherungsrecht II 192 ff.; GRAVEN, Les invalidités 75 ff.

[183] BGE 111 II 209.

[184] Das heisst nicht z. B. wegen Arbeitslosigkeit, aber auch nicht, weil er eine Weltreise machte usw.
Wird ein Verunfallter entlassen und deswegen – zusätzlich zu den Unfallfolgen – arbeitslos, so steht ihm insoweit, als er durch die Leistungen eines Haftpflichtigen für seinen Verdienstausfall Ersatz erhält, keine Arbeitslosenentschädigung zu. Der haftpflichtrechtliche Verdienstausfall-Anspruch ist unter dem Gesichtspunkt der Arbeitslosenentschädigung einem Lohnanspruch gleichzustellen. Vgl. BG über die obligatorische Arbeitslosenversicherung und die Insolvenzentschädigung (AVIG vom 25. Juni 1982, SR 837.0) Art. 11 III. Vgl. auch AVIG 26 und 99 sowie AVIV (SR 837.02) 124 für die Sozialversicherung. Der haftpflichtrechtliche Anspruch auf Verdienstausfall geht dem Anspruch gegen die Arbeitslosenversicherung vor.

III. Schaden infolge Körperverletzung §6

Arbeitsverdienst lebte, nach dem Unfall aber einen Invaliditätsschaden geltend machen will, muss dartun, dass in persönlicher, sozialer und ökonomischer Hinsicht eine künftige Erwerbstätigkeit ohne die Gesundheitsschädigung wahrscheinlich gewesen wäre. Dann ist abzuschätzen, ab wann er dem Verdienst nachgegangen wäre und inwiefern sich die Situation durch die Unfallfolgen verschlechtert hat.

Die medizinisch-theoretische Schätzung der Arbeitsunfähigkeit wird 126 in Prozenten[185] ausgedrückt. Der konkrete Verdienstausfall kann aber nur durch einen Geldbetrag umschrieben werden, der allerdings – wenn ein bestimmtes Einkommen zugrunde gelegt wird – immer auch einen Prozentsatz des Einkommens ohne den Unfall ausmacht. Für spätere Lebensabschnitte – z. B. für die zweite Hälfte der mittleren Aktivitätsdauer – mag ein anderer Grad der Arbeitsunfähigkeit angemessen sein[186].

Neben der *medizinischen Expertise*, die sich, wie vorn erwähnt, nicht 127 allein auf die Feststellung des pathologischen Zustandes beschränkt, sondern namentlich auch den Grad der Arbeitsunfähigkeit hinsichtlich des Berufes beurteilt, kann für die gleiche Aufgabe gegebenenfalls eine *psychotechnische* oder *berufskundliche Expertise* gute Dienste leisten[187]. Eine solche vermag darüber Aufschluss zu verschaffen, welche Berufe für einen dauernd Geschädigten, für den die bisherige Tätigkeit ausser Betracht fällt, für eine *Umschulung* (vgl. hinten N 131 ff.) in Frage kommen. Es ist gegebenenfalls auch abzuklären, welcher Beruf für ein *Kind* geeignet sein wird; ferner kann eine psychotechnische oder berufskundliche Expertise über die körperliche und geistige Anpassungsfähigkeit Auskunft geben. Die Aufgabenkreise überschneiden sich.

Die Expertisen sind für den *Richter* nicht bindend; er hat sie nach 128 freiem Ermessen zu werten (OR 42 II); *er* entscheidet[188]. Trotzdem er sich nicht leichthin über fundierte Überlegungen des Gutachters hinwegsetzen wird, mag er vermöge umfassenderer Berücksichtigung der Um-

---

[185] Vgl. BGE 37 II 455; 113 II 347 u. a.
[186] BGE 91 II 427.
[187] BGE 60 II 45; PICCARD in SJZ 56, 83. HÜTTE zeigt in SVZ 59 (1991) 293 ff. anhand von Beispielen aus der Rechtsprechung, dass die Gerichte bei den Berechnungen der wirtschaftlichen Folgen der Invalidität zu stark auf die medizinisch-theoretischen Schätzungen abstellen und die konkreten Auswirkungen auf die berücksichtigte Berufstätigkeit vielfach ausser acht lassen.
[188] BGE 72 II 206/07; 95 II 263; SJZ 61, 162; STAUFFER/SCHAETZLE (3. A. Zürich 1970) 32/33; SZÖLLÖSY 82 ff.; BREHM N 67 zu OR 46.

stände des Falles zu einer andern Einschätzung der Sachlage kommen[189].

129 Bei *Kindern* ist die Aufgabe besonders schwer, weil es darum geht, den Verdienstausfall im wahrscheinlichen zukünftigen Beruf zu schätzen[190]. Man muss einen hypothetischen Beruf bestimmen, das darin für einen Gesunden zu erwartende Einkommen schätzen und festzulegen versuchen, um wieviel dieses Einkommen durch die Invalidität reduziert wird. Bei Unsicherheiten ist die für das Opfer günstigere Lösung zu wählen[191]. Es liegt nahe, anzunehmen, dass das Kind einen Beruf wählt, bei dem sich seine Behinderung möglichst wenig auswirkt. Für die vom Richter hypothetisch zu treffende Berufswahl sind aber auch die Intelligenz und der Charakter des Kindes, die soziale und wirtschaftliche Lage der Eltern, die Möglichkeit, ein Stipendium zu erhalten, und die Zukunftsaussichten von Bedeutung[192].

130 Es kommt aber auch vor, dass der vom Kind ohne den Unfall später wahrscheinlich gewählte Beruf – z. B. die Übernahme des Geschäftes des Vaters oder der Mutter – wegen der Unfallfolgen ausscheidet. Dann ist ein geeigneter Beruf zu suchen, bei dem sich seine körperliche Behinderung möglichst wenig auswirkt. Man wird also einen geistige Arbeit erfordernden Beruf wählen, sofern die Umstände dies als möglich erscheinen lassen[193]. Der grossen Fähigkeit von Kindern zur Anpassung an ein Gebrechen ist Rechnung zu tragen[194]. Bei Mädchen wird man die Möglichkeit

---

[189] In verschiedenen Urteilen haben sich Gerichte von den Experten distanziert; so schon in BGE 27 II 434/35, aber auch in 72 II 198; 77 II 289; 88 II 33/34; 95 II 263; Sem.jud. 1954, 514 (Bundesgericht); 1961, 25. Vgl. auch die Kasuistik bei BREHM N 70 f. zu OR 46.
Es ist hier festzuhalten, dass die Berücksichtigung der konkreten beruflichen oder andern Verhältnisse bei der ärztlichen Schätzung weitgehend der konkreten Methode entsprechen kann, auch wenn dann abstrakt gerechnet wird.
[190] BGE 60 II 45; 81 II 169/70; 89 II 62; 95 II 263 ff.; SJZ 61, 162; vgl. auch HÜTTE in SVZ 59 (1991) 288 ff. Es liegt wohl mangels anderer Anhaltspunkte nahe, anzunehmen, dass das Kind den Beruf von Vater oder Mutter wählen wird. Vgl. für die Fragen, die sich bei Invalidität von Kindern stellen, die Zusammenstellung bei HÜTTE, SVZ 59 (1991) 157.
[191] BGE 81 II 518; 95 II 264; 100 II 305; BREHM N 126 zu OR 46; vgl. auch HÜTTE, SVZ 59 (1991) 288 ff.
[192] In SJZ 71, 352 Nr. 149 hat das Zürcher Obergericht nicht einen bestimmten hypothetischen Beruf angenommen, sondern statt dessen das Durchschnittseinkommen in handwerklichen oder auch nichthandwerklichen Berufen nach abgeschlossener Berufslehre der Berechnung zugrunde gelegt. Auf diesem Weg dürfte in vielen Fällen ein der Wirklichkeit entsprechendes Resultat erzielt werden.
[193] BGE 26 II 643; 29 II 18; 34 II 584; 60 II 45; 72 II 207; 95 II 264 f.; zurückhaltend BGE 100 II 305/06; SJZ 46, 24; Sem.jud. 1958, 491; BREHM N 126 zu OR 46.
[194] BGE 70 II 141; 95 II 265 mit Einzelheiten. Vgl. auch IVG 8 ff.; BREHM N 125 zu OR 46. Bei der Berufswahl Jugendlicher können auch irrationale Motive mitspielen. So hat in

III. Schaden infolge Körperverletzung § 6

einer Heirat nur zurückhaltend als Faktor der Herabsetzung der Entschädigung berücksichtigen. Viele verheiratete Frauen sind heute erwerbstätig, und die Folgen der Arbeitsunfähigkeit fallen bei Hausfrauen auch in Betracht[195].

Bei *Erwachsenen* ist zunächst die Minderung der Erwerbsfähigkeit im Rahmen des bisherigen Berufes und der bis zum Unfall ausgeübten Tätigkeit festzustellen[196]. Ist sie erheblich oder sogar total, stellt sich die Frage eines *Berufswechsels* und der *Umschulung* auf einen neuen Beruf. Dafür spielen die Persönlichkeit des Verletzten, seine beruflichen Fähigkeiten, seine Handfertigkeit, seine Anpassungsfähigkeit, seine Intelligenz, sein Bildungsgrad und sein Alter eine massgebende Rolle[197]. Die Umschulung fällt nur in Betracht, wenn sie nach der Sachlage als *zumutbar* erscheint[198]. Strikte Regeln lassen sich nicht aufstellen; zu sehr kommt es auf den Einzelfall an. Doch dürfen vom Verletzten nicht Arbeiten gefordert werden, die seine Fähigkeiten oder Kräfte übersteigen oder sein Leben oder seine Gesundheit gefährden. Der neue Beruf muss der Eigenart des Verletzten angepasst sein; dieser sollte seine bisherigen Kenntnisse und Fähigkeiten darin womöglich verwerten können. Eine soziale Degradation darf man nicht verlangen und auch nicht von einem geistig Tätigen rein körperliche Arbeit. Auch die Entwurzelung durch Versetzung an einen anderen Ort ist nur zurückhaltend zuzumuten. 131

Das Bundesgericht hat seinerzeit die Zumutbarkeit der Berufsänderung bei Verschulden des Haftpflichtigen verneint[199]. Das ist nicht gerechtfertigt; denn das Verschulden des Haftpflichtigen hat mit der Schadensberechnung nichts zu tun, sondern mit der Bemessung des Schadenersatzes oder der Genugtuung[200]. Finanzielle Aufwendungen für die Berufsänderung, insbesondere für eine Umschulung, hat der Haftpflichtige vorzuschiessen[201]. 132

---

einem vergleichsweise erledigten Fall ein Landwirtschaftslehrling (am Schluss der Berufslehre), dem von einer Maschine ein Arm ausgerissen worden war, trotzdem am Beruf des Landwirtes festgehalten und auch eine Ausbildung zum Landwirtschaftstechniker abgelehnt. Er arbeitet heute als Bergbauer (unter aktiver Mitarbeit seiner Ehefrau).
[195] Sem.jud. 1958, 492; Hütte, SVZ 59 (1991) 160; hinten N 157 ff.
[196] Der Umstand, dass der Verletzte sich auf dem Arbeitsmarkt schlechter stellt, ist als «Erschwerung des wirtschaftlichen Fortkommens» zu berücksichtigen; vgl. hinten N 197 ff.
[197] Dazu BGE 27 II 434; 38 II 656; 89 II 231; Keller II 58.
[198] Brehm N 51 zu OR 44; Stark, Skriptum N 77.
[199] BGE 60 II 229.
[200] Stauffer/Schaetzle (3. A. Zürich 1970) 37; Brehm N 51 zu OR 44. Das alleinige Verschulden des Haftpflichtigen müsste übrigens konsequenterweise auch die Zumutbarkeit einer Operation (unten N 171 ff.) ausschliessen, wovon nie die Rede war.
[201] BGE 60 II 230; A. Keller II 58.

133 Bejaht man die Zumutbarkeit der Berufsänderung, dann ist für die *Schätzung* des Verdienstausfalles vom *neuen Beruf* auszugehen. Weigert sich der Verletzte ohne genügenden Grund, den Beruf zu ändern, so geht man für die Schadensberechnung von der Annahme aus, die Berufsänderung habe stattgefunden. Der Geschädigte erhält die von ihm nicht ausgelegten Umschulungskosten inkl. Verdienstausfall, der durch eine Umschulung entstanden wäre; der Dauerschaden wird aber auf der Basis des (abgelehnten) neuen Berufes berechnet.

134 Die Feststellung des Grades der Arbeitsunfähigkeit ist nicht schlechthin tatsächlicher Art und folglich, wenn von der kantonalen Instanz vorgenommen, für das *Bundesgericht* nicht ohne weiteres verbindlich (OG 55 I c / 63); vielmehr behält sich dieses die Überprüfung der angewandten Regeln vor[202].

135 Bei der Schätzung des zukünftigen Einkommens des Geschädigten kann die Rechtsordnung eine *rechtswidrige Erwerbstätigkeit* nicht als Möglichkeit berücksichtigen; sonst würde sie sich selbst untreu. Dies muss auch gelten, wenn der Geschädigte sich bisher in rechtswidriger Weise ein Einkommen verschafft hat, z. B. als Zuhälter (StGB 201; vgl. BGE 111 II 299), durch gewerbsmässige Kuppelei (StGB 199), durch Mädchen- und Frauenhandel (StGB 202), durch gewerbsmässigen Betrug (StGB 148 II) oder Diebstahl (StGB 137 Ziff. 2), durch gewerbsmässige illegale Abtreibung (StGB 119 Ziff. 3) usw.

136 Es ist jedoch nicht Aufgabe des Haftpflichtrechts, einen Geschädigten, der sein Brot (bisher) rechtswidrig erworben hat, zu bestrafen. Dementsprechend ist ein Schadenersatzanspruch aus Arbeitsunfähigkeit anzuerkennen. Seiner Berechnung ist eine erlaubte Tätigkeit zugrunde zu legen, die der Geschädigte ohne den Unfall auf Grund seiner Ausbildung und seiner Fähigkeiten hätte ausüben können.

137 Einkommen aus Tätigkeiten, die an sich erlaubt sind, aber unter *Verletzung* namentlich *polizeirechtlicher Vorschriften*[203] ausgeübt wur-

---

[202] BGE 58 II 262; 60 II 231; insbes. 72 II 206 u. a. Die Expertisen unterliegen der Überprüfung durch das Bundesgericht; BGE 77 II 299 ff.; 95 II 265; KELLER/GABI 86.

[203] Nach deutscher Rechtsprechung kommt es darauf an, ob die Verbotsvorschrift sich nicht nur gegen den Abschluss des Geschäftes, sondern gegen seinen wirtschaftlichen Erfolg richtet; vgl. BGH in NJW 83, 109; 84, 1175; ZfS 83, 229; GEIGEL/SCHLEGELMILCH, 4. Kap. N 98. Rechtlich missbilligt ist dabei ein Gewinn nicht schon dann, wenn es für die Ausführung des betreffenden Geschäftes noch einer behördlichen Genehmigung bedurft hätte, die im Zeitpunkt des Schadenereignisses noch nicht beantragt war, soweit die Erteilung der Genehmigung nach dem gewöhnlichen Lauf der Dinge zu erwarten und

den[204], ist der Berechnung des Verdienstausfalles zugrunde zu legen, aber unter Berücksichtigung der Einhaltung der bisher verletzten Bestimmungen.

Bei *sittenwidriger Erwerbstätigkeit* steht die Rechtsordnung der Annahme der Weiterführung ohne den Unfall nicht entgegen. Daher ist auch das dabei erzielte Einkommen der Schadensberechnung zugrunde zu legen[205]. 138

d) Einkommen

Das Arbeitseinkommen des Geschädigten stellt neben seiner körperlichen Beeinträchtigung den wichtigsten Faktor für die Berechnung deren ökonomischer Folgen dar. Für die Vergangenheit wird es meistens möglich sein, den tatsächlichen Verdienstausfall zu ermitteln[206]. Beim Zukunftsschaden muss der Berechnung ein zukünftiges, hypothetisches Einkommen 139

---

ihre Einholung nicht bewusst unterlassen worden war; vgl. GEIGEL/SCHLEGELMILCH, 4. Kap. N 100; LANGE 351; STÜRNER, Der entgangene rechtswidrige oder sittenwidrige Gewinn, VersR 1976, 1012, 1014; a. M. GRUNSKY im Münchner Komm. N 4 zu BGB 252; STAUDINGER/MEDICUS N 14 zu BGB 252.

[204] Man denke an Tierhaltung unter Verletzung des Tierschutzgesetzes durch einen Landwirt, Verstoss gegen die Arbeitszeitordnung (vgl. BGH in NJW 86, 1486), Taxifahrten ohne Führerausweis der Kategorie B 1 (VZV 3 I), Fabrikation von Gegenständen unter missbräuchlicher Verwendung eines fremden Patentes (PatG, SR 232.14), Durchführung von Transporten ohne Beachtung der vorgeschriebenen Ruhezeiten bzw. unter regelmässiger Verletzung der Höchstgeschwindigkeitsvorschriften, unlauterer Wettbewerb (vgl. BGH in NJW 64, 1181).

[205] In BGE 111 II 300 erwähnt das Bundesgericht, dass der Dirnenlohn steuerrechtlich erfasst werde, was z. B. beim Diebeserlös nicht zutreffe (vgl. ZUPPINGER/SCHÄRER/FESSLER/REICH, Komm. zum zürch. Steuergesetz, Ergänzungsband (Bern 1983) Vorbem. zu §§ 19–32 N 18.
Aus strafbaren Handlungen entsteht nach Auffassung des Steuerrechts keine Einnahme, weil der Erwerb von Anfang an durch die Ablieferungspflicht ausgeglichen wird. Dies gilt nur unter dem Vorbehalt, dass mit der Ablieferung ernstlich gerechnet werden muss; vgl. im übrigen A. KELLER I 56, II 32; SCHAER Rz 207 f.
Im deutschen Recht wollen STÜRNER, Der entgangene rechtswidrige oder sittenwidrige Gewinn, VersR 1976, 1012, 1016; GRUNSKY im Münchner Komm. N 5 zu BGB 252; SOERGEL/MERTENS N 10 zu BGB 252; OLG Düsseldorf in NJW 1970, 1852; LG Offenburg, VersR 1973, 69 den vollen Verdienstausfall der Prostituierten haftpflichtrechtlich anerkennen. Die Beschränkung auf ein existenzsicherndes Einkommen befürworten GEIGEL/SCHLEGELMILCH, 4. Kap. N 99; vgl. auch BGH in NJW 76, 1883. Gegen jeglichen Ersatz BORN, VersR 1977, 118 ff.; STAUDINGER/MEDICUS N 16 ff. zu BGB 252; MEDICUS, Schuldrecht I 296.

[206] Schwierigkeiten ergeben sich hauptsächlich bei Selbständigerwerbenden; vgl. hinten N 155 f.

zugrunde gelegt werden[207], weil keine besseren Anhaltspunkte für die Schadensberechnung zur Verfügung stehen. Dieses hypothetische Einkommen kann naturgemäss nur approximativ ermittelt werden[208].

aa) Brutto- oder Nettoeinkommen

140 Die Terminologie ist hier leider unklar. Nach BGE 90 II 188 wird das Nettoeinkommen durch Kürzung des Bruttoeinkommens um die sog. Gewinnungskosten[209] ermittelt. Bei der Berechnung des Haftpflichtschadens kann selbstverständlich nur vom Nettoeinkommen im Sinne dieser Umschreibung ausgegangen werden[210].

141 Die gleichen Ausdrücke werden im Zusammenhang mit den Sozialversicherungsbeiträgen verwendet (AHV/IV, UVG, BVG). Der Bruttolohn enthält nach dieser Ausdrucksweise die Arbeitnehmerbeiträge an die Sozialversicherungen; im Nettolohn sind diese nicht enthalten[211]. Da aber die Arbeitgeberbeiträge an die Versicherungen auch vom Arbeitnehmer verdient werden, bildet der Bruttolohn nicht das ganze erzielte Einkommen. Es liegt nahe, eine zusätzliche Kategorie zu bilden: Nettolohn plus Arbeitnehmerbeiträge (= Bruttolohn) plus Arbeitgeberbeiträge an die Sozialversicherungen. Hier wird für den letzten Begriff der Ausdruck «voller Bruttolohn» verwendet, nachdem bisher kein anderer Name dafür vorgeschlagen wurde.

---

[207] In BGE 113 II 345 ff. hatte die Geschädigte die Absicht, in der Zeit nach dem Unfall eine teilweise Erwerbstätigkeit aufzunehmen. Das Gericht hat seiner Berechnung richtigerweise das Einkommen zugrunde gelegt, das daraus ohne den Unfall resultiert hätte; vgl. auch BGE 116 II 295 ff. E. 3a–c.
Bei voraussichtlicher Teilzeitarbeit – z. B. eines Hausmannes – sind an sich diese voraussichtliche Teilzeitarbeit und zusätzlich der Wert der Arbeit als Hausmann in Rechnung zu stellen. Dabei ist aber abzuschätzen, wie lange diese Kombination ohne den Unfall voraussichtlich gedauert hätte. Wenn sie nur für einige Jahre gedacht und nachher eine volle Erwerbstätigkeit in Aussicht genommen war, ist von deren voraussichtlichem Beginn an der Wert der Arbeit als Hausmann wegzulassen und ausschliesslich die volle Erwerbstätigkeit in Rechnung zu stellen. Vgl. für Teilzeitarbeitslosigkeit vorn FN 184.

[208] Diese Verhältnisse dürfen nicht aus den Augen gelassen werden. Es ist nicht sinnvoll, Verdienstausfallberechnungen für die Zukunft bis auf den letzten Rappen genau zu erstellen. Damit täuscht man sich selbst und die andern Beteiligten über die Genauigkeit des Resultates.

[209] Beispiele: Transport zum Arbeitsort, auswärtige Verpflegung usw.

[210] Vgl. auch SJZ 76 (1980) 15.

[211] BREHM N 24 zu OR 45/46.

III. Schaden infolge Körperverletzung § 6

142 Bei vorübergehender Arbeitsunfähigkeit ist dem Geschädigten vom Haftpflichtigen nach Aufhören der Lohnfortzahlungspflicht der Nettolohn zu ersetzen; nur er geht dem Arbeitnehmer durch seine Arbeitsunfähigkeit verloren. Die Sozialversicherungsbeiträge werden nicht mehr bezahlt, wenn kein Lohn bezahlt wird, weder vom Arbeitnehmer noch vom Arbeitgeber.

143 Nach Abschluss der medizinischen Behandlung (ohne vollständige Wiederherstellung) verliert der Geschädigte durch seine verbleibende Dauerinvalidität seinen Nettolohn oder einen Teil davon; für die Lohneinbusse werden darüber hinaus keine Sozialversicherungsbeiträge bezahlt. Dadurch kann ein Rentenverkürzungsschaden (vgl. hinten N 191 ff.) entstehen.

144 Der Arbeitnehmer erhält nur den Nettolohn zur freien Verfügung. Nur in bezug auf ihn entgeht ihm (bei voller Erwerbsunfähigkeit) die Dispositionsfreiheit, weshalb es naheliegt, der Berechnung des Invaliditätsschadens den Nettolohn zugrunde zu legen[212]. Besser wäre es, wenn der Versicherte die vollen Sozialversicherungsprämien weiter bezahlen könnte und entsprechend versichert bliebe. Dementsprechend wäre dann der Verdienstausfall vom Haftpflichtigen auf der Basis des vollen Bruttolohnes zu ersetzen. Wo der Bund Subventionen an Sozialversicherer bezahlt, könnte der Geschädigte dann auch davon profitieren[213].

bb) Allgemeine Hinweise

145 Ausgangspunkt sind immer die Verhältnisse *vor* dem Unfall, die dann auf Grund der Lebenserfahrung und der Umstände, also durch eine Art Extrapolation, die Grundlage für die Erwartungen für die Zukunft

---

[212] In BGE 90 II 188 hat das Bundesgericht gegenteilig entschieden und ist bei seiner Schadensberechnung vom Bruttolohn ausgegangen; gl. M. BREHM N 24 zu OR 45/46; vgl. auch SJZ 76 (1980) 13 ff. Es begründet dies mit der Feststellung, dass es sich bei der Prämie nach AHVG/IVG, UVG, BVG, AlVG um vorsorgliche Aufwendungen handelt, «die dazu bestimmt sind, den Lebensunterhalt des Einkommensempfängers oder seiner Hinterlassenen zu sichern für den Fall, dass infolge von Unfall, Krankheit oder Alter der Arbeitsverdienst wegfallen sollte». Das ist richtig, solange der Arbeitnehmer sein Einkommen erzielt. Wenn nicht, kann er mit den ihm vom Haftpflichtigen bezahlten Prämien-Beträgen (Differenz zwischen Brutto- und Nettolohn) diesen Zweck wohl nur partiell erreichen. Abgesehen davon müssten auch die Arbeitgeberprämien einbezogen werden. Dies hat das Bundesgericht bei der Berechnung des Rentenverkürzungsschadens in BGE 116 II 295 getan.

[213] Vgl. hinten N 191 ff. zum Rentenverkürzungsschaden.

(ohne den Unfall) abgeben; denn was nicht eingetreten ist, hier die unfallfreie berufliche Entwicklung des Geschädigten, lässt sich nicht feststellen[214]. Wenn vor dem Unfall kein Einkommen erzielt wurde, z. B. bei einem Kind oder einem Privatgelehrten, ist zu prüfen, ob sich die Verhältnisse nach dem Unfall auch ohne diesen nicht geändert hätten; vgl. vorn N 125.

146   Im weiteren ist abzuschätzen, welches Einkommen auf Grund des Unfalles zu erwarten ist[215]. Die Differenz stellt den (hypothetischen) Verdienstausfall dar. Der Verlust von Schul- oder Lehrjahren lässt sich dadurch ausgleichen, dass man das in der gleichen Anzahl Jahre mutmasslich erzielte Einkommen veranschlagt und in die Rechnung einsetzt[216].

147   Bei Dauerschaden ist zu erwarten, dass das Einkommen in der Zeit bis zum Ende der Aktivitätserwartung Schwankungen unterliegen wird, einerseits wegen der Teuerung[217], anderseits auf Grund von Reallohnerhöhungen und auch anderen Faktoren. Da man diese Schwankungen nicht voraussehen kann, fällt eine differenzierte Berechnung für einzelne Zeitperioden praktisch ausser Betracht. Es muss daher ein zukünftiges *Durchschnittseinkommen*[218] und ein entsprechender durchschnittlicher Minderverdienst angenommen werden[219]. Auszugehen ist dabei vom Einkommen zur Zeit des Unfalles[220]; dieses ist nach den Schwankungen, die bis zum Zeitpunkt der Erledigung des Invaliditätsschadens ohne den Unfall eingetreten wären, zu korrigieren[221]. Waren die Einkommensverhältnisse zur Zeit des Unfalles infolge *vorübergehender besonderer* Umstände erheblich

---

[214] Das Bundesgericht hält im Zusammenhang mit seiner Bindung an die kantonalen Feststellungen des Sachverhaltes durch OG 63 immer wieder fest, dass die Abschätzung der zukünftigen Entwicklung (Rechtsbegriff des Schadens, Berechnungsgrundsätze, Ermessen) ihm zusteht; BGE 70 II 140/41; 72 II 206; 77 II 299; 82 II 33 E. 6; 95 II 265; 99 II 373; 104 II 199; 107 II 225; 111 II 301 E. 3; 113 II 346/47 u. a.

[215] BGE 29 II 18; 33 II 600; 58 II 262; 59 II 43; 60 II 220; 63 II 63; SJZ 61, 162; Sem.jud. 1958, 489 ff.; vgl. auch den Aufsatz von HÜTTE in SVZ 59 (1991) 157 ff., 287 ff.; PETER STEIN, Die Invalidität, FS 75 Jahre EVG, 431 ff.; STAUFFER/SCHAETZLE (4. A. Zürich 1989) N 689 ff.

[216] SJZ 57, 47. Die vorzeitige Auszahlung des Betrages ist zu diskontieren.

[217] Dieser Faktor wird in die nachfolgenden Darlegungen zwecks Vereinfachung vorerst nicht einbezogen; vgl. dazu hinten N 149 ff.

[218] Vgl. STAUFFER/SCHAETZLE (4. A., Zürich 1989) N 686.

[219] BGE 37 II 453; 52 II 101; 66 II 220; STAUFFER/SCHAETZLE (4. A. Zürich 1989) N 686.

[220] BGE 41 II 402; 69 II 271; 89 II 231/32. Bei einem Taglöhner ist die durchschnittliche Zahl der Arbeitstage festzustellen und gestützt darauf der Normalverdienst auszurechnen, BGE 37 II 558.

[221] BGE 116 II 295 ff.

besser oder schlechter[222] als das Ergebnis dieser Korrekturen, so ist das Einkommen zu veranschlagen, das ohne diese besonderen Umstände wahrscheinlich erzielt worden wäre[223].

Es ist zu versuchen, dem zukünftigen wirklichen Einkommen möglichst nahezukommen, d. h., es sind alle wahrscheinlichen Umstände zu berücksichtigen, die die Entwicklung des Einkommens ohne den Unfall positiv oder negativ beeinflusst hätten. Dazu gehören Reallohnerhöhungen, vermehrte Geschäftseinkünfte[224, 225], aber auch Reduktionen, z. B. bei wirtschaftlichen Rezessionen[226], durch altersbedingte Herabsetzung der Leistungsfähigkeit[227]. Berufliche Aufstiegsmöglichkeiten sind nur zu berücksichtigen, wenn sie im konkreten Fall sehr wahrscheinlich sind[228]. Der Lohn, den der Nachfolger des Verunfallten erzielt, kann nur mit grosser Zurückhaltung als Hinweis berücksichtigt werden, weil viele Umstände abweichend sein können[229]. 148

cc) Berücksichtigung der Teuerung

Die *Teuerung* zwischen dem Unfalltag und dem Datum der Erledigung des Falles kann konkret gerechnet werden, so dass sie bei der Bestimmung des Ausgangslohnes für die Ermittlung des hypothetischen Zukunftseinkommens keine Schwierigkeiten bereitet[230]. 149

---

[222] Zum Beispiel wegen Teil- oder Ganzarbeitslosigkeit; SJZ 33, 184; 39, 116.
[223] BGE 41 II 402; 59 II 366/67.
[224] Diese kommen namentlich bei jungen Selbständigerwerbenden in Frage, deren Geschäft oder Praxis im Zeitpunkt des Unfalles erst im Anlaufen war.
[225] Vgl. SJZ 67 (1971) 10 f. = ZR 69 Nr. 141 S. 375 f.; STEIN in SJZ 57 (1961) 106 f. und 67 (1971) 51 f.
[226] SJZ 67 (1971) 10.
[227] In den letzten Dienstjahren vor der Pensionierung ist in vielen Unternehmungen kaum mehr mit Reallohnerhöhungen zu rechnen.
[228] SCHAER Rz 144. Zu denken ist an von der Geschäftsleitung versprochene Beförderungen. Wenn der Vorgesetzte des Verunfallten in absehbarer Zeit in den Ruhestand tritt, konnte der Verunfallte (ohne den Unfall) nur mit genügender Wahrscheinlichkeit damit rechnen, sein Nachfolger zu werden, wenn er punkto Ausbildung und Erfahrung, aber auch punkto psychische Qualifikation und Belastbarkeit die nötigen Voraussetzungen mitbringt und wenn er nicht in Konkurrenz mit andern, ebenso gut ausgewiesenen Anwärtern stand. Nach dem nicht publ. BGE i. S. Rey gegen Société du Téléphérique Chalais–Brie–Vercorin SA vom 18. Mai 1957 ist darauf abzustellen, ob eine Beförderung in naher Zukunft stattgefunden hätte und ob sie versprochen war (S. 8/9).
[229] BGE 101 II 352.
[230] SJZ 67 (1971) 10 = ZR 69 Nr. 141 S. 375; BREHM N 21/22 der Vorbem. zu OR 45/46.

150 Für die Zukunft berücksichtigt die feststehende Rechtsprechung[231] die Geldentwertung nicht[232]. Diese Praxis wird bei Entschädigung in *Kapitalform* dadurch gerechtfertigt, dass der Geschädigte das erhaltene Kapital in Sachwerten anlegen und damit dem Einfluss der Geldentwertung entziehen kann. Mehr Bedeutung hat die Tatsache, dass das Bundesgericht seit 1946[233] die Renten konstant mit dem Zinsfuss von 3½% kapitalisiert. Dadurch wird die Teuerung mindestens z.T. ausgeglichen: In Zeiten niedrigen Zinsfusses ist die Teuerung ganz unbedeutend. Bei hohem Obligationenzinsfuss ist die Teuerung zwar hoch; aber der niedrige haftpflichtrechtliche Kapitalisierungszinsfuss gleicht sie mindestens annäherungsweise aus[234]. Dadurch wird die unmöglich zu beantwortende Frage ausgeschaltet, mit welcher zukünftigen Teuerung im Zeitpunkt der Erledigung des Dauerschadens zu rechnen sei.

151 Bei Entschädigung in *Rentenform* wird die Auswirkung der Geldentwertung durch eine Indexierung der Rente ausgeschaltet. Die Indexierung der Rente stellt eine naheliegende Lösung des Teuerungsproblems dar, wenn in Rentenform erledigt wird; im Sinne der (ungefähren) Gleichstellung der beiden Entschädigungsformen drängt sie sich in diesen Fällen auf. Die schwierige Frage, mit welcher Teuerung in der Zukunft zu rechnen sei, bleibt dabei natürlich dem Richter zur Beantwortung überlassen; vgl. hinten N 237 ff.

dd) Gleiche Arbeit trotz Beeinträchtigung / Gleiches Einkommen trotz geringerer Leistung

152 Daneben stellt sich die Frage, wie die Fälle zu behandeln seien, in denen der Geschädigte trotz körperlicher oder psychischer Beeinträchtigung nach

---

[231] BGE 91 II 428; 96 II 447; 99 II 211; 101 II 352; 113 II 332; ZR 69 (1970) Nr. 141 S. 375; JT 1958 I 450; MERZ, ZBJV 100 (1964) 483/84; SCHAER Rz 144; A. KELLER II 53 f.; HENGGELER ZSR 56, 180 a; STAUFFER/SCHAETZLE (3. A. Zürich 1970) 89 ff., (4. A. Zürich 1989) N 606 ff. mit zahlreichen Hinweisen, N 653 ff.; DIESELBEN, SJZ 71 (1975) 120; SZÖLLÖSY, ZBJV 112 (1976) 33; a. M. BUSSY, La dépréciation de la monnaie et son influence sur le mode d'indemnisation et le calcul des dommages-intérêts, Publication TCS n° 5, 21; BUSSY bringt dort S. 19 ein Zahlenbeispiel, das von STAUFFER/SCHAETZLE, SJZ 71 (1975) 120 überzeugend widerlegt wird; vgl. auch STEIN, SJZ 67 (1971) 51 f.; vgl. auch hinten N 237 ff.
[232] Im Familienrecht gilt die gegenteilige Praxis; vgl. BGE 98 II 257; 100 II 245; KREIS, SJZ 78 (1982) 286–88; MERZ, Berner Kommentar (Bern 1962), N 208 zu ZGB 2.
[233] BGE 72 II 132.
[234] Vgl. das instruktive Beispiel von STAUFFER/SCHAETZLE in SJZ 71 (1975) 120.

III. Schaden infolge Körperverletzung § 6

wie vor die gleiche Arbeit versieht oder trotz geringerer Leistung das gleiche Einkommen bezieht. Hier bedarf es keiner Hypothesen, weil die Wirklichkeit bekannt ist.

Bei nach wie vor gleicher Arbeit und gleichem Einkommen ist ein Dauerschaden an sich zu verneinen. Es ist aber zu prüfen, ob dies vermutlich bis zum Ende der Aktivitätserwartung bzw. bis zum Endalter der AHV so bleiben wird[235]. Bezahlt bei geringerer Leistung der Arbeitgeber den gleichen Lohn, so handelt es sich meistens um eine Liberalität, die der Arbeitgeber nicht dem Haftpflichtigen, sondern seinem geschädigten Arbeitnehmer erweisen will[236]. Nach den Grundsätzen der Vorteilsanrechnung (vorn N 49 ff.) ist dieser Vorteil nicht anzurechnen und der Schaden entsprechend der verminderten Leistung zu vergüten[237]. Wenn sich der gleiche Lohn aber aus den Vorschriften einer öffentlichen Verwaltung oder aus einem Gesamtarbeitsvertrag ergibt, ist die Verneinung eines Dauerschadens naheliegend[238]. Zu prüfen bleibt aber, ob nicht unter dem Titel der Erschwerung des wirtschaftlichen Fortkommens (OR 46 I; vgl. hinten N 197 ff.) eine Entschädigung zuzusprechen sei.

153

ee) Haupt- und Nebeneinkommen

Jedes Erwerbseinkommen ist zu berücksichtigen, handle es sich um Bar- oder Naturaleinkommen[239], und unabhängig davon, ob von zweien eines als *Haupt-* und das andere als *Nebeneinkommen*[240] erscheint oder nicht. Aber selbstverständlich fällt nur ein *Arbeitseinkommen*[241] in Betracht. Nebeneinkünfte können aus selbständiger[242] oder unselbständiger Arbeit

154

---

[235] Sem.jud. 1961, 26 (Bundesgericht).
[236] BGE 62 II 290.
[237] Dies drängt sich schon deswegen auf, weil bei einem Stellenwechsel vom neuen Arbeitgeber nicht das gleiche Entgegenkommen zu erwarten ist.
[238] Denn massgebend ist, nach der hier vertretenen Auffassung, der Verdienstausfall und nicht die Einschränkung der Verdienstfähigkeit; a. M. Voraufl. 203/04. Vgl. BGE 37 II 460; entgegenkommender 35 II 551; 49 II 163/64; SJZ 39, 116; BREHM N 73–76 zu OR 46.
[239] BGE 41 II 691.
[240] BGE 13, 49; 39 II 258.
[241] Also nicht ein Vermögensertrag oder ein Auslagenersatz; vgl. BGE 18, 256; 21, 1041; 29 II 237.
[242] Zum Beispiel Arbeit in eigenem Garten (BGE 29 II 237/38), in einem Schrebergarten oder einem eigenen landwirtschaftlichen Kleinbetrieb (BGE 38 II 258).

herrühren, aus einer nebenamtlichen Tätigkeit[243], aus einer Hauswartstelle usw. Dass auch Nebeneinkünfte dazugehören, die mit einer bestimmten Haupttätigkeit verbunden sind, z. B. Trinkgelder, Gratifikationen[244], Haushaltentschädigungen, Ortszulagen und Wohnungsentschädigungen[245], Dienstkleider und Dienstwohnung ist wohl selbstverständlich[246]. Auch Verpflegung in natura[247] fällt in Betracht, nicht aber eine Kinderzulage nach öffentlichem Recht, die nicht einen Lohnbestandteil darstellt. Für die Bewertung von Naturaleinkünften finden sich im Steuerrecht Ansätze, die wertvolle Dienste leisten können.

ff) Selbständigerwerbende

155   Die Schätzung des Einkommens ist bei *Selbständigerwerbenden* viel schwieriger als bei andern Personen[248]. Nötigenfalls kann eine Expertise über die Verdienste in den letzten Jahren und die künftigen Verdienstmöglichkeiten ohne den Unfall Auskunft geben. Ein sehr wertvoller Hinweis ergibt sich aus den Steuererklärungen[249] der letzten Jahre. Obschon sie im Haftpflichtfall nicht verbindlich sind, spricht doch vieles dafür, sie der Berechnung zugrunde zu legen, sofern der Geschädigte ihre Unrichtigkeit nicht mindestens glaubhaft macht. Auch andere Indizien sind zu berücksichtigen, z. B. die Aufwendungen für eine Ersatzkraft[250] und die Reduktion des versteuerten Einkommens nach dem Unfall verglichen mit vor-

---

[243] Als entschädigter Quästor einer Kirchgemeinde, als Gemeinde-, Kantons- oder als Nationalrat, als Mitglied eines Verwaltungsrates. Nebeneinkünfte, die nicht an bestimmte Leistungen gebunden sind, z. B. fixe Verwaltungsratsentschädigungen unabhängig vom Sitzungsbesuch, führen nicht zu einem Verdienstausfall, solange sie ausbezahlt werden. Sie können aber bei invaliditätsbedingter Nichtwiederwahl zu einem Dauerschaden führen. Ist mit einer ehrenamtlich besorgten Tätigkeit, z. B. als Vorstandsmitglied eines Vereins oder Stiftungsratsmitglied, ein regelmässiges feudales Jahresschlussessen verbunden, so stellt vernünftigerweise dessen Ausfall keinen Schaden dar.
[244] BGE 25 II 113.
[245] BGE 38 II 229.
[246] Das gilt nur, soweit es sich nicht um Entschädigungen für Auslagen handelt, die mit der Besorgung der betreffenden Stelle verbunden sind.
[247] BGE 32 II 67; 52 II 392.
[248] Vgl. STAUFFER/SCHAETZLE (4. A. Zürich 1989) N 690; BGE 102 II 39/40.
[249] BGE 66 II 220. Ist die Steuererklärung nachweisbar falsch, so kann der Verletzte nicht dabei behaftet werden; vgl. BGE 19, 806; ZBJV 30, 103.
[250] BGE 22, 458; 26 II 24, 840; 29 II 283. Das gilt auch, wenn eine Hausfrau sich eine Hilfe nehmen muss, BGE 26 II 571/73; 108 II 439; 113 II 350 f.

her[251] – wofür es aber natürlich auch andere Gründe geben kann. In BGE 102 II 38 hat das Bundesgericht mangels genauerer Angaben seitens des geschädigten Transportunternehmers dessen Umsatz auf der Basis der allgemeinen wirtschaftlichen Entwicklung geschätzt und gestützt darauf den Verdienstausfall ermittelt.

Ein Selbständigerwerbender, dessen Ausfall seinen Betrieb oder seine Praxis sofort stillegt, z. B. ein Arzt oder ein Rechtsanwalt, muss diese Praxis eventuell schliessen, auch wenn er nur kurzfristig ganz oder zu einem wesentlichen Teil arbeitsunfähig ist. Die fixen Unkosten – Miete der Geschäftsräume, Löhne für die Hilfskräfte usw. – laufen jedoch weiter. Diese Auslagen sind vom Haftpflichtigen für den fraglichen Zeitraum ebenfalls zu übernehmen[252]. Beim Inhaber eines gewerblichen Unternehmens – z. B. einem Baumeister – wirkt sich sein Fehlen im Betrieb nicht kurzfristig aus, weshalb die entsprechende Überlegung entfällt. In bezug auf den Dauerschaden gilt diese Argumentation auch beim Arzt und beim Rechtsanwalt nicht, weil er sich für die Zukunft entsprechend organisieren kann[253]. 156

gg) Hausfrauen und Hausmänner

Ist eine *Hausfrau* verletzt, die kein Erwerbseinkommen erzielt, so sind die dargelegten Grundsätze der Schadensberechnung entsprechend anzupassen, um dem Wert ihrer Arbeit im Haushalt Rechnung zu tragen. Dieser Wert ergibt sich aus dem finanziellen Aufwand für eine Haushalthilfe[254]. 157

---

[251] BGE 19, 788; 21, 1046; 26 II 15, 23 (Landwirt); 29 II 562 (Unternehmergewinn); 30 II 35, 629; 33 II 586; 60 II 229 (Bäuerin); 69 II 177/78 (Kleinbauer); 89 II 398/99 (Buchbinder); Sem.jud. 1953, 228 ff. (Unternehmergewinn); 1955, 548 (Kleinunternehmer); ZBJV 62, 136; 72, 760; 98, 317 f. (Metzger). – Zu beachten ist auch, dass ein arbeitsunfähiger Meister schon durch seine blosse Gegenwart den Ablauf der Arbeiten beeinflussen kann. Deshalb ist unwahrscheinlich, dass (wie Sem.jud. 1955, 548 für einen grösseren Betrieb in Erwägung zieht) die Abwesenheit des Leiters keine Einbusse bewirkt, weil Hilfskräfte seine Arbeit besorgen. Diese Überlegung drängt sich namentlich bei länger dauernder Abwesenheit eines Vorgesetzten auf. Vgl. KELLER/SYZ 84, wonach auf die bisherige Geschäftsentwicklung abzustellen ist.
[252] ZBJV 98 (1962) 317 f.
[253] Immerhin kann er bei teilweiser Invalidität seine Praxis zwar vielleicht weiterführen, aber unter weniger günstigen ökonomischen Umständen; der Unkostenanteil an den durch die Invalidität reduzierten Bruttoeinnahmen erhöht sich.
[254] BGE 108 II 439; 113 II 350 f.; BGE vom 23. Februar 1994 i. S. Billieux gegen Mobiliar + Coletti und «Zürich» + Dondenne S. 10/11; STAUFFER/SCHAETZLE (4. A. Zürich 1989) N 700; BREHM N 111 ff. zu OR 46; A. KELLER II 54 f.
Zum finanziellen Aufwand für die Haushalthilfe gehören auch die Verpflegung und andere Naturalleistungen sowie die Prämien für AHV und andere Sozialversicherungen.

158 Wenn eine Hausfrau sich darauf beruft, sie wäre ohne den Unfall in absehbarer Zeit ins Erwerbsleben zurückgekehrt, hat der Richter auf Grund der Verhältnisse die Wahrscheinlichkeit dieser Entwicklung und das von der Geschädigten gegebenenfalls erzielte Einkommen abzuschätzen[255].

159 In bezug auf den Koeffizienten, mit dem eine Dauerrente zu kapitalisieren ist, vgl. hinten N 166.

160 Für den Verdienstausfall bis zum Zeitpunkt des Urteils bzw. der Erledigung des Dauerschadens ist auch hier – wie bereits vorn N 116 ff. allgemein erwähnt – der wirkliche Einkommensausfall und nicht eine Hypothese massgebend[256]. Es ergibt sich daraus die gleiche Zweiteilung in der Berechnung des Schadens wie in andern Invaliditätsfällen: für die Zeit vor und nach dem Urteil bzw. den Vergleich über den Dauerschaden. Für die Zeit nachher greifen die geschilderten Schätzungen des künftigen Einkommens Platz. Vgl. im übrigen die mutatis mutandis anzuwendenden Regeln für den Fall der Tötung eines haushaltführenden Ehegatten, hinten N 285.

hh) Dauer des Verdienstausfalles

161 Durch eine Gesundheitsschädigung kann ein Verdienstausfall nur für so lange entstehen, als der Geschädigte ohne das fragliche Ereignis ein Arbeitseinkommen erzielt hätte.

162 Während Jahrzehnten behandelte man die Dauer der Arbeitsfähigkeit als weitgehend identisch mit der anhand von Sterblichkeitsstatistiken[257] errechneten Lebenserwartung des Verletzten[258]. Man benützte dafür das Tabellenwerk von PAUL PICCARD[259]. Da die meisten Menschen normalerweise nicht bis zum Ableben voll oder teilweise arbeitsfähig bleiben bzw.

---

[255] BGE 57 II 103, 556; 69 II 334; 80 II 354 (vgl. die Kritik von STAUFFER/SCHAETZLE [3. A. Zürich 1970] 43); 99 II 226 f.

[256] BGE 77 II 153, 314; 82 II 35; 84 II 301; 85 II 357 f.; 99 II 216 f.; Sem.jud. 1952, 304–06 (Bundesgericht) mit eingehender Berechnung; G. GAUTSCHI in SJZ 37 (1940/41) 117; STAUFFER/SCHAETZLE (4. A. Zürich 1989) Beispiel 13 mit den entsprechenden Bemerkungen und Hinweisen auf die Rechtsprechung in N 147–155.

[257] Man spricht auch von Mortalitätsstatistiken, Absterbeordnung, Sterbetafeln.

[258] Die folgenden Darlegungen gelten im wesentlichen auch für die Beurteilung der Dauer der Unterstützung, auf die für die Berechnung des Versorgerschadens abzustellen ist; vgl. hinten N 304 ff.

[259] «Lebenserwartungs-, Barwert- und Rententafeln», zuletzt in 6. Auflage vorliegend als «Kapitalisierung von periodischen Leistungen», verfasst unter Mitwirkung von R. PICCARD und O.W. SPRING (Bern 1956).

III. Schaden infolge Körperverletzung § 6

ihre Erwerbstätigkeit vorher abschliessen, war der resultierende Schaden und damit der Schadenersatz regelmässig zu hoch[260]. Die Schwierigkeiten der Ermittlung der durchschnittlichen[261] Aktivitätsdauer wurden schliesslich durch die *Aktivitätstabellen* von STAUFFER/SCHAETZLE überwunden[262], die heute allgemein angewendet werden[263]. Aus den zur Verfügung stehenden Statistiken (Statistik der Eidg. Invalidenversicherung, hg. vom Bundesamt für Sozialversicherung 1987; Sterbetafel AHV VIbis, 1987)[264] wurden die Aktivitätserwartungen der verschiedenen Altersklassen von Frauen und Männern errechnet und in Koeffizienten ausgedrückt, die durch Multiplikation mit der vom Haftpflichtigen zu bezahlenden Jahresrente deren Kapitalwert ergeben. Dabei ist, als eine der Voraussetzungen, die mutmassliche Lebensdauer einkalkuliert.

Die Aktivitätstabellen dienen hauptsächlich der Berechnung des Kapitalwertes von Renten auf Aktivitätsdauer, im Zeitpunkt des Rentenbeginns. Bei Erledigung eines Schadens in Rentenform kann ihnen entnommen werden, bis wann die Rente zu bezahlen ist[265]. 163

Ausnahmsweise sind die Tabellen nicht einzusetzen oder ist deren Ergebnis zu korrigieren[266], wenn die Umstände des Falles dies nahelegen; denn die konkreten Verhältnisse gehen vor[267]. Dies setzt aber voraus, dass die konkreten Verhältnisse sicher und greifbar sind; man denke an fortgeschrittenen Alterungsprozess, individuell voraussehbare Abnahme der Arbeitskraft oder besonders lange dauernde, konkret zu erwartende Arbeits- 164

---

[260] Vgl. BGE 81 II 44.
[261] Eine genauere als die durchschnittliche Aktivitätsdauer lässt sich unmöglich feststellen. Man muss sich mit der Durchschnittszahl für das betreffende Alter begnügen, wie dies früher beim Abstellen auf die Lebenserwartung gemacht wurde; vgl. BGE 86 II 9.
[262] Vgl. die theoretische Begründung und die Darstellung der Entwicklung in der 3. Auflage (Zürich 1970) 120 ff. sowie in der 4. Auflage (Zürich 1989) N 965 ff. Die früheren Kontroversen, ob auf die Lebenserwartung oder auf die Aktivitätsdauer abzustellen sei, sind heute weitgehend gegenstandslos.
Die in der 3. Auflage enthaltenen Koeffizienten entsprechen nicht mehr den heutigen Unterlagen.
[263] Vgl. statt vieler BGE 116 II 297.
[264] STAUFFER/SCHAETZLE (4. A. Zürich 1989) N 937 ff., 970 ff.
[265] STAUFFER/SCHAETZLE (4. A. Zürich 1989) Tafel 43.
[266] BREHM N 32 f. der Vorbem. zu OR 45/46. Die in BGE 86 II 12 empfohlene generelle Abrundung der mittels der Aktivitätstabellen errechneten Zahlen auf runde Beträge liegt zwar nahe, da Durchschnittswerte nie genau sind, ist aber doch abzulehnen; vgl. vorn FN 261; hinten FN 336; STAUFFER/SCHAETZLE (3. A. Zürich 1970) 135/36; BREHM N 69 der Vorbem. zu OR 45/46.
[267] BGE 81 II 46; 85 II 357/58; 86 II 13; SJZ 76 (1980) 12/13. Über das Vorgehen STAUFFER/SCHAETZLE (4. A. Zürich 1989) N 632 ff.

unfähigkeit, spezielle berufliche Verhältnisse[268], offensichtlich unter der Norm liegende Lebenserwartung, wie etwa dann, wenn das Opfer an einer fortgeschrittenen, sehr wahrscheinlich tödlich ausgehenden, unheilbaren Krankheit leidet[269]. Doch ist Zurückhaltung angezeigt; solche Anomalien haben bereits den Durchschnitt der Tabellenwerte beeinflusst[270]. Die Berücksichtigung einer ungünstigen Prognose kann durch einen globalen Abstrich an dem mittels der Tabelle errechneten Schaden erfolgen[271].

165 Zu den Ausnahmen gehören auch die Fälle, in denen anzunehmen ist, dass der Geschädigte bei Erreichen des Endalters in bezug auf die AHV und auf die Pensionskasse, bei Frauen zurzeit 62 und bei Männern 65 Jahre, die Erwerbstätigkeit nicht aufgeben wird. Die grosse Entwicklung der sozialen Altersvorsorge in den letzten Jahren und Jahrzehnten hat die Fälle vervielfacht, in denen nach dem erwähnten Endalter die Erwerbstätigkeit aufgegeben wird[272]. Die entsprechende Wahrscheinlichkeit, dass nach dem gesetzlichen bzw. statutarischen Endalter keine Erwerbstätigkeit mehr ausgeübt wird, hat sich daher – ausser bei Hausfrauen – massiv erhöht[273]. Während heute noch die Schadensberechnung auf Grund der Aktivitätserwartung den Normalfall darstellt und das Abstellen auf das gesetzliche

---

[268] BGE 86 II 13.
[269] Vgl. BGE 53 II 430/31; 57 II 299 ff.; 60 II 47/48; 66 II 174; 86 II 13; 113 II 93; den von CHATELAIN, ZBJV 105, 218 erwähnten Fall. Der Richter stützt sich neben der medizinischen Expertise auf seine Lebenserfahrung. Die Prognose kann ungewiss sein, eine unvorhersehbare Neuerung der Therapie sie verbessern oder hinfällig machen; vgl. STAUFFER/SCHAETZLE (4. A. Zürich 1989) N 625.
Die Frage der verminderten Lebenserwartung kreuzt sich mit derjenigen der konstitutionellen Prädisposition (vgl. vorn § 3 N 95 ff.; hinten § 7 N 32 ff.).
Die Berücksichtigung einer Reduktion der Lebensprognose darf dann nicht erfolgen, wenn sie auf denjenigen Unfall zurückgeht, dessen Schadensfolgen zur Diskussion stehen.
[270] Eindrücklich BGE 57 II 301/02; vgl. auch 81 II 46; 86 II 13.
[271] BGE 53 II 430/31, wo ein globaler Abstrich von 20% vorgenommen wurde. Anstelle eines globalen Abzuges kann auch der Kapitalwert einer Rente auf der Basis einer verkürzten Lebenserwartung berechnet werden. Dies drängt sich dann auf, wenn über die Verkürzung der Lebenserwartung relativ präzise Angaben vorliegen.
[272] Vgl. PETER STEIN, Die massgebende Rentenmafel, Juristische Schriften des TCS (Genf 1989) 21 ff. Nach den vom Bundesamt für Statistik publizierten Ergebnissen der letzten Volkszählungen hat die Zahl der erwerbstätigen Männer 1980 gegenüber 1970 und noch deutlicher 1990 mit dem Alter 65 massiv abgenommen.
[273] Die nicht gesundheitlich bedingte Beendigung der Erwerbstätigkeit ist in den Aktivitätstabellen nicht berücksichtigt. In ihnen wird nur auf die Erwerbsfähigkeit, nicht aber auf die Erwerbstätigkeit abgestellt. Die Fälle der nicht gesundheitlich bedingten Beendigung der Erwerbstätigkeit haben daher in den Aktivitätskoeffizienten keine Berücksichtigung gefunden; vgl. STAUFFER/SCHAETZLE (4. A. Zürich 1989) N 989 ff.

bzw. statutarische Endalter der Altersvorsorge die Ausnahme, die nur auf Grund besonderer, bewiesener Umstände Anwendung findet, liegt es je länger je mehr nahe, die Kapitalisierung bis zum 62./65. Altersjahr[274] als Normalfall zu betrachten und die Aktivitätstabellen nur dann anzuwenden, wenn dies auf Grund der konkreten Verhältnisse naheliegt. Die Ausnahme ist im Begriff, zur Regel zu werden.

Die umgekehrte Situation besteht bei den *Hausfrauen* und Hausmännern. Sie besorgen ihren eigenen Haushalt bis zum Ende der Arbeitsfähigkeit, unabhängig von den Altersrenten. Sie fürchten sich vor dem Altersheim. Die Werte dieser Personen sind in der Aktivitätsordnung, die den Tabellen von STAUFFER/SCHAETZLE zugrunde liegt, enthalten[275]. Deshalb sind die Aktivitätstabellen auch auf Personen im Haushalt an sich anwendbar[276]. Auf Grund der Lebenserfahrung drängt sich aber doch eine Berücksichtigung der häufigen Besorgung des eigenen Haushaltes bis fast zum Ableben auf. Deshalb hat das Bundesgericht den Mittelwert zwischen den Aktivitäts- und den Mortalitätstabellen angewendet[277], was als überzeugend erscheint. 166

Die Tabellen ermöglichen eine Berechnung des Invaliditätsschadens bis auf den letzten Franken. Diese Genauigkeit entspricht aber nicht der Realität, einerseits, weil auf Durchschnittswerte abgestellt wird, anderseits, weil auch das zugrunde gelegte Einkommen auf Schätzungen beruht; vgl. vorn N 139. Die Schadenersatzbemessung (hinten § 7) stellt noch auf weitere Schätzungen ab. 167

ii) Beginn der Arbeitsfähigkeit, insbesondere bei Verletzung von Kindern

Namentlich bei verunfallten Kindern ist zu schätzen, wann die Erwerbstätigkeit wahrscheinlich beginnt oder ohne den Unfall begonnen hätte. Erst von diesem Zeitpunkt an wirkt sich der dauernde Verdienstausfall aus. Hier ist auf die tatsächlichen Verhältnisse abzustellen; meistens dürfte der Eintritt 168

---

[274] Temporäre Aktivitätsrente bis zum Alter 62/65, STAUFFER/SCHAETZLE, Tafel 18/19; WEBER, SJZ 88 (1992) 232; SCHAER Rz 147 ff., 1116; A. KELLER II 59; vgl. auch SCHAFFHAUSER/ZELLWEGER II N 1181 ff. – Eine Unsicherheit ergibt sich aus der Tendenz des Gesetzgebers, diese Altersgrenzen zu modifizieren.
[275] STAUFFER/SCHAETZLE (4. A. Zürich 1989) N 1004. Eine IV-Rente wird aber von älteren Personen nicht mehr beantragt, da sie die AHV-Rente erhalten, was eine IV-Rente ausschliesst (IVG 30).
[276] STAUFFER/SCHAETZLE (4. A. Zürich 1989) N 1007.
[277] BGE 108 II 441; 113 II 353.

ins Erwerbsleben zwischen dem 16. und dem 20. Altersjahr liegen[278]. Bei voraussichtlicher höherer Schulung ist ein höheres Alter einzusetzen[279].

e) Verlust eines paarigen Organs

169   Verschiedene Organe sind beim Menschen doppelt vorhanden (Augen, Ohren, Nieren). Wird eines davon durch ein Schadenereignis beeinträchtigt oder fällt es ganz aus, so kann seine Funktion vom andern ganz oder teilweise übernommen werden[280]. Dann besteht je nach den Verhältnissen kein oder nur ein geringer dauernder Verdienstausfall. Wenn aber *später* auch das Parallelorgan durch Unfall oder Krankheit geschädigt wird, bekommt die erste Gesundheitsschädigung, deren Auswirkungen durch die Schadensberechnung zu ermitteln sind, nachträglich eine neue, grosse finanzielle Bedeutung. So zieht – je nach Beruf – der Verlust eines Auges keine oder nur eine geringe finanzielle Auswirkung nach sich. Wenn aber das andere Auge später auch funktionsunfähig und der Geschädigte blind wird, was einer vollen oder fast vollen Invalidität entspricht, bekommt der erste Augverlust im nachhinein eine eminente Tragweite.

170   Dieser Gefahr, die mit dem Verlust oder der Beeinträchtigung eines paarigen Organs verbunden ist, kann man mit der konkreten Schadensberechnung nicht gerecht werden. Der Verlust eines paarigen Organs wird daher als medizinisch-theoretische Beeinträchtigung der Schadensberechnung zugrunde gelegt. Der Haftpflichtige muss zusätzlich zur faktischen Verdiensteinbusse durch den Verlust des einen von zwei paarigen Organen eine Art Risikoprämie für den Verlust auch des andern bezahlen[281]. Wenn

---

[278] BGE 34 II 584; 58 II 262; 63 II 63; 81 II 168.
[279] STAUFFER/SCHAETZLE (4. A. Zürich 1989) N 695 sowie Beispiele 9a und 10 mit Judikaturhinweisen; A. KELLER II 60.
[280] Die trotzdem bestehenden Einschränkungen durch Einäugigkeit werden in BGE 100 II 305/06 beschrieben.
[281] Diese Art der Erledigung, die der konstanten Praxis entspricht, ist unbefriedigend: Unzählige erhalten für den Verlust des einen paarigen Organs mehr als ihren Dauerschaden; diejenigen aber, die später auch das andere verlieren, erhalten viel zu wenig. Bei Verlust eines Auges z. B. ohne konkreten Schaden werden im Mittel etwa 25% bezahlt, d. h. vielfach 20–25% mehr, als der Schaden ausmacht. Derjenige aber, der später, ohne dass ihm ein Haftpflichtanspruch dafür zusteht, auch das andere Auge einbüsst, erhält für die Zeit nachher insgesamt ungefähr 75% zu wenig Schadenersatz. Wenn der erste Augverlust nicht gewesen wäre, hätte er jenes Auge noch. Diese Situation hat eine Haftpflicht-Versicherungs-Gesellschaft veranlasst, für den ersten Augverlust nur wenige Prozente zu offerieren, zusätzlich aber eine für den Geschädigten kostenlose lebenslängliche Versicherung für 100%ige Invalidität für den Fall des Verlustes des zweiten Auges. Vgl. HÜTTE, SVZ 59 (1991) 294.

für den zweiten Augverlust ein Haftpflichtanspruch besteht, stellt das vor dem Unfall fehlende Auge eine konstitutionelle Prädisposition dar[282].

f) Zumutbarkeit einer Operation oder Kur und dergleichen – Eingliederungsmassnahmen

Entsprechend der Regelung bei Berufsänderungen – vorn N 131 ff. –, kann man vom Geschädigten nur verlangen, dass er sich einer Operation unterzieht oder eine Kur absolviert, wenn diese Massnahme zumutbar ist[283]. Für eine Operation verlangt die Praxis, dass der Eingriff gefahrlos ist, keine nennenswerten Schmerzen bereitet, aber eine sichere Besserung des Zustandes erwarten lässt und dass der Haftpflichtige die Kosten vorschiesst, und zwar auch für den durch die Operation bedingten Verdienstausfall[284].

171

Die Gefahrlosigkeit der Operation ist relativ aufzufassen und statt der Sicherheit der Besserung muss man sich mit deren erheblicher Wahrscheinlichkeit begnügen[285]. Gegengründe, die akzeptiert werden müssen, sind auch erhebliche Gefahren einer beachtlichen Entstellung[286] und eine verständliche intensive Abneigung, wenn sich der Geschädigte wegen des Unfalles schon einer grösseren Zahl von Operationen unterziehen musste. Das Recht des Menschen, allein über seinen Körper zu verfügen, wird durch eine vom Haftpflichtigen verlangte Operation nur indirekt und in dem Sinne tangiert, dass eine «unberechtigte» Weigerung für den Geschädigten mit finanziellen Nachteilen verbunden ist (vgl. hinten N 174). Was für eine Operation gilt, muss sinngemäss auch bei *ungewöhnlichen medizi-*

172

---

[282] Vgl. vorn N 102 und namentlich § 3 N 95 ff.

[283] Abgesehen von den hier auf Grund der Gerichtspraxis dargelegten Argumenten, die die Ablehnung einer bestimmten Behandlung zu rechtfertigen vermögen, kann die Verweigerung auch auf religiösen Motiven beruhen. Diese rechtfertigen dann aber auch, ja verlangen sogar, dass der Geschädigte und nicht der Haftpflichtige die finanziellen Nachteile der Nicht-Behandlung trägt. Haftpflichtrechtlich liegt daher meistens die Ablehnung einer zumutbaren Behandlung vor.

[284] BGE 57 II 67 und dort zit. Judikatur; 81 II 515; Rep. 1945, 350 f. = SJZ 44, 75; A. KELLER II 58; BREHM N 50 zu OR 44; STARK, Skriptum N 77 a; MAURER, Unfallversicherungsrecht 296 ff.; PICCARD 80; DUBOIS/ZOLLINGER 69 ff. Die Frage stellt sich entsprechend im privaten Versicherungsrecht (ROELLI/JAEGER N 63 zu VVG 87/88; GAUGLER in SVZ 8, 97 ff.; BGE 68 II 191/92) und im Sozialversicherungsrecht; vgl. UVG 48 II; MVG 18; IVG 31.

[285] DUBOIS/ZOLLINGER 71; MAURER, Unfallversicherungsrecht 303 f. spricht von «ausreichender Wahrscheinlichkeit».

[286] EVGE 1945, 150; BGE 105 V 179.

§ 6 Schadensberechnung

nischen Behandlungsmethoden[287] massgebend sein. Eine *Kur* ist zuzumuten, wenn der Haftpflichtige einen genügenden Kostenvorschuss für Kurkosten und Verdienstausfall leistet[288].

173 Der Geschädigte kann nicht verlangen, dass der Haftpflichtige einen Schaden übernehme, der nach menschlichem Ermessen durch solche zumutbare Massnahmen behoben oder erheblich reduziert werden könnte. Die Verweigerung der Zustimmung durch ihn stellt zwar nicht ein Selbstverschulden dar[289]; die Frage gehört nicht zur Schadenersatzbemessung (hinten § 7), sondern zur Schadensberechnung. Der durch eine zumutbare Behandlung vermeidbare Schaden stellt keine adäquate Folge des Unfalles dar.

174 Wenn auf dieser Basis abgerechnet und der wahrscheinliche Operations- oder Kurerfolg trotz der ungerechtfertigten Verweigerung der Operation oder einer Kur der Berechnung zugrunde gelegt wird, muss selbstverständlich der Haftpflichtige auch die nicht aufgewendeten Behandlungskosten und den Verdienstausfall übernehmen, der wegen der Unterlassung der Behandlung nicht eingetreten ist[290]. Auf der andern Seite wird aber das erwartete Ergebnis der vom Geschädigten abgelehnten, zumutbaren, aber nicht durchgeführten Behandlung der Schadensberechnung zugrunde gelegt.

175 Wird eine bestimmte Operation, Kur oder sonstige Behandlung durchgeführt, ist für die Schadensberechnung ihr tatsächliches Resultat massgebend, sei es, dass die Behandlung zu einer Besserung des Zustandes führe[291], dass sie ihn nicht wesentlich beeinflusse oder dass sie ihn verschlechtere und unter Umständen sogar zum Tode führe. Das Behandlungsrisiko trägt – wenigstens in finanzieller Hinsicht – nicht der Verunfallte, sondern der Haftpflichtige, sofern dafür nicht eine andere Ursache als der Unfall als rechtlich allein relevant erscheint[292].

---

[287] Massgebend sind die Anschauungen der sog. Schulmedizin. Wenn aber ein anerkannter Naturheilarzt beigezogen wird und namentlich wenn er Erfolg hat, sind auch diese Kosten vom Haftpflichtigen zu übernehmen.

[288] BGE 61 II 133.

[289] Anderer Meinung Voraufl. 202. – Die Zustimmung zur Operation eines urteilsunfähigen Kindes wird vom gesetzlichen Vertreter erteilt; vgl. HEGNAUER, Berner Komm. (Bern 1964) N 45 zu aZGB 279, der Art. 304 des geltenden ZGB entspricht, und die dort zit. Lit.

[290] BGE 28 II 221.

[291] Dann ist der tatsächliche Verlauf für die Schadensberechnung massgebend, der auch bei einer ungerechtfertigten Ablehnung einer Behandlung der fiktiven Berechnung zugrunde gelegt würde.

[292] Zum Beispiel Unterbrechung des Kausalzusammenhanges durch schwere Fehler von Ärzten und/oder Pflegepersonal; vgl. vorn § 3 N 132 ff. Genügt deren Verschulden nicht zur Unterbrechung des Kausalzusammenhanges, so stellt es mitwirkendes Drittverschulden dar.

III. Schaden infolge Körperverletzung   § 6

Ob man die besondere Behandlung auf Verlangen des Haftpflichtigen 176
ausgeführt oder ob sich ihr der Verletzte von sich aus unterzogen hat, um
die Unfallfolgen herabzusetzen, macht für die Haftpflicht keinen Unterschied aus.

Gleiches wie für Operationen, Kuren und dergl. gilt sinngemäss für sog. 177
Eingliederungsmassnahmen (zur Rehabilitation), z. B. die Anpassung geeigneter Prothesen[293].

g) Invalidität durch schwere Hirnschädigung

Die moderne Medizin kann schwerstgeschädigte Unfallopfer am Leben 178
erhalten, die früher regelmässig gestorben sind. Zum Teil bleiben sie
jahrelang bewusstlos. Bei andern kehrt das Bewusstsein in einem gewissen
Sinne zurück, aber mit schweren Ausfallschäden punkto Sprache, Gedächtnis, Körperbeherrschung, Orientierungsfähigkeit usw. Eine gewisse Kommunikation mit nahestehenden Personen ist zwar manchmal möglich, aber
nur in begrenztem Rahmen. Die Geschädigten sind aber nie in der Lage,
ihren Lebensunterhalt oder auch nur einen ins Gewicht fallenden Teil davon
zu bestreiten, auch nicht unter intensivster Betreuung und Anleitung.

Die Besonderheit dieser Fälle besteht nicht darin, dass die Verdienstfä- 179
higkeit wegen des Unfalles ganz weggefallen ist; das kann sich auch aus dem
Verlust von Organen und Gliedern ergeben. Die Geschädigten sind hier
aber in so hohem Masse pflegebedürftig, dass der weitaus grösste Teil der
ihnen verbliebenen persönlichen Bedürfnisse unter dem Titel der Anstaltspflege befriedigt wird. Diese Anstaltspflege verursacht Kosten, die vom
Haftpflichtigen als solche separat zu übernehmen sind. Damit bezahlt der
Haftpflichtige den ganzen übriggebliebenen, ins Gewicht fallenden Lebensaufwand des Geschädigten. Wenn dem Geschädigten der Verdienstausfall separat neben den Anstaltskosten ersetzt wird, kann er die entsprechenden Leistungen zum grössten Teil als Ersparnis auf die Seite legen. Er
kann m.a.W. ein Vermögen bilden, auch wenn die Voraussetzungen dafür
vor dem Unfall nicht bestanden. Über dieses Vermögen kann aber der
Verunfallte nicht verfügen, da er nicht urteilsfähig ist. Er kann es also nicht
z. B. denjenigen Personen nach Erbrecht zukommen lassen, die sich um ihn
kümmern; denn mangels Urteilsfähigkeit kann er solche absolut höchstpersönliche Entscheidungen nicht mehr treffen, und es kann dies auch sonst

---

[293] SZÖLLÖSY 251 ff.; vgl. über das Vorgehen der IV; MAURER, Sozialversicherungsrecht II
198 ff.

niemand für ihn tun[294]. Das Resultat besteht darin, dass das angesammelte Vermögen nach dem Tod des Verunfallten den gesetzlichen Erben zukommt, unabhängig davon, wie gut ihre Beziehungen mit dem Verunfallten vorher waren. Die gesetzlichen Erben «profitieren» vom schweren Hirnschaden ihres Verwandten.

180   Bei diesen Fällen ist für den gleichen Schaden nach OR 46 unter zwei verschiedenen Positionen Ersatz zu leisten: als Verdienstausfall und als Deckung entstandener Kosten.

181   Eine erneute Überprüfung dieser Fragen führt daher zum Resultat, dass die Grundsätze von OR 46 mit der Trennung zwischen Verdienstausfall und Kosten nicht einfach unkorrigiert auf solche Fälle angewendet werden können, in Abweichung von der in BGE 108 II 427 f. vertretenen Meinung[295]. Vielmehr ist den besonderen Merkmalen dieser Sachverhalte Rechnung zu tragen:

182   Selbstverständlich ist dem Geschädigten insofern der entgehende Verdienst zu ersetzen, als er ihn zur Lebensführung benötigt. Wenn er familiäre Verpflichtungen hat, muss er diese aus der Verdienstausfallentschädigung erfüllen können. Aber auch andere Auslagen, die er sich bisher geleistet hat, sind aus dieser Entschädigung zu bezahlen, z. B. Patenschaften bei wohltätigen Institutionen usw. Zu decken sind auch die Kleiderkosten sowie, sofern sich Ferien organisieren lassen, die dadurch entstehenden Aufwendungen und die kleinen Wünsche nach irgendwelchen Annehmlichkeiten (Süssigkeiten, Tranksame usw.).

183   Nicht geboten ist jedoch eine Entschädigung, die zur Ersparnisbildung zugunsten der Erben führt.

184   In diesem Rahmen sollte es möglich sein, solche Fälle befriedigend und überzeugend haftpflichtrechtlich zu lösen, ohne dass der Richter sich mit der Frage befassen muss, welche Auslagen dem Geschädigten zu bewilligen seien und welche nicht. Das wird meistens eine Frage des gesunden Menschenverstandes sein, die relativ pauschal beantwortet werden muss.

h) Kasuistik

185   In vielen Ländern sind für die Bestimmung der Erwerbsunfähigkeit im Rahmen der *Sozialversicherung Tafeln* im Gebrauch, die für die einzelnen Gebrechen den Grad der Erwerbsunfähigkeit verbindlich angeben; vgl. die Untersuchungen des *Internationalen Ar-*

---

[294] Vgl. BUCHER, Berner Kommentar (3. A. Bern 1976) N 206 und 274 zu ZGB 19.
[295] Dieser ist der Verfasser in Skript N 87 ff. noch gefolgt.

III. Schaden infolge Körperverletzung § 6

beitsamtes in Genf: Die Bemessung der dauernden Erwerbsunfähigkeit der Sozialversicherung, Studien und Berichte Reihe M Nr. 14 (Genf 1938), 293 ff. Sie verdienen als Vergleichsmaterial Interesse. In der Schweiz kennt man keine mit bindender Kraft ausgestatteten Tafeln. Dagegen enthält die Gerichtspraxis zum KUVG/UVG eine ausgebaute Kasuistik, die auch für das Haftpflichtrecht aufschlussreich ist (früher Entscheidungen des Eidg. Versicherungsgerichtes, seit 1970 Teil V der BGE; ausserdem LAUBER, Praxis des sozialen Versicherungsrechts der Schweiz [Bern 1928] und Schweiz. Zeitschrift für Unfallkunde, seit 1928 Schweiz. Zeitschrift für Unfallmedizin und Berufskrankheiten, jetzt Zeitschrift für Unfallmedizin und Berufskrankheiten)[296]. Zusammenstellungen der Praxis geben vor allem GRAVEN, Les Invalidités (Bern 1941); SCHATZ, Komm. zur Eidg. Militärversicherung (Zürich 1952) 147. Grundsätzliche Ausführungen bei MAURER, Unfallversicherungsrecht 335 ff., 347 ff.; DERS., Sozialversicherungsrecht I 285 ff., II 184 ff.; SCHULZ-BORCK/HOFMANN, Schadenersatz bei Ausfall von Hausfrauen und Müttern im Haushalt (Karlsruhe 1983); vgl. auch BAUR/NIGST, Versicherungsmedizin (2. A. Bern/Stuttgart/Toronto 1985); DUBOIS/ZOLLINGER, Einführung in die Unfallmedizin (Bern 1945); LOB, Handbuch der Unfallbegutachtung I (Stuttgart 1961 ff.). Zurückhaltend gegenüber tabellarischen Zusammenstellungen der Erwerbsunfähigkeit ist PICCARD in SZS 9, 175, 270 ff.

Die folgenden Schätzungen der Arbeitsunfähigkeit, die aus der Gerichtspraxis stammen, sind als Beispiele zu verstehen. 186

Die Schweiz. Ophtalmologische Gesellschaft hat für die Bemessung der Erwerbsunfähigkeit bei Augenschäden Durchschnittsansätze aufgestellt: Danach wird der totale Verlust eines Auges bei Berufen mit geringen optischen Ansprüchen in der Regel mit 20%, bei mittleren optischen Ansprüchen mit 25% und bei hohen optischen Ansprüchen mit 30–33½% entschädigt, sofern der bisherige Beruf weiter ausgeübt werden kann. Bleibt der Augapfel erhalten, können bis zu 5% in Abzug gebracht werden. In diesen Ansätzen ist das Risiko der Erblindung des zweiten Auges mitenthalten; vgl. SJZ 71 (1975) 353 Nr. 149; vorn N 169 f. 187

Beginnend mit den Neurosen, sind die Gebrechen nach der Lage des beschädigten Körperteils von oben nach unten geordnet; dabei bedeutet r. rechts, l. links; die Prozentzahlen geben die Arbeits*un*fähigkeit an. 188

- Traumatische Neurose, Bremser: 60% (BGE 38 II 656) 189
- Schwere traumatische Neurose, Bremser: 100% (BGE 28 II 201)
- Gehirnverletzung mit physischen und psychischen Folgen, Kleinbauer: 75% (BGE 69 II 177/78)
- Schädelverletzung mit physischen und psychischen Folgen, Gefährdung des Hirns, Kleinbäuerin: 30% (Rep. 1946, 350)
- Nervenschock, 54jähriger Landwirt: 50% (BGE 112 II 118 ff.)
- Vorbestandener Wirbelsäulenschaden, Neurose: 35% (BGE 102 II 41 ff.)
- Gedächtnisschwäche, Kopfschmerzen, sehr geringfügige Verletzung der rechten Hand, Immobilienmakler und Agent: Schätzung der Experten für die Hand 1% (vom Bundesgericht ausser Ansatz gelassen), für die anderen Gebrechen 4½–5 %, vom Bundesgericht mit ca. Fr. 8500.– abgegolten (BGE 77 II 300 f.)
- Schielen und starke Sehschwäche des l. Auges, Kind von 2 Jahren und 8 Monaten, künftiger Beruf Fabrikarbeiterin: 20% (BGE 81 II 169/70)
- Herabsetzung der Sehschärfe, Einengung des Gesichtsfeldes des l. Auges, Schielen, 11jähriger Knabe: 20–25% (SJZ 57, 46)

---

[296] Die SUVA stellte früher vor allem auf die medizinisch-theoretische Invalidität ab. Nach UVG 18 II ist demgegenüber das Erwerbseinkommen ohne die Invalidität demjenigen mit Invalidität gegenüberzustellen; vgl. MAURER, Unfallversicherungsrecht 349, 352 ff.

- Erhebliche Beeinträchtigung der Sehschärfe bei einem Kind, dessen Auge durch ein Luftdruckgewehr geschädigt wurde: 22–25% (BGE 43 II 144)
- Schwere Verletzung am l. Auge, Auto- und Lokomotivführer: 33% (BGE 34 II 443)
- Verlust des l. Auges, 6jähriges Mädchen: 25% (Amtsgericht Olten-Gösgen, 20. Mai 1988 i. S. Krüttli ca. Wittmer)
- Verlust des r. Auges, 12jähriger Knabe: 26⅔% (SJZ 71, 1975, 351 Nr. 149)
- Verlust des r. Auges, 15jähriger Knabe: 25% (BGE 100 II 298 ff.)
- Verlust des l. Auges, Angestellter einer forstlichen Versuchsanstalt: 33⅓% (BGE 40 II 492)
- Völlige Erblindung, Bauarbeiter: 95% (BGE 35 II 409)
- Fast totaler Verlust des Augenlichts einer Hausangestellten: 90% (BGE 112 II 145)
- Verlust des Gehörs auf einem Ohr, 5jähriger Knabe, künftiger Beruf Tätigkeit in Früchte- und Gemüseladen: 10% (Rep. 1960, 290/91)
- Verlust des Gehörs auf einem Ohr, 34jähriger Arbeiter in Aluminiumfabrik: 12% (BGE 110 II 163 ff.)
- Bruch des l. Radius, Lokomotivheizer: 14% (BGE 38 II 229)
- Bruch beider r. Vorderarmknochen, Hauswart und Aushilfschauffeur: 10% (BGE 49 II 166)
- Verlust des l. Armes, Knecht: 75% (BGE 56 II 279). – Siehe auch BGE 95 II 265 f.
- Schwere Verbrennung der Hände, Bauhandlanger und Hausierer: 65% (BGE 60 II 151, 156)
- Röntgenverbrennung der Hände, in Ausbildung begriffenes Mädchen, künftiger Beruf mit geistiger Arbeit oder Hausfrau: 20% (Sem.jud. 1958, 492/93)
- Verletzung der r. Hand, Faustbildung verunmöglicht, Schlosser und Reservelokomotivheizer: 40–50% (BGE 39 II 101)
- Lähmung der r. Hand, Bauarbeiter: 70% (BGE 30 II 29)
- Gänzlicher Verlust des End- und Mittelgliedes am kleinen, am Ring- und am Mittelfinger und des Endgliedes am Zeigefinger, alles r., 11½jähriger Knabe, künftiger Beruf Beamter, Kaufmann oder Techniker: 20% (BGE 60 II 39, 45)
- Gänzlicher Verlust von Zeige- und Mittelfinger, Versteifungen von Ringfinger und kleinem Finger, alles r., Hausfrau: 25% (ZR 87 [1988] Nr. 106)
- Verlust von 3 Fingern der l. Hand bei Linkshänder, Hilfsbahnarbeiter: 30% (BGE 37 II 554, 558)
- Buckelbildung wegen Bruchs des ersten Lendenwirbels, Handlanger: 45% (BGE 39 II 313, 315)
- Körperbruch des neunten Brustwirbels, Unmöglichkeit, sich aufrechtzuhalten, Bahnarbeiter: 100% (BGE 36 II 566/67, 570)
- Knotenbildung infolge Rippenverletzung, Bahnarbeiter: Während 1½ Jahren 33⅓%, nachher 0% (BGE 34 II 597/98)
- Brustfellverletzung, Bauaufseher: 30% (BGE 32 II 593)
- Beckenbruch, verschiedene funktionelle und nervöse Störungen, Verkäuferin: 50% (BGE 46 II 51)
- Verkürzung des l. Beines, vollständige Steifheit des l. Kniegelenkes, Deformierung des Beines, Schwächung der Gesundheit durch Brustfellentzündung, Posthalter: 20% (BGE 37 II 449, 455)
- Verkürzung des r. Beines, Geschäftsreisender: 13½% (BGE 34 II 272)
- Oberschenkelquerbruch l., Unterschenkelbruch r., Bauernfrau: 40% (BGE 60 II 227, 229)
- Beeinträchtigung der Beweglichkeit des l. Beines, Bankprokurist: 10% (BGE 82 II 34)
- Schenkel r. innen und z.T. aussen mit übertragener Haut bedeckt, deshalb äusserst empfindlich, Bahnarbeiter: 50% (BGE 28 II 21, 27)
- Verlust des l. Beines, 4jähriger Knabe: 20% (BGE 34 II 576, 584)

III. Schaden infolge Körperverletzung § 6

- Verlust des l. Unterschenkels und der r. grossen Zehe, 8jähriger Knabe: 40% (BGE 58 II 257)
- Verlust des r. Beines, Schwächung des Herzens durch Sepsis, Zimmermann: 65%, ohne Berücksichtigung der Sepsis 60% (BGE 41 II 684)
- Verlust des r. Beines, landwirtschaftlicher Arbeiter: 60% (BGE 89 II 230)
- Verlust des r. Beines, 15jähriger Knabe: 50% (BGE 47 II 426)
- Verlust beider Beine, Postangestellter: 80% (BGE 35 II 551)
- Verlust des r. Fusses, Schwäche im r. Arm infolge Bruchs, Stationsvorstand: 33% (BGE 27 II 434/35)
- Verstümmelung des r. Fusses, nervöse Störungen, Hausfrau: 20% (BGE 57 II 95)
- Verlust des r. Fusses, 8jähriger Knabe, künftiger Beruf nicht näher bestimmt: 25% (BGE 72 II 206 f.).
- Knieverletzung am r. Bein bei einer 70% invaliden Frau. Erhöhung der Invalidität durch den neuen Unfall auf 85%. Die Teilarbeitsfähigkeit von 15% kann nicht verwertet werden: 100% (BGE 117 II 346)

i) Der sog. Renten- oder Rentenverkürzungsschaden

Wer vor Erreichen des Endalters von AHV und Pensionskasse, d. h. zur Zeit normalerweise des Alters 62 bei Frauen und des Alters 65 bei Männern, ganz oder teilweise invalid wird, bekommt unter Umständen nicht die vollen Altersrenten der beiden Kassen. Diese können einer Kürzung unterliegen wegen der durch die Invalidität bedingten Reduktion des Einkommens und damit auch der AHV- und der Pensionskassenprämien. Je nach den Verhältnissen kann auch die Anzahl der Beitragsjahre vermindert werden. Der Geschädigte erleidet namentlich insofern eine Schlechterstellung, als das Einkommen sich nicht mehr erhöht und ihm daher auch keine höheren Altersleistungen zukommen[297]. 191

Dass diese Rentenkürzung vom Haftpflichtigen ausgeglichen werden soll, ist heute wohl unbestritten. Zu Diskussionen Anlass gibt aber die Frage, wie dieser Schaden zu berechnen sei. 192

BREHM[298] schlägt vor, der Schadensberechnung den Bruttolohn inkl. die Arbeitgeberbeiträge, d. h. den vollen Bruttolohn, zugrunde zu legen und lehnt die Auffassung von GUHL/MERZ/KUMMER (7. A. Zürich 1980) 71[299] ab, dass man durch Anwendung der Mortalitätstafeln dem Rentenverlust 193

---

[297] STEPHAN WEBER, Schadenersatz für den Verlust von Altersrenten, in Haftpflicht- und Versicherungsrechtstagung St. Gallen 1993 (hg. von Alfred Koller) 170.
[298] N 23 ff. der Vorbem. zu OR 45 und 46.
[299] Die 8. A. (1991) von GUHL/MERZ/KOLLER beschränkt sich S. 77 darauf, ohne Erwähnung dieses Vorschlages auf BGE 113 II 345 und 116 II 295 zu verweisen, wo die bundesgerichtliche Methode der Rentenschadensberechnung dargelegt ist; vgl. hinten FN 302.

gerecht werden könne[300]. ROBERT GEISSELER[301] will demgegenüber den Bruttoverdienst um 10% erhöhen.

194 Für die bisher in der Rechtsprechung und in der neueren Literatur vertretenen drei Methoden der Schadensberechnung[302] und ihre Vor- und Nachteile sei auf den Aufsatz von STARK[303] verwiesen. Dort wird dargelegt, dass das Problem in den meisten Fällen durch die Koordinationsregeln des Sozialversicherungsrechts weitgehend entschärft wird: Haftpflichtfälle sind meistens Unfälle. Für diese sind fast alle Arbeitnehmer gestützt auf das UVG versichert[304]. Der UVG-Versicherer bezahlt bei Invaliditäten lebenslängliche Renten, die bis zur Koordinationslimite *zusätzlich* zu den Altersrenten von AHV und Pensionskasse bezahlt werden. Der Rentenausfall bei diesen beiden Versicherungen wird also in den meisten Fällen durch den UVG-Versicherer, eventuell durch die Militärversicherung, gedeckt. Diese können dann allerdings, soweit ihre Leistungen zusammen mit den AHV- und den Pensionskassenrenten die übliche Grenze der Alterssicherung von 60% nicht überschreiten[305], auf den Haftpflichtigen Regress nehmen. Für

---

[300] Vgl. im weiteren namentlich die Aufsätze von KLAUS HÜTTE in SVZ 59 (1991), 157 ff. und 287 ff.; STEPHAN WEBER in SJZ 88 (1992) 229 ff.; DERS., Schadensersatz für den Verlust von Altersrenten, in Haftpflicht- und Versicherungsrechtstagung St. Gallen 1993 (hg. von Alfred Koller) 159 ff.; ADRIAN RUFENER in SZS 1992, 197 ff.; GUIDO BRUSA in SJZ 89 (1993) 133 ff.; MARC SCHAETZLE in SJZ 89 (1993) 136 ff.; EMIL W. STARK in SJZ 89 (1993) 333 ff., wo eine zusammenfassende Würdigung versucht wird.

[301] Problem der Schadensliquidation aus der Sicht des Geschädigten, Haftpflicht- und Versicherungsrechtstagung St. Gallen 1991, 12 ff.

[302] In BGE 113 II 345 ff. und 116 II 298/99 werden dem Geschädigten für die Zeit vor dem Endalter neben dem Nettolohn und den Arbeitnehmerbeiträgen an die AHV und die Pensionskasse, die üblicherweise der Berechnung eines Invaliditätsschadens zugrunde liegen, auch die Arbeitgeberbeiträge zur Verfügung gestellt. Der Geschädigte erhält zu seiner persönlichen Verfügung die ganzen Prämien, die ohne den Unfall der AHV und der Pensionskasse geschuldet wären. Das Bundesgericht geht also von einem Prämienschaden und nicht von einem Rentenschaden aus. Eine Variante dieser Methode besteht darin, durch eine Gesetzesrevision die AHV und die Pensionskassen zu verpflichten, gegen fortlaufende Prämienzahlung die Versicherung nach dem Unfall weiterzuführen und gestützt darauf auf eine Kürzung der Altersrente zu verzichten. Demgegenüber rechnen WEBER in SJZ 88 (1992) 229 ff. und HÜTTE in SVZ 59 (1991) 157 ff. den Rentenausfall aus und legen ihn der Schadensberechnung zugrunde. Vgl. auch die von RUFENER in SZS 1992, 197 ff. vorgeschlagene Methode. Der Ausfall an Renten nach Erreichen des Endalters wird mit dem Mortalitätskoeffizienten kapitalisiert, aufgeschoben bis zum Endalter.

[303] SJZ 89 (1993) 333 ff.

[304] Daneben kommt auch die Deckung der Ausfälle durch die Militärversicherung in Frage.

[305] Rentenausfall über der normalerweise massgebenden Grenze von 60% stellt keinen haftpflichtrechtlichen Schaden dar, weil der Geschädigte ohne den Unfall keine bessere Alterssicherung erhielte. Der Schaden beläuft sich also auf die Differenz zwischen der Limite von 60% und den trotz des Unfalles von der AHV und der Pensionskasse bezahlten niedrigeren Beträgen.

III. Schaden infolge Körperverletzung § 6

die Berechnung von dessen Höhe ist auf die von WEBER und HÜTTE vorgeschlagene Methode der Berechnung des Rentenverkürzungsschadens abzustellen. Die Nachteile dieser Methode, die in deren Kompliziertheit und Umständlichkeit[306] zu sehen sind, fallen im Verhältnis zwischen dem Sozialversicherer und dem Haftpflichtversicherer bzw. deren Fachleuten nicht so stark ins Gewicht. Sie können durch Schadenerledigungsabkommen und zweckmässige Tabellen[307] ganz oder teilweise ausgeschaltet werden.

Dies trifft allerdings nicht zu, wenn trotz der Leistungen der AHV, der Pensionskasse und eines UVG-Versicherers bzw. der Militärversicherung die Grenze von normalerweise 60% nicht erreicht wird oder wenn keine der letztgenannten Versicherungen einzustehen hat[308]. In diesen Fällen verbleibt ein Direktanspruch des Geschädigten. Dieser ist durch Verhandlungen oder einen Prozess zwischen dem Geschädigten und dem Haftpflichtigen bzw. seinem Versicherer zu ermitteln. Dabei treten die Nachteile der auf der Berechnung der Rentenkürzung beruhenden Methode zwar in Erscheinung. Diesem Umstand kommt aber nicht viel Gewicht zu, da es sich um relativ seltene Fälle handeln wird. Dieser Weg ist der auf dem Prämienausfall beruhenden Methode des Bundesgerichtes vorzuziehen, weil der Geschädigte mit den ihm nach der bundesgerichtlichen Praxis zukommenden Beträgen keine Alterssicherung «kaufen» kann, wie sie ihm ohne den Unfall zugestanden hätte[309].

195

Für Details muss hier auf die zitierte Spezialliteratur verwiesen werden. 196

3. Nachteile der Erschwerung des wirtschaftlichen Fortkommens (Integritätsschaden)

Neben dem Schaden infolge Verdienstunfähigkeit sehen OR 46 I und EHG 3 als besonderen Schadensposten die «Nachteile der Erschwerung

197

---

[306] Vgl. WEBER, Haftpflicht- und Versicherungsrechtstagung St. Gallen 1993, 212 ff.
[307] Vgl. WEBER, Haftpflicht- und Versicherungsrechtstagung St. Gallen 1993, 215/16.
[308] Dies wird namentlich bei noch nicht erwerbstätigen Jugendlichen, bei Hausfrauen und bei vielen Selbständigerwerbenden der Fall sein.
[309] Dies gilt auch für Geschädigte, die ihre Arbeitnehmerbeiträge tatsächlich für diesen Zweck einsetzen. Obligatorische Versicherungen können billiger arbeiten als die nicht obligatorische Privatassekuranz, und die Bundessubventionen an die AHV wirken sich bei der Erledigung nach der Methode des Bundesgerichts nicht aus.
Anders wäre die Lage, wenn die AHV und die Pensionskasse die bisher bei ihnen laufende Versicherung weiterführen würden. Dies würde aber Gesetzesrevisionen voraussetzen.

§ 6 Schadensberechnung

des wirtschaftlichen Fortkommens» vor. Auf OR 46 I verweisen ElG 36 I, SVG 62 I, RLG 34, GSG 69 III, SSG 27 I, KHG 7, JSG 15, MO 27 I und ZSG 77 I. Dieser Schadensposten fällt namentlich bei dauernder, aber gelegentlich auch bei vorübergehender Gesundheitsschädigung in Betracht[310]. Als Beispiele werden gewöhnlich Verstümmelung und Entstellung, Schwächung von Sinnesorganen, psychische Störungen, Nerven-, Geistes- und Gedächtnisschwäche erwähnt. Namentlich Verstümmelung und Entstellung können die Position auf dem Arbeitsmarkt beeinträchtigen, auch wenn die in Frage stehende Arbeit voll geleistet werden kann[311]. Das kann dann dazu führen, dass bei der Stellensuche wegen der Verstümmelung oder Entstellung eine Lohneinbusse in Kauf zu nehmen ist, verglichen mit dem Einkommen eines nicht Verstümmelten oder Entstellten bei gleicher Leistungsfähigkeit. Oder die Beeinträchtigung führt dazu, dass andern Bewerbern der Vorzug gegeben wird, namentlich bei wirtschaftlicher Flaute[312].

198 Der Nachteil ist konkret zu beurteilen, d. h. unter Berücksichtigung aller mitspielenden Umstände[313]. Der Verlust von vier Schneidezähnen bedeutet für einen Lehrer keine Erschwerung des wirtschaftlichen Fortkommens[314], wohl aber vielleicht für einen Artisten, der mit dem Mund Geräte zu halten hat, was er zwar noch kann, aber nur für relativ kurze Zeit. Auch hier ist gemäss OR 42 II vorzugehen[315].

199 Die Erschwerung des wirtschaftlichen Fortkommens ist von der *Genugtuung* zu trennen. Diese bezieht sich auf immaterielle Beeinträchtigungen, jene auf materielle, ökonomische Nachteile[316]. Der gleiche Sachverhalt wird häufig die Voraussetzungen beider erfüllen: Bei Entstellung ist z. B. Schadenersatz zu leisten für die ökonomischen Nachteile und Genugtuung für die erlittene immaterielle Unbill[317].

---

310 Vgl. BGE 91 II 426; 99 II 219; 102 II 242; BREHM N 87 ff. zu OR 46; STARK, Skriptum N 78; MERZ, SPR VI/1 202/03; KELLER/GABI 88.
311 Wenn der Geschädigte ebenso viel leistet wie ein anderer, ist dies eventuell nur durch besondere Anstrengungen möglich, die ihrerseits das Unfall- und das Erkrankungsrisiko erhöhen können. Eine Berücksichtigung im Rahmen der Schadensberechnung ist in vielen Fällen geboten; vgl. BREHM N 92 zu OR 46 und die dort zit. Urteile.
312 BGE 49 II 166; 60 II 230; 99 II 218; 100 II 356; 102 II 242; Sem.jud. 1965, 176; BGE vom 6. Juli 1976 i. S. Dunkel gegen Bühlmann; vom 7. Juni 1977 i. S. Union gegen Spuhler (beide nicht publ.).
313 BREHM N 88 zu OR 46.
314 BGE 33 II 26.
315 BGE 81 II 515/16.
316 BGE 35 II 412; BREHM N 87 zu OR 46.
317 BGE 59 II 43; 91 II 426; Sem.jud. 49, 481; SJZ 57 (1961) 47; A. KELLER II 58.

Kein Anwendungsfall der Erschwerung des wirtschaftlichen Fortkommens liegt vor, wenn ein Ehemann nicht wie bisher im Haushalt mithelfen kann[318]. In einem solchen Fall ist zu prüfen, ob es den Familienangehörigen zumutbar ist, den Ausfall auszugleichen. Trifft dies nicht zu, so ist der Schaden gleich zu berechnen wie bei Invalidität der Ehefrau, d. h. auf der Basis der Kosten einer Aushilfe[319]. 200

Dagegen kann die Vergrösserung der Erkrankungs- und Unfallgefahr[320] eine Erschwerung des wirtschaftlichen Fortkommens bewirken; sie kann dazu führen, dass die Aktivitätserwartung reduziert wird[321]. 201

Es sei noch daran erinnert, dass die Auswirkung einer Erschwerung des wirtschaftlichen Fortkommens noch viel weniger genau ermittelt und berechnet werden kann als diejenigen einer eigentlichen Verdienstunfähigkeit. Einerseits ist die wirtschaftliche Bedeutung kaum zum voraus abschätzbar, anderseits kann bei zukünftigen Erschwerungen fast nicht ermittelt werden, von wann an sie sich finanziell auswirken werden[322]. 202

D. Gestalt des Schadenersatzes für Dauerschaden

Der Schadenersatz für Dauerschaden kann kontinuierlich für aufeinander folgende Zeitabschnitte (Monate, Vierteljahre oder Jahre) als Rente[323] bezahlt werden. Dies ist die normale Methode der Sozialversicherungen. Statt dessen kann aber – im Haftpflichtrecht – auch der Kapitalwert der Rente auf den Zeitpunkt des Abschlusses der Heilung berechnet und in Form einer einmaligen Zahlung (als Kapital oder sog. Aversalsumme) erbracht werden; vgl. OR 43 I/II, EHG 9, ElG 36 II. In den andern Spezialgesetzen wird auf OR 43 I/II verwiesen. 203

---

[318] Anderer Meinung BGE 35 II 553.
[319] Vgl. vorn N 157 und hinten N 285 ff. über den Schaden bei Tod eines haushaltführenden Ehegatten.
[320] BGE 34 II 298; 35 II 191, 553.
[321] BREHM N 92 zu OR 46.
[322] BGE 33 II 124; 81 II 518.
[323] Der Verdienstausfall für die Zeit vor Abschluss der medizinischen Behandlung, d. h. solange diese noch eine Verbesserung der Verdienstfähigkeit verspricht, wird meistens periodisch bezahlt, es sei denn, der Endzustand der Heilung und eventuell der Angewöhnung an die neue Situation sei schon nach kurzer Zeit erreicht. Es handelt sich dabei aber nicht um eine Rente, weil sich die Arbeitsunfähigkeit von Rechnungsperiode zu Rechnungsperiode verändern kann.

1. Rentenform

204 Wo auf Bezahlung einer Rente erkannt wird, sind deren Höhe und die Dauer der Rentenzahlungspflicht festzulegen. Massgebend dafür ist die zu erwartende Gestaltung des Verdienstausfalles. Dabei ist den Besonderheiten des konkreten Falles Rechnung zu tragen. So ist die Rente eines Kindes selbstverständlich erst von dem Zeitpunkt an auszurichten, da es ohne den Unfall ins Erwerbsleben eingetreten wäre.

205 Die Rente ist am besten monatlich zum voraus zahlbar festzusetzen[324].

206 Zur Frage der Dauer der Rentenzahlungspflicht vgl. vorn N 161 ff.

207 Namentlich lange zu bezahlende Renten sind für den Gläubiger mit dem Risiko verbunden, dass der Schuldner zahlungsunfähig wird. OR 43 II sieht deshalb vor, dass der Schuldner zur Sicherheitsleistung anzuhalten sei[325]. Die Art der Sicherheitsleistung ist im Urteil oder im Vergleich festzulegen; sie kann nicht dem Ermessen des Schuldners überlassen bleiben. Selbstverständlich sind dessen Verhältnisse zu berücksichtigen. Im Vordergrund stehen Realsicherheiten[326].

208 Die Sicherheitsleistung spielt in der heutigen Praxis kaum eine Rolle, was eine Folge der weiten Verbreitung der Haftpflichtversicherungen sein dürfte[327].

---

[324] PICCARD, Kapitalisierung, 115; MARTI 140/41. EHG 9 spricht von einer «jährlichen» Rente; doch wird darunter nicht der Zahlungsmodus verstanden. Das Bundesgericht hat vielmehr auch bei Anwendung des EHG je nach den Umständen halbjährliche (BGE 29 II 10), vierteljährliche (34 II 198) oder monatliche (40 II 69) Vorauszahlung angeordnet. – An sich wird ein Lohn gewöhnlich postnumerando bezahlt; aber für eine Schadenersatzrente drängt sich doch die andere Regelung auf.

[325] Keine Sicherstellung ist zu Lasten der Schweizerischen Bundesbahnen (BGE 40 II 74) oder generell zu Lasten von Bund, Kantonen und Gemeinden erforderlich. Auch Haftpflichtversicherungs-Gesellschaften werden üblicherweise nicht zur Sicherheitsleistung angehalten; vgl. aber BGE 54 II 297. Dagegen rechtfertigt der Wohnsitz des Schuldners im Ausland oder eine drohende Insolvenz die Sicherstellung von vornherein; BGE 42 II 399; 52 II 102.

[326] Vgl. VON TUHR/PETER 139 ff.; OFTINGER/BÄR, Das Fahrnispfand, Zürcher Kommentar (3. A. Zürich 1981), Systematischer Teil N 327 ff.; ZOBL, Das Fahrnispfand, Berner Kommentar (2. A. Bern 1982), Systematischer Teil N 1093 ff.; BGE 19, 178; 34 II 578; 51 II 524; 52 II 102; 54 II 297.

[327] Im übrigen spielt die Sicherheitsleistung für Renten praktisch keine Rolle, weil die Kapitalzahlung stark im Vordergrund steht.

2. Kapitalform

Auch wenn schliesslich die zugesprochene Rente im Urteil kapitalisiert wird, ist vorerst deren Höhe und Dauer festzusetzen. Die so umschriebene Rente kann dann mit dem einschlägigen Koeffizienten der Barwerttafeln von STAUFFER/SCHAETZLE in ein bei Rentenbeginn zahlbares Kapital umgerechnet werden[328]. 209

Von entscheidender Bedeutung für die Höhe des Kapitals ist der *Zinsfuss*, mit dem der Kapitalwert errechnet wird. Je höher er ist, desto niedriger wird das errechnete Kapital. Wie vorn dargelegt (N 150), benützt die bundesgerichtliche und ihr folgend die Rechtsprechung der kantonalen Gerichte seit 1946[329] den Zinsfuss von 3½%[330]. 210

Die Kapitalisierung erfolgt auf den Tag, auf den man die Schadensberechnung vornimmt, im Prozess somit auf den Tag des Urteils, nicht des Unfalls. Für den gleichen Zeitpunkt bestimmt man das Alter des Verletzten, das als Faktor in der Kapitalisierung zu berücksichtigen ist[331]. Der bis dahin erwachsene Schaden ist durch Addition der periodischen Ausfälle, also insbesondere des entgangenen Einkommens, zu berechnen. Für diese rückständigen Leistungen ist ein mittlerer Termin als Beginn der Verzinsung einzusetzen[332]. 211

Bei Renten, die erst in Zukunft zu laufen beginnen, insbesondere bei Invalidität eines Kindes, ist eine aufgeschobene Rente zu kapitalisieren. Die dafür notwendigen Koeffizienten findet man ebenfalls in den Barwerttafeln von STAUFFER/SCHAETZLE[333]. 212

---

[328] Auch für künftige periodische Aufwendungen wie Kosten von Prothesen kommt die Kapitalisierung in Betracht.

[329] BGE 72 II 133; vgl. auch 96 II 446 f.; 101 II 352; 117 II 628; STAUFFER/SCHAETZLE (4. A. Zürich 1989) N 1132 ff.; STARK, Skriptum N 82 f.; BREHM N 61 der Vorbem. zu OR 45/46; A. KELLER II 37 f.; SCHAER Rz 144, 174; MERZ in ZBJV 108 (1972) 89. – Es ist denkbar, dass in der Zukunft eine Annäherung der Schweiz an die EG im Obligationengeschäft allgemein zu höheren Zinsfüssen führen wird. Gegebenenfalls wird die Frage des Kapitalisierungs-Zinsfusses dann neu zu prüfen sein.

[330] Nur diese Konstanz vermag unter dem Gesichtspunkt der Rechtsgleichheit zu befriedigen. Wenn der Obligationenzinsfuss des Zeitpunktes der Erledigung des Schadenfalles angewendet würde, würde dies der Willkür Tür und Tor öffnen. Höhere erzielte Zinserträge dienen dem Ausgleich der Teuerung; vgl. vorn N 150.

[331] Dabei rundet man das Alter auf oder ab, je nachdem, ob der letzte oder der nächste Geburtstag näher liegt; BGE 77 II 152 f.; 96 II 367; 102 II 94; 108 II 441; STAUFFER/SCHAETZLE (4. A. Zürich 1989) N 1187 ff.

[332] Vgl. im übrigen das Beispiel 13 von STAUFFER/SCHAETZLE (4. A. Zürich 1989).

[333] 4. A. Zürich 1989, Tafel 21, Beispiel 9a.

213   Während Jahrzehnten hat die Gerichtspraxis mit verschiedenen Begründungen oftmals angenommen, die Abfindung des Geschädigten mit einem Kapital anstelle der Bezahlung einer Rente könne einen Vorteil darstellen, der eine Kürzung des Kapitals rechtfertige. Das erscheint als problematisch[334] und wird daher heute allgemein abgelehnt [335, 336].

3. Rente oder Kapital?

214   Die Frage, ob dem Geschädigten der Schadenersatz in Gestalt einer Rente oder eines Kapitals zuzusprechen sei, ist *konkret*, unter Abwägung aller Umstände, zu beantworten. Auch eine Kombination beider kommt in Betracht. In EHG 9 ist dies ausdrücklich erwähnt, gilt aber auch für das ElG (trotz Art. 36 II) und das OR sowie die Gesetze, auf welche die Regeln des OR anwendbar sind. Der Richter entscheidet nach freiem Ermessen, ohne an die Anträge der Parteien gebunden zu sein; so ausdrücklich EHG 9, was aber auch für das OR[337] und die andern Gesetze zutrifft: nach OR 43 I bestimmt der Richter die Art des Schadenersatzes; ElG 36 II

---

[334] Rein rechnerisch wird das Kapital in der der Kapitalisierung zugrundeliegenden Zeit aufgebraucht, wenn man es zum Kapitalisierungszinsfuss anlegt und periodisch die zugesprochene Rente (Zinsertrag und zusätzlich einen Teil des Kapitals) für den Lebensunterhalt braucht. Wenn man einen höheren Zins erzielt – z. B.: Rente Fr. 5000.–, Koeffizient 20 (bei einem Kapitalisierungszinsfuss von 3½%), Kapital Fr. 100 000.–, angelegt zu 5% –, kann dieser, je nach den Verhältnissen, für die Rente genügen, ohne dass das Kapital selbst in Anspruch genommen werden muss. Diese Rechnung stimmt aber nur, wenn der Lebenskostenindex konstant auf dem gleichen Wert bleibt, womit nicht gerechnet werden kann.
Bei den sog. Vorteilen der Kapitalabfindung scheint das Gefühl eine Rolle zu spielen, der Geschädigte besitze ein mehr oder weniger grosses Vermögen und gehöre damit zu den «vermöglichen» Leuten.
Realistischer ist die Überlegung, dass das Kapital bei der zukünftigen Erwerbstätigkeit fruchtbar eingesetzt werden und dem Geschädigten erlauben kann, sich selbständig zu machen oder seinen Betrieb zu erweitern. Das sollte haftpflichtrechtlich nicht berücksichtigt werden, weil damit auch erhebliche Risiken verbunden sein können.

[335] STAUFFER/SCHAETZLE (4. A. Zürich 1989) N 593; BREHM N 67/68 der Vorbem. zu OR 45/46.

[336] Daneben stellt sich die Frage der Auf- oder Abrundung des Ergebnisses der Kapitalisierung, statt dass man so tut, als ob das Ergebnis auf den letzten Franken genau sei; vgl. BGE 113 II 350; SJZ 83 (1987) 279 (Erhöhung von Fr. 69 843.– auf Fr. 70 000.–). Zurückhaltung ist aber geboten; vgl. vorn FN 261, 266.

[337] Dazu BGE 54 II 296. Auch das Bundesgericht ist nicht an die Parteianträge gebunden, BGE 34 II 169 (zu EHG 9); vgl. auch BGE 69 II 25. Abweichend STAUFFER/SCHAETZLE (3. A. Zürich 1970) 119; DERS. (4. A. Zürich 1989) N 576 ff.

III. Schaden infolge Körperverletzung §6

verweist auf das Ermessen des Gerichts. Der Gerichtspraxis und der Erfahrung lässt sich eine Reihe von Anhaltspunkten dafür entnehmen, wann die eine oder die andere Form des Schadenersatzes zu wählen sei.

Dass der Richter nach herrschender Meinung in bezug auf die Form der Entschädigung selbst an übereinstimmende Parteianträge nicht gebunden ist[338], kann wohl nur mit fürsorgerischen Überlegungen begründet werden: Der Richter soll nicht gezwungen sein, dem Geschädigten ein Kapital zuzusprechen, wenn vieles dafür spricht, dass er damit nicht umgehen kann, es verprasst oder verspielt usw. Dieser Gedanke der Fürsorge für den Geschädigten kann sich je nach den Umständen aufdrängen. Er steht auch hinter der Regelung, dass die Sozialversicherer – von Ausnahmen abgesehen – den Invaliden und den Hinterlassenen Renten bezahlen. Diese schalten die erwähnten Gefahren weitgehend aus, sind aber praktisch mit einer gewissen Einschränkung der Handlungsfähigkeit des Geschädigten verbunden. 215

Konsequenterweise sollte der Richter gegen den Willen des Geschädigten nur dann auf Bezahlung einer Rente und nicht eines Kapitals erkennen dürfen, wenn die Voraussetzungen des Vormundschaftsrechts (ZGB 369 ff., 395) für den Entzug oder eine Beschränkung der Handlungsfähigkeit gegeben sind und die zuständigen Behörden entsprechend entschieden haben. Dann geniesst der Geschädigte auch den Schutz des vormundschaftsrechtlichen Verfahrens. Ausserdem werden auf diesem Wege auch die vergleichsweisen Erledigungen von Haftpflichtansprüchen erfasst, die sehr viel zahlreicher sind als die gerichtlichen. 216

Das Bundesgericht hat in konstanter Praxis auf Kapital erkannt, mit Ausnahme von BGE 81 II 168 E. 5, wo es sich um ein 3jähriges Kind handelte. Diese Praxis wurde in BGE 112 II 128/29 E. 5f bestätigt. 217

An sich fällt der Verdienstausfall periodisch – gewissermassen in Rentenform – an, und die Rente entspricht ihm daher spiegelbildlicher als das Kapital. Dass sie den Geschädigten auch vor ungeeigneten Dispositionen, mit denen er ein Kapital in kurzer Zeit verlieren kann, weitgehend schützt, ist bereits erwähnt worden[339]. 218

---

[338] STAUFFER/SCHAETZLE (4. A. Zürich 1989) N 578.
Im BGE 117 II 626 hat das Bundesgericht gegen den Willen der Geschädigten ein Kapital und nicht eine Rente zugesprochen, mit der Begründung, das entspreche der feststehenden Gerichtspraxis; eine Ausnahmesituation sei nicht dargelegt worden.
[339] Vgl. STAUFFER/SCHAETZLE (4. A. Zürich 1989) N 589; BREHM N 8/9 zu OR 43; BGE 81 II 169. Die gleiche Überlegung gilt bei Tötung für den Ersatz des Versorgerschadens.

§ 6 Schadensberechnung

219 Für die Kapitalform spricht demgegenüber, dass – was psychologisch sehr wichtig sein kann – der Schaden damit endgültig erledigt wird. Das wird häufig nicht nur bei Gefahr von neurotischen Entwicklungen von Bedeutung sein. Es ist auch sonst besser, wenn der Geschädigte nicht immer wieder an seinen Unfall erinnert wird. Im weiteren kann ein Kapital dem Geschädigten wertvolle Dispositionsfreiheiten gewähren: wirtschaftliche Verselbständigung, Beteiligung an einem Geschäft, Kauf eines eigenen Hauses usw.[340]. Da heute in den meisten Fällen neben dem Haftpflichtigen ein Sozialversicherer beteiligt ist, führt die Kapitalzahlung für den Direktschaden zu einer Mischung beider Systeme, die sehr positiv sein kann [341, 342].

220 Die Teuerung wird immer wieder als Grund für eine Kapitalzahlung angeführt[343]. Die Anlage des Kapitals in Sachwerten, die der Teuerung nicht unterliegen, kann aber schwierig sein. Der Ausgleich durch den Kapitalisierungszinsfuss von 3½% (vgl. vorn N 150) bietet zwar einen guten, annähernden Schutz, der aber auch durch die Indexierung einer Rente erreicht wird.

221 Beide Entschädigungsformen sind mit Vor- und Nachteilen verbunden. Die Praxis des Bundesgerichtes, nur bei besonderen Verhältnissen eine Rente zuzusprechen, dürfte dem Problem am besten gerecht werden[344]; sie entspricht sehr weitgehend der aussergerichtlichen Erledigung von Dauerschäden.

E. Rektifikations- oder Nachklagevorbehalt[345]

222 Jede Berechnung eines zukünftigen Schadens setzt voraus, dass der Richter sich über die zu erwartende Entwicklung ein Bild macht und es seinem Urteil zugrunde legt. Dieses Bild enthält einerseits die zu erwar-

---

340 Selbstverständlich kann ein Kapital eine Umschulung oder eine Weiterausbildung ermöglichen. Ist eine Umschulung geboten, so ist sie aber vom Haftpflichtigen zusätzlich zur Verdiensteinbusse zu finanzieren. Für eine Weiterausbildung gilt dieses Argument meistens nicht. Vgl. vorn N 131 ff.
341 Vgl. STAUFFER/SCHAETZLE (4. A. Zürich 1989) N 583 ff.; BREHM N 11 zu OR 43.
342 Gelegentlich wird auch angeführt, dass die Angehörigen bei vorzeitigem Tod des Verunfallten bei Rentenzahlung nachher leer ausgehen, während sie bei Kapitalzahlung den Rest des Kapitals erben. Vgl. Voraufl. 218 Ziff. 4; BREHM N 16 zu OR 43, aus dessen Ausführungen sich die Problematik dieser Argumentation deutlich ergibt.
343 STAUFFER/SCHAETZLE, a.a.O., N 586; BREHM N 14 zu OR 43.
344 Wäre dies nicht der Fall, so wäre gegen diese Praxis schon lange Sturm gelaufen worden.
345 Der Ausdruck «Rektifikationsvorbehalt» umfasst auch Herabsetzungen des zugesprochenen Dauerschadens auf Begehren des Beklagten und ist daher präziser als der Ausdruck «Nachklagevorbehalt».

III. Schaden infolge Körperverletzung § 6

tende medizinische Entwicklung, anderseits aber auch wirtschaftliche und andere Umstände, z. B. Teuerung, Arbeitslosigkeit oder Hochkonjunktur, spätere Krankheiten und Unfälle des Geschädigten. Trotz der sich daraus ergebenden Unsicherheiten besteht ein eminentes Interesse sowohl des Geschädigten als auch des Schädigers, dass der Fall durch das rechtskräftige Urteil definitiv abgeschlossen und ad acta gelegt werden kann, auch wenn das Urteil auf einer Entwicklung der Unfallfolgen beruht, die sich später als unrichtig herausstellt. Es wäre aus psychologischen, aber auch aus prozessökonomischen Gründen unhaltbar, wenn eine der Parteien den Prozess vor Ablauf der Verjährung immer wieder aufrollen könnte, wenn sich die Situation anders entwickelt als im Urteil angenommen wurde[346]. Das würde die Rechtssicherheit allzu sehr beeinträchtigen[347].

Der Gesetzgeber hat nur bei Körperverletzungen eine Anpassung der Schadensberechnung an eine von den Annahmen des Richters abweichende Entwicklung in engem Rahmen zugelassen, und zwar in OR 46 II, EHG 10 (vgl. auch EHG 14 I), ElG 36 III und VG 5 III. Auf OR 46 verweisen GSG 69 III, SSG 27 I, JSG 15, MO 27 I und ZSG 77 I[348]. In den übrigen Bereichen des Haftpflichtrechts gilt diese Regelung nicht und ist daher ein Vorbehalt nicht zulässig[349]. 223

Im einzelnen ist folgendes festzuhalten: 224

1. Eine Änderung eines rechtskräftigen Urteils ist nur möglich, wenn das Urteil einen Rektifikationsvorbehalt enthält[350]; d. h., wenn der Rich- 225

---

[346] Vorzubehalten ist die Frage einer Revision des Urteils, soweit das Prozessrecht sie vorsieht; vgl. BGE 86 II 386, wo festgehalten wird, dass die Revision nach OG sich nur auf Sachverhalte bezieht, die ihrer Natur nach schon im Zeitpunkt der Urteilsfällung hätten berücksichtigt werden können. Die spätere Entwicklung der Unfallfolgen gehört meistens nicht dazu.

[347] Das Sozialversicherungsrecht sieht die Möglichkeit der Anpassung von Renten an spätere «erhebliche» Änderungen des Invaliditätsgrades vor; vgl. UVG 22 I und dazu MAURER, Unfallversicherungsrecht 388 ff., ausserdem IVG 41; MVG 44, 50; BVG 26 III.

[348] Wenn ein Gesetz nur generell für Art und Umfang des Schadenersatzes auf das OR verweist, wie SVG 62 I und RLG 34, kann daraus nicht mit Sicherheit geschlossen werden, dass ein Rektifikationsvorbehalt zulässig sei.

[349] Gleich wie SVG 62 I lautete – abgesehen von der Erwähnung der Genugtuung – MFG 41 I. Trotzdem hat das Zürcher Obergericht in ZR 51 (1952) Nr. 117 in einem MFG-Fall OR 46 II angerufen. Gestützt darauf vertritt GILLIARD in ZSR 86 (1967) II 239 die Meinung, dass der Nachklagevorbehalt im Rahmen des MFG und des SVG anwendbar sei. Das ist aber durch den Gesetzestext nicht gedeckt, und es besteht auch kein genügendes Bedürfnis nach einer solchen extensiven Interpretation.

[350] Über die Streitwertberechnung BGE 58 II 56; SCHERER 203. Über prozessuale Fragen LUTZ in SJZ 28 (1931/32) 324.

ter³⁵¹ im Urteil in bezug auf die betreffenden Fragen die Einrede der beurteilten Sache ausschliesst und dadurch die spätere Abänderung des Urteils ermöglicht³⁵².

226 Anlass dazu besteht nach Auffassung des Bundesgerichtes dann, wenn es unmöglich ist, die Unfallfolgen³⁵³ im Urteilszeitpunkt genau genug abzuschätzen³⁵⁴.

227 An sich ist der nicht ziffernmässig nachweisbare zukünftige Schaden aus Körperverletzung nach OR 42 II nach Ermessen des Richters festzulegen³⁵⁵. Der Rektifikationsvorbehalt gibt dem Richter – bei Körperverletzungen – die Möglichkeit, seiner Unsicherheit in der Beurteilung der Unfallfolgen Rechnung zu tragen, gewissermassen ein Ventil in das Urteil einzubauen³⁵⁶.

---

351 Der Vorbehalt ist von Amtes wegen in das Urteil aufzunehmen, wenn die gesetzlichen Voraussetzungen erfüllt sind, auch wenn die Parteien ihn nicht verlangen; vgl. BGE 57 II 59; KELLER/GABI 89; BREHM N 166 zu OR 46. Er kann auch erst vom Bundesgericht eingefügt werden.

352 Entsprechend ihrem Sinn gilt die gesetzliche Regelung nicht für die vergleichsweise Erledigung von Haftpflichtansprüchen. Man kann aber selbstverständlich in einem Vergleich eine Abänderung unter bestimmten Voraussetzungen vorsehen. Daneben besteht die Möglichkeit der Anfechtung wegen Grundlagenirrtums.

353 Zu diesen gehört gegebenenfalls die seelische Unbill, welche einer Genugtuung ruft, G. GAUTSCHI in SJZ 37 (1940/41) 121; SJZ 61 (1965) 139; PIERRE TERCIER, Contribution à l'étude du tort moral et de sa réparation en droit suisse (Diss. Fribourg 1971) 224.

354 BGE 32 II 462, 629; 40 II 493; 44 II 153; 55 II 322; 57 II 58, 98. – Es ist nicht möglich, den Massstab sprachlich eindeutig zu fixieren, und ebenso wenig, die Treffsicherheit der richterlichen Abschätzung der Unfallfolgen zu formulieren. Es muss dem Richter überlassen bleiben, die Zweifel an der Genauigkeit seiner Schätzung zu evaluieren und je nachdem einen Rektifikationsvorbehalt in das Urteil aufzunehmen. Dabei ist Zurückhaltung geboten (BGE 57 II 59); einschränkend BREHM N 161 zu OR 46.

355 Vgl. BGE 60 II 130; 84 II 576/77; 86 II 45; 114 II 256.

356 In BGE 114 II 256 wird aus OR 46 II der Schluss gezogen, «dass die Schadenersatzklage sogar dann geschützt werden muss, wenn der künftige Grad der körperlichen Behinderung noch nicht einmal ‹hinreichend› sicher ist und auch noch ungewiss bleibt, ob er binnen zwei Jahren nach Ausfällung des Urteils genügend zuverlässig wird festgestellt werden können». Die Möglichkeit der Berücksichtigung einer unerwarteten Entwicklung wird damit auf die in OR 46 II vorgesehenen zwei Jahre beschränkt und ein Nichteintretensentscheid zurzeit wegen der fehlenden Sicherheit der künftigen Entwicklung (als Prozessvoraussetzung) ausgeschlossen. Diese Problematik akzentuiert sich bei Unfällen von Kindern, deren Folgen sich erst in zehn und mehr Jahren manifestieren werden, z. B. in der Pubertät. Eine solche Regelung erscheint auf den ersten Blick als stossend (vgl. STARK, ZSR 86 [1967] II 81 FN 180); aber «das Bedürfnis nach einer raschen und endgültigen Auseinandersetzung überwiegt nach der Auffassung des Gesetzgebers das Interesse an einer peinlich genauen, aber jahre- oder jahrzehntelang aufgeschobenen Feststellung der Folgen der Körperverletzung» (BGE 86 II 47).
Damit hat das Bundesgericht auf Grund von OR 46 II der Speditivität der Erledigung mehr Gewicht beigemessen als der Genauigkeit der Schadensberechnung. – In der

III. Schaden infolge Körperverletzung § 6

2. Wie bereits erwähnt, kann der Rektifikationsvorbehalt maximal für *zwei Jahre* eingeräumt werden, nach ElG 36 III nur für ein Jahr. Dadurch wird die praktische Bedeutung dieser Regelung stark eingeschränkt. 228

Es handelt sich um eine *Verwirkungsfrist,* die nicht unterbrochen, sondern nur durch Klage vor Ablauf wahrgenommen werden kann[357]. 229

Diese sehr kurze Frist[358] von zwei Jahren führt dazu, dass in vielen Fällen ein Rektifikationsvorbehalt, auch wenn er gewährt wird, sich nicht auswirken kann[359]. 230

3. Nach den einschlägigen Gesetzesbestimmungen bezieht sich der Rektifikationsvorbehalt auf die *Folgen von Körperverletzungen.* Gemeint ist die körperliche Beeinträchtigung, die sich aus einer Körperverletzung ergibt[360]. Dazu gehört auch die Angewöhnung des Geschädigten an seine Beschwerden. Voraussetzung der Abänderung des Urteils, gestützt auf eine Nachklage, ist die Feststellung, dass sich die Arbeitsunfähigkeit des Verletzten innert der Frist von zwei Jahren eindeutig anders entwickelt hat, als im ursprünglichen Urteil erwartet wurde. Nicht zulässig ist der Nachklagevorbehalt dagegen für die finanziellen Auswirkungen einer dem Urteil richtig zugrunde gelegten körperlichen Beeinträchtigung, z. B. bei Lohnerhöhungen, Beförderungen usw. 231

4. Die vorbehaltene Abänderung des Urteils bezieht sich nicht nur auf den Schadenersatz, sondern auch auf die *Genugtuung*[361]; denn auch ihre Höhe ist von der Entwicklung der körperlichen Beeinträchtigung des Geschädigten abhängig. 232

---

aussergerichtlichen Praxis wird in solchen Fällen nicht allzu selten die Erledigung hinausgeschoben, namentlich wenn die Parteien sich über die zu erwartenden Unfallfolgen nicht einigen können.

[357] Ausschluss- oder Präklusivfrist, BGE 19, 422; 32 II 627; 95 II 270 (mit einlässlicher Begründung); PETER NABHOLZ, Verjährung und Verwirkung ... (Diss. Zürich 1958) 219; STARK in ZSR 86 (1967) II 82; DESCHENAUX/TERCIER § 25 N 32; A. KELLER II 43; BREHM N 170 zu OR 46; KELLER/GABI 89. Dies gilt ungeachtet der Formulierung von EHG 14 I, wo von «Verjährungsfrist» die Rede ist.
[358] GILLIARD, ZSR 86 (1967) II 242; STARK, ZSR 86 (1967) II 81 N 180.
[359] BREHM N 169 zu OR 46. – In das auf Grund des Rektifikationsvorbehaltes gefällte Urteil kann nicht ein neuer Vorbehalt eingefügt werden.
[360] Das bezieht sich auf die spätere Entwicklung der körperlichen Beeinträchtigung, aber auch auf die Frage, ob es sich bei dieser Entwicklung um eine Unfallfolge oder eventuell um eine vom Unfall unabhängige Krankheit handle; vgl. BGE 57 II 60.
[361] G. GAUTSCHI, SJZ 37 (1940/41) 121; SJZ 61 (1965) 139/40; a. M. BREHM N 130 zu OR 47.

233   5. Der Vorbehalt ist zugunsten *beider Parteien* auszusprechen[362]. Die Nachklage kann daher sowohl zu einer Erhöhung als auch zu einer Herabsetzung der Entschädigung führen. Wenn ein Kapital zugesprochen wurde, kann sich daraus eine Rückzahlung des Geschädigten an den Haftpflichtigen ergeben. Dies gilt vernünftigerweise nur für den Invaliditätsschaden und die Genugtuung für die Zeit *nach* dem Nachklageurteil.

234   6. Wenn der Verletzte innerhalb der Nachklagefrist an den Unfallfolgen stirbt, ergibt sich daraus keine Rektifikationsklage, weil für den Schaden aus dem Tod nicht der Verletzte anspruchsberechtigt ist, sondern seine Hinterlassenen. Diese waren nicht Partei des Haftpflichtprozesses des Verletzten selbst. Sie müssen ihre eigenen Ansprüche selbst geltend machen und werden durch das Urteil im Haftpflichtprozess des Verletzten nicht direkt tangiert.

235   Sie werden aber meistens Erben des Verunfallten sein. Das diesem ausbezahlte Invaliditätskapital fällt ihnen normalerweise kraft Erbrechts zu. Nach Treu und Glauben müssen sie sich diesen Erbanfall auf ihren eventuellen Anspruch auf Versorgerschaden anrechnen lassen[363]. Vgl. hinten N 276.

236   7. Der Geschädigte muss sich gegen unerwartete Entwicklungen nicht nur auf den Schutz des Rektifikationsvorbehalts verlassen: Er kann sich – ganz generell, nicht nur bei Körperverletzungen – vorerst auf eine Teil- oder eine Feststellungsklage beschränken (vgl. vorn N 13 ff.), muss dabei aber die absolute Verjährung[364] im Auge behalten.

F. Einfluss der Geldentwertung

237   Die in den letzten Jahren zeitweise stark beschleunigte Geldentwertung (Inflation, Teuerung) gefährdet den realen Wert – die Kaufkraft – des als

---

[362] EHG 10 und ElG 36 III sehen ausdrücklich die Möglichkeit sowohl der Erhöhung als auch der Herabsetzung des zugesprochenen Betrages vor. Das muss auch für OR 46 II und VG 5 III gelten; vgl. A. KELLER II 43.

[363] Wenn allerdings der Versorgte – z. B. der Konkubinatspartner des Verstorbenen – nicht Erbe ist, kann er seinen vollen Versorgerschaden geltend machen. Es dürfte nicht möglich sein, den Invaliditätsschaden für die Zeit nach dem Tod des Geschädigten mit einer Bereicherungsklage vom Nachlass zurückzuverlangen. Bei vorzeitigem Tod des Verunfallten ohne Kausalzusammenhang mit dem Unfall besteht diese Möglichkeit nicht, weil die Unrichtigkeit der Lebenserwartung im konkreten Fall beim Abstellen auf die Durchschnittswerte von STAUFFER/SCHAETZLE in Kauf genommen wird.

[364] Vgl. Bd. II/1 § 16 N 366 ff.

III. Schaden infolge Körperverletzung § 6

Rente oder Kapital zugesprochenen Schadenersatzes, der künftige Einbussen ausgleichen soll. Die Geldentwertung wirkt sich hier drastisch aus, weil mit dem jetzigen Geldwert Einbussen zu ersetzen sind, die über lange Zeit, vielleicht über Jahrzehnte hin, entstehen werden, während die Geldentwertung sich stetig fortsetzt. Für den Schaden in der Zeit zwischen der Schädigung und dem Urteil bzw. dem Vergleich kann man die effektive Teuerung berücksichtigen[365]. Für die nach dem Urteil oder dem Vergleich eintretenden finanziellen Auswirkungen der Schädigung ist es schwer, eine einigermassen präzise Lösung zu finden. Durch eine indexierte Rente oder die Berücksichtigung der Teuerung im Kapitalisationskoeffizienten ist das zwar theoretisch möglich. Das Ausmass der zukünftigen Teuerung kann aber nicht vorausgesehen werden[366]. Die optimistische oder pessimistische Einstellung des urteilenden Richters bekäme einen wesentlichen Einfluss auf das Resultat der Schadensberechnung, worunter die Rechtsgleichheit leiden würde. Die herrschende negative Einstellung gegenüber diesem Weg liegt ausserdem in dem die Geldschulden beherrschenden Prinzip des Nominalismus (Nennwerttheorie) begründet: Geldschulden sind Summenschulden, ein Franken[367] bleibt ein Franken. Mangels gesetzlicher Grundlage fallen ein Rektifikationsvorbehalt und die Revision (im zivilprozessualen Sinn) der Renten, wegen Verschlechterung der wirtschaftlichen Verhältnisse[368], ausser Betracht.

Keine Lösung stellt die Berücksichtigung der Teuerung bei der Schätzung künftiger Reallohnerhöhungen dar[369]; die Fehlerquoten können sich dabei zwar ausgleichen; sie können sich aber auch kumulieren. Den wohl praktikabelsten Weg stellt die Zusprechung eines Kapitals statt einer Rente, berechnet auf dem niedrigen Zinsfuss von 3½% (vgl. vorn N 150),

---

[365] ZR 56 Nr. 94; BGE 89 II 63; SJZ 67, 10 = ZR 69 Nr. 141; STAUFFER/SCHAETZLE (4. A. Zürich 1989) N 725; BREHM N 22 der Vorbem. zu OR 45 und 46.
[366] Man könnte zwar jedes Jahr auf Grund der Teuerung die Höhe jeder indexierten Rente neu festsetzen. Das wäre einerseits aufwendig und würde andererseits gegen den Grundsatz des Haftpflichtrechts verstossen, dass die Schadenfälle, namentlich aus psychologischen Gründen, innert vernünftiger Frist endgültig erledigt werden sollten. Ausserdem wäre der Weg der laufenden Anpassung nur bei Erledigung in Renten-, nicht aber in Kapitalform begehbar.
[367] BGE 51 II 307; 96 II 447. Vgl. im übrigen vorn N 149 ff., 220.
[368] STAUFFER/SCHAETZLE (3. A. Zürich 1970) 118.
[369] BGE 91 II 428; 96 II 447; 113 II 332; SJZ 67, 10; PICCARD, Kapitalisierung 110 ff.; SZÖLLÖSY 96 f.; STAUFFER/SCHAETZLE (4. A. Zürich 1989) N 653; BREHM N 21 der Vorbem. zu OR 45 und 46. – ZR 56 Nr. 94 bejaht die Veranschlagung von Teuerungszulagen.

dar³⁷⁰. Der Vorschlag, später für eine bestimmte vergangene Periode die eingetretenen Abweichungen unter Berücksichtigung der faktischen Geldentwertung je immer wieder geltend zu machen bzw. einzuklagen, ist unpraktikabel³⁷¹.

239 Das Ergebnis ist wenig befriedigend. Für die Renten im Familienrecht (Alimente für ausserehelische Kinder, Unterhaltsbeiträge bei Ehescheidung u. a.m.) hat sich die Indexierung durchgesetzt³⁷². Für das Haftpflichtrecht (in dessen Bereich die Zahlung in Kapitalform weit überwiegt) drängt sich dieser Weg aber nicht auf. Er würde bedeuten, dass bei der Erledigung eines Falles die durchschnittliche Teuerung während der ganzen Laufzeit der Rente geschätzt werden müsste. Die heute gebräuchliche Lösung der Kapitalisierung mit 3½% verdient, wie bereits erwähnt, den Vorzug³⁷³, wobei es dem Richter freisteht, die von ihm vermuteten Reallohnerhöhungen bei der Schätzung des zukünftigen Durchschnittseinkommens zu berücksichtigen. Bei Selbständigerwerbenden ist – vor allem bis zu einem mittleren Lebensalter – eine entsprechende Steigerung der Einnahmen in Rechnung zu stellen.

240 Das Problem der Geldentwertung stellt sich auch für den Versorgerschaden sowie für die Genugtuung beim Vergleich mit Präjudizien.

---

370 Bei vertraglicher Festsetzung des Schadenersatzes in einem Vergleich kann später in Extremfällen an die Anwendung der clausula rebus sic stantibus gedacht werden; vgl. MERZ, Berner Komm. (Bern 1962) N 181 ff. zu ZGB 2; OFTINGER in SJZ 36, 229 ff., 245 ff.; STAUFFER/SCHAETZLE (4. A. Zürich 1989) N 596; GAUCH, Strassenverkehrsrechts-Tagung 1984, 14 ff.
371 Vorschlag von BUSSY, La dépréciation de la monnaie et son influence sur le mode d'indemnisation et le calcul des dommages-intérêts en matière extra-contractuelle, Publikation des TCS Nr. 5 (Genf 1974) 37, der das Problem vielseitig, auch rechtsvergleichend, erörtert. Er postuliert einen möglichst umfassenden Ausgleich der Geldentwertung, wobei er namentlich auf Rentenempfänger der Sozialversicherung hinweist, die einen solchen Ausgleich erhalten. – Man kann wohl nicht umhin, mit BGE 113 II 332 festzustellen, dass auch die Lehre zum Problem der Berücksichtigung der künftigen Teuerung keine voll überzeugende Lösung aufzuzeigen weiss.
372 Vgl. vorn FN 232; BGE 98 II 257; 100 II 245; SJZ 69, 263, 378; ZBJV 110, 413, 475; STAUFFER/SCHAETZLE (4. A. Zürich 1989) N 360 und 655.
373 Auch STAUFFER/SCHAETZLE, SJZ 71 (1975) 120, die sich vor allem gegen BUSSY, La dépréciation de la monnaie et son influence sur le mode d'indemnisation et le calcul des dommages-intérêts en matière extra-contractuelle, Publikation des TCS Nr. 5 (Genf 1974) wenden, sehen im niedrigen Kapitalisationszinsfuss von 3½% einen akzeptablen Ausgleich für die Geldentwertung, worauf schon BGE 96 II 447 hinweist.

G. Zwangsvollstreckung

Renten und Kapitalbeträge, die als Schadenersatz wegen Körperverletzung zugesprochen werden, sind mit Einschluss der Zinsen[374] und der aus den Beträgen angeschafften Sachen und sonstigen Vermögenswerte[375] unpfändbar, fallen nicht in die Konkursmasse und unterliegen nicht dem Arrest (SchKG 92 Ziff. 10, 197 I, 275). Gegenüber den Erben des ursprünglichen Ansprechers gilt dieses Privileg nicht[376]. Die Befreiung von der Zwangsvollstreckung erstreckt sich auf den Schadenersatz für die Nachteile der Arbeitsunfähigkeit und der Erschwerung des wirtschaftlichen Fortkommens und auch auf den Ersatz der Heilungskosten[377].

241

IV. Schaden infolge Tötung

A. Begriff der Tötung

Gleich wie bei der Körperverletzung bestehen besondere Normen für den durch eine Tötung bewirkten Schaden, die den allgemeinen Grundsätzen der Schadensberechnung (vorn N 1 ff.) vorgehen: OR 45, EHG 2 und VG 5 I sind der Sache nach oder wörtlich gleichlautend; OR 45 gilt kraft Verweisung (oder auch ohne diese) in gleicher Weise für die übrigen Spezialgesetze, aber auch für ZGB 333, wie OR 46 bei der Körperverletzung.

242

Die Schadensberechnung richtet sich auch dann nach OR 45, wenn zwischen dem Haftpflichtigen und dem Getöteten oder einem nach OR 45 Anspruchsberechtigten ein *Vertrag* bestanden hat und die Tötung zunächst auf eine Vertragsverletzung zurückgeht (OR 99 III). Erwähnt seien die Haftung des Arztes, des Arbeitgebers und des Werkunternehmers[378].

243

Tötung im Sinne des Haftpflichtrechts ist die Herbeiführung des Todes eines Menschen. Sie hat haftpflichtrechtliche Konsequenzen, wenn sie zu einem Schaden oder zu einer immateriellen Unbill führt. Der Tod selber

244

---

[374] BGE 24 I 364.
[375] BGE 82 III 81 ff.
[376] BGE 58 II 129.
[377] BGE 85 III 23 ff. mit Angabe von Einschränkungen; FRITZSCHE/WALDER, Schuldbetreibung und Konkurs nach schweizerischem Recht I (3. A. Zürich 1984) § 24 Rz 40 ff.
[378] Über die Art der Haftung, ob vertraglich oder ausservertraglich, vgl. hinten § 13 N 66.

ist nicht ein Schaden, sondern gegebenenfalls Ursache eines solchen. Ob der Tod sofort oder nachträglich eintritt, d. h. eine *Körperverletzung mit tödlichem Ausgang* vorliegt, macht keinen Unterschied aus[379].

245   Wenn eine schwangere Frau wegen eines Unfalles eine *tote Leibesfrucht* zur Welt bringt, ist umstritten, ob eine Tötung vorliege, was identisch ist mit der Frage, ob eine solche vor der Geburt stattfinden könne. Vernünftigerweise ist diese Frage zu bejahen und sind in einem solchen Fall z. B. die Bestattungskosten vom Haftpflichtigen zu übernehmen[380].

246   Tod (und Körperverletzung) von Tieren führt zu Sachschaden und fällt daher unter Abschn. V; hinten N 354 ff.

247   Nach einer Tötung ist nach OR 45, EHG 2 und VG 5 I für folgende *Schadensposten* Ersatz zu leisten: Bestattungskosten, Kosten der versuchten Heilung, Nachteile der Arbeitsunfähigkeit zwischen Unfall und Tod, sofern dieser nicht sofort eingetreten ist, und Versorgerschaden.

248   Die Praxis sieht diese gesetzliche Aufzählung als abschliessend an und lehnt den Ersatz weiterer Posten, d. h. des vollen Interesses, gestützt darauf ab[381]. Hier ist aber zu differenzieren: Die Ablehnung des Ersatzes der für ein getötetes Kind vor dem Tod aufgewendeten Erziehungskosten beruht nicht auf dem angeblich abschliessenden Charakter der Aufzählung von OR 45, sondern darauf, dass die Eltern durch diese zwecklos gewordene Investition keinen Schaden erleiden[382]. Vielleicht wird durch diese Kosten die zu erwartende Versorgerleistung des Kindes an die Eltern allerdings grösser; dann ist unter dem Titel des Versorgerschadens diejenige Leistung einzusetzen, die das Kind auf Grund der besonderen Ausbildung voraussichtlich erbracht hätte.

---

[379] Zu berücksichtigen ist, dass die Verjährungsfristen von EHG (vgl. hinten Bd. II/3 § 27 N 207) und ElG (vgl. hinten Bd. II/3 § 28 N 174) am Tage des Unfalles zu laufen beginnen, während sonst die (relative) Verjährungsfrist von der Kenntnis des Geschädigten von der Person des Haftpflichtigen und vom Schaden an läuft.

[380] Vgl. MERZ, ZSR 76, 335; KELLER/GABI 90; A. KELLER II 67; a. M. Voraufl. 227.

[381] BGE 53 II 124; 54 II 141, 222; 58 II 41; a. M. KELLER/GABI 91; STARK, Skriptum N 56. Der abschliessende Charakter der gesetzlichen Aufzählung überzeugt nicht; grundsätzlich ist nach schweizerischem Recht jeder adäquat verursachte und rechtswidrige Schaden zu ersetzen, wenn ein Haftungsgrund vorliegt. OR 45 sagt nicht ausdrücklich das Gegenteil. Wenn der Gesetzgeber bestimmte Schäden von der Ersatzpflicht ausnehmen will, muss er dies daher ausdrücklich sagen, wie in ElG 27 II für die Störungen im Geschäftsbetrieb, in EHG 12 für den entgangenen Gewinn und in SVG 76 I und VVV 52 III für die ersten tausend Franken bei Sachschaden bei unbekanntem oder nicht versichertem Schädiger. – Beim Schaden der Hinterlassenen (Versorgerschaden) gilt dies nicht. Es handelt sich um einen Reflexschaden, der nur auf Grund der ausdrücklichen Erwähnung in OR 45 III in deren Rahmen zu übernehmen ist.

[382] Vgl. STARK in FG Max Keller (Zürich 1989) 314 ff.

IV. Schaden infolge Tötung § 6

249 Als Folge eines Todesfalles kann eine dem Getöteten nahestehende Person einen eigenen Gesundheitsschaden erleiden, z. B. eine schwere psychische Beeinträchtigung. Dann ist auch diese Person selbst rechtswidrig geschädigt und kann gestützt darauf eigene Ansprüche geltend machen[383, 384].

250 Wenn dagegen ein Grundstück, landwirtschaftliche Fahrhabe und Vieh infolge des Todes ungünstig verkauft werden müssen, ergibt sich daraus mangels Adäquanz des Kausalzusammenhanges kein Schadenersatzanspruch der Erben[385]. Im übrigen handelt es sich um einen reinen Vermögensschaden ohne Rechtswidrigkeit[386]. Auch wenn einem Erben die erhoffte Erbschaft wegen des frühen Todes des Erblassers entgeht, handelt es sich nur um einen nicht rechtswidrigen, reinen Vermögensschaden[387].

251 Anders als bei Körperverletzung sieht das Gesetz bei Tötung keinen *Rektifikationsvorbehalt* vor. Das ist begründet, weil OR 46 II auf der Tatsache beruht, dass die Folgen einer Verletzung sich nicht immer mit hinreichender Sicherheit feststellen lassen. Diese ratio legis gilt bei der Tötung nicht. Hier könnte ein Rektifikationsvorbehalt sich nur auf andere als gesundheitliche Faktoren der Schadensberechnung beziehen, z. B. das Überleben eines Versorgten oder die Wiederverheiratung des Ehegatten. Wenn man solche Unsicherheiten als Anlass für einen Rektifikationsvorbehalt anerkennen würde, wäre ein solcher Vorbehalt in sehr vielen Fällen möglich und würde das Bestreben der Rechtsprechung, definitive Erledigungen herbeizuführen, weitgehend ausgeschaltet[388, 389].

---

[383] Vgl. BGE 112 II 118; hinten Bd. II/1 § 16 FN 151; Sem.jud. 1929, 409; a. M. BGE 54 II 141; ZR 42 (1943) Nr. 116 = SJZ 39, 454.
[384] Das heisst nicht nur einen Reflexschaden wie beim Verlust des Versorgers.
[385] BGE 54 II 222, aber mit der nicht stichhaltigen Begründung, dass diese Schäden im Gesetz nicht erwähnt seien.
[386] Dies trifft auch für den Versorgerschaden zu, der aber kraft der besonderen Bestimmung in OR 45 III zu ersetzen ist.
Eine Rechtswidrigkeit gegenüber den Erben liegt nur dann vor, wenn eine Verhaltensnorm verletzt wurde, die den Schutz der Erben bezweckt. Das wird kaum je der Fall sein; vgl. vorn § 4 N 41.
[387] Die Frage, ob die Aufzählung von Schadensposten im Gesetz als abschliessend zu betrachten sei, stellt sich auch bei der Körperverletzung; vgl. dazu vorn N 103, wo auch in bezug auf die Körperverletzung die These des abschliessenden Charakters der Enumeration abgelehnt wird.
[388] Daneben sei erwähnt, dass die kurze Frist von zwei Jahren, die sich in bezug auf die Heilung einer Körperverletzung vertreten lässt, hier einen stark aleatorischen Zug bekäme.
[389] Vgl. MOSER 68; GLARNER 37; IM HOF 142; BREHM N 166 zu OR 46 (ohne nähere Begründung).

B. Schadensposten bei Tötung

1. Bestattungskosten

252 Unter diesem Titel sind alle Kosten zu verstehen, die für die Bestattung – in angemessenem Rahmen – aufgewendet werden und ohne Haftpflicht zu Lasten des Nachlasses gehen: Leichenschau, Waschung und Kleidung der Leiche, Sarg, Transport auf den Friedhof und je nachdem vorher zum Trauergottesdienst[390], Abdankungsfeier, sei sie kirchlich oder nicht, Leichenmahl[391], aber auch die Todesanzeigen und der Grabstein[392]. Trauerkleider der nächsten Angehörigen können nach der Gerichtspraxis[393] voll geltend gemacht werden, wenn anzunehmen ist, dass sie nicht bei andern Anlässen wieder getragen werden können[394]. Das ist namentlich bei Jugendlichen häufig nicht der Fall, weil die Kleider ihnen schnell zu klein werden.

253 Fast alle diese Kosten werden bei jedem Menschen einmal anfallen; der Unfall bestimmt nur den Zeitpunkt, aber nicht, dass sie entstehen[395].

254 Umstritten ist die Ersatzberechtigung für den *Grabunterhalt*[396], der in den einschlägigen Normen nicht separat aufgeführt ist. Es drängt sich wegen der besonderen Natur der Pflege eines Grabes auf, diesen Posten nicht in die Schadensrechnung aufzunehmen[397].

---

[390] Ist jemand auf einer Reise im Ausland verstorben, so gehört auch der Transport der Leiche in den Wohnsitzstaat dazu. Ist für einen Berg- oder Schiffsunfall ein Dritter haftpflichtig, so sind auch die Such- und Bergungskosten als ersatzberechtigte Bestattungskosten im Sinne des Gesetzes zu betrachten.

[391] BGE 34 II 454; A. KELLER II 67; STARK, Skriptum N 93 a. Nach Sem.jud. 1962, 538 sind die Reisekosten der Trauergäste nicht zu ersetzen, was naheliegt.

[392] BGE 33 II 503; 34 II 454; 113 II 338; SJZ 54 (1958) 186.

[393] BGE 113 II 339.

[394] Und daher nur ein teilweiser Ersatz geboten ist.

[395] Nach den allgemeinen Prinzipien des Haftpflichtrechts wären daher nur die Zinsen der Bestattungskosten bis zum vermutlichen altersbedingten Tod ersatzberechtigt. Da OR 45 I, EHG 2 und VG 5 I die Bestattungskosten ausdrücklich erwähnen und die andern Spezialgesetze auf das OR verweisen, steht die Ersatzberechtigung aber ausser Frage. Bei der Interpretation der gesetzlichen Bestimmungen ist dieser Umstand jedoch zu berücksichtigen, namentlich in bezug auf den Grabunterhalt (vgl. unten N 254).

[396] Bejahend SJZ 54 (1958) 186; AGVE 1981, 63; SVA XV Nr. 80 = JT 1984 I 441; STAUFFER/ SCHAETZLE (3. A., Zürich 1970) 72/73, offengelassen in der 4. A. N 769; ablehnend KELLER/GABI 92; VON BÜREN 275; OSER/SCHÖNENBERGER N 5 zu OR 45; BREHM N 18 zu OR 45; BGE 65 II 254; 95 II 308; 113 II 338; ZR 54 (1973) Nr. 60.

[397] Gegen die Bejahung wird namentlich geltend gemacht, dass es sich um die Erfüllung einer Pietätspflicht handle und der Kausalzusammenhang mit dem Unfall nur mittelbar sei.

IV. Schaden infolge Tötung § 6

Anspruchsberechtigt sind in der Regel die Erben[398] als Rechtsnachfolger 255
des Verstorbenen. Die Auslagen für das Begräbnis gehören zu den Schulden des Nachlasses und werden deshalb nach ZGB 474 II von der Erbschaft abgezogen. Wenn ein Dritter die Bestattungskosten als Versicherer, Sterbekasse, Geschäftsführer ohne Auftrag oder gestützt auf eine öffentlichrechtliche Pflicht bezahlt hat, ist im Einzelfall zu prüfen, ob die Ansprüche dadurch auf ihn übergegangen sind – sie sind zedierbar – oder ob er solidarisch neben dem Nachlass dafür gehaftet hat und daher einen Ausgleichsanspruch geltend machen kann.

2. Körperverletzung mit tödlichem Ausgang

Wenn der Tod erst einige Zeit nach dem Schadenereignis eintritt, ist der 256
Fall zwischen Unfall und Tod wie eine Körperverletzung ohne Todesfolge zu behandeln: Der Haftpflichtige schuldet die Heilungskosten und den Verdienstausfall.

Anspruchsberechtigt ist für beide Posten der Verletzte. Wenn er stirbt, 257
gehen diese Forderungen auf den Nachlass über. Ist ein Dritter in irgendeiner Eigenschaft für die Kosten oder die Nachteile der Arbeitsunfähigkeit aufgekommen, so gilt dasselbe wie bei einer Körperverletzung ohne tödlichen Ausgang (vorn N 104 ff.).

Von den Ansprüchen, die dem Geschädigten aus seiner Körperverletzung 258
erwachsen, sind diejenigen der von ihm versorgten Personen auf Ersatz des Versorgerschadens – für die Zeit nach dem Tode – zu unterscheiden. Für die Geltendmachung dieser Ansprüche ist der Versorgte (vgl. hinten N 271 ff.), nicht aber der Verletzte und damit nach dessen Tod auch nicht der Nachlass aktivlegitimiert. Daraus ergeben sich Schwierigkeiten,

---

Beide Begründungen können auch widerlegt werden; auch für Todesanzeigen, Trauerfeier und -essen sowie das Grabmal besteht eine Pietätspflicht, und sehr viele Kausalzusammenhänge, die haftpflichtrechtlich relevant sind, sind nur mittelbar (vgl. vorn § 3 N 104). Man muss hier differenzieren. Für die Todesanzeigen, die Trauerfeier und das Leichenmahl sowie das Grabmal entspricht die Pietätspflicht den Anforderungen des gesellschaftlichen Zusammenlebens. Sie wird deshalb auch ohne innere Bindung an den Verstorbenen erfüllt. Es gehört sich einfach. Je mehr Zeit verfliesst, um so mehr werden aber die Aufwendungen für das Grab zu einem Ausdruck der inneren Beziehung der Hinterlassenen mit dem Verstorbenen. Eine Finanzierung durch den Haftpflichtigen würde dieser Natur widersprechen.

[398] In notwendiger Streitgenossenschaft, BGE 54 II 112, 200; BREHM N 19 zu OR 45.

wenn der Tod – als Unfallfolge – erst *nach* der Erledigung von Invaliditätsansprüchen (in Kapitalform), die dem Geschädigten zustanden, eintritt (vgl. vorn FN 342): Der Geschädigte hat eine Kapitalsumme als Ersatz seines Dauerschadens erhalten. Die Ansprüche der Versorgten sind dadurch aber nicht erfüllt worden und bestehen weiter. Der Haftpflichtige schuldet ihnen Ersatz ihres Versorgerschadens, obschon sie oder einige von ihnen das Invaliditätskapital geerbt haben.

259 Dieses Ergebnis ist unbefriedigend und führt zu einer übermässigen Belastung des Haftpflichtigen, für die kein innerer Grund besteht. Es drängt sich auf, dass, gestützt auf ZGB 2, der Haftpflichtige jedem Anspruchsteller für Versorgerschaden die von ihm als Erbe bezogenen Teile des Invaliditätskapitals anrechnen kann: Es verstösst gegen Treu und Glauben, insoweit einen Versorgerschadenanspruch geltend zu machen, als der Versorgte Invaliditätskapital des Geschädigten als Erbe erhalten hat[399].

3. Versorgerschaden

a) Natur des Anspruches

260 Wird jemand getötet, so verlieren diejenigen Personen ihren Versorger, für deren Lebensunterhalt der Getötete ganz oder teilweise regelmässig aufgekommen ist bzw. in Zukunft ohne den Tod aufgekommen wäre. Die Versorgten sind nur *Reflexgeschädigte* (vgl. vorn § 2 N 72 ff.), weil ihnen gegenüber keine Rechtswidrigkeit vorliegt[400]. Nach den allgemeinen Grundsätzen des Haftpflichtrechts stände ihnen daher kein Schadenersatzanspruch zu. Dieser ergibt sich aber hier aus OR 45 III.

---

[399] Dabei ist allerdings die Erbschaftssteuer pro rata zu berücksichtigen.
Wenn nicht Erben, sondern andere Personen versorgt wurden bzw. in Zukunft worden wären – z. B. ein Konkubinatspartner –, führt die geschilderte Auffassung nicht zum gewünschten Resultat. Das muss in Kauf genommen werden. Es ist dann zu viel Invaliditätskapital bezahlt worden. Mit der Erledigung von Rentenansprüchen in Kapitalform ist die Möglichkeit dieses unbefriedigenden Ergebnisses zwangsläufig verbunden.

[400] Der Versorgerschaden ist ein Vermögensschaden i. e. S. Der Versorgte erleidet keine Rechtsgutsverletzung. Es liegt auch kein Handlungsunrecht vor, weil die eventuell verletzten Verhaltensnormen nicht den Schutz der Versorgten des Unfallopfers, sondern von diesem selbst bezweckten; vgl. vorn § 4 N 41.

Der Anspruch auf Ersatz des Versorgerschadens ist unabhängig vom 261
Erbrecht. Ob der Ansprecher Erbe sei oder nicht und ob er die Erbschaft
ausgeschlagen habe, ist belanglos[401].

Massgebend ist nur der Verlust von Unterhaltsleistungen durch den Tod 262
des Unfallopfers. Weil es sich um einen Reflexschaden (vorn N 260) handelt, ist in bezug auf die übrigen Voraussetzungen dieses Haftpflichtanspruches die Rechtslage des Unfallopfers gegenüber dem Schädiger massgebend, so der Haftungsgrund, der Kausalzusammenhang zwischen der vom Haftpflichtigen zu vertretenden Ursache und dem Tod des Versorgers, eventuelle Rechtfertigungsgründe wie Notwehr und auch die Reduktionsgründe: Der Versorgte muss sich namentlich das Selbstverschulden des Unfallopfers entgegenhalten lassen. Daneben führt aber auch sein eigenes Verschulden am Unfall zur Reduktion seines Schadenersatzanspruches.

Es handelt sich – wie bei jedem Schaden – um einen Vermögensschaden[402], also um einen Anspruch vermögensrechtlicher Natur, der vererblich und zedierbar ist[403]. Die Aufgabe ist keine andere, so befremdlich dies klingt, als in Geld den Wert zu berechnen, den ein Mensch bzw. genauer seine unentgeltlichen Versorgerleistungen für die von ihm unterstützte Person gehabt haben. Es ist ein materialistisches Bemühen[404], das indessen allein erlaubt, aus der Gesamtheit der Einbussen, die der vorzeitige Tod eines Menschen bewirkt, wenigstens diejenigen einigermassen auszugleichen, die sich wirtschaftlich erfassen lassen. Die immateriellen Einbussen werden zusätzlich durch die Genugtuung erfasst; vgl. hinten § 8 N 81 ff. 263

b) Begriff des Versorgers

Das geltende schweizerische Recht[405] stellt nicht auf das rechtliche 264
Kriterium eines Anspruchs der Hinterlassenen oder anderer Personen

---

[401] Ist ein Erbe erbunwürdig, weil er vorsätzlich und rechtswidrig den Tod des Erblassers herbeigeführt hat (ZGB 540 I Ziff. 1), ist aber neben ihm für diesen Tod noch eine andere Person verantwortlich, so entfällt sein Versorgerschadenanspruch wegen seines groben Selbstverschuldens.
[402] Unzutreffend BGE 58 II 41.
[403] BGE 63 II 158; 66 II 179.
[404] Entsprechend der Natur des Schadenersatzrechts; dieses gibt keinen Anspruch auf Trost, sondern nur auf Geld.
[405] Die älteren Gesetze gewährten einen Anspruch auf Versorgerschaden nur den Personen, zu deren Unterhalt der Getötete zu Lebzeiten verpflichtet war: aEHG 5 II und FHG 6

(ohne den Tod des Versorgers) auf Versorgerleistungen ab. Die Versorgereigenschaft hängt weder von Verwandtschaft noch von Erbberechtigung oder gesetzlicher oder vertraglicher Unterstützungspflicht ab. Massgebend ist vielmehr ein tatsächliches Kriterium[406]: *Versorger ist, wer tatsächlich dem Ansprecher ohne den eingetretenen Unfalltod aller Wahrscheinlichkeit nach regelmässig Unterstützung gewährt hätte.*

265   Diese Wahrscheinlichkeit ergibt sich meistens aus *bisherigen Unterstützungsleistungen,* wenn anzunehmen ist, dass sie ohne den Unfall weiter bezahlt worden wären[407]. Im Vordergrund stehen solche unter Ehegatten[408], der Eltern[409] an ihre Kinder[410] und umgekehrt[411], aber auch unter Geschwistern[412].

lit. a; aMO 27 II hatte «den unterstützungsberechtigten Angehörigen des Getöteten» einen Schadenersatzanspruch eingeräumt. Vgl. auch deutsches Reichshaftpflichtgesetz 3 II, BGB 844 II und ABGB 1327. Anders das französische Recht, vgl. ZWEIGERT/KÖTZ II 359 und zur ganzen Frage PETER WEIMAR in FS Max Keller 337 ff. und dazu hinten FN 430.

[406] BGE 34 II 9, 455; 53 II 52; 54 II 17; 114 II 147.
[407] BGE 72 II 196/97; 114 II 147. Die Voraufl. spricht S. 231 vom wirklichen Versorger.
[408] Statt vieler BGE 56 II 267; 58 II 136; 59 II 462; 113 II 323; ZR 69 Nr. 141; SJZ 83 (1987) 275 ff. Auch der geschiedene Ehemann ist Versorger, wenn er Unterhaltsbeiträge zahlt; STAUFFER/SCHAETZLE (4. A. Zürich 1989) N 786 mit Hinweis auf BGE 100 II 2. Vgl. auch BGE 93 I 592.
[409] Nicht nur des Vaters BGE 54 II 294; 58 II 136; 59 II 462 und viele andere, auch der Mutter oder des Stiefvaters, BGE 72 II 170, oder des zahlenden bzw. zur Zahlung verpflichteten ausserehelichen Vaters. Auch wenn dieser vor der Geburt des Kindes verstorben ist, so kann das Kind sich nicht nur an den Haftpflichtigen, sondern auch an die Erben des Vaters halten und dessen Vaterschaftsschuld geltend machen; vgl. ZR 61 (1962) Nr. 90. Wird die Vaterschaft eines bei einem Unfall Verstorbenen angenommen, so kann das Kind den Haftpflichtigen in Anspruch nehmen. Wird sie verneint, hat das Kind durch den Tod des Verunfallten keinen Schaden erlitten.
Bestreitet der Haftpflichtige die Vaterschaft des Verstorbenen und gestützt darauf dessen voraussichtliche Versorgerleistungen gegenüber dem ausserehelichen Kind, kann heute mit dem DNA-Gutachten in sehr vielen Fällen die Vaterschaft des Beischläfers der Mutter auch nach seinem Tod mit genügender Wahrscheinlichkeit festgestellt werden; vgl. BÄR/KRATZER, Die Leistungsfähigkeit des DNA-Gutachtens in der Vaterschaftsbegutachtung, AJP 1992, 357 ff.; ZR 91/92 (1992/93) Nr. 30.
Nach der vorn N 70 und hinten § 10 N 132 ff. vertretenen Meinung sind Unterhalts- und Unterstützungspflichten gegenüber Haftpflichtansprüchen subsidiär.
[410] Auch Schwiegersöhne und -töchter fallen in Betracht; BGE 88 II 462.
[411] BGE 47 II 708; 57 II 463. Es ist unerheblich, dass das Geld für die von einer Tochter ihrer Mutter gebotene Unterstützung vom Ehemann der Versorgerin stammt, BGE 74 II 210. Auch unentgeltliche Leistung von Arbeit im elterlichen Betrieb zählt, WEGMANN in SJZ 61 (1965) 100. Vgl. über den Tod des einzigen noch lebenden Elternteils (Versorgerschaden einer Halbwaisen) STARK in ZSR 105 (1986) I 368 ff.
[412] BGE 41 II 708: Schwester als Versorgerin des jüngeren Bruders; 53 II 52: Bruder als Versorger der im gleichen Haushalt lebenden Schwester.

Solche familienrechtlichen Beziehungen beantworten die Frage nach 266
der Versorgereigenschaft eines Verstorbenen nicht zwingend; sie bieten nur
Anhaltspunkte, bei deren Würdigung die sozialen Gepflogenheiten mitzuberücksichtigen sind[413].

Nicht nur familienrechtliche, sondern auch andere Beziehungen zwi- 267
schen dem Getöteten und dem Ansprecher können zukünftige Unterstützungsleistungen als wahrscheinlich erscheinen lassen und daher einen
Schadenersatzanspruch aus entgangener Versorgung begründen. Der praktisch häufigste Fall dürfte heute das *Konkubinat* [414] sein.

Die Unterstützung muss regelmässig und in der Absicht gewährt wor- 268
den sein, ganz oder zum Teil für den Unterhalt des Versorgten aufzukommen, ihn regelmässig für längere Zeit vor finanzieller Not zu bewahren[415].
Die Hilfe muss notwendig gewesen sein. Aus andern Motiven als denen der
Unterstützung gewährte Zuwendungen, Geschenke, Zuschüsse aller Art[416]
machen den Empfänger nicht zum Versorgten[417]. Es ist nicht erforderlich,
dass der Versorger allein oder vollständig für den Unterhalt aufgekommen
ist[418]. Die Leistung kann statt in Geld auch in natura oder durch Arbeit
erfolgt sein.

Daneben kann die nötige Wahrscheinlichkeit zukünftiger Versorgungs- 269
leistungen auch ohne bisherige Unterstützungen aus andern Umständen
abgeleitet werden. Die Vorauflage spricht S. 233 von *hypothetischer Versorgung*. Die Unsicherheit ist hier aber viel grösser, als wenn der Getötete
schon vor seinem Unfalltod Versorgungsleistungen erbracht hat. Hieher

---

[413] So sind die Unterstützungsleistungen von Kindern an die Eltern zurzeit in Südeuropa viel selbstverständlicher als bei uns. Wenn z. B. ein Sohn oder eine Tochter in Italien lebender Eltern in der Schweiz tödlich verunfallt, ist die Wahrscheinlichkeit finanzieller Unterstützung der Eltern viel grösser als bei schweizerischen Eltern.

[414] Vgl. dazu BGE 37 II 468; 114 II 144; GROSSEN, Le ménage de fait devant la loi suisse, Traveaux de l'Assoc. Henri Capitant, Supplément au tome XI (Paris 1961) n° 6; STAUFFER/SCHAETZLE (4. A. Zürich 1989) N 766; STARK, Skriptum N 105; DERS. ZSR 105 (1986) I 373 ff.; A. KELLER II 74; BREHM N 150 ff. zu OR 45; ZEN-RUFFINEN, La perte de soutien, 46 ff.; MERZ, SPR VI/1 206; ANDREAS GIRSBERGER in: Die eheähnliche Gemeinschaft (Konkubinat) im schweizerischen Recht (Zürich 1984) 173 ff.; ENGEL 351; hinten N 336.

[415] BGE 34 II 455/56.

[416] Zum Beispiel Zahlungen an die Eltern als Entgelt für Kost und Logis oder zur Äufnung eines Familienvermögens, BGE 34 II 621.

[417] BGE 53 II 52; 54 II 17; vgl. im übrigen zu den Voraussetzungen auf der Seite des Versorgten BREHM N 51 ff. zu OR 45; STAUFFER/SCHAETZLE (4. A. Zürich 1989) N 767 f.; A. KELLER II 70 f.; STARK, ZSR 105 (1986) I 342.

[418] BGE 34 II 455; 53 II 52; 54 II 17; 57 II 182 u. a.

gehören vor allem die noch verdienstunfähigen *Kinder*[419]. Sie sind dann als zukünftige Versorger der Eltern – eventuell auch von Geschwistern[420] – zu betrachten, wenn es ausreichend wahrscheinlich ist, dass sie die Eltern später einmal unterstützt haben würden. Das ist nach dem gewöhnlichen Lauf der Dinge, also gemäss der Lebenserfahrung, zu beurteilen[421]. Hiefür ist namentlich die ökonomische Lage der Eltern[422] und die Veranlagung der Kinder, soweit diese schon festgestellt werden kann, massgebend[423]. Wenn die Eltern oder Geschwister kaum je in die Lage kommen werden, eine wenn auch bloss teilweise Unterstützung zu benötigen, ist ein Ersatz für Versorgerschaden abzulehnen[424]. Das gilt auch, wenn von den Kindern wegen ihrer wirtschaftlichen Untüchtigkeit die Fähigkeit zur Unterstützung der Eltern nicht zu erwarten ist oder wenn ihr Charakter es unwahrscheinlich macht, dass sie Hilfe leisten werden. Man steht hier vor ebenso vielen Ungewissheiten wie Anhaltspunkten. Das Bundesgericht ist deshalb seit einiger Zeit zurückhaltender als früher in der Zusprechung derartiger Entschädigungen[425, 426]. Wenn der Anspruch trotzdem bejaht wird, ist Versorgung vom Beginn der eigentlichen Erwerbstätigkeit bis zum Zeitpunkt der vermutlichen Verheiratung anzunehmen[427].

270 Als weiterer hypothetischer Versorger kommt der *Bräutigam* im Verhältnis zur Braut in Betracht[428]. Eine formelle Verlobung ist dafür nicht erforderlich, wohl aber, dass die Heirat ernsthaft geplant war. Auch bei der

---

[419] BGE 33 II 88; 35 II 285, 427; 54 II 17; 58 II 38; 62 II 59; 79 II 355.
[420] Vgl. ZGB 328 II. Die Unterstützungspflicht allein genügt aber nicht, um spätere Versorgerleistungen anzunehmen.
[421] BGE 58 II 37, 217.
[422] Dabei kann z. B. eine namhafte Invalidität eines Eltern- oder Geschwisternteils eine Rolle spielen.
[423] BGE 33 II 89; 58 II 37, 217; 72 II 197; ZR 42 Nr. 116 S. 310; SJZ 58 (1962) 8.
[424] Durch die AHV und die seit ihrer Einführung periodisch erfolgte Erhöhung ihrer Leistungen sowie durch das Obligatorium der beruflichen Vorsorge (BVG) ist die Wahrscheinlichkeit späterer Versorgerleistungen von Kindern wesentlich reduziert worden.
[425] BGE 58 II 217; 62 II 58 und dortige Zitate; 112 II 122.
[426] Über die Anrechnung der infolge des Todes eines Kindes in Zukunft ersparten Aufwendungen für Unterhalt und Erziehung vgl. vorn N 61. In BGE 112 II 122 hat das Bundesgericht einen Versorgerschaden der Eltern zweier Söhne im Alter von 11 und 8 Jahren abgelehnt, da die Aufwendungen für ihren Unterhalt bis zur eigenen Erwerbstätigkeit nach allgemeiner Lebenserfahrung die zukünftige Unterstützung der Eltern aufwiegen würden. Vgl. im übrigen STAUFFER/SCHAETZLE (4. A. Zürich 1989) Beispiele 32 und 33; A. KELLER II 73; SCHAER Rz 195; BREHM N 188 ff. zu OR 45.
[427] Vgl. SJZ 58 (1962) 8, wo Versorgung vom 20. bis zum 25. Altersjahr angenommen wurde.
[428] BGE 37 II 467; 39 II 325; 44 II 67; 57 II 56; 66 II 220/21; 114 II 146. Einer Braut steht selbstverständlich ein Versorgerschadenanspruch nur zu, wenn unter den geplanten Verhältnissen eine Ehefrau anspruchsberechtigt wäre; vgl. hinten N 277.

IV. Schaden infolge Tötung § 6

Ehefrau kann es sich aufdrängen, ihre Versorgung des Ehemannes erst für einen späteren Zeitpunkt anzunehmen; es kommt auf ihr Alter, ihre Gesundheit und ihre Veranlagung an[429]. Ist es zum vornherein die Frau, die erwerbstätig ist, so kann der *Ehemann* bei ihrem Tod als hypothetischer Versorger erscheinen; das trifft je nach den Umständen auch für andere Personenkategorien zu[430].

c) Person des Anspruchsberechtigten

Wer ohne den Tod des Versorgers in Zukunft wahrscheinlich versorgt worden wäre[431], d. h. der Versorgungsleistungen wegen dieses Todes verlustig geht, ergibt sich aus den Ausführungen über den Begriff des Versorgers (vorn N 264 ff.). Auch ein ausserehelichles[432] oder posthumes Kind[433] ist anspruchsberechtigt. Dem nasciturus schon vor der Geburt ein Klagerecht einzuräumen, ist nicht erforderlich, da die Geburt in jedem Fall vor Ablauf der Verjährung des Haftpflichtanspruches erfolgt[434]. Die Erbengemeinschaft des Verstorbenen ist als solche nicht anspruchsberechtigt[435]. Wenn Geschwister eines Verunfallten, der bis jetzt allein für die Unterstützung eines Elternteiles aufgekommen ist, nun ihrerseits den Eltern Versorgerleistungen erbringen müssen, erleiden sie keinen ersetzbaren Schaden; denn sie haben nicht im Sinne von OR 45 III ihren Versor-

271

---

[429] BGE 57 II 183.
[430] Vgl. im übrigen zur Rechtsprechung und Entstehungsgeschichte des Begriffs des Versorgers PETER WEIMAR, Der Begriff des Versorgers nach Art. 45 Abs. 3 OR, FS Max Keller (Zürich 1989) 337 ff. Er kritisiert den heute in Rechtsprechung und Lehre massgebenden faktisch-hypothetischen Versorgerbegriff und plädiert für einen rechtlich-sittlichen. Er gelangt dann u. a. zum Schluss, «dass die Doktrin vom faktisch-hypothetischen Versorger der Natur der Sache nicht entspricht und deshalb trotz allen Lippenbekenntnissen in der Praxis nicht angewendet wird» (354). Er geht dabei von der Meinung aus, dass man nicht damit rechnen könne, «dass jemand einen andern aus Freigebigkeit versorgt hätte, auch dann nicht, wenn er dies bei Lebzeiten getan hat». Er will dabei das Urteil des Richters über die Wahrscheinlichkeit der Versorgung im konkreten Fall durch eine allgemeine, im Gesetz festgeschriebene Grenzziehung ersetzen, was BGB 844 II entspricht.
[431] Falls der Ansprecher vor dem kantonalen Urteil stirbt, besteht ein Versorgerschaden (den jetzt die Erben geltend machen) nur für den Zeitraum zwischen dem Tod des Versorgers und dem Tod des Ansprechers.
[432] BGE 37 II 468/69; 62 II 149.
[433] BGE 29 II 2; 36 II 81; 37 II 468; 62 II 149; 72 II 168; ZR 61 Nr. 90 = SJZ 58, 354. Vgl. vorn FN 409.
[434] Vgl. auch BGE 62 II 147 ff. Das deutsche HPflG § 5 II gibt dem nasciturus ausdrücklich einen Anspruch.
[435] BGE 34 II 9.

ger verloren. Dies trifft aber für die Eltern zu, die daher anspruchsberechtigt sind; ihr Anspruch gegen den Haftpflichtigen geht dem Unterstützungsanspruch gegen die überlebenden Kinder vor[436]. Ein Dritter, der nach dem Tod des Versorgers dem Versorgten bis zur Klärung der Rechtslage Unterstützung zukommen lässt – sei es gestützt auf eine vertragliche, familien- oder öffentlichrechtliche Pflicht oder auch freiwillig –, ist als solcher nicht klagelegitimiert.

272 Jeder von mehreren Versorgten besitzt einen eigenen Anspruch, dessen Voraussetzungen und Umfang nach den besonderen, in seiner Person gegebenen Verhältnissen zu beurteilen sind[437].

d) Unterstützungsbedürftigkeit des Versorgten

273 Ein Anspruch steht nur einer Person zu, die nach dem Unfall unterstützungsbedürftig[438] sein wird. Namentlich bei Tötung zukünftiger Versorger, die es bisher nicht waren, bedarf diese Voraussetzung sorgfältiger Prüfung[439].

274 Der Versorgerschaden umfasst nicht jeden Schaden, der durch den Ausfall von Unterstützungsleistungen an den Geschädigten entsteht, also nicht das volle Interesse[440]. Vielmehr kommt es darauf an, ob der Unterstützte ohne Versorgerleistungen eine Einbusse an Lebensstandard erleidet[441]. Stehen ihm andere Mittel für seinen Unterhalt zur Verfügung, so

---

[436] Vgl. vorn N 70, hinten § 10 N 132 ff.
[437] BGE 66 II 177; SJZ 45, 362: Die geschiedenen Eltern besitzen je ihren eigenen Anspruch. – In der Praxis scheinen die Eltern gewöhnlich einen für beide Teile zusammen errechneten Schaden geltend zu machen, was aber nicht richtig ist. Vgl. zur Frage, ob die Ansprüche mehrerer Versorgter getrennt oder gemeinsam zu berechnen seien, STAUFFER/SCHAETZLE (4. A. Zürich 1989) N 797 f.; BREHM N 88 und 175–178 zu OR 45; STARK, ZSR 105 (1986) I 343 und 350 f.; SCHAER Rz 175 FN 16 und Rz 187. In BGE 102 II 92 f. ist das Bundesgericht beim Tod einer Ehefrau und Mutter davon ausgegangen, dass der Versorgerschaden des Mannes bereits denjenigen für die Kinder einschliesse. Das liegt nahe, solange die Kinder im gemeinsamen Haushalt mit dem Vater leben. Wohnen sie nachher zum Zwecke der Ausbildung auswärts, so werden sich die Unterstützungsleistungen der Mutter meistens auf Waschen, Flicken und weitere Hilfeleistungen beschränken.
[438] Vgl. STAUFFER/SCHAETZLE (4. A. Zürich 1989) N 768; BREHM N 54 ff. zu OR 45; KELLER/GABI 94; STARK, ZSR 105 (1986) I 342.
[439] BGE 32 II 513; 34 II 103; 35 II 246; 44 II 67; 53 II 126; 72 II 197; Sem.jud. 1944, 513.
[440] Diese Abweichung vom allgemeinen Grundsatz des Ersatzes des vollen Interesses (vorn § 2 N 66; VON TUHR/PETER 117) rechtfertigt sich, weil der Versorgerschaden ein Reflexschaden ist und nur gestützt auf OR 45 III trotzdem ersetzt wird. Vgl. vorn FN 381.
[441] BGE 57 II 182 und die dort angeführten früheren Entscheidungen, ausserdem BGE 101 II 257; 102 II 90 E. 2b; 108 II 434 E. 2a; 112 II 87 E. 2b; 114 II 144; nicht publ. BGE vom 23. Februar 1994 i. S. Billieux gegen Mobiliar + Coletti und «Zürich» + Dondenne

IV. Schaden infolge Tötung § 6

erwächst ihm insoweit kein Versorgerschaden. *Leistungen Dritter*, namentlich familien- oder öffentlichrechtlicher Natur, sind nur anzurechnen, soweit sie nicht gegenüber Haftpflichtleistungen subsidiär sind[442]. Bei Wiederverheiratung eines geschiedenen Ehegatten ist die Unterstützungspflicht des neuen Gatten nicht subsidiär[443].

Kriterium für die Unterstützungsbedürftigkeit[444] ist nicht, dass ohne die Versorgerleistungen der Ansprecher in Not geraten würde. Sie ist vielmehr schon gegeben, wenn ohne die Versorgung die bisherige standesgemässe Lebensweise nicht weitergeführt werden könnte[445]. Dabei fällt übermässiger Aufwand ausser Betracht[446]. Das Haftpflichtrecht strebt abgesehen vom übermässigen Aufwand die annähernde Erhaltung des Zustandes an, wie er ohne den Tod des Versorgers bestünde. Die Ansprecher sollen nicht gezwungen sein, ihre Lebensführung erheblich einzuschränken[447].

Anzurechnen ist dementsprechend der Vermögensertrag des Versorgten, und zwar sowohl der Ertrag des früheren eigenen als auch des wegen des Todes des Versorgers geerbten oder durch güterrechtliche Teilung erhaltenen Vermögens, aber beides nicht schematisch, sondern in billigem Rahmen. Das gilt auch für den eigenen Arbeitserwerb, den der Versorgte vor dem Todesfall erzielt hat[448].

275

276

S. 12; SJZ 27, 300; OSER/SCHÖNENBERGEr N 14 zu OR 45; IM HOF, Die Art und Grösse des Schadenersatzes und der Genugtuung (Diss. Bern 1912) 130; STARK, ZSR 105 (1986) I 342.

[442] Dann sind sie vom Dritten nicht zu erbringen, wenn der Geschädigte sich mit Erfolg an den Haftpflichtigen hält; BGE 57 II 184; VON TUHR/PETER 434. Vgl. vorn N 70, hinten § 10 N 132 ff.

[443] Die geschilderte Regelung gilt selbstverständlich nicht für Haftpflichtansprüche gegen weitere Haftpflichtige bei einer Mehrheit von Ersatzpflichtigen; zwischen ihnen besteht nicht Subsidiarität, sondern Solidarität (hinten § 10).

[444] Dieser in diesem Zusammenhang gebräuchliche Ausdruck ist irreführend. Nach ZGB 328 I besteht die Unterstützungspflicht von Verwandten nur, wenn jemand ohne deren Beistand in Not geraten würde. Dabei kommt es nicht auf die bisherige Lebenshaltung an; vgl. EGGER, Zürcher Komm. (2. A. Zürich 1943) N 27 zu aZGB 328. Diese Norm stellt wie die heute geltende darauf ab, ob der Anspruchsteller ohne die Unterstützungsleistungen der Blutsverwandten «in Not geraten würde». Vgl. auch BGE 101 II 21 und aZGB 329 I.
ZGB 152 spricht statt von Not von «grosser Bedürftigkeit».
Im Rahmen der Berechnung des Versorgerschadens ist nicht dieser Begriff der Unterstützungsbedürftigkeit massgebend.

[445] BGE 57 II 183; 59 II 463; 64 II 424, 429; 65 II 256; 82 II 39; 95 II 416 f.; 101 II 260; 102 II 93; ZR 69 Nr. 141 S. 377; SJZ 83 (1987) 275; STARK, ZSR 105 (1986) I 342.

[446] BGE 59 II 463.

[447] BGE 28 II 16.

[448] Wenn die Ehefrau im Betrieb des Mannes mitgearbeitet hat, ist zu prüfen, ob ihr zugemutet werden kann, nach dessen Tod im gleichen oder einem andern Betrieb weiter

277   Wenn ein Ehegatte vor dem Tod des andern keiner Erwerbstätigkeit nachgegangen ist, nachher aber die nötige Zeit dafür zur Verfügung hat, wenn er namentlich nicht durch Kindererziehung daran gehindert wird, und wenn auch punkto Ausbildung die Voraussetzungen dafür gegeben sind, muss der überlebende Ehegatte sich den Ertrag einer möglichen und zumutbaren Erwerbstätigkeit nach dem Tod des andern Gatten auf seine Versorgerschadenansprüche anrechnen lassen[449]. Dies erscheint als selbstverständlich, wenn eine erwerbstätige Ehefrau verstorben ist, deren Mann als Hausmann den Haushalt besorgt hat; normalerweise erscheint es auch im umgekehrten Fall als geboten[450] – ganz abgesehen davon, dass die Überwindung des seelischen Schmerzes dadurch erleichtert wird.

278   Die Unterstützungsbedürftigkeit ist natürlich auch Voraussetzung des Versorgerschadenanspruches des Ehemannes bei *Tod der Ehefrau*. Vgl. dazu hinten N 285 ff.

279   Nicht unter dem Gesichtspunkt der Unterstützungsbedürftigkeit ist die Anrechnung von *Versicherungsleistungen*, namentlich von Lebensversicherungen und Pensionskassen, zu prüfen. Dafür sind die generellen, über den Begriff des Versorgerschadens hinausgehenden Überlegungen massgebend, die in § 11 wiedergegeben sind.

e) Allgemeine Faktoren der Schadensberechnung

280   Um den Versorgerschaden zu bestimmen, muss man schätzen, welches *künftig* die Unterstützung gewesen wäre, die der Ansprecher vom Versor-

---

dem Erwerb nachzugehen; ihre soziale Stellung ist nicht mehr die gleiche, wenn sie nicht mehr die Frau des Betriebsinhabers ist.

[449] Dies natürlich nur, wenn der überlebende Ehegatte nicht wenige Jahre vor dem AHV-Endalter steht; dann ist die Aufnahme einer Erwerbstätigkeit häufig wirtschaftlich kaum mehr möglich. – Im BGE 119 II 363 wurde der Verdienst der Frau demgegenüber nicht auf ihren Versorgerschaden angerechnet; das leuchtet nicht ohne weiteres ein; vgl. STARK, AJP 1994, 642.

[450] Wenn man, wie hier vertreten, den Ertrag einer möglichen und zumutbaren Erwerbstätigkeit auch dann anrechnet, wenn sie nicht ausgeübt wird, entfällt die Unterscheidung, ob der überlebende Ehegatte eine Erwerbstätigkeit ausübt oder nicht.
Für eine Anrechnung SJZ 83 (1987) 275 ff.; vgl. auch STAUFFER/SCHAETZLE (4. A. Zürich 1989) N 785; BREHM N 130–134 zu OR 45; SCHAER Rz 177–188; STARK, ZSR 105 (1986) I 349 ff.; ZEN-RUFFINEN 83 f.; FEHR 115 ff.; GIRSBERGER, SJZ 61 (1965) 274; a. M. A. KELLER II 86; MARTI 69/70; Voraufl. 236; BGE 8, 529; 59 II 464.

IV. Schaden infolge Tötung § 6

ger bezogen hätte, wäre dieser nicht ums Leben gekommen[451]. Dafür lässt sich eine Reihe von Faktoren nennen. Die Beurteilung hat, womöglich, *konkret* zu erfolgen[452]. Doch ist man, insbesondere bei hypothetischen Versorgern, oft auf Daten angewiesen, die auf der Erfahrung beruhen.

In den folgenden Darlegungen wird vom Normalfall der Unterstützung der Familie ausgegangen. Bei Versorgung anderer Personen, z. B. eines Studenten, der nicht zur Familie gehört, ist in besonderem Masse auf die Verhältnisse des Einzelfalles abzustellen. 281

Massgebend ist, auch wenn bisher schon Unterstützung geleistet wurde, nicht die bisherige Höhe, sondern immer die zu erwartende zukünftige[453]. Es liegt aber nahe, im Zweifelsfall anzunehmen, dass sie gleich geblieben wäre, es sei denn, es sei mit einer Änderung der Verhältnisse zu rechnen. 282

aa) Aufwendungen des Versorgers für den Unterhalt der Familie

Meistens steht die Höhe der – hypothetischen – Unterstützung keineswegs fest, auch wenn ein Ehegatte, eine Braut, die Kinder[454] oder Eltern anspruchsberechtigt sind. Auszugehen ist bei der Schätzung von der *Höhe des Nettoeinkommens*[455] des Versorgers[456]. Vermögensertrag stellt hier auch Einkommen dar, nicht nur der Arbeitserwerb. Das gleiche gilt für Alters- und Invalidenrenten, die der Versorger erhalten hätte[457]. Wenn im 283

---

[451] BGE 65 II 256.
[452] BGE 89 II 398; 95 II 416; vgl. auch 86 II 13.
[453] Detaillierte Ausführungen finden sich bei KELLER/GABI 95 ff.; BREHM N 100 ff. zu OR 45; A. KELLER II 75 ff.; STAUFFER/SCHAETZLE (4. A. Zürich 1989) N 773 ff.; STARK, ZSR 105 (1986) I 337 ff.; DERS., Skript N 107 ff.
[454] BGE 65 II 255 ff.: Lehrling, Gymnasiast und Student als Ansprecher.
[455] Vgl. vorn N 140. Massgebend ist hier das Einkommen, das dem Erwerbstätigen ausbezahlt wird und das nicht für Steuern aufgewendet werden muss; denn mit diesem Geldbetrag kann er seine Familie unterhalten. Vgl. über die Berücksichtigung der Steuern hinten N 289 ff. Bei der Schätzung des zukünftigen Nettoeinkommens ist auch hier von einem durchschnittlichen Verdienst unter Berücksichtigung der voraussichtlichen Reallohnerhöhungen auszugehen. Die Teuerung wird auch hier durch den niedrigen Kapitalisierungszinsfuss von 3½% ausgeglichen. Es gelten die gleichen Überlegungen wie bei den Invaliditätsfällen; vgl. vorn N 150.
[456] Bei hohen Einkommen wird normalerweise nicht der ganze verdiente Betrag für den Unterhalt der Familie aufgewendet, sondern ein ins Gewicht fallender Teil als Ersparnis auf die Seite gelegt oder in das eigene Geschäft investiert. Dann ist der Unterhaltsbeitrag für die Familie der Berechnung des Versorgerschadens als Ausgangspunkt zugrunde zu legen.
[457] STAUFFER/SCHAETZLE (4. A. Zürich 1989) N 788 und Beispiel 25; vgl. auch BGE 56 II 269; 64 II 429; 108 II 440; 109 II 68; 112 II 92.

folgenden der Einfachheit halber von Quoten des Einkommens gesprochen wird, sind Prozentsätze desjenigen Betrages gemeint, der für den Unterhalt der Familie aufgewendet wird. Dieser Betrag ist auf Grund der Lebenserfahrung und eventuell konkreter Hinweise in Quoten für die einzelnen Familienangehörigen aufzuteilen, aber nicht voll, weil die sog. *fixen Kosten* durch den Wegfall des Versorgers nicht entfallen, höchstens reduziert werden. Es handelt sich insbesondere um Mietzins, Heizung, Elektrizität, Wasser usw. Diese Kosten sind vom Gesamtbetrag, der vom Versorger für den Unterhalt der Familie aufgewendet wurde, vorerst abzuziehen, dann die Quoten der einzelnen überlebenden Familienglieder auszurechnen und die fixen Kosten wieder hinzuzuzählen[458]. Meistens rechtfertigt es sich, die Entschädigung für die fixen Kosten nicht auf die einzelnen Familienglieder aufzuteilen, sondern sie in vollem Umfang dem überlebenden Ehegatten zukommen zu lassen[459].

284   Das Bundesgericht hat bisher den fixen Kosten nicht auf diesem von der deutschen Praxis entwickelten Weg Rechnung getragen, sondern statt dessen die früher üblichen Quoten für den überlebenden Ehegatten erhöht, in BGE 108 II 439 auf 65%, in BGE 113 II 334/35 auf 57,5% und in BGE vom 23. Februar 1994 i. S. Billieux gegen Mobiliar + Coletti und «Zürich» + Dondenne S. 12 70% (bei Tod der Ehefrau). Diese Methode ist weniger anschaulich als diejenige der in Franken geschätzten fixen Kosten. Wenn, wie im Fall 113 II 334/35, eine Witwenquote von 57,5% eines Einkommens von Fr. 50 000.– angenommen und dabei von einer hälftigen Beteiligung der beiden Ehegatten ausgegangen wird, beträgt der Zuschlag für die fixen Kosten insgesamt 15% von Fr. 50 000.– = Fr. 7500.–, womit niemand eine Familienwohnung mieten kann, ganz abgesehen von den übrigen fixen Kosten. Solche Irrtümer werden vermieden, wenn man die fixen Kosten in Beträgen und nicht in Prozentsätzen festlegt[460].

---

[458] STAUFFER/SCHAETZLE (4. A. Zürich 1989) N 778; STARK, ZSR 105 (1986) I 344; DERS., Skriptum N 122/23; BGE 119 II 363; vgl. STARK in AJP 1994, 642.
[459] Vgl. STARK, ZSR 105 (1986) I 345; a. M. GEIGEL/SCHLEGELMILCH, Kap. 8 N 65; WUSSOW/KÜPPERSBUSCH N 246; KOZIOL, Österreichisches Haftpflichtrecht II Bes. Teil (Wien 1984) 158.
[460] Auch STAUFFER/SCHAETZLE (4. A. Zürich 1989) N 799 ff. gehen von Quoten der gesamten für den Unterhalt der Familie aufgewendeten Summe aus und nicht von dem um die Fixkosten gekürzten Betrag. Wenn der Verstorbene viele Kinder hinterlässt, können sich dann Gesamtquoten von über 100% ergeben; vgl. STAUFFER/SCHAETZLE N 808. Das erschwert die Beurteilung.

bb) Unterstützung der Versorgten durch Arbeit

Bei Unterstützungsleistungen des Verstorbenen für seine Hinterlassenen in Form von *Arbeit,* insbesondere beim Tod einer Ehefrau, die den Haushalt besorgte, ergibt sich aus der Natur der Dinge eine abweichende Berechnungsmethode: Der Unterstützungsbeitrag besteht nicht in Geld, und sein Wert kann nicht aus Lohnausweisen und – bei Selbständigerwerbenden – aus Buchhaltungsabschlüssen abgeleitet werden. Er ist vielmehr aus den Kosten, die durch den Beizug einer Ersatzkraft für den Haushalt und gegebenenfalls auch für die Kinderbetreuung entstehen, abzuleiten[461]. Davon sind die Auslagen abzuziehen, die der geldleistende Ehegatte für den Unterhalt des Getöteten in Zukunft erbracht hätte[462]. 285

Wenn nicht ganz konkret mit dem Lohn[463] einer angestellten Ersatzkraft gerechnet werden kann, ist zu ermitteln, wie viele Stunden eine solche zur Führung des (reduzierten) Haushaltes benötigt[464]. Durch Multiplikation mit dem den wirtschaftlichen Verhältnissen – sie sind massgebend für die gestellten Anforderungen an die Hilfskraft – entsprechenden Stundenansatz[465] ergibt sich dann der Wert der Unterstützungsleistung. Die Naturalleistungen für Kost und Logis fallen meistens mindestens teilweise aus der Rechnung, weil sie vorher der Frau zu erbringen waren. 286

Von diesem Wert ist der Betrag abzuziehen, den der überlebende Ehegatte für den Verstorbenen aufgewendet hat: Nahrung[466], Kleidung, Ferien usw.[467]. Daraus ergibt sich der Versorgerschaden, und zwar nicht nur 287

---

[461] Vgl. den grundlegenden BGE 108 II 435; ausserdem den BGE vom 23. Februar 1994 i. S. Billieux gegen Mobiliar + Coletti und «Zürich» + Dondenne.

[462] Vgl. STARK, ZSR 105 (1986) I 360. Die Praxis hat verschiedentlich (vgl. BGE 82 II 39 f.; 101 II 262) angenommen, dass die beiden Beträge sich aufheben. Das ist von Fall zu Fall zu prüfen; vgl. BGE 102 II 94 f.

[463] Zum Lohn gehören auch die Sozialversicherungsprämien, die der Arbeitgeber zu bezahlen hat.

[464] Das kann direkt geschehen oder auf dem Umweg über die für die Führung des Haushaltes insgesamt benötigte Zeit, von der dann diejenige Stundenzahl abzuziehen ist, die wegen des Todes der Verstorbenen nicht mehr benötigt wird.

[465] Die fixen Kosten spielen hier keine Rolle, weil als Ausgangspunkt nicht ein Geld-Einkommen benützt wird, aus dem sie bezahlt wurden.

[466] Die Nahrung ist nur insoweit abzuziehen, als die Ersatzkraft sie nicht auch erhält.

[467] Der Stundenansatz ist für die Schadensberechnung eher hoch zu wählen, weil die Arbeit von einem (interessierten) Ehegatten mit mehr Initiative, Entschlusskraft, Aufmerksamkeit und Disponibilität geleistet wird als normalerweise von einer Ersatzkraft. Das gilt aber nur, wenn ein Minus an Qualität der Arbeit einen ins Gewicht fallenden Schaden bewirkt.

für den überlebenden Ehegatten, sondern auch für die im gemeinsamen Haushalt lebenden Kinder.

288 Wenn keine Ersatzkraft angestellt wird und die Hinterbliebenen die Haushaltarbeiten selbst besorgen, entsteht durch den Wegfall der/des Verstorbenen an sich kein Schaden im Rechtssinne[468]. Ergibt sich daraus aber eine erhebliche Mehrbelastung der Familienangehörigen und führt diese zu einer Senkung des Lebensstandards, so erscheint die Zusprechung eines Versorgerschadens als gerechtfertigt. Häufig werden aber die Hinterbliebenen auch bei Anstellung einer Ersatzkraft mehr Haushaltarbeiten besorgen müssen als vor dem Unfall. Das fällt jedoch nicht so stark ins Gewicht, dass daraus ein Versorgerschaden abgeleitet werden könnte.

cc) Berücksichtigung der Steuern

289 Der Tod eines Versorgers hat normalerweise auch *steuerliche Auswirkungen,* die in den bisherigen Darlegungen ausgeklammert wurden. Bei Tod des dem Erwerb nachgehenden Ehegatten entfällt sein Arbeitseinkommen, auf dem der Verstorbene die Einkommenssteuer bezahlen musste. Als Basisbetrag für die Berechnung des gesamten für den Unterhalt der Familie aufgewendeten Betrages kommt daher eigentlich nur das um die Einkommenssteuer gekürzte Einkommen in Frage[469], wobei zu berücksichtigen ist, dass diese Steuern je nach Wohnsitzkanton und -gemeinde sehr verschieden hoch sind.

290 Wenn man so genau rechnet, sind den Versorgten die Steuern zu ersetzen, die sie auf dem Schadenersatz und den Hinterlassenenrenten der Sozialversicherungen zu bezahlen haben. Auch hier sind die Verhältnisse

---

[468] Vgl. BGE 82 II 40; 99 II 223 f.; 108 II 436 E. 2b. Im BGE vom 23. Februar 1994 i. S. Billieux gegen Mobiliar + Coletti und «Zürich» + Dondenne S. 13 ff. hat ein Ehemann wegen des Todes seiner Frau seine Nachtarbeit aufgegeben, um die Kinder am Abend betreuen zu können. Daraus resultierte ein Minderverdienst des Mannes von Fr. 10 320.–. Das Bundesgericht hat diesen Betrag bei der Schadensberechnung nicht berücksichtigt – mit der Begründung, es handle sich um einen Reflexschaden –, wodurch sich nicht nur der Ersatzanspruch des Witwers, sondern auch der Kinder reduzierte. Diese Lösung überzeugt nicht. Wenn ein invalider Ehemann von seiner Frau gepflegt wird und diese deshalb ihre Erwerbstätigkeit aufgibt, ist ihr Verdienstausfall auch kein Reflexschaden.

[469] Bei einem Nettoeinkommen von Fr. 100 000.– und einer total darauf zu bezahlenden Einkommenssteuer von Fr. 20 000.– stehen nur Fr. 80 000.– für den Unterhalt der Familie zur Verfügung. Von diesen Fr. 80 000.– sind nach Abzug der fixen Kosten die Unterhaltsquoten (hinten N 295 ff.) zu berechnen. Vgl. dazu MAUTE/STEINER, Steuern und Versicherungen (Muri-Bern 1992).

IV. Schaden infolge Tötung § 6

in den Kantonen verschieden; bei der direkten Bundessteuer und in vielen Kantonen ist auf dem in Kapitalform bezahlten Versorgerschaden keine Einkommenssteuer zu entrichten.

Die Berücksichtigung der Steuern auf den Schadenersatzbeträgen und 291
den Renten, die der Schadenfall auslöst, kompliziert die Schadensberechnung; abgesehen davon darf nicht übersehen werden, dass die Steuerbelastung sich von Jahr zu Jahr ändern kann und dass sich bei einem späteren Umzug in einen andern Kanton ohnehin andere Sätze ergeben können.

Diese Situation legt den Gedanken nahe, im Interesse der Praktikabili- 292
tät der Rechtsordnung auf die Kürzung des Einkommens des Verstorbenen um die Einkommenssteuer einerseits und auf die Berücksichtigung der von den Hinterlassenen auf den Schadenersatzzahlungen zu entrichtenden Steuern anderseits zu verzichten. Das lässt sich um so eher rechtfertigen, als die Versorgerschadenentschädigung immer auf einer Schätzung einer zukünftigen Entwicklung beruht und daher auch bei richtiger Berücksichtigung aller Faktoren nur approximativ richtig sein kann.

Je höher das Einkommen ist, um so grösser können die sich bei der 293
vorgeschlagenen Vereinfachung ergebenden Abweichungen vom theoretisch richtigen Betrag sein[470]. Es stellt sich daher die Frage, ob bei höheren Einkommen auf diese «Verrechnung» zwischen der Einkommenssteuer des Verstorbenen und der Steuer auf dem Schadenersatz der Versorgten nicht verzichtet werden sollte. Das ist von Fall zu Fall zu entscheiden; der Vorschlag einer Limite[471] würde innert weniger Jahre ohnehin durch die Teuerung überholt.

dd) Erwerbstätigkeit des Versorgten

Bei *miterwerbender Ehefrau* und Tod des Ehemannes – oder umgekehrt 294
– ist derjenige Teil des Einkommens der Ehefrau, den diese für den Haushalt aufwendet, zum Beitrag des Ehemannes hinzuzuzählen; von der Summe sind nach Abzug der fixen Kosten die Quoten zu bestimmen und um die respektiven Beiträge zu den gemeinsamen Haushaltskosten zu kürzen[472].

---

[470] Diese Differenz wird häufig aus der Rechnung fallen, weil bei sehr hohen Einkommen nur ein Teil für den Unterhalt der Familie verwendet wird (vgl. vorn FN 456).
[471] Vgl. STARK, ZSR 105 (1986) I 346.
[472] Vgl. STAUFFER/SCHAETZLE (4. A. Zürich 1989) N 784. Selbstverständlich ist dabei die Arbeit des den Haushalt führenden Ehegatten zusätzlich zu berücksichtigen.

ee) Grösse der Quoten

295 Bei der *Festsetzung der Quoten,* die dem einzelnen Versorgten, bezogen auf den für den Unterhalt der Familie insgesamt aufgewendeten Betrag, zuzusprechen sind, wird im folgenden davon ausgegangen, dass die fixen Kosten entsprechend der vorn N 283 f. vertretenen Auffassung separat in Franken berechnet und zu den Quotenbeträgen (meistens) des überlebenden Ehegatten hinzugezählt werden. Wenn man entsprechend der neueren Praxis des Bundesgerichtes die Quote des überlebenden Ehegatten – entsprechend oder nicht – einfach erhöht[473], werden generelle Aussagen über die Quoten schwierig.

296 Im weiteren ist der sozialen Entwicklung Rechnung zu tragen. Früher wurde für die Ehefrau ohne Kinder von 40% ausgegangen, so dass für den Ehemann[474] 60% einzusetzen waren. Beide Quoten wurden dann bei unterhaltenen Kindern entsprechend gekürzt[475]. Im weiteren wurde bei niedrigem Einkommen ohne Kinder die Frauenquote erhöht, z. B. auf 45%[476], weil sich sonst zu niedrige Beträge ergeben hätten. Nach der heutigen Auffassung über die Stellung der Frau müssen, wenn man davon ausgeht, dass sie der heutigen Wirklichkeit entsprechen, für Mann und Frau gleiche Quoten festgesetzt werden, also ohne Kinder je 50%, unabhängig von der Höhe des Einkommens. Die Kinderquoten sind dann hälftig auf beide Ehegatten zu verteilen; d. h., die Quote eines Elternteils wird um die Hälfte der Kinderquoten gekürzt.

297 Die Höhe der von den Kindern beanspruchten Unterhaltsquoten ändert sich mit deren Älterwerden. Sie ist bei Kindern am Anfang des schulpflichtigen Alters relativ niedrig und erhöht sich dann langsam und sukzessive. Bei einem akademischen Studium oder einer andern entsprechend kostspieligen Ausbildung liegt sie am Schluss relativ hoch, namentlich wenn ein

---

[473] Ohne den Betrag der darin enthaltenen fixen Kosten anzugeben.
[474] Entsprechend der These, dass der Mann das grössere Beefsteak isst oder, generell gesagt, mehr Geld für sich selbst beansprucht, als er der Frau als Unterhalt zukommen lässt.
[475] Zum Teil wurde früher nur die Quote der Ehefrau um die Quoten der Kinder gekürzt; vgl. Voraufl. 239 (Vorbem. zur Kasuistik); BGE 29 II 3, 9; 36 II 82; 54 II 295; 84 II 292; 101 II 353. Demgegenüber ergeben sich in BGE 101 II 262 gleiche Quoten für Frau und Mann. In SJZ 53 (1957) 187 Nr. 88 und Rep. 1971, 271 ist die Quote der Witwe grösser als diejenige des verstorbenen Mannes. Vgl. die Zusammenstellung von BREHM, N 143 zu OR 45.
[476] Oder bei hohem Einkommen herabgesetzt; vgl. STAUFFER/SCHAETZLE (3. A. Zürich 1970) 57/58.

IV. Schaden infolge Tötung §6

Student eine auswärtige Hochschule besucht. Sie ist so festzusetzen, dass der sich ergebende Frankenbetrag den Bedürfnissen entspricht; sie liegt also bei hohem Einkommen der Eltern niedriger als im gegenteiligen Fall, wobei natürlich heute immer die Möglichkeit von Stipendien im Auge zu behalten ist.

Es drängt sich im Interesse einer einfachen Berechnung und in Anbetracht der ohnehin bestehenden Unsicherheiten auf, eine Durchschnittsquote bis zum Abschluss der Versorgung durch die Eltern anzunehmen. Diese Durchschnittsquote liegt naturgemäss höher, wenn die Kinder im Zeitpunkt des Todes des Versorgers in einem mittleren Jugendalter stehen, als wenn sie dann noch sehr jung sind. Zum Teil wurde bisher, wenn ein Kind wirtschaftlich selbständig wurde, die Witwenquote erhöht, was je nach den Verhältnissen nach wie vor angemessen ist[477]. 298

Die Quoten aller Familienglieder (inkl. derjenigen des Verstorbenen) zusammen müssen 100% des der Berechnung zugrunde gelegten Einkommens abzüglich der Fixkosten ergeben[478], wenn die Fixkosten separat in die Rechnung eingesetzt werden. 299

Nach der Praxis machen die Kinderquoten je nach ihrer Anzahl 5–15% aus[479]. Es drängt sich auf, die Verteilung des ganzen zur Verfügung stehenden Betrages, z. B. pro Monat, auszurechnen. Die Quoten werden dann anschaulicher. 300

Die in der in der Vorauflage 239/40 abgedruckten Kasuistik enthaltenen Entscheide berücksichtigen die durch den Wegfall des Getöteten nicht herabgesetzten Fixkosten noch nicht. Ausserdem ist ihnen die Gleichstellung der Ehefrau mit dem Ehemann noch weitgehend fremd. Sie können daher nicht mehr als Präjudizien betrachtet werden, denen wesentlicher Einfluss auf heute zu fällende Entscheidungen zukommen sollte. Daher wird auf den Abdruck dieser Kasuistik verzichtet. 301

Wenn erwerbstätige *Kinder*, die ihre alten oder kranken Eltern unterstützen, Opfer eines Unfalles sind, kann die Höhe ihrer Leistungen nicht auf dem Weg über mehr oder weniger generell geltende Quoten ermittelt 302

---

[477] Der Versorgerschaden der Witwe ist dann mit temporären und aufgeschobenen Renten zu berechnen.
[478] Anderer Meinung BREHM, N 105 zu OR 45. Früher durften die Quoten der überlebenden Ehefrau und der Kinder (also alle ohne die des Verstorbenen) nach der Praxis 66% nicht übersteigen; vgl. BGE 25 II 278; 36 II 96 u. a.; STARK, Skriptum N 118. Diese Grenze ist heute nicht mehr gerechtfertigt.
[479] Für Vollwaisen sei auf STARK, ZSR 105 (1986) I 368 ff. verwiesen.

werden. Die Verhältnisse des konkreten Falles sind dafür zu verschieden. Praktisch kommen Unterstützungsleistungen an die Eltern auf Grund der bei uns ausgebauten Sozialversicherung fast nur noch bei Südeuropäern und Völkern mit ähnlichen wirtschaftlichen Verhältnissen vor, wenn Söhne und Töchter in der Schweiz – oder einem andern westeuropäischen Land – arbeiten und einen Teil ihres Verdienstes nach Hause schicken.

303   Generell kann aber gesagt werden, dass in solchen Fällen die Unterstützungsfähigkeit normalerweise nur bis zur Verheiratung besteht, deren Zeitpunkt im konkreten Fall durch eine Schätzung ermittelt werden muss.

ff) Dauer der Unterstützung

304   Für wie lange ist anzunehmen, dass der Verstorbene ohne seinen Unfall dem Versorgten Unterstützungsleistungen erbracht hätte, und sind diese Leistungen bis zum Schluss haftpflichtrechtlich relevant?

305   Das Grundmodell sieht Versorgerleistungen aus dem Arbeitseinkommen des Versorgers vor. Diese hätten auch ohne den Unfall nur so lange erbracht werden können, als der Versorger ein Arbeitseinkommen bezieht.

306   Daraus ergibt sich, dass die Versorgerleistungen bis zum Ende der Aktivitätserwartung des Versorgers zu kapitalisieren sind. Sie wären aber nicht nur dann entfallen, wenn der Versorger wegen zunehmenden Alters kein Arbeitseinkommen mehr erzielt hätte, sondern auch im Falle des Vorabsterbens des Versorgten. Für die Kapitalisierung ist also nicht der einfache Aktivitätskoeffizient (vorn N 162) zu verwenden wie bei Invalidenrenten, sondern der Aktivitätskoeffizient *auf verbundene Leben:* STAUFFER/SCHAETZLE Tafel 25/27.

307   Diese Aktivitätstabellen sind heute allgemein anerkannt[480]. Ein Einwand ergibt sich daraus, dass je länger, je mehr Erwerbstätige sich im Alter 65 (bei Männern) bzw. 62 (bei Frauen) aus dem Erwerbsleben zurückziehen; die faktische Aktivitätszeit sinkt auf diese Altersgrenze[481]. Es würde sich daher rechtfertigen, bei den Unselbständigerwerbenden im Zweifel nicht mehr die Aktivitätstabellen anzuwenden, sondern bei Männern bis

---

[480] Vorbereitend BGE 81 II 42/43, grundlegend 86 II 8 ff., neben vielen anderen auch 113 II 336 f.
[481] Nach den Publikationen des Bundesamtes für Statistik waren 1990 nur noch 25% der Männer über das Alter 65 hinaus erwerbstätig, 1970 noch etwas über 70%. – Vgl. vorn N 162 ff.

IV. Schaden infolge Tötung   § 6

zum Alter 65 und bei Frauen bis zum Alter 62 zu kapitalisieren (STAUFFER/ SCHAETZLE Tafel 26/28). Die Wahl obliegt dem Richter nach seiner Beurteilung der Verhältnisse im konkreten Fall.

Häufig wird heute anzunehmen sein, dass der Versorger – ohne den Unfall – auch *nach dem Aufhören seiner Erwerbstätigkeit* die Versorgung, namentlich seines Ehepartners, über die Aktivitätsgrenze hinaus auf der Basis seiner Altersrente bzw. Ehepaarsrente fortgesetzt hätte. Der überlebenden Witwe entgehen in diesem Fall durch den Tod ihres Ehemannes die entsprechenden Versorgerleistungen, wofür sie nach OR 45 III vom Haftpflichtigen Ersatz verlangen kann. Aus welcher Quelle die Mittel für die Unterhaltsleistungen stammen, spielt keine Rolle. Der Versorgerschaden ist dann bis zum Ende der Aktivität auf der Basis des Arbeitseinkommens des Ehemannes, nachher auf Grund des Pensionseinkommens zu berechnen. 308

Statt der Versorgerleistungen erhält die *Witwe eines Pensionierten* normalerweise von der AHV und von der Pensionskasse eine Witwenrente. Beide Renten sind durch den Tod des Ehemannes ausgelöst worden (meistens AHVG 23 I lit. d; BVG 19 I). Für ihre Höhe sind die Berechnungsgrundlagen des Ehemannes, bei der AHV ergänzt durch das frühere Arbeitseinkommen der Frau, massgebend (AHVG 33 I; BVG 21). Da beide Renten durch den Tod des Ehemannes ausgelöst wurden, stehen der AHV und der Pensionskasse je ein Regressrecht zu. Sie werden zwar durch den Tod des Versicherten entlastet, weil die Witwenrenten niedriger sind als die früheren Ehepaars- bzw. Altersrenten des Ehemannes[482]. 309

Die Witwenrenten sind auf den Versorgerschaden anzurechnen. Sie beruhen – wie bereits erwähnt – nicht auf einer der privaten Summenver- 310

---

[482] In BGE 56 II 270 (vgl. auch 109 II 69) hat das Bundesgericht bei Tod eines Pensionierten demgegenüber in bezug auf die Witwenrente das Kumulationsprinzip, das VVG 96 zugrunde liegt, angewendet. Es hat der Witwe neben dem Versorgerschadenanspruch gegen den Haftpflichtigen auf Grund der Versorgerleistungen des (verstorbenen) Ehemannes, die dieser aus der Pensionsrente bezahlte, ihre Witwenrente, die auf dem gleichen Rechtsverhältnis beruhte wie die frühere Rente des Ehemannes, ohne Anrechnung belassen. Die Witwe kam so zu Lasten der Pensionskasse auf ungefähr doppelt so hohe Bezüge wie die früheren Unterstützungsleistungen des Ehemannes ausmachten. Ein solches Resultat wäre nur gerechtfertigt, wenn die Witwenrente von einem privaten Lebensversicherer (Summenversicherung) ausgerichtet worden wäre. Vgl. hinten § 11 vor allem N 254.
In BGE 109 II 69 ff. wurde diese Rechtsprechung bestätigt.

sicherung im Sinne von VVG 96 entsprechenden Versicherung[483], sondern auf einer Art Schadensversicherung[484]. Hat ein pensionierter Getöteter regelmässig Versorgerleistungen an eine Person bezahlt, mit der er nicht verheiratet war, so stellt deren Ausfall ebenfalls einen Versorgerschaden dar[485]. Wenn er rechtlich auf Grund eines Vertrages, z. B. einer Schenkung, dazu verpflichtet war, haben die Erben diese Leistungen an seiner Stelle zu erbringen. Bestand aber keine auf die Erben übergehende rechtliche Verpflichtung und leistet niemand mehr die betreffende Unterstützung, so liegt ein Versorgerschaden vor, der vom Haftpflichtigen zu übernehmen ist. Da die hier anvisierten Bezüger von Versorgerleistungen nach deren Wegfall keine Rente der AHV bzw. der Pensionskasse erhalten, sind keine Leistungen vorhanden, die auf den Versorgerschaden anzurechnen sind.

311 Wenn der Getötete eine UVG- oder MVG-Rente bezog, ist sie in die Berechnung des Versorgerschadens einzubeziehen. Es liegt nahe, dass aus ihr auch Versorgerleistungen finanziert werden. Erfolgte die Unterstützung aus *Kapitalertrag,* so wird normalerweise ebenfalls ein Versorgerschaden vorliegen; die Erträge des Kapitals, das der Versorgte erbt, sind aber in Anrechnung zu bringen[486].

312 Der Versorgerschaden von *jugendlichen Ansprechern* ist für so lange in die Rechnung einzusetzen, als die Unterstützungsbedürftigkeit[487] voraussichtlich anhält, also bis zum Eintritt ins Erwerbsleben. Je nach dem schon gewählten oder zu vermutenden Beruf liegt er früher oder später. Früher wurde das 18. Altersjahr als obere Grenze angenommen[488]; heute dürfte meistens das 20. Altersjahr den Verhältnissen entsprechen[489] und die obere Limite bei 25 Jahren liegen. Bei Invalidität eines Kindes kann die Versorgung bis zum Ende der Unterstützungsfähigkeit des Versorgers andauern.

---

[483] Anderer Meinung die zit. BGE 56 II 270; 109 II 69.
[484] Vgl. hinten § 11 vor allem N 267.
[485] Man denke an einen Studenten, dem er das Studium bezahlte, oder an eine Konkubine.
[486] Vgl. STAUFFER/SCHAETZLE (4. A. Zürich 1989) N 830.
[487] Wo Drogen- oder Alkoholsucht und dadurch bedingter Abbruch der Ausbildung zu einer unbestimmten Verlängerung der Unterstützungsbedürftigkeit führen, ist meistens nicht anzunehmen, dass noch Versorgerleistungen erbracht worden wären.
[488] BGE 31 II 289; 49 II 366; 53 II 180; 58 II 238; STAUFFER/SCHAETZLE (4. A. Zürich 1989) N 832; BREHM N 138 ff. zu OR 45; A. KELLER II 84; ZEN-RUFFINEN 100; STARK, Skriptum, N 128.
[489] BGE 57 II 184; 58 II 263; 59 II 462; 65 II 256; 66 II 177; 72 II 168; 99 II 373/74; 101 II 353.

Die entgehende Unterstützung ist als temporäre Rente zu berechnen[490]. 313

gg) Tod von Nachkommen

Bei Nachkommen als Versorgern ist für den *Beginn der Unterstützung* 314
der Beginn der Unterstützungsfähigkeit massgebend. Versorgung ist in solchen Fällen aber nur anzunehmen, wenn und von wann an Unterstützungsbedürftigkeit besteht. Im Vordergrund steht die Unterstützungsbedürftigkeit der Eltern; vgl. vorn N 302. Die massgebende Verbindungsrente ist aufzuschieben, bis sowohl Unterstützungsfähigkeit als auch Unterstützungsbedürftigkeit gegeben sind[491].

Auf den Versorgerschaden aus dem Tod von Nachkommen sind die 315
durch den Tod eingesparten Unterhalts-, Erziehungs- und Ausbildungskosten anzurechnen, nicht aber bereits vorher gemachte Aufwendungen; vgl. vorn N 61.

Angesichts der zahlreichen Ungewissheiten hat die Praxis früher gerne 316
einen ex aequo et bono festgesetzten Betrag zugesprochen[492].

hh) Zusammenfassung

Zusammenfassend ist festzuhalten, dass die Versorgerleistungen nur für 317
die Aktivitätsdauer oder bis zum 65./62. Altersjahr zu kapitalisieren sind, soweit sie aus dem laufenden Arbeitserwerb bestritten werden. Ein späterer Versorgerschaden ist je nach den in Frage kommenden Finanzquellen für die Unterstützungsleistungen zu berechnen und zu kapitalisieren. Wenn es sich um Sozialversicherungsrenten handelt, die beim Ableben durch entsprechende Witwenrenten ersetzt werden, entsteht wegen deren Anrechnung kaum ein Direktanspruch des Überlebenden.

Selbstverständlich gehen, wo genügende Anhaltspunkte vorhanden 318
sind, die konkreten Verhältnisse der Anwendung der auf Statistiken beruhenden Tabellen[493], aber auch den weiteren dargelegten Argumentationen vor.

---

[490] STAUFFER/SCHAETZLE (4. A. Zürich 1989) N 833 f. mit Hinweisen auf Tafeln und entsprechenden Beispielen.
[491] STAUFFER/SCHAETZLE (4. A., Zürich 1989), Beispiel 33 mit Bemerkungen N 289 ff.
[492] BGE 58 II 38 ff.; 62 II 59; 79 II 355. Die Praxis hat die Unsicherheiten gegebenenfalls auch durch Abzüge ausgeglichen; vgl. BGE 65 II 257; 66 II 220/21; PICCARD, Kapitalisierung, 95/96.
[493] BGE 81 II 46; 86 II 13; 99 II 213; ZR 58 Nr. 63 S. 139; STAUFFER/ SCHAETZLE (4. A. Zürich 1989) N 819.

319 Generell kann aber gesagt werden, dass die Unterstützungsfähigkeit von Kindern normalerweise nur bis zur Verheiratung besteht, deren Zeitpunkt im konkreten Fall durch eine Schätzung ermittelt werden muss.

f) Besondere Fragen

aa) Wiederverheiratungsabzug

320 Die Kürzung des Versorgerschadens eines überlebenden Ehegatten wegen der *Wiederverheiratungswahrscheinlichkeit* ist heute, wenn sie erheblich ist, feststehende Praxis[494]. Die der Wahrscheinlichkeit entsprechenden Abzugsprozente beruhen auf Statistiken der SUVA und bei Witwen auch der schweizerischen Bevölkerung. Die gebräuchlichen Tabellen sind bei STAUFFER/SCHAETZLE (4. A., Zürich 1989) N 845[495] wiedergegeben. Dabei handelt es sich um Richtwerte, die vom Richter meistens nicht voll angewendet werden[496]. Während die Tabellen nur das Alter des überlebenden Ehegatten berücksichtigen können, ist in jedem Fall auch den konkreten Verhältnissen Rechnung zu tragen[497], so der Anzahl und dem Alter der Kinder, dem Charakter, der sozialen[498], familiären und ökonomischen[499]

---

[494] BGE 91 II 224; 95 II 419; 97 II 132; 102 II 96; 108 II 442; 113 II 335; ZR 69 Nr. 141; 71 Nr. 72 u. a.
[495] Vgl. auch die Darlegungen N 1019 ff.
[496] Vgl. BGE 101 II 264; 102 II 95; 108 II 441; 113 II 335.
Trotz des Abzuges wegen der Wiederverheiratungswahrscheinlichkeit erhalten diejenigen überlebenden Ehegatten, die sich wieder verheiraten, zu viel Versorgerschadenersatz. Die andern erhalten zu wenig. Die Differenzen können beträchtlich sein. Die dadurch entstehenden Fehler werden gemildert, wenn der überlebende Ehegatte noch ein Arbeitseinkommen erzielt, das bei der Berechnung des Versorgerschadens angerechnet wird. Im übrigen zeigt sich hier sehr deutlich, dass man sich bei der Berechnung von Zukunftsschäden mit dem Möglichen begnügen muss und keine Genauigkeit erreichen kann.
[497] STAUFFER/SCHAETZLE (4. A. Zürich 1989) N 844 und 848 f.; A. KELLER II 87; STEIN in SVZ 1986, 280 ff.; BGE 113 II 335, aber auch 101 II 246 E. 3; 102 II 95 E. 3 b; 108 II 441 E. 5c.
[498] Eine Bäuerin oder ein Bauer ist eher als andere überlebende Ehegatten auf die Hilfe eines Partners angewiesen; vgl. BGE 72 II 216.
[499] Auf die heutigen AHV-Renten wird die markante Senkung der Heiratswahrscheinlichkeit in den Jahren 1978/83 gegenüber den Jahren 1968/73 (ausser in der Altersgruppe 20–29) zurückgeführt; vgl. STAUFFER/SCHAETZLE (4. A. Zürich 1989) N 1021 und 1024. – Wahrscheinlich wird anderseits eine Hauseigentümerin leichter einen Mann finden als eine nicht begüterte Frau, ZR 69 Nr. 141 S. 377.

IV. Schaden infolge Tötung §6

Situation, der Gesundheit und der Frage, ob der überlebende Ehegatte anziehend wirkt[500, 501, 502].

Theoretisch ist der Wiederverheiratungswille des überlebenden Ehegatten der wichtigste Faktor. Dieser Wille kann sich im Laufe der Zeit aber wesentlich ändern. Ausserdem ist es für den Richter schwierig, sich darüber objektiv Rechnung abzulegen. 321

Wie gross die Wahrscheinlichkeit mindestens sein muss, um zu einer Kürzung der Entschädigung für Versorgerschaden zu führen, kann – und soll auch – nicht generell gesagt werden[503]. Es obliegt dem richterlichen Ermessen, den Abzug unter Berücksichtigung der konkreten Verhältnisse festzulegen. 322

Die Ungewissheit betrifft aber nicht nur die Frage, ob der überlebende Ehegatte sich wieder verheiratet. Es ist auch unsicher, ob durch die Wiederverheiratung seine ökonomische Situation wieder gleich gut wird wie 323

---

[500] Vgl. BGE 72 II 215; 89 II 399 f.; 91 II 224; 95 II 418; PICCARD, Kapitalisierung, 91 f.; BÜHLER in SJZ 67 (1971) 168; STEIN in SVZ 1986, 280 ff.

[501] In BGE 95 II 418; ZR 69 Nr. 141 S. 377 wird die im Moment des Todes des Verunfallten bestehende Wiederverheiratungswahrscheinlichkeit als massgebend betrachtet. In BGE 91 II 224/25 wird die Entwicklung der Lebensumstände seit dem Tod des Versorgers berücksichtigt; in 108 II 442 werden die Sachverhaltselemente, die zwischen dem Todes- und dem Urteilstag eingetreten sind, in einem gewissen Ausmass berücksichtigt, in BGE 113 II 335 wird an einer Evaluation der fraglichen Wahrscheinlichkeit auf der Grundlage des Todestages festgehalten (vgl. auch ZR 71 Nr. 72 S. 227/28; SJZ 83 [1987] 279). Das leuchtet aber nicht ein. Für die Zeit zwischen dem Tod und dem Urteil besteht nicht mehr Wahrscheinlichkeit, sondern Sicherheit. Die Wiederverheiratungswahrscheinlichkeit kann mit zunehmendem Alter stark abnehmen. Vgl. dazu STAUFFER/SCHAETZLE (4. A. Zürich 1989) N 858; A. KELLER II 89; ZEN-RUFFINEN 61 f. und 114; a. M. offenbar BREHM N 125 f. zu OR 45.

[502] Folgende Beispiele seien erwähnt:

BGE		
	89 II 400:	27j., Witwe, 25%
	91 II 225:	28j., Witwe, 30%
	95 II 419:	39j., Witwe, 10%
	97 II 132:	35j., Witwe, 10%
	101 II 257:	33j., Witwe, 30%
	102 II 90 E. 3b:	47j., Witwe, 30%
	108 II 442 E. 5c:	64j., Witwe, 0%
	113 II 335:	33j., Witwe, 21%
SJZ	83 (1987) 279:	26j., Witwe, 21%
ZR	69, Nr. 141:	40j., Witwe, 10%

Vgl. weitere Beispiele bei BREHM N 121 zu OR 45 und STAUFFER/SCHAETZLE (4. A. Zürich 1989) N 855.

[503] BGE 72 II 215 spricht von einer gewissen, die Vorauflage auf S. 245 von einer ausreichenden Wahrscheinlichkeit und BGE 89 II 399 und 95 II 418 von einer «possibilité réelle», während nach 91 II 224 schon die Möglichkeit genügt.

während der früheren Ehe. Ausserdem kann auch die neue Ehe durch den Tod des Partners oder eine Scheidung (vgl. hinten N 331 ff.) vorzeitig aufgelöst werden. Theoretisch sollte man die Wiederverheiratungswahrscheinlichkeit nur insoweit berücksichtigen, als anzunehmen ist, dass die neue Ehe den früheren Partner des Verstorbenen gleich gut oder besser stellt als die frühere, d. h. als sie ihm einen mindestens ähnlichen Lebensstandard ermöglicht wie die frühere[504]. Das lässt sich aber schwer beurteilen[505]. Bei bescheidenen wirtschaftlichen Verhältnissen ist es wahrscheinlicher als bei sehr gehobenen.

324   Die Wiederverheiratung kann auch *vor oder während des Prozesses* stattfinden. Wenn der Sachverhalt noch nicht verbindlich festgestellt ist, ist ihr natürlich Rechnung zu tragen. Ist er aber festgelegt, so kann das Urteil aus prozessrechtlichen Gründen der Wiederverheiratung nicht mehr Rechnung tragen, was vor allem das Bundesgericht betrifft[506].

325   Wenn die neue Ehe dem letzten Richter, der den Sachverhalt festzustellen hat, bekannt ist, kann er die Versorgerleistungen in der ersten und in der zweiten Ehe miteinander vergleichen[507] und eine eventuelle Reduktion durch Schadenersatz ausgleichen. Das ist aber nur bei eindeutigen Differenzen praktikabel. Auf alle Fälle ist der Versorgerschaden in solchen Fällen bis zur Wiederverheiratung konkret zu berechnen[508].

326   Es liegt nahe, von der Wahrscheinlichkeit auszugehen, die die Statistik anzeigt, wenn nicht konkrete Umstände von vornherein dagegen sprechen[509]. Es bleibt dann jeder Partei überlassen, Umstände zu beweisen oder mindestens glaubhaft zu machen, die für eine Reduktion oder eine Erhöhung des Abzuges sprechen. Es ist aber Sache des freien richterlichen

---

[504] A. KELLER II 87; vgl. auch BGE 54 II 369 f.; 89 II 395; 91 II 224; 95 II 418.
[505] Der Entschluss zur Wiederverheiratung kann stark durch ökonomische Überlegungen bestimmt sein. So ist die Wiederverheiratungswahrscheinlichkeit von sog. SUVA-Witwen kleiner als von andern, was darauf zurückgeführt wird, dass sie nach UVG 29 VI mit der Wiederverheiratung die Witwenrente verlieren; vgl. ZR 69 Nr. 141 S. 377.
[506] BGE 31 II 287; 33 II 32; 35 II 162; 72 II 215; 82 II 134; A. KELLER II 89; vorn FN 28.
Das Bundesgericht kann eine Rente bis zur (ihm bekannten) Wiederverheiratung (mit einem Abfindungsbetrag) zusprechen. Die von STAUFFER/SCHAETZLE (3. A. Zürich 1970) 60/61 dagegen angerufenen Argumente leuchten an sich ein, verlieren aber an Gewicht, wenn der Kläger die Wiederverheiratung verheimlicht hat.
[507] Voraufl. 244.
[508] BREHM N 107 zu OR 45; BGE 54 II 370; 66 II 177; JT 1965 I 455.
[509] Man denke an eine schwere Krankheit oder die Zugehörigkeit einer Witwe zu einer religiösen oder ideologischen Gemeinschaft, die jede Wiederverheiratung einer älteren Witwe oder überhaupt ausschliesst; vgl. 1. Tim. Kap. 5.

IV. Schaden infolge Tötung § 6

Ermessens, eine Gesamtwürdigung vorzunehmen und dabei zu überprüfen, ob der statistische Wert den Verhältnissen gerecht wird. Dabei gehen die Gerichte meistens tiefer.

Wird statt eines Kapitals (ausnahmsweise) eine *Rente* zugesprochen, so stellt sich das Problem der Abschätzung der Wiederverheiratungswahrscheinlichkeit nicht, weil die Rente nur bis zum Abschluss der neuen Ehe läuft. Die ältere Praxis hat für den Fall der Wiederverheiratung eine Abfindung von 3 Jahresrenten zum voraus im Urteil angeordnet[510]. Dies entsprach einer pauschalierten Abfindung für die finanziellen Risiken der Wiederverheiratung, die sich nicht aufdrängt[511]. 327

Beim Tod einer Ehefrau stellen sich für den *Witwer* die gleichen Fragen der Wiederverheiratungswahrscheinlichkeit. Sie sind, unter Berücksichtigung der Umstände, nach denselben Kriterien zu beantworten[512]. 328

Natürlich besteht auch die Möglichkeit, dass der überlebende Ehegatte sich zwar nicht wieder verheiratet, aber ein Konkubinatsverhältnis eingeht. Daraus können sich ähnliche Unterhaltsansprüche ergeben wie aus einer Ehe[513]. Das hat keinen Einfluss auf den Wiederverheiratungsabzug und wird durch ihn ebenso «korrigiert» wie bei einer neuen Ehe. 329

---

[510] BGE 36 II 87; 54 II 297, 370. Diese Lösung fand sich auch in KUVG 88 und aMVG 30 III. Das UVG enthält keine solche Regelung; sein Art. 29 VI lässt die Ehegattenrente mit der Wiederverheiratung erlöschen. Nach MVG 52 II ruht der Rentenanspruch während der Dauer der neuen Ehe. Dies entspricht den Statuten der Eidg. Versicherungskasse (SR 172.222.1) Art. 23 IV und den Statuten der Pensions- und Hilfskasse der SBB (SR 172.222.2), ebenfalls Art. 23 IV. In beiden Bestimmungen wird aber dem überlebenden Ehegatten das Recht eingeräumt, sich für seinen Rentenanspruch durch eine Kapitalabfindung im Betrage von 3 Jahresrenten auskaufen zu lassen.

[511] In Voraufl. 246 wird statt dessen vorgeschlagen, eine Differenzrente zu bezahlen, wenn die Unterstützungsleistungen durch den zweiten Ehepartner niedriger sind als diejenigen des ersten. Damit würde das Lebensstandard-Risiko, das mit jeder Ehe verbunden ist – man denke an die Verheiratung einer berufstätigen Frau –, ausgeschaltet, nicht aber das Risiko einer Auflösung der zweiten Ehe durch Tod oder Scheidung. Für diesen Fall müsste eigentlich die geschilderte Regelung von MVG 52 II oder der beiden eidg. Versicherungskassen übernommen werden, wenn man daran festhalten will, das ganze finanzielle Risiko der Wiederverheiratung auf den Haftpflichtigen zu übertragen. Das erscheint aber nicht als geboten; jede Verheiratung bringt finanzielle und andere Risiken mit sich. Man sollte hier nicht zu weit gehen.

[512] Vgl. A. KELLER II 89; GIRSBERGER in SJZ 61 (1965) 275 f.
Beispiele:
BGE   101 II 264:   33j., Equipenchef, 30%
      102 II 95 f.:   47j., Equipenchef, 30%
      108 II 441:   64j., Equipenchef, 0%
Vgl. auch ZBJV 80, 330; ZR 71 Nr. 72, S. 227/28; BJM 1956, 215; JT 1970, 446.

[513] BGE 109 II 190.

§ 6   Schadensberechnung

330   Der einem *Kinde* zugefügte Versorgerschaden wird nicht verändert, wenn der überlebende Elternteil wieder heiratet. Ein Unterhaltsanspruch gegen Stiefeltern besteht insoweit nicht, als das Kind einen vom Tod des eigenen Elternteils abgeleiteten Anspruch auf Ersatz des Versorgerschadens hat[514].

331   Nachdem die Anzahl jährlicher Scheidungen, verglichen mit der Anzahl jährlicher Eheabschlüsse (Scheidungsindex), seit der Mitte unseres Jahrhunderts erheblich gestiegen ist[515], stellt sich die Frage, ob die *Wahrscheinlichkeit einer Scheidung* der neuen Ehe bei der Berechnung des Versorgerschadens eines überlebenden Ehegatten zu berücksichtigen sei[516]. Sie tritt hier unter zwei Aspekten in Erscheinung: in bezug auf die durch den Tod aufgelöste Ehe (wäre sie nicht ohne den Tod durch Scheidung aufgelöst worden?) und in bezug auf eine eventuelle neue Ehe des überlebenden Ehegatten (wird sie nicht durch Scheidung vorzeitig aufgelöst werden?). Die Berücksichtigung der Scheidungswahrscheinlichkeit der durch Tod aufgelösten bisherigen Ehe reduziert den Versorgerschaden, wenn sie in die Rechnung aufgenommen wird.

332   Es handelt sich beim Anstieg der Scheidungswahrscheinlichkeit um eine soziale Tatsache, an der man an sich nicht vorbeigehen kann, wenn man wie bei der Berechnung des Versorgerschadens im allgemeinen und beim Wiederverheiratungsabzug im besonderen mit statistischen Werten arbeitet.

333   Dabei ist zu berücksichtigen, dass die wirtschaftliche Versorgung durch den Ehepartner nicht nur durch Tod und Scheidung, sondern auch durch Krankheit des Versorgers, aber auch durch Wirtschaftskrisen und weitere Umstände bedroht ist. Man kann nicht alle diese Risiken in die Schadensberechnung einfliessen lassen. Das würde zu kompliziert und – was entscheidend ist – im einzelnen Fall vielfach nicht gerechter. Eine Berücksich-

---

514   BGE 72 II 168 ff.
515   Nach BREHM N 127 zu OR 45 stieg der Scheidungsindex zwischen 1940 und 1984 von 9,5% auf 29%. Allein in den 8 Jahren von 1981 bis 1988 erhöhte er sich nach SPÜHLER/FREIMAURER, Berner Komm. zu ZGB 137–158, Ergänzungsband (Bern 1991), Einleitung N 205 von 28% auf 33%. Diese Statistiken erfassen die Konkubinatsfälle nicht; vgl. STAUFFER/SCHAETZLE (4. A. Zürich 1989) N 849, 1031; J.-E. NEURY, Die Wiederverheiratung von Geschiedenen, Statistische Hefte 01.005, Bundesamt für Statistik 1985, 11.
516   Vgl. BREHM N 127 ff. zu OR 45; STAUFFER/SCHAETZLE (4. A. Zürich 1989) N 859 ff. Die Zunahme des Scheidungsindexes zeigt zwar eine Entwicklung an. Sie ist aber für die hier gestellte Frage nur relevant, wenn der Scheidungshäufigkeit ein erhebliches Gewicht zukommt. Das ist nicht der Fall, wenn von 10 000 Ehen 1991 580 später geschieden werden (Statistisches Jahrbuch der Schweiz 1992, S. 62).

tigung der Scheidungswahrscheinlichkeit liegt auch deshalb nicht nahe, weil die Scheidung je nach den Umständen weitere Unterhaltsleistungen nicht ausschliesst. Anders ist diese Frage zu beantworten, wenn im Zeitpunkt des Unfalles schon ein Scheidungsprozess im Gang war oder unmittelbar bevorstand.

Bei weiterem erheblichem Anstieg der Scheidungsquote müsste diese Frage erneut geprüft werden. 334

bb) Anrechnung des geerbten Vermögens

Wenn derjenige, der den Versorger verloren hat, dessen Vermögen oder einen Teil davon erbt, wird nicht der Kapitalbetrag dieses Vermögens vom kapitalisierten Versorgerschaden abgezogen, wohl aber der jährliche Ertrag[517] von der jährlichen Versorgerrente. Es handelt sich um einen Anwendungsfall der Vorteilsausgleichung; vgl. vorn N 71 ff. 335

cc) Konkubinat

Unterhaltsleistungen zwischen zwei Personen verschiedenen Geschlechts können auf einem Konkubinatsverhältnis beruhen. Die rechtliche Einordnung eines solchen Verhältnisses gehört nicht zum Thema dieses Buches, ist aber auch nicht notwendig zur Besprechung des Versorgerschadenanspruches aus dem Tod eines Konkubinatspartners. Nach schweizerischem Recht genügen auch nicht rechtlich geschuldete, aber regelmässig erbrachte Unterhaltsleistungen eines Verstorbenen, die vermutlich ohne dessen Tod weiter bezahlt worden wären, für die Begründung eines Versorgerschadenanspruches. Der Anspruch eines Konkubinatspartners auf Ersatz des Versorgerschadens aus dem Tod des andern Partners wird in der neueren Literatur zu Recht überwiegend bejaht[518]. Von besonderer Bedeutung ist dabei, wie lange das Konkubinat gedauert hat und ob die Konkubinatspartner einander tatsächlich unterstützt hätten[519]. Diese Frage ist vom Richter nach den tatsächlichen Verhältnissen zu beurteilen. 336

---

[517] Dieser kann nur geschätzt werden, wobei sich Zurückhaltung aufdrängt und nicht mit einem maximalen Ertrag gerechnet werden darf.
[518] BGE 114 II 147 und die dort zit. Lit. Von dem dort angegebenen Tabellenwerk von STAUFFER/SCHAETZLE ist inzwischen die 4. Auflage (Zürich 1989) erschienen, wo in N 353, 849 und 1031 auf diese Fragen aus dem Konkubinat eingetreten wird.
[519] BGE 114 II 148/49.

dd) Der sogenannte Renten- oder Rentenverkürzungsschaden

337 Auf den ersten Blick liegt es auf der Hand, dass dem Rentenverkürzungsschaden eines Invaliden (vorn N 191 ff.) ein entsprechender Schaden der Hinterbliebenen eines Getöteten entsprechen kann.

338 Der Unterschied gegenüber den Invaliditätsfällen besteht darin, dass dort die Altersleistungen der Sozialversicherungen ohne Unfall als Bezugsgrössen figurieren, weil die gleichen Leistungen mit und ohne Unfall zur Diskussion stehen. Sie sind nur bei einem Rentenschaden weniger hoch als ohne einen solchen. Hier aber fällt eine Sozialversicherungsleistung ohne Unfall als Bezugsgrösse für den Schaden eines Hinterbliebenen ausser Betracht. Massgebend ist der haftpflichtrechtliche Versorgerschaden, der nach den dafür geltenden Richtlinien zu berechnen ist[520].

339 Ist der Versorger vor seiner Pensionierung verstorben, ist der Berechnung des Versorgerschadens zwischen dem Tod und der Pensionierung sein vermutliches Einkommen zugrunde zu legen. Hier spielt die Kürzung der Altersleistungen durch den Tod keine Rolle; sie kann aber eine Reduktion des Regresses der Sozialversicherer zur Folge haben.

340 Insoweit die (wegen des Todes entfallenen) Versorgerleistungen in die Zeit nach dem Ende der Aktivität des Versorgers gefallen wären, ist anzunehmen, dass sie mindestens zum Teil aus den (nun ganz oder teilweise weggefallenen) Altersleistungen von AHV und Pensionskasse an den nun verstorbenen Versorger erbracht worden wären. Diese Leistungen sind daher so gut als möglich festzustellen. Aus ihrer Höhe ergeben sich die nötigen Anhaltspunkte für die Berechnung der Unterhaltsleistungen an den Versorgten[521].

341 Diese Unterhaltsleistungen können wegen des vorzeitigen Todes des Versorgers reduziert sein. Dann ist aber bei der Berechnung des Versorgerschadens von den nicht gekürzten Altersleistungen auszugehen, d. h. von denjenigen, die ohne den vorzeitigen Tod bezahlt worden wären. Diesen Versorgerschaden hat der Haftpflichtige zu ersetzen. Ob ein Teil des Ersatzanspruches auf den Sozialversicherer übergegangen ist, ist primär nicht von Bedeutung.

---

520 Vgl. WEBER, Haftpflicht- und Versicherungsrechtstagung St. Gallen 1993, 218 ff.
521 Wenn ein Mann im Alter 50 stirbt, ist die Witwenquote bis zum Endalter bzw. bis zum Ende der voraussichtlichen Aktivität auf Grund des zu erwartenden Erwerbseinkommens zu berechnen. Für die nachfolgende Zeit ist anzunehmen, dass er seiner Frau aus den Renten der AHV und der Pensionskasse Versorgerleistungen erbracht hätte. Deren Höhe hätte vermutlich der Hälfte der Altersrenten entsprochen; der Versorgerschaden der Witwe für diese Zeit ergibt sich daher durch Subtraktion der fixen Kosten von den Altersrenten und Halbierung der Differenz. Dazu sind die fixen Kosten wieder zu addieren. Von dieser Versorgerrente der Witwe sind deren Sozialversicherungsrenten – diejenige der Pensionskasse aber nur, wenn dieser ein Regressrecht zusteht – abzuziehen.

Ein Rentenschaden erwächst einer hinterbliebenen Person wegen des 342
vor dem normalen altersbedingten Tod liegenden Unfalltodes eines Versicherten, wenn die hinterbliebene Person weniger finanzielle Leistungen auf Grund ihrer Beziehung zum Verunfallten erhält, als ihr ohne dessen Unfalltod zugekommen wäre.

Das ist in erster Linie der Fall in bezug auf die Unterstützungsleistungen, 343
die ihr der Verstorbene ohne seinen Unfall hätte zukommen lassen. Aus dem Ausfall dieser Unterstützungsleistungen entsteht ein Versorgerschaden, der – wie erwähnt – vom Haftpflichtigen zu übernehmen ist.

Meistens wird aber, wie bei den Invaliditätsfällen, die Witwenrente der 344
AHV und der Pensionskasse durch eine UVG- und/oder MVG-Rente erhöht. Diese Rente ist auf den Versorgerschadenanspruch anzurechnen (vorn N 311). Die erhöhte Gesamtrente einer Witwe wird daher die Versorgungsrenten, die ohne den Unfall – und damit ohne UVG- und/oder MVG-Rente – erreicht worden wäre, trotz der Kürzung der AHV- und der Pensionskassenrente ausgleichen.

Das niedrige Einkommen eines jugendlichen Versicherten wird selten 345
eine Rolle spielen, weil sich das Problem der Kürzung von Witwen- und Kinderrenten bei unverheirateten Personen nicht stellt. Wenn aber eine Hausfrau oder ein nicht nach UVG versicherter Selbständigerwerbender tödlich verunfallt, kann der Rentenschaden bei Altersleistungen praktisch eine Rolle spielen.

C. Gestalt des Schadenersatzes – Kapitalisierung – Kapital oder Rente

Im wesentlichen gelten die gleichen Überlegungen und Lösungen wie 346
für den Schadenersatz wegen Körperverletzung; vgl. vorn N 203 ff.

Der Schadenersatz ist auch hier in Form eines Kapitals oder einer Rente 347
zuzusprechen, OR 43 I/II, EHG 9, ElG 36 II. Für die Bestattungskosten kommt nur eine Kapitalentschädigung in Frage. Für die Kosten der versuchten Heilung stehen laufende Teilzahlungen im Vordergrund, wenn sie über längere Zeit dauerte. Im Prozessfall wird aber auch hier ein Kapital zuzusprechen sein. Das gilt auch für die Nachteile der Arbeitsunfähigkeit zwischen dem Unfall und dem Tod.

Für den *Versorgerschaden* fallen nach Gesetz Kapital oder Rente in 348
Betracht. Die *Rente* entspricht der periodischen Unterstützung, die dem Versorgten wegen des Todes des Versorgers entgeht. Die Dauer der Rente

§ 6   Schadensberechnung

ergibt sich aus den vorn N 304 ff. angestellten Überlegungen. Allenfalls kann man die Rente abstufen, was sich von vornherein aufdrängt, wenn zuerst eine Rente auf der Basis des Arbeitseinkommens und später auf der Basis des Alterseinkommens zu bezahlen ist. Für die Sicherstellung der Rente gelten die vorn N 207 f. dargelegten Regeln.

349   Die Methode der Kapitalisierung ist bereits vorn N 209 ff. besprochen worden. Sie erfolgt mit den Koeffizienten des Tabellenwerkes von STAUFFER/SCHAETZLE.

350   Nach feststehender bundesgerichtlicher Praxis[522] ist die Rente auf den Todestag zu berechnen, in Abweichung von der früheren Rechtsprechung[523]. Wenn man vom Urteilstag ausgeht, nimmt man an, dass der Verunfallte ihn erlebt hätte. Bei der Kapitalisierung ab Todestag ist dagegen die Wahrscheinlichkeit des (unfallfremden) Todes des Geschädigten zwischen dem tatsächlichen Tod durch den Unfall und dem Urteilstag im Kapitalisierungskoeffizienten einberechnet. Die Kapitalisierung auf den Todestag drängt sich daher auf, wobei aber bis zum Urteilstag auf das betreffende Kapital ein Schadenszins[524] von 5% zu bezahlen ist[525].

351   Für die Frage, ob eine Rente oder ein Kapital zuzusprechen sei, gelten die gleichen Überlegungen wie bei der Körperverletzung. Im Zweifel ist auch hier das Kapital vorzuziehen. Üblicherweise wird der Schadenersatz für Versorgerschaden in dieser Form zugesprochen.

D. Einfluss der Geldentwertung

352   Die vorn (N 150, 237 ff.) zur Entschädigung für Invaliditäten dargestellten Überlegungen gelten auch hier.

---

[522] BGE 84 II 300 ff.; 90 II 84; 97 II 131; 99 II 211; 101 II 351 E. 3 b; 113 II 333; gl. M. BREHM N 94 zu OR 45; DESCHENAUX/TERCIER 26 N 28; SCHAER Rz 172; STAUFFER/SCHAETZLE in SJZ 71 (1975) 120; SZÖLLOSY in ZBJV 112 (1976) 31 ff.; STARK, Skriptum N 126; a. M. ZEN-RUFFINEN 59 ff.; DERS. in FG Jeanprêtre 148; MERZ, SPR VI/1 212; DERS. in ZBJV 119 (1983) 134; WEBER, Berner Komm. (Bern 1983) N 206 zu OR 84.
[523] BGE 77 II 152, 314.
[524] Vgl. vorn N 23 ff.
[525] Bei Invaliditätsfällen wird bis zum Urteilstag der letzten kantonalen Instanz demgegenüber konkret gerechnet; vgl. vorn N 21. Der Schadenszins läuft dann ab dem Urteilstag.

E. Zwangsvollstreckung

Renten und Kapitalbeträge, die gemäss OR 45 anfallen, unterliegen der Zwangsvollstreckung nicht (SchKG 92 Ziff. 10, 197 I, 275). Das Privileg gilt vorab für den Versorgerschaden. Im Lichte der neuen Praxis, die sich zur gleichen Frage hinsichtlich der Leistungen wegen Körperverletzung entwickelt hat[526], muss man das Privileg auf alle weiteren in OR 45 erwähnten Posten erstrecken: Ersatz der Bestattungskosten, der Kosten der versuchten Heilung und der Nachteile der Arbeitsunfähigkeit zwischen dem Unfall und dem Tod[527]. Dies gilt nur insoweit, als es die Versorgten sind – die «Familie» in der Ausdrucksweise von SchKG 92 Ziff. 10 –, welche die letzteren Posten (als Erben) geltend machen. Diese Personen will das Gesetz schützen und nicht Erben, die nicht zugleich Versorgte sind[528]. Die Versorgten sind mithin geschützt, weil (und insoweit) sie nicht nur durch den Versorgerschaden, sondern auch durch die Bestattungskosten, die Kosten der versuchten Heilung und die Nachteile der Arbeitsunfähigkeit des getöteten Versorgers betroffen sind.

353

V. Sachschaden

Vgl. über die Schadenarten (Personen- oder Körperschaden, Sachschaden und Vermögensschaden i.e.S.) vorn § 2 N 60 f. Sachschaden entsteht durch die Zerstörung, Beschädigung oder den Verlust einer Sache; vgl. BGE 116 II 490/91; 118 II 179. Die Zerstörung, die Beschädigung und der Verlust einer Sache stellen nicht selber den Schaden dar; sie sind vielmehr dessen Ursache. Aus ihnen entsteht eine Vermögenseinbusse, die den Schaden ausmacht.

354

Die Lehre von der Berechnung des Sachschadens stützt sich auf die Darlegungen über den *Begriff und das Ausmass des Schadens*. Ferner seien die *allgemeinen Regeln der Schadensberechnung* und der *Vorteilsanrechnung* (vorn N 49 ff.) des vorliegenden Paragraphen in Erinnerung gerufen.

355

---

[526] BGE 85 III 23 ff., bes. 27/28; vorn N 241.
[527] Dies entgegen der früheren Auffassung: 2. A. I 223 mit Zitaten; vgl. auch BGE 23 II 1893.
[528] Somit steht BGE 58 II 127 ff. dieser Lösung nicht entgegen.

A. Objektive Berechnung

356 Statt der sowohl für Personenschaden wie für Sachschaden als Regel geltenden subjektiven Umschreibung des Schadensbegriffs[529] wird in einzelnen Fällen des Sachschadens auf eine objektive Umschreibung abgestellt; ihr entspricht die objektive Berechnung. Man ermittelt den *«gemeinen Handelswert»*[530] der verlorenen, zerstörten oder beschädigten Sache. Das ist der objektive Durchschnittswert, den im gegebenen Zeitpunkt[531] Waren der gleichen Art, Qualität und Quantität bei freier Preisbildung haben. Alle subjektiven Gesichtspunkte, namentlich der entgangene Gewinn, werden ausser acht gelassen. Dieser Wert ist leicht zu bestimmen bei Sachen mit einem tatsächlichen Markt- oder Börsenwert, schwieriger bei gebrauchten Gegenständen[532]. Die objektive Berechnung ist in EHG 12 für den Fall vorgeschrieben, dass die haftpflichtige Eisenbahnunternehmung kein Verschulden an dem Verlust, der Zerstörung oder der Beschädigung einer Sache trifft[533]. Entsprechende Bestimmungen gelten im Eisenbahntransportrecht und im Postrecht (PVG 51 III), ferner für die Haftung des Frachtführers (OR 447)[534]. Das heutige Transportrecht arbeitet vorab mit gesetzlich bestimmten Maximalbeträgen für den zu ersetzenden Scha-

---

[529] Vorn § 2 N 2 ff.
[530] Auch als «gemeiner Wert» oder – für markt- und börsengängige Waren – als «Markt- oder Börsenpreis» und dgl. bezeichnet; TV 34 IV, CIM 31 § 1, OR 93 II, 191 III, 212 I, 215 II, 436 I. Im Gemeinen Recht sprach man von «verum rei pretium», «verum rei aestimatio», «objektivem Wert», «Sachwert», «Gemeinem Sachwert»; DERNBURG, Pandekten II (6. A. Berlin 1900) 124; FRIEDRICH MOMMSEN, Zur Lehre von dem Interesse (Braunschweig 1855) 16. Vgl. auch die eingehenden Ausführungen bei ROELLI/JAEGER II N 53 ff. zu VVG 63; MÜLLER, Die Bemessung des Ersatzwertes bei der Feuerversicherung ..., ZSR 41, 433; RENOLD, Die unmittelbaren und die Folgeschäden der Feuerversicherung (Diss. Bern 1939); Überblick bei VON CAEMMERER, Das Problem der überholenden Kausalität im Schadensersatzrecht (Karlsruhe 1962) 7 ff. Vom nationalökonomischen Standpunkt aus behandelt diesen Wert schon VICTOR MATAJA, Das Recht des Schadensersatzes (Leipzig 1888) 157 ff.
[531] Vgl. hinten N 380 f.
[532] Vgl. TV 34 IV, wonach die Entschädigung womöglich nach dem Börsenpreis berechnet wird, andernfalls nach dem Marktpreis. «Fehlen diese, so ist der übliche Wert von Gütern gleicher Art und Beschaffenheit am Ort und zum Zeitpunkt des Versandes massgebend.»
[533] Bd. II/3 § 27 N 183 ff. In ElG 27 II wird die Haftpflicht für Störungen im Geschäftsbetrieb ausgeschlossen. Vgl. auch KHG 2 I lit. b und dazu Bd. II/3 § 29 N 286.
[534] BGE 47 II 331; OSER/SCHÖNENBERGER N 19 zu OR 447; GEORG GAUTSCHI, Berner Komm. (Bern 1962) N 9b zu OR 447; VON TUHR/PETER 117; OR-STAEHELIN N 6 zu OR 447.

den[535]. Auch das Versicherungsrecht kennt in der Feuerversicherung die objektive Berechnung, VVG 63[536, 537].

B. Subjektive Berechnung – Automobilschaden

Abgesehen von solchen Ausnahmen genügt die objektive Art der Berechnung nicht, da der Schadenersatz in der Regel Ersatz des Interesses ist[538] und es darum geht, dieses zu bestimmen. Dem entspricht die subjektive Berechnung[539]. Sie besteht vor allem darin, dass man den Wert ermittelt, den die Sache im Zusammenhang mit dem übrigen Vermögen des Geschädigten hat. Wenn z. B. von zwei dressierten, aufeinander eingeübten Hunden, mit denen eine Variéténummer aufgeführt wird, einer getötet wird, geht das Interesse des Eigentümers über den Marktwert eines Hundes der betreffenden Rasse und des fraglichen Alters und Geschlechts, aber auch über den Marktwert eines entsprechenden dressierten Hundes hinaus. Hier ist der Tatsache Rechnung zu tragen, dass der überlebende Hund durch den Verlust seines Partners stark an Wert einbüssen dürfte. 357

Oft kann man indes von der objektiven Berechnung ausgehen. Ihr Ergebnis, der «gemeine Handelswert» oder dgl., stellt das Minimum dar, das der Geschädigte ersetzt verlangen kann[540]. Geht sein Interesse darüber hinaus, so ist dem Rechnung zu tragen. Subjektiver und objektiver Wert können auch übereinstimmen. 358

Die Methoden der Berechnung des Sachschadens – der älteren Doktrin fehlte vielfach der Kontakt mit der Praxis und die Judikatur war spärlich – haben sich anhand der Beurteilung von Schäden an Automobilen verfeinert[541]. 359

---

535 Vgl. PVG 51 I/II; TV 36 ff.; CIM 31 ff.; Warschauer Abkommen über die Beförderung im internationalen Luftverkehr von 1929/1955 (SR 0.748.410/0.748.410.1) Art. 22. Siehe hinten § 7 N 79.
536 Vgl. ROELLI/JAEGER II zu VVG 63; MAURER, Privatversicherungsrecht 493 f.
537 Auf eine Objektivierung kommen auch die sog. Gliedertaxen in der privaten Unfallversicherung und die Maxima für die Renten und den zu berücksichtigenden Lohn nach UVG 15 ff. hinaus.
538 Vorn § 2 N 66; VON TUHR/PETER 117.
539 Statt von objektiver und subjektiver wird auch von *abstrakter* und *konkreter* Berechnung gesprochen, vorn § 2 FN 345.
540 LARENZ I § 29 I b. So im entscheidenden Punkt BGE 64 II 138.
541 RUSCONI, Le préjudice automobile (Fribourg 1966); DERS., Der Automobilschaden, Jurist. Publikationen des Automobil-Clubs der Schweiz Nr. 1 (Bern 1968); BUSSY/RUSCO-

1. Ersatz einer zerstörten oder verlorenen Sache

360 Bei *Zerstörung* und *Verlust* einer wertbeständigen Sache entspricht der Schaden mindestens dem Betrag, der zur Anschaffung einer neuen Sache benötigt wird[542]. Bei nicht wertbeständigen Sachen vermindert sich der ursprüngliche Wert durch den Gebrauch oder die Alterung; auf diesem Gedanken beruht die buchhalterische Abschreibung (Amortisation). Der Geschädigte hat grundsätzlich nur Anspruch auf Ersatz dieses geringeren Wertes[543]. Dabei ist aber zu beachten, dass die im Handel gebräuchliche Amortisation grösser sein kann als die Entwertung der Sache für den Geschädigten selbst. Erst vor kurzem in Gebrauch genommene, nicht wertbeständige Sachen haben im Handel häufig einen Wert, der wesentlich unter dem Preis liegt, den die Neuanschaffung erfordert: Kommerziell gesehen entwerten sich verschiedene Sachen schon durch die erste Inbetriebnahme erheblich. Für den Eigentümer stellt sich die Problematik anders dar: Bei einer voraussichtlichen Gebrauchsdauer von 10 Jahren entwertet sich für ihn die Sache im ersten Jahr um 10% des Unterschiedes zwischen dem Anschaffungspreis und dem Preis, den er nach 10 Gebrauchsjahren noch lösen kann. Dem ist je nach den Umständen Rechnung zu tragen[544].

361 Hier ist vor allem an *Automobile* zu denken, deren kommerzielle Amortisation nach den gebräuchlichen Tabellen und Richtlinien im ersten Jahr ungefähr 25% beträgt. An sich ist bei ihnen der Ersatz- oder Wiederbeschaffungswert, d. h. der Anschaffungswert abzüglich die Amortisation, daher häufig zu niedrig[545]. Dies wirkt sich namentlich aus, wenn der Geschädigte als Ersatz nicht ein Occasionsauto kauft, sondern ein neues und die Differenz aus seiner Tasche bezahlt.

N I 244; MERZ in Rechtsprobleme des Strassenverkehrs, Berner Tage für die juristische Praxis 1974 (Bern 1975) 109 ff.; GEIGEL/SCHLEGELMILCH, 4. Kap. N 5 ff.; SOERGEL/SCHMIDT N 38 f. zu BGB 249–253.

[542] Vgl. VVG 63 I Ziff. 3.
[543] BGE 36 II 62; KELLER/GABI 100.
[544] Bestimmte Sachen können für den Handel, aber auch für den Privaten auch dadurch entwertet werden, dass sie aus der Mode kommen; man denke an die Ausverkäufe. Das gilt besonders für Kleider.
[545] Man ist gegenüber gebrauchten Fahrzeugen allgemein skeptisch, weil man nicht weiss, mit welcher Sorgfalt oder Unsorgfalt sie gefahren und gepflegt worden sind. Dementsprechend sind in der Praxis die Geschädigten selten bereit, ein Occasionsauto als Ersatz für das zerstörte zu kaufen. Für versteckte Mängel kann der Käufer zwar nach OR 197 ff. den Verkäufer belangen. Es ist aber vielfach schwierig zu beweisen, dass ein Mangel schon im Zeitpunkt der Übernahme des Fahrzeuges bestand und nicht durch ungenügende Sorgfalt

V. Sachschaden §6

Selbstverständlich ist der Zustand des zerstörten Fahrzeuges vor dem Unfall in Rechnung zu stellen. Im Zweifel schlägt das (subjektive) Interesse des Geschädigten durch[546]. Weder in der Gerichtspraxis noch in der Literatur besteht Einigkeit[547]. 362

Für viele Gegenstände, z. B. Koffern, besteht kein Occasionshandel, so dass nur die Neuanschaffung in Frage kommt. Dann ist je nach dem Alter und dem Zustand der beschädigten Sache abzuwägen, ob der Haftpflichtige den vollen Neuanschaffungspreis zu übernehmen habe. Bei andern Sachen des täglichen Lebens und Bedarfs, z. B. Kleidern, Schuhen und Wäsche, ist dem Geschädigten die Anschaffung einer gebrauchten Sache vielfach nicht zuzumuten und daher der Neupreis zu ersetzen. Man muss in solchen Fällen in Kauf nehmen, dass der Geschädigte, dem der volle Preis der Anschaffung eines neuen gleichartigen Gegenstandes vergütet wird, durch die sog. Differenz zwischen alt und neu einen Vorteil erzielt[548]. Wo ein Beweis einer solchen «Bereicherung» möglich ist und Billigkeitsgründe dafür sprechen, hat ein Abzug zu erfolgen[549]. Die Sache hat hier (wie bei neueren Autos) einen Gebrauchswert, der höher ist als der hypothetische Kaufpreis eines Ersatzgegenstandes. Dieser höhere Preis ist der subjektiven Berechnung zugrunde zu legen. 363

Bei Möbeln spielt eine entscheidende Rolle, ob sie als Antiquitäten anerkannt werden. Wenn dies der Fall ist, drückt sich im Handelswert auch das subjektive Moment aus. Bei andern Möbeln liegen die Verhältnisse ähnlich wie bei Kleidern, Schuhen und Wäsche. 364

Nach welcher der angegebenen Regeln im einzelnen Fall vorzugehen ist, liegt nicht immer auf der Hand. Im Zweifel ist das Interesse des Geschädigten als massgebend zu betrachten. Ein Ausgleich lässt sich allenfalls dadurch erzielen, dass dem Haftpflichtigen die Überreste der zerstör- 365

---

des Käufers verursacht wurde – ganz abgesehen von den Umtrieben und Kosten, die mit der Geltendmachung eines solchen Anspruches verbunden sein können. – In der Kaskoversicherung wird diesen Verhältnissen z. T. dadurch Rechnung getragen, dass in den Versicherungsbedingungen für den Eigentümer günstigere Abschreibungssätze festgelegt werden, als im Handel üblich sind.

[546] CHATELAIN in ZBJV 105, 219.
[547] Der von RUSCONI 20 und BUSSY/RUSCONI 244 geforderte Zuschlag zum Ersatzwert als Ausgleich für das Risiko, das die Anschaffung eines gebrauchten Automobils mit sich bringt, hat sich nicht durchgesetzt. Kritik bei PANCHAUD 27 f.; GEIGEL/SCHLEGELMILCH, 4. Kap. N 28.
[548] Sem.jud. 1961, 270 f.
[549] ROELLI/JAEGER II N 97 ff., 120 ff. zu VVG 63; VON TUHR/PETER 117/18: OERTMANN, Vorteilsausgleichung 235 ff.; A. KELLER II 91; STARK, Skriptum N 141 f.; KELLER/GABI 100; BREHM N 41 ff. zu OR 42; MAURER, Privatversicherungsrecht 494.

ten Sache überlassen werden, wobei er für deren vollen Wert abzüglich angemessene Amortisation Ersatz zu leisten hat[550].

2. Reparatur statt Ersatz?

366 Wenn eine Sache repariert werden kann, stellt sich zuerst die Frage, ob sich die Reparatur lohnt. Das ist dann der Fall, wenn der Schaden bei Erledigung auf Reparaturbasis kleiner ist als bei Annahme eines sog. *wirtschaftlichen Totalschadens*[551], d.h. als der Preis einer Ersatzsache – eventuell bei einer Neuanschaffung mit einer Beteiligung des Geschädigten an den Aufwendungen in der Höhe der Abschreibung auf der zerstörten Sache. Dies entspricht dem Bestreben, den Geschädigten zwar voll zu entschädigen, nicht aber zu bereichern, d.h. dem Begriff des Schadens. Bei diesem Vergleich der Kosten der zwei zur Verfügung stehenden Methoden sind auch der eventuelle ersatzberechtigte Minderwert (vgl. hinten N 370) der beschädigten Sache im Reparaturfall und die Differenz zwischen den beiden Methoden in bezug auf die Entschädigung für Gebrauchsausfall (Chômage, vgl. hinten N 371 ff.) zu berücksichtigen. Auch weitere Umstände können in Betracht fallen[552, 553].

3. Reparatur

367 Wenn die beschädigte Sache repariert wird, sind vor allem die *Reparaturkosten* zu ersetzen. Dabei gilt die allgemeine Pflicht des Geschädigten,

---

[550] Dadurch wird man gleichzeitig dem Postulat der Vorteilsausgleichung gerecht; vgl. vorn N 83. – Besondere Verhältnisse entstehen durch die Tötung von wilden Tieren; vgl. über Fischschäden Bd. II/1 § 23 N 95 ff.; 130 ff.

[551] Ein solcher liegt m. a. W. vor, wenn die Reparaturkosten den Wiederbeschaffungs- bzw. Zeitwert der Sache, namentlich eines Automobils, übersteigen; vgl. A. KELLER II 94; GEIGEL/SCHLEGELMILCH, 4. Kap. N 28; SJZ 59, 58. Wenn Klärschlamm so verändert wird, dass er nicht mehr wie vorgesehen verwendet werden kann, liegt ein Sachschaden (Beschädigung) vor; BGE 118 II 180.

[552] So wird man einem älteren Geschädigten eine etwas teurere Reparatur zubilligen, wenn er sich nicht mehr an ein anderes Auto gewöhnen will oder kann und beabsichtigt hat, das – nun verunfallte – Auto «auszufahren» und nachher keines mehr anzuschaffen.

[553] Nach einem Grundsatzentscheid des (deutschen) BGH vom 15. Oktober 1991 (Casetex Nr. 2685) ist die Reparatur auch dann zu bewilligen, wenn die Kosten der Instandsetzung den Aufwand für eine Ersatzbeschaffung in begrenztem Rahmen übersteigen. Deshalb soll eine Kürzung des Wiederbeschaffungswertes um den Wert der Überreste im allgemeinen unterbleiben. Als Grenze werden in diesem Urteil 30% angenommen, um die die Reparaturkosten den Anschaffungspreis übersteigen.

den Schaden möglichst klein zu halten[554]. Die Reparaturkosten sind auch dann zu bezahlen, wenn der Geschädigte auf eine Reparatur – die zwar an sich angezeigt wäre – verzichtet[555].

Es ist Sache des Geschädigten, den Reparaturauftrag zu erteilen[556]. Er ist Vertragspartei des Reparateurs, und daher stehen eventuelle vertragliche Ansprüche, z. B. aus Sachmängeln, ihm zu[557]; es können sich ähnliche Fragen stellen, wie wenn ein Verletzter während der Heilungszeit im Spital einen zusätzlichen Schaden erleidet[558]. 368

Eine Reparatur kann auch zu einem Mehrwert führen, z. B. wenn ein vor dem Unfall verbeulter Kotflügel wegen diesem ersetzt wird. Man wird in einem solchen Fall die Entschädigung – nur mit Zurückhaltung – herabsetzen, wenn der Geschädigte seinen eingedrückten Kotflügel ohne den neuen Unfall nicht hätte reparieren lassen[559]. 369

4. Minderwert

Ein technischer, den Gebrauchswert herabsetzender *Minderwert* wird bei einer ordnungsgemässen Reparatur eines Autos[560] kaum vorkommen. Beschädigte Teile mit mechanischer Bedeutung werden heute fast ausnahmslos ersetzt[561]. Trotzdem besteht gegenüber Unfallautos eine gewisse 370

---

[554] Schadenminderungspflicht, vgl. vorn N 37 ff. Es können sich hier, z. B. bei der Reparatur eines Autos, verschiedene Fragen stellen: Welche Reparaturwerkstätte ist mit der Arbeit zu betrauen? Soll ein Kotflügel oder eine Türe ersetzt oder ausgebeult werden? Ist bei Ersatz eines Karosserieteils das ganze Auto neu zu spritzen, um Farbdifferenzen auszuschalten, oder nur der ersetzte Teil? Solche Entscheidungen sind vom Geschädigten nach Treu und Glauben zu fällen, wobei aber der Haftpflichtige mit Vorteil um sein Einverständnis gebeten wird, um spätere Schwierigkeiten auszuschliessen. Er wird für seine Stellungnahme in Indiz aus der Frage ableiten, wozu sich der Geschädigte entschlossen hätte, wenn er den Schaden selbst hätte tragen müssen.

[555] Vgl. vorn § 2 N 27; VON TUHR/PETER 115/16; SJZ 60, 207. Wenn der Geschädigte die Reparatur selbst ausführt, hat er sich bei der Rechnungstellung an sachlich gerechtfertigte Ansätze zu halten; PraRek VI 19 f. = VerwEntsch 29 Nr. 130; vgl. GEIGEL/SCHLEGELMILCH, 4. Kap. N 14.

[556] SJZ 47, 379.

[557] NJW 1971, 142; GEIGEL/SCHLEGELMILCH, 4. Kap. N 13.

[558] Vgl. vorn § 3 N 138 ff.

[559] Sem.jud. 1961, 270 f.; NJW 1971, 142; A. KELLER II 93; KELLER/GABI 100; GEIGEL/SCHLEGELMILCH, 4. Kap. N 19.

[560] Das gilt auch für andere Maschinen usw., z. B. Gebäude.

[561] Es sei denn, sie seien nicht mehr erhältlich, z. B. bei einem Oldtimer.

§ 6   Schadensberechnung

Skepsis[562], die bei einer Veräusserung auf den Preis drückt[563]. Dann liegt ein merkantiler oder kommerzieller Minderwert vor[564]. Dieser wird als ersatzfähig anerkannt[565]. Er ist nicht nur zu ersetzen, wenn der Geschädigte seine reparierte Sache verkauft und wegen der vorangegangenen Beschädigung weniger löst, sondern auch, wenn er sie behält, und sogar, wenn er auf eine Reparatur verzichtet.

5. Nutzungsausfall

371   Neben den Reparaturkosten und dem Minderwert steht als Schadensposten der Nutzungsausfall der beschädigten Sache während der Reparaturzeit bzw. bis zur Lieferung einer Ersatzsache zur Diskussion. Es kann ein Gewinn, der sonst durch ihren Gebrauch erzielt worden wäre, ausfallen[566], es können aber auch zusätzliche Kosten entstehen[567]. Man spricht, namentlich bei der Beschädigung von Autos, von *Chômage*[568]. Der Gebrauchsausfall einer Maschine oder eines Apparates kann, wenn kein Ersatz beschafft werden kann, grössere Teile eines Betriebes stillegen. Dafür ist dann auch Schadenersatz geschuldet, und zwar nicht nur für den eigentlichen Produktionsausfall, sondern auch für eventuelle vertragliche

---

[562] Diese ist sicher insoweit gerechtfertigt, als es Schäden geben kann, die der Reparateur nicht feststellt; vgl. STARK, Skriptum N 149.
[563] Der Verkäufer muss bei Vertragsverhandlungen den Kaufinteressenten über die Unfallfolgen informieren; vgl. Bezirksgericht Weinfelden, Urteil vom 30. November 1985, Casetex Nr. 832 u. a.
[564] BGE 29 II 284; 37 II 227; 56 II 127; 64 II 138; 84 II 163; SJZ 52, 27; 60, 42 Nr. 28; 60, 207/08; ZBJV 72, 251; Sem.jud. 1941, 520; 1950, 205; Rep. 1953, 53; PraRek I 230/31; BROQUET in SJZ 33 (1936/37) 45 ff.; RUSCONI 28 ff.; WITTWER 32 ff.; HIMMELREICH in NJW 1973, 673 ff.; GEIGEL/SCHLEGELMILCH, 4. Kap. N 30 ff. mit Angaben über Berechnungsmethoden; SOERGEL/SCHMIDT N 38 zu BGB 249–253; A. KELLER II 93; KELLER/GABI 100; STARK, Skriptum N 149.
[565] Bei der Bemessung spielt naturgemäss die durchgeführte Reparatur – wurden Richtarbeiten vorgenommen oder nicht, waren lebenswichtige Teile des Autos vom Unfall betroffen? – eine wichtige Rolle, aber auch das Alter des Fahrzeuges und seine Kilometerleistung; vgl. Urteil des Tribunal 1re Instance de Genève vom 3. Dezember 1987, Casetex Nr. 811.
[566] Ein Taxihalter hat während der Reparaturzeit keine Einnahmen.
[567] Der Geschädigte muss z. B. mit einem Taxi in die Stadt fahren, weil sich sein Auto in Reparatur befindet – vgl. Sem.jud. 1931, 603; A. KELLER II 90; KELLER/GABI 99; STARK, Skriptum N 146 ff.
[568] Der Begriff ist nicht ganz gefestigt, was hier nicht von Belang ist; SJZ 64, 205; STARK, Skriptum N 146.

V. Sachschaden § 6

Ersatz-Verpflichtungen wegen Nichterfüllung oder Verzug[569]. ElG 27 II spricht in solchen Fällen von «Störung im Geschäftsbetrieb»[570], ein sehr weit gefasster Begriff. Der Nutzungsausfall stellt einen Vermögensschaden i. e. S. dar, der aber, da er die Folge eines Sachschadens ist, als ersatzberechtigt anerkannt wird[571].

372 Der Geschädigte kann grundsätzlich nur Mietkosten für ein Auto verlangen, das der gleichen Preisklasse angehört wie sein eigenes[572]; ausserdem nur für eine angemessene Reparaturdauer bzw. bis zur Lieferung eines als Ersatz gekauften Autos oder eines sonstigen Gegenstandes[573]. Der Geschädigte hat eine möglichst günstige Lösung zu suchen[574].

373 Beim zeitweisen Ausfall eines Motorfahrzeuges[575] entsteht dadurch nicht immer ein Schaden. Wenn das Auto eines Eigentümers, der es nur zu seinem Vergnügen braucht, in Reparatur ist[576], liegt kein Ausfallschaden vor; eventuell müssen für besondere Fälle Taxis benützt und die Kosten vom Haftpflichtigen übernommen werden. Kein Schaden ist auch anzunehmen, wenn der Geschädigte für die Fahrt zur Arbeit und sonstige Verrich-

---

[569] BGE 81 II 131.
[570] Vgl. Bd. II/3 § 28 N 108 ff. Über EHG 12 Bd. II/3 § 27 N 184 ff.
[571] Über die Chômageforderungen wegen des Ausfalls öffentlicher Verkehrsmittel (die Unternehmungen pflegen ein beschädigtes Fahrzeug während der Reparaturzeit durch ein ihrer Reserve entnommenes Fahrzeug zu ersetzen): HARMS in SJZ 58, 332 ff.; RUSCONI 54 ff.; SCHAER N 205 f.; aber auch LARENZ I § 29 II c.
[572] Urteil des Tribunal de 1re Instance de Genève vom 3. Dezember 1987, Casetex Nr. 811.
[573] RUSCONI 37 ff.; LEUCH 13 ff.; BUSSY/RUSCONI 244; BUSSY, Responsabilité civile automobile (Genève 1949) 133/34; SCHELLER, Rechtspraxis im Motorfahrzeug- und Fahrradverkehr (Zürich 1959) Nr. 312–312 b; MERZ in Rechtsprobleme des Strassenverkehrs, Berner Tage für die jurist. Praxis 1974 (Bern 1975) 112 ff.; STARK, Skriptum N 146 ff.; BREHM N 80 ff. zu OR 41; A. KELLER II 94 ff.; SCHAER N 201 ff.; LARENZ I § 29 II c; GEIGEL/SCHLEGELMILCH, 4. Kap. N 42 ff. und 62 ff.
[574] Die in Deutschland vertretene Auffassung, Ersatz für entgangenen Gebrauch sei im entsprechenden Umfange grundsätzlich auch geschuldet, wenn der Geschädigte kein Interimsfahrzeug gemietet hat, ist abzulehnen; vgl. hinten N 373; im übrigen LARENZ I 29 II c; GEIGEL/SCHLEGELMILCH, 4. Kap. N 62 ff.; ausserdem SCHULTE, Schadenersatz in Geld für Entbehrungen (Berlin 1978) 42; STARK in FG Max Keller (Zürich 1989) 313.
[575] Bei Reparatur fällt die sachgemäss bemessene Reparaturdauer in Betracht (SJZ 47, 379 = Rep. 1951, 41; Sem.jud. 1957, 602; 1961, 427; JT 1969, 479; RUSCONI 42 ff.; LEUCH 15; A. KELLER II 95), bei Totalschaden die Zeit bis zur Lieferung des neuen Autos.
[576] Dies gilt entsprechend, wenn der Geschädigte ohne die Beschädigung seines Autos in der fraglichen Zeit dieses nicht benützt hätte, z. B. wegen einer beim Unfall erlittenen Verletzung: Es besteht kein Anspruch auf ein Mietauto; Rep. 1941, 41; LARENZ I § 29 II c; SCHAER Rz 201 f.; vgl. auch MERZ, SPR VI/1 196; STARK, Skriptum N 147; BREHM N 80 zu OR 41; A. KELLER II 94 ff.

tungen ein öffentliches Verkehrsmittel benützen kann[577]. Steht aber keines in zumutbarer Distanz zur Verfügung, ist ein Mietwagen zu bezahlen. Dies gilt natürlich vor allem für Geschädigte, die ihr Auto beruflich brauchen. Hätte der Geschädigte während der Reparaturzeit mit dem Auto in die Ferien fahren wollen, ist auch dafür ein Mietauto zu bewilligen; das gilt auch für einen Unfall auf einer Ferienreise[578].

374 Wenn kein geeignetes Ersatzauto gemietet werden kann, ist der Ausfall an Einnahmen aus dem Betrieb des Autos zu veranschlagen. Dies fällt namentlich bei Lastautos in Betracht.

375 Wenn der Geschädigte über mehrere Fahrzeuge verfügt, entfällt der Anspruch auf ein Mietauto[579].

376 Mit jedem eingelösten Auto sind feste Kosten verbunden, die sich laufend erhöhen, jeden Tag, ob man damit fährt oder nicht (Versicherungen, Steuern, Miete eines Abstellplatzes, Entwertung durch Alterung). Wenn ein Mietauto mit der Polizeinummer des verunfallten Autos gefahren wird, dienen dem Halter die für das verunfallte Auto (zum voraus) bestrittenen Auslagen. Bei Miete eines eingelösten Autos demgegenüber[580] oder bei Verzicht auf ein Ersatzauto sind die zur Diskussion stehenden Aufwendungen für die Reparaturdauer bzw. für die Zeit bis zur Lieferung eines als Ersatz gekauften andern Autos «umsonst» bezahlt worden[581]. Sie stellen unnütze Aufwendungen dar. Nach ANDREAS VON TUHR

---

577 SJZ 64, 205: Wenn das Motorfahrzeug, verglichen mit den öffentlichen Verkehrsmitteln, eine erhebliche Zeitersparnis ermöglicht, sind vom Haftpflichtigen die Kosten eines Mietautos zu übernehmen. Wenn ein öffentliches Verkehrsmittel benützt wird, sind die dadurch entstehenden Billettkosten zu ersetzen, aber das eingesparte Benzin anzurechnen.

578 Vgl. Sem.jud. 1957, 606; 1961, 427: Ersatz für «privation de jouissance» selbst ohne Miete eines Interimsfahrzeuges; RUSCONI 52 ff.; BUSSY/RUSCONI 244 (Ersatz für «perte de commodité»). Wie hier LARENZ I § 29 II c; GEIGEL/SCHLEGELMILCH, 4. Kap. N 67; STARK, Skriptum N 147 mit Hinweisen und im Kern wohl auch LEUCH 16 f.
Es handelt sich hier um Grenzfälle, weil der Verlust an Ferienvergnügen keinen finanziellen Schaden darstellt. Früher wurde der Nutzungsausfall während der Ferien nicht als ersatzwürdig betrachtet. Das entspricht den heutigen Anschauungen nicht mehr; vgl. STARK, Skriptum N 147; A. KELLER II 95; einschränkend BREHM N 80 zu OR 41.

579 RUSCONI 41 f.; BREHM N 80 zu OR 41; SCHAER Rz 205. Wenn aber die andern Autos von andern Familienmitgliedern benützt zu werden pflegen und bei diesen die Voraussetzungen für ein Mietauto erfüllt wären, sind die Mietkosten zu übernehmen.

580 Zum Beispiel von einem Bekannten.

581 Die deutsche Praxis hat auch ohne Miete einen bestimmten Betrag pro Tag des Nutzungsausfalles, z. B. DM 10.–, zugesprochen; vgl. Voraufl. 58, 257; KARL LARENZ, Nutzlose Aufwendungen als erstattungsfähige Schäden, FG Karl Oftinger (Zürich 1969) 15 ff. (dieser Autor hat allerdings seine Ansicht in seinem Lehrbuch des Schuldrechts I [14. A.

ist eine Aufwendung nachträglich als Schaden zu betrachten, «wenn der Zweck, zu dessen Erreichung sie vorgenommen wurde, wegfällt»[582]. Diese Auffassung ist (im ausservertraglichen Schadenersatzrecht) abzulehnen, weil eine Aufwendung, die vor dem Schadenereignis gemacht oder stipuliert wurde, nicht durch das Schadenereignis verursacht ist[583]. Es liegt kein Schaden im Sinne der Differenztheorie vor; diese vergleicht den Vermögensstand vor und nach dem Schadenereignis[584].

6. Rettungskosten, sonstige Aufwendungen und Umtriebe

Auch *Rettungskosten*[585] sind zu vergüten. Dies gilt allgemein für angemessene *Aufwendungen* des Geschädigten, die der Verminderung oder Beseitigung des Schadens dienten, z. B. für die Errichtung eines Notdaches über einem Gebäude[586].   377

Bei jedem Unfall entstehen *Umtriebe* für den Geschädigten. Wenn es vernünftig oder unerlässlich ist, mit bestimmten Besorgungen einen Dritten zu beauftragen[587], der ihm dafür Rechnung stellt, kann er dafür Entschädigung verlangen.   378

München 1987] 503 stark eingeschränkt); KELLER/GABI 9; MERZ, SPR VI/1 197 (Befürwortung mit Zurückhaltung); vgl. auch MARTIN TOLK, Der Frustrierungsschaden und die Kommerzialisierung immaterieller Schäden (Berlin 1977) 49 FN 21 und viele andere.

[582] Der Allgemeine Teil des Deutschen Bürgerlichen Rechts I (Leipzig 1910) 320 FN 33a; vgl. auch VON TUHR/PETER 84 FN 10.

[583] Vgl. STARK, Zur Frage der Schädigungen ohne Vermögensnachteile, FG Max Keller (Zürich 1989) 314 ff.

[584] Aber auch abgesehen von dieser dogmatischen Überlegung liegt es auf der Hand, dass es sich hier um ungerechtfertigte Bereicherungen des Geschädigten handeln würde. Man denke an Reparaturen von Pelzmänteln, Fernsehgeräten usw., die mit entsprechender Begründung zu einem Anspruch wegen Nutzungsausfalles führen könnten.

[585] BGE 37 II 227; A. KELLER II 92 f.

[586] Vgl. über die Pflichten zur Schadenminderung vorn N 37 ff., hinten § 7 N 71. – Auch durch die Verschmutzung von Klärschlamm entsteht ein Sachschaden, wenn er nicht mehr so gebraucht werden kann wie ohne die Verschmutzung und z. B. statt dessen verbrannt werden muss; vgl. BGE 118 II 180.

[587] Die gleiche Überlegung ist massgebend, wenn der Geschädigte einen Anwalt beizieht; vgl. vorn § 2 N 28 ff. Ein noch fahrbares Auto kann der Geschädigte selbst in die Garage bringen; wenn es abgeschleppt werden muss, ist er auf die Dienste von Handwerkern angewiesen. Für Zeitverlust bei der durch den Unfall veranlassten Konsultation eines Arztes, sei das Resultat der Untersuchung positiv oder negativ, kann der Geschädigte demgegenüber natürlich keinen Ersatz verlangen.
Wenn der Geschädigte die Schadensbehebung selbst vornimmt, weil er auf dem betreffenden Gebiet Fachmann ist – man denke an die Reparatur des Autos eines Garagisten –, kann er dafür in angemessenem Rahmen Rechnung stellen.

7. Affektionswert

379 Ausser Ansatz fällt der sog. Affektionswert, den jemand einer Sache infolge einer ganz persönlichen, ausserhalb wirtschaftlicher Überlegungen stehenden Hochschätzung beimisst[588]. Dies mag z. B. für Andenken und bestimmte Haustiere zutreffen. *Genugtuung* fällt bei Sachschaden nur in Betracht, wenn die Voraussetzungen von OR 49 gegeben sind[589].

8. Änderungen des Wertes einer Sache zwischen dem Unfall und dem Urteil

380 Zur Frage, auf welchen *Zeitpunkt* die Schadensberechnung anzustellen sei, ist in Ergänzung der Ausführungen vorn N 356 zu erwähnen, dass sich der Wert einer zerstörten, verlorenen oder beschädigten Sache zwischen der Schädigung und dem Urteil ändern kann. Dann ist, mangels eindeutiger Anhaltspunkte, auf den für den Geschädigten günstigeren Termin abzustellen[590]. Bei der Berechnung *entgangenen Gewinns*[591] darf nicht unterstellt werden, dass aussergewöhnliche Ereignisse oder besondere Nachlässigkeit den Geschädigten von der Ausnützung günstiger Gelegenheiten abgehalten hätten.

381 Für die Schätzung der Kosten einer noch nicht ausgeführten Reparatur hält man sich an den Zeitpunkt des Urteils, ausgenommen, wenn der Geschädigte schuldhaft die Reparatur bis jetzt unterlassen und dadurch die Gelegenheit verpasst hat, sie zu einem günstigeren Preis ausführen zu lassen.

9. Verschiedener Wert an verschiedenen Orten

382 Unter Umständen fragt sich, die Preisverhältnisse *welchen Ortes* für die Schadensberechnung massgebend seien. Ist z. B. eine per Automobil be-

---

[588] BGE 87 II 291 f.; ZR 11 Nr. 122 S. 198, 200; STARK, Skriptum N 144; A. KELLER II 91.
[589] BGE 87 II 292 f.; ZR 38 Nr. 120 = SJZ 36, 32; PIERRE TERCIER, zit. anfangs von § 8, 188; STARK, Skriptum N 177. Vgl. auch A. KELLER II 91.
[590] VON TUHR/PETER 123; MAX RÜMELIN, Die Verwendung der Causalbegriffe im Straf- und Zivilrecht, AcP 90, 255; KELLER/GABI 99. A. KELLER II 91 will bei Wertänderung zwischen der Schädigung und der Entschädigung auf den späteren Zeitpunkt abstellen, sofern nicht anzunehmen ist, der Geschädigte hätte die Sache inzwischen zu einem höheren oder tieferen Preis verkauft. Vgl. ZR 85 (1986) Nr. 68 S. 177 ff.
[591] BREHM N 78 zu OR 41; STARK, Skriptum N 145.

V. Sachschaden § 6

förderte Sache unterwegs zerstört worden, so können sich Unterschiede ergeben, je nachdem, ob man sich an die Verhältnisse am Herkunftsort, am Unfallort, am Bestimmungsort[592] usw. der Sache hält. Es gilt der Wert, den die Sache am Sitz des geschädigten Vermögens besitzt, der meistens mit dem Wohnsitz ihres Eigentümers zusammenfallen wird. Diese Lösung ergibt sich aus der Umschreibung des Schadens als Verminderung des Vermögens des Geschädigten: Was die Sache für *ihn* Wert war, ist entscheidend, und nicht, was sie an einem mehr oder weniger zufälligen Ort wert ist. Das muss auch gelten, wenn der Geschädigte im Ausland wohnt. Die gleiche Auffassung trifft für den entgangenen Gewinn zu[593].

10. Aktivlegitimation bei unselbständigem Besitz

Die Aktivlegitimation zur Geltendmachung eines Sachschadens steht vorab dem Eigentümer zu. Der Besitzer kann sich auf die Vermutung seines Eigentumsrechts in ZGB 930 berufen[594]. Haben neben dem Eigentümer Dritte an der gleichen Sache Besitz (ZGB 920), insbesondere kraft eines obligatorischen oder beschränkten dinglichen Rechts, so können diese einen eigenen Schadenersatzanspruch geltend machen, sofern ihnen ein selbständiges Interesse an der Sache zustand, das verletzt worden ist. Das gilt vor allem für Mieter, Pächter, Entlehner, Nutzniesser und Pfandgläubiger[595]. Nicht anspruchsberechtigt sind aber die nur reflektorisch Geschädigten[596]. Der Richter prüft, welches das Interesse des Eigentümers und welches das Interesse des unselbständigen Besitzers am Nichteintritt der Schädigung ist. Er hat darauf zu achten, dass der gleiche Schadensposten nur einmal vergütet wird. Meistens hat dann der Eigentümer Anspruch auf Übernahme des durch den Ersatz oder die Reparatur entstandenen Schadens inkl. des entgangenen Gewinnes. Dieser kann in der Leistung, die für

383

---

[592] So VVG 64 I.
[593] Von diesen Regeln ist je nach den Umständen abzuweichen; wenn z. B. die zu ersetzende Sache am Unfallort wesentlich billiger zu kaufen ist als am Wohnsitz des Eigentümers oder wenn dieser, um nicht in Verzug zu geraten, eine Ersatzanschaffung in einem Land vornehmen muss, wo die Preise höher liegen.
[594] HOMBERGER, Zürcher Komm. (2. A. Zürich 1938) N 17 zu ZGB 930; STARK, Berner Komm. (2. A. Bern 1984) N 22 zu ZGB 930.
[595] Vgl. VON TUHR/PETER 435/36; OSER/SCHÖNENBERGER N 53 zu OR 41; BREHM N 16 ff. zu OR 41; STREBEL/HUBER, Komm. zum MFG I/II (Zürich 1934/38) N 95 zu MFG 37.
[596] Vorn § 2 N 72 ff.

die Einräumung des obligatorischen oder beschränkten dinglichen Rechts erbracht wird, bestehen. Der Inhaber dieses Rechts hat Anspruch auf Ersatz der ihm durch den Wegfall oder die Minderung des Gebrauchs, der Nutzung, der Pfandhaft oder der sonstigen Befugnis an der Sache entgehenden Vorteile. Er hat von diesen die eingesparten Leistungen an den Eigentümer abzuziehen[597]. Es ist auch denkbar, dass kraft besonderer Umstände der unselbständige Besitzer allein anspruchsberechtigt ist, weil er intern den Eigentümer schadlos zu halten hat[598].

384 Eine eigene Lösung kennt EHG 11 I, wonach derjenige legitimiert ist, der die Sache «unter seiner eigenen Obhut mit sich führte»[599].

385 Im übrigen sei auf die Darlegungen in § 2 N 71 ff. verwiesen.

11. Rektifikationsvorbehalt

386 Einen Rektifikationsvorbehalt kennt das Gesetz bei Sachschaden nicht. Ob das kantonale Zivilprozessrecht ihn vorsehen könnte, erscheint als zweifelhaft[600].

---

[597] Nach VON TUHR/PETER 436 und OSER/SCHÖNENBERGER N 53 zu OR 41 soll der Eigentümer den vollen Sachwert erhalten und ist das Nutzungs- oder Pfandrecht auf die Ersatzforderung zu übertragen. Anderer Meinung OFTINGER/BÄR, Zürcher Komm. (3. A. Zürich 1981) N 21 zu ZGB 892.
[598] ZR 40 Nr. 25; aktivlegitimiert war hier der Mieter, da er gemäss Vertrag für alle Schädigungen der Sache aufzukommen hatte.
[599] Bd. II/3 § 27 N 56 ff.
[600] Vgl. Sem.jud. 1946, 557/58; RVJ 1967, 272.

§ 7 Schadenersatzbemessung

Literatur

SCHWEIZERISCHE: ROLAND BREHM, Umfang des Schadenersatzes (Art. 43 Abs. 1 OR), SJK 1983 Nr. 129. – E. BUCHER, Verschuldensfähigkeit und Verschulden in FS Pedrazzini (1990) S. 287 ff. – C. CHR. BURCKHARDT, ZSR 22 (1903) 491 ff. – COURVOISIER, Responsabilité causale et faute de la victime, SJZ 31, 53 ff. – PIERRE ENGEL, Traité des obligations en droit suisse (Neuchâtel 1973). – PETER GOTTWALD, Schadenszurechnung und Schadensschätzung (München 1979). – DES GOUTTES/GAUTIER, Du rôle de la faute dans la responsabilité causale, JT 1940 I 162 et sv. – THEO GUHL, Untersuchungen über die Haftpflicht aus unerlaubter Handlung nach schweizerischem Obligationenrecht (Bern 1904). – FRITZ HÄBERLIN, Das eigene Verschulden des Geschädigten ... (Diss. Bern 1924). – WALTER IM HOF, Die Art und Grösse des Schadenersatzes ... (Diss. Bern 1912). – KELLER/SYZ, Haftpflichtrecht, Ein Grundriss in Schemen und Tabellen (3. A. Zürich 1990). – THOMAS MOOR, Rechtsstellung des Geschädigten im Automobilhaftpflichtgesetz und im OR (Diss. Bern 1951). – RUSCONI, Quelques considérations sur l'influence de la faute et du fait du lésé dans la responsabilité causale, ZSR 82 I 337 et sv. – SCHAFFHAUSER/ZELLWEGER, Grundriss des schweizerischen Strassenverkehrsrechts; Band II: Haftpflicht und Versicherung (Bern 1988). – V. E. SCHERER, Die Haftpflicht des Unternehmers auf Grund des Fabrikhaftpflichtgesetzes und des Ausdehnungsgesetzes (Basel 1908). – FABIO SCHLÜCHTER, Haftung für gefährliche Tätigkeiten und Haftung ohne Verschulden (Diss. Bern 1990). – HANSJÖRG STEINER, Anrechnung des Mitverursachungsanteils des Geschädigten bei Solidarhaftung und Anspruchskonkurrenz, SJZ 79 (1983) 141 ff.

DEUTSCHE und ÖSTERREICHISCHE: DEUTSCH, in FS Keller, Begriff der Fahrlässigkeit (1989) 105 ff. – GEIGEL/ SCHLEGELMILCH, 3. Kapitel. – KOZIOL I 182 ff. – VENZMER, Mitverursachung und Mitverschulden im Schadenersatzrecht (München/Berlin 1960).

ÜBRIGE: STOLL, Consequences of Liability: Remedies, International Encyclopedia of Comparative Law, Vol. XI Chapter 8 (Tübingen usw.). – ZEPOS, Der Schadenersatz nach Ermessen des Richters im griechischen Zivilgesetzbuch, in Festschrift für Martin Wolff (Tübingen 1952) 167 ff.

I. Vorbemerkungen – Allgemeine Regeln

Mittels der Schadensberechnung (vorn § 6) wird das Ausmass 1 eines Schadens bestimmt. Damit ist das Maximum festgelegt, das der Geschädigte unter dem Titel des Schadenersatzes, d. h. abgesehen von der Genugtuung, von dem oder den Haftpflichtigen insgesamt verlangen kann[1]. Mehr Schadenersatz als das Ergebnis der Schadensberechnung steht dem Geschädigten aus Haftpflichtrecht[2] nicht zu; denn der Schadenersatz darf nicht zur Bereicherung des Geschädigten führen[3]. Damit ist (umgekehrt) aber nicht auch schon entschieden, dass der in Anspruch genommene Haftpflichtige diesen ganzen Schaden zu decken habe. Es frägt sich vielmehr, ob nicht unter den Umständen des konkreten Falles eine Verteilung der Schadenstragung auf den Haftpflichtigen und den Geschädigten zu erfolgen habe. Das ist das Problem der *Schadenersatzbemessung*. Auszugehen ist dabei immer vom ganzen berechneten Schaden.

2   Vorweg gilt nach schweizerischem Recht der Grundsatz, dass die Ersatzpflicht nicht auf einen bestimmten Maximalbetrag limitiert ist[4], soweit nicht Ausnahmen sich aus internationalen Verträgen ergeben[5, 6].

3   Die Schadenersatzbemessung führt die *Gründe* auf, die eine *Reduktion* des zu bezahlenden Schadenersatzes, verglichen mit dem Resultat der Schadensberechnung, zur Folge haben. Die in der Schadenersatzbemessung massgebenden Umstände sind für die Verschuldenshaftung – abgesehen vom Grundsatz der Proportionalität zwischen Verschulden und Haftung – und die Kausalhaftungen in der Hauptsache identisch, haben aber

---

[1] Daneben können dem Geschädigten noch andere, auf den Schadenfall zurückzuführende Ansprüche zustehen, die je nach der Rechtslage auf den Schadenersatzanspruch gegen den oder die Haftpflichtigen angerechnet werden oder nicht. Im Vordergrund stehen Ansprüche nach VVG bzw. aus Sozialversicherungsrecht; vgl. hinten § 11. Im Rahmen der privatrechtlichen Ersatzansprüche sind auch die vertraglichen zu erwähnen, zu denen u. a. diejenigen aus privatem Versicherungsrecht gehören. Schliesslich sei auf eventuelle Ansprüche gegen den Staat aus Wohlfahrtspflege und gegen Verwandte und Ehepartner aus Familienrecht hingewiesen.

[2] Namentlich das Sozialversicherungsrecht sieht z. T. auch Leistungen vor, denen kein haftpflichtrechtlicher Schaden entspricht. Erwähnt sei als Beispiel die lebenslängliche Invalidenrente nach UVG 19 II.

[3] BGE 49 II 247; 53 II 429 f.; vorn § 2 N 79; BREHM N 25–29 zu OR 43; ENGEL 341 f.; GOTTWALD 14; KELLER/GABI 101 f.; KELLER/SYZ 96; SCHAER Rz 319 ff.; OR-SCHNYDER, N 1 zu OR 43; LARENZ, Schuldrecht I 539 ff. und viele andere.

[4] Früher sah AtG 12 VI eine Beschränkung der Haftpflicht auf die Deckungssumme der obligatorischen Haftpflichtversicherung vor. Dies wurde im KHG fallen gelassen, figuriert aber nach wie vor im PÜ und in seinen Zusatzprotokollen von 1964 und 1982 Art. 7. Erwähnt sei auch das Warschauer Abkommen zur Vereinheitlichung von Regeln über die Beförderung im internationalen Luftverkehr mit den verschiedenen Ergänzungen und andere internationale Vereinbarungen.

[5] Vgl. LARENZ, Schuldrecht I 551 und viele andere; hinten N 78 ff.

[6] Das im Rahmen der Verschuldenshaftung anwendbare Prinzip der Proportionalität zwischen Verschulden und Haftpflicht, auf das hinten N 11 zurückgekommen wird, stellt keine Limitierung der Haftpflicht dar, sondern einen Faktor der Schadenersatzbemessung.

nicht überall die gleiche quantitative Tragweite[7]. Diese Faktoren sind in den verschiedenen Haftungsgesetzen nur zum Teil umschrieben; OR 43 I erwähnt als Kriterium für die Bestimmung von Art und Grösse des Ersatzes neben der Grösse des Verschuldens ganz allgemein die Umstände. Lehre und Rechtsprechung haben die Grundsätze entwickelt, welche der Richter zu beachten hat. Faktoren, die dem Geschädigten entgegengehalten werden können, liegen nicht nur in seinem Selbstverschulden, sondern auch in den von ihm zu vertretenden Kausalhaftungsgründen und Betriebsgefahren sowie andern Umständen[8]. Bestehen keine solchen Faktoren, so hat der Haftpflichtige den Schaden voll zu übernehmen, bei Verschuldenshaftung unter Vorbehalt der Proportionalität zwischen Verschulden und Haftpflicht.

Die Festlegung der quantitativen Bedeutung eines Reduktionsgrundes 4 ist dem *Ermessen des Richters* überlassen, der dabei abwägend den Reduktionsgrund und den Haftungsgrund einander gegenüberstellt. Feste Regeln für die gegenseitige Gewichtung können nicht aufgestellt werden. Die Gerichtspraxis hat aber, beeinflusst von der Lehre, Richtlinien entwickelt, die dem Richter als Ausgangspunkte für seine Überlegungen dienen[9] und auch in den aussergerichtlichen Vergleichsgesprächen eine grosse Bedeutung haben. Sie dienen nicht nur der Gleichbehandlung gleicher Fälle und der Rechtssicherheit, sondern erleichtern dem Richter auch die Begründung seines Entscheides.

Haftungs- und Reduktionsgrund können nur dann *direkt* miteinander 5 verglichen werden, wenn sie gleichartig sind, z. B. das Selbstverschulden eines Fussgängers mit dem haftungsbegründenden Verschulden eines Radfahrers. Aber auch in solchen Fällen setzt der Vergleich eine Wertung voraus; die Festlegung der Grösse des Verschuldens, das sich aus einem bestimmten Verhalten ergibt, ist nur durch ein Werturteil möglich.

---

[7] So kann ein bestimmtes Selbstverschulden gegenüber einem aus Verschulden Haftpflichtigen mehr Gewicht haben als gegenüber einem Kausalhaftpflichtigen.
[8] Vgl. Bd. II/2 25 N 554 ff.; A. KELLER I 101; KELLER/GABI 111 f.; KELLER/SYZ 107; STARK, Skriptum N 310, 916 f. SCHAER Rz 319 erwähnt auch noch besondere Beziehungen, namentlich verwandtschaftliche zwischen Schädiger und Geschädigten. Vgl. statt vieler BGE 99 II 95 f.; 105 II 213 f.; 108 II 56 f.; 111 II 89 f. (= Pra 74 Nr. 155); 113 II 329 ff.; SJZ 61, 96.
[9] Eine der eindeutigsten Regeln besagt z. B., dass Aufspringen auf einen fahrenden oder Abspringen von einem fahrenden Eisen- oder Strassenbahnzug als grobe Fahrlässigkeit (meistens) den Kausalzusammenhang zur Betriebsgefahr der Bahn unterbricht; vgl. hinten Bd. II/3 § 27 N 164, FN 262. Diese Frage hat heute wegen der automatisch schliessenden Türen viel von ihrer praktischen Bedeutung verloren.

§ 7 Schadenersatzbemessung

5a Das gilt natürlich in vermehrtem Masse, wenn Haftungs- und Reduktionsgrund verschiedener Art sind, z. B. ein Selbstverschulden des Geschädigten der selbständigen Aktion eines Tieres gegenübersteht[10]. Rein rational betrachtet müsste man eine so stark durch das Ermessen bestimmte Haftpflichtordnung als zu unbestimmt ablehnen[11]. Aber nur die weitgehende Freiheit des Richters gestattet es, den zahlreichen Umständen bei der Entstehung eines Schadens Rechnung zu tragen, ohne deren Berücksichtigung ein zutreffendes Urteil kaum möglich wäre[12]. Liegen solche Umstände vor und waren sie für die Entstehung oder Verschlimmerung des Schadens kausal, so hat das Gericht ex officio zu prüfen, ob und inwieweit diese die Schadenersatzpflicht beeinflussen[13].

---

[10] Trotz dieser grossen Breite des Raumes der möglichen Entscheidungen fällt es nicht allzu schwer, einigermassen übereinstimmende Urteile zu finden. Auch im Ausland sind kaum grundlegend andere Bewertungen festzustellen. Das dürfte damit zusammenhängen, dass hier dem Rechtsgefühl grosse Bedeutung zukommt, das sich nicht an die Grenzen der Nationen und Sprachen hält, und dass der Richter die generelle Bedeutung seines Urteils als Präjudiz nicht ausser acht lässt.

[11] Eine Beschränkung des Ermessensspielraumes wäre in Anbetracht der Mannigfaltigkeit der Verhältnisse wohl nur beim Selbstverschulden – d. h. nicht bei vom Geschädigten zu vertretenden Kausalhaftungsgründen – möglich, indem das Gesetz z. B. festlegen würde, dass nur grobes Selbstverschulden zur Reduktion führe; vgl. KHG 5 II; hinten Bd. II/3 § 29 N 338 ff. Daraus könnten sich Abgrenzungsprobleme gegenüber dem Entlastungsgrund des groben Selbstverschuldens (vgl. vorn § 3 N 151 ff.) ergeben, die in KHG 5 II in Kauf genommen worden sind.
Die Beschränkung der Schadenersatzreduktion auf Fälle mit grobem Selbstverschulden des Geschädigten wird namentlich in ausländischer Literatur verschiedentlich vertreten. Sie wird aber den Verhältnissen nicht gerecht; so müsste auch die Verschuldenshaftung auf *grobe* Fahrlässigkeit und Vorsatz beschränkt werden, was sich kaum ernsthaft vertreten lässt: Es entstände sonst ein grosser haftungsfreier Bereich bei leichter und mittlerer Fahrlässigkeit. Konsequenterweise kann man bei der Reduktion sich nicht auf das *grobe* Selbstverschulden beschränken, daneben aber die leichte Fahrlässigkeit als Haftungsgrund gelten lassen. Sonst würde z. B. ein Geschädigter, der ein Schadenereignis leichtfahrlässig mitverursacht hat, zwar vom (andern) Mitverursacher vollen Schadenersatz verlangen können, daneben aber neben diesem einem weiteren Geschädigten gegenüber aus Verschulden mithaftpflichtig sein. Das würde kein Nicht-Jurist verstehen.
Versicherungen können ihre Leistungen demgegenüber nur bei grobem Verschulden des Versicherten oder des Anspruchsberechtigten kürzen; vgl. VVG 14 II/III; UVG 37 II; BVG 35; IVG 7; ausserdem AHVG 18 I (während MVG 65 eine Kürzung nur bei vorsätzlicher Begehung eines Verbrechens oder Vergehens vorsieht). Daraus entstehen keine Schwierigkeiten, weil volle Leistungspflicht des Versicherers und Haftpflicht des Versicherten gegenüber einem Dritten sich innerlich nicht widersprechen.

[12] So schon J. C. BLUNTSCHLI in seinen Erläuterungen zum zürcherischen Privatrechtlichen Gesetzbuch III (Zürich 1855) § 999 und C. CHR. BURCKHARDT, ZSR 22 (1903) 501; aber auch GOTTWALD 14; MERZ, SPR VI/1 215, 234.

[13] BREHM N 47 zu OR 43.

I. Vorbemerkungen – Allgemeine Regeln   § 7

Trotz der grossen Bedeutung des richterlichen Ermessens ist nicht 6
einfach auf das Gefühl abzustellen und hat der Richter nicht die Freiheit, irgendwie zu entscheiden. Er hat sich vielmehr an die «bewährte Lehre und Überlieferung» (ZGB 1 III) zu halten und muss in den Motiven seines Entscheides die Gründe darstellen, die ihn veranlasst haben, den Schadenersatz um den von ihm festgelegten Prozentsatz herabzusetzen. Vgl. hinten § 14.

Die Bestimmungen über die Herabsetzungsgründe sind als bundes- 7
rechtliche von Amtes wegen anzuwenden[14]. Die *Beweislast* für die für die Reduktion massgebenden Umstände obliegt aber dem Haftpflichtigen[15], was voraussetzt, dass er sie vorerst mindestens behauptet.

Eine Schadenersatzreduktion fällt von vornherein ausser Betracht, 8
wenn der Kausalzusammenhang zwischen dem vom in Anspruch genommenen «Haftpflichtigen» zu vertretenden Umstand und dem Schaden unterbrochen ist, sei es durch grobes Verschulden des Geschädigten oder eines Dritten, sei es durch einen zur höheren Gewalt gesteigerten Zufall; vgl. vorn § 3 N 132 ff.

Die gesetzlichen Grundlagen für die hier zu besprechenden Schaden- 9
ersatzreduktionen finden sich zum Teil in OR 41 ff., zum Teil in Verweisungen auf diese Normen (ElG 36 I; SVG 62 I; JSG 15 II; MO 27 I; ZSG 77 I; RLG 34; SSG 27 I; GSG 69 III und KHG 7 I). In EHG 5 und VG 4 finden sich inhaltlich im wesentlichen dem OR entsprechende Vorschriften. Die Bestimmungen dieses Gesetzes über die Schadenersatzbemessung sind auch auf die Haftpflicht nach ZGB 333 wie auf die einfachen Kausalhaftungen des OR anwendbar. Ganz allgemein kann gesagt werden, dass die allgemeinen Schadenersatzbemessungs-Vorschriften von OR 42 ff. für das ganze ausservertragliche Haftpflichtrecht gelten. Darüber hinaus sind sie, gestützt auf OR 99 III, auch auf die vertragliche Schadenersatzpflicht anwendbar. Dies bezieht sich aber nur auf die Berücksichtigung der Mitursachen, für die der Geschädigte einzustehen hat. Die Spezialvorschriften über die Kürzung des Schadenersatzes wegen einer drohenden Notlage des Geschädigten bzw. wegen ungewöhnlich hohen Einkommens des Getöteten oder körperlich Verletzten, die man unter dem Titel «besondere Verhältnisse» zusammenfassen kann, haben im Vertragsrecht keinen Platz. Dazu gehört auch die summenmässige Begrenzung des Schadenersatzes.

---

[14] BGE 111 II 161.
[15] OR-Schnyder, Art. 44 N 1; BGE 108 II 64; 112 II 443.

II. Kausale Faktoren der Schadenersatzbemessung

10 Die kausalen Faktoren der Schadenersatzbemessung gehören unverzichtbar zum System des deliktischen Schadenersatzrechts, das man als Recht der Verantwortung für Verursachung umschreiben könnte.

A. Grösse des Verschuldens des Haftpflichtigen

11 Viele durch das Haftpflichtrecht geregelte Schädigungen sind dadurch gekennzeichnet, dass eine kleine Ursache einen sehr grossen Schaden herbeiführen kann[16]. Ausserdem ist der Übergang von Nicht-Verschulden zu leichtem Verschulden meistens fliessend; je nachdem, ob der Richter das Verschulden bejaht oder nicht, kann an sich eine den Schädiger schwer belastende Haftpflichtforderung entstehen oder der Geschädigte seinen Schaden selber tragen müssen. Aus diesem Dilemma befreit sie beide in gewissem Sinne der Grundsatz der *Proportionalität zwischen Verschulden und Haftpflicht:* Sie sollen sich in einem Gleichgewicht befinden. Das Alles-oder-Nichts-Prinzip[17], das sich aus den gebotenen theoretischen Überlegungen ergibt – logisch liegt entweder ein Verschulden vor oder nicht –, wird unter Berücksichtigung der Schwierigkeiten gemildert, die bei der Feststellung des Sachverhaltes und bei der jeder Beurteilung der Schuldfrage zugrunde liegenden Wertung auftreten. Das führt zu einer Teilhaftung, die zur angenommenen Grösse des Verschuldens proportional ist[18]. Gestützt auf diese Überlegungen sieht OR 43 I vor,

---

[16] Durch ein geringes Verschulden kann eine bedeutende Invalidität entstehen. Beispiel: Ein Radfahrer überholt auf einer Quartierstrasse einen auf einem Trottinett fahrenden Knaben mit geringem seitlichem Abstand. Der Knabe macht einen Schwenker nach links, wird angefahren und erleidet ein schweres Hirntrauma mit bleibender Invalidität. Anderseits kann ein Mountainbike-Fahrer mit grosser Geschwindigkeit auf einem abschüssigen Waldweg einen Fussgänger anfahren, der gegen einen Baum geworfen wird und an einer Hirnblutung stirbt. Wenn der Fussgänger keine Verwandten hat oder andere Personen unterstützte, wird sich der Schaden meistens auf die Bestattungskosten beschränken.

[17] Ein Verzicht auf die strikte Anwendung dieses Prinzips findet sich auch in der von der französischen Rechtsprechung entwickelten Lehre von der «perte d'une chance»; vgl. vorn § 3 N 43.

[18] Vgl. J. C. BLUNTSCHLI, Erläuterungen zum Privatrechtlichen Gesetzbuch für den Kanton Zürich III (Zürich 1855) zu § 999; RUDOLPH JHERING, Das Schuldmoment im römischen

II. Kausale Faktoren der Schadenersatzbemessung § 7

dass der Richter bei der Festsetzung des Ersatzes die Grösse des Verschuldens des Geschädigten zu würdigen hat[19]. Er kann dann bei leichtem Verschulden – trotzdem keine vom Geschädigten zu vertretende Ursache mitgewirkt hat – auf eine blosse Teilhaftung erkennen[20]. Dies kommt namentlich in Frage, wenn ein Zufall neben leichtem Verschulden bei der Entstehung des Schadens eine bestimmende Rolle gespielt hat.

Aus dem Wortlaut von OR 43 I kann geschlossen werden, dass der Richter die Grösse des Verschuldens bei der Festsetzung der Höhe des Schadenersatzes würdigen *müsse*. Diese Interpretation führt bei leichtem Verschulden des Haftpflichtigen (auch ohne Selbstverschulden des Geschädigten oder andere von ihm zu vertretende Haftungsgründe) *regelmässig* zu einer Teilhaftung. Das entspricht aber nicht der vorn dargelegten ratio legis[21], vor allem eine schwere Schadenbelastung des leicht fahrlässigen Schädigers zu vermeiden und bei Zweifeln, ob überhaupt noch ein leichtes Verschulden gegeben sei, eine billige Lösung zu finden. Die Berücksichtigung der Proportionalität zwischen Verschulden und Haftpflicht ist daher nicht als gesetzlich vorgeschrieben zu betrachten; OR 43 I gibt dem Richter diese Möglichkeit, schreibt sie aber nicht vor. Als Regel muss man festhalten, dass der Geschädigte vollen Ersatz beanspruchen darf, wenn ein Haftungsgrund vorliegt und keiner der anderen hinten besprochenen Reduktionsgründe gegeben ist[22]. Dem Schädiger kann man nur zu Lasten des Geschädigten entgegenkommen.

12

Privatrecht (Giessen 1867) 54 ff.; C. CHR. BURCKHARDT, ZSR 22 (1903) 496 ff., 571 f.; VON TUHR/PETER 104; A. KELLER I 97 f.; DESCHENAUX/TERCIER § 28 N 13 ff.; BREHM N 26 und 72 ff. zu OR 43; STARK, Skriptum N 518 ff.; MERZ, SPR VI/1 220; SCHAFFHAUSER/ ZELLWEGER N 1298; OR-SCHNYDER, Art. 43 N 7; GUHL/MERZ/KOLLER 78; BGE 53 II 430; 59 II 370; 92 II 240; 96 II 176 f.; 99 II 181; 100 II 338 E 3a.

Je nach dem Sachverhalt kann die Berücksichtigung des mitwirkenden Zufalles als Reduktionsgrund (vorn § 3 N 89 ff.) praktisch zum gleichen Resultat führen wie die Proportionalität zwischen Schuld und Haftung, weil ein Zufall dafür massgebend gewesen sein kann, dass durch ein leichtes Verschulden ein schwerer Schaden entstand.

19 Vgl. über die Entstehung dieser Vorschrift bzw. des ihr entsprechenden Art. 51 I aOR BGE 32 II 465; TH. GUHL, Untersuchungen über die Haftpflicht aus unerlaubten Handlungen nach schweizerischem OR (Diss. Bern 1904) 8 ff.; über die Rolle des Verschuldens als Faktor für die Schadenersatzbemessung im allgemeinen ferner HEDEMANN, Die Fortschritte des Zivilrechts im XIX. Jahrhundert I (Berlin 1910) 100.
20 BGE 82 II 31; 89 I 497; 91 II 297; 92 II 240; 100 II 337.
21 BGE 59 II 370; ZSGV 61, 564; vgl. auch BGE 82 II 31; 89 I 497; 91 II 297; 92 II 240; 96 II 178; 100 II 337; SJZ 41 (1945) 172; 57 (1961) 47; BJM 1961, 199; a. M. scheinbar VON TUHR/PETER 104/05; Sem.jud. 1958, 494.
22 Wenn der Schadenersatz wegen vom Geschädigten zu vertretender Reduktionsgründe, vor allem wegen eines Selbstverschuldens, herabzusetzen ist, besteht für die Anwendung der Proportionalitätsregel zwischen dem Verschulden des Haftpflichtigen und der Schaden-

12a Da bei den *Kausalhaftungen* das Verschulden des Haftpflichtigen keine Haftungsvoraussetzung darstellt, führt hier auch minimes mitwirkendes Verschulden des Haftpflichtigen nicht zu einer Reduktion[23]. Das gilt auch für das Verschulden der Personen, für die der Haftpflichtige einstehen muss[24]; ihr Verschulden ist aber dann relevant, wenn eine sektorielle Verteilung (hinten § 9 N 12 ff.) stattzufinden hat[25].

B. Selbstverschulden des Geschädigten

1. Im allgemeinen

13 Wesen und Voraussetzungen des Selbstverschuldens sind in § 5 II dargestellt. Als Grund für die Reduktion des Schadenersatzes[26] ist es[27] in

---

ersatzpflicht kein Anlass: Der Haftpflichtige muss ohnehin nur einen Teil des Schadens tragen; eine zusätzliche Kürzung des Schadenersatzes wegen nur leichten Verschuldens des Haftpflichtigen ist daher nicht geboten. Schädiger *und* Geschädigter sind durch ihr Verschulden (im Normalfall) an der Verursachung des Schadenereignisses beteiligt und müssen dafür einstehen. Der Reduktionsgrund hat gegenüber einem leichten haftungsbegründenden Verschulden ohnehin mehr Gewicht als gegenüber einem schweren Verschulden.

23 BGE 35 II 189; 41 II 704/05, 709; 45 II 85; 60 II 156; 70 II 94/95; 81 II 516; 88 II 135; 95 II 96 f.; DES GOUTTES/GAUTIER 166, 176.
Abweichend IM HOF 230 ff., der bei Klagen aus OR 55, 56 und ZGB 333 auf die Erheblichkeit der Verletzung der Sorgfaltspflichten abstellen will; desgleichen VON WATTENWYL, Ausserkontraktliche Haftung des Aufsichtspflichtigen (Diss. Bern 1926) 128; PETER PORTMANN, Organ und Hilfsperson im Haftpflichtrecht (Bern 1956) 134 f. Sofern man die fraglichen Haftungen als Kausalhaftungen ansieht, ist dies unzutreffend, weil mit dem Wesen der Kausalhaftung unvereinbar. Widerspruchsvoll zu OR 56 BGE 52 II 457, zutreffend 81 II 516; BREHM N 41 ff. und 80 ff. zu OR 43.

24 OSER/SCHÖNENBERGER N 20, 25 zu OR 55; OR-SCHNYDER, Art. 43 N 8; JACQUES CHAMOREL, La responsabilité de l'employeur pour le fait de ses employés, en matière extra-contractuelle, art. 55 CO (Diss. Lausanne 1925) 77; O. DAEPPEN, Bundesgerichtspraxis zum Obligationenrecht (Art. 1–551), erläutert durch die Rechtsprechung des Bundesgerichts (Zürich 1936) 94; BGE 32 II 461 und 38 II 477 zu aOR 61. Anderer Meinung BGE 29 II 489; 41 II 500; 49 II 446; 88 II 135; VON TUHR/PETER 448; HOMBERGER in ZSR 49, 8a ff. Unentschieden BGE 57 II 45/46.

25 BGE 88 II 135; 95 II 97.

26 Die Einrede des Selbstverschuldens wirkt selbstverständlich unabhängig davon, ob hinter dem Schädiger ein Haftpflichtversicherer steht, SJZ 61, 277 f.

27 Statt von Selbstverschulden wird vielfach von *Mitverschulden* gesprochen und der Ausdruck Selbstverschulden auf den Fall der Entlastung des Schädigers durch Verschulden des Geschädigten beschränkt. Für beide Fälle ist der einheitliche Ausdruck Selbstverschulden vorzuziehen. Von Mitverschulden kann man nach der Sprachlogik nur reden,

II. Kausale Faktoren der Schadenersatzbemessung § 7

EHG 5, KHG 5 II und SVG 59 II (vgl. auch VVG 14 und UVG 37 II, MVG 65 I, IVG 7, BVG 35) ausdrücklich erwähnt, bei allen übrigen Haftungsarten gilt dies kraft Verweisung. OR 44 I[28] spricht in einer allgemeinen Umschreibung von «Umständen», für die der Geschädigte «einstehen muss», worunter in erster Linie das Selbstverschulden zu verstehen ist; vgl. den Text von aOR 51 II. Ob man Kausal- oder Verschuldenshaftung[29] vor sich habe, gleichgültig, ob jene im OR, im ZGB oder in einem Spezialgesetz geregelt sei, macht für die Berücksichtigung des Selbstverschuldens keinen *grundsätzlichen* Unterschied aus[30].

Das Selbstverschulden bezieht sich entweder auf die *Entstehung*[31] oder die *Verschlimmerung* des Schadens, der bereits mit oder ohne Einwirkung eines Selbstverschuldens eingetreten ist[32]. Daneben erwähnt OR 44 I ausdrücklich die *Einwilligung des Geschädigten* in die schädigende Handlung[33]. 14

---

wenn auch den Haftpflichtigen ein Verschulden trifft, was bei Kausalhaftungen nicht erforderlich ist (so schon ZR 3 Nr. 197).

[28] Wie BGE 42 II 397 mit Fug bemerkt, ist die Berücksichtigung des Selbstverschuldens als Reduktionsgrund ein dem ganzen schweizerischen Schadenersatzrecht innewohnender Gedanke, im Gegensatz zum römischen Recht: Nach dem Grundsatz der (in der Doktrin so genannten) Culpa-Compensation war kein Schadenersatz geschuldet, sofern neben dem Verschulden des Schädigers ein konkurrierendes Verschulden des Geschädigten als Ursache des Schadens in Betracht fiel; Dig. 9, 2, 9 § 4; 9, 2, 11 pr; 50, 17, 103. Vgl. VON LEYDEN, Die sog. Culpa-Compensation im BGB (Berlin 1902) 34; WENDT, Eigenes Verschulden in Jherings Jahrb. 31 (1892) 147 ff.; GUHL, Untersuchungen 62 ff.; HÄBERLIN 47 ff.

[29] Eventuell drängt sich auf, das Selbstverschulden nicht zu berücksichtigen, wenn der Haftpflichtige «arglistig», namentlich kriminell, gehandelt hat, BGE 68 II 285 f. und SJZ 59, 141, entgegen BGE 61 II 236. – Gleich BGE 89 II 45 angesichts der Umstände bei Anwendung des EHG.

[30] Vgl. z. B. zu OR 55: BGE 54 II 467; 58 II 37; 60 II 43; 64 II 261/63; 88 II 135 f. Zu OR 56: BGE 50 II 194; 64 II 380. Zu OR 58: BGE 41 II 689; 53 II 374; 55 II 87; 57 II 110; 59 II 170; 60 II 349; 64 II 199; 91 II 201 E 5, 211. Zu ZGB 333: BGE 49 II 445. Ferner allgemein: BGE 53 II 374. Aus der neueren Rechtsprechung: BGE 101 II 75 E 5; 103 II 246 E 5; 106 II 212 f.; 107 I b 158; 112 I b 331 E 5 b; 112 I b 454 E 4; 115 II 283 ff.; ZR 74 Nr. 25.

[31] KELLER/GABI 103 f.; SCHAFFHAUSER/ZELLWEGER N 1304; OR-SCHNYDER, Art. 44 N 3.

[32] Dazu BGE 26 II 572; 30 II 394; 31 II 704; 35 II 323; 40 II 64; 94 II 157.

[33] Vorn § 4 N 45 ff., § 5 N 147, FN 169, Bd. II/1 § 16 N 238 ff.; ZR 56 Nr. 93 S. 155; AGVE 1960, 32: Abtreibung auf Wunsch der Geschädigten; BGE 85 IV 108: Zustimmung zur Überschreitung eines gesetzlichen Höchstmietzinses; 57 II 67 f.; 109 IV 105 f.
Die Erwähnung der Einwilligung in der Kann-Vorschrift von OR 44 I bedeutet, dass auch die nach OR 20 I ungültige Einwilligung, die ein Selbstverschulden darstellen kann (Bd. II/1 § 16 N 247 und FN 344; ENGEL N 114; BJM 1969, 283; BREHM N 6 ff. zu OR 44; OSER/SCHÖNENBERGER N 2 zu OR 44; BECKER N 47 zu OR 41; OR-SCHNYDER, Art. 44 N 2), davon erfasst werden soll.
Die Einwilligung stellt meistens einen Rechtfertigungsgrund dar.

Das Selbstverschulden (und alle andern von OR 44 I erwähnten Umstände) muss *adäquate Ursache* der Entstehung oder Vergrösserung des Schadens sein[34]. Das Gesetz erwähnt neben den Umständen, die zur Entstehung oder Verschlimmerung des Schadens beigetragen haben, noch weitere, die «die Stellung des Ersatzpflichtigen sonst erschwert haben». Diese besitzen keine gesonderte Bedeutung.

15 Die Einwirkung des Selbstverschuldens auf die Entstehung des Schadens kann z. B. darin liegen, dass ein Fussgänger unachtsam mit einem Fahrrad zusammenstösst, dessen Lenker sich ebenfalls schuldhaft verhält. Von Verschlimmerung des Schadens[35] ist zu sprechen, wenn ein Verunfallter es unterlässt, diejenigen Massnahmen zu ergreifen, die für die Verminderung des Schadens geeignet sind und sich aufdrängen, z. B. einen Arzt beizuziehen[36].

16 Es handelt sich bei diesen Fällen um die Frage der sog. *Schadenminderungspflicht*[37], die vorn § 6 N 37 ff. unter Hinweis auf die dogmatische Konstruktion dargestellt ist; denn in den normalen Fällen handelt es sich um ein Problem der Schadensberechnung, weil nicht als vom Haftpflichtigen verursachter Schaden zu betrachten ist, was durch zumutbare Massnahmen behoben werden könnte. Ein Problem der Schadenersatzbemessung liegt dagegen vor, wenn das eigentliche Schadenereignis und das Selbstverschulden des Geschädigten Mitursachen des betreffenden Teilschadens sind. Das kommt namentlich in Frage, wenn erst nach der Erledigung des Falles durch Urteil oder Vergleich eine weitere schädigende

---

34 BGE 25 II 826; 29 II 621; 31 II 704; 34 II 16; 47 II 406; 56 II 124; 57 II 110; 79 II 397; 88 II 45; 99 II 312; 101 II 73 E 3; 112 II 443; 116 II 527.
35 BGE 30 II 394; 41 II 684; 82 II 33; vgl. SCHAFFHAUSER/ZELLWEGER N 1304.
36 BGE 18, 265; 23 I 879; 40 II 64; BREHM N 50 ff. zu OR 44; OR-SCHNYDER, Art. 44 N 6.
37 Dem Geschädigten sind aktive Massnahmen zuzumuten, die ein vernünftiger Mensch in der gleichen Lage ergreifen würde, wenn er keinerlei Schadenersatz zu erwarten hätte; vgl. BGE 28 II 220; 56 II 375; 57 II 67; 60 II 229; 61 II 132/33; 81 II 515; ZR 41 Nr. 61 S. 158. In der Sozialversicherung stellt sich das Problem im wesentlichen gleich, vgl. BGE 105 V 178 E 2; 111 V 239 E 2 a; 113 V 28 E 4; 114 V 281.
Vgl. im übrigen DESCHENAUX/TERCIER § 7 N 57/58, § 25 N 26/27; GUHL/MERZ/KOLLER § 10 S. 81; MERZ, SPR VI/1 224.
Von der Schadenminderungspflicht im vorn § 6 N 37 ff. und im hier besprochenen Sinn ist die Ergreifung vorsorglicher Massnahmen – vor dem Schadenereignis – zu unterscheiden, die bestimmte Möglichkeiten eines Schadenereignisses ausschalten sollen. Man denke z. B. an den Bau einer zweiten elektrischen Leitung zu einer Fabrik, um deren Stillstand bei Beschädigung der ersten Leitung zu verhüten (BGE 97 II 229). Das ist aber nicht ein Problem der Schadenminderungspflicht, sondern des Selbstverschuldens allgemein.

II. Kausale Faktoren der Schadenersatzbemessung § 7

Folge des ursprünglichen Schadenereignisses zutage tritt, deren Möglichkeit sich im Zeitpunkt der Erledigung des Falles durch eine zusätzliche Untersuchung[38] hätte erkennen lassen. Die Frage stellt sich aber nur, wenn durch die Untersuchung die Realisierung dieser Möglichkeit hätte eingeschränkt oder ausgeschlossen werden können. Dann hat der Geschädigte durch die Ablehnung dieser Untersuchung auf Schutzmassnahmen, die auf deren Ergebnissen beruhen, verzichtet. Dadurch hat er den eingetretenen Teilschaden mitverschuldet. Das trifft zu, wenn die Schutzmassnahme erfahrungsgemäss den weiteren Schaden ausgeschlossen oder reduziert hätte.

Neben diesen Folgen einer nicht genügenden Behandlung einer Schädigung wird in der Literatur z. T. auch das Verhalten des Geschädigten im Zeitpunkt des Schadenereignisses in diesem Zusammenhang erwähnt[39], namentlich zur Vermeidung (zusätzlicher) Körperverletzungen oder Sachbeschädigungen. Es liegt aber nahe, den Begriff der Schadenminderungspflicht nur zu verwenden, wenn die Massnahmen zur Behandlung einer Schädigung zur Diskussion stehen.

Bei *Sachschaden* stellt sich die Frage der *Rettungspflicht*. Eine solche besteht nicht vorbehaltlos; zur Verhütung oder Minderung von Sachschaden Leib und Leben in Gefahr zu setzen, darf niemandem zugemutet werden. Zumutbar sind aber diejenigen Massnahmen, die ein vernünftiger Mensch in der gleichen Lage ergreifen würde, wenn er keinerlei Schadenersatz zu erwarten hätte.

Die Aufwendungen des Geschädigten, besonders die *Kosten* der Massregeln, die er ergreift, sind vom Haftpflichtigen zu ersetzen. Bei Operationen und Umschulung verlangt die Praxis, dass der Haftpflichtige die Kosten vorschiesse. Der Erfolg der Massnahmen ist für die Kostenpflicht unerheblich, desgleichen, ob wirklich eine Pflicht bestanden hat, sie zu ergreifen und ein Verzicht auf sie ein Selbstverschulden darstellen würde. Das Recht auf Ersatz der Kosten der Abwehrmassnahmen geht weiter als die Pflicht, diese zu ergreifen[40]. Gleich wie die Kostenpflicht ist die Pflicht

---

[38] Namentlich des Gesundheitszustandes des Geschädigten oder des Zustandes seines Autos; man denke z. B. an die Schädigung eines inneren Organs oder an einen verborgenen Riss im Lenkmechanismus des Autos.
[39] VON TUHR/PETER 113. Es stellt kein Selbstverschulden dar, wenn der Eigentümer eines in Brand geratenen Hauses nicht unter Lebensgefahr ein wertvolles Bild herausholt, das dann verbrennt.
[40] VON TUHR/PETER 113/14.

zum Ersatz von Nachteilen zu behandeln, die der Geschädigte bei der Ergreifung schadenmindernder Massnahmen erlitten hat[41].

20 Für die Beurteilung der Pflicht zur Minderung des Schadens und zum Ersatz der Kosten können, soweit die sachliche Übereinstimmung reicht, die Vorschriften aus dem Gebiet der *Schadensversicherung* und ihre Auslegung herangezogen werden, da sie von der gleichen Interessenlage ausgehen (VVG 61, 70). So wird der Geschädigte gut tun, die Zustimmung des Haftpflichtigen einzuholen (VVG 61 II), sofern der Verzug nicht eine Gefahr mit sich bringt.

2. Die Reduktionsquote

21 Ist Selbstverschulden anzunehmen, so bleibt das *Mass der Reduktion* des Schadenersatzes zu bestimmen[42]. Hier stellt sich vorerst die Frage, ob bei Verschuldenshaftung das Verschulden des Haftpflichtigen und das Selbstverschulden des Geschädigten kompensiert werden können oder m. a. W., ob sie sich neutralisieren[43]. Diese Konstruktionen werden hinten in § 9 N 12 ff. ausführlich abgelehnt. Vielmehr ist auf die Methode der sektoriellen Verteilung (hinten § 9 N 13 ff.) abzustellen.

22 Damit ist aber das Problem nicht gelöst, wie die Sektoren des Schädigers und des Geschädigten an dessen Schaden festzulegen seien. Nach BGB 254 I ist insbesondere darauf abzustellen, «inwieweit der Schaden vorwiegend von dem einen oder dem andern Teile verursacht worden ist». Das OR (Art. 43/44) beschränkt sich darauf, auf die Umstände zu verweisen. Verbreitet ist aber auch in der Schweiz – in Anlehnung an BGB 254 – der Hinweis, dass es auf die Verursachung ankomme.

23 Die Ursachen sind aber alle gleich wichtig für die Entstehung einer Wirkung, nämlich conditiones sine quibus non (vorn § 3 N 11 ff.). Logisch betrachtet gibt es keine Rangordnung unter ihnen[44]. Die Rechtsordnung muss daher auf ein anderes Kriterium abstellen. Dabei ist hier, ähnlich wie bei der Lehre vom adäquaten Kausalzusammenhang, das Gewicht, das

---

41 Das gilt auch für die Folgen einer missglückten Operation, vorn § 6 N 175 f.
42 Vgl. dazu vorn N 4 ff.
43 Die Kompensationslehre wurde in BGE 113 II 328 abgelehnt, in 111 II 442 ff. und 116 II 428 aber angewendet.
44 GUHL, Untersuchungen 93 ff.; HÄBERLIN 77/78; VON TUHR/PETER 111 FN 19 u. a. Vgl. aber auch VENZMER 65 ff., 158 ff.; LARENZ, Schuldrecht I 549; OR-SCHNYDER, Art. 44 N 4.

II. Kausale Faktoren der Schadenersatzbemessung § 7

einer Ursache[45] bei der *juristischen Wertung* zukommt, in Betracht zu ziehen. Wenn sich das Verschulden eines *aus OR 41 I Haftpflichtigen* und das Verschulden des Geschädigten gegenüberstehen, *werden die beiden Verschulden miteinander verglichen*, bzw. es wird ihnen bei der sektoriellen Verteilung je ein ihrer Schwere entsprechender Sektor zugeteilt. Daraus ergibt sich die Grösse des Abzuges für Selbstverschulden[46].

Bei den sog. *einfachen Kausalhaftungen* (OR 54, 55, 56, 58 und ZGB 333) muss bestimmt werden, welches Gewicht dem Kausalhaftungsgrund in der juristischen Wertung zukommt, wie wahrscheinlich eine Schädigung in Anbetracht der Sachverhaltsmerkmale ist, an die das Gesetz die Kausalhaftung knüpft. Dieses Gewicht ergibt sich aus der Begründung der Einführung der betreffenden Kausalhaftung. Wie sich der Kasuistik hinten N 32 entnehmen lässt, sind die verschiedenen einfachen Kausalhaftungen ungefähr gleich zu werten[47]. Es drängt sich auf, ihnen etwa halb soviel Gewicht beizumessen wie den Gefährdungshaftungen[48]. Es handelt sich um eine Wertungsfrage, für deren Beantwortung die Präjudizien eine wichtige Rolle spielen. Ein allgemeiner Vergleich zwischen der Bedeutung eines bestimmten Selbstverschuldens gegenüber dem Verschulden eines aus OR 41 I Haftpflichtigen einerseits und gegenüber einem Haftpflichtigen aus einfacher Kausalhaftung andererseits lässt sich nur schwer anstel-

24

---

[45] Vorn § 3 N 14 ff., hinten § 9 N 24 a. E. In der Vorauflage. § 7 FN 37 wird anstelle der Logik die praktische Vernunft als Massstab herangezogen.
Die Formulierungen sind häufig wenig konsequent. So steht in BGE 91 II 212 oben, dass auf den Geschädigten diejenige Quote des Schadens fallen soll, «die seinem Anteil an der Gesamtverursachung des Schadens entspricht». Auf der gleichen Seite wird unten die Selbstverschuldensquote der Geschädigten bei Werkeigentümerhaftung ohne zusätzliches Verschulden des Haftpflichtigen aber dadurch bestimmt, dass der Werkmangel und das Selbstverschulden der Geschädigten wertend gegeneinander abgewogen werden. Von einem Anteil an der Gesamtverursachung, der gar nicht festgestellt werden kann, ist hier nicht mehr die Rede. Im BGE 97 II 346 wird das Verschulden des Beklagten als Hauptursache und dasjenige des Klägers als Mitursache von untergeordneter Bedeutung bezeichnet, nachher aber die Selbstverschuldensquote nach dem Verschulden der Beteiligten, unter stillschweigender Berücksichtigung der Geschäftsherrenhaftung des Beklagten, festgelegt.
[46] Hinten § 9 N 24 ff.
[47] Es liegt wohl nahe, der Geschäftsherrenhaftung etwas weniger Gewicht beizumessen als den übrigen einfachen Kausalhaftungen, weil bei ihr weniger die Gefährdung von Bedeutung ist als die Unsorgfalt des Geschäftsherrn bei der Auswahl, Instruktion und Überwachung der Hilfsperson. Demgegenüber stellt ein Tier oder ein Werk schon an sich eine gewisse Gefahr dar. Vgl. hinten § 9 N 44 ff.
[48] Einfache Kausalhaftungen sind an die Verletzung einer objektivierten Sorgfaltspflicht geknüpft; vgl. hinten § 9 N 41 und dort namentlich FN 56 sowie Bd. II/1 § 17 N 6 ff.

len, weil er von der Grösse des haftungsbegründenden Verschuldens abhängt. Immerhin liegt es nahe, einem leichten Verschulden des aus OR 41 I Haftpflichtigen weniger Gewicht beizumessen als einem Kausalhaftungsgrund, weil der Gesetzgeber mit der Einführung der betreffenden Kausalhaftung den Kausalhaftungsgrund (Werkmangel, selbständige Aktion eines Tieres) als besonders schwerwiegend qualifiziert hat.

25 Trifft den Kausalhaftpflichtigen oder eine Person, für die er einstehen muss, ein zusätzliches Verschulden, so ist für dieses bei der sektoriellen Verteilung ebenfalls ein Sektor vorzusehen, wodurch sich die beiden andern reduzieren. Der Haftpflichtige ist für zwei Kategorien von Ursachen verantwortlich: Das Moment, an das sich die Kausalhaftung knüpft (Mangelhaftigkeit eines Werkes, Betrieb einer Eisenbahn usw.), das schon für sich allein eine volle Haftung begründet, und das von ihm zu vertretende Verschulden. Das führt zu einer Reduktion des Sektors des Selbstverschuldens[49].

26 Bei den *Gefährdungshaftungen* ist die Grösse der Gefährdung dem Verschulden des Geschädigten gegenüberzustellen[50], wobei natürlich gegebenenfalls auch das zusätzliche Verschulden heranzuziehen ist, das der Haftpflichtige zu vertreten hat. Die Betriebsgefahr ist nicht bei allen Gefährdungshaftungen gleich gross und kann auch bei gleichen Motorfahrzeugtypen im konkreten Ablauf eine verschieden grosse Rolle gespielt haben. Man spricht dann – nicht nur bei der Haftpflicht nach SVG – von erhöhter Betriebsgefahr[51].

27 Der Neutralisations- oder Kompensationstheorie[52] entspricht es, dass ein Selbstverschulden ganz neutralisiert werden kann bzw. genau genommen werden muss, wenn das mitwirkende Verschulden des Haftpflichtigen

---

49 Vgl. BGE 69 II 333/34; 88 II 135; 91 II 212, 223; 92 II 44; 95 II 580. In diesen Urteilen wird z. T. von Neutralisation der Verschulden gesprochen, aber bei der Festsetzung der Reduktionsquote nicht präzis gesagt, was sich neutralisiert und was übrigbleibt; vgl. auch Bd. II/1 § 23 N 155; Bd. II/2 § 25 N 555 ff.
50 Dementsprechend sieht KHG 5 II bei leichtem Verschulden des Geschädigten keine Schadenersatzreduktion vor, weil die Gefährdung durch eine Kernanlage als sehr gross betrachtet wird.
51 Vgl. die Zusammenstellung der Praxis zu diesem Begriff in Bd. II/3 § 27 FN 201.
52 Diese wird hinten § 9 N 12 ff. mit ausführlicher Begründung abgelehnt, während sie in der Voraufl. 270, namentlich FN 40, vertreten wird.
Ein leichtes Selbstverschulden kann bei der sektoriellen Verteilung als quantité négligeable erscheinen und führt dann nicht mehr zu einer Reduktion der Haftpflicht. Der Unterschied zwischen den beiden Theorien manifestiert sich vor allem bei schwerem Selbstverschulden, das konsequenterweise durch ein schweres mitwirkendes Verschulden des Haftpflichtigen nach der Kompensationstheorie auch kompensiert werden muss. OFTINGER 270 FN 40 anerkennt die Billigkeit voller Haftpflicht trotz Selbstverschuldens

mindestens so gross ist wie das Selbstverschulden des Geschädigten. Nach der hier vertretenen Auffassung der sektoriellen Verteilung bleibt nur ein ganz leichtes Selbstverschulden unberücksichtigt. Dies trifft zu, wenn es neben den andern Ursachen als quantité négligeable erscheint (minima non curat praetor).

3. Wessen Verschulden gilt als Selbstverschulden?

Das Selbstverschulden ist in der Regel das Verhalten derjenigen Person, die als *Geschädigte* auftritt. Das Verhalten der *Hilfspersonen* des Geschädigten und weiterer Personen, für die er einstehen muss, wird ihm *wie* ein Selbstverschulden angerechnet[53].

Hat der Geschädigte seinen Anspruch *zediert* oder klagen die von einem *Getöteten unterstützten Personen* (aus eigenem Recht) auf Versorger-

28

29

---

des Geschädigten für den Fall schweren zusätzlichen Verschuldens des Haftpflichtigen und nur leichten Selbstverschuldens und betont, dass die gänzliche Neutralisation nicht eintreten *müsse*, sondern nur *könne*. Er zitiert BGE 32 II 719 (Verlöbnisbruch). Dort wurde die Reduktion der Entschädigung der Braut mit der Begründung abgelehnt, dass ihr allfälliges Verschulden jedenfalls in keinem Verhältnis zu demjenigen des Beklagten stehe. Diese Argumentation ist aber nicht nur auf der Basis der Neutralisationstheorie möglich, sondern entspricht auch der hier vertretenen Auffassung. In BGE 56 II 123 ff. wird die Fahrweise des Beklagten als tollkühn und eine Gewissenlosigkeit sondergleichen bezeichnet und ihr gegenüber ein entschuldbares, fehlerhaftes Verhalten des Klägers nicht in Anschlag gebracht. Auch hier ist die Fahrweise des Geschädigten verglichen mit derjenigen des Haftpflichtigen als quantité négligeable zu betrachten, so dass auch dieses Urteil nicht für die Neutralisationstheorie und gegen die Methode der sektoriellen Verteilung spricht.

Die Differenz zwischen den beiden Auffassungen scheint mehr in den Formulierungen als in den tatsächlichen Beurteilungen der Sachverhalte zu liegen. Nach den generellen Formulierungen in vielen einschlägigen Bundesgerichtsurteilen spielt die Neutralisationslehre eine mehr als massgebende Rolle als nach den Ergebnissen der angestellten Überlegungen; vgl. in Ergänzung zu den von OFTINGER zit. Urteilen und Literaturstellen BGE 84 II 296 ff.; 91 II 223; 92 II 44; 101 II 76; 102 II 365 ff.; 113 II 328 (ausdrückliche Ablehnung der Verschuldenskompensation); ZR 83 (1984) Nr. 45 E 4 (mit voller Kompensation eines allfälligen leichten Selbstverschuldens der Geschädigten durch das grobe Verschulden der beklagten PW-Lenkerin); vgl. auch BREHM N 35/36 zu OR 44 und die dort zit. Entscheidungen; DESCHENAUX/TERCIER § 28 N 27 f.; GUHL/MERZ/KOLLER 79 f.; KELLER/GABI 103, 112 f.; SCHAFFHAUSER/ZELLWEGER N 1317 ff.; STEIN in ZSR 102 (1983) I 67 ff., 82. Von MERZ, SPR VI/1 224/25 wird das Bild einer Waage verwendet. In jede Schale werden die von den betreffenden Beteiligten zu vertretenden Faktoren gelegt. Das entspricht der Neutralisationslehre.

53 Vorn § 5 N 154 ff.; BREHM N 42 zu OR 44; GUHL/MERZ/KOLLER 81; MERZ, SPR VI/1 226 f.; LARENZ, Schuldrecht I 545 f.; KOZIOL I 248 ff.; BGE 92 II 198 E 2.

schaden, so ändert dies an der Befugnis zur Geltendmachung des Selbstverschuldens des Geschädigten oder Getöteten nichts[54].

30 Eine nicht rechtsdogmatisch, sondern praktisch besondere Art des Selbstverschuldens[55] stellt das *Handeln auf eigene Gefahr*[56] dar. Es erübrigt sich, hier näher darauf einzutreten: Die Bewertung des ihm zugrunde liegenden Verschuldens ist auch beim Handeln auf eigene Gefahr massgebend für die Grösse des Selbstverschuldensabzuges.

31 Man kann die Verminderung der Schadenersatzpflicht durch ein Selbstverschulden des Geschädigten mit dem Grundsatz begründen, dass man den Schaden, den man sich selbst zufügt, auch selbst tragen muss. Die konsequente Anwendung dieses Satzes hätte zur Folge, dass auch ein Verhalten des Geschädigten *ohne Verschulden*[57] zu einer Reduktion führen würde. Diese Schlussfolgerung liesse aber unberücksichtigt, dass bei mitwirkendem Selbstverschulden eine *qualitative Ursachenkonkurrenz* vorliegt[58] und dass durch das Hinzutreten des Selbstverschuldens zu den übrigen Bedingungen einer Wirkung etwas Neues entsteht. Die übrigen Bedingungen würden ohne das Selbstverschulden nicht zu einem Schaden führen, auch nicht zu einem kleineren. Man kann daher nicht sagen, welchen Schaden der Geschädigte sich selbst zugefügt hat. Rechtlich relevant sind nur diejenigen adäquaten Ursachen, für die ein Haftungsgrund – hier das Verschulden – besteht. Der Schadenersatz wird daher durch unverschuldetes, für das Schadenereignis kausales Verhalten des Geschädigten nur dann reduziert, wenn OR 54 I oder II analog anwendbar ist[59]. Im übrigen muss der Haftpflichtige das Risiko tragen, dass neben irgendwelchen anderen Umständen auch ein unverschuldetes Verhalten des Geschädigten an der Verursachung des Schadenereignisses beteiligt ist[60]. Ein solches liegt bei Urteilsunfähigkeit des Geschädigten vor[61].

---

54 BGE 43 II 187; 46 II 155; 50 II 408; 58 II 246; 88 II 305/06; 91 II 223 u. a.; OR-SCHNYDER, Art. 44 N 1.
55 Soweit darin nicht eine Einwilligung des Geschädigten in eine Körperverletzung zu sehen ist; vgl. Bd. II/1 § 16 N 250.
56 Vgl. vorn § 5 N 147/48 und die dort FN 169 zit. Lit.
57 Weil entweder die objektive Seite des Verschuldens oder die Urteilsfähigkeit fehlt.
58 Vgl. vorn § 3 N 80.
59 Bd. II/1 § 18 N 99 ff.
60 Vgl. STARK, Skriptum N 334 ff.; A. KELLER I 105 ff.; ABDOL-MADJID AMARI GHAEM MAGHAMI, Faute, risque et lien de causalité... (Diss. Genf 1953) 239 ff.; VENZMER 65 ff., 158 ff.; LARENZ, Schuldrecht I 549; KOZIOL I 241 ff.; OR-SCHNYDER, Art. 44 N 4; in bezug auf SVG 62 I hinten Bd. II/2 § 25 N 571.
61 Vorn § 5 N 112 ff. und N 163.

4. Kasuistik zum Selbstverschulden

a) Verschuldenshaftung / Selbstverschulden 32

— Der Geschädigte hat den Schädiger zu einer Rauferei gereizt. Kürzung um ⅙ und Ablehnung einer Genugtuungssumme (BGE 40 II 495).
— Auszug aus dem Grundbuch über eine Grundpfandverschreibung auf der Liegenschaft des Grundbuchverwalters, obwohl der Pfandbestellungsvertrag vorher nur telefonisch besprochen worden war. Ablehnung der Entschädigungspflicht des Kantons wegen sehr schwerem Selbstverschulden (BGE 53 II 368).
— Selbstverschulden des Patienten, der sich völlig arglos einer Heilpraktikerin anvertraut. Kürzung 50% (BGE 56 II 375).
— 16jähriger Bursche begibt sich bei der Bedienung eines für den Holztransport bestimmten Drahtseiles zur Lösung einer steckengebliebenen Last auf das Seil hinaus und stürzt ab. Haftung des Arbeitgebers wegen schwerem Verschulden des Geschädigten um mindestens ⁶⁄₇ gekürzt (BGE 56 II 278).
— Unfall eines 11½jährigen Knaben mit einem Heuaufzug. Verneinung des Selbstverschuldens wegen Urteilsunfähigkeit, aber Reduktion um 25%, gestützt auf OR 54 (BGE 60 II 38).
— Verschulden des Geschädigten, der einen Steiggurt zur Reparatur direkt in die Werkstatt des Handwerkers brachte statt in das Ladenlokal und ihn auch wieder dort abholte. Ungenügende eigene Kontrolle der Reparatur. Kürzungsquote nicht publiziert (BGE 64 II 263).
— Unachtsamkeit einer Arbeiterin beim Überklettern einer sich im Betrieb befindlichen Dreschmaschine. Reduktion des Schadenersatzes wegen Selbstverschuldens um 20% (BGE 72 II 260).
— Eine Zuschauerin kann die Gefahren eines Eishockeyspieles erkennen. Wenn sie trotzdem in der Nähe des Eisfeldes stehen bleibt, trifft sie ein Selbstverschulden; Kürzung um 25% (BGE 79 II 66). Ähnliche Lösung SJZ 78 (1982) 60 Nr. 11; Kürzung um 33%.
— Schadenersatz eines Skifahrers wegen fahrlässiger Körperverletzung eines Feriengastes, der auf einem Weg bei einer Piste stehen blieb und vom Skifahrer angefahren wurde. Reduktion 50% (BGE 82 II 33).
— 12jähriger Knabe spielt mit Pfeil und Bogen. Bejahung des Selbstverschuldens (BGE vom 8. Juni 1961 i. S. Käser/Krattiger, nicht publ.).
— Ein Landwirtschaftsarbeiter sitzt während einer Fahrt auf der Deichsel des Anhängers und stürzt hinunter. Selbstverschulden bejaht. Pflicht des Dienstherrn zum Einschreiten, wenn er sieht, dass der Angestellte sich einer offensichtlichen Gefahr aussetzt. Abzug 50% (BGE 83 II 27).
— Grobes Verschulden des Lenkers eines für kurze Zeit am Strassenrand abgestellten Autos: Er lässt die Türe gegen die Strasse zu offen. Auto nicht in Betrieb. Kollision eines Motorradfahrers mit der Türe; diesen trifft ein Mitverschulden: Reduktion 30% (BGE 88 II 455).
— 6jähriger Knabe im Strassenverkehr. Verschulden des Lastwagenführers. Verneinung des Selbstverschuldens wegen jugendlichen Alters (BGE 89 II 56).
— Ein auf einem Traktoranhänger mitfahrender Arbeiter will die Wagenwand während der Fahrt befestigen. Dabei fällt er unter den Anhänger. Selbstverschulden 30% (BGE 89 II 118).
— Unfall beim Betrieb einer Mistzettmaschine, auf der sich der geschädigte Arbeiter aufhielt und dann mit einem Fuss in die Streutrommel geriet. Pflicht des Landwirts, seinen Arbeitern den Aufenthalt auf der fahrenden Maschine zu verbieten. Selbst-

verschulden des Klägers, der die Gefahr erkennen musste, das aber im Verhältnis zum Verschulden des Arbeitgebers als untergeordnet erscheint. Reduktion 20% (BGE 89 II 228).
— Ein Schüler kann von Hand die Schrauben eines Hochspannungsmastes entfernen. Den Werkeigentümer trifft ein schweres Selbstverschulden, verglichen mit dem Verschulden des Schülers. Ersatzpflicht nicht höher als ⅙ des Schadens (BGE 90 II 9).
— Verschulden eines Notars, der die Grundpfandbelastung einer Liegenschaft unrichtig angegeben hat. Herabsetzung der Ersatzpflicht wegen Mitverschuldens des Geschädigten. Keine Angaben über das Mass der Reduktion (BGE 90 II 274).
— Akkreditiv: Die beklagte Bank trifft ein Verschulden wegen fahrlässiger Verletzung der Sorgfaltspflicht. Die Klägerin muss sich ein ganz erhebliches Selbstverschulden entgegenhalten lassen, da sie sich unvorsichtig und ohne schriftliche Verträge auf ein Millionengeschäft einliess. Das Selbstverschulden ist aber im Vergleich zu den Fehlern der Beklagten leicht. Kürzung 25% (BGE 93 II 329).
— Der Hauseigentümer spaziert nachts ohne Beleuchtung in seinem Garten. Er vergisst, dass ein Bauunternehmer Aushubarbeiten vorgenommen hat und stürzt in den ungeschützten Graben. Kürzung 25% (BGE vom 26. November 1968 i. S. Lanz/Payot, nicht publ.).
— Der spätere Geschädigte konnte vor dem Unfall feststellen, dass ein Schacht nicht durch eine Abschrankung geschützt war. Er fällt hinein. Reduktion um 25% (BGE 97 II 339).
— Selbstverschulden des Arbeitgebers, der einen neuen Mitarbeiter auf Grund eines unrichtigen Zeugnisses des früheren Arbeitgebers anstellt. Er überwacht den neuen Mitarbeiter zu wenig und wird Opfer von Veruntreuungen. Kürzung etwa 50% (BGE 101 II 69).
— 11½jähriger Knabe spielt mit Pfeil und Bogen. Selbstverschulden bejaht (BGE vom 6. Juli 1976 i. S. Dunkel/Bühlmann, nicht publ.).
— Unfall beim Bogenschiessen dreier Knaben, von denen einer in ein Auge getroffen wird Abstufung der Ersatzpflicht nach Massgabe des Verschuldens, aber auch der wirtschaftlichen und sozialen Verhältnisse. Es rechtfertigt sich, den Geschädigten wegen des ihn treffenden Mitverschuldens nur mit 25% des erlittenen Schadens zu belasten; 75% sind vom Beklagten und dem Streitberufenen zu tragen (BGE 104 II 188).

b) Einfache Kausalhaftung (ohne zusätzliches Verschulden) / Selbstverschulden

— Ein Pferd schlägt aus, nachdem der spätere Geschädigte das Tier von hinten veranlassen will, vorwärts zu gehen. Kürzung ⅓ (BGE 40 II 260).
— Unaufmerksamkeit einer Liftbenützerin, die in den leeren Liftschacht stürzt. Infolge eines Werkmangels konnte die Schachttüre trotz Abwesenheit des Liftes geöffnet werden. Abzug 50% (BGE 41 II 687; vgl. auch 42 II 513).
— Der Geschädigte steht am Strassenrand, den Rücken einer vorbeiziehenden Kuhherde zugewandt. Damit setzt er sich ausserstande, unberechenbaren Reaktionen der Tiere auszuweichen. Kürzung wegen Selbstverschuldens (BGE 50 II 190).
— Nächtlicher Sturz auf einer unbeleuchteten äusseren Kellertreppe ohne Geländer. Kürzung 50% (BGE 55 II 80).
— Zusammenstoss zwischen Strassenbahn und Automobil in einer unübersichtlichen, von der Strasssenbahn geschnittenen Kurve. Haftung des Eigentümers von Strasse und Strassenbahn aus OR 58 für die Beschädigung des Automobils. Kürzung wegen Verschuldens des Lastwagenchauffeurs um ⅔ (BGE 56 II 90).

II. Kausale Faktoren der Schadenersatzbemessung § 7

— Werkmangel einer Hauptstrasse. Selbstverschulden des Automobilisten wegen unvorsichtigen Fahrens. Kürzung 25% (BGE 59 II 166).
— Fehlende Beleuchtung im Treppenhaus. Selbstverschulden der Geschädigten, die sich wegen der mitgetragenen Lasten nur ungenügend am Geländer halten konnte. Kürzung 25% (BGE 60 II 341).
— Werkhaftung aus OR 58. Schwimmbassin ohne klare Abgrenzung für Nichtschwimmer. Selbstverschulden des unvorsichtigen Nichtschwimmers, Kürzung 20% (BGE 64 II 198).
— Verladen eines Ebers, der das Transportgatter wegstösst und den Kläger ins linke Knie beisst. Erhebliches Mitverschulden des Klägers. Reduktion 60% (BGE 64 II 379/80).
— Vereiste Dorfstrasse. Unvorsichtigkeit einer älteren Fussgängerin. Kürzung 25% (BGE 91 II 197).
— Werkhaftung, ungenügender Abstand zwischen Schachtwand und Kabinendecke eines Liftes. Arm eines 16jährigen Mädchens gerät dazwischen, ohne dass der Lift anhält. Selbstverschulden wegen Unvorsichtigkeit der jugendlichen Klägerin wiegt nicht schwer. Reduktion 25% (BGE 91 II 201).
— Eisenbahnhaftpflicht, Werkhaftung, Haftung des Geschäftsherrn, Mitverschulden des Geschädigten: Ein Brückengerüst entspricht nicht dem nötigen SBB-Profil. Ein unvorsichtiger Reisender wird verletzt, weil er vor der Einfahrt in einen Bahnhof die Türe öffnet, während der Zug noch mit 48 km/Std. fährt. Kürzung 40% (BGE 96 II 355).
— Kein Selbstverschulden des Spaziergängers, der plötzlich von einem Hund angegriffen wird und auf seiner Flucht in einen Graben fällt (BGE 102 II 232).
— Bei einem Stadttor ist die maximale Höhe nicht signalisiert. Ein Lastwagen wird beschädigt. Kürzung wegen Selbstverschuldens 33% (BGE 103 II 240).
— Werkeigentümerhaftung. Das Dach einer 9stöckigen Liegenschaft weist kein Geländer auf, so dass die Person, die darauf den Rasen zu schneiden hatte, wegen Unvorsichtigkeit herunterstürzte. Reduktion 33% (BGE 106 II 208).
— Badezimmer mit Durchlauferhitzer, aber ohne einen Lüftungskanal, der nicht geschlossen werden kann. Schwere Vergiftung eines Mannes beim Baden, den ein Mitverschulden trifft, bleibender Hirnschaden. Klage der Tochter auf Genugtuung wegen Persönlichkeitsverletzung. Genugtuung unter Berücksichtigung der verschiedenen Faktoren auf Fr. 20 000.– festgesetzt (BGE 117 II 54).

c) Einfache Kausalhaftung (mit zusätzlichem Verschulden) / Selbstverschulden

— Geschäftsherrenhaftung. Unbeleuchtete Strassenwalze wird in einem Tunnel ohne Beleuchtung von einem Auto von hinten gerammt, an dem nur die Markierlichter eingeschaltet waren. Abzug wegen Mitverschuldens des Autolenkers und der Betriebsgefahr von 50% (BGE 88 II 131).
— Ein Arbeiter stürzt in einem Neubau eine Kellertreppe hinunter, nachdem irgend jemand die Abschrankung weggenommen hat. Haftung des Generalunternehmers aus OR 55, den wegen ungenügender Instruktion des Bauleiters ein Verschulden trifft. Mitverschulden des Geschädigten. Kürzung um 25% (BGE 97 II 339).
— Kausalhaftung. Zusätzliches Verschulden des Haftpflichtigen, das je nach den Umständen ein Selbstverschulden des Geschädigten aufwiegen oder unbeachtlich werden lassen kann (BGE 111 II 443).
— Schwimmbassin. Werkeigentümerin traf, trotz erkannter Gefahr, die zumutbaren Schutzvorkehren nicht. Leichtes Verschulden des 15jährigen Geschädigten, der an einer

nicht geeigneten Stelle ins Wasser springt. Reduktion unter Berücksichtigung des Verschuldens des Beklagten 33% (BGE 116 II 428).

d) Gefährdungshaftung (ohne zusätzliches Verschulden) / Selbstverschulden

— Baustelle neben einem Verbindungsgeleise der Eisenbahn. Unfall verursacht durch Verschulden des Klägers, das zu einer Berührung eines mit Draht umwickelten Wasserschlauches mit der Starkstromleitung führte. Reduktion $1/10$ (BGE 60 II 153).
— Zwei Frauen haben von einem Stationsvorstand die Erlaubnis erhalten, als Zugang zur Station einen Dienstpfad zu benützen, der einem wenig gebrauchten Geleise entlang führt. Als ein Zug wider Erwarten auf diesem Geleise einfährt, weichen die Frauen trotz des zweimaligen Warnsignals nicht aus und werden angefahren. Reduktion $3/4$ (Bundesgericht in NZZ Nr. 151 vom 29. Januar 1941).
— 8jähriger Knabe schlittelt verbotswidrig auf einer das Strassenbahngeleise kreuzenden Strasse. Die Gefährlichkeit des unübersichtlichen Übergangs über das Strassenbahngeleise lag im Bereich seines Auffassungsvermögens. Kein bahnseitiges Verschulden. Reduktion $1/4$ (BGE 72 II 204).
— Eisenbahnhaftpflicht. Der 13jährige Sohn der Kläger wurde beim Überqueren des Bahngeleises vom elektrischen Strom der Bodenleitung getötet. Leichtes Verschulden des Knaben. Reduktion $1/4$ (BGE 75 II 73).
— 52jährige Frau steht bei der Einfahrt des Zuges in den Bahnhof vorzeitig auf das Trittbrett, um dann schnell aussteigen zu können. Reduktion $1/2$ (BGE 85 II 357).
— Ein Reiter und ein Lastwagen kollidieren. Leichtes Verschulden des Reiters. Reduktion $1/2$ (BGE vom 11. Oktober 1966 i. S. Burli/Gavin, nicht publ.).
— Ein Lastwagen berührt mit seiner wegen des Entladens senkrecht gestellten Brücke beim Wegfahren vom Kipport eine Hochspannungsleitung. Leichtes Verschulden des Chauffeurs. Reduktion $1/4$ (BGE 95 II 411).
— Ein Automobil und ein Fussgänger kollidieren. Kein schweres Verschulden des Fussgängers. Kürzung $1/3$ (BGE vom 26. Oktober 1976 i. S. Bourdin/Continentale, nicht publ.).
— 14jähriges Mädchen springt auf fahrenden Zug auf, um nicht zu spät in die Schule zu kommen. Auf dem Trittbrett verliert es das Gleichgewicht und stürzt auf das Geleise, wobei ihm beide Beine unterhalb der Knie abgefahren werden. Reduktion nicht 100%, sondern 75% wegen verminderter Urteilsfähigkeit (BGE 102 II 363 ff.).
— 9jähriger Knabe wird auf dem Fahrrad, mit dem er eine Hauptstrasse überquert, von einem mit 130–140 km/Std. fahrenden Personenauto angefahren. Kein zusätzliches Verschulden des Beklagten, aber erhöhte Betriebsgefahr wegen zu hoher Geschwindigkeit seines Fahrzeuges. Berücksichtigung des Jugendalters des Geschädigten. Reduktion 20% (BGE 111 II 89).
— Reisender hält sich am Türpfosten eines Eisenbahnwagens, was zur Folge hat, dass ihm ein Finger durch die zuschlagende Tür zerquetscht wird. Verneinung des Selbstverschuldens (ZBJV 32, 63).
— Reisender steht auf der Plattform der Strassenbahn, ganz nahe bei einer Seitentüre. Bei einem Stoss, den der Wagen durch das Befahren einer Kurve erhält, stürzt er hinaus. Reduktion $1/3$. Abweichende Beurteilung eines ähnlichen Tatbestandes in Sem.jud. 1918, 495 (Sem.jud. 1928, 463).
— 10½jähriger Knabe rennt über die Strasse in ein Automobil, dessen Führer sich fehlerlos verhält (Rep. 1940, 371/72).
— Fussgänger betritt bei schneebedeckter Strasse die Fahrbahn, ohne nach links zu blicken. Er prallt mit einem Auto zusammen, dessen Führer am Unfall nicht schuld ist. Selbst-

II. Kausale Faktoren der Schadenersatzbemessung § 7

verschulden erheblich, aber nicht grob. Reduktion ⅔. Vgl. auch Sem.jud. 1961, 141 (ZR 67 Nr. 39).
— Fussgänger übersieht nachts beim Überqueren einer verkehrsreichen Strasse einen mit mässiger Geschwindigkeit herannahenden Motorradfahrer, den am Unfall kein Verschulden trifft. Reduktion ½ (JT 1969, 447).

e) Gefährdungshaftung (mit zusätzlichem Verschulden) / Selbstverschulden

— Betrunkener stolpert über einen Erdhaufen, der bei Reparaturen an einem Bahngeleise ohne Beleuchtung am Trottoirrande liegengelassen worden war (BGE 17, 256 ff.).
— Reisender schliesst auf ungeschickte Weise die Tür eines fahrenden Eisenbahnwagens. Sie kann nicht richtig geschlossen werden. Reduktion ⅓ (BGE 22, 456).
— Abspringen von einem fahrenden Zug, der vorzeitig abgefertigt worden war. Reduktion ⅓ (BGE 23 II 1626).
— Verlassen eines schon wegfahrenden Schiffes, vorzeitiges Kommando zur Abfahrt, bevor die Schiebebrücke ganz eingezogen ist (BGE 23 II 1056).
— Grobe Unachtsamkeit eines Fussgängers auf einer Strasse mit Verbindungsgeleise. Keine Schutzmassnahmen seitens der Bahn. Reduktion mehr als ⅔ (BGE 26 II 22).
— Aufspringen auf einen fahrenden Zug, der vorzeitig abgefertigt worden war. Reduktion um etwas weniger als ¼ (BGE 28 II 33). Vgl. auch BGE 25 II 11.
— Ein Reisender lässt seine Hand aus dem Fenster eines fahrenden Wagens hinaushängen. Sie wird an einer Telefonstange zerschmettert. Keine Schutzmassnahmen der Bahn. Kürzung etwa 20% (BGE 30 II 30).
— Fuhrwerklenker befährt einen Niveauübergang ohne die mindeste Vorsicht. Am Übergang angebrachte Alarmglocke funktioniert nicht. Ein Gebüsch am Übergang verdeckt die Sicht (BGE 34 II 454).
— Unachtsamkeit eines Fussgängers. Zu hohe Geschwindigkeit der Strassenbahn. Reduktion ⅓ (BGE 35 II 22).
— Passant überquert das Geleise auf einem Bahnhof, ohne sich umzusehen. Keine Schutzmassnahmen seitens der Bahn. Reduktion ¼ (BGE 35 II 547).
— Zu hohe Geschwindigkeit eines Automobils. Reparatur des Strassenbahngeleises. Keine Schutzmassnahmen seitens der Bahn. Reduktion um die Hälfte (BGE 37 II 225).
— Die Fahrgäste eines Automobils wissen, dass der Führer stark übermüdet ist, unter Alkoholeinfluss steht, so dass sie sich durch das Mitfahren einer erheblichen Gefahr aussetzen. Daraus ergibt sich auch das Verschulden des Lenkers; er schläft am Steuer ein (BGE 40 II 281). Das Selbstverschulden von Fahrgästen eines angetrunkenen Lenkers ist namentlich dann gross, wenn sie den Führer zur Fortsetzung der Fahrt drängen, ihn zum Einhalten erhöhter Geschwindigkeiten und zum Genuss von Alkohol veranlassen (BGE 58 II 139) oder überhaupt Anlass zu Fahrt geben (BGE 57 II 471; 58 II 138/39; 69 II 413). – Selbstverschulden ist ferner dann anzunehmen, wenn ein Fahrgast unterwegs sieht, dass der von einer Garage gestellte Führer völlig unerfahren ist, aber gleichwohl die Fahrt fortsetzt (BGE 43 II 146). Solange sich keine besondere Gefährdung offenbart, ist dagegen kein Selbstverschulden anzunehmen, wenn man sich einem invaliden Führer anvertraut, der trotz Beinprothese den Führerausweis erhalten hat (BGE 58 II 247).
— Betrunkener stürzt in den Schacht eines auf dem Bahnhofperron befindlichen Warenaufzuges. Keine Schutzmassnahmen seitens der Bahn. Reduktion um ¾ (BGE 42 II 518).
— Radfahrer fährt in der Strassenmitte. Nach dem Warnsignal eines von hinten kommenden Automobils bleibt er zunächst in der Mitte, dann hält er rechts, hierauf links und wieder rechts. Verschulden: Automobilist versucht, ihn rechts zu überholen (BGE 47 II 405).

§ 7 Schadenersatzbemessung

— Automobilist befährt einen Niveauübergang ohne die mindeste Vorsicht. Die Barriere ist vorschriftswidrig offen. Reduktion um ⅔ (BGE 50 II 408).
— Radfahrer fährt zu schnell, unaufmerksam, ohne Glockenzeichen aus einer Nebenstrasse in eine Hauptstrasse. Der auf der Hauptstrasse fahrende Automobilist, der (erlaubterweise) einer entgegenfahrenden Strassenbahn nach links ausweichen muss, richtet nicht die erforderliche Aufmerksamkeit auf die einmündende Seitenstrasse. Deren Benützer dürfen annehmen, dass die auf der Hauptstrasse fahrenden Fahrzeuge rechts und nicht links halten (BGE 54 II 15).
— Radfahrer macht beim Versuch, einem Fuhrwerk vorzufahren, eine plötzliche Linksschwenkung, um an den linken Strassenrand zu gelangen. Er hat aber das Warnsignal eines hinter ihm fahrenden Automobils gehört. Der Automobilist fährt in der Absicht, Fuhrwerk und Fahrrad zu überholen, mit unverminderter Geschwindigkeit weiter, obwohl er sieht, dass der Radfahrer durch sein Warnsignal nicht von seinem Vorhaben abgebracht worden ist, das Fuhrwerk zu überholen (BGE 55 II 320).
— Automobilist befährt einen Niveauübergang ohne die mindeste Vorsicht. Der Lokomotivführer gibt kein Signal. Reduktion um ⅔ (BGE 57 II 432).
— 12jähriger Knabe geht auf der Landstrasse hinter einem Emdfuhrwerk her. Von hinten naht ein Lastauto. Er tritt, um den Lenker des Fuhrwerks zu warnen, rasch nach vorn, ohne sich zu vergewissern, ob von dort auch ein Fahrzeug komme. Er wird von einem entgegenkommenden Motorrad überfahren. Kürzung des Ersatzanspruches um 30% bei beidseitigem Verschulden, wobei einem geringen Verschulden des Beklagten ein erheblich schwereres Verschulden des Klägers gegenübersteht (BGE 62 II 315).
— 9½jähriger Knabe rennt blindlings hinter einer Hausecke hervor in die Fahrbahn eines Autos, unter das er gerät. Zu hohe Geschwindigkeit des Autos. Reduktion wegen beidseitigem Verschulden um ¼ (BGE 63 II 61).
— Kollision zwischen Motorrad (bei Überholmanöver) und Fahrrad. Beidseitiges Verschulden; dasjenige des Radfahrers ist leichter. Der verletzte Motorradfahrer erhält eine um 90% gekürzte Entschädigung (BGE 63 II 221).
— Fussgänger geht nachts bei schlechter Sicht und Regenschauern auf der Fahrbahn einer Strasse statt auf dem Trottoir und wird von einem Auto überfahren. Dessen Lenker ist unvorsichtig und unaufmerksam, obschon die Umstände (Nacht, schlechte Sicht, Regenschauer, nasse, schlüpfrige und schwarze Strasse, Fussgängerverkehr, Blendung durch ein anderes Motorfahrzeug) besondere Vorsicht nötig machen. Reduktion ¼ (BGE 63 II 341).
— Junge Leute veranlassen nach einer Zecherei den Halter und den Führer eines Lastwagens, sie auf der Brücke des Wagens mitzunehmen. Führer und Fahrgäste stehen unter Alkoholeinfluss. Reduktion um etwa ⅕ (BGE 64 II 58).
— Radfahrer fährt mit so stark übersetzter Geschwindigkeit (mehr als 30 km/Std.), dass er die Herrschaft über das Rad verliert, eine ziemlich steile Dorfstrasse hinunter auf eine unübersichtliche Strassengabelung zu. Am Beginn der Gabelung kollidiert er mit einem entgegenkommenden Automobil, dessen Führer angesichts des daherkommenden Radfahrers angehalten hat. Grobe Fahrlässigkeit des Radfahrers. Der Automobilist ist zu wenig weit rechts gefahren. Reduktion um ³⁄₁₀ unter Berücksichtigung der Armut der Hinterbliebenen des getöteten Radfahrers (BGE 64 II 241; vgl. die Kritik von Bussy, SJK 912a FN 93 und A. Keller I 254).
— Motorradfahrer, der nicht selber Halter ist und deshalb nach MFG 37 (jetzt SVG 58) und nicht 39 (jetzt SVG 61) klagt, überholt an einer Strassengabelung ein Automobil, mit dem er zusammenstösst, weil es nach links abbiegt. Der Exkulpationsbeweis des Automobilisten, dass er rechtzeitig vor dem Abbiegen Zeichen gegeben habe, scheitert. Reduktion um ⅙ (BGE 64 II 315 ff.).
— Auf Bauplatz beschäftigter Arbeiter achtet nicht auf das Manöver eines rückwärts auf ihn zufahrenden Lastautos. Die mit der Leitung des Manövers betrauten Arbeiter prüfen nicht, ob der Lastwagen gefahrlos rückwärts fahren kann (BGE 65 II 188).

II. Kausale Faktoren der Schadenersatzbemessung § 7

— Überklettern eines zur Abfahrt bereitstehenden Zuges bedeutet Selbstverschulden des Klägers, gleichwohl erfolgende Abfertigung dieses Zuges Verschulden der Bahnorgane. Reduktion ½ unter Berücksichtigung einer Erhöhung der Betriebsgefahr (BGE 69 II 324).
— Verletzung eines Mitfahrers des Halters und von Insassen des kollidierenden Wagens. Selbstverschulden des Mitfahrers des Halters, weil er diesen zur betreffenden Fahrt veranlasste. Dieses kann gleichzeitig ein haftungsbegründendes Mitverschulden gegenüber den Insassen des Kollisionsgegners darstellen. Der Abzug wegen Mitverschuldens bestimmt sich nach andern Gesichtspunkten als derjenige wegen Verschuldens gegenüber Dritten. Reduktion ⅖ (BGE 69 II 413).
— Grobes Verschulden eines 13jährigen Velofahrers, der sich unvorsichtig einem Niveauübergang der Bahn nähert. Diese gibt keine akustischen Signale, und der Lokomotivführer ist nicht genügend vorsichtig. Reduktion um ¾ (BGE 71 II 117).
— Schweres Selbstverschulden eines Soziusfahrers. Er und der Lenker haben vorher reichlich Alkohol genossen, und er weiss auch, dass der Fahrer übermüdet ist. Reduktion ¼ (BGE 79 II 395).
— Reduktion des Schadenersatzanspruches eines Fahrgastes (städtischer Polizeidirektor), der auf dem Rückweg von einer Vergnügungsfahrt im Wagen eines gleich ihm angetrunkenen Lenkers Platz genommen hat, um ⅓ (BGE 84 II 299).
— Eisenbahnpassagier steigt aus, nachdem sich der Zug in Fahrt gesetzt hat, und wird verletzt. Verschulden der Eisenbahn: Zu kurzes Anhalten an einer Station, so dass ein normales Aus- und Einsteigen der Reisenden nicht möglich ist. Verschulden des Kondukteurs, der den Reisenden vom fahrenden Zug aussteigen lässt, obschon er ihn daran hindern könnte. Gleiches Verschulden von Bahn und Geschädigtem. Reduktion um die Hälfte (BGE 84 II 384).
— Betrunkenheit eines Halters und Lenkers eines Motorfahrzeuges, den ein schweres Verschulden trifft. Das gilt auch für den Mitfahrer, der nicht versucht, ihn davon abzuhalten. Reduktion ⅓ (BGE 91 II 221).
— Kollision zwischen zwei Autos, Tötung der vortrittsberechtigten Lenkerin. Übersetzte Geschwindigkeit des vortrittsbelasteten Lenkers. Reduktion des Versorgerschadens ¼ (BGE 92 II 43).
— Radfahrer biegt unbekümmert darum, dass er die Lichter eines entgegenkommenden Fahrzeuges wahrnimmt, auf die linke Strassenseite aus, um Fussgänger zu überholen. Der entgegenkommende Autofahrer hatte seine Geschwindigkeit nicht so bemessen, dass er innerhalb der zuverlässig überblickbaren Strecke anhalten konnte. Reduktion 50% (BGE 95 II 573).
— Eisenbahnhaftpflicht, Werkhaftung, Haftung des Geschäftsherrn, Mitverschulden des Geschädigten. Siehe Ausführungen unter Ziff. b (BGE 96 II 355).
— Schweres Verschulden des angetrunkenen Automobilisten, leichtes des Fussgängers. Kürzung 10% (BGE vom 30. Mai 1972 i. S. Sacheli/Waadt, nicht publ.).
— Lastwagenchauffeur beachtet auf Bahnareal manövrierende Güterwagen nicht; auch das Bahnpersonal lässt es an der nötigen Vorsicht mangeln. Es fehlt eine notwendige Signalisation. Reduktion um ½ (BGE 99 II 195).
— Kausalhaftpflicht eines Fahrzeughalters, den eine Unaufmerksamkeit trifft. Sein Verschulden ist weniger gross als dasjenige der Fussgängerin (BGE 116 II 736).

C. Zufall als Mitursache

33 Der Zufall als Mitursache ist vorn in § 3 N 63/64 und N 89 ff. unter dem Gesichtspunkt des Kausalzusammenhanges besprochen worden[62]. Hier ist demgegenüber die Bedeutung des mitwirkenden Zufalles als Herabsetzungsgrund darzulegen. Er kann an der Herbeiführung oder an der Vergrösserung des Schadens beteiligt sein. Die Besonderheit dieser Ursachenkonstellation besteht darin, dass die als Zufall qualifizierte Ursache zwar die Voraussetzungen der *adäquaten* Verursachung erfüllt[63], aber kein Haftungsgrund vorliegt. Man kann es auch anders sagen: Ein Zufall ist eine adäquate Ursache, für die niemand haftpflichtrechtlich verantwortlich ist. Hätte ein Dritter (B) für das betreffende Ereignis – den Zufall – einzustehen, so bestände Solidarität zwischen dem primären Haftpflichtigen (A) und dem betreffenden Dritten (B). Der primäre Haftpflichtige A hätte daher nicht den ganzen Schaden endgültig allein zu tragen[64].

34 Aus dieser Überlegung ergibt sich bei mitwirkendem Zufall das Bedürfnis, dem primären Haftpflichtigen A unter Umständen einen Herabsetzungsgrund zur Verfügung zu stellen. Das führt gegebenenfalls dazu, dass die finanzielle Auswirkung des Fehlens einer Person, die für die zufällige Mitursache haftpflichtig wäre, zum Teil vom Geschädigten getragen werden muss. Das kommt aber nur in Frage, wenn besondere Umstände es ausnahmsweise nahelegen.

35 Bei der *Verschuldenshaftung*[65] mag die Berücksichtigung eines konkurrierenden Zufalles als Reduktionsgrund dann naheliegen, wenn sein Hinzutreten einen unverhältnismässig grossen Schaden bewirkt. Die Reduktion kann sich dann aber schon aus dem Grundsatz der Pro-

---

[62] Vgl. BREHM N 52 zu OR 43; DESCHENAUX/TERCIER § 28 N 33 ff.; GUHL/MERZ/KOLLER 82; KELLER/GABI 108 ff.; STARK, Skriptum N 349 ff.; BGE 109 II 312 ff.; ZR 66 Nr. 107 S. 214 E 7.

[63] Generelle Eignung zur Herbeiführung des eingetretenen Erfolges nach dem gewöhnlichen Lauf der Dinge und der allgemeinen Erfahrung, so dass der Eintritt dieses Erfolges als durch die fragliche Bedingung wesentlich begünstigt erscheint; vgl. vorn § 3 N 15.

[64] Der primäre Haftpflichtige A muss zwar nicht rechtlich, wohl aber praktisch auch dann den ganzen Schaden allein tragen, wenn der Dritte B unbekannt bleibt und niemand für ihn einstehen muss, aber auch wenn er zahlungsunfähig ist.

[65] Aus der Praxis: BGE 31 II 290; 32 II 466; 45 II 315; 47 II 431; 53 II 430; 58 II 371; 59 II 370; 60 II 421; 89 I 497/98. Alle diese Urteile beziehen sich auf die *Herbeiführung* des Schadens.

portionalität zwischen Verschulden und Schadenersatzpflicht (vgl. vorn N 11) ergeben, so dass sich eine Berufung auf den mitwirkenden Zufall erübrigt[66].

Bei der *Kausalhaftung* fällt nur ein solcher Zufall in Betracht, der nicht eine Tatsache darstellt, für die der Haftpflichtige gestützt auf eben die betreffende Kausalhaftung einstehen muss. Vielmehr muss ein von aussen hinzutretender Zufall auf den Schaden eingewirkt haben. Die Praxis trägt diesem Umstand gegebenenfalls mittels einer Reduktion des Schadenersatzes Rechnung[67]. Für die Bestimmung des *Umfanges der Reduktion* verzichten die Gerichte meist auf nähere Ausführungen und begnügen sich mit einem runden Abstrich ex aequo et bono. Das erscheint als vernünftig; dabei könnte als Anhaltspunkt aber doch geprüft werden, welche Haftungsquote auf das zufällige Ereignis entfallen würde, wenn dafür ein Dritter verantwortlich wäre. Die Reduktion sollte dabei im Interesse des Geschädigten aber nicht der vollen (fiktiven) Haftungsquote für das Zufallsereignis entsprechen, sondern eindeutig kleiner sein.

36

D. Konstitutionelle Prädisposition als Herabsetzungsgrund

Einen besonderen Zufall stellt die konstitutionelle Prädisposition dar[68]. Ihr Begriff ist vorn in § 3 N 95 ff. dargelegt. Darauf sei hier verwiesen. Dort (FN 99/100) ist auch ausgeführt, dass die konstitutionelle Prädisposition nur dann ein Problem der Schadenersatzbemessung[69] darstellt, wenn die Unfallfolgen nicht später wegen der von der Norm abweichenden besonderen gesundheitlichen Eigenschaften des Geschädigten ohnehin eingetreten wären und dass die Berücksichtigung als Herabsetzungsgrund nach OR 44 nur ausnahmsweise als geboten erscheint.

37

---

[66] Die Unmöglichkeit für den Haftpflichtigen, einen auch nur annähernd so grossen Schaden vorauszusehen, wie er dann eingetreten ist, bietet grundsätzlich keinen Anlass, deswegen das Verschulden als leichter einzuschätzen. Vgl. vorn § 5 N 95.
[67] BGE 47 II 431; 57 II 46, 110/11; 63 II 223/24; vgl. auch 62 II 57; 111 II 434, 443 f. In FHG 5 I lit. a war die Reduktion ausdrücklich vorgesehen; sie wurde stereotyp mit 20% bemessen, SCHERER 169; KAISER in ZSR 25, 413 ff. Vgl. auch GUHL/MERZ/KOLLER 82; OR-SCHNYDER, Art. 43 N 12.
[68] A. KELLER I 75 f., 129; DERS. II 26; KELLER/GABI 110 f.; SCHAER Rz 342 ff.; STARK, Skriptum N 364 ff.; SCHAFFHAUSER/ZELLWEGER N 1307; OR-SCHNYDER, N 6 zu Art. 44.
[69] Das heisst nicht der Schadensberechnung; vgl. vorn § 3 N 101, § 6 N 10 ff.

38 Die konstitutionelle Prädisposition kann zur Folge haben, dass die Lebenserwartung ohne den Unfall kürzer ist als normal[70]. Dann ist dieser Umstand bei der Schadensberechnung zu berücksichtigen, womit die konstitutionelle Prädisposition bereits veranschlagt ist; sie kann dann nicht zu einem zusätzlichen Abzug führen[71].

E. Mangelhafte Beschaffenheit einer Sache

39 Wie vorn § 3 N 96 ausgeführt, besteht kein Grund, die für die Berücksichtigung der konstitutionellen Prädisposition massgebenden Überlegungen nicht auch auf Tiere und andere Sachen anzuwenden[72].

F. Drittverschulden

40 Hat ein Dritter schuldhafterweise zur Entstehung oder Verschlimmerung des Schadens – vorn § 5 N 174 ff. – beigetragen, so handelt es sich um eine Mitursache, für die (im Gegensatz zum Zufall) ein Haftungsgrund, das Verschulden des Dritten, besteht. Es liegt daher eine Mehrheit von Haftpflichtigen vor; diese haften dem Geschädigten solidarisch, wenn das Drittverschulden nicht den Kausalzusammenhang unterbricht. Die solidarische Mithaftung des Dritten schliesst eine Herabsetzung der Haftpflicht des andern Verursachers (wegen des Drittverschuldens) aus[73].

---

[70] Die Berücksichtigung individueller Abweichungen von der durchschnittlichen Lebenserwartung bei der Schadensberechnung kann nur auf einer medizinischen Schätzung beruhen, mit allen Irrtumsmöglichkeiten, die damit zwangsläufig verbunden sind. Sie sind daher der Schadensberechnung nur mit Zurückhaltung zugrunde zu legen.

[71] Anders angesichts der Umstände (Autofahren trotz schwerer Herzkrankheit) ein von CHATELAIN in ZBJV 105, 218 angeführtes Urteil des Bundesgerichtes.

[72] Ein Beispiel SJZ 52, 10: Schuldhaftes Hantieren an einer Heizanlage; deren verfehlte Einrichtung bewirkt eine erhebliche Vergrösserung des Schadens; gleich SJZ 69, 379 Nr. 167.

[73] Die frühere gegenteilige Regelung in MFG 37 II/III, die das Drittverschulden ausdrücklich als Reduktionsgrund aufführte (hinten Bd. II/2 § 25 N 622), ist mit Recht nicht in das SVG übernommen worden. Gestützt darauf gilt die Regel im Bereich der *Kausalhaftungen* nun ohne Ausnahme; BGE 97 II 228.

II. Kausale Faktoren der Schadenersatzbemessung § 7

Die Verteilung des Schadenersatzes ist auf den Regressweg verschoben[74, 75].

Bei der *Verschuldenshaftung* lässt die Praxis eine Reduktion dann 41 eintreten, wenn infolge des Drittverschuldens das Verschulden des primär Haftpflichtigen als leichter erscheint[76]. Wo dieser Schluss richtig ist, ergibt sich eine mögliche Reduktion der Haftpflicht aus der Proportionalität zwischen Verschulden und Schadenersatz; vorn N 11. Der Grundsatz der Solidarität wird daher durch diese Praxis nicht abgeschwächt[77].

Wenn der Dritte, der zur Entstehung oder Verschlimmerung des 42 Schadens beigetragen hat, nicht urteilsfähig ist oder keine Sorgfaltspflicht verletzt hat, trifft ihn kein Verschulden. Infolgedessen liegt für die von ihm gesetzte Ursache kein Haftungsgrund vor; ein Regress gegen den Dritten kommt nur in Frage, wenn die Voraussetzungen von OR 54 I oder II[78] gegeben sind oder – selbstverständlich – wenn der Dritte einer Kausalhaftung unterliegt. In diesen Fällen besteht für eine Schadenersatzreduktion wegen der Mitverursachung des Schadens durch den Dritten von vornherein kein Anlass[79].

---

[74] BGE 41 II 228; 55 II 88; 56 II 401; 58 II 253; 59 II 170, 369; 60 II 155; 64 II 306; 66 II 118/19; 71 I 55; 81 II 165; 89 II 122/23; 93 II 322; 97 II 228; 98 II 104; 109 II 313; 112 II 144; 113 II 331; 116 II 523 ff. – Unzutreffend SJZ 51, 144: Das dort beschriebene Verhalten eines Beamten stellt ein Drittverschulden dar, das zu Unrecht als Reduktionsgrund herangezogen wird.
Vgl. BREHM N 87 zu OR 43; A. KELLER I 103; KELLER/GABI 104; SCHAFFHAUSER/ZELLWEGER N 1310; STARK, Skriptum N 342 ff.; DESCHENAUX/TERCIER § 28 N 10 ff.; MERZ, SPR VI/1 222 f.; OR-SCHNYDER, Art. 43 N 15; Bericht d. Stud.komm. 51.
Nach BREHM N 81 ff. zu OR 43 soll das Drittverschulden ganz ausnahmsweise als Herabsetzungsfaktor zugezogen werden, wenn der Verzicht auf diese Kürzung unbillig wäre. Konsequenter und überzeugender ist die Auffassung von MERZ, SPR VI/1 223, dass das Drittverschulden nicht als Herabsetzungsgrund zu betrachten sei.

[75] Dieser Gedanke gilt auch in andern Rechtsordnungen: BGB 840 I; ABGB 1302 und die einschlägige Literatur.

[76] BGE 41 II 228; 55 II 88; 59 II 43, 369; 60 II 155; 62 II 310; 64 II 307; 66 II 119; 69 II 418; 80 III 61/62; 89 II 122/23; 93 II 323; 97 II 228; ZR 66 Nr. 107 S. 215. Vgl. BUSSY, Responsabilité civile automobile (Genf 1949) 55 ff.; kritisch STREBEL/HUBER N 270 zu MFG 37.

[77] In BGE 93 II 323 wird eine Haftungsbeschränkung wegen mitwirkenden Drittverschuldens – abgesehen von der Berufung auf die Proportionalität zwischen Verschulden und Haftpflicht – nicht grundsätzlich abgelehnt, sondern nur grosse Zurückhaltung als nötig bezeichnet.

[78] Hinten § 10 N 34; Bd. II/1 § 18.

[79] BGE 89 II 122/23; 97 II 228.

43 Fehlt das Regressrecht, so ergibt sich daraus wie beim Zufall nur unter ganz besonderen Umständen[80] Anlass zu einer Reduktion des vom primären Haftpflichtigen zu bezahlenden Schadenersatzes.

44 Hilfspersonen des primär in Anspruch genommenen Haftpflichtigen gelten nicht als Dritte; er muss vielmehr für ihr Verschulden einstehen[81], kann aber gegebenenfalls auf sie zurückgreifen. Wenn sie die Voraussetzungen einer ausservertraglichen Haftung erfüllt haben, haften sie solidarisch, z. B. als Lenker eines Motorfahrzeuges, neben dem Halter.

G. Schwache Intensität des Kausalzusammenhanges

45 Vgl. zur Frage der Intensität des Kausalzusammenhanges vorn § 3 N 24 ff. Eine Reduktion des Schadenersatzes wegen schwacher Intensität des Kausalzusammenhanges, bzw. eigentlich seiner Adäquanz, erscheint als problematisch. In BGE 36 II 24 wurde die Entschädigung reduziert wegen des verhältnismässig entfernten Zusammenhanges zwischen der Unterlassung der Beklagten und dem schädigenden Erfolg. Das weist auf eine relativ geringe Wahrscheinlichkeit des Erfolges hin, was nach der herrschenden Lehre keinen Herabsetzungsgrund darstellt[82].

---

[80] Vgl. BGE 41 II 88/89 und viele andere. Die Kürzung des Haftpflichtanspruches lässt sich nur mit der Billigkeit begründen. Sie muss mit grosser Zurückhaltung gehandhabt werden. Der Richter wird «nach der Regel entscheiden, die er als Gesetzgeber aufstellen würde», wie ZGB 2 II sagt. Das bedeutet, dass er die Auswirkungen berücksichtigt, die sein Entscheid zur Folge hat, wenn alle gleich liegenden Fälle gleich entschieden werden. Er wird daher mit grosser Sorgfalt die Grenzen der Anwendung seiner Überlegungen auf ähnliche Fälle prüfen; vgl. dazu THOMAS MAURER, Drittverschulden und Drittverursachung im Haftpflichtrecht (Diss. Bern 1974).

[81] BGE 95 II 53.

[82] Es wäre aber denkbar, die Wahrscheinlichkeit des Kausalzusammenhanges bei der Schadenersatzbemessung zu berücksichtigen, entsprechend der französischen Rechtsprechung bei den «perte d'une chance»-Fällen in bezug auf die haftungsausfüllende Kausalität. Vgl. vorn § 3 N 39 ff., FN 50 und 154; § 7 FN 17.

III. Reduktionsfaktoren, die das Schadenereignis nicht mitverursacht haben

Nicht mitverursacht haben die hier zu besprechenden Faktoren das Schadenereignis, wenn es auch ohne sie gleich eingetreten wäre. Neben den nicht-kausalen Umständen, die das Gesetz speziell erwähnt und auf die hinten separat hingewiesen wird (Notlage des Geschädigten, ungewöhnlich hohes Einkommen des Getöteten oder Verletzten), wird in OR 44 I dem Richter die Möglichkeit gegeben, weitere Umstände, für die der Geschädigte einstehen muss, nach seinem Ermessen (vgl. vorn N 4 ff.) bei der Schadenersatzbemessung zu berücksichtigen. 46

Nur das OR spricht von diesen Umständen; doch sind die nachstehenden Ausführungen, soweit passend, auch für die übrigen Haftpflichtgesetze gültig. Wo das Gesetz für die Schadenersatzbemessung auf das OR verweist, ergibt sich dies von selbst. Das EHG bezeichnet zwar das OR nicht als für die Schadenersatzbemessung massgebend und nennt als Reduktionsgrund in Art. 4 und 5 neben der Tatsache des ungewöhnlich hohen Einkommens des Getöteten oder Verletzten nur das Selbstverschulden. Aber auch dieses Gesetz betrachtet das richterliche Ermessen bei der Schadenersatzbemessung als massgebend (EHG 20). Es drängt sich auf, trotz der dort erwähnten Beweisregeln daraus den Schluss zu ziehen, dass auch weitere Umstände neben dem ungewöhnlich hohen Einkommen und dem Selbstverschulden zu berücksichtigen sind. 47

Es handelt sich hier darum, den Grundsätzen der *Billigkeit* dort, wo es als geboten erscheint, Rechnung zu tragen. Wo Umstände, die in diesem Paragraphen nicht erwähnt werden, aus Gründen der Billigkeit eine Schadenersatzreduktion nahelegen, lässt sich diese auf OR 43 I stützen[83]. Der Schluss muss motiviert sein. Die Regel darf nicht zur Aufweichung des Haftpflichtrechts führen. Sie bedeutet nicht, dass die Maxime, nach der der Schaden, der vom Schädiger allein verursacht wurde, *grundsätzlich* ganz zu ersetzen ist, aufgehoben sei. 48

---

[83] Man kann an eine übermässige, offenbar unangebrachte Belastung des Haftpflichtigen aus einer Gefährdungshaftung denken, für die keine obligatorische Versicherung besteht oder deren Garantiesumme überschritten wird; vgl. Oftinger in SJZ 68, 107/08 zur Haftpflicht nach GSG; hinten § 14 N 6 f.

A. Notlage des Haftpflichtigen – ungewöhnlich hohes Einkommen des Getöteten oder Verletzten

49 Während OR 44 II die Notlage des Haftpflichtigen als Reduktionsfaktor anerkennt[84], schliessen KHG 7 I, PrHG 12 ff., MO 27 I und ZSG 77 I in der Verweisung auf das OR den Abs. 2 von OR 44 aus und erwähnen wie SVG 62 II[85], EHG 4 und KHG 7 II den Reduktionsgrund des ungewöhnlich hohen Einkommens des Getöteten oder Verletzten[86].

50 Der Reduktionsgrund der Notlage des Haftpflichtigen und der in verschiedenen Haftpflichtgesetzen weitgehend alternativ dazu geltende des ungewöhnlich hohen Einkommens des Getöteten oder Verletzten beruhen auf dem gleichen Grundgedanken. Die Betrachtungsweise ist verschieden, aber das anvisierte Ziel ist das gleiche: Vermeidung von extremen Belastungen des Haftpflichtigen, wenn die Voraussetzungen eines der beiden Reduktionsgründe gegeben sind. Wenn der Haftpflichtfall solche Belastungen mit sich bringt, muss der Geschädigte sich eine Reduktion seiner Ansprüche gefallen lassen. Der Reduktionsgrund der Notlage zieht die finanziellen Verhältnisse des Haftpflichtigen in die Beurteilung hinein und fällt daher *praktisch* bei juristischen Personen des öffentlichen Rechts ausser Betracht[87]. Das gleiche gilt für gutgestellte grosse Firmen des

---

[84] Dies gilt nach ElG 36, RLG 34, GSG 69 III und SSG 27 I auch für diese Gesetze; vgl. für das EHG vorn N 9.
[85] Vgl. Bd. II/2 § 25 N 611 ff.
[86] Die Rechtslage lässt sich also folgendermassen zusammenfassen: Die verschiedenen Gesetze erwähnen die beiden hier zur Diskussion stehenden Reduktionsgründe wie folgt:

	Notlage	ungewöhnlich hohes Einkommen
OR	ja	nein
ElG	ja	nein
EHG	nein	ja
SVG	ja	ja
RLG	ja	nein
GSG	ja	nein
SSG	ja	nein
KHG	nein	ja
MO	nein	nein
ZSG	nein	nein
VG	Regress des Bundes nach OR	

[87] Darum sehen weder die MO noch das ZSG oder das VG eine Reduktion der Schadenersatzansprüche wegen Notlage vor.

III. Reduktionsfaktoren, die das Schadenereignis nicht mitverursacht haben   § 7

Privatrechts, deren Bilanzzahlen auch durch einen sehr grossen Schadenfall nicht grundlegend verändert werden.

Der Reduktionsgrund des ungewöhnlich hohen Einkommens des Getöteten oder Verletzten stellt demgegenüber nicht auf die Situation des Haftpflichtigen ab, sondern auf diejenige des Geschädigten. Damit kann eine als unbillig erscheinende Belastung des Haftpflichtigen auch vermieden werden. Der Reduktionsgrund schiesst aber zum Teil über das Ziel hinaus, weil er auch zu einer Herabsetzung des Schadenersatzes führt, wenn der Haftpflichtige ihn, ohne in eine Notlage zu geraten, bezahlen kann. Anderseits verfehlt er zum Teil das Ziel, indem der Haftpflichtige bei sehr grossen Sachschäden, aber auch bei sehr schweren Personenschäden ohne ungewöhnlich hohes Einkommen nicht geschont wird[88]. 51

Es ist daher richtig, dass die verschiedenen Haftpflichtgesetze meistens die Notlage erwähnen und an ihrer Stelle das ungewöhnlich hohe Einkommen nur, wenn nach den Verhältnissen mit einer Notlage nicht zu rechnen ist (EHG, KHG). Warum hier aber an Stelle der praktisch ausser Betracht fallenden Notlage bei ungewöhnlich hohem Einkommen eine Reduktion möglich sein soll, ist nicht einzusehen[89]. 52

1. Notlage im besonderen

Voraussetzung der Reduktion wegen drohender Notlage ist, dass der Haftpflichtige höchstens leichte Fahrlässigkeit zu vertreten hat[90]. Denn – wie man in der parlamentarischen Beratung des Gesetzes bemerkte[91] – «es soll nicht ein Unglück durch ein anderes Unglück geheilt werden». 53

---

[88] Bei 100% Invalidität eines Geschädigten im Alter von 35 Jahren mit einem Einkommen von Fr. 100 000.– ergibt sich ein Kapitalwert des Invaliditätsschadens von rund 2 Mio. Franken. Eine solche Schuld dürfte sehr viele Leute in eine Notlage versetzen.
[89] Ein privater Milliardär, ein industrieller Konzern usw. können sich nach dem Gesetzestext gegebenenfalls auch auf das ungewöhnlich hohe Einkommen des Geschädigten berufen. Dem aus MO, ZSG oder VG Verantwortlichen steht dieser Reduktionsgrund konsequenterweise nicht zur Verfügung.
[90] BGE 21, 1201; 30 II 257; 31 II 290; 33 II 573; 38 II 478; 40 II 277, 495; 45 II 315; 49 II 447; 52 II 457; 56 II 398; 79 II 355; 80 II 250; 90 II 14/15; 108 II 427; ZR 66 Nr. 107 E 9. – Über die Stellung der Erben des Haftpflichtigen 61 II 235/36. – Vgl. im übrigen STARK in ZSR 86 II 48 ff.; DERS., Skriptum N 376; BREHM N 67 ff. zu OR 44; KELLER/GABI 105 f.; MERZ, SPR VI/1 230 f.; SCHAFFHAUSER/ZELLWEGER N 1300; OR-SCHNYDER, Art. 44 N 9.
[91] Votum HOFFMANN, Sten.Bull. StR 1910, 165.

54 Wann eine Notlage droht, beurteilt sich nach richterlichem Ermessen; solange pfändbares Vermögen vorhanden ist, kann davon nicht gesprochen werden[92]. Wenn wegen der misslichen Verhältnisse des Haftpflichtigen ohnehin mit seinem finanziellen Zusammenbruch zu rechnen ist, ist von einer erheblichen[93] oder besser von jeder Reduktion abzusehen. Sie würde sich nur zugunsten der andern Gläubiger auswirken. Im übrigen sind natürlich die Regressrechte des Haftpflichtigen, sei es gegen Mithaftpflichtige, sei es gegen einen Versicherer, bei der Prüfung der Notlage in Rechnung zu stellen.

55 Wenn entweder der Geschädigte oder der Haftpflichtige von einer Notlage bedroht ist, ist sie dem Haftpflichtigen zuzuschieben[94].

56 Es drängt sich auf, dem Geschädigten ein Recht auf Nachklage einzuräumen für den Fall, dass die finanzielle Lage des Haftpflichtigen sich bessert[95]. Die gesetzliche Grundlage dafür fehlt jedoch. Der Rektifikationsvorbehalt von OR 46 II kommt nach dem Wortlaut dieser Bestimmung nicht in Frage. Die kurze Frist von 2 Jahren liesse diesen Weg ohnehin meistens nicht beschreiten.

57 Wo eine freiwillige oder obligatorische Haftpflichtversicherung oder eine andere Art vorgeschriebener Sicherstellung besteht, kann OR 44 II nur insoweit aktuell werden, als der Schaden den von der Versicherung oder der andern Sicherstellung gedeckten Betrag übersteigt[96]. Deshalb wird die praktische Bedeutung von OR 44 II durch die starke Verbreitung der Haftpflichtversicherung in der Schweiz in erheblichem Masse eingeschränkt. Eine Notlage eines Haftpflichtversicherers käme nur bei einer Katastrophe in Frage, z.B. bei einem Kernunfall. KHG 7 I schliesst die Anwendung von OR 44 II aber aus.

---

[92] BGE 40 II 278; 69 II 147. Die früheren Urteile lassen sich wegen der Teuerung nur schwer als Präjudizien verwenden: ZBJV 99, 151: Monatliches Einkommen Fr. 330.– (1963); an sich zu ersetzender Betrag unter Fr. 20 000.–; Reduktion zunächst wegen erheblichen Selbstverschuldens, hernach gemäss OR 44 II. ZR 66 Nr. 107 S. 215: Monatliches Einkommen Fr. 800.– (1967); an sich zu ersetzender Schaden Fr. 45 000.–; Reduktion gemäss OR 44 II um 1/5. BGE 90 II 14/15: 20jähriger Mann, der sein Leben verdient; Anwendung der Vorschrift abgelehnt.
[93] BGE 52 II 457/58.
[94] BGE 49 II 447. Desgleichen verdient den Vorzug die *Tatsache* der Notlage des Geschädigten vor der *Gefahr* der Notlage des Haftpflichtigen. Vgl. auch BGE 30 II 257; BREHM N 78 zu OR 44; STARK, Skriptum N 378.
[95] VON TUHR/PETER 105; BECKER N 11 zu OR 44; BREHM N 57 zu OR 44; KELLER/GABI 106.
[96] BREHM N 72 zu OR 44; BGE 103 II 335 ff.; 111 II 303 E 3a; 113 II 328 E 1c.

III. Reduktionsfaktoren, die das Schadenereignis nicht mitverursacht haben § 7

Die Lösung von OR 44 II hat die Billigkeit und die Zweckmässigkeit 58
für sich[97]. Man kann sich fragen, ob die Sorge für das Existenzminimum
nicht durch SchKG 92/93 ohnehin und besser wahrgenommen wird.

2. Ungewöhnlich hohes Einkommen des Getöteten oder Verletzten im besonderen

Wie bereits erwähnt, sehen EHG 4[98], SVG 62 II[99] und KHG 7 II[100] die 59
Möglichkeit vor, bei ungewöhnlich hohem Einkommen des Getöteten oder
Verletzten[101] unter Würdigung aller Umstände eine angemessene Reduktion des Schadenersatzes vorzunehmen[102]. Zur Frage der inneren Begründetheit dieser Normen ist vorn N 49 ff. Stellung genommen worden.

Die Voraussetzung des *ungewöhnlich hohen Einkommens* ist relativ 60
aufzufassen. Das Verhältnis zur finanziellen Tragfähigkeit des Haftpflichtigen ist massgebend, wobei aber ein durchschnittliches Einkommen des
Geschädigten bei geringer Leistungsfähigkeit des Haftpflichtigen nicht zu
einer Reduktion führt.

Im Gegensatz zu OR 44 II sehen die Normen über die Berücksichtigung 61
des ungewöhnlich hohen Einkommens keinen Ausschluss der Fälle mit
mehr als leichter Fahrlässigkeit vor; eine Reduktion würde bei grober
Fahrlässigkeit oder Absicht aber als unbillig erscheinen.

Im übrigen kommt dem freien richterlichen *Ermessen* entscheidende 62
Bedeutung zu.

---

[97] In BGE 40 II 278 wird die Frage aufgeworfen, aber offengelassen, ob die Gefahr der Notlage nicht von Amtes wegen zu prüfen sei. Das scheint unzulässig, weil es sich um eine von der Partei geltend zu machende Einwendung handelt.
[98] Vgl. Bd. II/3 § 27 N 176.
[99] Bd. II/2 § 25 N 611; SCHAFFHAUSER/ZELLWEGER N 1308.
[100] Bd. II/3 § 29 N 431 ff.
[101] Man kann sich fragen, ob auf die körperliche Natur der Verletzung hier hinzuweisen sei. Eine Verletzung ist ohnehin mit dem Körper verbunden. Es kann zwar auch an eine psychische Verletzung gedacht werden, bei der aber die Höhe der Entschädigung nicht vom Einkommen des Verletzten abhängt.
[102] BGE 111 II 303; THILO in JT 1955, 98 ff.; STARK in ZSR 86 II 50 ff. Gegen die Ansicht, SVG 62 II werde nur aktuell, wenn der Motorfahrzeughalter über die Versicherungsleistung hinaus persönlich belangt wird, RUSCONI in ZSR 82 I 358; STARK, a.a.O., 51; DERS., Skriptum N 379 ff.; DESCHENAUX/TERCIER § 28 N 43 f.; A. KELLER I 129; vgl. BREHM N 63 ff. zu OR 43.

63 Das OR enthält keine gleichlautende Vorschrift. Das erscheint wegen der Problematik der Reduktion des Schadenersatzes wegen des ungewöhnlich hohen Einkommens des Geschädigten als gerechtfertigt: Es lässt sich nicht begründen, weshalb – ohne Notlage des Haftpflichtigen – Personen mit ungewöhnlich hohem Einkommen einen Teil ihres Verdienstausfalles selber tragen sollen.

B. Weitere Umstände, für die der Geschädigte einstehen muss

64 Zu den Umständen, für die der Geschädigte nach OR 44 I einstehen muss, gehören die von ihm zu vertretenden Faktoren, die zur Entstehung oder Verschlimmerung des Schadens beigetragen haben, so das Selbstverschulden, aber auch die in seinem Bereich liegenden Kausalhaftungsgründe, was vorn N 3 und hinten in § 9 N 9 f., 41 dargelegt wird.

65 Hier sollen andere, zur Sphäre des Geschädigten gehörende Umstände besprochen werden, die eine Schadenersatzreduktion zur Folge haben (OR 43 I).

66 Als solche Faktoren sind namentlich, aber nicht abschliessend, zu erwähnen:

67 1. Die Tatsache, dass der Haftpflichtige mit dem Verhalten, das zur Schädigung mindestens beigetragen hat, dem Geschädigten eine *Gefälligkeit* erweisen wollte[103].

68 Die Gefälligkeit stellt eine Mitursache der Schädigung dar, wenn der Geschädigte ohne sie das ihn schädigende Entgegenkommen des späteren Haftpflichtigen nicht angenommen hätte. Aber der Kausalzusammenhang zwischen dem Verzicht auf eine (angemessene) Gegenleistung und dem späteren Schaden ist nicht adäquat. Die Gefälligkeit stellt daher einen

---

[103] BGE 52 II 457; 57 II 90; 69 II 269; 80 III 61; 89 I 497; 116 II 699; 117 II 619; SJZ 29, 284. Der Gedanke, die Gefälligkeit zu berücksichtigen, findet sich auch in OR 99 II; ZR 71 Nr. 72 S. 219, 228 f. – Pius Kost, Die Gefälligkeit im Privatrecht (Diss. Freiburg 1973); R. Geisseler, Haftpflicht und Versicherung im revidierten SVG (Diss. Freiburg 1980) 23 f.; Brehm N 56 zu OR 43; Deschenaux/Tercier § 28 N 48; A. Keller I 245; Keller/Gabi 107 f.; Stark, Skriptum N 396; Schaffhauser/Zellweger N 1301; Geigel/Schlegelmilch, 12. Kap. N 33; Venzmer 56 ff.

III. Reduktionsfaktoren, die das Schadenereignis nicht mitverursacht haben § 7

zusätzlichen Umstand dar, den der Richter berücksichtigen kann, wenn er das als geboten betrachtet.

Die Gefälligkeit ist in OR 99 II als Reduktionsgrund erwähnt[104]; ihre Anerkennung ist aber als genereller Leitgedanke des OR, der dem Billigkeitsprinzip entspricht, zu betrachten[105]. Im Deliktsrecht ausdrücklich erwähnt war sie in MFG 37 IV und gestützt darauf ursprünglich auch in SVG 59 III. Dort wurde sie aber bei der Revision von 1975 gestrichen, ohne dass ihre Berücksichtigung verboten worden wäre. Es drängt sich daher auf, sie nach wie vor als Reduktionsgrund auch in der Motorfahrzeughaftung anzuerkennen[106]. Eine gewisse Zurückhaltung ist aber geboten[107]. 69

Speziell erwähnt sei daneben aber die unentgeltliche Raterteilung, die nach der bundesgerichtlichen Rechtsprechung auch ohne Vertrag zu einer Haftpflicht führen kann[108]. 70

2. Man kann dem *Haftpflichtigen* auch zugute halten, dass er gegebenenfalls *über das hinaus, was man von ihm verlangen kann, Massnahmen zur Verhütung oder Verminderung des Schadens* ergriffen hat, d. h. Massnahmen, deren Unterlassen ihm nicht zum Verschulden gereicht hätte. Umgekehrt ist zu berücksichtigen, wenn der *Geschädigte* über das von ihm zu Erwartende hinaus Massnahmen getroffen hat, deren Unterlassung ihm nicht als Selbstverschulden angerechnet worden wäre[109]. Das vorhandene Verschulden oder Selbstverschulden ist diesfalls milder zu beurteilen[110]. Kein Reduktionsgrund ist darin zu sehen, dass ein Geschädigter nicht zum 71

---

[104] Ausserdem sei auf OR 248 hingewiesen, wonach die Haftpflicht bei Schenkung – der Gefälligkeit par excellence – auf Absicht und grobe Fahrlässigkeit beschränkt ist.
[105] Vgl. vorn FN 103. Zurückhaltend äussert sich MERZ, SPR VI/1 232; vgl. auch KOST 21 ff.
[106] Hinten Bd. II/2 § 25 N 587/88.
[107] BGE 117 II 618 f., wo man allgemeinen Problem der Rechtslage im SVG nach dessen Revision nicht Stellung genommen, aber die Berücksichtigung einer «Gefälligkeit gegenüber Verwandten und nahestehenden Personen, die das alltägliche, das unter Menschen übliche Mass an Grosszügigkeit, an Freundlichkeit nicht übersteigt» abgelehnt wird.
[108] BGE 57 II 90; 80 II 61; 111 II 473; 116 II 699; ZR 46 Nr. 179 S. 380. – Hinten Bd. II/1 § 16 N 117 ff.; HANS NIETLISPACH, Zur Frage der zivilrechtlichen Verantwortlichkeit für schlechten Rat und falsche Auskunft nach schweiz. OR (Diss. Zürich 1948); KUHN, Die Haftung aus falscher Auskunft und falscher Raterteilung, SJZ 1986, 345 ff. – Anderes Beispiel: Ein Fussgänger dirigiert einen Automobilisten durch Winken in unrichtiger Weise. SCHNYDER (OR-Schnyder, Art. 43 N 11) und BREHM (N 58 zu OR 43) sind der Meinung, die Gefälligkeit müsse nicht unbedingt unentgeltlich sein, ein bescheidenes, eher symbolisches Entgelt brauche eine Reduktion nicht auszuschliessen. Vgl. BGE 64 II 263 f.; 92 II 242 sowie den in Sem.jud. 1946 557 publizierten BGE.
[109] Siehe z. B. BGE 51 II 81; 107 I b 158.
[110] Vgl. die Schadenminderungspflicht und dazu vorn § 6 N 37 ff., § 7 N 16 f.

voraus einer durch Sachschaden bewirkten Störung im Geschäftsbetrieb mittels Abwehrmassnahmen vorgebeugt hat. Man braucht nicht der abstrakten Möglichkeit, dass sich eine Gefahr verwirkliche, vorzubeugen[111].

72   3. Auch abgesehen von der Notlage des Haftpflichtigen (vorn N 53 ff.) und dem ungewöhnlich hohen Einkommen des Geschädigten (vorn N 59 ff.) berücksichtigt die Praxis zum Teil die *sozialen und wirtschaftlichen Verhältnisse beider Parteien*[112], was vernünftigerweise von vornherein nur in Frage kommt, wenn den Schädiger weder Vorsatz noch grobe Fahrlässigkeit trifft. Aber auch abgesehen von diesem Faktor, erscheint der Herabsetzungsgrund der sozialen und wirtschaftlichen Verhältnisse als problematisch. Er hat neben der im Gesetz ausdrücklich vorgesehenen Berücksichtigung der Notlage des Schädigers und des ungewöhnlich hohen Einkommens des Geschädigten im Haftpflichtrecht eigentlich keinen Platz. So wird durch die Anerkennung dieses Argumentes über die erwähnten Fälle hinaus der rechtliche Massstab nach der wirtschaftlichen Leistungsfähigkeit ausgerichtet, also auch ohne Notlage oder ungewöhnlich hohes Einkommen. Im übrigen werden bei den Wertungsfragen, die im Haftpflichtrecht eine grosse Rolle spielen, diese Gesichtspunkte ohnehin in beschränktem Rahmen da und dort in die Waagschale gelegt[113].

73   4. Gestützt auf OR 43 I oder 44 I ist gegebenenfalls zu berücksichtigen, dass viele *Arbeitnehmer* dem *Berufsrisiko* ausgesetzt sind, auch bei geringem Verschulden schwere Schäden zu verursachen. OR 321e II sieht vor, dieses Risiko bei vertraglichen Schadenersatzforderungen des Arbeitgebers zu berücksichtigen und nicht voll dem Arbeitnehmer anzulasten. Der Gedanke lässt sich verallgemeinern und auch bei der ausservertraglichen Haftung des Arbeitnehmers gegenüber dem Arbeitgeber anwenden[114]. Dies ist der im deutschen Recht als «*gefahrengeneigte*» oder «*schadens-*

---

[111] BGE 97 II 229 f.: Legen einer zweiten Stromleitung zu einer Fabrik für den Fall, dass die erste unterbrochen wird. KOZIOL I 257 ff. verneint grundsätzlich eine Schadenminderungspflicht des Geschädigten bei deliktischem Verhalten des Schädigers.
[112] BGE 31 II 290; 32 II 719; 33 II 573; 49 II 447; 64 II 243; 102 II 231 E 3; 104 II 188 f.; 111 I b 200 E6; 113 II 328 Ec; DESCHENAUX/TERCIER § 28 N 42 ff.; KELLER/GABI 105; OR-SCHNYDER, Art. 43 N 10.
[113] Hinten Bd. II/1 § 18 FN 72; STARK, Skriptum N 333 a.
[114] REHBINDER, Berner Komm. (Bern 1985) N 21 zu OR 321e; vorn § 5 FN 173.

III. Reduktionsfaktoren, die das Schadenereignis nicht mitverursacht haben § 7

geneigte Arbeit» bekannte Sachverhalt[115]. Hier kann nach richterlichem Ermessen eine Schadenersatzreduktion erfolgen; ausnahmsweise kann die Ersatzpflicht ganz entfallen.

Diese Erwägungen müssen auch anwendbar sein – obschon sich dies nicht aus OR 321e II ergibt –, wenn das Betriebsrisiko zur Schädigung eines Dritten durch einen Arbeitnehmer führt. Meistens wird der Arbeitgeber nach OR 55 neben dem Arbeitnehmer verantwortlich sein. Aber auch wenn der Arbeitgeber den in OR 55 vorgesehenen Sorgfaltsbeweis erbringen kann, liegt es nahe, dass der Arbeitnehmer denjenigen Teil seiner Schadenersatzpflicht gegenüber einem Dritten, den er bei Schädigung des Arbeitgebers nicht bezahlen müsste, auf den Arbeitgeber abwälzen kann. Das ist zwar eine etwas freie dogmatische Konstruktion, steht aber allein in Übereinstimmung mit OR 321e II[116]. 74

Freie Berufsleute können sich gegenüber dem Auftraggeber natürlich nicht auf den Einwand der schadensgeneigten Arbeit berufen. 75

5. Mit den vorn (N 73) erörterten Problemkreisen ist das Risiko verwandt, dass *nicht motorisierte Strassenbenützer* einer unverhältnismässig schweren Haftpflicht ausgesetzt sind: Fussgänger, Radfahrer, Viehtreiber, Tierhalter usw., die zu Verkehrsunfällen Anlass geben und im modernen Verkehr sehr schwere Schäden verursachen können[117]. Der 1975 aufgehobene Abs. 3 von SVG 60 sah zugunsten eines «nur für Verschulden Haftpflichtigen» (OR 41) für den Fall der Konkurrenz mit der Haftung eines Halters die Reduktion des Schadenersatzes und sogar die Möglichkeit einer völligen Befreiung vor[118]. Nachdem diese Bestimmung heute nicht mehr gilt, kann sich gegebenenfalls ein Entgegenkommen im Rahmen von OR 44 I und namentlich 43 I aufdrängen. 76

Die vorstehende Darstellung bietet einen Überblick über Umstände, die für die Schadenersatzbemessung von Bedeutung sein können. Sie ist 77

---

[115] LARENZ II 265; GEIGEL/SCHLEGELMILCH, 12. Kap. N 61 ff.; HELM in AcP 160, 134 ff.; übernommen von REHBINDER, Schweiz. Arbeitsrecht (9. A. Bern 1988) 55; A. KELLER I 401/02; GOTTWALD 183 f.; K. MEIER, Die Berücksichtigung des Berufsrisikos bei der Haftung des Arbeitnehmers (Diss. Bern 1978); BGE 110 II 344. Vgl. auch das österreichische Dienstnehmerhaftpflichtgesetz vom 31. März 1965.
[116] Man könnte versucht sein, diese Konstruktion als Begründung einer Haftpflicht des Arbeitgebers gegenüber dem Arbeitnehmer aus Analogie aufzufassen. Unsere Rechtsordnung steht aber der Begründung von Haftungsarten aus Analogie negativ gegenüber; vgl. hinten Bd. II/1 § 24 FN 39.
[117] VON HIPPEL, Schadensausgleich bei Verkehrsunfällen (Berlin/Tübingen 1968) 27 ff.
[118] Hinten Bd. II/2 § 25 N 550 (Kasuistik).

nicht als abschliessend aufzufassen. Im weiteren ist die Reduktion keineswegs obligatorisch. Letztlich entscheidend ist stets die richterliche Würdigung[119].

IV. Summenmässige Begrenzung des Schadenersatzes

78 Wie vorn N 1 (a. E.) festgehalten, folgt das schweizerische Recht dem Grundsatz, der Haftpflichtige habe den *Schaden ganz zu ersetzen,* soweit nicht besondere Gründe, wie die vorn dargelegten, eine Reduktion rechtfertigen. Diese Regel gilt sowohl für die vertraglichen als auch für die ausservertraglichen Haftungen[120]. Massgebend ist fast immer die Überlegung, dass eine für den ersten Franken richtige Haftpflicht auch für jeden grösseren Betrag richtig ist.

79 Eine summenmässige Begrenzung des Schadenersatzes auf einen runden Maximalbetrag findet sich im Haftpflichtrecht des OR und des ZGB nur bei der Haftung der Gast- und Stallwirte (OR 487 II, 490 II;

---

[119] So verweigert BGE 68 II 285 dem beklagten *Betrüger* (entgegen 61 II 236) die Herabsetzung des Schadenersatzes wegen Selbstverschuldens des Betrogenen. – Hier einige *weitere «Umstände»:* Bei einer Schlägerei (Verschuldenshaftung) ist die *Provokation* des Haftpflichtigen durch die Ehefrau des Geschädigten als Umstand betrachtet worden, für den der Geschädigte einzustehen hat (BGE 44 II 153). Provokation durch den Geschädigten selber ist als Selbstverschulden zu erfassen, vorn § 5 N 146, insbes. FN 168. Bei Ärztehaftpflicht kann die *Unsicherheit einer nachträglichen ärztlichen Diagnose* kaum einen Reduktionsgrund darstellen, wie in BGE 53 II 430/31 angenommen. Als Reduktionsgrund dürfte es gelegentlich anzusehen sein, wenn der Geschädigte ein *erhöhtes Risiko geschaffen* oder es unterlassen hat, den Haftpflichtigen auf die *Gefahr eines ungewöhnlich hohen Schadens* aufmerksam zu machen, wo ihm dies nach Treu und Glauben zuzumuten gewesen wäre (BGB 254 II; C. CHR. BURCKHARDT ZSR 22, 501; DE WATTEVILLE in SVZ 17, 146 ff.; dazu auch SJZ 5, 375 Nr. 566). Darin kann auch ein Selbstverschulden liegen, OR 447 II, 488. BGE 42 II 393/94 berücksichtigt das *Motiv* einer als Selbstverschulden zu qualifizierenden Handlung (vgl. auch BGE 24 II 162; IM HOF 190; vorn § 5 N 150). Ob auch die allfällige *Präventivwirkung* eines Urteils von Bedeutung sei (so HÄBERLIN 76), ist zu bezweifeln. Kein ausreichender Reduktionsgrund ist entgegen SJZ 51, 144 darin zu sehen, dass der Haftpflichtige beim Unfall, der zur Schädigung des Klägers geführt hat, sein *Leben verlor.*

[120] SCHERRER in FG Erwin Ruck (Basel 1952) 197 ff.; HANS RUDOLF WOLFENSBERGER, Die summenmässige Beschränkung der Haftung für Personenschäden (Diss. Zürich 1966); SIMONIUS in Jubiläumsgabe ZSR 71, 259; OFTINGER in SJZ 52, 4 f.

IV. Summenmässige Begrenzung des Schadenersatzes § 7

Begrenzung auf Fr. 1000.–). Nachdem das KHG das AtG für die Haftpflichtfragen abgelöst hat, gilt die unbegrenzte Haftung auch bei allen Kausalhaftungen der Spezialgesetze. Das Gegenteil gilt für die Haftpflicht der Transportunternehmungen, vielfach unter ausländischem Einfluss[121]. Solche Regelungen wirken grossenteils als Fremdkörper und können zu einer Privilegierung einzelner Gruppen von Haftpflichtigen führen[122].

---

[121] Namentlich in Deutschland und Österreich galt lange Zeit die fast wie ein Glaubenssatz vertretene Meinung, dass die Haftung für blosse Gefährdung durch eine summenmässige Begrenzung beschränkt werden müsse; vgl. STOLL 20/21 StVG 12; § 88 des deutschen Gesetzes zur Neuordnung des Arzneimittelrechts vom 24. August 1976; HPflG 9/10. Die EG-Richtlinie über Produktehaftpflicht vom 25. Juli 1985 gibt in Art. 16 den Mitgliedstaaten die Möglichkeit, die Gesamthaftung des Herstellers für Schäden infolge Tod oder Körperverletzung, die durch den gleichen Artikel mit demselben Fehler verursacht wurden, auf einen Betrag von nicht weniger als 70 Mio. Ecu zu begrenzen. Das PrHG, das sich sonst stark an diese Richtlinie anlehnt, kennt keine solche Begrenzung.
[122] SCHERRER, FG Erwin Ruck (Basel 1952) 197 ff.; DERS. in Ztschr. Wirtschaft und Recht 1954, 202.

§ 8 Immaterielle Unbill und Genugtuung (bei Tötung oder Körperverletzung)

Literatur

SCHWEIZERISCHE: GHAZI ABDULRAHMAN-NAJI, Le préjudice moral et sa réparation en droit suisse (Diss. Genève 1970). – BEAUVERD, L'action des proches en réparation de la perte de soutien et du tort moral (Diss. Freiburg 1986). – BRUNO VON BÜREN, Schweizerisches Obligationenrecht, Allg. Teil (Zürich 1964). – J. N. DRUEY, Die Forderung auf eine Geldzahlung zum Ausgleich für immaterielle Nachteile im Vergleich mit der Forderung auf Ersatz des Vermögensschadens nach schweizerischem Recht (Diss. Basel 1966). – WALTER GILG, Die Integritätsentschädigung nach Bundesgesetz über die Unfallversicherung (Bern 1984). – HUGUENIN, Von der zivilrechtlichen Haftung aus der Verletzung immaterieller Rechtsgüter bei Tötungen und Körperverletzungen nach schweizerischem Recht (Diss. Bern 1909). – K. HÜTTE, Genugtuungsrecht im Wandel, SJZ 84 (1988), 169 ff. – DERS., Art. 47 OR – Genugtuung? Versuch einer Anleitung zur Harmonisierung von Genugtuungsentschädigungen, SJZ 70 (1974), 273 ff. – DERS., Die Genugtuung bei Tötung und Körperverletzung (OR 47); Genugtuungsrecht im Wandel (Kurzfassung des Referates vom 1. Oktober 1987, gehalten vor dem zürcherischen Juristenverein). – KELLER/SYZ, Haftpflichtrecht, Ein Grundriss in Schemen und Tabellen (3. A. Zürich 1990) 114 ff. – ALFRED MAURER, Bundessozialversicherungsrecht (Basel 1993). – E. MURER, Integritätsentschädigung für psychogene Störungen nach Unfällen, SZS 1994, 178 ff. – SCHAFFHAUSER/ZELLWEGER, Grundriss des schweizerischen Strassenverkehrsrechts, Band II: Haftpflicht und Versicherung (Bern 1988). – HANS-RUDOLF STAIGER, Genugtuungsansprüche gegen Massenmedien, eine rechtspolitische Betrachtung (Diss. Zürich 1975). – T. STAUFFER, Voraussetzungen der Haftung bei der Verletzung der Persönlichkeit nach Art. 49 rev. OR, BJM 1991, 1 ff. – PETER STEIN, Die Genugtuung (Genf 1969). – DERS., Die Genugtuung (3. A. Genf 1976). Juristische Schriften des Touring-Club der Schweiz. – P. SZÖLLÖSY, Der Richter und die Teuerung, ZBJV 112 (1976) 20 ff. – PIERRE TERCIER, Contribution à l'étude du tort moral et de sa réparation en droit civil suisse (Diss. Fribourg 1971). – DERS., Die Genugtuung, Strassenverkehrsrechts-Tagung (Freiburg 1988). – DERS., Le nouveau droit de la personnalité (Zürich 1984). – DERS., La réparation du tort moral: crise ou évolution? Mélanges Henri Deschenaux (Fribourg 1977) 307 ff. – DERS., La réparation du tort moral en cas d'inconscience totale et définitive de la victime, SJZ 68 (1972), 245 ff. – DERS., L'évolution récente de la réparation du tort moral dans la responsabilité civile et l'assurance accidents, SJZ 80 (1984) 53 ff. – DERS., La fixation de l'indemnité pour tort moral en cas de lésions corporelles et de mort d'homme, Mélanges Assista (Genève 1989) 143 ff. – DERS., Cent ans de responsabilité en droit suisse in FS Hundert Jahre Schweizerisches Obligationenrecht (Freiburg 1982) 203 ff. – URS H. WINTER, Die Wiedergutmachung immaterieller Beeinträchtigung bei Körperverletzung und Tötung (Diss. Zürich 1975).

DEUTSCHE: SEREF ERTAS, Schutz der Persönlichkeit und immaterieller Schadenersatz nach deutschem, schweizerischem und türkischem Privatrecht (Diss. Göttingen 1976). – GEIGEL/SCHLEGELMILCH, 7. Kapitel, S. 126 ff. – SUSANNE HACKS, Schmerzensgeld-Beträge (15. A. Stand Januar 1991) (München 1991). – LARENZ, Schuldrecht, S. 474 ff. (§ 28 III). – EGON LORENZ, Immaterieller Schaden und «billige Entschädigung in Geld» (Berlin 1981). – WALTER ODERSKY, Schmerzensgeld bei Tötung naher Angehöriger (München 1989). – HANS-GEORG SCHULZE, Schmerzensgeldhöhe in Presse- und Medienprozessen (München 1992). – ANDREAS SLIZYK, Beck'sche Schmerzensgeld-Tabelle (München 1993). – WUSSOW/KÜPPERS-BUSCH, Ersatzansprüche bei Personenschaden, Eine praxisbezogene Anleitung (4. A. München 1986), S. 43 ff. (RZ 159 ff.). – ZWEIGERT/KÖTZ, Einführung in die Rechtsvergleichung auf dem Gebiete des Privatrechts, Bd. I: Grundlagen, Bd. II: Institutionen (Tübingen 1971/69).

I. Grundlagen und Begriffe

A. Die Genugtuung im System des Haftpflichtrechts

1   Ansprüche auf Leistung einer Genugtuung sind – abgesehen von der Existenz eines Schadens im Rechtssinne – im wesentlichen an die gleichen Voraussetzungen geknüpft wie Schadenersatzansprüche: Verursachung einer Einwirkung, Widerrechtlichkeit, Verschulden oder Kausalhaftungsgrund[1]. Das Genugtuungsrecht kann daher mit gutem Grund als Teil des Haftpflichtrechts betrachtet werden[2]. Im Gegensatz zum übrigen Deliktsrecht soll hier aber nicht ein Schaden im haftpflichtrechtlichen Sinne[3] ausgeglichen, sondern eine nicht berechenbare[4] und daher ex aequo et bono festzusetzende Entschädigung für eine immaterielle[5] Beeinträchtigung bezahlt werden[6]. Der Ausgleich einer nicht finanziellen Einbusse

---

1   EHG 8, VG 6, ausserdem seinerzeit MFG 42 (im Gegensatz zu SVG 62 I) verlangen im Rahmen einer Haftung ohne Verschulden für die Genugtuung ein solches.
2   TERCIER, Strassenverkehrsrechts-Tagung 1988, 11 bezeichnet die Genugtuungsklage als eine Unterart der Schadenersatzklage.
3   Vorn § 1 N 6; § 2.
4   Weitgehend berechenbar ist dagegen die Integritätsentschädigung nach UVG, die bei Körperverletzungen die gleichen Zwecke verfolgt wie die Genugtuung des Haftpflichtrechts; vgl. UVG 24/25 und UVV 36 und dazu MAURER, Bundessozialversicherungsrecht 380 ff. Beweglicher ist die Militärversicherung nach MVG 48 ff.; vgl. JEAN-MARIE MAULER, La réparation du tort moral dans l'assurance militaire, SJZ 81 (1985) 333 ff. MVG 59 sieht, wenn keine Integritätsschadenrente ausbezahlt wird, die Möglichkeit der Zahlung einer Genugtuung vor, und zwar nicht nur an den Verletzten, sondern bei Todesfällen auch an die Angehörigen des Getöteten, «sofern besondere Umstände vorliegen».
5   In BGHZ 18, 149 wurde zwischen zwei Funktionen des Schmerzensgeldes unterschieden: Die Ausgleichsfunktion, die immaterielle Schäden ausgleichen soll, und die Genugtuungsfunktion, «wonach der Schädiger zur Geldleistung verpflichtet ist, weil er eine Verletzung zugefügt hat» (DEUTSCH I 471, vgl. auch 474); vgl. aber auch BGH in VersR 61, 165, wonach sich die Funktionen des Schmerzensgeldes nicht trennen lassen.
6   Die Terminologie ist nicht eindeutig. Die Ausdrücke «immaterieller» oder «moralischer Schaden» (BGE 26 II 840; 57 II 422; VON BÜREN 84) sind für das schweizerische Recht verfehlt; denn der Schaden ist hier von Begriffs wegen immer ein materieller Nachteil, ein «Vermögensschaden». Das BGB spricht in 253 und 847 von «Schaden, der nicht Vermögensschaden ist». «Schaden» umfasst nach deutschem Recht sowohl einen materiellen als auch einen immateriellen Nachteil; das gleiche gilt für den Begriff «dommage» des französischen Rechts. Abwegig «Genugtuungsentschädigung», HÜTTE in SJZ 70 (1974) 273.

I. Grundlagen und Begriffe § 8

durch eine Geldzahlung ist an sich widersprüchlich[7]. Ein Leiden (Schmerzen, Empfinden körperlicher Minderwertigkeit, Verlust von Beziehungen) kann nicht durch Geld wiedergutgemacht werden. Geld ist kein Ersatz für die erlittene Einbusse. Eine Geldzahlung kann aber eine *Manifestation* der Anerkennung des Unrechts sein. Aber auch auf dieser Basis kann die Festsetzung der Höhe der Genugtuung nur nach richterlichem Ermessen erfolgen und entzieht sich einer rationalen Begründung im einzelnen Fall[8, 9].

Die grundsätzliche Trennung der Genugtuung vom Schadenersatz[10] kommt in der (herrschenden) Auffassung zum Ausdruck, dass eine Genug-   2

---

[7] Wenn der römische Richter als Genugtuung in einzelnen Fällen eine einzige Sesterze zusprach, stellte er damit den Tadel in den Vordergrund und verzichtete darauf, immaterielle Unbill durch Geld ausgleichen zu wollen; vgl. die Fassung des Allg. Preuss. Landrechts, hinten FN 41. In BGE 63 II 189/90 wurde die Zusprechung von einem Franken in einem Fall von aOR 49 abgelehnt. Das englische und das amerikanische Recht kennen den Begriff der «nominal damages», deren Zusprechung der Feststellung zugefügten Unrechts dient; STOLL 143.

HÜTTE verwendet in SJZ 84 (1988) 170 die eindrückliche Formulierung: «Es geht darum, in Geld auszudrücken, was nicht in Geld messbar ist.» Vgl. auch VON TUHR/PETER 126, der betont, dass eine seelische Kränkung sich mit den Mitteln des Rechts nicht beseitigen lässt. Er will sie aber ausgleichen oder aufwiegen durch eine Geldleistung.

[8] Das heisst abgesehen vom Vergleich mit ähnlichen Fällen.

[9] Da man die Höhe der Genugtuungssumme nicht berechnen kann, hängen nicht nur die einzelnen Entscheidungen, sondern auch die üblichen Ansätze für bestimmte Verluste eigentlich in der Luft: Es könnte ebensogut nur die Hälfte oder das Doppelte des der Gerichtspraxis entsprechenden Ansatzes bezahlt werden. (So unterscheiden sich die Genugtuungsbeträge in andern Rechtsordnungen zum Teil erheblich von den in der Schweiz üblichen.) Die immaterielle Unbill lässt sich nicht in Geldbeträgen ausdrücken. Das Abstellen auf Präjudizien stellt daher den einzigen Weg dar, eine gewisse Rechtsgleichheit zu erreichen; dementsprechend kommt namentlich der bundesgerichtlichen Rechtsprechung fundamentale Bedeutung zu.

[10] Neuerdings wird aber die Auffassung vertreten, dass die Würdigung der Umstände bei der Festsetzung der Höhe der Genugtuung parallel zum Schadenersatz erfolgen solle; BGE 116 II 735; TERCIER, Strassenverkehrsrechts-Tagung 1988, 11 f.; DERS. in FG Henri Deschenaux 317; DERS., Le nouveau droit de la personnalité N 1981; BREHM N 83 zu OR 47; SCHAFFHAUSER/ZELLWEGER II N 1423. Vgl. hinten N 27, 41.

Diese These setzt voraus, dass die immaterielle Unbill als ein Quasi-Schaden betrachtet wird. Je mehr man den psychischen und physischen Schmerz, das Leid, in der gerichtlichen und aussergerichtlichen Praxis tarifiert, um so näher liegt dieser Gedanke. Dann kann sich aber die Frage stellen, warum andere nicht-finanzielle Nachteile nicht auch als Schaden anerkannt werden. So vertritt ULRICH MAGNUS, Schaden und Ersatz (Tübingen 1979) 308 f. die Auffassung, dass der Differenzschadensbegriff «fallgruppenweise» erweitert werden sollte, also auch nicht generell. Im Vordergrund stehen einerseits *unnütz gewordene Aufwendungen,* mit denen eine Genussmöglichkeit erkauft worden ist, von der wegen der Einwirkung eines Dritten nicht Gebrauch gemacht werden kann; vgl. vorn § 2

419

§ 8   Immaterielle Unbill und Genugtuung (bei Tötung oder Körperverletzung)

tuung nur bei denjenigen Haftungsarten zu bezahlen sei, für die das Gesetz sie anführt[11, 12].

3   Erwähnt werden die Genugtuungsklagen heute ausserhalb des Haftpflichtrechts in ZGB 28a III (Persönlichkeitsrecht), in ZGB 29 II (Namensschutz), 93 I (Verlöbnisbruch), 134 III (Ungültigerklärung einer Ehe), 151 II/153 I (Scheidung), 429a (fürsorgerische Freiheitsentziehung[13]), OR 49 I (Persönlichkeitsverletzung) und 61 I (Haftung öffentlicher Beamter und Angestellter). Erwähnt seien auch KG 8 I lit. e und UWG 9 III.

4   Daneben ist die Genugtuungsvorschrift von OR 47 für das Haftpflichtrecht im hier verwendeten Sinn dieses Wortes (vorn § 1 N 6) massgebend. Sie gilt von vornherein für die im Deliktsrecht des OR (Allg. Teil, 1. Titel, 2. Abschn.) und in ZGB 333 und 679 geregelten Haftungsarten, daneben aber auch für die Haftungen der Spezialgesetze, soweit sie dafür auf das

---

N 57 ff.; LARENZ I 497; WERNER SCHULTE, Schadenersatz in Geld für Entbehrungen (Berlin 1978) 23 f.; STARK, Zur Frage der Schädigung ohne Vermögensnachteile in FS Max Keller (Zürich 1989) 311 ff. und viele andere. Anderseits kommen aber auch *andere Nachteile* in Frage, z. B. der *Zeitverlust* durch Umtriebe im Zusammenhang mit einem Unfall; vgl. STARK, FS Max Keller 311/12, 318 ff.

Es drängt sich auf, den Geldersatz grundsätzlich auf die finanzielle Einbusse zu beschränken und daneben nur für schwere physische und psychische Leiden in den vom Gesetz vorgesehenen Fällen eine besondere Geldschuld anzuerkennen, die als Genugtuung bezeichnet wird und vom Schadenersatz deutlich getrennt werden muss.

Von dieser Frage streng unterschieden werden muss aber die weitere, ob eine gesetzliche Norm, die nur den Schaden als ersatzberechtigt erwähnt und sich über die Genugtuung ausschweigt, nicht auch Grundlage für eine Genugtuungszahlung sein kann, *wenn deren Voraussetzungen nach OR 47 bzw. 49 an sich vorliegen* und kein triftiger Grund für dieses Schweigen besteht. Nach heutiger Auffassung ist diese Frage zu bejahen; vgl. neben BGE 34 II 621 und OSER/SCHÖNENBERGER N 1 zu OR 61 vor allem BGE 112 Ib 332; O. K. KAUFMANN, Die Verantwortlichkeit des Beamten und die Schadenersatzpflicht des Staates in Bund und Kantonen, ZSR 72 (1953) 344a; STARK, Skriptum N 179 u. a.

11   Das schweizerische FHG, das den Schutz der Arbeitnehmer bezweckte, sah keine Genugtuung vor; dieses Gesetz «ne fait pas de sentiment»; SOLDAN, La responsabilité des fabricants ... (2. A. Lausanne 1903) 52. – Das Institut der Genugtuung wurde vom eidg. Gesetzgeber erstmals im alten EHG von 1875, Art. 7, verwendet; es war aus § 1845 des Zürcherischen Privatrechtlichen Gesetzbuches von BLUNTSCHLI übernommen worden; vgl. die Materialien in BBl 1874 II 943 (wiedergegeben in BGE 32 II 229 ff.). Vom alten EHG gelangte es ins OR von 1881, Botschaft des Bundesrates in BBl 1880 I 187. Für die ältere Geschichte HUGUENIN 12 ff.

12   Durch die Revision des Persönlichkeitsrechts von 1983 wurde auch die frühere Bestimmung von aZGB 28 II neu gefasst, ohne dass in bezug auf die hier gestellte Frage eine Änderung eingetreten wäre: statt der Beschränkung der Genugtuung auf die im Gesetz vorgesehenen Fälle wurde die Klage auf Genugtuung vorbehalten.

13   Vgl. dazu BGE 118 II 256.

I. Grundlagen und Begriffe § 8

OR verweisen: SVG 62 I, RLG 34, GSG 69 III, RLG 27 I, KHG 7 I, JSG 15 II, MO 27 I und ZSG 77 I. Das ElG enthält keine Vorschrift. Trotzdem erscheint es als angezeigt, OR 47 auch hier anzuwenden[14].

Eine eigene Genugtuungsnorm enthalten das EHG in Art. 8 und das VG in Art. 6 I. 5

Der Trennung entspricht im weiteren, dass eine Genugtuung auch geschuldet sein kann, wenn kein Schadenersatzanspruch besteht. Das ist der Fall, wenn alle Voraussetzungen des Haftungstatbestandes ausser dem Schaden im Rechtssinne gegeben sind, daneben aber die immaterielle Unbill. 6

B. Das Verschulden als Voraussetzung der Genugtuung

Rückblickend ist festzuhalten, dass früher in Urteilen[15] und von namhaften Autoren[16] ein *Verschulden* als Voraussetzung einer Genugtuungszahlung betrachtet wurde[17]. Das Verschulden sollte die Zahlung des Haftpflichtigen für immaterielle Unbill des Geschädigten rechtfertigen. 7

Basis dieser Auffassung war der *Sühnegedanke:* Die Genugtuungszahlung sollte die Sühne des Haftpflichtigen darstellen[18]. Nach dieser Auffassung stehen die Person und das Verhalten des *Verursachers* der immateriellen Unbill im Vordergrund: Sein Verschulden soll gesühnt wer- 8

---

14 Hinten Bd. II/3 § 28 N 161/62; BGE 34 II 621; 63 II 120.
15 Vgl. BGE 29 II 563; 33 II 587; 34 II 621 f.; 35 II 191; 41 II 124 f., 692; 58 II 42 (Frage offengelassen); 59 II 165; 60 II 410; 63 II 120; 64 II 21 E 4, 319 f.; 72 II 266; 74 II 210 E 8; 84 II 393; ZBJV 76 (1940) 31; 78 (1942), 132; ZR 42 (1943) Nr. 27 S. 100.
16 KARL OFTINGER in Bd. I 262 der 2./3. A. dieses Buches und andere.
17 aOR 54 knüpft die Genugtuungszahlung nicht zwingend an die Voraussetzung eines Verschuldens, erwähnt aber unter den Umständen, die zu einer solchen Zahlung nach richterlichem Ermessen Anlass geben, namentlich die Fälle von Arglist oder grober Fahrlässigkeit. Im OR von 1911 fehlt dieser Hinweis. Demgegenüber hat MFG 42 den Genugtuungsanspruch ausdrücklich an die Voraussetzung eines Verschuldens gebunden. Auch EHG 8 und VG 6 verlangen ein Verschulden, obschon der Schadenersatzanspruch nach diesen Gesetzen keines voraussetzt.
18 Dass Sühne nur bei Verschulden geleistet werden soll und dass dafür das Vorliegen eines Schadens nicht genügt, ist einleuchtend.
Nach ENNECCERUS/LEHMANN, Recht der Schuldverhältnisse (15. A. Tübingen 1958) 1004 sollte nach BGB nur bei Deliktshaftung – d. h. namentlich nicht bei Haftung nach Spezialgesetzen – für nicht-vermögensrechtlichen Schaden eine billige Geldentschädigung zugesprochen werden. Vgl. ERWIN DEUTSCH I 466.

§ 8   Immaterielle Unbill und Genugtuung (bei Tötung oder Körperverletzung)

den. Diese Überlegung ist heute überholt[19]. Im Vordergrund steht die immaterielle Unbill des *Geschädigten*[20], die – wenn ein Haftungsgrund vorliegt – auch dann durch eine als billig erscheinende Zahlung ausgeglichen werden soll, wenn der Haftpflichtige kein Verschulden zu vertreten hat[21] und er deshalb auch nicht Sühne leisten soll[22]. Dies ist heute gestützt auf BGE 74 II 212[23] feststehende Praxis im Rahmen des OR und entspricht auch der Formulierung von OR 47. Abgesehen davon erwähnen die heute geltenden Spezialgesetze, die nicht einfach auf das OR verweisen[24], das Verschulden als Voraussetzung eines Genugtuungsanspruches.

9   Schweres Verschulden stellt aber einen Grund für eine Erhöhung der Genugtuungssumme dar[25]. Ein Verschulden, sei es des Haftpflichtigen, des Verletzten oder des Getöteten, ist immer zu berücksichtigen. Dabei kann die Beurteilung durch den Strafrichter nicht immer als Anhaltspunkt benützt werden, namentlich dann nicht, wenn dieser das einwandfreie Vorleben des Haftpflichtigen als strafmildernd berücksichtigt hat[26]. Das Verschulden darf aber nicht überbewertet werden. Das pönale Moment soll durch die Erhöhung der Beträge nicht eine Reaktivierung erfahren. So gewichtig das Verschulden ist, so wiegt doch das Ausmass des zugefügten Leides schwerer.

---

[19] Sie erlebt aber eine gewisse Wiedergeburt durch die Praxis amerikanischer, aber auch kanadischer und australischer Gerichte (DEUTSCH I 466), punitive damages anzuerkennen, um den Schädiger zu mehr Rücksicht auf die Sicherheit der Bevölkerung zu veranlassen. Darauf kann hier nicht näher eingetreten werden. Erwähnt sei nur, dass in den USA zum Teil unter diesem Titel sehr grosse Summen zugesprochen worden sind, das Mehrfache des Schadenersatzes; vgl. CHRISTIAN LENZ, Amerikanische Punitive Damages vor dem Schweizer Richter (Zürich 1992) 3 ff., 94 ff.; Product Liability In The United States, herausgegeben von McGuire, Woods, Battle & Boothe (2. A. 1989) 6/7 und viele andere. – Vgl. auch ZR 68 Nr. 2 S. 6, wo eine unangemessene, verletzende Prozessführung zu einer höheren Genugtuung für den Kläger führte.

[20] VON TUHR/PETER 127.

[21] TERCIER, Strassenverkehrsrechts-Tagung 1988, 11; DERS. Tort moral 207 ff.; MERZ, SPR VI/1 239; BREHM N 18, 20, 33–37, 73, 75 zu OR 47; PETER STEIN, Die Genugtuung, Juristische Schriften des TCS (4. A. Genf 1987) 5; HÜTTE, SJZ 84 (1988) 170 f.

[22] Wenn es um Sühne des Verursachers gehen würde, wäre es widersinnig, dass die Genugtuung vom Haftpflichtversicherer des Schädigers bezahlt wird, was konsequenterweise für Bussen nicht zutrifft. Nach deutschem Recht kann man sich nicht gegen Genugtuungsleistungen haftpflichtversichern, wohl aber gegen Ansprüche der sog. Ausgleichsfunktion, die in Deutschland von der Genugtuung unterschieden wird; vgl. DEUTSCH I 471 ff., insbesondere 473/74; vorn FN 5.

[23] Vgl. seither BGE 104 II 263; 110 II 165; 112 II 31, 122; 115 II 158.

[24] EHG 8 und auch VG 6.

[25] HÜTTE, SJZ 70 (1974) 276/77; DERS. SJZ 84 (1988) 170/71; ZR 84 (1985) Nr. 80 S. 194 f.; BGE 90 II 83 E 2, 190; 91 II 225; 95 II 308 E 4; 104 II 264; 107 II 349; 112 II 133; 115 II 158; 117 II 50 ff.

[26] ZR 61 Nr. 51.

C. Der Begriff der immateriellen Unbill

Als massgebende Voraussetzung der Zahlung einer Genugtuung wird 10
in der Literatur immer wieder erwähnt, dass der Geschädigte durch das
Schadenereignis eine immaterielle Unbill[27] (tort moral) erlitten hat. Im
Rahmen der Verletzungen des Persönlichkeitsrechts ohne Gesundheitsschädigung (OR 49) kann man in vielen Fällen von Kränkung sprechen.
Bei Tod und Körperverletzung passt dieser Ausdruck aber nicht. aOR 55
sprach von einer ernsten Verletzung in den persönlichen Verhältnissen[27a].

Dass eine Unbill nur dann immateriell ist, wenn sie einen nicht-finan- 11
ziellen Nachteil darstellt, liegt auf der Hand. Fragen kann man sich aber,
welche nicht-finanziellen Nachteile als Unbill zu qualifizieren sind und
welche nicht[28]. Die immaterielle oder seelische Unbill wird traditionellerweise als «physisches oder psychisches Leiden» umschrieben, «welches eine
Person als Folge einer Beeinträchtigung ihrer Persönlichkeit erdulden
musste»[29]. Da Unbill Unrecht[30] ist, kann die immaterielle Unbill als das
Empfinden von Unrecht betrachtet werden. Von entscheidender Bedeutung ist, *dass durch die Genugtuungszahlung dem Opfer zur Behebung der
von ihm erlittenen immateriellen Unbill eine gewisse psychische Genugtuung
(Satisfaktion) verschafft wird, die ihm Erleichterung bringen soll*[31]. Dies ist
nur der Fall, wenn die Genugtuungszahlung bedeutet, dass die Verletzungen und deren Folgen *als Unrecht anerkannt werden*. Dazu bedarf es
erheblicher Beträge; nur sie signalisieren bei schweren Unfallfolgen die
Anerkennung des Unrechts durch den Richter, den Haftpflichtversicherer
oder den Haftpflichtigen. Auch der wegen eines Hirnschadens vollständig

---

[27] Dieser Ausdruck (vgl. den Hinweis auf ähnliche Formulierungen bei TERCIER, SJZ 80 [1984] FN 7) sagt eindeutig, dass kein finanzieller Schaden im haftpflichtrechtlichen Sinne gemeint ist. Vgl. STOLL 36 ff., 199 ff.
[27a] Dieser Ausdruck kann auch bei juristischen Personen und bei Personengesellschaften Anwendung finden; RIEMER, Berner Komm. (Bern 1993) N 15 zu ZGB 53.
[28] Nach Duden (20. A. Mannheim/Leipzig/Wien/Zürich 1991) wird Unbill als Unrecht verstanden. Dem entspricht auch der französische Ausdruck «tort moral».
[29] TERCIER, Strassenverkehrsrechts-Tagung 1988, 9.
[30] Gemeint ist nicht Rechtswidrigkeit im haftpflichtrechtlichen Sinne, sondern ein Unrecht ganz genereller Natur.
[31] Man spricht auch von Besänftigung; vgl. C. CHR. BURCKHARDT, ZSR 22 (1903) 469 ff.; STOLL 200/01 oder von Privatsühne, STOLL 206. Das bedarf näherer Begründung.
Bei Beeinträchtigung der Persönlichkeit ohne Körperverletzung oder Tötung kann nach OR 49 auch auf andere Weise als durch eine Geldzahlung dem Geschädigten eine gewisse Genugtuung verschafft werden.

§ 8 Immaterielle Unbill und Genugtuung (bei Tötung oder Körperverletzung)

Urteilsunfähige kann Schmerzen empfinden[32]. Aber die Zahlung einer Geldsumme bedeutet für ihn nicht eine Genugtuung[33].

12 Wenn man davon ausgeht, dass nur der Mensch, also weder Pflanze noch Tier[34], Unrecht als solches empfindet[35], erweist sich die Unbill, das Unrecht, als ein mit dem Menschsein zusammenhängender Sachverhalt. Nur der Mensch leidet darunter, dass ihm Unrecht geschieht. Wie bereits erwähnt, ist die immaterielle Unbill gleichzusetzen mit dem berechtigten *Empfinden von Unrecht*. Sie beruht auf diesem Empfinden des Unrechts[36]: Schmerzen, Entstellung, Minderwertigkeit, Hilfsbedürftigkeit, der Verlust einer Beziehung werden als Unrecht empfunden. Das gilt auch für die Minderung des Ansehens, die Verletzung der Ehre usw.

13 Die immaterielle Unbill kann auf einer Tötung oder einer Körperverletzung (besser Gesundheitsschädigung) beruhen (OR 47). Sie kann sich aber auch aus einer Verletzung des Ansehens einer Person, ihrer Ehre, ergeben, aus einer Herabsetzung der Achtung, die ihr von den Mitmenschen entgegengebracht wird, oder auf dem ihr direkt mitgeteilten Sachverhalt der

---

32 Ebenso ein Tier.
33 Anderer Meinung Hütte, SJZ 70 (1974) 276.
34 Vgl. Leimbacher/Saladin, Die Natur – und damit der Boden – als Rechtssubjekt (Bern 1988); vgl. auch Jörg Leimbacher, Die Rechte der Natur (Diss. Bern 1988). Nach diesen Autoren kommt auch Tieren und Pflanzen eine Rechtsstellung zu. Ob dies gerechtfertigt sei, muss hier dahingestellt bleiben. Tiere und Pflanzen empfinden aber kein Unrecht. Eine Genugtuungszahlung an sie – bzw. ihren Eigentümer? – ist daher schon aus dogmatischen Gründen ausgeschlossen.
35 Eine von einem Löwen angefallene Antilope wird dies nicht als Unrecht empfinden, sondern leidet nur unter dem Schmerz und der Angst. Ein Schlachttier im Schlachthof, das sein Schicksal ahnt, wird sicher nicht denken, es habe das nicht verdient. Es empfindet den befürchteten Verlust seines Lebens und will gegen diesen Verlust kämpfen. Die Frage, ob er ihm zu Recht oder zu Unrecht zugefügt wird, spielt für es keine Rolle.
36 Unrecht, das nicht als solches empfunden wird, stellt daher keinen Grund zu einer Genugtuungszahlung dar.
Das Unrecht kann verschieden stark empfunden werden. Der eine wird sich relativ schnell mit seinem Schicksal abfinden, während der andere sich von dem Ereignis, das ihn getroffen hat, kaum zu lösen vermag; Hütte, SJZ 84 (1988) 170. Die Bezahlung einer Genugtuungssumme für psychische Unbill soll das Überwinden des Unrechts erleichtern. Vgl. den BGE 5C215/1993 vom 12. Januar 1994 in NZZ vom 24. Februar 1994, wo es sich um eine Ehrverletzung handelte. Das Bundesgericht hat als Voraussetzung einer Genugtuungszahlung den *seelischen* Schmerz bezeichnet und die schwere Verletzung der Persönlichkeit nicht an sich als genügend betrachtet.
Besondere Probleme stellen sich, wenn ein Ehepartner den Tod eines gemeinsamen Kindes verschuldet. Dies wird vom andern Partner weniger als ihm durch den schuldigen Partner zugefügtes Unrecht denn als gemeinsam erlittenes Leid empfunden. Daher hat nach BGE 115 II 158/59 (vgl. auch SJZ 77 [1981] 286/87) der Ehemann überhaupt nicht daran gedacht, gegen die schuldige Frau persönlich Genugtuungsansprüche aus dem Tod des gemeinsamen Kindes geltend zu machen.

I. Grundlagen und Begriffe § 8

Verachtung (OR 49). All dies kann als Unbill empfunden werden. Dies gilt auch für den Freiheitsentzug. Vgl. zur Rechtswidrigkeit der Verletzung bzw. Gefährdung des Persönlichkeitsrechts hinten Bd. II/1 § 16 N 47 ff.[37].

Auch bei Körperverletzung und Tötung, d. h. in den Fällen von OR 47, muss als Voraussetzung des Genugtuungsanspruches eine vom Opfer als Unrecht empfundene Beeinträchtigung vorliegen. Wird die Verletzung der persönlichen Lebenssphäre nicht als Unrecht empfunden[38], so besteht kein Anlass zu einer Genugtuungszahlung; diese bringt dann dem Geschädigten auch keine Erleichterung. 14

In Abweichung von der hier dargelegten Betrachtungsweise, die auf das Empfinden des Unrechts abstellt, wird die Genugtuungszahlung von der herrschenden Lehre als Geldersatz für die vom Geschädigten erlittenen nicht-finanziellen, physischen und psychischen Nachteile der Unfallfolgen (Schmerzen, Entstellung, Minderwertigkeitsgefühle bei Invalidität, Verlust 15

---

[37] Selbstverständlich gehört auch die Verletzung des Persönlichkeitsrechts ohne Beeinträchtigung der Gesundheit zum Schadenersatzrecht in einem weiteren Sinne. Es hat sich aber eingebürgert und ergibt sich auch aus der «Duplizität» von OR 47 und 49, zum Haftpflichtrecht im hier massgebenden Sinne dieses Wortes vor allem die Verletzung der Persönlichkeit durch eine Gesundheitsschädigung oder Tötung zu zählen und das Persönlichkeitsrecht als Ganzes hier auszuklammern. Dementsprechend wird in diesem Buch der Genugtuungsanspruch aus Körperverletzung und Tod besprochen, nicht aber die Genugtuung für die Verletzungen des Persönlichkeitsrechts ohne Beeinträchtigung der Gesundheit (unter Vorbehalt der Hinweise in Bd. II/1 § 16 N 16 ff.).
Wenn ein unter irgendeiner Haftpflichtnorm (z. B. OR 55) stehendes Schadenereignis zur Verletzung des Persönlichkeitsrechts eines Dritten führt, ohne dass eine Gesundheitsschädigung oder Tötung vorliegt, ist der Fall nach der betreffenden Haftpflichtnorm in Verbindung mit OR 49 abzuwickeln. Vgl. BGE 112 II 222; Urteil des Bundesgerichts 5C215/1993 vom 12. Januar 1994 in NZZ vom 24. Februar 1994.

[38] Dies dürfte namentlich bei dauernder Bewusstlosigkeit der Fall sein, eventuell auch bei vollständiger dauernder Urteilsunfähigkeit. In diesen Fällen wird die Bezahlung einer Genugtuungssumme abgelehnt von TERCIER, Strassenverkehrsrechts-Tagung 1988, 9; DERS., FS Deschenaux 309 ff.; DERS., SJZ 68 (1972) 245 ff.; DERS., SJZ 80 (1984) 54 ff.; BREHM N 21 ff. und 151 zu OR 47; MERZ, SPR VI/1 240; STARK, Skriptum N 191; EUGEN BUCHER, Berner Komm. (3. A. Bern 1976) N 230 zu ZGB 28; anderer Meinung VON TUHR/PETER, Supplement 21 N 14; WINTER, Die Wiedergutmachung immaterieller Beeinträchtigung bei Körperverletzung und Tötung (Diss. Zürich 1975) 94 N 22; zurückhaltend HÜTTE, SJZ 70 (1974) 276; DERS., Genugtuung bei Tötung und Körperverletzung I/55 ff.; A. KELLER II 125; SCHAER N 325; HEGNAUER, Berner Komm. (3. A. Bern 1969) N 10/11 zu aZGB 318.
Vgl. auch SJZ 65 (1969) 297 Nr. 142 (Anerkennung des Genugtuungsanspruches trotz dauernder organischer Demenz, wobei aber doch von einer, wenn auch stark eingeschränkten Bildungsfähigkeit gesprochen wird); BGE 108 II 422 ff. (Ärztehaftpflicht, Anspruch auf Genugtuung bei fehlendem Bewusstsein des Geschädigten bejaht, aber fehlende Wahrnehmungsfähigkeit des Opfers als Herabsetzungsgrund anerkannt). Vgl. auch BGE 116 II 521; 117 II 58.

§ 8 Immaterielle Unbill und Genugtuung (bei Tötung oder Körperverletzung)

wichtiger Beziehungen bei Todesfällen) aufgefasst[39]. Der Genugtuungsbetrag soll es dem Geschädigten ermöglichen, sich etwas zu leisten, das ihn freut[40]: Eine Musik- und Fernsehanlage, ein Auto, eine Eigentumswohnung oder einen Umbau seines Hauses, Reisen in ferne Länder usw. Nach dieser Auffassung wird dem Geschädigten ein Betrag zur Verfügung gestellt, mit dem er sich ein (neues) Wohlbefinden als Ersatz für das eingebüsste beschaffen kann[41]. Das ist aber zu schadenersatzrechtlich gedacht[42]. Freuden und Leiden lassen sich nicht aufrechnen[43].

---

[39] Vgl. OSER/SCHÖNENBERGER N 5 zu OR 47; BREHM N 9 ff. zu OR 47. Nach diesem Autor (N 56 zu OR 47) ist für den Geschädigten entscheidend, dass er über den Ersatz seines Schadens hinaus eine gewisse Bereicherung empfindet, ein Wohlbefinden. Dabei will er aber in N 58 ff. Zuwendungen irgendwelcher Herkunft die gleiche Funktion beimessen wie der Genugtuungszahlung, also namentlich auch den eventuellen Leistungen von Unfall- und Lebensversicherungen. Solche beruhen aber auf der getroffenen Vorsorge und stellen nicht eine zusätzliche Leistung als Anerkennung des vom Geschädigten erlittenen Unrechts dar. Sie dürfen daher nicht auf den Genugtuungsanspruch angerechnet werden. Nach VON TUHR/PETER 126 soll das Bewusstsein, dass die Genugtuungssumme dem Schädiger abgenommen wird, die Unlust aufwiegen und zur Befriedigung des Rachegefühls dienen. Das würde allerdings, wenn die Situation wirklich so wäre, die Deckung der Haftpflichtversicherung für Genugtuungssummen ausschliessen. Vgl. BGE 115 II 158, wonach durch die Genugtuungszahlung «das Wohlbefinden anderweitig gesteigert oder dessen Beeinträchtigung erträglicher gestaltet wird»; 118 II 408. – Geld ist ein begehrtes Gut – sowohl in den Augen des Schädigers als auch des Geschädigten. Darum kann die Einziehung von Geld dem Staat auch als Strafe dienen.

[40] Oder, wie KOZIOL I, Österreichisches Haftpflichtrecht (2. A. Wien 1980) 230 schreibt: «Die Geldzahlung kann aber insofern der Wiedergutmachung des Schadens dienen, als sie dem Geschädigten die Mittel gibt, sich Annehmlichkeiten zu verschaffen und damit wieder eine positive Veränderung seiner Gefühle zu bewirken.» Vgl. auch STRASSER, Der immaterielle Schaden im österreichischen Recht (1964) 21.

[41] Bei konsequenter Befolgung dieses Weges wäre reichen Leuten, die sich ohnehin alles leisten können, wonach ihr Herz begehrt, keine Genugtuung zu bezahlen – ein heute eher als absurd erscheinendes Resultat. Noch abwegiger ist die Folgerung, dass der Richter die Höhe der Genugtuung nach dem Preis des als Ersatz zu beschaffenden Wohlbefindens festlegen müsste.
Interessant ist in diesem Zusammenhang, dass nach dem Preussischen Allgemeinen Landrecht I. Teil, 6. Titel § 112 nur «Personen von Bauern- oder gemeinem Bürgerstande» ein Schmerzensgeld fordern konnten, nicht aber die «höhern» Stände.

[42] Man stellt das Total der psychischen Positiva, das durch ein Negativum geschmälert wurde, durch ein zusätzliches Positivum wieder her. Das entspricht dem Schadensbegriff, d. h. der sog. Differenztheorie (vgl. vorn § 2 N 9). Im Gebiet von Schmerzen, Entstellung, Hilfsbedürftigkeit usw. sind die Verhältnisse von Fall zu Fall noch mannigfaltiger als beim Schaden. Es mag auch vorkommen, dass ein Wohlbefinden eine solche Einbusse psychisch aufzuheben vermag. Aber in den meisten Fällen erscheint das als zweifelhaft. Das ist nicht eine Frage des Quantitivs.

[43] Am bundesgerichtlichen Augenschein zum BGE 82 II 26 hat ein Bundesrichter gesprächsweise gesagt, er würde auch für eine Million Franken sein Bein nicht mit dem

16 Durch die Genugtuungszahlung wird das erlittene Leid weder ausgeglichen noch aufgewogen noch kompensiert[44]. Es dauert fort, klingt aber vielleicht langsam ab, vielleicht auch nicht. Bei Todesfällen stellt das Abklingen eine normale Erscheinung dar[45]. Invaliditäten werden dagegen vom Betroffenen – abgesehen von einer gewissen Gewöhnung – immer wieder neu empfunden. Entstellungen bleiben, können sich aber auch ganz oder teilweise auswachsen[46]. Wie eine Genugtuungszahlung das Leid, das mit Invaliditäten, Entstellungen oder dem Verlust einer nahen Beziehung verbunden ist, wiedergutmachen soll, ist, wenn man sich das konkret vorstellt, kaum verständlich. Die Genugtuungszahlungen können daher – seien sie nun höher oder weniger hoch als heute üblich – nur die Funktion eines *Trostpflasters* erfüllen, d. h. eines weitgehend scheinbaren Trostes. Korrigiert werden kann durch die Genugtuungszahlung nur – in einem gewissen Sinne – das *Gefühl des erlittenen Unrechts*. Wenn eine Schädigung als Unrecht anerkannt wird, drückt sie die Opfer innerlich weniger schwer, als wenn dies nicht der Fall ist. Das zugefügte Leid wird aber auch durch die Anerkennung des Unrechts nicht behoben[47], wohl aber – und nur das ist möglich – das Gefühl des Unrechts.

17 Man kann selbstverständlich – und dies zu vermuten, scheint nicht weltfremd zu sein – die Möglichkeit, eine Genugtuung zu verlangen, ein-

---

Unfallbein des Klägers vertauschen. Als Genugtuung zugesprochen wurden bei leichtem Selbstverschulden des Klägers Fr. 1000.–.

[44] Das Bundesgericht scheint anderer Meinung zu sein, wenn es im Entscheid 115 II 158 schreibt, dass die Beantwortung der Frage, ob und in welcher Höhe Genugtuung zuzusprechen sei, nicht nur von der Schwere der Unbill, sondern auch von der Aussicht abhänge, «dass die Zahlung eines Geldbetrages den körperlichen oder seelischen Schmerz spürbar lindern wird».

[45] Sie zeigte sich auch, vor allem früher, darin, dass die Angehörigen eines Verstorbenen sich mit der Zeit immer weniger dunkel kleideten.

[46] STARK, SJZ 89 (1993) FN 15, 22.

[47] Wenn jemand ohne Einwirkung eines Dritten bzw. eines von einem Dritten verursachten Sachverhaltes eine Invalidität, eine Entstellung oder den Verlust eines Angehörigen erleidet (z. B. durch einen Selbstunfall), ist kein Unrecht im Spiel. Er muss mit dem Verlust an Gesundheit oder einer Beziehung, mit dem erlittenen Leid, fertig werden, nicht aber zusätzlich mit dem Gefühl, dass ihm Unrecht geschehen sei. Sein Leiden ist durch sein eigenes Verhalten oder schicksalhaft eingetreten.
Wenn MVG 59 bei Vorliegen besonderer Umstände die Möglichkeit der Bezahlung einer angemessenen Geldsumme als Genugtuung vorsieht, widerspricht dies diesen Überlegungen nicht: Die Tatsache des Militärdienstes, den er normalerweise nicht freiwillig leistet, stellt einen ihm aufgezwungenen Faktor dar. Dessen gesundheitsschädigende Folgen kann er leicht als ein Unrecht empfinden, obschon sie das, streng genommen, nicht sind. Beim Verlust einer angehörigen Militärperson gilt dies entsprechend.

fach als einen Weg betrachten, sich über den entsprechend der Haftpflichtquote geschuldeten Schadenersatz hinaus noch einen zusätzlichen Betrag zu verschaffen, so quasi zur freien Verfügung[48]. Die Genugtuung wäre dann in gewissem Sinne ein Geschenk zur Kompensation für das «Unglück», von einem Unfall betroffen worden zu sein[49].

18 So menschlich verständlich und einfühlbar der Wunsch nach einem solchen «Zückerchen» erscheint, so wenig kann diese Überlegung rechtlich zur Begründung eines Anspruches genügen. Rechtsansprüche können nicht auf dem Bedürfnis beruhen, vom Leben «verwöhnt» zu werden[50].

19 Es kommt darauf an, ob eine Beeinträchtigung vorliegt – das ist sicher der Fall – und ob diese Beeinträchtigung durch eine Geldzahlung adäquat wiedergutgemacht werden kann. Das «Verwöhnen» durch ein «Zückerchen» kann diese Anforderungen nicht erfüllen. Richtige Wiedergutmachung würde nur vorliegen, wenn die Beeinträchtigung reduziert oder aufgehoben würde. Das ist beim «Verwöhnen» durch ein «Zückerchen» nicht der Fall. Ein Rechtsanspruch muss eine klarer umschreibbare und abgrenzbare Grundlage haben. Die Aufhebung oder Begrenzung des Gefühls des erlittenen Unrechts durch dessen Anerkennung durch den Richter, den Haftpflichtigen und/oder dessen Haftpflichtversicherer erfüllt dagegen diese Anforderung.

20 Ein kleines Kind, das umgefallen ist und deshalb weint, wird mit einem Stück Schokolade getröstet und ist dann wieder zufrieden. Es empfindet den Genuss, Schokolade essen zu können, als Trost, den es akzeptiert, und vergisst seine Schmerzen.

---

[48] Die lebenslänglichen Invalidenrenten nach UVG und nach MVG beruhen vielleicht auf dem gleichen Gefühl, dass der durch einen Unfall Geschädigte eine Kompensation über den tatsächlichen finanziellen Schaden hinaus erhalten soll. Vgl. auch die Auffassung von BREHM N 56 zu OR 47, wonach die Bereicherung durch die Genugtuungssumme dem Geschädigten ein Wohlbefinden verschafft.

[49] Diese Überlegung würde auf ähnlichen Gedanken beruhen, wie wenn man sich etwas leistet (aus eigenen Mitteln), auf das man normalerweise verzichtet, weil man «Pech» gehabt hat, z.B. einen luxuriösen Dessert nach einem auswärtigen Essen oder ein teureres Hotel in den Ferien, als man sonst gewählt hätte, oder ein sportlicheres oder komfortableres Auto, als man sonst bei der nächsten Gelegenheit gekauft hätte.

[50] So wenig wie einer Ehefrau durch die Rechtsordnung ein Rechtsanspruch darauf eingeräumt werden kann, dass ihr Mann ihr jedes Jahr am Hochzeitstag Blumen schenkt. Ein solches Geschenk bekäme im übrigen dadurch, dass es von der Rechtsordnung vorgeschrieben wäre, einen ganz anderen Anstrich, als wenn es ohne Verpflichtung gegeben wird.

Trost bezweckt die Überwindung des erlittenen Leides[51]. Namentlich 21
ein kleineres Leid mag durch eine Geldleistung, die zusätzliches Wohlbefinden verschaffen kann, vielleicht ausgeglichen werden. Bei schwerem Leid, mit dem der Betroffene innerlich nicht fertig wird, hilft die Geldleistung aber nicht und muss sich die Rechtsordnung damit begnügen, durch Anerkennung des für das Leid ursächlichen Sachverhaltes als Unrecht eine gewisse Erleichterung zu verschaffen. Man kann daher von einem Trostpflaster sprechen. Vgl. vorn N 16. Das gilt in besonderem Masse bei Todesfällen (hinten N 82).

Die herrschende Meinung beruht auf der heute weit verbreiteten Auf- 22
fassung, dass alles mit Geld aufgewogen werden könne. Diese Materialisierung[52] nimmt immer mehr überhand, wird dadurch aber nicht sachgerechter.

OR 47 fasst Tötung und Körperverletzung zusammen. Im Empfinden 23
des Unrechts durch den Verletzten selbst und durch die Angehörigen eines Getöteten bestehen aber wesentliche Unterschiede. Daher werden in den folgenden Besprechungen die beiden Fälle und namentlich die Umschreibung der Unbill getrennt behandelt.

D. Die Höhe der Genugtuungszahlung

Die dargelegte innere Begründung für die grundsätzliche Anerkennung 24
von Genugtuungszahlungen im Rahmen des Haftpflichtrechts führt ebensowenig zu einer Methode der Ermittlung der Höhe der Genugtuungszahlung im einzelnen Fall wie die herrschende Auffassung vom ersetzten Wohlbefinden. Sie zeigt nicht auf, ob der heutige Ansatz von etwa Fr. 150 000.– für volle Invalidität richtig ist oder ob Fr. 300 000.– oder Fr. 75 000.– den Verhältnissen besser gerecht würden (vgl. vorn FN 9). Die Begründung der Richtigkeit der Höhe einer Genugtuung beruht daher auf einer sehr vagen

---

51 Wirklicher Trost kann Jugendlichen und Erwachsenen höchstens in einem persönlichen Engagement des Trösters gespendet werden. Dazu kann die Rechtsordnung niemanden verpflichten. Die Tröstung muss auch *angenommen* werden und führt dann zu einer persönlichen Beziehung zwischen Tröster und Getröstetem, die der Geschädigte wohl meistens nicht wünscht.
In Japan scheint es vorzukommen, dass der Haftpflichtige auf den Knien vor Gericht den Geschädigten um Verzeihung bittet.
52 Vgl. STARK in FS Max Keller (Zürich 1989) 320 u. a.

Grundlage. Man muss sich weitgehend darauf beschränken, die Rechtssicherheit durch Vergleichen mit ähnlichen, gerichtlich beurteilten Fällen unter Berücksichtigung seitheriger Änderungen der Verhältnisse anzustreben.

25 An sich müsste die Höhe der Genugtuung in einer bestimmten Beziehung zur Schwere des empfundenen Unrechts stehen. Das ist aber praktisch nicht durchführbar, weil diese Schwere nicht festgestellt werden kann. Man kann daher nur auf das Ausmass der Invalidität abstellen bzw. bei Tötung auf die – meistens familienrechtliche – Nähe der Beziehung. Man nimmt also zu einer groben Pauschalisierung Zuflucht, um der Gefahr zu entgehen, auf sehr unsichere und subjektive Angaben über innere Sachverhalte abstellen zu müssen, die sich ausserdem im Zeitablauf sehr verschieden schnell wandeln können[53].

26 OR 47, EHG 8 und VG 6 verlangen vom Richter – in Anlehnung an aOR 54 – bei der Zuerkennung einer Genugtuungssumme die *«Würdigung der besonderen Umstände»*. In EHG 8 werden die besonderen Umstände durch den Hinweis auf Arglist und grobe Fahrlässigkeit exemplifiziert.

27 Die besonderen Umstände sind im Rahmen des richterlichen Ermessens ohnehin sowohl für die Frage, ob eine Genugtuungssumme überhaupt zuzusprechen sei, als auch – bei deren Bejahung – bei der Festsetzung ihrer Höhe zu berücksichtigen. Die Erwähnung der besonderen Umstände in den drei genannten Bestimmungen hat daher kaum spezifische Bedeutung[54].

28 Dass die *Beschaffenheit und Intensität der zugefügten Unbill, das Ausmass der Verletzung der Persönlichkeit,* im Rahmen des Möglichen berücksichtigt werden soll, ist eine Selbstverständlichkeit. Man kann aus dem Hinweis auf die besonderen Umstände den Schluss ziehen, dass im Einzelfall eine konkrete Beurteilung stattzufinden hat. Dazu gehört z. B. bei Tod, dass eine Person fern von den Angehörigen gestorben ist oder dass ein Angehöriger ihrem qualvollen Ableben zuschauen musste[55]. Dass das

---

53 Vgl. die von STARK in SJZ 89 (1993) 336 FN 22 erwähnten Beispiele.
54 TERCIER, Strassenverkehrsrechts-Tagung 1988, 12 betrachtet die besonderen Umstände ausschliesslich als Gründe für den Ausschluss einer Genugtuungszahlung. Das drängt sich aber nicht auf.
55 BGE 42 II 366; 54 II 18; 57 II 170; 58 II 248; 60 II 325; 66 II 203; SJZ 74, 153; Sem.jud. 1946, 188. Nach BGE 118 II 409 führt die Erleichterung, die der Tod eines Schwerinvaliden für einen Familienangehörigen mit sich bringt, nicht zu einer Streichung der Genugtuungsentschädigung aus dem Ableben des Schwerinvaliden; in casu wurden der Schwester Fr. 6000.– zugesprochen.

I. Grundlagen und Begriffe § 8

Verschulden des Haftpflichtigen, obschon es nicht mehr Voraussetzung eines Genugtuungsanspruches ist, berücksichtigt werden soll, liegt auf der Hand[56]. Über das Mitverschulden des Geschädigten vgl. hinten N 41 f. Der Tod oder die Körperverletzung eines Angehörigen kann vielleicht für den Haftpflichtigen seinerseits so schmerzlich sein, dass der Ansprecher kein Bedürfnis nach einer weiteren Satisfaktion mehr empfindet[57]. Ausnahmsweise kann auch ein hartes Strafurteil solche Auswirkungen haben[58]. Solche Momente können statt zur Streichung auch zu einer Herabsetzung der Genugtuungssumme führen. Im übrigen sind sie unabhängig davon zu beachten, ob die Genugtuungssumme vom Haftpflichtigen oder von seinem Haftpflichtversicherer bezahlt wird[59].

Man könnte versucht sein, einem sehr wohlhabenden Geschädigten[60] einen grösseren Betrag zukommen zu lassen als einem in bescheidenen Verhältnissen lebenden[61]. Das würde aber zu stossenden Ergebnissen führen[62, 63] und ausserdem der Idee der Anerkennung des Unrechts zum Zwecke von dessen Linderung nicht entsprechen. Aber auch abgesehen davon, drängt sich die Berücksichtigung der finanziellen Verhältnisse des Geschädigten nach der vorn vertretenen Auffassung (Signalisierung der Anerkennung des Unrechts) keineswegs auf; denn die bezahlte Genugtuungssumme steht dabei in keinem Verhältnis zu den finanziellen Möglichkeiten des Geschädigten. Das ist anders nach der herrschenden Lehre des

29

---

[56] BGE 29 II 563; 41 II 124; 57 II 422; 90 II 83; 104 II 264; 110 II 166; SJZ 60, 252; 67, 339 = ZR 70 Nr. 62 S. 193.
[57] Vgl. BGE 115 II 157.
[58] BGE 20, 210; 33 II 594; 41 II 355; 58 II 344; OSER/SCHÖNENBERGER N 13 zu OR 47; BECKER N 4 zu OR 47; BREHM N 38 zu OR 47; WALTER IM HOF, Die Art und Grösse des Schadenersatzes und der Genugtuung bei den Klagen aus OR Titel I/II (Diss. Bern 1912) 38, 156 und dort zit. Praxis; TERCIER (Diss. Fribourg 1971) 257/58. Anderer Meinung VON TUHR/PETER 127 FN 6 unter Hinweis auf BGE 48 II 484 und 82 I 42. – Das Strafurteil stellt eine Anerkennung des zugefügten Unrechts durch den Richter dar.
[59] BGE 63 II 220.
[60] Für den z. B. ein Betrag von Fr. 20 000.– kaum der Rede wert ist.
[61] Für den Fr. 20 000.– bereits ein Vermögen darstellen.
[62] HÜTTE, Genugtuung bei Tötung und Körperverletzung I/1; DERS. SJZ 84 (1988) 172; TERCIER, Strassenverkehrsrechts-Tagung 1988, 17; DERS., Tort moral 253; BREHM N 86 zu OR 47.
[63] TERCIER beklagt in der FS Hundert Jahre Schweiz. Obligationenrecht (Freiburg 1982) 215/16 die «Tarifierung» der Genugtuung, die durch die Nichtberücksichtigung der finanziellen Situation des Geschädigten natürlich verstärkt wird. Vgl. DERS., Strassenverkehrsrechts-Tagung 1988, 13/14; DERS., FS Deschenaux (Freiburg 1977) 326 f.; HÜTTE, Genugtuung bei Tötung und Körperverletzung 0/5; DERS. in SJZ 70 (1974) 273.

zu verschaffenden Ersatzes für das verlorene oder reduzierte Wohlbefinden. Einem armen Geschädigten wird z. B. eine Reise nach Österreich, Griechenland oder an das Nordkap ebensoviel Wohlbefinden bringen wie einem reichen eine Reise nach Honolulu, in den Fernen Osten oder um die Welt.

30   Das Verhalten des Haftpflichtigen bzw. seines Haftpflichtversicherers, die mit aller Härte kämpfen und damit die Erledigung des Falles für den Geschädigten zu einem (neuen) Leidensweg werden lassen, können eine Erhöhung der Genugtuung rechtfertigen[64]. Das trifft dann nicht zu, wenn der Geschädigte seinerseits mit an den Haaren herbeigezogenen Argumenten möglichst viel herausholen will.

31   Abgesehen von diesen Überlegungen sind die Herabsetzungsgründe für den Schadenersatz – grundsätzlich, aber nicht in bezug auf die Bewertung – gemäss vorn § 7 heranzuziehen. Erwähnt sei neben dem Selbstverschulden (hinten N 41 f.) die Notlage des Haftpflichtigen, die Tatsache, dass der Haftpflichtige dem Geschädigten eine Gefälligkeit erweisen wollte[65] oder die Mitwirkung eines Zufalls[66]. Drittverschulden ist auch hier grundsätzlich unbeachtlich. Dass die vor dem letzten Urteil über den Sachverhalt erfolgte Wiederverheiratung eines Witwers[67] in Anschlag zu bringen ist, versteht sich von selbst[68].

32   Beeinträchtigungen des Seelenlebens des Geschädigten, die nicht tief gehen[69], sollen nicht Gegenstand eines finanziellen «Ausgleiches» sein.

---

64 HÜTTE, Genugtuung bei Tötung und Körperverletzung I/15; DERS. SJZ 70 (1974) 278; ZR 68 (1969) Nr. 2 S. 6.
65 ZR 71 Nr. 72 S. 229/30, vgl. vorn § 7 N 67 ff.
66 BGE 57 II 67; 58 II 346; 62 II 57.
67 ZR 41 Nr. 63 S. 162. Vgl. vorn § 6 FN 28.
68 Dass bei Tod eines Kindes dem wesentlich älteren Elternteil eine niedrigere Genugtuungssumme zuzusprechen sei als dem andern (JT 1943 I 461), weil er weniger lange unter dem Schmerz leiden werde, kann nur in Erwägung gezogen werden, wenn man von der Auffassung der Kompensation von Leid durch Geld ausgeht; vgl. vorn N 11 ff. Ein solches Urteil stellt für den älteren Elternteil einen Affront dar. Konsequenterweise bekäme eine todkranke Person bei Verlust eines Angehörigen nur noch eine minimale Genugtuungssumme.
69 Man denke an Beeinträchtigungen, die kaum einem Menschen in seinem Leben erspart bleiben, z. B. zeitweise Kopfschmerzen oder einen nicht sehr langen Spitalaufenthalt. Die Grenze ist hier sehr fliessend. Die Rechtsordnung muss sich aber davor hüten, geringe Beeinträchtigungen zum Gegenstand einer Forderung zu machen. Vgl. HÜTTE, SJZ 70 (1974) 275; DERS., SJZ 84 (1988) 176; BGE 89 II 400; 100 II 166.
   Die nach UVG massgebende untere Grenze einer Invalidität von 5% (vgl. MAURER, Bundessozialversicherungsrecht 381) liegt haftpflichtrechtlich eindeutig zu tief.

Der weise römisch-rechtliche Grundsatz «minima non curat praetor» muss auch hier gelten[70], wenn das menschliche Zusammenleben nicht allzu sehr materialisiert und damit gestört werden soll[71].

E. Massgebender Zeitpunkt für die Bemessung der Genugtuung

Die Gerichtspraxis hat in den letzten Jahrzehnten die Ansätze für die Genugtuung zum Teil kontinuierlich erheblich erhöht. Da die Erledigung von schweren Schadenfällen häufig mehrere Jahre beansprucht, hat die Frage grosse praktische Bedeutung, ob die in der Gerichtspraxis geltenden Ansätze des Zeitpunktes des Unfalles oder des Zeitpunktes des Urteils der Erledigung zugrunde zu legen seien. 33

Weil die Gerichte nie in die Lage kommen, eine Genugtuung sofort nach Eintritt des Falles festzusetzen, sondern immer mehrere Jahre früher eingetretene Fälle zu beurteilen haben, handelt es sich hier um eine Scheinfrage. Massgebend kann nur die Gerichtspraxis im Zeitpunkt des Urteils sein[72], weil auch die Präjudizien sich immer auf Unfälle beziehen, die längere Zeit zurückliegen. Das kann allerdings dazu führen, dass der Geschädigte die Geltendmachung seiner Ansprüche verzögert, um eine höhere Genugtuungssumme zu erhalten. Das wäre rechtsmissbräuchlich. Bei absichtlichem Trölen des Ansprechers oder seines Anwaltes ist daher dem Urteil derjenige Ansatz zugrunde zu legen, der im Zeitpunkt massgebend war, in dem das Urteil ohne Trölen gefällt worden wäre. 34

---

[70] Wobei das Minimum nicht eng zu interpretieren ist, während Schadenersatz auch für einen kleinen Schaden geleistet werden muss.
[71] Dass die Zahlung einer Genugtuung nach dem allgemeinen Rechtsempfinden auf schwere Fälle zu beschränken ist, ergibt sich deutlich aus der Zurückhaltung des Gesetzgebers. So galt früher die Voraussetzung von Absicht oder grober Fahrlässigkeit des Haftpflichtigen. Auch wenn diese Bestimmung überholt ist, ist sie doch als Ausdruck einer Tendenz zu berücksichtigen. Erwähnt sei auch die Regel, dass Genugtuung nur geschuldet sei, wenn dies im angewendeten Gesetz ausdrücklich erwähnt werde.
[72] TERCIER, Strassenverkehrsrechts-Tagung 1988, 15; BREHM N 93 zu OR 47; anderer Meinung HÜTTE, Genugtuung bei Tötung und Körperverletzung I/19; DERS., SJZ 84 (1988) 172/73; BGE 116 II 300.

F. Verzeihung als Ausschlussgrund der Genugtuung (namentlich unter Verwandten)

35 Wenn der Geschädigte dem Verursacher seines Schadens verziehen hat, hat er dadurch das ihm angetane Unrecht ohne Genugtuungszahlung innerlich überwunden. Eine solche ist daher nicht mehr als geboten zu betrachten[73, 74].

36 Praktisch kommt das wohl nur unter Ehepartnern und Verwandten in Frage. Ohne Verzeihung ist jedoch auch unter ihnen Genugtuung geschuldet[75]. Dabei sind aber verschiedene Zwischenstufen der Verzeihung möglich, die Anlass zu einer reduzierten Genugtuung geben können.

37 Gegen eine Genugtuung unter Familienangehörigen, die von einem Haftpflichtversicherer bezahlt wird, spricht die Überlegung, dass die Genugtuungszahlung in die gemeinsame Familienkasse fliesst und so auch der Haftpflichtige davon profitiert[76]. Unter Ehegatten ist dies durch das eheliche Güterrecht aber ausgeschlossen, hinten N 49, bei Kindern durch die Bestimmungen über das Kindesvermögen dagegen nur zum Teil; vgl. ZGB 319/20.

38 Nicht selten[77] wird auch angeführt, die Verzeihung dürfe nicht dazu führen, dass sie den Geschädigten um seinen Anspruch auf eine Genugtuungszahlung bringe. Das überzeugt nicht, weil die Voraussetzungen dieses Anspruches durch die Verzeihung aufgehoben worden sind oder der Anspruch reduziert wurde. Das mag bei schweren Invaliditäten und dementsprechend an sich hohen Genugtuungsansprüchen als stossend erscheinen; aber je schwerer die Invalidität, um so schwerer fällt auch die Verzeihung und um so seltener wird sie auch sein[78].

---

73 Vgl. TERCIER, Tort moral, 217; DERS., Strassenverkehrsrechts-Tagung 1988, 12; RUSCONI, JT 1976 I 66; SJZ 77 (1981) 286 Nr. 4; BGE 63 II 219/20; 65 II 197; 115 II 159. Anderer Meinung Sem.jud. 1975, 74; SJZ 71 (1975) 354; zurückhaltend BREHM N 116/17 zu OR 47; HÜTTE, Genugtuung bei Tötung und Körperverletzung I/14 f.
74 Die Verzeihung spielt in unserem Privatrecht daneben beim Scheidungsgrund des Ehebruches eine Rolle und führt dort dazu, dass der verletzte Ehegatte sein Recht, auf Scheidung zu klagen, verliert (ZGB 137 III). Daneben führt die Verzeihung seitens des Erblassers nach ZGB 540 II zur Aufhebung der Erbunwürdigkeit. In diesen beiden Fällen hebt die Verzeihung wie bei der Genugtuung die Rechtsfolgen des verpönten Verhaltens auf.
75 Anderer Meinung HÜTTE, SJZ 84 (1988) 174. Neben der Verzeihung kommt auch die Gemeinsamkeit des Leides als Ausschlussgrund einer Genugtuung in Frage. Vgl. BGE 115 II 157; SJZ 77 (1981) 286/87.
76 BREHM N 117 zu OR 47; BGE 115 II 160.
77 SJZ 71 (1975) 354; HÜTTE, Genugtuung bei Tötung und Körperverletzung I/15.
78 BGE 63 II 220: Eine Verzeihung kann darin zum Ausdruck kommen, dass sich Ansprecher(in) und Haftpflichtige(r) nachher heiraten. Vgl. auch BGE 65 II 198.

G. Tätige Reue

Tätige Reue stellt nach StGB 64 I einen Strafmilderungsgrund dar. Im Rahmen des Genugtuungsrechts kann sie aber rechtlich nur als Milderungsgrund relevant sein, wenn der Geschädigte sie als Genugtuung empfindet, so dass sie das Gefühl des erlittenen Unrechts herabsetzt. Das wird kaum je der Fall sein; der Geschädigte wird die tätige Reue häufig als Ausdruck minimalen Anstandes betrachten.

H. Sachschaden

Die Beschränkung der Genugtuungszahlungen auf Fälle von Tötung und Körperverletzung ergibt sich aus dem Gesetz. Bei Sachschaden (inkl. Verletzung von Tieren und Pflanzen) kommt eine Genugtuungsleistung an deren Eigentümer – an wen sonst? – auch abgesehen davon nicht in Frage. Er wird zwar häufig z. B. bei der Verletzung eines lieben Haustieres oder bei der Schädigung eines ihm lieben Baumes[79] eine immaterielle Unbill empfinden. Diese lässt sich aber in ihrer Tiefe nicht vergleichen mit der psychischen Einbusse durch eine schwere Körperverletzung oder durch die Tötung eines nahestehenden Menschen[80].

J. Verschulden des Geschädigten

Wenn den Geschädigten ein Mitverschulden am Unfall trifft, führt dies zu einer Kürzung seines Anspruches nicht nur in bezug auf den Schadenersatz, sondern auch in bezug auf die Genugtuung. Diese Kürzung der

---

[79] Bäume scheinen für viele Menschen eine besondere psychische Bedeutung zu haben, aber vielleicht die grössere für einen Mieter in einer Nachbarliegenschaft als für den Eigentümer.

[80] So wird niemand kondolieren, wenn jemand seine Katze oder seinen schönen Baum verloren hat. Im Rahmen von OR 49 ist Genugtuung bei Sachschaden nicht ausgeschlossen; vgl. vorn § 6 N 379. So kann dem Affektionswert Rechnung getragen werden, wenn die Voraussetzungen von OR 49 gegeben sind; vgl. Voraufl. 258; TERCIER (Diss. Freiburg 1971) 188; STARK, Skriptum N 177; A. KELLER II 91; ABGB 1331; BGE 87 II 292; ZR 38 Nr. 120 = SJZ 36 (1940) 32; 62 (1966) 328/29.

§ 8 Immaterielle Unbill und Genugtuung (bei Tötung oder Körperverletzung)

Genugtuung kann schon deswegen nicht prozentual entsprechend der Kürzung des Schadenersatzanspruches erfolgen, weil im Gegensatz zum Schadenersatz keine Zahl feststeht, die ohne das Mitverschulden massgebend wäre (vgl. dazu vorn FN 10). Von praktischer Bedeutung ist das Problem bei überwiegendem Verschulden des Geschädigten, das einen Schadenersatzanspruch nicht ausschliesst, aber mindestens in der früheren Praxis die Genugtuung ausschloss[81]. Wenn man in der Genugtuung vorwiegend eine Anerkennung des erlittenen Unrechts sieht (vorn N 11), bedeutet eine Kürzung des Genugtuungsbetrages wegen Selbstverschuldens, dass zwar das Unrecht als solches anerkannt wird, aber nicht als einzigen Faktor der erlittenen Unbill. Bei dieser Betrachtungsweise drängt es sich nicht auf, bei überwiegendem Verschulden des Geschädigten eine Genugtuung zu verweigern[82]. Sie muss auch in diesem Fall auf der Würdigung der Gesamtheit der Umstände beruhen.

---

[81] BGE 57 II 472; 58 II 344 ff.; 59 II 165; 84 II 300, 393; 85 II 38; vgl. auch 93 II 95.
[82] In BGE 116 II 734 ff. hat das Bundesgericht mit dem Argument, «que l'allocation d'une indemnité équitable à titre de réparation morale prévue par l'art. 47 CO n'est pas autre chose que la réparation d'un préjudice», die bisherige Praxis des Ausschlusses der Genugtuung bei gleichem oder überwiegendem Verschulden auf der Seite des Geschädigten geändert unter Hinweis auf TERCIER, Strassenverkehrsrechts-Tagung 1988, 11; DERS., Le nouveau droit de la personnalité (1984) Rz 1981; DERS., FS Deschenaux (Freiburg 1977) 317; BREHM N 83 zu OR 47; SCHAFFHAUSER/ZELLWEGER II N 1423 sowie auf die Voraufl. 296. Vgl. auch THOMAS STAUFFER, Voraussetzungen der Haftung bei Verletzung der Persönlichkeit nach Art. 49 des revidierten Obligationenrechts, BJM 1991, 1 ff. Vgl. vorn FN 10; BGE 117 II 60; durch diese grundsätzliche Gleichstellung von Schadenersatz und Genugtuung wird eine Türe aufgestossen, die besser geschlossen bliebe; denn sonst sieht man über die Besonderheiten des physischen oder psychischen Leidens hinweg. Die Zusprechung einer (reduzierten) Genugtuungssumme bei überwiegendem Verschulden des Geschädigten setzt nach dem Verzicht auf das Verschulden als Genugtuungs-Voraussetzung die Gleichstellung von Schadenersatz und Genugtuung nicht voraus.
Im Rahmen des Schadenersatzes aus Kausalhaftung muss auch ohne jedes Verschulden des Haftpflichtigen bei Fehlen von Reduktionsgründen der ganze Schaden ersetzt werden. Eine Übertragung dieses Grundsatzes auf das Genugtuungsrecht würde zur rechtlichen Irrelevanz des Grades des Verschuldens des Kausalhaftpflichtigen auch in bezug auf die Genugtuung führen, weil bei Kausalhaftungen auch ohne Verschulden des Haftpflichtigen der volle nach den persönlichen Verhältnissen in Frage kommende Betrag zu bezahlen wäre. Das lässt sich mit der Würdigung der konkreten Umstände nach OR 47 nicht vereinbaren. Es leuchtet jedermann ein, dass ein Autoraser bei gleicher Unfallfolge eine wesentlich höhere Genugtuung zu bezahlen hat als ein «normaler» Fahrer. Es geht daher nicht an – bildlich gesprochen –, den Genugtuungsanspruch einfach als zusätzlichen Wagen an den Schadenersatzzug anzuhängen. Vgl. vorn FN 10.

Auch abgesehen davon ist festzuhalten, dass das Verschulden des 42
Geschädigten wie dasjenige des Schädigers bei der Bemessung der Genugtuung zu berücksichtigen ist. Nur schliesst das Fehlen eines Verschuldens des Haftpflichtigen eine Genugtuung nicht aus.

K. Mehrheit von Ersatzpflichtigen

Bei einer Mehrheit von Ersatzpflichtigen besteht zwischen ihnen für die 43
dem Geschädigten zu leistende Genugtuung Solidarität wie für den Schadenersatz (vgl. hinten § 10 N 8)[83].

L. Abtretbarkeit der Genugtuungsforderung

Man kann verschiedener Meinung sein in bezug auf die Frage, ob die 44
Genugtuungsforderung abtretbar und ein Zessionar aktivlegitimiert sei[84]. Das Bundesgericht hat die Frage mit Recht bejaht[85], weil nicht einzusehen ist, warum der Geschädigte nicht nach Gutdünken über seine Forderung sollte verfügen können. Die Frage hängt mit derjenigen nach der Natur der Genugtuungsforderung zusammen. Wollte man den Anspruch als einen höchstpersönlichen ansehen, müsste man die Abtretbarkeit verneinen.

M. Vererblichkeit der Genugtuungsforderung

Die herrschende Meinung bejaht die aktive Vererblichkeit der Genug- 45
tuungsforderungen[86], sofern der Berechtigte den Willen zur Geltend-

---

[83] BGE 65 II 197; 117 II 63/64, wo die Solidarität in bezug auf den Schadenersatz auch auf die Genugtuung angewendet wurde.
[84] Für Abtretbarkeit OSER/SCHÖNENBERGER N 8 zu OR 47, N 15 zu OR 164; BECKER, Berner Komm. (Bern 1941) N 1 zu OR 47; VON BÜREN 86; HUGUENIN 63; ABDULRAHMAN-NAJI 143.
[85] BGE 63 II 157; 79 IV 106; 81 II 390; Sem.jud. 1954, 290 (Bundesgerichtsentscheid).
[86] Sobald sie beglichen worden ist, fällt der Erlös beim Ableben des Geschädigten selbstverständlich in die Erbschaft. – Vgl. BGB 847.

§ 8 Immaterielle Unbill und Genugtuung (bei Tötung oder Körperverletzung)

machung des Anspruches eindeutig geäussert hat, vor allem durch Klageeinleitung, aber auch durch Beizug eines Anwaltes[87, 88].

46 Wenn man davon ausgeht, dass eine Genugtuungszahlung einen Verlust an Lebensfreude oder einer Beziehung ausgleichen soll, indem sie dem Geschädigten erlaubt, sich als Ersatz für das Eingebüsste andere Positiva zu beschaffen, muss die Genugtuungsleistung meistens während längerer Zeit kontinuierlich «wirken». Wenn dann dieser Nachteil mit dem vorzeitigen Tod des Berechtigten aufhört, wird durch diesen Tod der Nachteil insgesamt kleiner, als er sonst gewesen wäre. Dann erscheint es nicht als gerechtfertigt, die volle Genugtuungsleistung den Erben zuzusprechen, wenn sie nicht vor dem Tod des Berechtigten bezahlt und nicht nur geltend gemacht worden ist[89].

47 Wenn demgegenüber die Genugtuungsleistung nicht für verlorengegangene Lebensfreude oder Beziehungen Ersatz beschaffen soll, sondern etwas ganz anderes, eine gewisse Satisfaktion durch Anerkennung des erlittenen Unrechts in materieller Form durch den Richter oder den Geschädigten, leuchtet die herrschende Praxis ein: Die Genugtuungsleistung ist – meistens – nicht eine kapitalisierte Rente. Sie muss nicht eine kontinuierliche Beeinträchtigung ausgleichen, sondern ein Unrecht wenigstens in psychischer Beziehung korrigieren, indem es als solches anerkannt wird. Dann ist dieses Unrecht sofort in vollem Umfang eingetreten und

---

[87] Bundesgericht in Revue der Gerichtspraxis 21 Nr. 23 S. 50 (Annex zu ZSR 22) und in Sem.jud. 1954, 290; BGE 79 IV 106; 81 II 389/90; 88 II 462; 118 II 407. C. CHR. BURCKHARDT, ZSR 22, 486; VON TUHR/PETER 128; ALEXANDRE MARTIN-ACHARD, De la réparation pécuniaire du tort moral (Diss. Genf 1908) 110; MUSTAFA KARDIÇALI, Le préjudice moral et sa réparation en droit suisse (Paris 1939) 110; ABDULRAHMAN-NAJI 146. TERCIER (Diss. Freiburg 1971) 174; DERS., Strassenverkehrsrechts-Tagung 1988, 28/29; BREHM N 123 zu OR 47. VON TUHR/PETER 128 und das Urteil Sem.jud. 1975, 72 möchten die gesetzliche Ordnung für die Genugtuung bei Verlöbnisbruch übernehmen: In ZGB 93 II ist vorgesehen, der Anspruch sei unübertragbar und nur vererblich, wenn er zur Zeit der Erbfolge anerkannt oder eingeklagt ist. – Die meisten der hier zit. Autoren vertreten die gl. M. für die Frage der Abtretbarkeit.

[88] Diese Voraussetzung darf nicht allzu formell gehandhabt werden. Wenn der Geschädigte aus vernünftigen Gründen das prozessuale Vorgehen verschoben hat, z. B. weil der Dauerschaden noch nicht feststeht, muss auch eine andere bestimmte Form der Willensäusserung zur Geltendmachung genügen.

[89] Wenn eine Invaliditätsentschädigung noch nicht definitiv festgelegt und kapitalisiert, wohl aber geltend gemacht worden ist, denkt niemand daran, die Forderung für die volle kapitalisierte Rente (bis zum Ende der durchschnittlichen Aktivitätserwartung) im Falle des vorzeitigen Todes des Invaliden (ohne Kausalzusammenhang mit dem Unfall) auf die Erben übergehen zu lassen. Vgl. vorn § 6 N 64.

steht die Genugtuungsforderung auch inhaltlich dem Geschädigten sofort zu. Wenn die Forderung berechtigt ist, ist daher nicht einzusehen, warum sie nicht auf die Erben übergehen sollte[90, 91].

Eine besondere Frage ergibt sich, wenn die Erben die Genugtuungsforderung für die Körperverletzung oder die entsprechende bereits ausbezahlte Summe geerbt haben, weil der Verunfallte nachher an den Folgen der Körperverletzung gestorben ist. Sollen sie dann zusätzlich ihre eigenen Genugtuungsforderungen als Angehörige geltend machen können? Ein solcher Kumul erscheint als stossend. Es liegt daher nahe, die geerbte Genugtuung auf die eigene Forderung der Hinterlassenen pauschal anzurechnen[92]. 48

N. Behandlung der Genugtuung im ehelichen Güterrecht

Nach ZGB 198 Ziff. 3 gehören Genugtuungsleistungen in das Eigengut des Ehegatten, dem sie zugesprochen wurden[93]. 49

O. Kriminalfälle

Vorsätzlich verursachte Tötungen und Körperverletzungen rufen natürlich ebenfalls einer Genugtuungszahlung. Obschon das Verschulden 50

---

[90] Die in der herrschenden Praxis geltende Voraussetzung, dass der Geschädigte den Genugtuungsanspruch eindeutig geltend machen wollte – was durch Klageeinleitung oder wenigstens Beauftragung eines Anwaltes dokumentiert wird –, bedeutet dann einfach, dass der Wille des Geschädigten, eine Genugtuung zu verlangen, massgebend sein soll; vgl. BGE 63 II 160.

[91] Dementsprechend läuft der Schadenszins für die Genugtuung vom Schadenereignis an; BGE 74 II 214; 81 II 519; TERCIER, Strassenverkehrsrechts-Tagung 1988, 15; vorn § 6 N 24; z.T. anderer Meinung BREHM N 94 zu OR 47 (vgl. aber auch N 87 zu OR 47), der entweder die Praxis am Unfalltag entsprechende Forderung von diesem Tag an verzinsen oder die Genugtuung nach den neuesten Ansätzen am Unfalltag festlegen und dann Zins nur für die Zukunft zusprechen will. Vgl. zu dieser Frage TERCIER, Strassenverkehrsrechts-Tagung 1988, 28/29.

[92] HÜTTE, SJZ 70 (1974) 274 und BGE 118 II 406. Vgl. für das entsprechende Problem beim Versorgerschaden vorn § 6 N 259.

[93] TERCIER, Strassenverkehrsrechts-Tagung 1988, 29/30; HAUSHEER/REUSSER/GEISER, Berner Komm. (Bern 1992) N 51 zu ZGB 198; DESCHENAUX/STEINAUER, Le droit matrimonial (Bern 1987) 241.

§ 8   Immaterielle Unbill und Genugtuung (bei Tötung oder Körperverletzung)

des Täters bei ihnen viel gröber ist als bei fahrlässigen Schädigungen[94], zeigen sich die Gerichte vielfach zurückhaltend. Dies dürfte vor allem damit zusammenhängen, dass grössere Summen in solchen Fällen von den Haftpflichtigen meistens ohnehin nicht bezahlt werden können; denn für vorsätzliche Schädigungen besteht kein Schutz durch eine eventuelle Haftpflichtversicherung. Das ist aber kein Grund, eine niedrigere Summe zuzusprechen, als der Extrapolation der Praxis über fahrlässige Tötungen und Körperverletzungen entsprechen würde. Es ist Sache des Schuldbetreibungsrechtes, hier die sich aufdrängenden Grenzen zu ziehen[95].

Kasuistik für Genugtuungszahlungen bei kriminellen Schädigungen inkl. sexuellem Missbrauch (vgl. hinten N 72)

50a Die in den Zusammenstellungen in SJZ 59 (1963) 73 ff. und 63 (1967) 258 ff. wiedergegebenen Urteile werden hier nicht nochmals aufgeführt. Das gilt auch für SJZ 60 (1964) 345 Nr. 234; 64 (1968) 294 Nr. 160. Sie stammen aus den Jahren 1956 bis 1968. Für die Festsetzung der Höhe von Genugtuungssummen bei Kriminalfällen kommt ihnen kaum mehr präjudizielle Bedeutung zu. Sie zeigen aber die Zurückhaltung der Gerichte, die namentlich auffällig ist, wenn man bedenkt, dass bei der Festsetzung der Höhe der Genugtuung auch die Schwere des Verschuldens des Haftpflichtigen berücksichtigt werden sollte. Vgl. das redaktionelle Nachwort von *Oftinger* in SJZ 63 (1967) 262/63.

Ergänzend erwähnt seien hier:
— Vergewaltigung einer Frau durch drei Soldaten, die der Reihe nach mit ihr den Geschlechtsakt vollzogen haben, wobei jeweils die andern sie an Armen und Beinen festhielten. Genugtuung jedes Täters Fr. 2400.– (BGE 72 II 172).
— Tötung von Frau und Kind durch urteilsunfähigen Mann. Haftung nach OR 54. Genugtuung für die Mutter der getöteten Frau bzw. Grossmutter des getöteten Kindes Fr. 10 000.– (BGE 74 II 214).
— Versuchte Notzucht, versuchter Mord. Lebensgefährliche Verletzungen. Genugtuungssumme von Fr. 10 000.– am 24. Juni 1974 vom Kriminalgericht des Kantons Thurgau zugesprochen («Landbote» Nr. 145 vom 27. Juni 1974).
— Unzüchtiges Verhalten gegenüber zwei Mädchen im Alter von 10 und 12 Jahren durch den «Lebensgefährten» ihrer Grossmutter, gegenüber dem einen Mädchen einmal, gegenüber dem andern mehrmals. Genugtuung für das ältere Mädchen Fr. 1000.–, für das jüngere Fr. 10 000.– (BGE 118 II 414/15).
— Mord und versuchter Mord. Dem überlebenden Opfer wurde eine Genugtuung von Fr. 35 000.– zugesprochen, der Witwe des Getöteten Fr. 40 000.– und ihren beiden Kindern je Fr. 30 000.– («Landbote» Nr. 262 vom 11. November 1993).

[94] Man vergleiche die Strafrahmen.
[95] Man könnte argumentieren, dass der Haftpflichtige nach seiner Entlassung aus der Strafanstalt nicht vor einem Schuldenberg stehen sollte, das würde die Resozialisierung wesentlich erschweren. Deswegen aber den Anspruch des Geschädigten zu reduzieren, erscheint als höchst ungerecht.

P. Das Regressrecht der Sozialversicherer

Nach UVG 43 II lit. d und MVG 69 I lit. e treten die UVG-Versicherer und die Militärversicherung für ihre Leistungen unter dem Titel Integritätsschaden (UVG 24/25; MVG 48–50) bzw. Genugtuung (MVG 59) in die Ansprüche des Geschädigten gegen den Haftpflichtigen für Genugtuung ein. Auch hier gilt der Kongruenzgrundsatz (hinten § 11 N 185).   51

Damit ist von Gesetzes wegen festgelegt, dass eine «dauernde erhebliche Schädigung der körperlichen oder geistigen Integrität» dem Sachverhalt der immateriellen Unbill entspricht[96]. Es besteht aber ein grundlegender Unterschied zwischen den Voraussetzungen und den Bemessungsgrundlagen der Genugtuung nach Haftpflichtrecht und des Integritätsschadens nach Sozialversicherungsrecht: Die Integritätsentschädigung wird ausschliesslich auf Grund des medizinischen Befundes festgelegt, ohne Berücksichtigung der konkreten Umstände. Sie ist abstrakt und berücksichtigt nicht, ob eine gesundheitliche Beeinträchtigung durch ein Hilfsmittel ganz oder teilweise ausgeglichen werden kann, z. B. ein Augenschaden durch eine Brille oder eine Kontaktlinse[97]. Daher subrogiert der Sozialversicherer nur insoweit in den Genugtuungsanspruch des Geschädigten, als für seine Leistungen die Voraussetzungen für eine Genugtuungszahlung gegeben sind. Zusätzliche Momente, die der Sozialversicherer nicht berücksichtigt und aus denen sich ein erhöhter zivilrechtlicher Genugtuungsanspruch ergibt, fallen für den Regressanspruch ausser Betracht[98]. Der Anspruch auf die dadurch bedingte Erhöhung der Genugtuung geht nicht auf den Sozialversicherer über.   52

Die Genugtuung nach MVG 59 ist nur an die Voraussetzung der erheblichen Körperverletzung oder der Tötung, daneben aber auch an das   53

---

[96] Das liegt keineswegs auf der Hand, da für eine Schädigung der körperlichen oder geistigen Integrität kein physisches oder psychisches Leiden vorausgesetzt wird; es wird z. B. bei einem als Folge eines Unfalles Bewusstlosen nicht vorliegen. Selbstverständlich kann aber ein solches Leiden mit einem Integritätsschaden in der Terminologie des UVG und des MVG ebenso gut verbunden sein wie mit einer Invalidität. Dass im UVG und im MVG die Kongruenz gesetzlich festgelegt ist, erscheint daher als eher unglücklich. – Richtiger wäre es, den Integritätsschaden nach UVG bzw. MVG der Erschwerung des wirtschaftlichen Fortkommens nach OR 46 I gleichzustellen.
[97] BGE 113 V 218; 115 V 149; MAURER, Bundessozialversicherungsrecht 381.
[98] So kann eine relativ geringe Beeinträchtigung der Hände für einen Musiker ein schweres psychisches Leiden bedeuten; vgl. BGE 113 V 218. Vgl. vorn FN 9/10.

§ 8 Immaterielle Unbill und Genugtuung (bei Tötung oder Körperverletzung)

Vorliegen besonderer Umstände geknüpft. Die vorn angestellten Überlegungen gelten dafür sinngemäss.

54 Diese Genugtuung sieht das MVG auch für die Angehörigen eines Getöteten vor, während diese nach UVG in bezug auf die immaterielle Unbill leer ausgehen.

55 Das *Quotenvorrecht*[99] kann nur angewendet werden, wenn ein Schadensbetrag feststeht, der dem Schadenersatzbetrag gegenübergestellt werden kann. Das ist bei der Genugtuung nicht der Fall; es kann nicht ein Genugtuungsbetrag ohne Kürzungsgrund[100] und, wenn ein solcher gegeben ist, dessen finanzielle Auswirkung zahlenmässig festgelegt werden. Es gilt nicht eine Kürzungsquote. Vielmehr ist die Genugtuung unter Würdigung aller relevanten Faktoren ex aequo et bono festzusetzen. Aus diesem Grunde kann das Quotenvorrecht auf den Regress nach UVG 41/42 und MVG 67/68 für die Integritätsentschädigung und nach MVG 59 für die Genugtuung nicht direkt angewendet werden. Die eine Rechnungsgrösse, der volle Schaden, ist unbestimmt. Es bleibt daher höchstens die Möglichkeit einer analogen Anwendung der Bestimmungen über das Quotenvorrecht. Das wäre in dem Sinne möglich, dass die betreffenden Versicherungsleistungen für den Regress nach der haftpflichtrechtlichen Reduktionsquote gekürzt werden. Der Geschädigte erhält bei dieser Rechnungsmethode zwar nicht die «ungekürzte» Genugtuungsleistung; aber das Selbstverschulden wirkt sich doch viel weniger aus als bei der Streichung des Quotenvorrechts[101].

---

99 SVG 88; UVG 42 I; MVG 68; AHVG 48quater; IVG 52 I; vgl. hinten § 11 N 202 ff.
100 Man denke an eine Entstellung oder an den Verlust eines Angehörigen. Vgl. BGE 116 II 736.
101 Das soll an einigen Beispielen gezeigt werden, die alle auf einer Invalidität von 100% beruhen. Das ergibt nach den heutigen Ansätzen des UVG Genugtuungsbeträge von Fr. 97 200.– (MAURER, Bundessozialversicherungsrecht 381). Die Beispiele variieren in bezug auf die Selbstverschuldensquoten beim Schadenersatz. Der Regressbetrag wird jeweils um diese Quoten herabgesetzt. Der Betrag der haftpflichtrechtlich geschuldeten Genugtuung (Linie 3) ist dabei nicht linear auf der Basis eines Genugtuungsbetrages von Fr. 150 000.– für 100% Invalidität und ohne Selbstverschulden – berechnet, sondern unter mehr oder weniger willkürlicher Berücksichtigung der Schwankungen, die sich aus der Würdigung der Umstände zwangsläufig ergeben.

II. Genugtuungszahlungen bei Körperverletzung

A. Genugtuungszahlungen an das Unfallopfer selbst

Der wichtigste und naheliegendste Fall von Genugtuungszahlungen bei 56
Körperverletzung betrifft diejenigen an den Verletzten selbst. Dieser
erleidet die Schmerzen, muss eventuell eine lange Heilungszeit durchmachen, die seine private Lebensführung wesentlich beeinträchtigt, und
hat sich gegebenenfalls vor allem mit einer lebenslänglichen Verschlechterung seines Gesundheitszustandes (Invalidität) auseinanderzusetzen und
damit fertig zu werden.

1. Aktivlegitimation

Aktivlegitimiert ist der Verletzte selbst. Ein urteilsfähiger Unmündiger 57
oder Entmündigter kann nach ZGB 19 II seinen Anspruch selbständig
geltend machen. Für einen Urteilsunfähigen handelt der Inhaber der elterlichen Gewalt (ZGB 304) bzw. der Vormund (ZGB 407)[102].

Bei schwerer Invalidität kann daneben den Angehörigen ein eigener 58
Genugtuungsanspruch aus OR 49 zustehen; vgl. hinten N 65 ff., insbes. N 76 f.

Linie 1 bedeutet haftpflichtrechtliche Selbstverschuldensquote
Linie 2 Anspruch des Geschädigten gegen den UVG-Versicherer für den Integritätsschaden
Linie 3 Volle in Frage kommende Genugtuungsleistung nach Haftpflichtrecht (je nach den Umständen)
Linie 4 Regress des UVG-Versicherers (Integritätsentschädigung abzüglich Selbstverschuldensquote)
Linie 5 Direktanspruch des Geschädigten gegen den Haftpflichtigen
Linie 6 Gesamtanspruch des Geschädigten

	10%	*25%*	*33%*	*50%*
1				
2	97 200	97 200	97 200	97 200
3	140 000	112 000	100 000	80 000
4	87 480	72 900	64 800	48 600
5	52 520	39 100	35 200	31 400
	52 520	39 100	35 200	31 400
6	149 720	136 300	132 400	128 600

[102] Bei dauernder Urteilsunfähigkeit ist allerdings zu prüfen, ob überhaupt ein Genugtuungsanspruch in Frage kommt; vgl. vorn FN 38.

2. Immaterielle Unbill

59 Nach der hier (vorn N 11) vertretenen Auffassung ergibt sich die immaterielle Unbill aus dem dem Geschädigten angetanen Unrecht. Sie hängt zusammen mit grossen Schmerzen, sehr unangenehmen diagnostischen und therapeutischen Massnahmen, langer Spitalzeit und dadurch verursachter Beeinträchtigung der Lebensführung, Entstellung, Minderwertigkeitsgefühlen bei Invalidität, Hilflosigkeit, die dazu führt, dass der Invalide auf die Hilfe Dritter angewiesen ist. Zu erwähnen ist auch eine begründete grosse Angst vor der weiteren gesundheitlichen, eventuell auch wirtschaftlichen Entwicklung. Auch wenn diese später einen günstigeren Verlauf nimmt, als sich der Geschädigte vorgestellt hat, stellt die Angst doch eine wesentliche Beeinträchtigung dar.

60 Die Genugtuungszahlung bedeutet nach der vorn N 11 vertretenen Auffassung eine *Anerkennung* des Unrechts durch den Richter bzw. im Vergleichsfall durch den Haftpflichtigen und/oder seinen Haftpflichtversicherer. Dadurch wird es in gewissem Sinne gemildert. Dazu bedarf es erheblicher Beträge; sonst kommt das Gefühl der ehrlichen und auf Überzeugung beruhenden Anerkennung des erlittenen Unrechts nicht auf. Daraus ergibt sich auch die Regel, dass kleinere Beeinträchtigungen, wie sie in jedem Lebensablauf vorkommen, nicht zu einer Genugtuungszahlung führen sollen (vorn N 32; FN 69)[103]; mit einem solchen Unrecht soll jeder selber fertig werden. Man denke an einen Spitalaufenthalt von weniger als einem Monat, natürlich auch an einen Kuraufenthalt mit den normalerweise nicht besonders unangenehmen therapeutischen Massnahmen, wenige Operationen ohne besondere Schmerzen und Risiken, kleinere Entstellungen[104], geringe Invaliditäten, z. B. Verlust von ein bis zwei Fingern oder Zehen.

---

[103] HÜTTE, Genugtuung bei Tötung und Körperverletzung 0/4 und 5.
[104] Das betrifft namentlich die Männer. Frauen leiden unter Entstellungen wesentlich mehr als Männer. So wird der Verlust der Kopfhaare oder eines Teiles davon – z. B. durch ein Medikament – bei einem Mann meistens als geringe Beeinträchtigung eingestuft werden, während er für Frauen sehr wichtig sein kann. Auch entstellende Narben im Gesicht – z. B. wegen schlecht geheilten Brandwunden oder anderen Verletzungen – haben für Frauen viel mehr Gewicht als für Männer.

3. Höhe der Genugtuung

Die effektive psychische Beeinträchtigung ist von Geschädigtem zu 61
Geschädigtem bei den gleichen Unfallfolgen sehr verschieden gross.
Sie kann aber nicht objektiv festgestellt werden, weshalb sich der Richter damit
begnügen muss, auf die wahrnehmbaren Unfallfolgen abzustellen. Dabei
soll er aber selbstverständlich die Umstände berücksichtigen, die objektiv
festgestellt werden können[105]. Gestützt darauf kann er die Höhe der angemessenen Genugtuung unter Beizug von Präjudizien – d. h. der Beurteilung
ähnlicher Fälle durch andere Richter – abschätzen[106].

Ein allerdings sehr unvollkommenes Hilfsmittel besteht darin, von den 62
Präjudizien für volle Invalidität auszugehen und die Genugtuung nach dem
Verhältnis zwischen der medizinisch-theoretischen Invalidität im konkreten Fall und den Beträgen bei voller Invalidität festzusetzen[107].

Nach BGE 112 II 133 kommt es auf «die Art und Schwere der Verlet- 63
zung, die Intensität und die Dauer der Auswirkungen auf die Persönlichkeit
des Betroffenen sowie auf den Grad des Verschuldens an, das den
Schädiger am Unfallereignis trifft»[108].

Man kann sich streiten, ob dem *Alter des Geschädigten* bei der Fest- 64
setzung der Höhe der Genugtuung Rechnung zu tragen sei[109]. Wer im
Jugendalter einen Unfall erleidet, muss unter seiner Beeinträchtigung
länger leiden, als wenn er den Unfall erst später erlitten hätte. Wenn man
entsprechend der herrschenden Meinung dem Geschädigten mit der Genugtuungszahlung die Möglichkeit eröffnen will, sich ein Wohlbefinden zu
beschaffen, auf das er sonst hätte verzichten müssen, müsste man eigentlich
die Genugtuung für Invaliditätsfälle nach der Lebenserwartung abstufen.

---

[105] Man denke an den Beruf des Geschädigten, seine besonderen Fähigkeiten vor dem Unfall usw.
[106] Ob es gelingt, mit der so festgesetzten Genugtuungssumme das Gefühl der Ungerechtigkeit des auferlegten Leidens zu mildern, bleibt von Fall zu Fall eine offene Frage. Aber auch wenn man die Meinung vertritt, die Genugtuung solle dem Geschädigten als Ersatz für seine Einbusse besondere positive Erlebnisse ermöglichen (vorn N 24 ff.), besteht die entsprechende Unsicherheit.
[107] Wenn die Praxis für volle Invalidität Fr. 150 000.– zuspricht, können gestützt darauf für 50%ige Fr. 75 000.– als angemessen erscheinen, für 10%ige Fr. 15 000.–.
[108] Vgl. auch BGE 107 II 349 E 6 (mit Hinweis auf einen nicht publizierten Fall); 108 II 432 E 5. Nach BGE 110 II 166 kommt bei der Festsetzung der Genugtuung dem Verlust eines Organs besondere Bedeutung zu, ebenso wenn ein Organ seine Funktion nicht mehr erfüllen kann.
[109] Vgl. HÜTTE, SJZ 70 (1974) 274; DERS., SJZ 84 (1988) 176/77.

§ 8   Immaterielle Unbill und Genugtuung (bei Tötung oder Körperverletzung)

Wenn man aber das erlittene Unrecht als solches als massgebende Voraussetzung einer Genugtuungsleistung betrachtet, spielt das Alter des Geschädigten keine Rolle.

4. Einige Sonderfälle (als pars pro toto)

a) Beeinträchtigung der Beziehungen zu den Mitmenschen

65   1. Wenn der Geschädigte von der Gesellschaft positiv bewertete Eigenschaften verloren hat, auf die er bisher sehr stolz war, kann das sein Selbstwertgefühl stark herabsetzen. Man denke an einen Spitzensportler, aber auch an einen berühmten führenden Musiker. Für einen bekannten Pianisten bedeutet der Verlust eines kleinen Fingers daher nicht nur eine schwerwiegende Beeinträchtigung seiner Erwerbsfähigkeit und damit einen Dauerschaden, sondern darüber hinaus eine schwere persönliche Einbusse an allgemeiner Wertschätzung. Das gilt z. B. auch für einen spezialisierten Chirurgen, der sich mit seinen Operationen international berühmt gemacht hat.

66   Dass in solchen Fällen eine Genugtuungszahlung in Erwägung gezogen werden muss, liegt auf der Hand.

67   2. Eine grosse Bedeutung im Rahmen der von der Gesellschaft positiv bewerteten Eigenschaften kommt – namentlich bei Frauen, je nachdem aber auch bei Männern – der *Entstellung* zu. Dies gilt insbesondere bei vorher schönen Menschen, deren Erscheinung ihnen viele Türen geöffnet hat[110]. Man denke z. B. an Verwachsungen der Haut, die, auch wenn man sie kaum mehr sieht, die Symmetrie des Gesichtes beeinträchtigen können. Die Genugtuungssumme hängt natürlich von der Schwere der Entstellung ab.

68   3. Auch die Störung der *sexuellen* Funktionen betreffen das Verhältnis zu den Mitmenschen und können die Wertschätzung durch den Lebenspartner herabsetzen. Auch hier ist die Bezahlung einer Genugtuungssumme angezeigt[111].

69   4. Die Beziehungen zwischen den Mitmenschen werden auch durch ganzen oder teilweisen *Gehörsverlust* erheblich erschwert. Der Schwer-

---

[110] Daraus kann sich eine Verminderung der Heiratschancen ergeben; das ist aber nicht die einzige bedeutende Auswirkung.
[111] Daneben ist die sexuelle Potenz für sehr viele Menschen eine Voraussetzung des Gefühls der Vollwertigkeit, deren Verlust sie daher schwer zu ertragen vermögen.

II. Genugtuungszahlungen bei Körperverletzung §8

hörige, der seinen Tischnachbarn nicht mehr versteht, beteiligt sich kaum mehr am Gespräch und isoliert sich selbst[112]. Eine gewisse Altersschwerhörigkeit trifft aber einen erheblichen Teil der Bevölkerung, der damit fertig werden muss und auch wird. Eine Genugtuungszahlung sollte daher dem Haftpflichtigen nur in schwereren Fällen auferlegt werden.

5. Die Beziehungen zu den Mitmenschen können auch durch eine *Wesensveränderung* eingeschränkt werden. Wenn der Verunfallte z. B. dazu neigt, wegen Kleinigkeiten aufzubrausen, wird er mehr und mehr gemieden werden. Auch seine Ehe kann darunter leiden. Aber auch hier drängt sich bei der Zusprechung eines Genugtuungsbetrages Zurückhaltung auf. 70

b) Verkürzung der Lebenserwartung

Wer weiss, dass seine Lebenserwartung durch die Unfallfolgen wesentlich verkürzt ist, wird darunter – je nach seiner Lebenseinstellung – schwer leiden[113]. 71

c) Sexueller Missbrauch

Vom Begriff der Körperverletzung[114] wird nicht nur die Beeinträchtigung der körperlichen, sondern auch der *psychischen Integrität* umfasst. Dazu gehört auch die psychische Schädigung durch sexuellen Missbrauch, namentlich *Vergewaltigung*. Sie stellt eine schwere Beeinträchtigung der Dispositionsfreiheit in bezug auf den eigenen Körper dar, ein in höchstem Masse entwürdigendes Erlebnis, das lange Zeit nachwirken kann. Trotzdem sind die zugesprochenen Genugtuungsbeträge relativ bescheiden, wie sich aus der Kasuistik vorne N 50a ergibt. Das dürfte weniger mit der Milde des Richters[115] als mit dem Umstand zusammenhängen, dass für Sexualdelikte regelmässig kein Haftpflichtversicherungsschutz besteht. 72

---

[112] Das kann man zwar durch Hörapparate teilweise ausgleichen, zurzeit aber trotz der grossen technischen Fortschritte (noch?) nicht voll.
[113] Nicht publizierter BGE vom 26. Januar 1971 i. S. Hottinger c. Husy; HÜTTE, SJZ 70 (1974) 276.
[114] Vorn § 6 N 94 ff.
[115] Auf eine solche könnte auf Grund der namentlich in früheren Jahren relativ niederen Strafen geschlossen werden. Vgl. das von HÜTTE in SJZ 70 (1974) 273 erwähnte Urteil des aargauischen Geschworenengerichts, das einen 24jährigen Mann wegen Notzucht an einer Insassin eines Altersheims mit 12 Monaten Gefängnis bedingt bestraft hat. Ausserdem hatte er Fr. 100.– an Genugtuung zu bezahlen, und zwar an das Altersheim! (Tagesanzeiger vom 16. Oktober 1972, S. 4).

§ 8　Immaterielle Unbill und Genugtuung (bei Tötung oder Körperverletzung)

B. Genugtuungszahlungen ohne körperliche Einwirkungen

1. Schock eines Augenzeugen eines Schadenereignisses

73　Nach OR 47 steht dem Verletzten eine Genugtuungszahlung zu, wenn die Verletzung schwer ist und die Haftungsvoraussetzungen – ausser dem Schaden, der nicht vorliegen muss – gegeben sind.

74　Als Verletzung gilt vorerst eine körperliche Beeinträchtigung. Aber auch wenn die Einwirkung ausschliesslich psychisch ist, kann OR 47 zur Anwendung kommen[116]; denn die Anerkennung der psychischen Not als Voraussetzung einer Genugtuungszahlung setzt keine körperliche Beeinträchtigung voraus.

2. Psychische Beeinträchtigung einer Person, die das Unfallgeschehen nicht miterlebt hat

75　Eine schwere psychische Schädigung einer Person kann überdies ohne Anwesenheit am Unfallort auf der erheblichen Verletzung eines ihr nahe stehenden Menschen beruhen[117], die ihr später zur Kenntnis gelangt. Der Verwandte des unmittelbar Verletzten ist kein geschädigter Dritter, sofern auch ihm gegenüber Widerrechtlichkeit vorliegt[118]: Sein Persönlichkeitsrecht ist verletzt, wenn er nicht nur Mitleid empfindet oder sich ärgert, sondern einen psychischen Schock erleidet, der eine medizinische Behandlung notwendig macht. Er ist nicht nur reflexgeschädigt wie der Gläubiger oder der Arbeitgeber des Verletzten[119].

---

[116] Man denke an einen Eisenbahnunfall, bei dem eine Ehefrau zusehen muss, wie ihr Mann schwer verletzt wird, während sie selbst körperlich unbehelligt bleibt.
[117] Vgl. BGE 112 II 220; HÜTTE in SJZ 70 (1974) 275.
[118] Vgl. vorn § 2 N 72 ff.
[119] Wenn ein Dritter ein Kind züchtigt und dessen Vater für sich selbst eine Genugtuung verlangt, handelt es sich demgegenüber um einen Anspruch aus OR 49. Dieser setzt keinen psychischen Schock voraus. Er wurde aber in SJZ 65 (1969) 97/98 wegen Geringfügigkeit der Beeinträchtigung abgelehnt.

3. Beeinträchtigung der Lebensführung der Angehörigen eines Schwerinvaliden

Durch eine schwere Invalidität wird häufig nicht nur die Lebensführung des Invaliden selbst umgekrempelt, sondern auch diejenige seiner nächsten Angehörigen[120]. Sie sind zwar zu einer aufwendigen Pflege über Jahre hinaus rechtlich nicht verpflichtet, fühlen sich aber nicht selten doch dazu angehalten. Die moralische Verpflichtung, die sie unter dem Druck der Verhältnisse akzeptieren, führt zu einer Verletzung ihrer Persönlichkeit im Sinne von OR 49, namentlich der Freiheit ihrer Lebensgestaltung. Es ist Sache des Richters, auf Grund seines Ermessens zu bestimmen, ob im konkreten Fall die Verletzung des Persönlichkeitsrechts zu bejahen ist; wenn man einem Invaliden nur beim Anziehen und Auskleiden helfen muss, dürfte sie nicht gegeben sein[121].

Neben die Beeinträchtigung der Lebensführung der Angehörigen eines Schwerinvaliden durch die Entstehung neuer familiärer «Verpflichtungen», also durch die Notwendigkeit der Pflege und Betreuung des Schwerinvaliden, ist der Verlust zu stellen, den die Angehörigen durch seinen geistigen Zustand erleiden können. Wenn er nicht oder kaum ansprechbar ist, wenn man mit ihm kein wirkliches Gespräch führen kann, liegt der Verlust einer Beziehung vor, fast wie wenn er gestorben wäre. Das Bundesgericht hat daher in seiner neuen Praxis (BGE 117 II 60 ff.) den Angehörigen eines Schwerinvaliden einen eigenen Genugtuungsanspruch zuerkannt. Dieser richtet sich nach OR 49, da die Voraussetzungen von OR 47 nicht gegeben sind[122].

---

[120] Zum Beispiel, wenn die Familie die Pflege übernimmt und dafür ihre ganze Freizeit opfert. Das kann bei bestimmten Beeinträchtigungen, z. B. schweren Hirnschäden, als sinnvoll erscheinen, weil die Chancen einer gewissen Wiederherstellung in der Familie vielfach besser sind als im Spital. Zu denken ist auch an Para- und Tetraplegiker, auch wenn die Hauspflege (Spitex) bei den schwierigsten Arbeiten (Umlagerung vom Bett auf den Rollstuhl und umgekehrt, Körperpflege usw.) hilft.

[121] Vgl. zum Problem des Anspruches der Angehörigen nach OR 49 BGE 112 II 222, 227 (Impotenz des Ehemannes, Anspruch seiner Ehefrau); 116 II 520; 117 II 56 (hirngeschädigter Vater, Anspruch des 6jährigen Kindes). Vgl. TERCIER, Mélanges Assista 144 ff.; DERS., FS Deschenaux 319; DERS., SJZ 80 (1984) 54 ff.; BREHM N 187 ff. zu OR 47. Vgl. über die Höhe des Anspruches A. KELLER II 144.

[122] Das Bundesgericht spricht im zit. Entscheid 117 II 61 von einem Reflexschaden. – Das Verhältnis zwischen OR 47 und 49 ist nicht sehr klar, seit in OR 49 die Voraussetzungen der besonderen Schwere der Verletzung und des Verschuldens gestrichen worden sind. Es drängt sich auf, OR 47 als Spezialnorm zu OR 49 zu betrachten. Sie geht dann OR 49

§ 8   Immaterielle Unbill und Genugtuung (bei Tötung oder Körperverletzung)

Kasuistik für Genugtuungszahlungen bei Körperverletzungen ohne Tötung

78 Bei der Benützung von Präjudizien über Genugtuungszahlungen sind die wesentlichen Erhöhungen der zugesprochenen Summen in den letzten Jahrzehnten zu berücksichtigen. Das Urteilsjahr gibt Anhaltspunkte dafür, inwieweit die Genugtuung, die im zitierten Fall zugesprochen wurde, zu erhöhen ist.

79 Namentlich die neueste bundesgerichtliche Rechtsprechung zu Körperverletzungen mit schwerwiegenden Dauerschäden ist über die Anpassung an die Teuerung wesentlich hinausgegangen. Da ein Unfalltod von den Angehörigen mit der Zeit leichter überwunden werden kann als eine lebenslängliche schwere Invalidität vom Verletzten, drängt sich bei Todesfällen eher eine Beschränkung der Anpassung als die sich aus der Teuerung ergebenden Ansätze auf [123].

80 — Röntgenverbrennung. 54jähriger Mann. Jahrelange Leidenszeit, heftige Schmerzen, Entstellung im Gesicht. Genugtuung Fr. 15 000.– (BGE 53 II 429).
— Autounfall. 30jähriger Mann. Verschiedene schwere Verletzungen. Dauernde teilweise Arbeitsunfähigkeit. Verschulden des Haftpflichtigen und Selbstverschulden des Geschädigten. Genugtuung Fr. 1000.– (BGE 55 II 322).
— Autounfall. 50jährige Frau. Schmerzhafte Verletzung und Behandlung. Dauernd hinken. Deshalb nervöse Störungen. Genugtuung Fr. 3000.– (BGE 57 II 103).
— Autounfall wegen eines Mangels der Lenkung. Zwei Tote und ein Verletzter (alle Insassen des Autos des Haftpflichtigen). Invalidität des Verletzten 70–75% wegen schweren Hirnschadens und der Gefahr der Erblindung. Genugtuung Fr. 5000.– (BGE 69 II 179).
— Schwere Verbrennungen. Grosse Schmerzen. Zahlreiche Operationen. Sieben schwere Rückfälle. Äusserst starke Entstellungen. Erhebliche Verminderung der Heiratsaussichten. Genugtuung Fr. 15 000.– (SJZ 46 [1950], 299).
— Hundebiss ins Gesicht eines 2½jährigen Mädchens. Entstellung, Verminderung der Berufs- und Heiratsaussichten. Genugtuung (von der VI zugesprochen) Fr. 2000.– bleibt nach dem BGE im Rahmen des Ermessens, was aber nach ausdrücklicher Erwähnung auch bei Fr. 3000.– bis Fr. 4000.– gegolten hätte (BGE 81 II 519).
— Eisenbahnunfall eines Mädchens von zwei Jahren und acht Monaten. Fast völliger Verlust der Sehkraft eines Auges. Schielen. Entstellung des Gesichts. Genugtuung Fr. 2000.– (BGE 81 II 170).
— Skiunfall. 44jähriger Mann. Langes und schmerzhaftes Krankenlager. Bleibender Schaden an einem Bein. Leichtes Selbstverschulden. Genugtuung Fr. 1000.– (BGE 82 II 35).
— 54jähriger Arzt. Schwere Schädigung des Gehirns: Ermüdbarkeit. Gedächtnisstörungen. Notwendigkeit, seine berufliche Tätigkeit zunächst herabzusetzen und dann aufzugeben. Impotenz. Selbstverschulden. Genugtuung Fr. 10 000.– (BGE in Sem.jud. 1958, 472).

vor (Tercier, Le nouveau droit de la personnalité [Zürich 1984] N 1971 und 1991 ff.), wenn sie anwendbar ist. Dies trifft nicht zu bei einer Körperverletzung, durch die die Persönlichkeit einer dem Verletzten nahestehenden Person beeinträchtigt wird. In diesem Fall ist daher auf OR 49 zu greifen. Vgl. Brehm N 187 ff. zu OR 47; a. M. Tercier, Strassenverkehrs-Tagung 1988, 26 ff.; vgl. Ders., Tort moral 144 ff.; Ders., FS Deschenaux 319; Ders., SJZ 80 (1984) 54 ff.

[123] BGE 113 II 339. Trotzdem das Obergericht in diesem Fall «klar über die blosse Geldentwertung hinausgegangen ist», wurde aber die Anschlussberufung, mit der eine Reduktion der Genugtuung für die Witwe von Fr. 20 000.– auf Fr. 15 000.– verlangt worden war, abgewiesen. Vgl. ZR 61 Nr. 51.

II. Genugtuungszahlungen bei Körperverletzung § 8

— Arzthaftung. 5jähriger Knabe. Verlust des Gehörs auf einem Ohr. Operation, Schmerzen. Während Jahren ärztliche Kontrolle und Behandlung. Genugtuung Fr. 5000.– (Rep. 1960, 291).
— Verletzung durch mangelhaft konstruiertes Garagentor. Postchauffeur. Bleibender Schaden an einem Knie. Dauernde Arbeitsunfähigkeit von 50%, um 18 Jahre früher pensioniert. Genugtuung Fr. 5000.– (BGE 86 I 255).
— Autounfall. 27jähriger Mann. Verkürzung eines Beines. Schaden an einer Hüfte. Häufige Schmerzen. Genugtuung Fr. 10 000.– (Sem.jud. 1968, 525/26).
— Schiessunfall. 11jähriger Knabe. Bleibender Schaden an einem Auge. Operation. Gefahr späterer Komplikationen. Genugtuung Fr. 3000.– (SJZ 57 [1961] 47).
— Autounfall. 68jähriger Mann. Gehirnerschütterung mit bleibenden schweren physischen und psychischen Folgen. Genugtuung Fr. 10 000.– (BGE 88 II 114).
— Eisenbahnunfall. 26jähriger Arbeiter. Schwere Verletzungen. Dauernde gänzliche Arbeitsunfähigkeit. Genugtuung Fr. 15 000.– (BGE 88 II 530/31).
— Explosionsunglück. 43jähriger Familienvater. Beidseitig erblindet. Schweres Verschulden. Genugtuung Fr. 25 000.– als an sich angemessen bezeichnet, wegen Selbstverschuldens auf Fr. 20 000.– reduziert (BGE 89 II 25 f.).
— Motorradunfall. 57jähriger Mann. Nervenstörungen. Beschleunigtes Altern. Allgemeine Verschlechterung des Gesundheitszustandes. Genugtuung Fr. 5000.– (BGE 89 II 55/56).
— Autounfall. 6jähriger Knabe. Ein Auge fast ganz erblindet. Genugtuung Fr. 5000.– (BGE 89 II 63).
— Züchtigung mit Reitpeitsche. Verletzung am Ohr. Eine Woche Spital. Genugtuung Fr. 1000.– (SJZ 60 [264] 251 ff.).
— 52jähriger Mann. Verschiedene Wirbelbrüche. Langer Spitalaufenthalt. Invalidität 50%. Zwang zum Berufswechsel. Ehe gestört. Gefahr der Verschlechterung des Leidens. Genugtuung Fr. 20 000.– (Bundesgericht, 17. Mai 1965 i. S. «Zürich»/Gottraux, zit. von Peter Stein).
— 26jähriger Mann. Offener Schädelbruch. Verlust eines Auges. Dauernde Arbeitsunfähigkeit von 25%. Genugtuung Fr. 10 000.– (Bundesgericht, Urteil vom 23. November 1965 i. S. Nimis, zit. in BGE 96 II 235).
— Autounfall. 31jähriger Mann. Mehrere schwere Verletzungen. Vier Operationen. 30 Wochen Spital. Drei Monate zu Hause teilweise bettlägrig. Während Jahren starke Behinderung im Gehen. Sehr schweres Verschulden. Genugtuung Fr. 9000.– (SJZ 61 [1965] 60 = ZR 64 Nr. 141).
— Autounfall. Näherin. Mehrere ernste Verletzungen. Schädigung eines Auges, Gefahr von dessen Erblindung. Kann den bisherigen Beruf kaum wieder ausüben. Genugtuung Fr. 8000.– (SJZ 61 [1965] 139/40).
— Unfall beim Spielen mit Sprengkapseln. 10jähriger Knabe. Vier Finger der linken Hand verstümmelt. Dauernde Arbeitsunfähigkeit von 18–20%. Genugtuung Fr. 5000.– (SJZ 61 [1965] 162).
— Arbeiter. Tiefe Verbrennungen an 50–55% der Körperoberfläche. Ganzer oder teilweiser Verlust aller Finger. Verlust der Ohrmuscheln und des Kopfhaares. Gesicht entstellt. Sehr schweres Verschulden des Haftpflichtigen. Genugtuung (nach gerichtlichem Vergleich) Fr. 40 000.– (SJZ 62 [1966] 384).
— Lehrer trifft einen etwa 7jährigen Knaben mit einem gegen diesen geworfenen Kugelschreiber. Verlust eines Auges. Grobe Fahrlässigkeit. Invalidität von 30%. Genugtuung Fr. 10 000.– (PKG 1967, 24).
— Autounfall. 42jährige höhere Angestellte. Lebensgefährliche und mit grossen Schmerzen verbundene Verletzungen mehr oder weniger am ganzen Körper. Bleibende Nachteile, die zur Aufgabe des sehr erfolgreich ausgeübten Berufes zwingen. Unzulässige Art der Prozessführung durch den Gegner. Genugtuung Fr. 20 000.– (ZR 68 [1969] Nr. 2).

§ 8 Immaterielle Unbill und Genugtuung (bei Tötung oder Körperverletzung)

- Bleibende organische Demenz eines Kindes infolge Gehirntraumas. Genugtuung Fr. 15 000.– (SJZ 65 [1969] 297).
- Autounfall. 23jährige Frau. Operationen. Dauernde teilweise Arbeitsunfähigkeit. Entstellung im Gesicht, was nach ihren Angaben zur Aufhebung der Verlobung geführt hat. Genugtuung Fr. 15 000.– (Sem.jud. 1969, 392).
- Skiunfall. Beinbruch, Operation, 3 Monate Spital. Weitere 4½ Monate arbeitsunfähig. Keine bleibende Beeinträchtigung. Genugtuung Fr. 3000.– (ZBJV 106 [1970] 280/81).
- Bahnunfall. 52jähriger Polier. Invalidität 20%. Genugtuung Fr. 10 000.– (BGE 96 II 235 f.).
- Bauunfall eines Kundenmüllers und Handelsmannes. Schädigung des Gehirns mit Veränderung der Persönlichkeit. Verschulden und Selbstverschulden. Genugtuung Fr. 5000.– (BGE 97 II 349).
- Unfall, 64jährige Frau. Zahlreiche Operationen. 628 Tage Spital. Bleibende körperliche Beeinträchtigung, Entstellung. Weitere Berufstätigkeit praktisch verunmöglicht. Genugtuung Fr. 20 000.– (BJM 1972, 85).
- Unfall eines Mitfahrers auf einem Motorroller. Kein Selbstverschulden. 30%ige Invalidität. Genugtuung Fr. 10 000.– (BGE 99 II 215).
- Schwere Schädigung durch radioaktive Strahlen (Krebs) erlitten vom Leiter eines radium-therapeutischen und radium-diagnostischen Instituts. 51jähriger Mann, der vor Abschluss des Prozesses stirbt, doch nicht an den Folgen seiner Schädigung. Leichtes Verschulden und Selbstverschulden. Hartnäckige Weigerung des beklagten Instituts, eine Genugtuungspflicht anzuerkennen. Genugtuung Fr. 25 000.– (Sem.jud. 1975, 73/74).
- Unfall eines Mitfahrers auf einem Motorroller. Kein Selbstverschulden. 30%ige Invalidität. Genugtuung Fr. 10 000.– (BGE 99 II 215).
- Kinder schiessen in Kehrichtdeponie mit Luftgewehren auf Ratten. Eine Kugel prallt an einem harten Gegenstand ab und trifft einen hinzugekommenen Knaben. Verlust eines Auges. 25%ige Invalidität. Genugtuung Fr. 7685.– (BGE 100 II 298).
- Unfall als Mitfahrerin im Pw des Ehegatten. Schwere Verletzungen. Invalidität 25%. Genugtuung Fr. 5000.– (BGE 101 II 355).
- Ein Gipser verletzt sich mit einem Bolzenschussapparat, weil er, mit Duldung des Arbeitgebers, weder Helm noch Sicherheitsbrille trägt. Verlust der Sehfähigkeit des linken Auges. Invalidität 30%. Nicht leichtes Verschulden des Arbeitgebers, etwa gleich grosses des Geschädigten, was eine Herabsetzung der Genugtuung auf die Hälfte zur Folge hat. Gestützt darauf werden Fr. 4000.– zugesprochen (BGE 102 II 18).
- Korrekt fahrender 37jähriger Lastwagenbesitzer wird von einem grobfahrlässig überholenden entgegenkommenden Fahrzeuglenker verletzt. 35% unfallbedingte Invalidität. Genugtuung Fr. 15 000.– (BGE 102 II 33).
- 43jähriger Händler, der sich vor einem Hund retten will, stürzt von einer Siloleiter. 35%ige Invalidität. Langwieriger schmerzhafter Heilungsverlauf. Zusätzliches Verschulden des Tierhalters, entschuldbare Fehlreaktion des Geschädigten. Genugtuung Fr. 8000.– (BGE 102 II 232).
- Einem 9jährigen Knaben wird beim Spiel mit zwei andern ein Pfeil ins Auge geschossen. Selbstverschulden 25%. Genugtuung Fr. 8000.– (BGE 104 II 184).
- Arbeiter wird von einem herabfallenden Betonstück am Kopf getroffen, linksseitig gelähmt und dauernd auf den Rollstuhl angewiesen. 100%ige Invalidität. Haftung des Geschäftsherrn, dessen Hilfspersonen ein Verschulden trifft. Genugtuung Fr. 60 000.– (BGE 107 II 348).
- Subkutane totale Operation der Brüste einer 54jährigen Patientin. Komplikationen, die verschiedene chirurgische Interventionen nötig machen. Schweres Verschulden des Arztes wegen mangelnder Aufklärung. Genugtuung wegen Verletzung der Persönlichkeit Fr. 25 000.– (BGE 108 II 59 ff.).

II. Genugtuungszahlungen bei Körperverletzung §8

— 15jähriges Mädchen erleidet wegen eines Kunstfehlers des Anästhesiearztes eine schwere Schädigung des Gehirns. Tiefe Demenz und spastische Lähmung aller vier Gliedmassen. Schweres Verschulden des Arztes. Genugtuung Fr. 100 000.– (BGE 108 II 422).
— 34jähriger Arbeiter wird in einer Fabrik von einem schlecht befestigten Pressluftschlauch getroffen. Einseitiger Gehörsverlust. 12%ige Invalidität. Genugtuung Fr. 5000.– (BGE 110 II 163).
— Auffahrkollision. 28jährige Geschädigte muss ihre Erwerbstätigkeit als Dirne aufgeben. Genugtuung Fr. 3000.– (BGE 111 II 295).
— Ein abstürzendes Militärflugzeug tötet zwei von drei Söhnen. Der Vater erleidet einen Schock und wird 50% arbeitsunfähig. Kein Verschulden. Genugtuung Fr. 20 000.– für den Vater aufgrund des erlittenen Nervenschockes, nachdem die Genugtuung aus dem Tod der beiden Söhne vorher vergleichsweise erledigt worden ist (BGE 112 II 118).
— Bei einer militärischen Sprengung wird eine Frau am Kopf von einem Metallsplitter getroffen und vollständig invalid. Erhebliches Verschulden des verantwortlichen Offiziers. Genugtuung Fr. 110 000.– (BGE 112 II 131).
— Eine Hausangestellte wird durch einen Schuss am Kopf verletzt, weil ein Kollege mit einer Waffe des Hausherrn gespielt hat. Vollständige Erblindung. Kein Selbstverschulden, jedoch Verschulden des Arbeitgebers und überwiegendes Verschulden des Angestellten. Genugtuung Fr. 50 000.– (BGE 112 II 138).
— Verkehrsunfall. Eine Frau wird sehr pflegebedürftig und ist auf den Rollstuhl angewiesen. Sehr schweres Verschulden des Schädigers. Genugtuung Fr. 40 000.– für den Ehemann der invalid gewordenen Frau wegen Verletzung seiner Persönlichkeit (BGE 112 II 220).
— Ärztlicher Kunstfehler verursacht irreversible Schädigung der Beinmuskulatur. Der Geschädigte (Elektromonteur) kann seinen Beruf nur noch halbtags ausüben. Genugtuung Fr. 20 000.– (BGE 116 II 299).
— Verkehrsunfall. Automobilist kollidiert schuldhaft mit einer Fussgängerin, die ein überwiegendes Selbstverschulden trifft. Genugtuung Fr. 25 000.– (BGE 116 II 733).
— Mit Urteil vom 30. Oktober 1990 hat das Bundesgericht den Eltern eines schwer geschädigten Kindes einen Genugtuungsanspruch aus OR 49 zugesprochen. Vorläufer dieser Entwicklung war der BGE 108 II 422, wo bei der Festsetzung der Genugtuung für ein dauernd bewusstloses Mädchen der Beeinträchtigung der es pflegenden Eltern Rechnung getragen wurde (Sem.jud. 1991, 338).
— Schwerer Hirnschaden eines Mannes durch eine Gasvergiftung im Badezimmer. Dem 6jährigen Kind wird für die damit verbundene Persönlichkeitsverletzung eine Genugtuung von Fr. 20 000.– zugesprochen (BGE 117 II 56).

III. Genugtuungszahlungen bei Tötung

A. Die immaterielle Unbill bei Tötung

Bei Tötung ergibt sich die immaterielle Unbill aus dem definitiven Verlust einer *persönlichen Beziehung* seitens der hinterlassenen Angehörigen[124]. Es handelt sich um psychisches Leid, nicht um körperliche Schmerzen, also um den Verlust eines positiven Umstandes in der bisherigen Lebensführung, dem sehr viel Bedeutung zukommen konnte.

82 Das psychische Leid, das auf eine Körperverletzung zurückgeht, kann vielleicht, namentlich in leichteren Fällen, durch die Beschaffung einer Möglichkeit, sich auf andere Art ein besonderes Wohlbefinden zu organisieren, «kompensiert» werden. Dieser Weg erscheint aber bei der Beeinträchtigung durch den definitiven Verlust einer Beziehung als ungeeignet. Man kann nicht den Schmerz über den Verlust des Ehegatten oder eines Kindes durch ein teures Auto oder eine schöne Wohnung «überspielen». Eine solche Konstruktion wäre nicht nur unsittlich, sondern auch unmenschlich[125]. In Frage kommt hier nur die vorn N 11 vertretene Idee einer Satisfaktion durch eine eindeutige *Anerkennung* des erlittenen Verlustes als ein Unrecht; das Gefühl des erlittenen Unrechts soll durch seine Anerkennung gemildert werden (Trostpflaster; vgl. vorn N 16). Darin liegt die Funktion der Genugtuung und nicht in einer auf einer sehr

---

[124] Beziehungen sind für den Menschen lebensnotwendig; sie schlafen ohne Kontakte ein. Man wird sich fremd. Viele erlöschen vor dem Tod eines der beiden Beziehungspartner, entweder ganz oder nur innerlich, so dass eine leere Hülse übrigbleibt. Ein oder beide Partner erleiden dadurch einen Verlust. Man kann sich innerlich nicht mehr auf den Beziehungspartner stützen, dessen Meinung zu einer wichtigen Frage einholen, mit ihm Freuden teilen oder von ihm eine Bestätigung der eigenen Person erhalten.
Die Beziehungen können bei gleichem Verwandtschaftsgrad ganz verschieden intensiv sein. Mit und ohne Verwandtschaft lassen sie sich nicht durch rechtliche Massnahmen gegen das Absterben schützen. Das ist Sache der beiden Partner und nur möglich, wenn beide es wollen.
Das Auf und Ab des inneren Gehaltes einer Beziehung, aber vielleicht auch der Stärke der äusserlichen Hülse, gehört zum Begriff der Beziehung; wenn sie sich nicht mehr verändert, besteht sie nur noch fiktiv. Die Änderungen, die Ausdruck ihrer Lebendigkeit sind, können durch das Recht nicht ausgeschlossen werden.
Der Verlust einer Beziehung durch den Tod eines der beiden Beziehungspartner ist dadurch gekennzeichnet, dass es sich nicht um eine Änderung der Beziehung auf Grund des Willens eines oder beider Beziehungspartner handelt. An und für sich sind nur sie berechtigt und in der Lage, die Beziehung zu gestalten, zu fördern oder abzubrechen. Beim Tod des einen Partners ist das aber anders: Wenn ein Dritter den Tod verursacht, zerstört er die Beziehung. Darum rechtfertigt sich hier eine Genugtuungsleistung dieses Dritten. Die Rechtswidrigkeit ist zu bejahen. Die Situation ist anders als bei der Störung einer Beziehung unter nach wie vor lebenden Partnern durch einen aussenstehenden Dritten; denn diese setzt die Mitwirkung des einen Beziehungspartners voraus. Es spielt eine Rolle, dass jedes Persönlichkeitsrecht an den Persönlichkeitsrechten der Mitmenschen, d. h. an ihrem Recht, Beziehungen einzugehen, zu unterhalten oder abzubrechen, seine Grenzen findet; vgl. STARK, FG Hegnauer (Bern 1986) 521; hinten FN 127.
[125] BGB 847 sieht eine Genugtuung nur für die Verletzung des Körpers oder der Gesundheit sowie die Freiheitsentziehung vor, nicht aber bei Todesfällen.

materialistischen Denkart beruhenden «Kompensation» oder Wiedergutmachung[126].

B. Die Aktivlegitimation

Nach OR 47 steht ein Genugtuungsanspruch den «Angehörigen» des Getöteten zu. Es handelt sich beim Beziehungsverlust durch Todesfall wie beim Versorgerschaden nicht um eine Einbusse des Unfallopfers selbst, sondern der indirekt durch eine Reflexwirkung Betroffenen (vgl. vorn § 6 N 260). Sie sind Opfer eines Unrechts, das aber nicht ihnen direkt, sondern dem Getöteten angetan worden ist, mit dem sie durch Beziehungen verbunden gewesen sind[127].

Zu klären ist hier die Frage, ob der Begriff des Angehörigen auf die näheren Verwandten und den Ehegatten bzw. Verlobten[128] zu beschränken

83

84

---

[126] OR 49 erwähnt zu Recht ausdrücklich die Möglichkeit einer Genugtuung auf anderem Wege als durch eine Geldzahlung an den Geschädigten. Dabei verwendet das Gesetz hier den Ausdruck der «Wiedergutmachung», was mit ZGB 28a I Ziff. 2 («eine bestehende Verletzung zu beseitigen») übereinstimmt. Vgl. TERCIER, Le nouveau droit de la personnalité (Zürich 1984) N 2080 ff., der N 2088 ff. als Möglichkeit einer Wiedergutmachung auf anderem Wege als durch eine Geldzahlung an den Geschädigten, eine Zahlung an einen Dritten, eine andere Leistung als eine Geldzahlung und die symbolische Zahlung von einem Franken erwähnt.

[127] Das Recht, Beziehungen zu unterhalten, stellt einen Ausfluss des Persönlichkeitsrechts dar und könnte daher als ein generell geschütztes Rechtsgut betrachtet werden, dessen Verletzung rechtswidrig ist.
Die Persönlichkeitsrechte stehen dem Menschen von der Geburt bis zum Tode zu; vgl. GROSSEN, SPR II 355; TERCIER, Le nouveau droit de la personnalité (Zürich 1984) 314 ff. Die meisten Beziehungen sind aber einem steten Wandel unterworfen; die einen verflachen und erlöschen, andere werden neu begründet. «Inhalt des Persönlichkeitsrechts ‹Beziehung› ist daher nicht die einzelne Beziehung, sondern das Recht, Beziehungen zu unterhalten und zu pflegen», STARK, FG Hegnauer (Bern 1986) 518. Der Schutz der Beziehungen durch das Privatrecht erfolgt dementsprechend nicht generell und direkt, sondern auf indirekte Weise; vgl. TERCIER, a.a.O., 416. Er hängt für die sich stellenden Einzelfragen von den massgebenden Verhältnissen ab. Das trifft auch hier zu. Die Genugtuungsklage der Angehörigen ist daher im Gesetz in OR 47 ausdrücklich erwähnt.

[128] Verlobte werden nach der bundesgerichtlichen Praxis und Lehre (BGE 57 II 57; 66 II 221; 114 II 149; BREHM N 159 zu OR 47; A. KELLER II 131; HÜTTE I/45; DERS., SJZ 84 [1988] 175) als Angehörige im Sinne von OR 47 betrachtet. Dagegen könnte sprechen, dass eine Verlobung sehr formlos abgeschlossen und auch wieder aufgehoben werden kann. Die Beweislast trägt der Ansprecher. In vielen Verhältnissen gehört zur Verlobung die Einführung in die Familie des Partners, die die Verlobten in unmittelbare Nähe zum Begriff der Angehörigen bringt.

§ 8   Immaterielle Unbill und Genugtuung (bei Tötung oder Körperverletzung)

sei oder ob er auch Nicht-Verwandte umfasse[129], die mit dem Getöteten in einer sehr engen Beziehung gestanden haben. Man denke an Konkubinatspartner, gleichgeschlechtliche Lebenspartner und sonstige sehr enge Beziehungen. Die Ausdehnung des Genugtuungsrechtes auf nicht verwandte bzw. nicht angeheiratete Partner setzt eine analoge Anwendung von OR 47 voraus; denn nach dem Sprachgebrauch sind *Konkubinatspartner* und *gleichgeschlechtliche Lebenspartner* keine Angehörige. Das gilt auch für *sonstige Beziehungspartner*[130]. Hier ist also zu prüfen, ob ein Analogieschluss naheliegt. Dafür kann nicht entscheidend sein, unter welche Art der Beziehung ein solcher Fall zu subsumieren ist. Massgebend ist vielmehr die sich aus Anhaltspunkten ergebende Tiefe der beidseitigen seelischen Beziehungen[131], die der Richter nach freiem Ermessen zu beurteilen hat. Dabei liegt es nahe, den Begriff des Angehörigen zum Vergleich heranzuziehen, für den die Lebenslänglichkeit bei Verwandten, aber auch bei Eheleuten[132] ein wesentliches Merkmal darstellt. Nur wo die Verhältnisse des konkreten Falles für eine lange Dauer der Beziehung sprechen, drängt sich eine Genugtuung auf.

85   Von entscheidender Bedeutung ist die Beweislast des Ansprechers. Sie führt zu keinen Schwierigkeiten bei der Ehe und bei Verwandtschaft, wohl aber hier, wo nicht die äussere Form der Beziehung massgebend ist. Der Beweis einer inneren Beziehung ist dadurch erschwert, dass allein der überlebende Partner darüber gut im Bilde ist. Seine Aussagen können aber

86   durch seine Interessen bestimmt sein. Ein wichtiges Indiz sind feststellbare äussere Sachverhalte, z. B. gemeinsame Kinder, der gemeinsame Kauf eines Einfamilienhauses oder einer Wohnung, enge Zusammenarbeit auch in beruflicher Hinsicht[133]. Dagegen spricht, wenn der haushaltführende Teil

---

[129] Nach ZGB 20 beruht Verwandtschaft entweder auf Abstammung oder auf Adoption; BUCHER, Berner Komm. (Bern 1976) N 20 ff. zu ZGB 20/21. Zu den Angehörigen gehören neben einem Teil der Verwandten auch der Ehegatte bzw. der oder die Verlobte; BREHM N 133 ff. zu OR 47.

[130] Bei allen diesen Kombinationen kommt ein Versorgerschaden in Frage, wenn anzunehmen ist, dass der Verstorbene ohne seinen frühen Tod dem Partner Versorgerleistungen erbracht hätte. Diese setzen nicht unbedingt ein tiefes inneres Verhältnis voraus; auch ohne ein solches kann eine Versorgung erfolgen. Die Anerkennung des Versorgerschadens beim Konkubinat (BGE 114 II 147 und die dort angeführte Lit.; vorn § 6 N 336) kann daher nicht entscheidend sein für die Frage der Genugtuung.

[131] Man ist hier gezwungen, darauf zu verzichten, auf die äussere Erscheinungsform einer Beziehung abzustellen.

[132] Abgesehen von der heute zum Teil verbreiteten Gestaltung ehelicher Beziehungen.

[133] Man denke z. B. an die Gründung einer gemeinsamen Firma.

für seine Arbeit intern einen angemessenen Lohn *ausbezahlt* erhält, was die jederzeitige Auflösung wesentlich erleichtert. Ein Erbvertrag spricht für die Absicht einer lebenslänglichen Bindung.

Ob *Geschwister* als Angehörige zu betrachten und daher genugtuungsberechtigt sind, hängt von der inneren Beziehung im konkreten Fall ab. Die Frage wird eher bejaht, was bei jüngeren Personen, die noch im gemeinsamen elterlichen Haushalt wohnen, sicher geboten ist. Bei älteren ledigen Geschwistern, die zusammen wohnen oder mindestens eng miteinander verbunden sind, wird die Aktivlegitimation auch meistens anzunehmen sein.

87

C. Die Höhe der Genugtuung bei Tötung

Dafür sei vor allem auf die Kasuistik (hinten N 101) verwiesen.

88

1. Bei Angehörigen

Ausgangspunkt – aber keineswegs alleiniges Kriterium – für die Festsetzung der Genugtuung ist bei den Ansprüchen von Angehörigen des Verstorbenen die Nähe des familienrechtlichen Verhältnisses[134].

89

Der *Ehegatte* erhält die höchste Genugtuung. Er hat den Lebensgefährten verloren[135]. Es leuchtet ohne weiteres ein, dass die seelische Beziehung zum Ehegatten normalerweise enger ist als zu andern Angehörigen. Dabei sind aber die konkreten Verhältnisse immer soweit als möglich zu berücksichtigen[136].

90

---

[134] BGE 89 II 396; SJZ 67 (1971) 338. Hütte, SJZ 70 (1974) 274; Ders., Genugtuung bei Tötung und Körperverletzung I/26 spricht von einer Stufentheorie, die aber eigentlich eine Selbstverständlichkeit ausdrückt.

[135] Wobei allerdings das Haftpflichtrecht durch den Wiederverheiratungsabzug beim Versorgerschaden die Möglichkeit berücksichtigt, dass eventuell nach dem Unfalltod eine neue Ehe abgeschlossen wird. Vgl. BGE vom 23. Februar 1994 i. S. Billieux gegen Mobiliar + Coletti und «Zürich» + Dondenne S. 19/20.

[136] Man denke an eine Ehe unmittelbar vor dem oder im Scheidungsprozess, an eheähnliche Freundschaften des einen oder beider Ehegatten mit Dritten, an den Entzug der elterlichen Gewalt über die gemeinsamen Kinder bzw. die Unterbringung solcher Kinder in einer andern Familie, die Adoption von gemeinsamen Kindern durch Dritte. Ob in solchen Fällen beim Tod eines Ehegatten überhaupt noch eine Genugtuung zugesprochen

91   Beim Tod eines *Verlobten* fällt ins Gewicht, dass er schon in naher Zukunft Ehegatte geworden wäre, dass aber die seelische Nähe *in* der Ehe zunimmt. Eine etwas unter den Ansätzen für Eheleute liegende Genugtuung drängt sich daher als Ausgangspunkt der Evaluierung auf[137].

92   An nächster Stelle figurieren nach der herrschenden Auffassung[138] die *Eltern* beim Verlust eines Kindes und knapp hinter ihnen die *Kinder* beim Verlust eines Elternteils[139]. Diese relative Schlechterstellung der Kinder leuchtet nicht ohne weiteres ein, wenn man berücksichtigt, wie wichtig die Eltern für die heranwachsenden Kinder sind.

93   Wenn den Eltern kein Kind mehr verbleibt, erscheint eine gewisse Erhöhung der Genugtuung als angemessen[140].

94   Dem Alter des Kindes – sei es das Unfallopfer oder der Ansprecher – kommt eine besondere Bedeutung zu. Kinder werden mit zunehmendem Alter immer selbständiger. Je unselbständiger sie noch sind, um so grösser ist das Leid für den überlebenden Elternteil oder das Kind[141, 142].

95   Sind *beide Eltern* oder *mehrere Kinder* verstorben, so drängt sich eine wesentliche Erhöhung der Genugtuungssumme auf. Namentlich beim Verlust beider Elternteile erscheint als Ausgangspunkt mehr als der

---

werden soll, lässt sich nur auf Grund der konkreten Verhältnisse entscheiden. Schwierig zu beurteilen sind auch die Fälle, bei denen die Ehegatten nicht zusammenwohnen, sondern an ihren Arbeitsorten Hunderte von Kilometern auseinander separate Domizile haben. – Auch wenn der Tod des Verstorbenen für einen Hinterlassenen nach den Umständen wie eine Erlösung erscheint, kann eine Genugtuung geboten sein; BGE 118 II 409.

[137] Vgl. den von HÜTTE, Genugtuung bei Tötung und Körperverletzung I/27 zit., im «Beobachter» 1979, 26 ff. publ. Entscheid; BGE 66 II 222/23.

[138] SJZ 67 (1971) 338; HÜTTE, Genugtuung bei Tötung und Körperverletzung 0/3.

[139] Vgl. ZR 65 Nr. 104 S. 225; SJZ 67 (1971) 338; aber auch BGE 88 II 531; 90 II 189 f.; 93 II 96 f.; ZR 61 Nr. 51. Vgl. auch HÜTTE, SJZ 70 (1974) 274. Auch ein nasciturus im Zeitpunkt des Unfalles oder ein dann geborenes, aber noch urteilsunfähiges Kind hat Anspruch auf eine Genugtuung; BGE 72 II 170/71; 81 II 159; 88 II 455; 101 II 257; 117 II 58; JT 1980 I 449/50 Nr. 47 und 48.

[140] ZR 61 Nr. 51.

[141] Das gilt auch, wenn das Kind den Verlust eines Elternteils erst später wirklich realisiert.

[142] Bei der Festsetzung des Genugtuungsanspruches von *Pflegeeltern* beim Tod des Pflegekindes oder des Pflegekindes beim Tod der Pflegeeltern ist von einer engen seelischen Beziehung auszugehen, wenn auch vielleicht nicht ganz so eng wie bei den natürlichen Eltern. Die Verhältnisse liegen hier von Fall zu Fall sehr verschieden.
Sowohl Pflegeeltern als auch natürliche Eltern sind aber als Angehörige des betreffenden Kindes im Sinne von OR 47 zu betrachten.
Adoptivkinder sind natürlichen Kindern gleichzustellen; das natürliche Kindesverhältnis erlischt (ZGB 267 I/II). Trotz dieser gesetzlichen Anordnung löst aber eine nach der Adoption weiterbestehende und -gepflegte Beziehung zwischen den natürlichen Eltern und dem Kind im Todesfall einen Genugtuungsanspruch aus.

doppelte Ansatz als geboten; wenn nur ein Elternteil verloren wird, übernimmt der überlebende einen erheblichen Teil der Funktionen des Verstorbenen[143].

Bei Tod von *Scheidungskindern* mit Besuchsrecht des in Frage stehenden Elternteils ist dessen Genugtuungsanspruch nicht zu streichen, aber wohl doch herabzusetzen. Das gilt entsprechend beim Tod eines geschiedenen Elternteils, dem die Kinder nicht zugesprochen wurden. 96

Ist ein Kind im Todeszeitpunkt eines Elternteils oder des Kindes aus dem Haushalt der Eltern ausgeschieden, so ist ein weniger grosses Leid, sei es des Kindes, sei es der Eltern, in Anschlag zu bringen. Namentlich durch die Verheiratung eines Kindes wird die Beziehung gelockert. 97

Dass die Genugtuungsbeträge gewöhnlich für die *Geschwister*[144] des Verstorbenen erheblich niedriger sind als für die Eltern oder die Kinder, bedarf keiner weiteren Begründung. Das gilt in vermehrtem Masse für *Grosseltern* und *Enkel*. Bei *Schwägern* ist eine Genugtuung im Normalfall abzulehnen. 98

2. Bei Ausdehnung der Aktivlegitimation auf Nicht-Angehörige

Bei den Personen, die auf Grund eines Analogieschlusses als aktivlegitimiert betrachtet werden (vorn N 76 ff.), entfällt dieser Raster der familienrechtlichen Nähe. Je eheähnlicher ein Konkubinatsverhältnis in Wirklichkeit gewesen ist, je sicherer mit einer weiteren, bedeutenden Dauer zu rechnen war[145], um so mehr ist die Genugtuungssumme den Ansätzen für einen Ehepartner anzunähern. 99

Nachdem sich bei den Nicht-Angehörigen die Natur der Beziehung nicht aus dem äusserlichen Erscheinungsbild ergibt, sind hier die *Umstände des Einzelfalles* ganz besonders zu berücksichtigen, auf die OR 47 verweist. Darüber lassen sich kaum allgemeine Aussagen machen, die nicht ohnehin naheliegen. 100

---

[143] Hat eine Halbwaise ihren einzigen noch lebenden Elternteil verloren, so liegt eine entsprechende Regelung nahe. Vgl. für die Versorgerschadensberechnung STARK, ZSR 105 (1986) I 368 ff.
[144] BGE 66 II 222.
[145] Namentlich wenn die Konkubinatspartner gemeinsame Kinder haben oder verlobt sind. Vgl. HÜTTE in SJZ 70 (1974) 274.

§ 8 Immaterielle Unbill und Genugtuung (bei Tötung oder Körperverletzung)

Kasuistik zur Genugtuung bei Tötung

101 *Nicht-kriminelle Fälle* (vgl. die Bemerkungen vorn N 80)
— Tödlicher Autounfall. Gröbstes Verschulden des Haftpflichtigen. Genugtuung je Fr. 1000.– für die Gattin und die Kinder (BGE 56 II 127).
— Autounfall. Tod von zwei Brüdern von 5 und 8 Jahren. Grobes Verschulden des Haftpflichtigen. Genugtuung für beide Eltern zusammen Fr. 10 000.– (BGE 58 II 42).
— Autounfall einer Ehefrau, die getötet wurde. Schweres Verschulden. Genugtuung für den Ehemann Fr. 4000.– (BGE 60 II 235).
— Tod des älteren Sohnes eines Ehepaars, der dessen Stolz und Hoffnung war. Grobes Verschulden des Haftpflichtigen. Genugtuung von je Fr. 2500.– für die Mutter und für den Vater (BGE 62 II 59).
— 32jähriger Rechtsanwalt verunfallt als Mitfahrer wegen eines Fahrzeugmangels. Schweres Verschulden des Fahrzeughalters. Genugtuung von je Fr. 2500.– an die Eltern, Fr. 3000.– an die 36jährige Verlobte. Die fünf erwachsenen Geschwister erhalten keine Genugtuung (BGE 66 II 206).
— Tod eines Radfahrers durch schweres Verschulden eines Pw-Lenkers. Genugtuung für die Hinterlassenen des vor der Erledigung des Schadenfalles verstorbenen Vaters Fr. 2500.– und für die Mutter Fr. 3000.– (BGE 81 II 389).
— 55jähriger Lehrer verliert seine 54jährige Gattin als Mitfahrerin auf seinem Motorrad wegen eines unvorsichtig überholenden Automobilisten. Ehemann erhält Fr. 5000.– und die 3 Kinder im Alter von 25, 23 und 21 Jahren je Fr. 1000.– an Genugtuung (BGE 82 II 36).
— 52jähriger Polizeidirektor verunfallt tödlich im Wagen eines angetrunkenen Architekten. Schweres Verschulden des Lenkers, erhebliches des Mitfahrers. 46jährige Witwe wie auch der Sohn erhalten je Fr. 5000.– an Genugtuung (BGE 84 II 292).
— Mann stürzt vom fahrenden Heufuder, als er seinen Rucksack ergreifen will. Fragliches Verschulden des Bauern, Grobfahrlässigkeit des Geschädigten. Witwe und 6jähriges Kind erhalten keine Genugtuung (BGE 85 II 32).
— Tödlicher Unfall eines Mopedfahrers durch Kollision mit einem Pw, dessen Lenker ein schweres Verschulden trifft. Genugtuung für die beiden Eltern je Fr. 7000.–: Der Getötete war ihr einziges Kind, auf das sie grosse Zukunftshoffnungen gesetzt hatten (ZR 61 [1962] Nr. 51).
— Motorradfahrer stösst gegen geöffnete Autotüre und stürzt vor entgegenkommenden Lastwagen, wodurch er getötet wird. Haftpflicht des Automobilisten 70%. Genugtuung Fr. 4000.– an die Witwe, Fr. 3000.– an den 3jährigen Sohn. Im gemeinsamen Haushalt mit ihnen lebende Schwiegereltern erhalten nichts (BGE 88 II 455).
— 41jähriger Arbeiter wird getötet, weil der SBB-Überwachungsdienst einen verspäteten Güterzug vergessen hat. Genugtuung Fr. 5000.– an die Witwe, je Fr. 3000.– an beide Kinder und Fr. 1000.– an die Mutter (BGE 88 II 516).
— Tötung eines Fussgängers durch einen Motorradfahrer. Sehr grobe Fahrlässigkeit. Genugtuung für die kinderlose Witwe Fr. 15 000.– (SJZ 59 [1963] 135 = ZR 62 Nr. 78).
— Tod des Fahrers eines Kabinenrollers bei Kollision mit einem Lastwagen, dessen Lenker das alleinige Verschulden trifft. Genugtuung für die Witwe Fr. 12 000.– (ZR 63 [1964] Nr. 100 S. 227/28).
— Tötung der Mitfahrerin eines Pw bei Kollision mit einem andern Pw, der auf die linke Strassenseite geraten war. Die Getötete war einziges Kind ihrer Eltern. Genugtuung für die Mutter der verlobten Getöteten Fr. 10 000.– (SJZ 60 [1964] 219 = ZR 63 Nr. 130).
— Tödlicher Autounfall eines Mannes, der eine Frau und ein Kind hinterlässt. Genugtuung für die Frau Fr. 5000.–, für das Kind Fr. 3000.– (BJM 1964, 97).
— Autounfall. Gatte und Vater getötet. Schweres Verschulden des Haftpflichtigen. Genugtuung für die Gattin Fr. 12 000.–, für jedes der 7 Kinder Fr. 5000.– (BGE 90 II 82 f.).

III. Genugtuungszahlungen bei Tötung § 8

— Autounfall. Gatte und Vater getötet. Schweres Verschulden des Haftpflichtigen. Genugtuung für die Gattin Fr. 13 000.–, für jedes der beiden Kinder Fr. 5000.– (BGE 90 II 189 f.).
— Autounfall. Gatte getötet. Sehr schweres Verschulden. Selbstverschulden des Getöteten wegen Angetrunkenheit. Eheliches Verhältnis nicht ungetrübt. Genugtuung für die Gattin Fr. 10 000.– (SJZ 61 [1965] 127 = ZR 64 Nr. 140).
— Autounfall. Gatte und Vater getötet. Sehr schweres Verschulden des Haftpflichtigen. Schweres Selbstverschulden des Geschädigten. Genugtuung für die Gattin Fr. 8000.–, für die beiden Kinder von 3 und 5 Jahren je Fr. 4000.– (BGE 91 II 225 f.).
— Dienstlicher Unfall eines Soldaten. Haftung der Militärversicherung nach Art. 40bis des MVG vom 20. September 1949. Gatte und Vater getötet. Weder Verschulden noch Selbstverschulden. Genugtuung für die Gattin Fr. 7000.–, für die beiden Söhne von 11 und 16 Jahren je Fr. 4000.– (EVGE 1966, 74 ff.).
— Autounfall. Vater getötet. An Eventualvorsatz grenzende Fahrlässigkeit. Genugtuung für die verheiratete Tochter, die dem Vater sehr zugetan war, Fr. 3000.– und für die 15jährige Tochter, die auch nicht beim Vater lebte, Fr. 4000.– (ZR 65 [1966] Nr. 104).
— Autounfall. Einzige im Haushalt der Eltern lebende, jedoch verlobte Tochter getötet. Schweres bis sehr schweres Verschulden des Haftpflichtigen. Genugtuung pro Elternteil Fr. 10 000.– (SJZ 60 [1964] 219 = ZR 63 Nr. 130; SJZ 62 [1966] 288 = ZR 65 Nr. 105).
— Ertrinken zweier Knaben von 7 und 12 Jahren. Der ältere kam beim Versuch, den jüngeren zu retten, ums Leben. Verschulden eines für das Unglück verantwortlichen Bauführers. Genugtuung für die Eltern zusammen Fr. 25 000.– (BGE 93 II 96 f.).
— Autounfall. Gatte und Vater getötet. Genugtuung für die Gattin Fr. 10 000.–, für die beiden Kinder von 7 und 12 Jahren je Fr. 5000.– (RVJ 1968, 69/70).
— Werkhaftung. Gatte und Vater getötet. Kein Verschulden. Genugtuung für die Gattin Fr. 6000.–, für die drei kleinen Kinder je Fr. 3000.– wegen Fehlens von Verschulden (SJZ 64 [1968] 73).
— Autounfall. 27jähriger Gatte und Vater getötet. Selbstverschulden 50%. Genugtuung für die 23jährige Gattin Fr. 10 000.–, für die beiden kleinen Kinder je Fr. 2000.– (JT 1969 I 474/75).
— Autounfall. 68jähriger Gatte und Vater getötet. Verschulden und Selbstverschulden, letzteres von 35%. Genugtuung für die Gattin Fr. 5000.– und für die Tochter Fr. 2000.– (BGE 95 II 308).
— Autounfall. Tod eines ledigen 19jährigen Hilfsarbeiters. Sehr schweres Verschulden des Haftpflichtigen. Genugtuung für die Mutter, die noch einen weiteren Sohn und zwei Töchter hat, Fr. 10 000.– (SJZ 67 [1971] 338).
— Autounfall. Tötung einer 28jährigen Tochter. Äusserst schweres Verschulden des Haftpflichtigen. Genugtuung an die Mutter, die seit sieben Jahren geschieden ist und enge Beziehungen zu ihrer einzigen verunfallten Tochter unterhalten hat und zu ihrem 21jährigen ledigen Sohn, Fr. 15 000.– (SJZ 67 [1971] 338).
— Autounfall. Schwerstes Verschulden. Tötung von drei Insassen eines andern Autos. Genugtuung für die Mutter des getöteten Lenkers, der ihr einziges Kind war, Fr. 20 000.– (SJZ 67 [1971] 339).
— Autounfall. Tötung eines jungen Mannes, der mit seiner Mutter (welche kurz vorher den Gatten verloren hatte) eng verbunden war. Schweres Verschulden des Haftpflichtigen. Genugtuung für die Mutter Fr. 14 000.– (SJZ 66 [1970] 120).
— Autounfall. Gatte getötet. Gröbste an Eventualvorsatz grenzende Fahrlässigkeit. Genugtuung für die Gattin Fr. 18 000.– (SJZ 67 [1971] 11 = ZR 69 Nr. 141 S. 379 f.).
— 39jähriger Arbeiter wird beim Setzen von Rohrsegmenten mit einem Bagger erdrückt. Sehr schweres Verschulden des Baggerführers. Mitverschulden des Opfers und weiterer Arbeiter. Genugtuung für Witwe Fr. 7500.– und für die zwei Töchter je Fr. 2500.– (BGE 97 II 123).

§ 8 Immaterielle Unbill und Genugtuung (bei Tötung oder Körperverletzung)

— 20jähriger Sohn verliert sein Leben als Insasse eines Militärfahrzeuges, welches mit einem Zug zusammenstösst. Grobes Verschulden des Fahrzeuglenkers. Genugtuung an die Eltern je Fr. 10 000.– (BGE 97 V 103).
— Verkehrsunfall. Tötung eines Ehemannes. Genugtuung Fr. 8000.– für die Witwe (BGE 99 II 214).
— Genugtuung für ein 3jähriges Kind bei tödlichem Autounfall des Vaters Fr. 3000.–, angesichts der Umstände: Gefälligkeitsfahrt usw. (BGE 99 II 374).
— Bahnunfall. Schutzmassnahmen krass vernachlässigt. Genugtuung für die Gattin Fr. 8000.– und für die vier Kinder je Fr. 3000.– (ZBJV 110 [1974] 151).
— Sturz von einem landwirtschaftlichen Gefährt. Kein Selbstverschulden. Volle Haftung nach SVG 58. Genugtuung für den Witwer Fr. 10 000.–, für die 3-, 6- und 8jährigen Kinder je Fr. 4000.– (BGE 101 II 257).
— Automobilist prallt des Nachts auf ein vom Strassenrand wegfahrendes Fahrzeug, dessen Lenker getötet wird. ¾ Verschulden des Auffahrenden, ¼ Selbstverschulden des Wegfahrenden. Genugtuung für die Witwe Fr. 11 000.–, für die 9- und 14jährigen Kinder je Fr. 6000.– (BGE 101 II 346 ff.).
— 30jähriger Soldat wird von einer Lawine verschüttet. Erhebliche, aber nicht grobe Organisationsmängel eines Majors. Genugtuung der Militärversicherung für die Witwe Fr. 20 000.–, für den 2jährigen Sohn Fr. 8000.– und für die Eltern je Fr. 5000.– (BGE 103 V 183 ff.).
— 32jähriger Arbeiter wird von rückwärts fahrender Dampfwalze erdrückt. Höchstens leichtes Verschulden des Lenkers, Selbstverschulden des Opfers nicht beweisbar. Genugtuung für die Witwe Fr. 20 000.–, für das 1- und das 7jährige Kind je Fr. 10 000.– (BGE 104 II 259).
— Beim Mähen des Rasens auf dem Flachdach eines 9stöckigen Hauses stürzt der 53jährige Geschädigte ab. Das Dach weist nur eine 25 cm hohe Abschrankung auf. Selbstverschulden. Genugtuung an die Witwe (ohne Kinder) Fr. 15 000.– (BGE 106 II 208).
— Der überlebende Ehegatte erhält eine Genugtuung von Fr. 35 000.– (ZBJV 120 [1984] 280).
— Genugtuung an ein Kind bei Verlust beider Eltern Fr. 25 000.– (JT 1985 I 429 Nr. 45).
— Genugtuung Fr. 20 000.– an einen Elternteil beim Verlust eines Kindes; Fr. 6000.– an die Geschwister (JT 1985 I 429 Nr. 46).
— Kollision eines Pw mit einem Kleinmotorrad infolge schweren ausschliesslichen Verschuldens des Pw-Lenkers. Der getötete Lenker des Kleinmotorrades hatte eine schlechte konstitutionelle Prädisposition. Genugtuung für die Witwe Fr. 30 000.–, die verheiratete Tochter und den mündigen Sohn je Fr. 15 000.–, den 16jährigen Sohn Fr. 20 000.– und die 77jährige Mutter Fr. 10 000.– (SJZ 81 [1985] 374 = ZR 84 Nr. 80).
— Abstürzendes Militärflugzeug tötet zwei (11- und 18jährig) von drei Söhnen, die Birnen pflücken. Kein Verschulden. Genugtuung für die Eltern je Fr. 40 000.–, für den 15jährigen Bruder Fr. 12 000.– (BGE 112 II 118).
— Genugtuung für den überlebenden Ehegatten Fr. 20 000.–, für das Kind Fr. 10 000.– (Bundesgerichtsentscheid vom 2. Juni 1987 E 6).
— Zusammenstoss von zwei Lastwagen. Tod des einen Lenkers, den ein Selbstverschulden trifft. Genugtuung Fr. 20 000.– für die Witwe und je Fr. 10 000.– für die drei minderjährigen Kinder (BGE 113 II 339).
— Verkehrsunfall. Tötung einer Verlobten. Genugtuung an den Bräutigam Fr. 25 000.– (BGE 114 II 152).
— Fast 7jähriger Sohn wird durch Autounfall schwer verletzt und stirbt sieben Jahre später an den Spätfolgen. Genugtuung je Fr. 15 000.– an die Eltern und Fr. 6000.– an die Schwester (BGE 118 II 404).
— Verkehrsunfall. Tötung einer Ehefrau und Mutter. Kein Selbstverschulden, aber schweres Verschulden eines Haftpflichtigen. Genugtuung Ehemann Fr. 40 000.–, Kinder je Fr. 30 000.– (BGE vom 23. Februar 1994 i. S. Billieux gegen Mobiliar+Coletti und «Zürich»+Dondenne S. 22).

IV. Gestalt der Genugtuung

Während OR 49 auch andere Formen der Leistung von Genugtuung als Geldzahlungen an den Geschädigten erwähnt, führen OR 47, EHG 8 und VG 6 I nur die Geldzahlungen an. Die Praxis erkennt regelmässig auf einen runden *Kapitalbetrag,* der ex aequo et bono geschätzt und nicht etwa – wie beim Schadenersatz – durch Kapitalisierung einer Rente berechnet wird. Nach der herrschenden Meinung könnte statt dessen auch eine *Genugtuungsrente* zugesprochen werden[146], desgleichen die Abstufung mehrerer sukzessive auszuzahlender Kapitalbeträge oder einer Rente je nach den Auswirkungen der Körperverletzung in verschiedenen Abschnitten des Lebens[147].

102

Die Idee einer Geldrente an Stelle eines Kapitalbetrages ist mit der herrschenden Meinung über die Funktion der Genugtuung vereinbar, fällt aber bei der vorn vertretenen Auffassung über ihre Funktion ausser Betracht.

103

V. Zwangsvollstreckung

Gleich wie der Schadenersatz wegen Körperverletzung oder Tötung[148] kann auch der als Genugtuung geschuldete oder ausbezahlte Geldbetrag weder gepfändet noch in die Konkursmasse einbezogen oder mit Arrest belegt werden (SchKG 92 Ziff. 10, 197 I, 275)[149]. Das Privileg gilt auch für die Zinsen und die aus den Beträgen angeschafften Sachen und sonstigen Vermögenswerte[150], nicht aber für die Erben des ursprünglichen Ansprechers[151].

104

---

[146] STAUFFER/SCHAETZLE (3. A. Zürich 1970) 86; ABDULRAHMAN-NAJI 105; TERCIER (Diss. Fribourg 1971) 222 ff.; DERS., Tort moral 226; DERS., Strassenverkehrsrechts-Tagung 1988, 13; BREHM N 8 zu OR 47.
UVG 25 I sieht für die Integritätsentschädigung eine Kapitalsumme vor, MVG 48 I eine Integritätsschadenrente und MVG 59 als Genugtuung eine Geldsumme. Im deutschen Recht werden zum Teil auch Schmerzensgeldrenten zugesprochen; vgl. ENNECCERUS/LEHMANN, Schuldrecht (15. A. Tübingen 1958) 1005.

[147] NJW 1973, 1503; TERCIER (Diss. Fribourg 1971) 226 f.; LIEBERWIRTH, Das Schmerzensgeld (3. A. Heidelberg 1965) 94 f.; ZBJV 111 (1976) 20 ff., insbes. 36 ff.

[148] Vorn § 6 N 241 und 353.

[149] BGE 23 II 1893; 58 II 129; 73 II 57.

[150] JAEGER, Komm. SchKG I (3. A. Zürich 1911) N 20 zu SchKG 92.

[151] BGE 58 II 129; anderer Meinung JAEGER, a.a.O., N 20 zu SchKG 92.

§ 9 Gegenseitige Schädigung und andere Fälle der Kollision von Haftungen unter sich

Literatur

JÜRG BAUR, Kollision der Gefährdungshaftung gemäss SVG mit anderen Haftungen (Diss. Zürich 1979). – GÉRARD BOLLA, L'Abordage aérien (Diss. Lausanne 1947). – BUSSY/ RUSCONI, Code suisse de la circulation routière: commentaire (2. A. Lausanne 1984). – ROBERT BOSSARD, Art. 51 Abs. 2 OR de lege ferenda oder der Rückgriff des Versicherers auf einen aus Vertrag Haftpflichtigen, SVZ 47 (1979) 360 ff. – HANS GIGER, Strassenverkehrsgesetz (4. A. Zürich 1985). – ANDREAS GIRSBERGER, Kollisionen zwischen Motorfahrzeugen und Tieren, in: Kollisionen von Kausalhaftungen, Juristische Publikationen des ACS, H. 4, Bern 1971, 57 ff. – RAYMOND GREC, La situation juridique du détenteur de véhicule automobile en cas de collision de responsabilités (Diss. Lausanne 1969). – THEODOR GSCHWEND, Die Haftpflicht zwischen Motorfahrzeughaltern im schweizerischen und im deutschen Recht (Diss. Zürich 1977). – FRITZ HÄBERLIN, Das eigene Verschulden des Geschädigten im schweizerischen Schadenersatzrecht (Diss. Bern 1924). – GERHARD JAKOB, Unebenheiten zwischen dem SVG und dem EHG, SJZ 71 (1975) 233 ff. – ERNST THEOPHIL MEIER, Schadenstragung bei Kollision von Gefährdungshaftungen (Diss. Zürich 1945). – HANS MERZ, Probleme des Haftpflichtrechts nach SVG, in: Berner Tage für die juristische Praxis 1974, Rechtsprobleme des Strassenverkehrs, Bern 1975, 101 ff. – JOHN METZGER, La responsabilité du détenteur d'animaux (Diss. Genf 1956). – HANS OSWALD, Probleme der Haftpflicht des Motorfahrzeughalters, BJM 1961, 1 ff. – DERS., Fragen der Haftpflicht und Versicherung gemäss SVG, SZS 11 (1967) 165 ff. – PETER PORTMANN, Die Ersatzpflicht bei gegenseitiger Schädigung mehrerer Haftpflichtiger und der Regress des Sachversicherers, ZBJV 90, 1 ff. – SCHAFFHAUSER/ ZELLWEGER, Grundriss des schweizerischen Strassenverkehrsrechts, Bd. II: Haftpflicht und Versicherung (Bern 1988). – EMIL W. STARK, Revision des Strassenverkehrsgesetzes?, SJZ 65 (1969) 21. – PETER STEIN, Haftungskompensation, ZSR 102 (1983) I 67 ff. – GERHARD STOESSEL, Das Regressrecht der AHV/IV gegen den Haftpflichtigen (Diss. Zürich 1982). – STREBEL/HUBER, Kommentar zum BG über den Motorfahrzeug- und Fahrradverkehr I/II (Zürich 1934/38). – HANS VON WALDKIRCH, Kausalhaftung und Kausalität im Verkehr, ZSR 62, 25 ff. – PIERRE WIDMER, Ethos und Adäquanz der Regressordnung nach Art. 51 Abs. 2 OR, FS Assista (Genf 1979) 269 ff. – C. WYNIGER, Über Haftungskollisionen, insbesondere von Kausalhaftungen, in: Kollisionen von Kausalhaftungen, Juristische Publikationen des ACS, H. 4, Bern 1971, 5 ff.

I. Vorbemerkungen

A. Das Problem

Viele Schadenereignisse werden von mehr als einem Umstand adäquat 1
verursacht. Wenn diese mehreren Umstände vom gleichen Haftpflichtigen

§ 9 Gegenseitige Schädigung und andere Fälle der Kollision von Haftungen unter sich

zu vertreten sind[1], ergeben sich daraus keine Schwierigkeiten: Der Haftpflichtige haftet zu 100%; für mehr als 100% kann man nicht verantwortlich sein.

2 Wenn aber für die kausalen Umstände verschiedene Personen einstehen müssen, ist der Schaden auf sie aufzuteilen. Hier ist zwischen zwei verschiedenen Fallgruppen zu unterscheiden:

3 Entweder muss der Geschädigte selbst für einen der kausalen Umstände eintreten[2], oder die mehreren Verantwortlichen schädigen einen Dritten, der seinerseits an der Herbeiführung des Schadens nicht bzw. höchstens mit einer Nebenbedingung ohne Adäquanz beteiligt ist[3].

4 Für die erste Fallgruppe verwendet man den Ausdruck *Kollision von Haftungsarten*. Die zwei Umstände sind auf Grund gesetzlicher Bestimmungen von zwei Personen zu vertreten, deren Interessen als Folge des Schadenereignisses gegeneinander gerichtet sind. Die Haftungsarten, denen die beiden beteiligten Personen unterworfen sind, stossen aufeinander. Eine Kollision von Personen und Gegenständen wird meistens, muss aber nicht vorliegen[4] und ist für den Begriff der Kollision von Haftungsarten irrelevant.

5 Die zweite Fallgruppe *der mehreren gegenüber einem Dritten Verantwortlichen* beruht auf einer Mehrheit von Haftpflichtigen. Sie haften, wie in § 10 N dargelegt wird, gegenüber dem Geschädigten solidarisch; im internen Verhältnis wird ihrer Beteiligung an der Schadensverursachung auf dem Regressweg Rechnung getragen. Hier steht die erste Fallgruppe zur Diskussion.

6 Ein Schadenereignis mit mehreren adäquaten Ursachen, für die verschiedene Personen verantwortlich sind, kann gleichzeitig in beide Fallgruppen gehören. Dies trifft zu, wenn sowohl ein Mitverursacher als auch ein unbeteiligter Dritter geschädigt ist[5].

7 Es ist möglich, dass eine der beteiligten Ursachen so stark überwiegt, dass die andere nicht mehr als adäquat zu betrachten ist. Die überwiegende

---

[1] Beispiel: Ein Auto, das vom Halter geführt wird, fährt einen sich korrekt verhaltenden Fussgänger auf einem Fussgängerstreifen an. Den Lenker trifft ein Verschulden, so dass die gleiche Person als Halter für die Betriebsgefahr und als Lenker für das Verschulden einstehen muss.

[2] Beispiel: Den Geschädigten trifft ein Selbstverschulden.

[3] Beispiel: Zwei Motorfahrzeuge kollidieren. Eines gerät als Folge davon auf das Trottoir und verletzt dort einen Fussgänger. Die Tatsache, dass dieser auf dem Trottoir anwesend war, stellt eine Nebenbedingung ohne Adäquanz dar.

[4] Beispiel: Ein schnell daherfahrendes Auto ängstigt einen Fussgänger. Dieser rennt davon und bricht sich dabei ein Bein.

[5] Beispiel: Zwei Radfahrer stossen zusammen und verletzen einander. Einer gerät auf das Trottoir und stösst dort einen Fussgänger um, der sich ein Bein bricht.

I. Vorbemerkungen   § 9

unterbricht dann den Kausalzusammenhang zwischen der zweiten Ursache und dem Schadenereignis[6]; sie stellt einen Entlastungsgrund dar (vgl. vorn § 3 N 132 ff.). Damit entfällt das Problem mehrerer adäquater Ursachen; allein die überwiegende wird als rechtlich relevant betrachtet.

Die Kollision von Haftungsarten stellt ein Teilproblem der *Schadenersatzbemessung* (vorn § 7) dar; die Lösungen führen zur Reduktion des Schadenersatzes.   8

Die Kollision von Haftungen unter sich ist ein *allgemeines Problem*, gleichgültig auf welche Normen die beteiligten Haftungen sich stützen. Der wichtigste Anwendungsfall ist das Selbstverschulden des Geschädigten. Eine Kollision im Sinne dieses Paragraphen liegt aber auch vor, wenn ein Geschädigter zwar nicht ein Selbstverschulden, wohl aber eine an der Herbeiführung des Schadens beteiligte haftungsbegründende Ursache zu vertreten hat[7]. Die schweizerischen Haftpflichtgesetze regeln abgesehen vom Selbstverschulden nur zwei Sondertatbestände: die Haftung zwischen Haltern von Motorfahrzeugen (SVG 61; vgl. Bd. II/2 § 25 N 635 ff.) und zwischen Inhabern elektrischer Anlagen (ElG 31; vgl. Bd. II/3 § 28 N 163 ff.). Keine Kollisionsnorm findet sich in EHG (vgl. Bd. II/3 § 27 N 192), im RLG (vgl. Bd. II/3 § 30 N 158 ff.), im SSG (vgl. Bd. II/3 § 31 N 149 ff.), im GSG und in der MO (vgl. Bd. II/3 § 32 N 342 ff.). Im Bereiche des KHG ergeben sich aus der Kanalisierung der Haftung besondere Umstände, wofür auf Bd. II/3 § 29 N 442 ff. verwiesen sei[8].   9

---

[6] Beispiel: Ein Fussgänger geht, ohne nach rechts oder links zu blicken, über eine verkehrsreiche Strasse und wird angefahren. Sein Selbstverschulden unterbricht den Kausalzusammenhang zwischen dem Motorfahrzeugbetrieb und seiner Verletzung; vgl. aus dem Strassenverkehrsrecht BGE 93 II 125; 95 II 187; JT 1979 I 451.

[7] Beispiel: Kollision eines Hundes mit einem Auto ohne Verschulden auf beiden Seiten. Der Hund wird getötet, das Auto beschädigt. Der Hundehalter kann den Sorgfaltsbeweis von OR 56 nicht erbringen. Der Autohalter hat sich eine Reduktion seines Schadenersatzanspruches gegen den Hundehalter wegen seiner Betriebsgefahr gefallen zu lassen, der Hundehalter mutatis mutandis wegen der Tierhalterhaftung.

[8] Das *deutsche* StVG regelt demgegenüber in § 17 neben der Kollision zwischen Motorfahrzeugen auch diejenige zwischen einem Motorfahrzeug und einem Tier oder einer Eisenbahn. In HPflG 13 sind entsprechende Regeln für die Eisenbahn- und Luftseilbahnhaftpflicht und die Haftpflicht des Inhabers einer Energieanlage enthalten. In beiden Bestimmungen wird vor allem darauf abgestellt, «wie weit der Schaden überwiegend von dem einen oder dem andern (Teil) verursacht worden ist». Diese Bestimmungen lehnen sich an BGB 254 an. Sie beziehen sich sowohl auf das Problem von mehreren Haftungsarten als auch des Regresses unter mehreren Haftpflichtigen.
Der *schweizerische* VE vom Januar 1952 für ein BG über den Strassenverkehr wollte neben der gegenseitigen Schädigung von Motorfahrzeughaltern die Kollision mit andern Kausalhaftungen ordnen (Art. 53 I); der bundesrätliche Entwurf hat davon abgesehen (Art. 56; BBl 1955 II 1 ff.), desgl. das SVG.

10 Wo eine Sondernorm fehlt, ergibt sich die Reduktion des Schadenersatzanspruches des Geschädigten, der für das Schadenereignis gegenüber Dritten ebenfalls grundsätzlich haftpflichtig wäre, aus OR 44: Die Mitverursachung des Schadens durch den Geschädigten stellt einen Umstand dar, für den dieser einzustehen hat[9]. Das gilt auch, wenn der Geschädigte bei Schädigung eines Dritten nach einer Kausalhaftungsnorm des OR oder des ZGB oder nach einem Spezialgesetz verantwortlich wäre[10]; alle Haftungsarten, denen der Geschädigte unterliegt, sind – wie das Selbstverschulden – als Reduktionsfaktoren zu berücksichtigen, und zwar bei Ansprüchen nach allen Haftungsarten[11, 12].

11 Das ergibt sich bei den Gefährdungshaftungen (ohne das EHG) aus den Verweisungen auf das OR; vgl. RLG 34, GSG 69 II, SSG 27, KHG 7 und MO 27 I: Die vom Geschädigten zu vertretenden, nach diesen Gesetzen haftungsbegründenden Umstände führen zu Schadenersatzreduktionen; OR 44 sagt nicht, nach welchen Gesetzen. Das ist ein Grundprinzip des Haftpflichtrechts und muss auch gegenüber Eisenbahnunternehmungen gelten.

B. Sektorielle Verteilung oder Kompensation bzw. Neutralisation von Ursachen?

12 Es fragt sich, in welchem Umfang die mehreren Verursacher an der Schadenstragung zu beteiligen sind. Dabei ist zu berücksichtigen, dass die Quoten, die den einzelnen Ursachen zu belasten sind, zusammen 100% ergeben müssen[13].

---

9   Vgl. BREHM N 37 ff. zu OR 44; KELLER/GABI 103 f.; STARK, Skriptum N 316 ff.; MERZ, SPR VI/1 223 ff.; DESCHENAUX/TERCIER § 7 N 44 ff., § 28 N 17 ff.; A. KELLER I 99 ff.; VON TUHR/PETER 106 ff.
10 Beispiel: Wenn ein Tier geschädigt wird, z. B. durch ein Motorfahrzeug, und durch seine eigene Aktion zur Entstehung des Schadens beigetragen hat, muss sich der Tierhalter eine Reduktion seines Ersatzanspruches gefallen lassen, wenn er den in OR 56 vorgesehenen Befreiungsbeweis nicht leisten kann.
11 Die Haftungsart, nach der der Geschädigte gegenüber Dritten verantwortlich ist, wendet sich auch gegen ihn selbst; so muss der Urteilsunfähige sich gegebenenfalls OR 54 als Reduktionsgrund entgegenhalten lassen; vgl. Bd. II/1 § 18 N 99 ff.
12 Vorbehalten bleiben die vorn N 9 erwähnten Besonderheiten des KHG.
13 Eine höhere Gesamthaftung wäre unsinnig, eine niedrigere würde den Geschädigten schlechter stellen, als wenn der Schaden durch einen einzigen adäquaten Umstand verursacht worden wäre, und fällt daher ebenfalls ausser Betracht.

I. Vorbemerkungen § 9

Wenn man alle rechtlich relevanten Ursachen berücksichtigt und das Problem anschaulich darstellen will, liegt es nahe, das Bild der *sektoriellen Verteilung* zu verwenden: Alle rechtlich relevanten Ursachen zusammen können als Kreis dargestellt werden; jeder Ursache wird ein Sektor zugeteilt, dessen Grösse von den Überlegungen abhängt, auf die unten N 23 ff. eingetreten wird. Hat ein Beteiligter dabei zwei (oder mehr) rechtlich relevante Ursachen zu vertreten[14], so sind ihm die Sektoren beider anzulasten[15].

13

Diese Betrachtungsweise legt klar, dass die Vergrösserung eines Sektors oder die Einschiebung eines zusätzlichen Sektors zur Verkleinerung aller oder einiger[16] anderer Sektoren führt. Wenn sich also z. B. ergibt, dass den beteiligten Kausalhaftpflichtigen entgegen der ursprünglichen Beurteilung ein zusätzliches Verschulden (vgl. vorn § 5 N 6) trifft, reduzieren sich entsprechend einzelne oder alle andern Sektoren. Diese Reduktion kann so weit gehen, dass ein Sektor nur noch eine quantité négligeable darstellt. Er scheidet bei der Verteilung aus[17]; minima non curat Praetor.

14

Die sektorielle Verteilung trägt *allen* rechtlich relevanten Ursachen mit Haftungsgrund Rechnung, soweit sie nicht eine quantité négligeable darstellen; jede bekommt ihre Quote. Ihr steht das *System der Kompensation oder Neutralisation*[18] von Haftungsursachen gegenüber. Danach wird eine Ursache, die den A belastet, einer entsprechenden, die der B zu vertreten hat, gegenübergestellt. Beide werden aus der Rechnung herausgestrichen, mindestens wenn ihnen ungefähr die gleich grosse Bedeutung zukommt. Die Schadenersatzbemessung erfolgt dann nur unter Berücksichtigung der verbleibenden Ursachen, deren Quoten durch das Herausstreichen der kom-

15

Ein Sonderfall liegt vor, wenn einer der Verursacher ein Haftungsprivileg geniesst; vgl. hinten § 10 N 97 ff.; STOESSEL, Das Regressrecht der AHV/IV gegen die Haftpflichtigen (Diss. Zürich 1982) 60; HANS OSWALD, SZS 1962, 277/78; SCHAER Rz 982 ff.; STEIN, ZSR 102 (1983) 108; BGE 113 II 330 ff.; vgl. hinten § 11 N 53 ff., 212 ff. (insbes. FN 259), 245 ff. und Bd. II/2 § 25 N 644 ff., 749 ff.

[14] Beispiel: A haftet kausal und hat ein zusätzliches Verschulden zu vertreten, B ist nur mit seinem Selbstverschulden beteiligt. A muss daher für die Quoten seiner Kausalhaftung und seines Verschuldens einstehen, B für die Quote seines Selbstverschuldens. Alle drei zusammen ergeben 100%.

[15] Man spricht zum Teil auch vom «Kuchenprinzip». Vgl. STARK, Skriptum N 331.

[16] Vgl. Bd. II/2 § 25 N 660.

[17] Vgl. Bd. II/2 § 25 N 653.

[18] Die Ausdrücke «Kompensation» und «Neutralisation» bezeichnen die gleiche Methode; es sind nur unterschiedliche Bilder. Wenn Verschulden beider Seiten kompensiert wird, spricht man von Kulpakompensation; vgl. BREHM N 34 ff. zu OR 44. Diese wird in BGE 113 II 328 abgelehnt, in BGE 116 II 428 aber wieder angeführt, im BGE vom 26. September 1989, Casetex Nr. 1769, offengelassen.

§ 9 Gegenseitige Schädigung und andere Fälle der Kollision von Haftungen unter sich

pensierten Ursachen erhöht werden. Hat eine der beiden in die Kompensation einbezogenen Ursachen mehr Gewicht als die andere, so kann dem «Überschuss» bei der Schadenersatzbemessung Rechnung getragen werden[19].

16   In der Literatur und in der Judikatur werden beide Methoden vertreten, wenn auch nicht immer unter den hier verwendeten Bezeichnungen[20]. Die folgenden Überlegungen sprechen *gegen die Kompensationslehre:*

17   Vorerst erscheint es als sehr problematisch, eine vom Gesetz als rechtlich relevant bezeichnete Ursache nicht zu beachten. Das Gesetz und die Lehre sehen dies vor für den Fall der sog. Unterbrechung des Kausalzusammenhanges (vgl. vorn § 3 N 132 ff.), aber nur für diesen Fall[21]. Die

---

[19] Beispiele:
– Den Radfahrer A trifft ein mittleres Selbstverschulden. B hat die Betriebsgefahr seines Autos und ein ebenfalls mittleres zusätzliches Verschulden zu vertreten. Wenn man hier die beiden Verschulden miteinander kompensiert und sie deshalb aus der Rechnung fallen, haftet B aufgrund der von ihm zu vertretenden Betriebsgefahr allein für den Schaden des A und auch für seinen eigenen Schaden. Das zusätzliche Verschulden von B führt zur Nichtberücksichtigung des Selbstverschuldens von A (vgl. Vorauflage 270 FN 40), während es bei der sektoriellen Verteilung nur dessen Quote reduziert.
– In einem Betrieb, in dem Sprengmittel gelagert werden, führen die Auswirkungen einer Explosion in einer nahen Sprengmittelfabrik zu einer neuen Explosion, die den Inhaber des Lagerbetriebes schädigt; vgl. Bd. II/3 § 31 N 153 ff. Den Inhaber der Sprengmittelfabrik trifft ein Verschulden, den Inhaber des Lagerbetriebes nicht. Wenn man die beiden Betriebsgefahren kompensiert, ist nur das Verschulden des Fabrikbetriebes bei der Schadenersatzbemessung zu berücksichtigen; er hat den gesamten Schaden allein zu tragen. Die Betriebsgefahr des Lagerbetriebes wird nicht berücksichtigt.

[20] Die Rechtsprechung zu dieser Frage ist widersprüchlich: Wird im BGE 111 II 443 mit Hinweis auf OR 44 I von Kompensation oder Neutralisation eines leichten Mitverschuldens gesprochen, scheitert in BGE 113 II 328 die Verschuldenskompensation «schon am Grundgedanken von OR 44 I». In BGE 116 II 427 wurde ein Selbstverschulden des Klägers zu einem grossen Teil von einem zusätzlichen Verschulden des Beklagten (Kausalhaftpflichtiger aus OR 58) kompensiert. Kurze Zeit später berief sich das Bundesgericht im Entscheid 116 II 737 auf die Rechtsprechung, gemäss welcher «la faute commise par le détenteur compense en partie la faute de la victime». Frühere Urteile, die sich mit diesem Problem befassen, sind z. B. BGE 91 II 212, 223; 92 II 44; 95 II 97, 580; 97 II 345. Die Uneinheitlichkeit der Rechtsprechung widerspiegelt sich in der Lehre: MERZ, SPR VI/1 225; GUHL/MERZ/KOLLER 79/80 sowie KELLER/GABI 112 f. befürworten die Verschuldenskompensation, während DESCHENAUX/TERCIER § 28 N 29; A. KELLER I 286 ff., insbes. 288 und STARK, Skriptum N 330 eine solche ablehnen. BREHM N 34 ff. zu OR 44 spricht sich gegen die Festsetzung einer absoluten Regel aus, «ansonsten der Richter nicht mehr über diejenige Freiheit verfügen könnte, welche ihm der Gesetzgeber mit Art. 44 zubilligen wollte» (N 35). Eine ausführliche Darstellung der Methodenproblematik in Lehre und Rechtsprechung (ohne ausdrückliche Stellungnahme) findet sich bei SCHAFFHAUSER/ZELLWEGER RN 1311 ff., wobei diese Autoren die Hauptschwierigkeit «weniger bei der Wahl der Methode als bei der Gewichtung der Haftungselemente» (N 1319) sehen.

[21] Abgesehen von SVG 61 I, wozu hinten N 32 und in Bd. II/2 § 25 N 645 ff. Stellung genommen wird.

I. Vorbemerkungen §9

Existenz einer entsprechenden «Gegenursache» stellt für sich allein keinen Unterbrechungsgrund dar; ist ein solcher allerdings gegeben, so fällt die haftungsbegründende Ursache, deren Kausalzusammenhang zum Schadenereignis unterbrochen worden ist, ausser Betracht[22].

Durch OR 44 I wird die Streichung von haftungsbegründenden Ursachen auf beiden Seiten nicht ausgeschlossen, aber auch nicht die Behandlung im Sinne der sektoriellen Verteilung. 18

Gegen die Kompensationslehre spricht neben dem Umstand, dass sie die Wirkungen der Unterbrechung des Kausalzusammenhanges zeitigt, ohne dass deren Voraussetzungen gegeben sind[23], die Tatsache, dass bei ihrer Anwendung auf die Betriebsgefahren Gefährdungshaftpflichtige bei gleichen Betriebsgefahren untereinander nur noch bei Verschulden haftpflichtig sind[24]. Demgegenüber trägt die sektorielle Verteilung allen nach Gesetz haftungsbegründenden Ursachen nach ihrer relativen Bedeutung Rechnung. Abgesehen davon führt die Kompensationslehre bei der praktischen Abwicklung – man kann sie ja gegebenenfalls nicht nur auf die einfachen Fälle anwenden – zu erheblichen Schwierigkeiten[25]. 19

---

[22] Ein Selbstverschulden des Geschädigten fällt danach nur ausser Betracht, wenn es wegen des zusätzlichen schweren Verschuldens des Kausalhaftpflichtigen nicht mehr als kausal zu betrachten ist. Die Betriebsgefahr eines Sprengstofflagers wird nicht durch die Betriebsgefahr eines andern Sprengstofflagers ausgeschaltet, sondern nach SSG 27 II nur durch einen der drei Entlastungsgründe.

[23] Der Kausalzusammenhang zwischen einer haftungsbegründenden Ursache A und einem Schadenereignis C wird unterbrochen, wenn eine weitere Ursache B sich so intensiv ausgewirkt hat, dass der Umstand A nicht mehr als adäquate Ursache erscheint. Nach der Kompensationslehre muss der Umstand B dagegen nicht durch seine grössere Intensität den Umstand A im konkreten Fall als für die Entstehung des Schadenereignisses unbedeutend erscheinen lassen. Es genügt, dass die beiden gleich zu werten sind. Wenn gleiches Verschulden von zwei Radfahrern kompensiert wird, kann sich keiner von ihnen auf das Verschulden des andern berufen. Wenn der eine Beteiligte an einem Unfall eine Betriebsgefahr zu vertreten hat, aber beide ein gleich grosses Verschulden, bleibt sie als einziger Haftungsgrund übrig.

[24] In BGE 99 II 97 spricht das Bundesgericht nicht von einer Kompensation der Betriebsgefahren, sondern betrachtet die Ursachen als massgebend, auf die die Verwirklichung der Betriebsgefahren im Einzelfall zurückzuführen ist, d. h. das Verschulden, für das der eine oder andere Halter eines Motorfahrzeuges einstehen muss. Gestützt darauf müsse der allein schuldige Halter seinen Schaden und denjenigen seines Gegners allein tragen. Dieser Entscheid nimmt die Regelung von SVG 61 I vorweg. Die darin vertretene Ausschaltung der Betriebsgefahren bedeutet dogmatisch deren Kompensation; anders lässt sie sich nicht begründen.

[25] Hier sind verschiedene Gruppen von Fällen zu erwähnen, namentlich folgende:
a) Wenn nur zwei gleiche Verschulden oder zwei gleiche Betriebsgefahren den Unfall verursacht haben, d. h. wenn keine weiteren haftungsbegründenden Ursachen vorhanden sind, führt die Kompensation zur Streichung jeder Haftpflicht; beide Beteiligten haben

§ 9 Gegenseitige Schädigung und andere Fälle der Kollision von Haftungen unter sich

20 Die Kompensationslehre ist daher abzulehnen. Sie geht in der normativen, sich von den tatsächlichen Gegebenheiten lösenden Betrachtungsweise – ohne genügenden Grund – zu weit[26].

C. Die Berücksichtigung des Verschuldens von Hilfspersonen des Geschädigten

21 Vgl. dazu vorn § 5 N 154 ff.

ihren Schaden selber zu tragen. Das ist stossend, wenn einer von ihnen einen viel grösseren Schaden erlitten hat als der andere.

b) Wenn die Subjekte der miteinander kollidierenden Haftungen (A und B) nicht nur einander, sondern gleichzeitig auch einen Dritten (C) schädigen, dem gegenüber sie solidarisch haftpflichtig sind, kann man vorerst die Frage stellen, ob C sich auf die zwischen A und B kompensierten Haftungsgründe noch berufen könne. Dies ist wohl zu bejahen. Wichtig ist der Umstand, dass die Kompensation, die für die Schäden von A und B gilt, auf das interne Verhältnis für die Verteilung des Schadens von C nicht anwendbar ist.

c) Daneben kann die Kompensationslehre bei Verschuldenshaftung zur Folge haben, dass die Anerkennung oder Ablehnung eines Unterschiedes zwischen den Verschulden von zwei gegenseitigen Schädigern sich auf das Resultat unverhältnismässig auswirkt. Wenn der erste Richter die Verschulden als gleich beurteilt und verrechnet, muss jeder seinen eigenen Schaden tragen und keiner dem andern Schadenersatz bezahlen. Wenn ein anderer Richter aber das eine Verschulden als leicht überwiegend betrachtet und bis zur Höhe des kleineren Verschuldens kompensiert, muss der Schädiger mit dem grösseren Verschulden wegen dieser kleinen Differenz beide Schäden übernehmen. Solche grosse finanzielle Konsequenzen von kleinen Unterschieden sollten von der Rechtsordnung dort vermieden werden, wo dies möglich ist.

d) Bei Kollision einer einfachen Kausalhaftung mit einer Gefährdungshaftung stellt sich vorerst die Frage, ob sie trotz ihrer verschiedenen Natur überhaupt kompensiert werden können. Wer dies bejaht und z. B. zwischen den Intensitäten der Gefährlichkeit eines Tieres und eines Personenautos das Verhältnis 1:2 annimmt, kommt auf Grund der Kompensationslehre bei beidseitig fehlendem Verschulden zur alleinigen Haftpflicht des Motorfahrzeughalters für die Schäden beider Beteiligten (vgl. hinten N 40 ff.).

[26] Eine normative Betrachtungsweise der Kausalverhältnisse besteht auch bei der Adäquanzlehre (vgl. vorn § 3 N 14 ff.) und der alternativen sowie der kumulativen Kausalität (vgl. vorn § 3 N 116 ff.; § 6 FN 12 f.). Dort liegen aber beachtliche Gründe dafür vor, bei der Adäquanzlehre die für das Haftpflichtrecht unerlässliche Unterscheidung zwischen den die Wirkungen eines Kausalzusammenhanges prägenden Ursachen und den Nebenbedingungen, in den andern Fällen (alternative und kumulative Kausalität) die Unmöglichkeit, den natürlichen Kausalzusammenhang wahrzunehmen. – Eigentlich lassen sich sowieso nur Umstände kompensieren oder neutralisieren, die gegeneinander wirken – man denke an einen Geohrfeigten, der zurückschlägt. Haftungsgrund und Selbstverschulden bewirken aber gemeinsam denselben Schaden.

D. Die Berücksichtigung der Mitwirkung eines selbständigen Vertragspartners des Geschädigten

Zu denken ist hier an Dritte, die den Haftungsgrund des Geschädigten 22
verursacht[27] oder die mindestens eine wesentliche Bedingung für die Auswirkung dieses Haftungsgrundes gesetzt haben[28]. Wenn der Dritte verantwortlich gemacht werden kann, hat der geschädigte Kausalhaftpflichtige sich im Rahmen der sektoriellen Verteilung an sich eine Reduktion seines Schadenersatzanspruches gegen den Dritten gefallen zu lassen. Die von ihm nach den Grundsätzen über die Kollision von Kausalhaftungen zu tragende Quote seines eigenen Schadens stellt einen Vermögensschaden dar, für den ihm der Dritte einzustehen hat, wenn er sich eine schuldhafte Verletzung seiner vertraglichen Pflichten gegenüber dem Kausalhaftpflichtigen vorwerfen lassen muss.

II. Die Quoten der rechtlich relevanten Ursachen

Die Grösse der einzelnen Sektoren hängt von der Anzahl und der Art 23
der mitwirkenden Ursachen ab[29]. Sie kann nur von Fall zu Fall, je nach den Umständen, festgelegt werden. Generelle Aussagen, wie sie im folgenden gemacht werden, können nur Anhaltspunkte bieten. Sie stellen ein wichti-

---

[27] Beispiel: Eine Putzfirma reinigt ein Haus und wichst dabei die Treppe zu stark. Der Hauseigentümer, der das Reinigungsinstitut beauftragt hat, gleitet deswegen aus und bricht sich ein Bein.
Die Putzfirma haftet für den Unfall, weil sie einen gefährlichen Zustand geschaffen hat (Gefahrensatz). Muss sich der Hauseigentümer den Werkmangel seines Hauses als Reduktionsgrund entgegenhalten lassen?

[28] Beispiel: Eine Autowerkstätte muss einen Pneu reparieren und zieht die Radschrauben beim Montieren des Rades unsorgfältig an. Das Rad löst sich auf der Fahrt vom Auto; der Halter wird verletzt.
Der Garagist haftet auch hier für den Unfall. Wenn ein Mitfahrer im Auto geschädigt worden wäre, wäre der Autohalter solidarisch mit ihm verantwortlich. Kann ihm seine eigene Betriebsgefahr als Reduktionsgrund entgegengehalten werden, nachdem er selbst geschädigt ist?

[29] Rechtlich relevant sind nur adäquate Ursachen, für die Haftungsgründe bestehen. Eine Ausnahme macht der mitwirkende Zufall, der unter Umständen auch berücksichtigt werden kann; vgl. vorn § 3 N 89 ff.

ges Hilfsmittel dar, um zu erreichen, dass gleiche Fälle immer wieder und überall ungefähr gleich entschieden werden.

24 Es ist naheliegend, jeder haftpflichtmässig relevanten Ursache ihren Anteil an der Gesamtverursachung[30] anzurechnen, entsprechend dem Wortlaut von BGB 254. Wie vorn § 3 N 11 dargelegt, lassen sich aber keine Anteile von Ursachen feststellen, weil alle Ursachen als conditiones sine quibus non kausalitätsmässig grundsätzlich das gleiche Gewicht haben; jede ist für den Erfolg unerlässlich[31]. Rechtlich kann daher bei dieser Verteilung – genau gleich wie beim Innenverhältnis bei Solidarität (hinten § 10 N 74) – nicht einfach auf die Verursachung im natürlichen Sinne abgestellt werden. Wer trotzdem die Verursachungsquote als massgebend hinstellt, bedient sich dabei einer verkürzten Ausdrucksweise für ein anderes Kriterium[32]: Massgebend kann nicht die Verursachungsquote sein, sondern die Bedeutung des Haftungsgrundes, der an eine Ursache geknüpft ist, das Gewicht, das diesem Haftungsgrund bei der juristischen Wertung zukommt, oder m. a.W. die Wahrscheinlichkeit eines Schadens, die mit ihm verbunden ist[33].

25 Die Sektorenverteilung ist für die verschiedenen Ansprüche, die sich aus einem bestimmten Schadenereignis ergeben, die gleiche[34]. Die Schadensberechnung erfolgt aber für jeden Geschädigten separat. Zur Festsetzung der Höhe der Ansprüche wird auf das Ergebnis jeder einzelnen Schadensberechnung der vorher generell bestimmte Sektoren-Schlüssel angewendet. Wenn A z. B. 40% und B 60% zu vertreten hat, gilt dies sowohl für die gegenseitigen Ansprüche als auch für diejenigen von geschädigten Dritten.

---

[30] So die Vorauflage 320 zu FN 22.
[31] HÄBERLIN 34 bezeichnet die Formulierung von BGB 254 I daher als «völlig verfehlt».
[32] Das sieht man deutlich bei MERZ, SPR VI/1 225 FN 145, der aus dem Vergleichen der Grösse des Verschuldens des Geschädigten mit derjenigen des Schädigers (bei Verschuldenshaftung) den Schluss zieht, dass es logisch möglich sei, zwischen den Ursachen als solchen zu unterscheiden.
[33] Deshalb ist nach der Vorauflage 321 trotz des vorher erwähnten Abstellens auf den Anteil an der Gesamtkausalität die Grösse der beteiligten Betriebsgefahren massgebend, also ein juristisches Moment. Dies entspricht trotz des Wortlautes von BGB 254 I auch der deutschen Lehre; vgl. DEUTSCH 325; ESSER/SCHMIDT (6. A.) 582 f.; GEIGEL/SCHLEGELMILCH, 3. Kap. N 63 f.; LARENZ 541 f. und 549.
[34] Wenn demgegenüber die Gefährdung, die die Aktivität eines Geschädigten mit sich bringt, für ihn selbst viel grösser ist als für Dritte, ist die Sektorenverteilung für jeden Anspruch separat vorzunehmen. Das sind aber seltene Fälle. Eine gewisse Rolle hat in der Judikatur beim Motorrad der Unterschied zwischen der Gefährdung Dritter und derjenigen des Benützers gespielt; vgl. BGE 94 II 177 und die dort zit. Lit. und Judikatur. Man unterscheidet zwischen Eigengefährdung und Gefährdung Dritter; vgl. Bd. II/2 § 25 N 667 ff., insbes. FN 1101.

A. Kollision von Verschuldenshaftungen

Haben sich mehrere aus Verschulden Haftpflichtige *gegenseitig* geschädigt[35], so ist für den für jeden gesondert berechneten Schaden jedem Ersatz in demjenigen Verhältnis zuzusprechen, das der Grösse der Verschulden aller Beteiligten entspricht. Der Geschädigte hat die seinem eigenen Verschulden entsprechende Schadensquote selber zu tragen[36, 37]. 25a

Es ist weniger anschaulich, für die Beteiligten weniger einleuchtend und auch kompliziert, die Schäden aller Beteiligten zu addieren und die Gesamtsumme[38] nach dem gefundenen Schlüssel zu verteilen[39]. Dies gilt für sämtliche Kombinationen einer Kollision. 26

Für die Einzelfragen, die im Zusammenhang mit der Anrechnung des Selbstverschuldens auftreten, sei auf § 7 N 13 ff. verwiesen. Die dortigen Ausführungen gelten ebenfalls, wenn der Geschädigte mit seinem Selbstverschulden gleichzeitig einen Dritten geschädigt hat. 27

---

[35] Zum Beispiel zwei Radfahrer. Hieher gehört nach SVG 61 II auch der sog. Sachschaden unter Haltern; vgl. Bd. II/2 § 25 N 677 ff.; ANDRÉ BUSSY, Motorfahrzeughaftpflicht, SJK Nr. 916a N 5c (Genf 1961); PETER PORTMANN, Organ und Hilfsperson im Haftpflichtrecht (Bern 1958) 78; BUSSY/RUSCONI N 2.2 zu LCR 61; SCHAFFHAUSER/ZELLWEGER RN 1345 ff.

[36] Beispiel: Schaden des A Fr. 900.–. Sein Verschulden ist halb so gross wie dasjenige von B, der einen Schaden von Fr. 1200.– erlitten hat. A kann von B Fr. 600.– verlangen; Fr. 300.– muss er selber tragen. B kann von A Fr. 400.– fordern und muss Fr. 800.– selber tragen. Selbstverständlich können die so berechneten gegenseitigen Forderungen verrechnet werden, wobei sich in diesem Beispiel ein Saldo zugunsten von A von Fr. 200.– ergibt. In der aussergerichtlichen Praxis ist das aber nicht gebräuchlich, weil meistens die beteiligten Haftpflichtversicherer die ihre Kunden belastenden Beträge direkt bezahlen.
Ist das Verschulden von A und B gleich gross, so sind die beiden Schadenersatzansprüche nicht wettzuschlagen – das wäre das Ergebnis der Kompensation von Haftungsarten; vgl. vorn N 12 ff. Auch hier ist der Schaden jedes Beteiligten gesondert zu berechnen; jeder kann vom andern die Hälfte *seines* Schadens ersetzt verlangen. Beim obigen Zahlenbeispiel kann A Fr. 450.– verlangen, B Fr. 600.–.

[37] Vgl. BGE 60 II 201, 286; SCHAFFHAUSER/ZELLWEGER RN 1325 f.; GUHL/MERZ/KOLLER 80. Anders BGE 49 II 474.

[38] Im genannten Zahlenbeispiel ergibt sich dabei folgende Berechnung:
Schaden des A   Fr. 900.–
Schaden des B   Fr. 1200.–
Total   Fr. 2100.–.
Diese sind im Verschuldensverhältnis 1:2 zu verteilen = A hat $\frac{1}{3}$ des Gesamtschadens = Fr. 700.– zu tragen, B $\frac{2}{3}$ = Fr. 1400.–. A hat einen Schaden von Fr. 900.– erlitten, der also seine Quote um Fr. 200.– übersteigt. Diesen Betrag kann er von B fordern, so dass B zusammen mit seinem eigenen Schaden auf eine Beteiligung von Fr. 1400.– kommt. Vgl. das Zahlenbeispiel von BGE 60 II 201.

[39] Vgl. STREBEL/HUBER N 8 zu MFG 39; GEIGEL/SCHLEGELMILCH, 10. Kap. N 41; MEIER 178 ff., 219; gegenteilig BOLLA 55.

B. Kollision von Gefährdungshaftungen mit oder ohne zusätzliches Verschulden

1. Allgemeines

28 Wie dargelegt, finden die Grundsätze über die Kollision von Haftungsarten nicht nur Anwendung, wenn den Geschädigten ein Selbstverschulden trifft, sondern auch, wenn er den Schaden durch eine Aktivität verursacht hat, die einer einfachen Kausal- oder einer Gefährdungshaftung untersteht. Wer selbst für sein Verhalten aus Gefährdung haftpflichtig wäre, wenn ein Dritter dadurch geschädigt worden wäre, muss dieses Verhalten sich als Reduktionsgrund entgegenhalten lassen, wenn er selbst geschädigt wurde und für seinen Schaden einen Mitverursacher belangt. Man nennt dies das *Prinzip der* (partiellen) *Selbsttragung des eigenen Schadens*. Wenn zwei Gefährdungshaftpflichtige einander gegenseitig Schaden zufügen und die Betriebsgefahren beidseitig gleich gross sind, trägt jeder die Hälfte seines eigenen Schadens und erhält die Hälfte vom Gegner ersetzt. Dies gilt entsprechend, wenn nur einer der das Schadenereignis verursachenden Gefährdungshaftpflichtigen geschädigt wurde; er erhält 50% Schadenersatz. Der geschädigte Gefährdungshaftpflichtige kann also insoweit keinen Schadenersatz verlangen, als «Umstände, für die er einstehen muss» (OR 44 I), auf die Entstehung des Schadens eingewirkt haben[40].

29 Was heisst «insoweit»?

30 Da keine Quoten der Verursachung im natürlichen Sinn festgestellt werden können, ist das Gewicht einer Ursache vom Gewicht des Haftungsgrundes, den der Haftpflichtige zu vertreten hat, abhängig. Dieses Gewicht ergibt sich aus der Begründung der Einführung der betreffenden Kausalhaftung und daraus, wie stark sich diese Argumente im konkreten Unfallablauf ausgewirkt haben.

31 Bei den Gefährdungshaftungen wird daher auf die Grösse der Gefährdung abgestellt. Dabei ist die je in Erscheinung getretene Betriebsgefahr konkret zu erfassen und der Beurteilung zugrunde zu legen, d. h. so, wie sie sich im Unfall verwirklicht hat[41]. Je grösser die Gefährdung, um so grösser ist der entsprechende Sektor bei der sektoriellen Verteilung.

---

[40] BGE 64 II 438/39; 85 II 520; 88 II 134, 460; 108 II 57 f.
[41] BGE 94 II 178/79; 105 II 213/14; 108 II 57; JT 1986 I 416; vgl. Bd. II/2 § 25 N 669, 741, FN 1099. – Demgegenüber wollte VON WALDKIRCH in ZSR 62, 34 ff. auf einen formelmäs-

2. Einzelfragen

1. Der wichtigste Anwendungsfall von Kollisionen von Gefährdungshaftungen mit oder ohne zusätzliches Verschulden ergibt sich aus den *Zusammenstössen von Motorfahrzeugen*. Massgebend dafür ist SVG 61, und zwar Abs. 1 für die Personenschäden und Abs. 2 für die Sachschäden. Dafür kann auf die einlässliche Besprechung im Rahmen der Haftpflicht des Motorfahrzeughalters (Bd. II/2 § 25 N 635 ff.) verwiesen werden. Dort wird ein Weg gesucht, trotz des Wortlautes des revidierten Art. 61 I SVG, der auf der vorn (N 12 ff.) abgelehnten Theorie der Kompensation oder Neutralisation beruht, zu einem vertretbaren Resultat zu kommen[42, 43].

32

2. Wenn ein *Eisenbahnzug* mit einem Motorfahrzeug zusammenstösst, sind die beidseitigen Betriebsgefahren, wie sie sich konkret ausgewirkt haben, zu evaluieren. Dabei ist, gestützt auf den viel längeren Bremsweg

33

---

sig festgelegten, aus der Unfallstatistik abgeleiteten Gefährdungskoeffizienten abstellen, was abzulehnen ist.

[42] Der Wortlaut von SVG 61 I in der Fassung der Revision von 1975 stellt einerseits eine gesetzliche Anweisung an den Richter dar, in abstracto dem Verschulden mindestens so viel Gewicht beizulegen wie der Betriebsgefahr. Dagegen ist nichts einzuwenden.
Der Text geht aber – wenn auch nicht zwingend – darüber hinaus und schreibt vor, dass die Betriebsgefahren nur zu berücksichtigen seien, wenn sie eine andere Verteilung rechtfertigen. Die Betriebsgefahren der Unfallmotorfahrzeuge werden praktisch immer beteiligt sein. Gegenüber jedem Nichthalter begründen sie die volle Haftpflicht. Gegenüber einem Halter soll dies aber nur unter besonderen Umständen der Fall sein. Diese Regelung kann nur mit der Lehre von der Kompensation der Betriebsgefahren (vgl. vorn N 19; Bd. II/2 § 25 N 652) begründet werden. Als besonderer Umstand ist wohl eine die gegnerische Betriebsgefahr übersteigende Betriebsgefahr zu berücksichtigen. Dieser Gedanke lag der Neuformulierung von SVG 61 I bei der Revision von 1975 zugrunde; vgl. Bd. II/2 § 25 FN 1083. Ob die Betriebsgefahren sich dann bis zur Grösse der niedrigeren aufheben, der «Überschuss» der grösseren allein bei fehlendem Verschulden volle Haftpflicht begründet, sagt das Gesetz nicht; das wäre aber allein konsequent.
SVG 61 I ist eigentlich nur anwendbar bei gleichen Betriebsgefahren. Bei «Überschüssen» an Betriebsgefahren kann nicht gut mit der Kompensationslehre gearbeitet werden; vgl. vorn N 15. Dann ist die sektorielle Verteilung anzuwenden. Dieser Methodenwechsel stellt kein gutes System dar.

[43] Der Vollständigkeit halber sei unterstrichen, dass der geltende Text von SVG 61 I weitgehend der vor der Revision von 1975 entwickelten bundesgerichtlichen Praxis entspricht (vgl. BGE 84 II 313; 99 II 97), die dazu neigte, den allein schuldigen Halter die Schäden beider Halter tragen zu lassen (in diesem Sinne eindeutig BGE 84 II 313, wobei man sich aber fragen kann, ob dem Kläger nicht grobe Fahrlässigkeit vorzuwerfen gewesen wäre). Er ist so gefahren und war so ausgerüstet, dass er ohne ausserordentliche Ereignisse auf die linke Strassenseite geriet. Wenn man dem Kläger grobe Fahrlässigkeit anlastet, ist seine volle Verantwortlichkeit für beide Schäden kaum zu bestreiten.

von Eisenbahnzügen als von Automobilen und auf die Unmöglichkeit von Ausweichmanövern, trotz der besonderen Bahnanlagen, die die Unfallgefahr reduzieren, von einer höheren Gefahr der Eisenbahn auszugehen. Es rechtfertigt sich, im allgemeinen, d. h. abgesehen von besonderen Verhältnissen, die Betriebsgefahr der Eisenbahn als doppelt so gross zu betrachten wie diejenige eines Motorfahrzeuges[44].

34   Für den *Sachschaden* enthalten SVG 61 II und EHG 11 Sondervorschriften, die bei der Kollision von Haftungsarten zu Schwierigkeiten führen können. SVG 61 II sieht vor, dass der Autohalter für den Sachschaden eines Dritten voll kausal haftet, wenn aber der Dritte seinerseits ein Halter ist, nur bei Verschulden (vgl. Bd. II/2 § 25 N 677 ff.). Da die Eisenbahnunternehmung nicht als Autohalter beteiligt ist, haftet nach dem Gesetz der in die Kollision verwickelte Automobilist für den Sachschaden der Eisenbahn voll kausal. Nach EHG 11 I muss die Eisenbahnunternehmung aber für den Sachschaden des Autohalters nur dann ohne Verschulden aufkommen, wenn die Person, die die Sache in Obhut hatte, verletzt worden ist. Das Bundesgericht hat diese Ungleichheit in konstanter Praxis dadurch ausgemerzt, dass es auf den Sachschaden zwischen Autohalter und Eisenbahnunternehmung die Bestimmung des SVG über den Sachschaden unter Haltern anwendete, d. h. in seinen Urteilen von gegenseitiger Verschuldenshaftung ausging[45]. In der Literatur wurde auf schwere Mängel dieser Rechtsprechung hingewiesen, auf die hier nicht näher eingetreten werden kann[46]. Sie zeigen, dass es sich rächen kann, wenn der gleiche Haftpflichtige für verschiedene Schadenarten nach verschiedenen Grundsätzen haftet, eine Lösung, die sich dogmatisch nur schwer rechtfertigen lässt.

35   3. Eine Sondervorschrift für die Kollision von Haftungsarten enthält auch ElG 31 (vgl. Bd. II/3 § 28 N 163 ff.), die nach ihrem Wortlaut nur für den Sachschaden an den Anlagen gilt, vernünftigerweise aber auch auf andere Schäden eines beteiligten Betriebsinhabers anzuwenden ist.

36   Die Bestimmung sieht eine vernünftige Berücksichtigung der beidseitigen Betriebsgefahren vor, gilt aber nach ihrem Wortlaut nur, wenn nicht einer Seite ein Verschulden nachgewiesen werden kann. Ist dies der Fall, so ergibt sich aus der Norm keine Lösung. Es liegt nahe, jedes Verschulden,

---

[44] Vgl. BGE 67 II 187 (Motorrad/Trambahn Verhältnis 1:2); 69 II 159 (Auto/Zug einer Nebenbahn Verhältnis 1:2); 76 II 325 (Lastwagen/Schnellzug ebenfalls 1:2); SCHAFFHAUSER/ZELLWEGER RN 1353.
[45] Vgl. BGE 69 II 411 (zu MFG 39 Satz 2); 76 II 332/33; 93 II 126; 99 II 198; JT 1986 I 415.
[46] Vgl. BGE 93 II 127; BUSSY/RUSCONI, art. 6, n° 3.2; JAKOB in SJZ 71, 233.

II. Die Quoten der rechtlich relevanten Ursachen § 9

das von einem beteiligten Anlageinhaber zu vertreten ist, im Rahmen der sektoriellen Verteilung neben den Betriebsgefahren zu berücksichtigen.

4. Bei Kollisionen zwischen andern Gefährdungshaftungen sind die Grössen der beteiligten konkreten Betriebsgefahren unter Berücksichtigung des zusätzlichen Verschuldens gegeneinander abzuwägen. Daraus ergibt sich dann die Schadenersatzbemessung. Eine spekulative Erörterung von Einzelheiten erübrigt sich. 37

In diesem Zusammenhang kann man die Frage aufwerfen, ob die Regelung von SVG 61 I auch auf andere Kollisionen als der Haftungen aus SVG anzuwenden sei. Soweit man aus SVG 61 I nur ableitet, dass dem Verschulden angemessenes Gewicht beizumessen sei (vgl. Bd. II/2 § 25 N 649 ff.), ist dagegen nichts einzuwenden. Wenn man aber – im Gegensatz zu der in diesem Buch vertretenen Meinung – SVG 61 I als einen gesetzgeberischen Entscheid zugunsten der Kompensationstheorie und gegen die sektorielle Verteilung betrachtet, ist diese analoge Anwendung von SVG 61 I auf andere Gefährdungshaftungen abzulehnen. Die Problematik dieser Norm träte dann bei ungleichen Betriebsgefahren – was auch im Rahmen des SVG vorkommt; vgl. Bd. II/2 § 25 N 667 ff. – deutlich zutage: Man kann die Ungleichheit von Betriebsgefahren nicht im Normalfall regelmässig unbeachtet lassen, sie aber bei besonderen Verhältnissen berücksichtigen. Hier führt nur die sektorielle Verteilung zu klaren Kriterien, die der Praktikabilität und der Rechtssicherheit Genüge tun. 38

C. Kollision von Gefährdungshaftungen mit oder ohne zusätzliches Verschulden mit Verschuldenshaftung

Hieher gehört z. B. der Zusammenstoss eines Motorfahrzeuges mit einem Fahrrad. Hat der Radfahrer Schaden erlitten, so haftet der Automobilist gestützt auf seine Gefährdungshaftung. Ein eventuelles Selbstverschulden des Radfahrers wird nach den allgemeinen Regeln berücksichtigt[47]. Zusätzliches Verschulden des Automobilisten vergrössert seinen 39

---

[47] Vgl. BGE 95 II 580 f. Unzutreffend wurde in BJM 1969, 29 eine Betriebsgefahr eines Motorfahrrades, das haftpflichtrechtlich dem Fahrrad gleichgestellt ist und folglich OR 41 untersteht, bejaht. Es kommt nicht auf irgendeine im Einzelfall wahrnehmbare Gefährdung an, sondern darauf, ob der Gesetzgeber eine Unterstellung unter eine Gefährdungshaftung vorgenommen hat; dies könnte ändern, wenn eine generelle Gefährdungshaftung eingeführt würde.

Anteil[48]. Hat der Radfahrer gleichzeitig den Automobilisten geschädigt und ist der Automobilist schuldlos, so wird im Rahmen der sektoriellen Verteilung dem Automobilisten der auf seine Betriebsgefahr entfallende Anteil angelastet[49], z. B. 40%. Die restlichen 60% ersetzt ihm der Radfahrer gestützt auf OR 41. Seinen eigenen Schaden hat der Radfahrer zu 60% selber zu tragen; der Automobilist muss ihm 40% ersetzen. Ist der Automobilist allein geschädigt, so haftet ihm der Radfahrer nicht voll – ausser sein Verschulden habe den Kausalzusammenhang unterbrochen[50] –, sondern nur reduziert um die Quote der Betriebsgefahr[51] des Autos.

D. Kollision von Gefährdungshaftungen mit gewöhnlichen Kausalhaftungen

40   Man denke z. B. an die Kollision der Haftung des Werkeigentümers (OR 58), insbesondere des Strasseneigentümers (vgl. Bd. II/1 § 19 N 104 ff.), des Tierhalters (OR 56) oder des Urteilsunfähigen (OR 54) mit derjenigen des Motorfahrzeughalters (SVG 58) oder der Eisenbahnunternehmung (EHG 1), also z. B. an ein Auto, das wegen einer ungenügend signalisierten Baustelle in einen Strassengraben fährt und dort eine Maschine der städtischen Bauverwaltung beschädigt, oder den Zusammenprall eines Hundes mit einem Auto. Die Beteiligung von Verschulden auf der einen oder andern Seite führt auch hier zu weiteren Kombinationen. Das Problem stellt sich dann nicht, wenn die eine Seite von vornherein nicht haftpflichtig ist, weil z. B. das Werk nicht mangelhaft war[52], der Tierhalter den in OR 56 vorgesehenen Beweis genügender Sorgfalt erbracht hat[53] oder die andere Seite sich auf Entlastung durch Unterbrechung des Kausalzusammenhanges berufen kann[54].

---

[48] Vorn § 7 N 13 ff.; 26 mit Belegen.
[49] Gleich im Grundsatz BGE 85 II 520 (schuldiger Fussgänger/Auto), 88 II 134 (schuldiger Führer einer Strassenwalze/Auto); 88 II 460 (nach OR 41 haftbarer Führer eines nicht in Betrieb stehenden Autos/Motorradfahrer).
[50] Vgl. z. B. BGE 85 II 521; 93 II 130.
[51] Gleich im Ergebnis MEIER 17; PORTMANN 27 f.; BUSSY/RUSCONI N 3.6 zu LCR 61; GIGER/SCHLEGEL, Ziff. 3e zu SVG 61; SCHAFFHAUSER/ZELLWEGER II RN 1381.
[52] Vgl. BGE 76 II 215; 78 II 151; 102 II 343 ff.
[53] BGE 86 II 15 ff.
[54] ZR 59 (1960) Nr. 125 S. 312; SJZ 75 (1979) 130.

II. Die Quoten der rechtlich relevanten Ursachen § 9

Über das Gewicht, das den einfachen Kausalhaftungen im Vergleich zu 41
den Gefährdungshaftungen im allgemeinen oder zu bestimmten Gefährdungshaftungen zugeschlagen werden soll, enthält das Gesetz keine Hinweise. Die Tatsache, dass die einfachen Kausalhaftungen weniger streng sind als die Gefährdungshaftungen, d. h. dass sie nur bei Verletzung einer objektivierten Sorgfaltspflicht zur Anwendung kommen (vgl. Bd. II/1 § 17 N 6 ff.), legt den Schluss nahe, dass ihnen bei Haftungskollisionen weniger Gewicht zuzumessen ist als den Gefährdungshaftungen[55]. Bei der sektoriellen Verteilung ist daher dem Gefährdungshaftpflichtigen ein grösserer Sektor anzulasten als dem Subjekt einer gewöhnlichen Kausalhaftung – immer unter Vorbehalt eventueller Verschulden auf der einen oder der andern oder auf beiden Seiten[56]. Da man bei der Kollision zweier Gefährdungshaftungen die deutlich gefährlichere Aktivität mit dem grösseren Teil der beidseitigen Schäden belastet (vgl. vorn N 31), so muss dies um so mehr für die Kollision einer Gefährdungshaftung mit einer gewöhnlichen Kausalhaftung gelten. Stösst ein Automobilist ohne eigenes Verschulden mit einer Kuh zusammen, deren Halter sich nicht nach OR 56 befreien kann, obschon ihn kein Verschulden trifft, so erhält der Automobilist weniger als die Hälfte seines Schadens ersetzt.

Wer ein Verschulden zu vertreten hat, hat sich dafür bei der sektoriellen 42
Verteilung einen zusätzlichen Sektor anlasten zu lassen. Wer aus SVG 61 I den – vorn N 38 und in Bd. II/2 § 25 N 649 ff. vertretenen – Schluss zieht, dass dem Verschulden ein angemessenes Gewicht zukomme, wird diese Bestimmung mit Recht hier analog anwenden. Wer aber bei seiner Interpretation und analogen Anwendung von SVG 61 I weitergehen und Kausalhaftungsgründe miteinander kompensieren will, kommt in unlösbare Schwierigkeiten. Dieser Weg ist nicht gangbar. Der Gefährdungshaftpflich-

---

[55] BGE 85 II 246 f.; 88 II 134; 108 II 57; ZBJV 93, 30/31 = SJZ 53, 125; AGVE 1958, 37/38; SJZ 61, 96 = Rep. 1963, 71 ff. – PORTMANN 20/21; OSWALD in SZS 11, 173 ff.; DERS. in BJM 1967, 18 N 49; RAYMOND GREC, La situation juridique du détenteur de véhicule automobile en cas de collision de responsabilités (Diss. Lausanne 1969) 133 ff.; WYNIGER 11 ff. und GIRSBERGER 57 ff. (beide ACS); BUSSY/RUSCONI N 3.5 zu LCR 61; GIGER/SCHLEGEL, Art. 61 Ziff. 3 d); MERZ, Berner Tage 121; JOHN METZGER, La responsabilité du détenteur d'animaux (Diss. Genf 1956) 142 ff., 185 ff. – Kritisch MERZ in ZBJV 94, 404/05 und 96, 467/68.

[56] In der aussergerichtlichen Praxis ist es üblich, den Anteil des Motorfahrzeughalters doppelt so hoch festzusetzen wie denjenigen des Tierhalters; vgl. A. KELLER I 297; SCHAFFHAUSER/ZELLWEGER II RN 1387. Bei der Geschäftsherrenhaftung dürfte eine kleinere Quote als 50%, verglichen mit der Motorfahrzeughaftung, naheliegen; vgl. hinten N 45.

§ 9 Gegenseitige Schädigung und andere Fälle der Kollision von Haftungen unter sich

tige hat daher auch gegenüber einer einfachen Kausalhaftung mit zusätzlichem Verschulden einen Teil seines eigenen Schadens selbst zu tragen.

E. Kollision gewöhnlicher Kausalhaftungen miteinander oder mit Verschuldenshaftungen

43   Hier lassen sich sehr viele verschiedene Tatbestände aufzählen, auf die näher einzugehen sich aber erübrigt[57].

44   Auch diese Fälle sind nach der Methode der sektoriellen Verteilung zu behandeln: Es ist festzulegen, welche Quote des Schadens jeder Beteiligte zu tragen hat. Das hängt ab von der Bedeutung, die den von ihm zu verantwortenden Umständen zuzumessen ist. Es handelt sich vor allem um das Gewicht, das den die einzelnen gewöhnlichen Kausalhaftungen begründenden Ursachen, verglichen miteinander, aber auch verglichen mit dem beteiligten Verschulden im konkreten Ablauf zukommt[58]. Dieses Gewicht ist, wie vorn N 30 dargelegt, davon abhängig, wie stark sie den Kausalablauf, der zum Schadenereignis führte, geprägt haben, wie sehr sie mit anderen Worten für das Entstehen gerade des eingetretenen Schadenereignisses – und nicht einer anderen Wirkung – massgebend waren. Diese Fragen hat der Richter nach seinem Ermessen zu entscheiden.

45   Die Idee der *Gefährdung,* die gewöhnlich bei der Tierhalterhaftung auf 50% derjenigen der Motorfahrzeughaftung geschätzt wird, spielt bei der Geschäftsherrenhaftung nach OR 55 nicht immer die gleiche Rolle wie bei den übrigen einfachen Kausalhaftungen. Hier steht vielmehr die Überlegung im Vordergrund, dass der Geschäftsherr die Hilfsperson nicht nur instruiert und überwacht, sondern auch auswählt und *deshalb*[59] für die von ihr verursachten Schäden einzustehen hat (vgl. Bd. II/1 § 20 N 11). Das legt den Gedanken nahe, der Geschäftsherrenhaftpflicht bei Kollisionen eher weniger Gewicht beizumessen als den andern einfachen Kausalhaftungen

---

57   Man danke an folgende Sachverhalte: Kollision gewöhnlicher Kausalhaftungen miteinander mit Verschuldensbeteiligung auf einer oder mehreren oder auch auf allen Seiten; Kollision gewöhnlicher Kausalhaftungen ohne oder unter Verschuldensbeteiligung auf deren Seite mit Verschuldenshaftung.
58   Die grundsätzlich gleiche Frage stellt sich bei jedem Anwendungsfall der betreffenden Haftungsarten, wenn ein Selbstverschulden des Geschädigten im Spiel ist (vgl. vorn § 5 N 137). Das gilt auch bei Kollisionen mit Gefährdungshaftungen.
59   Das heisst nicht wegen einer besonderen Gefährlichkeit, die mit der Tätigkeit von Hilfspersonen verbunden ist.

(vgl. vorn N 41). Das gilt nicht, wenn die Hilfsperson einen eindeutig gefährlichen Zustand schafft, z. B. bei der Produktehaftung (vgl. den Sachverhalt von BGE 88 II 135/36; 110 II 461).

An sich liegt es nahe, allen gewöhnlichen Kausalhaftungen primär ungefähr das gleiche Gewicht zuzuerkennen. Wenn aber z. B. ein Passant vor einem bellenden Hund auf eine zum Heustock führende, angeschraubte Leiter flieht und eine Sprosse bricht, so dass er herunterstürzt, kommt dem Werkmangel mehr Bedeutung zu als dem bellenden Hund. Das gilt auch, wenn der Boden einer Schalterhalle zu stark gewichst ist und ein Hund die ihn an der Leine führende Person zu Fall bringt. Wenn ein Knabe beim Bogenschiessen ein Pferd trifft, das sich aufbäumt und den Reiter abwirft, dürfte der Tierhalterhaftpflicht das gleiche Gewicht zukommen wie der Aktivität des Knaben[60]. 46

Ergänzend sind den eventuell beteiligten Verschulden Sektoren zuzuteilen; gestützt darauf lassen sich die Haftungsquoten für jeden adäquaten Mitverursacher ermitteln[61]. 47

F. Kollision von mehr als zwei Beteiligten

Der Übersichtlichkeit halber ist in den besprochenen Fällen von Kollisionen in der Regel die Beteiligung von nur zwei Personen dargestellt worden. Sind es ihrer mehr als zwei, so gelten dieselben Regeln: Für jede ist mit der Methode der sektoriellen Verteilung diejenige Quote festzulegen, die sie von ihrem eigenen Schaden wie auch von den Schäden der andern zu tragen hat. 48

Zusätzlich stellt sich hier die Frage, ob ein an der Verursachung des Schadenereignisses Beteiligter die andern solidarisch oder nur anteilmässig für seinen Schaden in Anspruch nehmen könne. Es besteht kein einleuchtender Grund, hier die Solidarität, die sonst bei Haftung mehrerer für einen Schaden einen Fundamentalsatz unseres Haftpflichtrechts darstellt, nicht eintreten zu lassen. Namentlich ist im Umstand, dass der Anspruchsteller 49

---

[60] Nach diesem Schlüssel zu verteilen ist nur der Schaden des Reiters, der sich OR 56 als Reduktionsgrund entgegenhalten lassen muss, wenn er Tierhalter ist. Die Verletzung des Pferdes durch den Pfeil, z. B. am Auge, ist durch die Reaktion des Pferdes nicht mitbedingt und ist daher, wenn der Befreiungsbeweis misslingt, vom Familienhaupt voll zu übernehmen.

[61] Anderer Meinung scheinbar Voraufl. 332 nach FN 71.

bei der Entstehung des Schadens selbst mitgewirkt hat, kein solcher Grund zu sehen[62]. Für das SVG ist diese Frage in der Revision von 1975 im oben vertretenen Sinne gelöst worden[63].

G. Beteiligung eines aus Vertrag Haftpflichtigen

50 Wenn jemand aus Vertrag für einen Schaden haftet, kann der Geschädigte ebenfalls ein Selbstverschulden zu vertreten haben[64, 65].

51 Eine Ersatzpflicht aus Vertrag kann auf der Verletzung eines Vertrages eines Dritten mit dem Geschädigten beruhen[66] und ergibt sich dann aus OR 97; sie kann aber auch auf der Zusage eines Dritten beruhen, für bestimmte Schäden eines Vertragspartners aufzukommen[67]:

52 1. Die Ersatzpflicht eines Vertragspartners aus einer *Verletzung* des abgeschlossenen Vertrages setzt einen Kausalzusammenhang zwischen der Vertragsverletzung und dem Schaden voraus; vgl. OR 97. Die Situation entspricht in dieser Hinsicht den Fällen ausservertraglicher Haftpflicht. Die Methode der sektoriellen Verteilung ist auch hier anwendbar.

---

[62] Vgl. STARK, SJZ 65 (1969) 21 unter Hinweis darauf, dass eine andere Lösung sehr unpraktikabel wäre; a. M. OFTINGER in der 2./3. Voraufl. I 291, II/2 652.

[63] Vgl. Bd. II/2 § 25 N 641. In der Voraufl. (von 1975) wird die analoge Anwendung von SVG 61 III auf alle Fälle ausserhalb des SVG vorgeschlagen. Damit wird das gleiche Resultat erreicht wie bei der Anerkennung der Solidarität auf Grund allgemeiner Überlegungen.

[64] Beispiel: Ein Mieter erleidet durch ein undicht gewordenes Dach einen Schaden, den er nach OR 259e geltend macht. Er muss sich aber einen Abzug für Selbstverschulden gefallen lassen, weil er seine im Estrich aufbewahrten Sachen nach der Feststellung des Mangels des Daches noch in der Gewitternacht hätte im Keller in Sicherheit bringen können. Dem Vermieter misslingt der Exkulpationsbeweis, wenn er über gewisse Mängel des Daches schon vorher orientiert war. Vgl. im übrigen die Beispiele bei VON TUHR/ESCHER 101 FN 50–52.

[65] Eventuell haften neben dem Vertragspartner des Geschädigten auch andere Personen aus irgendwelchen Rechtsgründen.

[66] Beispiele:
– Ein Arbeitsloser hat sich gegenüber einem Nachbarn verpflichtet, ein bestimmtes Strassenstück regelmässig von Schnee und Eis zu säubern, obschon dazu auch die Gemeinde als Strasseneigentümerin verpflichtet ist. Weil er diese Arbeit nach einem Eisregen unterlässt, verunfallt der Auftraggeber.
– Bei Servicearbeiten in einer Autoreparaturwerkstätte wird zwar das alte Öl aus dem Motor abgelassen, aber vergessen, neues Öl einzufüllen. Der Motor blockiert nachher unterwegs. Das Auto gerät deswegen auf das Trottoir und verletzt einen Fussgänger.

[67] Hauptbeispiel dafür ist der Versicherungsvertrag.

Fraglich ist aber, welches Gewicht der Vertragsverletzung verglichen 53
mit dem Selbstverschulden und eventuell weiteren Haftungsgründen zuzuschreiben ist. Diese Frage kann selbstverständlich nur in groben Zügen beantwortet werden; bei der Beurteilung eines bestimmten Falles sind dessen Umstände zu berücksichtigen.

Vertragshaftung ist meistens *Verschuldenshaftung*. Die Umkehr der 54
Beweislast in OR 97 verglichen mit OR 41 begründet keine andere Beurteilung des Verschuldens bei Vertrag als bei Delikt[68]. Es liegt daher nahe, die Haftung aus OR 97 bei der sektoriellen Verteilung quotenmässig entsprechend OR 41 einzustufen.

Die *Vertragshaftung ohne Verschulden*[69] geht im OR weniger weit als 55
die Vertragshaftung aus Verschulden. So haftet der Verkäufer nur für den unmittelbaren Bereich ohne Verschulden und für den weiteren Bereich des mittelbaren Schadens nur, wenn ein Verschulden gegeben ist. Es liegt nahe, der Vertragshaftung ohne Verschulden bei der internen Verteilung weniger Gewicht beizumessen als der Vertragshaftung für Verschulden und damit auch als der deliktischen Verschuldenshaftung. Daraus ergibt sich, dass dem Selbstverschulden bei fehlendem Verschulden des aus Vertrag Haftenden mehr Gewicht zukommt, als wenn ihm ein Verschulden zur Last fällt.

2. Aus Vertrag ersatzpflichtig ist auch ein *Schadensversicherer*, handle 56
es sich um die Versicherung von Sachen oder Personen[70, 71]. Aber auch eine andere Zusage der Schadensdeckung ohne die Voraussetzung einer Beteiligung an der Verursachung ist möglich.

Wenn in einem Versicherungs- oder andern Vertrag die Übernahme 57
bestimmter Schäden ohne Beteiligung an deren Verursachung versprochen wird, ist das Verschulden desjenigen, der die Schadensübernahme zugesagt hat, keine Haftungsvoraussetzung.

---

[68] Die Tatsache, dass der aus Vertrag Haftende für vertragswidrige, der aus OR 41 Haftende aber für rechtswidrige Schädigungen einstehen muss, ist hier ohne Bedeutung; sie bestimmt das juristische Gewicht der Ursache nicht.
[69] Das wichtigste Beispiel ist die Schadenersatzpflicht des Verkäufers für unmittelbaren Schaden nach OR 208 II.
[70] Nicht hieher gehört der *Haftpflichtversicherer*. Er befindet sich gegenüber dem Geschädigten und eventuellen Mithaftpflichtigen in der Situation des von ihm versicherten Ersatzpflichtigen. Darauf ist hinten § 11 N 99 ff. zurückzukommen. Bei Summenversicherung gilt gemäss VVG 96 nicht Anspruchskonkurrenz, sondern Anspruchskumulation.
[71] Private Schadensversicherung für Personenschäden ist heute aufgrund von BGE 104 II 45 (vgl. hinten § 11 N 14; STARK, Skriptum N 1045 ff.) für Heilungskosten und Taggeld möglich, nach BGE 119 II 363 aber auch für andere Leistungen aus Versicherung für Personenschäden; vgl. STARK, AJP 1994, 641.

58 Dagegen kann das Selbstverschulden des Geschädigten von Bedeutung sein: Die Zusage der Schadensdeckung kann sich auf vom Geschädigten nicht verschuldete Fälle beschränken oder auch bei leichtem oder sogar bei grobem Selbstverschulden gelten. Im Versicherungsbereich ist leichtes Selbstverschulden mitgedeckt; grobes führt zu einer Kürzung und Vorsatz zur Streichung der Versicherungsleistungen (VVG 14).

H. Vertragliche Ordnung

59 In verschiedenen Spezialgesetzen wird die Wegbedingung oder vertragliche Einschränkung der Haftpflicht als ungültig erklärt[72]. Man kann sich fragen, ob diese Bestimmungen unter Gefährdungshaftpflichtigen auch gelten; denn hier besteht nicht das gleiche Schutzbedürfnis wie bei andern Personen. Immerhin kann sich aber ein Gefährdungshaftpflichtiger gegebenenfalls auch auf die strenge Haftpflicht eines andern berufen, wie vorn dargelegt wurde. Auch abgesehen davon könnte die Abgrenzung der Nichtgeltung des Wegbedingungsverbotes zu Schwierigkeiten führen. Sie drängt sich nicht auf; vielmehr erscheint es als geboten, dass auch unter Gefährdungshaftpflichtigen die Haftpflicht nicht wegbedungen werden kann[73].

---

[72] Vgl. EHG 16, ElG 39, SVG 87 I, KHG 8 I und dazu hinten § 12 N 2 ff.
[73] Eine andere Frage ist, ob mehrere Gefährdungshaftpflichtige für den Fall ihrer solidarischen Haftpflicht gegenüber Dritten das interne Verhältnis zum voraus vertraglich regeln können. Das ist zu bejahen und wurde in BGE 71 II 236 stillschweigend anerkannt; vgl. auch BGE 91 I 223 ff., wo es sich um den Schaden der einen von zwei Bahnunternehmungen handelte, der aber durch ihren eigenen Betrieb verursacht worden war; die Anwendung des EHG wurde deshalb abgelehnt.

§ 10 Mehrheit von Ersatzpflichtigen

Literatur

SCHWEIZERISCHE: ROBERT BINSWANGER, Die Haftungsverhältnisse bei Militärschäden (Diss. Zürich 1969). – J. M. BOLLER, La limitation de la responsabilité civile des proches et de l'employeur à l'égard des travailleurs (Diss. Fribourg 1984). – BOSSARD/DAXELHOFFER/ JAEGER in Schaer/Duc/ Keller, Das Verschulden im Wandel des Privatversicherungs-, Sozialversicherungs- und Haftpflichtrechts (Basel/Frankfurt a. M. 1992) 306 ff. – W. J. BRÜHLMANN, Haftung und Rückgriff im Schadenersatzrecht (Diss. Bern 1927). – HANS-ULRICH BRUNNER, Die Anwendung der deliktsrechtlichen Regeln auf die Vertragshaftung (Diss. Freiburg 1982). – HUBERT BUGNON, L'action récursoire en matière de concours de responsabilités civiles (Diss. Fribourg 1982). – BRUNO V. BÜREN, Schweiz. Obligationenrecht, Allgemeiner Teil (Zürich 1964). – BUSSY/RUSCONI, Code Suisse de la circulation routière (2. A. Lausanne 1984). – B. CORBOZ, La distinction entre solidarité parfaite et solidarité imparfaite (Diss. Genève 1971). – FAVRE, Du recours de l'assureur contre le transporteur et spécialement contre le chemin de fer, ZSR 65 (1946) 289. – PETER FORSTMOSER, Die aktienrechtliche Verantwortlichkeit (2. A. Zürich 1987). – G. GAROBBIO, Über die Solidarhaftung der Automobilisten und die sog. «Haftung für Betriebsgefahr», SJZ 57 (1961) 101 ff. – FRANÇOIS GILLIARD, Vers l'unification du droit de la responsabilité, ZSR 86 (1967) II 193 ff. – DERS., Topologie de la solidarité imparfaite, Mélanges Deschenaux (Fribourg 1977). – OTTO GRÖNER, Die Konkurrenz verschiedener Haftpflichtansprüche des Geschädigten und die daraus entstehenden Regressverhältnisse (Diss. Zürich 1912). – ALBERT GUHL, Kennt das schweizerische Obligationenrecht einen inneren Unterschied zwischen passiver Korrealität und Solidarität? (Diss. Leipzig 1908). – GERHARD JANSEN, Das Zusammentreffen von Haftungsgründen bei einer Mehrheit von Ersatzpflichtigen. Ein Beitrag zur Lehre von der echten und unechten Solidarität (Diss. Bern 1973). – ROBERT KARRER, Der Regress des Versicherers gegen Dritthaftpflichtige (Diss. Zürich 1965). – KELLER/SYZ, Haftpflichtrecht, Ein Grundriss in Schemen und Tabellen (3. A. Zürich 1990). – ALFRED KOLLER, Regress des Unfallversicherers auf den Haftpflichtigen, in Neuere Entwicklungen im Haftpflichtrecht, herausgegeben von Guillod (Zürich 1991). – MORITZ KUHN, Lohnfortzahlungspflicht des Arbeitgebers sowie sein Regress gegenüber Dritthaftpflichtigen, SJZ 70 (1974) 133 ff. – MAX KUMMER, Das Klagerecht und die materielle Rechtskraft im schweizerischen Recht (Bern 1954). – HANS OSWALD, Die beschränkte Haftpflicht des Arbeitgebers gemäss KUVG 129 II, SZS 1962, 270 ff. – MANFRED REHBINDER, Berner Komm. (Bern 1985/92) zu OR 319–362 OR. – ROLAND SCHAER, «Hard cases make bad law» oder OR 51/2 und die regressierende Personalvorsorgeeinrichtung, recht 1991, 12 ff. – SCHAFFHAUSER/ZELLWEGER, Grundriss des schweizerischen Strassenverkehrsrechts II: Haftpflicht und Versicherung (Bern 1988). – HANS SCHRANER, Unzulässige Überwälzung und Wegbedingung der Schadenersatzpflicht (Zürich 1973). – PAUL-EMILE SCHAZMANN, La responsabilité plurale en matière d'actes illicites (Diss. Genève 1928). – ALFRED SIEGWART, Zürcher Komm. (Zürich 1975) zu OR 530–619. – KARL SPIRO, Die Begrenzung privater Rechte durch Verjährungs-, Verwirkungs- und Fatalfristen I/II (Bern 1975). – EMIL W. STARK, Einige Gedanken zur Haftpflicht für staatliche Verrichtungen, SJZ 86 (1990) 1 ff. – DERS., Besprechung des BGE 119 II 363 in AJP 1994, 640 ff. – PETER STEIN, Haftungskompensation, ZSR 102 (1983) I 108 ff. – DERS., Der Regress gemäss Unfallversicherungsgesetz, Strassenverkehrsrechts-Tagung Freiburg 1984. – HANSJÖRG STEINER, Anrechnung des Mitverursachungsanteils des Geschädigten bei Solidarhaftung und Anspruchskonkurrenz, SJZ 79 (1983) 141 ff. – STREBEL/HUBER, Komm. zum BG über den

§ 10 Mehrheit von Ersatzpflichtigen

Motorfahrzeug- und Fahrradverkehr I/II (Zürich 1934/38). – RUDOLF STUCKI, Mehrheit von Ersatzpflichtigen (Diss. Zürich 1966). – PAUL SZÖLLÖSY, Kann der zur Lohnfortzahlung verpflichtete Arbeitgeber auf einen Dritthaftpflichtigen Rückgriff nehmen? SJZ 72 (1976) 337 ff. – TERCIER/ GAUCH, Le concours des responsabilités, Strassenverkehrsrechts-Tagung Freiburg 1986. – STEPHAN WEBER, Ausgleich unter Haltern, Schweiz. Versicherungskurier 1994, 34 ff. – PIERRE WIDMER, Ethos und Adäquanz der Regressordnung nach Art. 51 Abs. 2 OR, FS Assista 1968–1978 (Genf 1979) 269 ff. – DERS., «Wer einem andern widerrechtlich Schaden zufügt, verpflichtet dessen Arbeitgeber zum Ersatz». Grundsätzliche haftpflichtrechtliche Aspekte der Kontroverse um das Regressrecht des lohnfortzahlungspflichtigen Arbeitgebers, SJZ 73 (1977) 283 ff. – WALTER YUNG, Le recours contre le tiers responsable du dommage en vertu d'un contrat, Recueil de Travaux, publié par la Faculté de droit à l'occasion de l'Assemblée de la Société suisse des juristes (Genève 1952) = Etudes et articles (Genève 1971) (im folgenden zit. nach dem Abdruck im Recueil). – BERNHARD ZAHND, Pluralité de responsables et solidarité (Diss. Lausanne 1980).

I. Vorbemerkungen

1   Es liegt auf der Hand und ist auch schon mehrmals dargelegt worden[1], dass für einen Schaden mehrere Ursachen adäquat kausal sein können, für die verschiedene Personen haftpflichtrechtlich verantwortlich sind.

2   Nach der Art der Beziehungen unter den Ersatzpflichtigen lassen sich zwei Gruppen von Tatbeständen unterscheiden:

3   1. Mehrere Schädiger können in gewolltem, bewusstem Zusammenwirken gehandelt haben. Man spricht dann von dem durch OR 50 erfassten *gemeinsamen Verschulden,* das in Bd. II/1 § 16 N 318 besprochen ist[2].

---

[1] Vgl. insbes. vorn § 3 N 26, 79, 129, 138 und § 9 N 1 ff. Spezialfälle sind die alternative (vorn § 3 N 116 ff.) und die kumulative (vorn § 3 N 129/30 und § 6 N 10 ff.) Kausalität, die in diesem Paragraphen ausgeklammert werden. Hier steht nur die durch mehrere Umstände bewirkte qualitative Veränderung (vorn § 3 N 80, hinten N 4) zur Diskussion, bei der diese Umstände conditiones sine quibus non sind.

[2] In Abweichung von der in OR 50 vorgesehenen Solidarität zwischen den Beteiligten sieht VG 9 II gegenüber dem Bund eine anteilsmässige Haftung nach der Grösse des Verschuldens vor; vgl. auch die Verantwortlichkeitsgesetze der Kantone Bern (38 II), Jura (29), Schwyz (10), St. Gallen (9), Solothurn (15 II), Thurgau (9 IV), Waadt (12), Zug (12) und Zürich (14 II). Verschiedene Kantone sehen bei Vorsatz Solidarität und bei grober Fahrlässigkeit anteilmässige Haftung vor: Freiburg (12), Glarus (18), Nidwalden (9), Schaffhausen (9 II), Tessin (15 I) und Wallis (16). Eine besondere Regelung gilt auch nach ZGB 428 II und 429 im Vormundschaftsrecht. Vgl. auch OR-Schnyder N 3 ff. zu OR 50; BREHM N 16 zu OR 50; BGE 100 II 337; 104 II 230; 112 II 444; 115 II 45.

I. Vorbemerkung § 10

2. Führt ein Zusammenwirken mehrerer adäquater Ursachen zu einer 4
qualitativen Veränderung, ohne dass ein gemeinsames Verschulden vorliegt, so haften die für sie Verantwortlichen ebenfalls solidarisch (OR 51). Es kann sich um mehrere *aus Verschulden Haftpflichtige* handeln oder zum Teil um aus Verschulden und zum Teil um *ohne Verschulden* (d. h. kausal) *Haftpflichtige* oder *ausschliesslich* um Kausalhaftpflichtige. Es kann auch neben deliktischer Verschuldens- und/oder Kausalhaftungen eine *Haftung aus Vertrag* bestehen, indem z. B. jemand sich verpflichtet hat, für den von einem andern erlittenen Schaden aufzukommen, gewöhnlich im Rahmen eines Versicherungsvertrages. Daneben kann sich eine vertragliche Schadenersatzpflicht auch aus einer Vertragsverletzung (OR 97) ergeben. Schliesslich kann eine entsprechende Pflicht auch auf einer *gesetzlichen Vorschrift,* namentlich des öffentlichen Rechts[3], beruhen, die schlechthin eine Pflicht zur Schadensdeckung oder eine sonstige damit zusammenhängende Leistung vorsieht[4].

Während bei der Kollision von Haftungen (vorn § 9) einer der adäqua- 5
ten Mitverursacher auch Geschädigter ist, hat hier der Schaden einen Dritten getroffen, der keine adäquate Ursache des Schadenereignisses zu vertreten hat. Es können aber auch beide Konstellationen im gleichen Fall gegeben sein: Es kann eine Mehrheit von nicht geschädigten Mitverursachern beteiligt sein und zusätzlich ein anderer Mitverursacher den zur Diskussion stehenden Schaden erlitten haben.

Die Rechtsfragen sind im Grunde hier die gleichen wie bei der Kollision 6
von Haftungsarten – wenn auch unter verschiedenen Aspekten – und ein in sich geschlossenes, innerlich überzeugendes System setzt daher auch die gleichen Grundüberlegungen bei den Lösungen voraus.

Bei allen diesen Tatbeständen stellt sich die *doppelte Frage,* welche 7
Ansprüche der Geschädigte gegen jeden der mehreren Ersatzpflichtigen[5]

---

3 Vgl. BGE 58 II 243; 92 II 197; 95 I 288; 101 II 184; 111 I b 194 f.; 112 II 132; 114 I a 198; 118 II 259; ZBJV 106, 280; STARK, SJZ 86 (1990) 1 ff.; vgl. auch VG 3; MO 22 ff.; ZSG 77.
4 Nicht hieher gehören die Fälle, in denen zwei – oder mehr – Personen für die grosso modo gleiche Ursache aus der gleichen Norm verantwortlich sind, wie namentlich nach ElG 28 I lit. b in Verbindung mit ElG 28 II; denn hier haften die Inhaber der möglicherweise beteiligten Anlageteile nur solidarisch, um Beweisschwierigkeiten zu umgehen; vgl. Bd. II/3 § 28 N 92. Anders ist die Sachlage bei der Haftung eines Kausalhaftpflichtigen für seine Hilfsperson; denn die haftungsbegründenden Ursachen sind für den Kausalhaftpflichtigen und seine Hilfspersonen nicht die gleichen.
5 Soweit alle Arten von Pflichtigen, namentlich auch die aus Vertrag haftbaren, mit einem einheitlichen Ausdruck zu erfassen sind, ist in der Regel von «Ersatzpflichtigen» statt von «Haftpflichtigen» die Rede.

besitzt und welche internen Beziehungen zwischen diesen bestehen. Die erste ist die unter Ziff. II (hinten N 10 ff.) zu behandelnde Frage nach dem *Aussenverhältnis,* die zweite diejenige nach dem *Innenverhältnis* (Ziff. III, hinten N 45 ff.), die mit dem *Rückgriffs-* oder *Regressproblem* zusammenfällt. Im Aussenverhältnis besteht, wie schon verschiedentlich erwähnt und gleich wie beim gemeinsamen Verschulden i. S. von OR 50, solidarische Haftung der mehreren Ersatzpflichtigen. Diese Regel gilt allgemein, wenn mehrere für den gleichen Schaden ersatzpflichtig sind, sei es auf Grund von OR 51 I, sei es auf Grund einer Sonderbestimmung wie SVG 60.

8 Die hier darzulegenden Regeln gelten gleich wie für den *Schadenersatz* auch für die *Genugtuung*[6]; deren Voraussetzungen müssen bei den Schädigern, die in die Verteilung der Gesamtsumme einbezogen werden, oder beim Verletzer erfüllt sein, für den ein anderer Ersatzpflichtiger einzustehen hat[7].

9 Besondere Aufmerksamkeit erfordert das Auftreten eines *Versicherers* unter den Ersatzpflichtigen, sei es kraft eines Versicherungsvertrages, sei es kraft öffentlich-rechtlicher Pflicht, Leistungen zu erbringen. Darauf ist z. T. hier, z. T. hinten in § 11 einzutreten.

II. Aussenverhältnis

A. Grundsatz der Solidarität

10 Rein kausalitätsmässig betrachtet, entspricht einer Mehrheit von Ersatzpflichtigen[8] eine anteilsmässige Haftung: Jeder soll für den von ihm

---

[6] Anderer Meinung BGE 71 II 37 in bezug auf MFG 37 und 41; gl. M. wohl BGE 112 II 145; in bezug auf OR 50 BGE 57 II 422; 63 II 345; 116 II 650 f.; vgl. auch 104 II 190; OR-Schnyder N 1, 7 zu OR 50; KELLER/GABI 132. Genugtuung ist im Wort «Schadenersatz» nach heutiger Anschauung im Zweifel enthalten, wenn von der grundsätzlichen Eintretenspflicht die Rede ist; vgl. BGE 112 Ib 332.

[7] Eine besondere Voraussetzung für Genugtuung (Verschulden auf der Seite des Schädigers) gilt heute nur noch im Rahmen von EHG 8 und VG 6 I, ausserdem in einzelnen kantonalen Verantwortlichkeitsgesetzen.

[8] SCHAER, Rz 472 spricht von einer *Gemeinschaft* der Ersatzpflichtigen. Von einer «Gemeinschaft» kann aber nicht gesprochen werden, weil zwischen den Ersatzpflichtigen keine besonderen Beziehungen bestehen wie z. B. in der ehelichen Gemeinschaft und in

verursachten Teil des Schadens haften. Bei der qualitativen Veränderung, die im Haftpflichtrecht fast ausnahmslos zur Diskussion steht[9], lassen sich diese Anteile jedoch nicht festlegen[10]. Das Recht begnügt sich aber nicht mit dieser negativen Feststellung. Es geht über die rein ursachenmässige Betrachtungsweise hinaus und zieht wertende Kriterien bei: Man stellt nicht auf die blosse Verursachung ab, sondern bewertet, wie bereits mehrmals dargelegt, die Haftungsgründe, die mit den einzelnen Ursachen verbunden sind.

Diese Methode würde an sich eine anteilsmässige Verteilung der Verantwortlichkeit auf die verschiedenen Ersatzpflichtigen erlauben[11]. Die Rechtsordnung geht aber einen Schritt weiter und bekennt sich zu dem ungeschriebenen Fundamentalsatz des Haftpflichtrechts, dass eine Mehrheit von Ersatzpflichtigen *solidarisch* haftet: Jeder Ersatzpflichtige ist gehalten, den *ganzen* Schadenersatzanspruch, der dem Geschädigten ihm gegenüber zustehen würde, wenn keine weiteren Ersatzpflichtigen vorhanden wären, zu befriedigen (vgl. hinten N 33). Die wertende und damit zwangsläufig vom Ermessen abhängige Verteilung des Schadenersatzes auf Quoten, die von den einzelnen Ersatzpflichtigen zu erbringen sind, wird auf das Innenverhältnis zwischen den Haftpflichtigen verschoben[12].

11

---

der Gemeinschaft zwischen Eltern und Kindern. Es werden auch keine Rechte gemeinsam ausgeübt wie bei der Gemeinschaft der Gesamt-, der Mit- und der Stockwerkeigentümer sowie der Konkursgläubiger.

[9] Vgl. vorn § 3 N 80.

[10] Durch den Betrieb eines Autos und die Unvorsichtigkeit eines Radfahrers entsteht z. B. ein Beinbruch eines Fussgängers. Das ist qualitativ etwas ganz anderes als der Betrieb des Autos und die Unvorsichtigkeit des Radfahrers. Rein kausalitätsmässig betrachtet lassen sich keine Verursachungsquoten feststellen. Wenn A 1 Liter einer Flüssigkeit in ein Gefäss schüttet und B ½ Liter einer andern Flüssigkeit, haben sie im Verhältnis 1:2 zur Gesamtfüllung von 1½ Liter beigetragen, wenn B nur 1 dl hineinleert, im Verhältnis 1:10. Das ist eine quantitative Veränderung. Wenn aber die Mischung der beiden Flüssigkeiten explodiert, ist *dieses* Ereignis etwas ganz anderes als jede der beiden Flüssigkeiten. Dafür lassen sich keine Verursachungsquoten feststellen: Die Explosion ist eine qualitative Veränderung, für die jede der beiden Lösungen gleich massgebend war, als conditio sine qua non.

[11] Im Innenverhältnis wird diese Methode zur definitiven Verteilung des Schadens auf die mehreren Ersatzpflichtigen angewendet; vgl. hinten N 45 ff.

[12] Wenn der Geschädigte selbst eine an sich haftungsbegründende Mitursache gesetzt hat, ist die von ihm selbst zu tragende Quote allerdings schon im Haftpflichtprozess und nicht erst in einem Regressprozess unter Mithaftpflichtigen festzulegen. Trotzdem profitiert der Geschädigte von der Solidarität: Er kann jeden von mehreren Ersatzpflichtigen für den ganzen Restschaden nach Abzug seiner Quote in Anspruch nehmen; vgl. A. KELLER II 157 f.

§ 10   Mehrheit von Ersatzpflichtigen

12   Diese Regelung beruht auf dem Bestreben, die Stellung des Geschädigten zu verbessern[13]: Er kann jeden Ersatzpflichtigen auf das Ganze – nach Abzug der gegebenenfalls von ihm selber zu tragenden Quote – belangen[14], wobei es den Ersatzpflichtigen überlassen bleibt, sich intern auf dem Regressweg (hinten N 45 ff.) über die endgültige Schadenstragung auseinanderzusetzen. Ausserdem trägt jeder Ersatzpflichtige das Risiko der Zahlungsunfähigkeit eines andern[15].

13   Die Solidarität kann indirekt auf OR 51 gestützt werden, wo diese Norm gilt. Sie regelt zwar ausdrücklich einzig das Innenverhältnis[16], indem sie eine Rückgriffsordnung aufstellt. Diese setzt aber Solidarität voraus. SVG 60 I (Fassung von 1958 und von 1975) ordnet Solidarität an für alle,

---

[13] Vgl. BGE 66 II 121; 93 II 323, 333; 97 II 415 f.; 112 II 144; 113 II 331; 114 II 344; Pra 81 (1992) 517. – Über die Härte des Grundsatzes GAROBBIO, Über die Solidarhaftung der Automobilisten und die sog. «Haftung für Betriebsgefahr» in SJZ 57 (1961) 102. Vgl. im übrigen über die Solidarität OR-SCHNYDER N 1 ff. zu OR 50; KELLER/GABI 137 ff.; BREHM N 30 ff. zu OR 50; SCHAER Rz 472 ff.; GUHL/MERZ/KOLLER 196 ff.; A. KELLER II 147 ff., insbes. 153 ff.; LARENZ, Schuldrecht I 628 ff.; GEIGEL/SCHLEGELMILCH, 10. Kap. 211 ff.

[14] Zahlungsunwillige Haftpflichtige ärgern den Geschädigten nicht; er bekommt seinen Schadenersatz von den andern und kann es ihnen überlassen, sich mit dem Zahlungsunwilligen auseinanderzusetzen.

[15] Anstelle von Solidarität mehrerer für den gleichen Schaden Ersatzpflichtiger mit Regress im Innenverhältnis lassen sich theoretisch auch zwei andere Systeme vorstellen (neben der anteilsmässigen Festsetzung der Haftungsquoten der verschiedenen Ersatzpflichtigen nach wertenden Kriterien, vorn N 11):
a) Der in Anspruch genommene Schädiger kann auf die Mithaftpflichtigen keinen Regress nehmen; diese müssen sich an der Schadenstragung nicht beteiligen, wenn sie vom Geschädigten nicht belangt worden sind. Das wäre offensichtlich ungerecht und gäbe dem Geschädigten die Möglichkeit, einzelne Schädiger zu begünstigen. Jeder Haftpflichtige käme in Versuchung, dem Geschädigten dafür, dass er nicht ihn, sondern einen andern in Anspruch nimmt, einen Vorteil zuzuwenden.
b) Der Geschädigte kann jeden Haftpflichtigen kumulativ für seinen ganzen Schaden in Anspruch nehmen. Er erhielte dadurch seinen Schaden sovielmal ersetzt, als Haftpflichtige vorhanden sind. Das würde zu seiner Bereicherung führen, die grundsätzlich verpönt ist, ausser wo das Gesetz sie vorsieht wie in VVG 96 über die Personenversicherung. Bis und mit BGE 100 II 453 hat das Bundesgericht diesen Grundsatz bei Personenversicherungen nicht nur für Invaliditäts- und Todesfallentschädigungen angewandt, sondern z. B. auch für Heilungskosten: Der Geschädigte hatte ein Interesse an möglichst hohen Heilungskosten, die er nur einmal auslegte, aber mehrmals beziehen konnte. Trotz der bundesgerichtlichen Praxis wurde das von den meisten Geschädigten abgelehnt. In BGE 104 II 45 wurde diese Rechtsprechung in dem Sinne geändert, dass der Versicherungsvertrag ein Regressrecht des Personenversicherers für Heilungskosten und Taggeld vorsehen kann. Nach dem BGE i. S. «Winterthur» gegen Elisabeth B. vom 8. Oktober 1993 (4C.195/1993) kommt ein Regressrecht des Versicherers auch für eine Todesfallsumme in Frage; vgl. STARK in AJP 1994, 641, hinten § 11 N 14.

[16] Vgl. BGE 41 II 228; 55 II 87/88; 56 II 401; 57 II 433; 58 II 441; 104 II 231 f.; 115 II 45.

II. Aussenverhältnis § 10

die an der Verursachung eines Verkehrsunfalles beteiligt sind, in den ein Motorfahrzeug verwickelt ist. Das gilt auch für diejenigen, die nicht nach SVG haften: Lenker der Fahrzeuge, Tierhalter, Strasseneigentümer, Radfahrer usw.[17] Vgl. auch SVG 61 III.

Die an OR 51 angelehnte Solidarität wird oft als *unechte Solidarität* bezeichnet (solidarité imparfaite)[18]. Als *echte* Solidarität betrachtet man demgegenüber das in OR 143 ff. geordnete Schuldverhältnis, das entweder auf Parteiwillen (OR 143 I) oder auf gesetzlicher Vorschrift (OR 143 II) beruht; als solche gesetzliche Vorschriften gelten auf dem Gebiet des ausservertraglichen Schadenersatzrechts diejenige von OR 50, ferner die Bestimmungen von SVG 60 I (s.o.) und 61 III (Fassung 1975). Dasselbe müsste der Fall sein für ElG 30 (Schädigung durch das Zusammentreffen verschiedener elektrischer Anlagen), LFG 66 (Zusammenstoss von Luftfahrzeugen), RLG 33 I (Haftung des Inhabers und des Eigentümers einer Rohrleitungsanlage) u.a.m. Den *Unterschied* zwischen echter und unechter Solidarität, die auch ausserhalb des Schadenersatzrechts auseinandergehalten werden[19], sieht man darin, dass bei echter Solidarität alle Schuldner aus dem gleichen Rechtsgrund für den selben Leistungsinhalt haften, bei unechter aus verschiedenen Rechtsgründen[20]. Diese Unterscheidung krankt an der Vieldeutigkeit des Ausdrucks «Rechtsgrund»; er erlaubt es z. B. nicht, ausfindig zu machen, warum zwei gemeinsam einen Schaden verursachende Motorfahrzeughalter echt solidarisch haften sollen (SVG 60 I), ein Motorfahrzeughalter und eine Eisenbahn dagegen unecht solidarisch. Es fehlt an einem zuverlässigen Kriterium[21],

14

---

17 Vgl. Bd. II/2 § 25 N 685 ff.
18 BGE 38 II 622; 57 II 364/65; 62 II 139; 63 II 148 ff.; 69 II 415; 93 II 333; 97 II 343 f.; 104 II 232; 112 II 143; 115 II 45, wonach OR 50 in Frage kommt, wenn «jeder Schädiger um das pflichtwidrige Verhalten des andern weiss oder wissen könnte».
19 Darüber VON TUHR/ESCHER 319; ALBERT GUHL, W. J. BRÜHLMANN, PAUL-EMILE SCHAZMANN, OTTO GRÖNER, GERHARD JANSEN und die ältere bei ihnen erwähnte Literatur, auf sie fussen. Zusammenstellungen von Tatbeständen der unechten Solidarität bei A. GUHL 192 ff., BRÜHLMANN 44 N 2, JANSEN. – Zum Gesamtproblem eingehend und gegen überlieferte Meinungen Stellung beziehend neben den einschlägigen Kommentaren und Lehrbüchern vor allem HORST EHMANN, Die Gesamtschuld (Berlin 1972).
20 Vgl. die soeben zit. Schriften und BGE 38 II 219; 63 II 148; 69 II 168; 112 II 143.
21 Wie VON TUHR/ESCHER 319/20; OR-Schnyder N 2 zu OR 50; MERZ, Die privatrechtliche Rechtsprechung des Bundesgerichts im Jahre 1978, ZBJV 116 (1980) 13; KELLER/GABI 138 festgehalten haben; a. M. mit eingehender Begründung BGE 69 II 168; COUCHEPIN in: Travaux de l'Association Henri Capitant II (Paris 1947) 373 ff. Der Sache nach sich z. T. der hier vertretenen Ansicht nähernd BGE 89 II 419 ff.; vgl. auch BGE 104 II 230; 115 II 47. Abweichend vom obigen unter den neueren ROBERT KARRER.

weil ein sachlicher Unterschied in Wirklichkeit eben fehlt; deshalb sind denn auch die Unterstellungen unter die eine oder andere Art der Solidarität willkürlich[22]. Man sollte sich entschliessen, den Unterschied fallen zu lassen[23]. Dies empfiehlt sich um so mehr, als die Unterscheidung zwischen echter und unechter Solidarität sich bloss in sehr geringem Masse *auswirkt:*

15   1. Während bei der echten Solidarität die gegenüber einem Schuldner vorgekehrte Unterbrechung der *Verjährung* auch gegenüber allen andern Schuldnern gilt (OR 136 I), ist das nach der Rechtsprechung[24] bei der unechten nicht der Fall.

16   2. Einen weiteren Unterschied sieht man[25] darin, dass bei der unechten Solidarität im Gegensatz zur echten (OR 149) keine *Subrogation* des rückgriffsberechtigten Schuldners in die Rechtsstellung des befriedigten Gläubigers eintrete. Dieser übe den Rückgriff aus eigenem Recht aus. Hier ist allerdings beizufügen, dass der Regress des Schadensversicherers

---

[22] Dass der an OR 51 angelehnte Grundsatz der Solidarhaftung nicht ausdrücklich in einem Gesetzestext steht, wohl aber der in SVG 60 I und andern Stellen niedergelegte und deshalb nicht, wie dieser, eine echte Solidarität darstelle, ist doch ein rein zufälliges Moment, das niemals einen sachlichen Unterschied zu rechtfertigen vermag; zudem gilt ein Grundsatz wie der an OR 51 angelehnte legis loco (ZGB 1), so dass auch dieses Unterscheidungsmerkmal unbehelflich wird.

[23] Gegen die Unterscheidung Rusconi und Hirsch in ZSR 86 II 762 und 781; Bruno von Büren 104 f.; Stucki 75 ff.; Jansen 111/12; Oswald in SZS 16, 13; von Tuhr/Peter 466; Stark in ZSR 86 II 62, N 126. Kritisch Merz in ZBJV 100 (1964), 491; Ders., SPR VI/1 103 f.; Gilliard in ZSR 86 II 259; Brehm N 17 zu OR 51; Gauch/Schluep N 2435 ff.; OR-Schnyder N 2 ff. zu OR 50, N 4 f. zu OR 51; Deschenaux/Tercier 279; Keller/Syz 123; Schaer Rz 474. Das Bundesgericht hat in BGE 37 II 458 den Unterschied zwischen echter und unechter Solidarität als «rein theoretische Streitfrage» bezeichnet. In BGE 69 II 167 ff. betont es ihn stark und schwächt ihn in 89 II 419 ff. ab; vgl. auch BGE 104 II 231, wo das Bundesgericht an der Unterscheidung festhält und bemerkt, dass «die wichtigste (und möglicherweise sogar einzige praktische) Auswirkung der Unterscheidung zwischen echter und unechter Solidarität» in der ausschliesslichen Anwendung der Verjährungsunterbrechungsregel von OR 136 I auf den Fall der echten Solidarität bestehe; 112 II 143; 115 II 45. Die Markierung in neueren Entscheidungen hat deklamatorische Bedeutung. Gegen die Unterscheidung spricht sich auch die These 59-1 der Studienkommission für die Gesamtrevision des Haftpflichtrechts aus.

[24] BGE 38 II 219; 43 II 210; 55 II 313; 69 II 167 ff.; 89 II 122 f.; 93 II 322, 333; 104 II 232; 106 II 253; 112 II 143; 115 II 46 f.; 116 II 650; SJZ 29, 117 Nr. 85; Merz, Die privatrechtliche Rechtsprechung des Bundesgerichts im Jahre 1978, ZBJV 116 (1980) 11 ff.; von Tuhr/Peter 465/66; von Tuhr/Escher 320; Guhl/Merz/Koller 199.

[25] BGE 24 II 316; 36 II 482; von Tuhr/Escher 320; Schazmann 91/92; a. M. Roos, Über die Subrogation ... (Diss. Bern 1928) 47; Oser/Schönenberger N 3 zu OR 110.

nach VVG 72 nach dem Wortlaut des Gesetzes auf einer Subrogation beruht (vgl. hinten § 11 N 15, 30 ff.), obwohl der Versicherer ebenfalls als unecht solidarisch haftend betrachtet wird[26]. Insofern liegt eine Ausnahme vor.

Richtigerweise ist bei echter und unechter Solidarität ein selbständiger Regressanspruch desjenigen Solidarschuldners anzunehmen, der Leistungen erbracht hat, die über seine interne Beteiligung hinausgehen. Dieser Regressanspruch wird verstärkt und ergänzt durch eine Subrogation, wenn das Gesetz dies vorsieht, also bei OR 50, SVG 60 und VVG 72, nicht aber bei OR 51. Der Unterschied ist im Rahmen des Haftpflichtrechts fast ohne Bedeutung: Bei Subrogation gehen auch die Nebenrechte auf den Solidarschuldner über, der Leistungen erbracht hat. Praktisch kommt hier höchstens das Pfandrecht an den Ansprüchen gegen den Haftpflichtversicherer (VVG 60) in Frage. Daneben geht bei Subrogation der Anspruch mit laufender Verjährung über, während der Regressanspruch eine eigene Verjährung hat (Bd. II/1 § 16 N 387 ff.). 17

Die Unterscheidung zwischen echter und unechter Solidarität erscheint nicht als berechtigt. Die Unterschiede sind aber so gering, dass eine Bereinigung des Gesetzes nur im Rahmen einer Gesamtrevision in Frage kommt. Auf alle Fälle sind auf die unechte Solidarität oder Anspruchskonkurrenz die Vorschriften von OR 144 ff. auch anzuwenden, soweit sie mit dem Charakter der ausservertraglichen Haftung vereinbar sind. So ist insbesondere die Regressvorschrift von OR 148 ersetzt durch OR 51 und die andern (hinten N 49 ff.) zu besprechenden Rückgriffsregeln[27]. 18

Keine Solidarität besteht, wenn das Verhalten des einen Verursachers dem andern Beteiligten als Drittverschulden einen Entlastungsgrund liefert; dann entfällt jede Haftung des zweiten und bleibt bloss diejenige des ersten übrig. Wer gegenüber dem Geschädigten nicht haftpflichtig ist, gehört auch nicht zur «Gemeinschaft» der Solidarschuldner[28]. 19

---

[26] Vgl. KELLER/GABI 139, 155 ff.; BREHM N 61 ff. zu OR 51; offenbar auch BGE 116 II 647. Vgl. im übrigen zum Zinsanspruch des regressierenden Versicherers hinten FN 91.
[27] Für die Anwendung von OR 144 ff. auf die unechte Solidarität neben der schon zit. Lit. auch GUYER, Bemerkungen zu einigen Entscheidungen aus der Haftpflichtpraxis, SJZ 7, 338. BGE 33 II 508 f. und 38 II 622 verweisen zu vorbehaltlos auf OR 144 ff. In BGE 115 II 47 hält das Bundesgericht an der Unterscheidung zwischen echter und unechter Solidarität fest (vgl. vorn FN 24).
[28] BGE 95 II 337; GAROBBIO in SJZ 57, 101 ff.; vgl. in bezug auf VVG 60 I BGE 95 II 347 ff. und im übrigen 112 II 143 f.

B. Grundsatz der Anspruchskonkurrenz

20 Der Ausdruck «Solidarität» – sei sie nun echt oder unecht – umschreibt die Stellung der *Schuldner:* Jeder von ihnen muss voll für den Schaden einstehen. Die entsprechende Stellung des *Gläubigers* – bzw. im Haftpflichtrecht des Geschädigten – lässt sich demgegenüber mit den gleichbedeutenden Ausdrücken «Anspruchskonkurrenz» und «Klagenkonkurrenz»[29] umschreiben. Man will damit sagen, der Geschädigte habe gegen jeden der mehreren Ersatzpflichtigen je eine konkurrierende Klage oder einen konkurrierenden Anspruch. In welcher Weise sich dies auswirkt, wird hinten N 45 dargelegt.

C. Tatbestände der Solidarität oder Anspruchskonkurrenz

21 Wenn einem Geschädigten für seinen Schaden Ersatzansprüche gegen verschiedene Personen zustehen, stehen diese – abgesehen vom Fall der Anspruchskumulation; vgl. hinten § 11 N 3 – zueinander im vorn N 11 dargelegten Verhältnis der Anspruchskonkurrenz. Das gilt auch, wenn ein Kausalhaftpflichtiger für eine *Hilfs- oder andere Person* einstehen muss: Wenn diese andere Person ein Verschulden trifft und sie daher aus OR 41 I haftpflichtig ist[30] oder wenn sie gestützt auf OR 54 zur Schadensdeckung herangezogen werden kann, haftet sie solidarisch mit der Person, die für sie einstehen muss, z. B. einem Kausalhaftpflichtigen. Das betrifft das Verhältnis von Eisenbahnunternehmer und -personal (EHG 18)[31], von Motorfahrzeughalter und -lenker[32] sowie die andern in SVG 58 IV erwähnten Hilfspersonen[33], von Betriebsinhaber einer elektrischen Anlage und Personal (ElG 34), von Geschäftsherrn und Hilfsperson ganz allgemein

---

[29] So zahllose BGE, z. B. 69 II 167, 415; 89 II 419; 93 II 333; 97 II 343/44; KELLER/GABI 137; DESCHENAUX/TERCIER § 34 N 4 ff.; STARK, Skriptum N 980 und viele andere.
[30] Auch eine vom Geschädigten eingesetzte Hilfsperson kann solidarisch mit einem dritten Haftpflichtigen, z. B. einem Vertragspartner des Geschädigten, diesem aus OR 41 verantwortlich sein; vgl. BGE 77 II 150/51.
[31] Vgl. den Sachverhalt von BGE 56 II 402, wo allerdings fälschlicherweise die Solidarität zwischen der Eisenbahnunternehmung und dem Bahnangestellten verneint wurde. Vgl. auch BGE 93 II 322; 95 II 52; 98 II 103.
[32] Vgl. BGE 57 II 364/65; 62 II 139; 89 II 63/64; 90 II 190/91 (Solidarität für SVG 60 I zu Unrecht abgelehnt; s. Bd. II/2 § 25 N 151); 95 II 337; vgl. auch den Sachverhalt von 91 II 236.
[33] Weitere Kombinationen: BGE 65 II 191/92; 69 II 415.

(OR 55)[34], von juristischer Person und Organ (ZGB 55 II/III, OR 718 III, 814 IV, 899 III)[35], von Familienhaupt und Hausgenosse (ZGB 333)[36] und entsprechende Situationen. Konkurrierende Ansprüche bestehen ferner z. B. gegen den Tierhalter (OR 56) und die Person, welche das Tier zu beaufsichtigen hatte oder die, oder deren Tier es gereizt hat. Neben den Ansprüchen gegen den Werkeigentümer können auch solche gegen die Handwerker vorliegen, die das Haus mangelhaft erstellt, unterhalten oder repariert haben[37], wenn sie dadurch einen gefährlichen Zustand im Sinne des Gefahrensatzes veranlassten[38].

Spezielle Vorschriften sind enthalten in ElG 30[39], SVG 60 I[40], 75[41], LFG 66, RLG 33 I[42] und KHG 30 IV[43]. Stets hat das Gesetz, die allgemeine Regel anwendend, Solidarität vorgesehen, die man gemäss der hier abgelehnten, aber heute wohl noch herrschenden Auffassung, als echte klassieren müsste. Verweisungen auf OR 51 finden sich in JSG 15 II, RLG 34 und GSG 69 III. In bezug auf die Rechtsnatur der Konkurrenz zwischen den Ansprüchen gegen einen obligatorisch versicherten Haftpflichtigen und gegen seine Haftpflichtversicherung (direktes Forderungsrecht) vgl. hinten Bd. II/2 § 26 N 170 ff.

Mehrere Eigentümer des gleichen Werkes, seien sie Mit- oder Gesamteigentümer, haften nach aussen solidarisch aus OR 58[44], ebenso mehrere Halter des gleichen Tieres[45], beide Elternteile oder sonst mehrere Familienhäupter[46], mehrere Geschäftsherren der gleichen Hilfsperson[47], mehrere Halter des gleichen Motorfahrzeuges[48, 49]. Bei der Ausmietung von Arbeits-

---

[34] BGE 38 II 621; 57 II 364/65.
[35] BGE 48 II 157; 107 II 489.
[36] BGE 43 II 211.
[37] Vgl. den Tatbestand von BGE 58 II 438.
[38] In diesem Fall hat der Werkeigentümer, der den Schaden beglichen hat, neben dem Regressanspruch aus Solidarität noch einen Vertragsanspruch wegen mangelhafter Vertragserfüllung gegen den Handwerker; vgl. dazu vorn § 9 N 22.
[39] Vgl. Bd. II/3 § 28 N 94 ff.
[40] Vgl. Bd. II/2 § 25 N 685 ff.
[41] Vgl. Bd. II/2 § 25 FN 373.
[42] Vgl. Bd. II/3 § 30 N 69.
[43] Vgl. Bd. II/3 § 29 N 123.
[44] Vgl. Bd. II/1 § 19 N 30.
[45] Vgl. Bd. II/1 § 21 N 58.
[46] Vgl. Bd. II/1 § 22 N 28, 45, 50/51.
[47] Vgl. Bd. II/1 § 20 N 80.
[48] Vgl. Bd. II/2 § 25 N 116.
[49] Anderer Meinung hinsichtlich OR 55, 56 und 58: VON TUHR/PETER 467, die die Haftung *pro rata* der Beteiligung am Geschäft, an der Tierhaltung oder dem Eigentum vorschlagen; bezüglich OR 58 auch OSER/SCHÖNENBERGER N 14 zu OR 58.

kräften haften dagegen der «Mieter» und der «Vermieter» nicht solidarisch, d. h. beide nach OR 55, sondern ausschliesslich der Mieter[50].

24 Der Grund für die Solidarität besteht allgemein betrachtet in der Tendenz zur Besserstellung des Geschädigten (vgl. vorn N 12). Es wäre nicht einzusehen, weshalb es ihm in den hier zur Diskussion stehenden Fällen überlassen werden sollte, herauszufinden, in welchem Verhältnis mehrere an der Haltung des gleichen Tieres oder des gleichen Motorfahrzeuges usw. beteiligt sind; es drängt sich auf, dass der Geschädigte jeden auf den ganzen Schaden belangen kann[51, 52].

25 Soweit eine der mehreren Ersatzpflichten auf privater Versicherung beruht, gilt soviel: Handelt es sich um Schadensversicherung, so liegt das Verhältnis der Anspruchskonkurrenz vor, während die Personenversicherung, sofern sie Summenversicherung ist, Kumulation der Ansprüche gewährt. Sie scheidet dann für das Aussen- wie für das Innenverhältnis aus dem Bereich von OR 51 aus[53]. Anspruchskumulation bedeutet, dass der Ansprecher inhaltlich gleiche Ansprüche gegen mehrere Personen geltend machen kann, ohne dass die Erfüllung durch die eine die Geltendmachung gegenüber der andern ausschlösse. Auch auf die Sozialversicherungen gemäss UVG, AHVG und IVG sind die allgemeinen Grundsätze über das Aussen- und Innenverhältnis einer Mehrheit von Haftpflichtigen nicht anwendbar[54].

26 Die Praxis wendet OR 50 und 51 auch auf vertragliche Haftung an[55].

---

[50] Vgl. Bd. II/1 § 20 N 74 ff.
[51] Bei der Ausmietung von Arbeitskräften liegen die Verhältnisse anders, weil die nötige Sorgfalt von «Mieter» und «Vermieter» andere Fragen betrifft; vgl. Bd. II/1 § 20 N 74 ff.
[52] Die Mitglieder einer *einfachen Gesellschaft* haften aus unerlaubter Handlung eines andern Gesellschafters nicht, wenn er die unerlaubte Handlung nicht mit ihnen gemeinsam begeht oder doch in ihrem Einverständnis handelt; vgl. BGE 84 II 381; SIEGWART, Zürcher Komm., N 27 zu OR 544; PETER PORTMANN, Organ und Hilfsperson im Haftpflichtrecht (Bern 1958) 106 ff. Das Problem, ob Solidarität bestehe oder irgendeine anteilsmässige Haftung, stellt sich daher hier nicht als selbständige Frage, im Gegensatz zur Regelung bei der Kollektivgesellschaft in OR 567 III / 568 I.
[53] Vgl. BGE 63 II 149 ff.; 104 II 53; vgl. auch MERZ, Die privatrechtliche Rechtsprechung des Bundesgerichts im Jahre 1978, ZBJV 116 (1980) 24 f.; ferner BGE 119 II 363 und dazu STARK in AJP 1994, 641.
[54] Vgl. BGE 47 II 488; KELLER/GABI 142, 154 f.; GUHL/MERZ/KOLLER 202; SCHAER Rz 18; hinten § 11 N 3.
[55] Vgl. BGE 93 II 313, 322; 95 II 53/54; 115 II 45; 119 II 131 f.; Sem.jud. 1968, 657. Dazu JANSEN 113 ff.

D. Ausnahmen vom Grundsatz der Solidarität oder Anspruchskonkurrenz

Wenn ein Kausalhaftpflichtiger für einen Schaden einstehen muss und gleichzeitig eine seiner Hilfspersonen dafür aus OR 41 I verantwortlich ist[56], haften die beiden solidarisch für den Schaden. Das gilt allerdings dann nicht, wenn ein Gesetz die direkte Belangbarkeit der Hilfsperson trotz ihres Verschuldens ausschliesst; denn die Solidarität eines Verursachers mit einer andern Person, die für den Schaden haftpflichtig ist, setzt natürlich die Belangbarkeit beider voraus.

Dementsprechend besteht nach VG 3 III und 11 II keine Solidarität zwischen dem Beamten und dem Bund, weil der Beamte vom Geschädigten nicht direkt in Anspruch genommen werden kann, sondern nur vom Staat regressweise bei Vorsatz und grober Fahrlässigkeit. Entsprechende Regelungen finden sich in den Verantwortlichkeitsgesetzen verschiedener Kantone. Auch eine Militärperson kann für Unfälle, für die der Bund nach MO 22/23 verantwortlich ist, gestützt auf MO 22 III nicht direkt belangt werden[57].

ZGB 429a II sieht eine verschuldensunabhängige Haftung des Kantons für widerrechtliche Freiheitsentziehung vor und räumt dem Kanton den Rückgriff gegen die Personen ein, die absichtlich oder grobfahrlässig gehandelt haben[58]. Obschon diese Bestimmung den Direktanspruch gegen den Schuldigen nicht ausdrücklich ausschliesst, ist doch – entsprechend dem Schweigen des ZSG zu dieser Frage – anzunehmen, dass die direkte Belangbarkeit damit gestrichen werden sollte; dann entfällt auch die Solidarität zwischen dem Kanton und dem schuldigen Beamten.

---

[56] Man denke z. B. an die Haftpflicht des Halters eines Motorfahrzeuges, dessen Lenker ein Verschulden trifft; SVG 58 IV.
[57] Vgl. Bd. II/3 § 32 N 163 ff. und für die entsprechende Regelung beim Zivilschutz N 440.
[58] Diese Regelung erfolgte gestützt auf EMRK 5 V; vgl. THOMAS KOLLER, Die fürsorgerische Freiheitsentziehung und das kantonale Verfahrensrecht (gezeigt am Beispiel des Kantons Luzern), SJZ 78 (1982) 54. Vgl. auch STEFAN MATTMARK, Die Verantwortlichkeit bei der fürsorgerischen Freiheitsentziehung (Art. 429a ZGB) (Diss. Freiburg 1988) 184. Ausserdem BARBARA CAVIEZEL-JOST, Die materiellen Voraussetzungen der fürsorgerischen Freiheitsentziehung (Art. 397a Abs. 1 und 2 ZGB) (Diss. Freiburg 1987); BGE 118 II 256.
Vgl. auch die einschlägige Botschaft des Bundesrates in BBl 129 III 44/45 sowie Stenbull. SR 1978, 36 ff.; NR 1978, 745 ff.

30 Im weiteren wird durch die Kanalisierung der Haftpflicht in KHG 3 VI die Haftung von Hilfspersonen des Inhabers der Kernanlage, aber auch von anderen Mitverursachern des Schadens ausgeschlossen[59].

31 Entsprechendes gilt aber auch, wenn einer von mehreren potentiellen Haftpflichtigen sich darauf berufen kann, dass der Kausalzusammenhang zwischen der von ihm zu vertretenden Ursache und dem Schaden unterbrochen sei (BGE 97 II 344; 98 II 104; 112 II 143).

32 Schliesslich ist auf den Ausschluss der Haftpflicht der Familienangehörigen und des Arbeitgebers gegenüber einem sozialversicherten Geschädigten hinzuweisen, wenn ihnen weder grobe Fahrlässigkeit noch Absicht vorgeworfen werden kann (UVG 44; vgl. hinten N 107 und § 11 N 212) sowie auf die ähnliche Regelung in VVG 72 III.

E. Einzelfragen

33 1. Jeder der mehreren Ersatzpflichtigen haftet für den *ganzen,* von allen geschuldeten *Schadenersatzbetrag*[60]. Erfährt der von dem einen der Ersatzpflichtigen geforderte Betrag eine nur ihn betreffende Reduktion (z. B. weil das haftungsbegründende Verschulden nur leicht ist, OR 43 I), so besteht für ihn und mit ihm Solidarität nur in der Höhe des von ihm persönlich geschuldeten Betrages[61]. Man darf aus der Solidarität nicht

---

59 Vgl. Bd. II/3 § 29 N 113 ff. Vgl. auch die einschlägige Botsch. des Bundesrates in BBl 129 III 44/45 sowie Stenbull. SR 1978 36 ff., NR 1978 745 ff.
60 BGE 66 II 118/19; 69 II 168; 89 II 123, 419; 90 II 191; 93 II 333; 97 II 343; 112 II 143. – Kritik bei JANSEN 78 ff.
61 Hinten N 45 f.; BGE 95 II 337; 97 II 344; 112 II 144; Sem.jud. 1959, 355; BUSSY/RUSCONI N 1.5 zu SVG 60; KELLER/GABI 137; SCHAER Rz 503 ff.; A. KELLER II 157; DERS., Kritische Würdigung des schweiz. Systems aus der Sicht der Versicherungen in: Neuere Entwicklungen im Haftpflichtrecht, hg. von Guillod (Zürich 1991) 398; STARK, Skriptum N 987; a. M. JANSEN 96; BREHM N 28 ff. zu OR 51, allerdings unter Anerkennung von Ausnahmen; BGE 59 II 459, der sich auf die Haftung der Gründer einer AG bezieht.
Nach BGE 55 II 315; 57 II 35, 421 besteht bei *echter Solidarität nach OR 50* keine Möglichkeit eines Mithaftpflichtigen, gegenüber dem Geschädigten einen persönlichen Herabsetzungsgrund anzurufen; vgl. BREHM N 40 zu OR 50; MERZ, SPR VI/1 107 ff.; a. M. BGE 89 II 122/23; 93 II 334 f. Die verschiedene Beurteilung der Frage in bezug auf OR 50 einerseits und OR 51 andererseits rechtfertigt sich im konkreten Fall, wenn wegen der Gemeinsamkeit des Verschuldens Anstifter und Gehilfen sich ohnehin nicht auf OR 43 berufen können. Es handelt sich nicht um eine Auswirkung des dogmatischen Unterschiedes zwischen echter und unechter Solidarität.
Vgl. über die Solidarität bei der Haftung nach Aktienrecht PETER FORSTMOSER 367 ff.; ROLF BÄR, Verantwortlichkeit des Verwaltungsrates der Aktiengesellschaft. Probleme bei einer Mehrheit von verantwortlichen Personen, ZBJV 106, 467 ff.

schliessen, dass jemand allein deswegen, weil neben ihm ein anderer haftet, mehr an Schadenersatz schulde, als er zu leisten hätte, wenn er allein haftete.

Wenn ein solidarisch Haftpflichtiger A persönliche Herabsetzungsgründe geltend macht, die den Mithaftpflichtigen nicht zur Verfügung stehen – vor allem nur leichtes Verschulden bei Verschuldenshaftung, OR 43 –, ist seine Haftungsquote gegenüber dem Geschädigten festzulegen und ist er nur in diesem Rahmen solidarisch haftpflichtig.

2. Soweit einem Mithaftpflichtigen des Belangten ein Verschulden zur Last fällt, kann sich der letztere nicht auf dieses *Drittverschulden* berufen[62]; denn das Drittverschulden stellt keinen Grund zur Reduktion des Schadenersatzes dar[63]. 34

3. Leistung des einen Ersatzpflichtigen *befreit alle*[64] gegenüber dem Geschädigten; es ist dem zahlenden Haftpflichtigen überlassen, auf dem Regresswege (vgl. hinten N 45 ff.) die ganze oder teilweise Abwälzung des Schadenersatzes auf die übrigen Ersatzpflichtigen zu verlangen. 35

4. Der Geschädigte kann *vorgehen, gegen wen er will*. Es steht ihm frei, einen der Ersatzpflichtigen allein zu belangen und ihn auf den ganzen oder einen Teilbetrag einzuklagen; er darf verschiedene sukzessive einklagen; er mag auch alle zusammen oder einen Teil (wenn nach Prozessgesetz zulässig) gemeinsam als passive Streitgenossen verfolgen und solidarische Verurteilung beantragen[65]. Es steht nichts im Wege, dass er nach einer solidarischen Verurteilung mehrerer das Wahlrecht erst bei der Vollstreckung ausübt[66]. 36

5. Wenn der Geschädigte mit einem der mehreren solidarisch Ersatzpflichtigen einen *Vergleich* abgeschlossen hat (vgl. BGE 107 II 226), stellt sich die Frage von dessen Auswirkung auf das interne Regressverhältnis (hinten N 45 ff.). Das hängt vom Willen der Vergleichsparteien ab: 37

---

[62] BGE 89 II 122; 93 II 322; 95 II 54; 97 II 343/44, 415; 98 II 104; 112 II 143 f.; 113 II 331. – Die Möglichkeit der *Entlastung* wegen Drittverschuldens kann hier ausser Betracht gelassen werden, weil vorausgesetzt ist, dass alle Beteiligten haften. – BGE 95 II 339/40; STARK, Skriptum N 988.
[63] Vgl. über die scheinbare Ausnahme des sehr leichten Verschuldens bei der Verschuldenshaftung vorn § 7 N 11, hinten Bd. II/1 § 16 N 35; BGE 112 II 143 f.
[64] BGE 38 II 219, 622; 59 II 369, 470; 63 II 149; 89 II 122.
[65] BGE 38 II 622; 58 II 441; 59 II 369; 77 II 150/51; 89 II 64; 93 II 333; 97 II 344.
[66] BGE 33 II 508.

38 a) Wenn die Parteien des Vergleichs den Haftpflichtanspruch des Geschädigten oder einen bestimmten Teil davon[67] als erledigt betrachteten und der Geschädigte daher Saldoquittung für den ganzen Schaden oder den in Frage stehenden Teil erteilte, stehen ihm dafür keine Ansprüche gegen die andern Ersatzpflichtigen mehr zu und hat der Vergleichspartner Regressansprüche gegen die andern gemäss dem Innenverhältnis (hinten N 45 ff.). Das ist der Normalfall.

39 b) Wenn es der Wille der Vergleichsparteien war, dass der Geschädigte einen Teil seines Haftpflichtanspruches für den in Frage stehenden Schaden gegen die am Vergleich nicht beteiligten Ersatzpflichtigen noch geltend machen könne[68], steht ihm dies frei. Diese Solidarschuldner können je nach dem Innenverhältnis ihrerseits Regressansprüche gegen den am Vergleich beteiligten Ersatzpflichtigen geltend machen.

40 c) Es ist auch möglich, dass der Ersatzpflichtige, der den Vergleich abgeschlossen hat, nach dem Willen der Vergleichsparteien keine weiteren Haftpflichtzahlungen erbringen sollte, obschon der Geschädigte nicht voll befriedigt worden ist. In diesem Fall steht diese ausdrückliche oder stillschweigende Vertragsklausel den Regressansprüchen der andern Haftpflichtigen für von ihnen geleistete Restzahlungen entweder nicht entgegen oder der Geschädigte muss sich gestützt darauf eventuell eine Kürzung seiner Restansprüche gegen die am Vergleich nicht beteiligten Solidarschuldner gefallen lassen: Deren Rechtslage kann durch einen Vertrag, an dem sie nicht beteiligt sind, nicht verschlechtert werden.

41 Bei *Schulderlass* gegenüber einem Ersatzpflichtigen liegt eine entsprechende Situation vor[69].

42 Der Wille der Vergleichsparteien für die weitere Abwicklung des Solidarschuldverhältnisses ist durch Auslegung nach der Vertrauenstheorie zu ermitteln. Dabei wird das Verhältnis zwischen Leistung und Gegenleistung wesentliche Anhaltspunkte liefern. Nötigenfalls ist – nachdem keine dispositive Norm zur Verfügung steht – eine Lücke im Vertrag anzunehmen, die

---

[67] Zum Beispiel den Sachschaden oder den Personenschaden ohne Invalidität.
[68] Das heisst, wenn die Saldoklausel im Vergleich sich nur auf die Belangung des Vergleichspartners bezog.
[69] Man denke z. B. an einen Schaden, der von einem nahen Familienangehörigen zusammen mit einem Dritten verursacht wurde. Wenn der Geschädigte vom familienangehörigen Haftpflichtigen allein (ohne Mitwirkung eines Dritten) keinen Schadenersatz verlangen würde, liegt es nahe, dass er vom dritten Ersatzpflichtigen nur diejenige Quote des Schadens verlangt, die bei der internen Verteilung des Schadens auf Grund der sektoriellen Methode auf ihn entfallen würde. Die interne Quote des Familienangehörigen trägt dann der Geschädigte.

der Richter auszufüllen hat, und zwar so, dass die endgültige Belastung jedes Solidarschuldners deren Innenverhältnis entspricht[70].

6. Die *Verjährung* muss, sofern man auf dem Boden der Unterscheidung von echter und unechter Solidarität steht, bei unechter gegenüber allen Ersatzpflichtigen gesondert unterbrochen werden, was bei echter Solidarität nach OR 136 I nicht nötig ist. 43

7. Im übrigen gilt, mit den erwähnten Einschränkungen, die *Regelung von OR 144* ff. 44

III. Innenverhältnis

A. Im allgemeinen

1. Wesen und Ordnung des Regresses

Der Grundsatz der Solidarität bedeutet, dass der Geschädigte jeden von mehreren Ersatzpflichtigen[71] seines Schadens nicht nur für irgendeine Quote, sondern für den *ganzen* Schaden, für den ihm Ersatz zusteht, belangen kann. 45

Diese günstige Position des Geschädigten bedarf einer Ergänzung durch eine rechtliche Regelung der Frage, welcher Haftpflichtige wieviel *definitiv* an den Schaden zu bezahlen habe. Es kann nicht der Willkür des Geschädigten überlassen bleiben zu entscheiden, welcher Ersatzpflichtige 46

---

[70] Die in der Vorauflage (347) herangezogene Subrogation hilft nicht weiter, wenn man mit VON TUHR/ESCHER 317 davon ausgeht, dass die Subrogation dem zahlenden Solidarschuldner nicht mehr verschaffen soll, als ihm nach OR 148 gehört; vgl. auch BECKER N 5 zu OR 149; BGE 53 II 30; 56 II 131; SJZ 57 (1961) 63.

[71] Auch Ersatzpflichtige, die für keine Ursache des Schadens verantwortlich sind, namentlich Schadensversicherer, sind in die Solidarität eingeschlossen und müssen daher auch von der Regressordnung erfasst werden. Dies gilt nicht bei Anspruchskumulation, z. B. bei Lebensversicherern. Vgl. im übrigen zur Regressfrage OR-Schnyder N 10 ff. zu OR 50; KELLER/GABI 141 ff.; BREHM N 55 ff. zu OR 50, N 45 ff. zu OR 51; SCHAER Rz 506 ff.; LARENZ, Schuldrecht I 642 ff.; GEIGEL/SCHLEGELMILCH, 10. Kap. 218 ff.

den Schaden endgültig zu tragen hat[72]. Das wäre nicht nur ungerecht, sondern würde auch unerwünschten Beeinflussungsversuchen Tür und Tor öffnen. Das Aussenverhältnis der Solidarität wird daher ergänzt durch das Innenverhältnis einer Regressordnung; die Rechtsordnung entscheidet, wer welche Quote des Schadens *definitiv* zu tragen hat.

47 Vorschriften für die interne Verteilung des Schadens unter den Ersatzpflichtigen finden sich in OR 50 und 51. Daneben sind die Spezialvorschriften in SVG 60 II, ElG 30 (vgl. auch 34 II)[73] und EHG 18 zu erwähnen. RLG 34, GSG 69 III und SSG 27 I verweisen statt dessen auf das OR. Im Rahmen des KHG ist normalerweise durch die Kanalisierung der Haftpflicht in KHG 3 VI ein Regress ausgeschlossen[74].

48 Wer von der Auffassung geleitet wird, dass das Haftpflichtrecht gleiche Fragen bei den verschiedenen Haftungsarten gleich regeln sollte und davon nur abweichen darf, wenn dies als begründet erscheint, wird eine Interpretation dieser Normen suchen, die diesem Grundsatz gerecht wird. Grosses Gewicht kommt dabei dem Gedanken zu, dass die Verteilung des Schadens auf mehrere Ersatzpflichtige im Rahmen der Kollision von Haftungen (vgl. vorn § 9) und bei der hier zur Diskussion stehenden Schädigung eines Dritten, der den Schaden nicht mitverursacht hat, nach den gleichen Grundsätzen erfolgen sollte[75].

---

[72] Das Bundesgericht hat es in konstanter Praxis abgelehnt, die Regressordnung von OR 51 II durch eine Zession abändern zu lassen; vgl. BGE 45 II 645; 80 II 252/53; 115 II 27.
[73] ElG 28 II ist hier nicht anzuführen, weil die mehreren Haftpflichtigen für die gleiche Ursache aus dem gleichen Rechtsgrund einzustehen haben.
[74] Vgl. Bd. II/3 § 29 N 447 ff. und 689 ff.
[75] Wenn man, wie vorn dargelegt (§ 9 N 9 f.), den Ersatzanspruch eines geschädigten Mitverursachers, der kein Verschulden, sondern nur einen Kausalhaftungsgrund zu vertreten hat, kürzt, kann man konsequenterweise einen Kausalhaftpflichtigen ohne Verschulden neben andern Haftpflichtigen im Innenverhältnis nicht allgemein aus der Mittragung des Schadens entlassen. Vgl. den nicht publ. BGE vom 5. Mai 1987 i. S. Michaud und Kons. gegen Eidgenossenschaft u. Kons., S. 36.
Beispiel: Kollision eines Autos mit einem Hund, dessen Halter sich ein Verschulden vorwerfen lassen muss. Der Automobilist versuchte, dem Hund auszuweichen, und warf deshalb einen Fussgänger auf dem Trottoir um. Gegenüber dem Hundehalter muss sich der Automobilist eine Kürzung seines eigenen Anspruches auf z. B. 45% gefallen lassen; der Hundehalter erhält von ihm 55%. Für den Schaden des Fussgängers haften beide solidarisch miteinander. Der Hundehalter muss hier vernünftigerweise auch 45% des Schadens tragen und nicht 100%, obschon ihn im Gegensatz zum Automobilisten ein zusätzliches Verschulden trifft.
Wenn im gleichen Beispiel den Hundehalter kein Verschulden trifft, er aber den Sorgfaltsbeweis nicht erbringen kann, wogegen der Automobilist ein leichtes Verschulden zu

2. Die Interpretation von OR 50 und 51 nach der herrschenden Meinung

OR 50 II verweist bei gemeinsamer Verschuldung eines Schadens durch mehrere auf das richterliche Ermessen ohne nähere Angaben.

OR 51 seinerseits verweist in Abs. 1 auf OR 50 II, wo der Rechtsprechung und der Lehre grosse Anpassungsmöglichkeiten an die konkreten Verhältnisse gelassen werden. In Abs. 2 von OR 51 wird dann aber doch eine Richtlinie gegeben, die allerdings nur «in der Regel»[76] angewendet werden soll. Danach besteht nach der üblichen Interpretation eine Art *Kaskadenhaftung*[77]; es werden drei Kategorien gebildet, die einander in der vom Gesetz vorgesehenen Reihenfolge ausschliessen: Wenn nur *ein* Ersatzpflichtiger sich ein deliktisches Verschulden vorwerfen lassen muss, haftet er im Innenverhältnis allein für den Schaden; die vertraglich Haftpflichtigen und die Kausalhaftpflichtigen[78] müssen sich an der Schadenstragung nicht beteiligen. Ein Kausalhaftpflichtiger (ohne zusätzliches Verschulden)

---

vertreten hat, haftet der Hundehalter z. B. für 20% des Autoschadens. Es wäre nicht verständlich, wenn der Schaden des Fussgängers zu 100% durch den allein schuldigen Automobilisten zu tragen wäre.

[76] Nach BGE 115 II 28 erlauben Billigkeitserwägungen eine Abweichung von der Regressordnung von OR 51 II, wenn die Umstände dies rechtfertigen. Es ist aber doch eher eigenartig, dass die Präzisierung von Abs. 1 in Abs. 2 von OR 51 in der Praxis nicht als blosse Orientierungshilfe, sondern als starres Prinzip begriffen wird; vgl. PIERRE WIDMER in FS Assista 269 ff.

[77] Vgl. die Verantwortlichkeit der vormundschaftlichen Organe gemäss ZGB 426 ff.; im übrigen STARK, Zwei neuere Entscheidungen des Bundesgerichts zur Regressordnung von Art. 51 Abs. 2 OR, ZBJV 128 (1992) 221 ff.

[78] Die Gruppe der Gefährdungshaftpflichtigen wird vom Gesetz aus naheliegenden Gründen – OR 51 ist in der heutigen Fassung 1911 erlassen worden – nicht erwähnt. Versucht man, sie in die Kaskadenregelung einzubauen, so zeigen sich grosse Schwierigkeiten in bezug auf ihre Plazierung. In der Vorauflage wurde deshalb vorgeschlagen, die Gefährdungshaftpflichtigen vorweg, also nicht als Angehörige einer Kaskadengruppe, einen Teil des Schadens tragen zu lassen (Voraufl. 358 ff.; hinten Bd. II/2 § 25 N 709/10), eine Regelung, die dogmatisch nicht befriedigt; vgl. OR-Schnyder N 14 zu OR 51; KELLER/GABI 148; BREHM N 76 ff., 133 ff. zu OR 51; STARK, Skriptum N 999 ff.; SCHAER Rz 869 ff.; vgl. auch hinten N 73.
Vorn in § 9 FN 55 wird die Meinung vertreten, dass den Gefährdungshaftungen bei der Kollision von Haftungsarten mehr Gewicht zukomme als den einfachen Kausalhaftungen. Das muss auch gelten beim Regress zwischen mehreren Haftpflichtigen, während bei der Mehrheit von Haftungsgründen in der Person des Haftpflichtigen (hinten § 13 N 20) Alternativität zwischen Gefährdungshaftungen und einfachen Kausalhaftungen angenommen wird.

§ 10   Mehrheit von Ersatzpflichtigen

wird im Innenverhältnis nur belastet, wenn niemanden ein deliktisches Verschulden trifft und niemand aus Vertragsverletzung verantwortlich ist[79].

51   Sobald ein deliktisches Verschulden auf einer Seite feststeht, sind nach dieser Meinung die andern haftungsbegründenden Ursachen aus der Rechnung zu streichen, sofern der aus OR 41 Haftpflichtige zahlungsfähig ist[80]. Dies gilt sowohl für die vertragliche Haftung[81] als auch für die Kausalhaftungen ohne zusätzliches Verschulden. Diese Lösung hat den Vorteil der Einfachheit[82]; sie ist aber nicht überzeugend und zu wenig differenziert[83]. Eine Regressordnung sollte insbesondere die Kausalhaftpflichtigen nicht so extrem begünstigen. Das entspricht weder dem heutigen Verständnis der Kausalhaftungen noch der stark entwickelten Arbeitsteilung in der modernen Wirtschaft. Diese führt dazu, dass das deliktische Verschulden bei Unfällen im Wirtschaftsleben vor allem bei Arbeitnehmern zu finden sein wird[84]. Die dargelegte Interpretation von OR 51 II hat daher vielfach eine

---

[79]   Vgl. über die Entstehung von OR 51 II PIERRE WIDMER, FS Assista 275 ff., mit Hinweis auf die grundlegende Bedeutung, die dabei BGE 35 II 238 ff. (Leiterhakenfall) zukam; vgl. auch BGE 107 II 496; HANS-ULRICH BRUNNER, Die Anwendung deliktischer Regeln auf die Vertragshaftung (Freiburg 1991) 133 FN 599 u. a.
[80]   Man kann hier nicht von Kompensation sprechen; denn auf der Seite des aus Verschulden Haftpflichtigen wird kein Faktor durch Kompensation mit den aus der Rechnung fallenden vertraglichen oder kausalen Haftungen aufgehoben. Diese existieren zwar gegenüber dem Geschädigten, nicht aber im Innenverhältnis.
[81]   Da OR 51 II den Regress *innerhalb* der drei Kategorien nicht regelt, hat das Bundesgericht in BGE 80 II 254 sich beim Entscheid über den Regress zwischen zwei Ersatzpflichtigen, die beide aus Vertrag verantwortlich waren, unter Berufung auf OR 51 I und 50 II auf sein Ermessen gestützt. Es hat einen Regress des Sachversicherers gegen einen ebenfalls aus Vertrag Ersatzpflichtigen bei dessen leichtem Verschulden oder bei leichtem Verschulden seiner Hilfsperson abgelehnt. Bei grobem Verschulden (BGE 93 II 353) hat es ihn gutgeheissen.
[82]   Dieser Vorteil verliert an Gewicht durch den Umstand, dass OR 51 im Geltungsbereich der Konvenien unter den Versicherungs-Gesellschaften ohne Bedeutung ist. Die Interpretation von OR 51 ist also bei Vorliegen solcher Konvenien nur oberhalb ihrer Maximalsumme von Bedeutung.
[83]   In BGE 80 II 250 hat die Kaskadenordnung das Bundesgericht veranlasst, den Regressanspruch des Sachversicherers gegen den Arbeiter, der den Schaden verursacht hatte, gestützt auf OR 44 II (Notlage), auf etwa 20% (!) zu kürzen. Vgl. auch BGE 50 II 189.
[84]   Die sich daraus gestützt auf OR 51 II ergebende Konsequenz, dass vielfach der Arbeitgeber seine Zahlungen an den Geschädigten vom Arbeitnehmer zurückverlangen kann – was praktisch nur eine Rolle spielt, wenn die persönliche Haftpflicht des Arbeitnehmers nicht durch die Betriebshaftpflichtversicherung gedeckt ist –, wird gemildert durch OR 321e II. Dort werden bestimmte Anhaltspunkte aufgestellt, nach denen die Sorgfalt des Arbeitnehmers zu beurteilen ist. Sie müssen auch für den Rückgriff des Arbeitgebers gegen den Arbeitnehmer massgebend sein. Aber auch OR 321e II befreit den Arbeitnehmer nur vom Regress, wenn er die dort von ihm geforderte Sorgfalt aufgewendet hat.

unsoziale Belangung der Arbeitnehmer zur Folge, die in der Praxis allerdings durch die Rücksichtnahme der Arbeitgeber gemildert wird. Der in BGE 80 II 250 eingeschlagene Ausweg aus diesem Dilemma über die Notlage des haftpflichtigen Arbeitnehmers ist wirklich nur ein Ausweg und darf nicht zur normalen Korrektur der Rechtslage bei vielen Regressen werden[85]. Dieses Unbehagen hat schon in der zweiten Auflage des vorliegenden Buches (Zürich 1958) S. 317 zum Vorschlag einer Ergänzung der Regressordnung von OR 51 geführt: Danach soll, wenn ein Gefährdungshaftpflichtiger an der Verursachung des Schadens beteiligt ist, dieser im Innenverhältnis vorweg mit einem Teil des Schadens belastet werden[86].

Die Kaskadenregelung führt wie erwähnt dazu – was auch OR 55 II vorsieht –, dass normalerweise der schuldlose Arbeitgeber, der einen durch seine Hilfsperson verschuldeten Schaden gestützt auf OR 55 bezahlt hat, voll auf diese zurückgreifen kann. Dies gilt auch für die Eisenbahnunternehmung in bezug auf ihre Arbeiter usw. Das erscheint als unausgeglichen und stossend. Es dürfte namentlich deswegen bisher nicht zu Schwierigkeiten geführt haben, weil die persönliche Haftpflicht der Hilfspersonen normalerweise in die Betriebshaftpflichtversicherung eingeschlossen ist. Abgesehen davon dürften – wie erwähnt – soziale Erwägungen einer solchen Regressnahme bisher weitgehend im Wege gestanden haben. 52

Aber auch unabhängig von diesen sozialen Momenten erscheint die starke Belastung des schuldhaften Verursachers, selbst bei leichtem Verschulden, und die Entlastung der andern als unbefriedigend. Das Verschulden hat hier zuviel Gewicht. Seine Einstufung als schwerwiegende Unfallursache ist zwar nicht zu beanstanden, wohl aber der Ausschluss der andern gegenüber dem Geschädigten rechtlich relevanten Haftungsgründe und die Nichtberücksichtigung der *Schwere* des Verschuldens. Von der diametral entgegengesetzten gesetzgeberischen Wertung ging Art. 60 III des SVG vor der Revision von 1975 aus: Der nur für Verschulden Haftpflichtige haftete nur für seinen Anteil, den der Richter unter Würdigung aller Umstände zu bestimmen hatte. Er schied dadurch für den über seinen Anteil hinausgehenden Teil des Schadens aus der Solidarität aus und 53

Wenn sein Verschulden gestützt auf diesen Massstab zwar als gemildert erscheint, aber doch noch zu bejahen ist, nützt ihm OR 321 e II nur bei der hinten vertretenen Würdigung der Umstände, nicht aber bei der traditionellen Auslegung von OR 51 II.
85 In BGE 50 II 189 wurde die Notlage des Ersatzpflichtigen sogar verneint und ausserdem OR 44 II wegen grober Fahrlässigkeit als nicht anwendbar betrachtet, aber trotzdem unter Würdigung der Umstände der Regressanspruch reduziert.
86 Vgl. FRANÇOIS GILLIARD, ZSR 86 (1967) II 284; BREHM N 134 zu OR 51; vorn FN 78.

§ 10   Mehrheit von Ersatzpflichtigen

unterlag damit auch keinem Regress für den weiteren Schaden[87]. Ausserdem konnte der Richter ihn bei leichtem Verschulden ganz befreien. Hier hat sich der Gesetzgeber bei Erlass des SVG von einer Wertung leiten lassen, die derjenigen von OR 51 II diametral entgegensteht[88].

54 Die Kaskadenhaftung entspricht im Rahmen des Innenverhältnisses unter solidarisch Haftpflichtigen dem «Alles- oder Nichts-Prinzip», dessen Überwindung in andern Gebieten, insbesondere durch OR 44, einen grossen Pluspunkt des schweizerischen Haftpflichtrechts darstellt[89].

55 Hier ist noch ein weiterer Gesichtspunkt zu berücksichtigen: Innerhalb der einzelnen Kategorien können sehr wohl (gleichartige) Haftungen zu finden sein, die sich sehr verschieden ausgewirkt haben[90]. Bei den vertraglichen Haftungen fällt der Unterschied zwischen den Haftungen aus Vertragsverletzung, d.h. in Anwendung von OR 97, und den Zahlungen in korrekter Erfüllung einer vertraglichen Zusage, namentlich bei Versicherungen, in Betracht. Das Bundesgericht hat in konstanter Praxis den Regress des Versicherers gegen einen aus Vertrags*verletzung* Ersatzpflichtigen nur unter erschwerten Bedingungen gutgeheissen, weil der Versicherer für seine Risikotragung ein Entgelt, die Prämie, erhält. Haften also nebeneinander ein Vertragsschuldner und ein Schadensversicherer, so gesteht das Bundesgericht dem Schadensversicherer den Regress auf den Vertragsschuldner nur dann zu, wenn dieser ein schweres Verschulden zu verantworten hat[91].

---

[87] Vgl. Bd. II/2 der 2. Aufl. von 1962, S. 663.
[88] Vgl. PIERRE WIDMER FS Assista 275 ff. und die dort zit. Lit.
[89] Das deutsche Recht sieht in BGB 840 ebenfalls eine Art Kaskadenordnung vor, während es in HPflG 13 auf die Umstände abstellt und dabei ausdrücklich die überwiegende Verursachung erwähnt.
[90] Man denke z. B. an das Zusammenwirken der Betriebsgefahren eines Autos und einer Eisenbahn. Für die Regelung des Regresses innerhalb einer Kategorie enthält das OR keine Vorschrift. Man *muss* sich daher auf OR 50 II bzw. 51 I abstützen und auf das freie richterliche Ermessen abstellen; vgl. BGE 80 II 253/54; 93 II 345; 114 II 342; 119 II 131 sowie BGE vom 8. März 1994 (5C.136/1992) i. S. Alba gegen SBB (zur Zeit nicht publ.).
[91] Vgl. neben dem grundsätzlichen Entscheid BGE 80 II 242: 93 II 353; 114 II 345; BGE vom 8. März 1994 i. S. Alba gegen SBB (5C.136/1992) S. 5/6 u. a.; HANS OSWALD, Das Regressrecht in der Privat- und Sozialversicherung, SZS 16, 31 ff.; MARC-HENRI CHAUDET, Le recours de l'assureur contre le tiers responsable du dommage (Diss. Lausanne 1966) 181 ff.; HANS-ULRICH BRUNNER 235 und die dort zit. Lit. (Gemäss dem zit. BGE i. S. Alba gegen SBB S. 10 kann der regressierende Versicherer den Zins auf seinen Leistungen ab Zahlungsdatum verlangen; vgl. BUGNON 98/99; VON BÜREN 98; SBAI, La solidarité entre les débiteurs en droit suisse et français [Diss. Genève 1950] 138).
Hier wird derjenige, den ein Verschulden trifft – sonst wird er aus Vertragsverletzung nicht haftbar – besser gestellt als derjenige, der nicht nur kein Verschulden zu vertreten,

3. Die Interpretation von SVG 60 II nach der herrschenden Meinung

SVG 60 II sieht in Satz 1 davon ab, die massgebenden Umstände aufzuzählen und in ein Verhältnis zueinander zu setzen. Vielmehr soll auf die Würdigung aller Umstände abgestellt werden. Das gilt in bezug auf Haftpflichtige, die nicht dem SVG unterstehen. Für das Verhältnis unter Motorfahrzeughaltern sieht Satz 2 von SVG 60 II – ebenso SVG 61 I für den Personenschaden eines Halters – vor, dass primär auf das von den verschiedenen Motorfahrzeughaltern zu vertretende Verschulden[92] abzustellen sei, «wenn nicht besondere Umstände, namentlich die Betriebsgefahren, eine andere Verteilung rechtfertigen»[93]. Es gilt also nicht die Kaskadenhaftung von OR 51 II, wenn sie auch durchschimmert: Wenn einen von zwei Motorfahrzeughaltern ein Verschulden trifft, muss er den Schaden eines Dritten unter Vorbehalt besonderer Umstände allein tragen, es sei denn, man betrachte Unterschiede der Betriebsgefahren immer als besondere Umstände. Wenn einen von zwei Motorfahrzeughaltern das alleinige Verschulden trifft und die Betriebsgefahren gleich gross sind, liegt die naheliegendste Interpretation dieses Wortlautes darin, dass die Betriebsgefahr des Schuldlosen unbeachtet bleibt. Sie wird mit der Betriebsgefahr des Schuldigen «kompensiert», der den Schaden des Dritten allein tragen muss. Wenn kein beteiligter Motorfahrzeughalter ein Verschulden zu ver-

56

---

sondern auch keine Ursache gesetzt hat. Vgl. BGE 80 II 250; 93 II 353; 103 II 337; 107 II 496; 115 II 26; SJZ 54, 256; 64, 7; SCHAER, «Hard cases make bad law» 16 ff.; KELLER/SYZ 127.

Der Vollständigkeit halber sei beigefügt, dass meistens kein Vertrag zwischen den beiden Personen besteht, die gegenüber dem Geschädigten ersatzpflichtig sind. Trotzdem kann diejenige, die den Geschädigten ersetzt hat, auf die andere verantwortliche Person zurückgreifen, und zwar gestützt auf OR 51 und auf ihren Vertrag mit der geschädigten Person, z. B. der Mieter eines Autos auf den Kaskoversicherer des Vermieters; vgl. BGE 114 II 345. In diesem Fall wird meistens der Mieter die Kaskoprämie wirtschaftlich bezahlt haben und ist schon deswegen der Regress des Kaskoversicherers auf den Mieter, d. h. die Belastung des Mieters mit dem Schaden, nicht gerechtfertigt; vgl. hinten § 11 N 58.

[92] Hier besteht ein wesentlicher Unterschied gegenüber OR 51 II Satz 2, weil dort nur das eigene Verschulden zur Einstufung in die erste Kaskade führt, während SVG 60 II Satz 2 ausdrücklich auch das fremde, von einem Halter zu vertretende Verschulden berücksichtigt.

[93] Vgl. Bd. II/2 § 25 N 701 ff.; neuerdings STEPHAN WEBER, Schweiz. Versicherungskurier 1994, 34 ff.

treten hat, kann SVG 60 II Satz 2 nur eine Richtlinie entnommen werden, indem auf die übrigen Umstände abgestellt wird.

4. Die Bestimmungen des ElG und des EHG

57 ElG 28 II gehört nur scheinbar hieher; es handelt sich zwar um eine Mehrheit von Haftpflichtigen, aber für die gleiche Ursache und aus dem gleichen Rechtsgrund[94]. Wenn der Schaden aber durch das Zusammenwirken verschiedener elektrischer Anlagen verursacht wurde, kommt es nach ElG 30 auf das Verschulden an. Wo ein solches fehlt, haften die beteiligten Inhaber zu gleichen Teilen. In Bd. II/3 § 28 N 94 ff. wird dargelegt, dass die Haftung zu gleichen Teilen – bei fehlendem Verschulden auf beiden Seiten – als problematisch erscheint.

58 ElG 34 II und EHG 18 betreffen das Verhältnis zwischen einem Kausalhaftpflichtigen und seiner schuldhaft handelnden Hilfsperson, wobei bei EHG 18 auch andere aus Verschulden Haftpflichtige einbezogen sind. Dabei wird entsprechend OR 51 II der volle Regress vorgesehen.

5. Vergleichender Überblick über die verschiedenen Regelungen im Lichte der herrschenden Meinung

59 Gestützt auf den Wortlaut der einzelnen Bestimmungen ergibt sich folgendes Gesamtbild:

60 1. Wenn der Regressnehmer und der Regressat gegenüber dem Geschädigten aus *gleichartigen Haftungsgründen* verantwortlich sind, enthält OR 51 II keine Regelung[95]. Der Entscheid ist dem richterlichen Ermessen überlassen, was nur bedeuten kann, dass auf die *Umstände* abzustellen ist.

61 2. Das gilt nach SVG 60 II Satz 1 auch für Unfälle, an deren Verursachung neben einem Motorfahrzeug auch ein oder mehrere Nichthalter beteiligt sind.

---

[94] Vgl. vorn FN 72.
[95] Das gilt nach dem Gesetzeswortlaut auch bei beidseitiger Verschuldenshaftung ohne Gemeinsamkeit des Verschuldens; denn die mehreren Haftpflichtigen haften nicht aus verschiedenen Rechtsgründen.

3. Sind aber ausschliesslich Motorfahrzeughalter haftpflichtig, so ist für 62
die Verteilung des Schadens eines Dritten unter diese im Normalfall das
Verschulden das einzige Kriterium. Andere kausale Umstände sollen unberücksichtigt bleiben, ausser wenn es sich rechtfertigt, ihnen Rechnung zu tragen – eine Formulierung, die nach ihrem Wortlaut dem Richter viel Freiheit lässt. Er wird ohnehin nie Umstände in die Waagschale legen, deren Berücksichtigung sich nicht rechtfertigt. Hat kein Motorfahrzeughalter ein Verschulden zu vertreten, so ist offenbar auf die Umstände abzustellen, wie nach SVG 60 II Satz 1.

4. ElG 30 beschränkt sich – ähnlich wie SVG 60 II Satz 2 – auf das 63
Verhältnis zwischen Inhabern elektrischer Anlagen und lässt mithaftpflichtige Verursacher des Schadens, die nicht Inhaber einer elektrischen Anlage sind, ausser Betracht. Streng interpretiert steht nicht im Gesetz, dass bei einseitigem Verschulden nur der dafür verantwortliche Inhaber den Schaden zu tragen habe – was allerdings naheliegt –, sondern nur, dass bei nachgewiesenem Verschulden nicht beide Beteiligten die gleichen Quoten zu tragen haben, wohl aber im umgekehrten Fall.

5. In ähnlichem Sinne sagen ElG 34 und EHG 18 nicht, dass der Rück- 64
griff gegen einen schuldhaften Mitverursacher den vollen Schaden erfasse.

6. Versuch einer befriedigenderen Lösung

Eine bessere Lösung der Regressfrage ergibt sich aus der Anwendung 65
der haftpflichtrechtlichen Prinzipien auf die heutigen sozialen und wirtschaftlichen Verhältnisse (vgl. vorn N 55) ohne grosse Schwierigkeiten: Nur grobe Fahrlässigkeit, die den Kausalzusammenhang unterbricht, soll die Berücksichtigung einer haftungsbegründenden Ursache ausschliessen können. Abgesehen davon sind alle adäquaten Verursacher eines Schadens (mit Haftungsgrund) zur Schadenstragung beizuziehen, wobei die Grösse der von den einzelnen Ersatzpflichtigen zu tragenden Quoten bei der sektoriellen Verteilung nach den Umständen[96] festzulegen ist. Diese Rege-

---

[96] Schon EUGEN HUBER (Stenbull. NR 1909 522, 737) betonte die dominierende Bedeutung des richterlichen Ermessens in diesen Regressfragen und die Notwendigkeit, die Angemessenheit der Rückgriffsordnung in jedem Anwendungsfall zu überprüfen; vgl. PIERRE WIDMER, FS Assista 278 ff.; SCHAER, recht 1991, 13; STEPHAN WEBER, Schweiz. Versicherungskurier 1994, 34 ff.

lung entspricht der unumstrittenen Art der Berücksichtigung des Selbstverschuldens und ganz generell der Lösung bei der Kollision von Haftungen (vorn § 9), aber auch dem Ergebnis der Beratungen der Studienkommission des EJPD für die Gesamtrevision des Haftpflichtrechts[97].

66 Es ist aber zu befürchten, dass die Revision des Haftpflichtrechts, namentlich der grundlegenden Bestimmungen, noch einige Zeit auf sich warten lässt. Es drängt sich daher auf, hier den Versuch zu unternehmen, die vorgeschlagene Lösung mit den bestehenden Gesetzestexten, namentlich OR 51 II, durch deren geeignete Interpretation möglichst in Übereinstimmung zu bringen und in Anbetracht der Bedeutung der Frage nötigenfalls eine Gerichtspraxis contra legem in Kauf zu nehmen. Dies liegt um so mehr nahe, als in BGE 116 II 649 überzeugend die Meinung vertreten wird, dass die Verhältnisse des Einzelfalles es rechtfertigen können, von OR 51 II abzusehen und die Verantwortlichkeiten entsprechend dem Gewicht der Faktoren festzulegen, die die einzelnen Ersatzpflichtigen zu vertreten haben[98].

67 In OR 51 II müssen die Worte «in erster Linie» nicht unbedingt, wie es der herrschenden Meinung entspricht, als im internen Verhältnis «ausschliesslich» interpretiert werden; man kann darunter auch verstehen, dass dem Verschulden eines Haftpflichtigen bei der sektoriellen Verteilung ein besonderes Gewicht zukomme. Das Pendant zur «ersten Linie» ist die «letzte Linie», in der in OR 51 II der ohne eigene Schuld und ohne vertragliche Verpflichtung nach Gesetzesvorschrift Haftpflichtige eingeteilt ist. Diese Formulierung lässt sich weniger gut als die «erste Linie» auf einen Hinweis für die Bestimmung der Quotengrösse reduzieren. Zwingend ergibt sich aber auch aus dieser Formulierung nicht, dass der Kausalhaftpflichtige keinen Teil des Schadens zu übernehmen habe, wenn aus Ver-

---

[97] These 59-3 des Schlussberichtes der Studienkommission (S. 223) lautet wie folgt: «Der Rückgriff unter den Beteiligten richtet sich nach den Umständen, namentlich nach der Schwere des Verschuldens und nach der besonderen Gefahr, für die sie einzustehen haben» (vgl. auch S. 105).

[98] Diese Argumentation findet sich bereits im nicht publ. BGE vom 5. Mai 1987 i. S. Michaud u. Kons. gegen Eidgenossenschaft u. Kons. Vgl. auch BGE 50 II 189, wo das Bundesgericht als Herabsetzungsgründe auch Umstände berücksichtigt hat, die «bei direkter Anwendung des Art. 41 OR nach klarer Gesetzesvorschrift nicht in Betracht gezogen werden dürften». Unser oberster Gerichtshof hat hier das Kaskadensystem bereits durchlöchert, was in der Vorauflage 355 zu Unrecht kritisiert wird. Vgl. auch BGE 115 II 28.

schulden oder aus Vertrag Haftpflichtige beteiligt sind[99]. Die *richtige* Einstufung der Gefährdung setzt aber die Nichtbeachtung der Worte «in letzter Linie» in weitem Rahmen, d. h. nicht nur in Ausnahmefällen voraus.

Wie bereits erwähnt, soll die Verteilung des Schadens nach OR 51 II nur «in der Regel» gelten. Nach BGE 115 II 28 darf man sich auf diese Formulierung allerdings nur aus Billigkeitserwägungen berufen[100]. Wer dieser Auffassung folgt, darf wohl nicht gestützt auf die festgestellte generelle Unbilligkeit von OR 51 II im Lichte der heutigen Auffassungen normalerweise davon abweichen, wenn auch in manchen Fällen die Billigkeit dafür sprechen wird. Dies trifft vor allem zu, wenn der aus Verschulden Ersatzpflichtige nicht gegen seine Haftpflicht versichert ist. Die Tatsache seiner Haftpflichtversicherung stellt aber kein haftpflichtrechtliches Kriterium dar; man käme sonst zu einer Regressordnung, die wesentlich dadurch bestimmt wäre, welcher Ersatzpflichtige gegen seine Haftpflicht versichert ist. Die Worte «in der Regel» in OR 51 II geben also, je nachdem, ob man BGE 115 II 28 folgt oder nicht, d. h. je nach der Interpretation, die Bahn für eine generelle Abweichung von der Kaskadenordnung dieser Norm frei oder nicht[101].

68

---

[99] Kaum vereinbaren lässt sich mit der Formulierung «in letzter Linie» das Gewicht, das der Gefährdungshaftpflicht entsprechend deren heutiger Bedeutung zuzumessen ist. Im Verhältnis zu andern Kausalhaftungen ergeben sich keine Schwierigkeiten, weil OR 51 II keine Vorschrift über die Verteilung innerhalb der Kaskade der Haftungen aus Gesetz enthält. Wenn der eine Haftpflichtige aus Verschulden, der andere aus Gefährdung verantwortlich ist, müsste danach der Gefährdung mindestens die kleinere Quote zugemessen werden als dem Verschulden. Wenn man aber am Grundsatz festhält, dass die Verteilung bei der Kollision von Haftungsarten (vorn § 9) und unter mehreren Ersatzpflichtigen gleich vorzunehmen ist, steht die Zuteilung einer grösseren Quote an ein mittleres Verschulden als an die Gefährdung im Widerspruch zur feststehenden Praxis in bezug auf die Berücksichtigung des mittleren Selbstverschuldens gegenüber den Gefährdungshaftungen. Man kann nicht dem Opfer einer Betriebsgefahr wegen seines mittleren Selbstverschuldens eine Reduktion seines Schadenersatzanspruches von 25% bis 33% auferlegen und wenn ein Dritter geschädigt wird, das gleiche Verschulden mit über 50% bewerten.
OR-Schnyder N 9 zu OR 51 bemerkt, dass die noch stark auf dem Culpaprinzip beruhende Regressordnung nicht mehr völlig zu den Entwicklungen und Erneuerungen der letzten Jahrzehnte passe. Vgl. auch SCHAER Rz 1 ff., 858 ff.
[100] Vgl. schon BGE 56 II 400. Weniger zurückhaltend ist das Bundesgericht im nicht publ. Entscheid vom 5. Mai 1987 i. S. Michaud u. Kons. gegen Eidgenossenschaft u. Kons.: «Comme l'indiquent les termes ‹dans la règle›, cet ordre n'est pas impératif et le juge peut s'en écarter lorsque les circonstances le justifient.»
[101] Vgl. BREHM N 146 zu OR 51, der OR 51 II nicht als Zwangsjacke gelten lässt, ausserdem OR-Schnyder N 9 zu OR 51; SCHAER Rz 858 ff.; WIDMER, FS Assista 278 ff.; BGE 116 II 649.

69	Wer sie nicht als frei betrachtet, kann nur zu einer vernünftigen Lösung kommen, wenn er unter Berücksichtigung der dargelegten Argumente gegen OR 51 II eine Entscheidung contra legem in Kauf nimmt[102].
70	SVG 60 II schliesst nicht aus, dass man in vielen Fällen, namentlich bei einseitigem Verschulden, davon ausgeht, dass besondere Umstände eine Abweichung von der Verteilung nach dem Verschulden rechtfertigen.
71	Es ist bereits darauf hingewiesen worden (vorn N 57), dass nach dem Wortlaut von ElG 30 das Verschulden nur dazu führt, dass nicht gleiche Teile zu machen sind, nicht aber dazu, dass der Schuldlose keinen Anteil am Schaden zu übernehmen hat.
72	Aus ElG 34 II und EHG 18 ergibt sich keine Vorschrift über die Grösse der Quote, die von mit einem Verschulden belasteten Mitverursachern zu tragen ist.
73	Gestützt auf diese Überlegungen drängt es sich auf, in Anlehnung an den BGE vom 5. Mai 1987 i. S. Michaud u. Kons. gegen Eidgenossenschaft u. Kons. und an den BGE 116 II 649 *die herrschende Meinung über OR 51 II abzulehnen und die Kriterien für die Regelung des Innenverhältnisses nicht starr nach der Haftungsart, sondern nach den Umständen festzulegen*[103]. Dadurch können die Zufälligkeiten, die bei der Formulierung der Gesetzestexte mitgewirkt haben, überwunden werden. Wie dargelegt, muss man sich dafür höchstens in einem beschränkten Rahmen gegen die Gesetzestexte stellen und contra legem entscheiden. Es genügt weitgehend, die Normen etwas weitherziger auszulegen als die, abgesehen von den beiden zitierten Bundesgerichtsentscheiden, herrschende Meinung.
74	Das interne Verhältnis unter solidarisch Haftpflichtigen ist daher nach dem Gewicht der von ihnen zu vertretenden Haftungsgründe festzulegen, also nach den gleichen Kriterien, die bei den Kollisionen von Haftungsarten angewendet werden. Dafür bietet sich hier wie dort die *sektorielle Verteilung* als Methode an (vgl. vorn FN 75; Bd. II/3 § 32 N 344, 356, STEPHAN WEBER, Schweiz. Versicherungskurier 1994, 34 ff.).

---

[102] Diesen Vorwurf erhebt WIDMER in FS Assista 282 gegenüber dem Vorschlag Oftingers einer Vorwegtragung eines Teils des Schadens durch den Gefährdungshaftpflichtigen (vgl. Voraufl. 358 ff.; vorn FN 78; hinten Bd. II/2 § 25 N 709). Er kann um so eher in Kauf genommen werden, als das Bundesgericht in BGE 116 II 649 schreibt, es sei auf die konkreten Verhältnisse abzustellen; es könne gestützt darauf von der Regressordnung von OR 51 II abstrahiert und statt dessen die interne Ersatzpflicht unter Würdigung der Bedeutung der Umstände des konkreten Falles festgelegt werden.

[103] Vgl. BOSSARD/DAXELHOFFER/JAEGER in SCHAER/DUC/KELLER 310; SCHAER, recht 1991, 17; die vorn FN 101 zit. Lit.

B. Durchführung und Umfang des Regresses

1. Regress setzt Zahlung voraus

Die Geltendmachung des Regresses setzt voraus, dass der Regressierende im Aussenverhältnis den Geschädigten *ganz oder zum Teil befriedigt hat*. Maximal für das, was man bezahlt hat, kann man Rückgriff nehmen. Bei echter Solidarität macht der Regressierende gegen den Regressschuldner kraft der Subrogation *die* Ansprüche geltend, die der befriedigte Geschädigte (im Aussenverhältnis) gegen ihn hatte. Wenn man bei verschiedenen Rechtsgründen bzw. mangels einer speziellen Solidaritätsnorm in einem Spezialgesetz an der unechten Solidarität festhält und deshalb keine Subrogation annimmt, beruht die Regressforderung formell auf der Bestimmung über die Solidarität[104]; ihre Voraussetzung ist aber auch hier die Haftpflicht des Regressaten gegenüber dem Geschädigten. Nur soweit sie besteht, kann ein Rückgriff aus dem Solidaritätsverhältnis überhaupt in Frage kommen[105]. Trifft den Geschädigten z. B. ein Selbstverschulden, so kann maximal der nach Abzug der entsprechenden Quote verbleibende Schaden Gegenstand des Regresses sein. Haftet der Regressschuldner gegenüber dem Geschädigten aus andern Gründen nur für einen Teil des Schadens[106], so ist auch dieser Umstand bei der Festsetzung der Höhe des Rückgriffes zu berücksichtigen.

Der Regressierende kann vom Regressaten auch eine Beteiligung an den Gerichts- und Anwaltskosten, die er in gutem Glauben und vernünftigerweise hat entstehen lassen, verlangen, sofern die Vorkehrungen, auf die sie zurückgehen, auch dem Interesse der andern Ersatzpflichtigen gedient haben (vgl. BGE 69 II 160).

---

[104] Dieser Regress aus Anspruchskonkurrenz besteht auch bei Subrogation, und zwar dann neben dem auf ihr beruhenden Rückgriffsanspruch; vgl. hinten § 11 N 31 ff.

[105] Vgl. BGE 95 II 339/40; 104 II 187 f.; hinten N 84.

[106] Man denke an geringes Verschulden, das nach OR 43 I zu einer Reduktion des Schadenersatzanspruches führen kann; vgl. vorn § 7 N 11 ff. und die hinten Bd. II/1 § 16 FN 50 zit. Lit. Normalerweise werden die Reduktionsgründe, auf die sich der regressweise in Anspruch genommene Ersatzpflichtige berufen kann, auch dem Regressierenden zur Verfügung gestanden haben. Vgl. aber hinten N 97 ff. betreffend Haftungsprivilegien.

2. Streitverkündung

77 Wer von einem Geschädigten prozessual belangt wird und der Meinung ist, dass er höchstens einer von mehreren Ersatzpflichtigen ist, wird mit Vorteil seinem künftigen Regressschuldner den *Streit verkünden*. Er kann auch, wenn das kantonale Prozessrecht dies erlaubt, im sog. Hauptprozess des Geschädigten gegen ihn den Antrag stellen, dass der Richter das Regressrecht festsetze[107].

78 Wurde der Hauptanspruch des Geschädigten gegen einen von mehreren Ersatzpflichtigen ausserprozessual erledigt, so wird der belangte Ersatzpflichtige gut daran tun, vor Abschluss des Vergleiches die Zustimmung der andern Ersatzpflichtigen zu dessen Höhe einzuholen.

3. Solidarität im Innenverhältnis mehrerer Regressschuldner

79 Eine Mehrheit von Regresspflichtigen haftet dem zahlenden Ersatzpflichtigen nach herrschender Meinung nicht wieder solidarisch, sondern anteilsmässig; die Solidarität besteht nur im Aussenverhältnis, wobei bei echter Solidarität allerdings OR 148 III eine Korrektur ermöglicht[108].

80 Richtigerweise sollte im Innenverhältnis auch bei unechter Solidarität zwischen der Ausfallhaftung der Solidarschuldner und der freien Entscheidung des Regressgläubigers, wen er für wieviel belangt, wenn deren mehrere vorhanden sind, unterschieden werden. Diese freie Auswahl hat im Regress keine Berechtigung und führt zu Komplikationen. Die Ausfallhaftung für den Fall, dass einer der Regressschuldner nicht zahlt usw., ist dagegen auch im Regressverhältnis am Platz[109].

---

[107] BGE 58 II 442; vgl. auch 33 II 509; 36 II 99; 38 II 623;
47 II 430/31; 66 II 122/23; 71 II 115; 79 II 73/74; ZBJV 91, 432; Rep. 1957, 307/08: Streitverkündung wirkungslos geblieben, deshalb keine Beurteilung des Regressanspruchs möglich, weil der Regresspflichtige sich nicht am Prozess beteiligt hat.
[108] Vgl. BGE 103 II 140; VON TUHR/ESCHER 316; BECKER N 2 zu OR 148; OSER/SCHÖNENBERGER N 7 zu OR 148; BREHM N 89 zu OR 51; A. KELLER II 161.
[109] Die Voraufl. 354 beruft sich auf SVG 61 III. Ob diese Bestimmung aber nicht nur Solidarität von zwei oder mehr schädigenden Haltern gegenüber einem geschädigten Halter einführt, sondern auch zwischen mehreren schädigenden Haltern im Regressverfahren, erscheint als fraglich. Nach SCHAFFHAUSER/ZELLWEGER II N 1447, 1482;

4. Schadens- und gefahrengeneigte Arbeit

Der Begriff der *schadens- oder gefahrengeneigten Arbeit,* der namentlich in Deutschland und Österreich entwickelt wurde, hat im schweizerischen Recht in OR 321e Berücksichtigung gefunden. Diese Bestimmung behandelt das Verhältnis zwischen Arbeitgeber und Arbeitnehmer. Sie kann also dem Geschädigten, der nicht Arbeitgeber des Ersatzpflichtigen ist und den Arbeitnehmer direkt belangt, nicht entgegengehalten werden, wohl aber dem Regressanspruch des Arbeitgebers (gemäss OR 55 II)[110]. Vgl. dazu vorn § 5 FN 117 und § 7 N 73/74.

81

5. Verjährung

Der Regressanspruch wird fällig mit der Zahlung des vom Geschädigten belangten Haftpflichtigen; von da an läuft die Verjährungsfrist[111]. Sie richtet sich nach der Bestimmung, die allgemein die Verjährung derjenigen Art von Anspruch regelt, welche gegen den Regressschuldner geltend gemacht

82

KELLER/SCHÖBI, Gemeinsame Rechtsinstitute für Schuldverhältnisse aus Vertrag, unerlaubter Handlung und ungerechtfertigter Bereicherung (2. A. Basel 1985) 18 f.; KELLER/LANDMANN, Haftpflichtrecht. Ein Grundriss in Tafeln (2. A, Zürich 1980) Tafeln 136a, b, 137, besteht keine Solidarität im internen Verhältnis, sondern anteilsmässige Haftung. Vgl. auch hinten Bd. II/2 § 25 N 740 ff.

[110] Diese Konstellation ruft der Möglichkeit des direkt belangten Arbeitnehmers, gegen den Arbeitgeber Regress zu nehmen, wenn ersterer zwar nicht nach OR 321e, wohl aber nach OR 41 I verantwortlich ist; vgl. dazu DEUTSCH I 292/93; KOZIOL I 133.

[111] Vgl. Bd. II/1 § 16 N 387 ff.; STREBEL/HUBER N 16/17 zu MFG 38; VON TUHR/ESCHER 314 N 128; EMIL VIKTOR SCHERER, Die Haftpflicht des Unternehmers auf Grund des Fabrikhaftpflichtgesetzes und des Ausdehnungsgesetzes (2. A. Basel 1908) 183; BREHM N 62 ff. zu OR 50, N 141 ff. zu OR 51; K. SPIRO 487. Gleich regeln die Frage jetzt SVG 83 III; RLG 39 III; a. M. BGE 55 II 123. Nach BGE 43 II 518/19 beginnt die Frist von EHG 18 an dem Tage, an dem die regressierende Eisenbahn gegenüber dem Geschädigten rechtskräftig verurteilt worden ist oder freiwillig ihre Haftbarkeit anerkannt hat. Vgl. dazu jetzt aber BGE 89 II 123. In BGE 115 II 48/49 anerkennt das Bundesgericht zwar, dass der Ausgleichsanspruch erst mit der Zahlung des Regressberechtigten an den Geschädigten zu laufen beginnt. Es lehnt aber den Zahlungstermin als Beginn der Frist für die Regressverjährung ab, «wenn der Regressberechtigte von der Möglichkeit, auf einen andern zurückzugreifen, rechtzeitig Kenntnis erhält, aber nichts unternimmt». Das überzeugt nicht; es würde aber zu weit führen, diese abweichende Auffassung und ihre praktischen Auswirkungen hier darzulegen.

wird[112]. Für den Regress gestützt auf ElG 28 II und 30 ist demnach ElG 37 massgebend; haftet der Regressierte aus einer dem OR oder ZGB unterstehenden ausservertraglichen Schadenszufügung, so gilt OR 60[113], haftet er aus Vertrag, dann ist im Zweifel die 10jährige Frist von OR 127 bzw. die 5jährige von OR 128 I Ziff. 3 anwendbar, ausgenommen z. B. die Fälle von OR 210 und 371[114]. Soweit der Regressklage nach EHG 18 und ElG 34 II eine schuldhafte, ausservertragliche Schadenszufügung im Sinne von OR 41 zugrunde liegt, ist darauf die Frist von OR 60 anzuwenden[115]. Abweichend von diesen Lösungen sieht SVG 83 III (in Verbindung mit SVG 60) vereinfachend eine einheitliche Verjährungsfrist vor für die Rückgriffe unter allen an einem Verkehrsunfall Beteiligten, gleichgültig ob diese extern nach SVG haften oder nach einer anderen Vorschrift (z. B. eine den Unfall mitverursachende Bahn nach EHG, ein Radfahrer nach OR 41). Vgl. Bd. II/2 § 25 FN 770 ff. Das sinngemäss Gleiche besagt RLG 39 III. Vgl. im übrigen Bd. II/1 § 16 N 387 ff.

6. Präjudizialität des Hauptprozesses für den Regressprozess

83   In bezug auf die Solidarität im Sinne von OR 143 ff. hat das Bundesgericht entschieden, das Urteil im (externen) Hauptprozess sei für den Regressprozess *nicht präjudiziell,* weil es nur unter den Prozessparteien wirke[116]. Diese Auffassung führt konsequenterweise dazu, die Präjudizialität auch für Regresse, wie sie hier zur Diskussion stehen, zu verneinen. Das kann zum ärgerlichen Ergebnis führen, dass widersprechende Urteile ergehen, indem z. B. das zweite Gericht die Schadensberechnung und die

---

112   OSER/SCHÖNENBERGER N 10 zu OR 60; ROELLI/KELLER, Komm. zum VVG IV (2. A. Bern 1962) 667; FAVRE, Du recours de l'assureur contre le transporteur et spécialement contre le chemin de fer in ZSR 65 (1946) 289.
113   BGE 55 II 123; SJZ 59, 243/44. Unzutreffend BGE 36 II 483. Für den Rückgriff nach OR 50 II gilt ebenfalls OR 60.
114   BGE 77 II 249.
115   Anderer Meinung BGE 36 II 483; in 43 II 518 ist die Frage offengelassen. Vgl. jetzt 55 II 123.
116   BGE 57 II 521/22. Gleich mit eingehender Begründung 93 II 333 bezüglich der sukzessiven Prozesse (im externen Verhältnis) gegen verschiedene Solidarschuldner; das Gericht beruft sich auf KUMMER, Das Klagerecht und die materielle Rechtskraft im schweiz. Recht (Bern 1954) 173 ff.; A. KELLER II 159.

Schadenersatzbemessung im Regressprozess anders vornimmt als das erste Gericht im Hauptprozess, so dass etwa intern, unter die verschiedenen Ersatzpflichtigen, ein kleinerer Schadenersatzbetrag verteilt wird, als der Regressierende extern bezahlt hat. Dies hat zu Kritik geführt[117]. In BGE 93 II 335 wird die Frage der Präjudizialität hinsichtlich der Regresse offen gelassen. Das Problem sei hier nicht weiter verfolgt, aber doch betont, dass es Aufgabe der Rechtsordnung ist, Unstimmigkeiten der erwähnten Art zu verhüten.

7. Entlastungsgründe schliessen den Regress aus

Wer *extern*, insbesondere kraft eines Entlastungsgrundes von der Haftung *befreit* ist, haftet – wie sich von selber ergibt – auch im Regressverhältnis nicht[118]. Denn Haftung intern setzt Haftung extern voraus. 84

C. Einzelfragen

Gestützt auf die Ausführungen vorn § 9 erübrigt es sich, hier die interne Verteilung des Schadens unter solidarisch Haftpflichtige für die verschiedenen möglichen Kombinationen von Haftungsarten, mit oder ohne zusätzliches Verschulden, wie in der Vorauflage im Detail darzulegen. Gewisse Leitlinien für die allgemeine Bewertung der einzelnen Haftungsgründe sind zwar für die Praxis eine wertvolle Hilfe[119]; sie können aber den Ausführungen in § 9 N 23 ff. entnommen werden. Besondere Darlegungen sind nicht nötig, weil die Verteilung bei der Kollision von Haftungsarten und dem internen Ausgleich unter mehreren Ersatzpflichtigen identisch sein sollte[120]. 85

---

[117] STREBEL/HUBER N 53/54 zu MFG 41; 3. Auflage dieses Buches I 315 f. mit Einzelheiten.
[118] Vgl. BGE 95 II 339/40.
[119] In BGE 116 II 649 warnt zwar das Bundesgericht vor jedem Schematismus und lehnt die abstrakte Formulierung von Verteilungskriterien ab.
[120] Der nicht publizierte BGE vom 5. Mai 1987 i. S. Michaud u. Kons. gegen Eidgenossenschaft u. Kons. bietet dafür ein eindrückliches Beispiel.
In Deutschland gelten für die Kollision und den Regress die gleichen Normen: StVG 17, HPflG 13.
Auch das SVG nennt für beide Fragenkreise in Art. 60 II Satz 2 und 61 I die gleichen Kriterien; vgl. BGE 95 II 343; 97 II 367; 99 II 95.

1. Die Haftpflicht des Mithaftpflichtigen aus Vertrag

86 Die Stellung des *aus Vertrag* Mit-Ersatzpflichtigen ist bisher nicht näher erörtert worden, weil ihr praktisch die wesentlich kleinere Bedeutung als der Stellung der ohne Vertrag Verantwortlichen zukommt.

87 In § 9 N 51 ff. ist unterschieden worden zwischen Haftpflicht aus *Vertragsverletzung* und Haftpflicht aus *vertraglicher Zusage*. Die Vertragsverletzung ist kausal für das Schadenereignis; wer demgegenüber aus vertraglicher Zusage einzustehen hat, braucht an der Verursachung des Schadens in keiner Weise beteiligt zu sein[121]; man denke an einen Schadensversicherer. Diese Fälle sind z. T. unter dem Titel der Vorteilsausgleichung (vorn § 6 N 49 ff.) oder im Zusammenhang mit der Rechtsstellung des Versicherers (hinten § 11 N 9 ff.) besprochen.

88 Wer einen Schaden durch eine Verletzung eines Vertrages mit dem Geschädigten verursacht, ist in der grossen Mehrzahl der Fälle dafür nur verantwortlich, wenn er sich nicht exkulpieren kann. Wie vorn § 9 N 54 festgehalten, kann der Beweislast für das Verschulden bei der sektoriellen Verteilung keine selbständige Bedeutung zukommen: Sie wird in verschiedenen Fällen dafür massgebend sein, ob der richterlichen Beurteilung ein Sachverhalt zugrunde gelegt wird, der als Verschulden zu qualifizieren ist. Trifft dies zu, so ist sein Sektor im Lichte dieses Verschuldens festzulegen[122]. Ist es nicht der Fall, so ist der Vertragspartner des Geschädigten nicht mit-ersatzpflichtig.

---

[121] Die vertragliche Zusage in der hier verwendeten Bedeutung dieses Ausdruckes ist zu unterscheiden von der vertraglich übernommenen Haftpflicht, namentlich für den Fall, dass eine Voraussetzung der gesetzlichen Haftpflicht, z. B. das Verschulden, fehlt. In diesen Fällen haftet der vertraglich Verpflichtete für eine Ursache; vgl. hinten § 12 N 4 ff.

[122] Beispiel: Ein Radfahrer übernimmt den Transport einer Vase. Er kommt zu Fall, weil die Strasse mit Öl verschmutzt ist. Es ist aber umstritten und kann nicht mehr festgestellt werden, ob er dies hätte wahrnehmen und sich entsprechend verhalten könnnen. Bei der Beurteilung des vertraglichen Schadenersatzanspruches ist davon auszugehen, dass er den Ölfleck sehen konnte; er haftet für den Schaden an der Vase mangels Exkulpation aus Vertrag (positive Vertragsverletzung), nicht aber aus Delikt, weil ihm kein Verschulden nachgewiesen werden kann. Neben ihm haftet der Strasseneigentümer aus OR 58. Im Regressverhältnis ist ebenfalls davon auszugehen, dass den Radfahrer ein (leichtes) Verschulden trifft.
Wenn der Strasseneigentümer belangt worden ist und auf den Radfahrer Regress nimmt, beruft er sich auf einen Vertrag, in dem er nicht Partei ist. Sein Anspruch beruht aber nur indirekt auf dem Vertrag. Direkte Grundlage ist das Innenverhältnis zwischen zwei dem gleichen Geschädigten ersatzpflichtigen Personen.

2. Vertragliche Ersatzpflicht gegenüber einem Mithaftpflichtigen

Vom Regress unter den dem Geschädigten solidarisch Ersatzpflichtigen 89 (Aussenverhältnis) ist die vertragliche Regressverpflichtung eines Dritten (A) zu unterscheiden, der nicht mit dem Geschädigten, sondern *mit einem Ersatzpflichtigen (B) durch einen – nicht richtig erfüllten – Vertrag verbunden ist* [123]. Häufig wird dieser Dritte (A) auf Grund des Gefahrensatzes auch gegenüber dem Geschädigten zu Schadenersatz verpflichtet sein. Seine durch das Deliktsrecht bestimmte Beteiligung an der internen Schadenstragung ist vorweg festzulegen. Dabei wird auch seinem Vertragspartner (B) eine Quote zugeteilt werden [124]. Diese Belastung ist B aber auferlegt worden, weil der Mit-Ersatzpflichtige (A), mit dem er durch einen Vertrag verbunden ist, diesen Vertrag mangelhaft erfüllt und nur deswegen den Unfall mitverursacht hat. Aus dieser Vertragsverletzung kann B die ganze Quote, die in der sektoriellen Verteilung auf ihn entfällt, von seinem Vertragspartner (A) zurückverlangen.

3. Vertraglich vereinbarte Regressordnungen

Die Verletzung eines Vertrages zwischen zwei deliktisch Ersatzpflichtigen 90 (A und B) gemäss vorn Ziff. 2 (N 89) führt nicht nur dazu, dass derjenige, der den in Frage stehenden Vertrag verletzt und dadurch das Schadenereignis mitverursacht hat (A), seinem Vertragspartner (B) den ihm durch die sektorielle Verteilung auferlegten Vermögensschaden ersetzen muss. Wenn nicht nur ein Dritter (C) geschädigt wurde, dessen Schaden im Innenverhältnis verteilt wird, sondern auch der betreffende Vertragspartner (B) einen Schaden

---

[123] Man denke an einen Autoreparator, der bei einem Radwechsel die Radmuttern nicht richtig anzieht, so dass der Automobilist nachher die Herrschaft über sein Fahrzeug verliert und einen Fussgänger anfährt. Gegenüber dem Fussgänger haften der Autoreparator und sein Kunde, der Autohalter, solidarisch. Daneben muss aber der Autoreparator dem Autohalter auch die Schadenersatzzahlungen ersetzen, die er im Innenverhältnis nach der sektoriellen Verteilung zu erbringen hätte. Am Autohalter bleibt keine Belastung hängen.

[124] In unserem Beispiel dem Autohalter; denn er haftet gegenüber dem Geschädigten aus SVG.

erlitten hat[125], haftet derjenige, der sich eine Vertragsverletzung vorwerfen lassen muss (A) auch für diesen Schaden seines Vertragspartners aus Vertrag. Das ist eine Selbstverständlichkeit. Die Vertragsverletzung gibt also dem Vertragspartner (B), der geschädigt wurde, nicht nur einen zusätzlichen Regressanspruch gegen den Vertragsverletzer (A), sondern auch einen Schadenersatzanspruch für den von ihm unmittelbar[126] erlittenen Schaden.

91 Von diesen Fällen zu unterscheiden sind *vertraglich vereinbarte Regressordnungen.* Sie beziehen sich nur auf den Regress, d.h. auf den Schaden eines Dritten[127]. Sie werden vor allem zum voraus abgeschlossen. Vgl. ElG 30, wo solche Verständigungen ausdrücklich vorgesehen sind; sie sind aber auch in andern Fällen zulässig. Zwingend ausgeschlossen ist die Vereinbarung eines Regresses des Summenversicherers auf den Schädiger (VVG 96). Im übrigen sind die Vorschriften von OR 100 und 101 III einzuhalten; ferner gelten die allgemeinen Schranken der Vertragsfreiheit (OR 19/20; ZGB 2 und 27 II).

92 Nach feststehender Praxis des Bundesgerichts[128] hat der Geschädigte nicht das Recht, eine Abänderung der Regressordnung von OR 51 II zu bewirken, indem er z. B. einem vertraglich Haftenden seine (externen) Ansprüche gegen einen schuldlosen Kausalhaftpflichtigen in vollem Umfang durch *Zession* abtritt, in der Meinung, dass der Zessionar dann im Gegensatz zur herrschenden Interpretation von OR 51 II gegen den letzteren vorgehen könne[129]. Die zulässige Parteidisposition bezieht sich nur auf Abmachungen zwischen den verschiedenen Ersatzpflichtigen, nicht auf

---

[125] In unserem Beispiel der Autohalter, dessen Auto beim Unfall beschädigt wurde bzw. der einen Körperschaden erlitten hat; vgl. STEPHAN WEBER, Schweiz. Versicherungskurier 1994, 34 ff.
[126] Dieser Ausdruck, der häufig wenig Klarheit bringt (vgl. z. B. OR 208 II, aber auch Art. 4 des Richtlinienentwurfes der EG über eine Haftung für Dienstleistungen vom 9. November 1990), ist hier wie z. B. in VG 8 eindeutig: Unmittelbar ist ein Schaden, der auf einer Beeinträchtigung eines Rechtsgutes des Geschädigten oder der Schutzfunktion einer Norm ihm gegenüber beruht, mittelbar der Schaden, den er durch Erfüllung eines Regressanspruches erleidet.
[127] X schliesst einen Werkvertrag ab, der mit der Gefahr von Schädigungen Dritter verbunden ist; er übernimmt z. B. den Bau eines Tunnels in einem Hügel, auf dem ein Dorf steht. Für den Fall von Senkungsschäden an den Häusern des Dorfes wird zum vornherein vereinbart, ob X oder der Auftraggeber den Schaden endgültig tragen muss. Vgl. die Diss. von HANS SCHRANER. Dass die dabei getroffene Lösung wesentlich von der Baukonjunktur abhängt, sei nur nebenbei erwähnt. Vgl. im übrigen hinten § 12 N 4.
[128] BGE 45 II 645; 80 II 252 f.; 115 II 26 f.
[129] BGE 45 II 645; 80 II 252/53; SJZ 37, 365; 45, 170; VAS X Nr. 56 lit. b; YUNG in: Recueil 259 ff., ALFRED HARTMANN, Der Regress bei Haftung mehrerer aus verschiedenen Rechtsgründen (Diss. Bern 1942) 75 ff. – Bezüglich der Krankenkassen vgl. hinten § 11 N 149.

Abmachungen zwischen dem Geschädigten und einem Ersatzpflichtigen nach dem Schadenereignis. Andernfalls bestünde die Gefahr unlauterer Beeinflussungen. Diese Betrachtungsweise ist auch bei der hier vertretenen (vorn N 65 ff.) Interpretation von OR 51 II gerechtfertigt. Auch wenn das Innenverhältnis nach den Grundsätzen der sektoriellen Verteilung gestaltet wird, sind Abmachungen zwischen dem Geschädigten und einem Ersatzpflichtigen, die die Regressordnung, d. h. die Quotenverteilung, beeinflussen, nicht zulässig und daher ungültig.

4. Spezielle Regressvorschriften in Haftpflichtnormen

Verschiedene Haftpflichtgesetze regeln durch *spezielle Regressvorschriften* nicht nur die Haftpflicht, sondern auch einzelne Regressrechte des Haftpflichtigen. Zu erwähnen sind OR 55 II, OR 56 II, OR 58 II, EHG 18, ElG 28 II, 30, 34 II und SVG 60 II[130]. 93

KHG 6 regelt den Regress unter engen, speziell umschriebenen Voraussetzungen. MO 25 beschränkt ihn gegenüber den Armeeangehörigen auf Vorsatz und grobe Fahrlässigkeit. Entsprechendes gilt für ZSG 78. Zu verweisen ist auch auf die gleichartige Regelung von VG 7 und verschiedener kantonaler Verantwortlichkeitsgesetze, sowie auf ZGB 429a. 94

Die in N 93 angeführten Regressbestimmungen (von OR 55 II bis SVG 60 II) sind sehr vage gehalten. Sie weichen nicht eindeutig von den vorne dargelegten Grundsätzen der Anwendung der sektoriellen Verteilung ab[131]. Sie dürfen daher nicht als auf bestimmte Haftungsarten und 95

---

[130] Keine Regressbestimmung ist in ZGB 333 enthalten. Oberflächlich betrachtet kommt ein Rückgriff gegen einen unmündigen oder entmündigten, geistesschwachen oder geisteskranken Hausgenossen nicht in Frage. Dabei ist aber nicht zu übersehen, dass dieser deliktsfähig sein bzw. der Regress sich auch auf OR 54 abstützen kann; vgl. Bd. II/1 § 22 N 113 ff. Dass eine Regressbestimmung entsprechend den angeführten Gesetzesartikeln des OR und der Spezialgesetze hier fehlt, zeigt deutlich, dass diesen Normen keine eigenständige Bedeutung zukommt.

[131] Dies trifft nur zu, wenn man aus den gesetzlichen Formulierungen nicht auf einen 100%igen Regress schliesst. Das könnte vor allem aus dem Wortlaut von OR 55 II geschlossen werden. Vgl. dazu BREHM N 105 ff. zu OR 55 und die dort zit. Lit. Die gesetzlichen Formulierungen ziehen namentlich die Möglichkeiten eines Verschuldens des Geschäftsherrn nicht in Betracht. Es handelt sich daher nicht um auf die betreffende Haftungsart beschränkte besondere Regelungen des Regressrechts, sondern nur um generelle Hinweise auf die sich aus dem Innenverhältnis unter solidarisch Haftpflichtigen ergebenden Rückgriffsrechte. Nur so wird die Einheitlichkeit der Haftpflichtordnung, von der vernünftigerweise nicht ohne Grund abgewichen werden sollte, gewahrt.

ihre Besonderheiten zugeschnittene Regressbestimmungen aufgefasst werden.

96 Anders verhält es sich mit KHG 6, MO 25, ZSG 78, VG 7 und ZGB 429a. Hier wird die allgemeine Rückgriffsforderung aus guten Gründen für bestimmte Haftungsarten entsprechend deren Eigenart abgeändert.

5. Haftungsprivilegien eines von mehreren Haftpflichtigen

97 Umstritten ist die Behandlung der sog. *Haftungsprivilegien*[132] im Regressfall, wenn ein Teil von mehreren Ersatzpflichtigen, meistens nur einer, davon profitiert.

98 Mit einem Haftungsprivileg zu vergleichen ist eine Vereinbarung zwischen dem Geschädigten und einem von mehreren Haftpflichtigen, durch die dieser ganz oder teilweise entlastet wird. Hier ist die Lösung durch Interpretation dieser Vereinbarung zu gewinnen; vgl. vorn N 37 ff., insbes. 41 f.

99 Es lassen sich bei den Haftungsprivilegien folgende Gruppen von Fällen unterscheiden[133]:

---

[132] Der Begriff «Haftungsprivilegien» ist weder durch ein Gesetz noch durch die Lehre näher umschrieben. Hier werden darunter Vorschriften verstanden, wonach ein adäquater Verursacher, der an sich auch einen Haftungsgrund zu vertreten hat, für einen rechtswidrigen Schaden auf Grund besonderer persönlicher Umstände, die von der Entstehung des Haftpflichtfalles unabhängig sind, vom Geschädigten nicht oder nicht voll belangt werden kann.
SCHAER Rz 982/83 betont, dass das Solidaritätsverhältnis zwischen mehreren Ersatzpflichtigen durch ein Haftungsprivileg eines von ihnen gestört wird. Er vertritt – für den Fall einer beteiligten Versicherungs-Gesellschaft – eine einheitliche Lösung, wonach nicht die nicht-privilegierten Ersatzpflichtigen den durch das Privileg eines andern Regressschuldners bedingten Ausfall zu tragen haben, sondern der regressierende Versicherer. Gleicher Meinung STEIN, ZSR 102 (1983) I 108. Vgl. hinten N 106 ff., 118, 120 ff., ausserdem hinten § 11 N 53 ff., 212 ff., 238 f.

[133] Nicht hieher gehören die Fälle, in denen das Gesetz bestimmte *Schadenarten* generell anderen Haftungsvoraussetzungen unterwirft, als sonst in seinem Bereich gelten. Zu erwähnen ist die Haftungsvoraussetzung des Verschuldens bzw. des Verlustes der Urteilsfähigkeit für Sachschaden unter Haltern nach SVG 61 II, des Verschuldens für Gewinn, der im Zusammenhang mit Sachschaden entgangen ist, nach EHG 12 bzw. der Anwendung des OR für Störungen im Geschäftsbetrieb nach ElG 27 II und für Brandschäden nach ElG 29. In allen diesen Fällen liegen keine Haftungsprivilegien vor.
Das gilt auch für die widerrechtliche Handlung und die wissentliche Übertretung von Schutzvorschriften, die nach ElG 35 zur Entlastung des Inhabers der elektrischen Anlage führen sowie für die verbrecherische oder unredliche Handlung, durch die ein späterer

III. Innenverhältnis § 10

a) Notlage eines von mehreren Haftpflichtigen

Ein Haftpflichtiger A kann sich auf seine persönliche Situation, d. h. auf 100
seine *Notlage,* berufen, in die er bei voller Begleichung der Haftpflichtforderung des Geschädigten geraten würde (OR 44 II). Die Berücksichtigung dieses Reduktionsgrundes beruht nicht auf einer persönlichen Beziehung zwischen dem Geschädigten und dem Haftpflichtigen und gilt, wenn auch nicht bei allen, so doch bei verschiedenen Haftungsarten: Bei allen des OR und bei ZGB 333 sowie bei allen Gefährdungshaftungen, die auf das OR verweisen (vgl. ElG 36 I, SVG 62 I, RLG 34, SSG 27 I, GSG 69 III).

Wenn neben dem von einer Notlage bedrohten Haftpflichtigen A ein 101
weiterer Haftpflichtiger B solidarisch haftet, rechtfertigt es sich, dass letzterer den Ausfall trage; nach den Grundsätzen der Solidarität müsste er auch für die Zahlungsunfähigkeit des A eintreten. Die Höhe des Betrages, die dem Haftpflichtigen A zu belasten ist, hängt nicht nur von dessen Haftpflichtquote ab, sondern auch von seiner finanziellen Leistungsfähigkeit. Es ist daher vorerst die interne Verteilung vorzunehmen und gestützt darauf von dem auf den Haftpflichtigen A entfallenden Teil des Schadens derjenige Betrag abzuziehen, der von ihm gestützt auf OR 44 II unter Würdigung der Verhältnisse nicht verlangt werden kann. Wenn seine interne Quote – im Gegensatz zum ganzen Schadenersatzanspruch des Geschädigten – ihn nicht in eine Notlage bringt, ist OR 44 II nicht anzuwenden. Ist das Gegenteil der Fall, so ist der ihm gestützt auf OR 44 II belastbare Betrag von ihm zu bezahlen und der ganze Rest vom Haftpflichtigen B.

b) Prämienzahlung für eine Versicherung des Geschädigten durch einen von mehreren Haftpflichtigen

Hat der Geschädigte von einer Versicherung, deren Prämien der Haft- 102
pflichtige A ganz oder teilweise bezahlt hat, Leistungen erhalten[134], so sind

---

Geschädigter mit der Eisenbahn in Kontakt gekommen ist. Beide Umstände führen nach EHG 6 zur Befreiung der Eisenbahnunternehmung. Handelte es sich nur um die Übertretung polizeilicher Vorschriften, so kann nach EHG 7 statt völliger Entlastung auch eine Schadenersatzreduktion eintreten.
Wo das Gesetz den Haftpflichtigen ganz befreit, tritt ohnehin keine Solidarität ein und fehlt dem zweiten Haftpflichtigen ein erster, auf den er Regress nehmen könnte.
[134] Vgl. SVG 62 III, EHG 13 I und KHG 9 II; hinten § 11 N 138 ff.

diese insoweit, als sie den von A bezahlten Prämien entsprechen, von der Haftpflichtschuld des A abzuziehen; d. h. die Versicherungsleistungen werden wie Zahlungen des A aus Haftpflicht behandelt. Das gilt, wenn ein Mithaftpflichtiger B vorhanden ist, entsprechend auch für die Regelung des Innenverhältnisses. Sind die Versicherungsleistungen grösser als die interne Quote des A, so soll die Differenz dem Geschädigten zugute kommen. A hat im Innenverhältnis seine Verpflichtungen erfüllt und unterliegt keinem Regressanspruch von B. Dieser kann vom Geschädigten nur in der Höhe seiner internen Quote belangt werden[135].

103   Auch wenn es sich um eine *Summen*versicherung handelt, sind deren Leistungen wie Haftpflichtleistungen zu behandeln, solange sie die Haftpflichtquote desjenigen nicht übersteigen, der die Prämien bezahlt hat[136].

c) Regress eines Schadensversicherers gegen Familienangehörige und Hilfspersonen des Geschädigten bei privatrechtlicher Schadensversicherung

104   Nach VVG 72 III kann ein Schadensversicherer auf Personen, die mit dem Anspruchsberechtigten im gemeinsamen Haushalt wohnen oder für

---

[135] Beispiel: Der ganze Schadenersatzanspruch des Geschädigten belaufe sich auf Fr. 30 000.–, die Versicherungsleistungen auf Fr. 12 000.–, die interne Quote des A auf Fr. 10 000.–, des B auf Fr. 20 000.–. Der Geschädigte hat von der Versicherung Fr. 12 000.– erhalten. Er kann A nicht zusätzlich aus Haftpflicht in Anspruch nehmen, aber von B seine Quote von Fr. 20 000.– verlangen. Er profitiert also von der Versicherung im Betrage von Fr. 2000.–, sofern es sich nicht um eine Schadensversicherung handelt.

[136] Abzulehnen ist die Schlussfolgerung, dass der Mithaftpflichtige A auf andere Mithaftpflichtige Regress nehmen kann, wenn die seinen Prämienzahlungen entsprechende Leistung des Versicherers die Quote des Schadens übersteigt, die nach der sektoriellen Verteilung auf ihn entfällt. Wenn die Motorfahrzeug-Insassenversicherung z. B. die Heilungskosten voll deckt, der Mithaftpflichtige B nach der sektoriellen Verteilung aber 75% des Schadens im Innenverhältnis zu tragen hätte, könnte nach dieser Auffassung der Mithaftpflichtige A diese 75% der Heilungskosten von B verlangen, obschon er überhaupt keine Schadenersatzleistungen im eigentlichen Sinn erbracht hat. (Er hat 100% bezahlt, schuldet aber haftpflichtmässig intern nur 25%). Das ginge aber zu weit, weil der Insassenversicherer auch zahlungspflichtig ist, wenn seinen Versicherungsnehmer keine Haftpflicht trifft. Vgl. BGE 97 II 275; SJZ 61 (1965) 138 ff.; WALTER LUDER, Anrechnung der Leistung aus einer Insassenversicherung auf den Haftpflichtanspruch bei mehreren solidarisch Haftpflichtigen, SJZ 65 (1969) 189 ff.; STARK ZSR 86 (1967) II 89, insbes. FN 202; a. M. BACHMANN, Zur Anrechenbarkeit von Unfallversicherungsleistungen an Schadenersatz nach SVG 62 III und VVG 57 IV bei mehreren solidarisch Haftpflichtigen, SVZ 37 (1969/70) 367 ff.

deren Handlungen er einstehen muss, keinen Regress nehmen[137], wenn sie nicht mehr als leichte Fahrlässigkeit trifft.

Das Haftungsprivileg der Familienangehörigen[138] stellt an sich eine Beschränkung der Rechte des Schadensversicherers dar: Er soll auf Haftpflichtige nicht Rückgriff nehmen können, wo sein Versicherter, wenn er keinen Versicherungsschutz hätte, meistens darauf verzichten würde. 105

Wo aber neben dem Schadensversicherer und dem privilegierten Haftpflichtigen A ein nicht privilegierter Haftpflichtiger B solidarisch haftet, stellt sich die Frage, wer die Freistellung von A im Innenverhältnis zwischen dem Versicherer und B endgültig zu tragen hat. Es liegt nahe, dass die Rückgriffsrechte des Versicherers gegen B insoweit gekürzt werden, als der Versicherer ohne VVG 72 III bzw. ohne die Anwendung der Anspruchskonkurrenz auf Grund der Solidarität nach der sektoriellen Verteilung auf den privilegierten Haftpflichtigen A Rückgriff nehmen könnte. Es besteht kein vernünftiger Grund dafür, dass B auf die persönlichen Beziehungen zwischen dem Geschädigten und A Rücksicht nehmen müsse, weil ein Schadensversicherer beteiligt ist. Dieser erhält seine Prämie normalerweise vom Geschädigten. Die Familienangehörigen und Hilfspersonen gemäss VVG 72 III sind nicht generell gegen Schadenersatzansprüche des Geschädigten und Regressansprüche von Mithaftpflichtigen geschützt, sondern nur bei Beteiligung eines Schadensversicherers (vgl. hinten § 11 N 53). 106

d) Haftungsprivilegien bei Sozialversicherungen

aa) Allgemeine Gesichtspunkte

Nach UVG 44 steht einem obligatorisch versicherten Arbeitnehmer gegen seine Familienangehörigen, eine mit ihm in häuslicher Gemeinschaft lebende Person, seinen Arbeitgeber, dessen Familienangehörige und dessen weitere Arbeitnehmer nur bei Absicht und grober Fahrlässigkeit ein Haftpflichtanspruch zu. Diese Beschränkung bezieht sich auf sog. identische Schadensposten (hinten § 11 N 224) und beim Arbeitgeber, bei seinen Familienangehörigen und den Arbeitskollegen des Verunfallten nur auf Berufsunfälle. 107

---

[137] Das bezieht sich eigentlich nur auf die Frage der Subrogation nach VVG 72 I, ist aber auch auf den Regress aus Anspruchskonkurrenz anzuwenden; vgl. hinten § 11 N 53 ff.
[138] Im folgenden wird dieser Ausdruck als «Kurzbezeichnung» des hier und in UVG 44 I privilegierten Personenkreises verwendet.

108 Hier ist festzuhalten, dass die Prämien für Berufsunfälle vom Arbeitgeber zu bezahlen sind, diejenigen für Nichtberufsunfälle aber zu Lasten des Arbeitnehmers gehen, soweit nicht eine andere Regelung getroffen ist (UVG 91 I/II).

109 Bei *Nichtberufsunfällen* von nach UVG versicherten Personen entspricht die Regelung also weitgehend der Privilegierung von VVG 72 III: Der Geschädigte ist auf seine eigenen Kosten versichert; diejenigen Personen, gegen die er aus persönlichen Gründen ohne Beteiligung eines Versicherers nicht Regress nehmen würde, sollen nicht durch Subrogation seiner an sich bestehenden Ansprüche auf den Versicherer übergehen und von diesem geltend gemacht werden[139].

110 Bei Streichung der Haftpflicht des Arbeitgebers für *Berufsunfälle* – ohne Absicht und grobe Fahrlässigkeit – handelt es sich im UVG um die *Privilegierung desjenigen, der die Prämien bezahlt hat:* Er soll nicht zuerst den Versicherungsschutz finanzieren und nachher trotzdem noch den Schaden des Versicherten bezahlen, sofern ihn weder Absicht noch grobe Fahrlässigkeit an dessen Unfall trifft. Diese ratio legis entspricht mutatis mutandis derjenigen der Anrechnung von privaten Versicherungsleistungen auf Schadenersatzansprüche gegen den Prämienzahler nach SVG 62 III, EHG 13 I und KHG 9 II. Dabei spielt die Grösse des Verschuldens des Haftpflichtigen keine Rolle, was dem Gedanken der Anrechnung von Prämienzahlungen bzw. der ihnen entsprechenden Schadenzahlungen des Versicherers klarer entspricht als die Beschränkung des Regresses auf Absicht und grobe Fahrlässigkeit.

110a Neben der Prämienzahlung wird hier die Erhaltung des Arbeitsfriedens immer wieder als Motiv des Gesetzgebers hervorgehoben[140]. Im übrigen

---

[139] Der privilegierte Personenkreis ist fast identisch: Nach UVG 44 I sind auch der Ehegatte sowie Vorfahren und Nachkommen geschützt, die mit dem Versicherten nicht in häuslicher Gemeinschaft leben; nach VVG 72 III ist dies nicht der Fall (vgl. dazu hinten § 11 N 53). Nicht-Verwandte, die mit dem Versicherten in häuslicher Gemeinschaft leben, sind anderseits nach UVG 44 I generell privilegiert, nach VVG 72 III nur, wenn der Versicherte für ihre Handlungen einstehen muss.
Diese Unterschiede sind mehr zufälliger Natur und stehen der Betonung der Parallelität der beiden Bestimmungen nicht im Wege. Das gilt um so mehr, als die Voraussetzung der Privilegierung in bezug auf den Haftungsgrund – Absicht oder grobe Fahrlässigkeit als Haftungsvoraussetzung einerseits, nur leichte Fahrlässigkeit als Privilegierungsgrund anderseits – identisch ist, wenn man nicht dazwischen eine mittlere Fahrlässigkeit annehmen will (vgl. vorn § 5 N 105).

[140] Vgl. ALFRED MAURER, Bundessozialversicherungsrecht 416; PETER STEIN, Der Regress gemäss Unfallversicherungsgesetz, Strassenverkehrsrechts-Tagung Freiburg 1984, 25/26 u. a.

III. Innenverhältnis § 10

sind bei Berufsunfällen auch die Familienangehörigen des Arbeitgebers und seine Arbeitnehmer privilegiert, obschon nur der Arbeitgeber die Prämie bezahlt hat.

Ein wesentlicher Unterschied zwischen den privatrechtlichen Privilegierungen und UVG 44 besteht im weiteren darin, dass UVG 44 auch *Ansprüche ausschliesst, die über die Versicherungsleistungen hinausgehen.* Bei VVG 72 III und SVG 62 III, EHG 13 I sowie KHG 9 II trifft dies nicht zu. UVG 44 entzieht also dem Geschädigten Ansprüche, für die der Privilegierte keine Leistungen erbracht hat. Das lässt sich bei den Ansprüchen gegen den Arbeitgeber nur mit dem Argument der Erhaltung des Arbeitsfriedens begründen. 111

Die Streichung von Ansprüchen auf Ersatz des Schadens, der durch die Versicherungsleistungen nicht oder nicht voll abgedeckt wird – man denke z. B. an den Ausfall von Einkommen, das über die Maximalgrenze von UVG 15 III hinaus ohne den Unfall erzielt worden wäre –, setzt im betroffenen Rahmen die Grundsätze des Haftpflichtrechts auch ausserhalb des Deckungsbereiches der Sozialversicherungen ausser Kraft. Das ist nicht gerechtfertigt. Bei den Ansprüchen gegen Familienangehörige aus Nichtberufsunfällen ist zu berücksichtigen, dass der nach UVG Versicherte gegen die Versicherungsprämien die Versicherungsleistungen erhält. Er bezahlt aber nicht nur diese Prämien, sondern muss darüber hinaus auf Ansprüche gegen haftpflichtige Familienangehörige, denen keine Versicherungsleistungen entsprechen, «verzichten». Wenn andere Personen Schädiger wären, könnte er seinen über die Versicherungsleistungen hinausgehenden Schaden geltend machen. Das ist nur deshalb nicht so schlimm, weil er von den Familienangehörigen normalerweise ohnehin keinen Schadenersatz verlangt hätte[141]. 112

Bei den Ansprüchen gegen den Arbeitgeber usw. aus der Berufsunfallversicherung nach UVG entfällt das genannte Argument für die Akzeptierbarkeit der Streichung des Anspruches auf Direktschaden weitgehend[142]. Gegen die innere Richtigkeit dieser Regelung spricht aber, dass die Zahlung der Prämien an den UVG-Versicherer durch den Arbeitgeber keine Liberalität desselben darstellt, sondern einen Teil des Arbeitsentgeltes. Der Arbeitgeber berücksichtigt die von ihm bezahlten Prämien bei der 113

---

[141] Bei VVG 72 III finanziert der Geschädigte ebenfalls die ihm zustehenden Deckungsansprüche gegen den Schadensversicherer; es steht ihm aber frei, den durch diesen nicht gedeckten Schaden gegen den haftpflichtigen Familienangehörigen geltend zu machen.

[142] Je nach der Konjunkturlage wird der Arbeitnehmer seinen nicht versicherten Schaden auch nicht gegen den Arbeitgeber geltend machen, um seine Stelle oder seine Aufstiegschancen nicht zu gefährden.

Kalkulation seiner Preise und zieht sie gegenüber der Steuerverwaltung als Kosten von seinen Erträgen ab. Es denkt auch niemand daran, dem Arbeitnehmer eine entsprechende Schenkungssteuer aufzuerlegen. Die Bezahlung der Prämien der Berufsunfallversicherung stellt also in keiner Weise ein – übrigens vom Staat erzwungenes – Entgegenkommen des Arbeitgebers dar, das seine generelle Befreiung von der Haftpflicht für identische Schadensposten ausser bei Absicht oder grober Fahrlässigkeit rechtfertigen würde[143].

114 Diese Faktoren sind bei der Beurteilung der Haftungsprivilegien von UVG 44 im Falle der Mithaftung eines Dritten zu berücksichtigen.

bb) Haftungsprivileg des Arbeitgebers bei Mithaftung eines Dritten

115 Für die Streichung der Ansprüche des versicherten Arbeitnehmers aus leichtem oder ohne Verschulden gegen seinen *Arbeitgeber* besteht also kein überzeugender Grund; die Erhaltung des Arbeitsfriedens genügt dafür nicht[144] und die «äusserliche» Prämienzahlung durch den Arbeitgeber auch nicht. Nachdem das Gesetz diese Streichung statuiert, ist sie für die Rechtsprechung und die Lehre verbindlich. Das Gesetz äussert sich aber nicht zur Frage der Stellung des Dritthaftpflichtigen, so dass hier die Lehre und die Rechtsprechung frei sind, eine überzeugende Lösung zu suchen, die die Tragung des durch das Haftungsprivileg veranlassten Ausfalles dem «Richtigen» – dem Geschädigten, dem Dritthaftpflichtigen oder dem Arbeitgeber – zuteilt. Dabei spielen folgende Gesichtspunkte eine Rolle:

116 – Für die *Kürzung des Anspruches des Geschädigten* gegen den Dritthaftpflichtigen, d. h. für die Belastung des Geschädigten, sprechen die angeführten Überlegungen. Wenn kein Dritter als Haftpflichtiger beteiligt ist, belastet das Haftungsprivileg auch den Geschädigten.

117 – Die *Belastung des Dritthaftpflichtigen* kann rein formal leicht begründet werden: Er ist der einzige auf Grund von UVG 44 übrigbleibende Haftpflichtige; er hat deshalb keinen Regress gegen den Arbeitgeber des

---

[143] Dieses Argument ist heute einleuchtender als früher, weil heute jeder Arbeitnehmer obligatorisch gegen Unfälle versichert ist. Anderer Meinung ALFRED KOLLER, Regress des Unfallversicherers auf den Haftpflichtigen, in: Neuere Entwicklungen im Haftpflichtrecht, hg. von Guillod (Zürich 1991) 411.

[144] Es erscheint ohnehin als fraglich, ob man den Arbeitsfrieden dadurch erhalten kann, dass die Rechtsordnung die Ansprüche des Arbeitnehmers bei nur leichter Fahrlässigkeit des Arbeitgebers streicht, während er selbst gegenüber dem Arbeitgeber auch bei leichter Fahrlässigkeit verantwortlich ist (OR 321e).

Geschädigten, der nach UVG 44 freigestellt wird. Obschon der gleiche Schaden durch die von ihm zu vertretenden Ursachen allein nicht herbeigeführt worden wäre[145] und für die andere adäquate Mitursache ein Haftungsgrund besteht, belastet ihn nach dieser Auffassung sowohl der Direktschaden als auch der Regressanspruch des UVG-Versicherers. Er sollte aber nicht dadurch schlechter gestellt werden, dass sein an und für sich Mithaftpflichtiger wegen seines besonderen Verhältnisses zum Geschädigten nicht zur Verantwortung gezogen werden kann[146]. Dies erschiene namentlich als stossend, nachdem für die Privilegierung des Arbeitgebers keine genügende sachliche Begründung besteht.

– Die *Belastung des Arbeitgebers,* der ohne UVG 44 neben dem Dritthaftpflichtigen einen Teil des Schadens zu tragen hätte, führt dazu, dass der Arbeitgeber sich wegen der Beteiligung eines Dritthaftpflichtigen einen Teil des Schadens belasten lassen muss, während er ohne diese Beteiligung (ohne Absicht oder grobe Fahrlässigkeit) keine Leistungen zu erbringen hätte. Das leuchtet nicht ohne weiteres ein. Nachdem aber das Haftungsprivileg von UVG 44 II nicht als begründet erscheint, sondern ein Geschenk der Rechtsordnung (ohne Gegenleistung) darstellt (vorn N 113 ff.)[147], ist das Dilemma trotzdem auf diesem Wege zu lösen. Er hebt bei Beteiligung eines Dritthaftpflichtigen nicht ein innerlich begründetes Haftungsprivileg auf, sondern eines, das einen Fremdkörper darstellt und den heutigen Anschauungen nicht mehr entspricht. Gestützt darauf ist dem Dritthaftpflichtigen insoweit ein Regressrecht gegen den Arbeitgeber einzuräumen, als seine Leistungen die Quote übersteigen, die bei der sektoriellen Verteilung auf ihn entfällt[148, 149].

118

---

[145] Sonst würde es sich um kumulative Kausalität handeln; vgl. vorn § 3 N 116 ff.; § 6 FN 12.
[146] STARK ZSR 86 (1967) II 69.
[147] Im Gegensatz zur Anrechnung privater Versicherungsleistungen nach SVG 62 III, EHG 13 und KHG 9 II.
[148] In BGE 113 II 330/31 hat das Bundesgericht eine Kürzung der Ansprüche des Geschädigten und der SUVA gegen den Dritthaftpflichtigen wegen des Haftungsprivilegs abgelehnt.
[149] Dogmatisch ist diese Lösung nicht so einfach wie diejenige zu Lasten des Mithaftpflichtigen (vgl. vorn N 117). Die Schwierigkeiten sind aber nicht unüberwindbar: Da das Haftungsprivileg des Arbeitgebers wohl früher oder später aufgehoben wird und – u. a. in Anbetracht der generellen Unterstellung aller Arbeitnehmer unter das UVG – nicht mehr als begründet erscheint, muss diese Norm einschränkend interpretiert werden. Gestützt darauf soll sie nur dem Geschädigten bzw. dem in seine Ansprüche subrogierten Versicherer entgegengehalten werden können, nicht aber einem dritten Haftpflichtigen. In bezug auf das Argument der Erhaltung des Arbeitsfriedens ist beizufügen, dass dieser durch Regressansprüche des Dritthaftpflichtigen gegen den Arbeitgeber wohl nicht beeinträchtigt wird.

118a   Wenn in diesem Sinne der Arbeitgeber denjenigen Teil des Schadens zu tragen hat, der in der sektoriellen Verteilung zwischen ihm und dem Dritthaftpflichtigen (ohne UVG 44) auf ihn entfallen würde, muss er vor allem den ihn betreffenden Teil des vom UVG-Versicherer nicht berücksichtigten Schadens bezahlen. Für den andern Teil des Schadens kann der UVG-Versicherer nicht auf ihn regressieren. Nach UVG 41 steht dem UVG-Versicherer nur gegenüber Dritten ein Regressanspruch zu, nicht aber gegenüber dem Arbeitgeber.

cc) Haftungsprivileg der dem Geschädigten nahestehenden Personen

119   Für die Streichung der Ansprüche des obligatorisch versicherten Geschädigten gegen seinen *Ehegatten, Verwandte* in auf- oder absteigender Linie oder eine mit ihm *in häuslicher Gemeinschaft lebende Person* bei Berufs- und Nichtberufsunfällen und bei leichtem oder keinem Verschulden besteht in bezug auf die auf den UVG-Versicherer übergegangenen Ansprüche ein guter Grund: Der Versicherer soll nicht auf Familienangehörige zurückgreifen können, die vom Geschädigten selbst normalerweise nicht belangt würden und deren Zahlungen wirtschaftlich eventuell wieder ihn selbst belasten. Diese Privilegierung hängt nicht mit der Prämienzahlung zusammen; die Berufsunfallversicherungsprämien werden vom Arbeitgeber bezahlt, diejenigen für Nichtberufsunfälle vom Versicherten. Eigentlich geht dieses Privileg aber zu weit, indem es auch den Direktschaden betrifft, bei dem der Versicherte selbst entscheiden könnte, ob er das schuldige Familienglied belangen will.

120   Wenn neben dem Familienangehörigen ein Dritter haftpflichtig ist, stellt sich auch hier die Frage der Auswirkung der Privilegierung auf ihn. Wie bei der parallelen Frage in bezug auf VVG 72 III (hinten § 11 N 53 ff.) besteht kein vernünftiger Grund dafür, dass der dritte Haftpflichtige durch die persönlichen Beziehungen zwischen dem Geschädigten und seinem Familienangehörigen deshalb einen Nachteil erleiden solle, weil der Geschädigte gemäss UVG versichert ist. Die Prämienzahlung durch den geschädigten Versicherten für die Nichtberufsunfälle spielt keine Rolle[150]. Im Gegensatz zum Haftungsprivileg des Arbeitgebers besteht für dasjenige der Familienangehörigen allerdings ein guter Grund. Wenn das Gesetz – zu Recht – davon ausgeht, dass Familienangehörige vom Geschädigten nor-

---

[150] Von Bedeutung für die innere Begründung eines Haftungsprivilegs ist die Prämienzahlung nur, wenn sie durch den Haftpflichtigen erfolgt.

malerweise nicht haftbar gemacht werden, muss dies bei Beteiligung eines dritten Haftpflichtigen und einer Sozialversicherung mit Subrogationsrecht auch berücksichtigt werden. Dies kann bei Beteiligung eines Dritten nur erreicht werden, wenn entweder der Mithaftpflichtige für die Differenz aufkommt und mehr bezahlt, als er nach Haftpflichtrecht ohne UVG 44 leisten müsste, oder wenn der Geschädigte auf Ersatz desjenigen Teils seines Schadens verzichtet, der ohne die Beteiligung eines UVG-Versicherers von ihm vermutlich nicht geltend gemacht würde. Hier drängt es sich auf, den Geschädigten nicht besser zu stellen, als er ohne Beteiligung des Versicherers aus eigenem Antrieb wäre. Der Anspruch des Geschädigten gegen den dritten Haftpflichtigen ist daher um denjenigen Betrag zu kürzen, der ohne UVG 44 I, d. h. nach den Grundsätzen der sektoriellen Verteilung, vom haftpflichtigen Familienangehörigen zu tragen wäre. Ein Regress des Mithaftpflichtigen für den Differenzbetrag auf den haftpflichtigen Familienangehörigen ist entsprechend auszuschliessen.

Diese Regelung[151] wird in den meisten Fällen zu Lasten des UVG-Versicherers gehen, soweit sie sich nicht infolge des Quotenvorrechts zu Ungunsten des Geschädigten selbst auswirkt. 121

dd) Zusammenfassung

Diese Lösungsvorschläge unterscheiden zwischen den Haftungsprivilegien des Arbeitgebers und der Familienangehörigen des Geschädigten und stützen sich dabei auf die innere Begründetheit dieser Regelungen. Die vorgeschlagene Lösung besteht kurz gesagt darin, das Haftungsprivileg des Arbeitgebers usw. nach UVG 44 II teilweise auszuschalten, wenn ein Dritthaftpflichtiger beteiligt ist, und mit demjenigen der Familienangehörigen usw. nach UVG 44 I den Geschädigten zu belasten. Einzelne 122

---

[151] Der Verfasser weicht mit der hier vertretenen Meinung über das Haftungsprivileg von UVG 44 I und II von der von ihm in ZSR 86 (1967) II 66 ff., im Skriptum N 1018 und in Bd. II/2 § 25 N 752 vertretenen Meinung ab. Diese beruhte wesentlich auf der Auffassung, dass der Arbeitnehmer bei den Berufsunfällen durch die vom Arbeitgeber finanzierte Versicherung unentgeltlich einen Vorteil erhalte. Die Abweichung gegenüber der früher vertretenen Meinung ergab sich aus der dargelegten näheren Prüfung der sich stellenden Fragen. Im übrigen dürfte die Abschaffung des Haftungsprivilegs, insbes. von UVG 44 II, nur noch eine Frage der Zeit sein.
Vgl. zum ganzen Fragenkomplex HANS OSWALD, Die beschränkte Haftung des Arbeitgebers gemäss KUVG 129 II, SZS 1962, 277/78; SCHAER Rz 982 ff.; PETER STEIN, Haftungskompensation, ZSR 102 (1983) I 108; A. KELLER II 156; H. BUGNON 41 ff.; J. M. BOLLER 177 ff.; HANS-ULRICH BRUNNER N 343 ff.

Autoren[152] schlagen statt dessen eine verschiedene Behandlung des Direktanspruches des Geschädigten und des Regressanspruches des UVG-Versicherers vor. Das setzt eine Schmälerung des Subrogationsrechts von UVG 41 voraus und ist damit von viel grundsätzlicherer Tragweite als die einschränkende Interpretation von UVG 44 II. Eine solche Ausnahme für das Haftungsprivileg von UVG 44 zu machen erscheint als problematisch. Ausserdem ist mit dem Auftauchen neuer Probleme zu rechnen, z. B. bei Kürzung der UVG-Leistungen wegen grober Fahrlässigkeit des Geschädigten. Im nicht publ. Urteil des Bundesgerichts vom 10. Juni 1958 i. S. SUVA gegen Basler Unfall hat das Bundesgericht die Frage aufgeworfen, aber offengelassen, ob KUVG 100 (jetzt UVG 41) nicht eine Lücke aufweise und ob man sie nicht durch eine Ergänzung ausfüllen sollte, wonach der Mithaftpflichtige seinen ihm an sich zustehenden, aber gestützt auf KUVG 129 II (jetzt UVG 44 II) entfallenden Regressanspruch gegen den Arbeitgeber dem Rückgriff der SUVA als Kürzungsgrund entgegenhalten könne.

e) Haftungsprivileg des Bundes bei Schädigung von Militärpersonen

123   Wenn der Bund durch ein Organ oder eine Hilfsperson, einen Betrieb oder eine Anlage eine *Militärperson* schädigt, kommt er dafür ausschliesslich nach dem Militärversicherungsgesetz (MVG) auf. Weitergehende Ansprüche sind ausgeschlossen; vgl. Bd. II/3 § 32 N 99. Diese spezielle Haftungsordnung ist als ein Haftungsprivileg des Bundes zu betrachten[153].

124   Haftet neben dem Bund (aus MVG) ein Dritter nach Zivilrecht, so kann die Militärversicherung für den Schaden der Militärperson auf ihn Regress nehmen (MVG 67 I). Dieser Regress ist beschränkt auf die Höhe der Versicherungsleistungen; die versicherte Militärperson kann aber den durch die Militärversicherung nicht gedeckten Schaden direkt beim Dritten geltend machen[154]. Dieser hat, wenn kein Reduktionsgrund – z. B. ein Selbstverschulden – vorliegt, an und für sich für den ganzen Direktschaden aufzukommen.

---

[152] Vgl. HANS OSWALD SZS 1962, 277/78; R. SCHAER Rz 982 ff.; STEIN ZSR 102 (1983) I 108; Bericht d. Stud.komm. 174 ff. und deren These 62-7.
[153] Kein Haftungsprivileg stellt dagegen die fehlende Haftpflicht des Armee- oder Zivilschutzangehörigen gegenüber Zivilpersonen dar; denn an die Stelle der Militärperson, die an sich haftpflichtig wäre, tritt in vollem Umfange der Bund gestützt auf MO 22/23 bzw. die Zivilschutzorganisation gestützt auf ZSG 77. Der Rückgriff des Bundes bzw. der Zivilschutzorganisation auf den Angehörigen der Armee oder des Zivilschutzes ist in MO 25 und ZSG 78 auf Vorsatz und grobe Fahrlässigkeit beschränkt.
[154] MAURER, Sozialversicherungsrecht II 593, hinten § 11 N 236.

III. Innenverhältnis § 10

Da die Militärversicherung mit dem Bund identisch ist, ist konsequen- 125
terweise ihr Anspruch gegen den dritten Haftpflichtigen um die Bedeutung
der Militär- und Betriebsgefahr (man denke an Motorfahrzeugunfälle) und
des Verschuldens der beteiligten Militärpersonen zu kürzen. Es geht nicht
an, den Dritten diese Last der Freistellung des Bundes von Haftpflichtansprüchen von Militärpersonen tragen zu lassen. Daneben sollte ihm für den
von ihm bezahlten (nicht versicherten) *Direktschaden* ein nach den Grundsätzen der sektoriellen Verteilung festgelegter Regressanspruch gegen den
Bund zustehen, was aber mangels gesetzlicher Grundlage mit dem Legalitätsprinzip in Konflikt geraten würde: Der Dritthaftpflichtige muss den
Direktschaden und damit diese Auswirkung des Haftungsprivilegs allein
tragen[155, 156].

6. Lohnfortzahlungspflicht des Arbeitgebers

Bei Verdienstausfall von unselbständig Erwerbenden besteht an und für 126
sich neben dem Schadenersatzanspruch gegen den Ersatzpflichtigen während einer beschränkten Zeit die *Lohnfortzahlungspflicht* des Arbeitgebers nach OR 324a, 349c und 353b. Es liegt auf der Hand, dass der Haftpflichtanspruch gegen den Ersatzpflichtigen und der Lohnfortzahlungsanspruch nicht kumulativ zu erfüllen sind[157]. Nicht dieser Grundsatz, wohl

---

[155] Bei Schädigung einer Militärperson durch eine andere ist die Haftung zwischen den beiden gemäss bundesgerichtlicher Rechtsprechung auf ausserordentlich grobe Fahrlässigkeit und Vorsatz beschränkt; vgl. BGE 47 II 179; 78 II 420; 79 II 148; 92 II 194; MAURER, Sozialversicherungsrecht II 592 ff.; ROBERT BINSWANGER 175 ff.; Bd. II/3 § 32 N 182. Fehlt diese Voraussetzung des besonders schweren Verschuldens, so kann ein Dritter, der neben der vielleicht sogar grob-, aber nicht besonders grobfahrlässigen Militärperson verantwortlich ist, diese nicht regressweise in Anspruch nehmen.

[156] Diese Spaltung der Belastung eines Mithaftpflichtigen ist sehr problematisch, muss aber als Konsequenz des Legalitätsprinzips in Kauf genommen werden. Das lässt sich um so eher rechtfertigen, als der Direktschaden durch die sehr weitgehende Annäherung des Deckungsumfanges im neuen MVG an die Grundsätze des Haftpflichtrechts kaum je bedeutend sein wird. Nach der Botschaft des Bundesrates zum MVG vom 27. Juni 1990, S. 6, hat die Militärversicherung «grundsätzlich den vollen effektiven Schaden zu ersetzen». Vgl. hinten Bd. II/3 § 32 N 349a.

[157] Vgl. PIERRE WIDMER, «Wer einem andern widerrechtlich Schaden zufügt, verpflichtet dessen Arbeitgeber zum Ersatz», SJZ 73 (1977) 284; BGE 97 II 265; Kumulation ist dagegen angezeigt, wenn der Arbeitgeber freiwillige Leistungen erbringt, die dann aber nicht als Lohn zu qualifizieren sind, sondern als Schenkung; vgl. BGE 49 II 163; 52 II 392; 58 II 242, 254; 63 II 290; 97 II 265; STAUFFER/SCHAETZLE, Barwerttafeln (3. A. Zürich 1970) 39; MERZ SPR VI/1 203.

aber die Frage, wer den Verdienstausfall während der Dauer der Lohnfortzahlungspflicht definitiv zu tragen habe, der Arbeitgeber oder der Haftpflichtige[158], war lange Zeit umstritten. Es handelte sich um den Streit, ob der Arbeitgeber für seine Lohnfortzahlung auf den Haftpflichtigen regressieren könne[159].

127 Heute ist davon auszugehen, dass Art. 324b des 1971 revidierten Arbeitsvertragsrechtes des OR den Arbeitgeber von der Lohnfortzahlungspflicht von OR 324a entbindet, wenn der Arbeitnehmer obligatorisch versichert ist[160] und die für die maximale Lauffrist der Lohnfortzahlungspflicht geschuldeten Versicherungsleistungen mindestens vier Fünftel des darauf entfallenden Lohnes decken. Machen sie weniger als 80% aus[161], so anerkennt OR 324 b II die Lohnfortzahlungspflicht für die Differenz zwischen den Versicherungsleistungen und vier Fünfteln des Lohnes. Eine entsprechende «Lückenfüllungspflicht» gilt nach OR 324b III für eine Wartefrist, wie sie UVG 16 II vorsieht.

128 Daraus ergibt sich, dass – abgesehen von den Fällen des über dem Höchstbetrag nach UVG liegenden Lohnes und der Wartefrist der ersten zwei Tage (UVG 16 II) – die Lohnfortzahlungspflicht bei Unfällen vom UVG-Versicherer abgelöst wird. Dies gilt auch für die 20% Differenz zwischen den Taggeldleistungen des Versicherers und dem Lohnausfall (UVG 17 I). Bei über dem Höchstbetrag liegendem Lohn und für die Wartezeit besteht eine Lohnfortzahlungspflicht des Arbeitgebers auch bei Unfällen nach wie vor[162].

---

[158] OR 51 II wurde von jeher nicht als direkt anwendbar betrachtet, weil der Arbeitgeber nicht für einen Schaden aus unerlaubter Handlung, aus Vertrag oder aus Gesetzesvorschrift haftet, sondern kraft Gesetzes den Lohn weiterbezahlen muss; vgl. PIERRE WIDMER, SJZ 73 (1977) 287. Man hat dann OR 51 II analog angewendet, was dazu führt, dass die darin enthaltene Kaskadenordnung zu berücksichtigen ist – unter der Voraussetzung, dass man sie im Gegensatz zu der in diesem Buch vertretenen Meinung überhaupt als verbindlich betrachtet. Vgl. Vorauß. I 351; gegen die Anwendung des Kaskadenprinzips auf die Regressstellung des Arbeitgebers mit Nachdruck PIERRE WIDMER, a.a.O.; BREHM N 59 zu OR 51.

[159] Vgl. statt vieler PIERRE WIDMER, SJZ 73 (1977) 283 ff.; PAUL SZÖLLÖSY, SJZ 72 (1976) 337 ff.; MORITZ KUHN, SJZ 70 (1974) 133 ff.; HANS-ULRICH BRUNNER Rz 584 ff. und die in diesen Arbeiten zit. Lit. und Judikatur.

[160] Das trifft gemäss UVG 1 für fast alle Arbeitnehmer zu. Im folgenden wird mit der obligatorischen Versicherung nach UVG exemplifiziert.

[161] Das betrifft UVG-Versicherte mit einem Lohn, der über dem vom Bundesrat gemäss UVG 15 III festgesetzten Höchstbetrag des versicherten Lohnes liegt. In diese Kategorie fallen 4–8% der versicherten Arbeitnehmer.

[162] Vgl. BGE vom 20. März 1990 i. S. Steck und Kanton Bern gegen Eidgenossenschaft u. Kons.

III. Innenverhältnis § 10

Insoweit die Versicherungsleistungen an die Stelle der Lohnfortzahlung 129
treten, steht dem Unfallversicherer für die betreffenden Leistungen nach
UVG 41 ein Regressrecht gegen den Haftpflichtigen zu. Diese Regelung
des Regresses muss mutatis mutandis auch für die nicht abgelöste Lohnfortzahlung gelten[163]; der Regress gegen den Haftpflichtigen steht dann
dem Arbeitgeber zu. Es wäre nicht einleuchtend, hier eine abweichende
Verteilung eintreten zu lassen. Es handelt sich um einen Analogieschluss
aus OR 324 b.

Das Regressrecht des Sozialversicherers gegen den dritten Haftpflich- 130
tigen besteht nur im Rahmen der Haftungsquote; denn es beruht auf dem
gesetzlichen Übergang der Ansprüche des Geschädigten auf den Versicherer. Der Versicherer mit Regressrecht muss die Auswirkungen derjenigen
Reduktionsgründe des Haftpflichtrechts selbst tragen, die er dem Versicherten nicht oder nicht in gleicher Höhe entgegenhalten kann[164]. Daraus
ergibt sich die Frage, ob der Arbeitgeber, der nur die Haftungsquote von
z. B. 75% vom Haftpflichtigen erhalten kann[165], den gleichen Abzug auch
bei der Lohnfortzahlung machen darf. Nach dem Wortlaut von OR 324 a
besteht die Lohnfortzahlungspflicht nur bei schuldloser Verhinderung der
Arbeitsleistung[166]. Ob der Arbeitgeber dem nicht abgelösten Lohnfortzahlungsanspruch gestützt darauf ein leichtes Selbstverschulden des Arbeitnehmers entgegenhalten darf, kann hier nicht näher untersucht werden; auf
alle Fälle kann er vom Haftpflichtigen, auf den er Regress nimmt, nicht
mehr verlangen, als er selber bezahlt hat.

Manche Autoren betrachten die Lohnfortzahlung als einen Anwen- 131
dungsfall der *Vorteilsausgleichung;* vgl. dazu vorn § 6 N 69[167].

---

[163] Vgl. MANFRED REHBINDER N 14 zu OR 324 a; MERZ, SPR VI/1 203, wobei aber dessen Überlegung, dass der Arbeitgeber und bei Nichtberufsunfällen der Arbeitnehmer einen Anspruch auf einen seiner Prämienzahlung entsprechenden Anteil am Ertrag des Rückgriffs habe, nicht überzeugt; denn für die vom Versicherer nicht bezahlten Anteile an der Lohnfortzahlung werden auch keine Prämien bezahlt. Über die Verhältnisse bei Bundesbeamten vgl. hinten § 11 N 347.
[164] Es handelt sich vor allem um das leichte Selbstverschulden.
[165] Es wäre schon rein dogmatisch, aber auch im Interesse des Haftpflichtigen nicht haltbar, ihm eine höhere Quote aufzuerlegen, als sich aus dem Haftpflichtrecht ergibt.
[166] Vgl. dazu MANFRED REHBINDER N 15 zu OR 324 a und die dort zit. Lit.
[167] Nach dem Bundesgerichtsentscheid vom 20. März 1990 i. S. Steck und Kanton Bern gegen Eidgenossenschaft u. Kons. gehen, wenn die Regressansprüche von Sozialversicherern zusammen mit dem Regress des Arbeitgebers für die Lohnfortzahlung mehr ausmachen als der Schadenersatzanspruch, die Ansprüche der Sozialversicherer denjenigen des Arbeitgebers vor; der Arbeitgeber hat dann das Nachsehen. «Les assurances sociales reposent sur des cotisants dont les intérêts justifient une priorité sur l'intérêt, individuel, de l'employeur.» (Maschinengeschriebener Entscheid S. 15.) Das leuchtet nicht ohne weiteres ein.

7. Familienrechtliche Unterhalts- und Unterstützungspflichten

132 Die familienrechtlichen Unterhalts- und Unterstützungspflichten dienen weitgehend zur Deckung gleicher Bedürfnisse wie die Schadenersatzpflicht des Haftpflichtrechts bei Körperverletzungen. Daher stellt sich die Frage ihres gegenseitigen Verhältnisses.

133 Man könnte versucht sein, OR 51 analog[168] anzuwenden[169] und gestützt darauf zwischen den beiden Schuldnern, dem Unterhalts- resp. Unterstützungspflichtigen einerseits und dem Haftpflichtigen anderseits, Solidarität anzunehmen. Daraus ergibt sich u.U. ein Regress des Haftpflichtigen gegen die erwähnten aus Familienrecht Zahlungspflichtigen. Das würde den Verhältnissen in keiner Weise gerecht. Es wäre nicht vertretbar, den Haftpflichtigen von Unterhalts- und Unterstützungspflichten der Verwandten des Geschädigten profitieren zu lassen[170].

134 Der hier vorliegenden Situation entspricht vielmehr die Annahme einer *Subsidiarität* der in Frage stehenden familienrechtlichen Pflichten. Dabei kann man sich auf ZGB 276 III stützen, wonach die Eltern von der Unterhaltspflicht in dem Masse befreit sind, als dem Kind zugemutet werden kann, den Unterhalt auch aus andern Mitteln als dem Arbeitserwerb selbst zu bestreiten. Bei der Unterstützungspflicht ergibt sich die entsprechende Regelung aus ZGB 328 I, wonach Unterstützungsleistungen nur geschuldet sind, wenn die zu unterstützende Person ohne sie in Not geraten würde. Das ist nicht zu erwarten, wenn ein Haftpflichtiger zur Kasse gebeten werden kann.

---

[168] Eine direkte Anwendung fällt ausser Betracht, weil die Unterhalts- und Unterstützungspflichtigen einerseits und der Haftpflichtige anderseits nicht «aus verschiedenen Rechtsgründen ... für denselben Schaden» haften. Unterhalts- und Unterstützungspflichten setzen keinen Schaden voraus.
Darum gehören diese Darlegungen streng genommen nicht unter das Thema der Mehrheit von Ersatzpflichtigen.

[169] Anderer Meinung Voraufl. 352.

[170] Das spielt praktisch keine Rolle bei noch nicht erwerbstätigen Jugendlichen, weil durch die Körperverletzung kein Verdienstausfall entsteht. Ähnlich ist die Lage bei Verletzung von Ehegatten, die vor dem Unfall nicht dem Erwerb nachgegangen sind, abgesehen von der Besorgung des Haushaltes. Bei allen Unterhalts- und Unterstützungsberechtigten stellt sich die Frage aber in bezug auf die Heilungskosten.

§ 11 Haftpflicht und Versicherung

Literatur

SCHWEIZERISCHE: WILLY BACHMANN, Zur Anrechenbarkeit von Unfallversicherungsleistungen am Schadenersatz nach SVG 62 III und VVV 57 IV bei mehreren solidarisch Haftpflichtigen, SVZ 37 (1969/70) 357 ff. – GÜNTER BAIGGER, Umfang des Rückgriffs von Personalvorsorgeeinrichtungen gegenüber haftpflichtigen Dritten (Überlegungen aus versicherungsmathematischer Sicht), SZS 36 (1992) 145 ff. – PETER BECK, Regress der Vorsorgeeinrichtung auf haftpflichtige Dritte, SVZ 60 (1992) 176 ff. – HANS BENER, Die Regressrechte der SUVAL nach Art. 100 KUVG (Diss. Bern 1936). – ROBERT BINSWANGER, Die Haftungsverhältnisse bei Militärschäden (Diss. Zürich 1969). – JEAN-MARIE BOLLER, La limitation de la responsabilité civile des proches de la victime d'un accident en cas de prétentions récursoires de l'Assurance-vieillesse et survivants (AVS) et de l'Assurance-invalidité (AI), SVZ 54 (1986) 301 ff. – ROLAND BREHM, Le contrat d'assurance RC (Lausanne 1983). – DERS., Les collisions d'intérêts entre l'assureur de responsabilité civile et son assuré, SVZ 37 (1969/70) 143 ff. – WERNER J. BRÜHLMANN, Haftung und Rückgriff im Schadenersatzrecht (Diss. Bern 1927). – BUSSY/RUSCONI, Code Suisse de la circulation routière, 2e éd. (Lausanne 1984). – MARC-HENRI CHAUDET, Le recour de l'assureur contre le tiers responsable du dommage (Diss. Lausanne 1966). – HENRI DESCHENAUX, La subrogation de l'article 100 LAMA et l'assurance en faveur des occupants d'un véhicule automobile, FG Schönenberger (Fribourg 1968) 245 ff. – DERS., L'action en réparation du préjudice contre le responsable et les prétentions du lésé contre une institution de prévoyance privée, ZSR 90 (1971) I 153 ff. – EDMUND DUTTWYLER, Die Heilungskostenansprüche an den privaten Unfallversicherer, an Dritte und an anerkannte Krankenkassen (Diss. Zürich 1950). – HANS EGGER, Der Einfluss des Art. 88 SVG auf den Regress der Versicherer (Bern 1968). – STEPHAN FUHRER, Der Regress der Sozialversicherer auf den haftpflichtigen Dritten, SVZ 60 (1992) 83 ff., 116 ff. – DERS., Zur Stellung der Pensionskasse im Regress der Sozialversicherer gegen haftpflichtige Dritte, SZS 34 (1990) 305 ff. – G. GAROBBIO, Zur rechtlichen Natur der Schadens- und Summenversicherung, insbesondere der Unfall- und der Heilungskostenversicherung, und zum Problem der gemischten und gekoppelten Versicherungsverträge, ZBJV 81 (1945) 289 ff., 329 ff. – HANS GAUGLER, Zur juristischen Qualifizierung der einer Unfallversicherung angegliederten Heilungskosten- und Verdienstausfallversicherung durch das Bundesgericht, SVZ 29 (1961/62) 65 ff., 108 ff. – JACQUES GLARNER, Die Schadensberechnung bei der Ersatzpflicht aus unerlaubter Handlung unter besonderer Berücksichtigung der Ansprüche des Geschädigten aus allfälligen Versicherungen (Diss. Bern 1935). – ALFRED HARTMANN, Der Regress bei Haftung mehrerer aus verschiedenen Rechtsgründen (Diss. Bern 1942). – FRANZ HAYMANN, Anrechnung der Leistungen aus Autoinsassenunfallversicherung auf Haftpflichtansprüche gegen den Halter, SVZ 4 (1936/37) 353 ff., 417 ff. – ALFRED HÜPPI, Der Regress des Versicherers im schweizerischen Privatversicherungsrecht (Diss. Freiburg 1924). – WALTER IM HOF, Zur rechtlichen Natur der Ansprüche aus dem Gesetz über die Unfallfürsorge für die öffentlichen Bediensteten und zum Regress des Kantons gegen haftpflichtige Dritte, FG Fritz Goltinger (Basel 1935) 199 ff. – P. JÖRIMANN, Der Regressanspruch der Schweiz. Unfallversicherungsanstalt und sein Verhältnis zu OR 51, ZBJV 61 (1925) 453 ff. – ROBERT KARRER, Der Regress des Versicherers gegen Dritthaftpflichtige (Diss. Zürich 1965). – HERMANN KISTLER, Rechtsfragen aus dem Gebiete der Militärversicherung, ZSR 61 (1942) 1a ff. – WILLY KOENIG, Schweizerisches Privatversicherungsrecht (3.A. Bern 1967). – ROLF KUHN, Die Anrechnung von Vorteilen im Haftpflichtrecht (Diss. St. Gallen 1987). – LAMAZURE, Der Rückgriff der

539

§ 11 Haftpflicht und Versicherung

Krankenkasse, SVZ 14 (1946) 33 ff. – HANSPETER LEUENBERGER, Der Regress in der Haftpflichtversicherung (Diss. Bern 1954). – ALFRED MAURER, Bundessozialversicherungsrecht (Basel 1993). – DERS., Kumulation und Subrogation in der Sozial- und Privatversicherung, SZS 19 (1975) 169 ff., 241 ff. – DERS., Ein grundsätzlicher Entscheid des Bundesgerichts zum Regressrecht der SUVA, SZS 12 (1968) 195 ff. – DERS., Zum Regressrecht der Schweizerischen Unfallversicherungsanstalt, SZS 1 (1957) 215 ff. – URS CH. NAEF, Die Leistungen der beruflichen Vorsorge in Konkurrenz zu anderen Versicherungsträgern und haftpflichtigen Dritten, SZS 31 (1987) 21 ff. – OSTERTAG/HIESTAND, Das Bundesgesetz über den Versicherungsvertrag (2.A. Zürich und Leipzig 1928). – HANS OSWALD, Versicherungsleistung und Schadenersatz, SVZ 44 (1976) 3 ff. – DERS., Das Regressrecht in der Privat- und Sozialversicherung, Sonderdruck SZS 16 (1972). – DERS., Fragen der Haftpflicht und Versicherung gemäss Strassenverkehrsgesetz, SZS 11 (1967) 165 ff. – DERS., Die beschränkte Haftung des Arbeitgebers gemäss KUVG 129 II, SZS 6 (1962) 250 ff. – P. PÉTERMANN, Cumul des prétentions de la victime d'un accident contre son assureur et contre le tiers responsable. Subrogation de l'assureur au droit de la victime contre le tiers. Cession à l'assureur de droits en question, SVZ 1 (1933/34) 238 ff. – M. PFEIFFER, A propos de la subrogation en faveur des caisses de pensions cantonales et communales, JT 1971 I 500 ff. – FRANZ PFYFFER, Schadenersatzansprüche des Geschädigten und Regressrechte der Versicherer, SZS 10 (1966) 90 ff. – PAUL PICCARD, Kapitalisierung von periodischen Leistungen (6.A. Bern 1956). – PETER PORTMANN, Die Ersatzpflicht bei gegenseitiger Schädigung mehrerer Haftpflichtiger und der Regress des Sachversicherers, ZBJV 90 (1954) 33 ff. – HANS-MICHAEL RIEMER, Verhältnis des BVG (Obligatorium und freiwillige berufliche Vorsorge) zu andern Sozialversicherungszweigen und zum Haftpflichtrecht, SZS 31 (1987) 121 ff. – DERS., Das Recht der beruflichen Vorsorge in der Schweiz (Bern 1985). – HANS ROELLI/CARL JAEGER, Kommentar zum Schweizerischen Bundesgesetz über den Versicherungsvertrag, Band II (Bern 1932). – MAURICE ROULLET, Questions juridiques en matière d'assuranee militaire, ZSR 61 (1942) 231a ff. – BAPTISTE RUSCONI, Note sur la perte de soutien de la veuve et le droit de recours de l'AVS, JT 1984 I 458 ff. – MAX SAUSER, Das besondere Haftpflichtrecht der schweizerischen Unfallversicherung (Diss. Zürich 1919). – ROLAND SCHAER, «Hard cases make bad law» oder OR 51/2 und die regressierende Personalvorsorgeeinrichtung, recht 1991, 12 ff. – SCHAER/DUC/KELLER, Das Verschulden im Wandel des Privatversicherungs-, Sozialversicherungs- und Haftpflichtrechts (Basel 1992). – MAX SCHÄRER, Haftpflichtansprüche und öffentliche Versicherung, ZBJV 77 (1941) 193 ff. – MARC SCHAETZLE, Personalvorsorge und Haftpflichtrecht in Konkurrenz (Diss. Zürich 1972). – RENÉ SCHAFFHAUSER/JAKOB ZELLWEGER, Grundriss des schweizerischen Strassenverkehrsrechts, Band II: Haftpflicht und Versicherung (Bern 1988). – BERNHARD SCHATZ, Kommentar zur eidgenössischen Militärversicherung (Zürich 1952). – SCHIMUH/VONMOOS, Die Regressrechte in der schweiz. obligatorischen Unfallversicherung (Diss. Bern 1958). – GOTTLIEB SCHLÄPPI, Der Rückgriff der öffentlichen Pensionskassen des Bundes und der Kantone sowie Gemeinden gegenüber haftpflichtigen Dritten (Diss. Bern 1964). – EDGAR SCHMID, Das «Dreiecksverhältnis» Geschädigter/Sozialversicherer/Haftpflichtversicherung nach der neuen UVG-Praxis, FS Assista (Genf 1989) 383 ff. – DERS., Die Leistungen des Versicherers und die Ansprüche des Geschädigten, Strassenverkehrsrechts-Tagung Freiburg 1984. – EMIL W. STARK, Bemerkungen zum Rentenverkürzungsschaden, SJZ 89 (1993) 333 ff. – DERS., Probleme der Vereinheitlichung des Haftpflichtrechts, ZSR 86 (1967) II 1 ff. – WILHELM STAUFFER, Von der Heilungskostenversicherung, SJZ 59 (1963) 177 ff. – PETER STEIN, Die Haftungsbeschränkung gemäss Art. 44/2 UVG und Art. 48ter AHVG, FS Assista (Genf 1989) 403 ff. – DERS., Die Vorteilsanrechnung, insbesondere bei Versicherungsleistungen, SVZ 54 (1986) 241 ff., 269 ff. – DERS., Probleme des Regressrechts der AHV/IV gegenüber dem Haftpflichtigen und die Stellung des Geschädigten, FS Assista (Genf 1979) 315 ff. – GERHARD STOESSEL, Das Regressrecht der AHV/IV gegenüber den Haftpflichtigen (Diss. Zürich 1982). – STREBEL/HUBER, Kommentar zum BG über den Motorfahrzeug- und Fahrradverkehr I/II (Zürich 1934/38). – HANS RUDOLF SUTER, Kollision sozialer und privater Unfallversicherung

(Diss. Bern 1936). – KARL VON TOBEL, Die Vorteilsanrechnung im schweiz. Schadenersatzrecht (Diss. Zürich 1930). – F. VISCHER, Das Regressrecht des Personenversicherers, SVZ 1 (1933/34) 73 ff. – SCHIMUN VONMOOS, Die Regressrechte in der schweiz. obligatorischen Unfallversicherung (Diss. Bern 1958). – STEPHAN WEBER, Schadenersatz für den Verlust von Altersrenten, in: Haftpflicht- und Versicherungsrechtstagung St. Gallen 1993, hg. von Alfred Koller (St. Gallen 1993) 218 ff. – DERS., Regress des Sozialversicherers bei «kranken» Versicherungsverhältnissen, SVZ 61 (1993) 237 ff. – ERNST WOLFER, Organisation und rechtliche Stellung der Schweizerischen Unfallversicherungsanstalt in Luzern (SUVA) (Diss. Zürich 1931). – WALTER YUNG, Le recours de l'assureur contre le tiers responsable du dommage en vertu d'un contrat, Recueil de Travaux, publié par la Faculté de Droit à l'occasion de l'Assemblée de la Sociéte Suisse des Juristes (Genève 1952) 215 ff. = Etudes et articles (Genève 1971) 328 ff. (im folgenden zit. nach dem Abdruck im Recueil).

DEUTSCHE: ALFRED MANES, Versicherungswesen, System der Versicherungswirtschaft, Band I (5.A. Leipzig und Berlin 1930). – VON MAYDELL/SCHELLHORN, Gemeinschaftskommentar zum Sozialgesetzbuch – Zusammenarbeit der Leistungsträger und ihre Beziehungen zu Dritten (GK-SGB X3) 1984. – MANFRED GLOMBIK, Sozialrecht in der Bundesrepublik Deutschland weiter ausgebaut, SZS 28 (1984) 226 ff. – HANS-LEO WEYERS, Unfallschäden, Praxis und Ziele von Haftpflicht- und Vorsorgesystemen (Frankfurt 1971).

RECHTSVERGLEICHENDE: FLEMING, Collateral Benefits, International Encyclopedia of Comparative Law, Vol. XI Chapter 11 (Tübingen usw.).

I. Vorbemerkungen

Ein Schaden, der einen Haftpflichtanspruch begründet, begründet häufig auch die Zahlungspflicht eines Versicherers. Es kann sich bei diesem um einen privaten Schadens-[1] oder Personen-[2] oder um einen Versicherer nach öffentlichem Recht[3] handeln. Eine besondere Stellung nimmt bei richtiger Betrachtungsweise die Haftpflichtversicherung ein[4]. 1

In diesem Paragraphen soll das Zusammenwirken *dieser*[5] verschiedenen Ansprüche mit Haftpflichtforderungen erläutert werden. Ein solches 2

---

[1] Zum Beispiel einen Kasko- oder Feuerversicherer, der für das beschädigte Auto oder das abgebrannte Haus Leistungen zu erbringen hat.
[2] Zum Beispiel einen privaten Unfall- oder einen Lebensversicherer, bei dem die verletzte oder getötete Person versichert ist bzw. war. Einen Spezialfall stellen die Pensionskassen nach BVG dar.
[3] Man spricht hier von Sozialversicherung. Unter dem Gesichtspunkt des Haftpflichtrechts stehen die Unfallversicherer nach UVG im Vordergrund; in Frage kommen aber auch die AHV und die IV sowie die Militärversicherung.
[4] Vgl. hinten N 98 ff.
[5] Wenn demgegenüber *ausschliesslich* Haftpflichtansprüche und keine Versicherungsleistungen zur Diskussion stehen, sind die Regeln über eine Mehrheit von Haftpflichtigen (vorn § 10) massgebend.

findet nur statt, wenn der Versicherer auch dann zahlungspflichtig ist, wenn für den bei ihm versicherten Schaden im Sinne des Haftpflichtrechts ein Haftpflichtanspruch besteht. Wenn ein Versicherer nur subsidiär zu einem eventuellen Haftpflichtigen deckungspflichtig[6] ist, stellen sich die hier zur Diskussion stehenden Probleme nicht oder nur am Rande.

3   Die verschiedenen, sich aus einem Schadenereignis ergebenden Ansprüche des Geschädigten gegen Haftpflichtige und Versicherer stehen untereinander im Verhältnis der *Anspruchskonkurrenz*[7] oder der *Anspruchskumulation*[8]. Bei Anspruchskonkurrenz kann der Geschädigte von irgendeinem der Schuldner die volle von diesem geschuldete Leistung verlangen[9], aber nur einmal: Die Zahlung des einen befreit auch die andern, aber nur bis zum bezahlten Betrag. Die mehreren Schuldner haften dem Geschädigten also *solidarisch*[10]. Bei Anspruchskumulation beeinflussen die verschiedenen Ansprüche einander nicht; jeder Ersatzpflichtige muss die ganze von ihm geschuldete Leistung allein und ohne Berücksichtigung von Verpflichtungen anderer erbringen[11].

4   Wenn die Ansprüche gegen zwei oder mehr Ersatzpflichtige nicht kumuliert werden sollen, steht der Rechtsordnung neben der soeben erwähnten Solidarität ein weiterer technischer Weg zur Verfügung, die *Subrogation*: Die Ansprüche des Geschädigten gehen von Gesetzes wegen auf den einen Ersatzpflichtigen über, der Zahlung geleistet hat. Das setzt eine spezielle gesetzliche Anordnung voraus, wie sie in VVG 72 I für die Schadensversicherung besteht und in UVG 41, AHVG 48ter, IVG 52 und MVG 67 für die entsprechenden öffentlich-rechtlichen Versicherungen. Daneben sieht bei echter Solidarität OR 149 I eine Legalzession zur Verstärkung der Rückgriffsforderung aus dem Innenverhältnis (OR 148 II) vor. Bei der unechten Solidarität nach OR 51, der im Haftpflichtrecht die grössere

---

6   Vgl. YUNG 328 ff.; EDMUND DUTTWYLER 91 ff.
7   Vgl. VON TUHR/PETER 39 ff., 466 (wo der Ausdruck «Konkurrenz» für die Fälle der unechten Solidarität verwendet wird; vgl. vorn § 10 N 14 ff.; VON TUHR/ESCHER 319 ff.; BECKER N 5 zu OR 144; OSER/SCHÖNENBERGER N 8 der Vorbem. zu OR 143 ff.; STARK, Skriptum N 977; GAUCH/SCHLUEP N 2912 ff. und viele andere.
8   Vgl. STARK, Skriptum N 978; VON TUHR/PETER 469; KELLER/GABI 138; GUHL/MERZ/ KOLLER 202 f.
9   Wenn der eine Schuldner einen höheren Betrag schuldet als der andere, besteht Anspruchskonkurrenz nur bis zur Höhe des niedrigeren Betrages.
10 Vgl. vorn § 10 N 10 ff. Zum Teil wird der Ausdruck «Anspruchskonkurrenz» nur für die sog. unechte Solidarität verwendet; vgl. VON TUHR/PETER 466; VON TUHR/ESCHER 319.
11 Der Vorteil, dass das Schadenereignis die Zahlungspflicht des Versicherers neben dem Haftpflichtigen ausgelöst hat, wird m. a.W. bei Anspruchskumulation bei der Berechnung des Schadens ausser Betracht gelassen.

I. Vorbemerkungen § 11

Bedeutung zukommt, geht die Schadenersatzforderung nur dort durch Subrogation über, wo – wie erwähnt – ein Gesetz dies speziell anordnet.

Die Anspruchskonkurrenz entspricht dem ungeschriebenen Grundsatz 5 des Schadenersatzrechts, wonach eine *Bereicherung* des Geschädigten verpönt ist[12]. Diese tritt ein bei Anspruchskumulation, d. h., wenn z. B. die gleiche Spitalrechnung zwar nur einmal bezahlt werden muss, aber sowohl vom Haftpflichtigen als auch vom Unfallversicherer Rückerstattung des betreffenden Betrages verlangt werden kann (VVG 96)[13].

Wenn ohne Anspruchskumulation die Forderung des Geschädigten *im* 6 *Moment der Zahlung* auf den zahlenden Ersatzpflichtigen übergeht (z. B. nach VVG 72 I), fällt damit die Mehrheit von Ansprüchen dahin und bleibt ein gewöhnliches Schuldverhältnis zwischen dem zahlenden Versicherer und dem Haftpflichtigen übrig[14]. Wenn aber die Schadenersatzforderung *bereits im Moment des Schadenereignisses* von Gesetzes wegen (Subrogation) auf den Versicherer übergeht, wie in der Sozialversicherung (UVG 41, AHVG 48ter, IVG 52, MVG 67; hinten N 180) besteht im Rahmen der Versicherungsleistungen überhaupt keine Mehrheit von vom Geschädigten belangbaren Ersatzpflichtigen, es sei denn, es seien mehrere Haftpflichtige oder Versicherer beteiligt. Auf die sich in beiden Fällen[15] trotzdem stellenden Probleme ist hinten einzutreten. Bei der Anspruchskumulation stellt sich die Frage des Verhältnisses zwischen mehreren Ersatzpflichtigen grundsätzlich nicht.

Sieht das Gesetz einen Regressanspruch vor, so besteht nie Anspruchs- 7 kumulation, sondern Anspruchskonkurrenz (mit oder ohne Subrogation).

In welcher *versicherungsrechtlichen Eigenschaft der Geschädigte* aus 8 dem Versicherungsvertrag berechtigt ist, ob als Versicherungsnehmer, sonstiger Versicherter[16], Begünstigter oder Rechtsnachfolger einer dieser Personen, ist unerheblich. Von Bedeutung ist nur, ob der Berechtigte infolge

---

[12] BGE 62 II 182; 63 II 149; 93 II 420; 95 II 338; statt vieler ROELLI/JAEGER II N 1 zu VVG 72; SCHAER Rz 433; GAROBBIO in ZBJV 81, 292; CHAUDET 16 f.; KARRER 7 ff. – Es handelt sich hier um ein Rechtsprinzip, das in keiner gesetzlichen Norm als solches formuliert ist und daher auch nicht vom Gesetzgeber beschlossen worden ist, aber vom Richter trotzdem beachtet wird. Vgl. aber VVG 51, 53 und 62 ff.
[13] Vgl. hinten FN 21.
[14] Es sei denn, es seien mehr als zwei Ersatzpflichtige vorhanden.
[15] Das heisst bei Übergang im Moment der Zahlung bzw. im Moment des Schadenereignisses.
[16] In den folgenden Ausführungen wird für den anspruchsberechtigten Versicherungsnehmer und den von ihm eventuell verschiedenen Versicherten der Einfachheit halber dieser letzte Ausdruck verwendet.

eines haftpflichtbegründenden Ereignisses sowohl auf eine Versicherungsleistung als auch auf Schadenersatz Anspruch hat[17].

II. Privatrechtliche Versicherung nach VVG

A. Schadensversicherung und Summenversicherung

9   Der (privatrechtliche) Schadensversicherer deckt im Rahmen der vertraglichen Bestimmungen den Schaden des Versicherten in einem bestimmten Bereich, z. B. der Feuerversicherer für Mobiliar den Feuerschaden am Mobiliar.

10 Die *Schadensversicherung* ist in VVG 48 ff. geregelt; für die Einzelheiten sei auf die versicherungsrechtliche Lehre verwiesen. Zur Schadensversicherung gehören z. B. die Versicherung gegen Feuer, Diebstahl, Wasserschaden, Maschinenschaden, Glasbruch, die Transport-, Reisegepäck- und die Kaskoversicherung. Sie alle stellen *Sachversicherungen* dar. In der haftpflichtrechtlichen Terminologie beziehen sie sich auf Sachschaden, nämlich auf Beschädigung, Zerstörung und Verlust von Sachen.

11 Daneben gehört zur Schadensversicherung auch die *Vermögensversicherung*[18], die das Vermögen gegen Beeinträchtigungen schützt, die nicht durch Sachschäden entstanden sind. Sie bietet Deckung, wo für den Versicherten durch bestimmt umschriebene Umstände eine finanzielle Einbusse entstanden ist bzw. ein nachteiliger Aufwand erforderlich wird oder wo ihm ein Gewinn entgeht. Hieher gehören neben anderen die Haftpflichtversicherung, auf die hinten (N 97 ff.) zurückzukommen sein wird, und die Kreditversicherung, die Rechtsschutzversicherung, die Kautionsversicherung, die Hagelversicherung und die Betriebsverlustversicherung.

---

[17] Auch wenn man annimmt, dass der Versicherer, der dem Geschädigten Zahlungen erbringt, dadurch einen Vermögensschaden i. e. S. erleidet, kann er *dafür* aber nicht nach OR 41 oder einer andern Haftpflichtnorm den Schädiger belangen, weil diese Schädigung nicht rechtswidrig ist. Es handelt sich vielmehr um einen nicht ersatzberechtigten Reflexschaden; vgl. vorn § 2 N 77.

[18] Über diese Gliederungen, insbesondere die Abgrenzung von Sach- und Vermögensversicherung MAURER, Privatversicherungsrecht 508 ff.; KOENIG 314 ff., 482 ff.; DUTTWYLER 24 ff.

II. Privatrechtliche Versicherung nach VVG § 11

Die *Personenversicherung* bietet Schutz gegen Gefahren, die Leib und 12
Leben betreffen, vor allem bei Krankheit und Unfall, die beide zu Auslagen
führen können (z. B. Heilungskosten) und/oder einen Ausfall von Einnahmen bewirken (Arbeitsunfähigkeit) und in schweren Fällen Tod oder
Invalidität zur Folge haben. Bei Tod entstehen Auslagen (Bestattungskosten) und können Dritte einen Einnahmenverlust (Versorgerleistungen)
erleiden. Bei Invalidität ist neben den Heilungskosten vor allem mit einem
Verdienstausfall zu rechnen.

Bei Auslagen und einem Ausfall von Einnahmen handelt es sich eigent- 13
lich um Schadensversicherung. Aber auch wenn der Versicherer für Tod
und Invalidität – nur durch einen Unfall oder auch unabhängig davon –
Leistungen verspricht, können diese einen Schaden decken, kann also
eigentlich Schadensversicherung[19] vorliegen. Daneben besteht aber die im
VVG nicht als solche erwähnte *Summenversicherung*, bei der der Versicherer bei Personenschaden für bestimmte Ereignisse, namentlich Tod und
Invalidität, überhaupt nicht darauf abstellt, ob ein finanzieller Schaden
eingetreten sei, sondern einfach die für die betreffenden Ereignisse im
Vertrag vorgesehenen Beträge bezahlt[20].

Unter dem Gesichtspunkt des Regresses des Versicherers ist die Unter- 14
scheidung zwischen Schadens- und Summenversicherung von massgebender Bedeutung; für die Schadensversicherung gilt Anspruchskonkurrenz,
für die Summenversicherung Anspruchskumulation, was einen Regress
ausschliesst (VVG 96). Das Bundesgericht hat in jahrzehntelanger Praxis[21]
die Personenversicherung generell, z. B. auch für die Heilungskosten,
VVG 96 unterstellt und daher Anspruchskumulation angenommen, trotz
fast einhelliger Opposition der Literatur[22]. Diese Praxis wurde abgeändert
in BGE 104 II 45 in bezug auf die Verdienstausfallversicherung, was aber
auch für andere versicherte Leistungen gelten muss. Gestützt darauf ist im
konkreten Fall zu prüfen, ob bei einer Personenversicherung für die in
Frage stehende Leistung Schadens- oder Summenversicherung vereinbart
sei. Sieht ein konkreter Vertrag der Unfall- oder Krankenversicherung z. B.

---

[19] Vgl. MAURER, Privatversicherungsrecht 152 FN 311, 253 FN 609.
[20] Wenn z. B. eine Person stirbt, die niemanden unterstützt hat, erleiden die Angehörigen keinen finanziellen Schaden. Trotzdem ist die für diesen Fall vereinbarte Summe den Begünstigten auszuzahlen.
[21] Vgl. BGE 66 II 149; 70 II 229; 73 II 39; 77 II 165; 81 II 167; 89 II 124; 94 II 186; 100 II 456.
[22] Vgl. GAROBBIO, ZBJV 81 (1945) 289 ff. und 329 ff.; GAUGLER, SVZ 29 (1961/62) 65 ff. und 108 ff.; STAUFFER, SJZ 59 (1963) 177 ff.; KOENIG, Schweiz. Privatversicherungsrecht (3. A.) 467/68, 479 und 488; MERZ, ZBJV 112 (1976) 115 ff.; MAURER, SZS 19 (1975) 293 ff. und viele andere; vgl. Vorauf. 382 FN 23.

vor, dass die wirklichen *Heilungskosten* oder der wirkliche *Erwerbsaufall* vergütet werden, so liegt insofern eine Schadensversicherung vor und ist VVG 72 anwendbar. Sind im gleichen Vertrag Elemente der Summenversicherung (z. B. fixes Taggeld, Todesfallentschädigung) und der Schadensversicherung (z. B. Heilungskosten, Erwerbsausfall) kombiniert, so unterstehen sie je der Regelung der einen oder andern Versicherungsart, wenn der Vertrag nichts anderes vorsieht. Vgl. hinten FN 139.

B. Verhältnis zwischen dem Schadensversicherer und dem Haftpflichtigen: Regress

1. Allgemeines

15   VVG 72 I legt fest, dass die haftpflichtrechtliche Schadenersatzforderung des Geschädigten gegen einen aus unerlaubter Handlung Haftpflichtigen auf den Schadensversicherer übergeht, wenn und insoweit dieser für den Schaden des Versicherten aufkommt. Es handelt sich um einen gesetzlichen Forderungsübergang, eine *Subrogation (Legalzession)*, die keines Konsenses zwischen Geschädigtem und Versicherer bedarf und damit natürlich auch keiner Form (OR 166). Eine Gewährleistung des Geschädigten für den Bestand der Forderung und die Zahlungsfähigkeit des Haftpflichtigen (OR 173 II) besteht nicht. Im übrigen gelten die Zessionsvorschriften von OR 167 ff.[23]. Aus dem Begriff der unerlaubten Handlung ergibt sich, dass die Subrogation Widerrechtlichkeit voraussetzt (BGE 118 II 506/07).

16   Der Versicherer erwirbt die Forderung mit allfälligen Nebenrechten – so Pfandrechte (namentlich aus VVG 60), Bürgschaften (das kommt hier kaum je vor), das direkte Forderungsrecht gegen einen Haftpflichtversiche-

---

[23] VVG 72 I und II sind nach VVG 97/98 weder generell noch zugunsten des Versicherungsnehmers oder des Anspruchsberechtigten zwingend (in bezug auf den zwingenden Charakter einzelner Bestimmungen des VVG bestehen für die Transportversicherung Ausnahmen, die sich aber nicht auf VVG 72 I und II beziehen).
Eine Aufhebung von VVG 72 I würde die Subrogation ausschalten; das Regressrecht, an dessen Streichung niemand ein Interesse hätte, würde gestützt auf OR 51 II bestehen bleiben (vgl. hinten N 30). Eine Streichung der Regressvoraussetzung des persönlichen Verschuldens verstiesse gegen OR 51 II, weil diese Bestimmung nicht durch Vereinbarungen zwischen dem Anspruchsberechtigten und dem Ersatzpflichtigen abgeändert werden kann (vgl. hinten N 78).

rer[24] – und mitsamt den Einreden des Haftpflichtigen, welche den Anspruch reduzieren oder ausschliessen[25]. Insbesondere gehören hiezu die Einrede des Selbstverschuldens und die weiteren Gründe einer Exzeption oder Schadenersatzreduktion. Die Forderung geht mit laufender Verjährung auf den Versicherer über[26, 27].

Es steht dem Versicherer frei, auf die Geltendmachung des Regressanspruches schon vor dem Schadenfall[28] zu verzichten, wobei aber der vertraglichen Abänderung enge Grenzen gesetzt sind. 17

Ein Regressrecht steht dem Versicherer nicht nur auf Grund der Subrogation zu, sondern auch als Ausfluss des internen Verhältnisses bei Anspruchskonkurrenz wie bei jeder Solidarität (vgl. hinten N 22 ff.). Bei der echten Solidarität ergibt es sich aus OR 148 II, wobei hier dieser Regressanspruch nach OR 149 I «zur Erleichterung und Sicherung des Regresses»[29] durch eine Subrogation ergänzt wird, mit den sich daraus ergebenden, soeben erwähnten Vorteilen. Im übrigen beginnt die Verjährung des Regressanspruches aus Anspruchskonkurrenz nach wohl herrschender Meinung mit der Zahlung zu laufen[30], während – wie erwähnt – bei Subrogation die Forderung mit laufender Verjährung auf den Solidarschuldner übergeht, der bezahlt hat. 18

Beide Regressansprüche des Schadensversicherers basieren auf dem Gedanken, dass der Geschädigte nicht bereichert werden solle[31]. Dieser gehört zu den Prinzipien der Schadensversicherung, im Gegensatz zur Summenversicherung, für die VVG 96 die Anspruchskumulation statuiert. Ausfluss des Bereicherungsverbots sind die Vorschriften von VVG 62 ff. 19

---

24 Vgl. Bd. II/2 § 26 N 150 ff.
25 BGE 26 II 325; 95 II 338; 116 II 647 f. = Pra 80 (1991) Nr. 45.
26 Vgl. SJZ 59 (1963) 244.
27 Daraus kann sich ergeben, dass der Regressanspruch verjährt ist, während dies für den selbständigen Anspruch aus Anspruchskonkurrenz noch nicht der Fall ist, weil hier der Fristenlauf später, nämlich mit der Zahlung an den Geschädigten, zu laufen beginnt. Dabei spielt eine Rolle, dass der Anspruch gegen den Schadensversicherer erst zwei Jahre nach Eintritt der Tatsache, welche die Leistungspflicht begründet, zu laufen beginnt (VVG 46 I).
28 Selbstverständlich auch nachher. Wenn der Anspruchsberechtigte für den aus grober Fahrlässigkeit Haftpflichtigen einstehen muss, kann er auch auf eine Kürzung seiner Leistungen – z. B. aus Kulanz – aus VVG 14 verzichten und statt dessen auf den Haftpflichtigen Regress nehmen; BGE 120 II 63/64.
29 VON TUHR/ESCHER 316.
30 Vgl. vorn § 10 FN 111; hinten Bd. II/1 § 16 N 387. Die Verjährungsfrist ist die gleiche.
31 BGE 62 II 182; 63 II 149; 93 II 420; 95 II 338; 104 II 54. Statt vieler ROELLI/JAEGER II N 1 zu VVG 72; GAROBBIO in ZBJV 81, 292; CHAUDET 16 f.; KARRER 7 ff.; MAURER, Privatversicherungsrecht 400 f.; SCHAER Rz 472 ff.

über die Schadensberechnung und VVG 51 und 53 über die Über- und die Doppelversicherung. Eine weitere Konsequenz: Ein anspruchsberechtigter Geschädigter, der den Haftpflichtigen belangt hat, bevor er vom Versicherer Deckung fordert, kann von diesem nur noch für denjenigen Teil des Schadens Ersatz verlangen, den der Haftpflichtige nicht schon ersetzt hat. Bei umgekehrtem Vorgehen gilt das Entsprechende[32].

20 Es ist wirtschaftlich vernünftig, dass man sich so versichern kann, dass man vom Versicherer und vom eventuellen Haftpflichtigen zusammen einmal den Schaden ersetzt erhält, unabhängig davon, ob ein Haftpflichtiger vorhanden ist oder nicht und ob eventuell haftpflichtrechtliche Reduktionsgründe, namentlich leichtes bis mittleres Selbstverschulden, vorliegen[33]. Auf dieses Bedürfnis soll die Höhe der Prämie zugeschnitten sein: Hätte der Schadensversicherer kein Regressrecht, müsste er eine höhere Prämie verlangen.

21 Wenn der Versicherer mittels des Regresses die von ihm erbrachte Versicherungsleistung wieder erhalten hat und der Schadenfall daher für ihn – abgesehen von den Kosten – folgenlos bleibt, steht dem Versicherungsnehmer selbstverständlich trotzdem kein Anspruch auf Rückerstattung der bezahlten Prämie zu[34].

2. Verhältnis zwischen den Regressansprüchen aus Subrogation und aus Anspruchskonkurrenz

a) Bestehen überhaupt Ansprüche aus Anspruchskonkurrenz?[35]

22 Voraussetzung dafür ist das Verhältnis der Solidarität zwischen Haftpflichtigem und Schadensversicherer. Nur wenn die beiden dem Geschä-

---

[32] BGE 63 II 149.
[33] Dieses Ziel wird in der geltenden Ordnung nicht ganz erreicht, wenn den Versicherten eine grobe Fahrlässigkeit trifft, die zur Reduktion des Versicherungsanspruches nach VVG 14 II/III führt. Im Haftpflichtverhältnis kann die gleiche grobe Fahrlässigkeit den Kausalzusammenhang unterbrechen, so dass der Geschädigte dann keine Haftpflichtforderung hat. Obschon dieses Resultat nicht als stossend erscheint, kann es durch eine Versicherung für grobe Fahrlässigkeit korrigiert werden, weil VVG 14 II/III nicht zwingender Natur ist.
[34] Vgl. ROELLI/JAEGER N 4 zu VVG 72.
[35] Die Frage soll hier noch näher untersucht werden, obschon die bisherigen Ausführungen (ohne nähere Begründung) von ihrer Bejahung ausgegangen sind.

II. Privatrechtliche Versicherung nach VVG § 11

digten/Versicherten solidarisch für denselben Schaden haften, stellt sich die Frage der Anspruchskonkurrenz.

Vorauszuschicken ist dabei, dass die feststehende Praxis zu den Regress- 23 ansprüchen der Brandassekuranzanstalten und der Krankenkassen sich auf OR 51 II abstützt[36], also die Solidarität zwischen dem Schadensversicherer und dem Haftpflichtigen bejaht.

Diese Auffassung drängt sich aus folgenden Überlegungen auf: 24

1. Ohne Solidarität stände dem Schadensversicherer kein Regressan- 25 spruch gegen Haftpflichtige zu, die nicht aus OR 41 in Anspruch genommen werden können, also insbesondere gegen Kausalhaftpflichtige. Wenn ein Verschuldens- und ein Kausalhaftpflichtiger beteiligt sind, muss im weiteren der Verschuldenshaftpflichtige nach VVG 72 den ganzen Regress allein tragen, was der heutigen Auffassung des Verhältnisses zwischen Verschuldens- und Kausalhaftpflicht nicht mehr gerecht wird[37].

Im weiteren könnte ohne Solidarität der Schadensversicherer nicht 26 gegen einen andern aus Vertrag Haftpflichtigen zurückgreifen, was der Rechtsprechung seit BGE 80 II 254[38] nicht entsprechen würde.

2. Wenn der Haftpflichtige vom Geschädigten zuerst in Anspruch ge- 27 nommen wird und bezahlt[39], muss ihm gegebenenfalls ein Regressanspruch gegen den Schadensversicherer zustehen. Sonst unterliegt dieser der Versuchung, die Behandlung des Falles hinauszuzögern oder den Versicherten auf andere Art zu veranlassen, sich an den Haftpflichtigen zu halten[40].

---

[36] Vgl. BGE 47 II 409/10; 49 II 92/93; 50 II 187; 55 II 119; 77 II 246; 96 II 175; 103 II 337 Edd; 104 II 189 E 4a; 107 II 495 E 5a; 115 II 25 E 2a. Nach dem Urteil des Zürcher Obergerichts vom 1. Juni 1993 i. S. W. gegen Neuenburger S. 11 schliesst demgegenüber VVG 100 die Anwendung von OR 51 II aus. Dies trifft nicht zu, weil VVG 72 nur die Subrogation des Versicherers regelt, nicht aber die Ausgleichsansprüche unter solidarisch Haftpflichtigen.
[37] Vgl. vorn § 10 N 51, 65 ff.
[38] Vgl. auch BGE 93 II 353; SJZ 54 (1957) 256; 64 (1968) 7.
[39] Das entspricht zwar nicht der üblichen Reihenfolge, kann aber ohne weiteres vorkommen, so z. B. wenn der Deckungsanspruch gegen den Schadensversicherer zu Streitigkeiten Anlass gibt. Es ist auch denkbar, dass der Versicherte seine Police nicht belasten lassen will, um einer Prämienerhöhung auszuweichen.
[40] Zum Beispiel durch Androhung einer Prämienerhöhung als Antwort auf die Geltendmachung des Deckungsanspruches. Man denke auch an die Auswirkungen des Bonus-/Malussystems in der Kaskoversicherung. – Diese Überlegung spielt praktisch keine Rolle, wenn der Versicherer den vollen Regress hat. Wenn aber z. B. der Ersatzpflichtige ohne grobes Verschulden aus Vertrag haftet, würde bei Ablehnung seines Regresses gegen den Versicherer der Geschädigte darüber entscheiden, wer den Schaden zu tragen hat. Vgl. hinten N 31 ff.; FN 65.

Dieser Regressanspruch des in Anspruch genommenen Haftpflichtigen setzt aber Solidarität zwischen ihm und dem Schadensversicherer voraus, es sei denn, er lasse sich die Ansprüche gegen den Versicherer abtreten[41].

28 3. Bei Erledigung des Falles durch den Haftpflichtigen würde bei Verneinung der Solidarität die Forderung des Versicherten gegen den Versicherer durch diese Zahlung nicht berührt, so dass der Versicherer gezwungen werden könnte, den gleichen Schaden nochmals zu bezahlen. Er könnte allerdings, wenn ein Dritter aus Verschulden haftpflichtig wäre, die Beeinträchtigung seines Regresses nach VVG 72 II geltend machen.

29 4. Man könnte versucht sein, VVG 72 I als lex specialis gegenüber OR 51 II zu betrachten und damit dem Schadensversicherer Regressansprüche aus letzterer Norm zu verweigern; der Schadensversicherer könnte sich dann nur gegen Personen wenden, die ein Verschulden an der Verursachung des Schadenereignisses trifft. Wer nach dem Grundsatz der lex posterior auf den Zeitpunkt des Inkrafttretens der Gesetze abstellt, kommt zum gegenteiligen Ergebnis, dass VVG 72 I durch OR 51 II überholt worden sei[42].

30 5. Bei dieser Situation erscheint als richtige Auffassung, dass zwar die Subrogation des Schadensversicherers auf Ansprüche aus unerlaubter Handlung beschränkt ist, dass ihm daneben aber die selbständigen Ansprüche aus der Anspruchskonkurrenz gemäss OR 51 II zustehen. Dementsprechend kann der Schadensversicherer auch gegen aus Vertrag Verantwortliche Regress nehmen[43], sofern diese ihre Vertragspflichten – nach der Rechtsprechung: durch grobes Verschulden – verletzt haben.

---

[41] Solche Zessionen waren vor dem Inkrafttreten von OR 51 üblich; vgl. BGE 80 II 255. Sie sind seither aber nur im Rahmen von OR 51 II möglich und dann unnötig.

[42] Das aOR regelte in Art. 60 nur den Fall des gemeinsamen Verschuldens, der heute in OR 50 behandelt ist. Zur Zeit der Geltung des aOR konnten aber die Versicherer sich durch vertragliche Zessionen Haftpflichtansprüche gegen Verursacher des Schadens ohne Verschulden abtreten lassen, was nach der Rechtsprechung heute durch OR 51 ausgeschlossen wird. Vgl. BGE 45 II 645; 80 II 255; 115 II 25 f. = Pra 78 (1989) Nr. 172.

[43] Da für den Regress des Schadensversicherers also zwei verschiedene Wege zur Verfügung stehen, komplizieren sich die folgenden Darlegungen. Es ist immer darauf zu achten, ob eine Aussage sich auf die Subrogation oder auf die Anspruchskonkurrenz bezieht. Auf eine vollständige Trennung der Behandlung der beiden Wege wird verzichtet, weil sie zwangsläufig zu Wiederholungen führt und viele Verweisungen nötig macht. Ausserdem würde sie die Unterschiede weniger klar aufzeigen.

b) Verhältnis zwischen den zwei Arten von Regressansprüchen

1. Die Subrogation bezieht sich nur auf *Ansprüche aus unerlaubter Handlung* (OR 41); Schadenersatzansprüche aus Vertrag oder Kausalhaftung gehen nicht auf den Versicherer über[44]. Er kann sich gegenüber einem Schädiger nicht nur auf VVG 72 I berufen, sondern auch auf OR 51 II. Nach der herrschenden Interpretation dieser Bestimmung kann er als aus Vertrag Ersatzpflichtiger gegen andere aus Vertrag Verantwortliche Regress nehmen, aber – nach der Praxis weil er Prämien bezogen hat – nur bei grober Fahrlässigkeit. Die Kaskadenordnung von OR 51 II enthält keine Regelung des Verhältnisses unter aus gleichen Haftungsarten Haftpflichtigen. Diese Frage hat der Richter gestützt auf die Verweisung von OR 51 I auf OR 50 II nach seinem Ermessen zu beantworten. Dagegen schliesst die herrschende Meinung gestützt auf den Wortlaut von OR 51 II einen Regress des Schadensversicherers gegen einen Kausalhaftpflichtigen (ohne Verschulden) aus.

31

Nach der vorn (§ 10 N 65 ff.) vertretenen Auslegung von OR 51 II kann jeder Ersatzpflichtige, der bezahlt hat, je nach den Umständen *selbständige Regressansprüche aus Anspruchskonkurrenz* gegen andere geltend machen[45]. Die Kaskadenordnung von OR 51 II[46] ist nach dieser Meinung nicht verbindlich.

31a

Die vorn in § 10 dargelegten Bedenken gegen die herrschende Auslegung von OR 51 II gelten auch für den Regress des Schadensversicherers nach VVG 72 I. Die Regressvoraussetzungen sind also nach der herrschenden Meinung über OR 51 II und nach VVG 72 I weitgehend identisch, nicht aber nach der vorn in § 10 vertretenen Interpretation von OR 51 II.

31b

---

[44] Da Anspruchskonkurrenz besteht, gehen die Ansprüche des Geschädigten gegen Kausalhaftpflichtige durch die Zahlung des Schadensversicherers aber unter.
[45] Ein Regressanspruch kann nach dieser Meinung auch einem Kausalhaftpflichtigen zustehen.
[46] Wenn z. B. eine Heizungsfirma in einem alten Haus einen Heizkörper auswechseln muss und der damit betraute Heizungsmonteur mit der Lötlampe unvorsichtig umgeht und das Holztäfer in Brand setzt, hat der Feuerversicherer nach BGE 80 II 254 gegen die Heizungsfirma nur einen Regress bei grober Fahrlässigkeit der Heizungsfirma bzw. ihres Monteurs. Fehlt diese, so kann sie aber gegen den Monteur selber wegen seines leichten Verschuldens vorgehen, und zwar sowohl nach VVG 72 I als auch nach OR 51 II. Das Bundesgericht hat im erwähnten Entscheid diesen Regress wegen drohender Notlage des Monteurs gestützt auf OR 44 II von Fr. 21 083.– auf Fr. 4000.– reduziert. Vgl. vorn § 10 N 51.

32 2. Während nach der herrschenden Interpretation von OR 51 II der Regress gegen einen bestimmten Haftpflichtigen nach dieser Bestimmung nie weniger weit geht als nach VVG 72 I, aber bei vertraglicher Haftung zusätzlich möglich ist, kann nach der hier vertretenen Berücksichtigung der Umstände bei der Anwendung von OR 51 II die Regressverpflichtung eines bestimmten Haftpflichtigen auch weniger weit gehen als nach VVG 72 I. Dies ist dann der Fall, wenn neben einem aus OR 41 I Haftpflichtigen ein Kausalhaftpflichtiger beteiligt ist. Dies wird häufig dazu führen, dass auf den Kausalhaftpflichtigen bei der sektoriellen Verteilung auch eine Regressquote entfällt, während nach VVG 72 I der aus Verschulden Haftpflichtige den ganzen Regress des Versicherers allein übernehmen muss und der Versicherer, wenn ein Ersatzpflichtiger aus Verschulden haftet, sich an der endgültigen Tragung des Schadens nicht beteiligen muss.

33 Dieses Problem ist dadurch zu lösen, dass man der generelleren und späteren Norm von OR 51 II und der ihr entsprechenden sektoriellen Verteilung mehr Gewicht beimisst als VVG 72 I: Die Subrogation nach VVG 72 I kann nach dieser Meinung nicht mehr umfassen, als der aus unerlaubter Handlung Verantwortliche bei der Festsetzung der Regressquoten nach der sektoriellen Verteilung zu tragen hat. Diese Lösung drängt sich auf, nachdem es sich hier um einen der zentralsten Punkte der Kritik an der herrschenden Meinung zu OR 51 II handelt (vgl. vorn § 10 N 65 ff.).

34 Anderseits ist der Ausschluss des Regresses nach VVG 72 III bei Familienangehörigen und Hilfspersonen analog auch beim Anspruch aus OR 51 II zu berücksichtigen (vgl. hinten N 53 ff.).

3. Einzelfragen der Subrogation

35 1. Die Subrogation nach VVG 72 I ist beschränkt auf Regresse gegen aus *unerlaubten Handlungen*, d. h. aus persönlichem *Verschulden* Haftpflichtige. Bei einem Regress aus VVG 72 I gehen – wie erwähnt – die Nebenrechte über; auch das direkte Forderungsrecht gegen den Haftpflichtversicherer kann, wo das Gesetz es dem Geschädigten einräumt, vom Sachversicherer in bezug auf die auf ihn übergegangenen Schadenersatzansprüche in Anspruch genommen werden. Das bezieht sich auch auf die Einreden, die den Anspruch reduzieren oder ausschliessen. Im weiteren geht die Forderung mit laufender Verjährung über. Da das Verhältnis zwischen dem Versicherer und dem Haftpflichtigen als unechte und nicht

II. Privatrechtliche Versicherung nach VVG § 11

als echte Solidarität betrachtet wird[47], gilt hier OR 136 nicht: Die Unterbrechung der Verjährung gegen einen von mehreren Ersatzpflichtigen gilt nicht gegenüber den andern.

Die Beschränkung der Subrogation auf Ansprüche aus unerlaubter 36 Handlung schliesst sie in vertragliche Ansprüche aus[48]. Daher gehen z. B. Ansprüche des Hauseigentümers gegen den Handwerker, der bei Reparaturarbeiten eine versicherte Sache beschädigt hat und hiefür gemäss OR 364 und 97 haftbar wird[49] oder Ansprüche gegen den Frachtführer aus Frachtvertrag[50] nicht auf den Versicherer über[51]. Damit ist aber nicht entschieden, dass dem Versicherer kein Regress zustehe; er kann sich nur nicht auf Subrogation berufen. Vielmehr steht ihm gegebenenfalls der selbständige Rückgriffsanspruch aus Anspruchskonkurrenz zur Verfügung (vgl. vorn N 30).

Die Voraussetzung des persönlichen Verschuldens des in Anspruch 37 genommenen Haftpflichtigen schliesst den Regress aus VVG 72 I gegen Personen aus, die nur *kausal haften,* z. B. nach OR 55, 56, 58 und ZGB 333 aber auch nach EHG, ElG, SVG, MO usw., wenn diese kein zusätzliches Verschulden trifft. Das gilt – nach der vorn vertretenen Meinung – nicht für den Regress aus OR 51 II, der auch ohne Verschulden möglich ist, auch aus OR 54 (Haftpflicht des Urteilsunfähigen)[52]. Dabei sind immer die Umstände nach der Methode der sektoriellen Verteilung zu würdigen.

2. Bei persönlichem Verschulden des aus VVG 72 I in Anspruch genom- 38 menen Haftpflichtigen ist der *Grad des Verschuldens* wie nach der herr-

---

[47] Das VVG spricht nicht von Solidarität, sondern legt selbständig, d. h. nicht in Anwendung von OR 143 ff., insbesondere 149, die Subrogation fest, wie z. B. OR 70 III.
[48] BGE 74 II 88/89; 76 II 393; 77 II 248/49; 80 II 251/52, 254 ff.; Sem.jud. 1953, 83/84; SJZ 37, 364/65; 45, 170; VAS X Nr. 56 lit. b; ROELLI/JAEGER II N 16 zu VVG 72; VON TUHR/PETER 470 FN 24; YUNG in Recueil 224 ff.; HARTMANN 114; MAURER, Privatversicherungsrecht 400.
[49] Vgl. BGE 80 II 247 ff.
[50] SJZ 45, 169, vom Bundesgericht behandelt in BGE 74 II 81; 109 II 474.
[51] Das hat nur praktische Bedeutung, wenn neben dem Anspruch aus Vertrag für die gleiche Schädigung kein Anspruch aus Delikt besteht. Dies trifft bei Sachversicherung selten zu, denn die Beschädigung oder Zerstörung einer Sache stellt eine Rechtsgutverletzung dar. Die deliktische Widerrechtlichkeit wird daher in solchen Fällen meistens gegeben sein. Anders verhält es sich bei Schädigung durch Unterlassung, wenn keine gesetzliche, sondern nur eine vertragliche Pflicht zum Handeln besteht; vgl. das bei STARK, Skriptum N 248, dargelegte Urteil des Berner Appellationshofes vom 17. Januar 1977 i. S. M. gegen N.
[52] Vgl. BGE 103 II 337.

§ 11　　　　Haftpflicht und Versicherung

schenden Interpretation von OR 51 II irrelevant. Von Bedeutung ist er nur, wenn er gestützt auf OR 43 I zu einer reduzierten Haftung führt[53].

39　An sich läge es nahe, den Schadenersatzanspruch des *Geschädigten* gegen einen Kausalhaftpflichtigen (der dem Regress aus VVG 72 I nicht unterliegt) trotz der Leistung des Sachversicherers bestehen zu lassen; denn nach dieser Bestimmung gehen nur die Ansprüche aus Verschuldenshaftung auf den Versicherer über; von den andern spricht das Gesetz nicht. Das würde aber das Bereicherungsverbot aus den Angeln heben und kommt daher nicht in Frage. Durch die Regelung von VVG 72 I wäre der Geschädigte bei Kausalhaftpflicht ohne Verschulden begünstigt, wenn dem Versicherer nicht ausser dem Anspruch aus Subrogation ein weiterer aus Anspruchskonkurrenz zustände. Vgl. hinten FN 141.

40　Zessionen, mit denen sich ein Versicherer die Rechte des Versicherten gegen dritte Ersatzpflichtige abtreten lässt, sind nur dann zulässig, wenn sie nicht gegen die Regressordnung von OR 51 II verstossen; d. h., sie sind praktisch kaum von Bedeutung.

41　3. Das Verschulden, das eine Voraussetzung der Subrogation nach VVG 72 darstellt, muss den Haftpflichtigen persönlich treffen. Verschulden einer Hilfsperson begründet keine Subrogation der Ansprüche gegen einen für sie kausal Haftpflichtigen[54]. Bei Haftung nach OR 101 in der Auseinandersetzung zwischen zwei aus Vertrag Haftpflichtigen steht nur der selbständige Anspruch aus Anspruchskonkurrenz zur Verfügung, wobei das Verschulden der Hilfsperson dem Vertragspartner angerechnet wird.

42　4. Auch hier ist den juristischen Personen das Verhalten ihrer Organe (ZGB 55 II, OR 718 III, 814 IV, 899 III) und den Kollektiv- und Kommanditgesellschaften das Verhalten der Gesellschafter (OR 567 III, 603) als eigenes Verschulden anzurechnen[55].

43　5. Der Regress des Versicherers – aus VVG 72 I oder aus OR 51 II – bezieht sich immer nur auf *identische Schadensposten*[56]. Wenn also das kaskoversicherte Auto des Geschädigten einen kaufmännischen Minder-

---

53　Vgl. dazu PETER PORTMANN in ZBJV 90 (1954) 36.
54　Vgl. BGE 76 II 393; 77 II 248; A. KELLER II 176 f.
55　BGE 107 II 496. Über den Regress des Versicherers im Falle von *Kollisionen* im Sinne von § 9 dieses Buches vgl. PETER PORTMANN in ZBJV 90 (1954) 36 ff.
56　Vgl. MAURER, Privatversicherungsrecht 399; KOENIG 288; EGGER 24 ff. Man spricht auch von gleichartigen Leistungskategorien.

wert aufweist, der ersatzberechtigt, aber nicht versichert ist, und der Haftpflichtige wegen Selbstverschuldens des Geschädigten nur zu 75% haftet, kann der Versicherer vom Haftpflichtigen nur 75% der Reparaturkosten ersetzt verlangen. Er kann sich nicht darauf berufen, der gesamte Schadenersatzanspruch belaufe sich inkl. Minderwert auf mehr als die Reparaturkosten, sondern muss 25% derselben selber tragen. Der Geschädigte kann seinerseits vom Haftpflichtigen 75% des Minderwertes verlangen.

Die Identität der Schadensposten wirkt sich auch aus, wenn für die Berechnung des Versicherungsanspruches nicht die gleichen Kriterien gelten wie im Haftpflichtrecht. So erhält man bei der Feuerversicherung nach VVG 63 I Ziff. 1 für Waren und Naturerzeugnisse nur den sog. Marktpreis oder gemeinen Handelswert vergütet[57]; die Haftpflichtforderung beruht demgegenüber in der Regel auf dem subjektiven Wert, wozu insbesondere auch der entgangene Gewinn gehört. Wird nun die Haftpflichtforderung, z. B. wegen Selbstverschuldens, reduziert, so kann der Versicherer mit dem Haftpflichtigen nur auf der Basis des sog. Marktpreises verhandeln und diejenige Quote seiner Zahlung für den Marktpreis zurückverlangen, die der Haftpflichtlage entspricht[58]. 44

Man könnte sich fragen, ob der Versicherer nach dem Grundsatz *«nemo subrogat contra se»* nicht überhaupt vom Regress ausgeschlossen sei, solange der Geschädigte nicht vollständig entschädigt ist. Das ist zu verneinen. Der «objektive» und der «subjektive» Posten werden, obschon sie die Beschädigung der gleichen Sache betreffen, nicht als identische Schadensposten betrachtet. 45

6. Auf das *Quotenvorrecht des Geschädigten,* das auf dem Grundsatz «nemo subrogat contra se» beruht und hauptsächlich beim Regress des Sozialversicherers eine Rolle spielt, ist im entsprechenden Zusammenhang hinten (N 202 ff.) zurückzukommen. 46

---

[57] Diese Bestimmung ist nach VVG 98 absolut zwingend.
[58] Beispiel: Der Marktpreis beträgt Fr. 600.–, und dieser Betrag ist vom Versicherer dem Versicherten nach VVG 63 bezahlt worden. Nach der im Haftpflichtrecht massgebenden subjektiven Berechnungsart beläuft sich der Schaden auf Fr. 1800.–. Da den Geschädigten ein erhebliches Mitverschulden (50%) trifft, hat er einen Haftpflichtanspruch von Fr. 900.–. Der Versicherer kann nicht regressweise Fr. 600.– vom Haftpflichtigen verlangen. Vielmehr hat er nur 50% von Fr. 600.–, d. h. Fr. 300.– zugut. Der Geschädigte erhält vom Haftpflichtigen 50% der Differenz (Fr. 1200.-) zwischen subjektivem Wert und objektivem Wert, d. h. Fr. 600.–, und vom Versicherer ebenfalls Fr. 600.–, d. h. aus beiden Quellen total Fr. 1200.–. Den Rest muss er wegen des Selbstverschuldens selber tragen. Der Haftpflichtige erbringt entsprechend der Haftpflichtquote Fr. 900.–.Vgl. das Urteil des Zürcher Obergerichts vom 1. Juni 1993 i. S. W. gegen Neuenburger S. 21.

§ 11   Haftpflicht und Versicherung

47   7. Nach VVG 72 II wird der Geschädigte verantwortlich, wenn er das *Regressrecht des Versicherers verkürzt.*

48   Das ist namentlich dann der Fall, wenn er seine Haftpflichtansprüche gegen einen Haftpflichtigen geltend macht, bevor er vom Schadensversicherer Deckung verlangt. Dann geht der Haftpflichtanspruch unter und kann nicht mehr auf den Versicherer übergehen. Dadurch entfällt der Subrogationsanspruch, nicht aber der Anspruch gegen den Versicherer.

49   Zur Diskussion steht hier das Regressrecht auf Grund der Subrogation nach VVG 72 I. Der parallel dazu bestehende selbständige Anspruch aus Anspruchskonkurrenz nach OR 51 II unterliegt den in § 10 N 35 ff. dargelegten Grundsätzen, denen die Verantwortlichkeit gemäss VVG 72 II entspricht[59]. Die Tatsache der Subrogation zwingt aber zu einer etwas anderen juristischen Konstruktion:

50   a) Wenn der Geschädigte mit seinem Haftpflichtschuldner einen Vergleich abschliesst und *nachher* vom Versicherer die vertragliche Leistung verlangt, kann durch diese – wie erwähnt – keine Subrogation mehr ausgelöst werden. Es besteht keine Haftpflichtforderung mehr, die übergehen könnte. Bezahlt der Versicherer in Unkenntnis des Vergleiches, so steht ihm keine Forderung aus VVG 72 I gegen den haftpflichtrechtlichen Ersatzpflichtigen zu. Er kann aber gestützt auf VVG 72 II vom Versicherten Schadenersatz verlangen[60].

51   Die Höhe seiner Forderung gegen den Versicherten entspricht dem Betrag, den er ohne den Verzicht des Geschädigten auf weitere als die erbrachten Haftpflichtleistungen vom Haftpflichtigen erhalten hätte. Meistens wird der Versicherer bei der Erledigung des Schadens den Versicherten fragen, ob ein Haftpflichtiger eine Leistung erbracht hat und gegebenenfalls, wie hoch diese war. Die Rechtslage ist die gleiche wie bei jedem Gläubiger, der von einem Solidarschuldner befriedigt wurde und von einem andern Solidarschuldner trotzdem noch Zahlung verlangt.

52   b) Wenn die Vereinbarung des Geschädigten mit dem Haftpflichtschuldner erst *nach der Zahlung des Versicherers* erfolgt, ist die Forderung

---

[59] Vgl. im übrigen hinten N 82 ff.
[60] Die Schadenersatzpflicht ergibt sich aus einer Verletzung des Versicherungsvertrages; nach OR 97 I kann der Versicherte sich ihr durch den Exkulpationsbeweis entziehen. Wenn dessen Gelingen in einem Fall dazu führt, dass der Geschädigte sowohl die Versicherungsleistung als auch den Schadenersatz einkassieren kann, stellt sich die Frage eines Bereicherungsanspruches des Versicherten. Nur auf diesem Wege kann eine Verletzung des Bereicherungsverbotes vermieden werden; vgl. hinten N 387 ff.

vor dem Haftpflichtvergleich übergegangen. Der Haftpflichtige hat dem Geschädigten eine Nicht-Schuld bezahlt. Er wird durch diese Zahlung nach OR 167[61] allerdings befreit und kann daher vom Versicherer nicht zu einer Regresszahlung angehalten werden, wenn er sich in gutem Glauben befand. Der Geschädigte hat durch sein Verhalten, gestützt darauf, dass er für seinen Schaden doppelt entschädigt wurde, den Rückgriff des Versicherers vereitelt und wird dafür nach VVG 72 II verantwortlich. Man kann sich kaum vorstellen, dass den Geschädigten kein Verschulden trifft, d. h., dass er sich für berechtigt halten durfte, mehrfache Zahlung des gleichen Schadens zu verlangen.

4. Das Haftungsprivileg von VVG 72 III

1. Keine Subrogation findet nach VVG 72 III statt, «wenn der Schaden durch eine Person leicht fahrlässig herbeigeführt worden ist, die mit dem Anspruchsberechtigten in häuslicher Gemeinschaft lebt[62] oder für deren Handlungen der Anspruchsberechtigte einstehen muss»[63]. Es handelt sich um ein Haftungsprivileg (vgl. vorn § 10 N 97 ff.), das aber vom Gesetz nur für den Regress des Schadensversicherers zum Ausdruck gebracht worden ist und daher ein blosses Regressprivileg darstellt; vgl. hinten FN 259. Ein genereller Ausschluss der Haftpflicht der genannten Personen gegenüber andern Gliedern der häuslichen Gemeinschaft bzw. gegenüber von Hilfspersonen bei leichter Fahrlässigkeit kann daraus nicht abgeleitet werden[64].

---

[61] Die Bestimmungen von OR 164 ff. sind auf die Legalzession analog anwendbar; vgl. VON TUHR/ESCHER 373 u. a.

[62] UVG 44 I nennt neben den Personen, die mit dem Anspruchsberechtigten in häuslicher Gemeinschaft leben, den Ehegatten und die Verwandten in auf- und absteigender Linie. Diese sind dort auch ohne häusliche Gemeinschaft privilegiert. Vgl. vorn § 10 FN 137. In BGE 85 II 341 betont unser oberster Gerichtshof unter Hinweis auf MAX GRAF, Das zivilrechtliche Verschulden des Automobilisten (Diss. Zürich 1945) 84, dass nur enge Beziehungen die Ausnahmebestimmungen von VVG 72 III rechtfertigen können. Vgl. im übrigen hinten N 216.

[63] In Frage steht natürlich nur die Hilfsperson persönlich, für die der Anspruchsberechtigte einstehen muss. Die Rechtsordnung sieht die Verantwortung für Hilfspersonen aber nicht nur in OR 55 vor, wo ein gewisses persönliches Verhältnis zwischen den zwei Personen – ausser in Grossbetrieben – die Regel darstellen wird. Die Privilegierung ohne ein solches persönliches Verhältnis erscheint als problematisch; man denke z. B. an die Mieter eines Autos, für dessen Verschulden der Vermieter nach SVG 58 IV einstehen muss. Vgl. BGE 85 II 341.

[64] Vgl. BGE 117 II 609 ff.

§ 11   Haftpflicht und Versicherung

Der Umstand, dass sich ein Schadensversicherer unter den Solidarschuldnern befindet, rechtfertigt diese Sonderbehandlung. Unerlässlich ist dann aber, dass nicht andere Haftpflichtige die ohne VVG 72 III auf die Familienangehörigen und Hilfspersonen entfallende Belastung zu tragen haben. Nach der ratio legis ist das Aufgabe des Versicherers: Sein Regress gegen die weiteren Haftpflichtigen wird um die Quote gekürzt, die diese ohne VVG 72 III von den dort erwähnten Personen verlangen könnten; denn die Grundidee besteht darin, dass diese Personen gegenüber dem Versicherer und zu dessen Lasten privilegiert sein sollen[65]. Die Situation unterscheidet sich wesentlich von andern Haftungsprivilegien[66].

54   2. Die naheliegende ratio legis von VVG 72 III besteht darin, dass die Mitwirkung eines Versicherers als eines aussenstehenden Dritten, der nicht zu persönlicher Rücksichtnahme veranlasst ist, nicht dazu führen soll, dass Personen belangt werden, die ohne Beteiligung eines Versicherers nicht in Anspruch genommen würden und deren finanzielle Belastung unter Umständen wieder auf den Versicherten zurückfallen würde[67].

55   Wenn kein Versicherer, aber mehrere Haftpflichtige für den Schaden einstehen müssen, von denen einzelne zu den in VVG 72 III privilegierten Personenkategorien gehören, können letztere von den Mithaftpflichtigen regressweise belangt werden. Es liegt aber doch wohl nahe, den Grundge-

---

[65] Beispiel: Wenn neben der leicht fahrlässigen Ehefrau des Geschädigten keine weiteren Haftpflichtigen vorhanden sind, kann der Geschädigte seinen vollen Schaden vom Versicherer zurückverlangen und steht diesem kein Rückgriff gegen die Ehefrau zu. Ist ein weiterer Haftpflichtiger beteiligt und hat der Versicherer bezahlt, so hat er ein Regressrecht gegen den anderen Haftpflichtigen, das aber um die Quote zu kürzen ist, die bei der sektoriellen Verteilung ohne VVG 72 III auf die Ehefrau entfallen wäre. Hat der weitere Haftpflichtige zuerst bezahlt, so kann er auf den Versicherer regressieren, nicht aber auf die Ehefrau. Die Grösse seines Rückgriffs umfasst, ausgehend von der sektoriellen Verteilung ohne VVG 72 III, die ihm und zusätzlich die der Ehefrau zufallende Regressquote.

[66] Im Gegensatz zum Haftungsprivileg bei der Sozialversicherung (vgl. hinten N 212 ff.) bezieht sich dasjenige von VVG 72 III nicht auf den vom Versicherer nicht gedeckten Teil des Schadens, den sog. Direktschaden.

[67] Daraus folgt, dass die betreffenden Personen bei nur leichtem Verschulden vom Geschädigten selbst nicht (kumulativ neben der Forderung gegen den Versicherer) in Anspruch genommen werden können. Hat eine in die vom Gesetz erwähnten Kategorien gehörende Person – z. B. eine Hilfsperson – dem Geschädigten den Schadenersatz bezahlt, so entfällt bzw. reduziert sich (bei Teilzahlung) der Anspruch des Geschädigten gegen den Versicherer (wegen der Solidarität zwischen diesem und dem Haftpflichtigen) und damit auch dessen Regress. Der Grundgedanke von VVG 72 III kommt in diesem Fall nicht zum Tragen.

II. Privatrechtliche Versicherung nach VVG   § 11

danken von VVG 72 III bei der sektoriellen Verteilung analog zu berücksichtigen, d. h. die in häuslicher Gemeinschaft mit dem Geschädigten lebenden Angehörigen und Hilfspersonen weniger zu belasten, als es ohne diesen Umstand geboten wäre, wenn sie kein grobes Verschulden trifft.

VVG 72 III gilt nach seinem Wortlaut nicht für den selbständigen Regressanspruch eines Versicherers aus Anspruchskonkurrenz, ist hier aber analog anzuwenden. Sonst würde VVG 72 III aus den Angeln gehoben. 56

3. Die ratio legis von VVG 72 III, dass der Versicherer keinen Regress nehmen können soll gegen Personen, gegen die der Versicherte keine Schadenersatzansprüche erheben würde, kommt in dieser Norm nur teilweise zum Ausdruck. Man denke z. B. an einen Familienangehörigen, der nicht im gleichen Haushalt lebt, und an einen Lebenspartner, mit dem der Anspruchsberechtigte ohne Ehe zusammenwohnt. Eine hieb- und stichfeste Formulierung, die nicht zu Missbräuchen führt, lässt sich wohl nicht finden. Es muss dem Richter überlassen werden, durch analoge Anwendung von VVG 72 III eine befriedigende Lösung zu suchen. 57

4. Ein ähnliches Problem stellt sich, wenn der haftpflichtige Dritte wirtschaftlich die Versicherungsprämie bezahlt hat, z. B. der Mieter eines Autos die Kaskoprämie, die im Mietzins enthalten ist. Es drängt sich auf, für solche Fälle einen stillschweigenden Verzicht des Versicherers auf den Regress, ausser bei Vorsatz und grober Fahrlässigkeit, anzunehmen. Wer das ablehnt, kann in der Geltendmachung des Rückgriffsrechts einen Rechtsmissbrauch sehen. Vgl. vorn § 10 FN 91; BGE 114 II 345; YUNG 253. 58

Bei Leihe des versicherten Gegenstandes führt die Ableitung der Lösung aus der Prämienzahlung nicht zum – je nach den Umständen – gebotenen Resultat[68]. Auf dieses und ähnliche Probleme kann hier nicht näher eingetreten werden[69]. 59

---

[68] Beispiel: Ein Feldstecher gehört zum Reisegepäck und ist daher als solches gegen Beschädigungen versichert. Der Eigentümer leiht ihn auf einem Berggipfel seinem befreundeten Reisebegleiter, der ihn fallen lässt (wenn der Eigentümer dem Versicherer meldet, *er* habe den Feldstecher fallen lassen, trägt dieser den Schaden anstandslos endgültig). Oder ein Vater leiht sein kaskoversichertes Auto seinem Sohn wie im Sachverhalt des Urteils des Zürcher Obergerichts vom 1. Juni 1993 i. S. W. gegen Neuenburger.

[69] Zu diesen ähnlichen Problemen gehören die vorn erwähnten Schädigungen des Versicherten durch nahe Familienangehörige, die mit ihm nicht im gemeinsamen Haushalt leben. Man denke an Nachkommen, die heute viel früher einen eigenen Haushalt gründen, als dies zur Zeit des Erlasses des VVG (1908) üblich war.

60 5. *Zusammenfassung:* Die Anwendung von VVG 72 III unterliegt im einzelnen folgenden Regeln:

61 a) Nur wenn die Fahrlässigkeit der privilegierten Person nur leicht ist, ist das Privileg anwendbar. Da der Versicherer nach der hier vertretenen Auslegung von OR 51 II auch auf Kausalhaftpflichtige zurückgreifen kann, ist in extensiver Auslegung von VVG 72 III diese Bestimmung auch auf Haftungen ohne Verschulden von Personen in häuslicher Gemeinschaft und von Hilfspersonen des Geschädigten anzuwenden.

62 Da die Haftpflichtversicherung, obschon sie Schadensversicherung ist, richtigerweise nicht nach VVG 72 auf andere Haftpflichtige Regress nehmen kann[70], sondern eine andere Rechtsstellung hat, fällt ihr Regress nicht unter VVG 72 III.

63 b) Das Privileg gilt zunächst für Personen, die mit dem anspruchsberechtigten Geschädigten in *häuslicher Gemeinschaft* leben. Sie dürften identisch sein mit den «Hausgenossen» im Sinne von ZGB 331. Als solche sind die Personen zu betrachten, die als Blutsverwandte, Ehepartner und Verschwägerte oder, auf Grund eines Vertragsverhältnisses, als Dienstboten, Lehrlinge, Gesellen oder in ähnlicher Stellung im gemeinsamen Haushalt leben. Im Gegensatz zu ZGB 333 spielt hier die Unterordnung keine Rolle; auf VVG 72 III kann sich auch ein Familienhaupt berufen, das z. B. einen Gesellen leichtfahrlässig geschädigt hat.

64 c) Zu den Personen, «für deren Handlungen der Anspruchsberechtigte einstehen muss» – diese sind des Privilegs ebenfalls teilhaftig –, gehören in erster Linie die *Hilfspersonen*[71], dann alle weiteren Personen, für deren Verhalten eine Haftung bestehen kann[72]. BGE 85 II 341 verlangt aber zu Recht, dass eine persönliche Beziehung zwischen dem Geschädigten und dem Schädiger bestehe, für den der Geschädigte verantwortlich ist.

---

[70] Vgl. hinten N 99 ff.
[71] Die Unterakkordanten, die auch Hilfspersonen im Sinne von OR 101 sein können (vgl. BGE 70 II 220; A. KELLER I 381), fallen nicht unter VVG 72 III; das würde nicht der ratio legis entsprechen.
[72] Auch der Lenker eines Motorfahrzeuges, der leichtfahrlässig das Garagetor des Halters beschädigt, kann vom Sachversicherer nicht belangt werden.

5. Die Einstufung des Regresses eines Versicherers aus Anspruchskonkurrenz im Rahmen der sektoriellen Verteilung

Der Regress eines Versicherers gegen andere Ersatzpflichtige unterscheidet sich von andern Regressen aus Anspruchskonkurrenz dadurch, dass der Versicherer nicht für eine Ursache des Schadenfalles aus Haftpflichtrecht verantwortlich ist. Er hat keinerlei Beziehung zu einer Ursache, sondern ist zahlungspflichtig, weil er sich (gegen Prämienzahlung) dazu verpflichtet hat[73, 74].

Die Festlegung einer Quote in der sektoriellen Verteilung kann daher bei Schadensversicherern nicht nach dem Gewicht der Haftungsgründe erfolgen, die mit der betreffenden Ursache verbunden sind[75]. Dabei ist folgendes zu beachten, das allerdings nicht der herrschenden Meinung entspricht, aber besser als diese den Verhältnissen.

An und für sich erleidet ein Versicherer durch den Eintritt eines versicherten Ereignisses bei einem seiner Versicherten und seiner sich daraus ergebenden Zahlungspflicht nicht im gleichen Sinne einen Schaden wie sein Kunde. Er hat sich in Form von Prämien zum voraus für die vertraglichen Leistungen im Schadenfall entschädigen lassen. Die Berechnung der Prämien beruht auf dem Gesetz der grossen Zahl. Einen eigentlichen Schaden erleidet er nur, wenn er die Prämien falsch berechnet hat. Für den Fall, dass er für ausserordentliche Katastrophen eintreten muss, schliesst er Rückversicherungsverträge ab und die Rückversicherungsprämien bezahlt er aus der Prämie, die er als Direktversicherer von seinen Versicherungsnehmern bezieht.

65

66

67

---

[73] SCHAER Rz 472 u. a. verwenden dafür den Ausdruck «neutral». Der Schadensversicherer ist aber keineswegs neutral; er ist sehr aktiv an der Erledigung des Schadens beteiligt; er wird vom Versicherten in Anspruch genommen und kann auf andere Ersatzpflichtige Regress nehmen.

[74] Wenn mehrere Schadensversicherer beteiligt sind, wird *Doppelversicherung* im Sinne von VVG 53 vorliegen. Nach VVG 71 I besteht zwischen mehreren Doppelversicherern nicht Solidarität; jeder haftet nur anteilsmässig. Ist einer zahlungsunfähig, so ist der Ausfall nach VVG 71 II zu verteilen. Ein Ausgleich nach den Grundsätzen der Anspruchskonkurrenz kommt daher nicht in Frage. Sind neben den Schadensversicherern Haftpflichtige beteiligt, so sind bei der sektoriellen Verteilung die mehreren Schadensversicherer zusammen als ein einziger Ersatzpflichtiger zu betrachten. Die dabei auf die Schadensversicherer entfallende Quote ist unter diese nach Versicherungsrecht aufzuteilen.

[75] Vgl. vorn § 10 N 73 f.

68 Die Zahlung von Schäden ist die vertragliche Gegenleistung zum Einkassieren von Prämien. Der Versicherer hat den Schaden nicht zu «verantworten» wie ein Haftpflichtiger. Der Versicherungsvertrag ist ein wesentlich zweiseitiger, d. h. synallagmatischer Vertrag; er begründet ein Austauschverhältnis[76].

69 Dass Schäden passieren, ist das Essentiale der beruflichen Tätigkeit des Versicherers; nur wegen der Gefahr von Schäden kann er überhaupt Versicherungsverträge abschliessen. Ein Schadenfall ist daher für ihn nicht ein ausserordentliches, nicht vorausgesehenes Ereignis, das ihn unerwartet trifft, sondern – generell gesehen – eine Voraussetzung seiner geschäftlichen Tätigkeit. Der Schadenversicherer erleidet durch den Versicherungsfall daher nicht im gleichen Sinne einen Schaden[77] wie seine Kunden.

70 Die Versicherer haben unabhängig davon Deckung zu gewähren, ob dem Versicherten ein Haftpflichtanspruch gegen einen Dritten zusteht oder nicht[78]. Die Umschreibung der versicherten Gefahr verwendet andere Kriterien als das Haftpflichtrecht. Daraus ergibt sich, dass ein Versicherer Schäden, für die dem Versicherten ein Haftpflichtanspruch gegen einen Dritten zusteht, und Schäden ohne einen solchen Anspruch, zu übernehmen hat[79].

71 Wenn der Versicherer den Haftpflichtanspruch gegen den Dritten anstelle des Versicherten geltend machen kann, reduziert sich in Zukunft die Prämie, die sich aus der Statistik ergibt[80].

---

[76] MAURER, Privatversicherungsrecht, FN 420.
[77] Das wird im Rahmen der Pensionskassen eindeutig vor Augen geführt, wenn der Versicherungsfall eine Woche vor Erreichen des Endalters des Versicherten eintritt. In BGE 56 II 271 ff., insbes. 273, hat das Bundesgericht die Subrogation der eidg. Beamtenpensionskasse in die Schadenersatzansprüche der Witwe eines pensionierten Beamten gegen einen Automobilisten u. a. mit der Begründung abgelehnt, dass die Versicherungskasse durch den Tod eines Pensionierten keinen Schaden erleide. Vgl. hinten FN 369.
[78] Das Gegenteil gilt bei Subsidiärklauseln (vgl. MAURER, Privatversicherungsrecht, 353 ff.; vorn N 2), nach denen der Versicherer seine Deckung ablehnen kann, wenn dem Versicherten ein Haftpflichtanspruch gegen einen Dritten zusteht. Das ist ein vertraglicher Weg, dem Bereicherungsverbot Nachachtung zu verschaffen. Er führt aber in der Praxis zu Schwierigkeiten: Solange die Haftpflichtfrage offen ist, kann der Versicherer die Deckung verweigern.
[79] Für den Versicherer gehören die Schäden, bei denen der haftpflichtige Dritte nicht oder nur teilweise zahlungsfähig ist, in die zweite Gruppe.
[80] Der Versicherer erhält ein Regressrecht trotz der Prämie, die der Geschädigte ihm bezahlt hat. Der Geschädigte wird dadurch aber nicht benachteiligt; denn auch ohne dieses Rückgriffsrecht des Versicherers kann er nicht für den Schaden, den der Versicherer bezahlt hat, zusätzlich den Kausalhaftpflichtigen belangen. Das würde das Bereicherungsverbot verletzen; vgl. BGE 96 II 179.

II. Privatrechtliche Versicherung nach VVG § 11

Es ist auch abgesehen davon sinnvoll, dass der Versicherer den Haftpflichtanspruch seines Versicherten geltend machen und dadurch seine Schadenbelastung reduzieren kann. Dadurch wird dem Bereicherungsverbot Nachachtung verschafft. Anders verhält es sich bei der Summenversicherung, die zu kumulativen Leistungen des Versicherers und des Haftpflichtigen führt. 72

Es ist nun nicht einzusehen, weshalb der Versicherungsnehmer auf diejenigen Prämienreduktionen von Gesetzes wegen verzichten soll, die sich aus der Ausübung von Regressen gegen Kausalhaftpflichtige ergeben. Das gleiche gilt für Regresse gegen aus Vertrag Haftpflichtige, die keine grobe Fahrlässigkeit zu vertreten haben. Ein solcher Verzicht kommt dem Kausal- und dem aus Vertrag Haftpflichtigen zugute, wenn man das Bereicherungsverbot nicht umgehen will. Für beide ist es ein Zufall, ob der von ihnen verursachte Schaden durch eine Schadensversicherung, für die ein anderer die Prämien bezahlt, gedeckt ist. Für eine Anerkennung dieses günstigen Zufalles durch die Rechtsordnung besteht kein Grund. 73

Es drängt sich daher auf, bei der Regelung des Innenverhältnisses durch sektorielle Verteilung die aus Vertragsverletzung (vorn § 10 N 86 ff.) und die aus Versicherungsvertrag Ersatzpflichtigen zu unterscheiden und den Versicherern einen internen Anspruch aus Solidarität gegen *alle* Haftpflichtigen einzuräumen[81, 82]. 74

Die Richtigkeit dieser Anschauung wird besonders deutlich beim Regress von Pensionskassen, die nach der hinten N 256 ff. vertretenen Auffassung normalerweise auch das vom Versicherungsnehmer – als Gegenleistung für die geleistete Arbeit des Arbeitnehmers – und seinem Arbeitneh- 75

---

[81] Die Ablehnung dieser Begünstigung des Versicherers – namentlich auch durch das Bundesgericht im Zusammenhang mit der Frage, ob Personenversicherung statt Summen- auch Schadensversicherung sein könne –, beruhte weitgehend auf der Überlegung, dass der Versicherer Prämien einkassiere und man ihn daher nicht allzu sehr entlasten solle. Daher wurde die Subrogation von Schadenersatzansprüchen auf die Verschuldenshaftung beschränkt (VVG 72 I). Diese Auffassung ist aber bei der heutigen sorgfältigen Tarifgestaltung auf Grund der Statistiken, die die Computer jetzt den Versicherern liefern, überholt: Vom Regressrecht des Schadensversicherers gegen den Kausal- und den aus Vertragsverletzung Haftpflichtigen profitiert nicht der Versicherer, sondern der Versicherungsnehmer.

[82] Namentlich Pensionskassenansprüche sind nicht unbedingt vertraglicher Natur. Sie können auch auf Gesellschaftsrecht beruhen; vgl. BGE 80 II 129. OR 51 II erwähnt solche Ansprüche nicht und sieht für sie keine Kaskade vor. Es liegt nahe, sie analog den vertraglichen *ohne* Vertragsverletzung zu behandeln. – Vgl. im übrigen SCHAER, recht 1991, 18.

mer durch Prämienzahlungen geäufnete Alterskapital vom Haftpflichtigen zurückverlangen können.

76 Nicht gegen diese Argumentation spricht, dass nach der konstanten bundesgerichtlichen Rechtsprechung OR 51 II ein zwingender Charakter zukommt, der die Versicherer daran hindert, den Übergang aller Haftpflichtansprüche im Vertrag zu vereinbaren[83]; denn es handelt sich hier um eine – zugegeben sehr freimütige[84] – Anwendung dieser Norm.

6. Vertragliche Regressordnung – Zessionen

77 Hinsichtlich der Regressordnung von OR 51 sind *Vereinbarungen zwischen den Ersatzpflichtigen,* die von der gesetzlichen Ordnung abweichen, zulässig[85]. Das gilt auch für den Regress des Schadensversicherers; VVG 72 I ist in VVG 97/98 nicht als zwingend erklärt[86]. Der Verzicht des Versicherers auf die Subrogation führt, wenn er trotzdem Zahlung leistet und der Geschädigte seine Haftpflichtforderung gegen den Schädiger geltend macht, zur Verletzung des Bereicherungsverbots. Der Haftpflichtanspruch des Geschädigten geht daher bei Verzicht des Versicherers auf die Subrogation mit der Zahlung der Versicherungsleistung unter.

78 *Abmachungen zwischen dem Geschädigten und dem Versicherer,* die darauf hinauslaufen, die Regressordnung von OR 51 II abzuändern, indem der Geschädigte z. B. seine Ansprüche gegen einen Kausalhaftpflichtigen *zediert,* in der Meinung, der Versicherer solle gegen diesen über dessen Quote in der sektoriellen Verteilung hinaus vorgehen können, sind ungültig[87].

---

[83] Das Bundesgericht verweigert einer Zession nach eingetretenem Schadenfall (vgl. BGE 45 II 644; 80 II 251; 115 II 25/26 = Pra 78 [1989] Nr. 172) sowie einer Subrogationsnorm des kantonalen Rechts (BGE 50 II 188; 55 II 119; 96 II 175; 103 II 337 E 4b; 115 II 26) die Anerkennung, wenn sie die Stellung des Haftpflichtigen gegenüber OR 51 II erschweren. Das kantonale Recht soll die Stellung des Haftpflichtigen gegenüber OR 51 II erleichtern, nicht aber erschweren können.

[84] Vgl. vorn § 10 N 65 ff.

[85] Vgl. vorn § 10 N 90 ff.

[86] Wenn der Geschädigte auf seine Forderung gegen einen Haftpflichtigen verzichtet hat, kann diese aber nicht mehr auf den Versicherer übergehen; vgl. VON TUHR/ESCHER 318. Das führt eventuell zur Verantwortlichkeit des Geschädigten nach VVG 72 II.

[87] Vgl. vorn FN 83; BGE 45 II 645; 80 II 252/53; 115 II 26/27; SJZ 40, 57/58; 45, 170; VerwEntsch 14, 153; vorn § 10 N 92; vgl. auch ZR 21 Nr. 58; VAS X Nr. 56 b. Über die in der Versicherungspraxis üblichen Zessionen ROELLI/JAEGER N 7, 69 zu VVG 72.

Das gilt auch für die vorn § 10 N 65 ff. vertretene Interpretation von OR 51 II[88].

Ebensowenig kann das in VVG 72 III normierte Privileg der Angehörigen und Hilfspersonen in häuslicher Gemeinschaft durch eine Zession aufgehoben werden (VVG 98)[89]. Vereinbarungen zwischen dem anspruchsberechtigten Geschädigten und dem Haftpflichtigen, aus denen sich eine *Verkürzung des Regresses* des Versicherers ergibt, führen, wie vorn N 47 ff. erwähnt, zur Verantwortung des Geschädigten.

79

7. Ordnung des Regresses durch kantonales Recht

Für die von den Kantonen organisierten Versicherungsanstalten gilt das VVG nicht (VVG 103 II) und somit auch nicht die Regressordnung von VVG 72. Diese Sachlage verschafft dem kantonalen öffentlichen Recht aber nur scheinbar die Möglichkeit, eine abweichende Ordnung zu treffen; denn damit geriete es in Gegensatz zur Regelung von OR 51 und verletzte Bundesrecht. Deshalb gilt für den Regress solcher Anstalten die Ordnung von OR 51[90]. Somit rangiert nach der herrschenden Meinung auch die kantonale Anstalt an zweiter Stelle, *nach* dem aus Verschulden und *vor* dem ohne Verschulden Haftpflichtigen, während nach den hier vertretenen Überlegungen die sektorielle Verteilung unter Würdigung der verschiedenen Ursachen vorzunehmen ist. Abweichende kantonale Subrogationsnormen sind wirkungslos. Anders verhält es sich, wenn sie zum vornherein die Subrogation ausschliessen[91]; dies ist als Verzicht auf die durch OR 51 eingeräumten Regressrechte anzusehen.

80

Als kantonale Versicherungsanstalten kommen insbesondere solche für Mobiliar und Immobiliarbrandassekuranz in Betracht, ferner Viehversicherungskassen.

81

---

[88] Diese Interpretation schliesst im Rahmen der sektoriellen Verteilung einen Regress des Versicherers z. B. gegen einen Gefährdungshaftpflichtigen – im Gegensatz zur herrschenden Meinung – nicht von vornherein aus. Trotzdem soll aber nicht durch eine Zession der Ansprüche gegen Kausalhaftpflichtige die wertende Gestaltung des Innenverhältnisses von den Parteien nach eigenem Gutdünken geregelt werden können.
[89] ZBJV 73, 496/97.
[90] BGE 47 II 409/10; 49 II 92/93; 50 II 187; 55 II 119; 77 II 246; 96 II 175; 103 II 337 E 4b; 115 II 26; ZSGV 61, 560.
[91] BGE 55 II 120; 77 II 246.

8. Durchführung des Regresses

82 Der Übergang der von der Subrogation erfassten Rechte vollzieht sich im *Zeitpunkt,* da die Versicherungsleistung erbracht wird[92], gleichgültig, ob mittels Zahlung oder Zahlungssurrogat, z. B. Verrechnung[93]. Entrichtet der Versicherer seine Leistung in Teilzahlungen, so tritt die Subrogation im Zeitpunkt und Umfang der jeweiligen Ratenzahlung ein[94]. Die Subrogation erfolgt in dem *Umfang,* als der Versicherer Entschädigung geleistet hat. Ausser Betracht fallen insbesondere allfällige Verzugszinsen, die der Versicherer hat auflaufen lassen, und die Kosten der Schadensregulierung (VVG 67 V)[95].

83 Ob er für die ausgelegten Rettungskosten (VVG 61, 70) Rückgriff nehmen darf, ist streitig[96]. Die Frage ist zu bejahen, weil solche Kosten auch nach den Grundsätzen des Haftpflichtrechts vom Schädiger zu ersetzen sind[97]; die nachher zu erwähnende Identität der Schadensposten liegt vor: Der Versicherer übt für einen Posten Regress aus, den der Haftpflichtige dem Geschädigten schuldet.

84 Ist die Versicherungsleistung geringer als die Schadenersatzforderung, z. B. wegen Unterversicherung (VVG 69 II) oder wegen Kürzung gemäss VVG 14, dann erfolgt die Subrogation nur in Höhe der tatsächlichen Leistung; der Rest der Schadenersatzforderung verbleibt dem anspruchsberechtigten Geschädigten.

85 Ist die Schadenersatzforderung kleiner als der Schaden, z. B. wegen Selbstverschuldens, und ist gleichzeitig auch die Versicherungsleistung kleiner als der Schaden, dann soll die Haftpflichtleistung an den Geschädigten durch den Regress nicht so stark gekürzt werden, dass der Versicherte nicht mehr seinen vollen Schaden durch beide Leistungen zusammen ersetzt erhält: Die Subrogation darf nur dann und insoweit

---

[92] BGE 63 II 202; 65 II 201; ROELLI/JAEGER N 30 zu VVG 72.
[93] BGE 65 II 201.
[94] Vgl. ROELLI/JAEGER N 6 zu VVG 72. – Nach KUVG hat das Bundesgericht die Anerkennung der Leistungspflicht durch die SUVA als massgebend betrachtet; vgl. BGE 64 II 427/28. Nach UVG 41 ist heute von Gesetzes wegen der Zeitpunkt des Schadenereignisses für den Übergang der Rechte auf den UVG-Versicherer massgebend; vgl. hinten N 180.
[95] ROELLI/JAEGER N 32 zu VVG 72.
[96] Dafür OSTERTAG/HIESTAND N 2 zu VVG 72; a. M. ROELLI/JAEGER N 32 zu VVG 72. Die Prozessauslagen gehören nicht zu den Rettungskosten, ausgenommen in der Haftpflichtversicherung, wo sie Bestandteil der Versicherungsleistung sind.
[97] Vorn § 6 N 377, § 7 N 71.

erfolgen, als der Geschädigte ohne sie bereichert würde. Der Versicherer hat folglich insoweit keinen Regress, als der Geschädigte sonst verhindert wäre, durch Addition der Versicherungsleistung und des Schadenersatzes eine möglichst vollständige Schadensdeckung zu erreichen. Gemäss der allgemeinen Regel *nemo subrogat contra se* gilt als Grundsatz des Versicherungsrechts, dass die *Subrogation nicht zum Nachteil des Geschädigten* ausschlagen soll[98]; dies ist das Gegenteil zur Forderung, die Versicherung dürfe nicht zur Bereicherung des Geschädigten führen. Beträgt z. B. ein Schaden Fr. 150.–, die Schadenersatzforderung Fr. 60.–, die Versicherungsleistung Fr. 100.–, dann kann der Versicherer nicht einfach diese Fr. 60.– beanspruchen. Vielmehr erhält der Geschädigte vom Haftpflichtigen Fr. 50.–, so dass er, zusammen mit der Versicherungsleistung, volle Schadensdeckung erzielt. Den Rest der Schadenersatzforderung von Fr. 10.– erhält der Versicherer. Beträgt bei sonst gleichen Zahlen der Schadenersatz nur Fr. 50.–, so erhält der Versicherer nichts. Der im Zusammenhang mit dem Sozialversicherungsrecht entwickelte Grundsatz der Priorität (sog. Quotenvorrecht) des Geschädigten gilt mithin auch hier[99].

Auch die allfälligen *mehreren Versicherer,* die für Teile des gleichen Schadens aufgekommen sind, müssen die Schadenersatzforderung unter sich aufteilen, sofern sie nicht zur Deckung aller ihrer Regressansprüche ausreicht. Es ist angebracht, die Schadenersatzforderung auf sie in dem Verhältnis zu verteilen, in dem sich die einzelne Versicherungsleistung zum Total aller Versicherungsleistungen verhält. Auch bei einer Mehrheit von Versicherern steht diesen aber der Regress nur insoweit zu, als dadurch der anspruchsberechtigte Geschädigte nicht benachteiligt wird.

Es ist nicht *Aufgabe des Haftpflichtigen* zu untersuchen, wieviel gemäss diesen Grundsätzen der Versicherer, der auf dem Regressweg an ihn gelangt, zugut hat resp. wieviel es auf den einzelnen von mehreren Versicherern trifft. Vielmehr gelten, da die Subrogation eine Legalzession ist, die Regeln von OR 167/68: Der gutgläubige Haftpflichtige ist befreit, wenn er an einen Versicherer im Umfang von dessen Versicherungsleistung zahlt; machen mehrere Versicherer oder auch der Geschädigte ihre Ansprüche geltend, so befreit der Haftpflichtige sich durch eine gerichtliche Hinterlegung der Schadenersatzsumme. Es ist dann Sache der Beteiligten, sich

---

[98] ROELLI/JAEGER N 38 zu VVG 72; KOENIG 288; KARRER 37/38; HANS EGGER 33 ff.; PFYFFER in SZS 10, 90 ff.; OSWALD in SZS 16, 51 f. mit Rechenbeispiel; MAURER, Privatversicherungsrecht 398 f.; A. KELLER II 183 f.; BGE 93 II 419; 96 II 365; 104 II 309 f.; 107 II 492.
[99] Vgl. hinten N 202 ff.; OSWALD in SZS 16, 56.

untereinander über deren Verteilung auseinanderzusetzen. Wer vom gutgläubigen Haftpflichtigen zuviel erhalten hat, kann mittels einer Bereicherungsklage zur Herausgabe des Überschusses gezwungen werden[100].

88   Man kann diese Situation auch anders umschreiben: Die primäre Rolle der Schadensversicherung besteht darin, dass der Geschädigte seinen Schaden auch dann ersetzt erhält, wenn kein Haftpflichtiger vorhanden ist. Auf der Basis dieser Überlegung würde der Versicherer immer zahlen – abgesehen von versicherungsrechtlichen Einreden und Einwendungen – und könnte einfach die Schadenersatzleistungen einkassieren. Die Rechtsordnung geht aber einen Schritt weiter und lässt den Versicherten auch von der Versicherung profitieren, wenn ein Haftpflichtanspruch besteht: Der Versicherer muss dann für denjenigen Betrag ohne Regressmöglichkeit aufkommen, der ohne Versicherung den Geschädigten bei Vorliegen von Schadenersatzreduktionsgründen – namentlich von Selbstverschulden – belasten würde. Die Höhe des haftpflichtrechtlichen Schadenersatzanspruches wird durch das Bestehen einer Versicherung nicht berührt; der Haftpflichtige kann alle seine Einreden und Einwendungen geltend machen.

89   Dieser Schutz des Versicherten über die Höhe der Schadenersatzforderung hinaus geht bis zur Höhe des Schadens. Mehr als diesen Betrag soll er nicht erhalten; das würde das Bereicherungsverbot verletzen.

9. Beurteilung des Regressrechts von VVG 72 I

90   Die Lösung von VVG 72 I stellt wegen der Beschränkung auf die Verschuldenshaftung eine Begünstigung des aus Vertrag oder aus Gesetz Verantwortlichen auf dem Rücken des Schadensversicherers dar. Sobald ein Schadensversicherer im Spiel ist, müssen alle Verursacher des Schadens sich an der Schadenstragung nicht beteiligen, die kein persönliches Verschulden trifft (vgl. aber die Korrektur dieser Auffassung unten N 91). (Für die aus Vertrag verantwortlichen Verursacher des Schadens gilt das gestützt auf OR 51, wenn sie persönlich und ihre Hilfspersonen sich keine grobe Fahrlässigkeit vorwerfen lassen müssen[101].)

---

100 Vgl. ROELLI/JAEGER N 39 zu VVG 72; zur ganzen Frage eingehend HÜPPI 66 ff.
101 Dies gilt nur für die identischen Schadensposten (vgl. vorn N 43 ff.) und auch für diese nur, insoweit der Versicherer volle Deckung zu bieten hat, also namentlich nicht bei Unterversicherung oder Kürzung der Versicherungsleistungen wegen grober Fahrlässigkeit (VVG 14 II) bzw. Streichung wegen Absicht (VVG 14 I).

Diese Abweichung vom Haftpflichtrecht wird nach der hier vertretenen Interpretation von OR 51 II (vorn 10 N 65 ff.) allerdings korrigiert durch den neben dem Regressanspruch aus Subrogation bestehenden Anspruch aus Anspruchskonkurrenz gegen aus Vertrag oder Gesetz Ersatzpflichtige. (Nach der herrschenden Interpretation von OR 51 II ist dieser Anspruch im wesentlichen an die gleichen Voraussetzungen geknüpft wie der Anspruch aus Subrogation.) 91

Das Weiterbestehen der Subrogation neben dem von ihr abweichenden Rückgriff aus Anspruchskonkurrenz erscheint als unbefriedigend und legt eine Streichung von VVG 72 I nahe. 92

Dazu kommt ein weiteres: Die spezielle, von derjenigen des allgemeinen Haftpflichtrechts abweichende Wertungsordnung von VVG 72 I (und OR 51 II nach herrschender Interpretation) lässt sich kaum sachlich begründen. Warum soll eine Gefährdungshaftung zwar an sich geboten und «richtig» sein, aber bei Beteiligung eines Schadensversicherers nicht mehr? Die Beteiligung eines Schadensversicherers ist vom Standpunkt des Gefährdungshaftpflichtigen aus ein glücklicher Zufall, ein Geschenk des Himmels, das er aber überhaupt nicht verdient hat. 93

Der spätere Geschädigte hat die Schadensversicherung nicht abgeschlossen, um Kausalhaftpflichtige zu entlasten, sondern um dann gedeckt zu sein, wenn ihm kein Haftpflichtanspruch zusteht, um eventuelle haftpflichtrechtliche Kürzungsquoten nicht selbst tragen zu müssen und um gegebenenfalls die Auseinandersetzung mit den Haftpflichtigen einem Dritten, dem Versicherer, überlassen zu können[102]. 94

Die Lösung von VVG 72 I befriedigt daher nicht. Auf Grund ihrer Ergänzung durch OR 51 II nach der herrschenden Interpretation wird dieser Mangel nicht korrigiert[103]. Wenn man aber die Kaskadenordnung des Regresses nach OR 51 II ablehnt (vgl. vorn § 10 N 65 ff.) und ausserdem den Anspruch gegen den Schadensversicherer nicht dem Verantwortlichkeitsanspruch aus Vertragsverletzung gleichstellt (vgl. vorn N 74 ff.), sondern gegen jeden aus irgendeinem Rechtsgrund Haftpflichtigen zulässt, wird dieser Fehler behoben. 95

Wenn man diesen Weg ablehnt, drängt es sich de lege ferenda auf, durch Änderung von VVG 72 I den Regress des Schadensversicherers gegen jeden 96

---

[102] Dazu kann ihm auch eine Rechtsschutzversicherung verhelfen. Aber dann trifft das Resultat der Auseinandersetzung immer ihn persönlich, während es bei Schadensversicherung diese be- oder entlastet.
[103] Vgl. BOSSARD/DAXELHOFFER/JAEGER in Schaer/Duc/Keller 308 ff.

Haftpflichtigen vorzusehen. Dann entfällt die vom Versicherungsnehmer überhaupt nicht gewollte Entlastung der Schädiger, die ohne Verschulden an sich haftpflichtig sind, wodurch sich die Prämie reduziert[104]. Die Stellung des Schadensversicherers wäre dann aus dem Kreis der mehreren Ersatzpflichtigen herauszunehmen; gegen sie alle hätte der Schadensversicherer ein Rückgriffsrecht im Rahmen der Haftpflichtquote wie der Sozialversicherer (vgl. hinten N 159 ff.). Zum Kreis der sog. Mehrheit von Ersatzpflichtigen würden nur noch direkt oder durch Hilfspersonen, Betriebe, Anlagen usw. an der Verursachung des Schadens Beteiligte gehören, z. B. auch aus Verursachung im Rahmen eines Vertrages Verantwortliche[105].

96a Diese Lösung entspräche dem deutschen (dVVG Art. 67), dem französischen (fVVG Art. 36), dem belgischen (Art. 22 des Code de commerce)[106] und dem italienischen (Art. 1916 i.V. mit Art. 1201 ff., insbes. 1203 des codice civile von 1942) Recht[107].

C. Rechtsstellung des Haftpflichtversicherers

1. Die Natur der Haftpflichtversicherung

97 Die Haftpflichtversicherung stellt wie die Sachversicherung eine Schadensversicherung – und zwar eine Vermögensversicherung – dar: Sie gleicht Einbussen des Vermögens des Haftpflichtigen aus, die durch Schadenersatzansprüche Dritter entstehen. Sie setzt begrifflich keinen Sachschaden voraus, sondern tritt auch in Aktion, wenn der Schadenersatzanspruch auf einem Personenschaden oder einem Vermögensschaden i. e. S. beruht, sofern solche Ansprüche gedeckt sind[108].

---

[104] Vgl. vorn N 71.
[105] Vgl. Bericht der Studienkomm. für die Gesamtrevision des Haftpflichtrechts, August 1991, 106 ff. Dort wird in Erwägung gezogen, einen Ausschluss des Regresses des Versicherers entsprechend VVG 72 III auch für ähnliche Fälle vorzusehen, worauf hier nicht eingetreten werden kann.
[106] Vgl. BGE 85 II 274.
[107] Vgl. BOSSARD/DAXELHOFFER/JAEGER in Schaer/Duc/Keller 308. Auf die sich bei diesen Regressansprüchen nach anderen europäischen Rechten stellenden Detailfragen kann hier nicht eingetreten werden.
[108] Auch wenn Sachschäden gedeckt sind, spielt der Ersatzwert im Sinne von VVG 49 natürlich keine Rolle; vgl. BGE 118 II 179. – Vgl. im übrigen über die Haftpflichtversicherung und ihre Auswirkungen HANS STOLL 102 ff.

Anspruchsberechtigt aus dem Versicherungsverhältnis ist *nicht der* 98
(primär) Geschädigte, sondern der *Versicherte,* der vom Geschädigten für
seinen Schaden belangt wird, also der *Haftpflichtige*[109].

2. Die Regressrechte des Haftpflichtversicherers[110]

Neben dem versicherten Haftpflichtigen können noch weitere vorhan- 99
den sein, die neben ihm für den Schaden des Geschädigten solidarisch
haften. Dann steht dem versicherten Haftpflichtigen, der den Schaden
bezahlt hat, einerseits der Versicherungsanspruch aus dem Haftpflichtversicherungsvertrag gegen seinen Versicherer zu. Andererseits hat er, je nach
den Umständen, gestützt auf OR 51 II einen Regressanspruch gegen andere Haftpflichtige. Deshalb stellt sich die Frage des Verhältnisses zwischen
diesen beiden Ansprüchen.

Kumulation kommt nicht in Frage. Sie würde zur Bereicherung des 100
versicherten Haftpflichtigen führen, die dem Sinn der Schadensversicherung widerspricht und daher verpönt ist. Folglich kann nur Anspruchskonkurrenz vorliegen. Sie entspricht der Sachlage. Sie ist so zu gestalten, dass
die andern Haftpflichtigen nicht mehr und nicht weniger beitragen müssen,
als wenn der erste Haftpflichtige nicht versichert wäre.

Dieses Resultat wird erreicht, wenn der versicherte Haftpflichtige zu- 101
erst seine Regressansprüche gegen die andern Haftpflichtigen ausübt und
von seinem Haftpflichtversicherer nur denjenigen Betrag verlangt, der
dabei an ihm hängen bleibt. Das entspricht der Funktion der Haftpflichtversicherung, Einbussen des Vermögens des Versicherten durch Schadenersatzansprüche auszugleichen; solange der Versicherte seine Rückgriffsansprüche gegen Mithaftpflichtige nicht durchgesetzt hat, liegt keine definitive Einbusse vor.

In der Praxis erledigen die Haftpflichtversicherer die Schäden direkt mit 102
dem Geschädigten. Dann müssen sie auch die eigentlich ihrem Versicher-

---

[109] Bei Sachversicherung ist Gegenstand des Versicherungsanspruches der erlittene Sachschaden, bei Haftpflichtversicherung der bezahlte Schadenersatzbetrag.
[110] Nicht hieher gehört der Regress des Haftpflichtversicherers gegen seinen Versicherten, der sich bei obligatorischer Haftpflichtversicherung mit direktem Forderungsrecht und Einredenausschluss bei Einschränkungen der Deckung ergibt; vgl. hinten Bd. II/2 § 26 N 213.

ten zustehenden Regressansprüche geltend machen können[111]. Die feststehende Rechtsprechung hat sich diesem Erfordernis der Praxis angepasst und wendet VVG 72 I analog auf die Haftpflichtversicherung an[112], wobei aber auch Ansprüche ohne Verschulden einbezogen werden[113]. Der Haftpflichtversicherer befindet sich in der Stellung seines Versicherten (als dessen alter ego) und hat bei der sektoriellen Verteilung *dessen* Quote zu übernehmen; eine eigene Quote ist für ihn nicht auszurechnen. Besser als diese teilweise Analogie[114] wäre es, eine Gesetzeslücke anzunehmen und gestützt darauf den Haftpflichtversicherer in die Rechtsstellung des Versicherten eintreten zu lassen. Damit würde auch die schwierige Frage, ob VVG 72 III (Haftungsprivileg der Familienangehörigen) auf den Regress des Haftpflichtversicherers anzuwenden sei, obsolet[115, 116].

103 Die Haftpflichtversicherer können sich den Regress durch eine Zession der Rückgriffsansprüche sichern, wenn sich dies nicht zuungunsten des Versicherungsnehmers oder des Anspruchsberechtigten auswirkt (VVG 98). Der Versicherte kann daran interessiert sein, um die Belastung

---

[111] Nicht anwendbar ist OR 51 II, weil diese Bestimmung den Rückgriff unter den verschiedenen, dem *Geschädigten* haftpflichtigen Personen behandelt. Der Haftpflichtversicherer, dessen allfälliger Regress hier zur Diskussion steht, ist im Gegensatz dazu gegenüber einem der *Ersatzpflichtigen* zur Deckung der gegen *ihn* gerichteten Haftpflichtansprüche verpflichtet. – Wenn dem Geschädigten ein direktes Forderungsrecht gegen den Haftpflichtversicherer zusteht (hinten N 104), entfällt diese Schwierigkeit.

[112] Vgl. BGE 62 II 181 f.; 63 II 153; 65 II 192, 200; 69 II 417; 79 II 408; 85 II 340/41; 88 II 306 f.; 95 II 338; 116 II 647; ZR 37 Nr. 18; 61 Nr. 69; SJZ 32, 351; zahlreiche Urteile in den VAS; BRUNNER FN 1034; BREHM N 65 zu OR 51; KARL SPIRO, Die Haftung für Erfüllungsgehilfen (Bern 1984) § 68 FN 34; MAURER, Privatversicherungsrecht 401/02; ALFRED KELLER II 181; BUSSY/RUSCONI N 2.11 zu SVG 60; SCHAFFHAUSER/ZELLWEGER II N 1476; DESCHENAUX/TERCIER § 37 N 44. Vgl. ebenfalls HANSPETER LEUENBERGER, Der Regress in der Haftpflichtversicherung (Diss. Bern 1954); YUNG in Recueil de Travaux 258 f.; HARTMANN 116 ff.; KARRER 34 ff.; CHAUDET 45 ff.; OSWALD in SZS 16, 34 ff.; BERNHARD PEYER, Die Haftpflichtversicherung des Motorfahrzeughalters (Diss. Zürich 1934) 102; MAX GRAF, Das zivilrechtliche Verschulden des Automobilisten (Diss. Zürich 1945) 79 ff.; STREBEL/HUBER N 53 zu MFG 48; ROELLI/JAEGER N 27 zu VVG 59, N 38 zu VVG 60, einschränkend N 26 zu VVG 72; MAX KELLER, Bd. IV des Kommentars zum VVG von Roelli/Jaeger (Bern 1962) 160 ff.; hinten Bd.II/2 § 26 N 235; BGE 116 II 647.

[113] Vgl. BGE 62 II 181; 65 II 195; 69 II 412; 79 II 408; 85 II 337; 88 II 299; 95 II 338; 116 II 647.

[114] Die auf die gesetzliche Regressvoraussetzung eines Verschuldens verzichtet.

[115] In BGE 85 II 341 hat das Bundesgericht unter der Herrschaft des MFG den Regress des Motorfahrzeughaftpflichtversicherers gegen den mit dem Geschädigten verwandten Lenker nicht auf Grund von VVG 72 III abgelehnt, sondern weil dem Lenker ein eigener Deckungsanspruch gegen den Haftpflichtversicherer zustand.

[116] Wenn dem Schadensversicherer entsprechend dem Vorschlag vorn N 96 auch in der Schweiz ein volles Regressrecht eingeräumt würde, entspräche dies der heutigen Rechtsstellung des Haftpflichtversicherers.

seiner Police zu reduzieren oder aufzuheben. Ob sich eine Zession zu seinen Ungunsten auswirkt, muss der Versicherte selbst im Einzelfall entscheiden. Ausgeschlossen ist daher von vornherein eine generelle Deckungseinrede des Versicherers, wenn die Zession verweigert wird.

3. Obligatorische Haftpflichtversicherung

An sich ist es in das Belieben von jedermann gestellt, ob er eine Haftpflichtversicherung eingehen, d. h. sein Vermögen gegen Einbussen durch Schadenersatzforderungen schützen will. Die Frage hat aber auch Bedeutung für den Geschädigten; denn die Haftpflichtversicherung des Haftpflichtigen schützt ihn gegen dessen Zahlungsunfähigkeit, Trölerei und schlechte Zahlungsmoral. Dies hat dazu geführt, dass bestimmte Haftungsarten vom Gesetzgeber zum Schutz des Geschädigten mit einem Obligatorium einer Haftpflichtversicherung verknüpft worden sind. Damit macht der Gesetzgeber – in Verbindung mit dem direkten Forderungsrecht des Geschädigten gegen den Haftpflichtversicherer und dem Ausschluss von dessen Einreden – die Haftpflichtversicherung zusätzlich zu ihrer eigentlichen Funktion dem Schutze des Geschädigten dienstbar; denn was nützt diesem eine strenge Haftpflicht, wenn der Haftpflichtige nicht zahlungsfähig genug ist? Aber auch ein Obligatorium der Haftpflichtversicherung bietet nur insoweit einen Schutz, als seine Einhaltung sichergestellt wird, z. B. durch polizeiliche Massnahmen. Das Bundesrecht enthält verschiedene Obligatorien. Die Grundlinien der Regelungen in den verschiedenen Haftpflichtgesetzen entsprechen einander weitgehend. Zurzeit sind folgende Obligatorien zu erwähnen:

104

1. Die wichtigste obligatorische Haftpflichtversicherung ist diejenige des *Motorfahrzeughalters*, der Unternehmungen des Motorfahrzeuggewerbes, der Radfahrer sowie für Rennen nach SVG 63 ff. Sie ist mit den zusätzlichen Bestimmungen über das direkte Forderungsrecht des Geschädigten und den Einredenausschluss des Versicherers in Bd. II/2 § 26 N 4 ff. einlässlich dargestellt.

105

2. Über die obligatorische Haftpflichtversicherung des Inhabers einer *Atomanlage* finden sich Erläuterungen in Bd. II/3 § 29 N 542 ff. Zusätzlich sei Art. 31 des Strahlenschutzgesetzes vom 22. März 1991 erwähnt.

3. Über die Haftpflichtversicherung des Inhabers einer *Rohrleitungsanlage* orientiert Bd. II/3 § 30 N 176 ff.

4. Für *Trolleybusse* ergibt sich ein Obligatorium aus Art. 16 des TBG vom 29. März 1950. Näheres Bd. II/2 § 26 N 310 ff.

5. Für *Schiffe* ist das BG über die Binnenschiffahrt vom 3. Oktober 1975 (BSG; SR 747.20) massgebend. Art. 31 ist in Kraft getreten; ausserdem sei auf die VO über die schweizerischen Jachten zur See (SR 747.321.7) Art. 8 verwiesen.

6. *Konzessionierte Automobilbetriebe* sind hinten in Bd. II/2 § 25 N 128, FN 477; § 26 N 79, 238; Bd. II/3 § 27 N 270 besprochen.

7. *Kleinluftseilbahnen und Skilifte:* Vgl. die VO über die Luftseilbahnen mit Personenbeförderung ohne Bundeskonzession und über die Skilifte vom 22. März 1972 (SR 743.21); hinten Bd. II/3 § 27 N 21. Ausserdem sei auf die VO über die Konzessionierung von Luftseilbahnen vom 8. November 1978 (SR 743.11) Art. 21 hingewiesen.

8. Nach Art. 16 I des JSG vom 20. Juni 1986 (SR 922.0) müssen alle *Jagdberechtigten* sich gegen ihre Haftpflicht versichern.

9. Für *Tankrevisionsfirmen* gilt ein Obligatorium der Haftpflichtversicherung nach der VO über den Schutz der Gewässer vor wassergefährdenden Flüssigkeiten vom 28. September 1981 (SR 814.226.21) Art. 47 lit. d; vgl. hinten Bd. II/1 § 23 N 147 ff.

10. Nach Art. VII des Internationalen Übereinkommens von Brüssel vom 29. November 1969 über die zivilrechtliche Haftung für *Ölverschmutzungsschäden* (SR 0.814.291) gilt für solche Schäden ebenfalls ein Obligatorium der Haftpflichtversicherung.

11. Bei der Revision des *Umweltschutzgesetzes* (USG) ist auch ein solches Obligatorium vorgesehen. Vgl. die Botschaft des Bundesrates zu einer Teilrevision des USG (BBl 1993 II 1445 ff.) mit Erläuterungen zur Haftpflicht (S. 1545 ff.) und dem Text der vorgeschlagenen Art. 59a (Grundsatz) und 59b (Sicherstellung) S. 1570 f.

106 Auch sonst können eidgenössische und kantonale Behörden Bewilligungen oder *Konzessionen* vom Abschluss einer Haftpflichtversicherung abhängig machen[117], z. B. die Bewilligung eines sportlichen Anlasses, die

---

[117] Vgl. BGE 51 I 427.

Erteilung einer Eisenbahnkonzession, einer Konzession für den Bau von Elektrizitätswerken usw.[118].

4. Pfandrecht des Geschädigten am Versicherungsanspruch

Bei den obligatorischen Haftpflichtversicherungen wird – wie erwähnt – deren Funktion zum Schutze des Geschädigten durch dessen direktes Forderungsrecht gegen den Versicherten und durch den Einredenausschluss sichergestellt. 107

In den Bereichen ohne Obligatorium der Haftpflichtversicherung ist dieser Schutz ebenfalls ein Anliegen des Gesetzgebers. Es ist namentlich zu verhüten, dass die Leistung des Haftpflichtversicherers wirtschaftlich nicht voll dem Geschädigten zukommt, sondern irgendwelchen andern Gläubigern des Haftpflichtigen. Diese Gefahr besteht namentlich bei dessen Zahlungsunfähigkeit, weil der Geschädigte kein direktes Klagerecht gegen den Haftpflichtversicherer hat. 108

VVG 60 I statuiert daher ein gesetzliches Pfandrecht des Geschädigten am Deckungsanspruch des gegen seine Haftpflicht versicherten Haftpflichtigen und ermächtigt den Versicherer, seine Leistung mit befreiender Wirkung direkt dem Geschädigten zukommen zu lassen[119]. Verpflichtet ist er dazu aber nicht[120]; er wird aber gegenüber dem Geschädigten nach VVG 60 II verantwortlich, wenn dieser durch die Zahlung an den Versicherten einen Schaden erleidet. 109

Diese Bestimmung bezieht sich auf die Versicherung jeder Haftungsart, handle es sich um vertragliche oder ausservertragliche Haftung, um Verschuldens- oder um Kausalhaftungen. 110

Gegenstand des Pfandrechts ist der Anspruch des Versicherten gegen den Versicherer, mit Einschluss eventueller Verzugszinsen, die der Versi- 111

---

[118] Über die Verschärfung der Haftpflicht durch Konzessionsbestimmungen vgl. vorn § 1 N 124, 124a.

[119] Vgl. dazu die einschlägige versicherungsrechtliche Literatur, insbes. MAURER, Privatversicherungsrecht 523 f.; BERNARD VIRET, Privatversicherungsrecht (2. A. Zürich 1989) 165 f.; KOENIG, Schweiz. Privatversicherungsrecht (3. A. Bern 1967) 513 ff.; ROELLI/ JAEGER zu VVG 60 u. a.

[120] MAURER, Privatversicherungsrecht 522, insbes. FN 1457; BREHM, Le contrat d'assurance RC (Lausanne 1983) No 563 ff.

cherer dem Versicherten schuldet, weil er sich ihm gegenüber in Verzug befindet. Der Anspruch, der dem Pfandrecht unterliegt, umfasst den Deckungsanspruch für alle Schadenersatz- und Genugtuungsansprüche samt Schadens- und vom Versicherten geschuldeten Verzugszinsen und Prozesskosten[121, 122].

112 Der Schutzzweck verlangt, dass der Deckungsanspruch nicht befriedigt werden kann, bevor das Pfandrecht entstanden ist: Das Pfandrecht muss daher mit dem schädigenden Ereignis, auf das der Geschädigte sich beruft, *entstehen*[123]. Da es sich um ein gesetzliches Pfandrecht handelt, bedarf seine Entstehung keiner Mitwirkung der Beteiligten und daher auch keiner Form.

113 Die *Höhe* der verpfändeten Forderung ist limitiert durch die Garantiesumme des Haftpflichtversicherungsvertrages.

114 Gestützt auf das Pfandrecht kann der Versicherte weder allein noch im Verein mit dem Versicherer zum Nachteil des Geschädigten über den Ersatzanspruch verfügen. Das Pfandrecht wirkt sich insbesondere beim Konkurs des versicherten Haftpflichtigen und in der gegen ihn gerichteten Pfändung aus: Der vom Pfandrecht beschlagene Anspruch des Versicherten gegen den Versicherer bleibt dem Geschädigten dinglich verhaftet und dient allein zur Befriedigung seiner Forderung[124].

115 Ein Nachlassvertrag ist nur für denjenigen Teil des Haftpflichtanspruches von Bedeutung, der die Garantiesumme übersteigt[125].

116 Die Praxis gibt dem Geschädigten zur Wahrung seiner Interessen ein *Recht auf Einsichtnahme* in die Versicherungspolice[126].

117 Praktisch wird das Pfandrecht von VVG 60 kaum je angerufen; wahrscheinlich verhindert seine Existenz ein ihm widersprechendes Verhalten.

---

[121] Vgl. VAS VII Nr. 266 b; ROELLI/JAEGER II N 17 zu VVG 60.
[122] Nicht dem Pfandrecht untersteht der Anspruch auf Abwehr unbegründeter Ansprüche des Geschädigten gegen den Versicherten; vgl. z. B. BGE 56 II 213; 61 II 198.
[123] Wenn das Pfandrecht erst mit der Geltendmachung der Ansprüche des Geschädigten entstehen würde (vgl. Voraufl. 455; ROELLI in SJZ 13 [1917] 308; ROELLI/JAEGER II N 14 zu VVG 60; a. M. KOENIG, Schweiz. Privatversicherungsrecht [3. A. Bern 1967] 515), könnte der Haftpflichtversicherte nach dem Schadenereignis die minimal geschuldete Summe auf Anrechnung an den Deckungsanspruch «zwecks laufender Übernahme der entstehenden Kosten» beziehen, und nachher wäre der Deckungsanspruch im betreffenden Rahmen durch Erfüllung untergegangen. Dafür würde der Versicherer allerdings nach VVG 60 II verantwortlich.
[124] Vgl. über die konkursrechtliche Prozedur BGE 35 II 680 ff.; ROELLI/JAEGER II N 20 zu VVG 60.
[125] BGE 35 II 680 ff.; ROELLI/JAEGER II N 23 zu VVG 60.
[126] VAS V Nr. 294.

Die aussergerichtliche und die gerichtliche Diskussion um den Haftpflichtanspruch spielt sich auch beim Fehlen eines direkten Forderungsrechts zwischen dem Geschädigten und dem Haftpflichtversicherer ab, weil die Allgemeinen Versicherungsbedingungen den Versicherungsnehmer regelmässig verpflichten, die aussergerichtlichen Verhandlungen und den Haftpflichtprozess durch den Versicherer führen zu lassen. Die *Prozessführung* erfolgt formell auf den Namen des Versicherten, aber meistens nach den Weisungen des Versicherers durch einen diesem genehmen Anwalt[127].

Nicht üblich, aber möglich ist, dass der versicherte Haftpflichtige seinen Deckungsanspruch aus der Haftpflichtversicherung dem Geschädigten abtritt[128]. 118

Die Berufung des Versicherers auf Einreden aus dem Versicherungsvertrag oder dem Gesetz, z. B. aus VVG 6, 14, 28, 30 ff., 45, wird durch das Pfandrecht nicht beeinträchtigt[129]. Das gilt an sich auch bei einer obligatorischen Versicherung[130], wenn das Gesetz oder eventuell der Vertrag nicht das Gegenteil festlegt: Mit dem Pfandrecht belastet ist nur die Forderung des Versicherten, wie sie ohne das Pfandrecht besteht. Die rechtliche Regelung weicht hier ab vom direkten Forderungsrecht mit Einredenausschluss im Rahmen einer obligatorischen Versicherung. 119

---

[127] Vgl. ROELLI/JAEGER II N 40 ff. zu VVG 59; WALTER SCHUMACHER, Das Prozessführungsrecht des Haftpflichtversicherers (Diss. Bern 1937); DERS. in SVZ 5, 266 ff.; ULRICH H. VOLLENWEIDER, La direction de procès dans l'assurance responsabilité civile, SJZ 42 (1946) 101 f.; VIKTOR STÄHELI, Darstellung und Kritik der im Schweizer Geschäft verwendeten Allgemeinen Haftpflicht-Versicherungsbedingungen (Diss. Zürich 1931) 27/28, 35; STIEFEL in SJZ 29, 35 ff. und SVZ 4, 321 ff.; BREHM in SVZ 37, 143 ff.

[128] In der Voraufl. 456 wird unter Hinweis auf die Literatur die Abtretung nur zugelassen, wenn der Haftpflichtanspruch bereits entstanden ist. Diese Voraussetzung ergibt sich praktisch daraus, dass vorher die Person des Zessionars, des Geschädigten, normalerweise nicht bekannt ist. Wenn aber z. B. ein Werkvertrag die Auflage enthält, eine Haftpflichtversicherung abzuschliessen, die hauptsächlich für Schäden des Bestellers gedacht ist, ist nicht einzusehen, weshalb diesem der Deckungsanspruch für eventuelle Schäden nicht bereits abgetreten werden kann; vgl. BECKER N 15/16 zu OR 164; VON TUHR/ESCHER 348 ff.; OSER/SCHÖNENBERGER N 4 zu OR 164 u. a.
In der Judikatur und Literatur wird z.T. verlangt, dass vor der Abtretung nicht nur die Haftpflicht feststehe, sondern auch das Mass der Haftung, so dass der Befreiungsanspruch sich in einen Zahlungsanspruch verwandelt habe.
Durch die Abtretung des Deckungsanspruches des Haftpflichtigen an den Geschädigten verliert der Haftpflichtige seine Stellung als Partei im Prozess und kann daher als Zeuge einvernommen werden.

[129] BGE 56 II 456/57; VAS VII Nr. 151 b, 266 a, 267 a.

[130] BGE 56 II 456 f.; VAS VI Nr. 289, 292 d. Anderer Meinung VAS 293 c. – Kritik de lege ferenda: HANSPETER LEUENBERGER, Der Regress in der Haftpflichtversicherung (Diss. Bern 1954) 26.

120 Die zwangsvollstreckungsrechtliche Geltendmachung des Pfandrechts erfolgt mittels Betreibung auf Pfandverwertung (SchKG 151 ff.[131]). Sie wird dazu führen, dass der Versicherer an den Geschädigten zahlt, bevor die Betreibung ins Verwertungsstadium gelangt ist.

121 Abweichend von der Regelung in ZGB 906 II, gibt VVG 60 I dem Versicherer die Befugnis, auch ohne Zustimmung des Versicherten dem Geschädigten die Versicherungsleistung zu erbringen. Macht er davon nicht Gebrauch, so muss er, da der Pfandgegenstand dem Geschädigten verhaftet ist, gemäss ZGB 906 II dessen Zustimmung zur Leistung an den Versicherten einholen[132].

122 Nach VVG 60 II ist «der Versicherer für jede Handlung, durch die er den Dritten in seinem Rechte verkürzt, verantwortlich»; er wird also dem Geschädigten schadenersatzpflichtig, wenn er seine Rechte beeinträchtigt, die sich aus dem Pfandrecht ergeben[133]. Gemäss VVG 98 darf man VVG 60 nicht zuungunsten des Versicherungsnehmers oder sonstigen aus dem Versicherungsverhältnis Anspruchsberechtigten abändern. Das Pfandrecht darf folglich nicht wegbedungen werden[134].

5. Direktes Forderungsrecht ohne Obligatorium der Haftpflichtversicherung

123 Das direkte Forderungsrecht des Geschädigten gegen den Haftpflichtversicherer des Haftpflichtigen spielt insbes. im Zusammenhang mit dem Obligatorium der Haftpflichtversicherung eine grosse Rolle und ist dort regelmässig mit dem Einredenausschluss belastet.

124 Im Bereich der fakultativen Haftpflichtversicherung besteht daneben ein direktes Forderungsrecht des Geschädigten gegen den Haftpflichtversicherer des Haftpflichtigen nach OR 113[135]. Es betrifft nur die Haftpflichtansprüche eines Arbeitnehmers gegen seinen Arbeitgeber und räumt dem Arbeitnehmer ein ausschliessliches direktes Forderungsrecht gegen den

---

[131] VAS V Nr. 293 b; VII 266 a, 268.
[132] VAS VI Nr. 287 c; ROELLI/JAEGER II N 17 zu VVG 60; OFTINGER/BÄR, Zürcher Komm. (3. A. Zürich 1981) N 59 zu ZGB 906.
[133] VAS VI Nr. 287 b; VIII 266 a.
[134] ROELLI/JAEGER II N 16 zu VVG 60.
[135] Diese Bestimmung gehört eigentlich entweder in das Arbeitsrecht oder in das VVG; vgl. VON TUHR/ESCHER 241 FN 33.

Haftpflichtversicherer des Arbeitgebers ein, wenn er mindestens die Hälfte der Prämien bezahlt hat. Die Befriedigung seiner Haftpflichtansprüche wird dadurch von allfälligen nachteiligen Verfügungen des versicherten Arbeitgebers über den Versicherungsanspruch unabhängig. Es steht dem Arbeitnehmer natürlich frei, sich mit dem Pfandrecht von VVG 60 zu begnügen, statt gestützt auf OR 113 die direkte Klage einzuleiten. Dies ist ohnehin unumgänglich, wenn er von den Prämien weniger als die Hälfte bezahlt hat.

Die Vorschrift hat geringe praktische Bedeutung. 125

Wirtschaftlich betrachtet erstrebt VVG 87 das gleiche Ziel wie OR 113. 126
Danach erhält bei der *kollektiven Unfallversicherung* derjenige, zu dessen Gunsten die Versicherung abgeschlossen worden ist, mit dem Eintritt des Unfalles ein eigenes Forderungsrecht gegen den Versicherer.

D. Private Personenversicherung und Haftpflichtrecht

1. Überblick

Unter *Personenversicherung* versteht man in allgemeiner Hinsicht die 127
Versicherung einer Gefahr, die eine menschliche Person betrifft: Tod, Gesundheitsschädigung mit oder ohne Beeinträchtigung der Arbeitsfähigkeit[136]. Zur Personenversicherung zählt auch die Vorsorge für das Alter, obschon das Altwerden nicht als befürchtetes Ereignis bezeichnet werden kann.

Nur ein Teil der Personenversicherung wird vom VVG geregelt: Die 128
durch einen privatrechtlichen Vertrag begründete *private Personenversicherung*, die vor allem als Unfall-, Kranken- und Lebensversicherung auftritt (VVG 73 ff.) und von konzessionierten Versicherern abgeschlossen wird. Dem Privatrecht, nicht aber dem VVG (vgl. dessen Art. 101) unterstehen in bezug auf die hier zu behandelnden Regressfragen vor allem auch die (sog. anerkannten) Krankenkassen.

Weite Bezirke der Personenversicherung unterstehen als *öffentlich-* 129
rechtliche Versicherungen im wesentlichen nicht dem Privatrecht. Vgl. dazu hinten N 146 ff.

---

[136] Vgl. MANES, Versicherungswesen I (5. A. Leipzig/Berlin 1930); KOENIG 214 f.; MAURER, Privatversicherungsrecht 150, 408.

2. Private Personenversicherung

130   1. Die dem VVG unterstehenden Personenversicherungen wurden vom Bundesgericht lange Zeit ausnahmslos als Summenversicherungen angesehen. Seit dem BGE 104 II 45 anerkennt das Bundesgericht aber die Möglichkeit, sie als Schadensversicherungen abzuschliessen[137]. Daraus ergibt sich dann, dass nicht Kumulation mit einem Schadenersatzanspruch gegen einen Dritten eintritt, sondern Konkurrenz, m. a. W.: Auf solche Personenversicherungen ist nicht VVG 96, sondern VVG 72 anzuwenden[138]. Auch ein Regress aus OR 51 kommt in Frage. Dies entspricht einem eindeutigen Bedürfnis der Praxis. Es ist z. B. nicht einzusehen, weshalb ein Verunfallter, der seine Heilungskosten zwar nur ein einziges Mal bezahlt hat, sie sowohl vom Versicherer als auch vom Haftpflichtigen zurückerhalten soll[139].

---

[137] Daraus ergibt sich die Möglichkeit des Regresses auf den Haftpflichtigen, wobei dem Geschädigten das Quotenvorrecht zukommt; vgl. vorn N 84 f. und hinten N 202 ff., wo das Quotenvorrecht näher dargelegt ist. – Vgl. im übrigen BGE 119 II 363 und dazu STARK, AJP 1994, 641.

[138] Die Sachversicherung ist *immer* Schadensversicherung – vgl. aber SCHAER Rz 14 unter Berufung auf WINTER/GERIT, Konkrete und abstrakte Bedarfsdeckung in der Sachversicherung (Göttingen 1962) –, während die Personenversicherung Summen- *oder* Schadensversicherung sein kann. Diese Wandlung der Betrachtungsweise drängte sich bei den Heilungskosten und dem Verdienstausfall schon lange auf. Sie liegt heute um so mehr nahe, als wir dank der Entwicklung des Haftpflichtrechts seit dem Erlass des VVG (1908) gelernt haben, auch Personenschäden ziemlich genau zu berechnen; im Haftpflichtrecht kann – abgesehen von der immateriellen Unbill – nur der «Schaden» Gegenstand der «Entschädigung» sein. Bei dieser Betrachtungsweise wird auch nicht in unzulässiger Art der Wert einer Person in Geld aufgewogen (BGE 104 II 52; a. M. BGE 94 II 188; 100 II 458). Auch die Sozialversicherung beruht auf dem Gedanken der ganzen oder teilweisen Abgeltung von «Schäden». Sie kann ihre Leistungen ebenfalls vom Haftpflichtigen zurückverlangen.

[139] Schwieriger als die Erkenntnis, dass das Nebeneinander von Schadens- und Summenversicherung den Bedürfnissen der Praxis in der Personenversicherung entspricht, ist bei ihr die Umschreibung der Kriterien für die Zuordnung der einzelnen vom Versicherer zu erbringenden Leistungen in die eine oder andere Kategorie. Diese Frage kann hier nicht näher untersucht werden. Immerhin sei auf folgende Überlegungen hingewiesen: SCHAER Rz 14 stellt darauf ab, ob die Körperverletzung als solche die Leistungspflicht auslöse oder die Beeinträchtigung des Vermögens durch die Körperverletzung. Da aber die Körperverletzung und die durch sie verursachte Vermögensverminderung eng miteinander verbunden sind, stellt er damit wohl unpraktikable Anforderungen an die Präzision der Formulierung der Versicherungsverträge. Praktikabler ist die Auffassung von MAURER, Privatversicherungsrecht 162, der darauf abstellt, ob eine bestimmte oder doch bestimmbare feste Summe unabhängig davon, ob der Versicherte einen Schaden erlitten hat, zu bezahlen sei. Wenn ja, liege Summenversicherung vor. In BGE 119 II 364 f. hat das Bundesgericht entsprechend der Meinung von MAURER entschieden, dass es nicht darauf

II. Privatrechtliche Versicherung nach VVG § 11

Bei Summenversicherung kann der Versicherte die versicherte Summe vom Versicherer verlangen und daneben den vollen Schaden vom Haftpflichtigen. Weder der eine noch der andere Belangte kann sich darauf berufen, dass der andere Leistungen erbracht hat. Insbes. kann der Haftpflichtige nicht verlangen, dass die Versicherungsleistungen vom Haftpflichtanspruch abgezogen werden, auf Grund der Argumentation, dass der Schaden des Geschädigten sich um die Versicherungsleistung reduziert habe[140, 141].

131

Ob der Versicherte aus *einem* Summenversicherungsvertrag oder aus mehreren berechtigt ist, ändert an der Nichtanrechnung nichts, ebenso in der Regel, ob der Geschädigte selber oder für ihn ein Dritter die Prämien bezahlt hat[142].

132

---

ankommt, ob beim Vertragsabschluss die Versicherungsleistungen auf der Basis des Einkommens des Versicherten festgelegt wurden. Massgebend ist nur, ob der im Schadenfall eingetretene Vermögens*schaden* eine Voraussetzung des Anspruches auf Versicherungsdeckung ist. Es ist also nicht entscheidend, ob der mögliche Schaden eine Bemessungsgrundlage für die vereinbarte Leistung des Versicherers darstellt. Bei einer Spitaltaggeldversicherung ergibt sich der Tagesansatz aus der Versicherungspolice und nicht aus der Spitalrechnung; es handelt sich um Summenversicherung. Wenn aber die effektiven Unterhalts- und Pflegekosten im Spital gedeckt sind, liegt Schadensversicherung vor. Wenn bei einer Invaliditätsversicherung der Ansatz für 100% Invalidität sich aus der Versicherungspolice ergibt und nach der Gliedertaxe umgerechnet wird, handelt es sich um Summenversicherung; der Schaden kann viel kleiner oder grösser sein als das bei dieser Rechnung erzielte Resultat. Vgl. vorn N 14.

Keinen Einfluss auf die Qualifikation als Summen- oder Schadensversicherung hat eine im Vertrag festgelegte obere Begrenzung der Versicherungsleistungen. Sie kommt bei beiden Versicherungsarten vor.

Interessant ist in diesem Zusammenhang, dass auch vor dem BGE 104 II 45 die Verunfallten nur sehr selten die Doppelzahlung von Heilungskosten und Verdienstausfall verlangten. Es war ihnen offenbar klar, dass eine solche ihnen vernünftigerweise eigentlich nicht zustehe.

140 Die Gerichtspraxis hat diese Einrede ebenso konsequent abgelehnt, wie sie früher stereotyp wiederkehrte: BGE 49 II 370; 53 II 499; 58 II 254, 261; 59 II 464; 64 II 424, 429; 70 II 230; 94 II 186 E 8b; 100 II 460. Gegenteilig 42 II 246; 45 II 315. – Über den Zusammenhang mit dem Problem der Vorteilsanrechnung vorn § 6 N 65 ff. – Die Anrechnung von Leistungen aus Summenversicherung ist gesetzlich anerkannt in SVG 62 III, EHG 13 I, KHG 9 II; vgl. hinten N 138 ff.

141 Wo eine Anrechnung von Versicherungsleistungen erfolgt, hat der Versicherer einen Regressanspruch gegen den Haftpflichtigen, sei es auf Grund von VVG 72 I, sei es auf Grund von OR 51 II. Sonst käme die Tatsache der Schadensversicherung – als unverdientes Glück – dem Haftpflichtigen zugute. Wenn der Schadensversicherer sich nicht auch auf OR 51 II, sondern nur auf VVG 72 I berufen könnte, träte dieses Resultat für alle Haftpflichtigen ein, die kein persönliches Verschulden trifft, weil die Subrogation nach VVG 72 I auf Haftpflichtansprüche aus unerlaubter Handlung beschränkt ist. Vgl. vorn N 39.

142 Vgl. BGE 44 II 291 ff.; 58 II 255; Maurer, Privatversicherungsrecht 391.

133 Die Wahl des Versicherungsnehmers, einen bestimmten Versicherungsvertrag oder einen Teil davon als Schadens- oder als Summenversicherung abzuschliessen, ist nicht nur für die Regelung des Verhältnisses zwischen Versicherer und Haftpflichtigem massgebend, sondern noch für andere Fragen: In der Summenversicherung spielt kein Ersatz- oder Versicherungswert eine Rolle und gelten die Bestimmungen über die Doppel- und Überversicherung nicht. Dieser durch die Umstände gebotenen verschiedenen rechtlichen Behandlung von Schadens- und Summenversicherung entspricht die Unterstellung der ersteren unter die Anspruchskonkurrenz, der letzteren unter die Kumulation. Wo Überversicherung ausgeschlossen ist, wo also das Bereicherungsverbot gilt, kommt die Anspruchskumulation nicht in Frage. Der umgekehrte Schluss, dass in der Personenversicherung, wo keine Überversicherungsgrenze gilt, nur Kumulation in Frage komme, beruht auf einem Irrtum. Das Regressrecht des Versicherers, an das wir uns übrigens in der Sozialversicherung gewöhnt haben, führt auch bei der privaten Personenversicherung zu keinen Missständen, im Gegensatz zur Kumulation in der Schadensversicherung. Es ist daher richtig, dass das Bundesgericht dieses Regressrecht heute gegebenenfalls anerkennt. Ein Regressrecht des Versicherers ist aber abzulehnen, wenn wie in der normalen Lebensversicherung die Prämie sich aus einer Risikoprämie und einer Sparprämie zusammensetzt, wenn die Versicherung also auch die Funktion einer Kapitalanlage erfüllt. Auf diese kann die Anspruchskonkurrenz nicht angewendet werden, weil die vom Versicherer geäufnete Sparprämie nicht von den Leistungen des Haftpflichtigen abzuziehen ist; sonst würde *er* sich auf Kosten des Versicherten bereichern[143].

134 Man könnte sich daher fragen, ob die Anwendung von VVG 96 auf die Lebensversicherung mit Sparprämie zu beschränken sei, statt sie in der ganzen Personenversicherung zuzulassen[144].

---

[143] Diese Überlegung trifft auf die Pensionskassen nicht zu; vgl. hinten N 252 ff.

[144] Es ist allerdings nicht zu verkennen, dass im Rahmen der Personenversicherung mit der Möglichkeit zu rechnen ist, dass das Haftpflichtrecht für einzelne Ansprüche keine ausreichende Deckung gewährt. Man denke z. B. an die psychischen Beeinträchtigungen, deren Abgeltung durch die Genugtuung vielleicht einem Versicherungsnehmer als ungenügend erscheint; sie beruht nur auf dem freien Ermessen des Richters, dem keine objektiven Massstäbe – ausser den Präjudizien – zur Verfügung stehen. Wenn ausländisches Haftpflichtrecht zur Anwendung gelangt, kommen besondere Schwierigkeiten dazu. So anerkennt das deutsche Recht keinen Genugtuungsanspruch der Hinterlassenen bei Tötung. Wer mit einer Frau ohne Ehe zusammenlebt, kann nicht voraussehen, ob im Falle seiner Tötung die Voraussetzungen für die Gutheissung eines Versorgerschadens bejaht werden.

Der Wortlaut von VVG 96 steht einer solchen Einschränkung des Geltungsbereiches entgegen; man müsste eine Lücke in dieser Norm annehmen. Dafür sei auf die versicherungsrechtliche Literatur hingewiesen; hier sollen nur die grossen Linien aufgezeigt werden. 135

Zur Begründung der Kumulation im Rahmen der Personenversicherung ist immer wieder angeführt worden, dass der Anspruch des Geschädigten gegen den Versicherer von seinem Anspruch gegen den Haftpflichtigen verschieden sei, so dass es ausgeschlossen sei[145], dass nach dem Grundsatz der Solidarität die Tilgung des einen Anspruchs auch den andern zum Erlöschen bringe. Diese Argumentation wirkt sehr theoretisch und vermag die Bedürfnisse der Praxis nicht auszuschalten[146], auch wenn sie einer gründlichen dogmatischen Überprüfung standhalten sollte. 136

Der gleiche Vertrag kann Leistungen aus Summenversicherung und daneben auch aus Schadensversicherung vorsehen[147]. 137

2. Eine *Ausnahme* vom Grundsatz der *Nichtanrechnung* von Leistungen aus Summenversicherungen ist zu machen, wenn es der Haftpflichtige selber[148] ist, der zugunsten des Geschädigten einen – nicht-obligatorischen – Unfallversicherungsvertrag abgeschlossen und die Prämien dafür bezahlt hat, und zwar ohne Gegenleistung des Versicherten. Die Leistung des Versicherers stellt dann einen Teil der Haftpflichtleistung dar, die der Haftpflichtige in der Form der Prämien für den privaten Versicherer bezahlt hat[149]. Gestützt auf diese Überlegung ist die Anwendung von VVG 96 138

---

[145] BGE 49 II 370; 63 II 150/51; 94 II 186 E 8b; 100 II 460.
[146] Eine gewisse Rolle hat die Überlegung gespielt, dass der Versicherer in den Genuss eines ungerechtfertigten Vorteils gelange, wenn er für seine Leistungen einerseits Prämien beziehe und anderseits auf den Haftpflichtigen Regress nehmen könne. Aber die Höhe der Prämie hängt in erster Linie von der Statistik ab, in der Regresseinnahmen natürlich auch zu berücksichtigen sind (vgl. GAROBBIO in ZBJV 81, 343 N 1; vgl. dazu aber BGE 80 II 254/55; ROELLI/JAEGER N 15 und 48 zu VVG 72; HÜPPI 54 ff.). Als geboten erscheint, dass die Statistiken für die einzelnen Leistungskategorien der Personenversicherung für Verträge mit und ohne Regressrecht getrennt geführt werden. Das setzt voraus, dass die Einordnung der einzelnen Versicherungsleistungen in die Summen- bzw. die Schadensversicherung in jedem Vertrag festgelegt wird. Durch die Anpassung der Prämie an den Charakter einer Personenversicherung wird das in der Voraufl. 399 besprochene Problem, wer begünstigt werden solle (der Geschädigte, der Haftpflichtige oder der Versicherer), aus der Welt geschafft.
[147] Vgl. BGE 104 II 47/48; 119 II 364; vorn N 14.
[148] Die aus der vom Haftpflichtigen abgeschlossenen Unfallversicherung erfolgten Leistungen sind auch auf die Leistungen seines Haftpflichtversicherers anzurechnen; denn der Haftpflichtversicherer hat die gleiche Rechtsstellung gegenüber dem Geschädigten wie der Haftpflichtige; vgl. vorn N 102.
[149] Vgl. vorn § 10 N 102 f.

§ 11   Haftpflicht und Versicherung

in diesen Fällen ausgeschlossen. Es muss im Einzelfall abgeklärt werden, wer wirtschaftlich die Prämien bezahlt hat[150]. Hat der Versicherungsnehmer für die von ihm erbrachten Prämien vom späteren Geschädigten eine Gegenleistung erhalten, so ist die Anrechnung der Versicherungsleistung auf den Haftpflichtanspruch nicht geboten. Hat der spätere Geschädigte nur einen Teil der Prämie ohne Gegenleistung bezahlt, so ist nur die entsprechende Quote der Versicherungsleistung auf den Haftpflichtanspruch anzurechnen.

139   Die Anrechnung solcher Versicherungsleistungen ist gesetzlich vorgesehen in SVG 62 III[151], EHG 13 I[152] und KHG 9 II[153]. Sie kann aber vernünftigerweise nicht auf diese Bereiche beschränkt bleiben, sondern muss generell gelten[154]. Ob eine Anrechnungsklausel im Versicherungsvertrag

---

[150] Vgl. BGE 65 II 260, wo die Prämien der Insassenunfallversicherung für einen Autocar im Fahrpreis eingeschlossen und nicht separat erhoben worden waren. Gestützt darauf hat das Bundesgericht die Leistungen der Insassenversicherung auf die Haftpflichtleistungen angerechnet. Das überzeugt; die Prämie für die Haftpflichtversicherung war ebenfalls im Fahrpreis inbegriffen.
Diese Beurteilung gilt auch für Taxifahrzeuge, für die eine Insassenversicherung besteht, und noch eindeutiger für Privatautos, deren Benützung durch Mitfahrer meistens ohne Entgelt erfolgt. Bei Kollektivunfallversicherungen von Vereinen für ihre Mitglieder wird die Prämie normalerweise von Mitglied als Teil des Mitgliederbeitrages bezahlt, so dass die Anrechnung auf die Haftpflichtschuld des Vereins ebenfalls angezeigt ist. Wird die Prämie aber separat erhoben – z. B. nur von denjenigen Mitgliedern, die nicht generell unfallversichert sind, vor allem nach UVG –, so ist sie nicht als vom Verein, sondern als vom Mitglied bezahlt zu betrachten. Wenn ein Sportclub für seine professionellen Spieler gegebenenfalls als Ergänzung zur UVG-Versicherung eine private Unfallversicherung abschliesst, ist im Einzelfall zu prüfen, ob die Bezahlung der Versicherungsprämien als ein Teil des Arbeitsentgeltes zu betrachten ist. Vgl. im übrigen neben BGE 65 II 260; 97 II 273 ff.; 117 II 620; VAS VI Nr. 304 S. 623; HAYMANN in SVZ 4, 353 ff., 417 ff.; ROELLI/JAEGER III N 40 zu VVG 87/88; BECKER N 13 zu OR 43; STARK in ZSR 86 II 88 f.; OSWALD in SZS 16, 20 ff.; SCHAER Rz 654 ff. mit Hinweis auf BGE 100 II 352 ff., wo das Bundesgericht die vom Haftpflichtigen bezahlten Unfallversicherungsleistungen auf den Schaden und nicht auf den geschuldeten Schadenersatz anrechnete; vgl. dazu SVK 1975, 23/24.

[151] Vgl. Bd. II/2 § 25 N 616 ff.; BGE 65 II 262; 97 II 273 ff.; 117 II 620; DESCHENAUX in FG Schönenberger 248 ff.; MERZ in ZBJV 109, 113 f.; SJZ 61, 137 ff.; BACHMANN in SVZ 37 (1969/70) 357 ff.; OSWALD in SZS 11, 178 ff.; 16, 20 ff.; SCHAFFHAUSER/ZELLWEGER N 1205, 1302.
In der 1983 aufgehobenen obligatorischen Unfallversicherung für Motorradfahrer war ebenfalls vorgesehen, dass die Anrechnung der Versicherungsleistungen auf die Haftpflichtansprüche gegen den Halter und den Führer des Motorrades vereinbart werden könne; vgl. aVVV 57 VI; BGE 94 II 185 ff.; 97 II 268 ff.; BACHMANN, a.a.O.; BERENSTEIN in Mémoires de la Faculté de Droit de Genève (Genf 1962) 52 ff.

[152] Vgl. Bd. II/3 § 27 N 198.
[153] Vgl. Bd. II/3 § 29 N 434 ff.
[154] Vgl. Bericht der Studienkomm. 112 und deren These 510-7.

II. Privatrechtliche Versicherung nach VVG § 11

steht oder nicht, muss irrelevant sein[155]. Dagegen kann der Vertrag die Anrechnung ausschliessen.

Hat der spätere Haftpflichtige eine Schadensversicherung zugunsten (ebenfalls späterer) Geschädigter abgeschlossen, so sind deren Leistungen an einen Geschädigten auf dessen Haftpflichtanspruch anzurechnen. Der Versicherer kann aber normalerweise nicht auf den Haftpflichtigen zurückgreifen, da dieser sein Versicherungsnehmer ist; vgl. VVG 14 IV. Das gilt natürlich auch bei einer als Schadensversicherung ausgestalteten Unfallversicherung[156]. 140

3. Der in VVG 96 vorgesehene Ausschluss des Regresses bei Summenversicherung ist – abgesehen von der soeben erwähnten Ausnahme bei vom Haftpflichtigen bezahlten Prämien – nach VVG 98 I einseitig *zwingendes Recht:* Die Vorschrift darf in ihrem Anwendungsbereich nicht zum voraus zuungunsten des Versicherungsnehmers oder des Anspruchsberechtigten abgeändert werden. Dagegen gilt eine *nach* Eintritt des Schadens erfolgte Zession des Schadenersatzanspruches des Geschädigten an den Versicherer als zulässig[157]. Eine zum voraus getroffene Vereinbarung, die Versicherungsleistung sei zurückzuzahlen, wenn und insoweit der Geschädigte durch haftpflichtrechtliche Schadenersatzleistungen gedeckt wird, ist dagegen im Anwendungsbereich von VVG 96 ungültig, da sie eine Umgehung dieser Vorschrift darstellt[158]. Hat der anspruchsberechtigte Geschädigte eine zulässige Abtretung von Ansprüchen vollzogen, die ihm gegen einen kausal oder sonst «nach Gesetzesvorschrift» Haftpflichtigen zugestanden haben, so kann dieser dem regressierenden Versicherer nicht entgegenhalten, er hafte gestützt auf OR 51 II *nach* ihm; denn diese Vorschrift ist auf den Tatbestand der Anspruchskumulation nicht anwendbar[159]. 141

---

[155] Soweit es sich nicht um eine Schadensversicherung handelt.
[156] Beispiel: Feuerversicherung des Halters für das Gepäck seiner Insassen. Vgl. Bd. II/2 § 25 N 620; Bd. II/3 § 29 N 436.
[157] BGE 63 II 156/57; VAS III Nr. 133; SJZ 27, 344; ZBJV 66, 428; Roelli/Jaeger III N 9/10 zu VVG 96 und die in FN b der N 10 zit. kantonale Judikatur; Vischer in SVZ 1, 74; Pétermann in SVZ 1, 242; Oswald in SZS 16, 13; Maurer, Privatversicherungsrecht FN 1081.
[158] Gleicher Meinung Ostertag/Hiestand N 1 zu VVG 96; Wilhelm Schönenberger, Die Bedeutung des eigenen und fremden Verschuldens für den Versicherungsnehmer (Diss. Freiburg 1923) 225; a. M. vor Inkrafttreten des VVG BGE 36 II 98. Ebenso ungültig wäre eine Subsidiaritätsklausel im Anwendungsbereich von VVG 96; vgl. Maurer, Privatversicherungsrecht 353 ff., insbes. FN 962.
[159] BGE 63 II 148 ff.

142 4. Für *private Versicherungen*, die gestützt auf VVG 101 Ziff. 2 *nicht dem VVG unterstehen*[160], gilt auch VVG 96 nicht.

3. Versicherungsobligatorien

143 Gesetze können eine Verpflichtung[161] zum Abschluss von *Unfallversicherungsverträgen* mit privaten konzessionierten Versicherern vorsehen[162]. Solche Versicherungen unterstehen dem VVG und damit gegebenenfalls dessen Art. 96, es sei denn, dass durch spezielle Vorschriften oder die Natur des Vertrages Abweichungen angeordnet sind. Wenn in diesen Fällen der Prämienzahler der spätere Haftpflichtige ist, sind die Leistungen des Versicherers auf Haftpflichtforderungen anzurechnen[163].

144 Die in der Voraufl. 401/02 angeführten Versicherungsobligatorien sind seit deren Erscheinen modifiziert worden:

145 1. *Landwirtschaftliche Arbeitnehmer:* Das Obligatorium nach Landwirtschaftsgesetz (SR 910.1) ist durch die obligatorische Unfallversicherung nach UVG (Landwirtschaftsgesetz 98) ersetzt (Neufassung vom 20. März 1981).

2. Nach Art. 84 I des SSchG vom 23. September 1953 (SR 747.30) sind *Schiffsbesatzungen* von der staatlichen obligatorischen Unfallversicherung ausgeschlossen mit Ausnahme der Betriebsteile, die sich in der Schweiz befinden. Abgesehen von diesen gilt das Obligatorium von SSchG 84/85 weiterhin.

3. Die Versicherungspflicht für *motorisierte Arbeitnehmer* nach OR 327b III ist aufgehoben durch Ziff. 12 des Anhanges zum UVG. Die motorisierten Arbeitnehmer unterstehen heute dem UVG. Ausserdem besteht die Haftpflicht des Halters ihnen gegenüber; vgl. hinten Bd. II/2 § 25 N 71, 631.

4. Die Versicherungspflicht betreffend *Reisende gewisser Transportanstalten* besteht in der früheren Form nicht mehr. Die VO vom 18. Septem-

---

160 Vgl. MAURER, Privatversicherungsrecht 132 ff.
161 Die Pflicht, einen Dritten versichern zu lassen, kann sich auch aus einem Vertrag zugunsten Dritter (OR 112) ergeben; vgl. BGE 83 II 277 ff.
162 Vgl. den Überblick bei STEINLIN, FG Möller (Karlsruhe 1972) 481 ff.
163 Vgl. vorn N 138.

ber 1906 betreffend die Konzessionierung und die Kontrolle der Automobilunternehmungen, Aufzüge und Luftseilbahnen ist durch Art. 28 der VO vom 8. November 1978 über die Konzessionierung von Luftseilbahnen (SR 743.11) aufgehoben worden. Nach Art. 32 der AutomobilkonzessionsVO (VollzugsVO II zum PVG) besteht nach wie vor ein Unfallversicherungsobligatorium.

5. Aufgehoben ist im weiteren SVG 78 über die Versicherungspflicht von *Motorradfahrern*. Die obligatorische Unfallversicherung von Motorradfahrern ist mit dem Inkrafttreten des UVG fallengelassen worden; vgl. Ziff. 7 des Anhanges zum UVG.

6. Auf die Versicherungsobligatorien nach *kantonalem Recht* kann hier nicht eingetreten werden. Die Einführung des UVG mit seinem gegenüber dem KUVG erweiterten Anwendungsbereich (vgl. hinten N 155) wirkt sich natürlich auch hier aus.

III. Versicherung nach öffentlichem Recht

Nach öffentlichem Recht richtet sich in diesen Fällen das Verhältnis zwischen dem Versicherten und dem Versicherungsträger. Dieser selbst kann öffentlich- oder privatrechtlich begründet sein[164]. De lege ferenda drängt sich die öffentlich-rechtliche Natur des Rechtsverhältnisses zwischen dem Versicherten und den Versicherungsträgern nicht in allen Versicherungsgebieten auf, in denen sie nach schweizerischem Recht massgebend ist. Darauf kann hier nicht näher eingetreten werden. Nur soviel sei erwähnt: Auch wenn man daran festhalten will, z. B. wegen der einfacheren und versichertenfreundlicheren Gestaltung des Rechtsweges, sollten diejenigen Fragen, die ihrer inneren Natur nach privatrechtlich sind, in strenger Analogie zum Privatrecht gelöst werden. Zu denken ist hier z. B. an den Zeitpunkt des Überganges der Haftpflichtforderung auf den Versicherer (hinten N 180).

146

---

[164] Öffentlich-rechtlicher Natur ist die SUVA; aber ihre Beamten sind nicht nach öffentlichem Recht, sondern nach OR angestellt. Die UVG-Versicherung wird neben der SUVA von privaten Versicherern betrieben. Bei beiden ist das Versicherungsverhältnis öffentlichrechtlicher Natur. Auch die Krankenkassen können auf öffentlichem oder privatem Recht beruhen. Bei ihnen wird das Rechtsverhältnis zu den Versicherten durch das öffentliche Recht geregelt.

A. Versicherung durch anerkannte Krankenkassen

147   Die Versicherung gegen Krankheiten wird vor allem von den sog. anerkannten Krankenkassen[165] betrieben, die dafür Bundessubventionen erhalten[166]. Ihr Verhältnis zu den Versicherten ist öffentlich-rechtlicher Natur und richtet sich nach dem KVG. Das gilt ebenfalls, wenn sie auch Gesundheitsschädigungen durch Unfälle versichern[167], was regelmässig der Fall ist.

148   Haftpflichtansprüche gegen einen Dritten sind bei Krankheiten relativ selten; zu denken ist vor allem an Fälle von Ansteckung mit einer Krankheit sowie an Arzt- und Spitalhaftpflicht.

149   Die Frage des Regresses von Krankenkassen ist durch das öffentliche Bundesrecht nicht geregelt; auch KUVG 100 bezog sich ausschliesslich auf Unfälle[168]. Aber auch VVG 96 ist, wie das ganze VVG, nicht anwendbar. Eine darauf abgestützte Kumulation ist daher nicht zulässig. Die öffentlich-rechtliche Krankenversicherung ist vielmehr eine vom Bereicherungsverbot beherrschte Schadensversicherung[169]. Es besteht Anspruchskonkurrenz zwischen den Forderungen des Geschädigten gegen die Krankenkasse und gegen den Haftpflichtigen. Für das Innenverhältnis, d. h. für den Regress der Krankenkasse gegen Dritte, ist OR 51 II massgebend[170], wobei die Interpretation dieser Bestimmung natürlich die gleiche sein muss wie in allen anderen Fällen (vgl. vorn § 10 N 65 ff.).

150   Die Kassenstatuten, die neben dem KVG – bzw. früher dem KUVG – das Versicherungsverhältnis regeln, sehen meistens eine *Subsidiär-*

---

165 Vgl. KVG 1 IV.
166 Daneben gibt es auch nicht anerkannte Krankenkassen, z. B. von Unternehmungen und Gemeinden, die keine Bundessubventionen erhalten. Für sie gelten die Vorschriften des KVG nicht. Im weiteren betreiben auch private Versicherungs-Gesellschaften die Krankenversicherung. Sie unterstehen dem VAG; für ihr Verhältnis zu ihren Versicherten gilt das VVG (vgl. vorn N 128). Vgl. MAURER, Sozialversicherungsrecht II 280/81.
167 Gestützt auf KVG 3 V (Fassung gemäss BG vom 23. Juni 1978) können die Krankenkassen im Rahmen der vom Bundesrat festgelegten Bedingungen und Höchstgrenzen neben der Kranken- und Mutterschaftsversicherung auch andere Versicherungsarten betreiben.
168 Vgl. MAURER, Sozialversicherungsrecht I 395.
169 Man kann sich streiten, ob nur eine Krankenversicherung nach KVG oder auch eine nach VVG eine Schadensversicherung sei. Für die Heilungskosten trifft das eindeutig zu, für ein pauschaliertes Taggeld aber nicht; denn dieses ist auch geschuldet, wenn der Versicherte keinen Verdienstausfall erleidet.
170 Wie bei den Brandassekuranzanstalten, die auch dem öffentlichen Recht unterstehen; vgl. BGE 107 II 495.

III. Versicherung nach öffentlichem Recht §11

klausel[171] vor, wonach die Kasse die von ihr grundsätzlich geschuldeten Leistungen nur soweit erbringt, als durch sie und die Zahlung des Haftpflichtigen nicht mehr als der Schaden gedeckt wird[172]. Bestreitet der Haftpflichtige seine Zahlungspflicht oder die Höhe des vom Geschädigten geltend gemachten Haftpflichtanspruches, so leistet die Kasse voll, wenn ihr Versicherter ihr seine Forderungen gegen den Haftpflichtigen abtritt. Das ist nur sinnvoll, wenn sie durch die Zession mehr erhält, als ihr nach OR 51 II zusteht. Gerade das ist aber nach der konstanten Rechtsprechung des Bundesgerichtes ausgeschlossen, wonach die Regressordnung von OR 51 II nicht durch eine Zession abgeändert werden darf (vgl. vorn § 10 N 92).

Wenn der Geschädigte vorerst nicht die Krankenkasse in Anspruch nimmt, sondern den Haftpflichtigen, steht diesem gegebenenfalls ein Regressanspruch gegen die Krankenkasse nach OR 51 II zu[173]. 151

Die Deckung des Haftpflichtigen durch eine Haftpflichtversicherung beeinflusst diese Ordnung nicht, weil deren Leistungspflicht vom Bestehen der externen Haftpflicht abhängt und sie die gleichen Rechte hat wie ihr Versicherter[174]. 152

Es macht ebenfalls keinen Unterschied aus, wenn die Kasse die von einem Kanton eingeführte obligatorische Krankenversicherung betreibt (KVG 2); es gelten die gleichen Überlegungen wie für die obligatorische kantonale Feuerversicherung[175]. 153

Gegenüber andern Versicherungsträgern als Krankenkassen besteht nach KVG 26 III von Gesetzes wegen Subsidiarität der Krankenkassen; vgl. auch KVG 26 IV. 154

---

171 DUTTWYLER 91 ff., 96 ff.; LAMAZURE 33/34; SCHAER, recht 1991, 17/18; FUHRER 87; MAURER, Bundessozialversicherungsrecht 301; DERS., Privatversicherungsrecht 353 ff.; BGE 81 II 167/68; 114 V 171; RKUV 1987, 132, 214; VerwEntsch 25 Nr. 103. Kritik bei OSWALD in SZS 16, 42.
172 Nach KVG 26 kann eine Krankenkasse das Krankengeld kürzen, wenn bei voller Auszahlung eine Überversicherung resultiert. Das gilt aber nur, wenn die Leistungen anderer Versicherungsträger punkto Funktion mit den im Einzelfall geschuldeten Leistungen der sozialen Krankenversicherung vergleichbar sind; vgl. BGE 101 V 236. Diese Frage wird für die Leistungen einer obligatorischen Sparkasse für Angestellte in BGE 107 V 232 bejaht.
173 Gleich im Ergebnis DESCHENAUX in ZSR 90 I 167; OSWALD in SZS 16, 43; MARC SCHAETZLE, Personalvorsorge und Haftpflichtrecht in Konkurrenz (Diss. Zürich 1972) 90. Gegenteilig DUTTWYLER 97, 101, 108; LAMAZURE 37/38. VerwEntsch 14, Nr. 83, S. 155, hält OR 51 II nicht für anwendbar.
174 Vgl. vorn N 102 und die dort zit. Judikatur. Unzutreffend die von DUTTWYLER 102 ff. wiedergegebenen kantonalen Urteile.
175 Vgl. vorn N 80 f.; gleich im Ergebnis DUTTWYLER 116/17.

B. Obligatorische Arbeitnehmer-Unfallversicherung nach UVG[176]

1. Allgemeines

155   Das BG über die Unfallversicherung vom 20. März 1981 (UVG)[177] statuiert in Art. 1 das Obligatorium der Unfallversicherung für alle – vgl. aber UVG 1 II – in der Schweiz beschäftigten Arbeitnehmer, während nach KUVG nur die Arbeitnehmer der Betriebe, die bestimmte Voraussetzungen erfüllten, obligatorisch zu versichern waren. Die Versicherung erstreckt sich auf Berufs- und Nichtberufsunfälle sowie auf Berufskrankheiten (UVG 7 – 9).

156   Die Unfallversicherung nach KUVG wurde ausschliesslich von der «Schweiz. Unfallversicherungsanstalt in Luzern» (SUVA) betrieben, eine mit dem Recht der Persönlichkeit ausgestattete Anstalt des öffentlichen Rechts (vgl. UVG 61 I), während die heutige UVG-Versicherung auch durch andere zugelassene Versicherer und eine von diesen betriebene Ersatzkasse[178] durchgeführt wird. Sie verliert dadurch ihren Charakter als öffentlich-rechtliche Versicherung nicht; die privaten UVG-Versicherer können Verfügungen erlassen (UVG 99) und sind auf dem Verwaltungsrechtswege zu belangen (UVG 105 ff.).

157   Die obligatorische Unfallversicherung ist, was die hier zu behandelnden Probleme anbelangt, der Hauptfall der *Sozialversicherung*[179]. Gedeckt sind dabei Personenschäden; nach Zweck und Durchführung handelt es sich aber im wesentlichen um *Schadensversicherung* (vgl. vorn N 9 ff.).

158   Gleich wie bei der privatrechtlichen stellt sich auch bei dieser Unfallversicherung die Frage des Verhältnisses zwischen den Ansprüchen gegen

---

[176] Hier wie bei den andern Sozialversicherungen wird nur das grundsätzliche Regressrecht behandelt, nicht aber die Verteilung des Schadens, wenn mehrere Versicherer beteiligt und regressberechtigt sind. Die Erörterung dieser Fragen würde den Rahmen dieses Buches übersteigen.

[177] Vorgänger war das BG über die Kranken- und Unfallversicherung vom 13. Juni 1911 (KUVG).

[178] Vgl. MAURER, Unfallversicherungsrecht 62 ff.

[179] Über den Begriff der Sozialversicherung vgl. MAURER, Sozialversicherungsrecht I 69 ff.; DERS., Bundessozialversicherungsrecht 12 ff. Der Begriff hat keinen Erkenntniswert, erlaubt aber, mehrere miteinander verwandte Versicherungsarten mit *einem* Ausdruck zu bezeichnen.

III. Versicherung nach öffentlichem Recht § 11

sie und eventuellen Haftpflichtansprüchen des Versicherten (bzw. seiner Hinterlassenen[180]) gegen einen Dritten.

2. Subrogation als Grundlage des Regresses

1. Das Verhältnis zwischen dem Versicherten und seinem UVG-Versicherer beruht, wie erwähnt, auf öffentlichem Recht. Dieses regelt auch die Regressrechte des UVG-Versicherers gegen Haftpflichtige: UVG 41 bestimmt, dass die Haftpflichtansprüche des Versicherten gegenüber einem Dritten bis auf die Höhe der gesetzlichen Leistungen von Gesetzes wegen auf den UVG-Versicherer übergehen. Dieser Übergang erfolgt nach dem Wortlaut von UVG 41 im Zeitpunkt des schädigenden Ereignisses (was in KUVG 100 I nicht ausdrücklich gesagt war[181]). Deswegen liegt nie[182] eine Anspruchskonkurrenz zwischen den Ansprüchen des Geschädigten gegen den UVG-Versicherer und gegen den Haftpflichtigen vor[183]. Insoweit der Versicherer einen bestimmten Schadensposten deckt, besteht dafür nie eine Haftpflichtforderung, für die eine andere Person aktivlegitimiert ist; der Geschädigte kann sich nur für den vom UVG-Versicherer nicht gedeckten Schaden an den Haftpflichtigen halten[184]. 159

Daher besteht keine Solidarität zwischen dem UVG-Versicherer und dem Haftpflichtigen. OR 51 und VVG 72 sind nicht anwendbar[185]. Der Rückgriff ist durch UVG 41 abschliessend geregelt. Dementsprechend 160

---

[180] Dass die Hinterlassenen bei Tod des Versicherten/Geschädigten grundsätzlich anspruchsberechtigt sind, wird in diesem Buch gewöhnlich nicht besonders erwähnt, soll aber hier wieder einmal angeführt werden.
[181] Vgl. MAURER, Unfallversicherungsrecht 560. – Diese Frage war unter der Herrschaft des KUVG umstritten; vgl. BGE 53 II 178; 63 II 200. Nach diesen Entscheidungen konnte die Subrogation nur insoweit eintreten, als die SUVA ihre Leistungspflicht erfüllt hatte; in BGE 64 II 427 ff. wurde die Anerkennung der Leistungspflicht deren Erfüllung gleichgestellt.
[182] Oder nur während eines Bruchteiles einer theoretischen Sekunde.
[183] Gemäss Vorauflage 405 FN 134/35 kann ausserdem nicht von konkurrierenden Ansprüchen gesprochen werden, weil der UVG-Versicherer verpflichtet ist, die gesetzlichen Leistungen zu erbringen, auch wenn keine Ansprüche gestellt werden.
[184] Über die praktischen Unzulänglichkeiten dieses Systems aus der Sicht des Arztes vgl. PETER WORMSER in SJZ 59 (1963) 132 ff. – Auf die Frage, ob eine Haftpflichtforderung entsteht, wenn und insoweit der Schaden von vornherein durch eine anrechenbare Versicherung gedeckt ist, deren Prämien der spätere Haftpflichtige bezahlt hat (SVG 62 III, EHG 13 I, KHG 9 II), kann hier nicht eingetreten werden.
[185] BGE 47 II 188. Anderer Meinung JÖRIMANN in ZBJV 61, 457 ff.

§ 11 Haftpflicht und Versicherung

findet zwischen dem Haftpflichtigen und dem UVG-Versicherer keine sektorielle Verteilung statt. Der Regress des Versicherers ist unabhängig davon, aus welcher Haftungsart der Haftpflichtige verantwortlich ist.

161 Auf Grund der *Legalzession*[186] der Rechte des Geschädigten auf den UVG-Versicherer macht dieser, sei er eine juristische Person des öffentlichen oder des privaten Rechts, den auf ihn übergegangenen (meistens) privatrechtlichen Schadenersatzanspruch geltend[187]. Wie im Falle von VVG 72 sind die Vorschriften von OR 167 ff. im Grundsatz anwendbar. Allfällige Nebenrechte, z. B. aus VVG 60 und das unmittelbare Forderungsrecht gegen den Haftpflichtversicherer (SVG 65 I, KHG 19 I, RLG 37 I usw.)[188] gehen auf den UVG-Versicherer über. Ihm können die Einreden entgegengehalten werden, die den Schadenersatzanspruch reduzieren oder ausschliessen[189], vor allem die Einrede des Selbstverschuldens des Geschädigten. Während der Versicherer seine Leistungen nur bei *grobem* Selbstverschulden kürzen kann (UVG 37 II), kann der Haftpflichtige seinem Regressanspruch jedes Selbstverschulden des Versicherten entgegenhalten[190]. Unter der Herrschaft des KUVG erwarb der Versicherer den Anspruch mit laufender Verjährung[191]; diese Frage stellt sich heute nicht

---

[186] BGE 47 II 487; 53 II 181; 63 II 201; 93 II 411; 96 II 362; 98 II 134; 104 II 309; 113 II 91; A. KELLER II 185 ff.; NAEF, SZS 31 (1987) 30 f.; MAURER, Unfallversicherungsrecht 545 ff.; DERS., Bundessozialversicherungsrecht 409 f.; ROELLI/JAEGER III N 6 zu VVG 96; STREBEL/HUBER N 32 zu MFG 56; BENER 20 ff.; SUTER 106 ff.; VONMOOS 75; EGGER 18; JÖRIMANN in ZBJV 61, 454; VISCHER in SVZ 1, 79; SALIS in ZBJV 33, 437 ff., 462 ff. Über gleichlautende ausländische Auffassungen BENER 39; FLEMING Ziff. 31; MANFRED GLOMBIK, SZS 28 (1984) 226 f.; V. MAYDELL/SCHELLHORN zu den §§ 116 ff.

[187] Unter dem KUVG wurde zum Teil (vgl. SAUSER 106 ff.; WOLFER 166; BRÜHLMANN 160 ff.) die Meinung vertreten, es finde keine Subrogation statt; vielmehr stehe der SUVA auf Grund des öffentlichen Rechts ein *originärer Anspruch* zu. Diese Auffassung wurde in BGE 63 II 501 mit gutem Recht abgelehnt. Die Frage der Rechtsnatur des Regressanspruches ist übrigens von geringer praktischer Bedeutung; vgl. dazu BGE 71 I 291. – Der kraft des Regresses geltend gemachte Anspruch ist dann öffentlich-rechtlicher Natur, wenn die Schadenersatzforderung des Geschädigten sich auf eine öffentlich-rechtliche Vorschrift stützt.

[188] VAS V Nr. 177 b; VII Nr. 181, Nr. 268; BGE 84 II 402; BGE vom 8. April 1993 i. S. SUVA gegen «Zürich» und dazu WEBER in SVZ 61 (1993) 237 ff.

[189] BGE 58 II 236; 60 II 36, 157.

[190] Demgegenüber können die UVG-Leistungen nach UVG 37 III gekürzt oder verweigert werden, wenn der Versicherte den Unfall bei Ausübung eines Verbrechens oder Vergehens herbeigeführt hat. Der Haftpflichtige (ausser nach EHG und ElG) kann sich nicht auf diese strafrechtliche Qualifikation berufen. Meistens wird aber ein Selbstverschulden vorliegen; vgl. auch IVG 7 I und MVG 65.

[191] BGE 60 II 34.

III. Versicherung nach öffentlichem Recht   § 11

mehr, weil die Ansprüche im Zeitpunkt des schädigenden Ereignisses auf den UVG-Versicherer übergehen.

Der vom Haftpflichtigen zu bezahlende Betrag wird nach Haftpflichtrecht berechnet, die Leistung des UVG-Versicherers nach UVG[192].   162

2. UVG 41 enthält im Gegensatz zu VVG 72 keine Bestimmung über die Rechtsfolgen einer Beschränkung des Regresses des UVG-Versicherers durch einen gegenüber dem Haftpflichtigen ausgesprochenen Verzicht des Geschädigten auf Haftpflichtleistungen[193]. Ein solcher Verzicht kann vor[194] *oder nach dem schädigenden Ereignis* erfolgen.   163

a) Ein Verzicht *vor* dem Ereignis schliesst die Entstehung des Haftpflichtanspruches und damit auch die Subrogation des UVG-Versicherers aus: Der Verzicht hat eine Schlechterstellung des UVG-Versicherers zur Folge. Wenn der spätere Geschädigte für seinen Verzicht ein finanzielles Entgegenkommen des späteren Haftpflichtigen erhalten hat, wird sich in vielen Fällen bei voller UVG-Leistung eine Bereicherung des Versicherten ergeben, was vermieden werden sollte. Man kann dieses Ergebnis durch einen *Verantwortlichkeitsanspruch* des Versicherers gegen seinen Versicherten ausschalten, in Anlehnung an VVG 72 II. Als Basis kommt eine nur analoge Anwendung von OR 97 I in Frage, d. h. die Annahme, dass jeder UVG-Versicherte rechtlich verpflichtet sei, nicht auf Haftpflichtansprüche gegen Dritte zu verzichten. Das überzeugt nicht in jeder Beziehung. Ausserdem hängt hier der Ausgleich vom Gelingen des Exkulpationsbeweises des Versicherten ab, d. h. einem Umstand, der mit dem Bereicherungsverbot nicht zusammenhängt, dem hier Nachachtung verschafft werden soll. Schliesslich wird die Höhe des Schadenersatzanspruches des UVG-Versicherers nicht unbedingt der Bereicherung entsprechen. Überzeugender ist der Weg über einen *Bereicherungsanspruch:* Der   164

---

[192] Vgl. BGE 95 II 588/89; 98 II 136; SJZ 29, 102. Auch die Abgrenzung adäquater Unfallursachen und -folgen kann im Sozialversicherungsrecht anders ausfallen als im Haftpflichtrecht; vgl. BGE 96 II 398; 113 II 91. Dazu kann hier nicht näher Stellung genommen werden.
[193] Vgl. STOESSEL 31 ff.
[194] Zu denken ist vor allem an einen Verzicht auf Schadenersatzansprüche im Rahmen eines Vertrages. Der Verzicht kann Voraussetzung des Vertragsabschlusses sein. Man denke z. B. an einen älteren, UVG-versicherten Bergsteiger, der unbedingt noch ein letztes Mal in seinem Leben das Matterhorn besteigen möchte. Der Bergführer lehnt ab unter Hinweis auf die sich aus seinem Alter ergebenden Gefahren. Er ist von seiner Leistungsfähigkeit überzeugt und verzichtet schriftlich auf Schadenersatzansprüche gegen den Bergführer.

Versicherte ist insoweit ohne Rechtsgrund (sine causa) bereichert, als er vom Haftpflichtigen für seinen Verzicht eine Leistung erhalten hat. Diese Bereicherung kann der Versicherer dem Deckungsanspruch entgegenhalten oder nach Erbringen der gesetzlichen Leistung selbständig geltend machen[195].

165   b) Bei einem Verzicht *nach* dem schädigenden Ereignis ist im Zeitpunkt der Abgabe der entsprechenden Willenserklärung der Haftpflichtanspruch normalerweise bereits übergegangen; vgl. dazu vorn N 52. Dann wird der Versicherer durch den Verzicht nicht geschädigt, weil der Versicherte im Zeitpunkt des Verzichtes nicht mehr verfügungsberechtigt war; die Haftpflichtansprüche sind daher auf den Versicherer übergegangen. Der Haftpflichtige kann dann seine Gegenleistung für den ungültigen Verzicht vom Geschädigten zurückverlangen.

166   3. Der UVG-Versicherer ist nicht verpflichtet, den auf ihn übergegangenen Haftpflichtanspruch durchzusetzen. Er kann vielmehr darauf verzichten, ihn an einen Dritten abtreten oder auch an den Geschädigten zurückzedieren[196].

167   4. Der Geschädigte kann diejenigen Teile seines Schadens, die nicht durch entsprechende Versicherungsleistungen abgedeckt werden, als sog. *Direktschaden* vom Haftpflichtigen verlangen[197, 198]. Die Haftpflichtforderung zerfällt in vielen Fällen in zwei Teile: in den durch die Zahlungen des UVG-Versicherers abgedeckten und von diesem geltend gemachten Teil und in die Restforderung des versicherten Geschädigten.

---

195 Wenn der Haftpflichtige für den Verzicht des Geschädigten eine Gegenleistung erbracht hat, kommt sie faktisch dem UVG-Versicherer zu, wie wenn der Haftpflichtige dessen Regress durch eine Haftpflichtzahlung (ganz oder teilweise) befriedigt hätte. Fehlt eine Gegenleistung für den Verzicht, so entsteht das gleiche Resultat, wie wenn keine Haftpflicht gegeben wäre, und spielt der UVG-Versicherer seine Rolle als Sozialversicherer.
196 Vgl. BGE 49 II 372; 53 II 180/81.
197 Man kann, wie die Vorauflage S. 407 und verschiedene BGE, davon sprechen, dass die Versicherungsleistungen nach bestimmten Grundsätzen *angerechnet* werden. Diese Ausdrucksweise entspricht aber eher der Solidarität als der Subrogation. Bei dieser stellt sich die Frage, welche Schadenersatzansprüche auf den Versicherer übergegangen sind. Diese kann der Geschädigte nicht mehr geltend machen. Sie sind daher von seinen Haftpflichtansprüchen zu subtrahieren. Wenn der Versicherer – z. B. im Rahmen eines Vergleiches – ganz oder teilweise darauf verzichtet, auf den Haftpflichtigen zu regressieren, sind die entsprechenden Versicherungsleistungen trotzdem vom Haftpflichtanspruch des Geschädigten abzuziehen; vgl. BGE 53 II 179; 90 II 186.
198 Man spricht auch von einer «Restforderung». – Wenn kein Direktschaden besteht, ist es gegebenenfalls Sache des Haftpflichtigen, im Prozess die Aktivlegitimation des Geschädigten zu bestreiten; vgl. BGE 55 II 89.

III. Versicherung nach öffentlichem Recht § 11

Die Auseinandersetzungen über den Regress finden fast immer zwischen einem UVG-Versicherer und einem Haftpflichtversicherer statt. Zur Vereinfachung des Vorgehens und um Kosten zu sparen, wurden zwischen den UVG- und den Haftpflichtversicherern Regress- oder Teilungsabkommen abgeschlossen, deren Anwendung durch eine obere Limite beschränkt ist[199].   168

5. Das Regressrecht der UVG-Versicherer ergibt sich de lege ferenda aus dem Zweck der obligatorischen Unfallversicherung – und auch der andern Sozialversicherungen –, den *Schaden* des Versicherten (ganz oder teilweise) abzudecken. Das kann nur durch eine Schadensversicherung geschehen. Eine Summenversicherung würde, wenn ein Haftpflichtanspruch besteht, zu einer Bereicherung des Geschädigten führen und damit über das Ziel hinausschiessen. Als Schadensversicherer muss der UVG-Versicherer auf den Haftpflichtigen zurückgreifen können, damit die Bereicherung des Geschädigten durch Doppelzahlungen ausgeschlossen wird[200].   169

Es leuchtet auch ein, dass der UVG-Versicherer grundsätzlich jeden Haftpflichtanspruch des Geschädigten geltend machen kann, ergebe er sich aus Verschuldens- oder aus Kausalhaftung[201]. Dadurch wird die Möglichkeit einer Bereicherung des Geschädigten ausgeschlossen. Dafür eignet sich die Subrogation. Eine andere Frage ist diejenige des Zeitpunktes der Legalzession; darauf wird hinten zurückzukommen sein (hinten N 180).   170

Die hier und in den folgenden Ausführungen dargelegte Rechtslage gilt nur im Bereich der Subrogation, d. h. bei der obligatorischen und bei der freiwilligen (UVG 4/5) Versicherung Selbständigerwerbender und ihrer Familienangehörigen, nicht aber bei einer Zusatzversicherung nach   170a

---

[199] MAURER, Unfallversicherungsrecht 565; VONMOOS 119; LEUENBERGER 95 f.; OSWALD in SZS 16, 61 FN 172; A. KELLER II 197. Solche Abkommen sind in andern Ländern Gegenstand literarischer Untersuchungen und gerichtlicher Verfahren; vgl. GEIGEL/SCHLEGELMILCH 30. Kap. N 95 ff.; WEYERS 139 ff., 410 ff.; Urteil NJW 1974, 49 f.; FLEMING Ziff. 72 u. a.

[200] Vgl. die in BGE 53 II 182 zit. Materialien; vgl. MAURER, Unfallversicherungsrecht 544, 564 FN 1465; RUSCONI, Le recours de l'assureur... in Jur. Publikationen des TCS Nr. 7 S. 25 ff.; STEIN, Der Regress gemäss Unfallversicherungsgesetz, in Jur. Publikationen des TCS Nr. 7 S. 41; SCHAER 235.

[201] Dies entspricht dem vorn N 90 ff. gemachten Vorschlag, auch in der privaten Schadensversicherung das Regressrecht nicht auf die Fälle von Verschuldenshaftung zu beschränken und VVG 72 I entsprechend abzuändern, wenn der in erster Linie empfohlene Weg abgelehnt wird, die Verpflichtung eines Versicherers bei Anwendung von OR 51 II nicht den Vertragsverletzungen gleichzustellen.

UVG²⁰¹ᵃ. Diese untersteht dem VVG; vgl. BGE 119 II 363 und dazu STARK in AJP 1994, 640 ff.

3. Voraussetzungen des Regresses

a) Bestehen eines Versicherungsverhältnisses

171   Ob ein Versicherungsverhältnis besteht oder nicht, ist vorerst nur für den Geschädigten von Bedeutung. Die Frage betrifft sein Verhältnis zum UVG-Versicherer.

172   Für den Haftpflichtigen ist es irrelevant, ob er den von ihm geschuldeten Schadenersatz dem Geschädigten oder auf Grund der Subrogation dem UVG-Versicherer bezahlt. Er ist aber daran interessiert, nicht einem Nichtberechtigten eine Leistung zu erbringen, die ihn nicht befreit. Der Versicherer hat daher zu beweisen, dass der Geschädigte für den in Frage stehenden Unfall bei ihm nach UVG versichert ist und daher die Subrogation nach UVG 41 eingetreten ist.

b) Regress auf private Versicherer

173   1. Auf das Regressverhältnis zwischen privatrechtlichen Unfallversicherern – und auch von Krankenkassen – einerseits und dem UVG-Versicherer anderseits kann hier nicht eingetreten werden. Das ist nicht Haftpflichtrecht; dafür sei auf die einschlägige Literatur verwiesen²⁰².

174   2. Einen zum Haftpflichtrecht gehörenden Sonderfall in diesem Zusammenhang stellt die Anrechnung von Prämienzahlungen durch den Haftpflichtigen an einen privaten Versicherer dar, wie sie in SVG 62 III,

---

[201a] MAURER, Unfallversicherungsrecht 544, 564 FN 1465; RUSCONI, Le recours de l'assureur... in Jur. Publikationen des TCS Nr. 7 S. 25 ff.; STEIN, Der Regress gemäss Unfallversicherungsgesetz in Jur. Publikationen des TCS Nr. 7 S. 41; SCHAER 235.
[202] Vgl. insbesondere MAURER, Unfallversicherungsrecht 531 ff.
Die Frage des Zusammentreffens von mehreren Schadensversicherungen hat durch die auf Grund der neueren bundesgerichtlichen Praxis bestehende Möglichkeit, eine private Personenversicherung als Schadensversicherung abzuschliessen, eine neue erhebliche praktische Bedeutung erlangt; man muss dann auf die Grundsätze der Doppelversicherung zurückgreifen; vgl. MAURER, Privatversicherungsrecht 393 ff.

EHG 13 und KHG 9 II vorgesehen ist[203]. Da der Haftpflichtige vor dem Schadenfall Leistungen eines privaten Versicherers vereinbart und bezahlt hat, muss vernünftigerweise seine Prämienzahlung für den Geschädigten auch dem UVG-Versicherer entgegengehalten werden können. Wenn die UVG-Leistungen mangels besonderer gesetzlicher Bestimmung nicht um die Zahlungen des privaten Versicherers gekürzt werden könnten, würde der Geschädigte überentschädigt. Er bekäme die volle UVG-Leistung und daneben die Leistung des privaten Versicherers. Das widerspricht dem Bereicherungsverbot.

Im Gegensatz zum Fall des Verzichtes des Geschädigten auf Haftpflichtansprüche (vgl. vorn N 163 ff.) fällt eine Verantwortlichkeit des Geschädigten für die Schlechterstellung des UVG-Versicherers von vornherein ausser Betracht; denn er war an dieser Schlechterstellung nicht beteiligt. Ob ein Bereicherungsanspruch des genannten Versicherers gegen seinen Versicherten, der dessen Bereicherung ausschliesst, möglich ist, kann hier nicht untersucht werden.

Die Leistungen des privaten Versicherers sind aber immer als Haftpflichtleistungen des Prämienzahlers zu betrachten, soweit dieser die Zahlung ohne Gegenleistung erbracht hat. Wenn sie den gesamten Schaden des Geschädigten (in einer bestimmten Schadenart) übersteigen, ist der überschiessende Teil bei Summenversicherung deren Regeln unterstellt[204].

3. Einzelne Spezialgesetze des Haftpflichtrechts enthalten Normen über das Verhältnis zwischen den sich aus ihnen ergebenden Schadenersatzansprüchen und den Ansprüchen aus öffentlich-rechtlicher Versicherung. In SVG 80 und KHG 9 ist ausdrücklich das UVG erwähnt; auch LFG 77 bezieht sich nur auf die obligatorische Arbeitnehmer-Unfallversicherung. In ElG, EHG, RLG, GSG, SSG, MO und ZSG fehlt eine solche Bestimmung. Die Rechtslage ist aber überall die gleiche, auch im Rahmen der einfachen Kausalhaftungen des OR und des ZGB: Die öffentlich-rechtliche Versiche-

---

[203] Vgl. vorn N 138 ff.; § 10 N 102 ff.; hinten Bd. II/2 § 25 N 615 ff. und zum hier speziell aufgeworfenen Problem DESCHENAUX in FG Schönenberger (Freiburg 1968) 245 ff.; OSWALD in SZS 11, 180/81; 16, 23; STARK in ZSR 86 (1967) II 89 FN 202.

[204] Vgl. vorn N 131.
Beispiel: Bei einem vorübergehenden Verdienstausfall an 100 Tagen zu Fr. 100.– = Fr. 10 000.– müsste der UVG-Versicherer ohne Beteiligung eines privaten Versicherers ungefähr Fr. 8000.– bezahlen. Wenn die beteiligte private Versicherung als Summenversicherung mit einem Taggeld von Fr. 150.– konzipiert ist, bezahlt der private Versicherer Fr. 15 000.–. Auch ohne Zahlung des UVG-Versicherers wird der Geschädigte um Fr. 5000.– bereichert, die aber nicht auszugleichen sind, weil es sich an und für sich um eine Summenversicherung handelt.

rung – auch die Militärversicherung, die AHV und die IV – subrogiert in die Haftpflichtansprüche nach dem in Frage stehenden Versicherungsgesetz, unabhängig davon, ob das Haftpflicht- oder das Versicherungsgesetz später erlassen wurde. Die erwähnten Normen sind daher unnötig.

178   4. Da der UVG-Versicherer in die Ansprüche des Geschädigten gegen den Haftpflichtigen subrogiert, geht auch das Pfandrecht des Geschädigten am Deckungsanspruch des Haftpflichtigen gegen seinen Haftpflichtversicherer (VVG 60) auf den UVG-Versicherer über. Dann kommt gegebenenfalls auch der Verantwortlichkeitsanspruch gegen den Haftpflichtversicherer aus Verkürzung der Rechte des Geschädigten (VVG 60 II) zur Anwendung.

c) Belangbarkeit des Haftpflichtigen in persönlicher und rechtlicher Hinsicht

179   Nicht jeder Haftpflichtige kann vom UVG-Versicherer belangt werden. Gemäss UVG 44 kann der Geschädigte von bestimmten Personen nur bei Vorliegen von Absicht oder grober Fahrlässigkeit Haftpflichtleistungen verlangen. Da der Regress des UVG-Versicherers gemäss UVG 41 auf der Legalzession der Ansprüche des Geschädigten beruht, gilt diese Einschränkung auch für ihn[205].

4. Durchführung des Regresses

a) Zeitpunkt der Subrogation

180   Wie bereits erwähnt, findet der Übergang der Rechte des Versicherten auf den UVG-Versicherer hier, im Gegensatz zur Regelung in VVG 72, nicht erst im Zeitpunkt der Erbringung der Versicherungsleistung, sondern im Zeitpunkt des Schadenereignisses statt (vgl. UVG 41)[206]. Dieser frühe Zeitpunkt der Subrogation – man spricht von einer Sekundentheorie – hat zur Folge, dass der Geschädigte bei voller Haftpflicht eines Dritten nicht

---

[205] Vgl. vorn § 10 N 107 ff.
[206] KUVG 100 hat seinerzeit diese Frage nicht ausdrücklich geregelt. In BGE 63 II 202 hat das Bundesgericht ausgeführt, Subrogation vor dem Vollzug der Leistung sei unserem Gesetz fremd; die gegenteilige Auffassung sei «die allein billige und praktisch anwendbare». In BGE 64 II 427/28 wurde die verbindliche Anerkennung der Leistungspflicht durch die SUVA der tatsächlichen Leistung gleichgestellt; bestätigt in BGE 84 II 400.

bestimmen kann, ob er vom Haftpflichtigen oder vom Sozialversicherer entschädigt werden soll. Diese Einschränkung der Wahlmöglichkeit wird z.T. damit gerechtfertigt, dass der UVG-Versicherer in Invaliditäts- und Todesfällen seine Leistung gewöhnlich in Rentenform erbringt[207].

[207] Dabei spielt der Gedanke eine Rolle, dass der Versicherte davor bewahrt werden müsse, ein ihm vom Haftpflichtigen ausbezahltes Kapital zu verschleudern oder durch ungeschickte Kapitalanlagen zu verlieren und dann zu verarmen. Es handelt sich um einen *fürsorgerischen Eingriff in die Handlungsfreiheit,* der unserem Recht an sich fremd ist. Gegen diese Regelung kann angeführt werden, dass überall dort, wo keine Versicherung nach UVG beteiligt ist – z. B. bei Hausfrauen und Kindern, aber auch bei Selbständigerwerbenden –, die genannte Gefahr bei Kapitalzahlung ebenfalls besteht, ohne dass der Gesetzgeber deswegen Anlass gehabt hätte, Rentenzahlungen vorzuschreiben.
Zum Zwecke des Vergleiches sei auf die Abtretbarkeit und Verpfändbarkeit von Renten hingewiesen: Zwar sind die *Unterhaltsrenten des Familienrechts* nicht abtretbar, aber nicht wegen der genannten Gefahr der Mittellosigkeit, sondern wegen der höchstpersönlichen Natur des Anspruches (vgl. HEGNAUER, Berner Komm. [4. A. Bern 1991] N 169 zu ZGB 272; OFTINGER/BÄR, Zürcher Komm. [3. A. Zürich 1981] N 51 zu ZGB 899; BECKER N 41 zu OR 164 u. a.). Die *Grunddienstbarkeiten* und *Realgrundlasten* sind unverpfändbar und auch nicht abtretbar, weil sie keine selbständigen Rechtsobjekte darstellen (vgl. OFTINGER/BÄR, a.a.O., N 64 ff. zu ZGB 899). Im OR gelten *Schadenersatz- und Genugtuungsansprüche* generell als abtretbar und verpfändbar (eine abweichende Regelung besteht gemäss ZGB 93 II für Genugtuungsansprüche aus Verlöbnisbruch). Das bezieht sich auch auf Ansprüche für Versorgerschaden und aus Körperverletzung sowie Ansprüche aus einer privaten Unfallversicherung (vgl. Voraufl. 190, 231; OFTINGER/BÄR, a.a.O., N 77 zu ZGB 899; BECKER N 9 zu OR 46, N 27 zu OR 164 u. a.).
Nach OR 164 kann sich der Ausschluss der Abtretbarkeit aus der Natur des Rechtsverhältnisses ergeben, was vor allem bei höchstpersönlichen Rechten in Frage kommt sowie, wenn bei einer Abtretung der Charakter der Leistung verändert würde (vgl. BECKER N 31 ff. zu OR 164; GAUCH/SCHLUEP, Skript N 2191 sprechen von einer Änderung des Forderungsinhaltes bzw. von der Gefährdung des Zweckes der Forderung auf Grund der Interessenlage; vgl. auch BUCHER 488; VON TUHR/ESCHER 344 ff.). Hier stellt sich dann die Frage, ob der Zweck der Forderung gegen den Sozialversicherer durch eine Erledigung mit dem Haftpflichtigen gefährdet würde. Grundsätzlich ist das nicht der Fall, weil die Leistungen des Sozialversicherers nur insoweit entfallen würden, als der Haftpflichtige bezahlt hat. Der Zweck der Forderung gegen den Sozialversicherer besteht nicht darin, den Versicherten daran zu hindern, mit den Leistungen andere Zwecke zu verfolgen als diejenigen, für die sie gedacht sind.
Die Kompetenz des Bundesrates gemäss AHVG 45 und IVG 50 gibt keine Anhaltspunkte für die generelle Einstellung unserer Rechtsordnung, weil es sich dabei auch um Sozialversicherungsrecht handelt. In seinem Entscheid vom 12. November 1991 i.S. Versicherung A gegen Katharina F. hat das Bundesgericht wie bisher der Kapitalzahlung den Vorzug gegeben.
Aus dem frühen Zeitpunkt der Subrogation entstehen Komplikationen, z. B. wenn der spätere Haftpflichtige durch Bezahlung von Versicherungsprämien für den Geschädigten schon vor dem Unfall die Voraussetzung dafür geschaffen hat, dass ein privater Versicherer Leistungen für einen Unfall erbringt; vgl. vorn N 138; § 10 N 102 ff.; hinten Bd. II/2 § 25 N 615 ff.
Vgl. zu dieser Frage BENER 40 ff., 51 ff.; JÖRIMANN in ZBJV 61, 455; SUTER 114; SAUSER 86.

181 Der Zeitpunkt der Entstehung des Regressanspruches – bei Subrogation das Schadenereignis, bei Ausgleichsansprüchen nach OR 51 II die Leistungserbringung – hat vernünftigerweise keinen Einfluss auf die gegenseitige rechtliche Stellung von verschiedenen regressierenden Versicherern. Das ist von Bedeutung, wenn die gesamten Versicherungsleistungen grösser sind als der haftpflichtrechtliche Ersatzanspruch des Geschädigten[208].

b) Grundlagen

182 Die Formulierung von UVG 41, dass der Versicherer «bis auf die Höhe der gesetzlichen Leistungen in die Ansprüche des Versicherten und seiner Hinterlassenen» eintrete, lässt wie früher KUVG 100 viele Fragen offen, die für die Rechtsstellung des Versicherten und des UVG-Versicherers von grosser praktischer Bedeutung sind. Je nach ihrer Beantwortung im konkreten Fall ist der Regress des UVG-Versicherers grösser und dementsprechend die Forderung für Direktschaden[209], den der Geschädigte über die Versicherungsleistungen hinaus vom Haftpflichtigen verlangen kann, kleiner oder umgekehrt. Die Judikatur des Bundesgerichts hat sich seit dem Inkrafttreten des KUVG mehrmals einschneidend geändert, ja innerhalb kurzer Zeit entgegengesetzte Lösungen präsentiert[210]. Daneben deckt heute der UVG-Versicherer bei Dauerschäden auch die immaterielle Unbill, unter dem Namen der Integritätsentschädigung, so dass auf den UVG-Versicherer auch Genugtuungsansprüche übergehen[211].

183 Die Änderungen der Rechtsprechung und die Neuerungen des UVG gegenüber dem KUVG haben zur Folge, dass ältere Urteile ganz oder an wichtigen Stellen überholt sind.

184 Für den Gegensatz der Lösungen – vor allem Vorrang des Versicherers oder des Geschädigten beim Regress – wird, soweit es sich um die Frage handelt, wer haftpflichtrechtliche Kürzungsgründe, namentlich das Selbstverschulden des Geschädigten, zu tragen habe, heute der Ausdruck «*Quo-*

---

[208] Vgl. SCHAER, recht 1991, 21.
[209] Vgl. BGE 98 II 135; UVG 42 III.
[210] Vgl. die Darstellungen der Praxisänderungen in BGE 95 II 585 f.; 98 II 134; MAURER in SZS 12, 196 ff., 200 FN 8.
[211] Der UVG-Versicherer deckt nach UVG 12 auch Schäden an *Sachen,* die einen Körperteil oder eine Körperfunktion ersetzen (mit einer Einschränkung für Brillen, Hörapparate und Zahnprothesen). In diesem Rahmen kommt auch für Sachschäden ein UVG-Regress in Frage; vgl. MAURER, Unfallversicherungsrecht 173, 317.

III. Versicherung nach öffentlichem Recht   § 11

tenvorrecht»[212] verwendet. Wer das Quotenvorrecht nicht hat, muss die Kürzungsgründe tragen. Es kann de lege ferenda dem Sozialversicherer oder dem Geschädigten zustehen. Früher hatte jeder von ihnen die Kürzungsquote für seinen Anteil am Haftpflichtbetrag zu tragen[213]. Dann wurde dem Sozialversicherer das Quotenvorrecht zuerkannt[214]. Nach dem Quotenvorrecht des Sozialversicherers kam dann das Quotenvorrecht des Geschädigten, welches auf der Einführung des neuen Art. 88 im SVG von 1958 beruhte. Dieses Schwanken beweist die Schwierigkeit der Materie. Sie rührt daher, dass beim Regress des Sozialversicherers und beim Haftpflichtrecht zwei nicht konforme Schadendeckungs- und Haftungssysteme zusammentreffen, was sich auch beim Problem der identischen Schadensposten zeigt. Näheres über das sog. Quotenvorrecht hinten N 202 ff.

c) Versicherter und unversicherter Teil des Schadens, Identität der Schadensposten

1. Die Subrogation in einen Haftpflichtanspruch für einen bestimmten   185
Schaden setzt voraus, dass dieser Schaden durch den UVG-Versicherer gedeckt ist. So übernimmt der UVG-Versicherer Sachschäden nur im engen Rahmen von UVG 12 (vgl. vorn FN 211), nicht aber andere Sachschäden; infolge dessen können Ersatzansprüche für andere Sachschäden[215] nicht auf den UVG-Versicherer übergehen. Man spricht vom *Rechtseintritt nach Leistungskategorien;* UVG 43 I verwendet die Formulierung: «Leistungen gleicher Art». Es muss danach *Identität* der Art zwischen den Kosten, die nach UVG übernommen werden und denjenigen, die nach Haftpflichtrecht zu ersetzen sind, bestehen. Innerhalb jeder Schadenskategorie subrogiert der UVG-Versicherer in den Haftpflichtanspruch nur bis zur Höhe seiner Leistungen. Man spricht hier vom *Kongruenzgrundsatz*[216].

---

[212] Gebräuchlich ist auch der Ausdruck «Priorität».
[213] Vgl. BGE 47 II 487; 58 II 236; 60 II 37, 157 und die Darstellung des Entscheides der Vorinstanz in BGE 85 II 257.
[214] In BGE 85 II 257 wurde der Kürzungsgrund ausschliesslich dem Geschädigten angelastet und die frühere abweichende Rechtsprechung zu dieser Frage dargestellt. In BGE 93 II 415 wurde dann umgekehrt entschieden und dem Geschädigten das Quotenvorrecht zugestanden.
[215] Zum Beispiel die Beschädigung der Armbanduhr oder von Kleidern.
[216] Vgl. MAURER, Unfallversicherungsrecht 549 ff.; DERS., Sozialversicherungsrecht I 410 ff.; SCHAER § 15; STOESSEL 75 ff.; BGE 58 II 232; 60 II 36, 157; 64 II 426; 84 II 400; 90 II 84; 95 II 582 ff.; 97 II 132; 98 II 137.

601

§ 11   Haftpflicht und Versicherung

186 2. Was der UVG-Versicherer nicht übernimmt – sei es, dass es nach UVG nicht versichert ist, sei es, dass der UVG-Versicherer nur einen Teil des haftpflichtrechtlichen Schadenspostens bezahlt –, verbleibt dem Geschädigten als Restforderung[217]. Der UVG-Versicherer soll nicht dadurch bereichert werden, dass man ihm den Regress für unversicherte Schäden einräumt[218].

187 Dieses System kann in einzelnen Fällen dazu führen, dass umgekehrt der Geschädigte vom UVG-Versicherer und aus der Befriedigung seiner Restforderung zusammen mehr erhält, als sein Schaden haftpflichtrechtlich betrachtet ausmacht. Das tritt dann ein, wenn der UVG-Versicherer Leistungen zu erbringen hat, denen kein haftpflichtrechtlich anerkannter Schaden gegenübersteht (vgl. hinten N 191)[219].

188 3. Die Frage, welche Posten als identisch zu behandeln sind, wird in UVG 43 II geregelt, wobei der Gesetzgeber durch das Wort «namentlich» die Möglichkeit abweichender Betrachtungsweisen im konkreten Fall offengelassen hat[220].

---

[217] Man spricht, wie bereits erwähnt, auch vom *Direktanspruch*, weil der Geschädigte ihn direkt beim Haftpflichtigen geltend machen kann.

[218] BGE 95 II 585/86, 589; 98 II 134 ff.; MAURER, Unfallversicherungsrecht 547 ff.; OSWALD in SZS 16, 56 ff.

[219] Vgl. BGE 98 II 134/35. Das Bundesgericht verweist zum Vergleich auf die Regelung von VVG 96 im privaten Versicherungsrecht. Das ist insofern richtig, als es sich bei den UVG-Leistungen dann um eine der Summenversicherung ähnliche Deckung handelt, wenn diese – namentlich aus sozialen Gründen und in zeitlicher Hinsicht – über den haftpflichtrechtlichen Schadenersatzanspruch hinausgehen. Es liegt dann kein entsprechender Schaden vor. Das gilt unabhängig davon, ob ein Haftpflichtiger vorhanden ist, und ist insbesondere der Fall bei Bezahlung der UVG-Leistungen für Invalidität oder Tod bis zum Tod, also voraussichtlich ebenfalls für einen Zeitabschnitt, in dem die Erwerbsfähigkeit des Verunfallten auch ohne den Unfall durch sein Alter herabgesetzt oder ausgeschlossen gewesen wäre; vgl. UVG 19 II und insbes. UVG 43 III; ferner HANS OSWALD, Sammelwerk AIDA, Sujet I 09.28. Vgl. aber BGE 93 II 420.

[220] Der Vollständigkeit halber sei hier erwähnt, dass auch in persönlicher Hinsicht Identität gegeben sein muss. So erhalten Konkubinatskinder eines verstorbenen Versicherten Hinterlassenenrenten, während ihre Mutter nach UVG 28 leer ausgeht, haftpflichtrechtlich aber anspruchsberechtigt sein kann. Wenn die Leistungen des UVG-Versicherers für die Kinder deren Versorgerschaden übersteigen, kann der Versicherer die Differenz nicht zu Lasten ihrer Mutter vom Haftpflichtigen verlangen; vgl. in bezug auf AHV/IV STOESSEL 76. Allgemein ist festzuhalten, dass der Kreis der berechtigten Hinterlassenen nach UVG 28 ff. nicht identisch ist mit dem Kreis der Hinterlassenen, die nach Haftpflichtrecht Versorgerschadenleistungen beanspruchen können. Es ist auch denkbar und zur Zeit des KUVG bei den Elternrenten häufig vorgekommen, dass der Sozialversicherer an Hinterlassene Renten bezahlt, die keinen Anspruch auf Ersatz des Versorgerschadens haben. Auch die Höhe der Renten gemäss UVG 31 entspricht in vielen Fällen nicht den haftpflichtrechtlichen Ansätzen.

III. Versicherung nach öffentlichem Recht § 11

a) Bei den *Heilungs- und Pflegekosten* ist zu berücksichtigen, dass der 189
Versicherer Heilmassnahmen und Pflege «in natura», d. h. auf seine Kosten
zur Verfügung stellt. Der Versicherte schuldet diese Kosten nie selbst. Er
hat daher für sie auch keinen Ersatzanspruch gegen den Haftpflichtigen,
der auf den Versicherer übergehen könnte. Dieser hat anderseits auch
keinen eigenen Anspruch gegen den Schädiger auf Ersatz dieser Aufwendungen. Er hat nur einen reinen Vermögensschaden erlitten und ist daher
mangels Rechtswidrigkeit nicht anspruchsberechtigt (vgl. vorn 2 N 77).
Zweck der Naturalleistungen[221] ist aber nicht die Entlastung des Haftpflichtigen. Um dieser Situation Rechnung zu tragen, wird von der Fiktion
ausgegangen, dass der Versicherte Schuldner der Leistungserbringer
sei[222, 223].

b) Bei *fortlaufend entstehendem Schaden,* insbesondere wegen Arbeits- 190
und Erwerbsunfähigkeit[224], kommt dem Erfordernis der *Identität der Zeitperiode* mehr Bedeutung zu als der Unterscheidung zwischen Arbeits- und
Erwerbsunfähigkeit: Der UVG-Versicherer subrogiert für seine Leistungen für einen bestimmten Zeitabschnitt in die Haftpflichtansprüche für den
gleichen Zeitabschnitt. Die Gleichstellung des Taggeldes mit dem Ersatz
für Arbeitsunfähigkeit einerseits und der Invalidenrente mit dem Ersatz
für Erwerbsunfähigkeit anderseits (UVG 43 II lit. b/c) bedeutet nicht, dass
z. B. der UVG-Versicherer für von ihm bezahltes Taggeld nicht auf die
Invaliditätsentschädigung des Haftpflichtigen für die gleiche Zeit greifen
kann[225].

Diese Berücksichtigung des zeitlichen Moments spielt auch eine wich- 191
tige Rolle bei *zukünftigem Schaden,* d. h. bei Renten für Verlust des Ver-

---

[221] Es handelt sich nicht um Naturalrestitution im Sinne des Haftpflichtrechts (vgl. vorn § 2 N 96 ff.), weil die Leistung nicht vom Haftpflichtigen erbracht wird.
[222] MAURER, Unfallversicherungsrecht 554 FN 1439; DERS., Sozialversicherungsrecht I 398/99; STOESSEL 81; A. KELLER II 189 (mit abweichender Begründung, im Ergebnis aber gleich).
[223] Dieser dogmatische Kunstgriff drängt sich geradezu auf; denn für den Geschädigten und für den Schädiger ist es gleichgültig, ob der Geschädigte oder sein Versicherer rechtlich die Heil- und Pflegemassnahmen in Auftrag gibt. Dem Verunfallten steht nach UVG 10 II die freie Arztwahl zu, allerdings mit Einschränkungen, auf die MAURER, Unfallversicherungsrecht 287 hinweist. Man könnte auch eine gesetzliche Stellvertretung des Versicherten durch den Versicherer annehmen und Verrechnung von dessen Ersatzansprüchen mit dem Deckungsanspruch des Versicherten.
[224] Vgl. zu diesen beiden Begriffen MAURER, Unfallversicherungsrecht 351 ff.; STOESSEL 78 ff.; vorn § 6 N 120.
[225] Vgl. EDGAR SCHMID 9/10.

§ 11   Haftpflicht und Versicherung

sorgers und für Invalidität: Die Renten sind dem UVG-Versicherer, der sie – abgesehen von der Wiederverheiratung eines verwitweten Ehegatten – bis zum Tod des Anspruchstellers (UVG 29 VI) bezahlt, nur solange zurückzuerstatten, als der Versicherte ohne den Unfall erwerbsfähig geblieben wäre, d. h. bis zu dem Zeitpunkt, auf den die haftpflichtrechtliche Schadensberechnung in bezug auf das Rentenende abstellt[226, 227].

192   c) Während nach KUVG keine Entschädigung für immaterielle Unbill geleistet wurde, sieht UVG 24 I eine *Integritätsentschädigung* vor, wenn «der Versicherte durch den Unfall eine dauernde erhebliche Schädigung der körperlichen oder geistigen Integrität» erleidet[228]. Nach UVG 43 II lit. d ist diese Integritätsentschädigung identisch mit der haftpflichtrechtlichen Genugtuung. Der Genugtuungsanspruch geht daher bei Invalidität in der Höhe der Integritätsentschädigung auf den UVG-Versicherer über. Genugtuungsansprüche von Hinterlassenen bei Todesfällen und Schmerzensgeldansprüche bei besonders schmerzhafter und langer Heilungszeit sind davon nicht betroffen[229].

193   Haftpflichtrechtlich fällt ins Gewicht, dass der Haftpflichtige bzw. sein Versicherer auf Grund dieser Regelung bei Invaliditätsfällen auch mit der Zahlung der Genugtuung zuwarten muss, bis der UVG-Versicherer seine Leistungen festgelegt hat[230].

---

[226] Daraus kann sich eine Bereicherung des Versicherten ergeben; vgl. vorn N 187.
[227] Im weiteren sei erwähnt, dass das Taggeld vom UVG-Versicherer erst vom 3. Tag nach dem Unfall an bezahlt wird (UVG 16 II). Demgegenüber stellt das Haftpflichtrecht den vollen Verdienstausfall in Rechnung. Der Haftpflichtanspruch für die ersten 2 Tage geht nach UVG 43 II lit. b nicht auf den UVG-Versicherer über, auch wenn er z. B. auf Grund des versicherten Verdienstes vom 3. Tage an mehr bezahlt hat, als der Haftpflichtanspruch ausmacht; vgl. BGE 58 II 230; 60 II 36, 157; 63 II 345; 64 II 426; MAURER, Unfallversicherungsrecht FN 1436.
[228] Die SUVA stellte in ihrer Praxis zum KUVG auf die medizinisch-theoretische Invalidität ab, während es heute nach UVG 18 II auf die praktische Auswirkung der Behinderung ankommt. Dadurch wurde nach KUVG der Verunfallte in bezug auf die Invaliditätsentschädigung besser gestellt als heute nach UVG. Dafür sieht das UVG die Entschädigung des Integritätsschadens vor; vgl. MAURER, Unfallversicherungsrecht 349.
[229] Wenn der Versicherte erst nach der Entstehung des Anspruches stirbt, fällt die Integritätsentschädigung in die Erbschaft; stirbt er vorher, so ist sie nicht geschuldet; vgl. EDGAR SCHMID 11.
[230] Ob die lange erwartete Zahlung der Integritätsentschädigung und des Restes der Genugtuung dann noch den Genugtuungseffekt beim Geschädigten erzielt, ist eine andere Frage. Um so eher drängt sich das von der Studienkommission für die Gesamtrevision des Haftpflichtrechts in Thesen 62-5 (S. 171/72) vorgeschlagene Ausgleichssystem zwischen Sozial- und Haftpflichtversicherern auf.

III. Versicherung nach öffentlichem Recht   § 11

d) Die Frage, ob der obligatorische Unfallversicherer in seinem Regress 194
innerhalb einer Kategorie, für die er Leistungen erbracht hat, auch Schadenersatzteile für sich beanspruchen könne, die bei der Berechnung der UVG-Leistungen ausser Betracht fallen, war unter der Herrschaft des KUVG umstritten[231]. Es handelt sich vor allem um Einkommensteile, die nach UVG nicht versichert sind *(Nebenverdienst)*[232]. Die Bedeutung der Frage konzentriert sich auf die selbständige Erwerbstätigkeit neben einer unselbständigen[233]. Erst wenn der Lohn unter die Hälfte fällt, hört nach UVG 3 II die Versicherung nach 30 Tagen auf[234].

Nach wohl herrschender Lehre[235] handelt es sich beim Schaden, der aus 195
nicht-versicherten Einkommensteilen entsteht, um den Ausfall von Leistungen gleicher Art im Sinne von UVG 43 wie bei den versicherten Einkommensteilen. Daraus ergibt sich, dass der UVG-Versicherer bei seinem Regress auch auf Haftpflichtansprüche für Schadensteile greifen kann, die nicht versichert waren und daher bei der Festsetzung seiner Leistungen nicht einbezogen wurden[236].

e) Das Haftungsprivileg von UVG 44 gilt auch nur für Schadensposten, 196
die mit UVG-Leistungen identisch sind. Soweit das nicht der Fall ist, besteht für eine Privilegierung des Haftpflichtigen kein Anlass[237]. Das gilt insbesondere für Sachschaden und die Genugtuung bei Todesfällen.

---

[231] Vgl. namentlich den grundlegenden BGE 98 II 133 ff.; entsprechend ZR 87 (1988) Nr. 106.
[232] Da nach UVG 1 alle Arbeitnehmer versichert sind, gilt dies auch für einen unselbständigen Nebenerwerb (vgl. UVV 23 V); auch für ihn müssen Prämien bezahlt werden und sind bei einem Unfall Versicherungsleistungen zu erbringen. Die aufgeworfene Frage stellt sich daher bei unselbständigem Nebenerwerb nicht.
[233] Der «Nebenerwerb» muss keinesfalls eine quantité négligeable sein; er kann auch die halbe Arbeitszeit umfassen. Man denke z. B. an einen Universitätsassistenten, der halbtags angestellt ist und daneben eine Anwaltspraxis betreibt, oder an einen Buchhalter, der nach Vollenden des 65. Altersjahres noch einen Teil seiner Funktionen beim bisherigen Arbeitgeber ausübt, daneben aber als Selbständigerwerbender für Handwerker Buchhaltungsabschlüsse erstellt.
[234] Vgl. MAURER, Unfallversicherungsrecht 141 ff.
[235] Vgl. MAURER, Unfallversicherungsrecht 552/53; EDGAR SCHMID 23 ff.
[236] Das führt zu einer Vereinfachung der Regressrechnung. Beispiel: Der UVG-Versicherer geht von einem anderen Einkommen aus als das Haftpflichtrecht, weil er auf das Vorjahr abstellt, das Haftpflichtrecht dagegen auf die in Zukunft zu erwartende Entwicklung des Einkommens. Der das versicherte Einkommen übersteigende Teil wird aber nicht ausgesondert, sondern verbleibt in der Regressrechnung. Der Versicherer kann aber nach UVG 41 vom Haftpflichtigen nie mehr verlangen als seine gesetzlichen Leistungen.
[237] Vgl. SCHAER Rz 974 ff., insbes. 979.

197   f) Zur Berechnung des Regressanspruches und des Direktschadens des Geschädigten bei Rentenfällen werden die versicherungsrechtliche und die haftpflichtrechtliche Rente mit dem gleichen Koeffizienten[238] kapitalisiert. Bei Haftpflichtrenten von Witwen sind beide Beträge um den Wiederverheiratungsabzug zu kürzen[239].

198   Der UVG-Versicherer bezahlt aber viele Renten lebenslänglich. Der Wert der Rente vom Ende der Aktivitätserwartung bis zum Lebensende stellt wegen der abweichenden Zeitperiode keinen mit der haftpflichtrechtlichen Rente bis zum Ende der Aktivität identischen Schadensposten dar. Deshalb besteht dafür kein Regressrecht des UVG-Versicherers[240].

d) Verhältnis zwischen Direktansprüchen des Geschädigten und Regressansprüchen des Sozialversicherers

aa) Ungenügen der zur Erfüllung der Haftpflichtansprüche zur Verfügung stehenden Mittel

199   Wenn ein einziger nicht versicherter Geschädigter ausgewiesene Haftpflichtansprüche stellt, für deren Erfüllung dem Haftpflichtigen nicht genügend Mittel zur Verfügung stehen, muss er sich zwangsläufig mit denjenigen Leistungen zufrieden geben, die der Haftpflichtige erbringen kann. Wenn mehrere Geschädigte in einem solchen Fall Ansprüche geltend machen, sind die zur Verfügung stehenden Mittel quotenmässig zu verteilen[241]; für SVG-Fälle stellt SVG 66 I dafür Regeln auf.

---

[238] Normalerweise mit dem Aktivitätskoeffizienten; die haftpflichtrechtliche Praxis ist aber, namentlich bei Hausfrauen, differenzierter; vgl. vorn § 6 N 162 ff.
[239] Vgl. BGE 97 II 132. Dabei ist zu berücksichtigen, dass der UVG-Versicherer seine Renten bis zur effektiven Wiederverheiratung bezahlt. Dabei trägt z. B. bei Erledigung eines Regressanspruches für den Versorgerschaden einer Witwe in Kapitalform der UVG-Versicherer das Risiko, dass die Witwe sich nicht wieder verheiratet. Das wird ausgeglichen durch die zu grossen Entschädigungen, die er in Fällen erhält, in denen die Witwe schneller wieder heiratet, als nach der Statistik anzunehmen war.
[240] Eine Ausnahme gilt für Altersleistungen, die einen *Rentenschaden* abdecken; vgl. vorn § 6 N 191 ff. und N 337 ff.; STARK, SJZ 89 (1993) 341 ff. und die dort zit. Lit. Der Rentenschaden ist heute als ersatzberechtigter Schaden anerkannt. Altersleistungen, die ihn abdecken, stellen daher einen identischen Schadensposten dar.
[241] Nach der Proportionalregel; vgl. Bd. II/2 § 26 N 182 ff.

Wenn aber neben den Direktansprüchen auch Regressansprüche eines 200
Versicherers erhoben werden, findet der Grundsatz «nemo subrogat contra
se» Anwendung: Der oder die Versicherer können nur insoweit Rückgriff
nehmen, als nach Befriedigung der ausgewiesenen Direktansprüche noch
eine Restsumme übrig bleibt. Die berechtigten Ansprüche der Geschädigten werden voll gedeckt, bevor die Regressansprüche der Versicherer zu berücksichtigen sind.

Diese Regelung beruht auf dem Gedanken, dass der Versicherer seinen 201
Versicherten u.a. Schutz gegen Zahlungsunfähigkeit des Haftpflichtigen zu
bieten hat. Es handelt sich um ein allgemeines Prinzip, das in SVG 88
ausdrücklich festgelegt ist.

bb) Die Priorität des Geschädigten (Quotenvorrecht) bei Vorliegen von
Schadenersatz-Reduktionsgründen

SVG 88 ist von der Rechtsprechung nicht nur auf den Fall des Un- 202
genügens der zur Verfügung stehenden finanziellen Mittel, einerseits des
Haftpflichtigen selbst, andererseits aus seiner Haftpflichtversicherung, angewendet worden: Wenn – bei ausreichenden Mitteln des Haftpflichtigen unter Einbezug der Garantiesumme seiner Haftpflichtversicherung –
der Schadenersatzanspruch des Geschädigten wegen Reduktionsgründen
(vgl. vorn § 7) gekürzt wird[242], stellt sich die vorn N 184 bereits angetönte
Frage, ob diese Kürzung auf den Direktanspruch des Geschädigten und den
Regressanspruch des Versicherers proportional angewendet wird oder ob
nur einer von ihnen den gesamten Kürzungsbetrag zu tragen hat[243].

Naheliegend ist an sich die proportionale Kürzung beider Forderun- 203
gen. Das Bundesgericht hat in BGE 47 II 487; 58 II 236; 60 II 37, 157
diesen Weg beschritten, dann in BGE 85 II 261 die Kürzung des Regresses der SUVA wegen eines Kürzungsgrundes abgelehnt und den Kürzungsbetrag ganz dem Geschädigten belastet, unter Hinweis auf die

---

[242] Üblicherweise argumentiert man als Beispiel mit dem Selbstverschulden des *Geschädigten* als Kürzungsgrund. Hier sei aber ergänzend erwähnt, dass bei Todesfällen auch das Verschulden der Hinterlassenen deren Schadenersatzanspruch reduziert; vgl. vorn § 7 N 29. Es führt, bei mindestens grober Fahrlässigkeit, auch im Versicherungsrecht zu einer Kürzung; vgl. VVG 14 und UVG 38.
[243] Bei der Ermittlung des gesamten Kürzungsbetrages sind beide Forderungen, diejenige des Versicherers und diejenige des Geschädigten selbst zu berücksichtigen. Sie sind zusammenzuzählen. Der Kürzungsbetrag stellt eine Quote des Gesamtbetrages dar.

§ 11   Haftpflicht und Versicherung

entsprechende Regelung in Frankreich, Deutschland und Italien (Quotenvorrecht des Sozialversicherers). Gestützt auf SVG 88 hat es in BGE 93 II 411 gegenteilig entschieden und die ganze Kürzungsquote dem Sozialversicherer angelastet[244]. Diese Praxis wurde dann zu Recht gestützt auf ZGB 1 II über den Bereich des SVG hinaus auf das ganze Haftpflichtrecht ausgedehnt[245]. Der Grundgedanke besteht darin, dass die Folgen von haft-

---

[244] Zur Illustration dieser Möglichkeiten sollen folgende Beispiele dienen, die alle von einem haftpflichtrechtlichen Schaden von Fr. 1000.− und einer wegen Selbstverschuldens des Geschädigten auf Fr. 750.− gekürzten totalen Haftpflichtforderung gegen den Haftpflichtigen ausgehen.

a) Leistungen des UVG-Versicherers Fr. 800.−, Direktschaden daher Fr. 200.−:

	Gleichmässige Verteilung der Reduktion Fr.	Reduktion zu Lasten des UVG-Versicherers Fr.	Reduktion zu Lasten des Geschädigten Fr.
Regress des UVG-Versicherers	600.−	550.−	750.−
Direktanspruch	150.−	200.−	−.−
Total Haftpflichtanspruch	750.−	750.−	750.−
Bezüge Geschädigter (800.− + Direktanspruch)	950.−	1000.−	800.−
Einbusse des UVG-Versicherers (800.− ./. Regress)	200.−	250.−	50.−
Einbusse Geschädigter (1000.− ./. Bezüge des Geschädigten)	50.−	−.−	200.−

b) Leistungen des UVG-Versicherers Fr. 600.−, Direktschaden Fr. 400.−:

Regress des UVG-Versicherers	450.−	350.−	600.−
Direktanspruch	300.−	400.−	150.−
Total Haftpflichtanspruch	750.−	750.−	750.−
Bezüge des Geschädigten	900.−	1000.−	750.−
Einbusse UVG-Versicherers	150.−	250.−	−.−
Einbusse des Geschädigten	100.−	−.−	250.−

[245] Vgl. BGE 95 II 581; 96 II 360; 97 II 130; 98 II 133; 104 II 309 f.; 113 II 91; 117 II 627. Vgl. auch STARK in ZSR 86 II 91 f.; DERS. AcP 164, 557; EGGER 71; GOTTFRIED SCHLÄPPI 75; WALTER YUNG, La responsabilité civile d'après la loi sur la circulation routière, Mémoires publiés par la Faculté de Droit de Genève (Genf 1962) 45; A. KELLER II 191 ff.; hinten Bd. II/2 26 N 428 f.

III. Versicherung nach öffentlichem Recht § 11

pflichtrechtlichen Reduktionsgründen insoweit nicht vom Geschädigten zu tragen seien, als sie quantitativ weniger ausmachen als die Versicherungsleistungen. Der Direktanspruch ist in erster Linie voll zu befriedigen und der Versicherer kann nur auf den Rest der gesamten Haftpflichtforderung greifen. Was voll zu decken ist, ist der Schaden und nicht die (oft geringere) Schadenersatzforderung. Das führt zum sog. «Quotenvorrecht» bzw. zur «Priorität» des Geschädigten.

Diese Regelung wurde in der Folge in UVG 42 I, AHVG 48^{quater} I, auf den IVG 52 I verweist, und in MVG 68 I gesetzlich fixiert. 204

Die geschilderte Begrenzung des Regresses kann im Einzelfall dazu führen, dass dem UVG-Versicherer kein Rückgriff zusteht, weil der Geschädigte die ganze vom Haftpflichtigen geschuldete Schadenersatzforderung beanspruchen kann[246]. Er «kumuliert» die Leistungen des Sozialversicherers und jene des Haftpflichtigen – bzw. dessen Haftpflichtversicherers –, bis sein Schaden voll gedeckt ist[247, 248]. 205

---

[246] BGE 96 II 367.
[247] BGE 93 II 421; 96 II 364 f., 367.
[248] Zahlenbeispiel:
X = versicherter Geschädigter; Y = Haftpflichtiger. Die Schadensposten sind identisch. (Es ist gleichgültig, ob ein Geschädigter für dauernde Arbeitsunfähigkeit oder für Verlust des Versorgers Schadenersatz erhält; die Kapitalisierung ist bereits erfolgt.)

	Fr.
Schaden (berechnet nach den Regeln des Haftpflichtrechts)	90 000
Schadenersatzreduktion wegen Selbstverschuldens um ⅓ (= Fr. 30 000.–)	
ergibt Schadenersatzforderung des X und zugleich Schuld des Y	60 000
Kapitalbetrag der UVG-Rente	70 000
X erhält vom UVG-Versicherer	70 000
+ von Y (als Restforderung) soviel Anteil an der Schadenersatzforderung, wie erforderlich, um den vollen Schaden von Fr. 90 000.– gedeckt zu erhalten, also 90 000–70 000	20 000
Deckung des X (voller Schaden)	90 000
Regress des UVG-Versicherers:	
Schadenersatzforderung des X gegen Y	60 000
abzüglich Schadenersatzzahlung des Y an X	20 000
UVG-Versicherer erhält vom Haftpflichtigen	40 000
Probe:	
Von der Schadenersatzforderung des X (= Schuld des Y) von 60 000 erhalten:	
X	20 000
UVG-Versicherer	40 000
Total	60 000

§ 11 Haftpflicht und Versicherung

206 Reduktionsgründe der Schadenersatzforderung[249] wirken sich im Verhältnis zum Haftpflichtigen normal zu dessen Gunsten aus: Die Haftpflichtschuld ist herabzusetzen. Die Wirkung der Reduktionsgründe wird dann aber in bezug auf die Stellung des Geschädigten beseitigt: Auf die Reduktion der ihm zukommenden Leistungen wird *zulasten des Versicherers* ganz oder teilweise verzichtet. Allerdings kann die Reduktion – was selten ist – so gross sein, dass die Restforderung des Geschädigten zusammen mit der Versicherungsleistung doch nicht zur vollen Deckung des Schadens ausreicht[250, 251].

207 Für international-rechtliche Fragen sei auf die einschlägige Literatur verwiesen; vielfach werden Staatsverträge massgebend sein.

208 Die Priorität des Geschädigten verlagert die wirtschaftliche Belastung durch vom Geschädigten zu vertretende Faktoren auf den Versicherer[252]. Das entspricht – in bezug auf das leichte Selbstverschulden, das hier im Vordergrund steht – allgemein der Funktion der Versicherung. Wenn kein Haftpflichtiger vorhanden ist, trägt die Versicherung die Folgen des leichten Verschuldens ihres Versicherten[253], und zwar im Rahmen der versicherten Leistungen voll.

---

[249] Vor allem ein Selbstverschulden, aber auch ein zur Reduktion führender Zufall, vom Geschädigten zu vertretende Kausalhaftungen (vgl. vorn § 9 N 32 ff.), kurz Umstände, für die der Geschädigte nach OR 44 I einstehen muss.

[250] BGE 97 II 130; 98 II 134.

[251] Weil der Regressanspruch des UVG-Versicherers durch Subtraktion des Direktschadens vom Schadenersatzanspruch berechnet wird, wird in der aussergerichtlichen Praxis gelegentlich die Frage gestellt, wie es zu halten sei, wenn der Geschädigte seinen Direktanspruch gegen den Haftpflichtigen nicht geltend macht (sog. *fiktives Quotenvorrecht*). Nach dem Wortlaut von UVG 42 I erhöht sich dadurch der Regressanspruch des Versicherers eindeutig nicht; vgl. A. KELLER II 194. Dabei muss es sein Bewenden haben. Abgesehen davon, dass die gegenteilige Lösung contra legem wäre, ergäben sich bei der Mannigfaltigkeit der praktischen Fälle ungezählte Komplikationen, wenn man der ratio legis in jedem Fall gerecht werden wollte. Ein loyaler Haftpflichtiger wird den Geschädigten ohnehin auf seinen Anspruch aufmerksam machen.

[252] Das Quotenvorrecht steht in seinen Auswirkungen in einem gewissen Widerspruch zu einem Grundgedanken des Haftpflichtrechts: dass Selbstverschulden zur Herabsetzung des dem Geschädigten zustehenden Schadenersatzes führt.

[253] Vgl. VVG 14 IV, UVG 37 II, IVG 7 I, MVG 65 I (wo auch bei grober Fahrlässigkeit keine Kürzung vorgesehen ist, sondern nur bei Vorsatz und auch dort nur fakultativ).

cc) Ausnahme: Grobe Fahrlässigkeit des Geschädigten, Quotenteilung

Bei Kürzung der Leistungen des UVG-Versicherers wegen grober Fahrlässigkeit führt das Quotenvorrecht dazu, dass der grobfahrlässige Geschädigte von der Kürzung nicht oder nur wenig betroffen wird. Belastet wird der UVG-Versicherer, der – bei Anwendung der Regeln über das Quotenvorrecht – die auf der Kürzung seiner Leistung beruhende «Einsparung» durch Kürzung seines Regressanspruches ganz oder teilweise verliert. 209

Eine solche Lösung wäre nicht vernünftig und akzeptabel, weil der Geschädigte sogar grobe Fahrlässigkeit nicht oder nur teilweise zu vertreten hätte. Eine so grosse Abweichung von den Grundsätzen des Haftpflichtrechts wäre stossend[254]. Diesen Bedenken trägt die sog. Methode der *Quotenteilung* Rechnung, wie sie in UVG 42 II, AHVG 48^{quater} II, auf den IVG 52 I verweist, und in MVG 68 II vorgesehen ist. Sie findet Anwendung, wenn der Versicherer seine Leistungen wegen grobfahrlässiger (bzw. vorsätzlicher) Herbeiführung des Schadenfalles gekürzt hat. Darin liegt ein klares Kriterium. 210

Bei der Quotenteilung gehen die Ansprüche des Versicherten und seiner Hinterlassenen *entsprechend dem Verhältnis der Versicherungsleistungen zum Schaden* auf den Versicherer über. Je mehr Prozente des Schadens die nach der Kürzung verbleibende Leistung des Versicherers ausmacht, um so höher ist die Quote des Regresses gegenüber dem Haftpflichtigen und um so kleiner ist daher der für den Geschädigten reservierte Teil. Der Direktanspruch des Geschädigten, der sich beim Quotenvorrecht aus der Subtraktion «Schaden minus Versicherungsleistung» ergibt[255], wird hier durch Subtraktion des Regressanspruches des Versicherers vom gesamten Schadenersatzanspruch – und nicht vom Schaden! – berechnet. Das Regressrecht des Versicherers beruht auf einer Quote des Schadenersatzanspruches. Diese entspricht dem Prozentsatz der Versicherungsleistungen im Verhältnis zum Schaden. Diese Berechnungsmethode bedeutet, dass der Reduktionsgrund gleichmässig auf den an sich bestehenden Regressanspruch des Versicherers und auf den Direktschaden des Geschädigten angewendet wird. Sie entspricht dem in BGE 60 II 36, 157 beschrittenen Weg; vgl. vorn FN 244 und dort die Kolonne «gleichmässige Verteilung der 211

---

[254] Vgl. vorn N 208.
[255] Was, wie erwähnt, meistens dazu führt, dass der Geschädigte durch die Versicherungsleistung und seinen zusätzlichen Direktanspruch trotz des Reduktionsgrundes seinen vollen Schaden ersetzt erhält.

Reduktion»[256,257]. Erwähnt sei hier noch, dass eine Kürzung der Versicherungsleistungen in UVG 37 III (vgl. auch 38 II) auch vorgesehen wird für den Fall, dass «der Versicherte den Unfall bei Ausübung eines Verbrechens oder Vergehens» herbeigeführt hat. Verbrechen und Vergehen sind keine Reduktions- oder Entlastungsgründe des Haftpflichtrechts, ausser im EHG und im ElG[258]. Bei Verbrechen oder Vergehen des Versicherten ohne Verschulden am Unfall – eine sehr unwahrscheinliche Kombination – besteht für die Anwendung der Quotenteilung daher kein Anlass.

dd) Ausnahme: Das Haftungsprivileg nach UVG 44

212 In § 10 N 107 ff. ist das Haftungsprivileg von UVG 44 im Zusammenhang mit der Rechtsstellung eines oder mehrerer Mithaftpflichtiger, für die das Privileg nicht gilt, kurz dargelegt worden. Auf jene Ausführungen sei verwiesen. Hier steht das fragliche Haftungsprivileg als solches zur Diskussion[259].

---

[256] Zahlenbeispiel für die Quotenteilung (vgl. auch MAURER, Unfallversicherungsrecht 559), entsprechend vorn FN 244 Beispiel b), mit den entsprechenden Beträgen, aber ohne Kürzung des Versicherungsanspruchs wegen grober Fahrlässigkeit:

	Fr.
Schaden	1000.–
Schadenersatzanspruch (Kürzung wegen Selbstverschuldens 25%)	750.–
Versicherungsleistung	600.–
Regressrecht des Versicherers (Versicherungsleistung dividiert durch den Schaden, multipliziert mit dem Schadenersatzanspruch, d. h. 600 : 1000 = 0,6 x 750.–)	450.–
Direktschaden (Schadenersatzanspruch minus Regressrecht des Versicherers: 750.– minus 450.–)	300.–
Der Versicherte erhält	
den Direktschaden	300.–
und die Versicherungsleistungen	600.–
Total	900.–

[257] Wenn man diese Methode auf einen Fall anwendet, bei dem der Versicherungsanspruch nicht wegen grober Fahrlässigkeit gekürzt worden ist, ergibt sich ein anderes Resultat als bei der Berechnung auf Grund des Quotenvorrechtes. Die Kürzung des Versicherungsanspruches wegen grober Fahrlässigkeit hat also eine andere Berechnungsmethode – Quotenteilung statt Quotenvorrecht – zur Folge mit einem andern Ergebnis, weil beim Quotenvorrecht der Versicherer den Selbstverschuldensabzug trägt, während dieser bei der Quotenteilung auf beide Anspruchsteller gleichmässig verteilt wird.

[258] Vgl. Bd. II/3 § 27 N 149 ff.; § 28 N 147 ff.

[259] Neben den Begriff des *Haftungsprivilegs* ist neuerdings – vgl. BGE 117 II 616 und dazu STARK in AJP 1992, 1451 – derjenige des *Regressprivilegs* getreten, was eine Klarstellung nahelegt: Beides sind Privilegien des Haftpflichtigen, d. h. Besserstellungen gegenüber

III. Versicherung nach öffentlichem Recht § 11

1. Die bei Erlass des KUVG geltenden Haftpflichtbestimmungen wurden durch KUVG 128 in bezug auf die Haftpflicht gegenüber den Arbeitnehmern[260] aufgehoben und in KUVG 129 I/II durch das OR ersetzt[261], unter Beschränkung der Haftpflicht auf Absicht und grobe Fahrlässigkeit für bestimmte Fälle. Diese Regelung ist dann durch UVG 116 Ziff. 1 lit. a ihrerseits aufgehoben worden. UVG 44 tritt an ihre Stelle und ersetzt keine Haftpflichtnormen durch das OR, sondern stellt einfach Regeln auf über die Haftpflicht von zwei verschiedenen Personenkreisen gegenüber den obligatorisch Versicherten. Diese werden dadurch (verglichen mit den an sich geltenden Haftpflichtvorschriften) privilegiert: Die Haftpflicht dieser Personenkreise gegenüber einem Versicherten wird an die strengen Voraussetzungen von Absicht oder grober Fahrlässigkeit geknüpft. 213

Die Regelung von UVG 44 gilt bei allen Haftungsarten, unabhängig davon, ob in einem Spezialgesetz auf diese Ausnahme hingewiesen wird oder nicht. 214

2. *Privilegiert* sind nach UVG 44 I der Ehegatte des obligatorisch Versicherten, seine Verwandten in auf- und absteigender Linie und die mit ihm in häuslicher Gemeinschaft lebenden Personen[262]. 215

Der Begriff der häuslichen Gemeinschaft, der auch in VVG 72 III verwendet wird[263], setzt voraus, dass die betreffende Person im gleichen Haushalt Unterkunft und Verpflegung geniesst. 216

---

den allgemein geltenden Haftpflichtregeln, zu Lasten des Geschädigten oder seines Versicherers.
Das Haftungsprivileg gilt sowohl gegenüber Direkt- als auch gegenüber Regressansprüchen. Das Regressprivileg berührt die Direktansprüche nicht, sondern stellt den grundsätzlich Haftpflichtigen nur gegenüber Regressansprüchen besser als die allgemeinen Regeln des Haftpflichtrechts. Das Regressprivileg ist also ein Teil oder eine Unterart des Haftungsprivilegs. Es beschränkt wie dieses die Haftung, aber nur in bezug auf Regressansprüche eines Versicherers, der an sich regressberechtigt ist.
In BGE 117 II 615 f. werden demgegenüber das Haftungs- und das Regressprivileg einander gleichgestellt. Das ist nicht gerechtfertigt, weil zwar jedes Regressprivileg ein Haftungsprivileg ist, aber nicht jedes Haftungsprivileg auch ein Regressprivileg. Ein volles Haftungsprivileg besteht nach UVG 44, ein blosses Regressprivileg nach VVG 72. Vgl. hinten N 245 ff.

[260] Zu ergänzen ist, dass diese Regelung nicht galt für den Sachschaden; vgl. BGE 93 II 129; 96 II 226 und auch nicht für die Genugtuung; vgl. BGE 72 II 314 ff.; 81 II 553; 86 I 256.
[261] Vgl. Voraufl. 423 ff.
[262] Bei den Hausgenossen sind keine rechtlichen Beziehungen zwischen dem Versicherten und ihnen vorausgesetzt. Das Privileg gilt z. B. auch gegenüber Personen, die im Konkubinat leben, und Kindern des Ehepartners, die Hausgenossen sind; vgl. MAURER, Unfallversicherungsrecht 566.
[263] Vgl. vorn N 53 ff. ZGB 331 spricht vom «gemeinsamen Haushalt» und ZGB 332/33 von Hausgenossen; vgl. Bd. II/1 § 22 N 59.

§ 11 Haftpflicht und Versicherung

217 Die Privilegierung der Familienangehörigen und Hausgenossen des Geschädigten beruht auf deren naher Beziehung mit ihm: Der UVG-Versicherer soll nicht – abgesehen von Absicht oder grober Fahrlässigkeit – auf Personen Regress nehmen können, die der Geschädigte selbst ohne Beteiligung eines Versicherers nicht in Anspruch nähme[264].

218 Das gleiche Privileg, wenn auch in etwas anderer Abgrenzung, gilt nach UVG 44 II für den *Arbeitgeber* des Versicherten und dessen Familienangehörige und andere Arbeitnehmer, d. h. für die Arbeitskollegen des Versicherten. Familienangehörige des Arbeitgebers sind hier vernünftigerweise der Ehegatte und die Verwandten in auf- und absteigender Linie des Arbeitgebers; denn ihre Belastung mit Haftpflichtzahlungen wirkt sich auf den Arbeitgeber aus wie die Belangung der Familienangehörigen des Geschädigten durch den Versicherer auf diesen.

219 Nicht privilegiert sind die (nicht verwandten) Hausgenossen des Arbeitgebers, die nicht in seinem Dienste stehen, z. B. Dritte, die vom Arbeitgeber des Versicherten Kost und Logis erhalten, oder seine Konkubine.

220 Die Privilegierung des Arbeitgebers, seiner Verwandten und seiner Arbeitnehmer wird gewöhnlich damit begründet, dass er die Prämien für die Berufsunfälle bezahlt und dass der Arbeitsfrieden nicht durch Schadenersatzansprüche innerhalb des Unternehmens gestört werden soll. Beide Argumente halten aber einer kritischen Prüfung kaum stand[265].

221 3. Ein praktisch wichtiger Unterschied zwischen Abs. 1 und 2 von UVG 44 besteht darin, dass die Privilegierung des Arbeitgebers und der ihm nahestehenden Personen sich nur auf *Berufsunfälle* bezieht[266]. Der Begriff des Berufsunfalles ist in UVG 7 umschrieben.

222 4. Das Gesetz hebt die Haftpflicht der Privilegierten nicht auf, sondern beschränkt sie – wie erwähnt – in beiden privilegierten Personenkreisen auf *Absicht*[267] und *grobe Fahrlässigkeit*. Die Privilegierung bezieht sich also nur

---

[264] Vgl. vorn § 10 N 104.
[265] Vgl. vorn § 10 N 110, 113.
[266] Vgl. dazu MAURER, Unfallversicherungsrecht 94 ff.
[267] Wenn das Gesetz von Absicht spricht, stellt sich immer die Frage, ob der direkte Vorsatz und der Eventualvorsatz auch gemeint sind oder nicht; vgl. Bd. II/1 § 16 N 218 ff.; Bd. II/3 § 29 N 330 ff.
Auch hier sind wie an den zitierten Stellen unter Absicht auch die andern Vorsatzformen zu verstehen, da selbst grobe Fahrlässigkeit zur Haftungsbegründung genügt. Das ist ebenfalls eindeutig bei VVG 72 III, wo das Gesetz den Gegenbegriff der leichten Fahrlässigkeit verwendet.

III. Versicherung nach öffentlichem Recht   § 11

auf die leichtfahrlässige[268] Herbeiführung des Schadenfalles sowie auf Fälle von Kausalhaftung.

5. Die Privilegierung gilt nicht nur gegenüber der *Regressforderung* des UVG-Versicherers, sondern auch gegenüber dem *Direktanspruch* des Versicherten[269], soweit es sich um von der Versicherung grundsätzlich erfasste Schadensteile handelt.

223

6. Wie der Regress des UVG-Versicherers nur für haftpflichtrechtliche Schadensposten in Frage kommt, die nach UVG 43 II mit Leistungen gemäss UVG ihrer Art nach identisch sind, gilt auch das Haftungsprivileg nur für solche identische Schadensposten. Wo die Identität fehlt, gelten die normalen haftpflichtrechtlichen Bestimmungen. Da ein Regress ohne Identität der Schadensposten nicht in Frage kommt, also nur Direktschaden besteht, betrifft *diese* Grenze der Privilegierung ausschliesslich den Direktschaden: Soweit es sich um identische Schadensposten handelt, für die ein Direktanspruch wegen der finanziellen Begrenzung der UVG-Leistungen besteht, gilt die Privilegierung; wo aber die Identität der Schadensposten fehlt und dem Geschädigten *deswegen* ein Direktanspruch zusteht, gilt die Haftungsvoraussetzung von Absicht oder grober Fahrlässigkeit nicht[270].

224

7. Das hier allein haftungsbegründende schwere Verschulden muss diejenige Person persönlich treffen, die in Anspruch genommen wird. Wenn also der Arbeitgeber eine juristische Person ist, haftet er nur nach UVG 44 II, wenn eines seiner Organe mindestens eine grobe Fahrlässigkeit trifft[271]. Eine Kausalhaftung für Hilfspersonen fällt unter die Privilegie-

225

---

[268] Wer neben leichter und grober Fahrlässigkeit eine mittlere Fahrlässigkeit anerkennt, muss für sie die Privilegierung auch gelten lassen.
[269] Vgl. MAURER, Unfallversicherungsrecht 567; DERS., Bundessozialversicherungsrecht 416; A. KELLER II 202.
Die gegenteilige Regelung trifft VVG 72 III bei der Schadensversicherung; vgl. vorn FN 66. Nach VVG 72 III findet in Privilegierungsfällen keine Subrogation statt; die Haftpflicht der Privilegierten wird nicht verändert. Demgegenüber schränkt UVG 44 den Haftpflichtanspruch ein, der aber wie ausserhalb der Privilegierung übergeht.
[270] Vgl. MAURER, Unfallversicherungsrecht 567, insbes. FN 1471. Nach KUVG war die Genugtuung nicht gedeckt und fiel sie daher auch nicht unter das Haftungsprivileg von KUVG 129 II, während sie heute nach UVG 43 II lit. d unter dem Begriff der Integritätsentschädigung gedeckt ist. Diese wird aber bei Todesfällen nicht ausgerichtet, so dass in diesem Bereich die Genugtuung nicht unter das Haftungsprivileg fällt.
[271] Wenn z. B. ein Versicherter im Auto seines Arbeitnehmers verunfallt, wird kaum je ein Organ ein grobes Verschulden treffen, vielleicht aber den Lenker, der meistens ein Arbeitskollege des Verunfallten sein wird. Er kann dann gestützt auf diese grobe Fahr-

rung, es sei denn, es treffe den Kausalhaftpflichtigen ein grobes zusätzliches Verschulden[272].

226   8. Wenn mehrere Unternehmer auf dem gleichen Arbeitsplatz am Werk sind, kann ein Versicherter einen Unfall erleiden, für den nicht sein Arbeitgeber, sondern ein anderer Unternehmer verantwortlich ist. Für diese andern Unternehmer gilt das Privileg nicht.

227   9. Dass die Haftungsbeschränkung auch gegenüber den Hinterlassenen des geschädigten Versicherten gilt und dass sich auch ein direkt belangbarer Haftpflichtversicherer darauf berufen kann, ist wohl eine Selbstverständlichkeit.

228   10. Für die vertragliche Haftung bestimmt OR 97, dass nicht der Geschädigte das Verschulden des Schädigers, sondern dieser sein Nichtverschulden zu beweisen hat. Im Rahmen der Haftungsprivilegien von UVG 44 gilt diese Beweislastverteilung nicht: Die Belangung des an sich Privilegierten setzt den Beweis von grober Fahrlässigkeit oder Absicht durch den Anspruchsteller voraus[273].

C. Militärversicherung[274]

1. Regress – Restforderung des versicherten Geschädigten

229   Gemäss dem BG über die Militärversicherung vom 19. Juni 1992 (MVG) sind Militärpersonen und Angehörige des Zivilschutzes[275] gegen

---

lässigkeit vom Versicherten in Anspruch genommen werden und ist nach SVG 63 II durch die obligatorische Motorfahrzeughaftpflichtversicherung persönlich gedeckt. Vgl. dazu BGE 68 II 289; 81 II 225; 87 II 187; 88 II 527; 96 II 232; 104 II 259; 110 II 164; Sem.jud. 1960, 61; PETER PORTMANN, Organ und Hilfsperson im Haftpflichtrecht (Bern 1958) 155 ff. – Das Gesagte gilt auch für Gemeinwesen; vgl. PORTMANN 159; OSWALD in SZS 6, 299. Über Konsortien BGE 87 II 186 ff.; A. KELLER I 455. Über Organe allgemein vgl. Bd. II/1 § 16 N 15; § 19 N 33; § 23 N 70.

272 Vgl. MAURER, Unfallversicherungsrecht 568; OSWALD in SZS 266.
273 BGE 72 II 432; Sem.jud. 1949, 50; 1951, 38; 1952, 296/97; A. KELLER I 453.
274 Den Ausführungen im Besonderen Teil, speziell in § 32, liegt das zur Zeit seiner Bearbeitung geltende BG vom 20. September 1949 zugrunde, während hier das inzwischen erlassene revidierte BG vom 19. Juni 1992 besprochen wird.
275 Für den genauen Kreis der Versicherten sei auf MVG 1 verwiesen.

III. Versicherung nach öffentlichem Recht § 11

Unfälle und Krankheiten, die sie im Zusammenhang mit dem Dienst erleiden[276], versichert[277].

«Gegenüber einem Dritten, der für den Versicherungsfall haftet, tritt die Militärversicherung im Zeitpunkt des versicherten Ereignisses bis auf die Höhe der gesetzlichen Leistungen in die Ansprüche des Versicherten und seiner Hinterlassenen ein» (MVG 67 I)[278]. Diese Subrogation entspricht der Regelung in UVG 41 und AHVG 48ter, auf welche Bestimmung IVG 52 I verweist. Auch durch die Subrogation von MVG 67 I wird das Ziel verfolgt, eine Bereicherung des Geschädigten zu vermeiden; vgl. vorn N 169[279]. 230

Dementsprechend lassen sich die einschlägigen Ausführungen zum UVG mitsamt dem aus SVG 88 abgeleiteten Grundsatz der Priorität des Geschädigten auf die Militärversicherung übertragen. Nach MVG 68 gelten das Quotenvorrecht und die Quotenteilung[280] wie beim UVG. Die identischen Schadensposten sind in MVG 69 fast gleich umschrieben wie in UVG 43[281]. 231

---

[276] Vgl. MVG 4 und 5.
[277] Der Bund trägt nach MVG 82 sämtliche Kosten der Militärversicherung. Er zahlt keine Prämien, sondern direkt die gesetzlichen Leistungen und verwaltet die Militärversicherung selbst (MVG 81 I). Es handelt sich darum nicht um eine Versicherung im technischen Sinn; vgl. BGE 103 I b 279. Es hat sich aber eingebürgert, dass man von «Versicherung» spricht.
[278] Dazu BINSWANGER 175 ff.; SCHATZ, Kommentar zur Eidg. Militärversicherung (Zürich 1952) zu Art. 49; KISTLER in ZSR 61, 199a ff.; ROULLET in ZSR 61, 366a ff.; PICCARD, Kapitalisierung (Bern 1956) 73; SCHÄRER in ZBJV 77, 209/10; HANSPETER LEUENBERGER, Der Regress in der Haftpflichtversicherung (Diss. Bern 1954) 97 ff.; A. KELLER II 202 ff.; SCHAFFHAUSER/ZELLWEGER II N 1877 ff.; SCHAER § 8. Judikatur: BGE 34 II 841; 50 II 359 ff.; 68 II 256/57; 78 II 426; 79 II 148/49; 92 II 197 ff.; ZBJV 71, 92 ff.; VerwEntsch 15 Nr. 55; 25 Nr. 31.
[279] Die Regelung von MO 22 III, dass die Militärperson vom Geschädigten nicht direkt belangt werden kann, gilt auch gegenüber der Militärversicherung, auf die die Ansprüche des Geschädigten übergegangen sind. Die Ansprüche der Militärversicherung richten sich in solchen Fällen nicht nach MVG 67 I, sondern nach MO 25; vgl. MVG 67 II; BGE 108 I b 220 ff.
Bei der Verantwortlichkeit von Bundesbeamten gilt eine entsprechende Regelung; vgl. VG 3 III und 8.
[280] Die Quotenteilung ist hier allerdings von geringerer praktischer Bedeutung als beim UVG, wo die Kürzung der Versicherungsleistungen nach Art. 37 bei grober Fahrlässigkeit erfolgen kann und bei Absicht die Leistungspflicht entfällt. Nach MVG 65 werden die Leistungen der Militärversicherung nur bei vorsätzlicher Herbeiführung der Gesundheitsschädigung oder bei vorsätzlicher Begehung eines Verbrechens oder Vergehens durch den Versicherten gekürzt, also in sehr seltenen Fällen, in denen eine Haftpflicht regelmässig entfallen wird.
[281] Zusätzlich erwähnt MVG 69 Eingliederungskosten und Vergütungen für Hilflosigkeit. Im UVG ist keine Leistungskategorie «Eingliederungsmassnahmen» vorgesehen; vgl.

232   Wie nach UVG 24 wird nach MVG 48–50 dem Geschädigten bei dauernder erheblicher Beeinträchtigung der körperlichen oder geistigen Integrität eine Integritätsentschädigung ausgerichtet. Daneben sieht das MVG in Art. 59 eine Genugtuungsleistung vor, und zwar auch für den Todesfall. Auch diese Leistungen können von der Militärversicherung gegenüber dem Haftpflichtigen regressweise geltend gemacht werden.

233   Ist der Bund oder eine unselbständige Anstalt des Bundes für den durch die Militärversicherung gedeckten Schaden – anderweitig – haftpflichtig[282], stellt die Frage des Regresses eine verwaltungsinterne Angelegenheit dar.

234   Wenn die Versicherungsleistungen niedriger sind als der haftpflichtrechtliche Schaden der Militärperson und daher die Subrogation nicht den ganzen Haftpflichtanspruch gegen den Dritten umfasst, verbleibt dem Versicherten eine *Restforderung* gegen den Haftpflichtigen. Das gilt nicht für das Verhältnis zwischen dem Versicherten oder seinen Hinterlassenen einerseits und dem *Bund* als Haftpflichtiger anderseits. Ihm gegenüber kann der Geschädigte keine ergänzende haftpflichtrechtliche Direktforderung geltend machen, auch wenn der Bund bei gleichem Sachverhalt gegenüber einer nicht unter die Militärversicherung fallenden Person haftpflichtig wäre. Das MVG gilt für das Verhältnis zwischen den Versicherten der Militärversicherung und dem Bund exklusiv und abschliessend[283, 284].

235   Die Ausschliesslichkeit betrifft nicht nur die Personenschäden unter Einbezug der immateriellen Unbill, die weit überwiegend Gegenstand der

---

MAURER, Unfallversicherungsrecht 543 FN 1408. Sie werden aber vom UVG-Versicherer übernommen, wenn die Massnahmen zur «Behandlung des Leidens an sich» dienen, während die berufliche Eingliederung nach IVG 12 I in den Aufgabenkreis der IV fällt; vgl. MAURER, a.a.O., 543.
Eine Hilflosenentschädigung schuldet der UVG-Versicherer nach UVG 26 I; vgl. MAURER, Unfallversicherungsrecht 422 ff.

[282] Vgl. OR 118.
[283] Vgl. hinten Bd. II/2 § 26 N 412 ff.; Bd. II/3 § 32 N 99, 102. Das ist in SVG 81 sowie in LFG 78 ausdrücklich gesagt, gilt aber allgemein.
[284] Bei der Interpretation von MVG 68 III ist zu beachten, dass diese Bestimmung sich nur auf den in MVG 68 II geregelten Fall der Quotenteilung bezieht. Die Bestimmung ist fast wörtlich aus UVG 42 III übernommen. Wenn man die Beziehung zu MVG 68 II nicht in die Betrachtung einbezieht, könnte der erste Satz von Abs. 3 als Aufhebung der Ausschliesslichkeit der Militärversicherungsansprüche von Militärpersonen gegen den Bund aufgefasst werden. Dann ergäben sich daraus Ansprüche gegen den Bund für nicht von der Militärversicherung gemäss MVG 57 übernommene Sachschäden (in Abweichung von der älteren Norm von MO 24). Dies entspricht aber nicht dem Sinn dieser Bestimmung, die ausschliesslich auf den Fall der Quotenteilung gemäss MVG 68 II anwendbar ist. Im UVG ist das anders; denn dort besteht keine Ausschliesslichkeit der Versicherungsansprüche wie bei der Militärversicherung.

III. Versicherung nach öffentlichem Recht § 11

Militärversicherung sind, sondern auch die Sachschäden. Diese werden nach MVG 57 von der Militärversicherung nur in engem Rahmen übernommen. Die andern Sachschäden müssen nach MO 24 vom Angehörigen der Armee selbst getragen werden. In dieser Bestimmung ist allerdings eine angemessene Entschädigung durch den Bund vorgesehen, wenn der Schaden durch einen dienstlichen Unfall oder unmittelbar durch die Ausführung eines Befehls verursacht wurde[285]. Was darüber hinausgeht, kann die Militärperson höchstens von einem Dritten verlangen, wenn ein solcher ihr gegenüber haftpflichtig ist – oder gegebenenfalls von einem Sachversicherer.

Hier ist eine Besonderheit zu erwähnen: Der Bund ist nicht nur Versicherer der Militärpersonen für ihre eigenen Personenschäden, sondern er ist gleichzeitig Haftungssubjekt gegenüber Dritten für die von ihnen erlittenen Schäden nach MO 22 I/23. Diese Haftung gilt wie die andern Kausalhaftungen nicht gegenüber den Armeeangehörigen; diese sind aber eventuell ebenfalls Opfer der – gegenüber Dritten – von ihm zu vertretenden haftpflichtbegründenden Ursachen. Wenn nun ein Dritter für den Unfall einer Militärperson verantwortlich ist, weil er eine Ursache dieses Unfalles rechtlich zu vertreten hat, wenn ausserdem die besondere Militärgefahr oder das Verhalten einer andern Militärperson mitgewirkt hat, ist der Bund in bezug auf seinen Regress gegen den Dritten (nach MVG 67) wie ein neben diesem Haftpflichtiger zu betrachten, obschon die Militärperson gegen ihn keinen Haftpflichtanspruch hat. Er muss nach den Grundsätzen der Mehrheit von Ersatzpflichtigen sich beim Regress der Militärversicherung die Ursachen anrechnen lassen, für die er gegenüber Dritten haftpflichtig wäre. Er hat die eigene Verantwortungsquote nach der Methode der sektoriellen Verteilung zu tragen, was zu einer Kürzung seines Regresses in seiner Eigenschaft als Militärversicherer führt[286].

236

---

285 Vgl. MAURER, Sozialversicherungsrecht II 593; hinten Bd. II/3 § 32 N 13, 48, 106 f., 110, 184, 427.
286 Vgl. vorn § 10 N 115 ff.; Bd. II/3 § 32 N 349a.
Wenn beim Unfall einer Militärperson neben dieser auch eine Zivilperson geschädigt wird und einerseits die Militärgefahr, anderseits das haftungsbegründende Verhalten eines Dritten mitgewirkt hat, ist es eindeutig, dass der Dritte und der Bund den Schaden der Zivilperson unter sich aufteilen müssen. Nehmen wir an, der Bund habe ⅔ zu tragen. Diese Aufteilung muss auch für den Schaden der Militärperson gelten: Die Militärversicherung muss sich bei ihrem Regress gegen den Dritten die Militärgefahr, die an und für sich – wenn die Militärperson auch eine Zivilperson gewesen wäre – vom Bund zu tragen wäre, auch entgegenhalten lassen und ihren Regress gegen den Dritten auf ⅓ ihrer Aufwendungen beschränken.

2. Verhältnis zu den übrigen Sozialversicherungen

237 Einer der Hauptzwecke der Revision des MVG von 1992 bestand in der Regelung des Verhältnisses dieses Gesetzes zu KVG, UVG, AHVG, IVG, Arbeitslosengesetz und BVG sowie zur privaten Kranken- und Unfallversicherung. Diese Fragen regeln die Art. 71 ff. des neuen MVG[287]. Darauf kann hier nicht näher eingetreten werden.

3. Haftungsprivilegien

238 Das MVG enthält kein Haftungsprivileg für die Familienangehörigen, wie es UVG 44 I vorsieht. Wenn ein Familienangehöriger gegenüber einem Angehörigen der Armee oder des Zivilschutzes haftpflichtig ist, übernimmt die Militärversicherung dessen Personenschaden nach MVG und kann gestützt auf MVG 67 I auf den verantwortlichen Familienangehörigen Regress nehmen. Obschon die Gründe für die Einführung eines Haftungsprivilegs für Familienangehörige entsprechend VVG 72 III und UVG 44 I auch hier gelten[288], findet sich (leider) im revidierten MVG keine entsprechende Bestimmung.

239 Als Haftungsprivileg des Bundes kann man jedoch die Regelung bezeichnen, dass den Versicherten der Militärversicherung keine Haftpflichtansprüche gegen den Bund zustehen; sie müssen sich mit den Ansprüchen nach MVG begnügen: Der Bund ist gegenüber den Ansprüchen von Militärpersonen auf Grund der Tatsache, dass er ihnen einen Versicherungsschutz bietet, der weit über den Rahmen möglicher Haftpflichtansprüche hinausgeht, privilegiert[289].

---

[287] Vgl. Botsch. des Bundesrates zum MVG vom 27. Juni 1990, S. 2 und 5 ff.
[288] Der Versicherer soll nicht Haftpflichtansprüche in eine Familie hineintragen, die eine wirtschaftliche Gemeinschaft bildet, innerhalb der ohne grobes Verschulden keine solche Ansprüche erhoben würden; vgl. vorn N 54 und N 217. Er soll nicht mit der linken Hand im Familienkreis des Geschädigten das Geld wieder holen, das er diesem mit der rechten Hand gegeben hat.
Die Bedeutung dieser Frage hat sich durch die Ausdehnung des Geltungsbereichs der Militärversicherung auf den persönlichen Urlaub (MVG 3 II) gegenüber aMVG 3 III erhöht.
[289] Vgl. vorn § 10 N 107 ff., vorn N 236 und hinten Bd. II/3 § 32 N 349a.

III. Versicherung nach öffentlichem Recht　§ 11

D. Alters-, Hinterlassenen- und Invalidenversicherung

1. Allgemeines

Es drängt sich auf, die AHV und die IV im gleichen Abschnitt zu behandeln, da für den Regress der Text von AHVG 48ter gemäss IVG 52 I auch im Rahmen der IV gilt. 240

AHV und IV unterscheiden sich – wie die Militärversicherung – dadurch grundsätzlich von der UVG-Versicherung, dass sie sich für die Ursache eines Schadens nicht interessieren. Er ist gedeckt, wenn er von einer bestimmten Art ist[290]. Demgegenüber grenzt die Versicherung nach UVG die gedeckten Fälle, d. h. den Deckungsumfang, mit dem Kriterium der Ursache ab, die einen Unfall darstellen muss[291], wie nach Haftpflichtrecht die Entschädigungspflicht an bestimmte Ursachen geknüpft ist. 241

Ein praktisch wichtiger Unterschied zwischen AHV/IV einerseits und UVG-Versicherungen anderseits besteht darin, dass die Leistungen von AHV und IV wesentlich geringer sind als diejenigen der obligatorischen Unfallversicherung. Demgegenüber erbringt die Militärversicherung höhere Leistungen als die Versicherungen nach UVG. Sie gilt ausserdem für Krankheiten *und* Unfälle, aber nur im Zusammenhang mit dem Militärdienst. 242

2. Das Regressrecht der AHV/IV

a) Übersicht

Auf den 1. Januar 1979 wurden Art. 48ter in das AHVG und Art. 52 I in das IVG eingefügt. Gestützt darauf steht diesen beiden Versicherern wie dem UVG-Versicherer und dem Militärversicherer ein auf Subrogation 243

---

[290] Das gilt auch für die Krankenversicherung nach KVG, nicht aber allgemein für die einzelnen Krankenkassen, die vielfach auch Unfälle decken; vgl. vorn N 147. – Bei der Militärversicherung spielt der Zusammenhang mit dem Militär- oder Zivilschutzdienst eine Rolle. Das ist hier nicht von Bedeutung.
[291] Vgl. MAURER, Unfallversicherungsrecht FN 314. Man unterscheidet in diesem Sinne zwischen final und kausal bestimmten Entschädigungssystemen.

beruhendes Regressrecht gegen Dritte zu, die dem Versicherten für seinen Schaden haften[292, 293]. Die Rechtslage ist im wesentlichen gleich wie nach UVG. Die Subrogation erfasst auch hier sowohl Haftpflichtansprüche nach OR und ZGB als auch nach den Spezialgesetzen und findet wie nach UVG im Zeitpunkt des schädigenden Ereignisses statt. Quotenvorrecht und Quotenteilung[294] gelten gemäss AHVG 48^{quater} ebenfalls und gemäss IVG 52 I auch für die IV[295].

---

[292] AHVG 48ter lautet fast wörtlich gleich wie UVG 41.
[293] Bis Ende 1978 hatten AHV und IV keinen Regressanspruch, d. h. ihre Leistungen wurden zusätzlich zu eventuellen Haftpflichtzahlungen Dritter erbracht; vgl. BGE 85 II 262; 86 I 143; JT 1958 I 252; ZR 58 Nr. 63, S. 139; MAURER in SZS 1, 217/18; STAUFFER/ SCHAETZLE (3. A. Zürich 1970) 74, 83; OSWALD in SZS 6, 253; SCHLÄPPI 102 ff. Da die AHV/IV-Zahlungen niedrig waren und nur den Notbedarf abdecken wollten, befürchtete man ein Missverhältnis zwischen den Umtrieben der Geltendmachung eines Regressrechts und dem Ertrag (Bericht der Eidg. Expertenkommission für die Einführung der Invalidenversicherung vom 30. November 1956, 148 f.). Nachdem später die finanziellen Ansätze von AHV/IV erhöht wurden, verlor dieses Argument an Gewicht und führte anderseits die Kumulation gegebenenfalls zu Bereicherungen des Geschädigten.
[294] Dabei ist allerdings zu erwähnen, dass nach AHVG 18 I nur die Hinterlassenenrenten bei Vorsatz und grober Fahrlässigkeit zu kürzen sind. Der Versicherte selbst erhält nur Leistungen auf Grund seines Alters, für das er natürlich nicht verantwortlich gemacht werden kann.
[295] Für Altersrenten steht der AHV gewöhnlich kein Regressrecht zu; für das Erreichen des AHV-Alters wird nie ein Dritter verantwortlich sein. Wenn jedoch eine Witwen- oder Invalidenrente wegen Erreichens des AHV-Alters durch eine AHV-Rente ersetzt wird (vgl. AHVG 22 I, 23 III; IVG 30 I), wird häufig der haftpflichtrechtliche Versorgerschaden bzw. der invaliditätsbedingte Erwerbsausfall und damit der Haftpflichtschaden noch andauern; denn für die obere zeitliche Begrenzung der haftpflichtrechtlichen Renten ist nach der zurzeit herrschenden Praxis die Aktivität und nicht das AHV-Alter massgebend. Für die Differenz zwischen dem AHV-Alter und dem Ende der durchschnittlichen Aktivität besteht Kongruenz zwischen der die Witwen- oder IV-Rente ablösenden AHV-Rente und dem Haftpflichtanspruch. Daher ist in diesem Ausmass, d. h. bis zum Ende der Aktivitätserwartung, der Regress der AHV auf den Haftpflichtigen zuzulassen; vgl. in bezug auf den Regress der Pensionskassen hinten N 275. Sonst stände dem Geschädigten für die Differenzjahre sowohl der Haftpflichtanspruch als auch der Anspruch gegen die AHV zu.
Diese Lösung entspricht dem Wortlaut von Art. 48^{quinquies} II lit. b AHVG, dessen Anwendungsbereich allerdings MAURER, Sozialversicherungsrecht I 403 stark einschränken will, unter Ablehnung der hier vertretenen Auffassung (für den Regress für UVG-Renten ist demgegenüber der Aktivitätskoeffizient massgebend; vgl. BGE 95 II 584 ff.).
Auch der *Rentenschaden* (vgl. vorn § 6 N 191 ff. und N 337 ff.; STARK, SJZ 89 [1993] 333 ff. und die dort zit. Lit.), der heute als haftpflichtrechtlicher Schaden anerkannt ist, liegt zeitlich *nach* dem Endalter der AHV. Ein AHV-Regress wird dadurch aber nicht begründet, weil der Rentenschaden gerade die Differenz zwischen den Altersrenten mit und ohne den Unfall darstellt. Anders verhält es sich mit den UVG- bzw. MVG-Renten.
Das Problem stellt sich auch beim Tod eines Pensionierten; vgl. hinten N 305.

III. Versicherung nach öffentlichem Recht § 11

Im weiteren verbleibt auch hier dem Geschädigten das Recht, einen 244
Schaden, der von der AHV/IV nicht übernommen worden ist, direkt beim
Haftpflichtigen geltend zu machen, wobei wie bei UVG und MVG der
Regress des Sozialversicherers auf identische Schadensposten begrenzt ist;
vgl. AHVG 48^{quinquies} und IVG 52 II.

b) Regress- und Haftungsprivilegien

Die Regressnorm AHVG 48ter, die auch im Rahmen der IV gilt, behält 245
UVG 44 (früher KUVG 129) vor. Was dieser Vorbehalt bedeuten soll, ist
unklar[296].

Bei jeder Privilegierung eines Schädigers, der an und für sich dem 246
Regressanspruch einer bestimmten Versicherung ausgesetzt ist, stellt sich
die Frage, was sie – unter bestimmten Bedingungen – ausschliesst: Die auf
den Versicherer übergegangenen Haftpflichtansprüche oder die Restforderung des Geschädigten oder beide Ansprüche.

Die Privilegien von UVG 44 zugunsten der Familienangehörigen und 247
des Arbeitgebers, seiner Familie und seinen andern Arbeitnehmern gelten
sowohl für die auf den Versicherer übergegangenen Haftpflichtansprüche
als auch für den Direktschaden; vgl. vorn N 223. Das Privileg der Familienangehörigen gemäss VVG 72 III beschränkt demgegenüber nicht die
Haftpflicht, sondern die Subrogation und gilt daher nur gegenüber dem
Versicherer.

Das Haftungsprivileg der Familienangehörigen des Versicherten ist nur 248
gegenüber dem Regress des Versicherers, nicht aber in bezug auf den
Direktschaden[297] sinnvoll. Wenn ein Familienangehöriger einen andern
leichtfahrlässig oder ohne Verschulden (Kausalhaftung) schädigt, soll nicht
ein aussenstehender Dritter – der Versicherer – einen Haftpflichtstreit in
die Familie hineintragen, den der Geschädigte gegen seinen Familienangehörigen nicht eingeleitet hätte. Ausserdem sind Familienangehörige auch
wirtschaftlich häufig eng miteinander verbunden, so dass eine Belangung
des Schädigers durch den Versicherer auch den Geschädigten betrifft.

---

[296] In BGE 112 II 169 hat das Bundesgericht versucht, diese Frage auf Grund der Entstehungsgeschichte von AHVG 48ter zu beantworten, stiess aber nur auf Widersprüche. Vgl. neben BGE 112 II 169 den Entscheid 117 II 609 ff. und dazu STARK in AJP 1992, 1450.
[297] Vgl. vorn § 10 N 112 sowie vorn N 54 ff., 217.

§ 11   Haftpflicht und Versicherung

Faktisch würde der Versicherer, wenn er Regress nehmen könnte, mit der linken Hand beim Geschädigten indirekt wieder holen, was er ihm mit der rechten bezahlt hat.

249   Die Verhältnisse sind ganz anders beim Direktanspruch des Geschädigten. Dieser soll festlegen können, ob er ihn gegen einen Familienangehörigen geltend machen will. Er ist kein aussenstehender Dritter, der ohne Berücksichtigung der familiären Beziehungen entscheidet. Darum ist ihm gegenüber das Haftungsprivileg des Schädigers nicht begründet.

250   Diese Überlegungen erhalten ein erhöhtes Gewicht, wenn der Direktschaden gross[298] und durch eine Haftpflichtversicherung des Schädigers gedeckt ist[299]. Dann hat das Haftungsprivileg des Familienangehörigen des Versicherten für den Direktschaden Konsequenzen, die der ratio legis nicht entsprechen. Der Versicherte kann seinen Direktschaden nicht vom haftpflichtigen Familienangehörigen zurückverlangen und muss sich mit den niedrigen AHV/IV-Leistungen begnügen. Davon profitiert der Haftpflichtversicherer des Schädigers, der den nicht gedeckten Teil einsparen kann.

251   Gestützt auf diese Sachlage hat das Bundesgericht in BGE 112 II 167 ff. und 117 II 609 ff.[300] unterschieden zwischen einem *Haftungsprivileg*, das dem Schädiger gegenüber Direkt- und Regressansprüchen zusteht, und einem blossen *Regressprivileg,* das dem Direktanspruch des Geschädigten nicht entgegengehalten werden kann. Das Haftungsprivileg gilt bei Beteiligung eines UVG-Versicherers nach UVG 44, das Regressprivileg gegenüber dem Regress von AHV oder IV (und nach VVG 72 III)[301].

---

[298] Das trifft namentlich bei AHV und IV zu, wo die Versicherungsleistungen in vielen Fällen einen relativ kleinen Teil des Schadens abdecken.

[299] Die Haftpflichtversicherung des Schädigers spielt als Argument nur eine Rolle, wenn sie auch die Ansprüche von Familienangehörigen umfasst. Das ist heute nach SVG 63 III der Fall. Beim RLG akzeptiert die zuständige Aufsichtsbehörde auch Haftpflichtversicherungsverträge, in denen die Familienangehörigen des Haftpflichtigen ausgeschlossen sind; das Gesetz schweigt sich über diese Frage aus. Ihre praktische Bedeutung ist gering, weil Inhaber und Eigentümer von Rohrleitungsanlagen im Sinne von RLG 1 regelmässig Aktiengesellschaften sein werden, so dass sich der Ausschluss von Ansprüchen der Familienangehörigen des Versicherten auf die Arbeitnehmer des Rohrleitungsunternehmens beschränkt.

[300] Vgl. dazu STARK in AJP 1992, 1450 ff.

[301] Vgl. A. KELLER II 209; BOLLER in SVZ 54 (1986) 304 f.; MERZ in ZBJV 1988, 201 f.; STOESSEL 51; vorn FN 259.

E. Leistungen von Pensionskassen[302]

1. Allgemeines

Pensionskassen – in dem hier allein interessierenden Sinne der Klärung des Verhältnisses zwischen ihren Leistungen und eventuellen Haftpflichtforderungen ihres Versicherten – sind Institutionen, die bei Alter, Invalidität oder Tod Leistungen erbringen, um den weggefallenen Erwerb finanziell teilweise zu ersetzen. Ihre Versicherten sind regelmässig Arbeitnehmer des oder der gleichen Betriebe. Die Prämien werden meistens von den Versicherten und vom Arbeitgeber aufgebracht. Dieser behandelt die von ihm bezahlten Prämien buchhalterisch als Betriebskosten. Seine Zahlungen stellen also einen Teil des Arbeitsentgeltes an seine Arbeitnehmer dar, wirtschaftlich eine Gegenleistung für deren Arbeit im Betrieb. 252

Wegen der durch die Pensionskassen in erster Linie bezweckten (reduzierten) Einkommenssicherung im Alter liegt das Schwergewicht der Pensionskassenprämien auf dem Sparteil. 253

Ob es sich bei einer solchen Kasse um eine Versicherung im eigentlichen Sinne handelt[303], ist in diesem Zusammenhang, gleich wie bei den bereits behandelten Arten öffentlicher Versicherungen, unerheblich. Gleich wie bei diesen stellt sich bei Beteiligung einer Pensionskasse an einem Schadenfall die Frage, ob dem Geschädigten die Haftpflichtleistungen zusätzlich zu den Leistungen der Pensionskasse zukommen sollen oder ob sie um die Leistungen der Pensionskasse zu kürzen[304] bzw. ob der Pensionskasse 254

---

[302] Unter dem Ausdruck «Pensionskasse» können alle Arten von Personalvorsorgeeinrichtungen subsumiert werden, weshalb er in den folgenden Ausführungen verwendet wird; vgl. dazu RIEMER § 2 N 27/28.
[303] Vgl. über die Anforderungen für das Vorliegen einer Versicherung i. w. S. BGE 76 I 368.
[304] Für die Kürzung der Leistungen des Haftpflichtigen an den Geschädigten, die von vielen als «Anrechnung» bezeichnet wird, kommen zwei Grundmuster in Frage:
Entweder erfolgt die Kürzung, weil ein Teil der Forderung des Geschädigten auf einen zahlenden Mit-Ersatzpflichtigen übergegangen ist bzw. diesem ein Ausgleichsanspruch gegen andere Ersatzpflichtige erwachsen ist. Dann ist die Verwendung des Ausdruckes «Anrechnung» – z. B. in BGE 109 II 69, aber auch an vielen andern Orten – dogmatisch problematisch, weil ein Schadenersatzanspruch, der auf einen Dritten übergegangen ist bzw. von diesem erfüllt wurde, dem Geschädigten nicht mehr zusteht. Er kann nicht auf die Leistung an den Geschädigten angerechnet werden (wie z. B. das Verschulden einer Hilfsperson des Geschädigten diesem wie Selbstverschulden angerechnet wird). Er stellt

ein Regressanspruch gegen den Haftpflichtigen einzuräumen sei. Je nachdem kommt der Pensionskasse eine ähnliche Stellung zu wie einer Summenversicherung oder wie einer Schadensversicherung. Dieselbe Frage stellt sich, wenn der durch eine Pensionskasse Versicherte ums Leben kommt und dadurch Hinterbliebenenrenten ausgelöst werden.

255   Wenn weder Anrechnung noch Regress möglich ist, profitiert der Geschädigte von der Konstellation, dass er einerseits durch eine Pensionskasse gedeckt ist, andererseits einen Haftpflichtanspruch hat. Im Falle der Anrechnung «profitiert» der Haftpflichtige, im Falle des Regresses die Pensionskasse[305].

2. Regress für aus angehäufter Sparprämie erbrachte Leistungen[306]

256   Die Pensionskassen müssen jedem Versicherten (oder bei Tod dem oder den Anspruchsberechtigten) eine Leistung erbringen, im Normalfall nach Erreichen des Endalters[307], bei vorzeitigem Eintritt von Invalidität oder Tod als Folge von Unfall oder Krankheit schon vorher[308]. Eine Leistung an *jeden* Versicherten auch ohne Schadenereignis – wie sie hier geschuldet ist – ist praktisch nur möglich, wenn die Prämie mindestens zum Teil eine Sparprämie ist, die angehäuft wird und zusammen mit den Zinsen abzüglich

---

im Prozess des Geschädigten gegen den Haftpflichtigen nur noch eine Rechnungsgrösse zur Ermittlung der Höhe des dem Geschädigten verbliebenen Anspruches dar.
Daneben kann bei einem Haftpflichtfall eine Anrechnung im Sinne der Vorteilsanrechnung (vgl. vorn § 6 N 49 ff.) erfolgen. Dann wird die Leistung des Haftpflichtigen an den Geschädigten gekürzt, ohne dass der betreffende Betrag einem Dritten, namentlich einem Regressnehmer, zugute kommt.

[305] Wenn der Geschädigte keinen Schaden erleidet, weil er bereits vor dem Unfall voll invalid war, stellt sich das Problem nicht, weil ihm kein Schadenersatzanspruch für Erwerbsausfall gegen den Haftpflichtigen zusteht.

[306] Der Umstand, dass die Pensionskassen aus Sparprämien für jeden Versicherten ein Alterskapital anhäufen, stellt den bedeutendsten Unterschied in bezug auf den Regress gegenüber den andern Sozialversicherern dar.

[307] Dieser Ausdruck wird in den weiteren Ausführungen für das Alter verwendet, bis zu dem die Prämien zu bezahlen sind und von dem an bei normalem Ablauf die Altersrente ausgerichtet wird.

[308] Unfall und Krankheit, d.h. das befürchtete Ereignis, bestimmen also – je nach den Statuten – den Zeitpunkt des Beginnes der Leistungspflicht mit, der dann allerdings wieder auf die Zusammensetzung der Leistung und auf ihre Höhe Einfluss nimmt.

III. Versicherung nach öffentlichem Recht   § 11

die Verwaltungskosten die Leistung im Endalter ergibt[309]. Wenn zusätzlich eine Risikoprämie bezahlt wird, dient diese dazu, bei vorzeitigem Eintritt von Invalidität oder Tod die finanzielle Lücke (Invaliden- bzw. Hinterlassenenrenten) zwischen dem Stand der Altersgutschriften und den normalen Altersrenten ab Endalter ganz oder teilweise zu überbrücken[310].

Bei Erreichen des Endalters, ohne dass vorher ein Versicherungsfall eintritt, fällt ein Regress – sowohl des Versicherten als auch seiner Pensionskasse – gegen einen Haftpflichtigen selbstverständlich ausser Betracht[311]. 257

Tritt der Versicherungsfall (Invalidität oder Tod) vor dem Endalter ein, so stehen der Pensionskasse zur Finanzierung ihrer vor dem Erreichen des Endalters fälligen Renten die im betreffenden Jahr insgesamt bezahlten Risikoprämien und für die Altersrenten das bis dahin aus den Prämien für den betreffenden Versicherten und den Zinsen angehäufte Alterskapital zur Verfügung[312]. 258

Auch wenn der Versicherungsfall vor dem Erreichen des Endalters des betreffenden Versicherten eintritt, wird regelmässig ein Teil der Leistungen der Pensionskasse aus dem angehäuften Sparkapital plus Zins finanziert[313, 314]. 259

---

[309] Es sei denn, die Leistungen der Kasse für alle Schadenereignisse eines Jahres werden nach dem Umlageverfahren durch alle Prämien des Schadenjahres finanziert, wie grosso modo bei der AHV.

[310] Für die Festsetzung der Leistungen einer Pensionskasse stehen zwei verschiedene Methoden zur Verfügung, das *Beitrags- und das Leistungsprimat*. Nach dem Beitragsprimat hängt die Rentenhöhe von den einbezahlten Beträgen ab. Nach dem Leistungsprimat richtet sich die Höhe der Rentenleistung nicht oder nicht in erster Linie nach den Altersgutschriften, sondern nach dem erzielten Lohn, von dem ein fixer Anteil bezahlt wird. Massgebend ist meistens der Arbeitsverdienst im Zeitpunkt der Pensionierung.

[311] Abgesehen von der Auslösung von Hinterlassenenrenten durch den Tod eines bereits pensionierten Versicherten; vgl. hinten N 305.

[312] Die *obligatorische Versicherung nach BVG* bestimmt die Höhe der Renten in Prozenten des Altersguthabens, das sich aus den Altersgutschriften samt Zinsen und Freizügigkeitsleistungen ergibt. Die Altersgutschriften ihrerseits werden in Prozenten des sog. koordinierten Lohnes berechnet (BVG 14 ff.). Dieser ist also für die Leistungen der Vorsorgeeinrichtung massgebend. Wird ein Versicherter vorzeitig invalid, so setzt sich das Altersguthaben zusammen aus dem bis zum Beginn des Anspruches auf die Invalidenrente erworbenen Altersguthaben und zusätzlich der Summe der Altersgutschriften für die bis zum Rentenalter fehlenden Jahre, ohne Zinsen (BVG 24). Es gilt also das Leistungsprimat; die Pensionskassen müssen prüfen, wie hoch die Prämien sein müssen, damit bei Invaliditätsfällen die Summe der Altersgutschriften für die fehlenden Jahre zur Verfügung steht. Vgl. PETER BECK in SVZ 60 (1992) 181.

[313] Vgl. PETER BECK in SVZ 60 (1992) 182; STEPHAN FUHRER in SVZ 60 (1992) 88.

[314] Das Alterskapital wird nach den Berechnungen, die eine Pensionskasse zur Bestimmung der Höhe ihrer Prämien anstellt, in erster Linie für die Bezahlung der Rente nach

260 Unter Berücksichtigung dieser Verhältnisse ist die grundsätzliche Frage nach der *inneren Berechtigung eines Regressrechts von Pensionskassen* zu stellen.

261 Für die *Aufwendungen aus der Risikoprämie* ergibt sich die Berechtigung aus den Überlegungen, die auch für den Regress des Schadensversicherers nach VVG 72 und den Regress der Sozialversicherer nach UVG 41, AHVG 48ter und IVG 52 I massgebend sind: Der Geschädigte soll nicht dadurch bereichert werden, dass er kumulativ die Leistungen des Versicherers und des Haftpflichtigen erhält.

262 Für das *angehäufte Sparkapital* widerspricht ein Regress aber der im privaten Versicherungsrecht massgebenden und in VVG 96 zum Gesetz erhobenen Beurteilung; diese Norm ist auf Pensionskassen aber nicht anwendbar[315]. Darf ein Versicherer für Leistungen, für deren Erbringung ihm eine angehäufte Sparprämie zur Verfügung steht, in den Haftpflichtanspruch des Versicherten eintreten und dadurch der direkte Haftpflichtanspruch um das vom Versicherten gesparte Alterskapital gekürzt werden[316]?

Erreichen des Endalters (Altersrente) benötigt, d. h. normalerweise für die Rente ab dem 63./66. Altersjahr der oder des Versicherten.
Das für die Altersrente angehäufte Sparkapital reicht für diese aus, abgesehen allerdings davon, dass bei voller Invalidität durch einen Schadenfall oder bei Tod des Versicherten die Prämien ab dessen Datum nicht mehr bzw. bei teilweiser Invalidität nur noch zum Teil bezahlt werden. Dieser Prämienausfall, die sog. Beitragslücke, führt zu einer Kürzung der Altersrenten. Offen bleibt damit noch die Finanzierung der zwischen dem Schadenfall und dem Endalter zu bezahlenden Invaliden- oder Hinterlassenenrenten. Dafür dient vor allem die Risikoprämie.
Je nach dem Aufbau der Kasse erleidet der Versicherte eine Einbusse, die nach den Grundsätzen des sog. Rentenschadens (vgl. vorn § 6 N 191 ff., 337 ff.) vom Haftpflichtigen übernommen werden muss, wenn ein solcher vorhanden ist.

315 Nach VVG 101 Ziff. 2 findet dieses Gesetz keine Anwendung auf die privaten Rechtsverhältnisse zwischen den der Aufsicht nicht unterstellten Versicherungseinrichtungen und ihren Versicherten. Nach dem VAG vom 23. Juni 1978 (SR 961.01) Art. 4 I lit. c sind «die Personenversicherungseinrichtungen eines privaten Arbeitgebers, eines oder mehrerer öffentlicher Arbeitgeber sowie mehrerer privater Arbeitgeber, die wirtschaftlich oder finanziell eng miteinander verbunden sind, der Aufsicht des Bundesamtes für Privatversicherung nicht unterstellt»; vgl. auch VAG 3 II.
Ihrer Natur nach entspricht im übrigen eine Pensionskasse einer Schadens- und nicht einer Personenversicherung im Sinne von VVG 96; vgl. BGE 104 II 47 ff.; 115 II 26.

316 Gegen den Regress auch für diejenigen Leistungen, die durch Alterskapital finanziert werden – soweit sie durch das befürchtete Ereignis ausgelöst wurden, was bei der Altersrente nicht zutrifft –: SCHAFFHAUSER/ZELLWEGER N 1900; SCHAER Rz 953 und 1129; DERS., recht 1991, 21; RIEMER, SZS 31 (1987) 130; FUHRER, SZS 34 (1990) 310; DERS., SVZ 60 (1992) 88; BAIGGER, SZS 36 (1992) 150 ff.; BGE 53 II 500; 56 II 270; 83 II 443; BGE vom 20. März 1990 i. S. Steck und Kanton Bern gegen Eidgenossenschaft und Kons. Nach BGE 107 V 231 sind in die Prüfung der Überversicherung gemäss KUVG 26 auch

III. Versicherung nach öffentlichem Recht §11

Die Beantwortung dieser Frage setzt eine kurze Gegenüberstellung der 263
beiden Lösungen voraus:

a) *Bei Verneinung des Regresses* für die Inanspruchnahme des angehäuf- 264
ten Sparkapitals: Insoweit die Pensionskassen zur Finanzierung ihrer Leistungen an den durch einen Schadenfall (für den ein Dritter haftpflichtig ist) betroffenen Versicherten Alterskapital verwenden, steht ihnen kein Regress zu. Der Versicherte bekommt die Rente der Pensionskasse neben den mit ihr kongruenten Haftpflichtleistungen[317]. Das betrifft vor allem die Altersrente vom Endalter bis zum Ende der Aktivitätserwartung. Wenn man gestützt auf die Rechtsprechung des Bundesgerichtes über den Rentenschaden die Kürzung der Pensionskassen-Rente wegen einer Beitragslücke bis zum Lebensende als haftpflichtrechtlichen Schaden betrachtet[318], fällt die Rente bis zum Ableben in Betracht.

b) *Bei Bejahung des Regresses* für die Inanspruchnahme des angehäuf- 265
ten Sparkapitals: Der Pensionskasse steht bei identischen Schadensposten für ihre gesamten Leistungen, seien sie aus Sparprämien oder aus Risikoprämien alimentiert, ein Ersatzanspruch gegen den haftpflichtigen Dritten zu. Die Pensionskasse kann zur Bezahlung der Altersrenten an den verunfallten Versicherten die Haftpflichtleistungen des Dritten einsetzen und braucht das angehäufte Alterskapital nicht oder nur teilweise dafür zu verwenden[319].

---

die Leistungen einer obligatorischen Sparversicherung für Angestellte einzubeziehen und wird als irrelevant betrachtet, ob eine solche Spareinlegerkasse als Versicherungsträger im Sinne von KUVG 26 III zu betrachten sei. Wenn eine solche Kasse, die dem Mitglied nur den Gesamtbetrag der von ihm und der Firma einbezahlten Summen ausrichtet, in die Überversicherungsrechnung einbezogen wird, heisst das, dass hier nicht das Kumulationsprinzip gilt.

[317] Wo es sich nicht um identische Schadensposten handelt, d. h. wo der Pensionskassenrente kein haftpflichtrechtlicher Schaden entspricht, stellt sich die hier aufgeworfene Frage nicht: Ein Regress fällt von vornherein ausser Betracht.

[318] Vgl. vorn § 6 FN 302.

[319] GÜNTER BAIGGER, SZS 36 (1992) 145 ff. bezeichnet den vollen Regress der Pensionskasse als Methode 1 und versteht unter dem durch den Unfall der Pensionskasse verursachten Schaden den «Barwert der bis zum Schlussalter des Verunfallten laufenden Versicherungsleistungen» (147). Er zieht dieser Berechnung aber die sog. Methode 2 vor, die auf der Differenz zwischen dem die diversen anwartschaftlichen Leistungen des aktiven Versicherten berücksichtigenden Deckungskapital und dem Barwert der Hinterlassenen- bzw. Invaliditätsleistungen beruht. Hier erfasst also der Regress nicht das Deckungskapital, sondern nur den Betrag, um den die Leistungen der Pensionskasse das Deckungskapital übersteigen. Infolgedessen wird auch nur dieser Betrag auf den Haftpflichtanspruch des Geschädigten angerechnet; in der Höhe des Deckungskapitals befürwortet er damit – unausgesprochen – das Kumulationsprinzip.

266 Dies entspricht der Rechtslage bei den beiden Pensionskassen des Bundes (vgl. hinten N 286 ff.).

267 Wenn man davon ausgeht, dass eine Pensionskasse trotz den individuellen Altersgutschriften und den entsprechenden Bilanzreserven eine Institution zur gemeinsamen Sicherung der gewohnten Lebenshaltung gegen Alter, vorzeitigen Tod und Invalidität darstellt[320], verlieren die Argumente *für* die Doppelzahlung in der Höhe des Alterskapitals oder eines Teils davon an Gewicht[321]. Im Vordergrund steht die *Solidarität*[322] zwischen den Versicherten; eine Pensionskasse ist vor allem eine soziale Institution. Sollen diejenigen Versicherten, denen weitgehend zufällig ein Schadenersatzanspruch für den die Pensionskasse betreffenden Schaden gegen einen Dritten zusteht, davon individuell profitieren können? Sie benötigen die Doppelzahlung nicht zur Erhaltung ihres Lebensstandards[323]. Eine der beiden Renten – diejenige des Haftpflichtigen (meistens in Kapitalform) oder diejenige der Pensionskasse – fällt praktisch weitgehend in die Erbschaft. Der Zweck der Pensionskassen, die berufliche Altersvorsorge, die nach der Pensionierung eine Weiterführung des Lebens im bisherigen Rahmen erlaubt, wird auch ohne Doppelzahlung erreicht[324].

---

[320] Vgl. RIEMER § 1 N 17.
[321] Richtig ist allerdings der Einwand von SCHAER, recht 1991, 21, dass die Altersrente – ohne schädigendes Ereignis – auch bezahlt wird, wenn der Versicherte nach der Pensionierung noch voll oder teilweise erwerbstätig ist. Dann wird normalerweise die Altersrente der Pensionskasse mit dem «Alters-Einkommen» kumuliert. Wenn ein Arbeitnehmer über das statutengemässe Endalter hinaus in der gleichen Firma voll arbeitet, kann er an vielen Orten, statt Rente *und* Lohn zu beziehen, die Rente aufschieben lassen, bis er die Erwerbstätigkeit aufgibt. Dadurch wird sie grösser. Diese Regelung ist auch bei der AHV möglich. Sie entspricht dem Zweckgedanken der Pensionskassen: Sicherstellung eines (reduzierten) Einkommens für die Zeit der altersbedingten Erwerbsunfähigkeit.
[322] Nicht im Sinne des Verhältnisses zwischen mehreren Ersatzpflichtigen, sondern als generelles, nicht als juristisches Prinzip.
[323] Natürlich hat jedermann jederzeit eine Verwendung für ein Mehr an Geld. Hier ist aber entscheidend, dass bestimmte finanzielle Mittel – die vom Versicherten und seinem Arbeitgeber bezahlten Prämien – dem Zweck einer festgelegten kollektiven Einkommenssicherung für den Fall altersbedingter Erwerbsunfähigkeit oder des Todes oder einer Invalidität gewidmet wurden. Wird dieser Zweck durch andere von Dritten kommende Mittel – eine Haftpflichtentschädigung – ganz oder teilweise erreicht, so ist es nur folgerichtig, wenn die nicht benötigten Prämien des Versicherten A nicht diesem zusätzlich, sondern der Gesamtheit der Versicherten zur Verfügung stehen. Erwähnt sei hier noch, dass nach BVG 34 II ungerechtfertigte Vorteile des Versicherten oder seiner Hinterlassenen beim Zusammentreffen mehrerer Leistungen vermieden werden sollten. Zu diesen Leistungen zählt RIEMER § 1 N 20 mit Recht auch Haftpflichtzahlungen.
[324] Das gilt allerdings dann nicht, wenn der versicherte Lohn wesentlich tiefer ist als das vor der Pensionierung erzielte Einkommen, d. h. wenn die Prämien der Pensionskasse dem erwähnten Zweck nicht gerecht werden.

III. Versicherung nach öffentlichem Recht § 11

Der *Solidaritätsgrundsatz* führt dazu, dass bei Fehlen von Anspruchs- 268
berechtigten beim Tod eines Versicherten die Pensionskasse keine Leistungen auszahlt, obschon sie aus den Sparprämien des Versicherten ein Alterskapital angehäuft hat. Dieses kommt den andern Versicherten zugute. Die individuellen Altersgutschriften (BVG 15/16) stellen nicht ein persönliches Guthaben des Versicherten dar – wie z. B. ein Bankkonto; sie werden auch nicht vererbt wie ein solches –, sondern dienen nur als Berechnungsgrundlage für die Alters- und die Freizügigkeitsleistungen. Dementsprechend werden die Altersrenten auch dann weiter bezahlt, wenn der Versicherte ein überdurchschnittliches Alter erreicht und das Alterskapital – rein rechnerisch – erschöpft ist[325].

Wenn der Haftpflichtanspruch des Versicherten wirtschaftlich zu einer 269
Besserstellung der Pensionskassen führt, werden dadurch *bei gleichen Prämien höhere Leistungen möglich oder die Prämien aller Versicherten reduziert*. Eine Pensionskasse wird durch solche «Gewinne» nicht reicher und kann sich dadurch nicht zusätzliche Lebensgenüsse leisten wie ein Privater[326].

Die Argumente für die grundsätzliche Zulassung des integralen Regres- 270
ses der Pensionskassen haben mehr Gewicht als diejenigen für dessen Verneinung. Vorbehalten bleibt dabei die sogleich zu besprechende Frage, ob und in welchem Umfang die Zulassung des Regresses trotz Deckung der Leistungen durch das Alterskapital rechtlich im Einzelfall begründet ist. Vgl. darüber hinten N 272 ff. Hier sollte nur zur Frage Stellung bezogen werden, ob grundsätzlich ein Regress der Pensionskassen für Altersleistungen überhaupt in Frage kommt. Diese Frage ist bejaht worden.

Diese Überlegungen rechtfertigen auch hier, wie bei der Schadensver- 271
sicherung (vgl. vorn N 19 ff.), den Regress aus allen Haftungsgründen. Wenn die volle Belastung eines Kausalhaftpflichtigen als gerechtfertigt

---

[325] Bei einer privaten kollektiven Rentenversicherung trägt ebenfalls die Gesamtheit der Versicherten das Risiko, dass ein Teil der Versicherten überdurchschnittlich alt wird. Trotzdem untersteht diese Versicherung dem Kumulationsprinzip von VVG 96. Rentenversicherungen werden heute aber weitgehend nach den Regeln des BVG als freiwillige zusätzliche berufliche Altersvorsorgen abgeschlossen; vgl. BVG 49 II; RIEMER § 1 N 19, 41 und in der Regel als Vorsorgevertrag bezeichnet; vgl. RIEMER § 4 N 10 ff. In andern privaten kollektiven Rentenversicherungen wird die Rechtslage bei Fehlen eines Anspruchsberechtigten im Todesfall im Vertrag ausdrücklich geregelt.

[326] Erwähnt sei noch, dass eine Pensionskasse als Versicherungseinrichtung durch ihre Zahlungen nicht einen Schaden im haftpflichtrechtlichen Sinne erleidet; vgl. vorn N 69. Im weiteren ist zu berücksichtigen, dass eine Aufteilung des Regresses je nach der Deckung der zu bezahlenden Rente durch Spar- oder Risikoprämien zu komplizierten, wenig praktikablen Argumentationen im Regressfall führt; vgl. BECK, SVZ 60 (1992) 182.

betrachtet wird, wenn keine Pensionskasse Leistungen erbringt, ist sie es auch hier[327].

3. Die zeitliche Begrenzung des Pensionskassenregresses

272 Versorgerschaden und Invaliditätsschaden werden im Haftpflichtrecht normalerweise mit dem sog. Aktivitätskoeffizienten kapitalisiert, der höher liegt als der Koeffizient für Renten bis zum zurückgelegten 62. bzw. 65. Altersjahr[328].

273 Die Pensionsrente beginnt für Frauen aber üblicherweise nach dem zurückgelegten 62., für Männer nach dem zurückgelegten 65. Altersjahr. Für die Differenz-Jahre bis zum Ende der Aktivität steht dem Geschädigten, wenn man den Regress der Pensionskasse entgegen der hinten N 278 vertretenen Auffassung nur für Leistungen bis zum 62./65. Altersjahr zulässt[329], neben der Altersrente ein voller Schadenersatzanspruch gegen den Haftpflichtigen zu; dieser wird dann für diese Zeit – cum grano salis betrachtet – doppelt entschädigt[330].

---

[327] Gestützt auf diese Überlegungen ist der Regress der Kasse auch dann zu bejahen, wenn der Verunfallte bereits pensioniert ist. In BGE 56 II 271 ff. hat das Bundesgericht diesen Regress bei einem Bundesbeamten abgelehnt, mit der Begründung, dass in der – damals massgebenden, heute aber abgeänderten – Regressnorm die Haftpflichtansprüche von Pensionierten nicht neben denjenigen von aktiven Beamten erwähnt seien. Ausserdem sei ein Regress nicht angezeigt in Fällen, in denen die Versicherungskasse normalerweise keinen Schaden erleidet. Vgl. auch ZBJV 67, 89 ff. und die Kritik von SCHÄRER in ZBJV 77, 219 ff.; STAUFFER/SCHAETZLE (3. A. Zürich 1970) 76. Vgl. hinten N 305.

[328] So beträgt z. B. der Aktivitätskoeffizient eines 50jährigen Mannes 13,80, der Koeffizient bis zum Alter 65 aber nur 10,66 (Stauffer/Schaetzle Tafel 18). Bei einem 60jährigen Mann lauten die entsprechenden Zahlen 9,37/4,26. Die Aktivität dauert bei einem 50jährigen Mann 19,84 Jahre, also bis fast zum 70. Altersjahr, bei einem 60jährigen 12,01 Jahre, also bis zum 72. Altersjahr (Stauffer/Schaetzle Tafel 43). Die Differenz zwischen dem Endalter und dem Ende der durchschnittlichen Aktivität macht dementsprechend bei einem 50jährigen Mann 5 Jahre, bei einem 60jährigen 7 Jahre aus.

[329] Vgl. den BGE vom 20. März 1990 i. S. Steck und Kanton Bern gegen Eidgenossenschaft und Kons.; STAUFFER/SCHAETZLE S. 221 N 561.
Im Entscheid Steck wird in Abschnitt II Ziff. 1 a jedes Regressrecht der Pensionskasse und der AHV für die Altersrente verneint. Im gleichen Abschnitt wird unter Ziff. 1 b festgehalten, dass die Pensionskasse die von ihr einer Witwe geschuldeten Beträge nur bis zum Alter, in dem der verstorbene Versicherte *aufgehört hätte zu arbeiten*, vom Haftpflichtigen zurückverlangen könne. Darin liegt nur dann kein Widerspruch, wenn der Beginn der Altersrente mit dem Aufhören der beruflichen Aktivität zusammenfällt.

[330] Dies gilt dann nicht, wenn der Haftpflichtige die Leistungen der Pensionskasse zwischen dem Endalter und dem Ende der Aktivität zwar nicht der Pensionskasse erstatten muss, sie aber trotzdem gegenüber dem Geschädigten anrechnen kann. Das kommt aber nicht in Frage.

III. Versicherung nach öffentlichem Recht § 11

Das Bundesgericht hat im Entscheid Steck darauf abgestellt, dass die 274
Altersrente nicht durch das versicherte Ereignis, sondern unabhängig davon durch das Erreichen des Endalters ausgelöst werde[331]. Infolgedessen bestehe dafür nie ein Regressrecht.

Diese Argumentation trifft zu, wenn man davon ausgeht, dass die 275
regressierende Pensionskasse einen ihr durch ein Unfallereignis zugefügten Schaden geltend mache. Wenn man aber – wie vorn[332] vertreten – davon ausgeht, dass eine Versicherungsinstitution durch ein Schadenereignis, das einen ihrer Versicherten trifft, nicht einen Schaden erleidet, sondern durch die ausgelösten Zahlungen ihre Zweckbestimmung erfüllt, kommt man zu einer andern Betrachtungsweise: Basiere ein Regressanspruch auf einer Subrogation, auf einer Zession oder auf Anspruchskonkurrenz, so beruht er *nie auf einem dem Regressierenden zustehenden Schadenersatzanspruch* im Sinne des Haftpflichtrechts. Der Versicherer hat durch das Schadenereignis nicht einen rechtswidrigen Schaden erlitten und der Haftpflichtige hat ihm gegenüber keinen Haftungsgrund zu vertreten[333]. Er ist nur insofern regressberechtigt, als Schadenersatzansprüche des Geschädigten auf ihn übergegangen sind oder er als Solidarschuldner bezahlt hat und eine Forderung aus Anspruchskonkurrenz geltend machen kann. Solange er nichts bezahlt hat, kann er – mit gewissen Modifikationen bei der Sozialversicherung – nichts vom Haftpflichtigen verlangen. *Direkte* Voraussetzung seines Regressrechts ist nicht das Schadenereignis, sondern der Übergang der Forderung des Geschädigten auf ihn bzw. die Entstehung seines Ausgleichsanspruches. Massgebend für die Höhe seines Regresses ist dem-

---

[331] Die Altersrente ist zwar auch dann geschuldet, wenn kein Schadenereignis eintritt; sie wird also nicht durch das Schadenereignis ausgelöst. Sie deckt aber bis zum Ablauf der Aktivitätserwartung den gleichen Schaden wie der Haftpflichtanspruch, nämlich den Verdienstausfall. Wenn keine Subrogation stattfindet und der Geschädigte dem Versicherer seinen Haftpflichtanspruch nicht vertraglich abtritt, haften der Versicherer und der Haftpflichtige solidarisch *für denselben Schaden* (OR 51 I). Daraus ergibt sich der Ausgleichsanspruch des Versicherers. Bei Zession liegt die Gläubiger-Qualität des Zessionars auf der Hand; Zessionar könnte z. B. auch eine Bank sein. Bei Subrogation ist die Situation die gleiche.
Den Kern des Problems erfassen aber eigentlich nicht diese dogmatischen Überlegungen, sondern das Werturteil über die Frage, ob man für die Periode zwischen dem Endalter und dem Ende der Aktivitätserwartung nicht Alternativität, sondern Kumulation will; vgl. vorn N 264 f.

[332] N 69.

[333] Weder ein Rechtsgut des Versicherers noch eine zu seinem Schutz erlassene Verhaltensnorm wurde verletzt; der Betriebsgefahr eines Autos oder einer Eisenbahn waren die im Unfallzeitpunkt in der Nähe weilenden Personen, nicht aber ihre Versicherer ausgesetzt.

§ 11 Haftpflicht und Versicherung

entsprechend nicht die Grösse des Schadens des Geschädigten, sondern das Ausmass seiner durch das Schadenereignis ausgelösten Zahlungen, die die Haftpflichtforderungen übergehen bzw. Ausgleichsansprüche entstehen lassen. Soweit diese Zahlungen an den Geschädigten einen Schaden im haftpflichtrechtlichen Sinn abdecken, kann er Regress nehmen und nur, wo das nicht der Fall ist, entfällt der Rückgriff. Dieser steht ihm nur zu für identische Schadensposten[334, 335].

276 Wenn der Versicherer durch seine Leistungen an den Geschädigten identische Schadensposten abdeckt, kann er daher Regress nehmen[336]. Nur durch diese Betrachtungsweise wird erreicht, dass der Geschädigte nicht für einen Teil seines Schadens kumulativ den Schädiger und den Versicherer belangen kann, was allein eine Bereicherung des Geschädigten durch die Versicherung ausschliesst. Eine solche Bereicherung würde dem System der Sozialversicherung widersprechen[337]. Es wäre widersprüchlich, auf

---

[334] Wenn ein verheirateter Pensionierter stirbt, wird dadurch eine Witwenrente ausgelöst; sein Tod ist kausal für die Pflicht der Pensionskasse, eine Witwenrente zu bezahlen. Anderseits entfällt aber die höhere Altersrente des getöteten Pensionierten. Mit dem Argument des Kausalzusammenhanges zwischen dem «befürchteten Ereignis» und der Entstehung der Rentenzahlungspflicht kommt man nicht weiter. Es besteht aber kein Grund anzunehmen, dass der Haftpflichtanspruch für die auf Grund des Todes eines Pensionierten zu bezahlende Witwenrente nicht auf die Pensionskasse übergehe, wenn diese das Subrogationsrecht geniesst (vgl. hinten N 305).

[335] Zur Illustration mag folgendes Beispiel dienen, bei dem die Möglichkeit der Mitwirkung weiterer Versicherer – neben der Pensionskasse – ausser acht gelassen wird:
Ein 50jähriger Versicherter erhält wegen Invalidität von seiner Pensionskasse eine Rente von Fr. 30 000.–. Sein Verdienstausfall – nach den Regeln des Haftpflichtrechts berechnet – beträgt Fr. 50 000.– pro Jahr.

	Regress bis Ende Aktivität Fr.	Regress bis Alter 65 Fr.
Kapitalwert der lebenslänglichen Rente 17,58 x Fr. 30 000.–	572 400	572 400
Ersatzberechtigter Invaliditätsschaden nach Haftpflichtrecht 13,8 x Fr. 50 000.–	690 000	690 000
./. Regress der Pens.kasse	414 000*	319 800**
Direktschaden	276 000	370 200

* 13,80 (Tafel 20) x Fr. 30 000.–
** 10,66 (Tafel 18) x Fr. 30 000.–

[336] Wenn er an und für sich aus diesem oder jenem Grund regressberechtigt ist.
[337] Dieses Ergebnis könnte auch dadurch erreicht werden, dass das Endalter gemäss den Pensionskassen-Bestimmungen auf das Ende der durchschnittlichen Aktivität hinaufge-

einen Teil des Schadens des Geschädigten das Kumulationsprinzip anzuwenden.

Deshalb kann es nicht darauf ankommen, ob der Versicherer für einen Teil des Schadens auch ohne das Schadenereignis einzustehen hat, sondern nur darauf, ob er den zur Diskussion stehenden Teil des Schadens ersetzt hat oder nicht und ob gestützt darauf der entsprechende Haftpflichtanspruch auf ihn übergegangen bzw. ein Ausgleichsanspruch entstanden ist.

Es drängt sich auf, in zeitlicher Hinsicht den Rückgriff für diejenige Periode zuzulassen, für die dem Geschädigten ein Schadenersatzanspruch zusteht, d. h. bis zum Ende der Aktivitätserwartung und nicht nur bis zum Endalter der Altersversicherung.

Das gilt nicht nur für die Pensionskassen, sondern auch für die staatliche AHV.

4. Das Quotenvorrecht des Geschädigten beim Pensionskassenregress

Die einschlägigen Bestimmungen über die beiden Pensionskassen des Bundes sehen die Subrogation in Haftpflichtansprüche des Geschädigten vor, ohne zur Frage Stellung zu nehmen, ob diesem wie bei den übrigen Sozialversicherungen in bezug auf die Auswirkungen von Herabsetzungsgründen das Quotenvorrecht zukomme. Sie unterscheiden sich darin von den Subrogationsbestimmungen des UVG (Art. 42), des AHVG (Art. 48^{quater}) und dementsprechend auch des IVG (Art. 52 I) sowie des MVG (Art. 68). Daher stellt sich die Frage, ob die Priorität des Geschädigten in diesem Bereich auch gelte. Die gleiche Frage stellt sich bei den Pensionskassen der Kantone, die zum Teil ebenfalls Subrogation vorsehen, und der privaten Unternehmungen, die mit Zessionen arbeiten oder für das Regressrecht überhaupt keine Bestimmungen enthalten.

Das Quotenvorrecht regelt eine mit dem Regress eines Versicherers zusammenhängende Frage. Es betrifft nicht die Haftpflicht an sich. Aus dem Haftpflichtrecht i. e. S. ergibt sich die Existenz und die Höhe der

---

setzt würde. Dadurch würde die Altersrente höher und damit annäherungsweise der sog. Rentenschaden automatisch abgegolten. Da dem Geschädigten aber nach den heute massgebenden Bestimmungen ein Rechtsanspruch auf eine Altersrente vom sog. Endalter an zusteht, müsste das Endalter bei Haftpflichtansprüchen in Abweichung vom geltenden Recht an die Aktivitätserwartung geknüpft werden, was zu kompliziert wäre.

§ 11   Haftpflicht und Versicherung

Schadenersatzforderung, während es sich hier um die Grenzziehung zwischen dem Direktanspruch des Geschädigten und dem Regressanspruch des Versicherers handelt, also um die Aufteilung der Haftpflichtleistungen auf diese beiden[338]. Es ist daher richtig, dass dieser Punkt in den verschiedenen Sozialversicherungsgesetzen geregelt wurde und nicht in den Haftpflichtgesetzen – mit Ausnahme von SVG 88.

282 Da die Bestimmungen über den Regress von Pensionskassen sich dazu – wie gesagt – nicht äussern, kann man den Standpunkt vertreten, dass das Quotenvorrecht im Bereich der Pensionskassen nicht gelte. Aber was soll denn gelten, wenn ein haftpflichtrechtlicher Reduktionsgrund vorliegt, die Quotenteilung oder das Quotenvorrecht des Sozialversicherers[339]?

283 Das Bundesgericht ist in BGE 96 II 363 ff. auf Grund sorgfältiger Abklärungen zum Schluss gekommen, dass SVG 88 analog auf Regressansprüche der SUVA gegen eine Eisenbahnunternehmung anzuwenden sei; es liege eine Lücke in KUVG 100 (heute ersetzt durch UVG 41) vor. Diese Lücke besteht heute noch in der Subrogationsbestimmung von BtG 48 V und in den EVK-Statuten 14 sowie in den Statuten der Pensions- und Hilfskasse der SBB, ebenfalls Art. 14. Es besteht kein Grund, hier eine andere Regelung anzuwenden[340]. Die Argumente, die in BGE 96 II 363 ff. für die Annahme einer Lücke in KUVG 100 erwähnt werden, gelten auch hier.

284 Bei den Pensionskassen der Kantone und privater Unternehmungen, deren Regress auf einer kantonalen Subrogationsnorm, einer Zession oder auf OR 51 II beruht, liegen keine Verhältnisse vor, die eine abweichende Regelung rechtfertigen könnten[341].

285 Es drängt sich daher auf, die Frage der Priorität bzw. der Quotenteilung bei den Pensionskassen allgemein gleich zu beantworten wie bei den übrigen Sozialversicherungen. Das entspricht auch der Regelung in der Schadensversicherung[342] und kann allein der Forderung gerecht werden, dass

---

[338] Der die Rechtsprechung über das Quotenvorrecht auslösende BGE 93 II 407 beruhte allerdings auf SVG 88, d. h. einer Norm des Haftpflichtrechts und nicht des Versicherungsrechts.
[339] Vgl. vorn N 202 ff.
[340] Es wäre auch mit Komplikationen verbunden, wenn neben einer Pensionskasse des Bundes ein UVG-Versicherer, die AHV, die IV oder die MV an einem Fall beteiligt sind.
[341] Bei Subrogationsnormen des kantonalen Rechts und bei OR 51 II kann ebensogut wie seinerzeit in KUVG 100 und jetzt in BtG 48 V eine Lücke angenommen werden. Aber auch bei Regressrechten, die auf Statutenbestimmungen beruhen, stehen einer entsprechenden Ergänzung keine zwingenden Gründe entgegen.
[342] Vgl. vorn N 43 ff.

5. Pensionskassen des eidgenössischen und des Bundesbahnpersonals

Den Pensionskassen des Personals der eidgenössischen Verwaltungen und der Schweizerischen Bundesbahnen hat Art. 48 V des BG über das Dienstverhältnis der Bundesbeamten vom 30. Juni 1927 (BtG, SR 172.221.10, mit seitherigen Ergänzungen) ein Subrogationsrecht zuerkannt: «Gegenüber einem Dritten, der für ein Ereignis haftet, das Kassenleistungen auslöst, treten die Kassen bis auf die Höhe ihrer Leistungen in die Rechte des Kassenmitgliedes und seiner Hinterlassenen ein.[344, 345]»

286

Es besteht also ein Regressrecht mit den Vorteilen[346] der Subrogation[347], die die Haftpflichtansprüche des Versicherten bei allen Haftungsgründen auf die Pensionskasse übergehen lässt.

287

---

[343] Dass dies auch für SVG 88 gilt, erscheint als selbstverständlich; vgl. OSWALD in ZSR 86 (1967) II 787; STARK in ZSR 86 (1967) II 92; MAURER, SZS 12 (1968) 201 lit. a.
[344] Begründung: BBl 1968 I 304.
[345] Vgl. auch EVK-Statuten (SR 172.222.1) 14 und Statuten der Pensions- und Hilfskasse der SBB (SR 172.222.2) 14.
[346] Und den Nachteilen betreffend die Verjährung.
[347] Bei Dienstaussetzung wegen Krankheit oder Unfalls (unter Aufrechterhaltung des Dienstverhältnisses) werden den eidgenössischen Beamten Besoldung, Ortszuschlag und Kinderzulagen während eines Jahres weiterbezahlt und für die nachfolgende Zeit um die Hälfte gekürzt (Beamtenordnung I [SR 172.221.101] 55 I/II). Bei teilweiser Invalidität hat der Beamte während zwei Jahren den ungekürzten Anspruch auf die bisherige Besoldung (BtG 45 IV).
Bei Berufsunfällen wird nach Beamtenordnung I 62 bei Invalidität der massgebende Lohn nach dem Invaliditätsgrad weiterbezahlt. – Diese Leistungen gelten bei Fortbestand des Dienstverhältnisses. Wird es *aufgehoben oder reduziert*, so treten an ihre Stelle die Leistungen einer Versicherungskasse des Bundes. Der Anspruch auf Invalidenleistungen beginnt nach EVK-Statuten 27 IV mit der Auflösung des Dienst- oder Arbeitsverhältnisses oder mit der Herabsetzung des Lohnes. Vgl. auch die Statuten der Pensions- und Hilfskasse der SBB 27 IV.
Bei Tod eines Beamten erhalten die Hinterbliebenen neben allfälligen Versicherungsleistungen einer Versicherungskasse des Bundes einen Besoldungsnachgenuss von ⅙ der massgebenden Jahresbesoldung (BtG 47 I).
Aus diesen Regelungen ergibt sich, dass der Bund ausserhalb der Leistungen seiner Versicherungskassen seinen Beamten erhebliche Bezüge zukommen lässt. Auch dafür tritt er bis zur Höhe seiner Leistungen gestützt auf BtG 48 V^{bis} in die Ansprüche des Beamten oder seiner Hinterlassenen ein, während früher in Beamtenordnung I 55 VIII eine Zession vorgesehen war; vgl. SCHAER Rz 944 und über die entsprechende Lohnfortzahlungspflicht des privatrechtlichen Arbeitgebers vorn § 10 N 126 ff.

288   Dass bei der Ausübung des Regresses der Haftpflichtanspruch des Geschädigten um den Regressbetrag gekürzt wird, ist bei Subrogation eine Selbstverständlichkeit. Dadurch ist eine Bereicherung ausgeschlossen.

289   Daraus ergibt sich der eine Zweck der den Pensionskassen eingeräumten Subrogation. Der andere besteht in der Senkung der Prämien zugunsten aller durch die Pensionskassen Versicherten.

290   Die Rechtslage entspricht derjenigen nach UVG 41, AHVG 48ter, IVG 52 I und MVG 67 I. Die zu diesen Bestimmungen entwickelten Regeln sind grundsätzlich anwendbar, so diejenige über die Identität der Schadensposten sowie über die Priorität des Geschädigten[348].

291   Nach der bisherigen Praxis wurde die Subrogation nur bejaht, wenn der Versicherte noch im Dienst stand[349], also nicht in bezug auf die Rente der Witwe eines tödlich verunfallten Pensionierten. Diese Beschränkung der Subrogation ist sachlich nicht gerechtfertigt. Der Versicherte bzw. vor allem seine Hinterlassenen sollen nicht sowohl die Haftpflichtleistungen als auch die den gleichen Schaden deckenden Pensionskassenleistungen erhalten. Im übrigen kommt es nicht darauf an, aus welchen Quellen ein Getöteter vorher seine Versorgerleistungen alimentiert hat, sondern darauf, ob sie weggefallen sind.

292   BtG 48 V gewährt den beiden Pensionskassen des Bundes die Subrogation unabhängig davon, ob die Pensionskassenleistungen auf Altersgutschriften oder auf Risikoprämien beruhen.

293   Soweit die Kassenleistungen nicht ausreichen, um den haftpflichtrechtlichen Schaden zu decken, bzw. sich auf Schadensposten beziehen, die von der Pensionskasse nicht berücksichtigt werden – man denke z. B. an den Sachschaden –, bleibt dem Geschädigten eine *Restforderung* gegen den Haftpflichtigen.

294   Ein Haftungs- oder Regressprivileg besteht nach den einschlägigen Gesetzen nicht[350].

---

348 Vgl. OSWALD in SZS 16, 56 ff.; SCHLÄPPI 72 ff.; EGGER 83; SCHAETZLE 81.
349 Vgl. BGE 56 II 271 ff.; 109 II 69 ff. Im letzteren Entscheid vertritt das Bundesgericht den Standpunkt, dass die Änderung der Regressnorm von BtG 48 V mit dem Ersatz des Wortes «Versicherungsfall» durch «Ereignis, das Kassenleistungen auslöst» keine Änderung der Rechtslage bedeute. Das überzeugt nicht unbedingt; denn wenn man sich fragen kann, ob der tödliche Unfall eines Pensionierten einen neuen – nach dem Erreichen des Endalters – Versicherungsfall darstellt, so scheint doch eindeutig zu sein, dass durch den Tod eines Pensionierten die Rente für dessen Witwe ausgelöst wird. Vgl. ZBJV 67, 89 ff. und die Kritik von SCHÄRER in ZBJV 77, 219 ff.; STAUFFER/SCHAETZLE (3. A. Zürich 1970) 76. Vgl. im übrigen vorn FN 327, 334 und hinten N 305.
350 Man kann sich allerdings fragen, ob nicht das Privileg der Familienangehörigen auch hier am Platze wäre.

III. Versicherung nach öffentlichem Recht   § 11

6. Kantonalrechtliche und private Pensionskassen

Auf Grund des BVG vom 15. Juni 1982 (SR 831.40) ist für über 17jährige bzw. über 24jährige Arbeitnehmer mit einem Jahreslohn von mehr als Fr. 19 200.– die Versicherung von Tod, Invalidität und Alter obligatorisch. Die obere Grenze dieses Obligatoriums liegt bei Fr. 57 600.–. Einkommensteile, die darüber liegen, unterstehen nicht dem Obligatorium (BVG 8 I).   295

1. Das BVG enthält keine Subrogationsnorm für Pensionskassen[351], ebensowenig wie andere Bundesgesetze mit Ausnahme des soeben erörterten Beamtenrechts des Bundes[352]. Die kantonalrechtlichen Pensionskassen können eventuell gestützt auf eine Subrogationsnorm des kantonalen Rechts Regress nehmen; die privaten können den Übergang der Haftpflichtansprüche des Versicherten gegen einen Dritten auf die Pensionskasse in ihren Statuten vorsehen gleich wie die Krankenkassen und die Brandassekuranzanstalten. Sie veranlassen häufig ihre Versicherten in den Statuten oder Reglementen, ihnen den Anspruch gegen einen allfälligen Haftpflichtigen abzutreten. Die *Zession* künftiger Ansprüche ist nach allgemeiner Regel möglich[353]. Vorsichtshalber ist nach Eintritt des Schadens eine schriftliche Abtretungserklärung einzuholen; die generelle Statuten- oder Reglementsbestimmung dürfte nicht in jedem Falle formgerecht sein (OR 165). Indessen darf nach herrschender Lehre die Zession auch hier nicht zu einem Ergebnis führen, das der Regressordnung von OR 51 II widerspricht[354]. Wenn man auf Grund der vorn[355] dargelegten Überlegun-   296

---

[351] Im Vorentwurf zum BVG war ein integrales Subrogationsrecht der Pensionskassen vorgesehen; vgl. SCHAER, Rz 845 ff.
[352] BVG 34 II ermächtigt den Bundesrat, «zur Verhinderung ungerechtfertigter Vorteile des Versicherten oder seiner Hinterlassenen beim Zusammentreffen mehrerer Leistungen» Vorschriften zu erlassen. Darauf basierte die frühere Fassung von Art. 25 von BVV 2, der in BGE 116 V 189 als gesetzwidrig erklärt wurde. In der gestützt darauf erlassenen neuen Regelung vom 28. Oktober 1992 wird festgelegt, dass die Vorsorgeeinrichtung auch dann Leistungen zu erbringen hat, wenn die Unfall- oder Militärversicherung für den gleichen Versicherungsfall leistungspflichtig ist. Die Vorsorgeeinrichtung kann ihre Leistungen jedoch kürzen, wenn 90% des mutmasslich entgangenen Verdienstes überschritten werden.
[353] BGE 57 II 538 ff.; 61 II 331; 69 II 291; 85 I 30; 113 II 165 E 2; 117 III 56 E c; 118 II 34 E b.
[354] Wenn eine Zession erfolgt ist, unterliegt sie den Formvorschriften, muss sich aber an den von OR 51 II gesetzten Rahmen halten. Fehlt eine gültige Abtretung, ist zu prüfen, ob Kumulation oder Alternativität gelte; vgl. hinten N 300.
[355] Vgl. vorn N 74/75.

gen eine Pensionskasse nicht zu den aus Vertrag Ersatzpflichtigen (im Sinne von OR 51 II) zählt, weil sie keine Vertragsverletzung begangen und keine Ursache des Schadenfalles gesetzt hat, ist dies nicht von praktischer Bedeutung, weil nach dieser Auffassung die Pensionskassen aus OR 51 II auf jeden Haftpflichtigen, unabhängig vom Haftungsgrund, zurückgreifen können. Wenn man aber der bisher herrschenden Meinung folgt, wird durch OR 51 II eine Zession von Ansprüchen gegen einen Kausalhaftpflichtigen ausgeschlossen, wenn ihn kein Verschulden trifft. Die Grenzziehung von OR 51 II – folge man der hier vertretenen oder der herrschenden Meinung – ist auch massgebend, wenn eine kantonale Gesetzesvorschrift einer Pensionskasse für das öffentliche Personal nach dem Vorbild der für die eidgenössischen Pensionskassen geschaffenen Ordnung die *Subrogation* in die Haftpflichtansprüche des versicherten Geschädigten verschaffen will[356].

297 Für private Kassen fällt eine Subrogation von vornherein ausser Betracht; diese setzt eine – hier fehlende – gesetzliche Vorschrift voraus.

298 Ist eine Kasse kraft Zession oder Subrogation (im Rahmen von OR 51 II) gegen den Haftpflichtigen vorgegangen, so kann dieser, wenn ihn auch noch der Geschädigte belangt, die der Kasse erbrachten Leistungen vom gesamten Schadenersatzbetrag abziehen. Er schuldet nur noch den ungedeckten Restbetrag, nachdem der Geschädigte sich vorweg an die Kasse gewandt hat.

299 2. Andere Kassen sehen eine Kürzung ihrer Verpflichtungen gegenüber dem Geschädigten um dessen Haftpflichtansprüche vor, was man als *Subsidiärklausel* bezeichnet[357]. Die Kasse vergütet mithin nur den durch die Haftpflichtansprüche ungedeckt bleibenden Rest. Diese Lösung ist unbefriedigend, weil sie erst nach Klärung der Haftpflichtfrage die Inanspruchnahme der Pensionskasse erlaubt. Abgesehen davon wird auf diesem Weg die Kassenleistung und damit die Prämie wie beim Regress reduziert, was positiv zu beurteilen ist.

---

[356] Vgl. BGE 115 II 26 f.; MAURER, Sozialversicherungsrecht I 412; BREHM N 79 zu OR 45; IM HOF 205 f.; SCHAETZLE 96; OSWALD in: SZS 16, 44 f. A. M. SCHÄRER in ZBJV 77, 215; MAX KELLER Bd. IV des Kommentars zum VVG von Roelli/Jaeger (Bern 1962) 149; SCHLÄPPI 94 f.; STAUFFER/SCHAETZLE (3. A. Zürich 1970) 76 f.; PFEIFFER 506 ff.
[357] Vgl. vorn FN 78; SCHÄRER 213; SCHLÄPPI 90 ff.; DESCHENAUX 158 f.; SCHAETZLE 16 f., 87 ff., je mit näheren Angaben. Subsidiärklauseln spielen auch eine Rolle bei Beteiligung mehrerer Sozialversicherer und zwischen solchen und Pensionskassen.

III. Versicherung nach öffentlichem Recht   § 11

3. Wo weder eine Zession erfolgt ist noch eine kantonalrechtliche   300
Subrogationsbestimmung Anwendung findet[358], stellt sich die Frage, ob
Kumulation oder Alternativität (d. h. OR 51) gelte. Die entsprechende
Frage wurde vorn N 256 ff. unter dem Gesichtspunkt geprüft, ob einer
Pensionskasse ein Regressrecht gegen einen Haftpflichtigen auch für Leistungen zustehe, die aus dem Sparanteil finanziert werden. Die dort für die
Bejahung des integralen grundsätzlichen Regressrechts der Pensionskassen massgebenden Argumente gelten auch hier: Der Möglichkeit der Senkung von Prämien bzw. der Erhöhung der Leistungen auf Grund der
Regresseinnahmen der Pensionskasse kommt das entscheidende Gewicht
zu. VVG 96 und 72 sind nicht anwendbar[359]. Die Anwendung von OR 51 II
(in der herrschenden oder in der hier vertretenen – vorn § 10 N 65 ff. –
Interpretation) drängt sich auf[360]; dies trifft um so mehr zu, als diese
Bestimmung von der Gerichtspraxis zur Prüfung der Frage, ob eine kantonalrechtliche Subrogation oder eine Zession nicht bundesrechtswidrig sei,
regelmässig herangezogen wird[361].

---

[358] Die Pensionskassen öffentlicher Gemeinwesen und von privaten Firmen sehen in ihren Statuten die verschiedensten Lösungen vor; vgl. Anhang IV von SCHAER S. 455. Auffällig ist, dass in den Statuten häufig durch Kürzungen des Anspruchs gegen die Pensionskassen um die Haftpflichtansprüche ohne Berücksichtigung des Haftungsgrundes des Dritten der letzte Jahreslohn als obere Grenze der Bezüge von der Pensionskasse und zusätzlich vom Haftpflichtigen festgelegt wird. Das erinnert im Resultat an das Quotenvorrecht, aber ohne Berücksichtigung von Herabsetzungsgründen des Haftpflichtrechts.
[359] Vgl. vorn FN 315.
[360] Bei den Personenschäden stellen die Regressansprüche von Pensionskassen den Hauptanwendungsfall von OR 51 II dar, weil die anderen Sozialversicherungen nicht gestützt auf diese Bestimmung, sondern gestützt auf die vom Gesetzgeber angeordnete Subrogation auf den Haftpflichtigen zurückgreifen; vgl. SCHAER, recht 1991, 13/14.
[361] OR 51 II hat auf Grund der herrschenden Interpretation in BGE 115 II 25 zur Verneinung des Regresses der Pensionskasse des Kantons Jura geführt. Massgebend war, dass der aus SVG 58 Haftpflichtige kein Verschulden zu vertreten hatte und infolgedessen in der Kaskadenordnung von OR 51 II in die letzte Gruppe gehörte. Wenn das Bundesgericht die vorn (N 296) vertretene Auffassung angewendet hätte, dass ein Versicherer nicht in die zweite Gruppe gehöre, weil er nicht aus *Vertragsverletzung* haftet, wäre der Regress gutzuheissen gewesen.
Da der geltend gemachte Regressanspruch über dem Deckungsmaximum der Autohaftpflichtversicherung lag, bezeichnet SCHAER, recht 1991, 19, das Urteil als billig. Der vollumfängliche Regress einer Pensionskasse auf eine Privatperson, die keinen oder nur einen ungenügenden Versicherungsschutz in Anspruch nehmen könne, sei «nicht nur existenzvernichtend, sondern schlechtweg ein Ding der Unmöglichkeit». Das Fehlen einer Haftpflichtversicherung kann aber kein Argument für die Verneinung eines Haftpflicht- oder Regressanspruches sein. Der Weg zur Korrektur solcher Verhältnisse im Sinne der Billigkeit besteht in der Berücksichtigung der Notlage gemäss OR 44 II. Im

301 Durch diese Lösung wird erreicht, dass Haftpflichtansprüche, die den einen Versicherten zustehen, den andern nicht, jeweils angerechnet werden. Daraus ergibt sich eine Solidarität unter den Versicherten. Dem *sozialen Gedanken,* der dahintersteht, entspricht die Gleichbehandlung aller Versicherten, d. h. derjenigen, denen – was schliesslich ein Zufall und nicht ein Verdienst ist – ein Haftpflichtanspruch zusteht und der andern.

302 Dieser Betrachtungsweise entsprechen materiell, wie vorn erwähnt, die beiden Pensionskassen des Bundes auf Grund ihres Subrogationsrechts.

303 Es liegt daher nahe, auch die Leistungen derjenigen kantonalen und privaten Pensionskassen, deren Statuten keine Subsidiarität ihrer Leistungen vorsehen, die sich aber auch nicht auf eine Subrogation des kantonalen Rechts oder eine Zession im konkreten Fall stützen können, der Anspruchskonkurrenz von OR 51 zu unterstellen[362]. Gestützt darauf ist den Pensionskassen ein Ausgleichsanspruch gegen haftpflichtige Dritte zuzuerkennen, wenn die Statuten nicht ausdrücklich das Gegenteil bestimmen[363, 364].

304 4. Die vor allem zum UVG entwickelten Regeln, die den Umfang der dortigen Subrogation näher bestimmen und begrenzen, sind auch auf

---

übrigen pflegten bisher Versicherungsgesellschaften mit ihren Regressen nie jemanden in den Bankrott zu treiben.
Vgl. über den Regress privatrechtlicher Feuerversicherer BGE 45 II 645; 80 II 252/53, öffentlich-rechtlicher Brandassekuranzanstalten BGE 77 II 246; 96 II 175; 103 II 337, von Krankenkassen BGE 107 II 495 und von Pensionskassen BGE 56 II 271 ff.; 109 II 69; 115 II 25.

[362] Vgl. vorn N 3 ff., 22 ff.

[363] Diese Lösung setzt voraus, dass die Pensionskassen im Rahmen der Personenversicherungen von andern Versicherungsarten, für die sie nicht gelten soll, abgegrenzt werden. Wo eine Versicherung dem BVG untersteht und der Erfüllung des in ihm enthaltenen Obligatoriums der beruflichen Vorsorge dient, entstehen keine Schwierigkeiten. Für den überschiessenden Teil, die freiwillige Versicherung, ist gestützt auf die Vertragsfreiheit (vgl. RIEMER § 4 N 10 ff.) eine abweichende Lösung zuzulassen. In Anbetracht des zahlenmässigen Übergewichtes der Pensionskassen mit Regressrecht – sie können als «Normalfall» bezeichnet werden – ist aber eine solche abweichende Lösung an die Voraussetzung eines ausdrücklichen Hinweises in den Statuten oder Reglementen zu knüpfen.

[364] Nach der zahlreichen Urteilen zugrunde liegenden Rechtsauffassung widerspricht demgegenüber die Anrechnung ohne Regelung in den Statuten dem Ziel sowohl der haftpflichtrechtlichen Verantwortung als auch der Kasseneinrichtungen; vgl. BGE 53 II 500; 56 II 270; 59 II 463/64; 83 II 443. Dabei wird regelmässig als mögliche Alternative zur Kumulation nur die (abgelehnte) Begünstigung des Haftpflichtigen durch die Anrechnung der Leistungen einer Versicherungs-Gesellschaft oder einer Pensionskasse (Vorteilsanrechnung) gesehen, für die der Geschädigte direkt oder indirekt eine Gegenleistung erbracht hat. Die Möglichkeit einer Begünstigung der Pensionskassen durch den Haftpflichtanspruch des Geschädigten wird überhaupt nicht erwogen, obschon er bei den Pensionskassen des Bundes auf der Hand liegt.

Subrogationen zugunsten von Pensionskassen anzuwenden; insbesondere jene über die Identität der Schadensposten, die Höhe der Versicherungsleistungen, die Art der Kapitalisierung und die Priorität des Geschädigten[365].

5. Wenn ein verheirateter Pensionierter durch einen Unfall, für den ein Dritter verantwortlich ist, ums Leben kommt, muss die Pensionskasse neu eine Witwenrente bezahlen, spart aber anderseits für die Zukunft die Altersrente des Verstorbenen[366]. Da Versicherungsträger durch von ihnen zu erbringende Ersatzleistungen nicht einen Schaden im haftpflichtrechtlichen Sinne erleiden[367], kann nicht argumentiert werden, die Pensionskasse werde nicht geschädigt und sei deshalb für die Witwenrente nicht regressberechtigt. Vielmehr soll ihr der Rückgriff für die Witwenrente zustehen, weil die von der Pensionskasse bezweckte finanzielle Sicherstellung der Witwe durch die Witwenrente erfolgt und weil auch dieser Regressanspruch der Tendenz dient, die Prämien tief zu halten. Es besteht auch kein Grund, die Witwe eines pensionierten eindeutig besser zu stellen als die Witwe eines noch aktiven Versicherten[368]. Das Bundesgericht hat in BGE 56 II 271 ff. und 109 II 69 ff. in bezug auf pensionierte Beamte anders entschieden (vgl. vorn FN 327, 349)[369].

305

---

[365] Vgl. PFEIFFER 513 ff.; SCHAETZLE 78 ff., 95; OSWALD in: SZS 16, 56 FN 153, 57 FN 156; DESCHENAUX 162 ff.; EGGER 83.
[366] Vgl. vorn FN 334.
[367] Vgl. vorn N 69; die Subrogation setzt keinen Schaden des Versicherers voraus.
[368] Beim Tod eines Aktiven wird beispielsweise von dessen Pensionierung an – die vielleicht einen Monat später erfolgt wäre – ebenfalls die normale Altersrente eingespart und durch eine – kleinere – Witwenrente ersetzt.
Vgl. im übrigen vorn N 291 sowie FN 327, 334.
[369] Auf die ausführlichen Darlegungen des Bundesgerichts kann hier nicht im Detail eingetreten werden. Von entscheidender Bedeutung scheint der Gedanke gewesen zu sein, dass der Pensionskasse kein Regress zugestanden werden soll, nachdem sie durch den Wegfall der Rente des Getöteten entlastet wurde. Diese Überlegung ist aber nicht richtig.
In BGE 90 II 184 hat das Bundesgericht das Sterbekapital der Witwe eines noch nicht Pensionierten angerechnet. Dieser Teil des Urteils ist nicht publiziert, wird aber von STAUFFER/SCHAETZLE (3. A. Zürich 1970) 83 dargelegt. Diese Autoren sind jedoch – abweichend davon – der Meinung von BGE 56 II 267 und wiederholen diese Auffassung in ihrer 4. A. (Zürich 1989) N 873. Vgl. auch BREHM N 80 ff. zu OR 45; RUSCONI, JT 1984 I 459; GLARNER 106 ff.; SCHAER Rz 1122 ff.; KUHN 178 ff.; A. KELLER II 207 f.; SCHAETZLE, Personalvorsorge 54 ff.; VON TUHR/PETER 102; VON TOBEL 67 ff., 81 ff.; WEBER, Haftpflicht- und Versicherungsrechtstagung St. Gallen 1993, 223.
Im Sachverhalt von BGE 112 II 91 ff. wurde ein verheirateter IV-Rentner mit reduziertem Arbeitseinkommen getötet. Er hatte auf Grund der IV-Rente und des Arbeitseinkommens seine Frau unterhalten. Infolge seines Todes entfiel die IV-Rente, erhielt die

306   6. In den Fällen, in denen der Pensionskasse ein Regressrecht gegen den Haftpflichtigen zusteht, ist es Sache der Kassenverwaltung, nach dem Eintritt eines Unfalles den Haftpflichtigen zu benachrichtigen, damit er die Haftpflichtansprüche des Geschädigten nicht befriedigt.

F. Rückblick und Ausblick

307   Ein Abschnitt über diese Fragen drängt sich einerseits auf Grund der Fülle der dargelegten Probleme auf; andersseits geht er aber als Betrachtung *de lege ferenda* über das eigentliche Thema dieses Buches hinaus. Ganz umgehen liessen sich solche Überlegungen auch im rein haftpflichtrechtlichen Teil des Buches nicht[370].

308   Im Zusammenspiel von Haftpflicht und Versicherung liegt eine kritische Würdigung der Entwicklung in verschiedener Hinsicht nahe. Sie ist dadurch gekennzeichnet, dass sich in den letzten hundert Jahren die Haftpflicht und die Versicherung, diese in ihren privatrechtlichen und öffentlich-rechtlichen Ausgestaltungen, als Folge der Technik und der Änderung der sozialen Verhältnisse, aber auch der verbesserten ökonomischen Möglichkeiten, stark entwickelt haben[371].

Ehefrau aber eine AHV-Witwenrente. Die beiden beteiligten Sozialversicherer (IV und AHV) zusammen hatten also die IV-Rente eingespart, aber neu die Witwenrente zu bezahlen, die etwas grösser war als die IV-Rente. Das Bundesgericht entschied, dass die AHV nicht nur die Differenz zwischen den beiden Renten – d. h. den Saldo der Leistungen beider Sozialversicherer – regressweise vom Haftpflichtigen verlangen könne, sondern die ganze Witwenrente.

Das ist nicht nur dogmatisch überzeugend, wenn man richtigerweise davon ausgeht, dass der Haftpflichtige einem Versicherer nicht seinen Schaden zu ersetzen hat, sondern den auf ihn übergegangenen Haftpflichtanspruch begleichen muss. Auch die praktische Auswirkung ist vernünftig: Der von der AHV ersetzte Versorgerschaden der Witwe muss ihr nicht zusätzlich vom Haftpflichtigen bezahlt werden, was – in Abweichung von der Rechtsnatur der Sozialversicherung – zu einer Kumulation von Schadenersatzleistung des Haftpflichtigen und Versicherungsleistung führen würde (wie in BGE 56 II 271; 109 II 70 ff.). Der Haftpflichtige wird aber auch nicht entlastet. Vgl. dazu jedoch WEBER, Haftpflicht- und Versicherungsrechtstagung St. Gallen 1993, 223.

370   Zu erwähnen sind daneben namentlich die Vorschläge auf Änderung der herrschenden Meinung auf der Basis der geltenden Gesetze, die sich an verschiedenen Stellen aus der Gesamtschau des Haftpflichtrechts, die das Hauptanliegen dieses Buches bildet, ergaben.

371   Vgl. statt vieler KARL OFTINGER, Punktuationen für eine Konfrontation der Technik mit dem Recht, in: Die Rechtsordnung im technischen Zeitalter, FS zum Zentenarium des Schweiz. Juristenvereins 1861–1961 (Zürich 1961) 1–34, abgedruckt in: KARL OFTINGER, Ausgewählte Schriften (Zürich 1978) 22 ff.

III. Versicherung nach öffentlichem Recht   § 11

Haftpflicht und Versicherung sind primär auf das gleiche Ziel ausgerichtet, die Schädigungen von Einzelpersonen nicht einfach von diesen tragen zu lassen, wenn sie sie nicht durch schweres Verschulden selbst verursacht haben. Bei dieser Schadensüberwälzung steht zuerst die Deckung des *Notbedarfes* des Opfers im Vordergrund. Ihr dient die Kollektivierung des Schadens durch die Versicherung, die dann final auszugestalten ist. Dieses Ziel verfolgen AHV und IV sowie in gewissem Sinne die Krankenkassen. In besonderem Masse geboten war aber die Verteilung der Folgen von *Unfällen*. Hier drängte es sich in Anbetracht der Vergrösserung und Vermehrung der Unfallgefahren durch die Technik auf, Institutionen zu schaffen, deren Deckungsumfang eindeutig über den Notbedarf hinausgeht und kausal ausgestaltet ist. Zu erwähnen sind hier die privaten Unfallversicherungen und diejenigen nach UVG. 309

Daneben lag es nach wie vor nahe, denjenigen, der durch seine Aktivität andere schädigt, zur Schadenstragung nach den Verhältnissen beizuziehen. Es wäre unbegreiflich und würde einem weit verbreiteten Rechtsgefühl widersprechen, wenn er dabei ungeschoren davon käme. Dies ist dem Haftpflichtrecht aufgetragen. 310

Dieses bezweckt wie das Versicherungsrecht die Überwälzung von Schädigungen, die einzelne erlitten haben. Überwälzt wird aber nicht auf die Schultern kollektiver Organisationen, die zur Schadenstragung geschaffen wurden und durch die ihnen zukommenden Beiträge vieler in die Lage dazu versetzt werden, sondern auf die Schultern von Einzelpersonen (natürlichen oder juristischen), die zur Verursachung des Schadens – und damit auch zu seiner Nicht-Verhütung – ein nahes Verhältnis haben. Das Haftpflichtrecht hat daher eine enge Beziehung zur inneren Richtigkeit der Überwälzung im konkreten Fall, die dem Versicherungsrecht abgeht. Das Versicherungsrecht hat den sozialen Gedanken im Auge, dem Geschädigten zu helfen, der – meist zufällig oder willkürlich – von einem Schaden getroffen wird. Diese äusserliche Schadensüberwälzung liegt sicher nahe. Dem Gedanken des richtigen Rechts und der Belastung desjenigen, der es «verdient» hat, entspricht aber nicht das Versicherungsrecht, sondern das Haftpflichtrecht. Es kann dieser Anforderung nur gerecht werden, wenn es die Umstände des Einzelfalles möglichst genau und differenziert berücksichtigt. 311

Es wird häufig geltend gemacht, dass durch die Haftpflichtversicherung diese grundlegende Grenze zwischen Haftpflicht- und Versicherungsrecht weitgehend aufgehoben werde. Die haftpflichtrechtliche Allokation eines Schadens führe wegen der Haftpflichtversicherung doch in eine kollektive Institution ohne Verantwortung des eigentlich Verantwortlichen. Das trifft, oberflächlich betrachtet, zu einem grossen Teil zu. Aber auch abgesehen 312

§ 11   Haftpflicht und Versicherung

davon, dass die Höhe einer Haftpflichtversicherungsprämie durch den Schadenverlauf der Police massgebend mitbestimmt wird[372], ist dem Schädiger die Bejahung seiner Haftpflicht nicht gleichgültig, weil er sie zu Recht als negative Qualifikation betrachtet.

313   Die Haftpflichtversicherung ist notwendig zum Schutze des Geschädigten vor der Zahlungsunfähigkeit des Schädigers, daneben aber auch zu dessen Schutz vor dem wirtschaftlichen Bankrott. Die Schäden sind heute zum Teil in so enorme Grössenordnungen hineingewachsen, dass nicht nur Einzelpersonen, sondern auch viele juristischen Personen sie nicht mehr tragen können. Die Ziele des Haftpflichtrechts wären ohne die Haftpflichtversicherung praktisch weitgehend utopisch.

314   Die Vielzahl der zur Schadensüberwälzung, je nach den Umständen, zur Verfügung stehenden Institutionen ist bedingt durch die Verhältnisse, unter Berücksichtigung der ökonomischen Möglichkeiten. Die terribles simplificateurs, die die herrschende Mannigfaltigkeit um der Einfachheit willen einebnen möchten, müssen sich den Einwand gefallen lassen, dass ihre Bestrebungen nur mit einer erheblichen Vergröberung des Rechts der Schadenstragung zu erreichen wären. Wo allerdings die Praktikabilität der Rechtsordnung durch die Verfeinerung zunichte gemacht wird, ist diese abzulehnen; denn wo die Praktikabilität geopfert wird, nützt die Verfeinerung nichts, weil sie in der Praxis nicht realisiert werden kann. Dies ist auch der Fall, wo die Verfeinerung zwar an sich erreicht werden kann, aber einen unverhältnismässigen Aufwand bei der Feststellung tatsächlicher Momente voraussetzt.

315   Das Zusammenspiel der versicherungsrechtlichen und der haftpflichtrechtlichen Ansprüche kann am besten durch eine Regressordnung geregelt werden, die die Ansprüche in das Verhältnis der Alternativität setzt. Es wäre sinnwidrig, sie kumulativ nebeneinander bestehen zu lassen und ganze Gruppen von Schäden mehrfach zu decken. Die so gestaltete Regressordnung, die wegen der damit verbundenen und unvermeidlichen Komplikationen zur Hauptkritik der geltenden Ordnung Anlass gibt[373], ist

---

[372] Man denke an das Bonus-/Malussystem, aber auch an die massiven Prämienanpassungen an einen schlechten Verlauf, z. B. im Industriegeschäft.
[373] Das gleiche Ziel erreicht man auch durch die Subsidiarität der einen Verpflichtung gegenüber einer andern. Man könnte z. B. bestimmen, dass die Verpflichtung des UVG-Versicherers subsidiär sei gegenüber derjenigen des Haftpflichtigen. Dadurch würde der Regress des UVG-Versicherers unnötig und der Haftpflichtige müsste trotzdem seinen Teil beitragen. Das würde aber bedeuten, dass der Geschädigte bis zur Erledigung des Haftpflichtfalles die auflaufenden Kosten und den Verdienstausfall selbst bezahlen müsste; vgl. vorn FN 78, N 299.

III. Versicherung nach öffentlichem Recht § 11

unerlässliche Voraussetzung einer einleuchtenden Ordnung. Die erwähnten Komplikationen lassen sich bewältigen, ohne dass die Kosten unverhältnismässig hoch wären[374].

Der häufig gehörte Vorwurf an die Adresse des Haftpflicht- und des 316 Versicherungsrechts, dass es zu kompliziert und für den Laien unverständlich sei, ist keine Besonderheit des Haftpflichtrechts. Man kann ähnliche Feststellungen in vielen andern Gebieten machen.

Das Haftpflichtrecht wird durch seine parallele Entwicklung neben dem 317 Versicherungsrecht immer mehr zu einer Regressordnung. Grosse Gebiete bleiben ihm aber allein vorbehalten: einerseits die meisten Sachschäden, anderseits die durch die Sozialversicherungen (inkl. Militärversicherung und Pensionskassen[375]) nicht abgedeckten Schäden, insbesondere bei Überschreitung ihrer oberen (Einkommens-)Limiten. Für diese Fälle braucht man es ohnehin. Seine Existenz ist daher auch in der Zukunft nicht gefährdet.

---

[374] Vgl. Bericht der Studienkommission 9 ff.
[375] Ob die Pensionskassen zu den Sozialversicherungen gehören, ist umstritten; vgl. RIEMER § 1 N 10; § 4 N 8; BGE vom 20. März 1990 i. S. Steck et canton de Berne contre Confédération et canton de Vaud et commune d'Ormont-Dessus; NEF, Die Leistungen der beruflichen Vorsorge in Konkurrenz zu anderen Versicherungsträgern sowie haftpflichtigen Dritten, SZS 1987, 22; STEIN, Vorteilsanrechnung, SVZ 1986, 274; SCHAETZLE 69; A. KELLER II 186; STAUFFER/SCHAETZLE N 558.

§ 12 Benachteiligung des Geschädigten durch vertragliche Vereinbarungen

Literatur

SCHWEIZERISCHE: JOSEF ACKERMANN, Die Wegbedingung der Haftung für Verschulden nach schweizerischem Recht (Diss. Zürich 1931). – GUIDO BRUSA, Die einseitige Enthaftungserklärung. Analyse und Zuordnung der Verkehrssicherungspflicht (Diss. Freiburg 1977). – BUSSY/RUSCONI, Code suisse de la circulation routière: Commentaire (2e éd. Lausanne 1984). – GEORG GAUTSCHI, Nichterfüllung, Haftungsgrund und Haftungsverzicht bei Arbeitsobligationen, in FG Oftinger (Zürich 1969). – HANS GIGER, Strassenverkehrsgesetz (4. A. Zürich 1985). – THOMAS OESCH, Die Freizeichnung im schweizerischen vertraglichen Schadenersatzrecht und ihre Schranken (Diss. Basel 1978). – KARL OFTINGER, Betrachtungen über die laesio im schweiz. Recht in FS P. J. Zepos (Athen/Freiburg i. Br./Köln 1973). – PAUL OSSIPOW, De la lésion (Diss. Lausanne 1940). – PERRIN, La limitation de la responsabilité contractuelle ..., Sem.jud. 1973, 209 ff. – DERS., La validité des clauses de non responsabilité ou limitatives de responsabilité, in: Receuil des travaux suisses présentés au 9e Congrès international de droit comparé (1976) 65 ff. – MARGUERITE SCHNYDER VON WARTENSEE, Einschränkung und Wegbedingung der Haftung und ihre Grundlagen (Diss. Zürich 1945). – HANS SCHRANER, Unzulässige Überwälzung und Wegbedingung der Schadenersatzpflicht (Zürich 1973). – KARL SPIRO, Die Haftung für Erfüllungsgehilfen (Bern 1984). – EMIL W. STARK, Die Übervorteilung (Art. 21 OR) im Lichte der bundesgerichtlichen Rechtsprechung in FG 100 Jahre Bundesgericht (Basel 1975) 377 ff. – DERS., Der Zugang zum Recht, ZBJV 124 (1988) 429 ff. – DERS., Privatrecht und Privatrechtswirklichkeit in FG Jacques-Michel Grossen (Basel/Frankfurt a. M. 1992) 29 ff. – KONRAD H. STOCKAR, Zur Frage der richterlichen Korrektur von Standardverträgen ... (Basel/Stuttgart 1971). – STREBEL/HUBER, Komm. zum BG über den Motorfahrzeug- und Fahrradverkehr I/II (Zürich 1934/38). – STEPHAN WEBER, Ersatz von Anwaltskosten, SVZ 61 (1993) 2 ff. – WIEGAND, Komm. zum schweiz. Privatrecht, Obligationenrecht I, hg. von Honsell, Vogt und Wiegand (zit. OR-Wiegand ...).

DEUTSCHE: WERNER FILTHAUT, Haftpflichtgesetz, Kommentar zu § 7 (3. A. München 1993). – STURM, Stipulatio Aquiliana (München 1972).

FRANZÖSISCHE: RENÉ SAVATIER, Traité de la responsabilité civile en droit français I/II (Paris 1951). – DERS., Du droit civil au droit public. A travers les personnes, les biens et la responsabilité civile (Paris 1950). – PHILIPPE LE TOURNEAU, La responsabilité civile (2e éd. Paris 1976).

RECHTSVERGLEICHENDE: MICHAEL KAMM, Die Freizeichnungsklauseln im deutschen und im schweizerischen Recht: Ein Vergleich (Bergisch Glattbach 1985).

I. Übersicht

Besprochen wird hier die Benachteiligung des Geschädigten durch 1 vertragliche Vereinbarungen, einerseits über die Haftungsvoraussetzungen, andererseits über die Erledigung eines konkreten Schadenfalles. Über vertragliche Vereinbarungen über die Haftungsvoraussetzungen äussern sich EHG 16, ElG 39, SVG 87, KHG 8 und PrHG 8. Die Anfechtung von Vergleichen zur Erledigung eines Schadenfalles ist in den gleichen Gesetzen mit Ausnahme des ElG und des PrHG besonders geregelt. Warum ausserhalb dieser Spezialgesetze der Schutz des Geschädigten vor Benachteiligung weniger weit geht als in deren Bereich, mag in bezug auf die Vereinbarungen von Haftungsvoraussetzungen unter bestimmten Umständen verständlich sein; dadurch wird den Parteien die Möglichkeit eingeräumt, den speziellen Verhältnissen einzelner Fälle Rechnung zu tragen. Bei der Anfechtung von Vergleichen dagegen spielt die Haftungsart keine Rolle, weshalb die entsprechenden Vorschriften entweder überall oder nirgends gelten sollten[1].

II. Vertragliche Vereinbarungen über die Haftungsvoraussetzungen

A. Vorbemerkungen

2   Das ausservertragliche Haftpflichtrecht ist vom Bestreben geleitet, die Pflicht zur Leistung von Schadenersatz sachgerecht und angemessen zu regeln. Wenn das Gesetz vertragliche Vereinbarungen allgemein ausschliessen würde, die von seiner Regelung abweichen, wäre das verständlich. Der Gesetzgeber hat aber nicht generell, sondern nur bei bestimmten Haftungsarten diesen Weg beschritten. In bezug auf andere Haftungsarten hat er die Vertragsfreiheit nicht ausgeschlossen, sondern nur eingeschränkt. Damit soll den Beteiligten, wie bereits erwähnt, ermöglicht werden, in einem reduzierten Rahmen ihren konkreten Verhältnissen Rechnung zu tragen.

3   Wenn der spätere Schädiger und der spätere Geschädigte vor dem Schadenfall miteinander irgendeinen Vertrag abschliessen, z. B. einen Werkvertrag, mag für den wirtschaftlich Stärkeren der Gedanke naheliegen, die Haftpflichtordnung für den Fall eines Schadens durch eine vertragliche Regelung abweichend von der gesetzlichen zu ersetzen oder zu ergän-

---

[1] STARK, ZSR 86 (1967) II 83/84.

II. Vertragliche Vereinbarungen über die Haftungsvoraussetzungen § 12

zen. Der schwächere Vertragspartner kann geneigt sein, dies zu akzeptieren, um seinen Vertragsabschluss nicht zu gefährden. Er hofft, dass kein Schaden eintritt und dass er bei seinem Versicherer das sich aus der Klausel ergebende Risiko einer den gesetzlichen Rahmen überschreitenden Zahlungspflicht abdecken kann.

Ersetzt wird die gesetzliche Ordnung, wenn die Haftpflicht des einen Partners verglichen mit dem Gesetz reduziert wird: *Wegbedingung*[2] *oder Beschränkung der Haftpflicht*[3]. Ergänzt wird sie, wenn der Vertrag eine Schadenersatzpflicht auch unter Verhältnissen begründet, für die das Gesetz sie nicht vorsieht. Das kann auf die Schädigung des einen Vertragspartners beschränkt sein: *vertragliche Haftungsübernahme*[4]. Es kann aber auch vorgesehen werden, dass der schwächere Vertragspartner dem andern ein Regressrecht einräumt, wenn dieser gegenüber Dritten haftpflichtig wird: *Überwälzung der Schadenersatzpflicht*[5, 6].

4

Bei jeder solchen Klausel ist zu prüfen, ob sie nach dem Gesetz zulässig ist, und zwar, ausserhalb von EHG, ElG, SVG, PrHG und KHG, insbesondere nach OR 19 II, 20, 100, 101 II/III und ZGB 2[7]. Im Rahmen dieses Buches können die vertraglichen Haftungsübernahmen und die Überwälzung der Schadenersatzpflicht nicht besprochen werden, da es sich um Vertragshaftung handelt, wohl aber die negative Änderung der gesetzlichen Ordnung durch die Wegbedingung oder Beschränkung der Haftung.

5

---

2   Statt von Wegbedingung spricht man auch von Freizeichnung oder Enthaftung.
3   Beispiele:
    – Beschränkung der Haftpflicht für Schadenfälle auf grobe Fahrlässigkeit eines Organs eines Lieferanten.
    – Limitierung der Haftpflicht auf einen bestimmten Betrag; vgl. zu den gesetzlichen Haftungslimiten vorn § 7 N 2, 28 f. Eine vertraglich vereinbarte Haftungslimite für grobe Fahrlässigkeit ist nach OR 100 I nichtig: BGE 102 II 264 f. Vgl. auch BGE 107 II 168.
4   Beispiel: Tunnelbau: Übernahme einer Haftung durch den Bauunternehmer für den Fall, dass unerwartete geologische Verhältnisse zu Wassereinbrüchen oder Einstürzen einzelner Tunnelabschnitte führen.
5   Beispiel: Rückerstattung der Schadenersatzleistungen des Bauherrn an Dritte gestützt auf ZGB 679.
6   Vgl. die Diss. von HANS SCHRANER.
7   Insbesondere im Transportrecht sind solche Klauseln zum Teil in den gesetzlichen Bestimmungen vorgesehen. Vgl. LFG 75, das gestützt darauf erlassene Lufttransportreglement vom 3. Oktober 1952 / 1. Juni 1962 Art. 8–12 und das diesen Bestimmungen zugrunde liegende Warschauer Abkommen zur Vereinheitlichung von Regeln über die Beförderung im internationalen Luftverkehr vom 12. Oktober 1929 in der Fassung von Den Haag vom 28. September 1955, Art. 17–30, sowie Art. 137 der Luftfahrtverordnung (VVO zum LFG).
   Siehe auch SSchG 117; OR 455, 489 II usw.

B. Wegbedingung der Haftung

1. Einzelne Spezialgesetze

6   EHG 16, ElG 39, SVG 87 I, PrHG 8 und KHG 8 I sehen – in der Sache übereinstimmend – vor, dass Vereinbarungen, welche die im betreffenden Gesetz geregelte Haftpflicht zum voraus[8] gänzlich *wegbedingen* oder *einschränken, nichtig* sind[9, 10]. EHG 16 und ElG 39 erwähnen zudem, dass dies auch für Reglemente und Bekanntmachungen (Publikationen, Hinweisschilder) des Haftpflichtigen gilt; das versteht sich wegen fehlender Zustimmung eigentlich von selbst und gilt daher auch im Rahmen von SVG 87 I, PrHG 8 und KHG 8 sowie bei allen andern Haftpflichtnormen (vgl. hinten N 13). Wenn in solchen Publikationen und Hinweisschildern bestimmte Verhaltensweisen verboten werden, sind darin Hinweise auf die damit verbundenen Gefahren zu sehen. Sie wirken sich haftpflichtrechtlich in dem Sinne aus, dass die Unsorgfalt und damit das Selbstverschulden desjenigen, der davon Kenntnis hat und dagegen handelt, als besonders schwer betrachtet wird. Gleich sind Hinweise an Leitungsmasten für Stromleitungen, an Transformatoren-Stationen usw. zu würdigen, die das Berühren der Leitungen und das Betreten der Anlagen bei Androhung der Nichthaftung verbieten.

2. Übrige Gebiete des Haftpflichtrechts

7   Abgesehen von EHG 16, ElG 39, SVG 87 I, PrHG 8 und KHG 8 I regelt sich die Frage der Wegbedingung der Haftung nach den Bestimmungen von OR 100 und 101, aber auch 19/20 sowie ZGB 2. Diese Gesetzesartikel gehen weniger weit als die erwähnten Artikel der Spezial-

---

[8] Das heisst, bevor der Anspruchsberechtigte von dem Schaden, auf den sie sich beziehen sollen, Kenntnis hatte.

[9] Zu AtG 16 I Sem.jud. 1975, 55. – Über die Wegbedingung der Haftung nach VG: BGE 91 I 235 ff., wonach sie z. B. zulässig ist zwischen den SBB und einem privaten Eisenbahnunternehmen, nicht aber gegenüber Privaten allgemein. Vgl. im übrigen die entsprechende Norm in ETrG 6 sowie BGE 95 II 101 f.

[10] Vgl. über die besonderen Verhältnisse bei Rohrleitungsanlagen hinten Bd. II/3 § 30 N 165 ff.

II. Vertragliche Vereinbarungen über die Haftungsvoraussetzungen § 12

gesetze; sie schliessen die Gültigkeit von Vereinbarungen nicht generell aus[11].

Im Vordergrund stehen hier die Schadenersatzforderungen ex contractu; eine vertragliche Haftungsbeschränkung, die sich ausschliesslich auf ausservertragliche Ansprüche, nicht aber auf die Vertragshaftung beziehen würde, wäre kaum sinnvoll. Das gilt auch umgekehrt: Es liegt nahe, im Zweifel bei einer Beschränkung der vertraglichen Haftung auch die ausservertragliche als stillschweigend mitbetroffen zu betrachten[12]. 8

Es würde zu weit führen, die Bedeutung der erwähnten Bestimmungen des OR und des ZGB hier im einzelnen darzulegen; dafür sei auf die Spezialliteratur, namentlich die obligationenrechtliche, verwiesen[13]. 9

Erwähnt sei hier nur kurz folgendes: 10

1. Man kann nach OR 100 I die Haftung für eigenen Vorsatz und grobe Fahrlässigkeit nicht wegbedingen. Eine generelle Klausel für alle Verschuldensarten ist aber als Wegbedingung der Haftpflicht aus leichter Fahrlässigkeit anzuerkennen[14]. Übt der Haftpflichtige ein konzessioniertes Gewerbe aus oder steht der Geschädigte im Zeitpunkt der Wegbedingung oder Beschränkung der Haftung im Dienste des Haftpflichtigen, so kann der Richter nach OR 100 II die Wegbedingungsklausel nach seinem Ermessen auch für leichte Fahrlässigkeit als nichtig erklären. 11

2. Ist der Schaden durch eine Hilfsperson des Haftpflichtigen im Sinne von OR 101 I verursacht[15] worden, so kann der Haftpflichtige die Haftung für jedes Verschulden wegbedingen. Betreibt er aber ein obrigkeitlich konzessioniertes Gewerbe oder steht der Geschädigte im Zeitpunkt der Wegbedingung in seinem Dienste, ist die Enthaftung nur für leichte Fahrlässigkeit gültig. 12

---

[11] Im öffentlichen Haftpflichtrecht sind besondere Gesichtspunkte zu berücksichtigen. So hat das Bundesgericht in BGE 91 I 236 festgehalten, dass auf die Rechte, die das VG Einzelpersonen einräume, im allgemeinen nicht verzichtet werden könne.
[12] Vgl. hinten § 13 N 59 ff.; BECKER, Vorbem. vor OR 41 ff. N 4.
[13] Vgl. neben den Kommentaren zum allgemeinen Teil OR vor allem VON TUHR/ESCHER 118 ff.; HANS SCHRANER 40 ff.; ALFRED KELLER I 373 ff.; KARL SPIRO 325 ff., insbes. 365 ff.; PETER GAUCH, Der Werkvertrag (3. A. Zürich 1985), insbes. N 1302 ff., 1855 ff.; die von BREHM N 131 zu OR 58 zit. Lit. über die vertragliche Wegbedingung der Werkmängelhaftung u. a.
[14] BGE 38 II 499.
[15] Nach dem massgebenden Grundsatz der hypothetischen Vorwerfbarkeit wird die Handlung der Hilfsperson dem Schuldner so angerechnet, wie wenn er sie selbst vorgenommen hätte; vgl. statt vieler GAUCH/SCHLUEP, Skriptum N 1695 ff.; kritisch SPIRO 247/48.

13 3. Selbstverständlich setzt die Freizeichnung die *Zustimmung des Geschädigten* voraus[16] und gilt sie nur ihm gegenüber und nicht gegenüber Dritten. *Stillschweigende Zustimmung* kommt gestützt auf OR 1 II, eventuell auch auf OR 6, in Frage. Diese Regeln gelten auch für Hinweise in Lokalen, auf Baustellen sowie für Vermerke in Programmen, Prospekten usw. Von entscheidender Bedeutung ist hier, ob sich aus dem Verhalten des Geschädigten, der die Freizeichnungsklausel zur Kenntnis genommen hat, ergibt, dass er damit einverstanden ist. Nach Vertragsabschluss erfolgte Kundgaben[17] sind verspätet und wirkungslos, ausser wenn ausnahmsweise bei Ablehnung ein Protest zu erwarten gewesen wäre[18]. Stillschweigende Zustimmung zu einer Enthaftungsklausel ist nur mit grosser Zurückhaltung anzunehmen[19].

14 4. Neben OR 100 und 101 sind auch die allgemeinen Gültigkeitsschranken von Verträgen zu beachten, insbes. die guten Sitten (OR 19 II/20), die Übervorteilung (OR 21)[20] und Treu und Glauben (ZGB 2).

15 Es scheint eine Tendenz zu bestehen[21], die Gültigkeit der Wegbedingungsklauseln weitergehend zu beschränken als bisher. Vorab die Zulässigkeit des gänzlichen Ausschlusses der Haftung für Hilfspersonen erweckt unter Umständen Bedenken. Dieses Streben verdient Beachtung.

16 5. Ob die Wegbedingung, die zu Lasten der Gegenpartei ein Schuldner vorgenommen hat, der auch Arbeitgeber ist, sich auf die persönliche *Haftung seines Arbeitnehmers* gegenüber jener Gegenpartei erstrecke, ist eine Frage der Vertragsauslegung[22].

---

[16] BGE 111 II 480.
[17] GEIGEL/SCHLEGELMILCH, 12. Kap. N 7; ZBJV 100, 279.
[18] Vgl. zu dieser Frage ACKERMANN 31 ff.; J.-P. WISWALD, Les agences de voyage (Diss. Lausanne 1964) 144 ff.; RICHARD EICHENBERGER, Zivilrechtliche Haftung des Veranstalters sportlicher Wettkämpfe (Diss. Zürich 1973) 113 ff.
[19] SCHÖNENBERGER/JÄGGI, Zürch. Komm. (3. A. Zürich 1973) N 427 ff. zu OR 1 mit Zitaten; KONRAD H. STOCKAR 19 ff.; GUHL/MERZ/KOLLER 356; OR-WIEGAND, Art. 100 N 3; OFTINGER in FS Zepos II (Athen/Freiburg usw. 1973) 546 ff.; ENNECCERUS/LEHMANN, Schuldrecht (15. A. Tübingen 1958) 930 ff.; GEIGEL/SCHLEGELMILCH, 12. Kap. N 28/29. Aus der Praxis BGE 77 II 156 ff.; 100 II 23; 115 II 479; ZR 61 Nr. 50.
[20] Für weitherzigere Anwendung OFTINGER in FS Zepos II (Athen/Freiburg usw. 1973) 535 ff.; STARK in FG 100 Jahre Bundesgericht (Basel 1975) 377 ff.
[21] GAUTSCHI in FG Oftinger (Zürich 1969) 39 ff.; STOCKAR 52 f.; SCHRANER 63 ff.; KLEPPE in SJZ 64, 336 betreffend Skilehrer und Skiführer. – Siehe ferner FRANK, Meine Rechte und Pflichten als Tourenleiter, als Reiseleiter, als Jugendleiter ... (Zürich 1975) 219 ff.
[22] Kritisch HELM in AcP 161, 516 ff. Der Sachverhalt steht in Beziehung zum Problem der gefahrengeneigten oder schadensgeneigten Arbeit, siehe vorn § 7 N 73.

II. Vertragliche Vereinbarungen über die Haftungsvoraussetzungen § 12

6. Zulässig ist eine zusätzliche Haftungsübernahme bzw. Verschärfung 17
der Haftung und die Überwälzung der Schadenersatzpflicht gegenüber
einem Dritten von einem Vertragspartner auf den andern durch vertragliche Einräumung eines Regressrechtes[23].

III. Erledigung von Haftpflichtforderungen durch Vergleich

A. Vorbemerkungen

Die weitaus grösste Zahl der Haftpflichtfälle wird durch einen Vergleich 18
erledigt[24]. Parteien des Vergleichs sind der Geschädigte und der Haftpflichtige, der meistens durch seinen Haftpflichtversicherer vertreten[25] wird.
Dieser muss auf Grund des Deckungsanspruches des Haftpflichtigen oder
des direkten Forderungsrechts die Vergleichssumme bezahlen und hat ein
eminentes Interesse, die Verhandlungen selbst zu führen. Er verfügt auch
über die – im Interesse des Kunden *und* des Versicherers – unerlässliche
Erfahrung und Fachkenntnis. Sie allein ermöglichen die verantwortungsbewusste Erledigung grösserer Fälle ohne unverhältnismässigen Zeitaufwand und unverhältnismässiges Risiko einer irrtümlichen Behandlung. Da
der Geschädigte oder sein Anwalt[26] in jedem Stadium der Vergleichsgespräche die Möglichkeit hat, Klage einzuleiten, richtet sich ein Vergleich
nach der Gerichtspraxis bzw. nach der Doktrin.

Das ist aber nur in der Theorie eindeutig. In der Praxis können andere 19
Motive den Geschädigten veranlassen, lieber einen ungünstigen Vergleich

---

[23] Vgl. vorn N 4 ff.
[24] SJZ 58, 384; STARK, in: SJZ 65, 22: Weniger als 1‰ der Fälle, an denen Haftpflichtversicherer beteiligt sind, werden durch Prozess erledigt.
[25] Wenn ein direktes Forderungsrecht besteht (vgl. hinten Bd. II/2 § 26 N 150 ff.; Bd. II/3 § 29 N 581 ff., § 30 N 205 ff.), kann der Versicherer auch direkt belangt werden und erübrigt sich eine Bevollmächtigung.
[26] Der Beizug eines Anwaltes belastet den Geschädigten nicht, wenn die fraglichen Aufwendungen durch die Verhältnisse gerechtfertigt sind, wenn sich also Rechts- und Vorgehensfragen stellen, die der Geschädigte nicht ohne weiteres selbst beurteilen kann.
Dann sind die Anwaltskosten vom Haftpflichtigen bzw. seinem Haftpflichtversicherer zu tragen; vgl. vorn § 2 N 28 ff.; STEPHAN WEBER, Ersatz von Anwaltskosten, SVZ 61 (1993) 2 ff.

§ 12 Benachteiligung des Geschädigten durch vertragliche Vereinbarungen

anzunehmen, als die Risiken und die psychische Belastung zu akzeptieren, die mit einem Prozess verbunden sind, und als während der Prozessdauer auf die Erledigung warten zu müssen[27]. In solchen Fällen funktioniert die Rechtsordnung nicht befriedigend. Darauf kann hier nicht näher eingetreten werden.

B. Anfechtbarkeit von Vergleichen

20   Vergleiche sind obligationenrechtliche Verträge. Für ihr Zustandekommen gelten die Regeln über den Konsens, die in OR 1 ff. niedergelegt sind. Dafür sei auf die einschlägige Judikatur und Literatur verwiesen.

21   Zu besprechen ist hier die Anfechtung von Vergleichen. Sie kann auf Sondernormen in haftpflichtrechtlichen Spezialgesetzen beruhen, daneben aber auch auf den allgemeinen Bestimmungen über die Anfechtung von obligationenrechtlichen Verträgen. Auch wenn bzw. insoweit ein Geschädigter in einem Vergleich auf (weitere) Ansprüche verzichtet, liegt ein Vertrag vor (OR 115). Das gilt auch für die sog. Saldoklauseln, die in der Versicherungsbranche üblich sind. Mit ihnen verzichtet der Geschädigte auf die Geltendmachung weiterer Ansprüche aus dem in Frage stehenden Schadenfall[28].

1. Die spezialgesetzlichen Bestimmungen

22   Spezielle Bestimmungen finden sich im EHG (Art. 17), im SVG (Art. 87 II) und im KHG (Art. 8 II)[29, 30]. Sie beziehen sich im Unterschied zu den vorn N 6 behandelten Bestimmungen auf Vereinbarungen, die *nach* dem Unfall und in dessen Kenntnis zum Zwecke der Erledigung geschlossen werden. Die Gesetze wollen damit den Geschädigten gegen unge-

---

27 Vgl. STARK, ZBJV 124 (1988) 430/31; DERS., FG Jacques-Michel Grossen 29/30 und die dort jeweils zit. Lit.
28 VAS VIII Nr. 161. Ausführlich BERGER, in: SVZ 15, 193 ff. Rechtsvergleichend STURM, Stipulatio Aquiliana (München 1972); DERS. für das französische und deutsche Recht Rev. trim. de droit civile 73, 347 ff. –Vgl. über die Schranken der Verwendung solcher Quittungen BGE 60 II 450; VerwEntsch 26 Nr. 94. – Über die ungelesen unterzeichnete Saldoquittung OFTINGER in FG A. Simonius (Basel 1955) 289 N 30; hinten FN 60.
29 Früher galt im Rahmen des Fabrikhaftpflichtgesetzes vom 25. Juni 1881 (Art. 9) eine entsprechende Bestimmung. Vgl. dazu BGE 37 II 242.
30 Vgl. zu EHG 17 hinten Bd. II/3 § 27 N 205; zu SVG 87 II Bd. II/2 § 25 N 756 f.; zu KHG 8 II Bd. II/3 § 29 N 456 ff.

III. Erledigung von Haftpflichtforderungen durch Vergleich   § 12

nügende Entschädigungen schützen, mit denen er sich einverstanden erklärt hat.

Die Klage geht auf gerichtliche Ungültigerklärung des Vergleiches *ex* 23 *tunc.* Damit wird die Geltendmachung einer höheren Entschädigung verbunden, die der Sachlage entspricht. Die Anfechtung ist gegenüber irgendwelchen Entschädigungen, sei es aus Körperverletzung, Tötung oder Sachschaden, möglich, auch gegenüber vereinbarten Genugtuungssummen[31].

a) Voraussetzungen der Anfechtung

Eine unzulängliche Entschädigung beruht in objektiver Hinsicht auf 24 einem der Übervorteilung im Sinne von OR 21[32] ähnlichen Sachverhalt. OR 21 enthält die Bestimmungen, die für alle Verträge gelten, während EHG 17, SVG 87 II und KHG 8 II die speziellen Voraussetzungen der Anfechtung von Vergleichen über Haftpflichtentschädigungen in den betreffenden Spezialgebieten enthalten. Im Gegensatz zu OR 21 spielt bei diesen die Ausbeutung von Notlage, Unerfahrenheit oder Leichtsinn, die als subjektive Voraussetzung von OR 21 betrachtet wird, keine Rolle: Die Anfechtung ist auch möglich, wenn Notlage, Unerfahrenheit und Leichtsinn beim Abschluss des Vergleiches keine Rolle spielten oder dem Haftpflichtigen nicht bekannt waren[33].

Die vereinbarte Entschädigung – sei sie schon bezahlt oder nicht – 25 unterliegt der Anfechtung, wenn sie offensichtlich[34] unzulänglich ist. Bei der Prüfung der *Unzulänglichkeit* der Vergleichsentschädigung ist zu berücksichtigen, dass bei jedem Haftpflichtvergleich viele Ermessensfragen von grosser finanzieller Tragweite im Spiel sind[35]. Massgebend kann nicht sein, wie der Richter, wenn er angerufen worden wäre, sie beantwortet

---

[31] BGE 64 II 60 ff.
[32] Vgl. OFTINGER in FS Zepos II (Athen, Freiburg usw. 1973) 546 ff.; STARK in FG 100 Jahre Bundesgericht (Basel 1975) 378 ff.
[33] Eine Anfechtung ist auch möglich, wenn Faktoren, die den Schadenersatzanspruch erhöhen, dem Haftpflichtigen nicht bekannt waren, z. B., weil sie vom Geschädigten nicht erwähnt wurden.
[34] EHG 17 verwendet statt dessen das Wort «offenbar» wie OR 21. Diese Worte sind hier als gleichbedeutend zu betrachten.
[35] Man denke z. B. an die Ausgangspunkte für die Festsetzung der Haftpflichtquote – wie ist das Selbstverschulden zu bewerten? –, an das der Berechnung zugrunde gelegte zukünftige Einkommen des Verunfallten, an den Zeitpunkt der voraussichtlichen Einstellung der Erwerbstätigkeit wegen Alters, an die Wiederverheiratungschancen, an den Preis, der für ein beschädigtes Kunstwerk an einer Auktion bezahlt worden wäre usw.

hätte. Vielmehr muss es darauf ankommen, was er vernünftigerweise *mindestens* zugesprochen hätte.

26 Dabei ist jede Position der Schadensberechnung und auch die bezahlte oder vereinbarte Genugtuungssumme[36] separat zu würdigen. Da aber bei einer Schadensberechnung häufig Konzessionen intern miteinander verrechnet werden[37], kann die Unzulänglichkeit nicht in bezug auf die Einzelposten der Schadensberechnung geprüft werden, sondern nur in bezug auf den *Gesamtbetrag*. Nur auf ihn kann es bei der Prüfung der Frage der Unzulänglichkeit ankommen, wobei die Genugtuung mitzuberücksichtigen ist[38].

27 Unzulänglich darf dabei nicht mit unangemessen gleichgesetzt werden. Unzulänglich ist der Gesamtbetrag nur, wenn er bei *objektiver* Betrachtung[39] unter der unteren Grenze des Spielraumes einer vernünftigen Schadens- und Genugtuungsbemessung liegt.

28 *Offenbar* oder *offensichtlich* unzulänglich ist die Entschädigung nach der sprachlichen Bedeutung des Wortes, wenn ihre Unzulänglichkeit ohne grosse Untersuchungen sofort erkannt werden kann[40]. Das wird hier selten der Fall sein und kann daher nicht massgebend sein. «Offenbar» bzw. «offensichtlich» heisst daher in diesem Zusammenhang «krass» oder «eindeutig».

29 An sich würde es naheliegen, eine Proportion zwischen der vereinbarten und der noch vertretbaren Entschädigung festzulegen[41]. Das würde aber den Verhältnissen nicht gerecht. Die Entscheidung, ob eine verein-

---

[36] BGE 64 II 60. Bei der Genugtuungssumme ist die Festlegung der unteren vertretbaren Grenze schwieriger als beim Schadenersatz, weil dort mehr Unwägbares mitspielt.

[37] Wenn ein Geschädigter einerseits z. B. in bezug auf das zukünftige Einkommen bescheiden ist, andererseits aber sich kein Mitverschulden anrechnen lassen will, ist es nicht sinnvoll, die Verhandlungen scheitern zu lassen, wenn bei Annahme eines noch im Rahmen liegenden höheren Einkommens und eines angemessenen Mitverschuldens das Resultat ungefähr gleich ist.

[38] BGE 64 II 60; 99 II 372. Vgl. auch BGE 119 II 397, wo bei der Anwendung des Grundsatzes ne ultra petita partium entsprechende Überlegungen angestellt wurden.

[39] Bei subjektiver Beurteilung lag die Entschädigung im Zeitpunkt des Vertragsabschlusses meistens im Rahmen der Zulänglichkeit. Die dabei vom Geschädigten mitberücksichtigten Faktoren (Dauer und Aufregungen des Prozesses, Kostenrisiko) sind hier nicht in Rechnung zu stellen. Sie belasten den Geschädigten mehr als den Haftpflichtversicherer. Das gilt auch bei der Übervorteilung; vgl. STARK, FG 100 Jahre Bundesgericht (Basel 1975) 379; BGE 99 II 373.

[40] Im Versicherungsrecht bedeutet offenbare Trunkenheit, dass sie für jedermann erkennbar sein muss und keine medizinische Untersuchung voraussetzt; vgl. BGE 85 II 252; SVA VIII Nr. 93, 118, 121; X Nr. 7.

[41] Vgl. in bezug auf die Übervorteilung STARK, FG 100 Jahre Bundesgericht (Basel 1975) 382 FN 25.

barte Entschädigung offenbar unzulänglich sei, ist vielmehr nach richterlichem Ermessen unter Würdigung aller Umstände festzulegen[42].

b) Massgebender Zeitpunkt für die Beurteilung der Unzulänglichkeit

Es sind zwei verschiedene Lösungsmöglichkeiten zu unterscheiden: Die vereinbarte Entschädigung kann auf der Basis des ihr im *Vergleichszeitpunkt* zugrunde gelegten Schädigungssachverhaltes (Unfallhergang, Schadensberechnung und Evaluation der Genugtuungssumme) offensichtlich unzulänglich sein: Sie ist, ausgehend von den damals bekannten Fakten, fehlerhaft ermittelt[43].

Demgegenüber ist nach der Meinung verschiedener Autoren[44] die Entschädigung auf der Basis der Verhältnisse im *Anfechtungszeitpunkt*[45] der seinerzeit im Vergleich festgelegten gegenüberzustellen. Danach sind z. B. eine seit dem Vergleichszeitpunkt eingetretene Änderung des Lohnniveaus, eine seinerzeit nicht erwartete Verschlechterung des Gesundheitszustandes des Geschädigten und eine allgemeine Erhöhung der vom Bundesgericht zugesprochenen Genugtuungssummen beim Entscheid über die Unzulänglichkeit der vereinbarten Entschädigung zu berücksichtigen.

Das Bundesgericht hat sich für die erste Lösung ausgesprochen[46], und zwar mit guten Grund: Die Anfechtung auf der Basis des Vergleichens mit dem Sachverhalt im Anfechtungszeitpunkt bringt eine besondere Betrachtungsweise ins Spiel. Es muss sich nicht mehr darum handeln, dass die Vergleichsentschädigung fehlerhaft war; vielmehr sollen auch nachträglich veränderte Verhältnisse berücksichtigt werden, was sonst nur bei schwerwiegenden Änderungen gestützt auf ZGB 2 (clausula rebus sic stantibus) möglich ist. Für eine Sonderbehandlung auf dieser Basis in den hier zur Diskussion stehenden Fällen, die die Rechtssicherheit beeinträchtigen würde, liegen keine genügenden Gründe vor.

Das Postulat der Geschlossenheit der Rechtsordnung verlangt, dass Bestimmungen, die Ausnahmen gegenüber allgemeinen Regelungen

---

[42] BGE 64 II 61; 99 II 372/73.
[43] Bei der Übervorteilung gemäss OR 21 ist es wohl unbestritten, dass auf die Verhältnisse zur Zeit des Vertragsabschlusses abzustellen ist; vgl. VON TUHR/PETER 344; ENGEL 212, 530.
[44] Vorauf. 472; GIGER 270; SCHAFFHAUSER/ZELLWEGER 260, insbes. 266.
[45] Genauer: Im Zeitpunkt des Urteils im Anfechtungsprozess, das wesentlich später liegen kann als die Prozesseinleitung.
[46] BGE 99 II 370 E 3; 109 II 348.

statuieren, restriktiv interpretiert werden. Die drei Bestimmungen von Spezialgesetzen stellen Ausnahmen gegenüber der Übervorteilung nach OR 21 dar[47], wo der Zeitpunkt des Vertragsabschlusses massgebend ist. Dies betrifft die hier fehlende Berücksichtigung der Ausbeutung und im weiteren den Umstand, dass EHG 17, SVG 87 II und KHG 8 II nur dem *Geschädigten* zur Verfügung stehen: Wenn sich eine vereinbarte Entschädigung nachträglich als übersetzt herausstellt, kann der *Haftpflichtige* – nach den drei Sonderbestimmungen, im Gegensatz zu OR 21 – keine Korrektur verlangen[48, 49].

34 Im weiteren besteht ein allgemeines Interesse an einer schnellen (definitiven[50]) Erledigung von Haftpflichtforderungen, das vom Bundesgericht allgemein anerkannt wird[51]. Es widerspricht diesem Interesse, wenn der Geschädigte EHG 17, SVG 87 II und KHG 8 II wegen Änderung der Verhältnisse anrufen kann[52].

---

[47] OR 21 gilt in diesem Zusammenhang auch im Anwendungsbereich der Spezialgesetze; denn die Vergleichsvereinbarungen sind obligationenrechtlicher Natur.

[48] Auch OR 46 II kann ebenfalls vom Haftpflichtigen angerufen werden; vgl. vorn § 6 FN 362.

[49] Es leuchtet ohnehin ganz generell nicht ein, weshalb die drei Spezialgesetze den Geschädigten über den Übervorteilungstatbestand hinaus entgegenkommen und dass dies dann bei allen andern Haftpflichtfällen nicht anwendbar sein soll; vgl. MERZ, ZBJV 111 (1975) 104.

[50] Später neu auftretende Schädigungen, die im Zeitpunkt des Vergleichsabschlusses nicht vorhersehbar waren und das vertragliche Gleichgewicht schwer stören können, können vom Richter nach ZGB 2 berücksichtigt werden; vgl. BGE 56 II 194; 93 II 189; 99 II 372; DESCHENAUX/TERCIER 214 N 9; GIGER 271.

[51] BGE 86 II 41 u. a.

[52] Eine tiefgreifende Änderung der Verhältnisse liegt vor, wenn der Verletzte nachträglich an den Unfallfolgen stirbt. Dieser Sachverhalt wäre aber auch dann nicht nach EHG 17, SVG 87 II oder KHG 8 II zu behandeln, wenn bei diesen Bestimmungen die Vergleichsentschädigung mit der den Verhältnissen im Anfechtungszeitpunkt entsprechenden zu vergleichen wäre: Durch den Tod des Verletzten entstehen neue Ansprüche, nicht des Verletzten bzw. seiner Rechtsnachfolger, sondern der Hinterlassenen. Darüber wurde durch den Vergleich mit dem Verletzten über die ihm erwachsenden Heilungskosten, seinen Verdienstausfall usw. nicht verfügt. Es besteht daher kein Anlass, einen solchen Vergleich anzufechten.
Wenn im Vergleich mit dem Verletzten wegen dessen bald nachher eingetretenem Tod zu viel bezahlt wurde, namentlich unter den Titeln Invalidität und Heilungskosten, kann eine Anwendung der zur Diskussion stehenden Bestimmungen nicht in Frage kommen, weil diese nur dem Geschädigten, nicht aber dem hier benachteiligten Haftpflichtigen ein Anfechtungsrecht einräumen. Bei sehr gravierenden Fällen kann sich der Haftpflichtige auf die clausula rebus sic stantibus berufen (vgl. vorn N 32, hinten N 37, 54 ff. und die vorn § 6 FN 378 zit. Lit.), auf einen Grundlagenirrtum nur, wenn man den Irrtum über eine zukünftige Entwicklung dafür als genügend betrachten. Eventuell kommt eine condictio in Frage.

III. Erledigung von Haftpflichtforderungen durch Vergleich   § 12

c) Aktiv- und Passivlegitimation

Aktivlegitimiert zur Anfechtung ist derjenige, der mit dem Haftpflich- 35
tigen bzw. seinem Haftpflichtversicherer (bei direktem Forderungsrecht)
den in Frage stehenden Vergleich abgeschlossen hat, also der Geschädigte
oder, wenn dessen Ansprüche auf seinen Sozial- oder Privatversicherer
übergegangen sind, dieser Versicherer.

Passivlegitimiert ist der Haftpflichtige oder sein Haftpflichtver- 36
sicherer[53], bzw. die Rechtsnachfolger dieser Personen.

Der Haftpflichtige und sein Haftpflichtversicherer können den Ver- 37
gleich, wie bereits erwähnt, nicht nach EHG 17, SVG 87 II oder KHG 8 II
anfechten. Ihnen stehen nur die Möglichkeiten des gemeinen Rechts zur
Verfügung, OR 21, 23 ff. und die clausula rebus sic stantibus.

d) Befristung der Anfechtung

Dass eine Befristung des Rechts zur Anfechtung einer Vereinbarung 38
wegen Unzulänglichkeit im Interesse der Rechtssicherheit unerlässlich ist,
liegt auf der Hand. EHG 17 schweigt sich darüber aus, SVG 87 II sieht eine
Frist von einem Jahr und KHG 8 II von drei Jahren seit dem Abschluss des
Vergleiches vor.

Die Frist des SVG und diejenige des KHG ist als Verwirkungsfrist 39
aufzufassen, was sich schon aus dem Wortlaut ergibt[54].

Da EHG 17 sich über die Befristung nicht äussert, liegt es nahe, die 40
zweijährige Frist von EHG 14 anzuwenden. Diese gilt gemäss ausdrücklicher Bestimmung auch für den Rektifikationsvorbehalt des EHG und
läuft dort vom Tage der Eröffnung des Urteils an. Es drängt sich daher auf,
die Frist von zwei Jahren für die Anfechtung offenbar unzulänglicher
Vergleichsentschädigungen vom Datum des Vergleiches an laufen zu
lassen. Nach dem Gesetzestext handelt es sich bei der Frist für den Rektifikationsvorbehalt um eine Verjährungsfrist. Vernünftigerweise kann es
aber nur eine Verwirkungsfrist sein; EHG 14 II ist auf diese Frist nicht
anzuwenden, vgl. Bd. II/3 § 27 N 207[55].

---

53 BGE 37 II 243/44; 64 II 53 ff.; 109 II 348.
54 Das trifft auch für den Rektifikationsvorbehalt von OR 46 II zu; vgl. vorn § 6 N 18.
55 Es kommt nicht in Frage, die Anfechtungsfrist entsprechend der Verjährungsfrist für
    Schadenersatzzahlungen vom Tage des Unfalles an laufen zu lassen, weil sie dann häufig
    am Tag des Vergleiches schon abgelaufen wäre oder unmittelbar vor dem Ablauf stände.

41   Die Verwirkungsfristen für alle drei Anfechtungsfälle sind durch Klageeinleitung wahrzunehmen, wie dies der Verwirkung einer Klage entspricht.

e) Praktische Bedeutung der Anfechtung

42   Von der Anfechtungsmöglichkeit wird selten Gebrauch gemacht; in der amtlichen Sammlung der bundesgerichtlichen Entscheidungen sind nur fünf Urteile publiziert[56], wovon eines (BGE 37 II 240) FHG 9 betrifft. Dazu kommt ein Urteil in der Sem.jud. (1962, 271). Alle Klagen ausser dem Entscheid über FHG 9 bezogen sich auf SVG 87 II. Nur zwei davon waren erfolgreich (BGE 37 II 240; 64 II 53).

f) Verzicht auf geschuldete Entschädigung

43   Der vertragliche völlige oder teilweise Verzicht auf eine geschuldete Entschädigung, der in Kenntnis des Schadens und des Schadenersatzanspruches erfolgt, auch der Verzicht auf eine richterlich zugesprochene oder von der Gegenpartei anerkannte Entschädigung hat Schenkungscharakter. Hier fehlt das Moment der Benachteiligung. EHG 17, SVG 87 II und KHG 8 II sind daher nicht anwendbar.

2. Übrige Gebiete des Haftpflichtrechts

44   In den andern ausservertraglichen Haftungen des OR und des ZGB sowie der Spezialgesetze inkl. die Verantwortlichkeitsgesetze des Bundes und der Kantone sind keine speziellen Normen über die Anfechtung von Vereinbarungen mit unzulänglichen Entschädigungen enthalten. Hier stehen folgende Wege zur Verfügung:

a) Vom Vergleich erfasste bzw. nicht erfasste Schäden[57]

45   Vorerst sind diejenigen Schäden auszuklammern, die nicht Gegenstand der Vereinbarung sind. Wenn z. B. ein schwerer Sachschaden an einem

---

[56] BGE 30 II 44; 37 II 240; 64 II 53; 99 II 366; 109 II 348.
[57] Immer unter der Voraussetzung der Identität der Parteien beim Vergleich und in bezug auf die späteren Ansprüche. Dabei sind aber bei direktem Forderungsrecht der Haftpflichtige und sein Haftpflichtversicherer im Rahmen der externen Deckung als identische Personen zu betrachten.

III. Erledigung von Haftpflichtforderungen durch Vergleich § 12

Auto entstanden ist und der Lenker des Autos verletzt wurde, kann der Sachschaden erledigungsreif sein und vergütet werden, während der Personenschaden – z. B. weil die Heilung noch nicht abgeschlossen ist – stillschweigend einer späteren Vereinbarung vorbehalten wird[58]. Weil in solchen Fällen keine ausdrückliche Saldoklausel im Vergleich über den Sachschaden enthalten sein wird, können kaum Unklarheiten auftreten[59]. Enthält aber das Erledigungsformular des Haftpflichtversicherers eine Saldoklausel und wird diese – z. B. wegen mangelnder Aufmerksamkeit – mitunterschrieben, muss der Richter ihren Inhalt interpretieren. Es handelt sich um einen Fall von Vertragsauslegung[60]. Kommt er zum Schluss, der Personenschaden falle unter die Saldoklausel und sei z. B. mit dem Mitverschuldensabzug verrechnet worden, so stellt sich die Frage der Anfechtbarkeit der Vereinbarung wegen Irrtums[61].

Schwieriger ist die Situation, wenn in einem Vergleich die Entschädigung für eine Schadensposition enthalten ist, die sich später ganz anders entwickelt als im Vergleichszeitpunkt angenommen wurde. Man denke an den Eintritt einer Invalidität, mit der beide Parteien nicht gerechnet haben, oder einer schwereren Invalidität als vorausgesehen. In solchen Fällen ist zu berücksichtigen, dass in den meisten Vergleichen unsichere Faktoren mitspielen. Normalerweise machen dann beide Parteien Konzessionen, um zu einer ausserprozessualen Erledigung zu kommen. Einem Entgegenkommen des Geschädigten stehen dabei Konzessionen der Gegenpartei in bezug auf andere Fragen gegenüber. Solche «Entgegenkommen» können nicht nachher widerrufen werden. Wenn also z. B. in der Korrespondenz die Möglichkeit eines Dauerschadens geltend gemacht wurde, kann nicht nach dem Vergleich argumentiert werden, der dann eingetretene Invaliditätsschaden sei durch den Vergleich nicht abgefunden. Das Gegenteil trifft nur zu, wenn man vernünftigerweise nicht mit einem Dauerschaden rechnete und ein solcher z. B. in den medizinischen Zeugnissen verneint

---

[58] Schwierigkeiten entständen nur, wenn der Haftpflichtige – unverständlicherweise – die später erhobenen Ansprüche aus der Körperverletzung unter Hinweis auf die abgeschlossene Vereinbarung abweisen würde.
[59] Es dürfte meistens für den Haftpflichtigen fast unmöglich sein zu beweisen, dass der Geschädigte stillschweigend auf zusätzliche Leistungen verzichtet hat.
[60] Meistens wird sich das Problem einer ungelesen unterzeichneten Urkunde stellen; vgl. dazu OFTINGER, FG Simonius (Basel 1955) 272; EUGEN BUCHER, OR Allg. Teil (2. A. Zürich 1988) 197 f.; VON TUHR/PETER 302; SCHÖNENBERGER/JÄGGI, Zürch. Komm. (3. A. Zürich 1973) N 421 zu OR 1.
[61] BGE 60 II 450.

§ 12   Benachteiligung des Geschädigten durch vertragliche Vereinbarungen

wurde[62]. Dann kann der Geschädigte später geltend machen, der Dauerschaden sei nicht Gegenstand des Vergleiches gewesen, mit einer Saldoquittung könne nur auf Rechte verzichtet werden, die dem Anspruchsberechtigten bereits zustehen oder deren Erwerb er wenigstens als möglich erachtet[63]. Dies kommt aber nur in Frage, wenn es sich um einen schweren Schaden handelt, nicht aber bei kleineren Komplikationen.

47   Entsprechende Überlegungen gelten, wenn in der Berechnung der Entschädigung eine kleine Invalidität entsprechend dem medizinischen Gutachten berücksichtigt wurde, nachher aber eine viel schwerere Invalidität eintritt.

48   Für die Korrektur ist keine Anfechtung wegen Irrtums nötig; der Geschädigte kann einfach den nicht vorausgesehenen Schaden geltend machen, wenn sein Anspruch nicht verjährt ist[64]. Die Möglichkeit, unvorhergesehenen Schaden noch geltend zu machen, ergibt sich aus ZGB 2[65].

49   Kein zusätzlicher Anspruch ist einzuräumen, wenn der Geschädigte ausser jedem Zweifel alle eventuell sich später zeigenden ungünstigen Entwicklungen der Schädigung endgültig abgelten lassen wollte. Dann erfasst der Vergleich auch die nicht voraussehbaren künftigen Schadensteile[66].

50   Wenn über einen Schaden aus Körperverletzung (Heilungskosten, Verdienstausfall usw.) ein Vergleich abgeschlossen wird und *der Verletzte nachher an den Unfallfolgen stirbt,* stellt sich dieses Problem der nicht den Erwartungen entsprechenden Entwicklung des Schadens nur in bezug auf

---

62 Wurde er als unwahrscheinlich bezeichnet, so hat der Geschädigte durch die Erledigung ohne Berücksichtigung eines Dauerschadens dieses Risiko auf sich genommen, meistens auf Grund eines Entgegenkommens des Haftpflichtigen in anderen Fragen. Wenn der Geschädigte das nicht will, muss er einen Vorbehalt für einen eventuellen Invaliditätsschaden verlangen und diesen damit vom Vergleich ausklammern.
63 Nach BGE 60 II 448/49 kann ein Verzicht auf weitere Ansprüche «nach Treu und Glauben nur in dem Sinne durch die vorbehaltlose Unterzeichnung als genehmigt gelten, wie es der Lage der Dinge bei der Unterzeichnung entsprach». Vgl. auch BGE 68 II 189/90; 100 II 44/45. Gestützt darauf hat das Eidg. Justiz- und Polizeidepartement in seinen Weisungen vom 11. Dezember 1972, Ziff. 15 lit. e, bestimmt, dass Quittungsformulare in der Unfall-, Kranken- und Haftpflichtversicherung keine Saldo- oder Verzichtsklausel enthalten dürfen, wenn sie nicht als Vergleichsvereinbarungen ausgestaltet und bezeichnet werden. Das ist bei Haftpflichtfällen meistens der Fall.
64 Vgl. zur Verjährung vorn Bd. II/1 § 16 N 341 ff.
65 Vgl. OFTINGER, FG A. Simonius (Basel 1955) 268 f. Das Bundesgericht stützt sich in BGE 60 II 448/49 allein auf Treu und Glauben.
66 BGE 54 II 191; Sem.jud. 1944, 266: Wirksamkeit der Saldoquittung, die ohne Vorbehalt der Verschlimmerung der Unfallfolgen ausgestellt wird, obwohl deren Eintritt voraussehbar ist; ferner VAS VIII Nr. 161, 162, 165; IX Nr. 89, 91, 92. Alle diese Urteile gehen von einer Anfechtung wegen Irrtums aus.

III. Erledigung von Haftpflichtforderungen durch Vergleich   § 12

die Bestattungskosten. Diese sind nach ZGB 474 II von der Erbschaft zu bezahlen, d. h. wirtschaftlich betrachtet vom Verstorbenen. In bezug auf sie könnte daher unter Umständen eine Anfechtung des Vertrages in Betracht gezogen werden. In Wirklichkeit wird aber der der Berechnung des Schadens zugrunde gelegte Verdienstausfall zusammen mit den Heilungs- und weiteren Kosten, die wegen des Todes wegfallen, wesentlich mehr ausmachen als die Beerdigungskosten.

Der Versorgerschaden muss nicht in diese Rechnung einbezogen werden, weil die Aktivlegitimation für diesen Schadensposten nie beim Unfallopfer gelegen hat, sondern von der Entstehung an bei den versorgten Personen. Diese haben keinen Vergleich mit dem Haftpflichtigen abgeschlossen, der angefochten werden könnte[67]. 51

Wenn die Heilung günstiger verläuft, als bei der Schadensberechnung angenommen wurde, liegt kein im Vergleich nicht berücksichtigter Schadensteil vor und kommt daher höchstens eine Anfechtung wegen Irrtums in Frage; vgl. hinten N 54 ff. 52

b) Übervorteilung

Jeder Vergleich unterliegt kraft seiner obligationenrechtlichen Natur auch bei den in Spezialgesetzen geregelten Haftungsarten der grundsätzlichen Anfechtungsmöglichkeit nach OR 21. Voraussetzung ist nicht nur das offenbare Missverhältnis zwischen der vereinbarten Entschädigung und dem tatsächlich erlittenen Schaden, sondern auch die Ausbeutung von Notlage, Unerfahrenheit oder Leichtsinn des Geschädigten[68]. 53

c) Willensmangel / clausula rebus sic stantibus

In Frage kommt auch eine Anfechtung des Vergleiches wegen Willensmangels[69], wobei der Grundlagenirrtum (OR 24 I Ziff. 4)[70] im Vorder- 54

---

67 Vgl. vorn FN 51.
68 Namentlich bei Unerfahrenheit ist eine gewisse Tendenz des Bundesgerichtes festzustellen, die Übervorteilung eher zu bejahen als früher; vgl. BGE 92 II 176; SJZ 68, 94; OFTINGER in FS Zepos II (Athen/Freiburg usw. 1973) 542 ff.; STARK, FG 100 Jahre Bundesgericht (Basel 1975) 377 ff.
69 BGE 110 II 46; 111 II 350.
70 Der Grundlagenirrtum betrifft einen Sachverhalt, aus dem Forderungen abgeleitet werden. Es handelt sich um rechtliche oder tatsächliche Umstände, die von beiden oder

§ 12   Benachteiligung des Geschädigten durch vertragliche Vereinbarungen

grund steht, aber auch Erklärungsirrtum, Drohung und Täuschung nicht ausser Betracht fallen.

55   Wer den Irrtum über eine zukünftige Entwicklung als ausgeschlossen betrachtet, wird hier zur clausula rebus sic stantibus Zuflucht nehmen[71].

56   Diese Fragen des Vertragsrechtes können in diesem Buch nicht besprochen werden; dafür sei auf die einschlägige obligationenrechtliche Literatur verwiesen.

---

mindestens der irrenden Partei mit Wissen der andern dem Vergleich zugrunde gelegt wurden. Bestrittene oder ungewisse Punkte in bezug auf die durch den Vergleich der Meinungsverschiedenheiten überbrückt werden sollten, können nicht Gegenstand eines Grundlagenirrtums sein; vgl. GAUCH/SCHLUEP, Skriptum N 937 ff.; GUHL/MERZ/KOLLER 134; OR-SCHWENZER, Komm. zum schweiz. Privatrecht, Obligationenrecht I, hg. von Honsell, Vogt und Wieland, Vorbem. zu Art. 23 bis 31 N 16, Art. 24 N 26, Art. 31 N 6; VON TUHR/PETER 313; MEIER-HAYOZ, SJK Nr. 463 S. 6; BGE 54 II 191 u. a.

[71] Über diese statt vieler MERZ, Berner Komm. (Bern 1962) N 181 ff. zu ZGB 2; OFTINGER, SJZ 36, 229 ff., 245 ff.; VON TUHR/ESCHER 170 ff.; GAUCH/SCHLUEP, Skriptum N 802 ff.; JÄGGI/GAUCH, Zürcher Komm. (3. A. Zürich 1980) N 561 ff. zu OR 18 und viele andere; BGE 99 II 372.

§ 13 Mehrheit von Haftungsgründen in der Person des Haftpflichtigen

Literatur

SCHWEIZERISCHE: ABDEL RAZZAK ABDEL-WAHAB, Le concours des responsabilités contractuelle et délictuelle en droit français et en droit suisse (Diss. Genf 1963). – ARENS, Zur Anspruchskonkurrenz bei mehreren Haftungsgründen, AcP 170, 392 ff. – HANS RUDOLF BARTH, Schadenersatzpflicht bei nachträglicher Unmöglichkeit der Erfüllung (Diss. Zürich 1957). – URBAN BIERI, Die Deliktshaftung des Werkunternehmers gegenüber dem Besteller für mangelhafte Ware (Diss. Freiburg 1992). – HANS-ULRICH BRUNNER, Die Anwendung deliktsrechtlicher Regeln auf die Vertragshaftung (Freiburg Schweiz 1991). – EUGEN BUCHER, OR, Allgemeiner Teil (2. A. Zürich 1988). – M. TAHIR ÇAGA, Konkurrenz deliktischer und vertraglicher Ersatzansprüche (Diss. Zürich 1939). – JEAN CUENDET, La faute contractuelle (Diss. Lausanne 1970). – PIERRE ENGEL, Traité des obligations en droit suisse (Neuchâtel 1973). – WALTER FELLMANN, Berner Komm. zu OR 394–406 (Bern 1992). – FORSTMOSER/SCHLUEP, Einführung in das Recht I (Bern 1992). – GAUCH/SCHLUEP, Schweiz. Obligationenrecht, Allgemeiner Teil I/II (5. A. Zürich 1991). – MAX GULDENER, Schweiz. Zivilprozessrecht (3. A. Zürich 1979). – FRITZ HOCHSTRASSER, Die Verletzung persönlicher Güter durch Vertragsverletzung (Diss. Zürich 1926). – GISELHER HOCHSTRASSER, Die Konkurrenz von Haftungsansprüchen und ihre Bedeutung für den privaten Haftpflichtversicherer (Diss. Bern 1949). – HEINRICH HONSELL, Schweiz. Obligationenrecht, Besonderer Teil (Bern 1991). – PETER JÄGGI, Zum Begriff der vertraglichen Schadenersatzforderung, FS Schönenberger (Freiburg 1968) 181 ff. – ARTHUR JOST, Zur Frage der Anspruchskonkurrenz, SJZ 44 (1948) 317 ff. – MARKUS NEUENSCHWANDER, Die Schlechterfüllung (Diss. Bern 1971). – PETER NOLL, Gesetzgebungslehre (Reinbek b. Hamburg 1973). – PERRIN, La limitation de la responsabilité contractuelle..., Sem.jud. 1973 209 ff. – HANS SCHRANER, Unzulässige Überwälzung und Wegbedingung der Schadenersatzpflicht (Zürich 1973). – SECRÉTAN, Le concours de la responsabilité contractuelle et de la responsabilité délictuelle en droit suisse, ZSR 68 (1949) 183 ff. – EMIL W. STARK, Einige Gedanken zur Haftpflicht für staatliche Verrichtungen, SJZ 86 (1990) 1 ff. – TANDOGAN, Le concours des responsabilités contractuelle et délictuelle en droit turc comparé avec le droit suisse, Revue de Droit bancaire et de Droit commercial (Ankara 1962) I no 4. – VERENA TRUTMANN, Das internationale Privatrecht der Deliktsobligationen (Basel/Stuttgart 1973). – OSCAR VOGEL, Grundriss des Zivilprozessrechts (3. A. Bern 1992).

DEUTSCHE UND ÖSTERREICHISCHE: FRANZ BYDLINSKI, Juristische Methodenlehre und Rechtsbegriff (2. A. Wien/New York 1991). – ENNECCERUS-LEHMANN, Recht der Schuldverhältnisse (15. A. Tübingen 1958). – ENNECCERUS/NIPPERDEY, Lehrbuch des Bürgerlichen Rechts, Allgemeiner Teil I (15. A. Tübingen 1959), II (15. A. Tübingen 1960). – GEORGIADES, Die Anspruchskonkurrenz im Zivilrecht und Zivilprozessrecht (München 1967). – HELMUT KOZIOL, Österreichisches Haftpflichtrecht I (2. A. Wien 1980). – KARL LARENZ/CLAUS-WILHELM CANARIS, Lehrbuch des Schuldrechts, Bd. II/2 Besonderer Teil (13. A. München 1994). – SCHLECHTRIEM, Vertragsordnung und ausservertragliche Haftung ... im französischen, amerikanischen und deutschen Recht (Frankfurt a. Main 1972). – SOERGEL/ZEUNER, Bürgerliches Gesetzbuch (12. A. Stuttgart/Berlin/Köln/Mainz Bd. I 1987, Bd. II 1990). – ANDREAS VON TUHR, Der Allgemeine Teil des Deutschen Bürgerlichen Rechts, Bd. I (Leipzig 1910), Bd. II/1 (München und Leipzig 1914), Bd. II/2 (München und Leipzig 1918).

§ 13   Mehrheit von Haftungsgründen in der Person des Haftpflichtigen

I. Vorbemerkungen

1 In § 10 ist der Sachverhalt erörtert worden, da dem Kläger *mehrere* Ersatzpflichtige haften, sei es aus gemeinsamem Verschulden (etwa mehrere Angreifer, OR 50) oder aus «verschiedenen Rechtsgründen» usw. (z. B. Haftung eines Tierhalters und eines Radfahrers gegenüber einem Fussgänger, OR 51).

2 Im vorliegenden Paragraphen geht es statt dessen darum, dass zwar *eine einzige Person* als Haftpflichtiger in Frage kommt, die aber – und darin besteht die Besonderheit – auf Grund von verschiedenen Normen belangt werden kann oder m.a.W. mehrere Haftungsgründe zu vertreten hat[1]. Wenn z. B. eine Firma einen Lastwagen betreibt und ihn von einem angestellten Chauffeur führen lässt, haftet sie für dessen Verschulden bei einem Nichtbetriebsunfall nach SVG 58 II/IV; in vielen Fällen werden aber auch die Voraussetzungen der Geschäftsherrenhaftung von OR 55 erfüllt sein. Vgl. hinten N 20.

3 Speziell anzuführen ist hier der Fall, dass die gleiche Person sowohl aus Delikt, namentlich aus OR 41, für einen Schaden verantwortlich gemacht werden kann als auch aus Vertrag. Das trifft z. B. für den selbständigen Arzt zu, der in seiner Praxis durch einen Kunstfehler einen Gesundheitsschaden eines Patienten verursacht.

4 Grundsätzlich ist hier zu unterscheiden zwischen Gesetzes- und Anspruchskonkurrenz[2]. Erfüllt ein Sachverhalt die Voraussetzungen verschiedener Normen, so spricht man von *Gesetzeskonkurrenz,* wenn dabei der eine Rechtssatz die Anwendung des andern ausschliesst. Es entsteht nur ein einziger Anspruch; die andern Bestimmungen, die an und für sich angerufen werden könnten, fallen ausser

---

[1] Das Problem der Mehrheit von Haftungsgründen in der gleichen Person stellt sich nur, wenn diese Person für das *gleiche* Ereignis aus zwei oder mehr Haftungsgründen verantwortlich ist. Wenn aber ein Arzt einen Fussgänger überfährt und dann fehlerhaft behandelt, haftet er für zwei verschiedene Ursachen des Schadens und das hier behandelte Problem stellt sich nicht.
Das gilt auch, wenn eine Eisenbahnunternehmung ohne von ihr zu vertretendes Verschulden durch eine Grundeigentumsüberschreitung einen Sachschaden auf einer Nachbarliegenschaft verursacht, der nach EHG 11 II nur bei Verschulden zur Haftpflicht führt: Es besteht keine Haftung nach EHG, aber ZGB 679 ist anwendbar. Das Problem der Mehrheit von Haftungsgründen in der Person des Haftpflichtigen stellt sich daher nicht. Vgl. hinten FN 13; Bd. II/3 § 27 FN 133.

[2] Zur Frage der konkurrierenden Rechte allgemein VON TUHR/PETER 39 ff. und viele andere.

I. Vorbemerkungen § 13

Betracht³. In einem solchen Fall handelt es sich um *Exklusivität* einer bestimmten Norm gegenüber anderen, d. h. die betreffende Norm schliesst die Anwendung der andern aus. *Alternativität* liegt demgegenüber vor, wenn die verschiedenen Normen, nach denen die gleiche Person verantwortlich ist, wahlweise angerufen werden können. Man spricht in solchen Fällen von *Anspruchskonkurrenz*⁴. Die folgenden Ausführungen behandeln die Frage, unter welchen Voraussetzungen Gesetzes- und unter welchen Anspruchskonkurrenz besteht. Dabei beziehen sich die Überlegungen ausschliesslich auf die jeweils massgebenden gesetzlichen Haftungsvoraussetzungen, nicht aber (gegebenenfalls) auf deren vertragliche Abänderungen, auf die hinten in Abschnitt VII (N 69 ff.) hingewiesen wird.

Weder bei Gesetzes- noch bei Anspruchskonkurrenz – in der soeben 5 dargelegten Bedeutung dieser Ausdrücke⁵ – kommt es darauf an, auf welchen Haftungsgrund sich der Kläger im Prozess beruft. Nach dem Grundsatz *iura novit curia*⁶ ist es Sache des Gerichtes, von sich aus zu prüfen, welche Rechtsnormen auf einen ihm vorgelegten Sachverhalt anzuwenden sind⁷. Der Grundsatz der Rechtsanwendung von Amtes wegen hat zu gelten sowohl im Verhältnis der allgemeinen zur besonderen Norm (hinten N 6) als auch im Verhältnis verschiedener spezieller Normen unter sich (hinten N 20 ff.) und im Verhältnis vertraglicher zu ausservertraglicher Haftung (hinten N 42 ff.).

---

3   VON TUHR/PETER 42; ANDREAS VON TUHR II/1 14. – Wenn ein Angehöriger der Armee bei einer dienstlichen Verrichtung einen Schaden verursacht, z. B. als Radfahrer, haftet dafür der Bund nach MO 22 I. Nach Abs. 3 dieser Bestimmung stehen dem Geschädigten keine Ansprüche gegen den Schädiger zu. Vgl. hinten Bd. II/3 § 32 N 439 und VG 3 III.
4   Kumulation in dem Sinne, dass für den gleichen Schaden nach jedem involvierten Haftungsgrund separat voller Schadenersatz verlangt werden könnte, ist hier ebenso gut ausgeschlossen wie gegen verschiedene Personen. Sie würde das Bereicherungsverbot aus den Angeln heben; vgl. die Formulierung von ENNECCERUS/NIPPERDEY II § 228 S. 1391: «denn ein Anspruch auf Befriedigung eines bereits befriedigten Interesses ist undenkbar». – Auszuklammern ist dabei der Fall, dass aus einem Vertrag, namentlich aus einer Summenversicherung, Leistungen zu erbringen sind, die nicht den Schaden angerechnet werden; vgl. VVG 96; vorn § 11 N 13 f., FN 219.
Die Motive zum BGB I (278) definieren die Anspruchskonkurrenz als das «Zusammentreffen mehrerer, in ihrem Endzweck auf ein und dasselbe gerichteter Ansprüche in einer Person». Von «Anspruchskonkurrenz» wird auch bezüglich der Tatbestände von §§ 10 und 11 dieses Buches gesprochen.
5   Die Terminologie ist in diesem Bereich nicht fest. Differenzierter KOZIOL I 341 ff.
6   Vgl. statt vieler FORSTMOSER/SCHLUEP, Einführung I § 21 N 49/50; VOGEL, 6. Kap. N 60 ff.; GULDENER, Schweiz. Zivilprozessrecht (3. A. Zürich 1979) 156; BGE 115 II 58, 465; 116 II 699.
7   BGE 31 II 130; 53 II 236/37; 60 II 281; 70 II 217; 89 II 340; 91 II 63; 95 II 252; 107 II 122; ZBJV 52, 262; 78, 82.

669

II. Verschuldenshaftung und Kausalhaftung

A. Grundsätzliche Überlegungen

6   Nach dem Grundsatz *lex specialis derogat legi generali* [8] gilt – nicht nur hier, sondern ganz allgemein – zwischen generellen und speziellen Normen zur gleichen Frage das Prinzip der *Exklusivität* [9]. Das ist eigentlich eine Selbstverständlichkeit. Wenn eine Norm unter bestimmten Bedingungen (A und B) eine bestimmte Rechtsfolge (x) festlegt und eine andere Norm für den gleichen Tatbestand mit einer zusätzlichen Bedingung (C) eine andere (y), ergibt sich von selbst, dass, wenn die Bedingung C neben A und B gegeben ist, nicht die Rechtsfolge x, sondern y einzutreten hat [10, 11].

7   Es zeigt sich also folgendes Bild: Wenn den Haftpflichtigen in einem konkreten Fall kein Verschulden trifft, besteht kein Konkurrenzproblem zwischen Verschuldenshaftung und Kausalhaftung; denn die Verschuldenshaftung kommt unter diesen Umständen nicht in Frage. Sind aber die Voraussetzungen der Verschuldenshaftung neben denjenigen der Kausalhaftung in der Person des einen Haftpflichtigen erfüllt, d. h., trifft den Kausalhaftpflichtigen ein zusätzliches Verschulden, so führt dies nach den angeführten Regeln zur exklusiven Anwendung der Kausalhaftung, wenn diese als lex specialis betrachtet wird. Nun sind aber die Rechtsfolgen der Verschuldenshaftung und der Kausalhaftungen im Prinzip identisch. Die ratio legis der Einführung von Kausalhaftungen kann daher nicht darin

---

[8]   FORSTMOSER/SCHLUEP, Einführung I § 13 N 128/29; BYDLINSKI, Methodenlehre 465, 572/73; NOLL 212, 238; ENNECCERUS/NIPPERDEY I 351 u. a.
[9]   Der allgemeine Grundsatz, dass die speziellere Norm vorgeht, drängt sich von selbst auf, wenn die spezielle Norm als Ausnahme von der generellen zu betrachten ist.
[10] So führt vorsätzliche Tötung zu einer Zuchthausstrafe nicht unter 5 Jahren (StGB 111). Wird sie aber von einer Mutter während der Geburt oder solange sie noch unter dem Einfluss des Geburtsvorganges steht, begangen, wird sie nach StGB 116 (Kindstötung) mit Zuchthaus bis zu 3 Jahren oder mit Gefängnis nicht unter 6 Monaten bestraft. Wenn Vorsatz die Bedingung A darstellt und Tötung die Bedingung B, sind bei Kindstötung beide Bedingungen der vorsätzlichen Tötung gegeben. Wegen der hinzutretenden Bedingung C (Einfluss des Geburtsvorganges) gilt aber nicht die Strafandrohung der vorsätzlichen Tötung, sondern die spezielle der Kindstötung.
[11] Wenn die Bedingung B fehlt und statt dessen die zusätzliche Bedingung D erfüllt ist und das Gesetz für diesen Sachverhalt die Rechtsfolge z vorsieht, liegt die Situation der Bedingungen A *und* B nicht vor und ist daher die Norm, die auf die Bedingungen A und B abstellt, von vornherein nicht erfüllt.

II. Verschuldenshaftung und Kausalhaftung § 13

bestanden haben, Ausnahmen in bezug auf die Rechtsfolgen der Verschuldenshaftung zu statuieren. Es ist daher nicht sinnvoll, die Kausalhaftungsnormen als leges speciales gegenüber OR 41 zu betrachten. Vgl. dazu hinten N 11 und 19.

Diese kurze zusammenfassende Übersicht ist im folgenden näher darzulegen. 8

Exklusivität kommt ausser in den Fällen der Spezialität zur Anwendung, wenn das Gesetz sie ausdrücklich oder stillschweigend festlegt (vgl. KHG 3 VI). Dabei ist die stillschweigende Exklusivität durch Auslegung herauszufinden. (Daneben stellt sie die selbstverständliche Regelung dar, wenn die Voraussetzungen der einen zur Diskussion gestellten Haftungsart nicht erfüllt sind, sondern nur die der andern. Es liegt dann keine Mehrheit an sich anwendbarer Haftungen vor; vgl. vorn N 1.) 9

Für die hier zur Diskussion gestellte Frage der Kollision von Verschuldens- und Kausalhaftungsnormen nimmt die *herrschende Auffassung* folgendes an: Wenn bei einer Kausalhaftung ein mitwirkendes Verschulden zu Lasten des Haftpflichtigen im Spiel ist, fällt die Verschuldenshaftung trotz dieses Verschuldens ausser Betracht. Der Kausalhaftungstatbestand schliesst als zusätzliche spezielle Bedingung die Rechtsfolgen der anderen Haftungsvoraussetzung für sich allein, die ohne ihn gelten würde, d. h. des kausalen Verschuldens allein, aus. 10

Diese namentlich auch von OFTINGER in der Vorauflage konsequent vertretene Meinung krankt aber, wie bereits erwähnt, daran, dass die grundsätzliche Rechtsfolge – volle Haftpflicht, soweit keine Reduktionsgründe vorliegen – bei der Verschuldenshaftung und bei den einfachen und den strengen Kausalhaftungen die gleiche ist. Es geht nicht darum zu entscheiden, welche von verschiedenen Rechtsfolgen[12] einzutreten habe. Wenn aber die Rechtsfolge die gleiche ist, hat die Anwendung des Grundsatzes lex specialis derogat legi generali keinen praktischen Sinn. Gestützt darauf müsste eigentlich Alternativität zwischen OR 41 I und den Kausalhaftungsnormen angewendet werden. Dies würde aber die Nebenbestimmungen der Kausalhaftungsgesetze in den häufigen Fällen zusätzlichen Verschuldens des Kausalhaftpflichtigen praktisch ausschalten (vgl. hinten N 18/19), was vernünftigerweise nicht als Wille des Gesetzgebers angenom- 11

---

12 X oder y in den soeben erörterten Überlegungen.
Wenn eine sektorielle Verteilung stattzufinden hat, z. B. wegen Mitverschuldens des Geschädigten, sind natürlich sowohl das Verschulden des Haftpflichtigen als auch der ihn belastende Kausalhaftungsgrund bei der Festsetzung der Haftpflichtquote zu berücksichtigen.

men werden kann. Daher gelten die Kausalhaftungsnormen gegenüber OR 41 I exklusiv.

11a Eine besondere Situation besteht, wenn der Staat einer Kausalhaftungsnorm des Zivilrechts unterstellt ist[12a]. Man denke z. B. an die Haftung des Staates für Werkmängel seiner Strassen nach OR 58 oder an seine Haftung als Halter von Motorfahrzeugen nach SVG 58 ff. Hier ist wegen der grundsätzlichen Verschiedenheiten zwischen dem öffentlichen und dem privaten Haftpflichtrecht Exklusivität der zivilrechtlichen Haftungsbestimmungen gegenüber eventuellen öffentlich-rechtlichen Normen anzunehmen.

B. Die Bedeutung von Nebenbestimmungen[13]

12 Unser Haftpflichtrecht ist leider nicht aus einem Guss, sondern trägt die Spuren der grossen Zeiträume zwischen der Entstehung der verschiedenen

---

[12a] Bd. II/1 § 19 N 128, 151; Bd. II/2 § 25 N 68; STARK, SJZ 86 (1990) 2 ff. mit Hinweisen; DERS., Skriptum N 427, BGE 116 II 648.

[13] Blosse Nebenbestimmungen sind diejenigen Normen eines Gesetzes, die nicht die in seinem Rahmen massgebenden Haftungsvoraussetzungen aufstellen (Haftpflichtnormen), sondern andere Frage lösen. Im Vordergrund stehen die Vorschriften über die Verjährung und die Schadensberechnung.
Ein Gesetz kann für bestimmte Umstände von seiner grundsätzlichen Haftpflichtnorm abweichende Haftungsbestimmungen aufstellen. Beispiele: EHG 8 für die Genugtuung und 11 für den Sachschaden, SVG 61 II für den Sachschaden unter Motorfahrzeughaltern, ElG 29 für Brandschäden und 41 für durch von Hausinstallationen verursachte Schäden. Bei Kollisionen von zwei Gesetzen sind solche ergänzende Haftpflichtnormen nicht wie spezielle Gesetze zu betrachten. Sie haben keinen Einfluss auf die Entscheidung der Frage, ob im Verhältnis zu einem andern Gesetz Alternativität oder Exklusivität gelte. Wenn ein Auto einer Eisenbahnunternehmung mit einem ihrer Züge kollidiert und einen Dritten schädigt, kann sich dieser sowohl auf das SVG als auch auf das EHG berufen. Nach dem für die Beantwortung der Haftpflichtfrage und damit für den Schadenersatz herangezogenen Gesetz richtet sich dann auch der Genugtuungsanspruch, die Verjährung usw. So schliesst EHG 11 II die Haftung ohne Verschulden für Sachschaden ohne Verletzung des Geschädigten nur im Rahmen der Anwendung des EHG aus, nicht aber im Rahmen der Anwendung anderer Gesetze (im gleichen Fall). Das EHG wird durch den Wortlaut von EHG 11 nicht als exklusiv anwendbar bezeichnet. Das Wort «nur» in EHG 11 II schliesst die Gefährdungshaftung von EHG 1 aus, nicht aber andere Gesetze (die später ohnehin immer erlassen werden können). Anders verhält es sich mit der Kanalisierungsbestimmung von KHG 3 VI, durch die die Haftung anderer Personen als des Inhabers der Kernanlage nach andern Gesetzen – zwecks Befreiung der Bauhandwerker und der Zulieferindustrie von der Gefahr der Haftpflicht für Kernkatastrophen; vgl. hinten Bd. II/3 § 29 N 113 ff. – ausgeschlossen wird: Andere Gesetze fallen nicht nur für die Haftung des Inhabers der Kernanlage, sondern überhaupt für Nuklearschäden ausser Betracht.

II. Verschuldenshaftung und Kausalhaftung § 13

Haftpflichtgesetze (z. B. ElG 1902, OR 1911, GSG in der neuen Fassung 1991, PrHG 1993). Das hat dazu geführt, dass diese Gesetze nicht nur in den grundsätzlichen Haftungsvoraussetzungen, sondern auch in Nebenpunkten voneinander abweichen. Da diese Punkte nach dem in concreto angewendeten Gesetz zu entscheiden sind (vgl. hinten N 15), können sich aus der Wahl des Gesetzes erhebliche finanzielle Konsequenzen ergeben.

Auch wenn die Rechtsfolge – Schadenersatzpflicht – bei zwei Haftpflichtnormen identisch ist, kann sich das Abstellen auf die eine *oder* andere Norm – wenn beide grundsätzlich anwendbar sind – praktisch auswirken, weil verschiedene Nebenbestimmungen anzuwenden sind. Man denke z. B. an abweichende Verjährungsfristen[14] oder an besondere Normen über die Berechnung des nach dem betreffenden Erlass zu ersetzenden Schadens[15, 16]. 13

Dass bei eigentlichen Nebenbestimmungen, die nicht eine Schadenersatzpflicht statuieren, wie z. B. verschiedene Verjährungsfristen, nicht die eine Norm als lex generalis gegenüber der andern betrachtet werden kann, liegt auf der Hand. Bei andern Nebenbestimmungen verschiedener Spezialgesetze könnte man aber die Frage aufwerfen, ob diese Nebenbestimmungen für sich allein als leges speciales oder leges generales zu betrachten seien. Die Bejahung dieser Frage würde zu unhaltbaren Resultaten und schwer zu meisternden Komplikationen führen[17]. 14

Solche Unklarheiten würden die Rechtsordnung unpraktikabel machen. Die Nebenbestimmungen der verschiedenen Haftpflichtgesetze dürfen daher nicht aus diesen herausgebrochen und als eigene Gesetze behandelt werden; vielmehr ist die Anwendbarkeit eines Spezialgesetzes in toto nach seinen allgemeinen Haftpflichtvoraussetzungen festzulegen und sind die Nebenbestimmungen dann entsprechend anzuwenden. 15

---

[14] Vgl. Bericht Studienkomm. 116 ff.
[15] Nach ElG 27 II sind z. B. bei der Berechnung des Sachschadens Störungen im Geschäftsbetrieb nicht zu berücksichtigen.
[16] Vgl. die Zusammenstellung hinten N 64 ff.
[17] Man denke z. B. an die Konkurrenz von EHG und ElG (vgl. hinten N 29, FN 23): Wenn aus irgendwelchen Gründen, vor allem auf Grund der bundesgerichtlichen Rechtsprechung, an sich auf das EHG abgestellt wird, aber ein Sachschaden mit Störungen im Geschäftsbetrieb eingetreten ist, kann nicht ElG 27 II im Rahmen des EHG auf ein bestimmtes Unfallereignis Anwendung finden. Es wäre auch schwer zu bestimmen, ob ElG 27 II oder EHG 11 spezieller sei.

C. Verschuldens- bzw. Kausalhaftung ohne zusätzliche Faktoren im besonderen

16   Die Verschuldenshaftung setzt ein Verschulden und den Kausalzusammenhang zwischen diesem und dem Schaden voraus[18]. Wenn nun zwar kein Verschulden gegeben ist, wohl aber ein Kausalhaftungsgrund (mit Kausalzusammenhang zum Schaden), z. B. die freie Aktion eines Tieres, tritt die gleiche Rechtsfolge der vollen Schadenersatzpflicht ein. Der Kausalhaftungsgrund *ersetzt* in gewissem Sinne das Verschulden. Es liegt auf der Hand, dass hier nur die Kausalhaftung gelten kann; die Voraussetzungen der Verschuldenshaftung sind nicht erfüllt. Daher stellt sich das Problem der Mehrheit von Haftungsgründen in der Person des Haftpflichtigen überhaupt nicht; vgl. vorn N 7.

D. Kausalhaftpflicht mit zusätzlichem Verschulden zu Lasten des Kausalhaftpflichtigen im besonderen

17   Bei mitwirkendem Verschulden des Kausalhaftpflichtigen[19] sind in seiner Person die Voraussetzungen der Verschuldenshaftung erfüllt; ausserdem liegen die Voraussetzungen der Kausalhaftung vor. Da die Rechtsfolge die gleiche ist, kann – wie bereits erwähnt – nicht mit dem Begriff der Spezialität gearbeitet werden. Das wäre nur sinnvoll, wenn der zur Verschuldenshaftung hinzutretende Faktor des Kausalhaftungsgrundes[20] eine Änderung der Rechtsfolgen bewirken würde. Es geht nicht darum zu entscheiden, welche von verschiedenen Rechtsfolgen[21] einzutreten habe. Im Gegensatz zur Kindstötung[22] kann man nicht den einen Fall als den spezielleren betrachten.

18   Es ist üblich, die Verschuldenshaftung als gegenüber den Kausalhaftungen subsidiär zu bezeichnen, weil sie überall dort Anwendung findet, wo keine Kausalhaftung gilt. Die Subsidiarität der Verschuldenshaftung wirkt sich insofern aus, als die Nebenbestimmungen (vorn N 12 ff.) der Kausal-

---

[18] Die Rechtswidrigkeit kann hier beiseite gelassen werden, da sie Voraussetzung beider Haftungsarten ist. Dasselbe gilt für den Schaden.
[19] Von ihm selbst oder einer Person, für die er einstehen muss.
[20] Oder umgekehrt der zur Kausalhaftung hinzutretende Faktor des Verschuldens des Haftpflichtigen.
[21] X oder y in den vorn angestellten Überlegungen.
[22] Vorn FN 10.

haftung anzuwenden sind, wenn sie von denjenigen der Verschuldenshaftung abweichen. Bei einem Eisenbahnunfall mit zusätzlichem Verschulden der Bahn sind daher z. B. die Art. 6 und 7 des EHG anzuwenden. Sie wegen dieses Verschuldens ausser Betracht zu lassen, würde den Willen des Gesetzgebers missachten.

Diese Situation führt zur Lösung der Exklusivität der Kausalhaftungen, wenn die Voraussetzungen sowohl der Verschuldenshaftung als auch einer Kausalhaftung gegeben sind (BGE 84 II 207; 115 II 242; vorn N 11). 19

III. Kollision verschiedener Kausalhaftungen

Wenn die Voraussetzungen mehrerer Kausalhaftungen – seien sie mild oder streng – gegeben sind, ergibt sich logisch eine Anspruchskonkurrenz: Die Bedingungen der verschiedenen in Frage kommenden Haftungsarten sind erfüllt. Dies ist aber nicht deshalb der Fall, weil die eine Haftungsnorm als generelle auch den Bereich der andern als spezielle umfasst. Vielmehr enthält jede in Frage kommende Haftungsart eine Voraussetzung, die bei der oder den andern fehlt[23]. Daher kommt logisch nur Alternativität in Frage (BGE 114 II 136; 117 II 397), es sei denn, man wolle einer bestimmten Gruppe von Haftungsarten gegenüber anderen Exklusivität einräumen. Das kann nicht logisch begründet werden, sondern nur auf Grund einer Wertung. Dabei kann den Nebenbestimmungen der einzelnen Spe- 20

---

[23] Beispiele:
Ein Auto kommt wegen vereister Strasse ins Schleudern. Wenn die Vereisung einen Werkmangel darstellt und die Strasse dem Autohalter gehört (z. B. der Gemeinde), kann der verletzte Fussgänger sich gestützt auf OR 58 gegen den Strasseneigentümer und gestützt auf SVG 58 ebenfalls gegen ihn, aber in seiner Eigenschaft als Autohalter wenden. (Die hinten FN 44 erwähnte Exklusivität der Gefährdungshaftung gegenüber der Werkeigentümerhaftung gilt in diesem Beispiel nicht, weil die Gefährdungshaftung nicht an den Betrieb einer Anlage geknüpft ist.)
Eine Erdgasleitung wird durch schwere Erschütterungen bei der Explosion eines Sprengstofflagers beschädigt. Es tritt Gas aus und entzündet sich. Wenn der Inhaber des Sprengstofflagers, der nach SSG 27 I verantwortlich ist, mit dem Inhaber der Rohrleitungsanlage, der nach RLG 33 I haftpflichtig ist, identisch ist, gilt Alternativität; fehlt die Identität, so haften die beiden solidarisch.
Die wichtigsten Fälle sind die Schädigungen durch den Strom einer elektrisch betriebenen Eisenbahn; vgl. BGE 66 II 200; 75 II 71; 89 II 38; 97 II 180; hinten N 29 sowie Bd. II/3 § 27 N 105/06; § 28 N 37 ff., insbesondere FN 44.
Vgl. BGE 115 II 242; 117 II 107.

zialgesetze des Haftpflichtrechts erhebliche praktische Bedeutung zukommen, wie folgende Beispiele zeigen:

21 Für Sachschaden wird unter Haltern nach SVG 61 II nur bei Verschulden oder bei vorübergehendem Verlust der Urteilsfähigkeit des beklagten Halters gehaftet. Wenn auch die Werkhaftung zur Diskussion steht und alternativ gilt, hat nach OR 58 der geschädigte Halter auch ohne Verschulden einen Anspruch für seinen Sachschaden, wenn das Werk mangelhaft war.

22 Nach ElG 27 II besteht keine Haftung ohne Verschulden für Störungen im Geschäftsbetrieb, wohl aber nach allen andern Kausalhaftungen. Nach EHG 11 bezieht sich die Gefährdungshaftung nur dann auf die Beschädigung, Zerstörung oder den Verlust von Gegenständen, wenn der Betroffene die Gegenstände unter seiner Obhut mit sich führte. Abgesehen von diesem Fall ist ein Verschulden Haftungsvoraussetzung für Schäden an Sachen, die weder als Frachtgut noch als Reisegepäck aufgegeben worden sind.

23 Wenn durch den elektrischen Strom einer Eisenbahn ein Brand entsteht, sieht ElG 29 die Anwendung des OR vor[24], während das EHG auch für Brandschäden gilt.

24 Im weiteren sei erwähnt, dass ElG 35 bei widerrechtlichen Handlungen oder wissentlicher Übertretung bekanntgegebener Schutzvorschriften den Haftpflichtanspruch entfallen lässt[25], was für andere Haftungsarten nicht zutrifft. Eine ähnliche Ausschlussbestimmung sieht EHG 6 vor[26], wenn der Geschädigte durch verbrecherische oder unredliche Handlungen mit der Eisenbahn in Berührung gekommen ist. Nach EHG 7 kann die Haftung reduziert oder gestrichen werden bei wissentlicher Übertretung polizeilicher Vorschriften[27].

25 Zu erwähnen ist auch der Rektifikationsvorbehalt bei Körperverletzung, der im Rahmen des SVG und des RLG nicht möglich ist[28]. Schliesslich sei auf die verschiedenen Verjährungsfristen hingewiesen, auf die Unterschiede betreffend die Berücksichtigung der Notlage des Haftpflichtigen bzw. des ungewöhnlich hohen Einkommens des Geschädigten[29] und auf die unterschiedlichen Bestimmungen über die Wegbedingung der Haftung und die Vereinbarung unzulänglicher Entschädigungen[30] usw.

---

24 Hinten Bd. II/3 § 28 N 58, 119 ff.
25 Hinten Bd. II/3 § 28 N 147 ff.
26 Hinten Bd. II/3 § 27 N 149 ff.
27 Hinten Bd. II/3 § 27 N 162 ff.
28 Vorn § 6 N 223.
29 Vorn § 7 N 49 ff.
30 Vorn § 12 N 2 ff., 20 ff.

III. Kollision verschiedener Kausalhaftungen § 13

Diese Uneinheitlichkeit der Nebenbestimmungen der einzelnen Gesetze kann zur Folge haben, dass die Wahl der Haftungsart sich finanziell auswirkt[31]. Praktische Bedeutung hat das aber nur selten, weil es nicht alltäglich ist, dass die gleiche Person für den gleichen Schaden an sich nach verschiedenen Haftungsarten verantwortlich ist[32]. 26

Es erscheint nicht als sinnvoll, dem Geschädigten die Anwendung einer für ihn günstigen Nebenbestimmung in einem der an und für sich alternativ geltenden Gesetze vorzuenthalten bzw. eine für ihn ungünstige Nebenbestimmung anzuwenden, wenn sie im andern grundsätzlich anwendbaren Gesetz fehlt. Daher ist ihm im Zweifel die Wahl des anzuwendenden Gesetzes zu überlassen. Beruft er sich auf beide Gesetze, hat der Richter das für den Kläger günstigere anzuwenden. Dies drängt sich auf, nachdem der Sinn der Einführung der Kausalhaftungen im allgemeinen und der Gefährdungshaftungen im besonderen im Schutz des Geschädigten besteht. Dies wird sehr eindrücklich, wenn die Ansprüche nach dem einen Gesetz verjährt sind, nach dem andern aber nicht oder wenn für die eine Haftungsart eine Haftpflichtversicherung besteht, für die andere nicht. 27

Im übrigen kommt Alternativität zwischen Gefährdungshaftungen selbstverständlich nur in Frage, wenn die Betriebsgefahren beider zur Diskussion stehenden Haftungsarten sich ausgewirkt haben[33]. 28

Die Idee der inneren Geschlossenheit der Rechtsordnung spricht demgegenüber dafür, dass auch hier und nicht nur beim Vorliegen einerseits genereller und andererseits spezieller Haftungsbestimmungen nur *eine* Haftungsart anwendbar ist[34]. Von diesem Gedanken liess sich wohl das Bundesgericht leiten bei seiner konstanten Praxis, bei Unfällen durch den elektrischen Strom von Eisenbahnen immer das EHG anzuwenden[35]. Dies 29

---

[31] Wenn für die eine Haftungsart eine – z. B. obligatorische – Haftpflichtversicherung besteht, für die andere aber nicht, kann sich die Wahl der Haftungsart auch abgesehen von den Nebenbestimmungen sehr stark auswirken.
[32] Wenn die verschiedenen Haftungsarten verschiedene Personen betreffen, kann der Geschädigte gegen denjenigen Haftpflichtigen vorgehen, bei dem die Nebenbestimmungen für ihn möglichst günstig lauten.
[33] Das war in BGE 60 II 152 nicht der Fall.
[34] Im Strafrecht wird dieses Postulat durch StGB 68 Ziff. 1 über die Idealkonkurrenz verwirklicht. Dort kommt eine richterliche Wahl zwischen den Strafrahmen verschiedener Gesetze aus naheliegenden Gründen nicht in Frage. Dagegen besteht die Möglichkeit einer Straferhöhung.
[35] BGE 66 II 200; 75 II 71; 89 II 42; 97 II 182. In diesen Entscheidungen wird jeweils nur die Anwendung des EHG begründet, nicht aber die Nicht-Anwendung des ElG diskutiert. Vgl. auch das nicht publ. Urteil des Kantonsgerichts Wallis vom 24. November 1987 i. S. Kronig gegen BVZ-Bahn. A. M. BGE 60 II 152, wo der den Unfall verursachende Strom

hat den Vorteil der Einfachheit und damit auch der Rechtssicherheit, während die alternative Anwendbarkeit von EHG und ElG bzw. – genereller gesagt – anderer verschiedener Haftungsarten als Notlösung erscheint[36]. Die Praxis des Bundesgerichts und der hinten Bd. II/3 gemachte Vorschlag schliessen beide je nach den Umständen ein gültiges Gesetz, das nach seinem Wortlaut und den Überlegungen der Logik eindeutig anwendbar ist, von der Anwendung aus. Dafür fehlen die genügenden Gründe. Darum sollte zwischen den beiden an sich anwendbaren Gesetzen Alternativität gelten.

IV. Anwendung des OR im Bereich der Spezialgesetze

30   Es erscheint als selbstverständlich, dass bei den Kausalhaftungen des OR und des ZGB die sich bei allen Haftungsarten stellenden Fragen[37] nach dem OR beurteilt werden. Das muss auch gelten für die Haftungsarten, die in Spezialgesetzen geregelt sind, unabhängig davon, ob es sich um Gefährdungshaftungen, milde Kausalhaftungen oder kausale Freistellungshaftungen[38] handelt. Eine Abweichung besteht nur dort, wo in einer Norm – insbesondere eines Spezialgesetzes – eine vom OR abweichende Regelung[39] vorgesehen ist[40].

---

vom Fahrdraht über einem Verbindungsgeleise stammte und das Bundesgericht einfach das ElG anwandte, das EHG aber – wohl zu Recht – ausser Betracht liess.
Demgegenüber entscheidet TBG 15 I/II, welche Fälle nach SVG zu erledigen sind und welche nach ElG.

[36] Der hinten (Bd. II/3 § 28 N 47) gemachte Vorschlag, «das ElG auf Schädigungen durch elektrischen Strom im Zusammenhang mit Bahnanlagen exklusiv anzuwenden», hat gegenüber der bundesgerichtlichen Praxis den Vorteil, den Verhältnissen eher gerecht zu werden, aber auch den Nachteil, weniger einfach zu sein und bei komplizierten Sachverhalten schwierige Fragen aufzuwerfen.

[37] Man denke an den Schadensbegriff, den Kausalzusammenhang, die Widerrechtlichkeit, den Verschuldensbegriff und insbesondere die Schadensberechnung und die Schadenersatzbemessung, aber auch an die Kollision von Haftungsarten, die Mehrheit von Ersatzpflichtigen usw.

[38] Vgl. vorn § 1 N 115 ff.

[39] Zum Beispiel für die Verjährung.

[40] Vgl. die Vorschläge der Studienkommission, einen Allgemeinen Teil des Haftpflichtrechts zu erlassen, Bericht S. 35 ff.

IV. Anwendung des OR im Bereich der Spezialgesetze § 13

Wo ein Spezialgesetz eine Haftung für *Hilfspersonen* vorsieht[41] (bzw. 31
gestützt auf die bei Kausalhaftungen allgemein geltende Haftpflicht für
Hilfspersonen[42]), besteht die Haftpflicht im Bereich des Spezialgesetzes für
diese ausschliesslich nach den erwähnten Bestimmungen und Grundsätzen
und nicht (wahlweise) nach OR 55 bzw. eventuell 101[43].

Eine ähnliche Besonderheit ergibt sich, wenn eine Gefährdungshaftung 32
an den *Betrieb einer Anlage* geknüpft ist, deren Mangel an der Realisierung
der Betriebsgefahr beteiligt ist[44]. Der Mangel stellt einen Werkmangel im
Sinne von OR 58 dar. Hier beruht die Werkeigentümerhaftung auf einer
lex generalis gegenüber der Gefährdungshaftung als lex specialis, die in
diesem Fall vorgeht. Der Einwand der gleichen Rechtsfolge (vorn N 7 ff.)
trifft auch hier zu und führt daher an und für sich zur Alternativität. Das
Resultat wäre aber sinnwidrig, weil der Werkmangel die Auswirkung der
Betriebsgefahr veranlasst und mit ihr eng verbunden ist. Das gilt z. B. für
eine mangelhafte Weiche einer Eisenbahnanlage oder wenn die automatische Abstellung einer Kernanlage nicht funktioniert. Dann kommt in
solchen Fällen nur Exklusivität der Gefährdungshaftung in Frage. Wenn
aber der Mangel einer Strasse zum Unfall eines Autos führt, fehlt diese
innere Verbindung und besteht daher Alternativität.

Wo, wie in diesen Fällen, eine bestimmte Frage sowohl durch das OR 33
als auch abschliessend durch das Spezialgesetz geregelt ist oder wo aus dem
Schweigen des Spezialgesetzes die Nichtanwendung einer die Frage ordnenden Norm des OR abzuleiten, also die spezialgesetzliche Ordnung einer
bestimmten Frage als erschöpfend zu betrachten ist, bleibt für die Anwendung des OR kein Raum.

Das soll keineswegs heissen, die Spezialgesetze schlössen schlechthin 34
das OR aus. Das trifft von vornherein nicht zu auf die zahlreichen *Verweisungen*[45] *auf das OR*. Durch sie entsteht die gleiche Rechtslage wie durch
spezialgesetzliche Normen, die mit den Vorschriften des OR *inhaltsgleich*

---

[41] ElG 34 I, EHG 1 II, SVG 58 IV, RLG 33 II.
[42] Vorn § 1 N 109; hinten Bd. II/3 § 17 N 4, § 20 N 1; Bericht Studienkomm. S. 67; STARK, Skriptum N 837; DERS., ZSR 86 II 52 ff. unter der Überschrift «die annexe Haftung für fremdes Verhalten» u. a.
[43] BGE 84 II 207.
[44] ElG 27 I, EHG 1 I, RLG 33 I, GSG 69 I, SSG 27 I, KHG 3.
[45] Der Umfang der Verweisungen wird häufig näher umschrieben wie in SVG 62 I, RLG 34, KHG 7 I. MO 27 führt die Artikel des OR auf, die sinngemäss anzuwenden sind, ebenso ZSG 77 und GSG 69 III. Sehr generell ist die Verweisung in SSG 27 und PrHG 11 I formuliert, allerdings mit der Ausnahme von OR 44 II wie KHG 7 I.

sind. So decken sich z. B. EHG 2 mit OR 45, EHG 3 mit OR 46 I, EHG 10 und ElG 36 III mit OR 46 II[46]. Das Gesetz betrachtet bei den Verweisungen wie bei den inhaltsgleichen Bestimmungen der Spezialgesetze die gleiche Regelung als im Bereich der Spezialgesetze massgebend. Es liegt auf der Hand, dass in beiden Fällen die von Praxis und Doktrin für das OR erarbeiteten Regeln auch auf die betreffenden Spezialgesetze anwendbar sind und umgekehrt. Die möglichst einheitliche Beantwortung identischer Fragen drängt sich auf; sie zu fördern, ist ein Anliegen dieses Buches.

35 Wo die Spezialgesetze Lücken enthalten, erscheint es als selbstverständlich, dass sie auf der Basis der Bestimmungen des OR auszufüllen sind. Das gilt vor allem für die Fragen der Schadensberechnung, der Schadenersatzbemessung und für die Rechtfertigungsgründe, sofern nicht bei einem der anwendbaren Gesetze besondere Bestimmungen gelten wie die Notlage des Haftpflichtigen oder ein aussergewöhnlich hohes Einkommen des Geschädigten.

36 Daneben kommt es vor, dass ein Spezialgesetz sich für eine bestimmte Frage als unanwendbar erklärt, d. h. die betreffenden Bereiche aus der spezialgesetzlichen Haftung ausklammert; vgl. die Störungen im Geschäftsbetrieb und die Brandschäden im ElG, das im übrigen auch auf elektrische Hausinstallationen generell nicht anwendbar ist. Hier tritt die Haftung nach OR in Kraft[47].

37 Ungeachtet des teilweisen Gegensatzes von Spezialgesetz und OR gilt die Einleitung des ZGB (Art. 1–10); diese erfasst das ganze Bundesprivatrecht.

V. Vergleich mit der gegenseitigen Stellung von Verschuldens- und Kausalhaftungen bei andern haftpflichtrechtlichen Fragen

38 Alternativität von zwei Haftungsarten ergibt sich aus deren Gleichstellung, während bei Exklusivität die eine vorgeht.

---

[46] Uneinheitlich ist hier die Befristung.
[47] Vgl. Bd. II/3 § 28 N 31, 58, 114, 119.

V. Vergleich der gegenseitigen Stellung von Verschuldens- und Kausalhaftungen § 13

1. Bei Kollisionen von Haftungen unter sich

Wenn nicht nur der Schädiger, sondern auch der Geschädigte einer Haftung untersteht, wird bei der *Schadenersatzbemessung* (vgl. vorn §§ 7 und 9) den verschiedenen kausalen Faktoren in entsprechender Weise Rechnung getragen: Sie werden bewertet und im Rahmen der sektoriellen Verteilung einander gegenübergestellt. Das entspricht der Alternativität bei Kollisionen von Haftplichtnormen. 39

2. Beim Regress zwischen mehreren Ersatzpflichtigen

Bei Regressen zur Auflösung des Innenverhältnisses zwischen mehreren solidarisch Ersatzpflichtigen, für die nach der in diesem Buch vertretenen Auffassung ebenfalls die sektorielle Verteilung massgebend ist, gilt die gleiche Regelung. 40

Nach der herrschenden Interpretation von OR 51 II und des darin statuierten Kaskadenkataloges (vgl. vorn § 10 N 50 ff.) sind die Haftungsgründe demgegenüber grundsätzlich verschieden einzustufen. So hat z. B. der Kausalhaftpflichtige den vollen Regress gegen einen aus Verschulden Mithaftpflichtigen, während dieser weder auf den aus Kausalhaftung noch auf den aus Vertrag Verantwortlichen greifen kann. Das wirkt sich bei einer Kollision von Haftungsnormen – die hier zur Diskussion steht – allerdings nicht aus, weil die gleiche Person nach beiden Normen haftpflichtig ist und keinen Regress hat; es erscheint aber als unnötiger Widerspruch im System[48]. 41

---

[48] Wenn der Haftpflichtige für eine der in Frage stehenden Haftungsarten versichert ist und für die andere nicht oder wenn er zwar für alle versichert ist, aber bei verschiedenen Gesellschaften, stellt sich die Frage der Höhe der Beteiligung der einzelnen Haftpflichtversicherer. Es drängt sich auf, hier wie beim Regress zwischen mehreren Haftpflichtigen mit der Methode der sektoriellen Verteilung zu arbeiten. Dabei ist das vom Haftpflichtigen zu vertretende Verschulden entsprechend seiner Zugehörigkeit zum einen oder andern Risikobereich zuzuteilen: Wenn wegen eines Werkmangels einer Gemeindestrasse ein Gemeindeauto ins Schleudern gerät, ist das eventuelle Verschulden der Strassenunterhaltsequipe neben dem Risiko von OR 58 der Strassenhaftpflichtversicherung zu belasten und das Verschulden des Motorfahrzeuglenkers dem Autohaftpflichtversicherer.

VI. Kollision vertraglicher und ausservertraglicher Haftungsgründe

A. Tatbestand und Frage

42 Normalerweise besteht bei haftpflichtrechtlichen Forderungen zwischen dem Schädiger und dem Geschädigten vor dem Schadenfall kein Rechtsverhältnis. Das ist aber nicht notwendigerweise so, wie schon bei der Besprechung der Vereinbarungen über die Haftungsvoraussetzungen, insbesondere über die Wegbedingung der Haftung, festgehalten wurde[49]. Wenn bei der Abwicklung eines Vertrages durch dessen Verletzung ein (im haftpflichtrechtlichen Sinne) rechtswidriger Schaden entsteht, kommt grundsätzlich nicht nur eine Schadenersatzpflicht aus Vertragsverletzung, sondern auch eine Haftpflicht aus unerlaubter Handlung in Frage[50]. Im folgenden ist daher das Verhältnis zwischen der vertraglichen und der ausservertraglichen Schadenersatzpflicht zu erörtern. Dies gilt aber – wie hier wiederholt sei – immer nur für den Fall einer Verletzung einer *vertraglichen Pflicht* durch den Schädiger[51] und nicht für eine vertragliche Abänderung gesetzlicher Haftungsvoraussetzungen[52], auf die in Abschnitt VII (hinten N 69 ff.) hingewiesen wird.

---

[49] Vgl. vorn § 12 N 3. Während es sich dort um das Problem der Zulässigkeit einer Änderung der gesetzlichen Haftungsordnung handelt, geht es hier um die Frage des Verhältnisses zwischen einer gesetzlichen und einer (zulässigen) vertraglichen Haftung, also um die Frage, ob einer der beiden Schadenersatzansprüche den andern ausschliesst (Exklusivität) oder ob sie konkurrierend nebeneinander stehen (Alternativität). Es handelt sich um die im Grundsatz gleiche Frage, wie sie vorn für verschiedene deliktische Ansprüche erörtert worden ist. Dies wird hier selbstverständlich unter der Voraussetzung besprochen, dass beide Ansprüche an sich zwischen dem gleichen Geschädigten und dem gleichen Verantwortlichen bestehen. Vgl. ENNECCERUS/LEHMANN 934 f.
Wenn die Ansprüche sich gegen verschiedene Haftpflichtige richten, stehen dem Geschädigten von vornherein beide Ansprüche zu. Es ist *dann* aber zu prüfen, welcher der Haftpflichtigen im Innenverhältnis, wenn er bezahlt hat, einen Regress gegen den andern geltend machen kann. Das wird vorn in § 10 besprochen. Dort spielen die Interessen des Geschädigten als Argument keine Rolle; er kann denjenigen Anspruch geltend machen, der seinen Interessen besser entspricht.

[50] Man denke an einen Arzt, der in seiner Privatpraxis durch einen Kunstfehler eine Gesundheitsschädigung verursacht; vgl. auch BGE 64 II 254 ff.; 67 II 136; 90 II 88, 229; 107 II 168; 113 II 247; 118 II 506; 120 II 61.

[51] Beispiel: Kunstfehler eines Arztes.

[52] Beispiel: Vereinbarte Haftung für Sachschaden unter Haltern auf einem Fabrikareal auch ohne Verschulden.

VI. Kollision vertraglicher und ausservertraglicher Haftungsgründe   § 13

B. Konkurrenz als Lösung des Problems

Für die Konkurrenz einer vertraglichen Haftung einerseits mit der ausservertraglichen Verschuldenshaftung oder einer *einfachen Kausalhaftung*[53, 54] andererseits, nimmt die herrschende Meinung Alternativität an, was auch hier mit dem Ausdruck *Anspruchskonkurrenz*[55] (manchmal Kumulation, was aber von der in diesem Buch verwendeten Terminologie abweicht) umschrieben wird[56]. Danach kann der Geschädigte sich sowohl auf   43

---

[53] Nach der herrschenden Meinung (vgl. namentlich die Voraufl. S. 483; kritisch GAUCH/ SCHLUEP, Skriptum N 2911) besteht demgegenüber für die *Gefährdungshaftungen* gegenüber vertraglichen Ansprüchen Exklusivität. Damit werden vertragliche Schadenersatzforderungen von Eisenbahnreisenden, Passagieren eines Taxis, unentgeltlich mitgeführten Autoinsassen, Abonnenten eines Elektrizitätswerkes usw. ausgeschlossen. Das ist aber nur dann unbedenklich, wenn sich im konkreten Fall gegenüber der Gefährdungshaftung nicht Einwände ergeben, die gegenüber der vertraglichen Haftung nicht bestehen. Man denke an die speziellen Ausschlussgründe von ElG 35, EHG 6 und 7 und die Beschränkung der Haftpflicht für Sachschaden unter Haltern auf Verschulden nach SVG 61 II. Mehr Gewicht kommt dem Umstand zu, dass die Gefährdungshaftungen deliktische Rechtswidrigkeit voraussetzen (hinten Bd. II/2 § 24 N 27 ff.). Diese fehlt z. B., wenn ein Taxichauffeur sich verschuldeterweise verspätet. In solchen Fällen ist es unerlässlich, dass eine vertragliche Haftung geltend gemacht werden kann.
Die Gefährdungshaftungen setzen – im Gegensatz zu den milden Kausalhaftungen (vgl. hinten Bd. II/1 § 17 N 6 ff.; Bericht Studienkomm. 25) – keinerlei Pflichtverletzung voraus. Das genügt aber nicht, um die obligatorische Geltung der soeben dargelegten Ausschluss- und Reduktionsgründe auszuschalten. Es rechtfertigt sich daher, auch bei den Gefährdungshaftungen die Konkurrenz vertraglicher Ansprüche anzuerkennen.

[54] LFG 64 ff. erfassen nur Schäden, die Personen oder Sachen auf der Erde zugefügt werden. Für Passagiere eines Flugzeuges gilt gemäss LFG 75 das Lufttransportreglement vom 3. Oktober 1952/1. Juni 1962 und das dort zit. Warschauer Abkommen von 1929 in der Fassung von Den Haag 1955; vgl. REGULA DETTLING-OTT, Internationales und schweizerisches Lufttransportrecht (Zürich 1993) 51 ff.; BERNHARD PFEIFFER, La responsabilité de l'armateur (Diss. Lausanne 1954) 36; OLIVER WACKERNAGEL, Die Haftung für Personenschäden im Seerecht (Diss. Basel 1955, Masch.schr.); Auszug Jahrb. der Basler Juristenfakultät 1955/56, 90 ff. (Basel 1957); URS RUDOLF DIETRICH, Die Haftung des Reeders und ihre gesetzliche Beschränkung unter besonderer Berücksichtigung des Brüsseler Abkommens von 1957 (Diss. Zürich 1969) 40; CHRISTIAN BELLEX, L'avarie commune: étude de la loi sur la navigation maritime sous pavillon suisse, à la lumière des droits français et anglosaxons (Diss. Lausanne 1985).

[55] Vgl. vorn N 4.

[56] BGE 26 II 106; 35 II 424 ff.; 37 II 9 ff.; 50 II 378 ff.; 51 II 582/83; 57 II 66; 60 II 342; 64 II 258 ff.; 67 II 136; 71 II 115; 90 II 88, 229; 91 I 239; 99 II 321; 112 II 141; 113 II 247; 118 II 506; 120 II 61; ZBJV 78, 82/83; ZR 44 Nr. 139 S. 290 und weitere im folgenden zit. Urteile. Gl. Meinung OSER/SCHÖNENBERGER N 15 ff. vor OR 41; BECKER N 1 vor OR 41; GUHL/MERZ/KOLLER 203; ENGEL n°s 230 ff.; A. KELLER I 384 ff.; GAUCH/SCHLUEP, Skriptum N 2912 ff.; GAUTSCHI, Berner Komm. (3. A. Bern 1971) N 30a, 32a ff. zu OR 398; CARL ROTHENHÄUSLER, Die Verantwortlichkeit des Grund- und Werkeigentümers (Diss.

§ 13   Mehrheit von Haftungsgründen in der Person des Haftpflichtigen

den vertraglichen als auch auf den ausservertraglichen Haftungsgrund berufen, aber natürlich nicht zweimal den gleichen Schaden ersetzt verlangen[57].

44   Richtigerweise besteht kein genügender Grund, den *Gefährdungshaftungen* demgegenüber Exklusivität gegenüber der Vertragshaftung zuzuerkennen; vgl. vorn FN 53, hinten N 68. Das kann dazu führen, dass bei Konkurrenz von vertraglicher Haftung mit einer Haftung aus EHG für die Genugtuung gestützt auf OR 47 trotz des Vertrages kein Verschulden vorausgesetzt wird; vgl. hinten FN 83.

45   Die häufigsten *Sachverhalte* sind in der schweizerischen Praxis[58] diejenigen einer Konkurrenz ausservertraglicher Ansprüche aus Körperverletzung mit solchen aus Auftrag gegen eine Medizinalperson[59], aus Arbeitsvertrag wegen Verletzung der in OR 328 niedergelegten Sorgfaltspflichten des Arbeitgebers[60], mit werkvertraglichen Ansprüchen wegen mangelhafter Ausführung des Werkes[61] und mit mietvertraglichen Ansprüchen auf Erhaltung der Mietsache in einem vertragsgemässen Zustand[62].

Zürich 1919) 41/42; ALFRED HÜPPI, Der Regress des Versicherers im schweiz. Privatversicherungsrecht (Diss. Freiburg 1924) 59; HOCHSTRASSER 58 ff.; SECRÉTAN 202; JOST 317 ff.; HANS RUDOLF BARTH 202 ff.; JEAN CUENDET 212 ff.; MARKUS NEUENSCHWANDER 49 ff.; TANDOGAN 31 ff.; ÇAGA 123 ff.; HUGO JEKER, Die Voraussetzungen der Haftung für Werkschaden (Diss. Bern 1938) 44. Für Konkurrenz auch die herrschende Meinung zum deutschen Recht: ENNECCERUS-LEHMANN 934/35; GEIGEL/SCHLEGELMILCH, 28. Kap. N 1 ff.; SOERGEL/ZEUNER III N 31 vor BGB 823; LARENZ II/2 § 83 VI; EICHLER, in: AcP 162, 401 ff.; für Österreich KOZIOL I 343 ff.
Anderer Meinung VON TUHR/ESCHER 109; VERENA TRUTMANN 134 f. Vgl. auch JÄGGI, FG Schönenberger (Freiburg 1968) 181 ff.

57   Der Grundsatz des Vorranges der lex specialis gegenüber der lex generalis, der bei Verschuldenshaftung gemäss OR 41 I nach der herrschenden Meinung zur Exklusivität aller andern ausservertraglichen Haftungsarten führt (vorn N 19), ist hier nicht anwendbar, weil die Anspruchsgrundlage vollständig verschieden ist. Bei der vertraglichen Haftung beruht sie auf der Vertragsverletzung, bei der deliktischen Haftung auf der Rechtswidrigkeit, d. h. der Verletzung eines Rechtsgutes oder einer Verhaltensnorm (vorn § 4). Man kann den Fall vergleichen mit den Störungsklagen, die sich sowohl auf die Störung des Besitzes (ZGB 928) als auch auf die Störung des Eigentums (ZGB 641 II) stützen können; vgl. STARK, Berner Komm. (2. A. Bern 1984) N 97 ff. der Vorbem. zu ZGB 926–929. – Vgl. im übrigen BGE 113 II 247 E 3 mit Hinweisen; 117 II 321; 118 II 506.

58   Die im folgenden zit. Urteile haben die Frage der Konkurrenz nicht immer expressis verbis angeschnitten.

59   BGE 34 II 32; 53 II 298; 56 II 371; 57 II 196; 62 II 274; 64 II 200; ZBJV 32, 341; PKG 1951, 43.

60   BGE 25 II 404; 26 II 58, 105; 36 II 220; 45 II 430; 46 II 465; 48 II 110; 56 II 279; 57 II 66, 168/69; 60 II 40, 118; 90 II 229; 112 II 141; ZBJV 78, 83/84; SJZ 57, 47.

61   BGE 53 II 124; 64 II 258; 70 II 218; ZR 56 Nr. 101 S. 203, 206; SJZ 65 (1969), 278.

62   BGE 41 II 704; 60 II 342; 77 II 151. – Das Problem der Konkurrenz zwischen vertraglichen und ausservertraglichen Ansprüchen stellt sich auch bei Mängeln einer Kaufsache, die zu einem Personen- oder Sachschaden des Käufers führen. Neuerdings regelt in diesem Fall

C. Voraussetzungen der Konkurrenz

1. Vertragsverletzung

Erste und selbstverständliche Voraussetzung ist, dass die Schädigung 46
auf einer Vertragsverletzung beruht, dass m.a.W. der Schädiger durch den Vertrag verpflichtet war, die Ursache auszuschalten oder zu vermeiden, die dann den Schaden herbeigeführt hat. Wenn z. B. ein Taxiunternehmer seinen Fahrgast mit einem Schimpfwort beleidigt und dieser Genugtuung verlangt, hat dies mit dem Transportvertrag nichts zu tun und fällt daher hier ausser Betracht.

Die Frage, ob eine Vertragsverletzung gegeben sei, kann bei den *ver-* 47
traglichen Nebenpflichten[63] nicht ohne weiteres beantwortet werden. Man spricht bei deren Verletzung von sog. *positiver Vertragsverletzung*[64]. Wo

---

das PrHG die Schadenersatzfrage; vgl. dazu HANS-JOACHIM HESS, Komm. zum Produktehaftpflichtgesetz (Bern/Stuttgart/Wien 1993) mit den dortigen Literatur- und Judikaturzitaten; hinten Bd. II/3 § 16 N 390 ff. – Vgl. auch BGE 71 II 114; 72 II 202, 316; 77 II 248; 80 II 250; 99 II 321.

[63] GUHL/MERZ/KOLLER 13/14; MERZ, SPR VI/1 64; DERS., Berner Komm. (Bern 1962) N 265 ff. zu ZGB 2 erwähnen als Nebenpflichten Obhuts- und Schutzpflichten, Mitteilungs- und Auskunftspflichten, Verschaffungspflichten und Mitwirkungspflichten; vgl. dazu FELLMANN, Berner Komm. (Bern 1992) N 132 ff. zu OR 398, KRAMER/SCHMIDLIN, Berner Komm. (Bern 1986) N 96 der Allgem. Einleitung in das schweiz. OR; vgl. auch N 149. Man kann sich häufig darüber streiten, was zu den Haupt- und was zu den Nebenpflichten gehört. WALTER FELLMANN, Berner Komm. N 28 ff. und 39 ff. zu OR 398 spricht in bezug auf den einfachen Auftrag von Treuepflichten und zählt in N 162 zu OR 397 auch die weisungswidrige Ausführung eines Auftrages zu den positiven Vertragsverletzungen.
In BGE 70 II 218/19 hat das Bundesgericht eine vertragliche Pflicht zur Wahrnehmung von Schutzmassnahmen beim Abbrennen eines gegen Entgelt zu besichtigenden Feuerwerkes angenommen, die zur Haftung aus OR 363 ff./97 führt. Nach BGE 71 II 114 f. begründet der Gastaufnahmevertrag die Pflicht des Wirtes, den Gast auch vor Personenschaden zu bewahren, den ihm vermeidbarerweise Dritte zufügen können; in casu haben andere Gäste den Kläger durch mutwilliges Schiessen verletzt, das zu verhindern der Wirt versäumt hatte (anders angesichts verschiedener Umstände ZBJV 111, 196 ff.). – PATRY befürwortet nach französischem Vorbild in ZBJV 93, 55 ff., allgemein die Annahme einer vertraglichen obligation de sécurité. Im französischen Recht wird zwischen obligations de résultat und obligations de moyen unterschieden. – Über vertragliche Schutzpflichten nach schweizerischem Recht MARKUS NEUENSCHWANDER, Die Schlechterfüllung (Diss. Bern 1971) 57 ff. u. a.

[64] Vgl. dazu GAUCH/SCHLUEP, Skriptum N 2603 ff.; Bericht der Studienkomm. 74 ff.; VON TUHR/ESCHER 108; aber auch JÄGGI in: FG Schönenberger (Freiburg 1968) 188, 193; FELLMANN, Berner Komm. (Bern 1992) N 329 ff. zu OR 398 u. a.g

wirklich eine vertragliche Pflicht anzunehmen ist, ergibt sich aus ihrer Verletzung die vertragliche Schadenersatzpflicht ohne Zweifel. Schwieriger zu beantworten ist häufig die Frage, ob der Vertrag die Unterlassung des schädigenden Verhaltens mitumfasst hat, d.h., ob in concreto eine Vertragsverletzung vorliegt[65].

48   Konkurrierende vertragliche Ansprüche können auch von einem *Vertrag zugunsten Dritter* herrühren, sofern der Dritte gemäss OR 112 II forderungsberechtigt ist. Erwirbt z.B. die Mutter A zugunsten ihrer Tochter B ein Abonnement auf Behandlungen mit künstlicher Höhensonne und erleidet B durch die Fahrlässigkeit der Kosmetikerin C gesundheitlichen Schaden, dann hat B konkurrierende Ansprüche gegen C aus dem Vertrag

---

[65] Zum Teil wird die Meinung vertreten, auf die positiven Vertragsverletzungen sei nicht das Vertragsrecht, sondern *ausschliesslich* das Deliktsrecht anzuwenden; so betont SCHRANER 33 ff. die Parallelen der beiden Haftungsarten. Vgl. auch BRUNNER N 32 ff. und namentlich JÄGGI, FS Schönenberger (Freiburg 1968) 181 ff.; eine differenzierte Betrachtungsweise findet sich bei ALFRED KOLLER, AJP 1992, 1483 ff., der auf die positive Vertragsverletzung nicht ausschliesslich oder vor allem OR 97 – mit seinen gebräuchlichen Erweiterungen – anwenden will, sondern mindestens zum Teil ausschliesslich das Deliktsrecht. Er lehnt eine Einheitslösung ab und will statt dessen für die verschiedenen Typen von positiven Vertragsverletzungen eine je angemessene Regelung finden, betrachtet den Einbezug von *Schutzpflichten* in den Vertrag meistens als eine Fiktion und behandelt diese Schutzpflichten deshalb als gesetzliche Pflichten, die «inhaltlich ausschliesslich auf den Rechtsgüterschutz des Vertragspartners gerichtet sind». Rechtsgüterschutz sei aber allgemein Aufgabe des Deliktsrechts. Auf die Fälle, in denen ein reiner Vermögensschaden durch eine positive Vertragsverletzung und ohne Verhaltensunrecht verursacht wird (man denke z.B. an die Versperrung der Garageneinfahrt des Bauherrn durch einen Bagger des Bauunternehmers, der die Umgebung des betreffenden Hauses neu gestalten soll), tritt er nicht näher ein, offenbar weil keine Rechtsgutsverletzung zur Diskussion steht. Das ganze Problem wird kurz dargelegt, aber ohne eigene Stellungnahme von GAUCH/SCHLUEP, Skriptum N 2617 ff. Vgl. im übrigen den VE Widmer/Wessner zu einem Allg. Teil des Haftpflichtrechts, WIDMER, ZBJV 130 (1994) 399.
Anderer Meinung zur Verletzung von Nebenpflichten FELLMANN N 27 zu OR 399, N 89/90, 162 zu OR 403; HEINRICH HONSELL, Schweiz. OR, Besonderer Teil (Bern 1991) 79, 197; BRUNNER N 60 ff. All das kann hier nicht im einzelnen diskutiert werden; die neue Auffassung bringt praktisch kaum wesentliche Vorteile, wirft aber bei jeder Rechtsgutsverletzung die Frage auf, ob es sich um einen Verstoss gegen eine Haupt- oder Nebenpflicht handle. Soviel sei festgehalten: Die Konsequenzen dieser neueren Auffassung verglichen mit der herrschenden Meinung bestehen darin, dass der Schädiger sich nicht exkulpieren muss, um der Haftung zu entgehen. Vielmehr hat ihm der Geschädigte sein Verschulden oder einen Kausalhaftungsgrund zu beweisen. Darüber hinaus gilt für die Hilfspersonenhaftung nicht OR 101; der Geschädigte muss sich mit dem Schutz von OR 55 begnügen. Im weiteren untersteht die Forderung der häufig wesentlich früher ablaufenden Verjährungsfrist von OR 60. Natürlich bedarf es für die deliktische Haftung der Rechts- und nicht nur der Vertragswidrigkeit.

VI. Kollision vertraglicher und ausservertraglicher Haftungsgründe § 13

und aus der ausservertraglichen Schädigung, obschon der Vertrag zwischen A und C abgeschlossen worden ist[66].

2. Ausservertragliche Schädigung

Konkurrenz kann nur dann eintreten, wenn der Vorgang, der im Rahmen der Vertragsabwicklung den Schaden bewirkt hat, *für sich allein* betrachtet, d. h. wenn kein Vertrag bestehen würde, geeignet wäre, eine ausservertragliche Haftung zu begründen. Das trifft nur für einen kleinen Teil der Vertragsverletzungen zu. Massgebend ist, ob deliktische *Widerrechtlichkeit* gegeben ist[67]. Es kommt also darauf an, ob ein Rechtsgut oder eine Verhaltensnorm verletzt wurde; vgl. vorn § 4. Nur dann ist eine konkurrierende ausservertragliche Haftung zu bejahen. Wo nur die typische Vertragsleistung nicht oder nicht gehörig erfolgt, also z. B. eine Reparatur nicht so wie zugesichert ausgeführt wird, liegt keine ausservertragliche Haftung vor und stellt sich das Konkurrenzproblem nicht. Es fällt ausserdem bei Tötung meistens ausser Betracht, weil den Hinterlassenen nur deliktische Ansprüche zustehen (vgl. hinten N 65 f.)[68].   49

Die Praxis schliesst im weiteren bei bestimmten Vertragsverletzungen die deliktische Haftung aus. Hauptbeispiel ist die Sachmängelhaftung nach OR 201 im Kaufrecht: Wenn der Käufer die Mängelrügefrist verpasst hat, kann er die sich für ihn daraus ergebenden nachteiligen Folgen nicht durch eine Klage aus Delikt korrigieren; m.a.W. die Mängelrügefrist gilt auch für eventuelle deliktische Ansprüche. Das bedeutet, dass bei verpasster Frist keine Konkurrenz zwischen dem vertraglichen und dem deliktischen Anspruch besteht; vgl. BGE 67 II 136[69].   50

---

[66] Wenn die Eltern für ihr Kind den Arzt rufen, so handeln sie nicht als Vertreter des Kindes, sondern in eigenem Namen kraft ihrer Pflicht zur Fürsorge, ZGB 276; BGE 116 II 520. – Die Rechtsfigur der in der deutschen Praxis angenommenen, aus dem Vertrag zugunsten Dritter abgeleiteten «*Verträge mit Schutzwirkung zugunsten Dritter*» hat in der Schweiz nicht Eingang gefunden; vgl. aber FELLMANN N 605 ff. zu OR 398; BRUNNER N 83.

[67] BGE 26 II 106; 37 II 10; 64 II 259; 77 II 151; 90 II 88; 99 II 321; 115 II 44; 117 II 269.

[68] Im Verstoss gegen Treu und Glauben ist keine Widerrechtlichkeit im deliktischen Sinne zu sehen. Vgl. hinten Bd. II/1 § 16 N 108 ff., insbes. N 112. A. M. Voraufl. 130, 488 FN 44; BGE 67 II 136, wo die Frage aber nicht näher diskutiert wird und im übrigen eine rechtliche Sonderverbindung im Sinne von MERZ, Berner Komm. (Bern 1962) N 34 zu ZGB 2 bestand; PIERRE WIDMER, in: FS Arnold Koller (Bern/Stuttgart/Wien 1993) 199 ff.; DERS. in: ZBJV 130 (1994) 400 u. a.

[69] Statt vieler HONSELL 79; a. M. GIGER, Berner Komm. (2. A. Bern 1977) N 57 der Vorbem. zu OR 197–210, N 103 zu OR 201. Zurückhaltend STARK, FG Oftinger 289 FN 17.

D. Bedeutung der Konkurrenz und Folgerungen

51 Dass sich der Geschädigte nach den Grundsätzen der Anspruchskonkurrenz nach seiner Wahl auf die vertragliche oder auf die ausservertragliche Haftung berufen kann oder auf beide, ist je nach den Umständen von erheblicher praktischer Bedeutung; denn die beiden Haftungsarten weisen Unterschiede auf, die dazu führen, dass die eine unter Umständen zu bejahen ist und die andere zu verneinen[70]. Auf die wichtigsten soll hier eingetreten werden.

1. Haftungsvoraussetzungen

52 Bei der ausservertraglichen (Verschuldens-)Haftung muss der Geschädigte das *Verschulden* beweisen (OR 41 I). Bei der vertraglichen wird es unterstellt, und der Beklagte muss sich exkulpieren (OR 97)[71]. Bei den (vereinzelten) Kausalhaftungen des Vertragsrechts ergeben sich keine generellen Besonderheiten.

53 Ein grundlegender Unterschied bei den Haftungsvoraussetzungen besteht darin, dass die deliktische Haftung Rechtswidrigkeit (vorn § 4) voraussetzt, die vertragliche aber Vertragswidrigkeit.

2. Internationales Privatrecht

54 Der Anknüpfungspunkt für die Bestimmung des anwendbaren Rechts bei internationalen Verhältnissen ist für Klagen aus Vertrag und Klagen aus Delikt nicht der gleiche: Bei Vertragshaftung gilt, sofern die Parteien nicht ein bestimmtes Recht als anwendbar erklärt haben, in erster Linie das Recht des Landes, mit dem der Vertrag den engsten räumlichen Zusammenhang aufweist (IPRG 117 ff.). Für ausservertragliche Ansprüche gilt, wenn die Parteien nicht nach dem schädigenden Ereignis das Recht des Unfallortes gewählt bzw. ihren gewöhnlichen Aufenthaltsort im gleichen Staat haben, das Recht des Staates, in dem die unerlaubte Hand-

---

[70] Zusammenstellung bei ÇAGA 14 ff.
[71] BGE 71 II 115 u. a.

lung begangen worden ist bzw. das Recht des Staates, in dem der Erfolg eintritt (IPRG 133 ff.). Auf diese Fragen wird hinten in § 15 näher eingetreten.

3. Regress des Schadensversicherers

Vorn (§ 11 N 15 ff.) ist dargelegt worden, dass der Schadensversicherer nach VVG 72 auf Personen Regress nehmen kann, gegen die dem Geschädigten ein Anspruch aus unerlaubter Handlung zusteht; hier gilt Subrogation. Wer nur aus Vertrag haftpflichtig ist, unterliegt zwar nicht diesem Regress, aber demjenigen aus OR 51 II[72]. Wenn der Haftpflichtige einerseits einer Kausalhaftung und andererseits einer vertraglichen Haftung untersteht, kann sich der Schadensversicherer gestützt auf OR 51 II zur Begründung seines Regresses auf die Vertragshaftung stützen. 55

4. Verjährung

Schadenersatzansprüche aus Vertragsverletzung verjähren nach OR 127 in 10 Jahren bzw. nach OR 128 in 5 Jahren. Bei Mängeln einer verkauften Sache ist OR 210 (1 Jahr seit Ablieferung der Sache an den Käufer) massgebend[73]. 56

Die Verjährung deliktischer Ansprüche aus OR und ZGB richtet sich nach OR 60[74]. Die Spezialgesetze sehen teilweise besondere Verjährungsbestimmungen vor. 57

Es ist möglich, dass der eine Anspruch verjährt ist und der andere noch nicht; vgl. BGE 90 II 87; SJZ 65 (1969) 278/79 u. a. 58

5. Wegbedingung oder Beschränkung der Haftung

Die Wegbedingung oder Beschränkung der Haftung setzt voraus, dass vor dem Schadenereignis ein Vertrag zwischen dem späteren Schädiger und dem späteren Geschädigten abgeschlossen wird. Dabei stellt sich die Frage, 59

---

[72] Vorn § 11 N 30.
[73] BGE 77 II 249; 90 II 87.
[74] Vgl. hinten Bd. II/1 § 16 N 341.

ob die vereinbarte Wegbedingung oder Beschränkung der vertraglichen Haftung auch für die ausservertragliche gelte. Das wird vorn in § 12 N 8/9 unter Vorbehalt anderer Vereinbarung angenommen, ist aber natürlich in jedem Einzelfall durch Vertragsauslegung zu ermitteln[75]. Dabei kommt es nicht darauf an und wird auch vielfach im Zeitpunkt der Vereinbarung nicht feststehen, welche Haftungsart ausservertraglich in Frage kommen wird.

60 Das Problem stellt sich zunächst dann, wenn vertraglich eine Wegbedingung der Haftung im Rahmen von OR 100/01 für leichtes Verschulden erfolgt ist (vorn § 12 N 11). Bei der Prüfung, ob die Wegbedingung sich auch auf deliktische Ansprüche beziehe, ist kein Unterschied zu machen, ob es ausservertraglich um eine Verschuldens- oder um eine Kausalhaftung gehe[76]. Nach einer anderen Auffassung ist die ausservertragliche Haftung zwingend, so dass eine Wegbedingung nicht als zulässig erscheint[77]. Dem ist entgegenzuhalten, dass man ohne eindeutige gesetzliche Grundlage den Parteien nicht die Möglichkeit nehmen darf, die Haftung und deren Ausmass im Rahmen der Vertragsfreiheit einverständlich selber zu bestimmen. Die dafür geltenden Schranken sind vorn in § 12 N 11 ff. umrissen.

61 In einigen Gesetzesbestimmungen wird die vertragliche Haftung zum vornherein auf grobe Fahrlässigkeit und Absicht beschränkt, so die Haftung des Schenkers (OR 248 I), des Geschäftsführers ohne Auftrag, der gehandelt hat, um einen drohenden Schaden abzuwenden (OR 420 II), des Frachtführers bei verspäteter Geltendmachung der Ansprüche (OR 454 III), ferner allenfalls bei Anwendung von OR 99 II. Auch hier wird im Zweifel die Regel anzunehmen sein, dass für die ausservertragliche Haftung die gleichen Haftungsbeschränkungen gelten wie für die vertragliche.

---

[75] BECKER N 4 der Vorbem. vor OR 41 ff. schränkt diese Auffassung einleuchtend ein mit der Bedingung, dass der Zweck der Haftungsreduktion nur auf diesem Wege erreicht werden kann; vgl. auch OSER/SCHÖNENBERGER N 18/19 der Vorbem. zu OR 41–61; vgl. im übrigen VON TUHR/ESCHER 108 f.; BGE 120 II 61.

[76] Gleicher Meinung ÇAGA 210; BECKER N 4 vor OR 41; offen gelassen BGE 60 II 344/45. A. M. OSER/SCHÖNENBERGER N 19 vor OR 41.

[77] GAUTSCHI, in: FG Oftinger (Zürich 1969) 10, 13/14 (die dort zit. Judikatur stützt seine Ansicht allerdings nicht); DERS., Berner Komm. (3. A. Bern 1971) N 25c zu OR 398; PERRIN in Sem.jud. 1973, 211; siehe auch GILLIARD, in: ZSR 86 II 299 und JEAN CUENDET, La faute contractuelle et ses effets (Diss. Bern 1970) 204. MARKUS NEUENSCHWANDER, Die Schlechterfüllung (Diss. Bern 1971) 103 ff. will die Wegbedingung «nur im Rahmen von OR 44 als Herabsetzungsgrund bei der Schadenersatzbemessung» berücksichtigen. Vgl. auch SCHRANER, Unzulässige Überwälzung und Wegbedingung der Schadenersatzpflicht (Zürich 1973) 74 ff.

VI. Kollision vertraglicher und ausservertraglicher Haftungsgründe   § 13

6. Anstifter und Gehilfen, Haftung für Hilfspersonen

Anstifter können im Rahmen des Vertragsrechts nicht zu Schadenersatz 62
verpflichtet werden; denn sie stehen in keinem Vertragsverhältnis mit dem
Geschädigten. Das gilt auch für Hilfspersonen[78]. Im Deliktsrecht steht für
die Belangung beider Kategorien von Personen OR 50 zur Verfügung[79].
Daneben sei OR 41 II erwähnt[80].

Hat eine Hilfsperson einen Dritten geschädigt, so untersteht die Haf- 63
tung des Geschäftsherrn bei Vertrag OR 101, bei Delikt OR 55. Für die
Unterschiede zwischen diesen beiden Haftpflichtarten sei auf Bd. II/1 § 20
N 25 verwiesen.

7. Schadensberechnung und Schadenersatzbemessung

OR 99 III verweist für das Mass der Haftung im Vertragsrecht auf das 64
Deliktsrecht. Der Ausdruck «Mass der Haftung» ist wenig präzis[81]. Nach
herrschender Lehre wird darunter vor allem, aber nicht nur eine Verweisung auf OR 42–44 verstanden. Massgebend ist also auch im Vertragsrecht
die Pflicht des Geschädigten, den Schaden zu beweisen, und des Richters,
den nicht ziffernmässig nachweisbaren Schaden nach seinem Ermessen
festzusetzen. Im weiteren hat der Richter bei der *Schadenersatzbemessung*
die Umstände und die Grösse des Verschuldens des Haftpflichtigen, vor
allem aber auch des Geschädigten zu berücksichtigen und kann einer
drohenden Notlage des Ersatzpflichtigen Rechnung tragen.

Diese Parallelität nach OR 99 III kann nicht generell auf die *Schadens-* 65
berechnung übertragen werden. Es bestehen im Vertragsrecht zum Teil
Unterschiede zum Deliktsrecht; man denke z. B. an die Bedeutung des
positiven und des negativen Interesses, die im Deliktsrecht naturgemäss
kaum eine Rolle spielen[82]. Anders verhält es sich bei *Körperverletzung;*

---

[78] FELLMANN, Berner Komm. N 81/82 zu OR 403.
[79] BGE 50 II 380.
[80] VON TUHR/ESCHER 110 FN 104.
[81] Der E von 1905 sah in Art. 1121 III genereller vor, dass die Bestimmungen über die Ersatzpflicht bei unerlaubten Handlungen auch im Vertragsrecht Anwendung finden. Man wollte dann aber die Art. 60 und 61 des heutigen OR ausschliessen und kam so auf die Formulierung «Mass der Haftung», die wenig aussagekräftig ist; vgl. OSER/SCHÖNENBERGER N 14 zu OR 99; BRUNNER 91 ff., 98 ff.
[82] Die Fragestellung ist eine andere; vgl. GAUCH/SCHLUEP, Skriptum N 2631, 2702 ff.; nach FELLMANN N 338 ff. zu OR 398 gibt es keinen grundsätzlichen Unterschied zwischen

§ 13   Mehrheit von Haftungsgründen in der Person des Haftpflichtigen

OR 46 ist auch im Vertragsrecht anwendbar. Das gilt ebenso für OR 47 und 49, wo der Genugtuungsanspruch geregelt ist[83]. Dieser besteht also auch bei vertraglichen Ansprüchen.

66   Bei einer *Tötung* können die Hinterlassenen nicht kraft eines Vertrages[84] Versorgerschaden verlangen, weil sie nicht Vertragspartei sind; ihr Schadenersatzanspruch entsteht ausservertraglich[85]. Sind die späteren Versorgten aber Vertragspartei[86], dann können sie aus Vertrag klagen. Dasselbe wie für den Versorgerschaden gilt für die Genugtuung[87].

8. Haftung des Urteilsunfähigen

67   OR 54 steht im Titel über die unerlaubten Handlungen und hat mit dem Mass der Haftung im Sinne von OR 99 III nichts zu tun, ist aber auch im Vertragsrecht anwendbar[88].

vertraglichem und ausservertraglichem Schaden; vgl. auch NEUENSCHWANDER 12; BARTH 82 ff.; BUCHER, OR Allgem. Teil 342, insbes. FN 54. Grundsätzlich ist der Unterschied allerdings nicht; aber eine Schlechterfüllung des Geschädigten durch den Abschluss des Vertrages (negatives Interesse) wird kaum je zu einem deliktischen Schadenersatz führen ausser bei einer durch den Vertragspartner verursachten Täuschung oder Drohung gegenüber dem späteren Geschädigten; vgl. VON TUHR/PETER 86; BRUNNER N 150 ff.

[83]   BGE 54 II 483; 87 II 143; 116 II 520; BGE vom 27. Dezember 1993 i. S. A gegen B; BUCHER, OR Allgem. Teil (2. A. Zürich 1988) 349 FN 80; MERZ, SPR VI/1 241/42.
  Da die Gefährdungshaftungen mit der Haftpflicht aus Vertragsverletzung konkurrieren (vorn N 46 ff.), kann wohl bei von OR 47 abweichenden Bestimmungen eines Spezialgesetzes (EHG 8, VG 6 I) doch OR 47 auf Grund der Vertragshaftung zur Anwendung kommen.

[84]   Man denke an einen Todesfall durch einen medizinischen Kunstfehler: Partei des Auftrages an den Arzt war der Verstorbene und nicht seine Hinterlassenen. In Frage kommt auch eine Tötung durch eine Verletzung des Arbeitsvertrages zwischen dem späteren Unfallopfer und dem Arbeitgeber (Haftpflichtiger).

[85]   BGE 64 II 202/03; 72 II 316; 81 II 553; ÇAGA 106; MARTI, Der Versorgerschaden (Aarau 1942) 84; MARKUS NEUENSCHWANDER 82 f.; VON TUHR/ESCHER 102; OSER/SCHÖNENBERGER N 18 zu aOR 339; FELLMANN, Berner Komm. N 172 zu OR 402; BREHM N 29 zu OR 45; a. M. BRUNNER N 290 ff. – Die ältere Praxis betrachtete bei Anwendung von aOR 339 (Fassung 1911, jetzt 328) den Anspruch auf Ersatz des Versorgerschadens als vertraglich: BGE 36 II 220/21 und dortige Zitate; stillschweigend ist dieser Standpunkt unterstellt in BGE 45 II 430; 59 II 430; 87 II 184 ff.; offen gelassen in 57 II 167/68; vereinzelte Ablehnung der Anrufung vertraglicher Haftung 32 II 732. BECKER N 3 zu OR 45 und N 11 zu aOR 339 nimmt vertragliche Haftung an.

[86]   Man denke namentlich an die Eltern, die für die Behandlung ihres kranken Kindes einen Arzt beigezogen haben.

[87]   BGE 57 II 170.

[88]   BGE 55 II 37; 102 II 226; ÇAGA 18 FN 19; VON TUHR/ESCHER 117; BECKER N 58 zu OR 97; hinten Bd. II/1 § 18 N 51 ff.

9. Zusammenfassung

Diese Übersicht über die Unterschiede zwischen vertraglicher und deliktischer Haftpflicht belegt die Richtigkeit der Behauptung, dass die *praktische Bedeutung* der Konkurrenz erheblich ist: Das Schicksal einer Klage kann gegebenenfalls namentlich davon abhängen, dass anstelle oder neben der Berufung auf die ausservertragliche Haftung die für den Geschädigten günstigere Beweislastverteilung von OR 97 (verglichen mit OR 41) oder die strenge Haftung gemäss OR 101 (statt OR 55) bzw. die lange Verjährungsfrist von OR 127 oder 128 (statt OR 60) herangezogen werden kann [89, 90]. Nur die Anspruchskonkurrenz stellt sicher, dass nicht – zufällig – der für den Geschädigten günstigere Anspruch wegen des andern ausser Betracht fällt.

68

VII. Resümee des Konkurrenzproblems zwischen deliktischen Haftungen einerseits sowie zwischen solchen und vertraglichen Haftungen andererseits

Im *Normalfall* gilt nach der hier vertretenen Meinung, nicht aber immer nach der herrschenden Auffassung, *Alternativität* zwischen verschiedenen deliktischen Kausalhaftungen sowie zwischen diesen und vertraglichen Haftungen (N 29 und 42 ff.).

68a

Im Sinne einer *Ausnahme* ist aber *Exklusivität* der Kausalhaftungen gegenüber der Verschuldenshaftung von OR 41 I anzunehmen (N 11, 19). Das gilt auch für die Haftungen für Hilfspersonen im Rahmen von Kausalhaftungen gegenüber der Hilfspersonenhaftung von OR 55 (N 31). Wenn im weiteren eine Gefährdungshaftung an den Betrieb einer Anlage geknüpft ist, deren Mangel die Betriebsgefahr aktualisiert hat, geht die

68b

---

[89] Vgl. z. B. BGE 80 II 258; 81 II 553; 87 II 155.
[90] Beruht bei Kauf- und Werkvertrag der Schadenersatzanspruch auf Mängeln der Sache, so gelten die besonderen Verjährungsfristen von OR 210, 219 III und 371; BGE 63 II 405/06; 77 II 249; 90 II 87/88.

Gefährdungshaftung der Werkhaftung ebenfalls vor, d. h., sie schliesst deren Anwendung aus (N 32). Schliesslich ist dort, wo der Staat dem zivilen Haftpflichtrecht unterstellt ist, dieses als exklusiv zu betrachten und nicht als alternativ gegenüber einer Norm eines Verantwortlichkeitsgesetzes.

68c   In den ersten drei Fällen von Exklusivität ist ein genereller Haftungsgrund gegeben, der an und für sich im konkreten Fall zur Bejahung der Haftungsfrage genügt[90a]. Dabei sind aber auch die Voraussetzungen einer speziellen Haftungsart gegeben. Der Unterschied zu den Fällen der Alternativität besteht darin, dass hier der generelle Haftungsgrund im Rahmen der speziellen Haftungsart nur eine mehr zufällige, untergeordnete Rolle spielt und mit dem speziellen Haftungsgrund eng verbunden ist, so eng, dass die Nebenbestimmungen der speziellen Haftungsart anwendbar sein müssen.

68d   Wenn mit einer zivilrechtlichen Haftpflichtbestimmung eine nach ihrem Wortlaut ebenfalls anwendbare Norm des öffentlichen Haftpflichtrechts in Konkurrenz steht (vorn N 11), ist nicht auf diese Überlegungen abzustellen, sondern die Exklusivität daraus abzuleiten, dass das zivilrechtliche Haftpflichtrecht gegenüber dem Staat überhaupt gilt.

VIII. Modifikationen der Haftungsvoraussetzungen durch Vertrag

69   Durch eine vertragliche Vereinbarung können nicht nur Haupt- und Nebenpflichten eines Rechtsverhältnisses statuiert werden, deren *Verletzung* zur Haftung nach OR 97 ff. führt. Vielmehr kann in einem Vertrag auch direkt eine Schadenersatzpflicht unter bestimmten Voraussetzungen begründet werden, die nach dem Gesetz dafür nicht genügen. Im Gegensatz zur Versicherung handelt es sich hier um Zahlungspflichten für Schäden, die der Vertragspartner direkt oder durch seine Hilfsperson oder durch von ihm hergestellte oder gelieferte Gegenstände *verursacht* hat.

70   Entsprechend kann in einem Vertrag auch das Resultat der Anwendung der einschlägigen Gesetze dadurch geändert werden, dass eine sich daraus

---

[90a] Ein Verschulden im ersten, Beteiligung einer Hilfsperson im zweiten oder ein Werkmangel im dritten Fall.

VIII. Modifikationen der Haftungsvoraussetzungen durch Vertrag § 13

ergebende Haftung wegbedungen oder eingeschränkt wird. Vgl. dazu vorn § 12 N 6 ff.

In beiden Fällen wird die gesetzliche Haftpflichtordnung durch einen Vertrag modifiziert. Dafür legt das Gesetz Limiten fest, die vorn in § 12 kurz dargelegt sind. 71

Soweit sich solche positive oder negative Haftungsklauseln an den gesetzlich zulässigen Rahmen halten, sind sie gültig und gehen jeder Haftungsart (Verschuldenshaftung, einfache Kausalhaftung, Gefährdungshaftung, Haftung für Vertragsverletzungen) vor. 72

Vertragliche Abänderungen der Haftpflichtordnung betreffen, wo sie nicht gegen zwingende Bestimmungen verstossen und daher gültig sind, normalerweise sowohl die vertragliche als auch die ausservertragliche Schadenersatzpflicht[91]. Konkurrenzprobleme ergeben sich daher nicht. 73

---

[91] Vgl. vorn N 59 ff.

§ 14 Anwendung der Haftpflichtbestimmungen

Literatur

SCHWEIZERISCHE: MARC BERNHEIM, Rechtshängigkeit und im Zusammenhang stehende Verfahren nach dem Lugano-Übereinkommen, SJZ 90 (1994) 133 ff. – W. BIRCHMEIER, Handbuch des Bundesgesetzes über die Organisation der Bundesrechtspflege (Zürich 1950). – WALTHER BURCKHARDT, Methode und System des Rechts (Zürich 1936, unveränderte A. 1971). – HENRI DESCHENAUX, Einleitungstitel, SPR II (Basel/Stuttgart 1967) 1 ff. – E. DIENER, Das Ermessen (Zürich 1920). – FORSTMOSER/SCHLUEP, Einführung in das Recht I (Bern 1992). – OSCAR ADOLF GERMANN, Probleme und Methoden der Rechtsfindung (2. A. Bern 1967). – DERS., Methodische Grundfragen (Basel 1946). – DERS., Komm. zum Schweiz. Strafgesetzbuch I (1. Lieferung Zürich 1953). – MAX GULDENER, Beweiswürdigung und Beweislast (Zürich 1955). – DERS., Schweizerisches Zivilprozessrecht (3. A. Zürich 1979). – WALTHER J. HABSCHEID, Schweizerisches Zivilprozess- und Gerichtsorganisationsrecht (2. A. Basel/Frankfurt a. M. 1990). – ANDREAS HEUSLER, Institutionen des deutschen Privatrechts I (Leipzig 1885). – MAX KUMMER, Berner Komm. zu ZGB 8 (Bern 1962). – ARTHUR MEIER-HAYOZ, Berner Kommentar zu ZGB 4 (Bern 1962). – DERS., Der Richter als Gesetzgeber (Zürich 1951). – PETER NOLL, Gesetzgebungslehre (Reinbek bei Hamburg 1973). – RENÉ A. RHINOW, Rechtssetzung und Methodik (Basel/Stuttgart 1979). – SAUER, Juristische Elementarlehre (Basel 1944). – EMIL W. STARK, Zur Freiheit des Richters gegenüber dem Gesetz, Symposium Stark über Neuere Entwicklungen im Haftpflichtrecht (Zürich 1991) 135 ff. – HANS PETER STRICKLER, Die Entwicklung der Gefährdungshaftung: Auf dem Weg zur Generalklausel? (Diss. St. Gallen 1982). – OSCAR VOGEL, Grundriss des Zivilprozessrechts (3. A. Bern 1992).

DEUTSCHE UND ÖSTERREICHISCHE: FRANZ BYDLINSKI, Fundamentale Rechtsgrundsätze (Wien/New York 1988). – DERS., Juristische Methodenlehre und Rechtsbegriff (2. A. Wien/New York 1991). – ENGISCH, Wahrheit und Richtigkeit im juristischen Denken, Münchener Universitätsreden (München 1963). – ENNECCERUS/NIPPERDEY, Lehrbuch des Bürgerlichen Rechts, Allgemeiner Teil I (15. A. Tübingen 1959). – JOSEF ESSER, Grundsatz und Norm in der richterlichen Fortbildung des Privatrechts (4. A. Tübingen 1990). – ERNST VON HIPPEL, Einführung in die Rechtstheorie (4. A. Münster 1955). – FRITZ VON HIPPEL, Vorbedingungen einer Wiedergesundung heutigen Rechtsdenkens (Marburg 1947). – HELMUT KOZIOL, Österreichisches Haftpflichtrecht II (2. A. Wien 1984). – KARL LARENZ, Methodenlehre der Rechtswissenschaft (6. A. Berlin usw. 1991). – REINHARDT bei NIPPERDEY, Grundfragen der Reform des Schadenersatzrechts (München/Berlin 1940). – GUSTAV RADBRUCH, Gesetzliches Unrecht und übergesetzliches Recht (1946) im Anhang zu seiner Rechtsphilosophie (4. A. Stuttgart 1950). – MICHAEL R. WILL, Quellen erhöhter Gefahr (München 1980). – REINHOLD ZIPPELIUS, Einführung in die juristische Methodenlehre (München 1971). – ZWEIGERT/KÖTZ, Einführung in die Rechtsvergleichung auf dem Gebiet des Privatrechts II (2. A. Tübingen 1984).

I. Vorbemerkung

1 Hier soll das *richterliche Ermessen* im Haftpflichtrecht zusammenfassend kurz dargestellt werden[1]. Es spielt einerseits bei der freien richterlichen Beweiswürdigung eine Rolle. Das wird hinten N 15 ff. besprochen. Vorher soll das freie Ermessen des Richters in bezug auf die Festsetzung der Rechtsfolgen eines konstatierten Sachverhaltes erörtert werden.

II. Ermessen in bezug auf die Anwendung des materiellen Rechts

2 Die kontinentaleuropäischen Rechtsordnungen und viele andere auch sind im Gegensatz zum angloamerikanischen Recht[2,3] positivistisch aufgebaut. In Anwendung der Gewaltentrennung legt grundsätzlich der Gesetzgeber durch Erlass von Normen fest, welche Rechtsfolgen an einen Sachverhalt geknüpft sind, d. h., welches der Inhalt der Rechtsordnung ist.

3 Nach dem Prinzip des Rechtspositivismus ist daher an sich nur Recht, was vom zuständigen Gesetzgeber in einem Rechtssatz ausgesagt worden ist[4]. Eine gestützt darauf erlassene positive Rechtsordnung kann allerdings nie die Anforderung der Vollständigkeit erfüllen. Die darin verwendeten Begriffe bedürfen – auch wenn sonst an alles gedacht worden ist – meistens der Auslegung. Diese Schwierigkeit kann zwar durch eine sehr detaillierte und weitschweifige Fassung der Rechtsnormen eingeschränkt, nicht aber ausgeschaltet werden[5].

---

[1] Die Anwendung der Rechtsordnung und insbesondere das richterliche Ermessen stellt ein juristisches Grundproblem dar, dessen sorgfältige wissenschaftliche Bearbeitung aus dem Rahmen dieses Buches fallen würde. Es kann daher nur skizziert werden und die Auswahl der zit. Lit. ist dementsprechend weitgehend zufällig. Nach welchen Kriterien wäre sie aber objektiv möglich gewesen?
[2] Zu erwähnen ist auch das römische Recht, das weitgehend kasuistischen Charakter hatte.
[3] Vgl. dazu JOSEF ESSER 130 ff., 185 und viele andere.
[4] Vgl. dazu NOLL 18 ff.
[5] Der Gedanke der möglichst weit getriebenen Vollständigkeit beherrscht zum Teil die heutige Gesetzgebung. Man versucht, alle denkbaren Fälle ausdrücklich zu regeln. Die

II. Ermessen in bezug auf die Anwendung des materiellen Rechts § 14

Der Grundidee des Rechtspositivismus, dass der Gesetzgeber theoretisch alle sich stellenden Fragen zum voraus durch generell abstrakte, grundsätzlich immer zu befolgende Normen beantwortet[6], kann nur dann wenigstens annäherungsweise Rechnung getragen werden, wenn die Rechtsordnung in logisch zusammenhängenden Begriffen aufgebaut ist, d. h. auf einer Dogmatik beruht[7]. Aber auch dieser Weg kann nicht mehr als eine Annäherung an das Ziel ermöglichen; dafür ist das Leben viel zu mannigfaltig[8]. Ausserdem ändern sich die gesellschaftlichen und wirtschaftlichen Verhältnisse, was bei der Entscheidung der einzelnen Fälle die Berücksichtigung neuer Gesichtspunkte nötig macht. Zum Teil wird diese Schwierigkeit durch neue Gesetze ausgeschaltet[9], was im Haftpflichtrecht mit einem Kranz von Spezialgesetzen rund um das OR und das ZGB besonders augenfällig ist. Dieser Weg rechtfertigt sich aber nur bei wesentlichen Änderungen der Lebensverhältnisse, wie der Einführung der Eisen-

4

---

gleiche Tendenz beherrscht auch viele Verträge, die dadurch unübersichtlich und für den juristischen Laien fast unverständlich werden. Trotzdem geben sie aber zu Rechtsstreitigkeiten Anlass; es kommen immer nicht geregelte Fälle vor und Ausnahmen, die bei der Formulierung des Textes nicht berücksichtigt wurden.
Man kann unterscheiden zwischen *Regelfall-* und *Einzelfallgerechtigkeit;* vgl. FORSTMOSER/SCHLUEP I § 12 N 54 ff., 122 ff. Das Problem des richterlichen Ermessens entspricht dem der Einzelfallgerechtigkeit, bei der den Umständen des Einzelfalles Rechnung getragen wird, um stossende Ergebnisse zu vermeiden. FORSTMOSER/SCHLUEP erwähnen in § 12 N 124 das Haftpflichtrecht als typischen Fall dafür.

6 JOSEF ESSER 293 spricht von einer etatistischen Rechtsverwaltung, die er als das Werk des Absolutismus, der Aufklärung und der Nationalstaatsidee bezeichnet. Er betont S. 295, dass die Anerkennung von Rechtsprinzipien nicht von der künstlichen Zurückführung auf Gesetzesstellen abhängig gemacht werden dürfe und spricht von der eindrucksvollen «Illustration zur Ohnmacht etatistisch gefesselter Jurisprudenz» (S. 296). Vgl. auch BYDLINSKI, Rechtsgrundsätze 73 ff., über den Unterschied zwischen demokratisch-pluralistischen Rechtsstaaten und marxistischen Staaten; DERS., Methodenlehre 221 ff.

7 Ein Musterbeispiel dafür stellt das deutsche BGB dar, demgegenüber aber als schweizerische ZGB und OR von vielen als im Fortschritt betrachtet werden, weil sie weniger versuchen, die Entscheidung jedes denkbaren Falles abstrakt vorwegzunehmen.

8 Vgl. statt vieler WALTHER BURCKHARDT, Einführung in die Rechtswissenschaft (2. A. Zürich 1948, unveränderter Nachdruck Zürich 1976) 213 ff.; FORSTMOSER/SCHLUEP I § 12 N 145.
Der gelegentlich in der Kurzformel «Gesetz ist Gesetz» ausgedrückte Rechtspositivismus hat sich in den 12 Jahren nationalsozialistischer Herrschaft in Deutschland in extremer und entsetzlicher Art manifestiert; vgl. statt vieler GUSTAV RADBRUCH, Gesetzliches Unrecht und übergesetzliches Recht (1946) im Anhang zu seiner Rechtsphilosophie (4. A. Stuttgart 1950) 347 ff.

9 Nach NOLL 171 ist der systematische Ort eines Rechtssatzes (im Strafrecht: Strafgesetzbuch oder Nebengesetze) von grossem Einfluss auf seine faktische Bedeutung.

§ 14 Anwendung der Haftpflichtbestimmungen

bahn und des Autos, der elektrischen Energie und der Rohrleitungsanlagen usw. [10, 11].

5 Trotz solchen grundsätzlichen und gewichtigen Ergänzungen des (allgemeinen) Gesetzestextes durch Spezialgesetze stellen sich bei der Gesetzesanwendung viele weitere Fragen, deren Entscheidung durch den Richter das Primat des Gesetzgebers in Frage stellen[12]. Darauf kann hier nicht näher eingetreten werden. Unter dem Titel des Haftpflichtrechts sei aber hervorgehoben, dass in kaum einem andern Rechtsgebiet so viele Fragen im Gesetz nur in groben Umrissen behandelt werden können, ohne in den Einzelfällen *direkt* anwendbare konkrete Antworten zu geben[13]. So kann das Gesetz nicht umschreiben, welcher Kausalzusammenhang rechtlich relevant sein soll und welcher nicht, welches Verschulden grösser ist, das-

---

10 Der Weg der Anpassung der Gesetze ist von vornherein sehr schwerfällig und zeitraubend. Das Recht kann ohnehin nur hintennach auf neue Entwicklungen reagieren und ist daher seiner Natur nach eher konservativ eingestellt. Das kann sich beim Erlass von Spezialgesetzen – im Gegensatz zur ausdehnenden Interpretation des geltenden Rechts – extrem auswirken. So fuhren schon vor dem Ersten Weltkrieg Autos über unsere Strassen; das MFG datiert aber von 1932. Bis dahin galt das OR und damit z. B. bei Verwendung eines angestellten Chauffeurs die Möglichkeit des Befreiungsbeweises von OR 55.
11 Der Erlass von Spezialgesetzen war im Haftpflichtrecht unerlässlich, obschon sie alle grundsätzlich die gleichen Fragen beantworten: Unter welchen von OR 41 abweichenden Voraussetzungen soll in Ergänzung dieser Norm eine bestimmte andere Haftungsart gelten, insbesondere die (strenge) Gefährdungshaftung? Der Erlass von Spezialgesetzen drängte sich auf, weil im schweizerischen Recht die Regel gilt, dass Kausalhaftungen nicht durch Analogieschlüsse (vgl. LARENZ 381 ff.) eingeführt werden dürfen (in Österreich ist das anders; vgl. hinten Bd. II/2 § 24 FN 7, 39; HELMUT KOZIOL II 575; MICHAEL R. WILL 77 ff.; HANS PETER STRICKLER 104 ff.; ZWEIGERT/KÖTZ 404 f.). Man hätte z. B. nicht durch analoge Anwendung des EHG auf Motorfahrzeuge den Erlass des MFG und später des SVG unnötig machen können.
12 JOSEF ESSER, Einführung in die Grundbegriffe des Rechtes und des Staates (Wien 1949) 185 betont, «dass das Gesetz nur *eine* Quelle und Erscheinungsform des objektiven Rechts, und der Richter selbst die Fassung ist, aus der diese Quelle ihrem Einzelfalle zufliesst». Nie wende der Richter «nur» das Gesetz an, stets gebe er das eigene Rechtsdenken und die Wertordnung seiner Zeit mit dazu.
13 Das Problem betrifft aber das ganze Privatrecht; vgl. dazu ENNECCERUS/NIPPERDEY 304 ff., wo bei der Entwicklung des Privatrechts ein allmählicher Übergang festgestellt wird von «schroffen, starren Regeln, die an einfache, leicht erkennbare Tatbestände eine genau bestimmte, unterschiedslos durchgreifende Folge knüpfen, zu schmiegsamen, elastischen Normen, die in ihren Voraussetzungen und Wirkungen die Besonderheiten der tatsächlichen Verhältnisse in der ihnen angemessenen, aber zugleich in wohlwollender und fürsorgender (humaner) Weise zu berücksichtigen suchen». Nach BYDLINSKI, Rechtsgrundsätze 13 FN 42, sollte «deutlich zwischen dem eigentlichen Subsumtionsschluss und der etwa dann noch notwendigen konkretisierenden Eigenwertung unterschieden werden».

II. Ermessen in bezug auf die Anwendung des materiellen Rechts § 14

jenige der übersetzten Geschwindigkeit oder dasjenige des Überholens vor einem Eselsrücken, wie gross der nicht ziffernmässig nachweisbare Schaden und damit der ihm entsprechende Schadenersatz ist bzw. sein soll. In diesen und vielen andern Fällen kann nur die Würdigung der Umstände des Einzelfalles durch den Richter, der auf sein *Ermessen*[14] abzustellen hat, zu einer Lösung führen.

Der Gesetzgeber beruft sich daher zu Recht in vielen Bestimmungen des Haftpflichtrechts auf das richterliche Ermessen, das mittels *Differenzierung und Konkretisierung* die für den Einzelfall passende – angemessene – Lösung zu finden hat. Diese fliesst nicht unmittelbar aus dem Wortlaut des Gesetzes, der dem Richter einen mehr oder weniger bestimmt umschriebenen freien Entscheidungsspielraum lässt[15]. ZGB 4 hält aber fest, dass er seine Entscheidung nach Recht und Billigkeit zu fällen hat[16]. Nach ZGB 1 III soll er dabei bewährter Lehre und Überlieferung folgen.

Diese Ermessensentscheide nach Recht und Billigkeit und in Befolgung bewährter Lehre und Überlieferung haben im Haftpflichtrecht eine sehr grosse Bedeutung. Die Doktrin und die Praxis haben in grosser Zahl Regeln[17] entwickelt, an die sich der Ermessensentscheid im Einzelfall anlehnen kann. Der Richter muss sich aber nicht schematisch an Präjudizien und Lehrmeinungen halten, sondern hat immer der Besonderheit des ihm vorgelegten Einzelfalles Rechnung zu tragen.

Mit Recht werden zahlreiche dieser Regeln, namentlich die vom Bundesgericht geprägten, konsequent angewendet, wo dies möglich ist. Es wird ihnen fast bindende Kraft zuerkannt[18], was sie den gesetzlichen Vorschriften annähert. Aber selbstverständlich kann jeder später mit einem äh-

---

14 Vgl. zum Begriff des richterlichen Ermessens und seiner Anwendung RENÉ A. RHINOW 65 ff. und viele andere. Namhafte Autoren sprechen von dezisionistischer Rechtsfindung. Vgl. BYDLINSKI, Methodenlehre 152/53; DERS., Rechtsgrundsätze 11. Zu erwähnen ist hier auch der Begriff der richterlichen Eigenwertung, die dieser Autor in der Methodenlehre 19 nur als legitim betrachtet, wenn sie unvermeidlich ist.
15 Im Rahmen dieses Spielraumes handelt es sich um Rechtsfindung *intra legem*.
16 Über die Billigkeit im Haftpflichtrecht REINHARDT bei NIPPERDEY, Grundfragen der Reform des Schadenersatzrechts (München/Berlin 1940) 64. Ausserdem FORSTMOSER/SCHLUEP I § 12 N 182 ff.; MEIER-HAYOZ, Der Richter 271; DESCHENAUX, SPR II 132 ff. und viele andere.
17 Diese Regeln zu erkennen und systematisch zu verarbeiten, ist eines der Ziele dieses Buches. Die Bedeutung generalisierender Regelbildung betonen auch MEIER-HAYOZ, Berner Komm. (Bern 1962) N 21 zu ZGB 4; DESCHENAUX, SPR II 130 ff. und viele andere.
18 GERMANN, Präjudizielle Tragweite höchstinstanzlicher Urteile …, ZSR 68, 429 ff.; DERS., Probleme und Methoden der Rechtsfindung 268 ff.

lichen Fall konfrontierte Richter, sei er kantonal oder eidgenössisch, von ihnen abweichen, wo dies als gerechtfertigt erscheint[19].

9 Die Ziele der Gerechtigkeit und der Rechtssicherheit verlangen, dass im Bereich des richterlichen Ermessens womöglich solche Regeln befolgt werden. Auch im Rahmen des richterlichen Ermessens darf nicht einfach irgendein vielleicht gefühlsmässiger Entscheid gefällt werden. Vielmehr muss er begründbar sein und in den Motiven begründet werden. Der
10 Hinweis auf das Ermessen ist allein keine zulängliche Begründung[20]. Wenn das Gesetz im Haftpflichtrecht dem Ermessen so weiten Raum gibt, vertraut es darauf, dass *Recht* gesprochen und nicht auf das Gefühl und andere ausserrechtliche Quellen und Motive, wie namentlich das Mitleid, abgestellt wird[21]. Das Haftpflichtrecht bezweckt nicht, auf Kosten des Beklagten dem Mitleid zum Durchbruch zu verhelfen, sondern nach objektiven Kriterien dem Geschädigten die «richtige» Entschädigung zuzusprechen. Darin soll der humane Grundzug des Haftpflichtrechts zum Ausdruck kommen. Ohne dieses Bestreben nach einer objektiv richtigen Entschädigung würden Rechtssicherheit und Gerechtigkeit in Frage gestellt[22]. «Wenn schon das Haftpflichtrecht auf einer eminent humanen Grundlage ruht, so darf die Rechtsanwendung doch nie den Rechtsboden verlassen; das ist eine ausserordentlich wichtige Schranke des Ermessens.[23]» Das Ermessen ist pflichtgebunden. Der Richter ist bei der Betätigung seines Ermessens an den Zweck des Gesetzes gebunden und muss sachfremde Erwägungen ausser acht lassen[24].

---

19 Namentlich wo die Berufung an das Bundesgericht möglich ist, setzt dessen Praxis sich normalerweise ohnehin schon im kantonalen Verfahren durch. Eine Partei oder ein kantonales Gericht kann aber auch eine Änderung von dessen Rechtsprechung, z. B. gestützt auf die abweichende Doktrin, anvisieren.
20 FORSTMOSER/SCHLUEP I § 12 N 187 ff.
21 Vgl. DESCHENAUX, SPR II 131/32; HIESTAND in SJZ 4, 333 ff. Selbstverständlich wäre es weltfremd, anzunehmen, dass Mitleid und ähnliche Gefühle im Rahmen der Ermessensbreite in der Praxis keine Rolle spielen. So wird der Anwalt eines schwer invaliden Geschädigten Wert darauf legen, diesen zu einer mündlichen Hauptverhandlung des Gerichtes mitzunehmen. Der Richter hat keine Schwierigkeiten, in den Motiven sein Mitleid hinter objektiven Gründen zu «verstecken».
22 Die Zuteilung eines Falles an diese oder jene Abteilung des Gerichtes sollte keinen massgebenden Einfluss auf das Urteil haben. Ein Appellationsrichter von Paris erklärte dem Verfasser einmal gesprächsweise, in Frankreich könne es von entscheidender Bedeutung sein, in welchem Departement sich ein Unfall zugetragen habe. Es ist auch bekannt, dass die Haftpflichtigen und ihre Versicherer möglichst nicht vor einem Gericht der USA erscheinen wollen, was mit den amerikanischen Geschworenengerichten zusammenhängt.
23 OFTINGER in Bd. I 371 der ersten Auflage (Zürich 1940) dieses Werkes.
24 ENNECCERUS/NIPPERDEY 309 u. a.

II. Ermessen in bezug auf die Anwendung des materiellen Rechts § 14

Die Häufigkeit der *Verweisung auf das Ermessen* ist ein Kennzeichen 11
des schweizerischen Privatrechts[25] und des Näheren des Haftpflichtrechts.
Dieses hat den Begriff des Ermessens in die eidg. privatrechtliche Gesetzgebung eingeführt (Voraufl. 495). Den breitesten Raum nimmt es in der Schadensberechnung, der Schadenersatzbemessung und bei der Festsetzung der Höhe von Genugtuungszahlungen ein. Im Gesetz ist entweder einfach vom Ermessen die Rede[26], oder es wird von der Würdigung der Umstände oder Verhältnisse gesprochen[27] oder aber eine «Kann-Vorschrift» aufgestellt[28]. Darüber hinaus müssen zahlreiche Regeln des ge- 12
schriebenen und des ungeschriebenen Haftpflichtrechts nach Ermessen des Richters angewendet werden. Dass das OR und die Spezialgesetze keinen *allgemeinen* Hinweis auf das Ermessen enthalten, ändert daran nichts. Das Ermessen spielt hier wie dort die gleiche Rolle, weil das Haftpflichtrecht gebieterisch eine weitgehende Freiheit des Richters erfordert. Dafür sei auf die vorn in den §§ 9 und 10 erörterten Probleme hingewiesen, insbesondere auf den Regress unter solidarisch Haftpflichtigen.

Zahlreiche *Begriffe* bedürfen der Konkretisierung[29]. Auf die rechtliche 13
Relevanz des Kausalzusammenhanges und auf die Qualifikation des

---

25 DIENER 88 ff.; MEIER-HAYOZ, Berner Komm. N 60 ff. zu ZGB 4. Weder in der Methodenlehre von LARENZ noch bei ESSER findet sich im Stichwortverzeichnis das Wort «Ermessen», wohl aber bei ENNECCERUS/NIPPERDEY, wo acht Stellen angegeben werden. Im Sachverzeichnis zur Textausgabe des BGB der Beck'schen Verlagsbuchhandlung (101. A. München 1989) figuriert das Ermessen nur als Hinweis auf BGB 315 ff. über die Bestimmung der vertraglichen Leistung durch eine Partei oder einen Dritten, während die Textausgabe des OR von SCHÖNENBERGER (36. A. Zürich 1986) 29 Textstellen anführt, die 38. Auflage (Zürich 1990) allerdings nur eine einzige.
LARENZ 294 ff. erwähnt aber, dass viele Rechtsbegriffe nicht klar abgegrenzt sind und dass der Richter innerhalb des in einzelnen Fällen verbleibenden Beurteilungsspielraums so zu entscheiden hat, wie es der gesetzliche Massstab nach dem pflichtgemässen Ermessen verlangt. Das gelte auch dort, wo der Richter seinen Ermessensentscheid nicht mehr bis ins letzte begründen könne. Grösser als im Zivilrecht sei der Ermessensspielraum häufig im Verwaltungsrecht. Das Abstellen auf das richterliche Ermessen wird offenbar manchenorts als eine Notlösung in Kauf genommen, während die schweizerische Haftpflichtrecht ihm sehr positiv gegenübersteht.
26 OR 42 II; ElG 36 II; EHG 9, 20; SVG 58 III.
27 OR 43 I, 44 I, 47; EHG 4, 5, 8; ElG 31, 38; SVG 59 II, 60 II, 61 I, 62 II; KHG 7 II.
28 OR 44 II, 46 II; EHG 3, 7, 9, 10, 13; ElG 36 III; SVG 62 II usw.
29 Das gilt ebenfalls für das ganze Privatrecht; man denke an Treu und Glauben, gute Sitten, wichtigen Grund, im Verkehr erforderliche Sorgfalt.
DESCHENAUX, SPR II 138 FN 32 lehnt die in der Vorauflage 445 von OFTINGER vertretene Anwendung des freien Ermessens bei der Konkretisierung verschiedener Begriffe ab. Es würde zu weit führen, auf diese Fragen der Abgrenzung zwischen Auslegung und Lückenfüllung hier näher einzutreten. Festgehalten sei aber, dass das Haftpflichtrecht ohne freies richterliches Ermessen kaum praktikabel wäre.

Verschuldens der Beteiligten ist bereits vorn § 3 N 14 ff. und § 5 N 13 ff., 105 ff. hingewiesen worden. Dasselbe gilt z. B. für die Begriffe des Halters eines Motorfahrzeuges oder eines Tieres und des Betriebes einer Eisenbahn oder eines Motorfahrzeuges. Oft ist damit eine Wertung verbunden. Die Verwendung solcher Begriffe kommt auf die Ausschöpfung eines Spielraumes hinaus, die der Anwendung des Ermessens als eines Vorganges der Individualisierung und Differenzierung vergleichbar ist. Darauf ist allerdings ZGB 4 nicht anzuwenden. Man steht vor einem Auslegungsproblem.

14   Der Ermessensentscheid muss sich an ZGB 1 II halten; der Richter muss «nach der Regel entscheiden, die er als Gesetzgeber aufstellen würde»[30]. Wenn ein Faktor beim einen konkreten Sachverhalt als relevant betrachtet wird, soll er nicht bei einem andern entsprechenden ohne Begründung in den Wind geschlagen werden[31].

15   Das Abstellen auf das Ermessen ist auch mit *Nachteilen* verbunden: Die Gerichtsurteile lassen sich in mancherlei Beziehung nicht (mehr?) leicht voraussehen[32]. Die aus den wenig präzisen Begriffen und Regeln und der Anwendung des freien Ermessens durch den Richter zu ziehenden Schlüsse, die vielfach auf einer Wertung beruhen, sind vor dem Prozess schwer abzuschätzen. Auch für den Richter ergeben sich daraus Entscheidungsschwierigkeiten[33]. Das sind aber keine genügenden Gründe für eine Einschränkung des Ermessensspielraumes. Das gilt um so mehr, als durch den umfassenden Beizug der von Literatur und Judikatur bereitgestellten

---

[30] RENÉ A. RHINOW 66; MEIER-HAYOZ, Berner Komm. N 21 zu ZGB 4.
[31] Wenn z. B. ein Kind durch den gleichen Unfall beide Elternteile verliert und ihm als Genugtuung mehr als das Doppelte der üblichen Eltern-Genugtuungssumme zugesprochen wird (vgl. vorn § 8 N 95), sollte in einem andern entsprechenden Fall ohne Hinweis auf abweichende konkrete Verhältnisse nicht unter Berufung auf das richterliche Ermessen weniger zuerkannt werden.
[32] ANDREAS HEUSLER 51 bezeichnete schon vor über hundert Jahren den Prozess als Lotterie, «in der man seine Sache ebenso gut ‹verspielen› als auch gewinnen kann».
[33] Durch diese richterlichen Schwierigkeiten lassen sich wohl auch die herrschenden Tendenzen erklären, alle in Frage kommenden ordentlichen und ausserordentlichen Rechtsmittel zu ergreifen – was sich in den Augen vieler aus der Sorgfaltspflicht der Anwälte ergibt. Auf alle Fälle ist festzustellen, dass nicht selten die drei angerufenen Instanzen über den gleichen Sachverhalt drei verschiedene Urteile fällen. Das beruht nicht nur auf der in Frage kommenden Ermessensbreite, sondern auch darauf, dass die Gerichte dem gesetzten Recht mit gewissen Vorbehalten gegenüberzustehen scheinen, für die man bei Betrachtung vieler Normen nicht jedes Verständnis unterdrücken kann; vgl. u. a. STARK in Symposium STARK 135 ff. Sie machen aus der Not eine Tugend und ziehen ein im Resultat überzeugendes Urteil einer überzeugenden Berufung auf den Gesetzestext vor, womit man allerdings auch zu weit gehen kann.

II. Ermessen in bezug auf die Anwendung des materiellen Rechts   § 14

Regeln und der von der Lehre erarbeiteten Methoden zur Gewinnung objektiver Wertungen[34] die Gefahr des Subjektivismus eingegrenzt wird. Durch das Studium der Literatur und Judikatur lassen sich Prämissen und Deduktionen finden, die viel weiter führen, als man vielleicht anzunehmen geneigt war[35]. Die Darstellung in diesem Buch hat immer wieder gezeigt, wie zahlreiche und fein ausgebildete Begriffe und Regeln in zähem Bemühen geschaffen worden sind, um eine überzeugende, individuelle und doch möglichst genaue Lösung zu finden[36].

Ermessensentscheide unterliegen der Nachprüfung durch das Bundesgericht; eine unzutreffende Beurteilung verletzt Bundesrecht (OG 43)[37].   16

---

34 BURCKHARDT 23 ff., 241 ff.; GERMANN, Methodische Grundfragen (Basel 1946) 111; DERS., Probleme und Methoden 87 ff.; SAUER 40, 77; ERNST VON HIPPEL 8. Abschn.; FRITZ VON HIPPEL 19 ff.; HUBMANN in AcP 153, 298 ff.; ENGISCH 19 ff.; LARENZ 216 ff.; ZIPPELIUS 63 ff.

35 Diese sind aber nicht sakrosankt und unterliegen dem Vorbehalt einer Änderung der Rechtsprechung, sei es in bezug auf die Auslegung des Gesetzes, sei es im Rahmen des Ermessensspielraumes. Zu erwähnen sind hier z. B. die Erhöhungen der Genugtuungssummen bei Invalidität; vgl. vorn § 8 N 78 ff.
Die Änderungsmöglichkeit stellt einen grundsätzlich sehr wichtigen Faktor des geltenden Systems dar, dem wesentlich mehr Gewicht zukommt als den geschilderten Nachteilen. Von dieser Änderungsmöglichkeit ist aber mit Zurückhaltung Gebrauch zu machen. Eine Änderung der Rechtsprechung bedarf sorgfältiger Prüfung, ob wirklich überzeugende Gründe dafür vorliegen; vgl. BGE 111 II 310; BGE vom 22. Februar 1994 i. S. BTR Prébeton SA gegen L (4C.315/1993, zur Zeit nicht publ.) und die dort zit. Judikatur.

36 Die Darstellung des freien richterlichen Ermessens zeigt die wichtigste Methode auf, die Anwendung der gesetzlichen Normen den Verhältnissen des konkreten Falles anzupassen. Daneben stehen aber die andern Sachverhalte, in denen sich eine befriedigende Lösung nur dadurch erreichen lässt, dass der Richter sich eine gewisse Freiheit gegenüber dem Gesetzestext herausnimmt. Das wird in diesem Buch in bezug auf einzelne Probleme vorgeschlagen, wo sich sonst die Geschlossenheit der Haftpflichtordnung oder auch nur eine akzeptable Lösung nicht erreichen lässt. Auf diese Fälle und die sich daraus ergebenden Gewissensbisse wurde vom Verfasser der vorliegenden Auflage des Lehrbuches von OFTINGER in seinem Schlusswort am Symposium STARK 135 ff. kurz hingewiesen.
Hier ist allerdings zur Vermeidung von Missverständnissen beizufügen, dass die richterliche Tätigkeit insofern einer Reflexionsbegrenzung unterliegt, als der Richter selbstverständlich nicht die Tendenz verfolgen darf, die Entwicklung des sozialen Gesamtzustandes der Gesellschaft zu beeinflussen; vgl. NOLL 19. So darf er im Haftpflichtrecht nicht unter dem Gesichtspunkt der Förderung der Familie die Anwendung von ZGB 333 praktisch ablehnen oder gestützt auf die christliche Lehre auch bei Notwehr die Haftpflicht unabhängig vom konkreten Fall generell bejahen.

37 BGE 31 II 210; 51 II 171; 81 II 410; 88 II 530; 95 II 54, 142; 100 II 194; 115 II 32; 116 II 149; 118 II 55/56; BIRCHMEIER 88, 118; FORSTMOSER/SCHLUEP I § 12 N 194 ff. – Die Haftpflichtpraxis des Bundesgerichtes hätte ohne diese Kompetenz nicht geschaffen werden können.

III. Freie Beweiswürdigung

A. Im allgemeinen

17 Die Beurteilung jedes Rechtsfalles – handle es sich um einen Unfall oder um irgendein anderes Problem – setzt die Feststellung eines Sachverhaltes voraus. Jede Partei bringt ihre diesbezüglichen Behauptungen vor, die dann bewiesen werden müssen. Das Ergebnis des Beweisverfahrens wird vom Richter gewürdigt und seiner Beurteilung der Rechtslage zugrunde gelegt.

18 Die Beweiswürdigung ist frei, wenn der Richter das Gewicht verschiedener einander widersprechender Beweise und Gegenbeweise nach seinem *freien Ermessen* festsetzen kann[38]. Ausserdem gibt es bei freier Beweiswürdigung keine Zulassungsschranken für einzelne Beweisarten, wie man sie früher weit herum kannte.

19 Aus den kantonalen Zivilprozessordnungen können sich Einschränkungen der freien Beweiswürdigung ergeben, wenn diese gesetzliche Beweisregeln aufstellen (System des Legalbeweises[39]). Die Beweiswürdigung ist heute in allen Kantonen an sich frei, abgesehen von einzelnen Residuen aus früherer Zeit[40].

20 Die Freiheit des Richters ist hier wie in bezug auf das Ermessen bei der Rechtsanwendung (vorn N 2 ff.) nicht schrankenlos, sondern an Leitlinien gebunden. Er hat der gesetzlichen Beweislastverteilung Rechnung zu tragen und tatsächliche Vermutungen zu beachten. Er muss auch hier die Ausübung seines Ermessens begründen, damit eine Nachprüfung seiner Würdigung der Beweise im Rechtsmittelverfahren möglich ist[41].

---

[38] Die freie Beweiswürdigung ist das prozessuale Korrelat zum richterlichen Ermessen bei der Prüfung der Rechtsfragen; vorn N 5 ff.

[39] Vgl. die Zusammenstellung solcher Beweisregeln bei MAX GULDENER, Beweiswürdigung 2 ff.; DERS., Zivilprozessrecht 321 FN 17; OSCAR VOGEL 10. Kap. N 58 ff., 71 ff.
Es handelt sich um Ausschluss bestimmter Personen als Zeugen, Eidesleistung, erhöhte Beweiskraft einzelner Beweismittel, z. B. öffentlicher Urkunden. Vgl. dazu KUMMER, Berner Komm. N 14 zu ZGB 9. GEORG GAUTSCHI will dem Polizeirapport in ZSGV 46, 460/61 die verstärkte Beweiskraft von ZGB 9 beilegen; ebenso ZR 59 (1960) Nr. 125 S. 312, was aber von Si in einer FN in Frage gestellt wird; a. M. auch MÜLLER in ZSGV 46, 501.

[40] OSCAR VOGEL 10. Kap. N 62; WALTHER J. HABSCHEID N 558, 699.

[41] WALTHER J. HABSCHEID N 558. – Im Gegensatz zur Beweiswürdigung unterliegt die Beweislastverteilung nicht dem richterlichen Ermessen; BGE 109 II 31; 112 II 179. BGE vom 23. Februar 1994 i. S. Billieux gegen Mobiliar + Coletti und «Zürich» + Dondenne S. 6.

B. Ausnahme: Bundesrechtliche Anordnung der freien Beweiswürdigung im Haftpflichtrecht

Die soeben dargestellte Regelung der Freiheit der Beweiswürdigung ist 21
bei der Anwendung des ganzen Privatrechtes unter Vorbehalt bundes- und kantonalrechtlicher Spezialvorschriften massgebend. Solche bundesrechtliche Anordnungen der freien Beweiswürdigung bei haftpflichtrechtlichen Fragen finden sich weder im OR[42] noch im ZGB – abgesehen von der Beweislastverteilung in ZGB 8 –, wohl aber in ElG 38, EHG 20, SVG 86 und KHG 26. Sie fehlen im RLG, im GSG und im SSG. Die praktische Auswirkung dieser Uneinheitlichkeit dürfte wesentlich kleiner sein als bei den anderen Verschiedenheiten der Gesetze des Haftpflichtrechts, da der Grundsatz der freien Beweiswürdigung in den kantonalen Zivilprozessordnungen fast durchgehend anerkannt ist[43].

Die Beweisregeln bedeuten, dass in ihrem Bereich die Gewichtung des 22
geleisteten Beweises nicht dem richterlichen Ermessen überlassen, sondern vom kantonalen Gesetz vorweggenommen wird. In Anbetracht der Freiheit des Richters in der Anwendung des materiellen Rechts sind solche Vorschriften kaum mehr verständlich.

Ohne Beweis darf aber keine behauptete Tatsache als gegeben angenommen werden[44]. Hier ist an OR 53 zu erinnern, wonach der Zivilrichter 23
weder an die strafrechtliche Begriffsbildung noch an die Beurteilung des Tatbestandes durch das Strafgericht gebunden ist[45]. Dagegen schliesst der

---

[42] Erwähnt sei immerhin OR 42, wonach bei ziffernmässig nicht nachweisbarem Schaden anstelle des Beweises eine Schätzung durch den Richter tritt; vgl. vorn § 6 N 28 ff.

[43] In BGE 54 II 194 konnte der massgebende Zeuge für einen wesentlichen Faktor der haftungsbegründenden Kausalität nach dem Zivilprozessrecht des Kantons Wallis nicht einvernommen werden, weil er erst 7 Monate nach dem obergerichtlichen Urteil 14 Jahre alt wurde, d. h. die Altersgrenze für die Einvernahme als Zeuge nach dem Walliser Recht erreichte. Das Bundesgericht hat daher in Bestätigung des obergerichtlichen Urteils die Klage mangels Beweises des behaupteten haftungsbegründenden Sachverhaltes abgelehnt, obschon der betreffende jugendliche Zeuge unmittelbar nach dem Unfall gegenüber Erwachsenen den vom Kläger im Prozess behaupteten Hergang bestätigt hatte; vgl. BREHM N 48 zu OR 43. Wenn er vor dem Gericht ein bis zwei Jahre später die gleichen ihn selbst belastenden Aussagen gemacht hätte, ist dieses Resultat stossend. Deswegen eine durch das Bundesrecht vorgeschriebene, stillschweigende freie Beweiswürdigung anzunehmen, ginge aber wohl zu weit; a. M. Voraufl. § 14 FN 18.

[44] BGE 71 II 127.

[45] Vgl. BREHM N 1 ff., namentlich N 29 zu OR 53; STARK, Skriptum N 428 ff.; VON TUHR/ PETER 436 ff.

Grundsatz der freien Beweiswürdigung das Verbot verspäteter Behauptungen und Beweise[46] nicht aus. Solche Einschränkungen sind für eine geordnete Prozessführung unerlässlich.

---

[46] BGE 42 II 392.

§ 15 Internationales Privat- und Zuständigkeitsrecht

Literatur

SCHWEIZERISCHE: JEAN LOUIS DELACHAUX, Die Anknüpfung der Obligationen aus Delikt und Quasidelikt im internationalen Privatrecht (Diss. Zürich 1960). – BERNARD DUTOIT, La Convention de la Haye sur la loi applicable aux accidents de la circulation routière dans le prisme de la jurisprudence, Mélanges Assista (Genève 1989) 533 ff. – GÉRALD BREULEUX, Internationale Zuständigkeit und anwendbares Recht (Diss. Zürich 1969). – WALTHER J. HABSCHEID, Schweiz. Zivilprozess- und Gerichtsorganisationsrecht (2. A. Basel/Frankfurt a. M. 1990). – ANTON HEINI, Die Anknüpfungsgrundsätze in den Deliktsnormen eines zukünftigen schweiz. IPR-Gesetzes, FS Mann (München 1977) 193 ff. – IPRG-Kommentar, hg. von Anton Heini, Max Keller, Kurt Siehr, Frank Vischer, Paul Volken (Zürich 1993) mit Beiträgen von Anton Heini, Max Keller, Daniel Girsberger, Jolanta Kren Kostkiewicz, Frank Vischer, Paul Volken. – MADELEINE HOFSTETTER SCHNELLMANN, Die Gerichtsstandsvereinbarung nach dem Lugano-Übereinkommen (Diss. Basel 1992). – M. KELLER/K. SIEHR, Allgemeine Lehren des internationalen Privatrechts (Zürich 1986). – LAURENT KILLIAS, Die Gerichtsstandsvereinbarungen nach dem Lugano-Übereinkommen (Zürich 1993). – W. NIEDERER, Einführung in die allgemeinen Lehren des internationalen Privatrechts (3. A. Zürich 1969). – IVO SCHWANDER, Die Gerichtszuständigkeit im Lugano-Übereinkommen, in: Das Lugano-Übereinkommen, hg. von Ivo Schwander und Ernst-Ulrich Petersmann (St. Gallen 1990) 61 ff., zit. Gerichtszuständigkeit. – DERS. in: Die allgemeinen Bestimmungen des Bundesgesetzes über das Internationale Privatrecht (St. Gallen 1988), hg. von Hangartner, zit. Allgemeine Bestimmungen. – H. STOLL, Rechtskollisionen bei Schuldnermehrheit in FS Müller-Freienfels (Baden-Baden 1986) 631–660. – V. TRUTMANN, Das Internationale Privatrecht der Deliktsobligationen (Basel/Stuttgart 1973). – FRANK VISCHER, Das Deliktsrecht des IPRG-Gesetzes unter besonderer Berücksichtigung der Regelung der Produkthaftung in FS Moser (Zürich 1987) 119 ff. – HANS ULRICH WALDER, Einführung in das internationale Zivilprozessrecht der Schweiz (Zürich 1989).

DEUTSCHE: K. KREUZER, Münchner Komm. zum BGB, Bd. 7 Internationales Privatrecht (2. A. München 1990) zu EGBGB 38. – J. KROPHOLLER, Europäisches Zivilprozessrecht (2. A. Heidelberg 1987). – DERS., Internationales Privatrecht (Tübingen 1990). – W. LORENZ, Die allgemeine Grundregel betreffend das auf die ausservertragliche Schadenshaftung anzuwendende Recht, in: E. v. Caemmerer, Vorschläge und Gutachten zur Reform des deutschen Internationalen Privatrechts der ausservertraglichen Schuldverhältnisse (Tübingen 1983).

I. Vorbemerkungen

Das IPRG und das LugÜ sind in den letzten Jahren in Kraft getreten und bereits verschiedentlich bearbeitet worden, namentlich im kürzlich 1 erschienenen IPRG-Kommentar sowie in den von IVO SCHWANDER und ERNST-ULRICH PETERSMANN herausgegebenen Studien über das Lugano-Übereinkommen[1]. Es würde den Rahmen dieses Buches sprengen, auf die in den beiden Erlassen enthaltenen Bestimmungen, die das Haftpflichtrecht betreffen, detailliert einzutreten. Es kann hier nur ein kurzer Überblick, der sich vorwiegend auf einige wenige Werke stützt, gegeben werden.

2 Nicht einbezogen werden die grenzüberschreitenden Bestimmungen des Sozialversicherungsrechts.

3 Im *internationalen Verhältnis* regelt das IPRG für das hier zur Diskussion stehende ausservertragliche Schadenersatzrecht die örtliche Zuständigkeit der schweizerischen Gerichte und die Bestimmung des von diesen anzuwendenden Rechts (IPRG 1 I)[2]. Damit wird eine «dem allgemeinen europäischen Standard entsprechende Aussage über die räumliche Reichweite des IPRG zum Ausdruck gebracht»[3].

4 Der Begriff des internationalen Verhältnisses wird in IPRG 1 nicht umschrieben, weil jede IPR-Norm über ihre räumliche Reichweite selber Auskunft gibt. Der Anwendungsbereich der hier massgebenden Normen (IPRG 129 ff., 132 ff.; aber auch LugÜ 5 Ziff. 3) ergibt sich daher aus deren Wortlaut und dessen Interpretation[4]. In der parlamentarischen Beratung wurde das IPRG als dann anwendbar erklärt, wenn der Wohnsitz oder Aufenthalt einer beteiligten Person oder die Natur des Geschäftes grenzüberschreitende Merkmale aufweist[5].

5 In jedem Fall mit internationalen Verhältnissen stellen sich zwei Fragen, die im folgenden getrennt behandelt werden:
– Sind schweizerische Gerichte zuständig?
– Welches materielle Recht ist anzuwenden?

---

[1] St. Gallen 1990 mit Beiträgen von GERARDO BROGGINI, ISAAK MEIER, IVO SCHWANDER, PAUL VOLKEN, HANS-ULRICH WALDER.
[2] Soweit nicht ein Staatsvertrag massgebend ist, z. B. das LugÜ. Vgl. über die Abgrenzung zwischen dem internationalen Zivilprozessrecht und dem internationalen Privatrecht BREULEUX 9 ff.
De lege ferenda könnte man sich im übrigen fragen, warum auch dort, wo das Bundesrecht einen generell geltenden örtlichen Gerichtsstand vorsieht, dieser nicht auch bei internationalen Verhältnissen gelten soll.
[3] VOLKEN, IPRG-Kommentar N 17 zu IPRG 1; vgl. auch SCHWANDER, Lugano-Übereinkommen 61/62.
[4] ZR 89 (1990) Nr. 103.
[5] Sten.Bull NR 1986, 1282, 1358.

II. Die örtliche Zuständigkeit schweizerischer Gerichte[6]

A. Nach IPRG

1. Das Kriterium der internationalen Verhältnisse gemäss IPRG 1

Der für die Bestimmung der örtlichen Zuständigkeit massgebende Grundsatz ergibt sich hier aus IPRG 129. Daneben enthält IPRG 130 besondere Vorschriften für Schäden, die durch Kernmaterialien verursacht werden. Darauf wurde in Bd. II/3 § 29 N 519 eingetreten.

Internationale Verhältnisse, die die Anwendbarkeit des IPRG begründen, liegen nach dessen Art. 129 bei Rechtsverhältnissen vor, die eine Inland-/Auslandbeziehung aufweisen. Die Auslandelemente können personen- oder sachbezogen sein[7, 8].

---

[6] Man kann sich im Deliktsrecht natürlich die Frage stellen, ob es sachgerecht sei, dass bei internationalen Verhältnissen für die Belangung eines schweizerischen Schädigers unter Umständen ein anderes schweizerisches Gericht örtlich zuständig sei als bei einem Rechtsstreit unter Schweizern. Das ist aber eine Frage de lege ferenda, auf die hier nicht eingetreten werden kann.
Nicht behandelt wird hier das Problem der Zuständigkeit von Gerichten *verschiedener* Staaten für den gleichen Fall. Vgl. dazu u. a. BREULEUX 97 ff. In diesem Bereich hat das LugÜ (hinten N 22 ff.) für die EG- und die EFTA-Staaten einen entscheidenden Fortschritt gebracht.

[7] VOLKEN, IPRG-Komm. N 16 zu IPRG 129; vgl. auch HANS ULRICH WALDER § 5 Rz 2 ff.; IVO SCHWANDER, Allgemeine Bestimmungen 35 ff.

[8] Internationale Verhältnisse liegen z. B. vor, wenn an einem Motorfahrzeug- und/oder Fahrradunfall in der Schweiz Schweizer und Ausländer oder lauter Ausländer beteiligt sind. Da aber möglichst der *gleiche* Richter alle Ansprüche verschiedener Personen aus dem gleichen Unfall beurteilen sollte, um insbesondere bei Ermessensfragen Widersprüche zu vermeiden, wird hinten in Bd. II/2 § 25 N 823 ff. im Interesse der materiellen Rechtsverwirklichung vorgeschlagen, SVG 84 als lex specialis dem Art. 129 des IPRG vorgehen zu lassen. Danach wäre SVG 84 unabhängig davon anzuwenden, ob an einem Unfall in der Schweiz Ausländer beteiligt sind oder nicht. Das wird von VOLKEN, IPRG-Komm. N 18/19 zu IPRG 129 abgelehnt, aber leider ohne Argumente über die Vor- und Nachteile seiner Auffassung unter dem Gesichtspunkt der richtigen Rechtsanwendung und die praktischen Auswirkungen darzulegen. Wenn man davon ausgeht, dass das IPRG bei internationalen Verhältnissen immer anzuwenden ist, wenn es nicht selbst eine Ausnahme vorsieht, fällt die Anwendung von SVG 84 bei internationalen Verhältnissen

8 Damit ist die Lösung der Frage aber nicht klargestellt. Sie ist deswegen kompliziert, weil sich aus einem konkreten Sachverhalt mehrere verschiedene Rechtsstreite ergeben können. Man denke z. B. an die Kollision von zwei oder mehr Autos in der Schweiz, wobei sich Ansprüche gegen deren Halter, aber auch gegen ihre Hilfspersonen ergeben können.

9 Es dürfte sich rechtfertigen, folgende Klagen zu unterscheiden:

a) Ansprüche *eines* Geschädigten gegen *einen* Haftpflichtigen, ohne Beteiligung weiterer Personen.

b) Ansprüche *eines* Geschädigten gegen *mehrere* solidarisch Haftpflichtige oder gegen einen von ihnen.

c) Ansprüche *mehrerer* Geschädigter gegen *mehrere* solidarisch Haftpflichtige.

d) Bei direktem Forderungsrecht gegen den oder die Haftpflichtversicherer des oder der Haftpflichtigen sind auch die sich daraus ergebenden Ansprüche zu berücksichtigen, eventuell auch Klagen gegen einen Unfall- oder einen Krankenversicherer.

10 Ausländisch können dabei der Wohnsitz eines Haftpflichtigen (z. B. des Halters einerseits und seines Lenkers anderersetis) und des Geschädigten, ihr gewöhnlicher Aufenthalt oder ihre Niederlassung sein. Im weiteren ist an die Immatrikulation der beteiligten Motorfahrzeuge zu denken[9].

11 Die auftretenden Komplikationen und Unsicherheiten sind zahlreich[10] und können hier nicht im einzelnen behandelt werden. Dafür ist auf die Spezialliteratur zu verweisen.

---

mangels Vorbehalt im IPRG natürlich ausser Betracht. Wenn man dieses Gesetz dagegen gleich differenziert anwendet wie die andern schweizerischen Gesetze und den Bedürfnissen der Praxis Rechnung trägt, kann man die Problematik dieser Lösung nicht übersehen.
Wie hinten Bd. II/2 § 25 FN 1312 dargelegt, stützen sich die dort zitierten Autoren wie VOLKEN auf den Wortlaut des IPRG, betrachten die IPRG-Regelung als exklusiv und lehnen in internationalen Verhältnissen die Anwendung von SVG 84 ab (vgl. BBl 1989 I 299). Das Gegenteil wurde – entgegen der Darstellung von Volken – in Bd. II/2 § 25 nirgends behauptet.

[9] Ein weiterer Faktor ergibt sich aus der Zugehörigkeit des Unfallortes zu diesem oder jenem Staat. Das spielt hier aber keine Rolle, weil das IPRG ohnehin nur die Zuständigkeit schweizerischer Gerichte regelt und nur in der Schweiz gilt.

[10] Allerdings ist bisher nur *ein* bundesgerichtlicher Entscheid (BGE 117 II 205) zu IPRG 129 publiziert worden. Das kann mit der kurzen Zeit seit dem Inkrafttreten des Gesetzes zusammenhängen, vielleicht auch damit, dass man meistens einen Vergleich einem langen Streit über die Zuständigkeitsfrage vorzieht.

II. Die örtliche Zuständigkeit schweizerischer Gerichte § 15

Wenn möglichst alle Prozesse, die sich aus einem bestimmten Sachverhalt ergeben, vor demselben Gericht ausgetragen werden, werden widersprüchliche Urteile vermieden und ist die Rechtsordnung wohl auch praktikabler[11]. Dabei kann allerdings von vornherein nicht verhindert werden, dass ein im Ausland wohnender Haftpflichtiger auf Grund eines Unfalles in der Schweiz von einem in seinem Wohnsitzstaat wohnhaften Geschädigten dort eingeklagt wird[12].

Festzuhalten ist, dass die Beteiligung eines Ausländers oder eines ausländischen Fahrzeuges nicht von vornherein für alle an einem Unfall beteiligten Schweizer die Anwendung von SVG 84 ausschliesst. So wendet VOLKEN[13] bei einer Massenkarambolage in der Schweiz, an der Schweizer und Ausländer beteiligt sind, auf die Klage eines in der Schweiz wohnenden Lenkers eines in der Schweiz immatrikulierten Fahrzeuges gegen einen andern Schweizer mit ebenfalls in diesem Lande immatrikuliertem Auto trotz der Beteiligung von ausländischen Fahrzeugen am Gesamtunfall SVG 84 an. Dies gilt auch für die ergänzende Klage gegen einen ausländischen Beteiligten. Dabei betrachtet er aber auch IPRG 129 III als anwendbar.

WALDER[14] hält einen Gerichtsstandskonflikt insoweit für international, «als mindestens ein Gerichtsstand ausserhalb der Schweiz daran beteiligt ist».

Festgehalten sei hier, dass im internationalen Privatrecht jeweils für jeden Anspruch die Zuständigkeit separat geprüft wird und ein genereller Gerichtsstand für alle Kläger aus dem gleichen Ereignis – wie in SVG 84 – unbekannt ist.

12

13

14

15

2. Die örtliche Zuständigkeit auf Grund des Wohnsitzes, des gewöhnlichen Aufenthaltes oder einer Niederlassung

BV 59 sieht vor, dass ein aufrechtstehender, d.h. zahlungsfähiger Schuldner mit Wohnsitz in der Schweiz, für schuldrechtliche Ansprüche nur in seinem Wohnsitzkanton belangt werden kann (Gerichtsstandsgarantie).

16

---

[11] BGE 117 II 208; WALDER § 5 Rz 72a; hinten Bd. II/2 § 25 N 823.
[12] WALDER § 5 Rz 72b.
[13] IPRG-Komm. N 17 ff. zu IPRG 129.
[14] § 5 Rz 73.

Von dieser verfassungsmässigen Regel kann aber durch abweichende bundesrechtliche Gerichtsstandsvorschriften abgewichen werden[15].

17 IPRG 129 I hat den Wohnsitzgerichtsstand des Beklagten übernommen[16], aber für den Fall, dass ein Wohnsitz in der Schweiz fehlt, durch den Ort des gewöhnlichen Aufenthaltes oder einer Niederlassung in der Schweiz ergänzt. Dem Wohnsitz entspricht bei Gesellschaften (vgl. IPRG 150) der Sitz. Diese Ortsbezeichnungen werden in IPRG 20/21 näher umschrieben.

3. Gerichtsstand des Handlungs- oder Erfolgsortes

18 Subsidiär, d. h., wenn derjenige, gegen den sich die Schadenersatzforderung richtet, weder Wohnsitz noch gewöhnlichen Aufenthalt oder eine Niederlassung in der Schweiz hat, tritt Abs. 2 des gleichen Artikels in die Lücke und begründet einen Gerichtsstand am Handlungs- und am Erfolgsort in der Schweiz. Der Kläger hat zwischen diesen beiden die Wahl[17]. Es

---

[15] Vgl. HÄFELIN/HALLER, Schweizerisches Bundesstaatsrecht (3. A. Zürich 1993) N 1663/64 und viele andere.
Die besonderen Gerichtsstandsvorschriften von RLG 40 (hinten Bd. II/3 § 30 N 171 ff.) beruhen auf dem Umstand, dass bei Schaden an einem Grundstück der Geschädigte nicht gezwungen sein soll, in einem fremden Kanton oder sogar in einem andern Sprachgebiet zu klagen, wie dies beim Wohnsitzgerichtsstand von BV 59 der Fall sein könnte.
[16] Er gilt auch als subsidiärer Gerichtsstand nach IPRG 2.
[17] Bei Fehlen internationaler Verhältnisse gilt bei Motorfahrzeug- und Fahrradunfällen, wie erwähnt, nach SVG 84 der Unfallort, der vielfach sowohl Handlungs- als auch Erfolgsort sein wird; vgl. WALDER § 5 Rz 72a. Das IPRG geht der Schwierigkeit der Unterscheidung zwischen diesen beiden Orten durch seine alternative Vorschrift geschickt aus dem Wege wie das SVG mit dem Unfallort.
Nach SVG 84 gilt ein subsidiärer Gerichtsstand am Wohnsitz eines Haftpflichtigen, wenn alle Geschädigten, die noch nicht abgefunden worden sind, zustimmen; vgl. hinten Bd. II/2 § 25 N 830, wo von Prorogation gesprochen wird. Diese wird nach dem gewöhnlichen Gebrauch dieses Wortes zwischen dem Kläger und dem Beklagten eines Rechtsstreites vereinbart. Es ist aber nicht einzusehen, weshalb eine vom Gesetz vorgesehene Vereinbarung eines einheitlichen Gerichtsstandes zwischen verschiedenen Klägern, wie sie SVG 84 vorsieht, nicht ebenfalls eine Art Prorogation darstellen soll; a. M. WALDER § 5 FN 90b. Materiell ergibt sich daraus keine Änderung. Die subsidiäre Zuständigkeit am Wohnsitz des Haftpflichtigen auf Grund der Zustimmung aller noch nicht abgefundenen Geschädigten nach SVG 84 entfällt aber nach IPRG 129 in bezug auf im Ausland ansässige Geschädigte, wenn man das IPRG als exklusiv anwendbar betrachtet; vgl. WALDER § 5 Rz 72a. Das hat keine praktische Bedeutung, weil der Wohnsitz des Haftpflichtigen in der Schweiz nach IPRG 129 I ohnehin einen Gerichtsstand begründet.

II. Die örtliche Zuständigkeit schweizerischer Gerichte § 15

handelt sich um den althergebrachten Gerichtsstand des forum delicti commissi, der auch in verschiedenen schweizerischen Gesetzen – ohne die Voraussetzung internationaler Verhältnisse – und in Staatsverträgen vorgesehen ist.

4. Mehrere Schädiger mit schweizerischem Gerichtsstand

Insbesondere im Bereich des Deliktsrechtes ist es – wie bereits betont – unerwünscht, wenn die Klagen mehrerer Geschädigter gegen mehrere Schädiger aus dem gleichen Schadenereignis bei verschiedenen Gerichten anhängig gemacht werden. Um diesem Argument Rechnung zu tragen, sieht IPRG 129 III vor, dass bei jedem in der Schweiz zuständigen Richter die Klagen gegen verschiedene Beklagte angestrengt werden können und dass der zuerst angerufene Richter ausschliesslich zuständig ist. 19

Dem Argument der erwünschten Konzentration der Klagen aus dem gleichen Sachverhalt und den gleichen Rechtsgründen trägt wohl IPRG 129 III nur zum Teil Rechnung, nämlich nur in bezug auf die Forderungen, die *einem* Geschädigten gegen mehrere als Schädiger Verantwortliche zustehen. Nicht erfasst ist der praktisch wichtige Fall, dass mehrere Geschädigte, z. B. mehrere Insassen des gleichen Autos, Schadenersatzforderungen gegen einen oder mehrere Verantwortliche gerichtlich geltend machen wollen. 20

5. Das direkte Forderungsrecht gegen Haftpflichtversicherer

Verschiedene Spezialgesetze des Haftpflichtrechts sowohl der Schweiz als auch anderer Staaten geben dem Geschädigten die Möglichkeit, neben dem Haftpflichtigen oder überhaupt ausschliesslich dessen Haftpflichtversicherer direkt zu belangen[18]. IPRG 131 sieht für diesen Fall vor, dass die schweizerischen Gerichte am Ort der Niederlassung[19] des Versicherers, aber auch diejenige am Handlungs- oder am Erfolgsort zuständig sind; der Geschädigte hat die Wahl. 21

---

[18] Hinten Bd. II/2 § 26 N 150 ff.
[19] Es kann sich dabei um den Hauptsitz des Versicherers handeln oder auch um eine Zweigniederlassung; vgl. IPRG 21 III.

715

B. Nach dem Lugano-Übereinkommen

22 Das Übereinkommen über die gerichtliche Zuständigkeit und die Vollstreckung gerichtlicher Entscheidungen in Zivil- und Handelssachen, das am 16. September 1988 in Lugano abgeschlossen wurde und kurz als Lugano-Übereinkommen (LugÜ) bezeichnet wird, übernimmt zum grossen Teil die Bestimmungen des sog. Brüsseler Übereinkommens von 1968[20]. Dieses galt nur unter den EG-Staaten und bleibt in diesem Rahmen in seiner jetzigen Form massgebend. Das LugÜ bezieht sich auf die Verhältnisse zwischen EFTA-Staaten sowie zwischen diesen und EG-Staaten[21].

23 Nach LugÜ 2 besteht für Klagen gegen Personen, die ihren Wohnsitz[22] im Hoheitsgebiet eines Vertragsstaates haben, ein örtlicher Gerichtsstand in diesem Vertragsstaat, und zwar unabhängig von ihrer Staatsangehörigkeit[23]. Neben dieser Generalnorm bestehen gemäss LugÜ 5–6a besondere Zuständigkeiten. Im Bereich des Haftpflichtrechts ist Art. 5 Ziff. 3 massgebend[24]. Danach kann für Ansprüche aus unerlaubter Handlung die Klage vor dem Gericht des Ortes, an dem das schädigende Ereignis eingetreten ist, angestrengt werden. Daneben begründet ein Strafverfahren die Zuständigkeit des Strafrichters für den Adhäsionsprozess, soweit dieser Richter nach seinem Recht über zivilrechtliche Ansprüche erkennen kann (LugÜ 5 Ziff. 4).

24 Eine haftpflichtrechtliche Klage kann neben der deliktischen auch eine vertragliche Grundlage haben (vorn § 13 N 42). Dann kann nach SCHWANDER[25] das nach LugÜ 5 Ziff. 3 zuständige Gericht nur über deliktische, nicht aber auch über vertragliche Ansprüche entscheiden.

---

[20] Vgl. Botschaft des Bundesrats, BBl 1990 II 330.
[21] Im Rahmen seines Anwendungsbereiches gilt das LugÜ ausschliesslich; IVO SCHWANDER, Gerichtszuständigkeit 63. IPRG 1 II behält völkerrechtliche Verträge vor. Gestützt auf EMRK 6 wird aber eine internationale Notzuständigkeit «in besonders gelagerten Ausnahmefällen auch ohne positiv-rechtliche Normierung im Übereinkommen» bejaht; vgl. J. KROPHOLLER, Europäisches Zivilprozessrecht 64 N 21 vor Art. 2 des EuGVÜ.
[22] Streitigkeiten aus dem Betrieb einer Zweigniederlassung, einer Agentur oder einer sonstigen Niederlassung können vor dem Gericht anhängig gemacht werden, wo sich diese befinden (LugÜ 5 Ziff. 5). Im übrigen ist der Wohnsitz als personenbezogener Anknüpfungsort im Gegensatz zu IPRG 20 II und 129 I allein massgebend.
[23] Das gilt auch für Kläger, die nicht in einem Vertragsstaat wohnen. Wenn der Beklagte Wohnsitze in zwei Vertragsstaaten hat, kommt es darauf an, wo die Klage zuerst anhängig gemacht wurde; vgl. J. KROPHOLLER, Europ. Zivilprozessrecht 437 N 617.
[24] Haftpflichtrechtliche Klagen sind als Klagen aus unerlaubter Handlung zu betrachten. Den Inhalt dieses Begriffes bestimmt nicht das nationale Recht; Klagen aus Gefährdungshaftung fallen auch darunter; vgl. IVO SCHWANDER, Gerichtszuständigkeit 73.
[25] Gerichtszuständigkeit 75 und dort zit. Lit.

II. Die örtliche Zuständigkeit schweizerischer Gerichte § 15

Als Ort, an dem das schädigende Ereignis eingetreten ist, kommen 25
sowohl der Handlungs- als auch der Erfolgsort in Frage. Nach dem Ubiquitätsprinzip, das der EuGH in dieser Frage anwendet, kann der Kläger gegebenenfalls zwischen den beiden Zuständigkeiten auswählen[26]. Das führt allerdings dazu, dass die verschiedenen Klagen *mehrerer Geschädigter* gegen *einen Beklagten* eventuell an verschiedenen Orten angestrengt werden können. Das trifft zu, wenn Handlungs- und Erfolgsort nicht identisch sind[27]. Diese Konsequenz aus der Ubiquitätstheorie ist allerdings praktisch unerwünscht[28].

Auch wenn mehrere Beklagte vom gleichen Kläger belangt werden, 26
ergäbe sich ohne das Ubiquitätsprinzip ein einheitlicher Gerichtsstand für Deliktsklagen[29].

In Art. 7–11 stellt das LugÜ besondere Vorschriften über die Zustän- 27
digkeit bei *Versicherungssachen*[30] auf, auf die hier nur kurz hingewiesen werden kann. Art. 8 behandelt offensichtlich die Klagen aus Versicherungsvertrag gegen einen Versicherer und stellt dabei namentlich neben das Wohnsitzprinzip die Zuständigkeit am Wohnsitz des Versicherungsnehmers, wenn dieser in einem Vertragsstaat liegt.

Besonders erwähnt seien daneben die Art. 9 und 10, die sich auf die 28
Haftpflichtversicherung beziehen. LugÜ 9 statuiert die zusätzliche Zuständigkeit am Ort der Handlung oder des Erfolges[31]. Das erscheint als sinnvoll. Es führt zur zusätzlichen Zuständigkeit desjenigen Gerichts, das die Schadenersatzklage zu beurteilen hat. Dem entspricht LugÜ 10 I. Dies hat besondere Bedeutung beim direkten Forderungsrecht (LugÜ 10 II).

Für Klagen des Versicherers gegen den Versicherungsnehmer, den Ver- 29
sicherten oder den Begünstigten verweist LugÜ 11 auf das Wohnsitzprinzip.

---

[26] EuGH vom 30. November 1976, Rechtsprechung 1976, 1735, speziell 1747; vgl. IVO SCHWANDER, Gerichtszuständigkeit 75.
[27] Vgl. hinten FN 39 und 41. Man spricht von Distanzdelikten; vgl. DELACHAUX 146 ff. u. a.
[28] Wo das Wohnsitzprinzip gilt, d. h. z. B. ausserhalb des Deliktsrechts, ist diese Komplikation ausgeschlossen.
[29] Nach LugÜ 6 Ziff. 1 können mehrere Personen vor dem gleichen Gericht beklagt werden, das für Klagen gegen einen von ihnen zuständig ist. Diese Regel knüpft aber an den Wohnsitz an und erscheint daher im Rahmen des Deliktsrechts nicht als anwendbar.
[30] Bei Privatversicherung. Vgl. für diese Zuständigkeitsregelungen SCHWANDER, Gerichtszuständigkeit 83/84.
[31] Das Übereinkommen spricht vom Ort des schädigenden Ereignisses. Darauf ist aber wie bei der Klage des Haftpflichtigen (vorn N 25) das Ubiquitätsprinzip anzuwenden.

III. Das internationale Privatrecht

30   Es geht hier um die Frage, welches materielle Schadenersatzrecht auf eine bestimmte deliktische Schädigung nach IPRG – d. h. bei Vorliegen internationaler Verhältnisse – anzuwenden ist.

31   Es drängt sich primär auf und stellte während Jahrhunderten die massgebende Anknüpfungsregel dar[32], das Recht des Deliktsortes anzuwenden. Von dieser Auffassung geht auch die Voraufl. 501 ff. aus. Diese Regelung führte dann aber in Anbetracht der neueren Entwicklung zu Schwierigkeiten[33]. Das IPRG erwähnt nun bei Fehlen einer Rechtswahl (IPRG 132: Wahl des Rechts am Gerichtsort) in Art. 133 in Abs. 1 das Recht desjenigen Staates, in dem sowohl der Schädiger als auch der Geschädigte ihren gewöhnlichen Aufenthalt haben, und in Abs. 2 den Deliktsort. Beides gilt aber nur, wenn nicht die akzessorische Anknüpfung von IPRG 133 III zur Anwendung kommt; sie geht den ersten beiden Absätzen von IPRG 133 vor[34].

A. Die Anknüpfung im Deliktsrecht

1. Gewöhnlicher Aufenthalt von Schädiger und Geschädigtem im gleichen Staat (IPRG 133 I)

32   Nach IPRG 133 I ist der Ort der unerlaubten Handlung ohne Einfluss auf die Frage, welches Recht anwendbar sei, wenn Schädiger und Geschädigter ihren gewöhnlichen Aufenthalt[35] im gleichen Staat haben. Das Recht

---

[32] HEINI, Komm. zum IPRG N 1 der Vorbem. zu IPRG 132–142; FRANK VISCHER in: FS Moser (Zürich 1987) 119; DELACHAUX 17 ff. über die in verschiedenen Staaten zur Zeit der Ausarbeitung seiner Dissertation geltenden Hauptregeln und 103 ff. über die lex loci delicti commissi im besonderen.

[33] V. TRUTMANN 7; ANTON HEINI 193 ff.; BGE 99 II 319, wo es sich um Ansprüche unter Mithaltern eines Motorfahrzeuges handelte, die durch das OR und nicht durch das SVG geregelt werden.

[34] Die sog. akzessorische Anknüpfung von IPRG 133 III geht den beiden andern Absätzen unabhängig davon vor, ob deren Voraussetzungen gegeben sind oder nicht. Praktisch betrifft aber Abs. 3 einen Sonderfall.

[35] Vgl. IPRG 20 I lit. b.

dieses gemeinsamen Staates ist anwendbar. Es handelt sich bei dieser Regel um die Verwirklichung des (kollisionsrechtlichen) Vertrauensprinzips[36, 37].

2. Recht des Deliktsortes (IPRG 133 II)

Wenn Schädiger und Geschädigter ihren gewöhnlichen Aufenthalt nicht im gleichen Staat haben und auch nicht die Subsidiärregel von IPRG 133 III zur Anwendung kommt, greift das IPRG auf die alte Regel der lex fori delicti zurück. Das Gesetz spricht vom Ort, an dem die unerlaubte Handlung begangen worden ist. Liegen Handlungs- und Erfolgsort nicht im gleichen Staat, so ist der Erfolgsort massgebend[38]. Dieser liegt dort, wo das geschützte Rechtsgut[39] verletzt wurde[40]. Dabei kommt es auf den Ort der ersten Rechtsgutsverletzung an[41]. Irrelevant ist der Ort des Schadenseintrittes.

Das Primat des Erfolgsortes gegenüber dem Handlungsort gilt aber nur dann, wenn der Schädiger mit dem Eintritt des Erfolges im Staat des Erfolgsortes rechnen musste. Sonst ist der Handlungsort massgebend[42].

33

34

3. Akzessorische Anknüpfung (IPRG 133 III)

Bestand zwischen dem Schädiger und dem Geschädigten bereits vor der unerlaubten Handlung ein Rechtsverhältnis, das durch das Delikt verletzt

35

---

[36] Wenn also z. B. zwei Personen mit gewöhnlichem Aufenthalt in Frankreich mit ihren Motorfahrzeugen in der Schweiz zusammenstossen, ist nach IPRG 133 I auf die Schadenersatzansprüche das französische Recht anzuwenden.

[37] «Die Parteien gehen in ihrer (legitimen) Erwartungshaltung i. d. R. von dem ihnen vertrauten Recht des ihnen gemeinsamen rechtlichen Umfeldes aus»; HEINI, Komm. IPRG N 3 zu IPRG 133. Die Berechtigung dieses Grundsatzes springt namentlich in die Augen, wenn z. B. der Geschädigte Mitfahrer im Auto des Schädigers ist und von diesem Schadenersatz verlangt.

[38] Während früher dem Geschädigten ein Wahlrecht zustand (BGE 76 II 111; 82 II 163 f.; 87 II 115 E 2; 113 II 479).

[39] Wenn die Rechtswidrigkeit sich nicht aus der Verletzung eines Rechtsgutes, sondern einer Verhaltensnorm ergibt (Handlungsunrecht; vgl. vorn § 4 N 58 ff.) und diese eine Vermögensschädigung verhindern will, fällt der Verletzungsort mit dem Ort des Schadenseintrittes zusammen; vgl. HEINI, Komm. IPRG N 10 zu IPRG 133; vorn N 25.

[40] BGE 113 II 479.

[41] Und nicht auf den Ort des Schadenseintrittes; HEINI, Komm. IPRG N 10 zu IPRG 133; W. LORENZ 103 f.

[42] HEINI, Komm. IPRG N 9 zu IPRG 133.

§ 15 Internationales Privat- und Zuständigkeitsrecht

wurde, so ist dieses Rechtsverhältnis für die Anknüpfung massgebend. Diese Bestimmung geht den Kriterien des gewöhnlichen Aufenthaltes (IPRG 133 I) und des Deliktsortes (IPRG 133 II) vor.

36   Es handelt sich um den Fall eines vorbestehenden Rechtsverhältnisses zwischen Schädiger und Geschädigtem, vor allem eines Vertrages. Die unerlaubte Handlung ist daher nicht nur rechtswidrig, sondern gleichzeitig auch vertragswidrig[43]. Es wäre nicht sinnvoll, auf den deliktischen und den vertraglichen Anspruch verschiedene Rechtsordnungen anzuwenden.

4. Sonderfälle

37   Das IPRG verweist für Ansprüche aus Strassenverkehrsunfällen auf das Haager Übereinkommen vom 4. Mai 1971 (SR 0.741.31, IPRG 134) und enthält besondere Vorschriften für die Produktehaftung (IPRG 135), für den unlauteren Wettbewerb (IPRG 136/37), für Immissionen (IPRG 138) und für Persönlichkeitsverletzungen (IPRG 139). Es würde zu weit führen und den Rahmen dieses Buches sprengen, darauf hier einzutreten. Vgl. die Ausführungen von VOLKEN im IPRG-Kommentar zu IPRG 134–139 und die dort zit. Lit.

B. Besondere Bestimmungen

1. Mehrheit von Ersatzpflichtigen

38   Wenn mehrere Personen an einer unerlaubten Handlung mitgewirkt haben und daher als Haftpflichtige in Frage kommen, ist nach IPRG 140 das anwendbare Recht für jede von ihnen separat zu bestimmen[44]. Wenn der eine Verantwortliche (A) seinen gewöhnlichen Aufenthalt im gleichen Staat hat wie der Geschädigte, so untersteht der Schadenersatzanspruch

---

[43] Das Delikt muss das Rechtsverhältnis verletzen und nicht nur bei Gelegenheit seiner Abwicklung begangen worden sein.

[44] Das Marginale von IPRG 140 spricht von «mehrfachen Haftpflichtigen». Dieser Ausdruck erinnert an die Mehrheit von Haftungsgründen, die vorn § 13 für das schweizerische Recht besprochen ist. Im Wortlaut von IPRG 140 findet dieser Randtitel aber keine Stütze. Richtiger wäre: Mehrere Haftpflichtige, wie im französischen und im italienischen Text.

zwischen ihnen gestützt auf IPRG 133 I dem Recht dieses Staates. Wenn aber ein Mithaftpflichtiger (B) seinen gewöhnlichen Aufenthalt nicht im gleichen Staat hat wie der Geschädigte und der Haftpflichtige A, so gilt für den gegen ihn gerichteten Anspruch das Recht des Deliktsortes (IPRG 133 II)[45].

Das Gesetz äussert sich nicht dazu, welchem Recht Anstifter und 39 Gehilfen unterstehen. Diese Frage ist umstritten. Es liegt nahe, auch hier der separaten Behandlung dieser Ansprüche den Vorzug vor der Anwendung der für den Haupttäter massgebenden Rechtsordnung zu geben[46].

Die Frage der Solidarität zwischen mehreren Schuldnern richtet sich 40 nach den für das ganze OR gemeinsamen Bestimmungen (IPRG 143/44), die hier nicht besprochen werden können.

2. Unmittelbares Forderungsrecht

IPRG 141 bestimmt, dass das direkte Forderungsrecht des Geschädig- 41 ten gegen den Haftpflichtversicherer des Schädigers bei internationalen Verhältnissen dann besteht, wenn das auf die unerlaubte Handlung oder den Versicherungsvertrag anwendbare Recht dies vorsieht.

3. Die Unterscheidung zwischen den haftpflichtrechtlichen Voraussetzungen der Schadenersatzpflicht einerseits und den Sicherheits- und Verhaltensvorschriften andererseits (IPRG 142)

Wenn eine bestimmte Rechtsordnung auf einen Anspruch anzuwenden 42 ist, bezieht sich dies selbstverständlich auf alle haftpflichtrechtlichen Fra-

---

45 Während das Gesetz dies ausdrücklich sagt und also nicht als selbstverständlich betrachtet, schweigt es sich über den Fall einer Mehrheit von *Geschädigten* aus; HEINI, Komm. IPRG N 1 f. zu IPRG 140. Aber auch in diesem Fall sind die Kriterien für die Ansprüche jedes Geschädigten separat zu prüfen. Wenn ein Geschädigter seinen gewöhnlichen Aufenthalt im gleichen Staat hat wie der in Anspruch genommene Schädiger, ist das Recht dieses Staates anzuwenden. Wenn dies für einen andern Geschädigten nicht zutrifft, ist für diesen auf das Recht des Deliktsortes abzustellen – beides immer unter Vorbehalt der akzessorischen Anknüpfung nach IPRG 133 III.

46 HEINI, Komm. IPRG N 3 zu IPRG 140 und die dort angeführte Lit. und Judikatur.

gen[47]. Das Gesetz erwähnt die Voraussetzungen und den Umfang der Haftung, die Person des Haftpflichtigen und die Deliktsfähigkeit, die aber nur bei Verantwortung für ein Verschulden eine Rolle spielen kann. Diese Aufzählung ist nicht vollständig, was das Gesetz durch das Wort «insbesondere» zum Ausdruck bringt.

43 Der Begriff des Umfanges der Haftung umfasst nicht nur die Methoden der Schadensberechnung[48], sondern auch eventuelle in der anzuwendenden Rechtsordnung enthaltene Höchstgrenzen des Schadenersatzes (Haftungslimiten)[49].

44 Demgegenüber sind die Sicherheits- und Verhaltensvorschriften, die am Deliktsort gelten, auch bei internationalen Verhältnissen massgebend. Wer in Deutschland mit seinem Auto auf der linken Strassenseite fährt, muss sich dies auch als Verschulden anrechnen lassen, wenn die Haftpflicht nach englischem Recht zu beurteilen ist.

---

[47] Beispiele:
Wenn das englische Recht, in dem für Motorfahrzeuge keine Gefährdungshaftung besteht, auf einen Motorfahrzeugunfall in Deutschland anzuwenden ist, ist der Geschädigte auf den Nachweis eines Verschuldens angewiesen.
Wenn auf einen Unfall in der Schweiz eine Rechtsordnung anzuwenden ist, die die Motorfahrräder (vgl. VO vom 27. August 1969 über Bau und Ausrüstung der Strassenfahrzeuge Art. 5 II) der Kausalhaftung unterstellt, während sie nach dem schweizerischen SVG den Fahrrädern (Verschuldenshaftung) gleichgestellt sind, kann der Geschädigte sich auf die Kausalhaftung berufen.
Wenn ein Tier, das nicht ein Haustier ist, einen Schaden in der Schweiz verursacht, auf den deutsches Recht anwendbar ist, kommt die Gefährdungshaftung nach BGB 833 Satz 1 zur Anwendung und entfällt daher die Möglichkeit des Sorgfaltsbeweises.
Wenn ein tödlicher Unfall in Deutschland schweizerischem Recht untersteht, ist normalerweise auch Genugtuung geschuldet.

[48] Fällt nur finanzieller Schaden in Betracht oder auch ein anderer Nachteil, wird einer Dirne bei Arbeitsunfähigkeit Verdienstausfall bezahlt, hat eine Konkubine beim Tod des Lebensgefährten Anspruch auf Versorgerschaden, ist bei Betriebsausfall Schadenersatz zu bezahlen und wird bei einem Totalschaden an einer Sache auf den subjektiven oder objektiven Wert abgestellt usw.?

[49] HEINI, Komm. IPRG N 7 zu IPRG 142.

Gesetzesregister

Die erste Zahl nach dem Artikel oder dem Strichpunkt weist auf den Paragraphen im Buch hin. Die den Buchstaben N (= Randnote) und FN (= Fussnote) folgenden Zahlen bezeichnen dieselben.

OR

Bundesgesetz betreffend die Ergänzung des Schweizerischen Zivilgesetzbuches (Fünfter Teil: Obligationenrecht), vom 30. März 1911, SR 220

Artikel	§ / Randnote / Fussnote	Artikel	§ / Randnote / Fussnote
1 ff.	12 N 20	II	1 N 29, 148, FN 47, 49; 3 N 60; 4 FN 19, 41; 13 N 62
1 II	12 N 13		
6	12 N 13	42	1 N 102; 3 N 98; 7 N 9; 14 FN 42
19	12 N 7	I	6 N 26
I	1 N 125	II	2 N 14; 6 N 6, 9, 28, 32 ff., 85 f., 128, 198, 227, FN 36, 39, 54; 14 FN 26
II	12 N 5, 14		
20	12 N 5, 7, 14		
I	7 FN 33	43	1 N 144; 3 N 98; 10 N 33
21	12 N 14, 24, 33, 37, 53, FN 42, 47	I	2 N 87, 92, 95; 3 N 90; 6 N 102, 203, 214; 7 N 3, 11 f., 48, 65, 73, 76; 10 N 33, FN 106; 11 N 38; 14 FN 27
23 ff.	12 N 37		
24 I	12 N 54	II	2 N 92; 6 N 207, 347
41	1 N 5, 34, 41, 102 f., 110, 112, 144; 2 FN 42; 3 N 29 f.; 4 N 1, 19, 50, 56, FN 1, 70; 5 N 24, 29, 37, 45, 59, 125, 163, 167, 172, FN 43, 120, 145, 189; 7 N 9, 23 f., 76; 9 N 54; 10 N 21, 27, 51, 82, FN 30, 98; 11 N 25, 31, FN 17; 13 N 3, 7, 52, 68b, FN 57; 14 N 11	44	1 N 144; 3 N 98 f.; 9 N 10 f.; 10 N 54
		I	2 N 54; 3 N 90; 5 FN 172; 6 N 84, 102; 7 N 13 f., 46, 64, 73, 76, FN 33; 9 N 18, 28, FN 20; 11 FN 249; 14 FN 27
		II	2 N 80; 5 N 7; 7 N 49, 57 f., 61; 10 N 100 f., FN 83, 85; 11 FN 46, 361; 14 FN 28
I	1 N 32, FN 47; 2 N 7, FN 38; 3 FN 39; 4 FN 21; 5 N 64, 175; 7 N 23 f., 46; 10 N 21, 27, FN 110; 13 N 11, 52	45	5 N 173; 6 N 242 f., 247, 353; 13 N 34
		II	2 N 13
		III	2 N 13, FN 109; 6 N 260, 271, 308, FN 430, 440

723

Gesetzesregister

Artikel	§ / Randnote / Fussnote	Artikel	§ / Randnote / Fussnote
46	2 N 84; 6 N 89, 91, 103, 180 f., 223; 13 N 65		10 N 21, FN 130; 11 N 37; 13 N 67
I	2 N 13; 6 N 153, 197; 13 N 34	I	5 N 164 ff., 180, FN 198, 101
II	6 N 18, 223, 251, FN 349, 356, 362; 7 N 56; 12 FN 48; 13 N 34; 14 FN 28	II	5 N 115, 167, 181
		I/II	7 N 31, 42
47	1 N 73, 102; 8 N 4, 8, 13 f., 23, 26, 73 f., 77, 83 f., 100, 102, FN 10, 37, 82, 122, 127 f.; 13 N 44, 65, FN 83; 14 FN 27	55	1 N 39, 46, 50, 109, 122, FN 158; 2 N 69, FN 42; 3 N 55, 68, 119; 5 N 82; 7 N 74, FN 23, 30; 9 N 45; 10 N 21, 23, 55; 11 N 37, FN 63; 13 N 2, 31, 63, 68b; 14 FN 10
49	1 N 73, 102; 2 N 7; 6 N 379; 8 N 10, 13, 58, 76 f., 102, FN 10, 31, 37, 80, 82, 119 f., 122, 126; 13 N 65	II	10 N 52, 81, 93, 95, FN 131
		56	1 N 39, 108, FN 158; 3 N 29, 65, 68; 5 N 82; 7 FN 23, 30; 9 N 40 f., FN 7, 10, 60; 10 N 21; 11 N 37
I	2 FN 7		
II	2 FN 140		
50	5 FN 37; 10 N 3, 7, 14, 17, 26, 47, FN 2, 6, 18, 61; 11 FN 42; 13 N 1, 62	I	3 N 55
		II	10 N 93
I	3 N 85, 121; 10 FN 90	58	1 N 39, 89, 108 f., 111, 150; 2 N 69; 3 N 65, 67; 7 FN 30; 9 N 40, FN 20; 10 N 23, FN 122; 11 N 37; 13 N 11a, 21, FN 23, 48, 65
II	5 N 175; 10 N 49 f., FN 81, 90, 113; 11 N 23, 31		
51	5 N 173; 10 N 4, 13 f., 17 f., 22, 25 f., 47, 50 f., 133, FN 22, 78, 82, 91; 11 N 4, 77, 80, 90, 130, 160, 300, 303, FN 41, 42; 13 N 1	I	3 N 55
		II	10 N 93
		60	1 N 73; 10 N 82, FN 113; 13 N 57
I	3 N 86; 10 N 7, 50 f., 133, FN 81; 11 FN 331	I	6 N 16
II	5 N 154, 172, 175; 6 N 65; 10 N 50 f., 53, 56, 58, 60, 66 ff., 73, 92, FN 76, 79, 81, 84, 92, 99, 102, 158; 11 N 29 ff., 37 f., 40, 43, 49, 61, 76, 78, 91, 93, 95, 99, 141, 149 ff., 181, 284, 296 f., 300, FN 23, 36, 41, 46, 82 f., 111, 141, 173, 201, 341, 354, 360 f.; 13 N 41, 55	II	5 FN 147
		75	6 N 19
		97	1 N 113, 151, FN 41, 163; 4 FN 70; 9 N 51 f., 54; 10 N 4, 55; 11 N 36, 164, 228; 13 N 52, 68 f., FN 65
		I	4 N 52; 11 N 164, FN 60
		99 II	7 N 69; 13 N 61
		III	6 N 3, 91, 243; 7 N 9; 13 N 64 f., 67
53	5 N 133 f.; 14 N 23	100	10 N 91; 12 N 5, 7, 14; 13 N 60
I	5 N 133		
II	5 N 133	I	12 N 11, FN 3
54	1 FN 167; 5 N 130, 164, 180; 9 N 40, FN 11;	II	12 N 11

Artikel	§ / Randnote / Fussnote	Artikel	§ / Randnote / Fussnote
101	1 N 101; 5 N 159; 11 N 41; FN 71; 12 N 5, 7, 14; 13 N 31, 60, 63, 68	210	10 N 82; 13 N 56, FN 90
		219 III	13 FN 90
I	12 N 12	248	7 FN 104
II	12 N 5	I	13 N 61
III	10 N 91; 12 N 5	259e	9 FN 64
112	1 N 125; 11 FN 161	321e	10 N 81, FN 110, 144
II	13 N 48	II	7 N 73 f.; 10 FN 84
113	11 N 124, 126	324a	10 N 126f., 130
115	12 N 21	b	10 N 127, 129
127	10 N 82; 13 N 56, 68	b II	10 N 127
		b III	10 N 127
128	13 N 56, 68	328	13 N 45
I Ziff. 3	10 N 82	349c	10 N 126
136	11 N 35	353b	10 N 126
I	10 N 15, 43, FN 23	364	11 N 36
143 ff.	10 N 14, 83; 11 FN 47	371	10 N 82; 13 FN 90
I	10 N 14	419	1 N 144
II	10 N 14	420 II	13 N 61
144 ff.	10 N 18, 44, FN 27	422	1 N 144; 2 FN 31; 6 N 113, FN 92
148	10 N 18		
II	11 N 4, 18	I	1 N 144
III	10 N 79	II	1 N 144
149	10 N 16; 11 FN 47	423	2 FN 89
I	11 N 4, 18	454 III	13 N 61
164	11 FN 207	537 I	2 N 26
164 ff.	11 FN 61	567 III	11 N 42
165	11 N 296	603	11 N 42
166	11 N 15	718 III	1 N 110; 5 N 41; 10 N 21; 11 N 42
167	11 N 52, 87		
167 ff.	11 N 15, 161	756	2 FN 40
168	11 N 87	814 IV	1 N 110; 5 N 41; 10 N 21; 11 N 42
173 II	11 N 15		
195 I	2 N 26	899 III	1 N 110; 5 N 41; 10 N 21; 11 N 42
201	13 N 50		
208 II	9 FN 69	917	2 FN 40

ZGB

Schweizerisches Zivilgesetzbuch, vom 10. Dezember 1907, SR 210

Artikel	§ / Randnote / Fussnote	Artikel	§ / Randnote / Fussnote
1–10	13 N 37	III	6 N 70; 10 N 134
1	10 FN 22	304	8 N 57
II	2 FN 71; 11 N 203; 14 N 14	328	1 FN 47
III	6 N 30; 7 N 6; 14 N 6	I	6 N 70, FN 444; 10 N 134
2	6 N 259; 10 N 91; 12 N 5, 7, 14, 32, 48, FN 50	331	11 N 63
II	7 FN 80	333	1 N 39, 109, FN 6, 158; 2 N 69; 3 N 68; 5 N 82, 171; 6 N 242; 7 N 9, FN 23, 30; 8 N 4; 10 N 21, 100, FN 130; 11 N 37, 63; 14 FN 36
4	14 N 6, 13		
6	1 N 123 f.		
8	6 N 26; 14 N 21		
16	5 N 114, 124, 163, FN 21	407	8 N 57
18	5 N 112, 117, 163	428 II	10 FN 2
19	5 N 117	429	10 FN 2
II	8 N 57	429a	10 N 94, 96
III	5 N 116	II	10 N 29
20	8 FN 129	474 II	6 N 255; 12 N 50
21	8 FN 129	641	4 N 27
27 II	10 N 91	679	1 N 89, 109; 3 N 68; 8 N 4; 13 FN 1
28	2 N 7; 4 N 26, 29, FN 1		
II	2 FN 7; 4 N 29, 47; 5 N 26	684	4 FN 8
28a II	2 FN 140	906 II	11 N 121
III	8 N 3	920	6 N 383
55 II	1 N 110; 5 N 41; 10 N 21; 11 N 42	926 ff.	4 N 27
III	10 N 21	930	6 N 383
276	2 N 54; 13 FN 66	938	5 N 32

AHVG

BG über die Alters- und Hinterlassenenversicherung, vom 20. Dezember 1946, SR 831.10

Artikel	§ / Randnote / Fussnote	Artikel	§ / Randnote / Fussnote
18 I	7 FN 11; 11 N 294	33 I	6 N 309
23 I lit. d	6 N 309	45	11 FN 207

Artikel	§/Randnote/Fussnote	Artikel	§/Randnote/Fussnote
48ter	11 N 4, 6, 230, 240, 243, 245, 261, 290, FN 292	I	11 N 204
		II	11 N 210
48^{quater}	8 FN 11; 11 N 243, 280	48^{quinquies}	11 N 244

BtG

BG über das Dienstverhältnis der Bundesbeamten, vom 30. Juni 1927, SR 172.221.10

Artikel	§/Randnote/Fussnote
48 V	11 N 283, 292

BVG

BG über die berufliche Alters-, Hinterlassenen- und Invalidenvorsorge, vom 25. Juni 1982, SR 831.40

Artikel	§/Randnote/Fussnote	Artikel	§/Randnote/Fussnote
8 I	11 N 295	24	11 FN 312
14 ff.	11 FN 312	34 II	11 FN 323, 352
15/16	11 N 268	35	7 FN 11
19 I	6 N 309	49 II	11 FN 325
21	6 N 309		

EHG

BG betreffend die Haftpflicht der Eisenbahn- und Dampfschiffahrtsunternehmungen und der Post, vom 28. März 1905 (Eisenbahnhaftpflichtgesetz), SR 221.112.742

Artikel	§/Randnote/Fussnote	Artikel	§/Randnote/Fussnote
1	2 N 69; 3 FN 172; 9 N 40; 13 FN 13	6	10 FN 133; 13 N 18, 24, FN 53
I	3 N 68		
II	1 N 109	7	10 FN 133; 13 N 18, 24, FN 53; 14 FN 28
2	2 N 13; 6 N 242, 247; 13 N 34		
3	2 N 13; 6 N 197, FN 103; 13 N 34; 14 FN 28	8	1 N 73, 109; 5 FN 43; 8 N 5, 26, 102, FN 1, 17, 24; 10 FN 7; 14 FN 27
4	5 N 7; 7 N 49, 59; 14 FN 27	9	2 N 92; 6 N 203, 214, 347, FN 324, 337; 14 FN 26, 28
5	14 FN 27		

Gesetzesregister

Artikel	§ / Randnote / Fussnote	Artikel	§ / Randnote / Fussnote
10	2 N 84; 6 N 223, FN 362; 13 N 34; 14 FN 28	14	1 N 73; 6 N 223; 12 N 40
		I	6 N 16
11	9 N 34, FN 69; 13 N 22, FN 13, 17	II	12 N 40
		16	12 N 1, 6 f.
I	6 N 384; 9 N 34		
II	13 FN 1, 13	17	12 N 22, 24, 33 f., 37 f., 40, 43, FN 52
12	2 N 19; 6 N 356; 10 FN 133		
		18	1 N 109; 10 N 21, 47, 58, 64, 72, 82, 93, FN 111
13	10 FN 147; 11 N 174; 14 FN 28		
I	6 N 67; 10 N 110 f., FN 134; 11 N 139, FN 140	20	6 FN 50; 7 N 47; 14 N 21, 26

EIG

BG betreffend die elektrischen Schwach- und Starkstromanlagen, vom 24. Juni 1902, SR 734.0

Artikel	§ / Randnote / Fussnote	Artikel	§ / Randnote / Fussnote
16	12 N 6	34	1 N 109; 10 N 21, 64
		II	10 N 47, 58, 72, 82, 93
27 I	3 N 68, FN 172		
II	2 N 13, 19; 6 N 371; 10 FN 133; 13 N 22, FN 15, 17	35	10 FN 133; 13 N 24, FN 53
		36	7 FN 84
		I	7 N 9; 10 N 100
28	1 FN 115	II	2 N 92; 6 N 203, 214, 347; 14 FN 26
I lit. b	10 FN 4		
II	10 N 57, 82, 93, FN 4	III	2 N 84; 6 N 223, 228, FN 362; 13 N 34; 14 FN 28
29	13 N 23		
		37	6 N 16; 10 N 82
30	1 FN 115; 10 N 14, 22, 47, 57, 63, 71, 82, 91, 93	38	6 FN 50; 14 N 21, 27
		39	12 N 1, 6 f.
31	9 N 9, 35; 14 FN 27	II	2 N 95

GSG

BG über den Schutz der Gewässer gegen Verunreinigung, vom 24. Januar 1991 (Gewässerschutzgesetz; z. T. auch GschG), SR 814.20

Artikel	§ / Randnote / Fussnote	Artikel	§ / Randnote / Fussnote
69	1 N 126; 2 N 69	III	1 N 72, FN 108; 6 N 223; 7 N 9, FN 84; 8 N 4; 10 N 22, 47, 100
I	1 N 109; 3 N 68		
II	3 FN 172; 9 N 11		

IPRG

BG über das Internationale Privatrecht, vom 18. Dezember 1987, SR 291

Artikel	§ / Randnote / Fussnote	Artikel	§ / Randnote / Fussnote
1	15 N 4, 6	132 ff.	15 N 4
I	15 N 3	133 I	15 N 31f., 35, 38, FN 36
II	15 N 21	II	15 N 31, 35, 38
2	15 FN 16	III	15 N 31, 33, FN 34, 45
20/21	15 N 17	133 ff.	13 N 54
20 I lit. b	15 FN 35	134	15 N 37
II	15 FN 22	135	15 N 37
21 III	15 FN 19	136/137	15 N 37
117 ff.	13 N 54	138	15 N 37
129	15 N 6 f., FN 8, 10, 17	139	15 N 37
I	15 N 17, FN 17, 22		
III	15 N 13, 19 f.	140	15 N 38, FN 44
129 ff.	15 N 4	141	15 N 41
130	15 N 6	142	15 N 42
131	15 N 21	143/144	15 N 40
132	15 N 31	150	15 N 17

IVG

BG über die Invalidenversicherung, vom 19. Juni 1959, SR 831.20

Artikel	§ / Randnote / Fussnote	Artikel	§ / Randnote / Fussnote
7	7 FN 11	52	11 N 4, 6
I	11 FN 190, 253	I	8 FN 99; 11 N 204, 210, 230, 240, 243, 261, 280, 290
12 I	11 FN 281		
41	6 FN 11	II	11 N 244
50	11 FN 207	69	2 N 41

JSG

BG über die Jagd und den Schutz wildlebender Säugetiere und Vögel, vom 20. Juni 1986, SR 922.0

Artikel	§ / Randnote / Fussnote	Artikel	§ / Randnote / Fussnote
15	6 N 223	16	11 N 105
II	7 N 9; 8 N 4; 10 N 22		

Gesetzesregister

KG

BG über Kartelle und ähnliche Organisationen, vom 20. Dezember 1985 (Kartellgesetz), SR 251

Artikel	§ / Randnote / Fussnote
8 I lit. e	8 N 3

KHG

Kernenergiehaftpflichtgesetz, vom 18. März 1983, SR 732.44

Artikel	§ / Randnote / Fussnote	Artikel	§ / Randnote / Fussnote
3	1 N 109; 4 FN 51; 10 N 47	9	11 N 177
I	2 N 69; 3 N 68	II	6 N 67; 10 N 110 f., FN 134, 147; 11 N 139, 174, FN 140
VI	10 N 30, 47; 13 N 9, FN 13		
5 II	3 FN 172; 7 FN 11, 50		
6	10 N 94, 96	10 I	6 N 16
7	9 N 11	16 I	3 N 119
I	7 N 9, 49; 8 N 4	19 I	11 N 161
II	5 N 7; 7 N 49, 57, 59; 14 FN 27	26	14 N 21
8	12 N 1, 6	I	6 FN 50
I	12 N 6 f.	29	1 N 94, 97
II	12 N 22, 24, 33 f., 37 f., 43, FN 52	30 IV	10 N 22

KVG

BG über die Krankenversicherung, vom 13. Juni 1911, SR 832.10

Artikel	§ / Randnote / Fussnote	Artikel	§ / Randnote / Fussnote
1 IV	11 N 165	26	11 FN 172
2	11 N 153	III	11 N 154
3 V	11 FN 167	IV	11 N 154

LFG

BG über die Luftfahrt, vom 21. Dezember 1948 (Luftfahrtgesetz), SR 748. O

Artikel	§ / Randnote / Fussnote	Artikel	§ / Randnote / Fussnote
64 I	3 N 68	68	1 N 73
II b	1 N 109	75	12 N 7; 13 FN 54
64 ff.	13 FN 54	77	11 N 177
66	10 N 14, 22	78	11 FN 283

LugÜ

Übereinkommen über die gerichtliche Zuständigkeit und die Vollstreckung gerichtlicher Entscheidungen in Zivil- und Handelssachen, vom 16. September 1988, Lugano-Übereinkommen

Artikel	§ / Randnote / Fussnote	Artikel	§ / Randnote / Fussnote
2	15 N 23	8	15 N 27
5 Ziff. 3	15 N 4, 23 f.	9	15 N 28
Ziff. 4	15 N 23	10	15 N 28
Ziff. 5	15 FN 22	I	15 N 28
5–6a	15 N 23	II	15 N 28
6 Ziff. 1	15 FN 29	11	15 N 29

MMG

BG betreffend die gewerblichen Muster und Modelle, vom 30. März 1900, SR 232.12

Artikel	§ / Randnote / Fussnote
30	2 FN 140

MO

Militärorganisation der Schweizerischen Eidgenossenschaft, vom 12. April 1907, SR 510.10

Artikel	§ / Randnote / Fussnote	Artikel	§ / Randnote / Fussnote
22 I	1 N 45, 109, 115, 119, FN 69, 169; 4 FN 51; 13 FN 3	I	3 FN 172
III	1 FN 69; 10 N 28; 11 FN 279	24	11 N 235
22/23	2 N 69; 10 N 28, FN 153; 11 N 236	25	10 N 94, 96, FN 153; 11 FN 279
22 ff.	10 FN 3	26	5 FN 1
23	1 N 109, FN 69; 5 FN 189	27 I	6 N 223; 7 N 9, 49; 8 N 4; 9 N 11

MSchG

BG betreffend den Schutz der Fabrik- und Handelsmarken, vom 26. September 1890, SR 232.11

Artikel	§ / Randnote / Fussnote
32	2 FN 140

MVG

BG über die Militärversicherung, vom 19. Juni 1992, SR 833.1

Artikel	§ / Randnote / Fussnote	Artikel	§ / Randnote / Fussnote
3 II	11 FN 288	I	11 FN 253
4	11 FN 276	67	11 N 4, 6, 236
5	11 FN 276	I	10 N 124; 11 N 230, 238, 290, FN 279
19 II	6 FN 132	II	11 FN 279
44	6 FN 11	67/68	8 N 55
48 I	8 FN 146	68	8 N 99; 11 N 231, 280
48–50	8 N 51; 11 N 232	I	11 N 204
48 ff.	8 FN 4	II	11 N 210, FN 284
57	11 N 235, FN 284	69	11 N 231, FN 281
59	8 N 51, 53, 55, FN 4, 47, 146; 11 N 232	I lit. e	8 N 51
		81 I	11 FN 277
65	7 FN 11; 11 FN 190, 280	82	11 FN 277

OG

BG über die Organisation der Bundesrechtspflege, vom 16. Dezember 1943, SR 173.110

Artikel	§ / Randnote / Fussnote	Artikel	§ / Randnote / Fussnote
43	14 N 16	63	6 N 134, FN 214
III	3 FN 41	II	3 FN 41
55 Ic	6 N 134		

PatG

BG betreffend die Erfindungspatente, vom 25. Juni 1954, SR 232. 14

Artikel	§ / Randnote / Fussnote
70	2 FN 140

PrHG

BG über die Produktehaftpflicht, vom 18. Juni 1993 (Produktehaftpflichtgesetz), SR 221.112.944

Artikel	§ / Randnote / Fussnote	Artikel	§ / Randnote / Fussnote
8	12 N 1, 6 f.	12 ff.	7 N 49

RLG

BG über Rohrleitungsanlagen zur Beförderung flüssiger oder gasförmiger Brenn- oder Treibstoffe, vom 4. Oktober 1963 (Rohrleitungsgesetz), SR 746.1

Artikel	§ / Randnote / Fussnote	Artikel	§ / Randnote / Fussnote
1	11 FN 299	34	7 N 9, FN 84; 8 N 4; 9 N 11; 10 N 22, 47, 100
27 I	8 N 4	37 I	11 N 161
33 I	1 N 109; 2 N 69; 3 N 68; 10 N 14, 22; 13 N 23	39	6 N 16
		III	10 N 82, FN 111
II	3 N 150, 160, FN 172, 174	40	15 FN 15

SchKG

BG über Schuldbetreibung und Konkurs, vom 11. April 1889, SR 281.1

Artikel	§ / Randnote / Fussnote	Artikel	§ / Randnote / Fussnote
92 Ziff. 10	6 N 353; 8 N 103	197 I	6 N 353; 8 N 103
151 ff.	11 N 120	275	6 N 353; 8 N 103

SSchG

BG über die Schiffahrt unter der Schweizerflagge, vom 23. September 1953 (Seeschiffahrtsgesetz), SR 747.30

Artikel	§ / Randnote / Fussnote	Artikel	§ / Randnote / Fussnote
84 I	11 N 145	84/85	11 N 145

SSG

BG über explosionsgefährliche Stoffe, vom 25. März 1977 (Sprengstoffgesetz), SR 941.41

Artikel	§ / Randnote / Fussnote	Artikel	§ / Randnote / Fussnote
27	4 FN 51; 9 N 11	II	3 FN 172; 9 FN 22
I	1 N 109; 3 N 68; 7 N 9, FN 84; 10 N 47, 100; 13 FN 23		

StGB

Schweizerisches Strafgesetzbuch, vom 21. Dezember 1937, SR 311.0

Artikel	§/Randnote/Fussnote	Artikel	§/Randnote/Fussnote
18 II	5 N 20	111 ff.	4 N 26
III	5 FN 52	122 ff.	4 N 26
22	4 FN 33	137 ff.	4 N 27
27 I	6 N 223	145	4 FN 23
64 I	8 N 39	148 ff.	4 N 30
68 Ziff. 1	13 FN 34	180 ff.	4 N 26
111	4 N 26; FN 33		

SVG

BG über den Strassenverkehr, vom 19. Dezember 1958 (Strassenverkehrsgesetz), SR 741.01

Artikel	§/Randnote/Fussnote	Artikel	§/Randnote/Fussnote
51 III	6 N 84	III	9 FN 63; 10 N 13 f., FN 109
58	3 FN 40; 4 FN 51; 9 N 40; 11 N 111, FN 361; 13 N 11a, FN 23	62	1 N 73
		I	2 N 95; 7 N 9; 8 N 4; 10 N 100
I	1 N 109, 124a; 2 N 69; 3 N 68	II	5 N 7; 7 N 49, 59; 14 FN 27 f.
II	13 N 2	III	6 N 67; 10 N 110 f., FN 134, 147; 11 N 139, 174, FN 140
III	1 N 144; 14 FN 26		
IV	1 N 109; 5 N 43, 156; 10 N 21; 11 FN 63; 13 N 2	63 II	11 N 271
59	2 FN 42	III	11 FN 299
I	1 N 124a; 3 N 160, FN 172; 5 N 3	63 ff.	11 N 105
II	14 FN 27	65 I	11 N 161
60	10 N 7, 17, 82	66 I	11 N 199
I	10 N 13 ff., 22, FN 22	71	1 FN 115
II	10 N 47, 56, 61 ff., 70, 93 ff., FN 92, 120; 14 FN 27 f.	72	1 FN 115
III	10 N 53	75	1 FN 115; 3 N 29, 165; 10 N 2, 22
(vor Rev.)			
61	9 N 9	76 I	3 N 119
I	9 N 32, 38, 42, FN 24, 42 f.; 10 N 56, FN 120; 14 FN 27	76/76a	1 N 138
II	9 N 32, 34, FN 35, 69; 10 FN 133; 13 N 21, FN 53	80	11 N 177

Artikel	§ / Randnote / Fussnote	Artikel	§ / Randnote / Fussnote
81	11 FN 283	87	12 N 1, 34
83	1 N 73	I	12 N 6 f.
I	6 N 16	II	12 N 22, 24, 33 f., 37 f., 42 f., FN 52
III	10 N 82, FN 111		
84	15 N 13, 15, FN 8, 17	88	8 FN 99; 11 N 184, 201 ff., 231, 281, 283, FN 338, 343
86	6 FN 50; 14 N 21		

URG

BG betreffend das Urheberrecht an Werken der Literatur und Kunst, vom 7. Dezember 1922/24. Juni 1955, SR 231.1

Artikel	§ / Randnote / Fussnote
56	2 FN 140

UVG

BG über die Unfallversicherung, vom 20. März 1981, SR 832.20

Artikel	§ / Randnote / Fussnote	Artikel	§ / Randnote / Fussnote
1	10 FN 160; 11 N 155, FN 232	19 I	6 FN 171
II	11 N 155	II	7 FN 2; 11 FN 219
3 II	11 N 194	22 I	6 FN 171
4/5	11 N 170a, FN 200	24	11 N 232
		I	11 N 192
7	11 N 221	24/25	8 N 51, FN 4
7–9	11 N 155	25 I	8 FN 146
10 II	11 FN 223	26 I	11 FN 281
10 ff.	6 FN 132	28	11 FN 220
12	11 N 185, FN 211	28 ff.	11 FN 220
13	6 FN 132	29 VI	11 N 191
15 III	10 FN 161	31	11 FN 220
16 II	10 N 127 f.; 11 FN 227	37	11 FN 280
17 I	10 N 128	I	7 FN 11
18 II	6 FN 296; 11 FN 228	II	11 N 161, FN 253
		III	11 N 211, FN 190

735

Gesetzesregister

Artikel	§ / Randnote / Fussnote	Artikel	§ / Randnote / Fussnote
38	11 FN 242	II lit. d	8 N 51; 11 N 270
II	11 N 211	III	11 FN 219
41	10 N 118a, 122, 129; 11 N 4, 6, 159, 160, 163, 172, 179 f., 182, 230, 261, 283, 290, FN 94, 236, 292	44	10 N 32, 107, 111, 114, 117 ff. ; 11 N 179, 196, 212 ff., 221, 228, 245, 247, 251, FN 259, 269
41/42	8 N 55	I	10 N 120, 122, FN 138 f., 151; 11 N 215, 238, FN 62
42	11 N 280	II	10 N 118, 122, FN 151; 11 N 218, 225
I	8 FN 99; 11 N 204, FN 251		
II	11 N 210	61 I	11 N 156
III	11 FN 284	91 I/II	10 N 108
43	11 N 195, 231	99	11 N 156
I	11 N 185	105 ff.	11 N 156
II	11 N 188, 192, 224	108	2 N 41
II lit. b	11 FN 227		
II lit. b/c	11 N 190	116 Ziff. 1 lit. a	11 N 213

UVV

VO über die Unfallversicherung, vom 20. Dezember 1982, SR 832.202

Artikel	§ / Randnote / Fussnote	Artikel	§ / Randnote / Fussnote
17	6 FN 132	36	8 FN 4
20	6 FN 132	22	6 FN 11
23 V	11 FN 232	44	5 FN 1, 120
27 II	6 FN 88	81 ff.	3 N 59

UWG

BG gegen den unlauteren Wettbewerb, vom 19. Dezember 1986, SR 241

Artikel	§ / Randnote / Fussnote	Artikel	§ / Randnote / Fussnote
1/2	2 FN 7	9	2 FN 140
		III	8 N 3

Gesetzesregister

VG

BG über die Verantwortlichkeit des Bundes sowie seiner Behördenmitglieder und Beamten, vom 14. März 1959 (Verantwortlichkeitsgesetz), SR 170.32

Artikel	§ / Randnote / Fussnote	Artikel	§ / Randnote / Fussnote
3	2 N 69; 10 N 3	7	5 FN 1; 10 N 94, 96
I	1 N 44, 109, 115, 119	8	5 FN 1; 10 FN 126; 11 FN 279
III	10 N 28; 11 FN 279; 13 FN 3		
5 I	6 N 242, 247	9 II	10 FN 2
III	2 N 84; 6 N 223, FN 362		
6	8 N 26, FN 1, 17, 24	11 II	10 N 28
I	8 N 5, 102; 10 FN 7	20 I	6 N 16

VVG

BG über den Versicherungsvertrag, vom 2. April 1908, SR 221.229.1

Artikel	§ / Randnote / Fussnote	Artikel	§ / Randnote / Fussnote
6	11 N 119	61	7 N 20; 11 N 83
14	1 FN 34; 5 FN 120; 9 N 58; 11 N 84, 119, FN 28, 242	62 ff.	11 N 19
		63	6 N 356; 11 FN 58
I	11 FN 101	I Ziff. 1	11 N 44
II	11 FN 101	67 V	11 N 82
II/III	6 FN 11; 11 FN 33	69 II	11 N 84
IV	11 N 140, FN 253	70	7 N 20; 11 N 83
26	10 FN 15	71 I	11 N 74
28	11 N 119	II	11 N 74
30 ff.	11 N 119	72	2 N 77; 10 N 16 f.; 11 N 14, 25, 41, 62, 80, 130, 160 f., 163, 180, 261, 300, FN 87; 13 N 55
45	11 N 119		
46 I	11 FN 27		
48 ff.	11 N 10	I	10 FN 137; 11 N 4, 6, 15, 29, 31 ff., 38 ff., 43, 49 f., 77, 90, 92 ff., 102, FN 23, 36, 46, 81, 141, 201
49	11 FN 108		
51	11 N 19		
53	11 N 19	II	11 N 28, 47, 49 f., 52, 164, FN 23, 62, 86, 95 ff.,
60	10 N 17; 11 N 16, 117, 122, 124, 161, 178,	III	10 N 104, 106, 109, 111, 120, FN 139, 141; 11 N 34, 53 ff., 79, 102, 216, 238, 247, 251, FN 65 ff., 71, 105, 115, 267, 269
I	11 N 109, 121		
II	11 N 109, 122, 178, FN 123		

Gesetzesregister

Artikel	§ / Randnote / Fussnote	Artikel	§ / Randnote / Fussnote
73 ff.	11 N 128	98	11 N 77, 79, 103, 122, FN 23
87	11 N 126	I	11 N 141
96	6 N 65, 310, FN 482; 9 FN 70; 10 N 91; 11 N 5, 14, 19, 130, 134 f., 138, 141 ff., 149, 262, 300, FN 219, 315, 325; 13 FN 4	100	11 FN 36
		101	11 N 128
		Ziff. 2	11 N 142, FN 315
97	11 N 77, FN 23	103 II	11 N 80

ZSG

BG über den Zivilschutz, vom 23. März 1962 (Zivilschutzgesetz), SR 520.1

Artikel	§ / Randnote / Fussnote	Artikel	§ / Randnote / Fussnote
77	4 FN 51; 10 FN 3, 153	78	10 N 94, 96, FN 153
I	3 FN 172; 6 N 223; 7 N 9, 49; 8 N 4		

BV

Bundesverfassung der Schweizerischen Eidgenossenschaft, vom 29. Mai 1974, SR 101

Artikel	§ / Randnote / Fussnote	Artikel	§ / Randnote / Fussnote
3	1 N 123	64	1 N 123
59	15 N 16, FN 15		

Sachregister

Die erste Zahl nach dem Schlagwort oder dem Strichpunkt weist auf den Paragraphen im Buch hin.

Die den Buchstaben N (= Note) und FN (= Fussnote) folgenden Zahlen bezeichnen dieselben.

Vereinzelt wird auch auf Ausführungen im Besonderen Teil (§§ 16–32) verwiesen.

A

Abfall 2 FN 84
Absicht 11 FN 267
Abwälzung des Schadens 1 N 10 ff.;
 2 N 65/66
– im voraus 12 N 4
Adäquanz, adäquat s. Kausalzusammenhang
Adhäsionsverfahren 2 N 40
Affektionswert 2 FN 8; 6 N 379
AHV, IV 11 N 240 ff., FN 293
– Regressrecht 11 N 243 ff.
– Regress- und Haftungsprivilegien 11 N 245 ff.
AIDS 6 FN 14
Aktivitätsdauer, Aktivitätstabellen 6 N 161 ff.; 11 N 198
Alt s. Differenz zwischen alt und neu
Alternative Kausalität s. Kausalität, alternative
Alternativität 11 N 300; 13 N 4
Alters- und Hinterlassenenversicherung s. AHV
Anfechtung von Vergleichen
– aufgrund von Spezialgesetzen 12 N 22 ff.
– aufgrund von OR und ZGB 12 N 45 ff.
Anrechnung
– Begriff 11 FN 304
– von privaten Unfallversicherungsleistungen auf den Haftpflichtanspruch 10 N 110; 11 N 138, 174 ff., FN 140
Anspruchskonkurrenz 10 N 20 ff.; 11 N 3, 22 ff.; 13 N 4; s. auch Solidarität
– bei Ausmietung von Arbeitskräften 10 N 23

– Ausnahmen 10 N 27 ff.
– bei direktem Forderungsrecht gegen den Haftpflichtversicherer 10 N 22
– bei (widerrechtlicher) Freiheitsentziehung 10 N 29
– bei Freistellungshaftung 10 N 28
– zwischen Haftpflichtigen 10 N 20 ff.
– bei Hilfspersonen 10 N 21
– bei mehreren Miteigentümern, Haltern usw. 10 N 23
– und Subrogation **11 N 22 ff.**
– eines Versicherers 10 N 25; 11 N 3, 22 ff.
Anspruchskumulation bei Versicherungen 11 N 3, s. Kumulation
Anwaltskosten, allg. Darstellung 2 N 28 ff.
– bei Sozialversicherung 2 N 42 f.
Arbeit, gefahrengeneigte s. gefahrengeneigte Arbeit
Arbeitnehmer s. gefahrengeneigte Arbeit, Hilfsperson, Einkommen
– landwirtschaftlicher 11 N 145 Ziff. 1
Arbeitnehmerunfallversicherung, obligatorische s. obligatorische Unfallversicherung nach UVG
Arbeitsfähigkeit, -unfähigkeit 6 N 114 ff.
– Kasuistik 6 N 185 ff.
Arbeitslosenversicherung 6 FN 184
Arzt, Haftung 3 FN 24; 5 FN 22
Atomhaftpflicht s. Bd. II/3 § 29
Aufwendungen, nutzlose 2 N 57
Ausbildungskosten 6 N 61, 63, FN 80, 84
Ausländerversicherung, vgl. Bd. II/2 § 26 N 311 ff.
Ausmietung von Arbeitskräften 10 FN 51; vgl. auch Bd. II/1 § 20 N 74 ff.
Ausserordentliche Naturvorgänge 3 N 150
Automobilschaden s. Sachschaden

739

B

Bedingungszusammenhang 3 N 61, FN 29
Bereicherung des Geschädigten, Versicherten 11 N 5, 19
Bereicherungsverbot, Anwendungsfälle: 1 N 53 f.; 2 N 79, **FN 113**; 6 N 50, FN 584; 7 N 1; 10 FN 15; 11 N 12, **19**, 39, 72/73, 77, 85, 89, 100, 149, 164 ff., 174/75, 230, 276; 13 FN 4
Berichtigungsvorbehalt s. Rektifikationsvorbehalt
Beruf des Verletzten 6 N 124 ff.
– Änderung 6 N 42, 131
– Umschulung 6 N 42, 46, **131**
Beschaffenheit, fehlerhafte 3 N 96
Bestattungskosten 6 N 252 ff.
Betriebsgefahr
– Kollision von Haftungen 9 N 1 ff.
– Manifestation der 3 N 69/70
– Regress 10 N 56, FN 102
– Ursache 3 N 69/70; vgl. auch Bd. II/2 § 25 N 345 ff.
Betriebshaftung 1 N 114 ff.; 3 N 69/70
Beweis, Beweislast 6 N 26 ff. s. auch einschlägige Stichworte wie höhere Gewalt, Kausalzusammenhang, Schaden usw.
– allgemein 1 N 150
– Beweis des ersten Anscheins 3 N 37/38
– Nicht ziffernmässig nachweisbarer Schaden 6 N 27 ff.
– Prima-facie-Beweis s. dort
– Umkehrung der Beweislast 3 FN 143
Beweiswürdigung, freie 6 N 33, FN 50; 14 N 17 ff.
– bundesrechtliche Anordnung 14 N 21 ff.
Billigkeit 7 N 48, FN 80; 10 FN 76; 14 N 6, FN 16
Bonus, Verlust des 3 FN 31
Brandassekuranz, kantonale 11 N 23, 81
Braut, Bräutigam s. Versorger, Versorgerschaden
Bruttolohn 6 N 140 ff.

C

Casum sentit dominus 1 N 10
Chômage 6 N 371 ff.
– wenn kein Ersatzfahrzeug gemietet 6 FN 574, 581
Clausula rebus sic stantibus 12 N 55 ff.

Compensatio lucri cum damno 6 FN 70/71
Conditio sine qua non 3 N 10, 15
Culpakompensation 9 N 15 ff.

D

Damnum cessans 6 FN 73
Damnum emergens 2 N 11; 6 FN 73
Deliktsfähigkeit 5 N 112 ff.
Deliktsort 15 N 18, 23, 33
Dementia praecox 6 FN 116
Dienstherr s. Arbeitnehmer, Lohn
Differenz zwischen alt und neu 6 N 360 ff.
Direktschaden 11 N 167, 234; s. auch Restforderung
Direktes Forderungsrecht 11 N 107/08, 123 ff.; s. auch Bd. II/2 § 26 N 50 ff.
– IPR 15 N 21, 28, 41
Dirnenlohn 2 N 17, FN 29; 6 N 135 ff.
Doppelversicherung 11 FN 74
Drittschaden, Liquidation des 2 FN 111
Drittverschulden 5 N 174 ff.
– Dritter 5 N 174 ff.
– Entlastungsgrund 3 N 151 ff.; 5 N 176/77
– Genugtuung 8 N 31
– Reduktionsgrund 7 N 40 ff.
– Solidarität 7 N 40
– Ursache 3 N 46, 86

E

Ehefrau, Hausfrau s. Körperverletzung, Versorger
Ehegatte s. Körperverletzung, Versorger, Versorgter
– Genugtuung 8 N 90
Ehemann s. Versorger
Eingliederungsmassnahmen 6 N 171 ff.
Einkommen 6 N 139 ff.
– Brutto- und Nettoeinkommen 6 N 140 ff.
– Hausfrauen, Hausmänner 6 N 157 ff.
– Nebeneinkommen 6 N 154; 11 N 194 ff., FN 233
– selbständiges 6 N 155/56
– Teuerung 6 N 149 ff.
– ungewöhnlich hohes 7 N 9, **49 ff.**, 59
Einmanngesellschaft 2 FN 109
Einstehen für s. Personen, für die der Haftpflichtige einstehen muss

Sachregister

Einwilligung des Verletzten s. Handeln auf eigene Gefahr
Eisenbahn, Haftung der s. Betriebshaftung, Gefährdungshaftung
Elektrizität, Anlage für s. Betriebshaftung, Gefährdungshaftung
Entgangener Gewinn 2 N 13 ff., FN 16; 6 N 380
Enthaftung s. Wegbedingung der Haftung
Entlastung, Entlastungsgründe 3 N 132 ff.
– Beweis 3 N 141
– einzelne s. höhere Gewalt, Selbstverschulden, Drittverschulden
– Intensität s. dort
– Kollision von Haftungen 9 N 7, 40
– Mehrheit von Ersatzpflichtigen 10 N 19, 84
Entstellung 6 N 172, 197 ff.; 8 N 16, 67, FN 104
Erbschaft 6 N 104, 250, 261, 276, **335**
Ereignisse, kriegerische 3 N 150
Ermessen, richterliches, allg. Darstellung 14 N 1 ff.
– Einzelfallgerechtigkeit 14 FN 5
– Genugtuung 8 N 1
– Gerechtigkeit und Rechtssicherheit 14 N 9 ff.
– Konkretisierung von Begriffen 14 N 13 ff.
– Nachteile 14 N 15
– Schadenersatzbemessung 7 N 4
Ersatzpflichtige 6 FN 5
– Mehrheit von 10 N 1 ff.
Erschwerung des wirtschaftlichen Fortkommens, Nachteile 6 N 197 ff.
Erwerbsfähigkeit, -unfähigkeit 6 N 120
Erwerbstätigkeit, rechtswidrige, sittenwidrige 6 N 135 ff.
Erziehungskosten 6 N 61, 63, 248, FN 80, 84
Ethik 1 FN 1
– und Rechtswidrigkeit 1 N 28
Exklusivität
– der Militärversicherung 11 N 234
– einer bestimmten Norm 13 N 4 ff.
Expertise s. Sachverständiger
Exzeption s. Entlastung

F

Fahrlässigkeit, allgemeine Darstellung 8 N 48 ff., s. auch Verschulden, Selbstverschulden

– Abstufungen 5 N 105 ff.
– Objektivierung 1 N 35, 5 N 63 ff., 91 ff.
– Sorgfaltspflicht 5 N 51 ff.
– Vorhersehbarkeit, Voraussehbarkeit 5 N 95
Familienhaupt, Haftpflicht des s. milde Kausalhaftung
Fehlerhafte Beschaffenheit einer Sache 3 N 96
Ferien 2 N 56
Feststellungsklage 6 N 14 ff.
Fischschaden 6 FN 550
Forderungsklage, unbezifferte 6 N 35/36
Forderungsrecht, direktes 11 N 123 ff.
Fortkommen, wirtschaftliches s. Erschwerung des
Forum delicti commissi 15 N 18
Freistellungshaftung, kausale 1 N 42, 115 ff.
Freizeichnung s. Wegbedingung
Fremdbestimmung der haftungsbegründenden Ursache 3 N 161 ff.
Frühgeburt 2 N 63
Frustration 2 FN 81

G

Gefahr s. Betriebsgefahr, Gefährdungshaftung
Gefährdungshaftung, allgemeine Darstellung 1 N 41 ff.
– Fälle, s. Bd. II/2 § 24 N 2
– Kollision von Haftungen 9 N 25 a ff.
– Konkurrenz im Regressverhältnis 10 N 21 ff.
– Prinzip 1 N 105 ff.; s. auch Bd. II/2 § 24 1 ff.
– Ursachen bei 3 N 69 f.
Gefahrengeneigte Arbeit 7 N 73 ff.; 10 N 81
Gefahrenprophylaxe s. Prävention, Schadensversicherung
Gefahrensatz 3 N 54 ff.
– und Rechtswidrigkeit 3 N 57; 4 N 44
Gefälligkeit 7 N 67 ff.
Gehörsverlust 8 N 69
Geldentwertung 6 N 149 ff., **237 ff.**, 352
Genehmigung, behördliche 5 N 101
Genugtuung, allgemeine Darstellung 8 N 1 ff.
– Abtretbarkeit 8 N 44
– Angehörige 8 N 76
– Anspruchsberechtigung 8 N 57, 83 ff.

741

- Begriff 8 N 1
- Bewusstlosigkeit 8 FN 38, 96
- Beziehungen 8 N 81, FN 124, 127
- eheliches Güterrecht 8 N 49
- Empfinden von Unrecht 8 N 12
- Entstehung 8 FN 11
- Entstellung 8 N 67
- Gehörsverlust 8 N 69
- Geschwister 8 N 87
- Gestalt 8 N 102/03
- Heiratschancen, Verminderung der 8 FN 110
- immaterielle Unbill 8 N 10 ff., 59, 81/82
- Kasuistik 8 N 78 ff., 101
- Konkubinatspartner 8 N 84 ff.
- Körperverletzung 8 N 56 ff.
- Kriminalfälle 8 N 50; Kasuistik 8 N 50 a
- Mehrheit von Ersatzpflichtigen 8 N 43; 10 N 8
- Nicht-Angehörige 8 N 99 f.
- bei obligatorischer Unfallversicherung 11 N 196
- Persönlichkeitsrecht 8 N 3, 13, FN 37
- Pflegeeltern 8 FN 142
- Quantitativ 8 N 24 ff., 61, 88 ff.
- Quotenvorrecht 8 N 55
- Sachschaden 8 N 40
- Satisfaktion 8 N 11
- Schadenersatzrecht, Verhältnis zum 8 N 10, FN 70, 82
- Schadenszins 8 FN 91
- Schock eines Augenzeugen 8 N 73 ff.
- Selbstverschulden 8 N 41/42
- sexueller Missbrauch 8 N 72; Kasuistik 8 N 50a
- Solidarität, Regress 8 N 43, FN 83; 10 N 8
- Sozialversicherer 8 N 51 ff.
- Sühnegedanke 8 N 8
- Tarifierung 8 FN 10
- tätige Reue 8 N 39
- Trost 8 N 16, 21
- Unfallversicherung, obligatorische 8 N 51 ff.
- Vererblichkeit 8 N 45 ff.
- Verkürzung der Lebenserwartung 8 N 71
- Verschulden 8 N 7 ff.
- Versicherer 8 FN 22
- Verzeihung 8 N 35 ff.
- Voraussetzungen 8 N 1
- Wesensveränderung 8 N 70
- Zeitpunkt für die Bemessung 8 N 33/34
- Zwangsvollstreckung 8 N 104

Gerichtsstand s. Rechtsfragen und Tatfragen, Zuständigkeit
- forum delicti commissi s. dort

Gesamtursache s. Ursache

Geschäftsführung ohne Auftrag 1 N 144 ff.

Geschichte des Haftpflichtrechts 1 N 86 ff.

Gesetz, Haftung aus Gesetz beim Regress 10 N 50 ff.

Gesetzeskonkurrenz 13 N 4

Gewalt s. höhere Gewalt

Gewinn s. entgangener Gewinn
- unerlaubter s. unerlaubter Gewinn
- unsittlicher s. unsittlicher Gewinn

Gewöhnliche Kausalhaftungen s. milde Kausalhaftungen

Gliedertaxen 6 FN 180

Grundbegriffe 1 N 22 ff.

Gute Sitten 14 FN 29; vgl. auch Bd. II/1 § 16 N 191 ff.

H

Haftpflichtrecht
- Begriff, Anwendungsbereich 1 N 5 ff.
- Einheitlichkeit, Uneinheitlichkeit 1 N 72
- faktische Grundlagen, praktische Bedeutung 1 N 86 ff.
- Gestalt 1 N 10 ff.
- pönale Funktion 1 N 34
- Revision 1 N 84 f.
- als richterliches Recht 1 N 7
- tragende Ideen 1 N 13
- Vereinheitlichung 1 N 75 ff.
- Versicherung als Ersatz 1 N 140; 11 N 312

Haftpflichtversicherung, allgemeine Darlegung 1 N 139; 11 N 97 ff.
- direktes Forderungsrecht ohne Obligatorium 11 N 123
- freiwillige 11 N 104 ff.
- Natur 11 N 97 f.
- obligatorische 11 N 104 ff.
- Pfandrecht 11 N 107 ff.
- Regress 11 N 99 ff.

Haftung, Arten
- für fremdes Verhalten 1 N 109; 5 N 43; 7 N 28
- für Organe 1 N 110; 5 N 41

Haftungsgründe 1 N 22 ff.

Haftungskollision s. Kollision
von Haftungen
Haftungsprinzipien oder -gründe
1 N 22 ff.
Haftungsprivileg 10 FN 132; 11 N 53 ff.,
212 ff., FN 259, s. auch Regress
- AHV/IV 10 N 107 ff.; 11 N 245 ff.
- Arbeitgeber 10 N 115; 11 N 218
- Berufsunfälle 11 N 221
- des Bundes bei Schädigung von
Militärpersonen 11 N 239
- der Familienangehörigen bei Schadens-
versicherung 10 N 104 ff.
- identische Schadensposten 11 N 224
Handeln auf eigene Gefahr 5 N 147/48;
7 N 30
Handlungsfreiheit 11 FN 207
Hausfrauen, Hausmänner 6 N 157 ff.
Häusliche Gemeinschaft 11 N 53, 215 ff.
Heilungsdauer, neuerliche Schädigung
3 FN 132
Heilungskosten 6 N 110, 256; 11 N 14 ff.
- Versicherung 11 FN 169
Herabsetzungsgründe 7 N 1 ff.
Hilfspersonen, Haftung für 1 N 109;
3 N 46, 154; 5 N 43; 7 N 28
- Haftung **der** Hilfspersonen 10 N 21
- IPR 15 N 9
- Kollision von Haftungen 5 N 154 ff.;
9 N 21
- nicht Dritte im Sinne des Drittver-
schuldens 5 N 174 ff.
- obligatorische Unfallversicherung /
Haftungsprivileg 11 N 225
- Verschulden der ... als Selbstverschul-
den 5 N 155
- vertraglich / ausservertraglich 12 N 8
- Wegbedingung 12 N 6 ff.
Höhere Gewalt 3 N 142 ff.
Humanität 1 N 21

I

Identität der Schadensposten 11 N **43 ff.,
185 ff.**, 304
- bei Regress des Schadensversicherers
11 N 43 ff.
- in persönlicher Hinsicht 11 FN 220
- bei Regress des UVG-Versicherers
11 N 185 ff.
Immaterielle Unbill s. Genugtuung
Immissionen 15 N 37

Inadäquanz, inadäquat s. Kausalzusam-
menhang
Indexierung 6 N 151
Indiz s. Beweis
Inflation s. Geldentwertung
Integritätsentschädigung
11 N 192 ff., 232
Integritätsschaden 6 N 197 ff.
Intensität s. Entlastungsgrund
- immaterielle Unbill s. Genugtuung
- Kausalzusammenhang s. dort
Interesse 2 N 21
Internationales Privatrecht (IPR), allg.
Darstellung 15 N 6 ff.
- Ausländerversicherung s. Bd. II/2
§ 26 N 311 ff.
- Bestimmung des anwendbaren
nationalen Rechts 15 N 30 ff.
- direktes Forderungsrecht 15 N 41
- Handlungsort, Erfolgsort 15 N 18, 21,
25, **33**
- internationale Verhältnisse gemäss
IPRG 1 15 N 6 ff.
- LugÜ 15 N 22 ff.
- Mehrheit von Ersatzpflichtigen
15 N 38 ff.
- örtliche Zuständigkeit 15 N 16 ff.
- vertragliche / ausservertragliche
Haftung 15 N 3, 24, 36
- Staatsverträge 15 N 18, FN 2
Invalidenversicherung (IV) 11 N 240 ff.
Invalidität s. Körperverletzung
Iura novit curia 13 N 5

J

Jagd s. Gefährdungshaftung
Juristische Person s. Organe

K

Kantonales Recht 1 N 123 ff.
- Regress nach ... 11 N 80
- Versicherungen 11 N 106, 145
Kapital, Kapitalisierung 6 N 20 f., 162 ff.,
204 ff.
- Genugtuung 8 N 47, 102
- Versorgungsleistungen aus Kapital-
ertrag 6 N 311
- Körperverletzung 6 N 150
- Steuer 6 N 289 ff.
- Tötung 6 N 304 ff., 346 ff.
- UVG-Rente 11 N 197

Kapital-Ersatz 6 N 346 ff.
Kaskadenhaftung 10 N 50
Kasuistische Methode 1 FN 8
Katastrophenschäden 1 N 90 ff.
Kausale Freistellungshaftung 1 N 42, 115 ff.
Kausalhaftung, allgemeine Darstellung 1 N 37 ff., 105 ff.
– de lege ferenda 1 N 126 f.
– gestützt auf kantonales Recht 1 N 123
– gestützt auf Polizeierlaubnis 1 N 124
– Gefährdungshaftung s. dort
– gewöhnliche s. milde Kausalhaftungen
– Haftung für fremdes Verhalten 1 N 109 f.
– Haftung für menschliches Verhalten 3 N 67
– Haftung für Zufall 1 N 111; 3 N 65
– Kategorien der Kausalhaftung 1 N 114 ff.
– Kollision 9 N 10, 22, 28, **40**
– Regress 10 N 51, FN 99
– Schadenersatzbemessung s. dort
– Ursachen bei ... 3 N 65 ff.
– Vereinheitlichung 1 N 72 ff.
– Widerrechtlichkeit 4 N 1 ff.
Kausalität s. Kausalzusammenhang
– alternative 3 N 109, **116 ff.**, 131; 6 FN 13, 15
– gemeinsame 3 N 85
– hypothetische 3 FN 101, 135; 6 N 10 ff., FN 12
– konkurrierende 3 FN 79, 86
– kumulative 3 N 109, 129; 6 FN 13
– überholende 3 FN 135; 6 N 10 ff., FN 12/13
Kausalzusammenhang, allgemeine Darstellung 3 N 1 ff.
– Adäquanz, adäquat 3 N 14 ff.
– Adäquanz der Zwischenglieder 3 N 17
– Alles-oder-nichts-Prinzip 3 N 40 ff.
– Beweis 3 N 34 ff.
– Beweislast 3 N 35
– Funktion 3 N 2 ff., 20
– Inadäquanz, inadäquat 3 N 133 ff.
– Intensität des ... 3 N 24 ff.
– Kasuistik 3 N 28
– natürlicher 3 N 11
– Prima-facie-Beweis 3 N 35
– Regress 10 N 45 ff.; 11 N 65
– Schaden 3 N 2 ff.
– Teilursachen 3 N 63/64, 79 ff.
– Unterlassung s. dort
– Unterbrechung 3 N 132 ff.

– Vorteilsanrechnung 6 N 54 ff., 102
– Vermutung 3 N 41
– Wahrscheinlichkeitsbeweis bei Unterlassung 3 N 62
– Ursachenkonkurrenz 3 N 79 ff.
Kind
– aussereheliches 6 N 271 FN 409
– Frühgeburt 2 N 63
– Genugtuung 8 FN 139
– Körperverletzung der schwangeren Mutter führt zu Schädigung des später geborenen Kindes 6 N 108
– nasciturus 6 N 271; 8 FN 139
– non dum conceptus, Schädigung durch Körperverletzung der Mutter 6 N 108
– posthumes 6 N 271
– Scheidungskind 8 N 96
– Totgeburt 6 N 245
– unerwünschtes s. unerwünschtes Kind
– Urteilsunfähigkeit s. dort
– Versorger s. dort
– versorgtes 6 N 271
Kollektivgesellschaft 1 N 110
Kollektivhaftung 1 N 135 ff.
Kollektivversicherung 1 N 135/36
Kollision
– von Normen 13 N 4 ff., 20 ff., 42 ff.
– von Haftungsarten 9 N 4
Kollision von Haftungen, allgemeine Darstellung 9 N 1 ff.
– Betriebsgefahren 9 N 19, 28 ff., 37
– Eisenbahn-/Motorfahrzeughaftpflicht 9 N 33/34
– elektrische Anlagen 9 N 35/36
– Gefährdungshaftungen allgemein 9 N 28 ff.
– Gefährdungshaftungen mit gewöhnlichen Kausalhaftungen 9 N 40 ff.
– Gefährdungshaftungen mit Verschuldenshaftung 9 N 39
– gewöhnliche Kausalhaftungen 9 N 43 ff.
– Hilfspersonen 5 N 154 ff.; 9 N 21
– «Kuchenprinzip» 9 FN 15
– mehr als zwei Beteiligte 9 N 48 f.
– Motorfahrzeuge 9 N 32
– Quoten 9 N 23 ff.
– Schadenersatzbemessung 9 N 8, 15, 37
– Schadensversicherer 9 N 56 ff.
– selbständiger Vertragspartner, Mitwirkung des ... 9 N 22
– Selbsttragung des eigenen Schadens 9 N 28
– Tatbestände 9 N 25 a ff.

Sachregister

- Verschuldenshaftung 9 N 25a
- Vertragshaftung 9 N 50 ff.
- vertragliche Ordnung der Haftung 9 N 59

Kombinierte Versicherung 11 N 14
Kommanditgesellschaft 1 N 110
Kompensationstheorie s. Neutralisationstheorie
Kongruenzgrundsatz s. Identität der Schadensposten
Konkubinat s. Versorgerschaden
Konkurrenz s. Anspruchskonkurrenz, Mehrheit von Ersatzpflichtigen, Regress, Solidarität
- Gesetzeskonkurrenz 13 N 4
- Ursachenkonkurrenz 3 N 79 f.
- vertragliche und ausservertragliche Haftungsgründe **13 N 42 ff.**, 51 ff., 54, 56 ff., 60

Konstitutionelle Prädisposition 3 N 95 ff.; 7 N 37/38
Kontrakt, kontraktlich s. Vertrag, vertraglich
Kontrolle, behördliche 5 N 101
Konzession 1 N 124
Körperschaden s. Körperverletzung, Tötung, Schaden, Schadensberechnung
Körperverletzung, allgemeine Darstellung 6 N 89 ff.
- abstrakte oder konkrete Berechnung des Schadens 6 N 115
- Arbeitsunfähigkeit 6 N 115 ff., Beginn 6 N 168
- Anspruchsberechtigte 6 N 104 ff.
- Auswirkungen 6 N 114 ff., 122, 169, 289 ff.
- Begriff 6 N 94 ff.
- Beruf des Verletzten 6 N 124 ff.
- Berufswechsel 6 N 131
- Dauer des Verdienstausfalles 6 N 161
- Einkommen s. dort
- Ehefrau, Hausfrau (-mann) 6 N 157 ff.
- Erschwerung des wirtschaftlichen Fortkommens 6 N 197 ff.
- Erwerbstätigkeit, rechtswidrige 6 N 135 ff.; sittenwidrige 6 N 138; s. auch Dirnenlohn
- Erwerbsunfähigkeit 6 N 120
- Genugtuung 8 N 56 ff.
- Gestalt des Schadenersatzes 6 N 203 ff.
- Hauspflege 6 N 149
- Hirnschädigung 6 N 178 ff.
- Invalidität 6 N 121
- Kasuistik 6 N 185 ff.

- Neurosen 6 N 95 ff.
- Operation, Kur 6 N 171 ff.
- paariges Organ 6 N 169 f.
- Rentenschaden 6 N 191 ff.
- Schaden, Unfall: Verhältnis 6 N 92
- Schadensposten 6 N 103 ff.
- Spitalabteilung 6 FN 148
- Spitalkosten 6 FN 148
- Teuerung 6 N 149 ff., 237 ff.
- Tier s. dort
- tödlicher Ausgang 6 N 244, 256 ff.
- Umschulung 6 N 131 ff.
- Verdienstausfall 6 N 115

Kosten 6 N 110 ff.
- unnötige 6 N 43
- für Unterhalt, Erziehung und Ausbildung 6 N 61

Krankenkassen 11 N 147 ff.
Krankenversicherung, private 11 FN 166
Krankheit 3 FN 81
Kriegerische Ereignisse 3 N 150, FN 174
Kumulation 10 N 25, FN 71, 157; 11 N 3 ff., 14, 19, 100, 130 ff., 149, 276, 300, FN 316, 325; 13 FN 4

L

Landwirtschaftliche Arbeitnehmer 11 N 145
Lebenserwartung 6 N 182 ff.
- Genugtuung 8 N 64

Lebensversicherung 11 N 133 f.
Legalzession s. Regress, Subrogation
Leistungskategorien 11 FN 56, 185 ff.
Lex loci delicti s. Deliktsort
Lex specialis derogat legi generali s. Exklusivität
Lohn s. Einkommen
Lohnfortzahlungspflicht 6 N 69, 105; 10 N 126 ff., FN 167
Lucrum cessans 2 N 13 ff., FN 16; 6 N 380
Lucrum emergens 6 FN 73
Luftfahrzeug s. Betriebshaftung
Luxusgegenstand 6 FN 68

M

Massenschäden s. Katastrophenschäden
Mehrheit von Ersatzpflichtigen, allg. Darstellung 10 N 1 ff., s. auch Regress, Solidarität
- Entlastungsgründe 10 N 19, 84

745

Sachregister

- gemeinsames Verschulden 10 N 3
- Genugtuung 10 N 8
- im internationalen Privatrecht 15 N 38 ff.
- Kausalität 10 N 1 ff., FN 10
- Tatbestände 10 N 21 ff., 85 ff.

Mehrheit von Haftungsgründen in der Person des Haftpflichtigen 13 N 1 ff., FN 1
- Gefährdungshaftung aus dem Betrieb einer Anlage 13 N 32
- Hilfspersonen 13 N 31
- IPR 13 N 54
- Kausalhaftung mit zusätzlichem Verschulden des Haftpflichtigen 13 N 17
- Kollision verschiedener Kausalhaftungen 13 N 20 ff.
- Kollision vertraglicher und ausservertraglicher Haftungsgründe 13 N 42 ff., 68 a ff., FN 53
- Modifikation der Haftungsvoraussetzungen durch Vertrag 13 N 69 ff.
- Nebenbestimmungen 13 N 12 ff., FN 13
- positive Vertragsverletzung 13 N 47, FN 65
- Wegbedingung oder Beschränkung der Haftpflicht 13 N 59 ff.

Methode, Methodologie 14 N 1 ff.
Mietvertrag 13 N 45
Milde Kausalhaftungen 1 N 105 ff., 114
- Kollision von Haftungen s. Inhaltsverzeichnis § 9
- Regress s. Inhaltsverzeichnis § 10

Militärversicherung, allg. Darstellung 11 N 229 ff.
- Exklusivität 11 N 234
- Genugtuung 11 N 232
- Haftpflicht nach SVG, LFG 11 N 230
- kein Haftungsprivileg 11 N 238
- Integritätsentschädigung 11 N 232
- Quotenvorrecht/Quotenteilung 11 N 231
- Restforderung 11 N 234
- Sachschaden 11 N 235
- Subrogation 11 N 230

Minderwert 6 N 370
Mitursache s. Ursachen
Mitverschulden s. Verschulden
- Terminologie 17 FN 27

Moralischer Schaden 8 FN 6
Motorfahrzeug s. auch Automobilschaden
- ausländisches s. Ausländerversicherung, IPR

- Haftung allgemein s. Betriebshaftung, Gefährdungshaftung
- IPR 15 N 8
- Vergleich s. dort
- Wegbedingung der Haftpflicht s. dort

N

Nachklagevorbehalt s. Rektifikationsvorbehalt
Nachteile, nicht finanzielle s. Schaden, nicht-finanzielle Nachteile
Naturalrestitution 2 N 85 ff., 96 ff.; 6 N 78
Naturvorgänge, ausserordentliche 3 N 150
Nebenverdienst 11 N 194 ff., FN 233
Nemo subrogat contra se 11 N 45, 85, 200
Nettolohn 6 N 140 ff.
Neurosen 6 N 95 ff.
Neutralisationstheorie 7 N 27; **9 N 15 ff.**
- bundesgerichtliche Rechtsprechung 9 FN 20

No-fault-system s. Versicherung, 1 N 140; 11 N 312
Non dum conceptus, Schädigung durch Körperverletzung der Mutter 6 N 108
Normzwecklehre 3 N 32
Notbedarf 11 N 309
Notlage des Haftpflichtigen 7 N 49 ff.; 10 N 100
Nutzlos gewordene Aufwendungen 2 N 57

O

Objektive Schadensberechnung s. Schadensberechnung
Objektivierung der Fahrlässigkeit (des Verschuldens) 1 N 35; 5 N 63 ff.
- des Selbstverschuldens 5 N 146

Obligatorische Unfallversicherung für Motorradfahrer 11 FN 151
Obligatorische Unfallversicherung nach UVG, allg. Darstellung 11 N 155 ff.
- Berufskrankheiten 11 N 155
- de lege ferenda 11 N 307 ff.
- Haftpflichtprivileg von UVG 44, Verschulden einer Hilfsperson 11 N 225
- Identität der Schadensposten 11 N 185 ff.
- Integritätsentschädigung 11 N 192
- Quotenvorrecht 11 N 184, 202
- Personen- oder Schadensversicherung 11 N 157

Sachregister

- private Versicherung 11 N 173
- Regress s. Inhaltsverzeichnis § 11
- Restforderung s. Direktschaden
- Subrogation 11 N 159 ff.
- Unanwendbarkeit von OR 51 11 N 160
- Verzicht auf Haftpflichtleistungen 11 N 163 ff.
- Zeitpunkt der Subrogation 11 N 180/81

Obligatorische privatrechtliche Unfallversicherungen 11 N 143 ff.

Öffentliches Recht
- Anwendung der haftpflichtrechtlichen Begriffe und Regeln 1 N 8
- Haftung des Bundes für Militärpersonen, Haftung für Zivilschutzunfälle 1 N 45 ff., vgl. auch Bd. II/3 § 32
- kantonales Recht, Polizeirecht, Konzession 1 N 123 ff.
- kausale Freistellungshaftung 1 N 115 ff.
- Versicherung nach öffentlichem Recht 11 N 146 ff.

Ökonomische Analyse 1 N 51 ff.

Operation
- Zumutbarkeit 6 N 40, 171 ff.

Organe, Haftung für 1 N 110

P

Pensionskassen, allg. Darstellung 11 N 252 ff.
- Beitrags- und Leistungsprimat 11 FN 310
- kantonalrechtliche und private Pensionskassen 11 N 295 ff.
- Pensionskassen des Bundes 11 N 286 ff.
- Quotenvorrecht 11 N 280 ff.
- Regress für Sparprämie 11 N 256 ff., 270
- Tod eines Pensionierten 6 FN 482; 11 N 305, FN 77, 327, 369
- zeitliche Begrenzung des Regresses 11 N 272 ff.

Personen, für die der Haftpflichtige einstehen muss
- Hilfspersonen s. dort
- nicht Dritte 5 N 174 ff.
- Selbstverschulden 5 N 146

Personenschaden s. Körperverletzung, Schaden, Schadensberechnung, Tötung

Personenversicherung private 11 N 12, 127 ff.
- Ausschluss des Regresses 11 N 141
- Begriff 11 N 127
- als Schadensversicherung 11 FN 138
- Schadens- oder Summenversicherung? 11 FN 139, 150
- Ausnahme vom Grundsatz der Nichtanrechnung 11 N 138

Persönlichkeitsrecht 8 N 10, 13, 75 ff., FN 12, 31, 37, 82, 122, 124, 127

Perte d'une chance 3 N 43

Pfandrecht s. Haftpflichtversicherung

Pfändung s. Zwangsvollstreckung

Polizeirecht, Polizeierlaubnis 1 N 123 ff.; 5 N 98

Positive Vertragsverletzung 13 N 47

Prädisposition s. konstitutionelle Prädisposition

Präjudizialität 10 N 83

Praktikabilität des Rechts 1 N 70 ff.

Prävention 1 N 19 ff., 53 ff., 61 ff., 142

Prima-facie-Beweis 3 N 37/38, 62

Priorität des Geschädigten s. Quotenvorrecht

Privileg s. Haftungsprivileg, Regressprivileg
- nach VVG 72 III 11 N 53 ff.
- nach UVG 44 11 N 179, 196, **212**

Prophylaxe s. Prävention

Proportionalität zwischen Verschulden und Haftpflicht 7 N 11

Prothese 6 N 110, FN 107, 153

Provokation 7 FN 119

Psychische Beeinträchtigung s. Trauma, psychisches
- Genugtuung 8 N 61

Punitive damages 8 FN 19

Q

Qualitative/quantitative Veränderung 3 N 80; 10 N 10 ff.

Quotenteilung 11 N 209 ff.

Quotenvorrecht 11 N 184, **202 ff.**
- beim Regress von Pensionskassen 11 N 280 ff.
- fiktives 11 FN 251

R

Reallohnerhöhung 6 N 147, 238

Rechtmässiges Verhalten 3 N 48 ff., s. auch Widerrechtlichkeit

Rechtsempfinden 1 N 4, FN 3, 6

747

Rechtsfragen (prozessrechtliche Bedeutung) **und Tatfragen**
- Arbeitsunfähigkeit 6 N 134, FN 40, 188
- Beweiswürdigung 14 N 17 ff.
- Ermessen s. dort
- Kausalzusammenhang 3 N 18
- Schadensberechnung 6 N 134
- Wiederverheiratung 6 N 324/25

Rechtsfriede 1 N 18
Rechtspositivismus 14 N 2 ff.
Rechtsvereinheitlichung, internationale 1 N 154 ff.
Rechtsvergleichung 1 N 153
Rechtswidrigkeit s. Widerrechtlichkeit
Rechtswidrigkeitszusammenhang 3 FN 35
Reduktionsgründe, allg. Darstellung 7 N 1 ff.
- sind von Amtes wegen zu berücksichtigen 7 N 7
- Drittverschulden 7 N 40 ff.
- gefahrengeneigte Arbeit 7 N 73 ff.
- Gefälligkeit 7 N 67 ff.
- sind vom Geschädigten zu beweisen 7 N 2
- Intensität des Kausalzusammenhanges 7 N 45
- Konstitutionelle Prädisposition 3 N 95 f., 7 N 37 f.
- Mangel der beschädigten Sache 7 N 39
- Notlage des Haftpflichtigen 7 N 49 ff.
- Selbstverschulden 7 N 13 ff.
- Schutzmassnahmen des Haftpflichtigen, ausserordentliche 7 N 71
- Strassenbenützer, nicht motorisierte 7 N 76
- ungewöhnlich hohes Einkommen des Geschädigten 7 N 59 ff.
- Umstände 7 N 64 ff., FN 119
- soziale und wirtschaftliche Verhältnisse 7 N 72

Reflexschaden 2 N 72 ff.
Reflexwirkung 6 N 260 ff.
Regress, allg. Darstellung 10 N 45 ff., 11 N 15 ff.
- AHV/IV **11 N 243 ff.**
- Haftpflichtversicherer 11 N 99 ff.
- Haftungsprivilegien 10 N 97 ff.
- Identität der Schadensposten 11 N 185 ff.
- kantonale Regelung 11 N 80 f.
- Kongruenzgrundsatz 11 N 185
- Motorfahrzeughalter 10 N 56
- Obligatorische Arbeitnehmerunfallversicherung **11 N 159 ff.**, 170
- der kantonalrechtlichen und privaten Pensionskassen 11 N 296 ff.
- Präjudizialität des Haftpflichtprozesses für den Regressprozess 10 N 83
- prozessuales 10 N 77/78
- Regressprivileg 11 N 53, 251, 283, **FN 259**; der AHV/IV 11 N 245 ff.
- Rettungskosten 11 N 83
- Sachversicherer 11 N 82 ff., 90 ff.
- Solidarität im Innenverhältnis mehrerer Regressschuldner 10 N 45 ff., 79/80
- Streitverkündung 10 N 77/78
- Tatbestand s. Inhaltsverzeichnis § 10
- des Versicherers aus Anspruchskonkurrenz **11 N 65 ff.**
- Umfang 11 N 82
- Vergleich 11 N 50 ff.
- Verjährung 10 N 82; 11 N 16
- Verkürzung des Regressrechts 11 N 47 ff.
- vertragliche Haftung 11 N 74
- vertragliche Regelung 10 N 90; 11 N 77
- Vorwegtragung eines Regressanteils 10 FN 102
- setzt Zahlung voraus 10 N 75/76; 11 N 82
- Zession s. dort

Regressabkommen s. Teilungsabkommen
Regressprivileg 11 N 53, 251, 283, **FN 259**; der AHV/IV 11 N 245 ff.
Rektifikationsvorbehalt 6 N 18, 222 ff.
- Genugtuung 6 N 232
- Körperverletzung 6 N 223
- Sachschaden 6 N 386
- Tötung 6 N 251

Relatives Recht 4 N 32 ff.
Relativität
- der Entlastungsgründe 3 N 138 ff., **144**, 153 ff., **159**
- der Urteilsfähigkeit 5 N 118 ff.

Rente, allg. Darstellung 6 N 204 ff.
- aufgeschobene 6 N 212
- Genugtuung 8 N 47, 102 f., FN 146
- Kapitalisierungszinsfuss 6 N 150, 220
- Verbindungsrente 6 N 306
- Sicherstellung 2 N 93; 6 N 207

Rentenschaden 6 N 191 ff.; 11 FN 240, 295, 337
Reparatur s. Sachschaden
Restforderung s. auch Direktschaden
- nach VVG 6 N 53
- Militärversicherung s. dort
- obligatorische Unfallversicherung s. dort
- Pensionskasse 6 N 281, FN 96

Rettungskosten 6 N 377; 11 N 83
Rettungspflicht 7 N 18
Revision 6 N 237
Rohrleitungsanlage s. Betriebshaftung, Gefährdungshaftung
Rückgriff s. Regress

S

Sachschaden, allg. Darstellung 6 N 354 ff., s. auch Schaden, Schadensberechnung
- Affektionswert s. dort
- Anspruchsberechtigung 6 N 383
- Automobilschaden 6 N 357 ff.
- Begriff 2 N 60/61
- Berechnung, objektive 6 N 356, subjektive 6 N 357 ff.
- Besitz, unselbständiger, Aktivlegitimation 6 N 383
- Chômage s. dort
- Minderwert 6 N 370 ff.
- Nutzungsausfall s. Chômage
- Reparatur 6 N 366 ff.
- Reparatur oder Ersatz 6 N 367 ff.
- Rettungskosten 6 N 377 ff.
- Rettungspflicht s. dort
- zerstörte oder verlorene Sache 6 N 360 ff.
- Tiere 6 FN 8
- Unfallversicherung, obligatorische 11 N 196
- Wertpapiere 6 FN 7
- Wertunterschiede an verschiedenen Orten 6 N 382
- Wertvermehrungen, -verminderungen zwischen Unfall und Urteil 6 N 380 f.

Sachversicherung 11 N 10, FN 138
Sachverständiger
- medizinischer 6 N 127
- anderer 6 N 127

Saldoquittung 12 N 46, FN 28, 66
Schaden, allg. Darstellung 2 N 1 ff.
- Arten 2 N 60
- Begriff 2 N 2 ff.
- Berechnung s. Schadensberechnung
- Beweis 6 N 26 ff.
- casum sentit dominus 1 N 10
- nicht-finanzielle Nachteile 2 N 56 ff.
- Funktion 2 N 62 ff.
- gegenwärtiger 6 N 4 ff.
- künftiger oder hypothetischer 6 N 118 f.
- immaterieller 8 N 10 ff.
- im Rechtssinne 2 N 2/3
- Kausalzusammenhang 3 N 3
- Personenschaden 2 N 60; 6 N 89 ff., 242 ff.
- Sachschaden s. dort
- sekundärer 3 FN 132
- «sonstiger» 2 FN 83
- übriger 2 FN 83
- unmittelbarer, mittelbarer 2 N 26
- unbezifferte Forderungsklage 6 N 35 f.
- Verhältnis zur Körperverletzung, Unfall 6 N 92
- eines Versicherers 11 N 67 ff., 275
- weiterer 2 FN 83
- nicht ziffernmässig nachweisbarer 6 N 27 ff.
- zukünftiger 6 N 4 ff.

Schäden, Ausmass, ökonomische Aspekte 1 N 51 ff.
Schadenersatz, allg. Darstellung 2 N 65 ff.
- Begriff 2 N 65 f.
- Bemessung s. Schadenersatzbemessung
- Gestalt 2 N 85 ff.; 6 N 203 ff., 214 ff., 346 ff.
- Geldersatz 2 N 89 ff.
- Naturalrestitution 2 N 96 ff.
- Kapitalform 6 N 209 ff.
- Reduktion s. Schadenersatzbemessung
- Rentenform 6 N 204 ff.
- Rente oder Kapital 6 N 214 ff.
- Subjekt 2 N 67 ff.
- Umfang 2 N 78 ff.

Schadenersatzbemessung, allg. Darstellung 7 N 1 ff., s. auch Reduktionsgründe
- Begriff 1 N 7 ff.
- Funktion 2 N 80
- Kollision von Haftungsarten 9 N 8
- summenmässige Begrenzung 7 N 78 ff.
- Verschulden 5 N 1 ff.
- Zufall, mitwirkender 3 N 63 ff.
- zusätzliches Verschulden 5 N 6; 9 N 10

Schadenminderungspflicht 6 N 37 ff.; 7 N 16
Schadensberechnung, allg. Darstellung 2 N 24; 6 N 1 ff.
- abstrakte 6 N 115, FN 168, 172, 180, 189, 539
- Beweis 6 N 26 ff.
- konkrete/abstrakte 6 N 115
- Körperverletzung 6 N 94 ff.
- Kosten s. dort
- Methode 6 N 1 ff.

749

- objektive 2 N 22; 6 N 356
- Ort 6 N 382
- Sachschaden s. dort
- subjektive 2 N 20; 6 N 357 ff.
- Tötung s. dort
- Umschulung 6 N 42
- Vorteilsanrechnung 6 N 49 ff.
- Zeitpunkt 6 N 19 ff.
- Zins 6 N 23 ff.

Schadensgeneigte Arbeit s. gefahrengeneigte Arbeit

Schadensposten, identische 11 N 43, 224, FN 220

Schadensversicherung, allg. Darstellung 11 N 9 ff.
- Abgrenzung von der Personenversicherung 11 FN 139, 150
- Anspruchskonkurrenz 11 N 31 ff.
- Begriff 11 N 9 ff.
- Identität der Schadensposten 11 N 43 ff.
- kantonale Versicherung 11 N 80/81, 295 ff.
- Personenversicherung als Schadensversicherung 11 N 130 ff.
- Regress 11 N 15 ff.
- Schadensprävention 1 N 19
- Schadenszins 6 N 25 FN 35
- Subrogation s. dort
- Verschulden als Voraussetzung des Regresses 11 N 35 ff.
- Zession 10 N 92; 11 N 77 ff.

Schädigung 6 FN 55
- gegenseitige 9 N 1 ff.
- vorgeburtliche 6 N 108

Schätzung
- des Schadens 6 N 27
- des Vorteils 6 N 85

Scheidungskind 8 N 96

Schiffsbesatzungen 11 N 145

Schmerzensgeld s. Genugtuung

Schulderlass 10 N 41

Schuldloses Verhalten 10 N 52, s. auch Urteilsunfähigkeit

Schuldzusammenhang 3 N 31

Schutzmassnahmen 3 N 54 ff.; 4 N 41; 5 N 86 ff.
- Prävention s. dort
- Schadenersatzreduktion 7 N 15
- Selbstverschulden 5 N 146 ff.
- vertragliche Pflicht 13 N 47

Sektorielle Verteilung 9 N 12 ff.; 11 N 65 ff.
- Haftung aus Vertragsverletzung und aus Versicherungsvertrag 11 N 74

Selbstmord 3 N 72, 154

Selbsttragung des eigenen Schadens 9 N 22, **28**
- casum sentit dominus s. dort

Selbstverschulden, allg. Darstellung 5 N 137 ff.; 7 N 13 ff.
- Arten 5 N 153
- Begriff 5 N 146
- Entlastungsgrund 3 N 151 ff.
- Funktion 5 N 142
- Genugtuung 8 N 41/42
- Handeln auf eigene Gefahr 5 N 147 f.; 7 N 30
- Hilfsperson 5 N 154 ff.; 7 N 28
- Kasuistik 7 N 32
- Kausalität 7 N 14
- Rechtsvorgänger 5 N 161
- Reduktionsquote 7 N 21 ff.
- Schadenersatzreduktion 7 N 13 ff.
- Selbstverschuldensabzug trotz Urteilsunfähigkeit 5 N 164 ff.; 7 N 31
- Urteilsfähigkeit s. dort
- Versorger 5 N 160
- Widerrechtlichkeit 5 N 140

Sicherstellung, Rente 2 N 93; 6 N 207

Skilift 11 N 104

Solidarität, allg. Darstellung 3 N 83 ff.; 10 N 10 ff.
- alternative Kausalität 3 N 109, **116 ff.**; 6 FN 13, 15
- Anspruchskonkurrenz 10 N 20
- Ausnahmen 10 N 27 ff.
- echte/unechte 10 N 14 ff.
- Genugtuung 8 N 43, FN 83; 10 N 8
- herrschende Interpretation von OR 50/51, SVG 60 II 10 N 49 ff.
- hypothetische Kausalität 3 FN 101, 135; 6 N 10 ff., FN 12
- Innenverhältnis, Regress 10 N 45 ff.
- Innenverhältnis, Versuch einer befriedigenden Lösung 10 N 65 ff.
- kumulative Kausalität 3 N 109, 129; 6 FN 13
- Regress s. dort
- Solidarschuldner, Leistung des einen befreit alle 10 N 35
- Tatbestände 10 N 21 ff.
- bei externer Teilhaftung eines von mehreren Ersatzpflichtigen 10 N 33
- Ursachenlehre 3 N 83 ff.
- Vergleichsvertrag mit einem Solidarschuldner 10 N 37 ff.
- Verjährung 10 N 43

– Versicherung des Geschädigten durch einen Haftpflichtigen 10 N 102/03
Sorgfalt 5 N 35, 50 ff., 140
Soziale, wirtschaftliche Verhältnisse 1 N 15, 129 f.; 7 N 72
Sozialversicherung 1 N 133 ff., FN 3; 11 FN 3, 179
Spezialgesetze, haftpflichtrechtliche 14 N 4
Spital s. Arzt
– Krankheit oder Unfall während der Behandlung 3 FN 24, 132
Spitalpersonal, Schädigung durch 3 FN 24, 132
Sport s. Bd. II/1 § 16 N 250 ff.; § 19 N 93 Ziff. 9; § 20 N 69; § 22 N 89
Staat als aus Privatrecht Haftpflichtiger 13 N 11
Staatsverträge 15 N 18, FN 2
Sterilisation 2 N 45
Störungen im Geschäftsbetrieb 2 N 16
Strafprozess s. Adhäsionsverfahren
Strafrecht 5 N 20, **132 ff.**
Subjekt
– der Haftpflicht 2 N 67 ff.
– der Schadenersatzforderung 2 N 71
Subjektive
– Entschuldbarkeit 5 N 84
– Rechte 4 N 13/14, FN 34
– Schadensberechnung s. dort
– Widerrechtlichkeit 4 N 9 ff.
– Zurechnung 3 N 3, FN 16; 5 N 52
Subrogation, allg. Darstellung 11 N 3 f., 15, s. auch Regress
– Einzelfragen 11 N 35 ff.
– bei der AHV/IV 11 N 243 ff.
– bei der obligatorischen Arbeitnehmerunfallversicherung 11 N 159 ff.
– bei der Militärversicherung 11 N 230 ff.
– bei den Pensionskassen des Bundes 11 N 286 ff.
– bei den andern Pensionskassen 11 N 296
– bei der privaten Sachversicherung 11 N 35 ff.
– Zeitpunkt nach UVG 11 N 180 f.
Subsidiärklausel 11 N 150, 299, FN 78, 373
Summenmässige Begrenzung 7 N 78 ff.
Summenversicherung 11 N 13, s. auch Personenversicherung, private
SUVA 11 N 156, FN 164
System, dogmatisches 1 N 152; 9 N 34; 10 N 6, 48, FN 165

T

Tatfragen (prozessrechtliche Bedeutung) s. Rechtsfragen und Tatfragen
Technik, Schädigungspotential 1 N 86 ff.
Technische Vorschriften, Normen 5 N 98
Teilklage 6 N 13
Teilungsabkommen 11 N 168
Teilursache 3 N 79 ff.
– qualitative Ursachenkonkurrenz 3 N 80
– quantitative Ursachenkonkurrenz 3 N 81
Teuerung, Geldentwertung 6 N 149 ff., 237 ff.
Tiere 3 N 65, 96; 6 N 246
Totalschaden 6 N 366
Totgeburt 6 N 245
Tötung, Schaden infolge …, allg. Darstellung 6 N 242 ff.
– Anspruchsberechtigung 6 N 271
– Arbeitsunfähigkeit vor Tod 6 N 256 ff.
– Begriff 6 N 244 ff.
– Bestattungskosten 6 N 252 ff.
– eines Kindes: Unterhalts-, Erziehungs- und Ausbildungskosten 6 N 60, FN 80
– eines Pensionierten 6 FN 482; 11 N 305, FN 77, 327, 369
– Genugtuung 8 N 81 ff.
– Körperverletzung mit tödlichem Ausgang 6 N 256 ff.
– Schaden, Unfall: Verhältnis 6 N 244
– Schadensberechnung s. dort
– Schadensposten 6 N 252 ff.
– Tier 6 N 246
– Versorgerschaden s. dort
– vertraglicher Anspruch 6 N 243; 13 N 66
Trauma, psychisches 8 N 61
Treu und Glauben 6 N 259; 12 N 14

U

Übereinkommen, internationale s. Staatsverträge
Überversicherung 11 N 19/20
Übervorteilung 12 N 53
Umschulung 6 N 42, 46, **131**
Umstände, für die der Geschädigte einstehen muss 7 FN 119
Umtriebsentschädigung 2 N 34
Unbezifferte Klage 6 N 35/36
Unbill 8 N 10 ff.
Unerlaubter Gewinn 2 N 17
Unerlaubte Handlung 1 N 112; 11 N 31

Sachregister

Unerwünschtes Kind 2 N 45 ff.
Unfall
- Begriff 3 N 72; 6 N 93
- Funktion 3 N 71
- sekundärer 3 FN 132
- Unfallbegriff im Haftpflichtrecht 3 N 73 ff.
- als Ursache 3 N 73

Unfallversicherung
- kollektive 11 N 126
- obligatorische für Arbeitnehmer 11 N 155 ff.
- private 11 N 130 ff.

Unsittlicher Gewinn 2 N 17
Unterbrechung des Kausalzusammenhanges, Inadäquanz 3 N 132 ff.
Unterhaltskosten 6 N 61 ff., FN 80, 84
Unterhalts- und Unterstützungspflichten 6 N 70; 10 N 132
Unterlassung 3 N 52 ff.
- Rechtspflicht zum Handeln 3 N 53, 57 ff.
- Schutzvorschriften 3 N 58 f.
- Verschulden 3 N 54

Unzurechnungsfähigkeit s. Urteilsunfähigkeit
Urlaub s. Ferien
Ursachen s. auch Kausalzusammenhang
- Arten 3 N 45
- Gesamtursache 3 N 107 ff.
- konkurrierende 3 N 79 ff.
- Miniursachen 3 N 92 ff.
- mittelbare Verursachung 3 N 103 ff.
- Mitursachen 3 N 79 ff.
- Teilursachen s. dort

Ursachenkonkurrenz 3 N 79
- qualitative 3 N 80
- quantitative 3 N 81

Urteilsfähigkeit
- Begriff 5 N 114 ff.
- Kasuistik 5 N 120
- Regress 5 N 172; 10 N 31
- bei Selbstverschulden 5 N 163 ff.

Urteilsunfähigkeit
- Begriff 5 N 114 ff.
- Drittverschulden 5 N 178 ff.
- Entlastung 3 N 155
- Selbstverschulden 5 N 144, 163 ff.

V

Verantwortung 1 N 132
Verbindungsrente 6 N 306
Verdienst s. Einkommen

Vereinheitlichung
- des nationalen Rechts 1 N 1, 72 ff.
- internationale 1 N 154 ff.

Vergleich, allg. Darstellung 12 N 18 ff.
- Anfechtbarkeit eines Vergleiches 12 N 20 ff.
- clausula rebus sic stantibus 12 N 32, 37, 55, FN 52
- Präjudizialität s. dort
- Saldoquittung s. dort
- spezialgesetzliche Bestimmungen 12 N 22 f.
- Tod des Verletzten nach einem Vergleich 12 N 50
- Übervorteilung 12 N 53
- Willensmängel 12 N 54

Verhalten, menschliches als Ursache, allg. Darstellung 3 N 46 ff.
- des Geschädigten s. Selbstverschulden
- schuldhaftes s. Verschulden

Verjährung s. auch Verwirkung und Bd. II/1 § 16 N 341 ff.
- künftiger Schaden 6 N 4, 16
- bei Mehrheit von Haftungsgründen in der Person des Haftpflichtigen 13 N 25, 56 ff.
- Nachklage 6 N 222
- Regress 11 N 18, FN 27
- Solidarität s. dort
- Tötung s. Bd. II/1 § 16 N 342

Verkehrssicherungspflicht s. Gefahrensatz
Vermeidbarkeit s. Voraussehbarkeit, Vorhersehbarkeit
Vermögensverminderung, allg. Darstellung 2 N 4 ff.
- Vermögensschaden i.e.S. 2 N 60, FN 83; s. auch Schaden, Schadensberechnung
- gegen den Willen des Geschädigten 2 FN 10 f.

Vermögensversicherung 11 N 11, 97
Verschärfung der Haftung 1 N 124 a; 12 N 17
Verschulden, allg. Darstellung 5 N 1 ff.
- Absicht 5 N 46, FN 119
- Arten der Fahrlässigkeit 5 N 105 ff.
- aufsichtspflichtige Personen 5 N 170 ff.
- Begriff 5 N 1 ff., **16** ff.
- Fahrlässigkeit 5 N 48 ff.
- Funktion 5 N 1 ff., bei Kausalhaftungen 5 N 5
- Genugtuung 5 N 11
- gemeinsames 3 N 85 f.
- juristische Personen 5 N 41 f.

Sachregister

- Kollektiv- und Kommanditgesellschaften 5 N 41 f.
- Kollisionstatbestände 9 N 25a ff.
- Konkurrenztatbestände 10 N 59 ff.
- Missbilligung schuldhaften Verhaltens 1 N 32; 5 N **13 ff.**, 38, 51
- Objektivierung des 5 N 63 ff.
- Schadenersatzbemessung 5 N 6; 7 N 11 ff.
- Strafrecht 5 N 132 ff.
- subjektiv/objektiv 5 N 40
- Verschuldenshaftung s. dort
- Versicherung 11 N 15 ff., 213, 222
- vertraglich/ausservertraglich 13 N 52
- Vorsatz 5 N 44 ff., FN 43, 119
- Vorschriften, polizeirechtliche und technische 5 N 98
- zusätzliches 5 N 5

Verschuldenshaftung, allg. Darstellung 1 N 25 ff., 102 ff.; s. auch Bd. II/1 § 16
- Beweisthema 1 N 149
- Drittverschulden s. dort
- Entlastung 3 N 151 ff.
- IPR 15, vgl. insbes. N 44
- Kausalhaftung 1 N 101 ff.
- Kollision s. Inhaltsverzeichnis zu § 9
- Konkurrenz, Regress s. Inhaltsverzeichnis zu § 10
- Proportionalität zur Haftung 5 N 126, FN 120; 7 N 3, **11**, 35
- Verschulden s. dort
- Widerrechtlichkeit 5 N 24 ff.
- Zufall 7 N 35

Versicherer ist nicht Geschädigter 11 N 67 ff.

Versicherung
- Ersatz für Haftpflichtrecht 1 N 135, 140 ff.
- öffentliche 11 N 146 ff.
- und Haftpflicht s. dort
- freiwillige nach UVG 11 N 170a

Versicherungsleistungen
- Anrechnung 11 N 138 ff., 174 ff.
- Genugtuung 11 N 182, 192 ff., 232
- Pensionen 11 N 252 ff.

Versicherungssumme s. Summenversicherung

Versicherung und Haftpflicht, allg. Darstellung 1 N 128 ff.; 11 N 1 ff., 309 ff.
- Alters- und Hinterlassenenversicherung s. AHV
- Anrechnung von Versicherungsleistungen s. Versicherungsleistungen, Anrechnung
- Anspruchskonkurrenz s. dort

- de lege ferenda 11 N 307
- Ergänzungsversicherung s. Zusatzversicherung
- Haftpflichtversicherung s. dort
- Invalidenversicherung s. dort
- Kollektivversicherung s. dort
- kombinierte Versicherung s. dort
- Konkurrenz s. Anspruchskonkurrenz
- Krankenkasse s. dort
- Krankenversicherung, private s. dort
- Kritik 11 N 307 ff.
- Lebensversicherung s. dort
- Militärversicherung s. dort
- No-fault-system s. dort
- obligatorische Unfallversicherung s. dort
- Pensionsversicherung s. Pensionskassen
- Regress s. einzelne Versicherungsarten, ferner 1 N 133, 142; 10 N 45 ff.; 11 N 15 ff., 130 ff., 159 ff., 182 ff.
- Sachversicherung s. dort
- Schadensversicherung s. dort
- Sozialversicherung s. dort
- Subrogation s. dort
- Summenversicherung s. dort
- Unfallbegriff s. dort
- Unfallversicherung, öffentliche s. obligatorische Unfallversicherung; private s. Unfallversicherung private
- Vermögensversicherung s. dort
- Versicherungsleistungen, Anrechnung von ... 10 N 102/03
- Zession s. dort
- Zusatzversicherung 11 N 170 a

Versorger, Versorgerschaden, allg. Darstellung 6 N 260 ff.
- Anrechnung des geerbten Vermögens 6 N 335
- Anspruchsberechtigung 6 N 271 f.
- ausserehelicher Vater 6 FN 409
- Begriffe 6 N 264 ff.
- Bräutigam, Braut 6 N 270
- Dauer der Unterstützung 6 N 304 ff.
- Ehefrau 6 N 265, 270
- Eltern 6 N 265
- Erwerbstätigkeit der Versorgten 6 N 294
- Fixkosten 6 N 283
- geerbtes Vermögen 6 N 335
- Gestalt 6 N 346 f.
- hypothetische Versorgung 6 N 269/70
- Kinder 6 N 265
- Konkubinat 6 N 267, 336

753

Sachregister

- Natur des Anspruchs 6 N 260 ff.
- Quote des Einkommens 6 N 295 ff.
- Rentenschaden 6 N 337 ff.
- Selbstverschulden des Getöteten 11 N 262
- Steuern 6 N 289 ff.
- Teuerung 6 N 352 (s. auch 150, 237 ff.)
- Tod von Nachkommen 6 N 314 ff.
- Unterstützung der Versorgten durch Arbeit 6 N 285
- Unterstützungsbedürftigkeit des Versorgten 6 N 273 ff.
- Versicherungsleistungen 6 N 279
- Versicherungsobligatorien 11 N 143 ff.
- Vertraglicher Anspruch s. Bd. II/1 § 16 N 342
- Voraussetzungen 11 N 280 ff.
- Wiederverheiratungsabzug 6 N 320 ff.

Verteilung, sektorielle s. sektorielle Verteilung

Vertrag, vertraglich
- Kollision (Konkurrenz) mit ausservertraglicher Haftung 13 N 42 ff.
- Regress 6 N 105, 194, 309, 339; 10 N 50 f., 55, 67, 82, **86 ff.**, 89 ff.
- vertragliche Vereinbarung über die Haftungsvoraussetzungen 12 N 2 ff.
- zugunsten Dritter 13 N 48
- Vertragsverletzung, positive 13 N 47

Verursachung s. Kausalzusammenhang
- mittelbare 3 N 103 ff.

Verwirkung s. auch Verjährung 6 N 17

Verzicht des Geschädigten auf Haftpflichtleistungen 11 N 163 ff.; 12 FN 11

Verzugszins 6 N 25, FN 35

Viehversicherung 11 N 81

Völkerrecht 1 N 8

Voraussehbarkeit 1 N 31, FN 52; 5 N 18, 35, 48, 95, FN 18, 32

Vorhersehbarkeit 5 N 102, 144, FN 23

Vorsatz s. Verschulden

Vorteilsanrechnung oder -ausgleichung 6 N 49 ff., 87
- Durchführung der Vorteilsanrechnung 6 N 82 ff.
- Lohnfortzahlungspflicht 6 N 69
- unentgeltliche Zuwendungen 6 N 75 ff.
- Unterhalts- und Unterstützungspflichten 6 N 70
- Versicherungsleistungen 6 N 65 ff.

Vorwegtragung eines Regressanteils durch einen Gefährdungshaftpflichtigen im Regress nach OR 51 II 10 N 51, FN 78, 102

W

Wahrscheinlichkeit s. Beweis, Prima-facie-Beweis

Wegbedingung der Haftung, allg. Darstellung 12 N 6 ff.
- Tendenz 12 N 15
- der vertraglichen/ausservertraglichen Haftung 12 N 6 ff.
- Zustimmung des Partners 12 N 13

Werkunternehmer 6 N 243

Widerrechtlichkeit, allg. Darstellung 4 N 1 ff.
- Arten 4 N 9 ff.
- Ausschluss 4 N 45 ff.
- Begriff 4 N 21 f.
- Erfolgsunrecht 4 N 23 ff.
- Funktion der ... 4 N 3 ff.
- Handlungsunrecht 4 N 35 ff.
- Kausalhaftung 4 N 55 ff.
- Persönlichkeitsrecht 4 N 29
- rechtmässige Schädigung, Haftpflicht für ... 1 FN 64
- Rechtsgüter 4 N 26 ff.
- Rechtswidrigkeitszusammenhang s. dort
- relative Rechte 4 N 32 ff.
- Schutzzweck 4 N 41
- Strafrecht 5 N 20, 132 ff.
- Treu und Glauben 4 FN 68
- Unterlassung 4 FN 10
- Vermögensbeeinträchtigung 4 N 30
- Verschulden 4 N 50 f.; 5 N 24 ff.
- und Vertragswidrigkeit 4 N 8
- wörtliche Interpretation 4 N 16 ff.

Wiederverheiratung s. Versorger

Wirtschaftliche Verhältnisse 1 N 15, 129; 7 N 72

Wrongful birth s. unerwünschtes Kind

Z

Zeitpunkt der Subrogation s. Subrogation

Zession
- Genugtuungsansprüche 8 N 44
- Haftpflichtversicherung 11 N 103
- Körperverletzung 6 N 104
- Krankenkasse 11 N 150
- Pensionskasse 11 N 296
- Personenversicherung 11 N 141
- Regress 10 N 92
- Schadensversicherung 11 N 77 ff.

Zins s. Schadensberechnung
- Genugtuung 6 N 23 ff.
- Schaden 6 N 23 ff., 211, 220
- Zinsfuss 6 N 150, 210

Zivilprozess s. Beweis, Beweiswürdigung, forum delicti commissi, Rechtsfragen und Tatfragen, Zuständigkeit

Zivilschutz 11 N 229 f.

Zufall
- Begriff 3 N 63 ff.
- Genugtuung 8 N 31
- Haftung für 3 N 65 ff.
- höhere Gewalt 3 N 142 ff.
- konkurrierender 3 N 89 ff.
- als Mitursache 3 N 89 ff.; 9 FN 29
- Reduktion des Schadenersatzes 7 N 8, 11, **33 ff.**
- Ursache 3 N 63/64

Zurechnung 3 FN 3
- objektive 3 N 8
- subjektive s. Verschulden

Zurechnungsfähigkeit s. Urteilsfähigkeit

Zusatzversicherung 11 N 170 a

Zuständigkeit, forum delicti commissi, Unfallort s. dort

Zuwendung, unentgeltliche 6 N 75 ff.

Zwangsvollstreckung 6 N 241, 353
- bei Genugtuung 8 N 104

755